中國佛教典籍選刊

五燈會元

一

〔宋〕普濟 撰
蘇淵雷 點校

中華書局

圖書在版編目(CIP)數據

五燈會元/(宋)普濟撰;蘇淵雷點校. —2版. —北京:
中華書局,2023.8(2024.12重印)
(中國佛教典籍選刊)
ISBN 978-7-101-16311-7

Ⅰ.五… Ⅱ.①普…②蘇… Ⅲ.禪宗-中國-北宋
Ⅳ.B946.5

中國國家版本館CIP數據核字(2023)第149039號

責任編輯:劉浜江
特約編輯:黄雯睿
封面設計:周　玉
責任印製:韓馨雨

中國佛教典籍選刊
五　燈　會　元
(全四册)
〔宋〕普　濟　撰
蘇淵雷　點校

*

中華書局出版發行
(北京市豐臺區太平橋西里38號　100073)
http://www.zhbc.com.cn
E-mail:zhbc@zhbc.com.cn
三河市鑫金馬印裝有限公司印刷

*

850×1168毫米 1/32・63½印張・8插頁・976千字
1984年10月第1版　2023年8月第2版
2024年12月第22次印刷
印數:73001-75000册　定價:258.00元

ISBN 978-7-101-16311-7

中國佛教典籍選刊編輯緣起

佛教是世界三大宗教之一，約自東漢明帝時開始傳入中國，但在當時並没有産生多大影響。到魏晉南北朝時期，佛教和玄學結合起來，有了廣泛而深入的傳播。隋唐時期，中國佛教走上了獨立發展的道路，形成了衆多的宗派，在社會、政治、文化等許多方面特别是哲學思想領域産生了深刻的影響。這時佛教已經中國化，完全具備了中國自己的特點。而且，隨着印度佛教的衰落，中國成了當時世界佛教的中心。宋以後，隨着理學的興起，佛教被宣布爲異端而逐漸走向衰微。但是，佛教的部分理論同時也被理學所吸收，構成了理學思想體系中的有機組成部分。直到近代，佛教的思想影響還在某些著名思想家的身上時有表現。總之，研究中國歷史和哲學史，特别是魏晉南北朝隋唐時期的哲學史，佛教是一項重要内容。佛學作爲一種宗教哲學，在人類的理論思維的歷史上留下了豐富的經驗教訓。因此，應當重視佛學的研究。

佛教典籍有其獨特的術語概念以及細密繁瑣的思辨邏輯，研讀時要克服一些特殊的困難，不少人視爲畏途。解放以後，由於國家出版社基本上没有開展佛教典籍的整理出版工作，因此，對於系統地開展佛學研究來説，急需解決基本資料缺乏的問題。目前對佛學有較深研究的專家、學者，不少人年事已高，如果不抓緊組織他們整理和注釋佛教典籍，將來再開展這項工作就會遇到更多困難，也不利於中青年研究工作者的成長。爲此，我們在廣泛徵求各方面意見的基礎上，初步擬訂了中國佛教典籍選刊的整理出版計劃。其中，有重要的佛教史籍，有中國佛教幾個主要宗派（天台宗、三論宗、唯識宗、華嚴宗、禪宗）的代表性著作，也有少數與中國佛學淵源關係較深的佛教譯籍。所有項目都要選擇較好的版本作爲底本，經過校勘和標點，整理出一個便於研讀的定本。對於其中的佛教哲學著作，還要在此基礎上，充分吸取現有研究成果，寫出深入淺出、簡明扼要的注釋來。

由於整理注釋中國佛教典籍困難較多，我們又缺乏經驗，因此，懇切希望能夠得到各方面的大力支持和協助，使這項工作得以順利完成。

中華書局編輯部

一九八二年六月

五燈會元目録

卷第二

五祖下三世

五祖下四世

卷第三

南嶽下二世

卷第四

南嶽下三世

南嶽下四世

卷第五

青原下二世

青原下三世

第二册　卷第六

青原下五世

青原下六世

青原下七世

大宋玉音

未詳法嗣……四五九

卷第七

卷第八

青原下七世

青原下九世

卷第九

南嶽下三世

南嶽下四世

南嶽下五世

卷第十

青原下十世

青原下十一世

第三册　卷第十一

南嶽下四世

南嶽下五世

南嶽下六世

卷第十二

南嶽下十世

南嶽下十一世

南嶽下十二世

南嶽下十三世

南嶽下十四世

卷第十三

青原下四世

青原下五世

青原下六世

卷第十四

青原下七世

青原下八世

青原下九世

青原下十世

青原下十三世

青原下十四世

青原下十五世

卷第十五

青原下八世

青原下九世

青原下十世上

第四册　卷第十六

青原下十世下

青原下十一世

青原下十二世

青原下十三世

青原下十四世

卷第十七

南嶽下十一世

南嶽下十二世

南嶽下十三世上

卷第十八

南嶽下十三世下

南嶽下十四世

南嶽下十五世

南嶽下十三世

南嶽下十四世

南嶽下十五世上

卷第二十

南嶽下十五世下

南嶽下十六世

南嶽下十七世

點校凡例

一、本書點校，以景宋寶祐本爲底本，以清龍藏本（簡稱清藏本）、日本卍續藏本（簡稱續藏本）爲參校本。

二、凡改正底本，一般都作校勘記。惟避諱缺筆字、異體字和明顯的版刻誤字據上下文意逕改，不出校記。

三、凡佛、菩薩、和尚、道人、禪師、居士、官職等名號，均連上主名一併加標綫。例如：

普賢菩薩　東坡居士　山谷道人

四、禪師籍貫、山名、寺名、賜號、法名較複雜，一律加標綫、分斷，以醒眉目。例如：

江州圓通青谷真際德止禪師

五、禪師上堂，等於開示演説，故於「上堂」下加冒號引號，惟上堂時舉公案或帶有小動作者，則於「上堂」下加逗號。例如：

上堂：「十方同聚會，箇箇學無爲。……」

上堂，舉：「船子囑夾山曰……」

上堂，卓拄杖一下，召大衆曰：「……」

六、凡屬同名異譯、前後歧出者，如「舍利」、「設利」，「荼毗」、「闍維」，不復一一改正。

七、原書不分段，此次整理時適當地加以劃分。

八、原書卷首無總目，此次整理時予以增補，同時去掉了每卷卷首原有的細目，書中每一條目的標題，亦係此次整理時增補。

蘇淵雷　一九八二年十二月九日

題　詞

世尊拈花，如蟲禦木。迦葉微笑，偶爾成文。累他後代兒孫，一一聯芳續焰。大居士就文挑剔，亘千古光明燦爛。

淳祐壬子冬住山普濟書于直指堂

王序

予聞孔聖曰：「參乎！吾道一以貫之。」曾子曰：「唯。」子出，門人問，曰：「夫子之道，忠恕而已矣。」又聞釋迦在靈山拈花，迦葉微笑。世尊曰：「吾有正法眼藏，涅槃妙心，付囑摩訶大迦葉。」二者用處不同，義則一也。由此觀之，一貫之理，以心傳心，千萬載間，縣縣不絶。其道學宗派，蓋自曾子二「唯」中來。佛法昭明，歷幾千劫，闡揚宗風，源源相繼。其教外别傳，蓋自迦葉「微笑」中始，烏可岐而二哉？自景德中有傳燈録行于世，繼而有廣燈、聯燈、續燈、普燈。燈燈相續，派别枝分，同歸一揆。是知燈者，破愚暗以明斯道。今慧明首座萃五燈爲一集，名曰五燈會元，便於觀覽。沈居士捐財鳩工，鋟梓於靈隱山，實大川老、盧都寺贊成之。帙成，保庵携一部來，再三懇予爲序。予曰：「一大藏教，如拭不浄紙。由此知佛法不在文字上，不向言語中。若是大丈夫漢見得明，悟得徹，如俊鶻搦禽，提得便去。若迴頭側腦，稍涉遲疑，則空過新羅矣。至如尋章摘句，徒增口鼓，打纏葛藤，料掉了無交涉，又豈可與語此集哉？雖然，其初地二乘，繙閲中或恐一言一句，築著磕著，則與歷代祖師、天下老和尚把手共行，使斯集大播無窮矣。」

時寶祐改元清明日通庵王槦謹序

跋

安吉州武康縣崇仁鄉禺山里正信弟子沈净明，幸生中國，忝預人倫。涉世多艱，幼失恃怙。本將知命，遂閲華嚴大經、傳燈諸録，深信此道不從外得。切見禪宗語要，具在五燈，卷帙浩繁，頗難兼閲。謹就景德靈隱禪寺，命諸禪人集成一書，名曰五燈會元，以便觀覽。爰竭己資，及慕同志，選工刻梓，用廣流通，續如來慧命，闡列祖圓機，燈燈相傳，光明不斷。普願若僧若俗，或見或聞，開悟本心，咸躋覺地，出生功德。謹用祝延聖壽，保國安民。次冀施財助力，共獲休祥。普報四恩，用資三有。劫石有盡，我願無窮。

寶祐元年正月旦日沈净明謹題

五燈會元卷第一

七佛

古佛應世，緜歷無窮，不可以周知而悉數也。近故譚賢劫有千如來。暨于釋迦，但紀七佛。按長阿含經云：「七佛精進力，放光滅暗冥。各各坐樹下，於中成正覺。」又曼殊室利爲七佛祖師，金華善慧大士登松山頂行道，感七佛引前，維摩接後。今之撰述，斷自七佛而下。

毗婆尸佛

毗婆尸佛。過去莊嚴劫，第九百九十八尊。偈曰：「身從無相中受生，猶如幻出諸形象。幻人心識本來無，罪福皆空無所住。」長阿含經云：「人壽八萬歲時，此佛出世。」種刹利，姓拘利若。父槃頭，母槃頭婆提。居般頭婆提城。坐波波羅樹下，說法三會，度人三十四萬八千。神足二：一名騫茶，二名提舍。侍者無憂，子方膺。

尸棄佛

尸棄佛。莊嚴劫，第九百九十九尊。偈曰：「起諸善法本是幻，造諸惡業亦是幻。身如聚沫心如風，幻出無根無實性。」長阿含經云：「人壽七萬歲時，此佛出世。」種刹利，姓拘利若。父明相，母光耀。居光相城。坐分陀利樹下，說法三會，度人二十五萬。神足二：一名阿毗浮，二名婆婆。侍者忍行，子無量。

毗舍浮佛

毗舍浮佛。莊嚴劫，第一千尊。偈曰：「假借四大以爲身，心本無生因境有。前境若無心亦無，罪福如幻起亦滅。」長阿含經云：「人壽六萬歲時，此佛出世。」種刹利，姓拘利若。父善燈，母稱戒。居無喻城。坐婆羅樹下，說法二會，度人一十三萬。神足二：一扶遊，二鬱多摩。侍者寂滅，子妙覺。

拘留孫佛

拘留孫佛。見在賢劫，第一尊。偈曰：「見身無實是佛身，了心如幻是佛幻。了得身心本性空，斯人與佛何殊別？」長阿含經云：「人壽四萬歲時，此佛出世。」種婆羅門，姓迦葉。父禮得，母善枝。居安和城。坐尸利沙樹下，說法一會，度人四萬。神足二：一薩尼，二毗樓。侍者善覺，子上勝。

拘那含牟尼佛

拘那含牟尼佛。賢劫，第二尊。偈曰：「佛不見身知是佛，若實有知別無佛。智者能知罪性空，坦然不怖於生死。」長阿含經云：「人壽三萬歲時，此佛出世。」種婆羅門，姓迦葉。父大德，母善勝。居清浄城。坐烏暫婆羅門樹下，說法一會，度人三萬。神足二：一舒槃那，二鬱多樓。侍者安和，子導師。

迦葉佛

迦葉佛。賢劫，第三尊。偈曰：「一切衆生性清浄，從本無生無可滅。即此身心是幻生，幻化之中無罪福。」長阿含經云：「人壽二萬歲時，此佛出世。」種婆羅門，姓迦葉。父梵德，母財主。居波羅奈城。坐尼拘律樹下，説法一會，度人二萬。神足二：一提舍，二婆羅婆。侍者善友，子集軍。

釋迦牟尼佛

釋迦牟尼佛。賢劫，第四尊。姓刹利，父淨飯天，母大清淨妙。位登補處，生兜率天上，名曰勝善天人，亦名護明大士。度諸天衆，説補處行，於十方界中，現身説法。普曜經云：「佛初生刹利王家，放大智光明，照十方世界。地涌金蓮華，自然捧雙足。東西及南北，各行於七步。分手指天地，作師子吼聲：上下及四維，無能尊我者。」即周昭王二十四年甲寅歲四月八日也。

至四十二年二月八日，年十九，欲求出家而自念言：「當復何遇？」即於四門遊觀，見四等事，心有悲喜而作思維：此老、病、死，終可厭離。於是夜子時，有一天人名曰淨居，於窗牖中叉手白言：「出家時至，可去矣。」太子聞已，心生歡喜，即逾城而去，於檀特山中修道。始於阿藍迦藍處三年，學不用處定，知非便捨。復至鬱頭藍弗處三年，學非非想定，知非亦捨。又至象頭山，同諸外道日食麻麥，經于六年。故經云：「以無心意、無受行，而悉摧伏諸外道。」先歷試邪法，示諸方便，發諸異見，令至菩提。故普集經云：「菩薩於二月八日明星出時成道，號天人師，時年三十矣。」即穆王三年癸未歲也。

既而於鹿野苑中爲憍陳如等五人轉四諦法輪而證道果。說法住世四十九年，後告弟子摩訶迦葉：「吾以清淨法眼、涅槃妙心、實相無相、微妙正法，將付於汝，汝當護持。」并勑阿難：「副貳傳化，無令斷絕。」而說偈曰：「法本法無法，無法法亦法。今付無法時，法法何曾法？」爾時世尊說此偈已，復告迦葉：「吾將金縷僧伽梨衣傳付於汝，轉授補處，至慈氏佛出世，勿令朽壞。」迦葉聞偈，頭面禮足曰：「善哉！善哉！我當依敕，恭順佛故。」爾時世尊至拘尸那城，告諸大衆：「吾今背痛，欲入涅柈〔一〕。」即往熙連河側，娑羅雙樹下，右股〔二〕累足，泊然宴寂。復從棺起，爲母說法。特示雙足化婆耆，并說無常偈曰：「諸行無常，是生滅法。生滅滅已，寂滅爲樂。」時諸弟子即以香薪競荼毗之，燼後金棺如故。爾時大衆即於佛前，以偈讚曰：「凡俗諸猛熾，何能致火爇，請尊三昧火，闍維金

〔一〕「柈」，清藏本、續藏本均作「槃」。
〔二〕「股」，清藏本、續藏本均作「脇」。

色身。」爾時金棺從座而舉，高七多羅樹，往返空中，化火三昧。須臾灰生，得舍利八斛四斗。即穆王五十二年壬申歲二月十五日也。自世尊滅後一千一十七年，教至中夏，即後漢永平十年戊辰歲也。

世尊纔生下，乃一手指天，一手指地，周行七步，目顧四方曰：「天上天下，唯吾獨尊。」世尊一日陞座，大衆集定。文殊白椎曰：「諦觀法王法，法王法如是。」世尊便下座。世尊一日陞座，默然而坐。阿難白椎曰：「請世尊説法。」世尊云：「會中有二比丘犯律行，我故不説法。」阿難以他心通觀是比丘，遂乃遣出。世尊還復默然。阿難又曰〔一〕：「適來爲二比丘犯律，是二比丘已遣出，世尊何不説法？」世尊曰：「吾誓不爲二乘聲聞人説法。」便下座。

世尊一日陞座，大衆集定。迦葉白椎曰：「世尊説法竟。」世尊便下座。世尊九十日在忉利天，爲母説法，及辭天界而下，時四衆八部，俱往空界奉迎。有蓮花色比丘尼作念云：「我是尼身，必居大僧後見佛。不如用神力變作轉輪聖王，千子圍繞，最初見佛。」果滿其願。世尊纔見，乃訶云：「蓮花色比丘尼，汝何得越大僧見吾？汝雖見吾色身，且不

〔一〕「曰」，續藏本作「白」。

見吾法身。須菩提巖中宴坐，却見吾法身。」

世尊昔因文殊至諸佛集處，值諸佛各還本處，唯有一女人近彼佛坐，入於三昧。文殊乃白佛云：「何此人得近佛坐，而我不得？」佛告文殊：「汝但覺此女令從三昧起，汝自問之。」文殊遶女人三帀，鳴指一下，乃托至梵天，盡其神力而不能出。世尊曰：「假使百千萬〔一〕文殊，出此女人定不得。下方經〔二〕過四十二恒河沙國土，有罔明菩薩出〔三〕此女人定。」須臾，罔明大士從地涌出，作禮世尊。世尊勑罔明出，罔明却至女子前，鳴指一下，女子於是從定而出。

世尊因波斯匿王問：「勝義諦中有世俗諦否？若言無，智不應二；若言有，智不應一。一二之義，其義云何？」佛言：「大王！汝於過去龍光佛法中曾問此義。我今無説，汝今無聽。無説無聽，是名爲一義二義。」

世尊一日見文殊在門外立，乃曰：「文殊！文殊！何不入門來？」文殊曰：「我不見

〔一〕續藏本無「萬」字。
〔二〕續藏本無「經」字。
〔三〕清藏本「出」上有「能」字。

一法在門外，何以教我入門。」

世尊一日坐次，見二人舁豬過，乃問：「這箇是甚麼？」曰：「佛具一切智，豬子也不識！」世尊曰：「也須問過。」

世尊因有異學問：「諸法是常邪？」世尊不對。又問：「諸法是無常邪？」亦不對。異學曰：「世尊具一切智，何不對我？」世尊曰：「汝之所問，皆爲戲論。」

世尊一日示隨色摩尼珠，問五方天王：「此珠而作何色？」時五方天王互説異色。世尊復藏珠入袖，却擡手曰：「此珠作何色？」天王曰：「佛手中無珠，何處有色？」世尊嘆曰：「汝何迷倒之甚！吾將世珠示之，便各彊説有青、黄、赤、白色；吾將真珠示之，便總不知。」時五方天王悉皆悟通〔一〕。

世尊因乾闥婆王獻樂，其時山河大地盡作琴聲。迦葉起作舞，王問：「迦葉豈不是阿羅漢，諸漏已盡，何更有餘習？」佛曰：「實無餘習，莫謗法也。」王又撫琴三徧，迦葉亦三度作舞。王曰：「迦葉作舞，豈不是？」佛曰：「實不曾作舞！」王曰：「世尊何得妄語？」佛曰：「不妄語。汝撫琴，山河大地木石盡作琴聲，豈不是？」王曰：「是。」佛曰：

〔一〕「通」，清藏本作「道」。

「迦葉亦復如是。所以實不曾作舞。」王乃信受。

世尊因外道問：「昨日說何法？」曰：「說定法。」外道曰：「今日說何法？」曰：「不定法。」外道曰：「昨日說定法，今日何說不定法？」世尊曰：「昨日定，今日不定。」世尊因五通仙人問：「世尊有六通，我有五通。如何是那一通？」佛召五通仙人，五通應諾。佛曰：「那一通，你問我。」

世尊因普眼菩薩欲見普賢，不可得見，乃至三度入定，徧觀三千大千世界，覓普賢不可得見，而來白佛。佛曰：「汝但於靜三昧中起一念，便見普賢。」普眼於是纔起一念，便見普賢，向空中乘六牙白象。世尊因自恣日文殊三處過夏。迦葉欲白椎擯出，纔拈椎，乃見百千萬億文殊。迦葉盡其神力，椎不能舉。世尊遂問迦葉：「汝擬擯那箇文殊？」迦葉無對。

世尊因長爪梵志索論義，預約曰：「我義若墮，我自斬首。」世尊曰：「汝義以〔一〕何爲宗？」志曰：「我以一切不受爲宗。」世尊曰：「是見受否？」志拂袖而去。行至中路，乃省。謂弟子曰：「我當回去，斬首以謝世尊。」弟子曰：「人天衆前，幸當得勝，何以斬

〔一〕「以」，原作「已」，據清藏本改。

首？」志曰：「我寧於有智人前斬首，不於無智人前得勝。」乃歎曰：「我義兩處負墮，是見若受，負門處麄；是見不受，負門處細。一切人天二乘，皆不知我義墮處，唯有世尊諸大菩薩知我義墮。」回至世尊前曰：「我義兩處負墮，故當斬首以謝。」世尊曰：「我法中無如是事，汝當回心向道。」於是同五百徒衆一時投佛出家，證阿羅漢。

世尊昔欲將諸聖衆，往第六天說大集經，勑他方此土、人間天上，一切獰惡鬼神，悉皆輯會，受佛付囑，擁護正法。設有不赴者，四天門王飛熱鐵輪追之令集。既集會已，無有不順佛勑者，各發弘誓，擁護正法。唯有一魔王謂世尊曰：「瞿曇！我待一切衆生成佛盡，衆生界空，無有衆生名字，我乃發菩提心。」

世尊嘗與阿難行次，見一古佛塔。世尊便作禮。阿難曰：「此是甚麽人塔？」世尊曰：「此是過去諸佛塔。」阿難曰：「過去諸佛是甚麽人弟子？」世尊曰：「是吾弟子。」阿難曰：「應當如是。」

世尊因有外道問：「不問有言，不問無言。」世尊良久。外道讚歎曰：「世尊大慈大悲，開我迷雲，令我得入。」乃作禮而去。阿難白佛：「外道得何道理，稱讚而去？」世尊曰：「如世良馬，見鞭影而行。」

世尊一日勑阿難：「食時將至，汝當入城持鉢。」阿難應諾。世尊曰：「汝既持鉢，須依過去七佛儀式。」阿難便問：「如何是過去七佛儀式？」世尊召阿難，阿難應諾。世尊曰：「持鉢去！」世尊因有比丘問：「我於世尊法中見處即有，證處未是。世尊當何所示？」世尊曰：「比丘某甲，當何所示，是汝此問？」

世尊成道後，在逝多林中一樹下跏趺而坐。有二商人以五百乘車經過林畔，有二車牛不肯前進，商人乃訝見之。山神報言：「林中有聖人成道，經逾四十九日未食，汝當供養。」商人入林，果見一人端然不動。乃問曰：「爲是梵王邪？帝釋邪？山神邪？河神邪？」世尊微笑，舉袈裟角示之。商人頂禮，遂陳供養。

世尊因耆婆善別音響，至一塚間，見五髑髏，乃敲一髑髏問耆婆：「此生何處？」曰：「此生人道。」世尊又敲一曰：「此生何處？」曰：「此生天道。」世尊又別敲一問：「此生何處？」耆婆罔知生處。世尊因黑氏梵志運神力，以左右手擎合歡、梧桐花兩株，來供養佛。佛召仙人，梵志應諾。佛曰：「放下著。」梵志遂放下左手一株花。佛又召仙人：「放下著。」梵志又放下右手一株花。佛又召仙人：「放下著。」梵志曰：「世尊，我今兩手皆空，更教放下箇甚麽？」佛曰：「吾非教汝放捨其花，汝當放捨外六塵、內六根、中六識。一時捨却，無可捨處，是汝免生死處。」梵志於言下悟無生忍。

世尊因靈山會上五百比丘得四禪定，具五神通，未得法忍，以宿命智通，各各自見過去殺父害母及諸重罪，於自心内各各懷疑，於甚深法不能證入。於是文殊承佛神力，遂手握利劍，持逼如來。世尊乃謂文殊曰：「住！住！不應作逆，勿得害吾。吾必被害，爲善被害。文殊師利！爾從本已來無有我人，但以内心見有我人。内心起時，我必被害，即名爲害。」於是五百比丘自悟本心，如夢如幻，於夢幻中無有我人，乃至能生所生父母。於是五百比丘同讚嘆曰：「文殊大智士，深達法源底。自手握利劍，持逼如來身。如劍佛亦爾，一相無有二。無相無所生，是中云何殺？」

世尊因地布髮掩泥，獻花於然燈。然燈見布髮處，遂約退衆，乃指地曰：「此一方地，宜建一梵刹。」時衆中有一賢于長者，持標於指處插曰：「建梵刹竟。」時諸天散花，讚曰：「庶子有大智矣！」

世尊因七賢女遊屍陀林，一女指屍曰：「屍在這裏，人向甚處去？」一女曰：「作麼？作麼？」諸姊諦觀，各各契悟，感帝釋散花曰：「惟願聖姊有何所須，我當終身供給。」女曰：「我家四事七珍，悉皆具足，唯要三般物：一要無根樹子一株，二要無陰陽地一片，三要叫不響山谷一所。」帝釋曰：「一切所須，我悉有之。若三般物，我實無得。」女曰：「汝若無此，争解濟人？」帝釋罔措，遂同往白佛。佛言：「憍尸迦，我諸弟子大阿羅漢不解此義，唯有諸大菩薩乃解此義。」

世尊因調達謗佛，生身入地獄，遂令阿難問：「你在地獄中安否？」曰：「我雖在地獄，如三禪天樂。」佛又令問：「你還求出否？」曰：「我待世尊來便出。」阿難曰：「佛是三界大師，豈有入地獄分？」曰：「佛既無入地獄分，我豈有出地獄分？」

世尊因文殊忽起佛見、法見，被世尊威神攝向二鐵圍山，城東有一老母，與佛同生而不欲見佛。每見佛來，即便回避。雖然如此，回顧東西，總皆是佛。遂以手掩面，於十指掌中亦總是佛。

殃崛摩羅因持鉢至一長者門，其家婦人正值産難，子母未分。長者曰：「瞿曇弟子，汝爲至聖，當有何法能免産難？」殃崛語長者曰：「我乍入道，未知此法。待我回問世尊，却來相報。」及返，具事白佛。佛告殃崛：「汝速去報，言我自從賢聖法來，未曾殺生。」殃崛奉佛語疾往告之。其婦得聞，當時分免。

世尊嘗在尼俱律樹下坐次，因二商人問：「世尊還見車過否？」曰：「不見。」商人曰：「還聞否？」曰：「不聞。」商人曰：「莫禪定否？」曰：「不禪定。」曰：「莫睡眠否？」曰：「不睡眠。」商人乃嘆曰：「善哉！善哉！世尊覺而不見。」遂獻白氎兩段。

世尊在靈山會上，拈花示衆。是時衆皆默然，唯迦葉尊者破顔微笑。世尊曰：「吾有正法眼藏，涅槃妙心，實相無相，微妙法門，不立文字，教外別傳，付囑摩訶迦葉。」世尊至多子塔前，命摩訶迦葉分座令坐，以僧伽梨圍之。遂告曰：「吾以正法眼藏密付於汝，汝當護持，傳付將來。」

世尊臨入涅槃，文殊大士請佛再轉法輪。世尊咄曰：「文殊！吾四十九年住世，未曾説一字，汝請吾再轉法輪，是吾曾轉法輪邪？」

世尊於涅槃會上，以手摩胸，告衆曰：「汝等善觀吾紫磨金色之身，瞻仰取足，勿令後悔。若謂吾滅度，非吾弟子。若謂吾不滅度，亦非吾弟子。」時百萬億衆，悉皆契悟。

西天祖師

一祖摩訶迦葉尊者

一祖摩訶迦葉尊者，摩竭陀國人也。姓婆羅門，父飲澤，母香志。昔爲鍛金師，善明金性，使其柔伏。付法傳云：嘗於久遠劫中，毗婆尸佛入涅槃後，四衆起塔，塔中像面金色有缺壞。時有貧女，將金珠往金師所，請飾佛面。既而因共發願：願我二人爲無姻夫妻。由是因緣，九十一劫身皆金色，後生梵天。天壽盡，生中天摩竭陀國婆羅門家，名曰迦葉波，此云飲光勝尊，蓋以金色爲號也。繇是志求出家，冀度諸有。佛言：「善來，比丘！」鬚髮自除，袈裟著體，常於衆中稱歎第一。復言：「吾以清浄法眼，將付於汝。汝可流布，無令斷絶。」涅槃經云：爾時世尊欲涅槃時，迦葉不在衆會，佛告諸大弟子，迦葉來時，可令宣揚正法眼藏。爾時迦葉在耆闍崛山畢鉢羅窟覩勝光明，即入三昧，以浄天眼，觀見世尊於熙連河側入般涅槃。乃告其徒曰：「如來涅槃也，何其駛哉！」即至雙樹間，悲戀號泣。佛於金棺出示雙足。爾時迦葉告諸比丘：「佛已荼毗，金剛舍利，非我等事。我等宜當結集法眼，無令斷絶。」乃説偈曰：「如來弟子，且莫涅槃，得神通者，當赴結集。」於是得神通者悉集王舍耆闍崛山畢鉢羅窟。時阿難爲漏未盡，不得入會，後證阿羅漢果，由是得入。迦葉乃白衆言：「此阿難比丘多聞總持，有大智慧，常隨如來，梵行清浄。所聞佛法，如水傳器，無有遺餘。佛所讚歎，聰敏第一。宜可請彼集修多羅藏。」大衆默然。迦葉告阿難曰：「汝今宜宣法眼。」阿難聞語信受，觀察衆心而宣偈言：「比丘諸眷屬，離佛不莊嚴。猶如虚空中，衆星之無月。」説是偈已，禮衆僧足，升法座而宣是言：「如是我聞。一時佛住某處説某經教，乃至人天等作禮奉行。」時迦葉問諸比丘：「阿難所言，不錯謬乎？」皆曰：「不異世尊所説。」迦葉乃告阿難言：「我今年不久留，今將正法付囑於汝。汝善守護，聽吾偈言：『法法本來法，無法無非法。何於一法中，有法有不法？』」説偈已，乃持僧伽梨衣入雞足山，俟慈氏下生。即周孝王五年丙辰歲也。

尊者因外道問：「如何是我我？」者曰：「覓我者是汝我。」外道曰：「這箇是我我，師我何在？」者曰：「汝問我覓。」尊者一日踏泥次，有一沙彌見，乃問尊者：「何得自爲？」者曰：「我若不爲，誰爲我爲？」

二祖阿難尊者

二祖阿難尊者，王舍城人也。姓刹利帝，父斛飯王，實佛之從弟也。梵語阿難陀，此云慶喜，亦云歡喜。如來成道夜生，因爲之名。多聞博達，智慧無礙。世尊以爲總持第一，嘗所讚歎。加以宿世有大功德，受持法藏，如水傳器，佛乃命爲侍者。

尊者一日白佛言：「今日入城，見一奇特事。」佛曰：「見何奇特事？」者曰：「入城時見一攢樂人作舞，出城總見無常。」佛曰：「我昨日入城，亦見一奇特事。」者曰：「未審見何奇特事？」佛曰：「我入城時見一攢樂人作舞，出城時亦見樂人作舞。」一日問迦葉曰：「師兄！世尊傳金襴袈裟外，别傳箇甚麼？」迦葉召阿難，阿難應諾。迦葉曰：「倒却門前刹竿著！」

後阿闍世王白言：「仁者！如來、迦葉尊勝二師，皆已涅槃，而我多故，悉不能覩。尊者般涅槃時，願垂告別。」尊者許之。後自念言：「我身危脆，猶如聚沫，況復衰老，豈堪久長？阿闍世王與吾有約。」乃詣王宮，告之曰：「吾欲入涅槃，來辭耳。」門者曰：「王寢，不可以聞。」者曰：「俟王覺時，當爲我説。」時阿闍世王夢中見一寶蓋，七寶嚴飾，千萬億衆圍繞瞻仰；俄而風雨暴至，吹折其柄，珍寶瓔珞悉墜於地，心甚驚異。既寤，門者具白上事。王聞，失聲號慟，哀感天地。即至毗舍離城，見尊者在恒河中流，跏趺而坐。王乃作禮，而説偈曰：「稽首三界尊，棄我而至此。暫憑悲願力，且莫般涅槃。」時毗舍離王亦在河側，説偈言：「尊者一何速，而歸寂滅場。願住須臾間，而受於供養。」尊者見二國王咸來勸請，乃説偈言：「二王善嚴住，勿爲苦悲戀。涅槃當我静，而無諸有故。」尊者復念：我若偏向一國，諸國争競，無有是處，應以平等度諸有情。遂於恒河中流，將入寂滅。是時山河大地，六種震動，雪山有五百仙人，覩兹瑞應，飛空而至，禮尊者足，胡跪白言：「我於長老，當證佛法，願垂大慈，度脱我等。」尊者默然受請，即變殑伽河悉爲金地，爲其仙衆説諸大法。尊者復念：先所度脱弟子應當來集。須臾，五百羅漢從空而下，爲諸仙人出家授具。其仙衆中有二羅漢：一名商那和修，二名末田底迦。尊者知是法器，乃告之曰：「昔如來以大法眼付大迦葉，迦葉入定而付於我；我今將滅，用傳於汝。汝受吾教，當聽偈言：『本來付有法，付了言無法。各各須自悟，悟了無無法。』」尊者付法眼藏竟，踊身虛空，現十八變，入風奮迅三昧。分身四分：一分奉忉利天，一分奉娑竭羅龍宮，一分奉毗舍離王，一分奉阿闍世王。各造寶塔而供養之。乃厲王十二年癸巳歲也。

三祖商那和修尊者

三祖商那和修尊者，摩突羅國人也。亦名舍那婆斯。姓毗舍多，父林勝，母憍奢耶，在胎六年而生。梵語商諾迦，此云自然服，即西域九枝秀草名也。若聖人降生，則此草生於浄潔之地。和修生時，瑞草斯應。昔如來行化至摩突羅國，見一青林，枝葉茂盛，語阿難曰：「此林地名優留茶，吾滅度後一百年，有比丘商那和修，於此轉妙法輪。」後百歲，果誕和修，出家證道，受慶喜尊者法眼，化導有情。及止此林，降二火龍，歸順佛教。龍因施其地，以建梵宮。尊者化緣既久，思付正法。尋於吒利國，得優波毱多以爲給侍。因問毱多曰：「汝年幾邪？」答曰：「我年十七。」者曰：「汝身十七，性十七邪？」答曰：「師髮已白，爲髮白邪？心白邪？」者曰：「我但髮白，非心白耳。」毱多曰：「我身十七，非性十七也。」尊者知是法器。後三載，遂爲落髮授具。乃告曰：「昔如來以無上法眼付囑迦葉。

展轉相授，而至於我；我今付汝，勿令斷絶。汝受吾教，聽吾偈言：『非法亦非心，無心亦無法。説是心法時，是法非心法。』」説偈已，即隱於罽賓國南象白山中。後於三昧中，見弟子毱多有五百徒衆，常多懈慢。尊者乃往彼，現龍奮迅三昧以調伏之。而説偈曰：「通達非彼此，至聖無長短。汝除輕慢意，疾得阿羅漢。」五百比丘聞偈已，依教奉行，皆獲無漏。尊者乃現十八變火光三昧，用焚其身。毱多收舍利，葬於梵迦羅山。五百比丘各持一幡，迎導至彼，建塔供養。乃宣王二十二年乙未歲也。

四祖優波毱多尊者

四祖優波毱多尊者，吒利國人也。亦名優波崛多，又名鄔波毱多。姓首陀，父善意。十七出家，二十證果。隨方行化，至摩突羅國，得度者甚衆。由是魔宮震動，波旬愁怖，遂竭其魔力，以害正法。尊者即入三昧，觀其所由。波旬復伺便，密持瓔珞縻之于頸。及尊者出定，乃取人狗蛇三屍，化爲華鬘，耎言慰諭波旬曰：「汝與我瓔珞，甚是珍妙。吾有華鬘，以相酬奉。」波旬大喜，引頸受之，即變爲三種臭屍，蟲蛆壞爛。波旬厭惡，大生憂惱。盡己神力，不能移動。乃升六欲天，告諸天主。又詣梵王，求其解免。彼各告言：「十力弟子所作神變，我輩凡陋，何能去之？」波旬曰：「然則奈何？」梵王曰：「汝可歸心尊者，即能除斷。」乃爲說偈，令其回向曰：「若因地倒，還因地起；離地求起，終無其理。」波旬受教已，即下天宮，禮尊者足，哀露懺悔。尊者告曰：「汝自今去，於如來正法，更不作嬈害否？」波旬曰：「我誓回向佛道，永斷不善。」尊者曰：「若然者，汝可口自唱言：皈依三寶。」魔王合掌三唱，華鬘悉除。乃歡喜踴躍，作禮尊者而說偈曰：「稽首三昧尊，十力聖弟子。我今願回向，勿令有劣弱。」

尊者在世化導，證果最多。每度一人，以一籌置於石室。其室縱十八肘，廣十二肘，充滿其間。最後有一長者子，名曰香衆，來禮尊者，志求出家。尊者問曰：「汝身出家，心出家？」答曰：「我來出家，非爲身心。」尊者曰：「不爲身心，復誰出家？」答曰：「夫出家者，無我我故。無我我故，即心不生滅；心不生滅，即是常道。諸佛亦常，心無形相，其體亦然。」尊者曰：「汝當大悟，心自通達。宜依佛法僧，紹隆聖種。」即爲剃度，授具足戒。仍告之曰：「汝父嘗夢金日而生汝，可名提多迦。」復謂曰：「如來以大法眼藏，次第傳授，以至於我。今復付汝，聽吾偈言：『心自本來心，本心非有法。有法有本心，非心非本法。』」付法已，乃踊身虛空，呈十八變，却復本座，跏趺而逝。提多迦以室内籌用焚師軀，收舍利，建塔供養。即平王三十年庚子歲也。

五祖提多迦尊者

五祖提多迦尊者，摩伽陀國人也。梵語提多迦，此云通真量。初生之時，父夢金日自屋而出，照耀天地。前有大山，諸寶嚴飾。山頂泉涌，滂沱四流。後遇毱多尊者，爲解之曰：「寶山者，吾身也。泉涌者，法無盡也。日從屋出者，汝今入道之相也。照耀天地者，汝智慧超越也。」尊者聞師説已，歡喜踊躍，而唱偈言：「巍巍七寶山，常出智慧泉。回爲真法味，能度諸有緣。」毱多尊者亦説偈曰：「我法傳於汝，當現大智慧。金日從屋出，照耀於天地。」提多迦聞師妙偈，設禮奉持。後至中印度，彼國有八千大仙，彌遮迦爲首。聞尊者至，率衆瞻禮。謂尊者曰：「昔與師同生梵天，我遇阿私陀仙授我仙法，師逢十力弟子，修習禪那，自此報分殊塗，已經六劫。」者曰：「支離累劫，誠哉不虚。今可捨邪歸正，以入佛乘。」彌遮迦曰：「昔阿私陀仙人授我記云：『汝却後六劫，當遇同學，獲無漏果。』今也相遇，非宿緣邪？願師慈悲，令我解脱。」者即度出家，命諸聖授戒。其餘仙衆，始生我慢。尊者示大神通，於是俱發菩提心，一時出家。者乃告彌遮迦曰：「昔如來以大法眼藏密付迦葉，展轉相授，而至於我。我今付汝，當護念之。」乃説偈曰：「通達本法心，無法無非法。悟了同未悟，無心亦無法。」説偈已，踊身虚空作十八變，火光三昧，自焚其軀。

彌遮迦與八千比丘同收舍利，於班荼山中起塔供養。即莊王五年己丑歲也。

六祖彌遮迦尊者

六祖彌遮迦尊者，中印度人也。既傳法已，遊化至北天竺國，見雉堞之上有金色祥雲，歎曰：「斯道人氣也，必有大士爲吾嗣。」乃入城，於闤闠間有一人手持酒器，逆而問曰：「師何方來？欲往何所？」祖曰：「從自心來，欲往無處。」曰：「識我手中物否？」祖曰：「此是觸器而負浄者。」曰：「師識我否？」祖曰：「我即不識，識即非我。」復謂之曰：「汝試自稱名氏，吾當後示本因。」彼說偈答曰：「我從無量劫，至于生此國，本姓頗羅墮，名字婆須蜜。」祖曰：「我師提多迦說，世尊昔遊北印度，語阿難言：『此國中吾滅後三百年，有一聖人姓頗羅墮，名婆須蜜，而於禪祖，當獲第七。』世尊記汝，汝應出家。」彼乃置器禮師，側立而言曰：「我思往劫，嘗作檀那，獻一如來寶座，彼佛記我曰：『汝於賢劫釋迦法中，宣傳至教。』今符師說，願加度脱。」祖即與披剃，復圓戒相，乃告之曰：「正法眼藏，今付於汝，勿令斷絶。」乃說偈曰：「無心無可得，說得不名法。若了心非心，始解心心法。」祖說偈已，入師子奮迅三昧，踊身虛空，高七多羅樹，却復本座，化火自焚。婆須蜜收靈骨，貯七寶函，建浮圖寘于上級。即襄王十五年甲申歲也。

七祖婆須蜜尊者

七祖婆須蜜尊者，北天竺國人也。姓頗羅墮，常服淨衣，執酒器，遊行里閈，或吟或嘯，人謂之狂。及遇彌遮迦尊者，宣如來往誌，自省前緣，投器出家，受法行化。至迦摩羅國，廣興佛事。於法座前，忽有智者自稱：「我名佛陀難提，今與師論義。」祖曰：「仁者！論即不義，義即不論。若擬論義，終非義論。」難提知師義勝，心即欽服。曰：「我願求道，霑甘露味。」祖遂與剃度，而授具戒。復告之曰：「如來正法眼藏，我今付汝，汝當護持。」乃説偈曰：「心同虛空界，示等虛空法。證得虛空時，無是無非法。」即入慈心三昧。時梵王、帝釋及諸天衆俱來作禮，而説偈言：「賢劫衆聖祖，而當第七位。尊者哀念我，請爲宣佛地。」尊者從三昧起，示衆曰：「我所得法，而非有故，若識佛地，離有無故。」語已，還入三昧，示涅槃相。難提即於本座起七寶塔，以葬全身。即定王十七年辛未歲也。

八祖佛陀難提尊者

八祖佛陀難提尊者，迦摩羅國人也。姓瞿曇氏，頂有肉髻，辯捷無礙。初遇婆須蜜，出家受教。既而領徒行化，至提伽國毗舍羅家，見舍上有白光上騰，謂其徒曰：「此家有聖人，口無言説，真大乘器。不行四衢，知觸穢耳。」言訖，長者出致禮，問：「何所須？」祖曰：「我求侍者。」長者曰：「我有一子，名伏馱蜜多，年已五十，口未曾言，足未曾履。」祖曰：「如汝所説，真吾弟子。」伏馱聞之，遽起禮拜，而説偈曰：「父母非我親，誰是最親者？諸佛非我道，誰爲最道者？」祖以偈答曰：「汝言與心親，父母非可比。汝行與道合，諸佛心即是。外求有相佛，與汝不相似。欲識汝本心，非合亦非離。」伏馱聞偈已，便行七步。祖曰：「此子昔曾值佛，悲願廣大，慮父母愛情難捨，故不言不履耳。」長者遂捨令出家。祖尋授具戒，復告之曰：「我今以如來正法眼藏付囑於汝，勿令斷絶。」乃説偈曰：「虚空無内外，心法亦如此。若了虚空故，是達真如理。」伏馱承師付囑，以偈讚曰：「我師禪祖中，當得爲第八。法化衆無量，悉獲阿羅漢。」爾時佛陀難提即現神變，却復本座，儼然寂滅。衆興寶塔，葬其全身。即景王十年丙寅歲也。

九祖伏馱蜜多尊者

九祖伏馱蜜多尊者，提伽國人也。姓毗舍羅。既受八祖付囑，後至中印度行化。時有長者香蓋，攜一子而來，瞻禮祖曰：「此子處胎六十歲，因號難生。嘗會一仙者，謂此兒非凡，當爲法器。今遇尊者，可令出家。」祖即與落髮授戒，羯磨之際，祥光燭座，仍感舍利三七粒現前，自此精進忘疲。既而祖告之曰：「如來大法眼藏，今付於汝，汝護念之。」乃説偈曰：「真理本無名，因名顯真理。受得真實法，非真亦非僞。」祖付法已，即入滅盡三昧而般涅槃。衆以香油旃檀闍維，收舍利，建塔于那爛陀寺。即敬王三十三年甲寅歲也。

十祖脇尊者

十祖脇尊者，中印度人也。本名難生。初將誕時，父夢一白象，背有寶座，座上安一明珠，從門而入，光照四衆，既覺遂生。後值九祖，執侍左右，未嘗睡眠，謂其脇不至席，遂號脇尊者焉。初至華氏國，憩一樹下，右手指地而告衆曰：「此地變金色，當有聖人入會。」言訖，即變金色。時有長者子富那夜奢，合掌前立。祖問曰：「汝從何來？」答曰：「我心非往。」祖曰：「汝何處住？」答曰：「我心非止。」祖曰：「汝不定邪？」曰：「諸佛亦然。」祖曰：「汝非諸佛。」曰：「諸佛亦非。」祖因説偈曰：「此地變金色，預知有聖至。當坐菩提樹，覺華而成已。」夜奢復説偈曰：「師坐金色地，常説真實義。回光而照我，令入三摩諦。」祖知其意，即度出家，復具戒品，乃告之曰：「如來大法藏，今付於汝，汝護念之。」乃説偈曰：「真體自然真，因真説有理。領得真真法，無行亦無止。」祖付法已，即現神變而入涅槃，化火自焚。四衆各以衣裓盛舍利，隨處興塔而供養之。即貞王二十七年己亥歲也。

十一祖富那夜奢尊者

十一祖富那夜奢尊者，華氏國人也。姓瞿曇氏，父寶身。既得法於脇尊者，尋詣波羅奈國，有馬鳴大士迎而作禮。問曰：「我欲識佛，何者即是？」祖曰：「汝欲識佛，不識者是。」曰：「佛既不識，焉知是乎？」祖曰：「既不識佛，焉知不是？」曰：「此是鋸義。」祖曰：「彼是木義。」祖問：「鋸義者何？」曰：「與師平出。」馬鳴却問：「木義者何？」祖曰：「汝被我解。」馬鳴豁然省悟，稽首皈依，遂求剃度。祖謂衆曰：「此大士者，昔爲毗舍利國王。其國有一類人如馬裸露，王運神力分身爲蠶，彼乃得衣。王後復生中印度，馬人感戀悲鳴，因號馬鳴焉。如來記云：『吾滅度後六百年，當有賢者馬鳴於波羅奈國，摧伏異道，度人無量，繼吾傳化。』今正是時。」即告之曰：「如來大法眼藏，今付於汝。」即説偈曰：「迷悟如隱顯，明暗不相離。今付隱顯法，非一亦非二。」尊者付法已，即現神變，湛然圓寂。衆興寶塔，以閟全身。即安王十九年戊戌歲也。

十二祖馬鳴尊者

十二祖馬鳴大士者，波羅奈國人也。亦名功勝，以有作無作諸功德最爲殊勝，故名焉。既受法於夜奢尊者，後於華氏國轉妙法輪。忽有老人，座前仆地，祖謂衆曰：「此非庸流，當有異相。」言訖不見。俄從地涌出一金色人，復化爲女子，右手指祖而説偈曰：「稽首長老尊，當受如來記。今於此地上，宣通第一義。」説偈已，瞥然不見。祖曰：「將有魔來，與吾較音角力。」有頃，風雨暴至，天地晦冥。祖曰：「魔之來信矣，吾當除之。」即指空中，現一大金龍，奮發威神，震動山岳。祖儼然於座，魔事隨滅。經七日，有一小蟲，大若蟭螟，潛形座下。祖以手取之，示衆曰：「斯乃魔之所變，盜聽吾法耳。」乃放之令去，魔不能動。祖告之曰：「汝但歸依三寶，即得神通。」遂復本形，作禮懺悔。祖問曰：「汝名誰邪？眷屬多少？」曰：「我名迦毗摩羅，有三千眷屬。」祖曰：「盡汝神力，變化若何？」曰：「我化巨〔一〕海極爲小事。」祖曰：「汝化性海得否？」曰：「何謂性海，我未嘗知。」祖即爲説性海曰：「山河大地，皆依建立。三昧六通，由兹發現。」迦毗摩羅聞言，遂發信心，與徒衆三千俱求剃度。祖乃召五百羅漢，與授具戒。復告之曰：「如來大法眼藏，今當付汝。汝聽偈言：『隱顯即本法，明暗元不二。今付悟了法，非取亦非離。』」付囑已，即入龍奮迅三昧，挺身空中，如日輪相，然後示滅。四衆以真體藏之龍龕。即顯王四十二年甲午歲也。

十三祖迦毗摩羅尊者

十三祖迦毗摩羅尊者，華氏國人也。初爲外道，有徒三千，通諸異論。後於馬鳴尊者得法，領徒至西印度。彼有太子，名雲自在。仰尊者名，請於宮中供養。祖曰：「如來有教，沙門不得親近國王、大臣權勢之家。」太子曰：「今我國城之北，有大山焉。山有一石窟，可禪寂于此否？」祖曰：「諾。」即入彼山。行數里，逢一大蟒，祖直前不顧，盤繞祖

〔一〕「巨」，原作「叵」，據續藏本改。

身，祖因與授三皈依，蟒聽訖而去。祖將至石窟，復有一老人素服而出，合掌問訊。祖曰：「汝何所止？」答曰：「我昔嘗爲比丘，多樂寂静，有初學比丘數來請益，而我煩於應答，起嗔恨想，命終墮爲蟒身，住是窟中，今已千載。適遇尊者，獲聞戒法，故來謝爾。」祖問曰：「此山更有何人居止？」曰：「北去十里，有大樹蔭覆五百大龍，其樹王名龍樹，常爲龍衆説法，我亦聽受耳。」祖遂與徒衆詣彼，龍樹出迎曰：「深山孤寂，龍蟒所居。大德至尊，何枉神足？」祖曰：「吾非至尊，來訪賢者。」龍樹默念曰：「此師得決定性明道眼否？是大聖繼真乘否？」祖曰：「汝雖心語，我已意知。但辦出家，何慮吾之不聖？」龍樹聞已悔謝。祖即與度脱，及五百龍衆俱授具戒。復告之曰：「今以如來大法眼藏付囑於汝。諦聽偈言：『非隱非顯法，説是真實際。悟此隱顯法，非愚亦非智。』」付法已，即現神變，化火焚身。龍樹收五色舍利，建塔焉。即赧王四十六年壬辰歲也。

十四祖龍樹尊者

十四祖龍樹尊者，西天竺國人也，亦名龍勝。始於摩羅尊者得法，後至南印度。彼國之人多信福業，祖爲説法，遞相謂曰：「人有福業，世間第一。徒言佛性，誰能覩之？」祖曰：「汝欲見佛性，先須除我慢。」彼人曰：「佛性大小？」祖曰：「非大非小，非廣非狹。無福無報，不死不生。」彼聞理勝，悉回初心。祖復於座上，現自在身，如滿月輪。一切衆唯聞法音，不覩祖相。彼衆中有長者子，名迦那提婆，謂衆曰：「識此相否？」衆曰：「目所未覩，安能辨識？」提婆曰：「此是尊者現佛性體相，以示我等。何以知之？蓋以無相三昧，形如滿月。佛性之義，廓然虛明。」言訖，輪相即隱，復居本座，而說偈言：「身現圓月相，以表諸佛體。說法無其形，用辨非聲色。」彼衆聞偈，頓悟無生，咸願出家，以求解脫。祖即爲剃髮，命諸聖授具。其國先有外道五千餘衆，作大幻術，衆皆宗仰。祖悉爲化之，令歸三寶。復造大智度論、中論、十二門論，垂之於世。後告上首弟子迦那提婆曰：「如來大法眼藏，今當付汝。聽吾偈言：『爲明隱顯法，方說解脫理。於法心不證，無瞋亦無喜。』」付法訖，入月輪三昧，廣現神變，復就本座，凝然禪寂。迦那提婆與諸四衆共建寶塔以葬焉。即秦始皇三十五年己丑歲也。

十五祖迦那提婆尊者

十五祖迦那提婆尊者，南天竺國人也，姓毗舍羅。初求福業，兼樂辯論。後謁龍樹大士。將及門，龍樹知是智人，先遣侍者以滿鉢水置於座前。尊者覩之，即以一針投之而進，欣然契會。龍樹即爲説法，不起於座，現月輪相，唯聞其聲，不見其形。祖語衆曰：「今此瑞者，師現佛性。表説法非聲色也。」祖既得法，後至迦毗羅國。彼有長者，曰梵摩淨德。一日，園樹生耳如菌，味甚美。唯長者與第二子羅睺羅多取而食之。取已隨長，盡而復生。自餘親屬，皆不能見。祖知其宿因，遂至其家。長者迺問其故。祖曰：「汝家昔曾供養一比丘，然此比丘道眼未明，以虚霑信施，故報爲木菌。唯汝與子精誠供養，得以享之，餘即否矣。」又問長者：「年多少？」答曰：「七十有九。」祖乃説偈曰：「入道不通理，復身還信施。汝年八十一，此樹不生耳。」長者聞偈已，彌加歎伏。且曰：「弟子衰老，不能事師，願捨次子，隨師出家。」祖曰：「昔如來記此子，當第二五百年爲大教主。今之相遇，蓋符宿因。」即與剃髮執侍。至巴連弗城，聞諸外道欲障佛法。計之既久，祖乃執長旛入彼衆中。彼問祖曰：「汝何不前？」祖曰：「汝何不後？」彼曰：「汝似賤人。」祖曰：「汝似良人。」彼曰：「汝解何法？」祖曰：「汝百不解。」彼曰：「我欲得佛。」祖曰：「我灼〔一〕然得佛。」彼曰：「汝不合得。」祖曰：「元道我得，汝實不得。」彼曰：「汝既不

〔一〕「灼」，原作「酌」，據續藏本改。

得，云何言得？」祖曰：「汝有我故，所以不得。我無我我，故自當得〔一〕。」彼辭既屈，乃問祖曰：「汝名何等？」祖曰：「我名迦那提婆。」彼既夙聞祖名，乃悔過致謝。時衆中猶互興問難，祖折以無礙之辯，由是歸伏。乃告上足羅睺羅多而付法眼。偈曰：「本對傳法人，爲説解脱理。於法實無證，無終亦無始。」祖説偈已，入奮迅定，身放八光，而歸寂滅。學衆興塔而供養之。即前漢文帝十九年庚辰歲也。

十六祖羅睺羅多尊者

十六祖羅睺羅多尊者，迦毗羅國人也。行化至室羅筏城，有河名曰金水，其味殊美，中流復現五佛影。祖告衆曰：「此河之源，凡五百里，有聖者僧伽難提居於彼處。佛誌：『一千年後，當紹聖位。』」語已，領諸學衆，泝流而上。至彼，見僧伽難提安坐入定。祖與衆伺之。經三七日，方從定起。祖問曰：「汝身定邪，心定邪？」提曰：「身心俱定。」祖曰：「身心俱定，何有出入？」提曰：「雖有出入，不失定相。如金在井，金體常寂。」祖曰：「若金在井，若金出井，金無動静，何物出入？」提曰：「言金動静，何物出入？言金

〔一〕此二句應作「我無我故，我自當得。」

出入，金非動静。」祖曰：「若金在井，出者何金？若金出井，在者何物？」提曰：「金若出井，在者非金。金若在井，出者非物。」祖曰：「此義不然。」提曰：「彼義非著。」祖曰：「此義當墮。」提曰：「彼義不成。」祖曰：「彼義不成，我義成矣。」提曰：「我義雖成，法非我故。」祖曰：「我義已成，我無我故。」提曰：「我無我故，復成何義？」祖曰：「我無我故，故成汝義。」提曰：「仁者師誰，得是無我？」祖曰：「我師迦那提婆，證是無我。」難提以偈贊曰：「稽首提婆師，而出於仁者。仁者無我故，我欲師仁者。」祖以偈答曰：「我已無我故，汝須見我我。汝若師我故，知我非我我。」難提心意豁然，即求度脱。祖曰：「汝心自在，非我所繫。」語已，即以右手擎金鉢，舉至梵宫，取彼香飯，將齋大衆，而大衆忽生厭惡之心。祖曰：「非我之咎，汝等自業。」即命難提分座同食，衆復訝之。祖曰：「汝不得食，皆由此故。當知與吾分座者〔一〕，即過去娑羅樹王如來也，愍物降跡，汝輩亦莊嚴劫中已至三果而未證無漏者也。」衆曰：「我師神力，斯可信矣。彼云過去佛者，即竊疑焉。」難提知衆生慢，乃曰：「世尊在日，世界平正，無有丘陵，江河溝洫，水悉甘美，草木滋茂，國土豐盈，無八苦，行十善。自雙樹示滅八百餘年，世界丘墟，樹木枯悴，人無至信，正

〔一〕清藏本「者」上有「尊」字，於義爲勝。

念輕微，不信真如，唯愛神力。」言訖，以右手漸展入地，至金剛輪際，取甘露水，以琉璃器持至會所。大衆見之，即時欽慕，悔過作禮。於是，祖命僧伽難提而付法眼。偈曰：「於法實無證，不取亦不離。法非有無相，内外云何起？」祖付法已，安坐歸寂。四衆建塔。當前漢武帝二十八年戊辰歲也。

十七祖僧伽難提尊者

十七祖僧伽難提尊〔一〕者，室羅筏城寶莊嚴王之子也。生而能言，常讚佛事。七歲即厭世樂，以偈告其父母曰：「稽首大慈父，和南骨血母。我今欲出家，幸願哀愍故。」父母固止之，遂終日不食。乃許其在家出家，號僧伽難提。復命沙門禪利多爲之師。積十九載，未嘗退倦。每自念言：「身居王宫，胡爲出家？」一夕，天光下屬，見一路坦平，不覺徐行。約十里許，至大巖前，有石窟焉，乃燕寂于中。父既失子，即擯禪利多出國，訪尋其子，不知所在。經十年，祖得法受記已，行化至摩提國，忽有凉風襲衆，身心悦適非常，而

〔一〕「尊」字原無，據卷首目録補。

不知其然。祖曰：「此道德之風也。當有聖者出世，嗣續祖燈乎？」言訖，以神力攝諸大衆，遊歷山谷。食頃，至一峰下，謂衆曰：「此峰頂有紫雲如蓋，聖人居此矣。」即與大衆徘徊久之。見山舍一童子，持圓鑑直造祖前。祖問：「汝幾歲邪？」曰：「百歲。」祖曰：「汝年尚幼，何言百歲？」童曰：「我不會理，正百歲耳。」祖曰：「汝善機邪？」童曰：「佛言：若人生百歲，不會諸佛機，未若生一日，而得決了之。」祖曰：「汝手中者，當何所表？」童曰：「諸佛大圓鑑，内外無瑕翳。兩人同得見，心眼皆相似。」彼父母聞子語，即捨令出家。祖携至本處，授具戒訖，名伽耶舍多。他時聞風吹殿鈴聲，祖問曰：「鈴鳴邪？風鳴邪？」舍多曰：「非風鈴鳴，我心鳴耳。」祖曰：「心復誰乎？」舍多曰：「俱寂静故。」祖曰：「善哉！善哉！繼吾道者，非子而誰？」即付法眼。偈曰：「心地本無生，因地從緣起。緣種不相妨，華果亦復爾。」祖付法已，右手攀樹而化。大衆議曰：「尊者樹下歸寂，其垂蔭後裔乎！」將奉全身於高原建塔，衆力不能舉，即就樹下起塔。當前漢昭帝十三年丁未歲也。

十八祖伽耶舍多尊者

十八祖伽耶舍多尊者，摩提國人也。姓鬱頭藍，父天蓋，母方聖。嘗夢大神持鑑，因而有娠。凡七日而誕，肌體瑩如琉璃，未嘗洗沐，自然香潔。幼好閑静，語非常童。持鑑出遊，遇難提尊者。得度後，領徒至大月氏國。見一婆羅門舍有異氣，祖將入彼舍，舍主鳩摩羅多問曰：「是何徒衆？」祖曰：「是佛弟子。」彼聞佛號，心神竦然，即時閉户。祖良久扣其門，羅多曰：「此舍無人。」祖曰：「答無者誰？」羅多聞語，知是異人，遽開關延接。祖曰：「昔世尊記曰：『吾滅後一千年，有大士出現於月氏國，紹隆玄化。』今汝值吾，應斯嘉運。」於是鳩摩羅多發宿命智，投誠出家。授具訖，付法偈曰：「有種有心地，因緣能發萌。於緣不相礙，當生生不生。」祖付法已，踊身虚空，現十八種神變，化火光三昧，自焚其身。衆以舍利起塔。當前漢成帝二十年戊申歲也。

十九祖鳩摩羅多尊者

十九祖鳩摩羅多尊者，大月氏國婆羅門之子也。昔爲自在天人。欲界第六天。見菩薩瓔珞，忽起愛心，墮生忉利。欲界第二天。聞憍尸迦説般若波羅蜜多，以法勝故，升于梵天色界。以根利故，善説法要，諸天尊爲導師。以繼祖時至，遂降月氏。後至中天竺國，有大士名闍夜多，問曰：「我家父母素信三寶，而常縈疾瘵，凡所營作，皆不如意；而我鄰家久爲旃陀羅行，而身常勇健，所作和合。彼何幸，而我何辜？」祖曰：「何足疑乎！且善惡之報有三時焉：凡人但見仁夭暴壽、逆吉義凶，便謂亡因果、虛罪福，殊不知影響相隨，毫釐靡忒。縱經百千萬劫，亦不磨滅。」時闍夜多聞是語已，頓釋所疑。祖曰：「汝雖已信三業，而未明業從惑生，惑因識有，識依不覺，不覺依心。心本清淨，無生滅，無造作，無報應，無勝負，寂寂然，靈靈然。汝若入此法門，可與諸佛同矣。一切善惡、有爲無爲，皆如夢幻。」闍夜多承言領旨，即發宿慧，懇求出家。既受具，祖告曰：「吾今寂滅時至，汝當紹行化迹。」乃付法眼，偈曰：「性上本無生，爲對求人說。於法既無得，何懷決不決。」又云：「此是妙音如來見性清淨之句，汝宜傳布後學。」言訖，即於座上，以指爪剺面，如紅蓮開出，大光明照耀四衆，而入寂滅。闍夜多起塔。當新室十四年壬午歲也。

二十祖闍夜多尊者

二十祖闍夜多尊者，北天竺國人也。智慧淵冲，化導無量。後至羅閱城，敷揚頓教。彼有學衆，唯尚辯論。爲之首者，名婆修盤頭。此云偏行。常一食不卧，六時禮佛，清淨無欲，爲衆所歸。祖將欲度之，先問彼衆曰：「此偏行頭陀，能修梵行，可得佛道乎？」衆曰：「我師精進，何故不可。」祖曰：「汝師與道遠矣。設苦行歷於塵劫，皆虚妄之本也。」衆曰：「尊者藴何德行而譏我師？」祖曰：「我不求道，亦不顛倒。我不禮佛，亦不輕慢。我不長坐，亦不懈怠。我不一食，亦不雜食。我不知足，亦不貪欲。心無所希，名之曰道。」時徧行聞已，發無漏智，歡喜讚歎。祖又語彼衆曰：「會吾語否？吾所以然者，爲其求道心切。夫絃急即斷，故吾不贊。令其住安樂地，入諸佛智。」復告徧行曰：「吾適對衆抑挫仁者，得無惱於衷乎？」徧行曰：「我憶念七劫前，生常安樂國，師於智者月淨，記我非久〔一〕當證斯陀含果。時有大光明菩薩出世，我以老故，策杖禮謁。師叱我曰：『重子輕父，一何鄙哉！』時我自謂無過，請師示之。師曰：『汝禮大光明菩薩，以杖倚壁畫佛面，以此過慢，遂失二果。』我責躬悔過以來，聞諸惡言，如風如響，況今獲飲無上甘露，而反生熱惱邪？惟願大慈，以妙道垂誨。」祖曰：「汝久植衆德，當繼吾宗。聽吾偈曰：『言下合無生，同於法界性。若能如是解，通達事理竟。』」祖付法已，不起於座，奄然歸寂。闍維，收舍利建塔，當後漢明帝十七年甲戌歲也。

〔一〕「久」，原作「父」，據續藏本改。

二十一祖婆修盤頭尊者

二十一祖婆修盤頭尊者，羅閱城人也。姓毗舍佉，父光蓋，母嚴一。家富而無子，父母禱于佛塔而求嗣焉。一夕，母夢吞明暗二珠，覺而有孕。經七日，有一羅漢名賢衆至其家，光蓋設禮，賢衆端坐受之。嚴一出拜，賢衆避席，云：「回禮法身大士。」光蓋罔測其由，遂取一寶珠跪獻，試其真僞。賢衆即受之，殊無遜謝。光蓋不能忍，問曰：「我是丈夫，致禮不顧；我妻何德，尊者避之。」賢衆曰：「我受禮納珠，貴福汝耳。汝婦懷聖子，生當爲世燈慧日，故吾避之，非重女人也。」賢衆又曰：「汝婦當生二子，一名婆修盤頭，則吾所尊者也。二名芻尼。此云野鵲子。昔如來在雪山修道，芻尼巢於頂上，佛既成道，芻尼受報爲那提國王。佛記云：『汝至第二五百年，生羅閱城毗舍佉家，與聖同胞。』今無爽矣。」後一月，果産二子。尊者婆修盤頭年至十五，禮光度羅漢出家，感毗婆訶菩薩與之授戒。行化至那提國，彼王名常自在，有二子：一名摩訶羅，次名摩拏羅。王問祖曰：「羅閱城土風，與此何異？」祖曰：「彼土曾三佛出世，今王國有二師化導。」王曰：「二師者誰？」祖曰：「佛記第二五百年，有二神力大士出家繼聖，即王之次子摩拏羅，是其一也。

吾雖德薄，敢當其一。」王曰：「誠如尊者所言，當捨此子作沙門。」祖曰：「善哉！大王能遵佛旨。」即與授具，付法。偈曰：「泡幻同無礙，如何不了悟，達法在其中，非今亦非古。」祖付法已，踊身高半由旬，屹然而住。四衆仰瞻虔請，復坐跏趺而逝。荼毗得舍利，建塔。當後漢殤帝十二年丁巳歲也。

二十二祖摩拏羅尊者

二十二祖摩拏羅尊者，那提國常自在王之子也。年三十，遇婆修祖師出家。傳法至西印度。彼國王名得度，即瞿曇種族，歸依〔一〕佛乘，勤行精進。一日，於行道處，現一小塔，欲取供養，衆莫能舉。王即大會梵行、禪觀、呪術等三衆，欲問所疑。時祖亦赴此會，是三衆皆莫能辨，祖即爲王廣説塔之所因，塔，阿育王造者，此不繁録。今之出現，王福力之所致也。王聞是説，乃曰：「至聖難逢，世樂非久。」即傳位太子，投祖出家，七日而證四果。祖深加慰誨曰：「汝居此國，善自度人。今異域有大法器，吾當往化。」得度曰：「師應迹十

〔一〕「依」，續藏本作「向」。

方，動念當至，寧勞往邪？」祖曰：「然。」於是焚香，遥語月氏國鶴勒那比丘曰：「汝在彼國，教導鶴衆，道果將證，宜自知之。」時鶴勒那爲彼國王寶印説修多羅偈，忽覩異香成穗，王曰：「是何祥也？」曰：「此是西印土傳佛心印祖師摩拏羅將至，先降信香耳。」曰：「此師神力何如？」曰：「此師遠承佛記，當於此土廣宣玄化。」時王與鶴勒那俱遥作禮。祖知已，即辭得度比丘，往月氏國，受王與鶴勒那供養。後鶴勒那問祖曰：「我止林間，已經九白。印度以一年爲一白。有弟子龍子者，幼而聰慧，我於三世推窮，莫知其本。」祖曰：「此子於第五劫中，生妙喜國婆羅門家，曾以旃檀施於佛宇，作槌撞鍾，受報聰敏，爲衆欽仰。」又問：「我有何緣而感鶴衆？」祖曰：「汝第四劫中，嘗爲比丘，當赴會龍宫。汝諸弟子咸欲隨從，汝觀五百衆中，無有一人堪任妙供。時諸弟〔一〕子曰：『師常説法，於食等者，於法亦等。今既不然，何聖之有！』汝即令赴會。自汝捨生、趣生、轉化諸國，其五百弟子以福微德薄，生於羽族。今感汝之惠，故爲鶴衆相隨。」鶴勒那問曰：「以何方便，令彼解脱？」祖曰：「我有無上法寶，汝當聽受，化未來際。」而説偈曰：「心隨萬境轉，轉處實能幽。隨流認得性，無喜復無憂。」時鶴衆聞偈，飛鳴而去。祖跏趺，寂然奄化。鶴勒那

〔一〕「弟」字原無，據續藏本補。

與寶印王起塔。當後漢桓帝十九年乙巳歲也。

二十三祖鶴勒那尊者

二十三祖鶴勒那尊者，勒那梵語，鶴即華言，以常感群鶴戀慕故名耳。月氏國人也。姓婆羅門，父千勝，母金光。以無子故，禱于七佛金幢。即夢須彌山頂一神童，持金環云：「我來也。」覺而有孕。年七歲，遊行聚落，覩民間淫祀，乃入廟叱之曰：「汝妄興禍福，幻惑於人，歲費牲牢，傷害斯甚。」言訖，廟貌忽然而壞。由是鄉黨謂之聖子。年二十二出家。三十遇摩拏羅尊者，付法眼藏。行化至中印度。彼國王名無畏海，崇信佛道。祖爲說正法次，王忽見二人緋素服拜祖。王問曰：「此何人也？」祖曰：「此是日月天子，吾昔曾爲說法，故來禮拜。」良久不見，唯聞異香。王曰：「日月國土，總有多少？」祖曰：「千釋迦佛所化世界，各有百億迷盧日月，我若廣說，即不能盡。」王聞忻然。時祖演無上道，度有緣衆，以上足龍子早夭，有兄師子，博通强記，事婆羅門。厥師既逝，弟復云亡，乃歸依尊者而問曰：「我欲求道，當何用心？」祖曰：「汝欲求道，無所用心。」曰：「既無用心，誰作佛事？」祖曰：「汝若有用，即非功德。汝若無作，即是佛事。經云：『我所作功德，而無我所故。』」師子聞是語已，即入佛慧。時祖忽指東北問曰：「是何氣象？」師子曰：「我見氣如白虹，貫乎天地。復有黑氣五道，橫亘其中。」祖曰：「其兆云何？」曰：「莫可知矣。」祖曰：「吾滅後五十年，北天竺國當有難起，嬰在汝身。吾將滅矣，今以法眼付囑於汝，善自護持。」乃說偈曰：「認得心性時，可說不思議。了了無可得，得時不說知。」師子比丘聞偈欣愜，然未曉將罹何難，祖乃密示之。言訖，現十八變而歸寂。闍維畢，分舍利，各欲興塔。祖復現空中而說偈曰：「一法一切法，一切一法攝。吾身非有無，何分一切塔？」大衆聞偈，遂不復分，就馱都塲而建塔焉。即後漢獻帝二十年己丑歲也。

二十四祖師子尊者

二十四祖師子比丘者，中印度人也。姓婆羅門。得法遊方，至罽賓國。有波利迦者，本習禪觀，故有禪定、知見、執相、捨相、不語之五衆。祖詰而化之，四衆皆默然心服。唯禪定師達磨達者，聞四衆被責，憤悱而來。祖曰：「仁者習定，何當來此？既至于此，胡云習定？」彼曰：「我雖來此，心亦不亂。定隨人習，豈在處所？」祖曰：「仁者既來，其習亦至。既無處所，豈在人習？」彼曰：「定習人故，非人習定。我當來此，其定常習。」祖曰：「人非習定，定習人故。當自來時，其定誰習？」彼曰：「如淨明珠，內外無翳。定若通達，必當如此。」祖曰：「定若通達，一似明珠。今見仁者，非珠之徒。」彼曰：「其珠明徹，內外悉定。我心不亂，猶若此淨。」祖曰：「其珠無內外，仁者何能定？穢物非動搖，此定不是淨。」達磨達蒙祖開悟，心地朗然。祖既攝五衆，名聞遐邇。方求法嗣，遇一長者，引其子問祖曰：「此子名斯多，當生便拳左手，今既長矣，終未能舒，願尊者示其宿因。」祖覩之，即以手接曰：「可還我珠！」童子遽開手奉珠，衆皆驚異。祖曰：「吾前報爲僧，有童子名婆舍，吾嘗赴西海齋，受䞋珠付之，今還吾珠，理固然矣。」長者遂捨其子出家，祖即與授具。以前緣故，名婆舍斯多。祖即謂之曰：「吾師密有懸記，罹難非久，如來正法眼藏今轉付汝，汝應保護，普潤來際。」偈曰：「正說知見時，知見俱是心。當心即知見，知見即于今。」祖說偈已，以僧伽梨密付斯多，俾之他國，隨機演化。斯多受教，直抵南天。祖謂難不可以苟免，獨留罽賓。時本國有外道二人：一名摩目多，二名都落遮，學諸幻法，欲共謀亂。乃盜爲釋子形象，潛入王宮。且曰：「不成即罪歸佛子。」妖既自作，禍亦旋踵。王果怒曰：「吾素歸心三寶，何乃構害，一至于斯！」即命破毀伽藍，祛除釋衆。又自秉劍，至尊者所，問曰：「師得蘊空否？」祖曰：「已得蘊空。」王曰：「離生死否？」祖曰：「已離生死。」王曰：「既離生死，可施我頭。」祖曰：「身非我有，何悋於頭！」王即揮刃，斷尊者首。白乳涌高數尺，王之右臂旋亦墮地，七日而終。太子光首歎曰：「我父何故自取其禍？」時有象白山僊人者，深明因果，即爲光首廣宣宿因，解其疑網。事具聖胄集及寶林傳。遂以師子尊者報體而建塔焉。當魏齊王二十年己卯歲也。

二十五祖婆舍斯多尊者

二十五祖婆舍斯多尊者，罽賓國人也。姓婆羅門，父寂行，母常安樂。初，母夢得神劍，因而有孕。既誕，拳左手。遇師子尊者顯發宿因，密授心印。後適南天，至中印度。彼國王名迦勝，設禮供養。時有外道，號無我尊，先爲王禮重，嫉祖之至，欲與論義，幸而勝之，以固其事。乃於王前謂祖曰：「我解默論，不假言說。」祖曰：「孰知勝負？」彼曰：「不爭勝負，但取其義。」祖曰：「汝以何爲義？」彼曰：「無心爲義。」祖曰：「汝既無心，豈得義乎？」彼曰：「我説無心，當名非義。」祖曰：「汝説無心，當名非義。我説非心，當義非名。」彼曰：「當義非名，誰能辨義？」祖曰：「汝名非義，此名何名？」彼曰：「爲辨非義，是名無名。」祖曰：「名既非名，義亦非義，辨者是誰，當辨何物？」如是往返五十九番，外道杜口信伏。于時祖忽面北，合掌長吁曰：「我師師子尊者，今日遇難，斯可惕焉。」即辭王南邁，達于南天，潛隱山谷。時彼國王名天德，迎請供養。王有二子：一名德勝，凶暴而色力充盛。一名不如密多，和柔而長嬰疾苦。祖乃爲陳因果，王即頓釋所疑。又有呪術師，忌祖之道，乃潛置毒藥于飲食中，祖知而食之，彼返受禍，遂投祖出家。祖即與授具。後六十載，德勝即位，復信外道，致難于祖。不如密多以進諫被囚。王遽問祖曰：「予國素絶妖訛，師所傳者當是何宗？」祖曰：「王國昔來，實無邪法。我所得者，即是佛宗。」王曰：「佛滅已千二百載，師從誰得邪？」祖曰：「飲光大士，親受佛印，展轉至二十四世師子尊者，我從彼得。」王曰：「予聞師子比丘不能免於刑戮，何能傳法後人？」祖曰：「我師難未起時，密授我信衣法偈，以顯師承。」王曰：「其衣何在？」祖即於囊中出衣示王。王命焚之，五色相鮮，薪盡如故。王即追悔致禮。師子真嗣既明，乃赦密多。密多遂求出家。祖問曰：「汝欲出家，當爲何事？」密多曰：「我若出家，不爲其事。」祖曰：「不爲何事？」密多曰：「不爲俗事。」祖曰：「當爲何事？」密多曰：「當爲佛事。」祖曰：「太子智慧天至，必諸聖降迹。」即許出家。六年侍奉，後於王宮受具。羯磨之際，大地震動，頗多靈異。祖乃命之曰：「吾已衰朽，安可久留？汝當善護正法眼藏，普濟群有。聽吾偈曰：『聖人説知見，當境無是非。我今悟真性，無道亦無理。』」不如密多聞偈，再啓祖曰：「法衣宜可傳授。」祖曰：「此衣爲難故，假以證明；汝身無難，何假其衣？化被十方，人自信向。」不如密多聞語，作禮而退。祖現于神變，化三昧火自焚，平地舍利可高一尺。德勝王創浮圖而祕之。當東晋明帝太寧三年乙酉歲也。

二十六祖不如密多尊者

二十六祖不如密多尊者，南印度天德王之次子也。既受度得法，至東印度。彼王名堅固，奉外道師長爪梵志。暨尊者將至，王與梵志同覩白氣貫于上下。王曰：「斯何瑞也？」梵志預知祖入境，恐王遷善，乃曰：「此是魔來之兆耳，何瑞之有！」即鳩諸徒衆議曰：「不如密多將入都城，誰能挫之？」弟子曰：「我等各有呪術，可以動天地、入水火，何患哉？」祖至，先見宫牆有黑氣，乃曰：「小難耳。」直詣王所。王曰：「師來何爲？」祖曰：「將度衆生。」王曰：「以何法度？」祖曰：「各以其類度之。」時梵志聞言，不勝其怒，即以幻法，化大山於祖頂上。祖指之，忽在彼衆頭上。梵志等怖懼投祖，祖愍其愚惑，再指之，化山隨滅。乃爲王演説法要，俾趣真乘。謂王曰：「此國當有聖人而繼於我。」是時有婆羅門子，年二十許，幼失父母，不知名氏。或自言纓絡，故人謂之纓絡童子。遊行閭里，丐求度日，若常不輕之類。人問：「汝行何急？」即答曰：「汝行何緩？」或曰：「何姓？」乃曰：「與汝同姓。」莫知其故。後，王與尊者同車而出，見纓絡童子稽首於前，祖曰：「汝憶往事否？」童曰：「我念遠劫中，與師同居。師演摩訶般若，我轉甚深修多羅，今日之事，蓋契昔因。」祖又謂王曰：「此童子非他，即大勢至菩薩是也。此聖之後，復出二人：一人化南印度，一人緣在震旦。四五年内，却返此方。」遂以昔因故，名般若多羅。付法眼藏，偈曰：「真性心地藏，無頭亦無尾。應緣而化物，方便呼爲智。」祖付法已，即辭王曰：「吾化緣已終，當歸寂滅。願王於最上乘，無忘外護。」即還本座，跏趺而逝，化火自焚。收舍利塔而瘞之。當東晋孝武帝太元十三年戊子歲也。

二十七祖般若多羅尊者

二十七祖般若多羅尊者，東印度人也。既得法已，行化至南印度。彼王名香至，崇奉佛乘，尊重供養，度越倫等，又施無價寶珠。時王有三子：曰月浄多羅，曰功德多羅，曰菩提多羅。其季開士也。祖欲試其所得，乃以所施珠問三王子曰：「此珠圓明，有能及否？」第一王子、第二王子皆曰：「此珠七寶中尊，固無踰也。非尊者道力，孰能受之？」第三王子曰：「此是世寶，未足爲上。於諸寶中，法寶爲上。此是世光，未足爲上。於諸光中，智光爲上。此是世明，未足爲上。於諸明中，心明爲上。此珠光明，不能自照。要假智光，光辨於此。既辨此已，即知是珠。既知是珠，即明其寶。若明其寶，寶不自寶。若辨其珠，珠不自珠。珠不自珠者，要假智珠而辨世珠。寶不自寶者，要假智寶以明法寶。然則師有其道，其寶即現。衆生有道，心寶亦然。」祖歎其辯慧，乃復問曰：「於諸物中，何物無相？」曰：「於諸物中，不起無相。」又問：「於諸物中，何物最高？」曰：「於諸物中，人我最高。」又問：「於諸物中，何物最大？」曰：「於諸物中，法性最大。」祖知是法嗣，以時尚未至，且默而混之。及香至王厭世，衆皆號絶。唯第三子菩提多羅於柩前入定。經七日而出，乃求出家。既受具戒，祖告曰：「如來以正法眼付大迦葉，如是展轉，乃至於我。我今囑汝，聽吾偈曰：『心地生諸種，因事復生理。果滿菩提圓，華開世界起。』」尊者付法已，即於座上起立，舒左右手，各放光明二十七道，五色光耀。又踊身虛空，高七多羅樹，化火自焚。空中舍利如雨，收以建塔，當宋孝武帝大明元年丁酉歲。祖因東印度國王請，祖齋次，王乃問：「諸人盡轉經，唯師爲甚不轉？」祖曰：「貧道出息不隨衆緣，入息不居蘊界，常轉如是經百千萬億卷，非但一卷兩卷。」

東土祖師

初祖菩提達磨大師

初祖菩提達磨大師者，南天竺國香至王第三子也。姓刹帝利，本名菩提多羅，後遇二十七祖般若多羅至本國受王供養，知師密迹，因試令與二兄辨所施寶珠，發明心要。既而尊者謂曰：「汝於諸法，已得通量。夫達磨者，通大之義也。宜名達磨。」因改號菩提達磨。祖乃告尊者曰：「我既得法，當往何國而作佛事？願垂開示。」者曰：「汝雖得法，未可遠遊，且止南天。待吾滅後六十七載，當往震旦，設大法藥，直接上根。慎勿速行，衰於日下。」祖又曰：「彼有大士，堪爲法器否？千載之下有留難否？」者曰：「汝所化之方，獲菩提者不可勝數。吾滅後六十餘年，彼國有難，水中文布，自善降之。汝至時，南方勿住。彼唯好有爲功業，不見佛理，汝縱到彼，亦不可久留。聽吾偈曰：『路行跨水復逢羊，獨自栖栖暗渡江。日下可憐雙象馬，二株嫩桂久昌昌。』」又問曰：「此後更有何事？」者曰：「從是已去一百五十年，而有小難。聽吾讖曰：『心中雖吉外頭凶，川下僧房名不中。爲遇毒龍生武子，忽逢小鼠寂無窮。』」又問：「此後如何？」者曰：「却後二百二十年，林下見一人，當得道果。聽吾讖曰：『震旦雖闊無別路，要假兒孫脚下行。金雞解御一粒粟，供養十方羅漢僧。』」復演諸偈，皆預讖佛教隆替。事具寶林傳及聖胄集。祖恭禀教義，服勤左右垂四十年，未嘗廢闕。迨尊者順世，遂演化本國。

時有二師：一名佛大先，二名佛大勝多，本與祖同學佛陀跋陀小乘禪觀。佛大先既遇般若多羅尊者，捨小趣大，與祖並化，時號二甘露門矣。而佛大勝多更分徒而爲六宗：第一有相宗，第二無相宗，第三定慧宗，第四戒行宗，第五無得宗，第六寂靜宗。各封己解，別展化源，聚落崢嶸，徒衆甚盛。祖喟然歎曰：「彼之一師已陷牛迹，況復支離繁盛而分六宗？我若不除，永纏邪見。」言已，微現神力，至有相宗所，問曰：「一切諸法何名實相？」彼衆中有一尊長薩婆羅答曰：「於諸相中不互諸相，是名實相。」祖曰：「一切諸相而不互者，若名實相，當何定邪？」彼曰：「於諸相中實無有定，若定諸相，何名爲實？」祖曰：「諸相不定，便名實相。汝今不定，當何得之？」彼曰：「我言不定，不説諸相。當説諸相，其義亦然。」祖曰：「汝言不定，當爲實相。定不定故，即非實相。」彼曰：「定既不定，即非實相。知我非故，不定不變。」祖曰：「汝今不變，何名實相？已變已往，其義亦然。」彼曰：「不變當在，在不在故，故變實相，以定其義。」祖曰：「實相不變，變即非實。於有無中，何名實相？」薩婆羅心知聖師懸解潛達，即以手指虛空曰：「此是世間有相，亦能空故，當我此身，得似此否？」祖曰：「若解實相，即見非相。若了非相，其色亦然。當於色中，不失色體。於非相中，不礙有故。若能是解，此名實相。」彼衆聞已，心意朗然，欽禮信受。祖瞥然匿跡。至無相宗所，問曰：「汝言無相，當何證之？」彼衆中有波羅提答曰：「我明無相，心不現故。」祖曰：「汝心不現，當何明之？」彼曰：「我明無相，心不取捨。當於明時，亦無當者。」祖曰：「於諸有無，心不取捨。又無當者，諸明無故。」彼曰：「入佛三昧，尚無所得，何況無相，而欲知之？」祖曰：「相既不知，誰云有無？尚無所得，何名三昧？」彼曰：「我説不證，證無所證。非三昧故，我説三昧。」祖曰：「非三昧者，何當名之？汝既不證，非證何證？」波羅提聞祖辯析，即悟本心，禮謝於祖，懺悔往謬。祖記曰：「汝當得果，不久證之。此國有魔，非久降之。」言已，忽然不現。至定慧宗所，問曰：「汝學定慧，爲一爲二？」彼衆中有婆蘭陀者答曰：「我此定慧，非一非二。」祖曰：「既非一二，何名定慧？」彼曰：「在定非定，處慧非慧。一即非一，二亦不二。」祖曰：「當一不一，當二不二。既非定慧，約何定慧？」彼曰：「不一不二，定慧能知。非定非慧，亦復然矣。」祖曰：「慧非定故，然何知哉？不一不二，誰定誰慧？」婆蘭陀聞之，疑心冰釋。至第四戒行宗所，問曰：「何者名戒？云何名行？當此戒行，爲一爲二？」彼衆中有一賢者答曰：「一二二一，皆彼所生。依教無染，此名戒行。」祖曰：「汝言依教，即是有染。一二俱破，何言依教？此二違背，不及於行。内外非明，何名爲戒？」彼曰：「我有内外，彼已知竟。既得通達，便是戒行。若説違背，俱是俱非。言及清浄，即戒即行。」祖曰：「俱是俱非，何言清浄？既得通故，何談内外？」賢者聞之，即自慚伏。至無得宗所，問曰：「汝云無得，無得何得？既無所得，亦無得得。」彼衆中有寶静者答曰：「我説無得，非無得得。當説得得，無得是得。」祖曰：「得既不得，得亦非得。既云得得，得得何得？」彼曰：「見得非得，非得是得。若見不得，名爲得得。」祖曰：「得既非得，得得無得。既無所得，當何得得？」寶静聞之，頓除疑網。至寂静宗所，問曰：「何名寂静，於此法中，誰静誰寂？」彼衆中有尊者答曰：「此心不動，是名爲寂。於法無染，名之爲静。」祖曰：「本心不寂，要假寂静。本來寂故，何用寂静？」彼曰：「諸法本空，以空空故。於彼空空，故名寂静。」祖曰：「空空已空，諸法亦爾。寂静無相，何静何寂？」彼尊者聞師指誨，豁然開悟。既而六衆，咸誓歸依。由是化被南天，聲馳五印。經六十載，度無量衆。

後值異見王輕毁三寶，每云：「我之祖宗，皆信佛道，陷于邪見，壽年不永，運祚亦促。且我身是佛，何更外求？善惡報應，皆因多智之者妄構其説。至於國内耆舊，爲前王所奉者，悉從廢黜。」祖知已，歎彼德薄。當何救之？即念無相宗中二首領：其一波羅提者，與王有緣，將證其果。其二宗勝者，非不博辯，而無宿因。時六宗徒衆亦各念言：佛法有難，師何自安？祖遥知衆意，即彈指應之。六衆聞云：「此是我師達磨信響，我等宜速行，以副慈命。」即至祖所，禮拜問訊。祖曰：「一葉翳空，孰能剪拂？」宗勝曰：「我雖淺薄，敢憚其行？」祖曰：「汝雖辯慧，道力未全。」宗勝自念：「我師恐我見王大作佛事，名譽顯達，映奪尊威。縱彼福慧爲王，我是沙門，受佛教旨，豈難敵也。」言訖潛去。至王所廣説法要及世界苦樂、人天善惡等事。王與之往返徵詰，無不詣理。王曰：「汝今所解，其法何在？」宗勝曰：「如王治化，當合其道。王所有道，其道何在？」王曰：「我所有道，將除邪法。汝所有法，將伏何人？」祖不起于座，懸知宗勝義墮，遽告波羅提曰：「宗勝不稟吾教，潛化於王，須臾理屈。汝可速救。」波羅提恭稟祖旨，云：「願假神力。」言已，雲生足下，至大王前，默然而住。時王正問宗勝，忽見波羅提乘雲而至，愕然忘其問答。曰：「乘空之者，是正是邪？」提曰：「我非邪正，而來正邪。王心若正，我無邪正。」王雖驚異，而驕慢方熾，即擯宗勝令出。波羅提曰：「王既有道，何擯沙門？我雖無解，願王致問。」王怒而問曰：「何者是佛？」提曰：「見性是佛。」王曰：「師見性否？」提曰：「我見佛性。」王曰：「性在何處？」提曰：「性在作用。」王曰：「是何作用？我今不見。」提曰：「今現作用，王自不見。」王曰：「於我有否？」提曰：「王若作用，無有不是。王若不用，體亦難見。」王曰：「若當用時，幾處出現？」提曰：「若出現時，當有其八。」王曰：「其八出現，當爲我説。」波羅提即説偈曰：「在胎爲身，處世爲人。在眼曰見，在耳曰聞。在鼻辨香，在口談論。在手執捉，在足運奔。徧現俱該沙界，收攝在一微塵。識者知是佛性，不識喚作精魂。」王聞偈已，心即開悟，悔謝前非，咨詢法要，朝夕忘倦，迄于九旬。時宗勝既被斥逐，退藏深山。念曰：「我今百歲，八十爲非。二十年來，方歸佛道。性雖愚昧，行絶瑕疵。不能禦難，生何如死？」言訖，即自投崖。俄有神人以手捧承，置于巖上，安然無損。宗勝曰：「我忝沙門，當與正法爲主，不能抑絶王非，是以捐身自責，何神祐助，一至於斯！願垂一語，以保餘年。」於是神人乃説偈曰：「師壽於百歲，八十而造非。爲近至尊故，熏修而入道。雖具少智慧，而多有彼我。所見諸賢等，未嘗生珍敬。二十年功德，其心未恬静。聰明輕慢故，而獲至於此。得王不敬者，當感果如是。自今不疏怠，不久成奇智。諸聖悉存心，如來亦復爾。」宗勝聞偈欣然，即於巖間宴坐。時王復問波羅提曰：「仁者智辯，當師何人？」提曰：「我所出家，即娑羅寺烏沙婆三藏爲受業師。其出世師者，即大王叔菩提達磨是也。」王聞祖名，驚駭久之。曰：「鄙簿忝嗣王位，而趣邪背正，忘我尊叔。」遽敕近臣，特加迎請。祖即隨使而至，爲王懺悔往非。王聞規誡，泣謝于祖。又詔宗勝歸國。大臣奏曰：「宗勝被謫投崖，今已亡矣。」王告祖曰：「宗勝之死，皆自於吾。如何大慈，令免斯罪。」祖曰：「宗勝今在巖間宴息，但遣使召，當即至矣。」王即遣使入山，果見宗勝端居禪寂。宗勝蒙召，乃曰：「深愧王意，貧道誓處巖泉。且王國賢德如林，達磨是王之叔，六衆所師，波羅提法中龍象，願王崇仰二聖，以福皇基。」使者復命。未至，祖謂王曰：「知取得宗勝否？」王曰：「未知。」祖曰：「一請未至，再命必來。」良久使還，果如祖語。祖遂辭王曰：「當善修德，不久疾作，吾且去矣。」經七日，王乃得疾。國醫診治，有加無瘳。貴戚近臣憶師前記，急發使告祖曰：「王疾殆至彌留，願叔慈悲，遠來診救。」祖即至慰問。時宗勝再承王召，即別巖間。波羅提亦來問疾。謂祖曰：「當何施爲，令王免苦？」祖即令太子爲王宥罪施恩，崇奉三寶，復爲懺悔，願罪消滅。如是者三，王疾有間。師念震旦緣熟，行化時至，乃先辭祖塔，次別同學，後至王所，慰而勉之曰：「當勤修白業，護持三寶。吾去非晚，一九即回。」王聞師言，涕淚交集曰：「此國何罪，彼土何祥？叔既有緣，非吾所止。惟願不忘父母之國，事畢早回。」王即具大舟，實以衆寶，躬率臣寮，送至海壖。祖汎重溟，凡三周寒暑，達于南海，實梁普通七年丙午歲九月二十一日也。廣州刺史蕭昂具主禮迎接，表聞武帝。帝覽奏，遣使齎詔迎請，當大通元年丁未歲也。普通八年三月改元。十月一日至金陵。帝問曰：「朕即位已來，造寺寫經，度僧不可勝紀，有何功德？」祖曰：「並無功德。」帝曰：「何以無功德？」祖曰：「此但人天小果，有漏之因，如影隨形，雖有非實。」帝曰：「如何是真功德？」祖曰：「淨智妙圓，體自空寂，如是功德，不以世求。」帝又問：「如何是聖諦第一義？」祖曰：「廓然無聖。」帝曰：「對朕者誰？」祖曰：「不識。」帝不領悟。祖知機不契，是月十九日，潛回江北。十一月二十三日，届于洛陽。當魏孝明帝孝昌三年也，寓止于嵩山少林寺，面壁而坐，終日默然。人莫之測，謂之「壁觀婆羅門」。

時有僧神光者，曠達之士也。久居伊洛，博覽群書，善談玄理。每歎曰：「孔老之教，禮術風規，莊易之書，未盡妙理。近聞達磨大士住止少林，至人不遥，當造玄境。」乃往彼，晨夕參承。祖常端坐面壁，莫聞誨勵。光自惟曰：「昔人求道，敲骨取髓，刺血濟饑，布髮掩泥，投崖飼虎，古尚若此，我又何人？」其年十二月九日夜，天大雨雪。光堅立不動，遲明積雪過膝。祖憫而問曰：「汝久立雪中，當求何事？」光悲淚曰：「惟願和尚慈悲，開甘露門，廣度群品。」祖曰：「諸佛無上妙道，曠劫精勤，難行能行，非忍而忍。豈以小德小智，輕心慢心，欲冀真乘，徒勞勤苦。」光聞祖誨勵，潛取利刀，自斷左臂，置于祖前。祖知是法器，乃曰：「諸佛最初求道，爲法忘形，汝今斷臂吾前，求亦可在。」祖遂因與易名曰慧可。乃曰：「諸佛法印，可得聞乎？」祖曰：「諸佛法印，匪從人得。」可曰：「我心未寧，乞師與安。」祖曰：「將心來，與汝安。」可良久曰：「覓心了不可得。」祖曰：「我與汝安心竟。」越九年，欲返天竺，命門人曰：「時將至矣，汝等盍各言所得乎？」時有道副對曰：「如我所見，不執文字，不離文字，而爲道用。」祖曰：「汝得吾皮。」尼摠持曰：「我今所解，如慶喜見阿閦佛國，一見更不再見。」祖曰：「汝得吾肉。」道育曰：「四大本空，五陰非有，而我見處，無一法可得。」祖曰：「汝得吾骨。」最後慧可禮拜，依位而立。祖曰：「汝得吾髓。」乃顧慧可而告之曰：「昔如來以正法眼付迦葉大士，展轉囑累，而至於我。我今付汝，汝當護持。并授汝袈裟，以爲法信。各有所表，宜可知矣。」可曰：「請師指陳。」祖曰：「内傳法印，以契證心；外付袈裟，以定宗旨。後代澆薄，疑慮競生，云吾西天之人，言汝此方之子，憑何得法？以何證之？汝今受此衣法，却後難生，但出此衣并吾法偈，用以表明其化無礙。至吾滅後二百年，衣止不傳，法周沙界。明道者多，行道者少。説理者多，通理者少。潛符密證，千萬有餘。汝當闡揚，勿輕未悟。一念回機，便同本得。聽吾偈曰：『吾本來兹土，傳法救迷情。一花開五葉，結果自然成。』」祖又曰：「吾有楞伽經四卷，亦用付汝。即是如來心地要門，令諸衆生開示悟入。吾自到此，凡五度中毒。我嘗自出而試之，置石石裂。緣吾本離南印來此東土，見赤縣神州有大乘氣象，遂踰海越漠，爲法求人。際會未諧，如愚若訥。今得汝傳授，吾意已終。」別記云：祖初居少林寺九年，爲二祖説法，秖教外息諸緣，内心無喘〔一〕，心如牆壁，可以入道。慧可種種説心性，曾未契理。祖秖遮其非，不爲説無念心體。可忽曰：「我已息諸緣。」祖曰：「莫成斷滅去否？」可曰：「不成斷滅。」祖曰：「此是諸佛所傳心體，更勿疑也。」言已，乃與徒衆往禹門千聖寺。止三日，有期城太守楊衒之，早慕佛乘，問祖曰：「西天五印，師承爲祖。其道如何？」祖曰：「明佛心宗，行解相應，名之曰祖。」又問：「此外如何？」祖曰：「須明他心，知其今古，不厭有無，於法無取，不賢不愚，無迷無悟。若能是解，故稱爲祖。」又曰：「弟子歸心三寶亦有年矣，而智慧昏蒙，尚迷真理。適聽師言，罔知攸措。願師慈悲，開示宗旨。」祖知懇到，即説偈曰：「亦不覩惡而生嫌，亦不觀善而勤措。亦不捨智而近愚，亦不拋迷而就悟。達大道兮過量，通佛心兮出度。不與凡聖同躔，超然名之曰祖。」衒之聞偈，悲喜交并。曰：「願師久住世間，化導群有。」祖曰：「吾即逝矣，不可久留。根性萬差，多逢患難。」衒之曰：「未審何人，弟子爲師除得否？」祖曰：「吾以傳佛秘密，利益迷途，害彼自安，必無此理。」衒之曰：「師若不言，何表通變觀照之力？」祖不獲已，乃爲讖曰：「江槎分玉浪，管炬開金鎖。五口相共行，九十無彼我。」衒之聞語，莫究其端。默記于懷，禮辭而去。祖之所讖，雖當時不測，而後皆符驗。

〔一〕「喘」，原作「端」，據續藏本改。

時魏氏奉釋，禪儁如林，光統律師、流支三藏者，乃僧中之鸞鳳也。覩師演道，斥相指心，每與師論義，是非蜂起。祖遐振玄風，普施法雨，而偏局之量，自不堪任，競起害心，數加毒藥。至第六度，以化緣已畢，傳法得人，遂不復救之，端居而逝。即魏文帝大統二年丙辰十月五日也〔一〕。其年十二月二十八日，葬熊耳山。起塔於定林寺。後三歲，魏宋雲奉使西域回，遇祖于葱嶺，見手攜隻履，翩翩獨逝。雲問：「師何往？」祖曰：「西天去！」雲歸，具說其事，及門人啓壙，唯空棺，一隻革履存焉。舉朝爲之驚歎。奉詔取遺履，於少林寺供養。至唐開元十五年丁卯歲爲信道者竊在五臺華嚴寺，今不知所在。初，梁武遇祖，因緣未契。及聞化行魏邦，遂欲自撰師碑而未暇也。後聞宋雲事，乃成之。代宗諡圓覺大師，塔曰空觀。年號依紀年通譜。

通論曰：傳燈謂魏孝明帝欽祖異迹，三屆詔命，祖竟不下少林。及祖示寂，宋雲自西域還，遇祖于葱嶺，孝莊帝有旨令啓壙。如南史普通八年，即大通元年也。孝明以是歲四月癸丑殂，祖以十月至梁。蓋祖未至魏時，孝明已去世矣。其子即位未幾，爲尒朱榮所弑，乃立孝莊帝，由是魏國大亂。越三年而孝莊殂，又五年分割爲東、西魏。然則吾祖在少林時，正值其亂。及宋雲之還，則孝莊去世亦五六年，其國至於分割久矣，烏有孝莊令啓壙之說乎？按唐史云：後魏

〔一〕續藏本此句作「即魏莊帝永安元年戊申十月五日也」。

末，有僧達磨航海而來，既卒。其年魏使宋雲於葱嶺回見之，門徒發其墓，但有隻履而已。此乃實録也。

二祖慧可大祖禪師

二祖慧可大師者，武牢人也。姓姬氏。父寂，未有子時，嘗自念言：「我家崇善，豈令無子？」禱之既久，一夕感異光照室，其母因而懷妊。及長，遂以照室之瑞，名之曰光。自幼志氣不群，博涉詩書，尤精玄理，而不事家産，好遊山水。後覽佛書，超然自得。即抵洛陽龍門香山，依寶静禪師出家，受具於永穆寺。浮游講肆，徧學大小乘義。年三十二，却返香山，終日宴坐。又經八載，於寂默中倏見一神人謂曰：「將欲受果，何滯此邪？大道匪遥，汝其南矣！」祖知神助，因改名神光。翌日，覺頭痛如刺，其師欲治之。空中有聲曰：「此乃换骨，非常痛也。」祖遂以見神事白于師，師視其頂骨，即如五峰秀出矣。乃曰：「汝相吉祥，當有所證。神令汝南者，斯則少林達磨大士必汝之師也。」祖受教，造于少室。其得法傳衣事迹，達磨章具之矣。自少林託化西歸，大師繼闡玄風，博求法嗣。至北齊天平二年，有一居士，年踰四十，不言名氏，聿來設禮，而問祖曰：「弟子身纏風恙，請和尚懺罪。」祖曰：「將罪來，與汝懺。」士良久曰：「覓罪不可得。」祖曰：「與汝懺罪竟。宜依佛法僧住。」士曰：「今見和尚，已知是僧。未審何名佛法？」祖曰：「是心是佛，是心是法，法佛無二，僧寶亦然。」士曰：「今日始知罪性不在内，不在外，不在中間，如其心然，佛法無二也。」祖深器之，即爲剃髮，云：「是吾寶也。宜名僧璨。」其年三月十八日，於光福寺受具，自兹疾漸愈。執侍經二載，祖乃告曰：「菩提達磨遠自竺乾，以正法眼藏并信衣密付於吾，吾今授汝。汝當守護，無令斷絶。聽吾偈曰：『本來緣有地，因地種華生。本來無有種，華亦不曾生。』」祖付衣法已，又曰：「汝受吾教，宜處深山，未可行化，當有國難。」璨曰：「師既預知，願垂示誨。」祖曰：「非吾知也。斯乃達磨傳般若多羅懸記云『心中雖吉外頭凶』是也。吾校年代，正在于汝。汝當諦思前言，勿罹世難。然吾亦有宿累，今要酬之。善去善行，俟時傳付。」祖付囑已，即往鄴都，隨宜説法。一音演暢，四衆皈依。如是積三十四載，遂韜光混跡，變易儀相，或入諸酒肆，或過於屠門，或習街談，或隨廝音斯。役。人問之曰：「師是道人，何故如是？」祖曰：「我自調心，何關汝事？」又於筦城縣匡救寺三門下，談無上道，聽者林會。時有辯和法師者，於寺中講涅槃經，學徒聞師闡法，稍稍引去。辯和不勝其憤，興謗于邑宰翟仲侃。翟惑其邪説，加祖以非法，祖怡然委順，識真者謂之償債。時年一百七歲，即隋文帝開皇十三年癸丑歲三月十六日也。葬磁州滏陽縣東北七十里。唐德宗謚大祖禪師。皓月供奉問長沙岑和尚：「古德云：了即業障本來空，未了應須償宿債。只如師子尊者、二祖大師，爲甚麼得償債去？」沙曰：「大德不識本來空。」月曰：「如何是本來空？」沙曰：「業障是。」曰：「如何是業障？」沙曰：「本來空是。」月無語。沙以偈示之曰：「假有元非有，假滅亦非無。涅槃償債義，一性更無殊。」

三祖僧璨鑑智禪師

三祖僧璨大師者，不知何許人也。初以白衣謁二祖，既受度傳法，隱于舒州之皖公山。屬後周武帝破滅佛法，祖往來太湖縣司空山，居無常處，積十餘載，時人無能知者。至隋開皇十二年壬子歲，有沙彌道信，年始十四，來禮祖曰：「願和尚慈悲，乞與解脱法門。」祖曰：「誰縛汝？」曰：「無人縛。」祖曰：「何更求解脱乎？」信於言下大悟。服勞九載，後於吉州受戒，侍奉尤謹。祖屢試以玄微，知其緣熟，乃付衣法。偈曰：「華種雖因地，從地種華生。若無人下種，華地盡無生。」祖又曰：「昔可大師付吾法，後往鄴都行化，三十年方終。今吾得汝，何滯此乎！」即適羅浮山，優游二載，却還舊址。逾月士民奔趨，大設檀供。祖爲四衆廣宣心要訖，於法會大樹下合掌立終。即隋煬帝大業二年丙寅十月十五日也。唐玄宗謚鑑智禪師、覺寂之塔。

師信心銘曰：「至道無難，唯嫌揀擇。但莫憎愛，洞然明白。毫釐有差，天地懸隔。欲得現前，莫存順逆。違順相争，是爲心病。不識玄旨，徒勞念静。圓同太虚，無欠無餘。

良由取捨，所以不如。莫逐有緣，勿住空忍。一種平懷，泯然自盡。止動歸止，止更彌動。唯滯兩邊，寧知一種。一種不通，兩處失功。遣有沒有，從空背空。多言多慮，轉不相應。絶言絶慮，無處不通。歸根得旨，隨照失宗。須臾返照，勝却前空。前空轉變，皆由妄見。不用求真，唯須息見。二見不住，慎莫追尋。纔有是非，紛然失心。二由一有，一亦莫守。一心不生，萬法無咎。無咎無法，不生不心。能由境滅，境逐能沉。境由能境，能由境能。欲知兩段，元是一空。一空同兩，齊含萬象。不見精麤，寧有偏黨？大道體寬，無易無難。小見狐疑，轉急轉遲。執之失度，必入邪路。放之自然，體無去住。任性合道，逍遥絶惱。繫念乖真，昏沉不好。不好勞神，何用疏親。欲取一乘，勿惡六塵。六塵不惡，還同正覺。智者無爲，愚人自縛。法無異法，妄自愛著。將心用心，豈非大錯？迷生寂亂，悟無好惡。一切二邊，良由斟酌。夢幻空花，何勞把捉。得失是非，一時放却。眼若不睡，諸夢自除。心若不異，萬法一如。一如體玄，兀爾忘緣。萬法齊觀，歸復自然。泯其所以，不可方比。止動無動，動止無止。兩既不成，一何有爾？究竟窮極，不存軌則。契心平等，所作俱息。狐疑盡净，正信調直。一切不留，無可記憶。虚明自照，不勞心力。非思量處，識情難測。真如法界，無他無自。要急相應，唯言不二。不二皆同，無不包容。十方智者，皆入此宗。宗非促延，一念萬年。無在不在，十方目前。極小同大，忘絶境界。極大同小，不見邊表。

有即是無，無即是有。若不如是，必不須守。一即一切，一切即一。但能如是，何慮不畢。信心不二，不二信心。言語道斷，非去來今。」

四祖道信大醫禪師

四祖道信大師者，姓司馬氏。世居河内，後徙於蘄州廣濟縣。生而超異，幼慕空宗諸解脱門，宛如宿習。既嗣祖風，攝心無寐，脅不至席者僅六十年。隋大業十三載領徒衆抵吉州，值群盜圍城，七旬不解，萬衆惶怖。祖愍之，教令念摩訶般若。時賊衆望雉堞間若有神兵，乃相謂曰：「城内必有異人，不可攻矣。」稍稍引去。唐武德甲申歲師却返蘄春，住破頭山，學侣雲臻。一日往黄梅縣，路逢一小兒，骨相奇秀，異乎常童。祖問曰：「子何姓？」答曰：「姓即有，不是常姓。」祖曰：「是何姓？」答曰：「是佛性。」祖曰：「汝無姓邪？」答曰：「性空，故無。」祖默識其法器，即俾侍者至其母所，乞令出家。母以宿緣故，殊無難色，遂捨爲弟子，以至付法傳衣。偈曰：「華種有生性，因地華生生。大緣與性合，當生生不生。」遂以學徒委之。一日告衆曰：「吾武德中游廬山，登絶頂，望破頭山，見紫雲如蓋，下有白氣，橫分六道，汝等會否？」衆皆默然。忍曰：「莫是和尚他後橫出一枝佛法否？」祖曰：「善。」後貞觀癸卯歲太宗嚮師道味，欲瞻風彩，詔赴京。祖上表遜謝，前後三返，竟以疾辭。第四度命使曰：「如果不起，即取首來。」使至山諭旨，祖乃引頸就刃，神色儼然。使異之，回以狀聞。帝彌加欽慕，就賜珍繒，以遂其志。迄高宗永徽辛亥歲閏九月四日，忽垂誡門人曰：「一切諸法，悉皆解脱。汝等各自護念，流化未來。」言訖安坐而逝。壽七十有二。塔于本山。明年四月八日，塔户無故自開，儀相如生。爾後，門人不敢復閉。代宗謚大醫禪師、慈雲之塔。

五祖弘忍大滿禪師

五祖弘忍大師者，蘄州黄梅人也。先爲破頭山中栽松道者。嘗請於四祖曰：「法道可得聞乎？」祖曰：「汝已老，脱有聞，其能廣化邪？儻若再來，吾尚可遲汝。」迺去，行水邊，見一女子浣衣。揖曰：「寄宿得否？」女曰：「我有父兄，可往求之。」曰：「諾，我即敢行。」女首肯之，遂回策而去。女周氏季子也。歸輒孕，父母大惡，逐之。女無所歸，日傭紡里中，夕止於衆館之下。已而生一子，以爲不祥，因抛濁港中。明日見之，泝流而上，氣體鮮明，大驚，遂舉之。成童，隨母乞食，里人呼爲「無姓兒」。逢一智者，歎曰：「此子缺七種相，不逮如來。」後遇信大師，得法嗣，化於破頭山。

咸亨中有一居士，姓盧名慧能，自新州來參謁。祖問曰：「汝自何來？」盧曰：「嶺南。」祖曰：「欲須何事？」盧曰：「唯求作佛。」祖曰：「嶺南人無佛性，若爲得佛？」盧曰：「人即有南北，佛性豈然？」祖知是異人，乃訶曰：「著槽廠去。」盧禮足而退，便入碓坊，服勞於杵臼之間，晝夜不息。經八月，祖知付授時至，遂告衆曰：「正法難解，不可徒記吾言，持爲己任。汝等各自隨意述一偈，若語意冥符，則衣法皆付。」時會下七百餘僧。上座神秀者，學通内外，衆所宗仰，咸推稱曰：「若非尊秀，疇敢當之？」神秀竊聆衆譽，不復思惟，乃於廊壁書一偈曰：「身是菩提樹，心如明鏡臺。時時勤拂拭，莫使惹塵埃。」祖因經行，忽見此偈，知是神秀所述，乃讚歎曰：「後代依此修行，亦得勝果。」其壁本欲令處士盧珍繪楞伽變相，及見題偈在壁，遂止不畫，各令念誦。盧在碓坊，忽聆誦偈，乃問同學：「是何章句？」同學曰：「汝不知和尚求法嗣，令各述心偈？此則秀上座所述。和尚深加歎賞，必將付法傳衣也。」盧曰：「其偈云何？」同學爲誦。盧良久曰：「美則美矣，了則未了。」同學訶曰：「庸流何知，勿發狂言！」盧曰：「子不信邪？願以一偈和之。」同學不答，相視而笑。盧至夜，密告一童子，引至廊下，盧自秉燭，請別駕張日用於秀偈之側，寫一偈曰：「菩提本無樹，明鏡亦非臺。本來無一物，何處惹塵埃？」祖後見此偈曰：

「此是誰作？亦未見性。」衆聞師語，遂不之顧。逮夜，祖潛詣碓坊，問曰：「米白也未？」盧曰：「白也，未有篩。」祖於碓以杖三擊之。盧即以三鼓入室。祖告曰：「諸佛出世爲一大事，故隨機大小而引導之，遂有十地、三乘、頓漸等旨，以爲教門。然以無上微妙、秘密圓明、真實正法眼藏付于上首大迦葉尊者，展轉傳授二十八世。至達磨屆于此土，得可大師承襲以至于今，以法寶及所傳袈裟用付於汝。善自保護，無令斷絶。聽吾偈曰：『有情來下種，因地果還生。無情既無種，無性亦無生。』」盧行者跪受衣法，啓曰：「法則既受，衣付何人？」祖曰：「昔達磨初至，人未之信，故傳衣以明得法。今信心已熟，衣乃争端，止於汝身，不復傳也。且當遠隱，俟時行化，所謂受衣之人，命如懸絲也。」盧曰：「當隱何所？」祖曰：「逢懷即止，遇會且藏。」盧禮足已，捧衣而出。是夜南邁，大衆莫知。五祖自後不復上堂。大衆疑怪，致問。祖曰：「吾道行矣！何更詢之？」復問：「衣法誰得邪？」祖曰：「能者得。」於是衆議盧行者名能，尋訪既失，潛知彼得，即共奔逐。五祖既付衣法，復經四載，至上元二年忽告衆曰：「吾今事畢，時可行矣。」即入室，安坐而逝。壽七十有四。建塔于黄梅之東山。代宗謚大滿禪師、法雨之塔。

六祖慧能大鑒禪師

六祖慧能大師者，俗姓盧氏，其先范陽人。父行瑫，武德中左官于南海之新州，遂占籍焉。三歲喪父，其母守志。鞠養及長，家尤貧窶，師樵採以給。一日負薪至市中，聞客讀金剛經，至「應無所住而生其心」，有所感悟，而問客曰：「此何法也？得於何人？」客曰：「此名金剛經，得於黄梅忍大師。」祖遽告其母以爲法尋師之意。直抵韶州，遇高行士劉志略，結爲交友。尼無盡藏者，即志略之姑也。常讀涅槃經，師暫聽之，即爲解説其義，尼遂執卷問字。祖曰：「字即不識，義即請問。」尼曰：「字尚不識，曷能會義？」祖曰：「諸佛妙理，非關文字。」尼驚異之，告鄉里耆艾曰：「能是有道之人，宜請供養。」於是居人競來瞻禮。近有寶林古寺舊地，衆議營緝，俾祖居之。四衆霧集，俄成寶坊。祖一日忽自念曰：「我求大法，豈可中道而止。」明日遂行，至樂昌〔一〕縣西山石室間，遇智遠禪師。祖遂請益。遠曰：「觀子神姿爽拔，殆非常人。吾聞西域菩提達磨傳心印於黄梅，汝當往彼參決。」祖辭去，直造黄梅之東山，即唐咸亨二年也。

〔一〕「樂昌」原舛作「昌樂」，今改。

忍大師一見，默而識之。後傳衣法，令隱于懷集、四會之間。至儀鳳元年丙子正月八日，届南海，遇印宗法師於法性寺講涅槃經。祖寓止廊廡間，暮夜，風颺刹幡。聞二僧對論，一曰幡動，一曰風動，往復酬答，曾未契理。祖曰：「可容俗流輒預高論否？直以風幡非動，動自心耳。」印宗竊聆此語，竦然異之。明日，邀祖入室，徵風幡之義。祖具以理告，印宗不覺起立曰：「行者定非常人。師爲是誰？」祖更無所隱，直叙得法因由。於是印宗執弟子之禮，請授禪要。乃告四衆曰：「印宗具足凡夫，今遇肉身菩薩。」乃指座下盧居士曰：「即此是也。」因請出所傳信衣，悉令瞻禮。至正月十五日，會諸名德，爲之剃髮。二月八日，就法性寺智光律師授滿分戒。其戒壇，即宋朝求那跋陀三藏之所置也。三藏記云：「後當有肉身菩薩在此壇受戒。」又梁末真諦三藏於壇之側手植二菩提樹，謂衆曰：「却後一百二十年，有大開士於此樹下演無上乘，度無量衆。」祖具戒已，於此樹下開東山法門，宛如宿契。明年二月八日，忽謂衆曰：「吾不願此居，欲歸舊隱。」即印宗與緇白千餘人，送祖歸寶林寺。韶州刺史韋據，請於大梵寺轉妙法輪，并受無相心地戒。門人紀録，目爲壇經，盛行于世。後返曹溪，雨大法雨，學者不下千數。

中宗神龍元年降詔云：「朕請安、秀二師宮中供養，萬機之暇，每究一乘。二師並推讓曰：『南方有能禪師，密受忍大師衣法，可就彼問。』今遣内侍薛簡馳詔迎請，願師慈念，速赴上京。」祖上表辭疾，願終林麓。簡曰：「京城禪德皆云，欲得會道，必須坐禪習定。若不因禪定而得解脱者，未之有也。未審師所説法如何？」祖曰：「道由心悟，豈在坐也。經云：『若見如來若坐若卧，是行邪道。』何故？無所從來，亦無所去。若無生滅，是如來清淨禪。諸法空寂，是如來清淨坐。究竟無證，豈況坐邪？」簡曰：「弟子回，主上必問，願和尚慈悲，指示心要。」祖曰：「道無明暗，明暗是代謝之義。明暗無盡，亦是有盡，相待立名。故經云：『法無有比，無相待故。』」簡曰：「明喻智慧，暗況煩惱。修道之人，儻不以智慧照破煩惱，無始生死，憑何出離？」祖曰：「煩惱即是菩提，無二無别。若以智慧照煩惱者，此是二乘小見，羊鹿等機。大智上根，悉不如是。」簡曰：「如何是大乘見解？」祖曰：「明與無明，其性無二。無二之性，即是實性。實性者，處凡愚而不減，在賢聖而不增，住煩惱而不亂，居禪定而不寂，不斷不常，不來不去，不在中間，及其内外，不生不滅，性相如如，常住不遷，名之曰道。」簡曰：「師説不生不滅，何異外道？」祖曰：「外道所説不生不滅者，將滅止生，以生顯滅，滅猶不滅，生説無生。我説不生不滅者，本自無生，今亦無滅，所以不同外道。汝若欲知心要〔一〕，但一切善惡都莫思量，自然得入清淨心體，湛

〔一〕「要」，原作「惡」，據清藏本、續藏本改。

然常寂，妙用恒沙。」簡蒙指教，豁然大悟。禮辭歸闕，表奏祖語。有詔謝師，并賜磨衲袈裟、絹五百匹、寶鉢一口。十二月十九日，勑改古寶林爲中興寺。三年十一月十八日，又勑韶州刺史重加崇飾，賜額爲法泉寺，祖新州舊居爲國恩寺。

一日，祖謂衆曰：「諸善知識，汝等各各浄心，聽吾説法。汝等諸人，自心是佛，更莫狐疑。外無一物而能建立，皆是本心生萬種法故。經云：『心生種種法生，心滅種種法滅。』若欲成就種智，須達一相三昧、一行三昧。若於一切處而不住相，彼相中不生憎愛，亦無取捨，不念利益成壞等事，安閑恬静，虛融澹泊，此名一相三昧。若於一切處行住坐臥，純一直心，不動道場，真成浄土，名一行三昧。若人具二三昧，如地有種，能含藏長養，成就其實。一相一行，亦復如是。我今説法，猶如時雨溥潤大地。汝等佛性，譬諸種子，遇茲霑洽，悉得發生。承吾旨者，決獲菩提。依吾行者，定證妙果。」先天元年告諸四衆曰：「吾忝受忍大師衣法，今爲汝等説法，不付其衣。蓋汝等信根淳熟，決定不疑，堪任大事。聽吾偈曰：『心地含諸種，普雨悉皆生。頓悟華情已，菩提果自成。』」説偈已，復曰：「其法無二，其心亦然。其道清浄，亦無諸相。汝等慎勿觀浄及空其心。此心本浄，無可取捨。各自努力，隨緣好去。」嘗有僧舉臥輪禪師偈曰：「臥輪有伎倆，能斷百思想。對境心不起，菩提日日長。」祖聞之曰：「此偈未明心地，若依而行之，是加繫縛。」因示一偈曰：「慧能没伎倆，不斷百思想。對境心數起，菩提作麽長！」卧輪非名即住處也。祖説法利生，經四十載，其年七月六日，命弟子往新州國恩寺建報恩塔，仍令倍工。又有蜀僧，名方辯，來謁曰：「善捏塑。」祖正色曰：「試塑看。」方辯不領旨，乃塑祖真，可高七尺，曲盡其妙。祖觀之曰：「汝善塑性，不善佛性。」酬以衣物，辯禮謝而去。先天二年七月一日，謂門人曰：「吾欲歸新州，汝速理舟檝。」時大衆哀慕，乞師且住。祖曰：「諸佛出現，猶示涅槃。有來必去，理亦常然。吾此形骸，歸必有所。」衆曰：「師從此去，早晚却回？」祖曰：「葉落歸根，來時無口。」又問：「師之法眼，何人傳受？」祖曰：「有道者得，無心者通。」又問：「後莫有難否？」祖曰：「吾滅後五六年，當有一人來取吾首。聽吾記曰：『頭上養親，口裏須飱，遇滿之難，楊柳爲官。』」又曰：「吾去七十年，有二菩薩從東方來，一在家，一出家。同時興化，建立吾宗，締緝伽藍，昌隆法嗣。」言訖，往新州國恩寺，沐浴跏趺而化，異香襲人，白虹屬地。即其年八月三日也。時韶、新兩郡，各修靈塔，道俗莫決所之。兩郡刺史，共焚香祝曰：「香煙引處，即師之欲歸焉。」時鑪香騰涌，直貫曹溪。以十一月十三日入塔，壽七十六。

時韶州刺史韋據撰碑，門人憶念取首之記，遂先以鐵葉漆布固護師頸。塔中有達磨所傳信衣。西域屈眴布也，緝木綿華心織成。後人以碧絹爲裏。中宗賜磨衲、寶鉢，以辯塑真、道具等，主塔侍者尸之。開元十年壬戌八月三日夜半，忽聞塔中如拽鐵索聲，僧衆驚起，見一孝子從塔中走出，尋見師頸有傷，具以賊事聞於州縣。縣令楊侃、刺史柳無忝得牒，切加擒捉。五月於石角村捕得賊人，送韶州鞫問。云：「姓張名浄滿，汝州梁縣人，於洪州開元寺受新羅僧金大悲錢二十千，令取六祖大師首，歸海東供養。」柳守聞狀，未即加刑，乃躬至曹溪，問祖上足令韜曰：「如何處斷？」韜曰：「若以國法論，理須誅夷；但以佛教慈悲，冤親平等，况彼欲求供養，罪可恕矣。」柳守嘉歎曰：「始知佛門廣大。」遂赦之。爾後甚有名賢贊述，檀施珍異，文繁不録。

上元元年肅宗遣使就請師衣鉢，歸内供養。至永泰元年五月五日，代宗夢六祖大師請衣鉢。七日，勑刺史楊瑊曰：「朕夢感禪師請傳法袈裟却歸曹溪。今遣鎮國大將軍劉崇景頂戴而送，朕謂之國寶。卿可於本寺如法安置。專令僧衆親承宗旨者，嚴加守護，勿令遺墜。」後或爲人偷竊，皆不遠而獲，如是者數四。憲宗謚大鑒禪師，塔曰元和靈照。皇朝開寶初，王師平南海劉氏，殘兵作梗，祖之塔廟，鞠爲煨燼，而真身爲守塔僧保護，一無所損。尋有制興修，功未竟，會太宗皇帝即位，留心禪宗，頗增壯麗焉。

五燈會元卷第二

四祖大醫禪師旁出法嗣

牛頭山法融禪師

牛頭山法融禪師者，潤州延陵人也。姓韋氏。年十九，學通經史。尋閱大部般若，曉達真空。忽一日歎曰："儒道世典，非究竟法。般若正觀，出世舟航。"遂隱茅山，投師落髮。後入牛頭山幽棲寺北巖之石室，有百鳥銜花之異。唐貞觀中，四祖遥觀氣象，知彼山有奇異之人，乃躬自尋訪。問寺僧："此間有道人否？"曰："出家兒那箇不是道人？"祖曰："阿那箇是道人？"僧無對。別僧曰："此去山中十里許，有一懶融，見人不起，亦不合掌，莫是道人麽？"祖遂入山，見師端坐自若，曾無所顧。祖問曰："在此作甚麽？"師曰："觀心。"祖曰："觀是何人？心是何物？"師無對，便起作禮曰："大德高棲何所？」祖曰：「貧道不決所止，或東或西。」師曰：「還識道信禪師否？」祖曰：「何以問他？」師曰：「嚮德滋久，冀一禮謁。」祖曰：「道信禪師，貧道是也。」師曰：「因何降此？」祖曰：「特來相訪，莫更有宴息之處否？」師指後面曰：「別有小庵。」遂引祖至庵所。遶庵，唯見虎狼之類。祖乃舉兩手作怖勢。師曰：「猶有這箇在。」祖曰：「這箇是甚麽？」師無語。少選，祖却於師宴坐石上書一佛字，師覩之竦然。祖曰：「猶有這箇在。」師未曉，乃稽首請説真要。祖曰：「夫百千法門，同歸方寸，河沙妙德，總在心源。一切戒門、定門、慧門，神通變化，悉自具足，不離汝心。一切煩惱業障，本來空寂。一切因果，皆如夢幻。無三界可出，無菩提可求。人與非人，性相平等。大道虚曠，絶思絶慮。如是之法，汝今已得，更無闕少，與佛何殊？更無别法，汝但任心自在，莫作觀行，亦莫澄心，莫起貪嗔，莫懷愁慮，蕩蕩無礙，任意縱横，不作諸善，不作諸惡，行住坐卧，觸目遇緣，總是佛之妙用。快樂無憂，故名爲佛。」師曰：「心既具足，何者是佛？何者是心？」祖曰：「非心不問佛，問佛非不心。」師曰：「既不許作觀行，於境起時，心如何對治？」祖曰：「境緣無好醜，好醜起於心。心若不强名，妄情從何起？妄情既不起，真心任徧知。汝但隨心自在，無復對治，即名常住法身，無有變異。吾受璨大師頓教法門，今付於汝。汝今諦受吾言，只住此山。向後當有五人達者，紹汝玄化。」祖付法訖，遂返雙峰終老。師自爾法席大盛。

唐永徽中，徒衆乏糧，師往丹陽緣化。去山八十里，躬負米一石八斗，朝往暮還，供僧三百，二時不闕。三年，邑宰蕭元善請於建初寺講大般若經，聽者雲集。至滅静〔一〕品，地爲之震動。講罷歸山，博陵王問師曰：「境緣色發時，不言緣色起。云何得知緣，乃欲息其起？」師曰：「境色初發時，色境二性空。本無知緣者，心量與知同。照本發非發，爾時起自息。抱暗生覺緣，心時緣不逐。至如未生前，色心非養育。從空本無念，想受言念生。起發未曾起，豈用佛教令？」問曰：「閉目不見色，境慮乃便多。色既不關心，境從何處發？」師曰：「閉目不見色，内心動慮多。幻識假成用，起名終不過。知色不關心，心亦不關人。隨行有相轉，鳥去空中真。」問曰：「境發無處所，緣覺了知生。境謝覺還轉，覺乃變爲境。若以心曳心，還爲覺所覺。從之隨隨去，不離生滅際。」師曰：「色心前後中，實無緣起境。一念自凝忘，誰能計動静？此知自無知，知知緣不會。當自檢本形，何須求域外？前境不變謝，後念不來今。求月執玄影，討跡逐飛禽。欲知心本性，還如視夢裏。譬之六月冰，處處皆相似。避空終不脱，求空復不成。借問鏡中像，心從何處生？」問

〔一〕「静」，疑爲「諍」。

曰：「恰恰用心時，若爲安隱好？」師曰：「恰恰用心時，恰恰無心用。曲譚名相勞，直説無繁重。無心恰恰用，常用恰恰無。今説無心處，不與有心殊。」問曰：「智者引妙言，與心相會當。言與心路别，合則萬倍乖。」師曰：「方便説妙言，破病大乘道。非關本性譚，還從空化造。無念爲真常，終當絶心路。離念性不動，生滅無乖悮。谷響既有聲，鏡像能回顧。」問曰：「行者體境有，因覺知境亡。前覺及後覺，并境有三心。」師曰：「境用非體覺，覺罷不應思。因覺知境亡，覺時境不起。前覺及後覺，并境有三遲。」問曰：「住定俱不轉，將爲正三昧。諸業不能牽，不知細無明，徐徐躡其後。」師曰：「復聞别有人，虚執起心量。三中事不成，不轉還虚妄。心爲正受縛，爲之浄業障。心塵萬分一，不了説無明。細細習因起，徐徐名相生。風來波浪轉，欲静水還平。更欲前途説，恐畏後心驚。無念大獸吼，性空下霜雹。星散穢草摧，縱横飛鳥落。五道定紛綸，四魔不前却。既如猛火燎，還如利劍斫。」問曰：「賴覺知萬法，萬法本來然。若假照用心，只得照用心，不應心裏事。」師曰：「賴覺知萬法，萬法終無賴。若假照用心，應不在心外。」問曰：「隨隨無揀擇，明心不現前。復慮心闇昧，在心用功行，智障復難除。」師曰：「有此不可有，尋此不可尋。無揀即真擇，得闇出明心。慮者心冥昧，存心託功行。可論智障難，至佛方爲病。」問曰：「折中消息間，實亦難安怗。自非用行人，此難終難見。」師曰：「折中欲消息，消息非難易。先觀心處心，次推智中智。第三照推者，第四通無記。第五解脱名，第六等真僞。第七知法本，第八慈無爲。第九偏空陰，第十雲雨被。最盡彼無覺，無明生本智。鏡像現三業，幻人化四衢。不住空邊盡，當照有中無。不出空有内，未將空有俱。號之名折中，折中非言説。安怗無處安，用行何能決。」問曰：「别有一種人，善解空無相。口言定亂一，復道有中無。同證用常寂，知覺寂常用。用心會真理，復言用無用。智慧方便多，言亂與理合。如如禮自如，不由識心會。既知心會非，心心復相泯。如是難知法，永劫不能知。同此用心人，法所不能化。」師曰：「别有證空者，還如前偈論。行空守寂滅，識見暫時翻。會真是心量，終知未了原。又説息心用，多智疑相似。良由性不明，求空且勞已。永劫住幽識，抱相都不知。放光便動地，於彼欲何爲。」問曰：「前件看心者，復有羅縠難。」師曰：「看心有羅縠，幻心何待看。況無幻心者，從容下口難。」問曰：「久有大基業，心路差互間。得覺微細障，即達於真際。自非善巧師，無能決此理。仰惟我大師，當爲開要門。引導用心者，不令失正道。」師曰：「法性本基業，夢境成差互。實相微細身，色心常不悟。忽逢混沌士，哀怨愍群生。託疑廣設問，抱理内常明。生死幽徑徹，毁譽心不驚。野老顯分答，法相媿來儀。蒙發群生藥，還如色性爲。」顯慶元年，邑宰蕭元善請住建初，師辭不獲免，遂命入室上首智巖付囑法印，令以次傳授。將下山，謂衆曰：「吾不復踐此山矣。」時鳥獸哀號，踰月不止。庵前有四大桐樹，仲夏之月，忽自凋落。明年正月二十三日，不疾而逝，窆于雞籠山。

四祖下二世〔一〕

金陵牛頭山融禪師法嗣

牛頭山智巖禪師

牛頭山智巖禪師者，曲阿人也。姓華氏。弱冠智勇過人，身長七尺六寸。隋大業中爲郎將，常以弓挂一濾水囊，隨行所至汲用。累從大將征討，頻立戰功。唐武德中，年四十，遂乞出家。入舒州皖公山，從寶月禪師爲弟子。後一日宴坐，覩異僧身長丈餘，神姿爽拔，詞氣清朗。謂師曰：「卿八十生出家，宜加精進。」言訖不見。嘗在谷中入定，山水

〔一〕清藏本、續藏本「四祖下二世」下均有「旁出」二字。

暴漲，師怡然不動，其水自退。有獵者遇之，因改過修善。復有昔同從軍者二人，聞師隱遁，乃共入山尋之。既見，因謂師曰：「郎將狂邪，何爲住此？」師曰：「我狂欲醒，君狂正發。夫嗜色淫聲，貪榮冒寵，流轉生死，何由自出？」二人感悟，歎息而去。師後謁融禪師發明大事。融謂師曰：「吾受信大師真訣，所得都亡。設有一法勝過涅槃，吾説亦如夢幻。夫一塵飛而翳天，一芥墮而覆地，汝今已過此見，吾復何云？山門化導，當付之於汝。」師稟命爲第二世。後以正法付方禪師。師住白馬、棲玄兩寺。又遷石頭城。於儀鳳二年正月十日示滅，顔色不變，屈伸如生。室有異香，經旬不歇，遺言水葬焉。

鍾山曇璀禪師

金陵鍾山曇璀禪師者，吴郡人也。姓顔氏。初謁融禪師，融目而奇之。乃告之曰：「色聲爲無生之鴆毒，受想是至人之坑穽。子知之乎？」師默而審之，大悟玄旨。尋晦迹鍾山，多歷年所。茅庵瓦缶，以終老焉。唐天授三年二月六日，恬然入定，七日而滅。

四祖下三世四世不列章次

四祖下五世

金陵牛頭山持禪師法嗣

牛頭山智威禪師

牛頭山智威禪師者，江寧人也。姓陳氏。依天寶寺統法師出家。謁法持禪師，傳授正法。自爾江左學徒，皆奔走門下。有慧忠者，目爲法器。師嘗有偈示曰：「□□莫繫念，念成生死河。輪迴六趣海，無見出長波。」忠答曰：「念想由來幻，性自無終始。若得此中意，長波當自止。」師又示偈曰：「余本性虛無，緣妄生人我。如何息妄情，還歸空處坐。」忠答曰：「虛無是實體，人我何所存？妄情不須息，即汎般若船。」師知其了悟，乃付以院事。隨緣化導，終於延祚寺。

四祖下六世

金陵牛頭山威禪師法嗣

牛頭山慧忠禪師

牛頭山慧忠禪師者，潤州人也。姓王氏。年二十三，受業於莊嚴寺。聞威禪師出世，乃往謁之。威纔見曰：「山主來也！」師感悟微旨，遂給侍左右。後辭，詣諸方巡禮。威於具戒院，見凌霄藤遇夏萎悴，人欲伐之，因謂之曰：「勿剪。慧忠還時，此藤更生。」及師回，果如其言。即以山門付囑訖，出居延祚寺。師平生一衲不易，器用唯一鐺。嘗有供僧穀兩廩，盜者窺伺，虎爲守之。縣令張遜者，至山頂謁。問師：「有何徒弟？」師曰：「有三五人。」遜曰：「如何得見？」師敲禪牀，有三虎哮吼而出。遜驚怖而退。後衆請入城，居莊嚴舊寺。師欲於殿東別創法堂。先有古木，群鵲巢其上，工人將伐之。師謂鵲曰：「此地建堂，汝等何不速去！」言訖，群鵲乃遷巢他樹。初築基，有二神人定其四角，復潛資夜役，遂不日而就。繇是四方學徒雲集，得法者有三十四人，各住一方，轉化多衆。師有安心偈曰：「人法雙浄，善惡兩忘。直心真實，菩提道場。」大曆三年，石室前掛鐺樹、掛衣藤忽盛夏枯死。四年六月十五日，集僧布薩訖，命侍者浄髮浴身。至夜，有瑞雲覆其精舍，空中復聞天樂之聲。詰旦，怡然坐化，時風雨暴作，震折林木，復有白虹貫于巖壑。五年春，荼毗，獲舍利不可勝計。

安國玄挺禪師

宣州安國寺玄挺禪師，初參威禪師，侍立次，有講華嚴僧問：「真性緣起，其義云何？」威良久，師遽召曰：「大德！正興一念問時，是真性中緣起。」其僧言下大悟。或問：「南宗自何而立？」曰：「心宗非南北。」

天柱崇慧禪師

舒州天柱山崇慧禪師者，彭州人也。姓陳氏。唐乾元初，往舒州天柱山創寺。永泰元年賜額。僧問：「如何是天柱境？」師曰：「主簿山高難見日，玉鏡峰前易曉人。」問：

「達磨未來此土時，還有佛法也無？」師曰：「未來且置，即今事作麽生？」曰：「某甲不會，乞師指示。」師曰：「萬古長空，一朝風月。」僧無語。師復曰：「闍梨會麽？」曰：「不會。」師曰：「自己分上作麽生？干他達磨來與未來作麽？他家來，大似賣卜漢。見汝不會，爲汝錐破卦文，纔生吉凶，盡在汝分上，一切自看。」僧曰：「如何是解卜底人？」師曰：「汝纔出門時，便不中也。」問：「如何是天柱家風？」師曰：「時有白雲來閉户，更無風月四山流。」問：「亡僧遷化向甚麽處去也？」師曰：「灊嶽峰高長積翠，舒江明月色光暉。」問：「如何是大通智勝佛？」師曰：「曠大劫來，未曾擁滯，不是大通智勝佛是甚麽？」曰：「爲甚麽佛法不現前？」師曰：「只爲汝不會，所以成不現前。汝若會去，亦無佛可成。」問：「如何是道？」師曰：「白雲覆青嶂，蜂鳥步庭花〔一〕。」問：「從上諸聖有何言説？」師曰：「汝今見吾有何言説？」問：「宗門中事，請師舉唱。」師曰：「石牛長吼真空外，木馬嘶時月隱山。」問：「如何是和尚利人處？」師曰：「一雨普滋，千山秀色。」問：「如何是天柱山中人？」師曰：「獨步千峰頂，優游九曲泉。」問：「如何是西來意？」師曰：「白猿抱子來青嶂，蜂蝶啣花緑蕊間。」大曆十四年歸寂，塔于山之北。

〔一〕清藏本、續藏本此句均作「蜂蝶戀庭花」。

鶴林玄素禪師

潤州鶴林玄素禪師者，延陵人也。姓馬氏。晚參威禪師，遂悟性宗。後居鶴林寺。一日有屠者禮謁，願就所居辦供。師欣然而往，衆皆見訝。師曰：「佛性平等，賢愚一致。但可度者，吾即度之。復何差別之有！」僧問：「如何是西來意？」師曰：「會即不會，疑即不疑。」又曰：「不會不疑底，不疑不會底。」有僧扣門，師問：「是甚麽人？」曰：「是僧。」師曰：「非但是僧，佛來亦不着。」曰：「爲甚麽不著？」師曰：「無汝棲泊處。」

四祖下七世〔一〕

金陵牛頭山忠禪師法嗣

佛窟惟則禪師

天台山佛窟巖惟則禪師者，京兆人也。姓長孫氏。初謁忠禪師，大悟玄旨。乃曰：

〔一〕清藏本、續藏本「四祖下七世」下均有「旁出」二字。

「天地無物也，物我無物也。雖無物也，而未嘗無物也。如此，則聖人如影，百姓如夢，孰爲死生哉？至人以是能獨照，能爲萬物主，吾知之矣。」遂南遊天台，隱於瀑布之西巖。元和中慕道者日至。有弟子可素，遂築室廬，漸成法席。佛窟之稱自師始也。僧問：「如何是那羅延箭？」師曰：「中的也。」忽一日告門人曰：「汝其勉之。」閱二日，跏趺而寂。後三年，塔全身于本山。唐韓乂撰碑，今存國清寺。

鶴林素禪師法嗣

徑山道欽禪師

杭州徑山道欽禪師者，蘇州崑山人也。姓朱氏。初服膺儒教，年二十八，遇素禪師，謂之曰：「觀子神氣温粹，真法寶也。」師感悟，因求爲弟子。素躬與落髮，乃戒之曰：「汝乘流而行，逢徑即止。」師遂南邁，抵臨安，見東北一山，因問樵者。樵曰：「此徑山也。」乃駐錫焉。僧問：「如何是道？」師曰：「山上有鯉魚，海底有蓬塵。」馬祖令人送書到，書中作一圓相。師發緘，於圓相中著一點，却封回。忠國師聞，乃云：「欽師猶被馬師惑。」問：「如何是祖師西來意？」師曰：「汝問不當。」曰：「如何得當？」師曰：「待吾滅後，即向汝説。」馬祖令智藏來問：「十二時中以何爲境？」師曰：「待汝回去時有信。」藏曰：「如今便回去。」師曰：「傳語却須問取曹溪。」崔趙公問：「弟子今欲出家，得否？」師曰：「出家乃大丈夫事，非將相之所能爲。」公於是有省。唐大曆三年，代宗詔至闕下，親加瞻禮。一日，同忠國師在内庭坐次，見帝駕來，師起立。帝曰：「師何以起？」師曰：「檀越何得向四威儀中見貧道。」帝悦，謂國師曰：「欲錫欽師一名。」國師欣然奉詔，乃賜號國一焉。後辭歸本山。於貞元八年十二月示疾，説法而逝。謚大覺禪師。

四祖下八世〔一〕

佛窟則禪師法嗣

天台雲居智禪師

天台山雲居智禪師，嘗有華嚴院僧繼宗問：「見性成佛，其義云何？」師曰：「清淨

〔一〕清藏本、續藏本「四祖下八世」下均有「旁出」二字。

之性，本來湛然，無有動摇，不屬有無、浄穢、長短、取捨，體自翛然。如是明見，乃名見性。性即佛，佛即性，故曰見性成佛。」曰：「性既清浄，不屬有無，因何有見？」師曰：「見無所見。」曰：「既無所見，何更有見？」師曰：「見處亦無。」曰：「如是見時，是誰之見？」師曰：「無有能見者。」曰：「究竟其理如何？」師曰：「汝知否？妄計爲有，即有能所，乃得名迷。隨見生解，便墮生死。明見之人即不然。終日見，未嘗見。求名處體相不可得，能所俱絶，名爲見性。」曰：「此性徧一切處否？」師曰：「無處不徧。」曰：「凡夫具否？」師曰：「上言無處不徧，豈凡夫而不具乎？」曰：「因何諸佛菩薩不被生死所拘，而凡夫獨縈此苦？何曾得徧？」師曰：「凡夫於清浄性中計有能所，即墮生死。諸佛大士善知清浄性中不屬有無，即能所不立。」曰：「若如是説，即有能了不了人。」師曰：「了尚不可得，豈有能了人乎？」曰：「至理如何？」師曰：「我以要言之，汝即應念清浄性中無有凡聖，亦無了不了人。凡之與聖，二俱是名。若隨名生解，即墮生死。若知假名不實，即無有當名者。」又曰：「此是極究竟處。若云『我能了、彼不能了』，即是大病。見有浄穢、凡聖，亦是大病。作無凡聖解，又屬撥無因果。見有清浄性可棲止，亦大病。作不棲止解，亦大病。然清淨性中，雖無動摇，具〔一〕不壞方便應用，及興慈運悲，如是興運之處，即全清淨之性，可謂見性成佛矣。」繼宗踊躍，禮謝而退。

徑山國一欽禪師法嗣〔二〕

鳥窠道林禪師

杭州鳥窠道林禪師，本郡富陽人也。姓潘氏。母朱氏，夢日光入口，因而有娠。及誕，異香滿室，遂名香光。九歲出家，二十一於荆州果願寺受戒。後詣長安西明寺復禮法師學華嚴經、起信論。禮示以真妄頌，俾修禪那。師問曰：「初云何觀？云何用心？」禮久而無言。師三禮而退。屬代宗詔國一禪師至闕，師乃謁之，遂得正法。及南歸孤山永福寺，有辟支佛塔，時道俗共爲法會，師振錫而入。有靈隱寺韜光法師問曰：「此之法會，何以作聲？」師曰：「無聲誰知是會？」後見秦望山有長松，枝葉繁茂，盤屈如蓋，遂棲止

〔一〕「具」，清藏本、續藏本均作「且」。
〔二〕清藏本「法嗣」下有「第一世」三字。

其上，故時人謂之鳥窠禪師。復有鵲巢於其側，自然馴狎，人亦目爲鵲巢和尚。有侍者會通，忽一日欲辭去。師問曰：「汝今何往？」對曰：「會通爲法出家，和尚不垂慈誨，今往諸方學佛法去。」師曰：「若是佛法，吾此間亦有少許。」曰：「如何是和尚佛法？」師於身上拈起布毛吹之，通遂領悟玄旨。元和中，白居易侍郎出守兹郡，因入山謁師。問曰：「禪師住處甚危險。」師曰：「太守危險尤甚！」白曰：「弟子位鎮江山，何險之有！」師曰：「薪火相交，識性不停，得非險乎？」又問：「如何是佛法大意？」師曰：「諸惡莫作，衆善奉行。」白曰：「三歲孩兒也解恁麼道。」師曰：「三歲孩兒雖道得，八十老人行不得。」白作禮而退。師於長慶四年二月十日告侍者曰：「吾今報盡。」言訖坐亡。有云師名圓修者，恐是謚號。

五祖大滿禪師旁出法嗣

北宗神秀禪師

北宗神秀禪師者，耶舍三藏誌云：「艮地生玄旨，通尊媚亦尊，比肩三九族，足下一毛分。」開封人也。

姓李氏。少親儒業，博綜多聞。俄捨愛出家，尋師訪道。至蘄州雙峰東山寺，遇五祖以坐禪爲務，乃歎伏曰：「此真吾師也。」誓心苦節，以樵汲自役，而求其道。祖默識之，深加器重。祖既示滅，秀遂住江陵當陽山。唐武后聞之，召至都下，於内道場供養，特加欽禮。命於舊山置度門寺，以旌其德。時王公士庶皆望塵拜伏。暨中宗即位，尤加禮重。大臣張説嘗問法要，執弟子禮。師有偈示衆曰：「一切佛法，自心本有。將心外求，捨父逃走。」神龍二年於東都天宫寺入滅，謚大通禪師。羽儀法物，送殯於龍門，帝送至橋，王公士庶皆至葬所。張説及徵士盧鴻一各爲碑誄，門人普寂、義福等，並爲朝野所重。

嵩嶽慧安國師

嵩嶽慧安國師，耶舍三藏誌云：「九女出人倫，八女絶婚姻，朽牀添六脚，心祖衆中尊。」荆州枝江人也。姓衛氏。隋開皇十七年括天下私度僧尼，勘師，師曰：「本無名。」遂遁于山谷。大業中，大發丁夫開通濟渠，饑殍相枕。師乞食以救之，獲濟者衆。煬帝徵師，不赴，潛入太和山。暨帝幸江都，海内擾攘，乃杖錫登衡嶽，行頭陁行。唐貞觀中，至黄梅謁忍祖，遂得心要。麟德元年遊終南山石壁，因止焉。高宗嘗召，師不奉詔。於是徧歷名迹，至嵩少，云：「是吾終焉之地也。」自爾禪者輻湊。有坦然、懷讓二僧來參問曰：「如何是祖師西來意？」師曰：「何不問自己意？」曰：「如何是自己意？」師曰：「當觀密作用。」曰：「如何是密作用？」師以目開合示之。然於言下知歸，讓乃即謁曹溪。武后徵至輦下，待以師禮，與秀禪師同加欽重。后嘗問師：「甲子多少？」師曰：「不記。」后曰：「何不記邪？」師曰：「生死之身，其若循環。環無起盡，焉用記爲？況此心流注，中間無間。見漚起滅者，乃妄想耳。從初識至動相滅時，亦只如此。何年月而可記乎？」后聞，稽顙信受。神龍二年中宗賜紫袈裟，度弟子二七人，仍延入禁中供養。三年，又賜摩衲，辭歸嵩嶽。是年三月三日，囑門人曰：「吾死已，將屍向林中，待野火焚之。」俄爾萬回公來見師，猖狂握手言論，傍侍傾耳，都不體會。至八日，閉户偃身而寂，春秋一百二十八。隋開皇二年壬寅生，唐景龍三年己酉滅。時稱老安國師。門人遵旨，舁置林間，果野火自然。闍維得舍利八十粒，内五粒色紫，留於宮中。至先天二年門人建浮圖焉。

蒙山道明禪師

袁州蒙山道明禪師者，鄱陽人，陳宣帝之裔也。國亡落於民間，以其王孫，嘗受署，因有將軍之號。少於永昌寺出家，慕道頗切。往依五祖法會，極意研尋，初無解悟。及聞五祖密付衣法與盧行者，即率同志數十人，躡迹追逐，至大庾嶺，師最先見，餘輩未及。盧見師奔至，即擲衣鉢於磐石曰：「此衣表信，可力争邪？任君將去。」師遂舉之，如山不動。踟蹰悚慄，乃曰：「我來求法，非爲衣也。願行者開示於我！」盧曰：「不思善，不思惡，正恁麼時，阿那箇是明上座本來面目？」師當下大悟，徧體汗流，泣禮數拜，問曰：「上來密語密意外，還更別有意旨否？」盧曰：「我今與汝説者，即非密也。汝若返照自己面目，密却在汝邊。」師曰：「某甲雖在黄梅隨衆，實未省自己面目。今蒙指授入處，如人飲水，冷暖自知。今行者即是某甲師也。」盧曰：「汝若如是，則吾與汝同師黄梅，善自護持。」師又問：「某甲向後宜往何所？」盧曰：「逢袁可止，遇蒙即居。」師禮謝，遽回至嶺下，謂衆人曰：「向陟崔嵬，遠望杳無蹤迹，當別道尋之。」皆以爲然。師既回，遂獨往廬山布水臺。經三載後，始往袁州蒙山，大唱玄化。初名慧明，以避六祖上字，故名道明。弟子等盡遣過嶺南，參禮六祖。

五祖下二世〔一〕

北宗秀禪師法嗣

五臺巨方禪師

五臺山巨方禪師，安陸人也。姓曹氏。幼稟業於明福院朗禪師。初講經論，後參禪會。及造北宗，秀問曰：「白雲散處如何？」師曰：「不昧。」秀又問：「到此間後如何？」師曰：「正見一枝生五葉。」秀默許之。入室侍對，應機無爽。尋至上黨寒嶺居焉。數歲之間，衆盈千數。後於五臺山闡化二十餘年，示寂，塔于本山。

中條智封禪師

河中府中條山智封禪師，姓吴氏。初習唯識論，滯于名相，爲知識所詰，乃發憤罷講，

〔一〕清藏本、續藏本「五祖下二世」均有「旁出」二字。

遊方見秀禪師，疑心頓釋。乃辭去，居于蒲津安峰，不下山十年，木食澗飲。州牧衞文昇建安國院居之。緇素歸依，憧憧不絶。使君問曰：「某今日後如何？」師曰：「日從濛汜出，照樹全無影。」使君初不能諭，拱揖而退。少選開曉，釋然自得。師來往中條山二十餘年，得其道者不可勝紀。滅後，門人於州城北建塔焉。

降魔藏禪師

兖州降魔藏禪師，趙郡人也。姓王氏。父爲亳掾。師七歲出家，時屬野多妖鬼，魅惑於人。師孤形制伏，曾無少畏，故得降魔名焉。即依廣福院明讃禪師落髮。後遇北宗盛化，便誓摳衣。秀問曰：「汝名降魔，此無山精木怪，汝翻作魔邪？」師曰：「有佛有魔。」秀曰：「汝若是魔，必住不思議境界。」師曰：「是佛亦空，何境界之有！」秀懸記之曰：「汝與少皡之墟有緣。」師尋入泰山。數稔，學者雲集。一日告門人曰：「吾今老朽，物極有歸。」言訖而逝。

壽州道樹禪師

壽州道樹禪師，唐州人也。姓聞氏。幼探經籍，年將五十，因遇高僧誘諭，遂誓出家，禮本部明月山慧文爲師。師恥乎年長，求法淹遲，勵志遊方，無所不至。後歸東洛，遇秀禪師，言下知微。乃卜壽州三峰山，結茅而居。常有野人，服色素朴，言譚詭異，於言笑外化作佛形及菩薩、羅漢、天僊等形，或放神光，或呈聲響。師之學徒覩之，皆不能測。如此涉十年，後寂無形影。師告衆曰：「野人作多色伎倆，眩惑於人。只消老僧不見不聞，伊伎倆有窮，吾不見不聞無盡。」唐寶曆元年，示疾而終。

嵩嶽安國師法嗣

福先仁儉禪師

洛京福先寺仁儉禪師，自嵩山罷問，放曠郊鄽，謂之騰騰和尚。唐天册萬歲中，天后詔入殿前。仰視天后，良久曰：「會麼？」后曰：「不會。」師曰：「老僧持不語戒。」言訖而出。翌日，進短歌一十九首。天后覽而嘉之，厚加賜賚，師皆不受。又令寫歌辭傳布天下，其辭並敷演真理，以警時俗。唯了元歌一首盛行於世。

嵩嶽破竈墮和尚

嵩嶽破竈墮和尚，不稱名氏，言行叵測。隱居嵩嶽，山塢有廟甚靈，殿中唯安一竈，遠近祭祀不輟，烹殺物命甚多。師一日領侍僧入廟，以杖敲竈三下曰：「咄！此竈只是泥瓦合成，聖從何來？靈從何起？恁麼烹宰物命。」又打三下，竈乃傾破墮落。須臾，有一人青衣峨冠，設拜師前。師曰：「是甚麼人？」曰：「我本此廟竈神，久受業報。今日蒙師說無生法，得脫此處，生在天中，特來致謝。」師曰：「是汝本有之性，非吾彊言。」神再禮而没。少選，侍僧問曰：「某等久侍和尚，不蒙示誨。竈神得甚麼徑旨，便得生天。」師曰：「我只向伊道是泥瓦合成，別也無道理爲伊。」侍僧無言。師曰：「會麼？」僧曰：「不會。」師曰：「本有之性，爲甚麼不會？」侍僧等乃禮拜。師曰：「墮也，墮也！破也，破也！」後義豐禪師舉似安國師，安嘆曰：「此子會盡物我一如。可謂如朗月處空，無不見者。難搆伊語脉。」豐問曰：「未審甚麼人搆得他語脉？」安曰：「不知者。」時號爲破竈墮。僧問：「物物無形時如何？」師曰：「禮即唯汝非我，不禮即唯我非汝。」其僧乃禮謝。師曰：「本有之物，物非物也。所以道：心能轉物，即同如來。」有僧從牛頭處來，師問曰：「來自何人法會？」僧近前叉手，遶師一匝而出。師曰：「牛頭會下，不可有此人。」僧乃回師上肩叉手而立。師曰：「果然，果然！」僧却問曰：「應物不由他時如何？」師曰：「争得不由他？」曰：「恁麽則順正歸元去也。」師曰：「歸元何順？」曰：「若非和尚，幾錯招愆。」師曰：「猶是未見四祖時道理。見後道將來。」僧却遶師一匝而出。師曰：「順正之道，今古如然。」僧作禮。又僧侍立久，師乃曰：「祖祖佛佛，只説如人本性本心，别無道理。會取，會取。」僧禮謝。師乃以拂子打之曰：「一處如是，千處亦然。」僧乃叉手近前，應喏一聲。師曰：「更不信，更不信。」僧問：「如何是大闡提人？」師曰：「尊重禮拜。」曰：「如何是大精進人？」師曰：「毁辱嗔恚。」其後莫知所終。

嵩嶽元珪禪師

嵩嶽元珪禪師，伊闕人也。姓李氏。幼歲出家。唐永淳二年，受具戒，隸閑居寺，習毗尼無懈。後謁安國師，頓悟玄旨，遂卜廬於嶽之龐塢。一日，有異人峨冠袴褶徒頰反。而至，從者極多。輕步舒徐，稱謁大師。師覩其形貌，奇偉非常，乃諭之曰：「善來！仁者。胡爲而至？」彼曰：「師寧識我邪？」師曰：「吾觀佛與衆生等，吾一目之，豈分别邪？」彼曰：「我此嶽神也。能生死於人，師安得一目我哉！」師曰：「吾本不生，汝焉能死？吾視身與空等，視吾與汝等，汝能壞空與汝乎？苟能壞空及汝，吾則不生不滅也。汝尚不能如是，又焉能生死吾邪？」神稽首曰：「我亦聰明正直於餘神，詎知師有廣大之智辯乎？願授以正戒，令我度世。」師曰：「汝既乞戒，即既戒也。所以者何？戒外無戒，又何戒哉！」神曰：「此理也，我聞茫昧，止求師戒我身爲門弟子。」師即爲張座，秉爐正几曰：「付汝五戒，若能奉持，即應曰能；不能，即曰否。」曰：「謹受教。」師曰：「汝能不婬乎？」曰：「我亦娶也。」師曰：「非謂此也，謂無羅欲也。」曰：「能。」師曰：「汝能不盜乎？」曰：「何乏我也，焉有盜取哉？」師曰：「非謂此也，謂饗而福淫，不供而禍善也。」曰：「能。」師曰：「汝能不殺乎？」曰：「實司其柄，焉曰不殺？」師曰：「非謂此也，謂有濫誤疑混也。」曰：「能。」師曰：「汝能不妄乎？」曰：「我正直，焉有妄乎？」師曰：「非謂此也，謂先後不合天心也。」曰：「能。」師曰：「汝不遭酒敗乎？」曰：「能。」師曰：「如上是爲佛戒也。」又言：「以有心奉持而無心拘執，以有心爲物而無心想身。能如是，則先天地生不爲精，後天地死不爲老，終日變化而不爲動，畢盡寂默而不爲休。信此則雖娶非妻也，雖饗非取也，雖柄非權也，雖作非故也，雖醉非惛也。若能無心於萬物，則羅欲不爲婬，福淫禍善不爲盜，濫誤疑混不爲殺，先後違天不爲妄，惛荒顛倒不爲醉，是謂無心也。無心則無戒，無戒則無心，無佛，無衆生，無汝及無我，孰爲戒哉？」神曰：「我神通亞佛。」師曰：「汝神通十句，五能五不能。佛則十句，七能三不能。」神悚然避席，跪啓曰：「可得聞乎？」師曰：「汝能戾上帝，東天行而西七曜乎？」曰：「不能。」師曰：「汝能奪地祇，融五嶽而結四海乎？」曰：「不能。」師曰：「是謂五不能也。佛能空一切相，成萬法智，而不能即滅定業。佛能知群有性，窮億劫事，而不能化導無緣。佛能度無量有情，而不能盡衆生界。是爲三不能也。定業亦不牢久，無緣亦是一期，衆生界本無增減，亘無一人能主其法。有法無主，是謂無法。無法無主，是謂無心。如我解，佛亦無神通也，但能以無心通達一切法爾。」神曰：「我誠淺昧，未聞空義。師所授戒，我當奉行。今願報慈德，效我所能。」師曰：「吾觀身無物，觀法無常，塊然更有何欲邪？」神曰：「師必命我爲世間事，展我小神功。使已發心、初發心、未發心、不信心、必信心五等人目我神蹤，知有佛有神，有能有不能，有自然有非自然者。」師曰：「無爲是，無爲是。」神曰：「佛亦使神護法，師寧隳叛佛邪？願隨意垂誨。」師不得已而言曰：「東巖，寺之障，莽然無樹，北岫有之而背非屏擁。汝能移北樹於東嶺乎？」神曰：「已聞命矣。然昏夜必有喧動，願師無駭。」即作禮辭去。師門送而且觀之。見儀衛逶迤，如王者之狀。嵐靄煙霞，紛綸間錯，幢幡環珮，凌空隱没焉。其夕，果有暴風吼雷，奔雲掣電，棟宇摇蕩，宿鳥聲喧。師謂衆曰：「無怖，無怖！神與我契矣。」詰旦和霽，則北巖松栝盡移東嶺，森然行植。師謂其徒曰：

「吾没後無令外知，若爲口實，人將妖我。」以開元四年丙辰歲囑門人曰：「吾始居寺東嶺，吾滅，汝必寘吾骸于彼。」言訖，若委蜕焉。

五祖下三世〔一〕

嵩山寂禪師法嗣

終南山惟政禪師

終南山惟政禪師，平原人也。姓周氏。受業於本州延和寺詮澄法師。得法於嵩山普寂禪師，即入太一山中，學者盈室。唐文宗好嗜蛤蜊，沿海官吏先時遞進，人亦勞止。一日御饌中有擘不張者。帝以其異，即焚香禱之，乃開，見菩薩形儀，梵相具足。帝遂貯以金粟檀香合，覆以美錦，賜興善寺，令衆僧瞻禮。因問群臣：「斯何祥也？」或奏太一山惟政禪師深明佛法，博聞强記，乞詔問之。帝即頒詔，師至，帝問其事。師曰：「臣聞物無

〔一〕清藏本、續藏本「五祖下三世」下均有「旁出」二字。

虛應，此乃啓陛下之信心耳。故契經云：『應以此身得度者，即現此身，而爲説法。』」帝曰：「菩薩身已現，且未聞説法。」師曰：「陛下覩此爲常邪？非常邪？信邪？非信邪？」帝曰：「希奇之事，朕深信焉。」師曰：「陛下已聞説法竟。」皇情悦豫，得未曾有。詔天下寺院各立觀音像，以答殊休。留師於内道場，累辭歸山。詔令住聖壽寺。至武宗即位，師忽入終南山隱居。人問其故，師曰：「吾避仇矣。」終後闍維，收舍利四十九粒，而建塔焉。

破竈墮和尚法嗣

嵩山峻極禪師

嵩山峻極禪師，僧問：「如何是修善行人？」師曰：「擔枷帶鎖。」曰：「如何是作惡行人？」師曰：「修禪入定。」曰〔一〕：「某甲淺機，請師直指。」師曰：「汝問我惡，惡不從善；汝問我善，善不從惡。」僧良久。師曰：「會麽？」曰：「不會。」師曰：「惡人無善念，

〔一〕清藏本「曰」上有「僧」字。

善人無惡心。所以道善惡如浮雲，俱無起滅處。」僧於言下大悟。後破竈墮聞舉，乃曰：「此子會盡諸法無生。」

五祖下四世

益州無相禪師法嗣

保唐無住禪師

益州保唐寺無住禪師，初得法於無相大師，乃居南陽白崖山，專務宴寂。經累歲，學者漸至，勤請不已。自此垂誨，雖廣演言教，而唯以無念爲宗。唐相國杜鴻漸出撫坤維，聞師名，思一瞻禮，遣使到山延請。時節度使崔寧亦命諸寺僧徒遠出，迎引至空慧寺。時杜公與戎帥召三學碩德俱會寺中。致禮訖，公問曰：「弟子聞金和尚説無憶、無念、莫妄三句法門，是否？」師曰：「然。」公曰：「此三句是一是三？」師曰：「無憶名戒，無念名定，莫妄名慧。一心不生，具戒定慧，非一非三也。」公曰：「後句『妄』字莫是從心之『忘』

乎？」曰：「從『女』者是也。」公曰：「有據否？」師曰：「法句經云：『若起精進心，是妄非精進。若能心不妄，精進無有涯。』」公聞疑情盪然。公又問：「師還以三句示人否？」師曰：「初心學人，還令息念，澄停識浪，水清影現。悟無念體，寂滅現前，無念亦不立也。」于時庭樹鵶鳴，公問：「師聞否？」師曰：「聞。」鵶去已，又問：「師聞否？」師曰：「聞。」公曰：「鵶去無聲，云何言聞？」師乃普告大衆曰：「佛世難值，正法難聞，各各諦聽。聞無有聞，非關聞性。本來不生，何曾有滅？有聲之時，是聲塵自生。無聲之時，是聲塵自滅。而此聞性，不隨聲生，不隨聲滅。悟此聞性，則免聲塵之所轉。當知聞無生滅，聞無去來。」公與僚屬大衆稽首。又問：「何名第一義？第一義者，從何次第得入？」師曰：「第一義無有次第，亦無出入。世諦一切有，第一義即無。諸法無性性，説名第一義。佛言：有法名俗諦，無性第一義。」公曰：「如師開示，實不可思議。」公又曰：「弟子性識微淺，昔因公暇，撰得起信論章疏兩卷，可得稱佛法否？」師曰：「夫造章疏，皆用識心，思量分别，有爲有作，起心動念，然可造成。據論文云：『當知一切法，從本以來，離言説相，離名字相，離心緣相，畢竟平等，無有變異，唯有一心，故名真如。』今相公著言説相，著名字相，著心緣相，既著種種相，云何是佛法？」公起作禮曰：「弟子亦曾問諸供奉大德，皆讚弟子不可思議。當知彼等但徇人情，師今從理解説，合心地法，實是真理，不可思議。」公又問：「云何不生？云何不滅？如何得解脱？」師曰：「見境心不起，名不生，不生即不滅。既無生滅，即不被前塵所縛，當處解脱。不生名無念，無念即無滅，無念即無縛，無念即無脱。舉要而言，識心即離念，見性即解脱。離識心見性外，更有法門證無上菩提者，無有是處。」公曰：「何名識心見性？」師曰：「一切學道人，隨念流浪，蓋爲不識真心。真心者，念生亦不順生，念滅亦不依寂。不來不去，不定不亂，不取不捨，不沈不浮。無爲無相，活鱍鱍，平常自在。此心體畢竟不可得，無可知覺。觸目皆如，無非見性也。」公與大衆作禮稱讚，踊躍而去。師後居保唐寺而終。

六祖大鑒禪師旁出法嗣〔一〕

西域崛多三藏

西域崛多三藏者，天竺人也。於六祖言下契悟。後遊五臺，見一僧結庵静坐。師問曰：「孤坐奚爲？」曰：「觀静。」師曰：「觀者何人，静者何物？」其僧作禮，問曰：「此理

〔一〕續藏本「法嗣」下有「第一世」三字。

何如？」師曰：「汝何不自觀自静。」彼僧茫然。師曰：「汝出誰門邪？」曰：「秀禪師。」師曰：「我西域異道最下種者不墮此見。兀然空坐，於道何益！」其僧却問：「師所師者何人？」師曰：「我師六祖，汝何不速往曹溪，决其真要。」其僧即往參六祖。六祖垂誨，與師符合，僧即悟入。師後不知所終。

韶州法海禪師

韶州法海禪師者，曲江人也。初見六祖，問曰：「即心即佛，願垂指喻。」祖曰：「前念不生即心，後念不滅即佛。成一切相即心，離一切相即佛。吾若具説，窮劫不盡。聽吾偈曰：『即心名慧，即佛乃定。定慧等持，意中清淨。悟此法門，由汝習性。用本無生，雙修是正。』」師信受，以偈贊曰：「即心元是佛，不悟而自屈。我知定慧因，雙修離諸物。」

吉州志誠禪師

吉州志誠禪師者，本州太和人也。初參秀禪師，後因兩宗盛化，秀之徒衆往往譏南宗曰：「能大師不識一字，有何所長？」秀曰：「他得無師之智，深悟上乘，吾不如也。且吾師五祖親付衣法，豈徒然哉！吾所恨不能遠去親近，虚受國恩。汝等諸人無滯於此，可往曹谿質疑。他日回，當爲吾說。」師聞此語，禮辭至韶陽，隨衆參請，不言來處。時六祖告衆曰：「今有盜法之人，潛在此會。」師出禮拜，具陳其事。祖曰：「汝師若爲示衆？」師曰：「嘗指誨大衆，令住心觀静，長坐不卧。」祖曰：「住心觀静，是病非禪。長坐拘身，於理何益？聽吾偈曰：『生來坐不卧，死去卧不坐。元是〔一〕臭骨頭，何爲立功過？』」師曰：「未審大師〔二〕以何法誨人？」祖曰：「吾若言有法與人，即爲誑汝。但且隨方解縛，假名三昧。聽吾偈曰：『一切無心自性戒，一切無礙自性慧，不增不退自金剛，身去身來本三昧〔三〕。』」師聞偈悔謝，即誓依歸。乃呈偈曰：「五蘊幻身，幻何究竟。回趣真如，法還不浄。」

匾擔曉了禪師

匾擔山曉了禪師者，傳記不載。唯北宗門人忽雷澄禪師撰塔碑盛行于世。其略曰：

〔一〕清藏本、續藏本「是」下有「一具」二字。
〔二〕「大師」，清藏本、續藏本均作「和尚」。
〔三〕清藏本、續藏本此則偈語均作：「心地無非自性戒，心地無癡自性慧，心地無亂自性定，不增不減自金剛。」

師住匾擔山，號曉了，六祖之嫡嗣也。師得無心之心，了無相之相。無相者森羅眩目，無心者分別熾然。絶一言一響，響莫可傳，傳之行矣；言莫可窮，窮之非矣。師得無無之無，不無於無也。吾今以有有之有，不有於有也。不有之有，去來非增。不無之無，涅槃非滅。嗚呼！師住世兮曹谿明，師寂滅兮法舟傾。師譚無説兮寰宇盈，師示迷徒兮了義乘。匾擔山色垂兹色，空谷猶留曉了名。

洪州法達禪師

洪州法達禪師者，洪州豐城人也。七歲出家，誦法華經，進具之後，禮拜六祖，頭不至地。祖訶曰：「禮不投地，何如不禮！汝心中必有一物，蘊習何事邪？」師曰：「念法華經已及三千部。」祖曰：「汝若念至萬部，得其經意，不以爲勝，則與吾偕行。汝今負此事業，都不知過。聽吾偈曰：『禮本折慢幢，頭奚不至地？有我罪即生，亡功福無比。』」祖又曰：「汝名甚麽？」對曰：「名法達。」祖曰：「汝名法達，何曾達法？」復説偈曰：「汝今名法達，勤誦未休歇。空誦但循聲，明心號菩薩。汝今有緣故，吾今爲汝説。但信佛無言，蓮華從口發。」師聞偈，悔過曰：「而今而後，當謙恭一切。惟願和尚大慈，略説經中義理。」祖曰：「汝念此經，以何爲宗？」師曰：「學人愚鈍，從來但依文誦念，豈知宗趣？」祖曰：「汝試爲吾念一徧，吾當爲汝解説。」師即高聲念經，至方便品。祖曰：「止。此經元來以因緣出世爲宗。縱説多種譬喻，亦無越於此。何者？因緣唯一大事，一大事即佛知見也。汝慎勿錯解經意，見他道開示悟入，自是佛之知見，我輩無分。若作此解，乃是謗經毁佛也。彼既是佛，已具知見，何用更開？汝今當信，佛知見者，只汝自心，更無別體。蓋爲一切衆生自蔽光明，貪愛塵境，外緣内擾，甘受驅馳，便勞他從三昧起，種種苦口，勸令寢息，莫向外求，與佛無二。故云：開佛知見。汝但勞勞執念，謂爲功課者，何異犛牛愛尾也。」師曰：「若然者，但得解義，不勞誦經邪？」祖曰：「經有何過，豈障汝念？只爲迷悟在人，損益由汝。聽吾偈曰：『心迷法華轉，心悟轉法華。誦久不明己，與義作讎家。無念念即正，有念念成邪。有無俱不計，長御白牛車。』」師聞偈再啓曰：「經云諸大聲聞，乃至菩薩，皆盡思度量，尚不能測於佛智，今令凡夫但悟自心，便名佛之知見，自非上根，未免疑謗。又經説三車，大牛之車與白牛車如何區别？願和尚再垂宣説。」祖曰：「經意分明，汝自迷背。諸三乘人不能測佛智者，患在度量也。饒伊盡思共推，轉加懸遠。佛本爲凡夫説，不爲佛説。此理若不肯信者，從他退席。殊不知坐却白牛車，更於門外覓三車。況經文明向汝道，無二亦無三。汝何不省？三車是假，爲昔時故。一乘是實，爲今時故。只教你去假歸實，歸實之後，實亦無名。應知所有珍財，盡屬於汝，由汝受用，更不作父想，亦不作子想，亦無用想。是名持法華經，從劫至劫，手不釋卷，從晝至夜，無不念時也。」師既蒙啓發，踊躍歡喜，以偈贊曰：「經誦三千部，曹谿一句亡。未明出世旨，寧歇累生狂。羊鹿牛權設，初中後善揚。誰知火宅内，元是法中王。」祖曰：「汝今後方可爲『念經僧』也。」師從此領旨，亦不輟誦持。

壽州智通禪師

壽州智通禪師者，安豐人也。初看楞伽經約千餘徧，而不會三身四智。禮拜六祖，求解其義。祖曰：「三身者，清浄法身，汝之性也；圓滿報身，汝之智也；千百億化身，汝之行也。若離本性別説三身，即名有身無智。若悟三身無有自性，即名四智菩提。聽吾偈曰：『自性具三身，發明成四智。不離見聞緣，超然登佛地。吾今爲汝説，諦信永無迷。莫學馳求者，終日説菩提。』」師曰：「四智之義，可得聞乎？」祖曰：「既會三身，便明四智，何更問邪？若離三身，別譚四智，此名有智無身也。即此有智，還成無智。」復説偈曰：「大圓鏡智性清浄，平等性智心無病。妙觀察智見非功，成所作智同圓鏡。五八六七果因轉，但用名言無實性。若於轉處不留情，繁興永處那伽定。」轉識爲智者，教中云：轉前五識爲成所作智，轉第六識爲妙觀察智，轉第七識爲平等性智，轉第八識爲大圓鏡智。雖六七因中轉，五八果上轉，但〔一〕轉其名而不轉其體也。師禮謝，以偈贊曰：「三身元我體，四智本心明。身智融無礙，應物任隨形。起修皆妄動，守住匪真精。妙旨因師曉，終亡汙染名。」

江西志徹禪師

江西志徹禪師，姓張氏，名行昌。少任俠。自南北分化，二宗主雖亡彼我，而徒侶競起愛憎。時北宗門人自立秀禪師爲第六祖，而忌大鑑傳衣爲天下所聞。然祖預知其事，即置金十兩於方丈，時行昌受北宗門人之囑，懷刃入祖室，將欲加害。祖舒頸而就，行昌揮刃者三，都無所損。祖曰：「正劍不邪，邪劍不正。只負汝金，不負汝命。」行昌驚仆，久而方蘇，求哀悔過，即願出家。祖遂與金曰：「汝且去！恐徒衆翻害於汝，汝可他日易形而來，吾當攝受。」行昌禀旨宵遁，投僧出家，具戒精進。一日憶祖之言，遠來禮覲。祖

〔一〕「但」，原作「且」，據續藏本改。

曰：「吾久念於汝，汝來何晚！」曰：「昨蒙和尚捨罪，今雖出家苦行，終難報於深恩，其唯傳法度生乎！弟子嘗覽涅槃經，未曉常、無常義，乞和尚慈悲，略爲宣說。」祖曰：「無常者，即佛性也。有常者，即善惡一切諸法分别心也。」曰：「和尚所說，大違經文。」祖曰：「吾傳佛心印，安敢違於佛經？」曰：「經說佛性是常，和尚却言無常。善惡諸法乃至菩提心，皆是無常，和尚却言是常。此即相違，令學人轉加疑惑。」祖曰：「涅槃經，吾昔者聽尼無盡藏讀誦一徧，便爲講說，無一字一義不合經文，乃至爲汝，終無二說。」曰：「學人識量淺昧，願和尚委曲開示。」祖曰：「汝知否？佛性若常，更說甚麼善惡諸法，乃至窮劫，無有一人發菩提心者。故吾說無常，正是佛說真常之道也。又一切諸法若無常心者，即物物皆有自性，容受生死，而真常性有不徧之處。故吾說常者，正是佛說真無常義也。佛比爲凡夫外道執於邪常，諸二乘人於常計無常，共成八倒，故於涅槃了義教中破彼偏見，而顯說真常、真樂、真我、真淨。汝今依言背義，以斷滅無常及確定死常，而錯解佛之圓妙最後微言，縱覽千徧，有何所益！」行昌忽如醉醒，乃說偈曰：「因守無常心，佛演有常性。不知方便者，猶春池拾礫。我今不施功，佛性而見前。非師相授與，我亦無所得。」祖曰：「汝今徹也，宜名志徹。」師禮謝而去。

信州智常禪師

信州智常禪師者，本州貴谿人也。髫年出家，志求見性。一日參六祖。祖問：「汝從何來？欲求何事？」師曰：「學人近禮大通和尚，蒙示見性成佛之義，未決狐疑。至吉州遇人指迷，令投和尚，伏願垂慈攝受。」祖曰：「彼有何言句，汝試舉看，吾與汝證明。」師曰：「初到彼三月，未蒙開示，以爲法切，故於中夜獨入方丈，禮拜哀請。大通乃曰：『汝見虛空否？』對曰：『見。』彼曰：『汝見虛空有相貌否？』對曰：『虛空無形，有何相貌？』彼曰：『汝之本性猶如虛空，返觀自性，了無一物可見，是名正見。無一物可知，是名真知。無有青黃長短，但見本源清淨，覺體圓明，即名見性成佛，亦名極樂世界，亦名如來知見。』學人雖聞此說，猶未決了，乞和尚示誨，令無凝滯。」祖曰：「彼師所說，猶存見知，故令汝未了。吾今示汝一偈曰：『不見一法存無見，大似浮雲遮日面。不知一法守空知，還如太虛生閃電。此之知見瞥然興，錯認何曾解方便？汝當一念自知非，自己靈光常顯見。』」師聞偈已，心意豁然。乃述一偈曰：「無端起知解，著相求菩提。情存一念悟，寧越昔時迷？自性覺源體，隨照枉遷流。不入祖師室，茫然趣兩頭。」

廣州志道禪師

廣州志道禪師者，南海人也。初參六祖，問曰：「學人自出家覽涅槃經僅十餘載，未明大意，願和尚垂誨。」祖曰：「汝何處未了？」對曰：「『諸行無常，是生滅法。生滅滅已，寂滅爲樂。』於此疑惑。」祖曰：「汝作麽生疑？」對曰：「一切衆生皆有二身，謂色身、法身也。色身無常，有生有滅。法身有常，無知無覺。經云『生滅滅已，寂滅爲樂』者，未審是何身寂滅？何身受樂？若色身者，色身滅時，四大分散，全是苦苦，不可言樂。若法身寂滅，即同草木瓦石，誰當受樂？又法性是生滅之體，五蘊是生滅之用。一體五用，生滅是常。生則從體起用，滅則攝用歸體。若聽更生，即有情之類不斷不滅。若不聽更生，即永歸寂滅，同於無情之物。如是則一切諸法，被涅槃之所禁伏，尚不得生，何樂之有？」祖曰：「汝是釋子，何習外道斷常邪見，而議最上乘法？據汝所解，即色身外別有法身，離生滅求於寂滅。又推涅槃常樂，言有身受者，斯乃執吝生死，耽著世樂。汝今當知，佛爲一切迷人認五蘊和合爲自體相，分別一切法爲外塵相，好生惡死，念念遷流，不知夢幻虚假，枉受輪迴，以常樂涅槃翻爲苦相，終日馳求。佛愍此故，乃示涅槃真樂，刹那無有生相，刹那無有滅相，更無生滅可滅，是則寂滅見前。當見前之時，亦無見前之量，乃謂常樂。此樂無有受者，亦無不受者，豈有一體五用之名？何況更言涅槃禁伏諸法，令永不生？斯乃謗佛毀法。聽吾偈曰：『無上大涅槃，圓明常寂照。凡愚謂之死，外道執爲斷。諸求二乘人，目以無爲作〔一〕。盡屬情所計，六十二見本。妄立虚假名，何爲真實義？唯有過量人，通達無取捨。以知五蘊法，及以蘊中我。外現衆色象，一一音聲相。平等如夢幻，不起凡聖見。不作涅槃解，二邊三際斷。常應諸根用，而不起用想。分別一切法，不起分別想。劫火燒海底，風鼓山相擊。真常寂滅樂，涅槃相如是。吾今彊言説，令汝捨邪見。汝勿隨言解，許汝知少分』。」師聞偈踊躍，作禮而退。

永嘉玄覺禪師

永嘉真覺禪師，諱玄覺，本郡戴氏子。丱歲出家，徧探三藏。精天台止觀圓妙法門。於四威儀中，常冥禪觀。後因左谿朗禪師激勵，與東陽策禪師同詣曹谿。初到振錫，繞祖三匝，卓然而立。祖曰：「夫沙門者，具三千威儀，八萬細行。大德自何方而來，生大我

〔一〕清藏本此句作「目以爲無作」。

慢。」師曰：「生死事大，無常迅速。」祖曰：「何不體取無生，了無速乎？」師曰：「體即無生，了本無速。」祖曰：「如是！如是！」于時大衆無不愕然。師方具威儀參禮，須臾告辭。祖曰：「返太速乎！」師曰：「本自非動，豈有速邪？」祖曰：「誰知非動？」師曰：「仁者自生分別。」祖曰：「汝甚得無生之意。」師曰：「無生豈有意邪？」祖曰：「無意誰當分別？」師曰：「分別亦非意。」祖歎曰：「善哉！善哉！少留一宿。」時謂「一宿覺」矣。師翌日下山，乃回温州，學者輻湊，著證道歌一首，及禪宗悟修圓旨，自淺之深。慶州刺史魏靖緝而序之，成十篇，目爲永嘉集，並行于世。慕道志儀第一。夫欲修道，先須立志，及事師儀則，彰乎軌訓，故標第一，明慕道儀式。戒憍奢意第二。初雖立志修道，善識軌儀，若三業憍奢，妄心擾動，何能得定？故次第二，明戒憍奢意也。浄修三業第三。前戒憍奢，略標綱要。今子細檢責，令麄過不生，故次第三，明浄修三業，戒乎身口意也。奢摩他頌第四。已檢責身口，令麄過不生。次須入門修道，漸次不出定慧、五種起心、六種料揀，故次第四，明奢摩他頌也。毗婆舍那頌第五。非戒不禪，非禪不慧。上既修定，定久慧明，故次第五，明毗婆舍那頌也。優畢叉頌第六。偏修於定，定久則沈；偏學於慧，慧多心動，故次第六，明優畢叉頌，等於定慧，令不沈動，使定慧均等，捨於二邊。三乘漸次第七。定慧既均，則寂而常照。三觀一心，何疑不遣？何照不圓？自解雖明，悲他未悟，悟有深淺，故次第七，明三乘漸次也。事理不二第八。三乘悟理，理無不窮。窮理在事，了事即理。故次第八，明事理不二，即事而真，用祛倒見也。勸友人書第九。事理既融，内心自瑩，復悲遠學，虛擲寸陰，故次第九，明勸友人書也。發願文第十。勸友人雖是悲他，專心在一，情猶未普，故次第十，明發願文，誓度一切〔一〕。復次，觀心十門。初則言其法爾，次則出其觀體，三則語其相應，四則警其上慢，五則誡其疏怠，六則重出觀體，七則明其是非，八則簡其詮旨，九則觸途成觀，十則妙契玄源。第一言法爾者，夫心性虛通，動静之源莫二；真如絶慮，緣計之念非殊。惑見紛馳，窮之則唯一寂；靈源不狀，鑒之則以千差。千差不同，法眼之名自立；一寂非異，慧眼之號斯存。理量雙銷，佛眼之功圓著。是以三諦一境，法身之理常清；三智一心，般若之明常照。境智冥合，解脱之應隨機；非縱非横，圓伊之道玄會。故知三德妙性，宛爾無乖。一心深廣難思，何出要而非路？是以即心爲道者，可謂尋流而得源矣。第二出其觀體者，只知一念，即空不空，非空非不空。第三語其相應者，心與空相應，則譏毁讚譽，何憂何喜？身與空相應，則刀割香塗，何苦何樂？依報與空相應，則施與劫奪，何得何失？心與空不空相應，則愛見都忘，慈悲普救。

〔一〕清藏本、續藏本「誓度一切」下有「也」字。

身與空不空相應，則内同枯木，外現威儀。依報與空不空相應，則永絶貪求，資財給濟。心與空不空、非空非不空相應，則實相初明，開佛知見。身與空不空、非空非不空相應，則一塵入正受，諸塵三昧起。依報與空不空、非空非不空相應，則香臺寶閣，嚴土化生。第四警其上慢者，若不爾者，則未相應也。第五誡其疏怠者，然渡海應須上船，非船何以能渡？修心必須入觀，非觀無以明心。心尚未明，相應何日？思之，勿自恃也。第六重出觀體者，只知一念即空不空，非有非無，不知即念即空不空，非非有非非無。第七，明其是非者，心不是有，心不是無，心不非有，心不非無。是有是無，即墮是，非有非無，即墮非。如是只是是非之非，未是非是非非之是。今以雙非破兩是，是破非是，猶是非。又以雙非破兩非，非破非非，即是是。如是只是非非是非之是，未是不非不不非、不是不不是。是非之惑，綿微難見，神清慮静，細而研之。第八簡其詮旨者，然而至理無言，假文言以明其旨。旨宗非觀，藉修觀以會其宗。若旨之未明，則言之未的。若宗之未會，則觀之未深。深觀乃會其宗，的言必明其旨，旨宗既其明會，言觀何得復存邪？第九觸途成觀者，夫再演言詞，重標觀體。欲明宗旨無異，言觀有逐方移，移言則言理無差，改觀則觀旨不異。不異之旨即理，無差之理即宗。宗旨一而二名，言觀明其弄引耳。第十妙契玄源者，夫悟心之士，寧執觀而迷旨？達教之人，豈滯言而惑理？理明則言語道斷，何言之能議？旨會則心行處滅，何觀之能思？心言不能思議者，可謂妙契環中矣。先天二年十月十七日，安坐示滅。塔于西山之陽。謚無相大師，塔曰淨光。

溫州淨居尼玄機

溫州淨居尼玄機，唐景雲中得度，常習定於大日山石窟中。一日忽念曰：「法性湛然，本無去住。厭喧趍寂，豈爲達邪？」乃往參雪峰。峰問：「甚處來？」曰：「大日山來。」峰曰：「日出也未？」師曰：「若出則鎔却雪峰。」峰曰：「汝名甚麼？」師曰：「玄機。」峰曰：「日織多少？」師曰：「寸絲不掛。」遂禮拜退，纔行三五步，峰召曰：「袈裟角拖地也。」師回首。峰曰：「大好寸絲不掛。」世傳玄機乃永嘉大師女弟，嘗同遊方，以景雲歲月考之，是矣。第所見雪峰，非真覺存也。永嘉既到曹溪，必嶺下雪峰也。未詳法嗣，故附於此。

司空本淨禪師

司空山本淨禪師者，絳州人也。姓張氏。幼歲披緇于曹谿之室，受記隸司空山無相寺。唐天寶三年玄宗遣中使楊光庭入山，採常春藤，因造丈室。禮問曰：「弟子慕道斯久，願和尚慈悲，略垂開示。」師曰：「天下禪宗碩學，咸會京師。天使歸朝，足可咨決。貧道隈山傍水，無所用心。」光庭泣拜。師曰：「休禮貧道。天使爲求佛邪？問道邪？」曰：「弟子智識昏昧，未審佛之與道，其義云何？」師曰：「若欲求佛，即心是佛。若欲會道，無心是道。」曰：「云何即心是佛？」師曰：「佛因心悟，心以佛彰。若悟無心，佛亦不有。」曰：「云何無心是道？」師曰：「道本無心，無心名道。若了無心，無心即道。」光庭作禮信受。既回闕庭，具以山中所遇奏聞。即勑光庭詔師到京，勑住白蓮亭。越明年正月十五日，召兩街名僧碩學赴内道場，與師闡揚佛理。時有遠禪師者，抗聲謂師曰：「今對聖上，校量宗旨，應須直問直答，不假繁辭。只如禪師所見，以何爲道？」師曰：「無心是道。」遠曰：「道因心有，何得言無心是道？」師曰：「道本無名，因心名道。心名若有，道不虚然。窮心既無，道憑何立？二俱虚妄，總是假名。」遠曰：「禪師見有身心，是道已否？」師曰：「山僧身心本來是道。」遠曰：「適言無心是道，今又言身心本來是道，豈不相違？」師曰：「無心是道，心泯道無，心道一如，故言無心是道。身心本來是道，道亦本是身心。身心本既是空，道亦窮源無有。」遠曰：「觀禪師形質甚小，却會此理。」師曰：「大德只見山僧相，不見山僧無相。見相者，是大德所見。經云：『凡所有相，皆是虚妄。』若見諸相非相，即見其道。若以相爲實，窮劫不能見道。」遠曰：「今請禪師於相上說於無相。」師曰：「净名經云：『四大無主，身亦無我。』無我所見，與道相應。大德若以四大有主是我，若有我見，窮劫不可會道也。」遠聞語失色，逡巡避席。師有偈曰：「四大無主復如水，遇曲逢直無彼此。净穢兩處不生心，壅決何曾有二意？觸境但似水無心，在世縱横有何事？」復云：「一大如是，四大亦然。若明四大無主，即悟無心。若了無心，自然契道。」

志明禪師問：「若言無心是道，瓦礫無心亦應是道？」又曰：「身心本來是道，四生十類皆有身心，亦應是道。」師曰：「大德若作見聞覺知解會，與道懸殊，即是求見聞覺知之者，非是求道之人。經云：『無眼、耳、鼻、舌、身、意。』六根尚無，見聞覺知憑何而立？窮本不有，何處存心？焉得不同草木瓦礫？」明杜口而退。師有偈曰：「見聞覺知無障礙，聲香味觸常三昧。如鳥空中只麽飛，無取無捨無憎愛。若會應處本無心，始得名爲觀自在。」

真禪師問：「道既無心，佛有心否？佛之與道，是一是二？」師曰：「不一不二。」曰：「佛度衆生，爲有心故。道不度人，爲無心故。一度一不度，何得無二？」師曰：「若言佛度衆生，道無度者，此是大德妄生二見。如山僧即不然。佛是虚名，道亦妄立。二俱不實，揔是假名。一假之中，如何分二？」曰：「佛之與道，從是假名。當立名時，是誰爲立？若有立者，何得言無？」師曰：「佛之與道，因心而立。推窮立心，心亦是無。心既是無，即悟二俱不實。知如夢幻，即悟本空。彊立佛道二名，此是二乘人見解。」師乃説無修無作偈曰：「見道方修道，不見復何修？道性如虚空，虚空何所修？徧觀修道者，撥火覓浮漚。但看弄傀儡，線斷一時休。」

法空禪師問：「佛之與道，俱是假名，十二分教亦應不實。何以從前尊宿皆言修道？」師曰：「大德錯會經意。道本無修，大德彊修；道本無作，大德彊作；道本無事，彊生多事；道本無知，於中彊知。如此見解，與道相違。從前尊宿不應如是。自是大德不會，請思之。」師有偈曰：「道體本無修，不修自合道。若起修道心，此人不會道。棄却一真性，却入鬧浩浩。忽逢修道人，第一莫向道。」

安禪師問：「道既假名，佛云妄立，十二分教亦是接物度生，一切是妄，以何爲真？」師曰：「爲有妄故，將真對妄。推窮妄性本空，真亦何曾有故。故知真妄揔是假名。二事對治，都無實體。窮其根本，一切皆空。」曰：「既言一切是妄，妄亦同真，真妄無殊，復是何物？」師曰：「若言何物，何物亦妄。經云：『無相似，無比況，言語道斷，如鳥飛空。』」安慙伏，不知所措。師有偈曰：「推真真無相，窮妄妄無形。返觀推窮心，知心亦假名。會道亦如此，到頭亦只寧。」

達性禪師問：「禪師至妙至微，真妄雙泯，佛道兩亡，修行性空，名相不實，世界如幻，一切假名。作此解時，不可斷絕衆生善惡二根。」師曰：「善惡二根，皆因心有。窮心若有，根亦非虚。推心既無，根因何立？經云：『善不善法，從心化生。』善惡業緣，本無有實。」師有偈曰：「善既從心生，惡豈離心有？善惡是外緣，於心實不有。捨惡送何處，取善令誰守？傷嗟二見人，攀緣兩頭走。若悟本無心，始悔從前咎。」

又有近臣問曰：「此身從何而來？百年之後復歸何處？」師曰：「如人夢時，從何而來？睡覺時，從何而去？」曰：「夢時不可言無，既覺不可言有。雖有有無，來往無所。」師曰：「貧道此身，亦如其夢。」師有偈曰：「視生如在夢，夢裏實是鬧。忽覺萬事休，還同睡時悟。智者會悟夢，迷人信夢鬧。會夢如兩般，一悟無別悟。富貴與貧賤，更無分别路。」上元二年歸寂，謚大曉禪師。

婺州玄策禪師

玄策禪師者，婺州金華人也。遊方時届于河朔，有隍禪師者，曾謁黄梅，自謂正受。師知隍所得未真，往問曰：「汝坐於此作麽？」隍曰：「入定。」師曰：「汝言入定，有心邪？無心邪？若有心者，一切蠢動之類，皆應得定。若無心者，一切草木之流，亦合得定。」曰：「我正入定時，則不見有有無之心。」師曰：「既不見有有無之心，即是常定，何有出入？若有出入，則非大定。」隍無語。良久問：「師嗣誰？」師曰：「我師曹谿六祖。」曰：「六祖以何爲禪定？」師曰：「我師云：『夫妙湛圓寂，體用如如。五陰本空，六塵非有。不出不入，不定不亂。禪性無住，離住禪寂。禪性無生，離生禪想。心如虚空，亦無虚空之量。』」隍聞此説，遂造于曹谿，請決疑翳，而祖意與師冥符，隍始開悟。師後却歸金華，大開法席。

河北智隍禪師

河北智隍禪師者，始參五祖，雖嘗咨決，而循乎漸行。乃往河北結庵長坐，積二十餘載，不見惰容。後遇策禪師激勵，遂往參六祖。祖愍其遠來，便垂開決。師於言下豁然契悟，前二十年所得心都無影響。其夜，河北檀越士庶，忽聞空中有聲曰：「隍禪師今日得道也。」後回河北，開化四衆。

南陽慧忠國師

南陽慧忠國師者，越州諸暨人也。姓冉氏。自受心印，居南陽白崖山黨子谷，四十餘祀不下山，道行聞于帝里。唐肅宗上元二年，勑中使孫朝進賫詔徵赴京，待以師禮。初居千福寺西禪院。及代宗臨御，復迎止光宅精藍十有六載，隨機說法。時有西天大耳三藏到京，云得他心通。肅宗命國師試驗。三藏纔見師便禮拜，立于右邊。師問曰：「汝得他心通那？」對曰：「不敢！」師曰：「汝道老僧即今在甚麼處？」曰：「和尚是一國之師，何得却去西川看競渡？」良久，再問：「汝道老僧即今在甚麼處？」曰：「和尚是一國之師，何得却在天津橋上看弄猢猻？」師良久，復問：「汝道老僧只今在甚麼處？」藏罔測，師叱曰：「這野狐精，他心通在甚麼處！」藏無對。僧問仰山曰：「大耳三藏第三度爲甚麼不見國師？」山曰：「前兩度是涉境心，後入自受用三昧，所以不見。」又有僧問玄沙，沙曰：「汝道前兩度還見麼？」玄覺云：「前兩度見，後來爲甚麼不見？且道利害在甚麼處？」僧問趙州：「大耳三藏第三度不見國師，未審國師在甚麼處？」州云：「在三藏鼻孔上。」僧後問玄沙：「既在鼻孔上，爲甚麼不見？」沙云：「只爲太近。」一日喚侍者，者應諾。如是三召三應。師曰：「將謂吾孤負汝，却是汝孤負吾？」僧問玄沙：「國師喚侍者，意作麼生？」沙云：「却是侍者會。」雲居錫云：「且道侍者會不會？若道會，國師又道汝孤負吾；若道不會，玄沙又道却是侍者會。

且作麽生商量？」玄覺徵問僧：「甚麽處是侍者會處？」僧云：「若不會，争解恁麽應？」玄覺云：「汝少會在。」又云：「若於這裏商量得去，便識玄沙。」僧問法眼：「國師唤侍者，意作麽生？」眼云：「且去，别時來。」雲居錫云：「法眼恁麽道，爲復明國師意，不明國師意？」僧問趙州：「國師唤侍者，意作麽生？」趙州云：「如人暗裏書字，字雖不成，文彩已彰。」

南泉到參，師問：「甚麽處來？」曰：「江西來。」師曰：「還將得馬師真來否？」曰：「只這是。」師曰：「背後底聻？」南泉便休。長慶稜云：「大似不知。」保福展云：「幾不到和尚此間。」雲居錫云：「此二尊宿盡扶背後，只如南泉休去，爲當扶面前，扶背後？」麻谷到參，繞禪牀三匝，振錫而立。師曰：「汝既如是，吾亦如是。」谷又振錫。師叱曰：「這野狐精，出去！」上堂：「禪宗學者，應遵佛語。一乘了義，契自心源。不了義者，互不相許。如師子身中蟲。夫爲人師，若涉名利，别開異端，則自他何益？如世大匠，斤斧不傷其手。香象所負，非驢能堪。」僧問：「若爲得成佛去？」師曰：「佛與衆生，一時放却，當處解脱。」曰：「作麽生得相應去？」師曰：「善惡不思，自見佛性。」曰：「若爲得證法身？」師曰：「越毗盧之境界。」曰：「清淨法身作麽生得？」師曰：「不著佛求耳。」曰：「阿那箇是佛？」師曰：「即心是佛。」曰：「心有煩惱否？」師曰：「煩惱性自離。」曰：「豈不斷邪？」師曰：「斷煩惱者，即名二乘。煩惱不生，名大涅槃。」曰：「坐禪看静，此復若爲？」師曰：「不垢不淨，寧用起心而看浄相？」問：「禪師見十方虚空，是法身否？」師曰：「以想心取之，是顛倒見。」問：「即心是佛，可更修萬行否？」師曰：「諸聖皆具二嚴，豈撥無因果邪？」又曰：「我今答汝，窮劫不盡。言多去道遠矣。所以道：説法有所得，斯則野干鳴。説法無所得，是名師子吼。」上堂：「青蘿夤緣，直上寒松之頂；白雲淡泞，出没太虚之中。萬法本閑而人自鬧。」師問僧：「近離甚處？」曰：「南方。」師曰：「南方知識以何法示人？」曰：「南方知識，秖道一朝風火散後，如蛇退皮，如龍换骨。本爾真性，宛然無壞。」師曰：「苦哉！苦哉！南方知識説法，半生半滅。」曰：「南方知識即如是，未審和尚此間説何法？」師曰：「我此間身心一如，身外無餘。」曰：「和尚何得將泡幻之身同於法體？」師曰：「你爲甚麽入於邪道？」曰：「甚麽處是某甲入於邪道處？」師曰：「不見教中道：若以色見我，以音聲求我，是人行邪道，不能見如來。」

南陽張濆行者問：「承和尚説無情説法，某甲未體其事，乞和尚垂示。」師曰：「汝若問無情説法，解他無情，方得聞我説法，汝但聞取無情説法去。」濆曰：「只約如今有情方便之中，如何是無情因緣？」師曰：「如今一切動用之中，但凡聖兩流都無少分起滅便是出識，不屬有無。熾然見覺，只聞無其情識繫執。所以六祖云：『六根對境，分别非識。』」

有僧到參禮，師問：「藴何事業？」曰：「講金剛經。」師曰：「最初兩字是甚麽？」曰：「如是。」師曰：「是甚麽？」僧無對。有人問：「如何是解脱？」師曰：「諸法不相到，當處解脱。」曰：「恁麽即斷去也。」師曰：「向汝道諸法不相到，斷甚麽！」師見僧來，以手作圓相，相中書日字。僧無對。師問本淨禪師：「汝已後見奇特言語如何淨？」曰：「無一念心愛。」師曰：「是汝屋裏事。」

肅宗問：「師在曹谿得何法？」師曰：「陛下還見空中一片雲麽？」帝曰：「見。」師曰：「釘釘著，懸掛著？」帝又問：「如何是十身調御？」師乃起立曰：「會麽？」帝曰：「不會。」師曰：「與老僧過淨瓶來。」帝又曰：「如何是無諍三昧？」師曰：「檀越蹋毗盧頂上行。」帝曰：「此意如何？」師曰：「莫認自己清淨法身。」帝又問，師都不視之。曰：「朕是大唐天子，師何以殊不顧視？」師曰：「還見虚空麽？」帝曰：「見。」師曰：「他還眨目視陛下否？」魚軍容問：「師住白崖山，十二時中如何修道？」師唤童子來，摩頂曰：「惺惺直言惺惺，歷歷直言歷歷。已後莫受人謾。」

師與紫璘供奉論議。師陞座，奉曰：「請師立義，某甲破。」師曰：「立義竟。」奉曰：「是甚麽義？」師曰：「果然不見，非公境界。」便下座。一日，師問紫璘供奉：「佛是甚麽義？」曰：「是覺義。」師曰：「佛曾迷否？」曰：「不曾迷。」師曰：「用覺作麽？」奉無對。奉問：「如何是實相？」師曰：「把將虛底來。」曰：「虛底不可得。」師曰：「虛底尚不可得，問實相作麼？」僧問：「如何是佛法大意？」師曰：「文殊堂裏萬菩薩。」曰：「學人不會。」師曰：「大悲千手眼。」師以化緣將畢，涅槃時至，乃辭代宗。代宗曰：「師滅度後，弟子將何所記？」師曰：「告檀越造取一所無縫塔。」帝曰：「就師請取塔樣。」師良久曰：「會麼？」帝曰：「不會。」師曰：「貧道去後，有侍者應真却知此事，乞詔問之。」大曆十年十二月十九日，右脇長往，塔于黨子谷。謚大證禪師。代宗後詔應真問前語。真良久，曰：「聖上會麼？」帝曰：「不會。」真述偈曰：「湘之南，潭之北，中有黃金充一國。無影樹下合同船，瑠璃殿上無知識。」

荷澤神會禪師

西京荷澤神會禪師者，襄陽人也。姓高氏。年十四爲沙彌，謁六祖。祖曰：「知識遠來大艱辛，將本來否？若有本，則合識主，試說看。」師曰：「以無住爲本，見即是主。」祖曰：「這沙彌爭合取次語！」便打。師於杖下思惟，曰：「大善知識，歷劫難逢。今既得遇，豈惜身命？」自此給侍。他日，祖告衆曰：「吾有一物，無頭無尾，無名無字，無背無面，諸人還識否？」師乃出曰：「是諸法之本源，乃神會之佛性。」祖曰：「向汝道無名無字，汝便喚作本源佛性？」師禮拜而退。祖曰：「此子向後？設有把茆蓋頭，也只成得箇知解宗徒。」法眼云：「古人授記人終不錯。如今立知解爲宗，即荷澤也。」師尋往西京受戒。唐景龍年中，却歸曹谿，閱大藏經於内，六處有疑，問於六祖。第一問「戒定慧」曰：「所用戒何物？定從何處修？慧因何處起？所見不通流。」祖曰：「定即定其心，將戒戒其行，性中常慧照，自見自知深。」第二問：「本無今有有何物？本有今無無何物？誦經不見有無義，真似騎驢更覓驢。」祖曰：「前念惡業本無，後念善生今有。念念常行善行，後代人天不久。汝今正聽吾言，吾即本無今有。」第三問：「將生滅却滅？將滅滅却生？不了生滅義，所見似聾盲。」祖曰：「將生滅却滅，令人不執性。將滅滅却生，令人心離境。未即離二邊，自除生滅病。」第四問：「先頓而後漸？先漸而後頓？不悟頓漸人，心裏常迷悶。」祖曰：「聽法頓中漸，悟法漸中頓。修行頓中漸，證果漸中頓。頓漸是常因，悟中不迷悶。」第五問：「先定後慧？先慧後定？定慧後初，何生爲正？」祖曰：「常生清淨心，定中而有慧。於境上無心，慧中而有定。定慧等無先，雙修自心正。」第六問：「先佛而後法？先法而後佛？佛法本根源，起從何處出？」祖曰：「說即先佛而後法，聽即先法而後佛。若論佛法本根源，一切衆生心裏出。」

祖滅後二十年間，曹谿頓旨沈廢於荆吴嵩嶽，漸門盛行於秦洛。師入京。天寶四年方定兩宗。南能頓宗，北秀漸教。乃著顯宗記，盛行於世。一日鄉信至，報二親亡。師入堂白槌曰：「父母俱喪，請大衆念摩訶般若。」衆纔集，師便打槌曰：「勞煩大衆。」師於上元元年奄然而化，塔于龍門。

六祖下二世

南陽忠國師法嗣

耽源應真禪師

吉州耽源山應真禪師。爲國師侍者時，一日國師在法堂中，師入來。國師乃放下一足，師見便出，良久却回。國師曰：「適來意作麽生？」師曰：「向阿誰説即得？」國師曰：「我問你。」師曰：「甚麽處見某甲？」師又問：「百年後有人問，極則事如何？」國師曰：「幸自可憐生！須要覓箇護身符子作麽？」異日，師攜籃子歸方丈。國師問：「籃裏甚麽物？」師曰：「青梅。」國師曰：「將來何用？」師曰：「供養。」國師曰：「青在，争堪供養？」師曰：「以此表獻。」國師曰：「佛不受供養。」師曰：「某甲只恁麽，和尚如何？」國師曰：「我不供養。」師曰：「爲甚麽不供養？」國師曰：「我無果子。」

百丈海和尚在泐潭山牽車次，師曰：「車在這裏，牛在甚麽處？」丈斫額，師乃拭目。麻谷問：「十二面觀音豈不是聖？」師曰：「是。」麻谷與師一摑。師曰：「想汝未到此境。」國師諱日設齋，有僧問曰：「國師還來否？」師曰：「未具他心。」曰：「又用設齋作麽？」師曰：「不斷世諦。」

荷澤會禪師法嗣

蒙山光寶禪師

沂水蒙山光寶禪師，并州人也。姓周氏。初謁荷澤。澤謂之曰：「汝名光寶，名以定體，寶即己有，光非外來。縱汝意用而無少乏，長夜蒙照而無間歇。汝還信否？」師曰：「信則信矣，未審光之與寶，同邪異邪？」澤曰：「光即寶，寶即光，何有同異之名乎？」師曰：「眼耳緣聲色時，爲復抗行？爲有回互？」澤曰：「抗互且置，汝指何法爲聲色之體乎？」師曰：「如師所説，即無有聲色可得。」澤曰：「汝若了聲色體空，亦信眼耳諸根，及與凡與聖，平等如幻，抗行回互，其理昭然。」師由是領悟，禮辭而去。初隱沂水蒙山，於唐元和二年圓寂。

六祖下三世四世不列章次

六祖下五世

遂州圓禪師法嗣

圭峰宗密禪師

終南山圭峰宗密禪師者，果州西充人也。姓何氏。家本豪盛，髫齔通儒書，冠歲探釋典。唐元和二年將赴貢舉，偶造圓和尚法席，欣然契會，遂求披剃，當年進具。一日，隨衆僧齋于府吏任灌家，居下位，以次受經，得圓覺十二章。覽未終軸，感悟流涕。歸以所悟之旨告于圓。圓撫之曰：「汝當大弘圓頓之教，此諸佛授汝耳。行矣，無自滯於一隅也。」師涕泣奉命，禮辭而去。因謁荆南忠禪師。南印。忠曰：「傳教人也，當宣導於帝都。」復見洛陽照禪師。奉國神照。照曰：「菩薩人也，誰能識之？」尋抵襄漢，因病僧付華嚴疏，即上都澄觀大師之所撰也。師未嘗聽習，一覽而講，自欣所遇。曰：「向者諸師述作，罕窮厥旨，未若此疏，辭源流暢，幽賾焕然。吾禪遇南宗，教逢圓覺，一言之下，心地開通。一軸之中，義天朗耀。今復偶兹絶筆，罄竭于懷。」暨講終，思見疏主。時屬門人太恭斷臂醻恩，師先齎書上疏主，遥叙師資，往復慶慰。尋太恭痊損，方隨侍至上都，執弟子之禮。觀曰：「毗盧華藏，能隨我遊者，其汝乎！」師預觀之室，惟日新其德，而認筌執象之患永亡矣。北遊清凉山，回住鄠縣草堂寺。未幾，復入終南圭峰蘭若。大和中徵入内，賜紫衣。帝累問法要，朝士歸慕。唯相國裴公休，深入堂奥，受教爲外護。

師以禪、教學者互相非毁，遂著禪源諸詮，寫録諸家所述，詮表禪門根源道理，文字句偈，集爲一藏，或云一百卷。以貽後代。其都序略曰：禪是天竺之語，具云禪那，此云思惟修，亦云静慮，皆定、慧之通稱也。源者，是一切衆生本覺真性，亦名佛性，亦名心地。悟之名慧，修之名定。定、慧通名爲禪。此性是禪之本源，故云禪源，亦名禪那。理行者，此之本源是禪理，忘情契之是禪行，故云理行。然今所集諸家述作，多譚禪理，少説禪行，故且以禪源題之。今時有人但目真性爲禪者，是不達理行之旨，又不辨華竺之音也。然非離真性，别有禪體。但衆生迷真合塵，即名散亂。背塵合真，方名禪定。若直論本性，即非真非妄，無背無合，無定無亂，誰言禪乎？況此真性，非唯是禪門之源，亦是萬法之源，故名法性。亦是衆生迷悟之源，故名如來藏藏識。出楞伽經。亦是諸佛萬德之源，故名佛性。涅槃等經。亦是菩薩萬行之源，故名心地。梵網經云：「是諸佛之本源，行菩薩道之根本，是大衆諸佛子之根本也。」萬行不出六波羅蜜。禪者，但是六中之一，當其第五。豈可都目真性爲一禪行哉？然禪定一行最爲神妙，能發起性上無漏智慧。一切妙用，萬行萬德，乃至神通光明，皆從定發。故三乘人欲求聖道，必須修禪，離此無門，離此無路。至於念佛求生淨土，亦修十六觀禪，及念佛三昧、般舟三昧等也。又真性即不垢不淨，凡聖無差。禪門則有淺有深，階級殊等。謂帶異計、欣上厭下而修者，是外道禪。正信因果，亦以欣厭而修者，是凡夫禪。悟我空偏真之理而修者，是小乘禪。悟我法二空所顯真理而修者，是大乘禪。上四類，皆有四色四空之異也。若頓悟自心本來清淨，元無煩惱，無漏智性本自具足，此心即佛，畢竟無異。依此而修者，是最上乘禪，亦名如來清淨禪，亦名一行三昧，亦名真如三昧。此是一切三昧根本。若能念念修習，自然漸得百千三昧。達磨門下展轉相傳者，是此禪也。達磨未到，古來諸家所解，皆是前四禪八定，諸高僧修之，皆得功用。南嶽、天台令依三諦之理修三止三觀，教義雖最圓妙，然其趣入門户次第，亦只是前之諸禪行相。唯達磨所傳者，頓同佛體，迥異諸門，故宗習者難得其旨。得即成聖，疾證菩提；失即成邪，速入塗炭。先祖革昧防失，故且人傳一人；後代已有所憑，故任千燈千照。洎乎法久成弊，錯謬者多，故經論學人疑謗亦衆。原夫佛説頓教漸教，禪開頓門漸門。二教二門，各相符契。今講者偏彰漸義，禪者偏播頓宗。禪講相逢，胡越之隔。宗密不知，宿生何作，熏得此心？自未解脱，欲解他縛，爲法亡於軀命，愍人切於神情。亦如浄名經云：「若自有縛，能解他縛，無有是處。」然欲罷不能，驗是宿習難改故。每歎人與法差，法爲人病。故別撰經律論疏，大開戒定慧門。顯頓悟資於漸修，證師説符於佛意。意既本末而委示，文乃浩博而難尋。汎學雖多，秉志者少。況迹涉名相，誰辨金鍮？徒自疲勞，未見機感。雖佛説悲增是行，而自慮愛見難防。遂捨衆入山，習定均慧，前後息慮，相繼十年。微細習情，起滅彰於靜慧〔一〕；差別法義，羅列現於空心。虚隙日光，纖埃擾擾；清潭水底，影像昭昭。豈比夫空守默之癡禪，但尋文之狂慧者也。然本因了自心而辨諸教，故懇情於心宗；又因辨諸教而解修心，故虔誠於教義。教也者，諸佛菩薩所留經論也；禪也者，諸善知識所述句偈也。但佛經開張，羅大千八部之衆；禪偈撮略，就此方一類之機。羅衆則莽蕩難依，就機則指的易用。今之纂集，意在斯焉。

〔一〕「慧」，續藏本作「慮」。

裴休爲之序曰：「諸宗門下，皆有達人。然各安所習，通少局多。故數十年來，師法益壞。以承稟爲户牖，各自開張；以經論爲干戈，互相攻擊。情隨函矢而遷變，周禮曰：「函人爲甲。」孟子曰：「矢人豈不仁於函人哉？函人唯恐傷人。」矢人唯恐不傷人，蓋所習之術使然也。今學者但隨宗徒，彼此相非耳。法逐人我以高低。是非紛拏，莫能辨析。則向者世尊、菩薩、諸方教宗，適足以起諍後人，增煩惱病，何利益之有？我圭峰大師久而歎曰：『吾丁此時，不可以默矣。』於是以如來三種教義，印禪宗三種法門。鎔鉼盤釵釧爲一金，攪酥酪醍醐爲一味。振綱領而舉者皆順，荀子云：「如振裘領，屈五指而頓之，順者不可勝數。」據會要而來者同趣。周易略例云：「據會要以觀方來，則六合輻湊，未足多也。」都序據圓教以印諸宗，雖百家亦無所不統也。尚恐學者之難明也，又復直示宗源之本末，真妄之和合，空性之隱顯，法義之差殊，頓漸之異同，遮表之回互，權實之深淺，通局之是非。若吾師者，捧佛日而委曲回照，疑曀盡除。順佛心而横亘大悲，窮劫蒙益。則世尊爲闡教之主，吾師爲會教之人。本末相符，遠近相照，可謂畢一代時教之能事矣。或曰：『自如來未嘗大都而通之，今一旦違宗趣而不守，廢關防而不據，無乃乖祕藏密契之道乎？』答曰：『如來初雖別説三乘，後乃通爲一道。』三十年前，或説小乘，或説空教，或説相教，或統性教，聞者各隨機證悟，不相通知也。四十年後，坐靈鷲而會三乘，詣拘尸而顯一性，前後之軌則也。故涅槃經迦葉菩薩曰：『諸佛有密語，無密藏。』世尊讚之曰：『如來之言開發顯露，清淨無翳，愚人不解，謂之祕藏；智者了達，則不名藏。』此其證也。故王道興則外户不閉，而守在戎夷；佛道備則諸法總持，而防在魔外。涅槃圓教和會諸法，唯揀別魔説及外道邪宗。不當復執情攘臂於其間也。」師又著圓覺大小二疏鈔，法界觀門、原人等論，皆裴休爲之序引，盛行于世。

蕭俛相公呈己見解，請禪師注釋。師曰：「荷澤云：見清淨體於諸三昧八萬四千諸波羅蜜門，皆於見上一時起用，名爲慧眼。若當真如相應之時，善惡不思，空有不念。萬化寂滅。萬法俱從思想緣念而生，皆是虛空，故云化也。既一念不生，則萬法不起，故不待泯之，自然寂滅也。此時更無所見。照體獨立，夢智亡階。三昧諸波羅蜜門，亦一時空寂，更無所得。散亂與三昧，此岸與彼岸，是相待對治之説。若知心無念，見性無生，則定亂真妄，一時空寂，故無所得也。不審此是見上一時起用否？」然見性圓明，理絶相累，即絶相爲妙用，住〔一〕相爲執情，於八萬法門，一一皆爾。一法有爲一塵，一法空爲一用。故云：見清淨體，則一時起用矣。望於此後示及。俛狀。

答史山人十問。一問：「如何是道，何以修之？爲復必須修成，爲復不假功用？」答：「無礙是道，覺妄是修。道雖本圓，妄起爲累。妄念都盡，即是修成。」二問：「道若因修而成，即是造作，便同世間法，虛僞不實，成而復壞，何名出世？」答：「造作是結業，

〔一〕「住」，原作「性」，據清藏本、續藏本改。

名虛僞世間；無作是修行，即真實出世。」三問：「其所修者，爲頓爲漸？漸則忘前失後，何以集合而成？頓則萬行多方，豈得一時圓滿？」答：「真理即悟而頓圓，妄情息之而漸盡。頓圓如初生孩子，一日而肢體已全；漸修如長養成人，多年而志氣方立。」四問：「凡修心地之法，爲當悟心即了？爲當别有行門？若别有行門，何名南宗頓旨？若悟即同諸佛，何不發神通光明？」答：「識冰池而全水，藉陽氣而鎔消；悟凡夫而即真，資法力而修習。冰消則水流潤，方呈溉滌之功；妄盡則心靈通，始發通光之應。修心之外，無别行門。」五問：「若但修心而得佛者，何故諸經復説必須莊嚴佛土，教化衆生，方名成道？」答：「鏡明而影像千差，心淨而神通萬應。影像類莊嚴佛國，神通則教化衆生。莊嚴而即非莊嚴，影像而亦色非色。」六問：「諸經皆説度脱衆生，且衆生即非衆生，何故更勞度脱？」答：「衆生若是實，度之則爲勞。既自云即非衆生，何不例度而無度？」七問：「諸經説佛常住，或即説佛滅度。常即不滅，滅即非常。豈不相違？」答：「離一切相，即名諸佛，何有出世入滅之實乎？見出没者，在乎機緣，機緣應，則菩提樹下而出現；機緣盡，則娑羅林間而涅槃。其猶淨水無心，無像不現。像非我有，蓋外質之去來。相非佛身，豈如來之出没？」八問：「云何佛化所生，吾如彼生？佛既無生，生是何義？若言心生法生，心滅法滅，何以得無生法忍邪？」答：「既云如化，化即是空。空即無生，何詰生義？生滅滅已，寂滅爲真。忍可此法無生，名曰無生法忍。」九問：「諸佛成道説法，秪爲度脱衆生。衆生既有六道，佛何但住在人中現化？又：佛滅後付法於迦葉，以心傳心，乃至此方七祖〔一〕，每代秪傳一人。既云於一切衆生皆得一子之地，何以傳授不普？」答：「日月麗天，六合俱照，而盲者不見，盆下不知。非日月不普，是障隔之咎也。度與不度，義類如斯。非局人天，揀於鬼畜，但人道能結集，傳授不絶，故秪知佛現人中也。滅度後委付迦葉，展轉相承一人者，此亦蓋論當代爲宗教主，如土無二王，非得度者唯爾數也。」十問：「和尚因何發心？慕何法而出家？今如何修行？得何法味？所行得至何處地位？今住心邪？修心邪？若住心，妨修心；若修心，則動念不安。云何名爲學道？若安心一定，則何異定性之徒？伏願大德，運大慈悲，如理如如，次第爲説。」答：「覺四大如壞幻，達六塵如空華，悟自心爲佛心，見本性爲法性，是發心也。知心無住，即是修行。無住而知，即爲法味。住著於法，斯爲動念，故如人入闇，則無所見。今無所住，不染不著，故如人有目，及日光明，見種種法，豈爲定性之徒？既無所住著，何論處所？」

又山南温造尚書問：「悟理息妄之人，不結業，一期壽終之後，靈性何依？」師曰：

〔一〕「七祖」，清藏本、續藏本均作「六祖」。

「一切衆生，無不具有覺性，靈明空寂，與佛無殊。但以無始劫來，未曾了悟，妄執身爲我相，故生愛惡等情。隨情造業，隨業受報，生老病死，長劫輪回。然身中覺性，未曾生死，如夢被驅役，而身本安閑；如水作冰，而濕性不易。若能悟此性即是法身，本自無生，何有依託？靈靈不昧，了了常知，無所從來，亦無所去。然多生妄執，習以性成，喜怒哀樂，微細流注。真理雖然頓達，此情難以卒除。須長覺察，損之又損，如風頓止，波浪漸停。豈可一生所修，便同諸佛力用？但可以空寂爲自體，勿認色身；以靈知爲自心，勿認妄念。妄念若起，都不隨之，即臨命終時，自然業不能繫。雖有中陰，所向自由，天上人間，隨意寄託。若愛惡之念已泯，即不受分段之身，自能易短爲長，易麄爲妙。若微細流注，一切寂滅，唯圓覺大智朗然獨存，即隨機應現千百億化身，度有緣衆生，名之爲佛。謹對。」

釋曰：馬鳴菩薩撮略百本大乘經宗旨，以造大乘起信論。論中立宗，説一切衆生心有覺義、不覺義。覺中復有本覺義、始覺義。上所述者，雖但約照理觀心處言之，而法義亦同。彼論謂從初至「與佛無殊」，是本覺也。從「但以無始」下，是不覺也。從「若能悟此」下，是始覺也。始覺中復有頓悟漸修。從「若能」至「亦無所去」，是頓悟也。從「然多生妄執」下，是漸修也。漸修中從初發心乃至成佛，有三位自在，從初至「隨意寄託」者，是受生自在也。從「若愛惡之念」下，是變易自在也。從「若微細流注」下至末，是究竟自在也。又從「但可以空寂爲自體」至「自然業不能繫」，正是悟理之人朝暮行心修習止觀之要節也。宗密先有八句之偈，顯示此意。曾於尚書處誦之，奉命解釋。偈曰：「作有義事，是惺悟心。作無義事，是狂亂心。狂亂隨情念，臨終被業牽。惺悟不由情，臨終能轉業。」

師會昌元年正月六日，於興福院誡門人：令舁屍施鳥獸，焚其骨而散之，勿得悲慕以亂禪觀。每清明上山講道七日，其餘住持儀則當合律科，違者非吾弟子。言訖坐滅。道俗等奉全身于圭峰，荼毗得舍利，明白潤大。後門人泣而求之，皆得於煨燼，乃藏之石室。暨宣宗再闢真教，追謚定慧禪師。塔曰青蓮。

西天東土應化聖賢附

文殊菩薩

文殊菩薩一日令善財採藥，曰：「是藥者採將來。」善財徧觀大地，無不是藥。却來白曰：「無有不是藥者。」殊曰：「是藥者採將來。」善財遂於地上拈一莖草，度與文殊。文殊接得，呈起示衆曰：「此藥亦能殺人，亦能活人。」文殊問菴提遮女曰：「生以何爲義？」女曰：「生以不生生爲生義。」殊曰：「如何是生以不生生爲生義？」女曰：「若能明知地水火風四緣未嘗自得，有所和合而能隨其所宜，是爲生義。」殊曰：「死以何爲義？」女曰：「死以不死死爲死義。」殊曰：「如何是死以不死死爲死義？」女曰：「若能明知地水火風四緣未嘗自得，有所離散而能隨其所宜，是爲死義。」菴提遮女問文殊曰：「明知生是不生之理，爲甚麽却被生死之所流轉？」殊曰：「其力未充。」

天親菩薩

天親菩薩，從彌勒内宫而下，無着菩薩問曰：「人間四百年，彼天爲一晝夜。彌勒於一時中成就五百億天子，證無生法忍。未審説甚麽法？」天親曰：「秖説這箇法。秖是梵音清雅，令人樂聞。」

維摩大士

維摩會上，三十二菩薩各説不二法門。文殊曰：「我於一切法，無言無説，無示無識，離諸問答，是爲菩薩入不二法門。」於是文殊又問維摩：「仁者當説何等是菩薩入不二法門。」維摩默然。文殊讚曰：「乃至無有語言文字，是菩薩真入不二法門。」

善財童子

善財參五十三員善知識，末後到彌勒閣前，見樓閣門閉，瞻仰讚嘆。見彌勒從別處來。善財作禮曰：「願樓閣門開，令我得入。」尋時，彌勒至善財前，彈指一聲，樓閣門開。善財入已，閣門即閉。見百千萬億樓閣，一一樓閣内有一彌勒領諸眷屬並一善財而立其前。善財因無着菩薩問曰：「我欲見文殊，何者即是？」財曰：「汝發一念心清淨即是。」無着曰：「我發一念心清淨，爲甚麼不見？」財曰：「是真見文殊。」

須菩提尊者

須菩提尊者在巖中宴坐，諸天雨花讚嘆。者曰：「空中雨花讚歎，復是何人？云何讚嘆？」天曰：「我是梵天，敬重尊者善説般若。」者曰：「我於般若未嘗説一字，汝云何讚嘆？」天曰：「如是尊者無説，我乃無聞。無説無聞，是真説般若。」尊者一日説法次，帝釋雨花。者乃問：「此花從天得邪？從地得邪？從人得邪？」釋曰：「弗也。」者曰：「從何得邪？」釋乃舉手。者曰：「如是！如是！」

舍利弗尊者

舍利弗尊者因入城遥見月上女出城。舍利弗心口思惟：此姊見佛，不知得忍不得忍否？我當問之。纔近便問：「大姊往甚麽處去？」女曰：「如舍利弗與麽去。」弗曰：「我方入城，汝方出城，何言如我恁麽去？」女曰：「諸佛弟子，當依何住？」弗曰：「諸佛弟子依大涅槃而住。」女曰：「諸佛弟子既依大涅槃而住，而我亦如舍利弗與麽去。」舍利弗問須菩提夢中説六波羅密與覺時同異，提曰：「此義深遠，吾不能説。會中有彌勒大士，汝往彼問。」舍利弗問彌勒，彌勒云：「誰名彌勒，誰是彌勒？」舍利弗問天女曰：「何以不轉女身？」女曰：「我從十二年來求女人相，了不可得，當何所轉？」即時天女以神通力變舍利弗，令如天女。女自化身如舍利弗。乃問言：「何以不轉女身？」舍利弗以天女像而答言：「我今不知云何轉面而變爲女身？」

殃崛摩羅尊者

殃崛摩羅尊者，未出家時，外道受教，爲嬌尸迦，欲登王位，用千人拇指爲花冠，已得九百九十九，唯欠一指，遂欲殺母取指。時佛在靈山，以天眼觀之，乃作沙門在殃崛前。殃崛遂釋母欲殺佛。佛徐行，殃崛急行，追之不及。乃唤曰：「瞿曇，住！住！」佛告曰：「我住久矣，是汝不住。」殃崛聞之，心忽開悟。遂棄刃，投佛出家。

賓頭盧尊者

賓頭盧尊者。因阿育王内宫齋三萬大阿羅漢，躬自行香，見第一座無人，王問其故。海意尊者曰：「此是賓頭盧位，此人近見佛來。」王曰：「今在何處？」者曰：「且待須臾。」言訖，賓頭盧從空而下。王請就座，禮敬。者不顧，王乃問：「承聞尊者親見佛來，是否？」者以手策起眉，曰：「會麽？」王曰：「不會。」者曰：「阿耨達池龍王曾請佛齋，吾是時亦預其數。」

障蔽魔王

障蔽魔王，領諸眷屬，一千年隨金剛齊菩薩覓起處不得。忽一日得見。乃問曰：「汝當依何而住？我一千年覓汝起處不得。」齊曰：「我不依有住而住，不依無住而住，如是而住。」

那吒太子

那吒太子，析肉還母，析骨還父，然後現本身，運大神力，爲父母說法。

跋陀禪師

秦跋陀禪師，問生法師講何經論，生曰：「大般若經。」師曰：「作麽生說色空義？」曰：「衆微聚曰色。衆微無自性曰空。」師曰：「衆微未聚，唤作甚麽？」生罔措。師又問：「別講何經論？」曰：「大涅槃經。」師曰：「如何說涅槃之義？」曰：「涅而不生，槃而不滅。不生不滅，故曰涅槃。」師曰：「這箇是如來涅槃，那箇是法師涅槃？」曰：「涅槃之義，豈有二邪？某甲祇如此，未審禪師如何説涅槃？」師拈起如意曰：「還見麽？」曰：「見。」師曰：「見箇甚麽？」曰：「見禪師手中如意。」師將如意擲於地曰：「見麽？」曰：「見。」師曰：「見箇甚麽？」曰：「見禪師手中如意墮地。」師斥曰：「觀公見解，未出常流，何得名喧宇宙！」拂衣而去。其徒懷疑不已，乃追師扣問：「我師説色空涅槃不契，未審禪師如何説色空義？」師曰：「不道汝師説得不是，汝師祇説得果上色空，不會説得因中色空。」其徒曰：「如何是因中色空？」師曰：「一微空故衆微空，衆微空故一微空。一微空中無衆微，衆微空中無一微。」

金陵寶誌禪師

寶誌禪師。初，金陵東陽民朱氏之婦，上巳日聞兒啼鷹巢中，梯樹得之，舉以爲子。七歲依鍾山大沙門僧儉出家，專修禪觀。宋太始二年髮而徒跣，著錦袍，往來皖山劍水之下，以剪尺拂子拄杖頭，負之而行。天鑑二年梁武帝詔問：「弟子煩惑未除，何以治之？」答曰：「十二。」帝問：「其旨如何？」答曰：「在書字時節刻漏中。」帝益不曉。帝嘗詔畫工張僧繇寫師像，僧繇下筆輒不自定。師遂以指剺面門，分披出十二面觀音，妙相殊麗，或慈或威，僧繇竟不能寫。他日，與帝臨江縱望，有物泝流而上，師以杖引之，隨杖而至，乃紫旃檀也。即以屬供奉官俞紹，令雕師像，頃刻而成，神采如生。師問一梵僧：「承聞尊者喚我作屠兒，曾見我殺生麼？」曰：「見。」師曰：「有見見，無見見，不有不無見。若有見見是凡夫見，無見見是聲聞見，不有不無見是外道見。未審尊者如何見？」梵僧曰：「你有此等見邪？」汾陽曰：「不枉西來。」師垂語曰：「終日拈香擇火，不知身是道場。」又曰：「大道秖在目前，要且目前難覩。欲識大道真體，不離聲色言語。」又曰：「京都鄴都浩浩，還是菩提大道。」法眼曰：「京都鄴都浩浩，不是菩提大道。」

雙林善慧大士

善慧大士者，婺州義烏縣人也。齊建武四年丁丑五月八日，降於雙林鄉傅宣慈家，本名翕，年十六納劉氏女，名妙光，生普建、普成二子。二十四與里人稽亭浦摝魚，獲已，沈籠水中，祝曰：「去者適，止者留。」人或謂之愚。會有天竺僧嵩頭陀曰：「我與汝毗婆尸佛所發誓，今兜率宮衣鉢見在，何日當還？」因命臨水觀影，見圓光寶蓋。大士笑謂之曰：「鑪鞴之所多鈍鐵，良醫之門足病人。度生爲急，何思彼樂乎？」嵩指松山頂曰：

「此可棲矣。」大士躬耕而居之。有人盜菽麥瓜果，大士即與籃籠盛去。日常營作，夜則行道。見釋迦、金粟、定光三如來，放光襲其體。大士乃曰：「我得首楞嚴定。」天嘉二年，感七佛相隨，釋迦引前，維摩接後，唯釋尊數顧共語：「爲我補處也。」其山頂黄雲盤旋若蓋，因號雲黄山。梁武帝請講金剛經。士纔陞座，以尺揮按一下，便下座。帝愕然。聖師曰：「陛下還會麽？」帝曰：「不會。」聖師曰：「大士講經竟。」又一日講經次，帝至，大衆皆起。唯士端坐不動。近臣報曰：「聖駕在此，何不起？」士曰：「法地若動，一切不安。」大士一日披衲、頂冠、靸履朝見。帝問：「是僧邪？」士以手指冠。帝曰：「是道邪？」士以手指靸履。帝曰：「是俗邪？」士以手指衲衣。大士心王銘曰：「觀心空王，玄妙難測，無形無相，有大神力。能滅千災，成就萬德。體性雖空，能施法則。觀之無形，呼之有聲，爲大法將，心戒傳經。水中鹽味，色裏膠青，決定是有，不見其形。心王亦爾，身内居停，面門出入，應物隨情。自在無礙，所作皆成。了本識心，識心見佛，是心是佛。是佛是心。念念佛心，佛心念佛。欲得早成，戒心自律。淨律淨心，心即是佛。除此心王，更無别佛。欲求成佛，莫染一物。心性雖空，貪嗔體實。入此法門，端坐成佛，到彼岸已，得波羅蜜。慕道真士，自觀自心，知佛在内，不向外尋。即心即佛，即佛即心，心明識佛，曉了識心。離心非佛，離佛非心。非佛莫測，無所堪任。執空滯寂，於此漂沉。諸佛菩薩，非此安心。明心大士，悟此玄音。身心性妙，用無更改，是故智者，放心自在。莫言心王，空無體性，能使色身，作邪作正。非有非無，隱顯不定。心性雖〔一〕空，能凡能聖。是故相勸，好自防慎。刹那造作，還復漂沉。清淨心智，如世黃金。般若法藏，並在身心。無爲法寶，非淺非深。諸佛菩薩，了此本心。有緣遇者，非去來今。」有偈曰：「夜夜抱佛眠，朝朝還共起。起坐鎮相隨，語默同居止。纖毫不相離，如身影相似。欲識佛去處，秖這語聲是。」又曰：「空手把鋤頭，步行騎水牛。人從橋上過，橋流水不流。」又曰：「有物先天地，無形本寂寥。能爲萬象主，不逐四時凋。」四相偈，曰《生》、曰《老》、曰《病》、曰《死》。「識托浮泡起，生從愛慾來。昔時曾長大，今日復嬰孩。星眼隨人轉，朱脣向乳開。爲憐迷覺性，還却受輪回。」「覽鏡容顔改，登階氣力衰。咄哉今已老，趨拜復還虧。身似臨崖樹，心如念水黿。尚猶耽有漏，不肯學無爲。」「忽染沉痾疾，因成卧病身。妻兒愁不語，朋友厭相親。楚痛抽千脉，呻吟徹四鄰。不知前路險，猶尚恣貪嗔。」「精魄隨生路，遊魂入死關。祇聞千萬去，不見一人還。寶馬空嘶立，庭花永絶攀。早求無上道，應免四方山。」

〔一〕「雖」，原誤作「離」，今改。

南嶽慧思禪師

南嶽慧思禪師，武津李氏子。因誌公令人傳語曰：「何不下山教化衆生？目視雲漢作甚麽？」師曰：「三世諸佛，被我一口吞盡。何處更有衆生可化？」示衆曰：「道源不遠，性海非遥。但向己求，莫從他覓。覓即不得，得亦不真。」偈曰：「頓悟心源開寶藏，隱顯靈通現真相。獨行獨坐常巍巍，百億化身無數量。縱令逼塞滿虚空，看時不見微塵相。可笑物兮無比況，口吐明珠光晃晃。尋常見説不思議，一語標名言下當。」又曰：「天不能蓋地不載，無去無來無障礙。無長無短無青黄，不在中間及内外。超群出衆太虚玄，指物傳心人不會。」

天台智者禪師

天台山修禪寺智者禪師，諱智顗，荆州華容陳氏子。在南嶽誦法華經至藥王品曰：「是真精進，是名真法供養如來。」於是悟法華三昧、獲旋陁羅尼，見靈山一會，儼然未散。

國人。」

泗州僧伽大聖

泗州僧伽大聖，或問：「師何姓？」師曰：「姓何。」曰：「何國人？」師曰：「何國人。」

天台豐干禪師

天台山豐干禪師，因寒山問：「古鏡未磨時如何照燭？」師曰：「冰壺無影像，猿猴探水月。」曰：「此是不照燭也。更請道看！」師曰：「萬德不將來，教我道甚麼？」寒山、拾得俱作禮而退。師欲遊五臺，問寒山、拾得曰：「汝共我去遊五臺，便是我同流。若不共我去遊五臺，不是我同流。」山曰：「你去遊五臺作甚麼？」師曰：「禮文殊。」山曰：「你不是我同流。」師尋獨入五臺，逢一老人，便問：「莫是文殊麼？」曰：「豈可有二文殊！」師作禮未起，忽然不見。趙州代曰：「文殊，文殊！」

天台寒山

天台山寒山子，因衆僧炙茄次，將茄串向一僧背上打一下。僧回首，山呈起茄串曰：

「是甚麼？」僧曰：「這風顛漢！」山向傍僧曰：「你道這僧費却我多少鹽醋？」因趙州遊天台，路次相逢。山見牛跡，問州曰：「上座還識牛麼？」州曰：「不識。」山指牛跡曰：「此是五百羅漢遊山。」州曰：「既是羅漢，爲甚麼却作牛去？」山曰：「蒼天，蒼天！」州呵呵大笑。山曰：「作甚麼？」州曰：「蒼天，蒼天！」山曰：「這廝兒宛有大人之作。」

天台拾得

天台山拾得子，一日掃地，寺主問：「汝名拾得，因豐干拾得汝歸。汝畢竟姓箇甚麼？」拾得放下掃帚，叉手而立。主再問，拾得拈掃帚掃地而去。寒山搥胸曰：「蒼天，蒼天！」拾得曰：「作甚麼？」山曰：「不見道：東家人死，西家人助哀。」二人作舞，笑哭而出國清寺。半月，念戒衆集，拾得拍手曰：「聚頭作想那事如何？」維那叱之。得曰：「大德且住！無嗔即是戒，心浄即出家。我性與你合，一切法無差。」

明州布袋和尚

明州奉化縣布袋和尚，自稱契此，形裁腲（烏罪切）脮（奴罪切），蹙額皤腹，出語無定，寢卧隨處，常以杖荷一布囊并破席，凡供身之具，盡貯囊中。入鄽肆聚落，見物則乞，或醯醢魚葅，纔接入口，分少許投囊中，時號長汀子。一日，有僧在師前行，師乃拊其背。僧回首，師曰：「乞我一文錢。」曰：「道得即與汝一文。」師放下布袋，叉手而立。白鹿和尚問：「如何是布袋？」師便放下布袋。曰：「如何是布袋下事？」師負之而去。先保福和尚問：「如何是佛法大意？」師放下布袋，叉手。福曰：「爲祇如此，爲更有向上事？」師負之而去。師在街衢立，有僧問：「和尚在這裏作甚麽？」師曰：「等箇人。」曰：「來也！來也！」歸宗柔和尚別曰：「歸去來。」師曰：「汝不是這箇人。」曰：「如何是這箇人？」師曰：「乞我一文錢。」師有歌曰：「祇箇心心心是佛，十方世界最靈物。縱横妙用可憐生，一切不如心真實。騰騰自在無所爲，閑閑究竟出家兒。若覩目前真大道，不見纖毫也大奇。萬法何殊心何異，何勞更用尋經義？心王本自絶多知，智者祇明無學地。非聖非凡復若乎，不彊分别聖情孤。無價心珠本圓淨，凡是異相妄空呼。人能弘道道分明，無量清高稱道情。携錫若登故國路，莫愁諸處不聞聲。」又有偈曰：「是非憎愛世偏多，子細思量柰我何。寬却肚腸須忍辱，豁開心地任從他。若逢知己須依分，縱遇冤家也共和。若能了此心頭事，自然證得六波羅。」「我有一布袋，虚空無罣礙。展開遍十方，入時觀自在。」「吾有三寶堂，裏空無色相。不高亦不低，無遮亦無障。學者體不如，求者難得樣。智慧解安排，千中無一匠。四門四果生，十方盡供養。」「吾有一軀佛，世人皆不識。不塑亦不裝，不雕亦不刻。無一滴灰泥，無一點彩色。人畫畫不成，賊偷偷不得。體相本自然，清浄非拂拭。雖然是一軀，分身千百億。」又有偈曰：「一鉢千家飯，孤身萬里遊。青目覩人少，問路白雲頭。」梁貞明三年丙子三月，師將示滅，於岳林寺東廊下端坐磐石，而説偈曰：「彌勒真彌勒，分身千百億。時時示時人，時人自不識。」偈畢，安然而化。其後復現於他州，亦負布袋而行。四衆競圖其像。

法華志言大士

法華志言大士，壽春許氏子。弱冠遊東都，繼得度於七俱胝院，留講肆久之。一日，讀雲門録，忽契悟。未幾，宿命遂通，獨語笑，口吻囁嚅，日常不輟。世傳誦法華，因以名之。丞相吕許公問佛法大意。師曰：「本來無一物，一味却成真。」集仙王質問：「如何是祖師西來意？」師曰：「青山影裏潑藍起，寶塔高吟撼曉風。」又曰：「請法華燒香。」師曰：「未從齋戒覓，不向佛邊求。」國子助教徐岳問祖師西來意。師曰：「街頭東畔底。」徐曰：「某甲未會。」師曰：「三般人會不得。」僧問：「世有佛不？」師曰：「寺裏文殊。」

有問師：「凡邪？聖邪？」遂舉手曰：「我不在此住。」慶曆戊子十一月二十三日將化，謂人曰：「我從無量劫來，成就逝多國土，分身揚化，今南歸矣。」言畢，右脇而逝。

扣冰澡先古佛

扣冰澡先古佛，建寧新豐翁氏子。母夢比丘，風神炯然，荷錫求宿。人指謂曰：「是辟支佛。」已而孕。生於武宗會昌四年，香霧滿室，彌日不散。年十三求出家，父母許之。依烏山興福寺行全爲師。咸通乙酉落髮受具。初以講説，爲衆所歸。棄謁雪峰，手携甆一包、醬一器獻之。峰曰：「包中是何物？」師曰：「甆。」峰曰：「何處得來？」師曰：「泥中得。」峰曰：「泥深多少？」師曰：「無丈數。」峰曰：「還更有麽？」曰：「轉深。」又問：「器中何物？」曰：「醬。」峰曰：「何處得來？」曰：「自合得。」峰曰：「還熟也未？」曰：「不較多。」峰異之。曰：「子異日必爲王者師。」後自鵝湖歸温嶺結庵。今爲永豐寺。繼居將軍巖，二虎侍側。神人獻地爲瑞巖院，學者争集。嘗謂衆曰：「古聖修行，須憑苦節。吾今夏則衣楮，冬則扣冰而浴。」故世人號爲扣冰古佛。後住靈曜。上堂：「四衆雲臻，教老僧説箇甚麽？」便下座。有僧燒炭，積成火龕。曰：「請師入此修行。」曰：「真玉不隨流水化，琉璃争奪衆星明。」曰：「莫秖這便是麽？」曰：「且莫認奴作郎。」曰：「畢竟如何？」曰：「梅花臘月開。」天成戊子應閩主之召，延居内堂，敬拜曰：「謝師遠降。」賜茶次，師提起槖子曰：「大王會麽？」曰：「不會。」曰：「人王法王，各自照了。」留十日，以疾辭。至十二月二日，沐浴陞堂，告衆而逝。王與道俗備香薪蘇油荼毗之。祥耀滿山，獲設〔一〕利五色，塔於瑞巖正寢。謚曰妙應法威慈濟禪師。

千歲寶掌和尚

千歲寶掌和尚，中印度人也。周威烈十二年丁卯，降神受質，左手握拳。七歲祝髮乃展，因名寶掌。魏晋間東遊此土，入蜀禮普賢，留大慈。常不食，日誦般若等經千餘卷。有詠之者曰：「勞勞玉齒寒，似迸巖泉急。有時中夜坐，堦前神鬼泣。」一日，謂衆曰：「吾有願住世千歲，今年六百二十有六。」故以千歲稱之。次遊五臺，徙居祝融峰之華嚴，黄梅之雙峰，廬山之東林。尋抵建鄴，會達磨入梁，師就扣其旨，開悟。武帝高其道臘，延

〔一〕「設」，清藏本、續藏本均作「舍」。

入内庭，未幾如吴。有偈曰：「梁城遇導師，參禪了心地。飄零二浙遊，更盡佳山水。」順流東下，由千頃至天竺，往鄮峰，登太白，穿雁蕩，盤礴於翠峰七十二庵，回赤城，憩雲門、法華、諸暨、漁浦、赤符、大巖等處。返飛來，棲之石竇。有「行盡支那四百州，此中偏稱道人遊」之句。時貞觀十五年也。後居浦江之寶嚴，與朗禪師友善。每通問，遣白犬馳往，朗亦以青猿爲使令，故題朗壁曰：「白犬銜書至，青猿洗鉢回。」師所經處，後皆成寶坊。顯慶二年正旦，手塑一像，至九日像成。問其徒慧雲曰：「此肖誰？」雲曰：「與和尚無異。」即澡浴易衣趺坐，謂雲曰：「吾住世已一千七十二年，今將謝世。聽吾偈曰：『本來無生死，今亦示生死。我得去住心，他生復來此。』」頃時，囑曰：「吾滅後六十年，有僧來取吾骨，勿拒。」言訖而逝。入滅五十四年，有剌浮長老自雲門至塔所，禮曰：「冀塔洞開。」少選，塔户果啓，其骨連環若黄金。浮即持往秦望山，建窣堵波奉藏。以周威烈丁卯至唐高宗顯慶丁巳攷之，實一千七十二年。抵此土，歲歷四百餘，僧史皆失載。開元中慧雲門人宗一者，嘗勒石識之。

五燈會元卷第三

六祖大鑒禪師法嗣

南嶽懷讓禪師

南嶽懷讓禪師者，姓杜氏，金州人也。於唐儀鳳二年四月八日降誕，感白氣應於玄象，在安康之分。太史瞻見，奏聞高宗皇帝。帝乃問：「是何祥瑞？」太史對曰：「國之法器，不染世榮。」帝傳勑金州太守韓偕親往，存慰其家。家有三子，唯師最小。炳然殊異，性唯恩讓。父乃安名懷讓。年十歲時，唯樂佛書。時有三藏玄静過舍，告其父母曰：「此子若出家，必獲上乘，廣度衆生。」至垂拱三年方十五歲，辭親，往荆州玉泉寺，依弘景律師出家。通天二年，受戒後習毗尼藏。一日自歎曰：「夫出家者，爲無爲法。

天上人間，無有勝者。」時同學坦然，知師志氣高邁，勸師謁嵩山安和尚。安啓發之，乃直指詣曹谿參六祖。祖問：「甚麽處來？」曰：「嵩山來。」祖曰：「甚麽物恁麽來？」師無語。遂經八載，忽然有省。乃白祖曰：「某甲有箇會處。」祖曰：「作麽生？」師曰：「説似一物即不中。」祖曰：「還假修證否？」師曰：「修證則不無，污染即不得。」祖曰：「祇此不污染，諸佛之所護念。汝既如是，吾亦如是。西天般若多羅讖汝足下出一馬駒，踏殺天下人。應在汝心，不須速説。」師執侍左右一十五年。先天二年往衡嶽居般若寺。

開元中有沙門道一，即馬祖也。在衡嶽山常習坐禪。師知是法器，往問曰：「大德坐禪圖甚麽？」一曰：「圖作佛。」師乃取一甎，於彼庵前石上磨。一曰：「磨作甚麽？」師曰：「磨作鏡。」一曰：「磨甎豈得成鏡邪？」師曰：「磨甎既不成鏡，坐禪豈得作佛？」一曰：「如何即是？」師曰：「如牛駕車，車若不行，打車即是，打牛即是？」一無對。師又曰：「汝學坐禪？爲學坐佛？若學坐禪，禪非坐卧。若學坐佛，佛非定相。於無住法，不應取捨。汝若坐佛，即是殺佛。若執坐相，非達其理。」一聞示誨，如飲醍醐，禮拜，問曰：「如何用心，即合無相三昧？」師曰：「汝學心地法門，如下種子。我説法要，譬彼天澤。汝緣合故，當見其道。」又問：「道非色相，云何能見？」師曰：「心地法眼能見乎道，無相三昧亦復然矣。」一曰：「有成壞否？」師曰：「若以成壞聚散而見道者，非見道也。聽吾偈曰：『心地含諸種，遇澤悉皆萌。三昧華無相，何壞復何成！』」一蒙開悟，心意超然。侍奉十秋，日益玄奧。入室弟子總有六人，師各印可。曰：「汝等六人同證吾身，各契其一。一人得吾眉，善威儀。常浩。一人得吾眼，善顧盼。智達。一人得吾耳，善聽理。坦然。一人得吾鼻，善知氣。神照。一人得吾舌，善譚説。嚴峻。一人得吾心，善古今。道一。」又曰：「一切法皆從心生。心無所生，法無所住。若達心地，所作無礙。非遇上根，宜慎辭哉！」有一大德問：「如鏡鑄像，像成後未審光向甚麼處去？」師曰：「如大德爲童子時，相貌何在？」法眼别云：「阿那箇是大德鑄成底像？」曰：「祇如像成後，爲甚麼不鑑照？」師曰：「雖然不鑑照，謾他一點不得。」後馬大師闡化於江西。師問衆曰：「道一爲衆説法否？」衆曰：「已爲衆説法。」師曰：「總未見人持箇消息來。」衆無對。因遣一僧去，囑曰：「待伊上堂時，但問作麼生？伊道底言語，記將來。」僧去，一如師旨。回謂師曰：「馬師云：自從胡亂後，三十年不曾少鹽醬。」師然之。天寶三年八月十一日，圓寂於衡嶽。謚大慧禪師，最勝輪之塔。

南嶽讓禪師法嗣第一世

江西馬祖道一禪師

江西道一禪師，漢州什邡縣人也。姓馬氏。本邑羅漢寺出家。容貌奇異，牛行虎視，引舌過鼻。足下有二輪文。幼歲依資州唐和尚落髮，受具於渝州圓律師。唐開元中，習禪定於衡嶽山中，遇讓和尚。同參六人，唯師密受心印。讓之一，猶思之遷也，同源而異派。故禪法之盛，始於二師。劉軻云：「江西主大寂，湖南主石頭，往來憧憧，不見二大士，爲無知矣。」西天般若多羅記達磨云：「震旦雖闊無別路，要假兒孫脚下行。金雞解銜一粒粟，供養十方羅漢僧。」又六祖謂讓和尚曰：「向後佛法從汝邊去，馬駒蹋殺天下人。」厥後江西嗣法，布於天下，時號馬祖。始自建陽佛迹嶺，遷至臨川，次至南康龔公山。大曆中，隸名於鍾陵開元寺。時連帥路嗣恭聆風景慕，親受宗旨。由是四方學者，雲集座下。一日謂衆曰：「汝等諸人，各信自心是佛，此心即是佛心。達磨大師從南天竺國來至中華，傳上乘一心之法，令汝等開悟。又引楞伽經文，以印衆生心地。恐汝顛倒，不自信此心之法，各各有之。故楞伽經以佛語心爲宗，無門爲法門。夫求法者應無所求，心外無別佛，佛外無別心。不取善，不捨惡，淨穢兩邊，俱不依怙。達罪性空，念念不可得，無自性故。故三界唯心。森羅萬象，一法之所印。凡所見色，皆是見心。心不自心，因色故有。汝但隨時言説，即事即理，都無所礙。菩提道果，亦復如是。於心所生，即名爲色。知色空故，生即不生。若了此意，乃可隨時著衣喫飯，長養聖胎，任運過時，更有何事？汝受吾教，聽吾偈曰：『心地隨時説，菩提亦祇寧。事理俱無礙，當生即不生。』」僧問：「和尚爲甚麽説即心即佛？」師曰：「爲止小兒啼。」曰：「啼止時如何？」師曰：「非心非佛。」曰：「除此二種人來，如何指示？」師曰：「向伊道不是物。」曰：「忽遇其中人來時如何？」師曰：「且教伊體會大道。」問：「如何是西來意？」師曰：「即今是甚麽意？」

龐居士問：「不昧本來人，請師高著眼。」師直下覰。士曰：「一等没絃琴，唯師彈得妙。」師直上覰，士禮拜。師歸方丈，居士隨後。曰：「適來弄巧成拙。」又問：「如水無筋骨，能勝萬斛舟。此理如何？」師曰：「這裏無水亦無舟，説甚麽筋骨？」

一夕，西堂、百丈、南泉隨侍翫月次。師問：「正恁麽時如何？」堂曰：「正好供養。」丈曰：「正好修行。」泉拂袖便行。師曰：「經入藏，禪歸海，唯有普願，獨超物外。」百丈問：「如何是佛法旨趣？」師曰：「正是汝放身命處。」師問百丈：「汝以何法示人？」丈竪起拂子。師曰：「祇這箇，爲當别有？」丈抛下拂子。僧問：「如何得合道？」師曰：「我早不合道。」問：「如何是西來意？」師便打曰：「我若不打汝，諸方笑我也。」

有小師耽源行脚回，於師前畫箇圓相，就上拜了立。師曰：「汝莫欲作佛否？」曰：「某甲不解揑目。」師曰：「吾不如汝。」小師不對。鄧隱峰辭師，師曰：「甚麼處去？」曰：「石頭去。」師曰：「石頭路滑。」曰：「竿木隨身，逢場作戲。」便去。纔到石頭，即繞禪牀一匝，振錫一聲。問：「是何宗旨？」石頭曰：「蒼天，蒼天！」峰無語，却回舉似師。師曰：「汝更去問，待他有答，汝便噓兩聲。」峰又去，依前問。石頭乃噓兩聲。峰又無語，回舉似師。師曰：「向汝道『石頭路滑』。」

有僧於師前作四畫，上一畫長，下三畫短。曰：「不得道一畫長、三畫短，離此四字外，請和尚答。」師乃畫地一畫曰：「不得道長短。答汝了也。」忠國師聞，別云：「何不問老僧？」有講僧來，問曰：「未審禪宗傳持何法？」師却問曰：「座主傳持何法？」主曰：「忝講得經論二十餘本。」師曰：「莫是師子兒否？」主曰：「不敢。」師作噓噓聲。主曰：「此是法。」師曰：「是甚麼法？」主曰：「師子出窟法。」師乃默然。主曰：「此亦是法。」師曰：「是甚麼法？」主曰：「師子在窟法。」師曰：「不出不入，是甚麼法？」主無對。百丈代云：「見麼。」遂辭出門。師召曰：「座主！」主回首，師曰：「是甚麼？」主亦無對。師曰：「這鈍根阿師。」洪州廉使問曰：「喫酒肉即是，不喫即是？」師曰：「若喫是中丞祿，不喫是中丞福。」

師入室弟子一百三十九人，各爲一方宗主，轉化無窮。師於貞元四年正月中，登建昌石門山，於林中經行，見洞壑平坦。謂侍者曰：「吾之朽質，當於來月歸茲地矣。」言訖而回。既而示疾，院主問：「和尚近日尊候如何？」師曰：「日面佛，月面佛。」二月一日沐浴，跏趺入滅。元和中，謚大寂禪師，塔曰大莊嚴。

南嶽下二世

馬祖一禪師法嗣

百丈懷海禪師

洪州百丈山懷海禪師者，福州長樂人也。姓王氏。丱歲離塵，三學該練。屬大寂闡化江西，乃傾心依附，與西堂智藏、南泉普願同號入室。時三大士爲角立焉。師侍馬祖行次，見一群野鴨飛過。祖曰：「是甚麽？」師曰：「野鴨子。」祖曰：「甚處去也？」師曰：「飛過去也。」祖遂把師鼻扭，負痛失聲。祖曰：「又道飛過去也。」師於言下有省。却歸侍者寮，哀哀大哭。同事問曰：「汝憶父母邪？」師曰：「無。」曰：「被人駡邪？」師曰：

「無。」曰：「哭作甚麼？」師曰：「我鼻孔被大師扭得痛不徹。」同事曰：「有甚因緣不契？」師曰：「汝問取和尚去。」同事問大師曰：「海侍者有何因緣不契，在寮中哭？告和尚爲某甲說。」大師曰：「是伊會也。汝自問取他。」同事歸寮曰：「和尚道汝會也，教我自問汝。」師乃呵呵大笑。同事曰：「適來哭，如今爲甚却笑？」師曰：「適來哭，如今笑。」同事罔然。次日，馬祖陞堂，衆纔集，師出卷却席，祖便下座，師隨至方丈。祖曰：「我適來未曾說話，汝爲甚便卷却席？」師曰：「昨日被和尚扭得鼻頭痛。」祖曰：「汝昨日向甚處留心？」師曰：「鼻頭今日又不痛也。」祖曰：「汝深明昨日事。」師作禮而退。

師再參，侍立次。祖目視繩牀角拂子。師曰：「即此用，離此用？」祖曰：「汝向後開兩片皮，將何爲人？」師取拂子豎起。祖曰：「即此用，離此用？」師挂拂子於舊處。祖振威一喝，師直得三日耳聾。自此雷音將震，檀信請於洪州新吳界，住大雄山以居處。巖巒峻極，故號百丈。既處之，未朞月，參玄之賓，四方麕至。潙山黄檗當其首。一日，師謂衆曰：「佛法不是小事。老僧昔被馬大師一喝，直得三日耳聾。」黄檗聞舉，不覺吐舌。師曰：「子已後莫承嗣馬祖去麼？」檗曰：「不然。今日因和尚舉，得見馬祖大機之用，然且不識馬祖。若嗣馬祖，已後喪我兒孫。」師曰：「如是！如是！見與師齊，減師半德。見過於師，方堪傳授。子甚有超師之見。」檗便禮拜。潙山問仰山：「百丈再參馬祖因緣，此二尊宿意旨如何？」仰云：「此是顯大機大用。」潙云：「馬祖出八十四人，善知識幾人得大機，幾人得大用？」仰云：「百丈得大機，黄檗得大用，餘者盡是唱導之師。」潙云：「如是！如是！」

有僧哭入法堂來。師曰：「作麼？」曰：「父母俱喪，請師選日。」師曰：「明日來，一時埋却。」潙山、五峰、雲巖侍立次，師問潙山：「併却咽喉脣吻，作麼生道？」山曰：「却請和尚道。」師曰：「不辭向汝道，恐已後喪我兒孫。」又問五峰。峰曰：「和尚也須併却。」師曰：「無人處斫額望汝。」又問雲巖。巖曰：「和尚有也未？」師曰：「喪我兒孫。」師謂衆曰：「我要一人，傳語西堂，阿誰去得？」五峰曰：「某甲去。」師曰：「汝作麼生傳語？」峰曰：「待見西堂即道。」師曰：「見後道甚麼？」峰曰：「却來説似和尚。」

師每上堂，有一老人隨衆聽法。一日衆退，唯老人不去。師問：「汝是何人？」老人曰：「某非人也。於過去迦葉佛時，曾住此山，因學人問：『大修行人還落因果也無？』某對云：『不落因果。』遂五百生墮野狐身，今請和尚代一轉語，貴脱野狐身。」師曰：「汝問。」老人曰：「大修行人還落因果也無？」師曰：「不昧因果。」老人於言下大悟，作禮曰：「某已脱野狐身，住在山後。敢乞依亡僧津送。」師令維那白椎告衆，食後送亡僧。大衆聚議，一衆皆安，涅槃堂又無病人，何故如是？食後師領衆至山後巖下，以杖挑出一死野狐，乃依法火葬。師至晚上堂，舉前因緣。黄檗便問：「古人錯祇對一轉語，墮五百生野狐身。轉轉不錯，合作箇甚麼？」師曰：「近前來！向汝道。」檗近前，打師一掌。師拍手笑曰：「將謂胡鬚赤，更有赤鬚胡。」溈山舉問仰山，仰曰：「黄檗常用此機。」溈曰：「汝道天生得？從人得？」仰曰：「亦是禀受師承，亦是自性宗通。」溈曰：「如是！如是！」時溈山在會下作典座。司馬頭陀舉野狐話問典座：「作麽生？」座撼門扇三下。司馬曰：「太麄生。」座曰：「佛法不是這箇道理。」問：「如何是奇特事？」師曰：「獨坐大雄峰。」僧禮拜，師便打。

上堂：「靈光獨耀，迥脱根塵。體露真常，不拘文字。心性無染，本自圓成。但離妄緣，即如如佛。」問：「如何是佛？」師曰：「汝是阿誰？」曰：「某甲。」師曰：「汝識某甲否？」曰：「分明箇。」師乃舉起拂子曰：「汝還見麽？」曰：「見。」師乃不語。普請钁地次，忽有一僧聞鼓鳴，舉起钁頭，大笑便歸。師曰：「俊哉！此是觀音入理之門。」師歸院，乃唤其僧問：「適來見甚麽道理，便恁麽？」曰：「適來肚飢，聞鼓聲，歸喫飯。」師乃笑。問：「依經解義，三世佛冤。離經一字，如同魔説時如何？」師曰：「固守動静，三世佛冤。此外别求，即同魔説。」因僧問西堂：「有問有答即且置，無問無答時如何？」堂曰：「怕爛却那。」師聞舉，乃曰：「從來疑這箇老兄。」曰：「請和尚道。」師曰：「一合相不可得。」師謂衆曰：「有一人長不喫飯不道饑，有一人終日喫飯不道飽。」衆無對。雲巖問：「和尚每日區區爲阿誰？」師曰：「有一人要。」巖曰：「因甚麽不教伊自作。」師曰：「他無家活。」

問：「如何是大乘〔一〕頓悟法要？」師曰：「汝等先歇諸緣，休息萬事。善與不善、世出世間一切諸法，莫記憶，莫緣念，放捨身心，令其自在。心如木石，無所辨别。心無所行，心地若空，慧日自現，如雲開日出相似。但歇一切攀緣，貪嗔愛取，垢淨情盡。對五欲八風不動，不被見聞覺知所縛，不被諸境所惑，自然具足神通妙用，是解脱人。對一切境，心無静亂，不攝不散，透過一切聲色，無有滯礙，名爲道人。善惡是非俱不運用，亦不愛一法，亦不捨一法，名爲大乘人。不被一切善惡、空有、垢淨、有爲無爲、世出世間、福德智慧之所拘繫，名爲佛慧。是非好醜、是理非理，諸知見情盡，不能繫縛，處處自在，名爲初發心菩薩，便登佛地。」問：「對一切境，如何得心如木石去？」師曰：「一切諸法，本不自言空，不自言色，亦不言是非垢淨，亦無心繫縛人。但人自虚妄計著，作若干種解會，起若干種知見，生若干種愛畏。但了諸法不自生，皆從自己一念妄想顛倒，取相而有知。心與境本不相到，當處解脱，一一諸法當處寂滅，當處道場。又本有之性不可名目，本來不是凡不是聖，不是垢淨，亦非空有，亦非善惡，與諸染法相應，名人天二乘界。若垢淨心盡，不

〔一〕「乘」，原作「衆」，據清藏本、續藏本改。

住繫縛，不住解脱，無一切有爲無爲縛脱心量，處於生死，其心自在，畢竟不與諸妄虚幻塵勞、蘊界、生死諸入和合，迥然無寄，一切不拘，去留無礙。往來生死，如門開相似。夫學道人，若遇種種苦樂、稱意不稱意事，心無退屈，不念名聞利養衣食，不貪功德利益，不爲世間諸法之所滯礙，無親無愛，苦樂平懷，麄衣遮寒，糲食活命，兀兀如愚如聾，稍有相應分。若於心中廣學知解，求福求智，皆是生死，於理無益，却被知解境風之所漂溺，還歸生死海裏。佛是無求人，求之即乖；理是無求理，求之即失。若著無求，復同於有求。若著無爲，復同於有爲。故經云：『不取於法，不取非法，不取非非法。』」又云：「如來所得法，此法無實無虚。若能一生心如木石相似，不被陰界五欲八風之所漂溺，即生死因斷，去住自由。不爲一切有爲因界所縛，不被有漏所拘。他時還以無因縛爲因，同事利益。以無著心應一切物，以無礙慧解一切縛。亦云應病與藥。」問：「如今受戒，身口清浄，已具諸善，得解脱否？」師曰：「少分解脱，未得心解脱，亦未得一切處解脱。」曰：「如何是心解脱及一切處解脱？」師曰：「不求佛法僧，乃至不求福智知解等。垢浄情盡，亦不守此無求爲是，亦不住盡處，亦不欣天堂、畏地獄，縛脱無礙，即身心及一切處皆名解脱。汝莫言有少分戒，身口意浄，便以爲了。不知河沙戒定慧門、無漏解脱，都未涉一毫在。努力向前，須猛究取，莫待耳聾眼暗，面皺髮白，老苦及身，悲愛纏綿，眼中流淚，心裏憧惶，一無所據，不知去處。到恁麽時節，整理手脚不得也。縱有福智、名聞、利養，都不相救。爲心眼未開，唯念諸境，不知返照，復不見佛道。一生所有善惡業緣，悉現於前，或忻或怖，六道五藴，俱時現前。盡敷嚴好舍宅，舟船車轝，光明顯赫，皆從自心貪愛所現。一切惡境，皆變成殊勝之境。但隨貪愛重處，業識所引，隨著受生，都無自由分。龍畜良賤，亦揔未定。」

問：「如何得自由分？」師曰：「如今得即得。或對五欲八風，情無取舍，慳嫉貪愛，我所情盡，垢浄俱亡。如日月在空，不緣而照。心心如木石，念念如救頭。然亦如香象渡河，截流而過，更無疑滯。此人天堂地獄所不能攝也。夫讀經看教，語言皆須宛轉歸就自己。但是一切言教，祇明如今鑒覺自性，但不被一切有無諸境轉，是汝導師。能照破一切有無諸境，是金剛慧。即有自由獨立分。若不能恁麽會得，縱然誦得十二韋陁典，祇成增〔一〕上慢，却是謗佛，不是修行。但離一切聲色，亦不住於離，亦不住於知解，是修行。讀經看教，若准世間是好事，若向明理人邊數，此是壅塞人。十地之人脱不去，流入生死河。但是三乘教，皆治貪瞋等病，祇如今念念若有貪瞋等病，先須治之，不用求覓義句知

〔一〕「增」，原作「僧」，據清藏本、續藏本改。

解。知解屬貪，貪變成病。祇如今但離一切有無諸法，亦離於離，透過三句外，自然與佛無差。既自是佛，何慮佛不解語？祇恐不是佛，被有無諸法縛，不得自由。以理未立，先有福智，被福智載去，如賤使貴。不如先立理，後有福智。若要福智，臨時作得。撮土成金，撮金爲土，變海水爲酥酪，破須彌爲微塵，攝四大海水入一毛孔。於一義作無量義，於無量義作一義。伏惟珍重。」

師有時說法竟，大衆下堂，乃召之。大衆回首，師曰：「是甚麽？」藥山目之爲百丈下堂句。師兒時隨母入寺拜佛，指佛像問母：「此是何物？」母曰：「是佛。」師曰：「形容似人無異，我後亦當作焉。」師凡作務執勞，必先於衆，主者不忍，密收作具而請息之。師曰：「吾無德，爭合勞於人？」既徧求作具不獲，而亦忘飡。故有「一日不作，一日不食」之語流播寰宇矣。唐元和九年正月十七日歸寂，謚大智禪師，塔曰大寶勝輪。

南泉普願禪師

池州南泉普願禪師者，鄭州新鄭人也。姓王氏。幼慕空宗。唐至德二年依大隗山大慧禪師受業。詣嵩嶽受具足戒。初習相部舊章，究毗尼篇聚。次遊諸講肆，歷聽楞伽、華嚴，入中百門觀，精練玄義。後扣大寂之室，頓然忘筌，得遊戲三昧。一日，爲衆僧行粥次，馬祖問：「桶裏是甚麽？」師曰：「這老漢合取口作恁麽語話。」祖便休。自餘同參之流無敢詰問。貞元十一年憩錫於池陽，自建禪齋，不下南泉三十餘載。大和初，宣城廉使陸公亘嚮師道風，遂與監軍同請下山，伸弟子之禮，大振玄綱。自此學徒不下數百，言滿諸方，目爲郢匠。

上堂：「然燈佛道了也。若心相所思，出生諸法，虚假不實，何以故？心尚無有，云何出生諸法？猶如形影，分别虚空。如人取聲，安置篋中。亦如吹網，欲令氣滿。故老宿云：不是心，不是佛，不是物。且教你兄弟行履。據説十地菩薩住首楞嚴三昧，得諸佛秘密法藏，自然得一切禪定解脱神通妙用。至一切世界，普現色身，或示現成等正覺，轉大法輪，入涅槃，使無量入毛孔。演一句，經無量劫，其義不盡，教化無量億千衆生得無生法忍。尚唤作所知愚、極微細所知愚，與道全乖。大難，大難！珍重！」

上堂曰：「王老師自小養一頭水牯牛。擬向溪東牧，不免食他國王水草。擬向溪西牧，亦不免食他國王水草。不如隨分納些些，總不見得。」師問僧曰：「夜來好風？」曰：「夜來好風。」師曰：「吹折門前一枝松？」曰：「吹折門前一枝松。」次問一僧曰：「夜來好風？」曰：「是甚麽風？」師曰：「吹折門前一枝松。」曰：「是甚麽松？」師曰：「一得一失。」師有書與茱萸曰：「理隨事變，寬廓非外。事得理融，寂寥非內。」僧達書了，便問萸：「如何是寬廓非外？」萸曰：「問一答百也無妨。」曰：「如何是寂寥非內？」萸曰：「覩對聲色，不是好手。」僧又問長沙，沙瞪目視之。僧又進後語，沙乃閉目示之。僧又問趙州，州作喫飯勢。僧又進後語，州以手作拭口勢。後僧舉似師。師曰：「此三人，不謬爲吾弟子。」

南泉山下有一庵主，人謂曰：「近日南泉和尚出世，何不去禮見？」主曰：「非但南泉出世，直饒千佛出世，我亦不去。」師聞，乃令趙州去勘。州去便設拜，主不顧。州從西過東，又從東過西，主亦不顧。州曰：「草賊大敗。」遂拽下簾子便歸，舉似師。師曰：「我從來疑着這漢。」次日，師與沙彌携茶一瓶、盞三隻，到庵擲向地上。乃曰：「昨日底，昨日底！」主曰：「昨日底是甚麼？」師於沙彌背上拍一下曰：「賺我來，賺我來！」拂袖便回。

上堂：「道箇如如早是變了也。今時師僧須向異類中行。」歸宗曰：「雖行畜生行，不得畜生報。」師曰：「孟八郎漢又恁麼去也？」上堂：「文殊、普賢昨夜三更相打，每人與二十棒，趁出院去也！」趙州曰：「和尚棒教誰喫？」師曰：「且道王老師過在甚處？」州禮拜而出。師因至莊所，莊主預備迎奉。師曰：「老僧居常出入，不與人知，何得排辦如此？」莊主曰：「昨夜土地報道：和尚今日來。」師曰：「王老師修行無力，被鬼神覰見。」侍者便問：「和尚既是善知識，爲甚麽被鬼神覰見？」師曰：「土地前更下一分飯。」玄覺云：「甚麽處是土地前更下一分飯？」雲居錫云：「是賞伊？罰伊，只如土地前見，是南泉？不是南泉？」師有時曰：「江西馬祖説『即心即佛』，王老師不恁麽道，『不是心，不是佛，不是物』。恁麽道還有過麽？」趙州禮拜而出。時有一僧隨問趙州曰：「上座禮拜便出，意作麽生？」州曰：「汝却問取和尚。」僧乃問：「適來諗上座意作麽生？」師曰：「他却領得老僧意旨。」

黄檗與師爲首座。一日，捧鉢向師位上坐。師入堂見，乃問曰：「長老甚麽年中行道？」檗曰：「威音王已前。」師曰：「猶是王老師兒孫在。下去！」檗便過第二位坐，師便休。師一日問黄檗：「黄金爲世界，白銀爲壁落，此是甚麽人居處？」檗曰：「是聖人居處。」師曰：「更有一人居何國土？」檗乃叉手立。師曰：「道不得，何不問王老師？」檗却問：「更有一人居何國土？」師曰：「可惜許！」師問黄檗：「定慧等學，明見佛性，此理如何？」檗曰：「十二時中不依倚一物。」師曰：「莫是長老見處麽？」檗曰：「不敢。」師曰：「漿水錢且置，草鞋錢教阿誰還？」師見僧斫木次，師乃擊木三下，僧放下斧子，歸僧堂。師歸法堂，良久，却入僧堂，見僧在衣鉢下坐。師曰：「賺殺人！」問：「師歸丈室，將何指南？」師曰：「昨夜三更失却牛，天明起來失却火。」

師因東西兩堂争猫兒，師遇之，白衆曰：「道得即救取猫兒，道不得即斬却也。」衆無對，師便斬之。趙州自外歸，師舉前語示之。州乃脱履安頭上而出。師曰：「子若在，即救得猫兒也。」師在方丈，與杉山向火次。師曰：「不用指東指西，直下本分事道來。」山插火箸叉手。師曰：「雖然如是，猶較王老師一線道。」有僧問訊，叉手而立。師曰：「太俗生！」其僧便合掌。師曰：「太僧生！」僧無對。一僧洗鉢次，師乃奪却鉢。其僧空手而立。師曰：「鉢在我手裏，汝口喃喃作麽？」僧無對。師因入菜園，見一僧，師乃將瓦子打之。其僧回顧，師乃翹足。僧無語。師便歸方丈，僧隨後入，問訊曰：「和尚適來擲瓦子打某甲，豈不是警覺某甲？」師曰：「翹足又作麽生？」僧無對。後有僧問石霜云：「南泉翹足，意作麽生？」霜舉手云：「還恁麽無。」

上堂：「王老師賣身去也，還有人買麽？」一僧出曰：「某甲買。」師曰：「不作貴，不作賤，汝作麽生買？」僧無對。卧龍代云：「屬某甲去也。」禾山代云：「是何道理？」趙州代云：「明年與和尚縫一領布衫。」師與歸宗、麻谷同去參禮南陽國師。師於路上畫一圓相曰：「道得即去。」宗便於圓相中坐。谷作女人拜。師曰：「恁麽則不去也。」宗曰：「是甚麽心行？」師乃相唤，便回，更不去禮國師。玄覺云：「只如南泉恁麽道，是肯語？是不肯語？」雲居錫云：「比來去禮拜國師，南泉爲甚麽却相唤回？且道古人意作麽生？」師在山上作務，僧問：「南泉路向甚麽處去？」師拈起鐮子曰：「我這茆鐮子，三十錢買得。」曰：「不問茆鐮子。南泉路向甚麼處去？」師曰：「我使得正快。」有一座主辭師，師問：「甚麼處去？」對曰：「山下去。」師曰：「第一不得謗王老師。」對曰：「爭敢謗和尚！」師乃噴嚏曰：「多少？」主便出去。雲居膺云：「非師本意。」先曹山云：「賴也。」石霜云：「不爲人斟酌。」長慶云：「請領話。」雲居錫云：「座主當時出去，是會？不會？」師一日掩方丈門，將灰圍却門外。曰：「若有人道得，即開。」或有祇對，多未愜師意。趙州曰：「蒼天！」師便開門。師翫月次，僧問：「幾時得似這箇去？」師曰：「王老師二十年前，亦恁麼來。」曰：「即今作麼生？」師便歸方丈。陸亘大夫問：「弟子從六合來，彼中還更有身否？」師曰：「分明記取，舉似作家。」曰：「和尚不可思議，到處世界成就。」師曰：「適來總是大夫分上事。」陸異日謂師曰：「弟子亦薄會佛法。」師便問：「大夫十二時中作麼生？」曰：「寸絲不挂。」師曰：「猶是堦下漢。」師又曰：「不見道：有道君王不納有智之臣。」上堂次，陸大夫曰：「請和尚爲衆說法。」師曰：「教老僧作麼生說？」曰：「和尚豈無方便？」師曰：「道他欠少甚麼？」曰：「爲甚麼有六道四生？」師曰：「老僧不教他。」陸大夫與師見人雙陸，指骰子曰：「恁麼不恁麼，正恁麼信彩去時如何？」師拈起骰子曰：「臭骨頭十八。」又問：「弟子家中有一片石，或時坐，或時卧，如今擬鐫作佛，還得否？」師曰：「得。」陸曰：「莫不得否？」師曰：「不得。」雲巖云：「坐即佛，不坐即非佛。」洞山云：「不坐即佛，坐即非佛。」趙州問：「道非物外，物外非道。如何是物外道？」師便打。州捉住棒曰：「已後莫錯打人去。」師曰：「龍蛇易辨，衲子難謾。」師唤院主，主應諾。師曰：「佛九十日在忉利天爲母説法，時優填王思佛，請目連運神通三轉，攝匠人往彼彫佛像，秖雕得三十一相，爲甚麼梵音相雕不得？」主問：「如何是梵音相？」師曰：「賺殺人！」師問維那：「今日普請作甚麼？」對曰：「拽磨。」師曰：「磨從你拽，不得動著磨中心樹子。」那無語。保福代云：「比來拽磨，如今却不成。」法眼代云：「恁麼即不拽也。」一日，有大德問師曰：「即心是佛又不得，非心非佛又不得。師意如何？」師曰：「大德且信即心是佛便了，更説甚麼得與不得。秖如大德喫飯了，從東廊上，西廊下，不可總問人得與不得也。」師住庵時，有一僧到庵。師向伊道：「我上山去作務。待齋時作飯自喫了，送一分上來。」少時，其僧自作飯喫了，却一時打破家事就牀卧。師待不見來，便歸庵，見僧卧。師亦就伊邊卧。僧便起去。師住後曰：「我往前住庵時，有箇靈利道者，直至如今不見。」師拈起毬子問僧：「那箇何似這箇？」對曰：「不似。」師曰：「甚麼處見那箇，便道不似？」曰：「若問某甲見處，和尚放下手中物。」師曰：「許你具一隻眼。」陸大夫向師道：「肇法師也甚奇怪，解道天地與我同根，萬物與我一體。」師指庭前牡丹花曰：「大夫！時人見此一株花如夢相似。」陸罔測。又問：「天王居何地位？」師曰：「若是天王，即非地位。」曰：「弟子聞説天王是居初地。」師曰：「應以天王身得度者，即現天王身而爲説法。」陸辭歸宣城治所。師問：「大夫去彼，將何治民？」曰：「以智慧治民。」師曰：「恁麼則彼處生靈盡遭塗炭去也。」師入宣州，陸大夫出迎接。指城門曰：「人人盡唤作雍門，未審和尚唤作甚麼門？」師曰：「老僧若道，恐辱大夫風化。」曰：「忽然賊來時作麼生？」師曰：「王老師罪過。」陸又問：「大悲菩薩用許多手眼作甚麼？」師曰：「秖如國家，又用大夫作甚麼？」師洗衣次，僧問：「和尚猶有這箇在。」師拈起衣曰：「争奈這箇何！」玄覺云：「且道是一箇，是兩箇？」師問僧良欽：「空劫中還有佛否？」對曰：「有。」師曰：「是阿誰？」對曰：「良欽。」師曰：「居何國土？」欽無語。問：「祖祖相傳，合傳何事？」師曰：「一二三四五。」問：「如何是古人底？」師曰：「待有即道。」曰：「和尚爲甚麼妄語？」師曰：「我不妄語，盧行者却妄語。」問：「十二時中以何爲境？」師曰：「何不問王老師？」曰：「問了也。」師曰：「還曾與汝爲境麼？」問：「青蓮不隨風火散時是甚麼？」師曰：「無風火不隨是甚麼？」僧無對。師問：「不思善，不思惡，思總不生時，還我本來面目來。」曰：「無容止可露。」洞山云：「還曾將示人麼？」師問座主：「你與我講經得麼？」曰：「某甲與和尚講經，和尚須與某甲説禪始得。」師曰：「不可將金彈子博銀彈子去。」曰：「某甲不會。」師曰：「汝道空中一片雲，爲復釘釘住？爲復藤纜著？」問：「空中有一珠，如何取得？」

師曰：「斫竹布梯空中取。」曰：「空中如何布梯？」師曰：「汝擬作麼生取？」僧辭。問曰：「學人到諸方，有人問：『和尚近日作麼生？』未審如何祇對。」師曰：「但向道近日解相撲。」曰：「作麼生？」師曰：「一拍雙泯。」問：「父母未生時，鼻孔在甚麼處？」師曰：「父母已生了，鼻孔在甚麼處？」師將順世，第一座問：「和尚百年後向甚麼處去？」師曰：「山下作一頭水牯牛去。」座曰：「某甲隨和尚去還得也無？」師曰：「汝若隨我，即須銜取一莖草來。」師乃示疾，告門人曰：「星翳燈幻亦久矣，勿謂吾有去來也。」言訖而逝。

鹽官齊安國師

杭州鹽官海昌院齊安國師，海門郡人也。姓李氏。生時神光照室。後有異僧謂之曰：「建無勝幢，使佛日回照者，豈非汝乎？」長依本郡雲琮禪師落髮受具。後聞大寂行化於龔公山，乃振錫而造焉。師有奇相，大寂一見深器之。乃令入室，密示正法。僧問：「如何是本身盧舍那？」師曰：「與老僧過浄瓶來。」僧將浄瓶至。師曰：「却安舊處著。」僧送至本處，復來詰問。師曰：「古佛過去久矣。」有講僧來參，師問座主：「蘊何事業?」對曰:「講華嚴經。」師曰:「有幾種法界?」曰:「廣説則重重無盡,略説有四種。」師豎起拂子曰:「這箇是第幾種法界?」主沉吟。師曰:「思而知,慮而解,是鬼家活計,日下孤燈,果然失照。」保福聞云:「若禮拜即喫和尚棒。」禾山代云:「某甲不煩,和尚莫怪。」法眼代拊掌三下。

僧問大梅:「如何是西來意?」大梅曰:「西來無意。」師聞乃曰:「一箇棺材,兩箇死漢。」玄沙云:「鹽官是作家。」

師一日喚侍者曰:「將犀牛扇子來!」者曰:「破也。」師曰:「扇子既破,還我犀牛兒來!」者無對。投子代云:「不辭將出,恐頭角不全。」資福代作圓相,心中書牛字。石霜代云:「若還和尚即無也。」保福云:「和尚年尊,別請人好。」

師一日謂衆曰:「虚空爲鼓,須彌爲椎,甚麽人打得?」衆無對。有人舉似南泉,泉云:「王老師不打這破鼓。」法眼别云:「王老師不打。」

有法空禪師到,請問經中諸義。師一一答了,却曰:「自禪師到來,貧道總未得作主人。」法空曰:「請和尚便作主人。」師曰:「今日夜也,且歸本位安置。明日却來。」法空下去。至明旦,師令沙彌屈法空禪師。法空至,師顧沙彌曰:「咄!這沙彌不了事。教屈法空禪師,屈得箇守堂家人來。」法空無語。

法昕院主來參,師問:「汝是誰?」對曰:「法昕。」師曰:「我不識汝。」昕無語。

師後不疾,宴坐示滅。謚悟空禪師。

歸宗智常禪師

廬山歸宗寺智常禪師，上堂：「從上古德，不是無知解。他高尚之士，不同常流。今時不能自成自立，虛度時光。諸子莫錯用心，無人替汝，亦無汝用心處，莫就他覓。從前秖是依他解，發言皆滯，光不透脱，秖爲目前有物。」僧問：「如何是玄旨？」師曰：「無人能會。」曰：「向者如何？」師曰：「有向即乖。」曰：「不向者如何？」師曰：「誰求玄旨？」又曰：「去！無汝用心處。」曰：「豈無方便門，令學人得入？」師曰：「觀音妙智力，能救世間苦。」曰：「如何是觀音妙智力？」師敲鼎蓋三下曰：「子還聞否？」曰：「聞。」師曰：「我何不聞？」僧無語。師以棒趁下。

師嘗與南泉同行，後忽一日相別，煎茶次，南泉問曰：「從來與師兄商量語句，彼此已知。此後或有人問，畢竟事作麽生？」師曰：「這一片地大好卓庵。」泉曰：「卓庵且置，畢竟事作麽生？」師乃打翻茶銚，便起。泉曰：「師兄喫茶了。普願未喫茶。」師曰：「作這箇語話，滴水也難銷。」僧問：「此事久遠，又如何用心？」師曰：「牛皮鞔露柱，露柱啾啾叫。凡耳聽不聞，諸聖呵呵笑。」師因官人來，乃拈起帽子兩帶曰：「還會麽？」曰：

「不會。」師曰：「莫怪老僧頭風，不卸帽子。」師入園取菜次，乃畫圓相，圍却一株。語衆曰：「輒不得動著這箇。」衆不敢動。少頃，師復來，見菜猶在，便以棒趁衆僧曰：「這一隊漢，無一箇有智慧底。」師問：「新到甚麼處來？」曰：「鳳翔來。」師曰：「還將得那箇來否？」曰：「將得來。」師曰：「在甚麼處？」僧以手從頂擎捧呈之。師即舉手作接勢，抛向背後。僧無語。師曰：「這野狐兒。」

師剗草次，有講僧來參，忽有一蛇過，師以鉏斷之。僧曰：「久嚮歸宗，元來是箇麄行沙門。」師曰：「你麄？我麄？」曰：「如何是麄？」師豎起鉏頭。曰：「如何是細？」師作斬蛇勢。曰：「與麼則依而行之。」師曰：「依而行之且置，你甚處見我斬蛇？」僧無對。雲巖來參，師作挽弓勢。巖良久，作拔劍勢。師曰：「來太遲生！」

上堂：「吾今欲説禪，諸子總近前。」大衆近前，師曰：「汝聽觀音行，善應諸方所。」問：「如何是觀音行？」師乃彈指曰：「諸人還聞否？」曰：「聞。」師曰：「一隊漢向這裏覓甚麼？」以棒趁出，大笑歸方丈。僧辭，師問：「甚麼處去？」曰：「諸方學五味禪去。」師曰：「諸方有五味禪，我這裏秖有一味禪。」曰：「如何是一味禪？」師便打。僧曰：「會也！會也！」師曰：「道！道！」僧擬開口，師又打。僧後到黄檗，舉前話。檗上堂曰：「馬大師出八十四人，善知識問著，箇箇屙漉漉地，秖有歸宗較些子。」江州刺史李渤問：「教中所言，須彌納芥子，渤即不疑。芥子納須彌，莫是妄譚否？」師曰：「人傳使君讀萬卷書籍，還是否？」曰：「然。」師曰：「摩頂至踵如椰子大，萬卷書向何處着？」李俛首而已。李異日又問：「一大藏教，明得箇甚麼邊事？」師舉拳示之，曰：「還會麼？」曰：「不會。」師曰：「這箇措大，拳頭也不識。」曰：「請師指示。」師曰：「遇人即途中授與，不遇即世諦流布。」師以目有重瞳，遂將藥手按摩，以致兩目俱赤，世號赤眼歸宗焉。後示滅，謚至真禪師。

大梅法常禪師

明州大梅山法常禪師者，襄陽人也。姓鄭氏。幼歲從師於荆州玉泉寺。初參大寂，問：「如何是佛？」寂曰：「即心是佛。」師即大悟，遂之四明梅子真舊隱，縛茆燕處。唐貞元中，鹽官會下有僧，因採拄杖，迷路至庵所。問：「和尚在此多少時？」師曰：「秖見四山青又黃。」又問：「出山路向甚麼處去？」師曰：「隨流去。」僧歸舉似鹽官，官曰：「我在江西時曾見一僧，自後不知消息，莫是此僧否？」遂令僧去招之。師答以偈曰：「摧殘枯木倚寒林，幾度逢春不變心。樵客遇之猶不顧，郢人那得苦追尋。」「一池荷葉衣無盡，數樹松花食有餘。剛被世人知住處，又移茅舍入深居。」大寂聞師住山，乃令僧問：「和尚見馬大師得箇甚麽，便住此山？」師曰：「大師向我道：即心是佛。我便向這裏住。」僧曰：「大師近日佛法又別。」師曰：「作麽生？」曰：「又道：非心非佛。」師曰：「這老漢惑亂人，未有了日。任他非心非佛，我秖管即心即佛。」其僧回舉似馬祖，祖曰：「梅子熟也！」僧問禾山：「大梅恁麽道，意作麽生？」禾山云：「真師子兒。」龐居士聞之，欲驗師實，特去相訪。纔相見，士便問：「久嚮大梅，未審梅子熟也未？」師曰：「熟也。你向甚麽處下口？」士曰：「百雜碎。」師伸手曰：「還我核子來。」士無語。自此學者漸臻，師道彌著。

上堂：「汝等諸人，各自回心達本，莫逐其末。但得其本，其末自至。若欲識本，唯了自心。此心元是一切世間、出世間法根本，故心生種種法生，心滅種種法滅。心且不附一切善惡而生，萬法本自如如。」問：「如何是佛法大意？」師曰：「蒲花柳絮，竹針麻線。」夾山與定山同行，言話次，定山曰：「生死中無佛，即無生死。」夾山曰：「生死中有佛，即不迷生死。」互相不肯，同上山見師。夾山便舉問：「未審二人見處那箇較親？」師曰：「一親一疏。」夾山復問：「那箇親？」師曰：「且去，明日來。」夾山明日再上問，師曰：「親者不問，問者不親。」夾山住後自云：「當時失一隻眼。」

新羅僧參，師問：「發足甚處？」曰：「欲通來處，恐遭怪責。」師曰：「不可無來處也。」曰：「新羅。」師曰：「爭怪得汝？」僧作禮，師曰：「是與不是，知與不知，祇是新羅國裏人。」忽一日謂其徒曰：「來莫可抑，往莫可追。」從容聞鼯鼠聲，乃曰：「即此物，非他物。汝等諸人，善自護持，吾今逝矣。」言訖示滅。永明壽禪師讚曰：「師初得道，即心是佛。最後示徒，物非他物。窮萬法源，徹千聖骨。真化不移，何妨出没。」

佛光如滿禪師

洛京佛光如滿禪師，曾住五臺山金閣寺。唐順宗問：「佛從何方來？滅向何方去？既言常住世，佛今在何處？」師答曰：「佛從無爲來，滅向無爲去。法身等虚空，常住無心處。有念歸無念，有住歸無住。來爲衆生來，去爲衆生去。清淨真如海，湛然體常住。智者善思惟，更勿生疑慮。」帝又問：「佛向王宮生，滅向雙林滅。住世四十九，又言無法說。山河與大海，天地及日月。時至皆歸盡，誰言不生滅？疑情猶若斯，智者善分別。」師答曰：「佛體本無爲，迷情妄分別。法身等虚空，未曾有生滅。有緣佛出世，無緣佛入滅。處處化衆生，猶如水中月。非常亦非斷，非生亦非滅。生亦未曾生，滅亦未曾滅。了見無心處，自然無法說。」帝聞大悦，益重禪宗。

五洩靈默禪師

婺州五洩山靈默禪師，毗陵人也。姓宣氏。初謁馬祖，遂得披剃受具。後遠謁石頭，便問：「一言相契即住，不契即去。」石頭據坐，師便行，頭隨後召曰：「闍黎！」師回首。頭曰：「從生至死，祇是這箇。回頭轉腦作麽？」師言下大悟，乃拗折拄杖而棲止焉。洞山云：「當時若不是五洩先師，大難承當。然雖如此，猶涉在途？」長慶云：「險。」玄覺云：「那箇是涉在途處。」有僧云：「爲伊三寸途中薦得，所以在途。」玄覺云：「爲復薦得自己？爲復薦得三寸？若是自己，爲甚麽成三寸？若是三寸，爲甚麽悟去？且道洞山意作麽生？莫亂說，子細好。」唐貞元初，住白沙道場，復居五洩。僧問：「何物大於天地？」師曰：「無人識得伊。」曰：「還可雕琢也無？」師曰：「汝試下手看。」問：「此箇門中，始終事如何？」師曰：「汝道目前底成來得多少時也？」曰：「學人不會。」師曰：「我此間無汝問底。」曰：「和尚豈無接人處？」師曰：「待汝求接我即接。」曰：「便請和尚接。」師曰：「汝少欠箇甚麽？」問：「如何得無心去？」師曰：「傾山覆海晏然静，地動安眠豈采伊？」元和十三年三月二十三日，沐浴焚香端坐，告衆曰：「法身圓寂，示有去來。千聖同源，萬靈歸一。吾今漚散，胡假興哀。無自勞神，須存正念。若遵此命，真報吾恩。儻固違言，非吾之子。」時有僧問：「和尚向甚麽處去？」師曰：「無處去。」曰：「某甲何不見？」師曰：「非眼所覩。」洞山云：「作家。」言畢，奄然順化。

盤山寶積禪師

幽州盤山寶積禪師，因於市肆行，見一客人買猪肉，語屠家曰：「精底割一斤來！」屠家放下刀，叉手曰：「長史！那箇不是精底？」師於此有省。又一日出門，見人舁喪，謌郎振鈴云：「紅輪決定沉西去，未委魂靈往那方？」幕下孝子哭曰：「哀！哀！」師忽身心踴躍，歸舉似馬祖，祖印可之。住後，僧問：「如何是道？」師便咄。僧曰：「學人未領旨。」師曰：「去！」

上堂：「心若無事，萬法不生。意絶玄機，纖塵何立？道本無體，因體而立名。道本無名，因名而得號。若言即心即佛，今時未入玄微。若言非心非佛，猶是指蹤極則。向上一路，千聖不傳。學者勞形，如猿捉影。」

上堂：「夫大道無中，復誰先後？長空絶際，何用稱量？空既如斯，道復何説？」

上堂：「夫心月孤圓，光吞萬象。光非照境，境亦非存。光境俱亡，復是何物？禪德！譬如擲劍揮空，莫論及之不及，斯乃空輪無迹，劍刃無虧。若能如是，心心無知，全心即佛，全佛即人，人佛無異，始爲道矣。」

上堂：「禪德！可中學道，似地擎山，不知山之孤峻，如石含玉，不知玉之無瑕。若如此者，是名出家。故導師云：『法本不相礙，三際亦復然。無爲無事人，猶是金鎖難。』所以靈源獨耀，道絶無生。大智非明，真空無迹。真如凡聖，皆是夢言。佛及涅槃，並爲增語。禪德！直須自看，無人替代。」

上堂：「三界無法，何處求心？四大本空，佛依何住？璿璣不動，寂爾無言。覿面相呈，更無餘事。珍重！」師將順世，告衆曰：「有人邈得吾真否？」衆將所寫真呈，皆不契師意。普化出曰：「某甲邈得。」師曰：「何不呈似老僧。」化乃打筋斗而出。師曰：「這漢向後掣風狂去在！」師乃奄化，謚凝寂大師。

麻谷寶徹禪師

蒲州麻谷山寶徹禪師，侍馬祖行次，問：「如何是大涅槃？」祖曰：「急。」師曰：「急箇甚麽？」祖曰：「看水。」師使扇次，僧問：「風性常住，無處不周，和尚爲甚麽却摇扇？」師曰：「你秖知風性常住，且不知無處不周。」曰：「作麽生是無處不周底道理？」

師却摇扇。僧作禮。師曰：「無用處師僧，着得一千箇，有甚麽益？」問僧：「甚處來？」僧：「不審。」師又問：「甚處來？」僧：「珍重！」師下牀擒住曰：「這箇師僧，問着便作佛法祗對。」曰：「大似無眼。」師放手曰：「放汝命，通汝氣。」僧作禮，師欲扭住，僧拂袖便行。師曰：「休將三歲竹，擬比萬年松。」師同南泉二三人去謁徑山，路逢一婆。乃問：「徑山路向甚處去？」婆曰：「驀直去。」師曰：「前頭水深過得否？」婆曰：「不濕脚。」師又問：「上岸稻得與麽好？下岸稻得與麽怯？」婆曰：「總被螃蟹喫却也。」師曰：「禾好香。」婆曰：「没氣息。」師又問：「婆住在甚處？」婆曰：「祇在這裏。」三人至店，婆煎茶一缾，携盞三隻至，謂曰：「和尚有神通者即喫茶。」三人相顧間，婆曰：「看老朽自逞神通去也。」於是拈盞傾茶便行。僧問：「如何是佛法大意？」師默然。僧又問石霜：「此意如何？」霜曰：「主人擎拳，帶累闍黎拖泥涉水。」

東寺如會禪師

湖南東寺如會禪師，始興曲江人也。初謁徑山，後參大寂。學徒既衆，僧堂牀榻爲之陷折，時稱「折牀會」也。自大寂去世，師常患門徒以「即心即佛」之譚誦憶不已，且謂：

「佛於何住，而曰即心？心如畫師，而云即佛？」遂示衆曰：「心不是佛，智不是道。劍去遠矣，爾方刻舟。」時號東寺爲禪窟焉。相國崔公群出爲湖南觀察使，見師問曰：「師以何得？」師曰：「見性得。」師方病眼，公譏曰：「既云見性，其奈眼何？」師曰：「見性非眼，眼病何害？」公稽首謝之。法眼別云：「是相公眼。」公見鳥雀於佛頭上放糞，乃問：「鳥雀還有佛性也無？」師曰：「有。」公曰：「爲甚麼向佛頭上放糞？」師曰：「是伊爲甚麼不向鷂子頭上放？」仰山參，師問：「汝是甚處人？」仰曰：「廣南人。」師曰：「我聞廣南有鎮海明珠，是否？」仰曰：「是。」師曰：「此珠如何？」仰曰：「黑月即隱，白月即現。」師曰：「還將得來也無？」仰曰：「將得來！」師曰：「何不呈似老僧？」仰叉手近前曰：「昨到溈山，亦被索此珠，直得無言可對，無理可伸。」師曰：「真師子兒，善能哮吼。」仰禮拜了，却入客位，具威儀，再上人事。師纔見，乃曰：「已相見了也！」仰曰：「恁麼相見，莫不當否？」師歸方丈，閉却門。仰歸，舉似溈山。溈曰：「寂子是甚麼心行？」仰曰：「若不恁麼，爭識得他？」後復有人問師曰：「某甲擬請和尚開堂得否？」師曰：「待將物裹石頭煖即得。」彼無語。藥山代云：「石頭煖也。」唐長慶癸卯歲歸寂，謚傳明大師。

西堂智藏禪師

虔州西堂智藏禪師，虔化廖氏子。八歲從師，二十五具戒。有相者覩其殊表，謂之曰：「骨氣非凡，當爲法王之輔佐也。」師遂參禮大寂，與百丈海禪師同爲入室，皆承印記。一日，大寂遣師詣長安，奉書于忠國師。國師問曰：「汝師説甚麼法？」師從東過西而立。國師曰：「秖這箇，更别有？」師却從西過東邊立。國師曰：「這箇是馬師底，仁者作麼生？」師曰：「早箇呈似和尚了也。」尋又送書上徑山，語在國一章。屬連帥路嗣恭延請大寂居府，應期盛化。師回郡，得大寂付授衲袈裟，令學者親近。僧問馬祖：「離四句、絶百非，請師直指西來意。」祖曰：「我今日勞倦，不能爲汝説得，問取智藏。」其僧乃來問師。師曰：「汝何不問和尚？」僧曰：「和尚令某甲來問上座。」師曰：「我今日頭痛，不能爲汝説得，問取海兄去。」僧又去問海。百丈和尚。海曰：「我到這裏却不會。」僧乃舉似馬祖。祖曰：「藏頭白，海頭黑。」馬祖一日問師曰：「子何不看經？」師曰：「經豈異邪？」祖曰：「然雖如此，汝向後爲人也須得。」曰：「智藏病，思自養，敢言爲人？」祖曰：「子末年必興於世。」師便禮拜。馬祖滅後，師唐貞元七年，衆請開堂。李尚書嘗問僧：「馬大師有甚麼言教？」僧曰：「大師或説即心即佛，或説非心非佛。」李曰：「揔過這邊。」李却問師：「馬大師有甚麼言教？」師呼：「李翺！」李應諾。師曰：「皷角動也。」師普請次，曰：「因果歷然，争柰何！争柰何！」時有僧出，以手托地。師曰：「作甚麼？」曰：「相救！相救！」師曰：「大衆！這箇師僧猶較些子。」僧拂袖便走。師曰：「師子身中蟲，自食師子肉。」僧問：「有問有答，賓主歷然。無問無答時如何？」師曰：「怕爛却那！」後有僧舉問長慶，慶云：「相逢盡道休官去，林中何曾見一人？」制空禪師謂師曰：「日出太早生。」師曰：「正是時。」師住西堂，後有一俗士問：「有天堂地獄否？」師曰：「有。」曰：「有佛法僧寶否？」師曰：「有。」更有多問，盡答言有。曰：「和尚恁麼道莫錯否？」師曰：「汝曾見尊宿來邪？」曰：「某甲曾參徑山和尚來。」師曰：「徑山向汝作麼生道？」曰：「他道一切總無。」師曰：「汝有妻否？」曰：「有。」師曰：「徑山和尚有妻否？」曰：「無。」師曰：「徑山和尚道無即得。」俗士禮謝而去。師元和九年四月八日歸寂。憲宗謚大宣教禪師。穆宗重謚大覺禪師。

章敬懷暉禪師

京兆府章敬寺懷暉禪師，泉州謝氏子。上堂：「至理亡言，時人不悉，强習他事，以爲功能。不知自性元非塵境，是箇微妙大解脱門。所有鑒覺，不染不礙，如是光明，未曾休廢。曩劫至今，固無變易。猶如日輪，遠近斯照。雖及衆色，不與一切和合。靈燭妙明，非假鍛鍊。爲不了故，取於物象。但如捏目，妄起空華，徒自疲勞，枉經劫數。若能返照，無第二人。舉措施爲，不虧實相。」僧問：「心法雙亡，指歸何所？」師曰：「郢人無汙，徒勞運斤。」曰：「請師不返之言。」師曰：「即無返句。」後僧舉問洞山，山云：「道即甚道，罕遇作家。」百丈和尚令僧來候，師上堂次，展坐具，禮拜了起來，拈師一隻靸鞋，以衫袖拂却塵了，倒覆向下。師曰：「老僧罪過！」或問：「祖師傳心地法門，爲是真如心，妄想心，非真非妄心？爲是三乘教外別立心？」師曰：「汝見目前虚空麽？」曰：「信知常在目前，人自不見。」師曰：「汝莫認影像？」曰：「和尚作麽生？」師以手撥空三下曰：「作麽生即是？」師曰：「汝向後會去在！」有僧來，遶師三匝，振錫而立。師曰：「是！是！」長慶代云：「和尚佛法身心何在？」其僧又到南泉，亦遶南泉三匝，振錫而立。泉曰：「不是！不是！此是風力所轉，終成敗壞。」僧曰：「章敬道是，和尚爲甚麽道不是？」泉曰：「章敬即是，是汝不是。」長慶代云：「和尚是甚麽心行？」雲居錫云：「章敬未必道是，南泉未必道不是。」又云：「這僧當初但持錫出去，恰好。」小師行脚回，師問曰：「汝離此間多少年邪？」曰：「離和尚左右將及八年。」師曰：「辨得箇甚麽？」小師於地畫一圓相。師曰：「秖這箇，更別有？」小師乃畫破圓相，便禮拜。師曰：「不是！不是！」僧問：「四大五蘊身中，阿那箇是本來佛性？」師乃呼僧名，僧應諾。師良久曰：「汝無佛性。」唐元和十三年示滅，謚大覺禪師。

大珠慧海禪師

越州大珠慧海禪師，建州朱氏子。依越州大雲寺智和尚受業。初參馬祖，祖問：「從何處來？」曰：「越州大雲寺來。」祖曰：「來此擬須何事？」曰：「來求佛法。」祖曰：「我這裏一物也無，求甚麼佛法？自家寶藏不顧，拋家散走作麼！」曰：「阿那箇是慧海寶藏？」祖曰：「即今問我者，是汝寶藏。一切具足，更無欠少，使用自在，何假外求？」師於言下自識本心不由知覺，踊躍禮謝。師事六載後，以受業師老，遽歸奉養，乃晦迹藏用，外示癡訥。自撰頓悟入道要門論一卷。法姪玄晏竊出江外，呈馬祖。祖覽訖，告衆曰：「越州有大珠，圓明光透自在，無遮障處也。」衆中有知師姓朱者，相推來越尋訪依附，時號大珠和尚。師謂曰：「禪客！我不會禪，並無一法可示於人。不勞久立，且自歇去。」時學侶漸多，日夜叩激，事不得已，隨問隨答，其辯無礙。時有法師數人來謁，曰：「擬伸一問，師還對否？」師曰：「深潭月影，任意撮摩。」問：「如何是佛？」師曰：「清譚對面，非佛而誰？」衆皆茫然。法眼云：「是即没交涉。」僧良久，又問：「師説何法度人？」師曰：「貧道未曾有一法度人。」曰：「禪師家渾如此。」師却問：「大德説何法度人？」曰：「講金剛經。」師曰：「講幾座來？」曰：「二十餘座。」師曰：「此經是阿誰説？」僧抗聲曰：「禪師相弄，豈不知是佛説邪？」師曰：「若言如來有所説法，則爲謗佛。是人不解我所説義。若言此經不是佛説，則是謗經。請大德説看！」僧無對。師少頃又問：「經云：『若以色見我，以音聲求我，是人行邪道，不能見如來。』大德且道：阿那箇是如來？」曰：「某甲到此却迷去。」師曰：「從來未悟，説甚却迷？」曰：「請禪師爲説。」師曰：「大德講經二十餘座，却不識如來！」僧禮拜曰：「願垂開示。」師曰：「如來者，是諸法如義，何得忘却？」曰：「是諸法如義。」師曰：「大德！是亦未是？」曰：「經文分明，那得未是？」師曰：「大德如否？」曰：「如。」師曰：「木石如否？」曰：「如。」師曰：「大德如同木石如否？」曰：「無二。」師曰：「大德與木石何别？」僧無對。良久，却問：「如何得大涅槃？」師曰：「不造生死業。」曰：「如何是生死業？」師曰：「求大涅槃，是生死業。捨垢取淨，是生死業。有得有證，是生死業。不脱對治門，是生死業。」曰：「云何即得解脱？」師曰：「本自無縛，不用求解。直用直行，是無等等。」曰：「禪師如和尚者，實謂希有。」禮謝而去。

有行者問：「即心即佛，那箇是佛？」師曰：「汝疑那箇不是佛，指出看！」者無對。師曰：「達即徧境是，不悟永乖疏。」律師法明謂師曰：「禪師家多落空。」師曰：「却是座主家落空。」明大驚曰：「何得落空？」師曰：「經論是紙墨文字，紙墨文字者，俱是空設，於聲上建立名句等法，無非是空。座主執滯教體，豈不落空？」明曰：「禪師落空否？」師曰：「不落空。」明曰：「何得却不落空？」師曰：「文字等皆從智慧而生，大用現前，那得落空！」明曰：「故知一法不達，不名悉達。」師曰：「律師不唯落空，兼乃錯會名言。」明作色曰：「何處是錯處？」師曰：「未辨華竺之音，如何講説？」明曰：「請禪師指出錯處！」師曰：「豈不知悉達是梵語邪？」明雖省過，而心猶憤然。梵語具云「薩婆曷剌他悉陀」，中國翻云「一切義成」，舊云「悉達多」，猶是訛略梵語也。又曰：「夫經律論是佛語，讀誦依教奉行，何故不見性？」師曰：「如狂狗趁塊，師子齩人。經律論是性用，讀誦者是性法。」明曰：「阿彌陀佛有父母及姓否？」師曰：「阿彌陀姓憍尸迦，父名月上，母名殊勝妙顔。」明曰：「出何教文？」師曰：「出鼓音王經。」法明禮謝，讚歎而退。

有三藏法師問：「真如有變易否？」師曰：「有變易。」藏曰：「禪師錯也。」師却問三藏：「有真如否？」曰：「有。」師曰：「若無變易，決定是凡僧也。豈不聞善知識者，能回三毒爲三聚淨戒，回六識爲六神通，回煩惱作菩提，回無明爲大智。真如若無變易，三藏真是自然外道也。」藏曰：「若爾者，真如即有變易也。」師曰：「若執真如有變易，亦是外道。」曰：「禪師適來説真如有變易，如今又道不變易，如何即是的當？」師曰：「若了了見性者，如摩尼珠現色，説變亦得，説不變亦得。若不見性人，聞説真如變易，便作變易解會，説不變易，便作不變易解會。」藏曰：「故知南宗實不可測。」有道流問：「世間還有法過於自然否？」師曰：「有。」曰：「何法過得？」師曰：「能知自然者。」曰：「元氣是道不？」師曰：「元氣自元氣，道自道。」曰：「若如是者，則應有二也。」師曰：「知無兩人。」又問：「云何爲邪？云何爲正？」師曰：「心逐物爲邪，物從心爲正。」

源律師問：「和尚修道，還用功否？」師曰：「用功。」曰：「如何用功？」師曰：「饑來喫飯，困來即眠。」曰：「一切人總如是，同師用功否？」師曰：「不同。」曰：「何故不同？」師曰：「他喫飯時不肯喫飯，百種須索；睡時不肯睡，千般計較。所以不同也。」律師杜口。

韞光大德問：「禪師自知生處否？」師曰：「未曾死，何用論生？知生即是無生法，無離生法有無生。祖師曰：『當生即不生。』」曰：「不見性人，亦得如此否？」師曰：「自不見性，不是無性。何以故？見即是性，無性不能見。識即是性，故名識性。了即是性，唤作了性。能生萬法，唤作法性，亦名法身。馬鳴祖師云：『所言法者，謂衆生心。若心生故，一切法生。若心無生，法無從生，亦無名字。』迷人不知法身無象，應物現形，遂唤青青翠竹總是法身，鬱鬱黄華無非般若。黄華若是般若，般若即同無情。翠竹若是法身，法身即同草木。如人喫筍，應總喫法身也。如此之言，寧堪齒録？對面迷佛，長劫希求，全體法中，迷而外覓。是以解道者，行住坐卧，無非是道。悟法者，縱横自在，無非是法。」光又問：「太虚能生靈智否？真心緣於善惡否？貪欲人是道否？執是執非人向後心通否？觸境生心人有定否？住寂寞人有慧否？懷傲物人有我否？執空執有人有智否？尋文取證人、苦行求佛人、離心求佛人、執心是佛人，此智稱道否？請禪師一一爲説。」師曰：「太虚不生靈智。真心不緣善惡。嗜欲深者機淺。是非交争者未通。觸境生心者少定。寂寞忘機者慧沉。傲物高心者我壯。執空執有者皆愚。尋文取證者益滯。苦行求佛者俱迷。離心求佛者外道。執心是佛者爲魔。」曰：「若如是，畢竟無所有也。」師曰：「畢竟是大德，不是畢竟無所有。」光踊躍禮謝而去。問：「儒、釋、道三教同異如何？」師曰：「大量者用之即同，小機者執之即異。總從一性上起用，機見差别成三。迷悟由人，不在教之同異也。」

百丈惟政禪師

洪州百丈山惟政禪師，有老宿見日影透窗，問師：「爲復窗就日？日就窗？」師曰：「長老房中有客，歸去好！」師問南泉：「諸方善知識，還有不說似人底法也無？」曰：「有。」師曰：「作麼生？」曰：「不是心，不是佛，不是物。」師曰：「恁麼則說似人了也。」曰：「某甲即恁麼，和尚作麼生？」師曰：「我又不是善知識，爭知有說不說底法？」曰：「某甲不會，請和尚說。」師曰：「我太煞與汝說了也！」僧問：「如何是佛佛道齊？」師曰：「定也。」師因入京，路逢官人喫飯，忽見驢鳴。官人召曰：「頭陀！」師舉頭，官人却指驢，師却指官人。法眼別云：「但作驢鳴。」

泐潭法會禪師

洪州泐潭法會禪師，問馬祖：「如何是祖師西來意？」祖曰：「低聲！近前來，向汝道！」師便近前，祖打一摑曰：「六耳不同謀，且去！來日來。」師至來日，獨入法堂曰：「請和尚道。」祖曰：「且去！待老漢上堂出來問，與汝證明。」師忽有省，遂曰：「謝大衆證明。」乃繞法堂一匝，便去。

杉山智堅禪師

池州杉山智堅禪師，初與歸宗、南泉行脚時，路逢一虎，各從虎邊過了。泉問歸宗：「適來見虎似箇甚麽？」宗曰：「似箇猫兒。」宗却問師，師曰：「似箇狗子。」又問南泉，泉曰：「我見是箇大虫。」師喫飯次，南泉收生飯，乃曰：「生聻？」師曰：「無生。」泉曰：「無生猶是末。」泉行數步，師召曰：「長老！」泉回頭曰：「作麽？」師曰：「莫道是末。」普請擇蕨次，南泉拈起一莖曰：「這箇大好供養。」師曰：「非但這箇，百味珍羞，他亦不顧。」泉曰：「雖然如是，箇箇須嘗過始得。」玄覺云：「是相見語？不是相見語？」僧問：「如何是本來身？」師曰：「舉世無相似。」

泐潭惟建禪師

洪州泐潭惟建禪師，一日在法堂後坐禪。馬祖見，乃吹師耳，兩吹師起。見是祖，却復入定。祖歸方丈，令侍者持一椀茶與師。師不顧，便自歸堂。

茗谿道行禪師

澧州茗谿道行禪師，嘗曰：「吾有大病，非世所醫。」後僧問曹山：「古人曰：『吾有大病，非世所醫。』未審是甚麽病？」山曰：「攢簇不得底病。」曰：「一切衆生還有此病也無？」山曰：「人人盡有。」曰：「和尚還有此病也無？」山曰：「正覓起處不得。」曰：「一切衆生爲甚麽不病？」山曰：「一切衆生若病，即非衆生。」曰：「未審諸佛還有此病也無？」山曰：「有。」曰：「既有，爲甚麽不病？」山曰：「爲伊惺惺。」僧問：「如何修行？」師曰：「好箇阿師！莫客作。」曰：「畢竟如何？」師曰：「安置即不堪。」問：「如何是正修行路？」師曰：「涅槃後有。」曰：「如何是涅槃後有？」師曰：「不洗面。」曰：「學人不會。」師曰：「無面得洗。」

石鞏慧藏禪師

撫州石鞏慧藏禪師，本以弋獵爲務，惡見沙門。因逐鹿從馬祖庵前過，祖乃逆之。師遂問：「還見鹿過否？」祖曰：「汝是何人？」曰：「獵者。」祖曰：「汝解射否？」曰：「解射。」祖曰：「汝一箭射幾箇？」曰：「一箭射一箇。」祖曰：「汝不解射。」曰：「和尚解射否？」祖曰：「解射。」曰：「一箭射幾箇？」祖曰：「一箭射一群。」曰：「彼此生命，何用射他一群？」祖曰：「汝既知如是，何不自射？」曰：「若教某甲自射，直是無下手處。」祖曰：「這漢曠劫無明煩惱，今日頓息。」師擲下弓箭，投祖出家。一日，在厨作務次，祖問：「作甚麽？」曰：「牧牛。」祖曰：「作麽生牧？」曰：「一回入草去，驀鼻拽將回。」祖曰：「子真牧牛。」師便休。師住後常以弓箭接機。載三平章。師問西堂：「汝還解捉得虚空麽？」堂曰：「捉得。」師曰：「作麽生捉？」堂以手撮虚空。師曰：「汝不解捉。」堂却問：「師兄作麽生捉？」師把西堂鼻孔拽，堂作忍痛聲曰：「太煞拽人鼻孔，直欲脱去。」師曰：「直須恁麽捉虚空始得。」衆參次，師曰：「適來底甚麽處去也？」有僧曰：「在。」師曰：「在甚麽處？」僧彈指一聲。問：「如何免得生死？」師曰：「用免作甚麽？」曰：「如何免得？」師曰：「這底不生死。」

北蘭讓禪師

江西北蘭讓禪師，湖塘亮長老問：「承聞師兄畫得先師真，暫請瞻禮。」師以兩手擘胸開示之。亮便禮拜。師曰：「莫禮！莫禮！」亮曰：「師兄錯也，某甲不禮師兄。」師曰：「汝禮先師真那？」亮曰：「因甚麼教莫禮？」師曰：「何曾錯？」

南源道明禪師

袁州南源道明禪師，上堂：「快馬一鞭，快人一言。有事何不出頭來？無事各自珍重！」僧問：「一言作麼生？」師乃吐舌云：「待我有廣長舌相，即向汝道。」洞山參，方上法堂，師曰：「已相見了也。」山便下去。明日却上，問曰：「昨日已蒙和尚慈悲，不知甚麼處是與某甲已相見處？」師曰：「心心無間斷，流入於性海。」山曰：「幾合放過。」山辭，師曰：「多學佛法，廣作利益。」山曰：「多學佛法即不問，如何是廣作利益？」師曰：「一物莫違。」僧問：「如何是佛？」師曰：「不可道你是也。」

酈村自滿禪師

忻州酈村自滿禪師，上堂：「古今不異，法爾如然，更復何也？雖然如此，這箇事大有人罔措在。」僧問：「不落古今，請師直道。」師曰：「情知汝罔措。」僧欲進語，師曰：「將謂老僧落伊古今？」曰：「如何即是？」師曰：「魚騰碧漢，階級難飛。」曰：「如何免得此過？」師曰：「若是龍形，誰論高下！」僧禮拜，師曰：「苦哉！屈哉！誰人似我？」上堂：「除却日明夜暗，更説甚麽即得？珍重。」問：「如何是無諍之句？」師曰：「喧天動地。」

中邑洪恩禪師

朗州中邑洪恩禪師，每見僧來，拍口作和和聲。仰山謝戒，師亦拍口作和和聲。仰從西過東，師又拍口作和和聲。仰從東過西，師又拍口作和和聲。仰當中而立，然後謝戒，師曰：「甚麽處得此三昧？」仰曰：「於曹谿印子上脱來。」師曰：「汝道曹谿用此三昧接甚麽人？」仰曰：「接一宿覺。」仰曰：「和尚甚處得此三昧？」師曰：「我於馬大師處得此三昧。」仰問：「如何得見佛性義？」師曰：「我與汝説箇譬喻：如一室有六窗，内有一獼猴，外有獼猴從東邊喚猩猩，猩猩即應，如是六窗俱喚俱應。」仰山禮謝，起曰：「適蒙和尚譬喻，無不了知。更有一事：秖如内獼猴睡著，外獼猴欲與相見，又且如何？」師下繩牀，執仰山手作舞曰：「猩猩與汝相見了！譬如蟭螟蟲，在蚊子眼睫上作窠，向十字街頭叫云：土曠人稀，相逢者少。」雲居錫云：「中邑當時若不得仰山這一句語，何處有中邑也？」崇壽稠云：「還有人定得此道理麼？若定不得，只是箇弄精魂脚手，佛性義在甚麼處？」玄覺云：「若不是仰山，争得見中邑？且道甚麼處是仰山得見中邑處？」

泐潭常興禪師

洪州泐潭常興禪師，僧問：「如何是曹谿門下客？」師曰：「南來燕。」曰：「學人不會。」師曰：「養羽候秋風。」問：「如何是宗乘極則事？」師曰：「秋雨草離披。」南泉至，見師面壁，乃拊師背。師問：「汝是阿誰？」曰：「普願。」師曰：「如何？」曰：「也尋常。」師曰：「汝何多事！」

汾州無業國師

汾州無業禪師，商州上洛杜氏子，母李氏聞空中言：「寄居得否？」乃覺有娠。誕生之夕，神光滿室。甫〔一〕及丱歲，行必直視，坐即跏趺。九歲，依開元寺志本禪師受大乘經，五行俱下，諷誦無遺。十二落髮，二十受具戒於襄州幽律師，習四分律疏，纔終，便能

〔一〕「甫」，原作「俯」，據續藏本改。

數演。每爲衆僧講涅槃大部，冬夏無廢。後聞馬大師禪門鼎盛，特往瞻禮。祖覩其狀貌奇偉，語音如鐘，乃曰：「巍巍佛堂，其中無佛。」師禮跪而問曰：「三乘文學，粗窮其旨，常聞禪門『即心是佛』，實未能了。」祖曰：「秖未了底心即是，更無別物。」師曰：「如何是祖師西來密傳心印？」祖曰：「大德正鬧在，且去！別時來。」師纔出，祖召曰：「大德！」師回首。祖曰：「是甚麼？」師便領悟，乃禮拜。祖曰：「這鈍漢！禮拜作麽？」雲居錫云：「甚麼處是汾州正鬧？」自得旨後，詣曹溪禮祖塔，及廬嶽、天台，徧尋聖迹。後住開元精舍，學者致問，多荅之曰：「莫妄想。」唐憲宗屢召，師皆辭疾不赴。暨穆宗即位，思一瞻禮，乃命兩街僧録靈阜等齎詔迎請。至彼作禮曰：「皇上此度恩旨，不同常時，願和尚且順天心，不可言疾也。」師微笑曰：「貧道何德，累煩世主？且請前行，吾從別道去矣。」乃澡身剃髮，至中夜告弟子惠愔等曰：「汝等見聞覺知之性，與太虛同壽，不生不滅。一切境界，本自空寂，無一法可得。迷者不了，即爲境惑。一爲境惑，流轉不窮。汝等當知，心性本自有之，非因造作，猶如金剛不可破壞。一切諸法，如影如響，無有實者。經云：『唯此一事實，餘二則非真。常了一切空，無一物當情。』是諸佛用心處，汝等勤而行之。」言訖，跏趺而逝。荼毗日，祥雲五色，異香四徹，所獲舍利璨若珠玉。弟子等貯以金缾，葬于石塔。當長慶三年，謚大達國師。

大同廣澄禪師

澧州大同廣澄禪師，僧問：「如何得六根滅去？」師曰：「輪劍擲空，無傷於物。」問：「如何是本來人？」師曰：「共坐不相識。」曰：「恁麼則學人禮謝去也。」師曰：「暗寫愁腸寄與誰！」

鵝湖大義禪師

信州鵝湖大義禪師，衢州須江徐氏子。唐憲宗嘗詔入内，於麟德殿論義。有法師問：「如何是四諦？」師曰：「聖上一帝，三帝何在？」又問：「欲界無禪，禪居色界，此土憑何而立？」禪師曰：「法師祇知欲界無禪，不知禪界無欲。」曰：「如何是禪？」師以手點空。法師無對。帝曰：「法師講無窮經論，祇這一點，尚不柰何。」師却問諸碩德曰：「行住坐卧，畢竟以何爲道？」有對：「知者是道。」師曰：「不可以智知，不可以識識，安得知者是乎？」有對：「無分别者是。」師曰：「善能分别諸法相，於第一義而不動，安得無分别是乎？」有對：「四禪八定是。」師曰：「佛身無爲，不墮諸數，安在四禪八定邪？」

衆皆杜口。師却舉順宗問尸利禪師：「大地衆生如何得見性成佛？」利曰：「佛性猶如水中月，可見不可取。」因謂帝曰：「佛性非見必見，水中月如何攫取？」帝乃問：「何者是佛性？」師對曰：「不離陛下所問。」帝默契真宗，益加欽重。

有一僧乞置塔，李翱尚書問曰：「教中不許將屍塔下過，又作麼生？」僧無對。僧却問師，師曰：「他得大闡提。」元和十三年歸寂，謚慧覺禪師。

伊闕自在禪師

伊闕伏牛山自在禪師，吴興李氏子。初依國一禪師，受具後參馬祖發明心地。祖令送書與忠國師。國師曰：「馬大師以何法示徒？」曰：「即心即佛。」國師曰：「是甚麼語話！」良久又問曰：「此外更有何言教？」師曰：「非心非佛。或曰不是心，不是佛，不是物。」國師曰：「猶較些子。」師曰：「馬大師即恁麼，未審和尚此間如何？」國師曰：「三點如流水，曲似刈禾鐮。」師後居伏牛山。上堂曰：「即心即佛，是無病求藥句。非心非佛，是藥病對治句。」僧問：「如何是脱灑底句？」師曰：「伏牛山下古今傳。」示滅於隨州開元寺。

興善惟寬禪師

京兆興善寺惟寬禪師，衢州信安祝氏子。年十三，見殺生者，盡然不忍食，乃求出家。初習毗尼，修止觀，後參大寂，乃得心要。唐貞元六年，始行化於吴越間。八年至鄱陽，山神求受八戒。十三年，止嵩山少林寺。僧問：「如何是道？」師曰：「大好山。」曰：「學人問道，師何言好山？」師曰：「汝祇識好山，何曾達道？」問：「狗子還有佛性否？」師曰：「有。」曰：「和尚還有否？」師曰：「我無。」曰：「一切衆生皆有佛性，和尚因何獨無？」師曰：「我非一切衆生。」曰：「既非衆生，莫是佛否？」師曰：「不是佛。」曰：「究竟是何物？」師曰：「亦不是物。」曰：「可見可思否？」師曰：「思之不及，議之不得，故曰不可思議。」元和四年憲宗詔至闕下，侍郎白居易嘗問曰：「既曰禪師，何以説法？」師曰：「無上菩提者，被於身爲律，説於口爲法，行於心爲禪。應用者三，其致一也。譬如江湖淮漢，在處立名，名雖不一，水性無二。律即是法，法不離禪。云何於中妄起分別？」曰：「既無分別，何以修心？」師曰：「心本無損傷，云何要修理？無論垢與净，一切勿念起。」曰：「垢即不可念，净無念可乎？」師曰：「如人眼睛上，一物不可住。金屑雖珍寶，在眼亦爲病。」曰：「無修無念，又何異凡夫邪？」師曰：「凡夫無明，二乘執著，離此二病，是曰真修。真修者不得勤，不得忘。勤即近執著，忘即落無明。此爲心要云爾。」

僧問：「道在何處？」師曰：「秖在目前。」曰：「我何不見？」師曰：「汝有我故，所以不見。」曰：「我有我故即不見，和尚還見否？」師曰：「有汝有我，展轉不見。」曰：「無我無汝還見否？」師曰：「無汝無我，阿誰求見？」元和十二年二月晦日，陞堂説法訖，就化。謚大徹禪師。

鄂州無等禪師

鄂州無等禪師，尉氏人也。出家於龔公山，密受心要。出住隨州土門。一日謁州牧王常侍，辭退將出門，牧召曰：「和尚！」師回顧。牧敲柱三下。師以手作圓相，復三撥之，便行。後住武昌大寂寺。一日大衆晚參，師見人人上來師前道「不審」，迺謂衆曰：「大衆！適來聲向甚麼處去也？」有一僧豎起指頭。師曰：「珍重！」其僧至來朝上參，師乃轉身面壁而卧，佯作呻吟聲曰：「老僧三兩日來，不多安樂。大德身邊有甚麼藥物，與老僧些。」小僧以手拍淨缾曰：「這箇淨缾甚麼處得來？」師曰：「這箇是老僧底。大德底在甚麽處？」曰：「亦是和尚底，亦是某甲底。」

三角總印禪師

潭州三角山總印禪師，僧問：「如何是三寶？」師曰：「禾、麥、豆。」曰：「學人不會。」師曰：「大衆欣然奉持。」上堂：「若論此事，眨上眉毛，早已蹉過也。」麻谷便問：「眨上眉毛即不問，如何是此事？」師曰：「蹉過也。」谷乃掀倒禪牀，師便打。長慶代云：「悄然。」

魯祖寶雲禪師

池州魯祖山寶雲禪師，僧問：「如何是諸佛師？」師曰：「頭上有寶冠者不是。」曰：「如何即是？」師曰：「頭上無寶冠。」洞山來參，禮拜，起，侍立，少頃而出，却再入來。師曰：「秖恁麽，秖恁麽，所以如此。」山曰：「大有人不肯。」師曰：「作麽取汝口辯〔一〕？」

〔一〕「辯」，原作「辦」，據清藏本、續藏本改。

山便禮拜。僧問：「如何是不言言？」師曰：「汝口在甚麽處？」曰：「無口。」師曰：「將甚麽喫飯？」僧無對。洞山代云：「他不飢，喫甚麽飯？」師尋常見僧來，便面壁。南泉聞曰：「我尋常向師僧道，向佛未出世時會取，尚不得一箇半箇。他恁麽，驢年去！」玄覺云：「爲復唱和語？不肯語？」保福問長慶：「祇如魯祖，節文在甚麽處，被南泉恁麽道？」長慶云：「退己讓於人，萬中無一箇。」羅山云：「陳老師當時若，見背上與五火抄，何故爲伊解放不解收？」玄沙云：「我當時若見，也與五火抄。」雲居錫云：「羅山、玄沙總恁麽道，爲復一般？別有道理？若擇得出，許上座佛法有去處。」玄覺云：「且道玄沙五火抄，打伊著不著？」

芙蓉太毓禪師

常州芙蓉山太毓禪師，金陵范氏子。因行食到龐居士前。士擬接，師乃縮手曰：「生心受施，浄名早訶。去此一機，居士還甘否？」士曰：「當時善現，豈不作家？」師曰：「非關他事。」士曰：「食到口邊，被他奪却。」師乃下食。士曰：「不消一句。」士又問：「馬大師著實爲人處，還分付吾師否？」師曰：「某甲尚未見他，作麽生知他著實處？」士曰：「祇此見知，也無討處。」師曰：「居士也不得一向言說。」士曰：「一向言說，師又失宗；若作兩向三向，師還開得口否？」師曰：「直是開口不得，可謂實也。」士撫掌而出。寶曆中，歸齊雲入滅。謚大寶禪師。

紫玉道通禪師

唐州紫玉山道通禪師，廬江何氏子。隨父守官泉南，因而出家。詣建陽，謁馬祖。祖尋遷龔公山，師亦隨之。祖將歸寂，謂師曰：「夫玉石潤山秀麗，益汝道業，遇可居之。」師不曉其言。是秋遊洛，回至唐州，西見一山，四面懸絶，峰巒秀異。因詢鄉人，曰：「紫玉山。」師乃陟山頂，見石方正，瑩然紫色。歎曰：「此其紫玉也，先師之言懸記耳。」遂剪茅構舍而居焉。後學徒四集。僧問：「如何出得三界去？」師曰：「汝在裏許，得多少時也！」曰：「如何出離？」師曰：「青山不礙白雲飛。」于頔相公問：「如何是黑風吹其船舫，漂墮羅刹鬼國？」師曰：「于頔客作漢，問恁麽事作麽？」于公失色。師乃指曰：「這箇便是漂墮羅刹鬼國。」公又問：「如何是佛？」師喚「相公！」公應諾。師曰：「更莫別求。」藥山聞曰：「噫！可惜于家漢生埋向紫玉山中。」公聞，乃謁見藥山。山問曰：「聞相公在紫玉山中大作佛事，是否？」公曰：「不敢。」乃曰：「承聞有語相救，今日特來。」山曰：「有疑但問。」公曰：「如何是佛？」山召于頔，公應諾。山曰：「是甚麽？」公於此有省。元和八年，弟子金藏參百丈回。師曰：「汝其來矣！此山有主也。」於是囑付訖，策杖徑去襄州，道俗迎之。至七月十五日，無疾而終。

五臺隱峰禪師

五臺山隱峰禪師，邵武軍鄧氏子。時稱鄧隱峰。幼若不慧，父母聽其出家。初遊馬祖之門，而未能覩奥。復來往石頭，雖兩番不捷，語見馬祖章。而後於馬祖言下相契。師問石頭：「如何得合道去？」頭曰：「我亦不合道。」師曰：「畢竟如何？」頭曰：「汝被這箇得多少時邪？」石頭剗草次，師在左側叉手而立。頭飛剗子，向師前剗一株草。師曰：「和尚祇剗得這箇，不剗得那箇。」頭提起剗子，師接得，便作剗草勢。頭曰：「汝祇剗得那箇，不解剗得這箇。」師無對。洞山云：「還有堆阜麽？」

師一日推車次，馬祖展脚在路上坐。師曰：「請師收足。」祖曰：「已展不縮。」師曰：「已進不退。」乃推車碾損祖脚。祖歸法堂，執斧子曰：「適來碾損老僧脚底出來！」師便出於祖前，引頸，祖乃置斧。師到南泉，覩衆僧參次，泉指淨瓶曰：「銅瓶是境。瓶中有水，不得動著境，與老僧將水來。」師拈起淨瓶，向泉面前瀉，泉便休。師後到潙山，便入堂於上板頭解放衣鉢。潙聞師叔到，先具威儀，下堂内相看。師見來，便作卧勢。潙便歸方丈，師乃發去。少間，潙山問侍者：「師叔在否？」曰：「已去。」潙曰：「去時有甚麽語？」曰：「無語。」潙曰：「莫道無語，其聲如雷。」

師冬居衡嶽，夏止清涼。唐元和中荐登五臺，路出淮西，屬吴元濟阻兵，違拒王命，官軍與賊軍交鋒，未決勝負。師曰：「吾當去解其患。」乃擲錫空中，飛身而過。兩軍將士仰觀，事符預夢，鬬心頓息。師既顯神異，慮成惑衆，遂入五臺。於金剛窟前將示滅，先問衆曰：「諸方遷化，坐去卧去，吾嘗見之，還有立化也無？」曰：「有。」師曰：「還有倒立者否？」曰：「未嘗見有。」師乃倒立而化，亭亭然其衣順體。時衆議舁就荼毗，屹然不動，遠近瞻覩，驚歎無已。師有妹爲尼，時亦在彼，乃拊而咄曰：「老兄，疇昔不循法律，死更熒惑於人？」於是以手推之，僨然而踣，遂就闍維，收舍利建塔。

石霜大善禪師

潭州石霜一作瀧。大善禪師，僧問：「如何是佛法大意？」師曰：「春日雞鳴。」曰：「學人不會。」師曰：「中秋犬吠。」上堂：「大衆出來出來，老漢有箇法要，百年後不累汝。」衆曰：「便請和尚説。」師曰：「不消一堆火。」

龜洋無了禪師

泉州龜洋無了禪師，本郡沈氏子。年七歲，父攜入白重院，視之如家，因而捨愛。至十八，剃度受具於靈巖寺。後參大寂，了達祖乘，即還。本院之北，樵采路絶。師一日策杖披榛而行，遇六眸巨龜，斯須而失。乃庵此峰，因號龜洋。一日，有虎逐鹿入庵，師以杖格虎，遂存鹿命。洎將示化，乃述偈曰：「八十年來辨西東，如今不要白頭翁。非長非短非大小，還與諸人性相同。無來無去兼無住，了却本來自性空。」偈畢，儼然告寂。瘞于正堂垂二十載，爲山泉淹没，門人發塔，見全身水中而浮。閩王聞之，遣使舁入府庭供養。忽臭氣遠聞，王焚香祝之曰：「可還龜洋舊址建塔。」言訖，異香普熏，傾城瞻禮。本道奏謚真寂大師，塔曰靈覺。後弟子慧忠葬于塔左。今龜洋二真身存焉。忠得法於草庵義和尚。

西園曇藏禪師

南嶽西園蘭若曇藏禪師，受心印於大寂。後謁石頭，瑩然明徹。出住西園，禪侶日盛。師一日自燒浴次，僧問：「何不使沙彌？」師撫掌三下。僧舉似曹山。山云：「一等是拍手撫掌，就中西園奇怪，俱胝一指頭禪，蓋爲承當處不諦當。」僧却問曹山：「西園撫掌，豈不是奴兒婢子邊事？」山云：「是。」云：「向上更有事也無？」山云：「有。」云：「如何是向上事？」山叱云：「這奴兒婢子！」師養一犬，常夜經行時，其犬銜師衣，師即歸方丈。又常於門側伏守，忽一夜頻吠，奮身作猛噬之勢。詰旦，東厨有一大蟒，長數丈，張口呀氣，毒焰熾然。侍者請避之。師曰：「死可逃乎？彼以毒來，我以慈受。毒無實性，激發則强。慈苟無緣，冤親一揆。」言訖，其蟒按首徐行，倏然不見。復一夕，有群盜至，犬亦銜衣。師語盜曰：「茅舍有可意物，一任將去，終無所吝。」盜感其言，皆稽首而散。

楊岐甄叔禪師

袁州楊岐山甄叔禪師，上堂：「群靈一源，假名爲佛。體竭形銷而不滅，金流朴散而常存。性海無風，金波自涌。心靈絶兆，萬象齊照。體斯理者，不言而徧歷沙界，不用而功益玄化。如何背覺反合塵勞，於陰界中妄自囚執？」禪月問：「如何是祖師西來意？」師呈起數珠，月罔措。師曰：「會麽？」曰：「不會。」師曰：「某甲參見石頭來。」曰：「見石頭得何意旨？」師指庭前鹿曰：「會麽？」曰：「不會。」師曰：「渠儂得自由。」唐元和十五年歸寂，荼毗獲舍利七百粒，於東峰下建塔。

馬頭神藏禪師

磁州馬頭峰神藏禪師，上堂：「知而無知，不是無知，而說無知。」便下座。南泉云：「恁麼依師道，妙〔一〕道得一半。」黄檗云：「不是南泉駁他，要圓前話。」

華林善覺禪師

潭州華林善覺禪師，常持錫杖，夜出林麓間。七步一振錫，一稱觀音名號。夾山問：「遠聞和尚念觀音，是否？」師曰：「然。」山曰：「騎却頭時如何？」師曰：「出頭即從汝騎，不出頭騎甚麼？」山無對。僧參，方展坐具。師曰：「緩緩！」曰：「和尚見甚麼？」師曰：「可惜許！磕破鐘樓。」其僧從此悟入。觀察使裴休訪之，問曰：「還有侍者否？」師曰：「有一兩箇，祇是不可見客。」裴曰：「在甚麼處？」師乃喚大空、小空，時二虎自庵

〔一〕「妙」，續藏本作「始」。

後而出。裴覩之驚悸。師語二虎曰：「有客，且去。」二虎哮吼而去。裴問曰：「師作何行業，感得如斯？」師乃良久曰：「會麽？」曰：「不會。」師曰：「山僧常念觀音。」

水塘和尚

汀州水塘和尚，問歸宗：「甚處人？」宗曰：「陳州人。」師曰：「年多少？」宗曰：「二十二。」師曰：「闍黎未生時，老僧去來。」宗曰：「和尚幾時生？」師豎起拂子。宗曰：「這箇豈有生邪？」師曰：「會得即無生。」曰：「未會在。」師無語。

濛谿和尚

濛谿和尚，僧問：「一念不生時如何？」師良久。僧便禮拜。師曰：「汝作麽生會？」曰：「某甲終不敢無慙愧。」師曰：「汝却信得及。」問：「本分事如何體悉？」師曰：「汝何不問？」曰：「請師荅話。」師曰：「汝却問得好！」僧大笑而出。師曰：「秖有這僧靈利。」有僧從外來，師便喝。僧曰：「好箇來由！」師曰：「猶要棒在。」僧珍重便出。師曰：「得能自在。」

佛嶴和尚

温州佛嶴和尚，尋常見人來，以拄杖卓地曰：「前佛也恁麼，後佛也恁麼。」問：「正恁麼時作麼生？」師畫一圓相。僧作女人拜，師便打。問：「如何是佛法大意？」師曰：「賊也！賊也！」問：「如何是異類？」師敲椀曰：「花奴！花奴！喫飯來！」

烏臼和尚

烏臼和尚，玄、紹二上座參，師乃問：「二禪客發足甚麼處？」玄曰：「江西。」師便打。玄曰：「久知和尚有此機要。」師曰：「汝既不會，後面箇師僧祇對看。」紹擬近前，師便打。曰：「信知同坑無異土。參堂去！」問僧：「近離甚處？」曰：「定州。」師曰：「定州法道何似這裏？」曰：「不別。」師曰：「若不別，更轉彼中去。」便打。僧曰：「棒頭有眼，不得草草打人。」師曰：「今日打著一箇也。」又打三下。僧便出去。師曰：「屈棒元來有人喫在。」曰：「争柰杓柄在和尚手裏。」師曰：「汝若要，山僧回與汝。」僧近前奪棒，打師三下。師曰：「屈棒！屈棒！」曰：「有人喫在。」師曰：「草草打著箇漢。」僧禮拜。

師曰：「却與麼去也。」僧大笑而出。師曰：「消得恁麼，消得恁麼。」

古寺和尚

古寺和尚，丹霞來參，經宿。明旦粥熟，行者祇盛一鉢與師，又盛一椀自喫，殊不顧丹霞。霞亦自盛粥喫。者曰：「五更侵早起，更有夜行人。」霞問：「師何不教訓行者，得恁麼無禮？」師曰：「浄地上不要點污人家男女。」霞曰：「幾不問過這老漢！」

石臼和尚

石臼和尚，初參馬祖。祖問：「甚麼處來？」師曰：「烏臼來。」祖曰：「烏臼近日有何言句？」師曰：「幾人於此茫然。」祖曰：「茫然且置，悄然一句作麼生？」師乃近前三步。祖曰：「我有七棒寄打烏臼，你還甘否？」師曰：「和尚先喫，某甲後甘。」

本谿和尚

本谿和尚，因龐居士問：「丹霞打侍者，意在何所？」師曰：「大老翁見人長短在。」

士曰：「爲我與師同參，方敢借問。」師曰：「若恁麽，從頭舉來，共你商量。」士曰：「大老翁不可共你説人是非。」師曰：「念翁年老。」士曰：「罪過！罪過！」

石林和尚

石林和尚見龐居士來，乃竪起拂子曰：「不落丹霞機，試道一句子。」士奪却拂子，却自竪起拳。師曰：「正是丹霞機。」士曰：「與我不落看。」師曰：「丹霞患瘂，龐公患聾。」士曰：「恰是。」師無語。士曰：「向道偶爾。」又一日問士：「某甲有箇借問，居士莫惜言語。」士曰：「便請舉來！」師曰：「元來惜言語。」士曰：「這箇問訊，不覺落他便宜。」師乃掩耳。士曰：「作家，作家！」

西山亮座主

亮座主，蜀人也。頗講經論，因參馬祖。祖問：「見説座主大講得經論，是否？」師曰：「不敢！」祖曰：「將甚麽講？」師曰：「將心講。」祖曰：「心如工伎兒，意如和伎者，爭解講得？」師抗聲曰：「心既講不得，虚空莫講得麽？」祖曰：「却是虚空講得。」師不肯，便出。將下堦，祖召曰：「座主！」師回首。祖曰：「是甚麽？」師豁然大悟。便禮拜。祖曰：「這鈍根阿師，禮拜作麽？」師曰：「某甲所講經論，將謂無人及得，今日被大師一問，平生功業，一時冰釋。」禮謝而退，乃隱于洪州西山，更無消息。

黑眼和尚

黑眼和尚，僧問：「如何是不出世師？」師曰：「善財拄杖子。」問：「如何是佛法大意？」師曰：「十年賣炭漢，不知秤畔星。」

米嶺和尚

米嶺和尚，僧問：「如何是衲衣下事？」師曰：「醜陋任君嫌，不挂雲霞色。」師將示滅，遺偈曰：「祖祖不思議，不許常住世。大衆審思惟，畢竟秖這是。」言訖而寂。

齊峰和尚

齊峰和尚，龐居士來，師曰：「俗人頻頻入僧院，討箇甚麽？」士回顧兩邊曰：「誰恁麽道？」師乃咄之。士曰：「在這裏。」師曰：「莫是當陽道麽？」士曰：「背後底聻？」師回首。曰：「看！看！」士曰：「草賊大敗。」士却問：「此去峰頂有幾里？」師曰：「甚麽處去來？」士曰：「可謂峻硬，不得問著。」師曰：「是多少？」士曰：「一二三。」師曰：「四五六。」士曰：「何不道七？」師曰：「纔道七，便有八。」士曰：「住得也。」師曰：「一任添取。」士喝便出去。師隨後亦喝。

大陽和尚

大陽和尚，因伊禪師相見，乃問伊禪：「近日有一般知識，向目前指教人，了取目前事。作這箇爲人，還會文彩未兆時也無？」曰：「擬向這裏致一問，不知可否？」師曰：「荅汝已了，莫道可否。」曰：「還識得目前也未？」師曰：「若是目前，作麽生識？」曰：「要且遭人檢點。」師曰：「誰？」曰：「某甲。」師便喝，伊退步而立。師曰：「汝秖解瞻前，不解顧後。」曰：「雪上更加霜。」師曰：「彼此無便宜。」

紅螺和尚

幽州紅螺山和尚，有頌示門人曰：「紅螺山子近邊夷，度得之流半是奚。共語問疇都不會，可憐祇解那斯祁。」

百靈和尚

百靈和尚，一日與龐居士路次相逢。問曰：「南嶽得力句，還曾舉向人也無？」士曰：「曾舉來。」師曰：「舉向甚麼人？」士以手自指曰：「龐公。」師曰：「直是妙德、空生也讚歎不及。」士却問：「阿師得力句，是誰得知？」師戴笠子便行。士曰：「善爲道路！」師更不回首。

金牛和尚

鎮州金牛和尚，每自做飯，供養衆僧。至齋時，舁飯桶到堂前作舞，呵呵大笑曰：「菩薩子，喫飯來！」僧問長慶：「古人撫掌唤僧喫飯，意旨如何？」慶云：「大似因齋慶讚。」僧問大光：「未審慶讚箇甚麼？」光作舞。僧禮拜。光云：「這野狐精！」東禪齊云：「古人自出手作飯，舞了唤人來喫，意作麼生？還會麼？祇如長慶與大光，是明古人意？别爲他分析？今問上座，每日持鉢掌盂時，迎來送去時，爲當與古人一般？别有道理？若道别，且作麼生得别來？若一般，恰到他舞，又被唤作野狐精。有會處麼？若未會，行脚眼在甚麼處？」

黑澗和尚

洛京黑澗和尚，僧問：「如何是密室？」師曰：「截耳卧街。」曰：「如何是密室中人？」師乃換手槌胸。

利山和尚

利山和尚，僧問：「衆色歸空，空歸何所？」師曰：「舌頭不出口。」曰：「爲甚麽不出口？」師曰：「内外一如故。」問：「不歷僧祇獲法身，請師直指。」師曰：「子承父業。」曰：「如何領會？」師曰：「貶剥不施。」曰：「恁麽則大衆有賴去也。」師曰：「大衆且置，作麽生是法身？」僧無對。師曰：「汝問，我與汝道。」僧問：「如何是法身？」師曰：「空華陽焰。」問：「如何是西來意？」師曰：「不見如何。」曰：「爲甚麽如此？」師曰：「秖爲如此。」

乳源和尚

韶州乳源和尚，上堂：「西來的的意不妨難道，衆中莫有道得者？出來試道看。」時有僧出禮拜，師便打。曰：「是甚麼時節，出頭來！」便歸方丈。僧舉似長慶。慶云：「不妨，不妨。」資福代云：「爲和尚不惜身命。」仰山作沙彌時，念經聲高，師咄曰：「這沙彌念經恰似哭。」曰：「慧寂祇恁麼，未審和尚如何？」師乃顧視。仰曰：「若恁麼，與哭何異？」師便休。

松山和尚

松山和尚同龐居士喫茶。士舉槖子曰：「人人盡有分，爲甚麼道不得？」師曰：「祇爲人人盡有，所以道不得。」士曰：「阿兄爲甚麼却道得？」師曰：「不可無言也。」士曰：「灼然！灼然！」師便喫茶。士曰：「阿兄喫茶，爲甚麼不揖客？」師曰：「誰？」士曰：「龐公。」師曰：「何須更揖？」後丹霞聞，乃曰：「若不是松山，幾被箇老翁惑亂一上。」士聞之，乃令人傳語霞曰：「何不會取未舉槖子時？」

則川和尚

則川和尚，蜀人也。龐居士相看次，師曰：「還記得見石頭時道理否？」士曰：「猶得阿師重舉在。」師曰：「情知久參事慢。」士曰：「阿師老耄，不啻龐公。」師曰：「二彼同時，又争幾許？」士曰：「龐公鮮健，且勝阿師。」師曰：「不是勝我，祇欠汝箇幞頭。」士拈下幞頭曰：「恰與師相似。」師大笑而已。師摘茶次，士曰：「法界不容身，師還見我否？」師曰：「不是老師，洎荅公話。」士曰：「有問有荅，蓋是尋常。」師乃摘茶不聽。士曰：「莫怪適來容易借問。」師亦不顧。士喝曰：「這無禮儀老漢，待我一一舉向明眼人。」師乃抛却茶籃，便歸方丈。

打地和尚

忻州打地和尚，自江西領旨，常晦其名。凡學者致問，唯以棒打地示之。時謂之打地和尚。一日被僧藏却棒，然後致問，師但張其口。僧問門人曰：「秖如和尚每日有人問便打地，意旨如何？」門人即於竈内取柴一片，擲在釜中。

秀溪和尚

潭州秀溪和尚，谷山問：「聲色純真，如何是道？」師曰：「亂道作麼？」山却從東過西立。師曰：「若不恁麼，即禍事也。」山又從西過東立。師乃下禪牀，方行兩步，被谷山捉住。曰：「聲色純真，事作麽生？」師便打一掌。山曰：「三十年後，要箇人下茶也無在。」師曰：「要谷山這漢作甚麽？」山呵呵大笑。

椑樹和尚

江西椑樹和尚，卧次，道吾近前，牽被覆之。師曰：「作麽？」吾曰：「蓋覆。」師曰：「卧底是，坐底是？」吾曰：「不在這兩處。」師曰：「争奈蓋覆何？」吾曰：「莫亂道。」師向火次，吾問：「作麽？」師曰：「和合。」吾曰：「恁麽即當頭脱去也。」師曰：「隔闊來多少時邪？」吾便拂袖而去。吾一日從外歸，師問：「甚麽處去來？」吾曰：「親近來。」師曰：「用簸這兩片皮作麽？」吾曰：「借。」師曰：「他有從汝借，無作麽生？」吾曰：「秖爲有，所以借。」

草堂和尚

京兆草堂和尚，自罷參大寂，至海昌和尚處。昌問：「甚麽處來？」師曰：「道場來。」昌曰：「這裏是甚麽處？」師曰：「賊不打貧人家。」僧問：「未有一法時，此身在甚麽處？」師作一圓相，於中書「身」字。

洞安和尚

洞安和尚，有僧辭，師曰：「甚麽處去？」曰：「本無所去。」師曰：「善爲闍黎。」曰：「不敢。」師曰：「到諸方，分明舉似。」僧侍立次，師問：「今日是幾？」曰：「不知。」師曰：「我却記得。」曰：「今日是幾？」師曰：「今日昏晦。」

興平和尚

京兆興平和尚，洞山來禮拜。師曰：「莫禮老朽。」山曰：「禮非老朽。」師曰：「非老朽者不受禮。」山曰：「他亦不止。」洞山却問：「如何是古佛心？」師曰：「即汝心是。」山曰：「雖然如此，猶是某甲疑處。」師曰：「若恁麽，即問取木人去。」山曰：「某甲有一句子，不借諸聖口。」師曰：「汝試道看。」山曰：「不是某甲。」山辭，師曰：「甚麽處去？」山曰：「沿流無定止。」師曰：「法身沿流？報身沿流？」山曰：「揔不作此解。」師乃拊掌。保福云：「洞山自是一家。」乃別云：「覓得幾人？」

逍遥和尚

逍遥和尚，鹿西和尚問：「念念攀緣，心心永寂。」師曰：「昨晚也有人恁麽道。」西曰：「道箇甚麽？」師曰：「不知。」西曰：「請和尚説。」師以拂子驀口打，西拂袖便出。師召衆曰：「頂門上著眼。」

福谿和尚

福谿和尚，僧問：「古鏡無瑕時如何？」師良久。僧曰：「師意如何？」師曰：「山僧耳背。」僧再問，師曰：「猶較些子。」問：「如何是自己？」師曰：「你問甚麽？」曰：「豈無方便？」師曰：「你適來問甚麽？」曰：「得恁麽顛倒！」師曰：「今日合喫山僧手裏棒。」問：「緣散歸空，空歸何所？」師乃召僧，僧應諾。師曰：「空在何處？」曰：「却請和尚道。」師曰：「波斯喫胡椒。」

水潦和尚

洪州水潦和尚，初參馬祖。問曰：「如何是西來的的意？」祖曰：「禮拜著！」師纔禮拜，祖乃當胸蹋倒。師大悟，起來拊掌呵呵大笑曰：「也大奇，也大奇！百千三昧！無量妙義，秖向一毫頭上識得根源去。」禮謝而退。住後，每告衆曰：「自從一喫馬師蹋，直至如今笑不休。」有僧作一圓相，以手撮向師身上。師乃三撥，亦作一圓相，却指其僧。僧便禮拜。師打曰：「這虛頭漢！」問：「如何是沙門行？」師曰：「動則影現，覺則冰生。」問：「如何是佛法大意？」師乃拊掌呵呵大笑。凡接機，大約如此。

浮盃和尚

浮盃和尚，凌行婆來禮拜，師與坐喫茶。婆乃問：「盡力道不得底句〔一〕分付阿誰？」師曰：「浮盃無剩語。」婆曰：「未到浮盃，不妨疑着。」師曰：「别有長處，不妨拈出。」婆斂手哭曰：「蒼天中更添冤苦。」師無語。婆曰：「語不知偏正，理不識倒邪，爲人即禍生。」後有僧舉似南泉，泉曰：「苦哉浮盃，被這老婆摧折一上。」婆後聞笑曰：「王老師猶少機關在。」澄一禪客逢見行婆，便問：「怎生是南泉猶少機關在？」婆乃哭曰：「可悲可

〔一〕「句」，原作「旬」，據清藏本、續藏本改。

痛！」一罔措。婆曰：「會麽？」一合掌而立。婆曰：「伎死禪和，如麻似粟。」一舉似趙州，州曰：「我若見這臭老婆，問教口瘂。」一曰：「未審和尚怎生問他？」州便打。一曰：「爲甚麽却打某甲？」州曰：「似這伎死漢不打，更待幾時？」連打數棒。婆聞，却曰：「趙州合喫婆手裏棒。」後僧舉似趙州，州哭曰：「可悲可痛！」婆聞此語，合掌歎曰：「趙州眼光，爍破四天下。」州令僧問：「如何是趙州眼？」婆乃豎起拳頭。僧回，舉似趙州。州作偈曰：「當機覿面提，覿面當機疾。報汝凌行婆，哭聲何得失。」婆以偈荅曰：「哭聲師已曉，已曉復誰知。當時摩竭國，幾喪目前機。」

龍山和尚

潭州龍山和尚，亦云隱山。問僧：「甚麽處來？」曰：「老宿處來。」師曰：「老宿有何言句？」曰：「説則千句萬句，不説則一字也無。」師曰：「恁麽則蠅子放卵。」僧禮拜，師便打。洞山與密師伯經由，見溪流菜葉，洞曰：「深山無人，因何有菜隨流，莫有道人居否？」乃共議撥草溪行，五七里間，忽見師羸形異貌，放下行李問訊。師曰：「此山無路，闍黎從何處來？」洞曰：「無路且置，和尚從何而入？」師曰：「我不從雲水來。」洞曰：

「和尚住此山多少時邪？」師曰：「春秋不涉。」洞曰：「和尚先住，此山先住？」師曰：「不知。」洞曰：「爲甚麽不知？」師曰：「我不從人天來。」洞曰：「和尚得何道理，便住此山？」師曰：「我見兩箇泥牛鬬入海，直至于今絶消息。」洞山始具威儀禮拜。便問：「如何是主中賓？」師曰：「青山覆白雲。」曰：「如何是賓中主？」師曰：「長年不出户。」曰：「賓主相去幾何？」師曰：「長江水上波。」曰：「賓主相見，有何言説？」師曰：「清風拂白月。」洞山辭退，師乃述偈曰：「三間茅屋從來住，一道神光萬境閑。莫把是非來辨我，浮生穿鑿不相關。」因兹燒庵，入深山不見。後人號爲隱山和尚。

龐藴居士

襄州居士龐藴者，衡州衡陽縣人也。字道玄。世本儒業，少悟塵勞，志求真諦。唐貞元初謁石頭。乃問：「不與萬法爲侣者是甚麽人？」頭以手掩其口，豁然有省。後與丹霞爲友。一日，石頭問曰：「子見老僧以來，日用事作麽生？」士曰：「若問日用事，即無開口處。」乃呈偈曰：「日用事無别，唯吾自偶諧。頭頭非取捨，處處没張乖。朱紫誰爲號？丘山絶點埃。神通并妙用，運水及般柴。」頭然之。曰：「子以緇邪？素邪？」士曰：「願從所慕。」遂不剃染。後參馬祖，問曰：「不與萬法爲侶者是甚麽人？」祖曰：「待汝一口吸盡西江水，即向汝道。」士於言下頓領玄旨。乃留駐，參承二載。有偈曰：「有男不婚，有女不嫁。大家團欒頭，共説無生話。」自爾機辯迅捷，諸方嚮之。因辭藥山，山命十禪客相送至門首。士乃指空中雪曰：「好雪！片片不落别處。」有全禪客曰：「落在甚處？」士遂與一掌。全曰：「也不得草草。」士曰：「恁麽稱禪客，閻羅老子未放你在。」全曰：「居士作麽生？」士又掌曰：「眼見如盲，口説如瘂。」嘗遊講肆，隨喜金剛經，至「無我無人」處致問曰：「座主！既無我無人，是誰講誰聽？」主無對。士曰：「某甲雖是俗人，粗知信向。」主曰：「秖如居士意作麽生？」士以偈荅曰：「無我復無人，作麽有疏親？勸君休歷座，不似直求真。金剛般若性，外絶一纖塵。我聞并信受，總是假名陳。」主聞偈，欣然仰歎。居士所至之處，老宿多往復問醻，皆隨機應響，非格量軌轍之可拘也。元和中，北遊襄漢，隨處而居。有女名靈照，常鬻竹漉籬以供朝夕。士有偈曰：「心如境亦如，無實亦無虚。有亦不管，無亦不拘。不是賢聖，了事凡夫。易復易，即此五蘊有真智。十方世界一乘同，無相法身豈有二？若捨煩惱入菩提，不知何方有佛地。護生須是殺，殺盡始安居。會得箇中意，鐵船水上浮。」士坐次，問靈照曰：「古人道，明明百草頭，明明祖師意，如何會？」照曰：「老老大大，作這箇語話。」士曰：「你作麽生？」照曰：「明明百草頭，明明祖師意。」士乃笑。士因賣漉籬，下橋喫撲，靈照見，亦去爺邊倒。士曰：「你作甚麽？」照曰：「見爺倒地，某甲相扶。」士將入滅，謂靈照曰：「視日早晚及午以報。」照遽報：「日已中矣，而有蝕也。」士出户觀次，靈照即登父座，合掌坐亡。士笑曰：「我女鋒捷矣。」於是更延七日，州牧于公頔問疾次，士謂之曰：「但願空諸所有，慎勿實諸所無。好住，世間皆如影響。」言訖，枕于公膝而化。遺命焚棄江湖，緇白慯悼。謂禪門龐居士，即毗耶浄名矣。有詩偈三百餘篇傳於世。

五燈會元卷第四

南嶽下三世

百丈海禪師法嗣

黄檗希運禪師

洪州黄檗希運禪師，閩人也。幼於本州黄檗山出家。額間隆起如珠，音辭朗潤，志意冲澹。後遊天台逢一僧，與之言笑，如舊相識。熟視之，目光射人，乃偕行。屬澗水暴漲，捐笠植杖而止。其僧率師同渡，師曰：「兄要渡自渡。」彼即褰衣躡波，若履平地，回顧曰：「渡來！渡來！」師曰：「咄！這自了漢。吾早知當斫汝脛。」其僧歎曰：「真大乘法器，我所不及。」言訖不見。師後遊京師，因人啓發，乃往參百丈。丈問：「巍巍堂堂，從何方來？」師曰：「巍巍堂堂，從嶺南來。」丈曰：「巍巍堂堂，當爲何事？」師曰：「巍巍堂堂，不爲别事。」便禮拜。問曰：「從上宗乘如何指示？」丈良久。師曰：「不可教後人斷絶去也。」丈曰：「將謂汝是箇人。」乃起，入方丈。師隨後入，曰：「某甲特來。」丈曰：「若爾，則他後不得孤負吾。」

丈一日問師：「甚麽處去來？」曰：「大雄山下采菌子來。」丈曰：「還見大蟲麽？」師便作虎聲。丈拈斧作斫勢。師即打丈一摑。丈吟吟而笑，便歸。上堂曰：「大雄山下有一大蟲，汝等諸人也須好看。百丈老漢今日親遭一口。」

師在南泉普請擇菜次。泉問：「甚麽處去？」曰：「擇菜去。」泉曰：「將甚麽擇？」師豎起刀。泉曰：「祇解作賓，不解作主。」師以刀點三下。泉曰：「大家擇菜去。」泉一日曰：「老僧有牧牛歌，請長老和。」師曰：「某甲自有師在。」師辭南泉，泉門送，提起師笠曰：「長老身材没量大，笠子太小生？」師曰：「雖然如此，大千世界總在裏許。」泉曰：「王老師聻？」師戴笠便行。

師在鹽官殿上禮佛次，時唐宣宗爲沙彌，問曰：「不著佛求，不著法求，不著僧求。長老禮拜，當何所求？」師曰：「不著佛求，不著法求，不著僧求，常禮如是事。」彌曰：「用禮何爲？」師便掌。彌曰：「太麁生！」師曰：「這裏是甚麽所在？説麁説細。」隨後又掌。

裴相國鎮宛陵，建大禪苑，請師説法。以師酷愛舊山，還以黄檗名之。公一日拓一尊佛於師前，跪曰：「請師安名。」師召曰：「裴休！」公應諾。師曰：「與汝安名竟。」公禮拜。

師因有六人新到，五人作禮，中一人提起坐具，作一圓相。師曰：「我聞有一隻獵犬甚惡。」僧曰：「尋羺羊聲來。」師曰：「羺羊無聲到汝尋。」曰：「尋羺羊跡來。」師曰：「羺羊無跡到汝尋。」曰：「尋羺羊蹤來。」師曰：「羺羊無蹤到汝尋。」曰：「與麼則死羺羊也。」師便休去。明日陞堂曰：「昨日尋羺羊僧出來！」僧便出。師曰：「昨日公案未了，老僧休去。你作麼生？」僧無語。師曰：「將謂是本色衲僧，元來秖是義學沙門。」便打趁出。

師一日捏拳曰：「天下老和尚，總在這裏。我若放一線道，從汝七縱八横，若不放過，不消一捏。」僧問：「放一線道時如何？」師曰：「七縱八横。」曰：「不放過，不消一捏時如何？」師曰：「普。」

裴相國一日請師至郡，以所解一編示師。師接置於座，略不披閲。良久曰：「會麼？」裴曰：「未測。」師曰：「若便恁麼會得，猶較些子。若也形於紙墨，何有吾宗？」裴乃贈詩一章曰：「自從大士傳心印，額有圓珠七尺身。掛錫十年棲蜀水，浮盃今日渡漳濱。一千龍象隨高步，萬里香花結勝因。擬欲事師爲弟子，不知將法付何人？」師亦無喜色。自爾黄檗門風，盛于江表矣。

一日上堂，大衆雲集。乃曰：「汝等諸人欲何所求？」以拄杖趁之，大衆不散。師却復坐曰：「汝等諸人盡是噇酒糟漢。恁麽行脚，取笑於人。但見八百一千人處便去，不可圖他熱鬧也。老漢行脚時，或遇草根下有一箇漢，便從頂門上一錐。看他若知痛痒，可以布袋盛米供養他。可中總似汝如此容易，何處更有今日事也。汝等既稱行脚，亦須著些精神好。還知道大唐國内無禪師麽？」時有僧問：「諸方尊宿盡聚衆開化，爲甚麽却道無禪師？」師曰：「不道無禪，祇是無師。闍黎不見馬大師下有八十四人坐道場，得馬師正法眼者止三兩人。廬山歸宗和尚是其一。夫出家人，須知有從上來事分始得。且如四祖下牛頭，横説豎説，猶未知向上關捩子。有此眼目，方辨得邪正宗黨。且當人事，宜不能體會得，但知學言語念，向皮袋裏安著，到處稱我會禪，還替得汝生死麽？輕忽老宿，入地獄如箭。我纔見汝入門來，便識得了也。還知麽？急須努力莫容易，事持片衣口食，空過一生。明眼人笑汝，久後總被俗漢筭將去在。宜自看遠近，是阿誰面上事？若會即便會，若不會即散去。珍重！」問：「如何是西來意？」師便打。自餘施設，皆被上機。中下之流，莫窺涯涘。唐大中年終於本山，謚斷際禪師。

長慶大安禪師

福州長慶大安禪師，號懶安。郡之陳氏子。受業於黄檗山，習律乘。嘗自念言：「我雖勤苦，而未聞玄極之理。」乃孤錫遊方，將往洪井，路出上元。逢一老父謂師曰：「師往南昌，當有所得。」師即造百丈，禮而問曰：「學人欲求識佛，何者即是？」丈曰：「大似騎牛覓牛。」師曰：「識得後如何？」丈曰：「如人騎牛至家。」師曰：「未審始終如何保任？」丈曰：「如牧牛人執杖視之，不令犯人苗稼。」師自兹領旨，更不馳求。

同參祐禪師，創居潙山。師躬耕助道。及祐歸寂，衆請接踵住持。上堂：「汝諸人總來就安，求覓甚麽？若欲作佛，汝自是佛。擔佛傍家走，如渴鹿趁陽燄相似，何時得相應去？汝欲作佛，但無許多顛倒攀緣、妄想惡覺、垢浄衆生之心，便是初心正覺佛，更向何處別討？所以安在潙山三十來年，喫潙山飯，屙潙山屎，不學潙山禪，秖看一頭水牯牛，若落路入草，便把鼻孔拽轉來，纔犯人苗稼，即鞭撻。調伏既久，可憐生受人言語，如今變作箇露地白牛，常在面前，終日露迴迴地，趁亦不去。汝諸人各自有無價大寶，從眼門放光，照見山河大地，耳門放光，領采一切善惡音響。如是六門，晝夜常放光明，亦名放光三昧。汝自不識取，影在四大身中，内外扶持，不教傾側。如人負重擔，從獨木橋上過，亦不教失脚。且道是甚麽物任持，便得如是？且無絲髮可見，豈不見誌公和尚云：『内外追尋覓總無，境上施爲渾大有。』珍重！」僧問：「一切施爲是法身用，如何是法身？」師曰：「一切施爲是法身用。」曰：「離却五蘊，如何是本來身？」師曰：「地水火風，受想行識。」曰：「這箇是五蘊？」師曰：「這箇異五蘊。」問：「此陰已謝，彼陰未生時如何？」師曰：「此陰未謝，那箇是大德？」曰：「不會。」師曰：「若會此陰，便明彼陰。」問：「大用現前，不存軌則時如何？」師曰：「汝用得但用。」僧乃脱膊，遶師三匝。師曰：「向上事何不道取？」僧擬開口，師便打。曰：「這野孤精！出去！」

有僧上法堂，顧視東西，不見師。乃曰：「好箇法堂，祇是無人。」師從門裏出，曰：「作麽？」僧無對。雪峰因入山采得一枝木，其形似蛇，於背上題曰：「本自天然，不假雕琢。」寄與師。師曰：「本色住山人，且無刀斧痕。」僧問：「佛在何處？」師曰：「不離心。」又問：「雙峰上人，有何所得？」師曰：「法無所得。設有所得，得本無得。」問：「黄巢軍來，和尚向甚麽處回避？」師曰：「五蘊山中。」曰：「忽被他捉著時如何？」師曰：「惱亂將軍。」師大化閩城。唐中和三年歸黄檗示寂。塔于楞伽山，謚圓智禪師。

大慈寰中禪師

杭州大慈山寰中禪師，蒲坂盧氏子。頂骨圓聳，其聲如鐘。少丁母憂，廬于墓所。服闋，思報罔極，乃於并州童子寺出家，嵩嶽登戒，習諸律學。後參百丈，受心印。辭往南嶽常樂寺，結茅于山頂。一日，南泉至。問：「如何是庵中主？」師曰：「蒼天！蒼天！」泉曰：「蒼天且置，如何是庵中主？」師曰：「會即便會，莫忉忉。」泉拂袖而去。後住大慈，上堂：「山僧不解答話，秖能識病。」時有僧出，師便歸方丈。法眼云：「衆中喚作病在目前，不識。」玄覺曰：「且道大慈識病不識病？此僧出來是病不是病？若言是病，每日行住不可總是病；若言不是病，出來又作麽生？」

趙州問：「般若以何爲體？」師曰：「般若以何爲體。」州大笑而出。明日，州掃地次，師曰：「般若以何爲體？」州置帚，拊掌大笑，師便歸方丈。僧辭，師問：「甚麽處去？」曰：「江西去。」師曰：「我勞汝一段事得否？」曰：「和尚有甚麽事？」師曰：「將取老僧去得麽？」曰：「更有過於和尚者，亦不能將去。」師便休。僧後舉似洞山，山曰：「闍黎争合恁麽道？」曰：「和尚作麽生？」山曰：「得。」法眼別云：「和尚若去，某甲提笠子。」山又問其僧：「大慈別有甚麽言句？」曰：「有時示衆曰：『説得一丈，不如行取一尺。説得一尺，不如行取一寸。』」山曰：「我不恁麽道。」曰：「和尚作麽生？」山曰：「説取行不得底，行取説不得底。」雲居云：「行時無説路，説時無行路。不説不行時，合行甚麽路？」洛浦云：「行説俱到，即本分事無，行説俱不到，即本分事在。」後屬武宗廢教，師短褐隱居。大中歲重剃染，大揚宗旨。咸通三年不疾而逝。僖宗謚性空大師。

平田普岸禪師

天台平田普岸禪師，洪州人也。於百丈門下得旨。後聞天台勝概，聖賢間出，思欲高蹈方外，遠追遐躅，乃結茅薙草，宴寂林下。日居月諸，爲四衆所知。創平田禪院居之。上堂：「神光不昧，萬古徽猷。入此門來，莫存知解。」便下座。僧參，師打一拄杖。其僧近前把住拄杖。師曰：「老僧適來造次。」僧却打師一拄杖。師曰：「作家！作家！」僧禮拜。師把住曰：「是闍黎造次。」僧大笑。師曰：「這箇師僧今日大敗也。」臨濟訪師，到路口先逢一嫂在田使牛。濟問嫂：「平田路向甚麽處去？」嫂打牛一棒曰：「這畜生到處走，到此路也不識。」濟又曰：「我問你平田路向甚麽處去？」嫂曰：「這畜生五歲尚使不得。」濟心語曰：「欲觀前人，先觀所使。」便有抽釘拔楔之意。及見師，師問：「你還曾見我嫂也未？」濟曰：「已收下了也。」師遂問：「近離甚處？」濟曰：「江西黄檗。」師曰：「情知你見作家來！」濟曰：「特來禮拜和尚。」師曰：「已相見了也。」濟曰：「賓主之禮，合施三拜。」師曰：「既是賓主之禮，禮拜著。」有偈示衆曰：「大道虚曠，常一真心。善惡莫思，神清物表。隨緣飲啄，更復何爲？」終于本院，遺塔存焉。

五峰常觀禪師

瑞州五峰常觀禪師，僧問：「如何是五峰境？」師曰：「險。」曰：「如何是境中人？」師曰：「塞。」僧辭，師曰：「甚麽處去？」曰：「臺山去。」師竪起〔一〕一指曰：「若見文殊了，却來這裏與汝相見。」僧無語。師問：「僧甚麽處來？」曰：「莊上來。」師曰：「汝還見牛麽？」曰：「見。」師曰：「見左角？見右角？」僧無語。師代曰：「見無左右。」仰山別云：「還辨左右麽？」又僧辭，師曰：「汝諸方去，莫謗老僧在這裏。」曰：「某甲不道和尚在這裏。」師曰：「汝道老僧在甚麽處？」僧竪起一指。師曰：「早是謗老僧也。」

〔一〕清藏本、續藏本均無「起」字。

石霜性空禪師

潭州石霜山性空禪師，僧問：「如何是祖師西來意？」師曰：「如人在千尺井中，不假寸繩，出得此人，即答汝西來意。」僧曰：「近日湖南暢和尚出世，亦爲人東語西話。」師喚：「沙彌！拽出這死屍著。」沙彌即仰山。山後問耽源：「如何出得井中人？」源曰：「咄！癡漢！誰在井中？」山復問溈山。溈召：「慧寂！」山應諾。溈曰：「出也。」山住後，常舉前語謂衆曰：「我在耽源處得名，溈山處得地。」

古靈神贊禪師

福州古靈神贊禪師，本州大中寺受業，後行脚遇百丈開悟，却回受業。本師問曰：「汝離吾在外，得何事業？」曰：「並無事業。」遂遣執役。一日，因澡身命師去垢，師乃拊背曰：「好所佛堂，而佛不聖。」本師回首視之，師曰：「佛雖不聖，且能放光。」本師又一日在窗下看經，蜂子投窗紙求出。師覩之曰：「世界如許廣闊不肯出，鑽他故紙驢年去！」遂有偈曰：「空門不肯出，投窗也大癡。百年鑽故紙，何日出頭時？」本師置經，問曰：「汝行脚遇何人？吾前後見汝發言異常。」師曰：「某甲蒙百丈和尚指箇歇處。今欲報慈德耳。」本師於是告衆致齋，請師説法。師乃登座，舉唱百丈門風曰：「靈光獨耀，迥脱根塵。體露真常，不拘文字。心性無染，本自圓成。但離妄緣，即如如佛。」本師於言下感悟曰：「何期垂老得聞極則事。」師後住古靈，聚徒數載。臨遷化，剃浴聲鐘告衆曰：「汝等諸人，還識無聲三昧否？」衆曰：「不識。」師曰：「汝等静聽，莫別思惟。」衆皆側聆。師儼然順寂，塔存本山。

和安寺通禪師

廣州和安寺通禪師，婺州雙林寺受業。自幼寡言，時人謂之不語通。因禮佛次，有禪者問：「座主禮底是甚麽？」師曰：「是佛。」禪者乃指像曰：「這箇是何物？」師無對。至夜，具威儀禮問：「今日所問，某甲未知意旨如何？」禪者曰：「座主幾夏邪？」師曰：「十夏。」禪者曰：「還曾出家也未？」師轉茫然。禪者曰：「若也不會，百夏奚爲？」乃命同參馬祖。及至江西，祖已圓寂。遂謁百丈，頓釋疑情。有人問師：「是禪師否？」師曰：「貧道不曾學禪。」師良久，召其人，其人應諾。師指椶櫚樹子，其人無對。師一日召仰山將牀子來。山將到，師曰：「却送本處着。」山從之。師召：「慧寂！」山應諾。師曰：「牀子那邊是甚麽物？」山曰：「枕子。」師曰：「枕子這邊是甚麽物？」山曰：「無物。」師復召：「慧寂！」山應諾。師曰：「是甚麽？」山無對。師曰：「去！」

龍雲臺禪師

江州龍雲臺禪師，僧問：「如何是祖師西來意？」師曰：「昨夜欄中失却牛。」

衛國院道禪師

京兆衛國院道禪師，新到參，師問：「何方來？」曰：「河南來。」師曰：「黄河清也未？」僧無對。潙山代云：「小小狐兒，要過但過，用疑作甚麽？」師不安，不見客。有人來謁。乃曰：「久聆和尚道德，忽承法體違〔一〕和，略請和尚相見。」師將鉢鐼盛鉢�，令侍者擎出呈之。其人無對。

〔一〕「違」，原誤作「遺」，今改。

鎮州萬歲和尚

鎮州萬歲和尚，僧問：「大衆雲集，合譚何事？」師曰：「序品第一。」歸宗柔別云：「禮拜了去。」

東山慧禪師

洪州東山慧禪師遊山，見一巖。僧問：「此巖還有主也無？」師曰：「有。」曰：「是甚麼人？」師曰：「三家村裏覓甚麼？」曰：「如何是巖中主？」師曰：「汝還氣急麼？」小師行脚回，師問：「汝離吾在外多少時邪？」曰：「十年。」師曰：「不用指東指西，直道將來。」曰：「對和尚不敢謾語。」師喝曰：「這打野榸漢。」師同大于、南用到茶堂，有僧近前不審。用曰：「我既不納汝，汝亦不見我。不審阿誰？」僧無語。師曰：「不得平白地恁麼問伊。」用曰：「大于亦無語那。」于把定其僧曰：「是你恁麼，累我亦然。」便打一摑。用大笑曰：「朗月與青天。」大于侍者到，師問：「金剛正定，一切皆然。秋去冬來，且作麼生？」者曰：「不妨和尚借問。」師曰：「即今即得，去後作麼生？」者曰：「誰敢問著某甲？」師曰：「大于還得麽？」者曰：「猶要别人點檢在。」師曰：「輔弼宗師，不廢光彩。」侍者禮拜。

清田和尚

清田和尚與瑫上座煎茶次，師敲繩牀三下，瑫亦敲三下。師曰：「老僧敲，有箇善巧。上座敲，有何道理？」瑫曰：「某甲敲，有箇方便。和尚敲，作麽生？」師舉起盞子，瑫曰：「善知識眼應須恁麽。」茶罷，瑫却問：「和尚適來舉起盞子，意作麽生？」師曰：「不可更别有也。」

百丈涅槃和尚

百丈山涅槃和尚，一日謂衆曰：「汝等與我開田，我與汝説大義。」衆開田了歸，請説大義。師乃展兩手，衆罔措。洪覺範林間録云：「百丈第二代法正禪師，大智之高弟。其先嘗誦涅槃經，不言姓名，時呼爲涅槃和尚。住成法席，師功最多，使衆開田方説大義者，乃師也。」黄檗、古靈諸大士皆推尊之。唐文人黄武翊撰其碑甚詳，柳公權書，妙絶今古。而傳燈所載百丈惟政禪師，又係於馬祖法嗣之列，悞矣。及觀正宗記，則有惟政、法正。然百丈第代可數，明教但皆見其名，不能辨而俱存也，今當以柳碑爲正。

南泉願禪師法嗣

趙州從諗禪師

趙州觀音院亦曰東院。從諗禪師，曹州郝鄉人也。姓郝氏。童稚於本州扈通院從師披剃。未納戒便抵池陽，參南泉。值泉偃息而問曰：「近離甚處？」師曰：「瑞像。」泉曰：「還見瑞像麽？」師曰：「不見瑞像，祇見卧如來。」泉便起坐，問：「汝是有主沙彌？無主沙彌？」師曰：「有主沙彌。」泉曰：「那箇是你主？」師近前躬身曰：「仲冬嚴寒，伏惟和尚尊候萬福。」泉器之，許其入室。他日問泉曰：「如何是道？」泉曰：「平常心是道。」師曰：「還可趣向也無？」泉曰：「擬向即乖。」師曰：「不擬，争知是道？」泉曰：「道不屬知，不屬不知。知是妄覺，不知是無記。若真達不疑之道，猶如太虚，廓然蕩豁，豈可强是非邪？」師於言下悟理。乃往嵩嶽瑠璃壇納戒。仍返南泉。一日問泉曰：「知有底人向甚麽處去？」泉曰：「山前檀越家作一頭水牯牛去。」師曰：「謝師指示。」泉曰：「昨夜三更月到窗。」泉曰：「今時人須向異類中行始得。」師曰：「異即不問，如何是類？」泉以兩手拓地，師近前一踏，踏倒。却向涅槃堂裏叫曰：「悔！悔！」泉令侍者問：「悔箇甚麽？」師：「悔不更與兩踏。」

南泉上堂，師出問：「明頭合？暗頭合？」泉便下座，歸方丈。師曰：「這老和尚被我一問，直得無言可對。」首座曰：「莫道和尚無語好！自是上座不會。」師便打一掌曰：「此掌合是堂頭老漢喫。」

師到黄檗，檗見來便閉方丈門。師乃把火於法堂内，叫曰：「救火！救火！」檗開門捉住曰：「道！道！」師曰：「賊過後張弓。」到寶壽，壽見來，於禪牀上背坐。師展坐具禮拜。壽下禪牀，師便出。又到道吾，纔入堂，吾曰：「南泉一隻箭來也！」師曰：「看箭！」吾曰：「過也。」師曰：「中。」又到茱萸，執拄杖於法堂上，從東過西。萸曰：「作甚麽？」師曰：「探水。」萸曰：「我這裏一滴也無，探箇甚麽？」師以杖倚壁，便下。師將遊五臺，有大德作偈，留曰：「無處青山不道場，何須策杖禮清凉。雲中縱有金毛現，正眼觀時非吉祥。」師曰：「作麽生是正眼？」德無對。法眼代云：「請上座領某卑情。」同安顯代云：「是上座眼。」師自此道化被於北地。衆請住觀音院。上堂：「如明珠在掌，胡來胡現，漢來漢現。老僧把一枝草爲丈六金身用，把丈六金身爲一枝草用。佛是煩惱，煩惱是佛。」僧問：「未審佛是誰家煩惱？」師曰：「與一切人煩惱。」曰：「如何免得？」師曰：「用免作麽？」掃地次，僧問：「和尚是大善知識，爲甚麽掃地？」師曰：「塵從外來。」曰：「既是清浄伽藍，爲甚麽有塵？」師曰：「又一點也。」

師與官人遊園次，兔見乃驚走。遂問：「和尚是大善知識，兔見爲甚麽走？」師曰：「老僧好殺。」問：「覺華未發時，如何辨貞實？」師曰：「開也。」曰：「是貞是實？」師曰：「貞是實，實是貞。」曰：「甚麽人分上事？」師曰：「老僧有分，闍黎有分。」曰：「某甲不招納時如何？」師佯不聞。僧無語。師曰：「去！石幢子被風吹折。」僧問：「陁羅尼幢子作凡去？作聖去？」師曰：「也不作凡，亦不作聖。」曰：「畢竟作甚麽？」師曰：「落地去也。」僧辭，師曰：「甚處去？」曰：「諸方學佛法去。」師豎起拂子曰：「有佛處不得住，無佛處急走過。三千里外，逢人不得錯舉。」曰：「與麽則不去也。」師曰：「摘楊花，摘楊花。」問：「承聞和尚親見南泉，是否？」師曰：「鎮州出大蘿蔔頭。」大衆晚參，師曰：「今夜答話去也。有解問者出來。」時有一僧便出禮拜。師曰：「比來抛甎引玉，却引得箇墼子。」保壽云：「射虎不真，徒勞没羽。」長慶問覺上座云：「那僧纔出禮拜，爲甚麽便收伊爲墼子？」覺云：「適來那邊亦有人恁麽問。」慶云：「向伊道甚麽？」覺云：「也向伊恁麽道。」玄覺云：「甚麽處却成墼子去，叢林中道纔出來，便成墼子，秖如每日出入，行住坐卧，不可揔成墼子。且道這僧出來，具眼不具眼？」

上堂：「金佛不度爐，木佛不度火，泥佛不度水，真佛内裏坐。菩提涅槃，真如佛性，盡是貼體衣服，亦名煩惱。實際理地甚麽處著？一心不生，萬法無咎。汝但究理，坐看三二十年，若不會，截取老僧頭去。夢幻空華，徒勞把捉。心若不異，萬法一如。既不從外得，更拘執作麽？如羊相似，亂拾物安向口裏。老僧見藥山和尚道：『有人問著，但教合取狗口。』老僧亦教合取狗口。取我是垢，不取我是淨。一似獵狗專欲得物喫。佛法在甚麽處？千人萬人盡是覓佛漢子，於中覓一箇道人無。若與空王爲弟子，莫教心病最難醫。未有世界，早有此性。世界壞時，此性不壞。一從見老僧後，更不是别人，祇是箇主人公。這箇更向外覓作麽？正恁麽時，莫轉頭換腦。若轉頭換腦，即失却也。」僧問：「承師有言，世界壞時，此性不壞。如何是此性？」師曰：「四大五陰。」曰：「此猶是壞底，如何是此性？」師曰：「四大五陰。」法眼云：「是一箇兩箇？是壞不壞？且作麽生會？試斷看。」

師因老宿問：「近離甚處？」曰：「滑州。」宿曰：「幾程到這裏？」師曰：「一蹉到。」宿曰：「好箇捷疾鬼。」師曰：「萬福大王。」宿曰：「參堂去！」師應喏喏。尼問：「如何是密密意？」師以手掐之。尼曰：「和尚猶有這箇在。」師曰：「却是你有這箇在。」僧辭，師問：「甚麽處去？」曰：「閩中去。」師曰：「彼中兵馬隘，你須回避始得。」曰：「向甚麽處回避？」師曰：「恰好。」問：「如何是賓中主？」師曰：「山僧不問婦。」曰：

「如何是主中賓？」師曰：「山僧無丈人。」有僧遊五臺，問一婆子曰：「臺山路向甚麽處去？」婆曰：「驀直去。」僧便去。婆曰：「好箇師僧又恁麽去。」後有僧舉似師，師曰：「待我去勘過。」明日，師便去問：「臺山路向甚麽處去？」婆曰：「驀直去。」師便去。婆曰：「好箇師僧又恁麽去。」師歸院謂僧曰：「臺山婆子爲汝勘破了也。」玄覺云：「前來僧也恁麽道，趙州去也恁麽道，甚麽處是勘破婆子處？」又云：「非唯被趙州勘破，亦被這僧勘破。」問：「恁麽來底人，師還接否？」師曰：「接。」曰：「不恁麽來底，師還接否？」師曰：「接。」曰：「恁麽來者從師接，不恁麽來者如何接？」師曰：「止止不須説，我法妙難思。」師因出，路逢一婆。婆問：「和尚住甚麽處？」師曰：「趙州東院西。」婆無語。師歸問衆僧：「合使那箇西字？」或言東西字，或言棲泊字。師曰：「汝等總作得鹽鐵判官。」曰：「和尚爲甚恁麽道？」師曰：「爲汝總識字。」法燈別衆僧云：「已知去處。」問：「如何是囊中寶？」師曰：「合取口。」法燈別云：「莫説似人。」有一婆子令人送錢，請轉藏經。師受施利了，却下禪牀轉一匝。乃曰：「傳語婆，轉藏經已竟。」其人回舉似婆。婆曰：「比來請轉全藏，如何祇爲轉半藏？」玄覺云：「甚麽處是欠半藏處？且道那婆子具甚麽眼，便與麽道？」因僧侍次，遂指火問曰：「這箇是火，你不得喚作火。老僧道了也。」僧無對。復筴起火曰：「會麽？」曰：「不會。」師曰：「此去舒州，有投子和尚，汝往禮拜，問之，必爲汝説。因緣相契，不用更來。不相契却來。」其僧到投子，子問：「近離甚處？」曰：「趙州。」子曰：「趙州有何言句？」僧舉前話。子曰：「汝會麽？」曰：「不會，乞師指示。」子下禪牀，行三步却坐。問曰：「會麽？」曰：「不會。」子曰：「你歸舉似趙州。」其僧却回，舉似師。師曰：「還會麽？」曰：「不會。」師曰：「投子與麽不較多也。」有新到謂師曰：「某甲從長安來，橫擔一條拄杖，不曾撥著一人。」師曰：「自是大德拄杖短。」同安顯別云：「老僧這裏不曾見恁麽人。」僧無對。法眼代云：「呵呵。」同安顯代云：「也不短。」僧寫師真呈。師曰：「且道似我不似我？若似我，即打殺老僧。不似我，即燒却真。」僧無對。玄覺代云：「留取供養。」

問：「如何是祖師西來意？」師曰：「庭前柏樹子。」曰：「和尚莫將境示人？」師曰：「我不將境示人。」曰：「如何是祖師西來意？」師曰：「庭前柏樹子。」問：「僧發足甚處？」曰：「雪峰。」師曰：「雪峰有何言句示人？」曰：「尋常道：『盡十方世界是沙門一隻眼，你等諸人向甚處屙？』」師曰：「闍黎若回，寄箇鍬子去。」師謂衆曰：「我向行脚到南方，火爐頭有箇無賓主話，直至如今無人舉着。」上堂：「至道無難，唯嫌揀擇。纔有語言，是揀擇？是明白？老僧不在明白裏，是汝還護惜也無？」時有僧問：「既不在明白裏，護惜箇甚麽？」師曰：「我亦不知。」僧曰：「和尚既不知，爲甚道不在明白裏？」師曰：「問事即得，禮拜了退。」別僧問：「至道無難，唯嫌揀擇。是時人窠窟否？」師曰：

「曾有人問我，老僧直得五年分疏不下。」又問：「至道無難，唯嫌揀擇。如何是不揀擇？」師曰：「天上天下，唯我獨尊。」曰：「此猶是揀擇。」師曰：「田庫奴！甚處是揀擇？」僧無語。問：「至道無難，唯嫌揀擇。纔有語言是揀擇。和尚如何爲人？」師曰：「何不引盡此語。」僧曰：「某甲秖念得到這裏。」師曰：「至道無難，唯嫌揀擇。」問：「如何是道？」師曰：「牆外底。」曰：「不問這箇。」師曰：「你問那箇？」曰：「大道。」師曰：「大道透長安。」問：「道人相見時如何？」師曰：「呈漆器。」上堂：「兄弟若從南方來者，即與下載；若從北方來者，即與上載。所以道，近上人問道即失道，近下人問道即得道。」

師因與文遠行，乃指一片地曰：「這裏好造箇巡鋪。」文遠便去路傍立曰：「把將公驗來。」師遂與一摑。遠曰：「公驗分明過。」師與文遠論義曰：「鬬劣不鬬勝，勝者輸果子。」遠曰：「請和尚立義。」師曰：「我是一頭驢。」遠曰：「我是驢胃。」師曰：「我是驢糞。」遠曰：「我是糞中蟲。」師曰：「你在彼中作甚麽？」遠曰：「我在彼中過夏。」師曰：「把將果子來。」新到參，師問：「甚麽處來？」曰：「南方來。」師曰：「佛法盡在南方，汝來這裏作甚麽？」曰：「佛法豈有南北邪？」師曰：「饒汝從雪峰、雲居來，祇是箇擔板漢。」崇壽稠云：「和尚是據客置主人。」問：「如何是佛？」師曰：「殿裏底。」曰：「殿裏者豈不是泥龕塑像？」師曰：「是。」曰：「如何是佛？」師曰：「殿裏底。」問：「學人乍入叢林，乞師指示。」師曰：「喫粥了也未？」曰：「喫粥了也。」師曰：「洗鉢盂去。」其僧忽然省悟。

上堂：「纔有是非，紛然失心，還有答話分也無？」僧舉似洛浦，浦扣齒。又舉似雲居，居曰：「何必。」僧回舉似師。師曰：「南方大有人喪身失命。」曰：「請和尚舉。」師纔舉前語，僧指傍僧曰：「這箇師僧喫却飯了，作恁麼語話？」師休去。問：「久嚮趙州石橋，到來祇見略彴。」師曰：「汝祇見略彴，且不見石橋。」曰：「如何是石橋？」師曰：「度驢度馬。」曰：「如何是略彴？」師曰：「箇箇度人。」後有如前問，師如前答。又僧問：「如何是石橋？」師曰：「過來！過來！」雲居錫云：「趙州爲當扶石橋？扶略彴？」師聞沙彌喝參，向侍者曰：「教伊去。」者乃教去，沙彌便珍重。師曰：「沙彌得入門，侍者在門外。」雲居錫云：「甚麼處是沙彌入門，侍者在門外？這裏若會得，便見趙州。」問：「僧甚麼處來？」曰：「從南來。」師曰：「還知有趙州關否？」曰：「須知有不涉關者。」師曰：「這販私鹽漢。」問：「如何是西來意？」師下禪牀立。曰：「莫祇這箇便是否？」師曰：「老僧未有語在。」問菜頭：「今日喫生菜？喫熟菜？」頭拈起菜呈之。師曰：「知恩者少，負恩者多。」問：「狗子還有佛性也無？」師曰：「無。」曰：「上至諸佛，下至螻蟻，皆有佛性，狗子爲甚麼却無？」師曰：「爲伊有業識在。」師問一婆子：「甚麼處去？」曰：「偷趙州筍去。」師曰：「忽遇趙州，又作麽生？」婆便與一掌，師休去。師一日於雪中卧，曰：「相救！相救！」有僧便去身邊卧，師便起去。問：「如何是趙州一句？」師曰：「老僧半句也無。」曰：「豈無和尚在？」師曰：「老僧不是一句。」師問新到：「曾到此間麽？」曰：「曾到。」師曰：「喫茶去。」又問僧，僧曰：「不曾到。」師曰：「喫茶去。」後院主問曰：「爲甚麽曾到也云喫茶去，不曾到也云喫茶去？」師召院主，主應喏。師曰：「喫茶去。」

問：「二龍争珠，誰是得者？」師曰：「老僧衹管看。」問：「空劫中還有人修行也無？」師曰：「汝唤甚麽作空劫？」曰：「無一物是。」師曰：「這箇始稱得修行，唤甚麽作空劫？」僧無語。問：「如何是玄中玄？」師曰：「汝玄來多少時邪？」曰：「玄之久矣。」師曰：「闍黎若不遇老僧，幾被玄殺。」問：「萬法歸一，一歸何所？」師曰：「老僧在青州作得一領布衫，重七斤。」問：「夜生兜率，晝降閻浮，於其中間，摩尼珠爲甚麽不現？」師曰：「道甚麽？」其僧再問。師曰：「毗婆尸佛早留心，直至如今不得妙。」問院主：「甚麽處來？」主曰：「送生來。」師曰：「鵶爲甚麽飛去？」主曰：「怕某甲。」師曰：「汝十年知事，作恁麽語話！」主却問：「鵶爲甚麽飛去？」師曰：「院主無殺心。」師拈起鉢曰：「三十年後若見老僧，留取供養。若不見，即撲破。」别僧曰：「三十年後敢道見和尚？」師乃撲破。師在東司上，見遠侍者過，驀召：「文遠！」遠應諾。師曰：「東司上不可與汝説佛法。」僧辭，師問：「甚麽處去？」曰：「雪峰去。」師曰：「雪峰忽若問和尚有何言句，汝作麽生秖對？」曰：「某甲道不得，請和尚道。」師曰：「冬即言寒，夏即道熱。」又曰：「雪峰更問：『汝畢竟事作麽生？』」僧又曰：「道不得。」師曰：「但道：『親從趙州來，不是傳語人。』」其僧到雪峰，一依前語秖對。峰曰：「也須是趙州始得。」玄沙聞曰：「大小趙州敗闕也不知。」雲居錫云：「甚麽處是趙州敗闕？若檢得出，是上座眼。」

問：「如何是出家？」師曰：「不履高名，不求苟得。」問：「澄澄絶點時如何？」師曰：「這裏不著客作漢。」問：「如何是祖師意？」師敲牀脚。僧曰：「秖這莫便是否？」師曰：「是。」即脱取去。問：「如何是毗盧圓相？」師曰：「老僧自幼出家，不曾眼花。」曰：「豈不爲人？」師曰：「願汝常見毗盧圓相。」官人問：「和尚還入地獄否？」師曰：「老僧末上入。」曰：「大善知識爲甚麽入地獄？」師曰：「我若不入，阿誰教化汝？」

真定帥王公携諸子入院，師坐而問曰：「大王會麽？」王曰：「不會。」師曰：「自小持齋身已老，見人無力下禪牀。」王尤加禮重。翌日令客將傳語，師下禪牀受之。侍者曰：「和尚見大王來，不下禪牀。今日軍將來，爲甚麽却下禪牀？」師曰：「非汝所知。第一等人來，禪牀上接。中等人來，下禪牀接。末等人來，三門外接。」因侍者報大王來也，師曰：「萬福大王。」者曰：「未到在。」師曰：「又道來也。」師到一庵主處，問：「有麽？有麽？」主竪起拳頭。師曰：「水淺不是泊船處。」便行。又到一庵主處，問：「有麽？有麽？」主亦竪起拳頭。師曰：「能縱能奪，能殺能活。」便作禮。問僧：「一日看多少經？」曰：「或七八，或十卷。」師曰：「闍黎不會看經。」曰：「和尚一日看多少？」師曰：「老僧一日秖看一字。」

文遠侍者在佛殿禮拜次，師見，以拄杖打一下曰：「作甚麽？」者曰：「禮佛。」師曰：「用禮作甚麽？」者曰：「禮佛也是好事。」師曰：「好事不如無。」上堂：「正人説邪法，邪法悉皆正。邪人説正法，正法悉皆邪。諸方難見易識，我這裏易見難識。」問：「如何是趙州？」師曰：「東門西門，南門北門。」問：「初生孩子還具六識也無？」師曰：「急水上打毬子。」僧却問投子：「急水上打毬子，意旨如何？」子曰：「念念不停留。」問：「和尚姓甚麽？」師曰：「常州有。」曰：「甲子多少？」師曰：「蘇州有。」問：「十二時中如何用心？」師曰：「汝被十二時辰使，老僧使得十二時。」乃曰：「兄弟莫久立，有事商量，無事向衣鉢下坐窮理好。老僧行脚時，除二時粥飯是雜用心處，除外更無别用心處。若不如是，大遠在。」僧問：「如何是古佛心？」師曰：「三箇婆子排班拜。」問：「如何是不遷義？」師曰：「一箇野雀兒從東飛過西。」問：「學人有疑時如何？」師曰：「大宜小宜。」曰：「大疑。」師曰：「大宜東北角，小宜僧堂後。」問：「柏樹子還有佛性也無？」師曰：「有。」曰：「幾時成佛？」師曰：「待虚空落地時。」曰：「虚空幾時落地？」師曰：「待柏樹子成佛時。」問：「如何是毗盧師？」師便起立。僧曰：「如何是法身主？」師便坐。僧禮拜。師曰：「且道坐者是？立者是？」師謂衆曰：「你若一生不離叢林，不語五年十載，無人喚你作瘂漢，已後佛也不柰你何。你若不信，截取老僧頭去。」師魚鼓頌曰：「四大由來造化功，有聲全貴裏頭空。莫嫌不與凡夫說，祇爲宫商調不同。」師因趙王問：「師尊年有幾箇齒在？」師曰：「祇有一箇。」王曰：「争喫得物？」師曰：「雖然一箇，下下齩着。」師寄拂子與王曰：「若問何處得來，但說老僧平生用不盡者。」師之玄言，布於天下。時謂趙州門風，皆悚然信伏矣。唐乾寧四年十一月二日，右脇而寂，壽一百二十歲，謚真際大師。

長沙景岑禪師

湖南長沙景岑招賢禪師，初住鹿苑爲第一世，其後居無定所，但徇緣接物，隨宜說法，時謂之長沙和尚。上堂：「我若一向舉揚宗教，法堂裏須草深一丈。事不獲已，向汝諸人道：盡十方世界是沙門眼，盡十方世界是沙門全身，盡十方世界是自己光明，盡十方世界在自己光明裏，盡十方世界無一人不是自己。我常向汝諸人道：三世諸佛，法界衆生，是摩訶般若光。光未發時，汝等諸人向甚麼處委悉？光未發時，尚無佛無衆生消息，何處得山河國土來？」時有僧問：「如何是沙門眼？」師曰：「長長出不得。」又曰：「成佛成祖出不得，六道輪回出不得。」僧曰：「未審出箇甚麼不得？」師曰：「晝見日，夜見星。」曰：「學人不會。」師曰：「妙高山色青又青。」問：「教中道：『而常處此菩提座。』如何是座？」師曰：「老僧正坐，大德正立。」問：「如何是大道？」師曰：「没却汝。」問：「諸佛師是誰？」師曰：「從無始劫來，承誰覆廕？」曰：「未有諸佛已前作麼生？」師曰：「魯祖開堂，亦與師僧東道西説。」問：「學人不據地時如何？」師曰：「汝向甚麼處安身立命？」曰：「却據地時如何？」師曰：「拖出死屍著。」問：「如何是異類？」師曰：「尺短寸長。」問：「如何是諸佛師？」師曰：「不可更拗直作曲邪。」曰：「請和尚向上説。」師曰：「闍黎眼瞎耳聾作麼？」遊山歸，首座問：「和尚甚處去來？」師曰：「遊山來。」座曰：「到甚麼處？」師曰：「始從芳草去，又逐落花回。」座曰：「大似春意。」師曰：「也勝秋露滴芙蕖。」師遣僧問同參會和尚曰：「和尚見南泉後如何？」會默然。僧曰：「和尚未見南泉已前作麼生？」會曰：「不可更別有也。」僧回舉似師。師示偈曰：「百尺竿頭不動人，雖然得入未爲真。百尺竿頭須進步，十方世界是全身。」僧便問：「祇如百尺竿頭如何進步？」師曰：「朗州山，澧州水。」曰：「不會。」師曰：「四海五湖皇化裏。」

有客來謁，師召：「尚書！」其人應諾。師曰：「不是尚書本命。」曰：「不可離却即今秖對，別有第二主人？」師曰：「喚尚書作至尊，得麼？」曰：「恁麼總不秖對時，莫是弟子主人否？」師曰：「非但秖對與不秖對時，無始劫來，是箇生死根本。」有偈曰：「學道之人不識真，秖爲從來認識神。無始劫來生死本，癡人喚作本來人。」有秀才看千佛名經，問曰：「百千諸佛，但見其名，未審居何國土？還化物也無？」師曰：「黄鶴樓崔顥題後，秀才還曾題也未？」曰：「未曾。」師曰：「得閑題取一篇好。」問：「南泉遷化向甚麼處去？」師曰：「東家作驢，西家作馬。」曰：「學人不會，此意如何？」師曰：「要騎即騎，要下即下。」皓月供奉問：「天下善知識證三德涅槃也未？」師曰：「大德問果上涅槃？因中涅槃？」曰：「問果上涅槃。」師曰：「天下善知識未證。」曰：「爲甚麼未證？」師曰：「功未齊於諸聖。」曰：「功未齊於諸聖，何爲善知識？」師曰：「明見佛性，亦得名爲善知識。」曰：「未審功齊何道，名證大涅槃？」師示偈曰：「摩訶般若照，解脱甚深法。法身寂滅體，三一理圓常。欲識功齊處，此名常寂光。」曰：「果上三德涅槃，已蒙開示，如何是因中涅槃？」師曰：「大德是。」月又問：「教中説幻意是有邪？」師曰：「大德是何言歟？」曰：「恁麼則幻意是無邪？」師曰：「大德是何言歟？」曰：「恁麼則幻意是不有不無邪？」師曰：「大德是何言歟？」曰：「如某三明盡，不契於幻意，未審和尚如何明教中幻意？」師曰：「大德信一切法不思議否？」曰：「佛之誠言，那敢不信？」師曰：「大德言信，二信之中是何信？」曰：「如某所明，二信之中是名緣信。」師曰：「依何教門得生緣信？」曰：「華嚴云：『菩薩摩訶薩以無障無礙智慧，信一切世間境界是如來境界。』又華嚴云：『諸佛世尊悉知世法及諸佛法性無差別，決定無二。』又華嚴云：『佛法世間法，若見其真實，一切無差別。』」師曰：「大德所舉緣信教門甚有來處。聽老僧與大德明教中幻意。若人見幻本來真，是則名爲見佛人。圓通法法無生滅，無滅無生是佛身。」月又問：「蚯蚓斷爲兩段，兩頭俱動，未審佛性在阿那頭？」師曰：「動與不動是何境界？」曰：「言不干典，非智者之所談。祇如和尚言動與不動是何境界？出自何經？」師曰：「灼然！言不干典，非智者之所談。大德豈不見首楞嚴云：『當知十方無邊不動虛空，并其動摇地水火風，均名六大，性真圓融，皆如來藏，本無生滅。』」師示偈曰：「最甚深，最甚深，法界人身便是心。迷者迷心爲衆色，悟時刹境是真心。身界二塵無實相，分明達此號知音。」月又問：「如何是陁羅尼？」師指禪牀右邊曰：「這箇師僧却誦得。」曰：「別還有人誦得否？」師又指禪牀左邊曰：「這箇師僧亦誦得。」曰：「某甲爲甚麽不聞？」師曰：「大德豈不知道，真誦無響，真聽無聞。」曰：「恁麽則音聲不入法界性也。」師曰：

「離色求觀非正見，離聲求聽是邪聞。」曰：「如何是不離色是正見，不離聲是真聞？」師示偈曰：「滿眼本非色，滿耳本非聲。文殊常觸目，觀音塞耳根。會三元一體，達四本同真。堂堂法界性，無佛亦無人。」僧問：「南泉道：『三世諸佛不知有，貍奴白牯却知有。』爲甚麽三世諸佛不知有？」師曰：「未入鹿苑時，猶較些子。」曰：「貍奴白牯爲甚麽却知有？」師曰：「汝爭怪得伊？」僧問：「和尚繼嗣何人？」師曰：「我無人得繼嗣。」曰：「還參學也無？」師曰：「我自參學。」曰：「師意如何？」師有偈曰：「虛空問萬象，萬象答虛空。誰人親得聞，木叉丱角童。」問：「如何是平常心？」師曰：「要眠即眠，要坐即坐。」曰：「學人不會，意旨如何？」師曰：「熱即取凉，寒即向火。」問：「向上一路，請師道。」師曰：「一口針，三尺線。」曰：「如何領會？」師曰：「益州布，揚州絹。」問：「動是法王苗，寂是法王根。如何是法王？」師指露柱曰：「何不問大士？」師與仰山翫月次，山曰：「人人盡有這箇，秖是用不得。」師曰：「恰是倩汝用。」山曰：「你作麽生用？」師劈胸與一踏。山曰：「㘞！直下似箇大蟲。」長慶云：「前彼此作家，後彼此不作家。」乃別云：「邪法難扶。」自此諸方稱爲岑大蟲。問：「本來人還成佛也無？」師曰：「汝見大唐天子還自種田割稻麽？」曰：「未審是何人成佛？」師曰：「是汝成佛。」僧無語。師曰：「會麽？」曰：「不會。」師曰：「如人因地而倒，依地而起。地道甚麽？」

三聖令秀上座問曰：「南泉遷化向甚麼處去？」師曰：「石頭作沙彌時參見六祖。」秀曰：「不問石頭見六祖，南泉遷化向甚麼處去？」師曰：「教伊尋思去。」秀曰：「和尚雖有千尺寒松，且無抽條石筍。」師默然。秀曰：「謝和尚答話。」師亦默然。秀回舉似三聖。聖曰：「若恁麼，猶勝臨濟七步。然雖如此，待我更驗看。」至明日，三聖上問：「承聞和尚昨日答南泉遷化一則語，可謂光前絶後，今古罕聞。」師亦默然。僧問：「如何是文殊？」師曰：「牆壁瓦礫是。」曰：「如何是觀音？」師曰：「音聲語言是。」曰：「如何是普賢？」師曰：「衆生心是。」曰：「如何是佛？」師曰：「衆生色身是。」曰：「河沙諸佛體皆同，何故有種種名字？」師曰：「從眼根返源名文殊，耳根返源名觀音，從心返源名普賢。文殊是佛妙觀察智，觀音是佛無緣大慈，普賢是佛無爲妙行。三聖是佛之妙用，佛是三聖之真體。用則有河沙假名，體則總名一薄伽梵。」問：「色即是空，空即是色，此理如何？」師曰：「聽老僧偈：礙處非牆壁，通處没虚空。若人如是解，心色本來同。」又曰：「佛性堂堂顯現，住性有情難見。若悟衆生無我，我面何如佛面？」問：「第六第七識及第八識畢竟無體，云何得名轉第八爲大圓鏡智？」師示偈曰：「七生依一滅，一滅持七生。一滅滅亦滅，六七永無遷。」問：「蚯蚓斷爲兩段，兩頭俱動，未審佛性在阿那頭？」師曰：「妄想作麽？」曰：「其如動何！」師曰：「汝豈不知火風未散。」問：「如何轉得山河國土歸自己去？」師曰：「如何轉得自己成山河國土去？」曰：「不會。」師曰：「湖南城下好養民，米賤柴多足四鄰。」僧無語。師示偈曰：「誰問山河轉，山河轉向誰？圓通無兩畔，法性本無歸。」華嚴座主問：「虛空爲是定有？爲是定無？」師曰：「言有亦得，言無亦得。虛空有時但有假有，虛空無時但無假無。」曰：「如和尚所説，有何教文？」師曰：「大德豈不聞首楞嚴云：『十方虛空生汝心内，猶如片雲點太清裏。』豈不是虛空生時但生假名？又云：『汝等一人發真歸源，十方虛空悉皆消殞。』豈不是虛空滅時但滅假名？老僧所以道：有是假有，無是假無。」又問：「經云：『如淨瑠璃中，内現真金像。』此意如何？」師曰：「以淨瑠璃爲法界體，以真金像爲無漏智。體能生智，智能達體。故云『如淨瑠璃中，内現真金像。』」問：「如何是上上人行處？」師曰：「如死人眼。」曰：「上上人相見時如何？」師曰：「如死人手。」問：「善財爲甚麽無量劫遊普賢身中世界不徧？」師曰：「你從無量劫來，還遊得徧否？」曰：「如何是普賢身？」師曰：「含元殿裏，更覓長安。」問：「如何是學人心？」師曰：「盡十方世界是你心。」曰：「恁麽則學人無著身處也。」師曰：「是你著身處。」曰：「如何是著身處？」師曰：「大海水，深又深。」曰：「學人不會。」師曰：「魚龍出入任升沉。」問：「有人問和尚，即隨因緣答，無人問和尚時如何？」師曰：「困則睡，健則起。」曰：「教學人作麽生會？」師曰：「夏天赤骨力，冬寒須得被。」問：「亡僧遷化甚麽處去也？」師示偈曰：「不識金剛體，却喚作緣生。十方真寂滅，誰在復誰行？」師讚南泉真曰：「堂堂南泉，三世之源。金剛常住，十方無邊。生佛無盡，現已却還。」久依南泉，有投機偈曰：「今日還鄉入大門，南泉親道遍乾坤。法法分明皆祖父，回頭慚愧好兒孫。」泉答曰：「今日投機事莫論，南泉不道遍乾坤。還鄉盡是兒孫事，祖父從來不出門。」勸學偈曰：「萬丈竿頭未得休，堂堂有路少人遊。禪師願達南泉去，滿目青山萬萬秋。」臨濟云：「赤肉團上，有一無位真人。」師因有偈曰：「萬法一如不用揀，一如誰揀誰不揀？即今生死本菩提，三世如來同箇眼。」誡斫松竹偈曰：「千年竹，萬年松。枝枝葉葉盡皆同。爲報四方玄學者，動手無非觸祖公。」

鄂州茱萸和尚

鄂州茱萸山和尚，初住隨州護國。上堂，擎起一橛竹曰：「還有人虛空裏釘得橛麽？」時有靈虛上座出衆曰：「虛空是橛。」師擲下竹，便下座。趙州到雲居，居曰：「老老大大，何不覓箇住處？」曰：「甚麽處住得？」居曰：「山前有箇古寺基。」州曰：「和尚自住取。」後到師處，師曰：「老老大大，何不覓箇住處？」州曰：「向甚處住？」師曰：

「老老大大，住處也不知。」州曰：「三十年弄馬騎，今日却被驢撲。」雲居錫云：「甚麽處是趙州被驢撲處？」衆僧侍立次，師曰：「祇恁麽白立，無箇説處，一場氣悶。」僧擬問，師便打。曰：「爲衆竭力。」便入方丈。有行者參，師曰：「會去看趙州麽？」曰：「和尚敢道否？」師曰：「非但茱萸，一切人道不得。」曰：「和尚放某甲過。」師曰：「這裏從前不通人情。」曰：「要且慈悲心在。」師便打。曰：「醒後來爲汝。」

子湖利蹤禪師

衢州子湖巖利蹤禪師，澶州人也。姓周氏，幽州開元寺出家，依年受具。後入南泉之室，乃抵于衢州之馬蹄山，結茅宴居。唐開元二年，邑人翁遷貴施山下子湖創院，師於門下立牌曰：「子湖有一隻狗，上取人頭，中取人心，下取人足。擬議即喪身失命。」臨濟會下二僧參，方揭簾，師喝曰：「看狗！」僧回顧，師便歸方丈。與勝光和尚鉏園次，驀按钁，回視光曰：「事即不無，擬心即差。」光便問：「如何是事？」被師攔胸踏倒，從此有省。尼到參，師曰：「汝莫是劉鐵磨否？」曰：「不敢。」師曰：「左轉？右轉？」曰：「和尚莫顛倒。」師便打。師一夜於僧堂前叫曰：「有賊！」衆皆驚動。有一僧在堂内出，師把住曰：「維那！捉得也！捉得也！」曰：「不是某甲。」師曰：「是即是，秖是汝不肯承當。」有偈示衆曰：「三十年來住子湖，二時齋粥氣力麁。無事上山行一轉，借問時人會也無。」廣明中，無疾歸寂，塔于本山。

白馬曇照禪師

荆南白馬曇照禪師，常曰：「快活！快活！」及臨終時叫：「苦！苦！」又曰：「閻羅王來取我也。」院主問曰：「和尚當時被節度使抛向水中，神色不動，如今何得恁麽地？」師舉枕子曰：「汝道當時是？如今是？」院主無對。法眼代云：「此時但掩耳出去。」○此乃天王悟事，丘玄素具載碑中。今從傳燈，不復移改。

雲際師祖禪師

終南山雲際師祖禪師，初參南泉，問：「摩尼珠人不識，如來藏裏親收得。如何是藏？」泉曰：「與汝往來者是。」師曰：「不往來者如何？」泉曰：「亦是。」曰：「如何是珠？」泉召：「師祖！」師應諾。泉曰：「去！汝不會我語。」師從此信入。

香嚴義端禪師

鄧州香嚴下堂義端禪師，上堂：「兄弟！彼此未了，有甚麼事相共商量？我三五日即發去也。如今學者，須了却今時，莫愛他向上人無事。兄弟！縱學得種種差別義路，終不代得自己見解。畢竟著力始得，空記持他巧妙章句，即轉加煩亂去。汝若欲相應，但恭恭地盡，莫停留纖毫，直似虛空，方有少分。以虛空無鎖閉，無壁落，無形段，無心眼。」時有僧問：「古人相見時如何？」師曰：「老僧不曾見古人。」曰：「今時血脉不斷處，如何仰羡？」師曰：「有甚麼仰羡處？」問：「某甲不問閑事，請和尚答話。」師曰：「更從我覓甚麼？」曰：「不爲閑事。」師曰：「汝教我道。」乃曰：「兄弟！佛是塵，法是塵，終日馳求，有甚麼休歇。但時中不用掛情，情不掛物，無善可取，無惡可棄，莫教他籠罩著，始是學處也。」問：「某甲曾辭一老宿，宿曰：『去則親良朋，附善友。』某今辭和尚，未審有何指示？」師曰：「禮拜著。」僧禮拜，師曰：「禮拜一任禮拜，不得認奴作郎。」

上堂，僧問：「如何是直截根源？」師乃擲下拄杖，便歸方丈。上堂：「語是謗，寂是誑，語寂向上有路在。老僧口門窄，不能與汝說得。」便下座。上堂，問：「正因爲甚麼無事？」師曰：「我不曾停留。」乃曰：「假饒重重剥得浄盡無停留，權時施設，亦是方便接人。若是那邊事，無有是處。」

靈鷲閑禪師

池州靈鷲閑禪師，上堂：「是汝諸人本分事，若教老僧道，即是與蛇畫足。」時有僧問：「與蛇畫足即不問，如何是本分事？」師曰：「闍黎試道看。」僧擬再問，師曰：「畫足作麽？」明水和尚問：「如何是頓獲法身？」師曰：「一透龍門雲外望，莫作黄河點額魚。」仰山問：「寂寂無言，如何視聽？」師曰：「無縫塔前多雨水。」僧問：「二彼無言時如何？」師曰：「是常。」曰：「還有過常者無？」師曰：「有。」曰：「請師唱起。」師曰：「玄珠自朗耀，何須壁外光！」問：「今日供養西川無染大師，未審還來否？」師曰：「本自無所至，今豈隨風轉？」曰：「恁麽則供養何用？」師曰：「功力有爲，不换義相涉。」

洛京嵩山和尚

洛京嵩山和尚，僧問：「古路坦然時如何？」師曰：「不前。」曰：「爲甚麽不前？」師曰：「無遮障處。」問：「如何是嵩山境？」師曰：「日從東出，月向西頹。」曰：「學人不會。」師曰：「東西也不會？」問：「六識俱生時如何？」師曰：「異。」曰：「爲甚麽如此？」師曰：「同。」

日子和尚

日子和尚，因亞谿來參，師作起勢。谿曰：「這老山鬼，猶見某甲在。」師曰：「罪過！罪過！適來失祗對。」谿欲進語，師便喝。谿曰：「大陣當前，不妨難禦。」師曰：「是！是！」谿曰：「不是！不是！」趙州云：「可憐兩箇漢，不識轉身句。」

蘇州西禪和尚

蘇州西禪和尚，僧問：「三乘十二分教則不問，如何是祖師西來的的意？」師舉拂子示之。其僧不禮拜，竟參雪峰。峰問：「甚麽處來？」曰：「浙中來。」峰曰：「今夏甚麽處？」曰：「西禪。」峰曰：「和尚安否？」曰：「來時萬福。」峰曰：「何不且在彼從容？」曰：「佛法不明。」峰曰：「有甚麽事？」僧舉前話。峰曰：「汝作麽生不肯伊？」曰：「是境。」峰曰：「汝見蘇州城裏人家男女否？」曰：「見。」峰曰：「汝見路上林木池沼否？」

曰：「見。」峰曰：「凡覩人家男女、大地林沼，總是境。汝還肯否？」曰：「肯。」峰曰：「祇如舉起拂子，汝作麽生不肯？」僧乃禮拜曰：「學人取次發言，乞師慈悲。」峰曰：「盡乾坤是箇眼，汝向甚麽處蹲坐？」僧無語。

陸亘大夫

宣州刺史陸亘大夫問南泉：「古人瓶中養一鵝，鵝漸長大，出瓶不得。如今不得毀瓶，不得損鵝，和尚作麽生出得？」泉召：「大夫！」陸應諾。泉曰：「出也。」陸從此開解，即禮謝。暨南泉圓寂，院主問曰：「大夫何不哭先師？」陸曰：「院主道得即哭。」院主無對。長慶代云：「合哭不合哭？」

甘贄行者

池州甘贄行者，一日入南泉設齋，黄檗爲首座。行者請施財，座曰：「財法二施，等無差别。」甘曰：「恁麽道，争消得某甲䞋？」便將出去。須臾復入，曰：「請施財。」座曰：「財法二施，等無差别。」甘乃行䞋。又一日，入寺設粥，仍請南泉念誦。泉乃白椎曰：「請大衆爲貍奴白牯念摩訶般若波羅密。」甘拂袖便出。泉粥後問典座：「行者在甚處？」座曰：「當時便去也。」泉便打破鍋子。甘常接待往來，有僧問曰：「行者接待不易。」甘曰：「譬如餧驢餧馬。」僧休去。有住庵僧緣化什物，甘曰：「有一問，若道得即施。」乃書「心」字，問：「是甚麽字？」曰：「心字。」又問妻：「甚麽字？」妻曰：「心字。」甘曰：「某甲山妻亦合住庵。」其僧無語，甘亦無施。又問一僧：「甚麽處來？」曰：「潙山來。」甘曰：「曾有僧問潙山：『如何是西來意？』潙山舉起拂子。上座作麽生會潙山意？」曰：「借事明心，附物顯理。」甘曰：「且歸潙山去好！」保福聞之，乃仰手覆手。

鹽官安國師法嗣

關南道常禪師

襄州關南道常禪師，僧問：「如何是西來意？」師舉拄杖，曰：「會麽？」曰：「不會。」師便打。師每見僧來參禮，多以拄杖打趁。或曰：「遲一刻。」或曰：「打動關南皷。」而時輩鮮有唱和者。

雙嶺玄真禪師

洪州雙嶺玄真禪師，初問道吾：「無神通菩薩爲甚麽足迹難尋？」吾曰：「同道者方知。」師曰：「和尚還知否？」吾曰：「不知。」師曰：「何故不知？」吾曰：「去！你不識我語。」師後於鹽官處悟旨焉。

徑山鑒宗禪師

杭州徑山鑒宗禪師，湖州錢氏子。依本州開元寺大德高閑出家。學通淨名、思益經。後往鹽官決擇疑滯。唐咸通三年，住徑山，有小師洪諲以講論自矜。諲即法濟大師。師謂之曰：「佛祖正法，直截亡詮。汝筭海沙，於理何益？但能莫存知見，泯絶外緣，離一切心，即汝真性。」諲茫然，遂禮辭，遊方至溈山，方悟玄旨。乃嗣溈山。師咸通七年示滅，謚無上大師。

歸宗常禪師法嗣

芙蓉靈訓禪師

福州芙蓉山靈訓禪師，初參歸宗，問：「如何是佛？」宗曰：「我向汝道，汝還信否？」曰：「和尚誠言，安敢不信？」宗曰：「即汝便是。」師曰：「如何保任？」宗曰：「一翳在眼，空華亂墜。」法眼云：「若無後語，有甚麽歸宗也。」師辭，宗問：「甚麽處去？」師曰：「歸嶺中去。」宗曰：「子在此多年，裝束了却來，爲子說一上佛法。」師結束了上去。宗曰：「近前來！」師乃近前。宗曰：「時寒，途中善爲。」師聆此言，頓忘前解。歸寂，謚弘照大師。

漢南高亭和尚

漢南高亭和尚，有僧自夾山來禮拜，師便打。僧曰：「特來禮拜，何得打某甲？」僧再禮拜，師又打趁。僧回，舉似夾山。山曰：「汝會也無？」曰：「不會。」山曰：「賴汝不會。若會，即夾山口瘂。」

新羅大茅和尚

新羅大茅和尚，上堂：「欲識諸佛師，向無明心内識取。欲識常住不凋性，向萬物遷變處識取。」僧問：「如何是大茅境？」師曰：「不露鋒。」曰：「爲甚麽不露鋒？」師曰：「無當者。」

五臺智通禪師

五臺山智通禪師，自稱大禪佛。初在歸宗會下，忽一夜連叫曰：「我大悟也。」衆駭之。明日上堂衆集。宗曰：「昨夜大悟底僧出來。」師出曰：「某甲。」宗曰：「汝見甚麽道理，便言大悟？試説看。」師曰：「師姑元是女人作。」宗異之，師便辭去。宗門送，與提笠子。師接得笠子，戴頭上便行，更不回顧。後居臺山法華寺，臨終有偈曰：「舉手攀南斗，回身倚北辰。出頭天外看，誰是我般人？」

大梅常禪師法嗣

新羅迦智禪師

新羅國迦智禪師，僧問：「如何是西來意？」師曰：「待汝裹頭來，即與汝道。」問：「如何是大梅的旨？」師曰：「酪本一時拋。」

杭州天龍和尚

杭州天龍和尚，上堂：「大衆！莫待老僧，上來便上來，下去便下去。各有華藏性海，具足功德，無礙光明。各各參取，珍重！」僧問：「如何得出三界去？」師曰：「汝即今在甚麼處？」

佛光滿禪師法嗣

白居易侍郎

杭州刺史白居易，字樂天，久參佛光，得心法，兼稟大乘金剛寶戒。元和中造于京兆興善法堂，致四問。語見興善章。十五年，牧杭州，訪鳥窠和尚，有問荅語句。見鳥窠章。嘗致書于濟法師，以佛無上大慧演出教理，安有徇機高下，應病不同，與平等一味之説相反？援引維摩及金剛三昧等六經，闢二義而難之。又以五蘊十二緣説名色，前後不類，立理而徵之。並鉤深索隱，通幽洞微，然未覩法師醻對，後來亦鮮有代荅者。復受東都凝禪師八漸之目，各廣一言而爲一偈。釋其旨趣，自淺之深，猶貫珠焉。凡守任處多訪祖道，學無常師，後爲賓客。分司東都，罄己俸修龍門香山寺。寺成自撰記。凡爲文動關教化，無不贊美佛乘，見于本集。其歷官次第，歸全代祀，即史傳存焉。

五洩默禪師法嗣

龜山正元禪師

福州龜山正元禪師，宣州蔡氏子。嘗述偈示徒。一曰：「滄溟幾度變桑田，唯有虛空獨湛然。已到岸人休戀筏，未曾度者要須船。」二曰：「尋師認得本心源，兩岸俱玄一不全。是佛不須更覓佛，秖因如此便忘緣。」咸通十年終于本山，謚性空大師。

婺州蘇溪和尚

蘇溪和尚，僧問：「如何是定光佛？」師曰：「鴨吞螺師。」曰：「還許學人轉身也無？」師曰：「眼睛突出。」

盤山積禪師法嗣

鎮州普化和尚

鎮州普化和尚者，不知何許人也。師事盤山，密受真訣，而佯狂出言無度。暨盤山順世，乃於北地行化。或城市，或塚間，振一鐸曰：「明頭來，明頭打。暗頭來，暗頭打。四方八面來，旋風打。虛空來，連架打。」一日，臨濟令僧捉住曰：「揔不恁麼來時如何？」師拓開曰：「來日大悲院裏有齋。」僧回舉似濟。濟曰：「我從來疑著這漢。」凡見人無高下，皆振鐸一聲，時號普化和尚。或將鐸就人耳邊振之。或拊其背，有回顧者，即展手曰：「乞我一錢。」非時遇食亦喫。嘗暮入臨濟院喫生菜。濟曰：「這漢大似一頭驢。」師便作驢鳴。濟謂直歲曰：「細抹草料著！」師曰：「少室人不識，金陵又再來。臨濟一隻眼，到處爲人開。」師見馬步使出喝道，師亦喝道作相撲勢，馬步使令人打五棒。師曰：「似即似，是即不是。」師嘗於闤闠間摇鐸唱曰：「覓箇去處不可得。」時道吾遇之，把住問曰：「汝擬去甚麽處？」師曰：「汝從甚麽處來？」吾無語，師掣手便去。臨濟一日與河陽木塔長老同在僧堂内坐，正説師每日在街市掣風掣顛，知他是凡是聖？師忽入來。濟便問：「汝是凡是聖？」師曰：「汝且道我是凡是聖？」濟便喝。師以手指曰：「河陽新婦子，木塔老婆禪。臨濟小厮兒，却具一隻眼。」濟曰：「這賊！」師曰：「賊！賊！」便出去。唐咸通初，將示滅，乃入市謂人曰：「乞我一箇直裰。」人或與披襖，或與布裘，皆不受，振鐸而去。臨濟令人送與一棺。師笑曰：「臨濟厮兒饒舌！」便受之。乃辭衆曰：「普化明日去東門死也。」郡人相率送出城。師厲聲曰：「今日葬不合青烏。」乃曰：「明日南門遷化。」人亦隨之。又曰：「明日出西門，方吉。」人出漸稀。出已還返，人意稍怠。第四日，自擎棺出北門外，振鐸入棺而逝。郡人奔走出城，揭棺視之，已不見，唯聞空中鐸聲漸遠，莫測其由。

麻谷徹禪師法嗣

壽州良遂禪師

壽州良遂禪師，參麻谷，谷見來，便將鉏頭去鉏草。師到鉏草處，谷殊不顧，便歸方丈，閉却門。師次日復去，谷又閉門。師乃敲門，谷問：「阿誰？」師曰：「良遂。」纔稱名，忽然契悟曰：「和尚莫謾良遂，良遂若不來禮拜和尚，洎被經論賺過一生。」谷便開門相見。乃歸講肆，謂衆曰：「諸人知處，良遂總知。良遂知處，諸人不知。」

東寺會禪師法嗣

薯山慧超禪師

吉州薯山慧超禪師，洞山來禮拜次，師曰：「汝已住一方，又來這裏作麽？」曰：「良价無奈疑何，特來見和尚。」師召良价，价應諾。師曰：「是甚麽？」价無語。師曰：「好箇佛，祇是無光燄。」

西堂藏禪師法嗣

虔州處微禪師

虔州處微禪師，僧問：「三乘十二分教體理得妙，與祖意是同是別？」師曰：「須向六句外鑒，不得隨聲色轉。」曰：「如何是六句？」師曰：「語底默底，不語不默，總是總不是，汝合作麼生？」僧無對。問仰山：「汝名甚麼？」山曰：「慧寂。」師曰：「那箇是慧？那箇是寂？」山曰：「祇在目前。」師曰：「猶有前後在。」山曰：「前後且置，和尚見箇甚麼？」師曰：「喫茶去！」

章敬暉禪師法嗣

薦福弘辯禪師

京兆大薦福寺弘辯禪師，唐宣宗問：「禪宗何有南北之名？」對曰：「禪門本無南北。昔如來以正法眼付大迦葉，展轉相傳，至二十八祖菩提達磨，來遊此方爲初祖。暨第五祖弘忍大師在蘄州東山開法。時有二弟子：一名慧能，受衣法，居嶺南爲六祖；一名神秀，在北揚化。其後神秀門人普寂者，立秀爲第六祖，而自稱七祖。其所得法雖一，而開導發悟有頓漸之異，故曰南頓北漸，非禪宗本有南北之號也。」帝曰：「云何名戒？」對曰：「防非止惡謂之戒。」帝曰：「云何爲定？」對曰：「六根涉境，心不隨緣名定。」帝曰：「云何爲慧？」對曰：「心境俱空，照覽無惑名慧。」帝曰：「何爲方便？」對曰：「方便者，隱實覆相，權巧之門也。被接中下，曲施誘迪，謂之方便。設爲上根，言捨方便但説無上道者，斯亦方便之譚。乃至祖師玄言，忘功絶謂，亦無出方便之迹。」帝曰：「何爲佛心？」對曰：「佛者西天之語，唐言覺。謂人有智慧覺照爲佛心。心者佛之别名，有百千異號，體唯其一，無形狀，非青黄赤白、男女等相，在天非天，在人非人，而現天現人，能男能女，非始非終，無生無滅，故號靈覺之性。如陛下日應萬機，即是陛下佛心。假使千佛共傳，而不念别有所得也。」帝曰：「如今有人念佛如何？」對曰：「如來出世爲天人師，善知識隨根器而説法，爲上根者開最上乘頓悟至理。中下者未能頓曉，是以佛爲韋提希權開十六觀門，令念佛生於極樂。故經云：『是心是佛，是心作佛，心外無佛，佛外無心。』」帝曰：「有人持經念佛，持呪求佛，如何？」對曰：「如來種種開讚，皆爲最上一乘。

如百川衆流，莫不朝宗于海。如是差别諸數，皆歸薩婆若海。」帝曰：「祖師既契會心印，金剛經云『無所得法』，如何？」對曰：「佛之一化，實無一法與人。但示衆人，各各自性，同一法藏。當時然燈如來但印釋迦本法而無所得，方契然燈本意。故經云：『無我，無人，無衆生，無壽者，是法平等，修一切善法，不住於相。』」帝曰：「禪師既會祖意，還禮佛轉經否？」對曰：「沙門釋子，禮佛轉經，蓋是住持常法，有四報焉。然依佛戒修身，參尋知識，漸修梵行，履踐如來所行之迹。」帝曰：「何爲頓見？何爲漸修？」對曰：「頓明自性，與佛同儔。然有無始染習，故假漸修對治，令順性起用。如人喫飯，不一口便飽。」師是日辯對七刻，賜紫方袍，號圓智禪師，仍勑修天下祖塔，各令守護。

龜山智真禪師

福州龜山智真禪師，揚州柳氏子。初謁章敬，敬問：「何所而至？」師曰：「至無所至，來無所來。」敬雖默然，師亦自悟。住後，上堂：「動容瞬目，無出當人一念淨心，本來是佛。」仍説偈曰：「心本絶塵何用洗，身中無病豈求醫？欲知是佛非身處，明鑑高懸未照時。」後值武宗沙汰，有偈示衆曰：「勑命如雷下翠微，風前垂淚脱禪衣。雲中有寺不容住，塵裏無家何處歸？」「明月分形處處新，白衣寧墜解空人。誰言在俗妨修道，金粟曾爲居士身。」「忍僊林下坐禪時，曾被歌王割截肢。況我聖朝無此事，秖令休道亦何悲。」暨宣宗中興，乃不復披緇。咸通六年終于本山，謚歸寂禪師。

金州操禪師

金州操禪師，請米和尚齋，不排坐位。米到，展坐具禮拜。師下禪牀，米乃坐師位，師却席地而坐。齋訖，米便去。侍者曰：「和尚受一切人欽仰，今日坐位被人奪却！」師曰：「三日後若來，即受救在！」米三日後果來。曰：「前日遭賊。」僧問鏡清：「古人道：前日遭賊，意旨如何？」清云：「秖見錐頭利，不見鑿頭方。」

朗州古堤和尚

朗州古堤和尚，尋常見僧來，但曰：「去！汝無佛性。」僧無對。或有對者，莫契其旨。仰山到參，師曰：「去！汝無佛性。」山叉手近前三步應喏。師笑曰：「子甚麼處得此三昧來？」山曰：「我從耽源處得名，潙山處得地。」師曰：「莫是潙山的子麼？」山曰：「世諦即不無，佛法即不敢。」山却問：「和尚從甚處得此三昧？」師曰：「我從章敬處得此三昧。」山嘆曰：「不可思議，來者難爲湊泊。」

京兆公畿和尚

河中府公畿和尚，僧問：「如何是道？如何是禪？」師以偈示之曰：「有名非大道，是非俱不禪。欲識箇中意，黄葉止啼錢。」

永泰湍禪師法嗣

上林戒靈禪師

湖南上林戒靈禪師，初參潙山。山曰：「大德作甚麽來？」師曰：「介冑全具。」山曰：「盡卸了來，與大德相見。」師曰：「卸了也。」山咄曰：「賊尚未打，卸作甚麽？」師無對。仰山代曰：「請和尚屏却左右。」潙山以手揖曰：「喏！喏！」師後參永泰，方諭其旨。

五臺祕魔巖和尚

五臺山祕魔巖和尚，常持一木叉，每見僧來禮拜，即叉却頸曰：「那箇魔魅教汝出家？那箇魔魅教汝行脚？道得也叉下死，道不得也叉下死。速道！速道！」學徒鮮有對者。法眼代云：「乞命。」法燈代，但引頸示之。玄覺代云：「老兒家放下叉子得也。」霍山通和尚訪師，纔見，不禮拜，便攛入懷裏。師拊通背三下。通起拍手曰：「師兄三千里外賺我來，三千里外賺我來。」便回。

湖南祇林和尚

湖南祇林和尚，每叱文殊、普賢皆爲精魅。手持木劍，自謂降魔。纔見僧來參，便曰：「魔來也！魔來也！」以劍亂揮，歸方丈。如是十二年後，置劍無言。僧問：「十二年前爲甚麼降魔？」師曰：「賊不打貧兒家。」曰：「十二年後爲甚麼不降魔？」師曰：「賊不打貧兒家。」

華嚴藏禪師法嗣

黄州齊安禪師

黄州齊安禪師，上堂：「言不落句，佛祖徒施。玄韻不墜，誰人知得？」僧問：「如何識得自己佛？」師曰：「一葉明時消不盡，松風韻罷怨無人。」曰：「如何是自己佛？」師曰：「草前駿馬實難窮，妙盡還須畜生行。」有人問：「師年多少？」師曰：「五六四三不得類，豈同一二實難窮。」師有偈曰：「猛熾燄中人有路，旋風頂上屹然棲。鎮常歷劫誰差互，杲日無言運照齊。」

南嶽下四世

黄檗運禪師法嗣

睦州陳尊宿

睦州陳尊宿，諱道明，江南陳氏之後也。生時紅光滿室，祥雲蓋空，旬日方散。目有重瞳，面列七星，形相奇特，與衆奪倫。因往開元寺禮佛，見僧如故知，歸白父母，願求出家。父母聽許爲僧。後持戒精嚴，學通三藏。遊方契旨於黄檗，後爲四衆請住觀音院，常百餘衆，經數十載，學者叩激，隨問遽荅。詞語峻險，既非循轍，故淺機之流，往往嗤之，唯玄學性敏者欽伏。由是諸方歸慕，咸以尊宿稱。後歸開元，今改兜率。居房織蒲鞋以養母，故有陳蒲鞋之號。巢寇入境，師標大草屨於城門，巢欲棄之，竭力不能舉。歎曰：「睦州有大聖人。」舍城而去，遂免擾攘。一日晚參，謂衆曰：「汝等諸人還得箇入頭處也未？若未得箇入頭處，須覓箇入頭處。若得箇入頭處，已後不得孤負老僧。」時有僧出禮拜，曰：「某甲終不敢孤負和尚。」師曰：「早是孤負我了也。」又曰：「明明向你道，尚自不會，何況蓋覆將來？」又曰：「老僧在此住持，不曾見箇無事人到來，汝等何不近前？」時有一僧方近前，師曰：「維那不在，汝自領去三門外，與二十棒。」曰：「某甲過在甚麽處？」師曰：「枷上更著杻。」師尋常見衲僧來，即閉門。或見講僧，乃召曰：「座主！」主應諾。師曰：「擔板漢。」或曰：「這裏有桶，與我取水。」一日在廊階上立。僧問：「陳尊宿房在何處？」師脱草屨驀頭打。僧便走。師召：「大德！」僧回首，師指曰：「却從那邊去！」天使問：「三門俱開，從那門入？」師喚「尚書！」使應諾。師曰：「從信門入。」使又見畫壁，問曰：「二尊者對譚何事？」師摑露柱曰：「三身中那箇不説法？」座主參，師問：「莫是講唯識論否？」曰：「不敢。」師曰：「朝去西天，暮歸唐土。會麽？」曰：「不會。」師曰：「吽！吽！五戒不持。」師問一長老：「了即毛端吞巨海，始知大地一微塵。長老作麽生？」曰：「問阿誰？」師曰：「問長老。」曰：「何不領話？」師曰：「汝不領話？我不領話?」問:「座主講甚麽經?」曰:「講涅槃經。」師曰:「問一段義得麽?」曰:「得。」師以脚踢空,吹一吹,曰:「是甚麽義?」曰:「經中無此義。」師曰:「脱空謾語漢!五百力士揭石義,却道無。」師見僧乃曰:「見成公案,放汝三十棒。」曰:「某甲如是。」師曰:「三門頭金剛爲甚麽舉拳?」曰:「金剛尚乃如是。」師便打。問:「如何是向上一路?」師曰:「要道有甚麽難?」曰:「請師道。」師曰:「初三十一,中九下七。」問:「以一重去一重即不問,不以一重去一重時如何?」師曰:「昨朝栽茄子,今日種冬瓜。」問:「如何是曹谿的的意?」師曰:「老僧愛嗔不愛喜。」曰:「爲甚麽如是?」師曰:「路逢劍客須呈劍,不是詩人莫説詩。」問僧:「甚處來?」曰:「瀏陽。」師曰:「彼中老宿祇對佛法大意道甚麽?」曰:「偏地無行路。」師曰:「老宿實有此語否?」曰:「實有。」師拈拄杖打曰:「這念言語漢!」師問一長老:「若有兄弟來,將何祇對?」曰:「待他來。」師曰:「何不道?」曰:「和尚欠少甚麽?」師曰:「請不煩葛藤。」僧參,師曰:「汝豈不是行脚僧?」曰:「是。」師曰:「禮佛也未?」曰:「禮那土堆作麽?」師曰:「自領出去。」問:「某甲講兼行脚,不會教意時如何?」師曰:「灼然實語當懺悔。」曰:「乞師指示。」師曰:「汝若不問,老僧即緘口無言。汝既問,老僧不可緘口去也。」曰:「請師便道。」師曰:「心不負人,面無慚色。」問:「一句道盡時如何?」師曰:「義墮也。」曰:

「甚麼處是學人義墮處？」師曰：「三十棒教誰喫？」問：「高揖釋迦，不拜彌勒時如何？」師曰：「昨日有人問，趁出了也。」曰：「和尚恐某甲不實那？」師曰：「拄杖不在，苕帚柄聊與三十。」

上堂：「我見百丈不識好惡。大衆纔集，以拄杖一時打下，復召大衆，衆回首。乃云：『是甚麼，有甚共語處？』又黄檗和尚亦然。復召大衆，衆回首。乃云：『月似彎弓，少雨多風。』猶較些子。」問僧：「近離甚處？」僧便喝。師曰：「老僧被你一喝。」僧又喝。師曰：「三喝四喝後作麼生？」僧無語。師便打曰：「這掠虚漢！」秀才訪師，稱會二十四家書。師以拄杖空中點一點，曰：「會麼？」秀才罔措。師曰：「又道會二十四家書，永字八法也不識。」

上堂：「裂開也在我，捏聚也在我。」時有僧問：「如何是裂開？」師曰：「三九二十七，菩提涅槃，真如解脱，即心即佛。我且與麼道，你又作麼生？」曰：「某甲不與麼道。」師曰：「盞子撲落地，碟子成七片。」曰：「如何是捏聚？」師乃斂手而坐。問：「教意祖意是同是别？」師曰：「青山自青山，白雲自白雲。」曰：「如何是青山？」師曰：「還我一滴雨來。」曰：「道不得，請師道。」師曰：「法華鋒前陣，涅槃句後收。」問僧：「今夏在甚麼處？」曰：「待和尚有住處即説。」師曰：「狐非師子類，燈非日月明。」問僧：「甚處來？」僧瞪目視之。師曰：「驢前馬後漢！」曰：「請師鑒。」師曰：「驢前馬後漢！道將一句來。」僧無對。師看經次，陳操尚書問：「和尚看甚麽經？」師曰：「金剛經。」書曰：「六朝翻譯，此當第幾？」師舉起經曰：「一切有爲法，如夢幻泡影。」看經次，僧問：「和尚看甚麽經？」師曰：「涅槃經。茶毗品最在後。」問僧：「今夏在甚處？」曰：「徑山。」曰：「這喫夜飯漢！」曰：「尊宿叢林，何言喫夜飯？」師以棒趁出。師聞一老宿難親近，躬往相訪。纔入方丈，宿便喝。師側掌曰：「兩重公案。」宿曰：「過在甚麽處？」師曰：「這野狐精！」便退。問僧：「近離甚處？」曰：「江西。」師曰：「踏破多少草鞋？」僧無對。與講僧喫茶次，師曰：「我救汝不得也。」曰：「某甲不曉，乞師垂示。」師拈油餅曰：「這箇是甚麽？」曰：「色法。」師曰：「這入鑊湯漢！」紫衣大德到，禮拜。師拈帽子帶問曰：「這箇喚作甚麽？」曰：「朝天帽。」師曰：「恁麽則老僧不卸也。」復問：「所習何業？」曰：「唯識。」師曰：「作麽生説？」曰：「三界唯心，萬法唯識。」師指門扇曰：「這箇是甚麽？」曰：「是色法。」師曰：「簾前賜紫，對御譚經，何得不持五戒？」德無對。問：「某甲乍入叢林，乞師指示。」師曰：「你不解問。」曰：「和尚作麽生？」師曰：「放汝三十棒，自領出去。」問：「教意請師提綱。」師曰：「但問將來，與你道。」曰：「請和尚道。」師曰：「佛殿裏燒香，三門頭合掌。」問：「如何是展演之言？」師曰：「量才補職。」

曰：「如何是不展演之言？」師曰：「伏惟尚饗。」焦山借斧頭次，師呼童子取斧來。童取斧至，曰：「未有繩墨且斫麄。」師便喝。又問童曰：「作麽生是你斧頭？」童遂作斫勢。師曰：「斫你老爺頭不得。」師問秀才：「先輩治甚經？」才曰：「治易。」師曰：「易中道，百姓日用而不知。且道不知箇甚麽？」才曰：「不知其道。」師曰：「作麽生是道？」才無對。僧問：「一氣還轉得一大藏教也無？」師曰：「有甚饆饠餤子，快下將來。」問：「如何是一代時教？」師曰：「上大人，丘乙己。」問：「如何是禪？」師曰：「猛火著油煎。」僧參，師曰：「汝是新到否？」曰：「是。」師曰：「且放下葛藤，會麽？」曰：「不會。」師曰：「擔枷陳狀，自領出去。」僧便出。師曰：「來！來！我實問你甚處來？」曰：「江西。」師曰：「泐潭和尚在汝背後，怕你亂道，見麽？」僧無對。問：「寺門前金剛，拓即乾坤大地，不拓即絲髮不逢時如何？」師曰：「吽！吽！我不曾見此。」師却問：「先跳三千，倒退八百，你合作麽生？」曰：「諾。」師曰：「先責一紙罪狀好。」便打。其僧擬出，師曰：「來！我共你葛藤。拓即乾坤大地，你且道洞庭湖水深多少？」曰：「不曾量度。」師曰：「洞庭湖又作麽生？」曰：「祇爲今時。」師曰：「祇這葛藤尚不會。」便打。問：「如何是觸途無滯底句？」師曰：「我不恁麽道。」曰：「師作麽生道？」師曰：「箭過西天十萬里，却向大唐國裏等候。」看華嚴經次，僧問：「看甚麽經？」師曰：「大光明雲，青色光明雲，紫色光明雲。」却指面前曰：「那邊是甚麼雲？」曰：「南邊是黑雲。」師曰：「今日須有雨。」問：「以字不成，八字不是，是何章句？」師彈指一聲，曰：「會麼？」曰：「不會。」師曰：「上來講讚無限勝因。蝦蟇趵跳上天，蚯蚓驀過東海。」問僧：「近離甚處？」曰：「河北。」師曰：「彼中有趙州和尚，你曾到否？」曰：「某甲近離彼中。」師曰：「趙州有何言句示徒？」僧舉喫茶話。師乃呵呵大笑曰：「慚愧！」却問：「趙州意作麼生？」曰：「秖是一期方便。」師曰：「苦哉！趙州被你將一杓屎潑了也。」便打。師却問沙彌：「你作麼生會？」彌便設拜，師亦打。其僧往沙彌處問：「適來和尚打你作甚麼？」彌曰：「若不是我，和尚不打某甲。」新到參，方禮拜，師叱曰：「闍黎因何偷常住果子喫？」曰：「學人纔到，和尚爲甚麼道偷果子？」師曰：「贓物見在。」問僧：「近離甚處？」曰：「仰山。」師曰：「五戒也不持。」曰：「某甲甚麼處是妄語？」師曰：「這裏不著沙彌。」師臨終召門人曰：「此處緣息，吾當逝矣。」乃跏趺而寂。郡人以香薪焚之，舍利如雨。乃收靈骨，塑像于寺，壽九十八，臘七十六。

千頃楚南禪師

杭州千頃山楚南禪師，福州張氏子。初參芙蓉，蓉見曰：「吾非汝師。汝師江外黄檗是也。」師禮辭，遂參黄檗。檗問：「子未現三界影像時如何？」師曰：「即今豈是有邪？」檗曰：「有無且置。即今如何？」師曰：「非今古。」檗曰：「吾之法眼，已在汝躬。」住後，上堂：「諸子設使解得三世佛教，如缾注水，乃得百千三昧，不如一念修無漏道，免被人天因果繫絆。」時有僧問：「無漏道如何修？」師曰：「未有闍黎時體取。」曰：「未有某甲時教誰體？」師曰：「體者亦無。」問：「如何是易？」師曰：「著衣喫飯，不用讀經看教，不用行道禮拜，燒身煉頂，豈不易邪？」曰：「如何是難？」師曰：「微有念生，便具五陰三界，輪回生死皆從汝一念生。所以佛教諸菩薩云：佛所護念。」師雖應機無倦，而常寂然處定。或逾月，或浹旬。文德元年五月遷化，塔于院之西隅。大順二年宣州孫儒寇錢塘，發塔，覩師全身儼然，爪髮俱長，拜謝而去。

烏石靈觀禪師

福州烏石山靈觀禪師，時稱老觀。尋常扃户，人罕見之。唯一信士每至食時送供，方開。一日，雪峰伺便扣門，師開門，峰驀胸搊住曰：「是凡是聖？」師唾曰：「這野狐精！」便推出，閉却門。峰曰：「也秖要識老兄。」剗草次，問僧：「汝何處去？」曰：「西院禮拜安和尚去。」時竹上有一青蛇，師指蛇曰：「欲識西院老野狐精，秖這便是。」師問西院：「此一片地，堪著甚麽物？」院曰：「好著箇無相佛。」師曰：「好片地被兄放不浄污了也。」引麵次，僧參，師引麵示之，僧便去。師至暮，問小師：「適來僧在何處？」小師曰：「當時便去也。」師曰：「是即是，祇得一橛。」玄覺云：「甚麽處是少一橛？」問：「如何是佛？」師出舌示之。其僧禮謝。師曰：「住！住！你見甚麽便禮拜？」曰：「謝和尚慈悲，出舌相示。」師曰：「老僧近日舌上生瘡。」僧到敲門，行者開門，便出去。僧入禮拜，問：「如何是西來意？」師曰：「適來出去者，是甚麽人？」僧擬近前，師便推出，閉却門。曹山行脚時，問：「如何是毗盧師、法身主？」師曰：「我若向你道，即別有也。」曹山舉似洞山，山曰：「好箇話頭，祇欠進語。何不問爲甚麽不道？」曹却來進前語，師曰：「若言我不道，即瘂却我口。若言我道，即謇却我舌。」曹山歸舉似洞山，山深肯之。

羅漢宗徹禪師

杭州羅漢院宗徹禪師，湖州吴氏子。上堂，僧問：「如何是祖師西來意？」師曰：「骨剉也。」師對機多用此語，時號骨剉和尚。問：「如何是南宗北宗？」師曰：「心爲宗。」曰：「還看教也無？」師曰：「教是心。」問：「性地多昏，如何了悟？」師曰：「烦雲風卷，太虚廓清。」曰：「如何得明去？」師曰：「一輪皎潔，萬里騰光。」

相國裴休居士

相國裴休居士，字公美，河東聞喜人也。守新安日，屬運禪師初於嶺南黄檗山捨衆入大安精舍，混迹勞侶，掃灑殿堂。公入寺燒香，主事祇接。因觀壁畫，乃問：「是何圖相？」主事對曰：「高僧真儀。」公曰：「真儀可觀。高僧何在？」主事無對。公曰：「此間有禪人否？」曰：「近有一僧，投寺執役，頗似禪者。」公曰：「可請求詢問得否？」於是遽尋檗至，公覩之欣然曰：「休適有一問，諸德吝辭，今請上人代醻一語。」檗曰：「請相公垂問。」公舉前話，檗朗聲曰：「裴休！」公應諾。檗曰：「在甚麼處？」公當下知旨，如獲髻珠。曰：「吾師真善知識也。示人剋的若是，何故汩没於此乎？」寺衆愕然。自此延入府署，執弟子禮，屢辭不已。復堅請住黄檗山，荐興祖道。有暇即躬入山頂謁，或渴聞玄論，即請入州中。公既通徹祖意，復博綜教相，諸方禪學咸謂裴相不浪出黄檗之門也。至還鎮宣城，還思瞻禮，亦創精藍，迎請居之。雖圭峰該通禪講，爲裴之所重，未若歸心於黄檗而傾竭服膺者也。又撰圭峰碑云：「休與師於法爲昆仲，於義爲交友，於恩爲善知識，於教爲内外護。」斯可見矣。仍集黄檗語要，親書序引，冠於編首，留鎮山門。又親書大藏經五百函號，迄今寶之。又圭峰禪師著禪源詮、原人論及圓覺經疏、注法界觀，皆爲之序。公篤志内典，深入法會。有發願文傳於世。

長慶安禪師法嗣

大隨法真禪師

益州大隨法真禪師，梓州王氏子。妙齡夙悟，決志尋師，於慧義寺出家。圓具後南遊，初見藥山、道吾、雲巖、洞山，次至嶺外大溈會下，數載食不至充，卧不求暖，清苦鍊行，操履不群，溈深器之。一日問曰：「闍黎在老僧此間，不曾問一轉話？」師曰：「教某甲向甚麽處下口？」溈曰：「何不道如何是佛？」師便作手勢掩溈口。溈歎曰：「子真得其髓。」從此名傳四海。爾後還蜀，寄錫天彭堋口山龍懷寺，於路旁煎茶普施三年。因往後山，見一古院號大隨，群峰矗秀，澗水清泠。中有一樹，圍四丈餘。南開一門，中空無礙，不假斤斧，自然一菴。時目爲木禪菴，師乃居之十餘載。影不出山，聲聞于外。四方玄學，千里趨風。蜀主欽尚，遣使屢徵，師皆辭以老病。署神照大師。上堂：「此性本來清淨，具足萬德，但以染淨二緣，而有差別。故諸聖悟之，一向淨用，而成覺道。凡夫迷之，一向染用，没溺輪回。其體不二，故般若云：『無二無二分，無別無斷故。』」僧問：「劫火洞然，大千俱壞，未審這箇壞不壞？」師曰：「壞。」曰：「恁麽則隨他去也。」師曰：「隨他去。」僧不肯。後到投子，舉前話。子遂裝香遥禮曰：「西川古佛出世。」謂其僧曰：「汝速回去懺悔。」僧回，大隨師已殁。僧再至投子，子亦遷化。問：「如何是大人相？」師曰：「肚上不貼榜。」問：「僧甚處去？」曰：「西山住菴去。」師曰：「我向東山頭唤汝，汝便來得麽？」曰：「不然。」師曰：「汝住菴未得。」問：「生死到來時如何？」師曰：「遇茶喫茶，遇飯喫飯。」曰：「誰受供養？」師曰：「合取鉢盂。」庵側有一龜，僧問：「一切衆生皮裹骨，這箇衆生爲甚骨裹皮？」師拈草履覆龜背上。僧無語。問：「如何是諸佛法要？」師舉拂子曰：「會麽？」曰：「不會。」師曰：「麈尾拂子。」問：「如何是學人自己？」師曰：「是我自己。」曰：「爲甚麽却是和尚自己？」師曰：「是汝自己？」問：「如何是大隨一面事？」師曰：「東西南北。」問：「佛法徧在一切處，教學人向甚麽處駐足？」師曰：「大海從魚躍，長空任鳥飛。」問：「父子至親，歧路各别時如何？」師曰：「爲有父子。」問：「如何是無縫塔？」師曰：「高五尺。」曰：「學人不會。」師曰：「鶻崙甎。」問：「和尚百年後法付何人？」師曰：「露柱火鑪。」曰：「還受也無？」師曰：「火鑪露柱。」行者領衆參，師問：「參得底人喚東作甚麽？」曰：「不可喚作東。」師咄曰：「臭驢漢！不喚作東喚作甚麽？」者無語。問：「如何是和尚家風？」師曰：「赤土畫簸箕。」曰：「未審此理如何？」師曰：「簸箕有脣，米跳不出。」問：「僧講甚麽教法？」曰：「百法論。」師拈杖曰：「從何而起？」曰：「從緣而起。」師曰：「苦哉！苦哉！」問：「僧甚處去？」曰：「峨嵋禮普賢去。」師舉拂子曰：「文殊、普賢總在這裏。」僧作圓相拋向後，乃禮拜。師喚侍者取一貼茶與這僧。衆僧參次，師以口作患風勢，曰：「還有人醫得吾口麽？」衆僧競送藥以至，俗士聞之，亦多送藥。師並不受。七日後，師自摑口令正。乃曰：「如許多時鼓這兩片皮，至今無人醫得。」即端坐而逝。

靈樹如敏禪師

韶州靈樹如敏禪師，閩人也。廣主劉氏奕世欽重，署知聖大師。僧問：「佛法至理如何？」師展手而已。問：「如何是和尚家風？」師曰：「千年田、八百主。」曰：「如何是千年田、八百主？」師曰：「郎當屋舍没人修。」問：「如何是西來意？」師曰：「童子莫傜兒。」曰：「乞師指示。」師曰：「汝從虔州來。」問：「是甚麼得恁麼難會？」師曰：「火官頭上風車子。」有尼送瓷鉢與師，師拓起問曰：「這箇出在甚處？」曰：「出在定州。」法燈別云：「不遠此間。」師乃撲破，尼無對。保福代云：「欺敵者亡。」問：「和尚年多少？」師曰：「今日生，來朝死。」又問：「和尚生緣甚麼處？」師曰：「日出東，月落西。」師四十餘年化被嶺表，頗有異迹。廣主將興兵，躬入院請師決臧否。師已先知，怡然坐化。主怒知事曰：「和尚何時得疾？」對曰：「不曾有疾。適封一函子，令呈大王。」主開函得一帖子云：「人天眼目，堂中上座。」主悟師旨，遂寢兵。乃召第一座開堂説法。即雲門也。龕塔葬儀，廣主具辦。謚靈樹禪師。真身塔焉。

靈雲志勤禪師

福州靈雲志勤禪師，本州長谿人也。初在溈山，因見桃華悟道。有偈曰：「三十年來尋劍客，幾回落葉又抽枝。自從一見桃華後，直至如今更不疑。」溈覽偈，詰其所悟，與之符契。溈曰：「從緣悟達，永無退失。善自護持。」有僧舉似玄沙，沙云：「諦當甚諦當，敢保老兄未徹在。」衆疑此語。沙問地藏：「我恁麼道，汝作麼生會？」藏云：「不是桂琛，即走殺天下人。」住後，上堂：「諸仁者所有長短，盡至不常。且觀四時草木，葉落華開，何況塵劫來，天人七趣，地水火風，成壞輪轉，因果將盡，三惡道苦，毛髮不曾添減，唯根蔕神識常存。上根者遇善友伸明，當處解脱，便是道場。中下癡愚，不能覺照，沈迷三界，流轉生死。釋尊爲伊天上人間設教證明，顯發智道，汝等還會麽？」僧問：「如何得出離生老病死？」師曰：「青山元不動，浮雲任去來。」問：「君王出陣時如何？」師曰：「春明門外，不問長安。」曰：「如何得覲天子？」師曰：「盲鶴下清池，魚從脚底過。」問：「如何是佛法大意？」師曰：「驢事未去，馬事到來。」曰：「學人不會。」師曰：「彩氣夜常動，精靈日少逢。」雪峰有偈送雙峰，末句云：「雷罷不停聲。」師别云：「雷震不聞聲。」峰聞乃曰：「靈雲山頭古月現。」峰後問曰：「古人道，前三三後三三，意旨如何？」師曰：「水中魚，天上鳥。」峰曰：「意作麽生？」師曰：「高可射兮深可釣。」僧問：「諸方悉皆雜食，未審和尚如何？」師曰：「獨有閩中異，雄雄鎮海涯。」問：「久戰沙場，爲甚麽功名不就？」師曰：「君王有道三邊静，何勞萬里築長城。」曰：「罷却干戈，束手歸朝時如何？」師曰：「慈雲普潤無邊刹，枯樹無華争柰何？」長生問：「混沌未分時含生何來？」師曰：「如露柱懷胎。」曰：「分後如何？」師曰：「如片雲點太清。」曰：「未審太清還受點也無？」師不荅。曰：「恁麽則含生不來也。」師亦不荅。曰：「直得純清絶點時如何？」師曰：「猶是真常流注。」曰：「如何是真常流注？」師曰：「似鏡長明。」曰：「向上更有事也無？」師曰：「有。」曰：「如何是向上事？」師曰：「打破鏡來，與汝相見。」僧問：「如何是西來意？」師曰：「井底種林檎。」曰：「學人不會。」師曰：「今年桃李貴，一顆直千金。」問：「摩尼珠不隨衆色，未審作何色？」師曰：「白色。」曰：「恁麽則隨衆色也。」師曰：「趙璧本無瑕，相如誑秦主。」問：「僧甚處去？」曰：「雪峰去。」師曰：「我有一信寄雪峰，得麽？」曰：「便請。」師脱隻履抛向面前，僧便去。至雪峰，峰問：「甚處來？」曰：「靈雲來。」峰曰：「靈雲安否？」曰：「有一信相寄。」峰曰：「在那裏？」僧脱隻履，抛向峰面前。峰休去。

壽山師解禪師

福州壽山師解禪師，嘗參洞山。山問：「闍黎生緣何處？」師曰：「和尚若實問，某甲即是閩中人〔一〕。」山曰：「汝父名甚麽？」師曰：「今日蒙和尚致此一問，直得忘前失後。」住後，上堂：「諸上座幸有真實言語相勸，諸兄弟合各自體悉，凡聖情盡，體露真常。

〔一〕清藏本、續藏本「人」下有「也」字。

但一時卸却從前虛妄，攀緣塵垢，心如虛空相似。他時後日，合識得些子好惡。」閩帥問：「壽山年多少？」師曰：「與虛空齊年。」曰：「虛空年多少？」師曰：「與壽山齊年。」

饒州嶤山和尚

饒州嶤山和尚，僧問：「如何是西來意？」師曰：「仲冬嚴寒。」問：「如何是和尚深處？」師曰：「待汝舌頭落地，即向汝道。」問：「如何是丈六金身？」師曰：「判官斷案相公改。」長慶問：「從上宗乘，此間如何言論？」師曰：「有願不負先聖。」慶曰：「不負先聖作麽生？」師曰：「不露。」慶曰：「恁麽則請師領話。」師曰：「甚麽處去來？」慶曰：「祇守甚麽處去來。」

國歡文矩禪師

泉州國歡崇福院文矩慧日禪師，福州黄氏子。生而有異，及長，爲縣獄卒，每每棄役，往神光觀和尚及西院安禪師所，吏不能禁。後謁萬歲塔譚空禪師落髮，不披袈裟，不受具戒，唯以雜綵爲挂子。復至神光，光曰：「我非汝師，汝禮西院去。」師携一小青竹杖，入西院法堂，院遥見笑曰：「入涅槃堂去。」師應諾，輪竹杖而入。時有五百許僧染時疾，師以杖次第點之，各隨點而起。閩王禮重，創院以居之。厥後頗多靈跡。唐乾寧中示滅。

台州浮江和尚

台州浮江和尚，雪峰領衆到，問：「即今有二百人寄此過夏，得麼？」師將拄杖畫一畫：「著不得即道。」峰休去。

潞州渌水和尚

潞州渌水和尚，僧問：「如何是祖師西來意？」師曰：「還見庭前華藥欄麼？」僧無語。

文殊圓明禪師

廣州文殊院圓明禪師，福州陳氏子。參大溈得旨後，造雪峰請益，法無異味。嘗遊五臺山，覩文殊化現，乃隨方建院，以文殊爲額。開寶中樞密使李崇矩巡護南方，因入院覩地藏菩薩像，問僧：「地藏何以展手？」僧曰：「手中珠被賊偷却也。」李却問師：「既是地藏，爲甚麽遭賊？」師曰：「今日捉下也。」李禮謝之。

趙州諗禪師法嗣

嚴陽善信尊者

洪州新興嚴陽尊者，諱善信。初參趙州，問：「一物不將來時如何？」州曰：「放下着。」師曰：「既是一物不將來，放下箇甚麽？」州曰：「放不下，擔取去。」師於言下大悟。住後，僧問：「如何是佛？」師曰：「土塊。」曰：「如何是法？」師曰：「地動也。」曰：「如何是僧？」師曰：「喫粥喫飯。」問：「如何是新興水？」師曰：「面前江裏。」問：「如何是應物現形？」師曰：「與我拈牀子過來。」師常有一蛇一虎隨從，手中與食。

光孝慧覺禪師

揚州光孝院慧覺禪師，僧問：「覺華纔綻，徧滿娑婆。祖印西來，合談何事？」師曰：「情生智隔。」曰：「此是教意？」師曰：「汝披甚麼衣服？」問：「一棒打破虚空時如何？」師曰：「困即歇去。」師問相國宋齊止曰：「還會道麽？」宋曰：「若是道也著不得。」師曰：「是有著不得，是無著不得？」宋曰：「總不恁麽。」師曰：「著不得底聻？」宋無對。師領衆出，見露柱，乃合掌曰：「不審世尊。」僧曰：「和尚，是露柱。」師曰：「啼得血流無用處，不如緘口過殘春。」問：「遠遠投師，師意如何？」師曰：「官家嚴切，不許安排。」曰：「豈無方便？」師曰：「且向火倉裏一宿。」師到崇壽，法眼問：「近離甚處？」師曰：「趙州。」眼曰：「承聞趙州有『庭前柏樹子』話，是否？」師曰：「無。」眼曰：「往來皆謂僧問：『如何是祖師西來意？』州曰：『庭前柏樹子。』上座何得言無？」師曰：「先師實無此語。和尚莫謗先師好。」張居士問：「争柰老何？」師曰：「年多少？」張曰：「八十也。」師曰：「可謂老也。」曰：「究竟如何？」師曰：「直至千歲也未在。」俗士問：「某甲平生殺牛，還有罪否？」師曰：「無罪。」曰：「爲甚麽無罪？」師曰：「殺一箇，還一箇。」

國清院奉禪師

隴州國清院奉禪師，僧問：「祖意教意是同是别？」師曰：「雨滋三草秀，春風不裹頭。」曰：「畢竟是一是二？」師曰：「祥雲競起，巖洞不虧。」問：「如何是和尚家風？」師曰：「臺盤倚子，火爐窗牖。」問：「如何是出家人？」師曰：「銅頭鐵額，鳥觜鹿身。」曰：「如何是出家人本分事？」師曰：「早起不審，夜間珍重。」問：「牛頭未見四祖時，爲甚麽百鳥銜花？」師曰：「如陝府人送錢財與鐵牛。」曰：「見後爲甚麽不銜花？」師曰：「木馬投明行八百。」問：「十二時中如何降伏其心？」師曰：「敲冰求火，論劫不逢。」問：「十二分教是止啼之義。離却止啼，請師一句。」師曰：「孤峰頂上雙角女。」問：「如何是佛法大意？」師曰：「釋迦是牛頭獄卒，祖師是馬面阿旁。」問：「如何是西來意？」師曰：「東壁打西壁。」問：「如何是撲不破底句？」師曰：「不隔毫氂，時人遠嚮。」

木陳從朗禪師

婺州木陳從朗禪師，僧問：「放鶴出籠和雪去時如何？」師曰：「我道不一色。」因金剛倒，僧問：「既是金剛不壞身，爲甚麽却倒地？」師敲禪牀曰：「行住坐卧。」師將歸寂，有偈曰：「三十年來住木陳，時中無一假功成。有人問我西來意，展似眉毛作麽生？」

婺州新建禪師

婺州新建禪師，不度小師，有僧問：「和尚年老，何不畜一童子侍奉？」師曰：「有瞽瞶者爲吾討來。」僧辭，師問：「甚處去？」曰：「府下開元寺去。」師曰：「我有一信附與了寺主，汝將去得否？」曰：「便請。」師曰：「想汝也不柰何。」

杭州多福和尚

杭州多福和尚，僧問：「如何是多福一叢竹？」師曰：「一莖兩莖斜。」曰：「學人不會。」師曰：「三莖四莖曲。」問：「如何是衲衣下事？」師曰：「大有人疑著在。」曰：「爲甚麼如是？」師曰：「月裏藏頭。」

益州西睦和尚

益州西睦和尚，上堂，有俗士舉手曰：「和尚便是一頭驢。」師曰：「老僧被汝騎。」士無語，去後三日再來。白言：「某甲三日前著賊。」師拈杖趁出。師有時驀喚侍者，者應諾。師曰：「更深夜静，共伊商量。」

長沙岑禪師法嗣

雪竇常通禪師

明州雪竇常通禪師，邢州李氏子。參長沙，沙問：「何處人？」師曰：「邢州人。」沙曰：「我道汝不從彼來？」師曰：「和尚還曾住此否？」沙然之，乃容入室。住後，僧問：「如何是密室？」師曰：「不通風信。」曰：「如何是密室中人？」師曰：「諸聖求覩不見。」僧作禮。師曰：「千聖不能思，萬聖不能議。乾坤壞不壞，虚空包不包？一切無比倫，三世唱不起。」問：「如何是三世諸佛出身處？」師曰：「伊不肯知有汝三世。」僧良久，師曰：「薦否？不然者且向著佛不得處體取。時中常在，識盡功亡，瞥然而起，即是傷他，而況言句乎！」天祐二年七月示寂，塔于寺西南隅。

茱萸和尚法嗣

石梯和尚

石梯和尚，因侍者請浴，師曰：「既不洗塵，亦不洗體。汝作麽生？」者曰：「和尚先去，某甲將皂角來。」師呵呵大笑。有新到於師前立，少頃便出去。師曰：「有甚麽辨白處？」僧再回。師曰：「辨得也。」曰：「辨後作麽生？」師曰：「埋却得也。」曰：「蒼天！蒼天！」師曰：「適來却恁麽，如今還不當。」僧乃出去。一日見侍者拓鉢赴堂，乃喚侍者，者應諾。師曰：「甚處去？」者曰：「上堂齋去。」師曰：「我豈不知汝上堂齋去？」者曰：「除此外別道箇甚麽？」師曰：「我秖問汝本分事。」者曰：「和尚若問本分事，某甲實是上堂齋去。」師曰：「汝不謬爲吾侍者。」

子湖蹤禪師法嗣

台州勝光和尚

台州勝光和尚，僧問：「如何是和尚家風？」師曰：「福州荔枝，泉州刺桐。」問：「如何是佛法兩字？」師曰：「要道即道。」曰：「請師道。」師曰：「穿耳胡僧笑點頭。」龍華照和尚來，師把住曰：「作麽生？」照曰：「莫錯。」師乃放手。照曰：「久嚮勝光。」師默然。照乃辭，師門送曰：「自此一别，甚麽處相見？」照呵呵而去。

漳州浮石和尚

漳州浮石和尚，上堂：「山僧開箇卜鋪，能斷人貧富，定人生死。」僧問：「離却生死貧富，不落五行，請師直道。」師曰：「金木水火土。」

紫桐和尚

紫桐和尚，僧問：「如何是紫桐境？」師曰：「汝眼裏著沙得麽？」曰：「大好紫桐境也不識。」師曰：「老僧不諱此事。」其僧擬出去，師下禪牀擒住曰：「今日好箇公案，老僧未得分文入手。」曰：「賴遇某甲是僧。」師拓開曰：「禍不單行。」

日容遠和尚

日容遠和尚，因奯上座參，師拊掌三下曰：「猛虎當軒，誰是敵者？」奯曰：「俊鶻沖天，阿誰捉得？」師曰：「彼此難當。」奯曰：「且休，未要斷這公案。」師將拄杖舞歸方丈。奯無語，師曰：「死却這漢也！」

關南常禪師法嗣

關南道吾和尚

襄州關南道吾和尚，始經村墅，聞巫者樂神云「識神無」，忽然省悟。後參常禪師，印其所解，復遊德山之門，法味彌著。住後，凡上堂，戴蓮華笠，披襴執簡，擊鼓吹笛，口稱魯三郎神：「識神不識神，神從空裏來，却往空裏去。」便下座。有時曰：「打動關南鼓，唱起德山歌。」僧問：「如何是祖師西來意？」師以簡揖曰：「喏！」有時執木劍，橫肩上作舞。僧問：「手中劍甚處得來？」師擲於地。僧却置師手中。師曰：「甚處得來？」僧無對。師曰：「容汝三日内，下取一轉語。」其僧亦無對。師自代拈劍橫肩上，作舞曰：「須恁麽始得。」趙州訪師，師乃著豹皮裩，執吉獠棒，在三門下翹一足等候，纔見州，便高聲唱喏而立。州曰：「小心祗候著！」師又唱喏一聲而去。問：「如何是和尚家風？」師下禪牀作女人拜曰：「謝子遠來，無可祗待。」問灌溪：「作麽生？」谿曰：「無位。」師曰：「莫同虚空麽？」溪曰：「這屠兒！」師曰：「有生可殺即不倦。」

漳州羅漢和尚

漳州羅漢和尚，初參關南，問：「如何是大道之源？」南打師一拳，師遂有省，乃爲歌曰：「咸通七載初參道，到處逢言不識言。心裏疑團若栲栳，三春不樂止林泉。忽遇法王氈上坐，便陳疑懇向師前。師從氈上那伽起，袒膊當胸打一拳。駭散疑團獦狚落，舉頭看見日初圓。從茲蹬蹬以碣碣，直至如今常快活。只聞肚裏飽膨脝，更不東西去持鉢。」又述偈曰：「宇内爲閑客，人中作野僧。任從他笑我，隨處自騰騰。」

高安大愚禪師法嗣

末山尼了然禪師

瑞州末山尼了然禪師，因灌谿閑和尚到，曰：「若相當即住，不然即推倒禪牀。」便入堂内。師遣侍者問：「上座遊山來？爲佛法來？」溪曰：「爲佛法來。」師乃陞座。溪上參。師問：「上座今日離何處？」曰：「路口。」師曰：「何不蓋却。」溪無對。禾山代云：「争得到這裏？」始禮拜，問：「如何是末山？」師曰：「不露頂。」曰：「如何是末山主？」師曰：「非男女相。」溪乃喝曰：「何不變去！」師曰：「不是神，不是鬼，變箇甚麽？」溪於是伏膺，作園頭三載。僧到參，師曰：「太繿縷生！」曰：「雖然如此，且是師子兒。」師曰：「既是師子兒，爲甚麽被文殊騎？」僧無對。問：「如何是古佛心？」師曰：「世界傾壞。」曰：「世界爲甚麽傾壞？」師曰：「寧無我身。」

杭州天龍和尚法嗣

金華俱胝和尚

婺州金華山俱胝和尚，初住庵時，有尼名實際來，戴笠子執錫遶師三匝，曰：「道得即下笠子。」如是三問，師皆無對，尼便去。師曰：「日勢稍晚，何不且住。」尼曰：「道得即住。」師又無對。尼去後，師歎曰：「我雖處丈夫之形，而無丈夫之氣。不如棄庵，往諸方參尋知識去。」其夜山神告曰：「不須離此，將有肉身菩薩來爲和尚説法也。」逾旬，果天龍和尚到庵，師乃迎禮，具陳前事。龍豎一指示之，師當下大悟。自此凡有學者參問，師唯舉一指，無別提唱。有一供過童子，每見人問事，亦豎指祇對。人謂師曰：「和尚！童子亦會佛法，凡有問皆如和尚豎指。」師一日潛袖刀子，問童曰：「聞你會佛法，是否？」童曰：「是。」師曰：「如何是佛？」童豎起指頭，師以刀斷其指，童叫喚走出。師召童子，童回首。師曰：「如何是佛？」童舉手不見指頭，豁然大悟。師將順世，謂衆曰：「吾得天龍一指頭禪，一生用不盡。」言訖，示滅。長慶代衆云：「美食不中飽人喫。」玄沙云：「我當時若見，拗折指頭。」玄覺云：「且道玄沙恁麽道，意作麽生？」雲居錫云：「秖如玄沙恁麽道，肯伊不肯伊。若肯，何言拗折指頭？若不肯，俱胝過在甚麽處？」先曹山云：「俱胝承當處鹵莽，秖認得一機一境，一等是拍手拊掌，是他西園奇怪」。玄覺又云：「且道俱胝還悟也無？若悟，爲甚麽道承當處鹵莽；若不悟，又道用一指頭禪不盡。且道曹山意在甚麽處？」

南嶽下五世

睦州陳尊宿法嗣

刺史陳操尚書

睦州刺史陳操尚書，齋次，拈起餬餅，問僧：「江西、湖南還有這箇麽？」曰：「尚書適來喫箇甚麽？」公曰：「敲鐘謝響。」又齋僧次，躬自行餅，一僧展手擬接，公却縮手，僧無語。公曰：「果然！果然！」問僧：「有箇事與上座商量，得麽？」曰：「合取狗口。」公自摑口曰：「某甲罪過。」曰：「知過必改。」公曰：「恁麽則乞上座口喫飯，得麽？」又齋僧自行食次，乃曰：「上座施食。」僧曰：「三德六味。」公曰：「錯。」僧無對。又與僚屬登樓次，見數僧行來，有一官人曰：「來者總是行脚僧。」公曰：「不是。」曰：「焉知不是？」

公曰：「待來勘過。」須臾僧至樓前，公驀喚「上座！」僧皆舉首。公謂諸官曰：「不信道。」又與禪者頌曰：「禪者有玄機，機玄是復非。欲了機前旨，咸於句下違。」

光孝覺禪師法嗣

長慶道巘禪師

昇州長慶道巘禪師，廬州人也。初侍光孝，便領悟微言，即於湖南大光山剃度，暨化緣彌盛，出住長慶。上堂：「彌勒朝入伽藍，暮成正覺。」説偈曰：「三界上下法，我説皆是心。離於諸心法，更無有可得。看他恁麽道，也太殺惺惺。」「若比吾徒，猶是鈍漢。所以一念見道，三世情盡。如印印泥，更無前後。諸子生死事大，快須薦取，莫爲等閑。業識茫茫，蓋爲迷己逐物。世尊臨入涅槃，文殊請再轉法輪。世尊咄曰：『吾四十九年住世，不曾説一字。汝請吾再轉法輪，是吾曾轉法輪邪？』然今時衆中建立箇賓主問荅，事不獲已，蓋爲初心耳。」僧問：「如何是長慶境？」師曰：「闍黎履踐看。」問：「如何是佛法大意？」師曰：「今日三月三。」曰：「學人不會。」師曰：「止止不須説，我法妙難思。」便下座。咸平二年示寂。

五燈會元卷第五

六祖大鑒禪師法嗣

青原行思禪師

吉州青原山静居寺行思禪師，本州安城劉氏子。幼歲出家，每群居論道，師唯默然。聞曹谿法席，乃往參禮。問曰：「當何所務，即不落階級？」祖曰：「汝曾作甚麽來？」師曰：「聖諦亦不爲。」祖曰：「落何階級？」師曰：「聖諦尚不爲，何階級之有！」祖深器之。會下學徒雖衆，師居首焉。亦猶二祖不言，少林謂之得髓矣。一日，祖謂師曰：「從上衣法雙行，師資遞授，衣以表信，法乃印心。吾今得人，何患不信？吾受衣以來，遭此多難。況乎後代，争競必多。衣即留鎮山門，汝當分化一方，無令斷絶。」師既得法，歸住青原。六祖將示滅，有沙彌希遷即石頭和尚。問曰：「和尚百年後，希遷未審當依附何人？」

祖曰：「尋思去！」及祖順世，遷每於靜處端坐，寂若忘生。第一座問曰：「汝師已逝，空坐奚爲？」遷曰：「我禀遺誡，故尋思爾。」座曰：「汝有師兄思和尚，今住吉州，汝因緣在彼。師言甚直，汝自迷耳。」遷聞語，便禮辭祖龕，直詣靜居參禮。師曰：「子何方來？」遷曰：「曹谿。」師曰：「將得甚麼來？」曰：「未到曹谿亦不失。」師曰：「若恁麼，用去曹谿作甚麼？」曰：「若不到曹谿，争知不失？」遷又曰：「曹谿大師還識和尚否？」師曰：「汝今識吾否？」曰：「識。又争能識得？」師曰：「衆角雖多，一麟足矣。」遷又問：「和尚自離曹谿，甚麼時至此間？」師曰：「我却知汝早晚離曹谿。」曰：「希遷不從曹谿來。」師曰：「我亦知汝去處也。」曰：「和尚幸是大人，莫造次。」他日，師復問遷：「汝甚麼處來？」曰：「曹谿。」師乃舉拂子曰：「曹谿還有這箇麼？」曰：「非但曹谿，西天亦無。」師曰：「子莫曾到西天否？」曰：「若到即有也。」師曰：「未在，更道。」曰：「和尚也須道取一半，莫全靠學人。」師曰：「不辭向汝道，恐已後無人承當。」師令遷持書與南嶽讓和尚曰：「汝達書了，速回。吾有箇鈯斧子，與汝住山。」遷至彼，未呈書便問：「不慕諸聖，不重己靈時如何？」嶽曰：「子問太高生，何不向下問？」遷曰：「寧可永劫受沉淪，不從諸聖求解脱。」嶽便休。玄沙曰：「大小石頭被南嶽推倒，直至如今起不得。」遷便回。師問：「子返何速？書信達否？」遷曰：「書亦不通，信亦不達。去日蒙和尚許箇鈯斧子，祇今便請。」師垂一足，還便禮拜，尋辭往南嶽。荷澤神會來參，師問：「甚處來？」曰：「曹谿。」師曰：「曹谿意旨如何？」會振身而立。師曰：「猶帶瓦礫在。」曰：「和尚此間莫有真金與人麽？」師曰：「設有，汝向甚麽處著？」玄沙云：「果然。」雲居錫云：「祇如玄沙道，果然是真金？是瓦礫？」僧問：「如何是佛法大意？」師曰：「廬陵米作麽價？」師既付法石頭，唐開元二十八年十二月十三日，陞堂告衆，跏趺而逝。僖宗謚弘濟禪師、歸真之塔。

青原思禪師法嗣

石頭希遷禪師

南嶽石頭希遷禪師，端州高要陳氏子。母初懷娠，不喜葷茹。師雖在孩提，不煩保母。既冠，然諾自許。鄉洞獠民畏鬼神，多淫祀，殺牛釃酒，習以爲常。師輒往毁叢祠，奪牛而歸，歲盈數十，鄉老不能禁。後直造曹谿，得度，未具戒。屬祖圓寂，禀遺命謁青原，乃攝衣從之。緣會語句，青原章叙之。一日，原問師曰：「有人道嶺南有消息。」師曰：「有人不道嶺南有消息。」曰：「若恁麽，大藏小藏從何而來？」師曰：「盡從這裏去。」原然之。師於唐天寶初，薦之衡山南寺。寺之東有石，狀如臺，乃結庵其上，時號石頭和尚。師因看肇論至「會萬物爲己者，其唯聖人乎！」師乃拊几曰：「聖人無己，靡所不己。法身無象，誰云自他？圓鑑靈照於其間，萬象體玄而自現。境智非一，孰云去來？至哉斯語也。」遂掩卷，不覺寢，夢自身與六祖同乘一龜，遊泳深池之内。覺而詳之：靈龜者，智也。池者，性海也。吾與祖師同乘靈智遊性海矣。遂著參同契曰：「竺土大僊心，東西密相付。人根有利鈍，道無南北祖。靈源明皎潔，枝派暗流注。執事元是迷，契理亦非悟。門門一切境，回互不回互。回而更相涉，不爾依位住。色本殊質象，聲元異樂苦。暗合上中言，明明清濁句。四大性自復，如子得其母。火熱風動摇，水濕地堅固。眼色耳音聲，鼻香舌鹹醋。然依一一法，依根葉分布。本末須歸宗，尊卑用其語。當明中有暗，勿以暗相遇。當暗中有明，勿以明相覩。明暗各相對，比如前後步。萬物自有功，當言用及處。事存函蓋合，理應箭鋒拄。承言須會宗，勿自立規矩。觸目不會道，運足焉知路？進步非近遠，迷隔山河固。謹白參玄人，光陰莫虚度。」上堂：「吾之法門，先佛傳受。不論禪定精進，唯達佛之知見。即心即佛，心佛衆生，菩提煩惱，名異體一。汝等當知，自己心靈，體離斷常，性非垢淨，湛然圓滿，凡聖齊同，應用無方，離心意識。三界六道，唯自心現。水月鏡像，豈有生滅？汝能知之，無所不備。」時門人道悟問：「曹谿意旨誰人得？」師曰：「會佛法人得。」曰：「師還得否？」師曰：「不得。」曰：「爲甚麼不得？」師曰：「我不會佛法。」僧問：「如何是解脱？」師曰：「誰縛汝？」問：「如何是浄土？」師曰：「誰垢汝？」問：「如何是涅槃？」師曰：「誰將生死與汝？」師問新到：「從甚麼處來？」曰：「江西來。」師曰：「見馬大師否？」曰：「見。」師乃指一橛柴曰：「馬師何似這箇？」僧無對。却回舉似馬祖，祖曰：「汝見橛柴大小？」曰：「没量大。」祖曰：「汝甚有力。」僧曰：「何也？」祖曰：「汝從南嶽負一橛柴來，豈不是有力？」問：「如何是西來意？」師曰：「問取露柱。」曰：「學人不會。」師曰：「我更不會。」大顛問：「古人云：道有道無俱是謗。請師除。」師曰：「一物亦無，除箇甚麼？」師却問：「併却咽喉脣吻，道將來？」顛曰：「無這箇。」師曰：「若恁麼，汝即得入門。」道悟問：「如何是佛法大意？」師曰：「不得不知。」悟曰：「向上更有轉處也無？」師曰：「長空不礙白雲飛。」問：「如何是禪？」師曰：「碌甎。」問：「如何是道？」師曰：「木頭。」自餘門屬領旨所有問答，各於本章出焉。南嶽鬼神多顯迹聽法，師皆與授戒。廣德二年，門人請下于梁端，廣闡玄化。貞元六年順寂，塔于東嶺。德宗謚無際大師，塔曰見相。

青原下二世

石頭遷禪師法嗣

藥山惟儼禪師

澧州藥山惟儼禪師，絳州韓氏子。年十七，依潮陽西山慧照禪師出家，納戒于衡嶽希操律師。博通經論，嚴持戒律。一日，自歎曰：「大丈夫當離法自淨，誰能屑屑事細行於布巾邪？」首造石頭之室，便問：「三乘十二分教某甲粗知，嘗聞南方直指人心，見性成佛，實未明了，伏望和尚慈悲指示。」頭曰：「恁麼也不得，不恁麼也不得，恁麼不恁麼總不得。子作麼生？」師罔措。頭曰：「子因緣不在此，且往馬大師處去。」師禀命恭禮馬祖，仍伸前問。祖曰：「我有時教伊揚眉瞬目，有時不教伊揚眉瞬目，有時揚眉瞬目者是，有時揚眉瞬目者不是。子作麼生？」師於言下契悟，便禮拜。祖曰：「你見甚麼道理便禮拜？」師曰：「某甲在石頭處，如蚊子上鐵牛。」祖曰：「汝既如是，善自護持。」侍奉三年。

一日，祖問：「子近日見處作麼生？」師曰：「皮膚脱落盡，唯有一真實。」祖曰：「子之所得，可謂協於心體，布於四肢。既然如是，將三條篾束取肚皮，隨處住山去。」師曰：「某甲又是何人，敢言住山？」祖曰：「不然！未有常行而不住，未有常住而不行。欲益無所益，欲爲無所爲。宜作舟航，無久住此。」師乃辭祖返石頭。

一日在石上坐次，石頭問曰：「汝在這裏作麼？」曰：「一物不爲。」頭曰：「恁麼即閑坐也。」曰：「若閑坐即爲也。」頭曰：「汝道不爲，不爲箇甚麼？」曰：「千聖亦不識。」頭以偈讚曰：「從來共住不知名，任運相將祇麼行。自古上賢猶不識，造次凡流豈可明？」後石頭垂語曰：「言語動用没交涉。」師曰：「非言語動用亦没交涉。」頭曰：「我這裏針劄不入。」師曰：「我這裏如石上栽華。」頭然之。後居澧州藥山，海衆雲會。師與道吾説茗谿上世爲節察來。吾曰：「和尚上世曾爲甚麼？」師曰：「我痿痿羸羸，且恁麼過時。」吾曰：「憑何如此？」師曰：「我不曾展他書卷。」石霜別云：「書卷不曾展。」院主報：「打鐘也，請和尚上堂。」師曰：「汝與我擎鉢盂去。」曰：「和尚無手來多少時？」師曰：「汝祇是枉披袈裟。」曰：「某甲祇恁麼，和尚如何？」師曰：「我無這箇眷屬。」謂雲巖曰：「與我唤沙彌來。」巖曰：「唤他來作甚麼？」師曰：「我有箇折脚鐺子，要他提上挈下。」巖曰：「恁麼則與和尚出一隻手去也。」師便休。園頭栽菜次，師曰：「栽即不障汝栽，莫教根生。」曰：「既不教根生，大衆喫甚麽？」師曰：「汝還有口麽？」頭無對。

道吾、雲巖侍立次，師指按山上枯榮二樹，問道吾曰：「枯者是？榮者是？」吾曰：「榮者是。」師曰：「灼然一切處，光明燦爛去。」又問雲巖：「枯者是？榮者是？」巖曰：「枯者是。」師曰：「灼然一切處，放教枯淡去。」高沙彌忽至，師曰：「枯者是？榮者是？」彌曰：「枯者從他枯，榮者從他榮。」師顧道吾、雲巖曰：「不是，不是。」問：「如何得不被諸境惑？」師曰：「聽他何礙汝？」曰：「不會。」師曰：「何境惑汝？」問：「如何是道中至寶？」師曰：「莫諂曲。」曰：「不諂曲時如何？」師曰：「傾國不換。」有僧再來依附，師問：「阿誰？」曰：「常坦。」師呵曰：「前也是常坦，後也是常坦。」師久不陞堂，院主白曰：「大衆久思和尚示誨。」師曰：「打鐘著！」衆纔集，師便下座，歸方丈。院主隨後問曰：「和尚既許爲大衆説話，爲甚麽一言不措？」師曰：「經有經師，論有論師，争怪得老僧？」師問雲巖：「作甚麽？」巖曰：「擔屎。」師曰：「那箇聻？」巖曰：「在。」師曰：「汝來去爲誰？」曰：「替他東西。」師曰：「何不教並行？」曰：「和尚莫謗他。」師曰：「不合恁麽道。」曰：「如何道？」師曰：「還曾擔麽！」師坐次，僧問：「兀兀地思量甚麽？」師曰：「思量箇不思量底。」曰：「不思量底如何思量？」師曰：「非思量。」問：「學人擬歸鄉時如何？」師曰：「汝父母徧身紅爛，卧在荆棘林中，汝歸何所？」曰：「恁麼則不歸去也。」師曰：「汝却須歸去。汝若歸鄉，我示汝箇休糧方子。」曰：「便請。」師曰：「二時上堂，不得齩破一粒米。」問：「如何是涅槃？」師曰：「汝未開口時喚作甚麼？」問僧：「甚處來？」曰：「湖南來。」師曰：「洞庭湖水滿也未？」曰：「未。」師曰：「許多時雨水，爲甚麼未滿？」僧無語。道吾云：「滿也。」雲巖云：「湛湛地。」洞山云：「甚麼劫中曾增減來？」雲門云：「祇在這裏。」師問僧：「甚處來？」曰：「江西來。」師以拄杖敲禪牀三下。僧曰：「某甲粗知去處。」師抛下拄杖，僧無語。師召侍者：「點茶與這僧，踏州縣困。」師問龐居士：「一乘中還著得這箇事麼？」士曰：「某甲祇管日求升合，不知還著得麼？」師曰：「道居士不見石頭，得麼？」士曰：「拈一放一，未爲好手。」師曰：「老僧住持事繁。」士珍重便出。師曰：「拈一放一，的是好手。」士曰：「好箇一乘問宗，今日失却也。」師曰：「是！是！」

上堂：「祖師祇教保護，若貪嗔癡起來，切須防禁，莫教振觸。是你欲知枯木，石頭却須擔荷，實無枝葉可得。雖然如此，更宜自看，不得絶言語。我今爲你説這箇語，顯無語底，他那箇本來無耳目等貌。」師與雲巖遊山，腰間刀響。巖問：「甚麼物作聲？」師抽刀驀口作斫勢。洞山舉示衆云：「看他藥山横身爲這箇事，今時人欲明向上事，須體此意始得。」

遵布衲浴佛。師曰：「這箇從汝浴，還浴得那箇麼？」遵曰：「把將那箇來。」師乃休。長慶云：「邪法難扶。」玄覺云：「且道長慶恁麽道，在賓在主？衆中喚作浴佛語，亦曰兼帶語，且道盡善不盡善？」問：「學人有疑，請師決。」師曰：「待上堂時來，與闍黎決疑。」至晚，上堂衆集。師曰：「今日請決疑上座在甚麽處？」其僧出衆而立。師下禪牀，把住曰：「大衆！這僧有疑。」便與一推，却歸方丈。玄覺曰：「且道與伊決疑否？若決疑，甚麽處是決疑；若不與決疑，又道待上堂時與汝決疑。」師問飯頭：「汝在此多少時也？」曰：「三年。」師曰：「我總不識汝。」飯頭罔測，發憤而去。問：「身命急處如何？」師曰：「莫種雜種。」曰：「將何供養？」師曰：「無物者。」師令供養主抄化。甘行者問：「甚處來？」曰：「藥山來。」甘曰：「來作麽？」曰：「教化。」甘曰：「將得藥來麽？」曰：「行者有甚麽病？」甘便捨銀兩鋌。意山中有人，此物却回，無人即休。主便歸納疏。師問曰：「子歸何速？」主曰：「問佛法相當，得銀兩鋌。」師令舉其語。主舉已，師曰：「速送還他。子著賊了也。」主便送還。甘曰：「由來有人。」遂添銀施之。同安顯云：「早知行者恁麽問，終不道藥山來。」問僧：「見説汝解筭，是否？」曰：「不敢。」師曰：「汝試筭老僧看。」僧無對。雲巖舉問洞山：「汝作麽生？」山曰：「請和尚生月。」師書「佛」字，問道吾：「是甚麽字？」吾曰：「佛字。」師曰：「多口阿師！」問：「已事未明，乞和尚指示。」師良久曰：「吾今爲汝道一句亦不難，祇宜汝於言下便見去，猶較些子。若更入思量，却成吾罪過。不如且各合口，免相累及。」

大衆夜參，不點燈。師垂語曰：「我有一句子，待特牛生兒，即向你道。」有僧曰：「特牛生兒也，秖是和尚不道。」師曰：「侍者把燈來！」其僧抽身入衆。雲巖舉似洞山，山曰：「這僧却會，祇是不肯禮拜。」問僧：「甚處來？」曰：「南泉來。」師曰：「在彼多少時？」曰：「粗經冬夏。」師曰：「恁麼，則成一頭水牯牛去也！」曰：「雖在彼中，且不曾上他食堂。」師曰：「口欲東南風那？」曰：「和尚莫錯，自有拈匙把筯人在。」問：「達磨未來時，此土還有祖師意否？」師曰：「有。」曰：「既有，祖師又來作甚麼？」師曰：「祇爲有，所以來。」看經次，僧問：「和尚尋常不許人看經，爲甚麼却自看？」師曰：「我祇圖遮眼。」曰：「某甲學和尚還得也無？」師曰：「汝若看，牛皮也須穿。」長慶云：「眼有何過？」玄覺云：「且道長慶會藥山意？不會藥山意？」

問：「平田淺草，麈鹿成群，如何射得麈中主？」師曰：「看箭！」僧放身便倒。師曰：「侍者！拖出這死漢。」僧便走。師曰：「弄泥團漢有甚麼限？」朗州刺史李翺問：「師何姓？」師曰：「正是時。」李不委，却問院主：「某甲適來問和尚姓，和尚曰：正是時。未審姓甚麼？」主曰：「恁麼則姓韓也。」師聞乃曰：「得恁麼不識好惡！若是夏時對他，便是姓熱。」師一夜登山經行，忽雲開見月，大嘯一聲，應澧陽東九十里許，居民盡謂東家，明晨迭相推問，直至藥山。徒衆曰：「昨夜和尚山頂大嘯。」李贈詩曰：「選得幽居愜野情，終年無送亦無迎。有時直上孤峰頂，月下披雲嘯一聲。」太和八年十一月六日臨順世，叫曰：「法堂倒！法堂倒！」衆皆持拄撑之。師舉手曰：「子不會我意。」乃告寂。塔于院東隅。唐文宗謚弘道大師，塔曰化城。

丹霞天然禪師

鄧州丹霞天然禪師，本習儒業，將入長安應舉，方宿於逆旅，忽夢白光滿室，占者曰：「解空之祥也。」偶禪者，問曰：「仁者何往？」曰：「選官去。」禪者曰：「選官何如選佛？」曰：「選佛當往何所？」禪者曰：「今江西馬大師出世，是選佛之場。仁者可往。」遂直造江西，纔見祖，師以手拓幞頭額。祖顧視良久，曰：「南嶽石頭是汝師也。」遽抵石頭，還以前意投之。頭曰：「著槽廠去！」師禮謝，入行者房，隨次執爨役，凡三年。忽一日，石頭告衆曰：「來日剗佛殿前草。」至來日，大衆諸童行各備鍬钁剗草，獨師以盆盛水，沐頭於石頭前，胡跪。頭見而笑之，便與剃髮，又爲説戒。師乃掩耳而出，再往江西謁馬祖。未參禮，便入僧堂内，騎聖僧頸而坐。時大衆驚愕，遽報馬祖。祖躬入堂，視之曰：「我子天然。」師即下地禮拜曰：「謝師賜法號。」因名天然。祖問：「從甚處來？」師曰：

「石頭。」祖曰：「石頭路滑，還蹉倒汝麽？」師曰：「若蹉倒即不來也。」乃杖錫觀方，居天台華頂峰三年，往餘杭徑山禮國一禪師。

唐元和中至洛京龍門香山，與伏牛和尚爲友。後於慧林寺遇天大寒，取木佛燒火向，院主訶曰：「何得燒我木佛？」師以杖子撥灰曰：「吾燒取舍利。」主曰：「木佛何有舍利？」師曰：「既無舍利，更取兩尊燒。」主自後眉鬚墮落。後謁忠國師，問侍者：「國師在否？」曰：「在即在，不見客。」師曰：「太深遠生！」曰：「佛眼亦覷不見。」師曰：「龍生龍子，鳳生鳳兒。」國師睡起，侍者以告。國師乃打侍者三十棒，遣出。師聞曰：「不謬爲南陽國師。」明日再往禮拜，見國師便展坐具。國師曰：「不用！不用！」師退後，國師曰：「如是！如是！」師却進前。國師曰：「不是！不是！」師遶國師一帀便出。國師曰：「去聖時遥，人多懈怠。三十年後，覓此漢也難得。」

訪龐居士，見女子靈照洗菜次，師曰：「居士在否？」女子放下菜籃，斂手而立。師又問：「居士在否？」女子提籃便行。師遂回。須臾居士歸，女子乃舉前話。士曰：「丹霞在麽？」女曰：「去也。」士曰：「赤土塗牛妳。」又一日訪龐居士，至門首相見。師乃問：「居士在否？」士曰：「饑不擇食。」師曰：「龐老在否？」士曰：「蒼天！蒼天！」便入宅去。師曰：「蒼天！蒼天！」便回。師因去馬祖處，路逢一老人與一童子。師問：「公住何處？」老人曰：「上是天，下是地。」師曰：「忽遇天崩地陷，又作麽生？」老人曰：「蒼天！蒼天！」童子噓一聲。師曰：「非父不生其子。」老人便與童子入山去。師問龐居士：「昨日相見，何似今日？」士曰：「如法舉昨日事來作箇宗眼。」師曰：「秖如宗眼，還著得龐公麽？」士曰：「我在你眼裏。」師曰：「某甲眼窄，何處安身？」士曰：「是眼何窄？是身何安？」師休去。士曰：「更道取一句，便得此話圓。」師亦不對。士曰：「就中這一句無人道得。」師與龐居士行次，見一泓水。士以手指曰：「便與麽也還辨不出？」師曰：「灼然是辨不出。」士乃戽水，潑師二掬。師曰：「莫與麽，莫與麽。」士曰：「須與麽，須與麽。」師却戽水潑士三掬。師曰：「正與麽時，堪作甚麽？」士曰：「無外物。」師曰：「得便宜者少。」士曰：「誰是落便宜者？」

元和三年，於天津橋横卧，會留守鄭公出，呵之不起。吏問其故，師徐曰：「無事僧。」留守異之，奉束素及衣兩襲，日給米麪，洛下翕然歸信。至十五年春，告門人曰：「吾思林泉終老之所。」時門人齊静卜南陽丹霞山結庵，三年間，玄學者至，盈三百衆，建成大院。上堂：「阿你渾家，切須保護。一靈之物，不是你造作名邈得，更説甚薦與不薦？吾往日見石頭，亦祇教切須自保護，此事不是你談話得。阿你渾家，各有一坐具地，更疑甚麽？禪可是你解底物？豈有佛可成？佛之一字，永不喜聞。阿你自看，善巧方便，慈悲喜捨，不從外得，不著方寸。善巧是文殊，方便是普賢。你更擬趁逐甚麽物？不用經求落空去！今時學者，紛紛擾擾，皆是參禪問道。吾此間無道可修，無法可證。一飲一啄，各自有分，不用疑慮。在在處處，有恁麽底。若識得釋迦，即老凡夫是，阿你須自看取，莫一盲引衆盲，相將入火坑。夜裏暗雙陸，賽彩若爲生？無事，珍重！」

有僧到參，於山下見師，便問：「丹霞山向甚麽處去？」師指山曰：「青黯黯處。」曰：「莫祇這箇便是麽？」師曰：「真師子兒，一撥便轉。」問僧：「甚麽處宿？」曰：「山下宿。」師曰：「甚麽處喫飯？」曰：「山下喫飯。」師曰：「將飯與闍黎喫底人，還具眼也無？」僧無對。長慶問保福：「將飯與人喫，感恩有分，爲甚麽不具眼？」福云：「施者受者，二俱瞎漢。」慶云：「盡其機來，還成瞎不？」福云：「道某甲，瞎得麽。」玄覺徵云：「且道長慶明丹霞意？爲復自用家財？」長慶四年六月，告門人曰：「備湯沐浴，吾欲行矣。」乃戴笠，策杖，受屨，垂一足，未及地而化。門人建塔，謚智通禪師，塔曰妙覺。

潭州大川禪師

潭州大川禪師，亦曰大湖。江陵僧參，師問：「幾時發足江陵？」僧提起坐具。師曰：

「謝子遠來，下去！」僧遶禪牀一帀，便出。師曰：「若不恁麽，争知眼目端的？」僧拊掌曰：「苦殺人，洎合錯判諸方。」師曰：「甚得禪宗道理。」僧舉似丹霞，霞曰：「於大川法道即得，我這裏不然。」曰：「未審此間作麽生？」霞曰：「猶較大川三步在。」僧禮拜，霞曰：「錯判諸方者多。」洞山云：「不是丹霞，難分玉石。」

大顛寶通禪師

潮州靈山大顛寶通禪師，初參石頭。頭問：「那箇是汝心？」師曰：「見言語者是。」頭便喝出。經旬日，師却問：「前者既不是，除此外何者是心？」頭曰：「除却揚眉瞬目，將心來。」師曰：「無心可將來。」頭曰：「元來有心，何言無心？無心盡同謗。」師於言下大悟。異日侍立次，頭問：「汝是參禪僧？是州縣白蹋僧？」師曰：「是參禪僧。」頭曰：「何者是禪？」師曰：「揚眉瞬目。」頭曰：「除却揚眉瞬目外，將你本來面目呈看。」師曰：「請和尚除却揚眉瞬目外鑒。」頭曰：「我除竟。」師曰：「將呈了也。」頭曰：「汝既將呈我心如何？」師曰：「不異和尚。」頭曰：「不關汝事。」師曰：「本無物。」頭曰：「汝亦無物。」師曰：「既無物，即真物。」頭曰：「真物不可得，汝心見量意旨如此也，大須護持。」師住後，學者四集。

上堂：「夫學道人須識自家本心，將心相示，方可見道。多見時輩衹認揚眉瞬目，一語一默，驀頭印可，以爲心要，此實未了。吾今爲你諸人分明説出，各須聽受。但除却一切妄運想念，見量即汝真心。此心與塵境，及守認静默時全無交涉。即心是佛，不待修治。何以故？應機隨照，泠泠自用。窮其用處，了不可得。唤作妙用，乃是本心。大須護持，不可容易。」僧問：「其中人相見時如何？」師曰：「早不其中也。」曰：「其中者如何？」師曰：「不作箇問。」韓文公一日相訪，問師：「春秋多少？」師提起數珠，曰：「會麼？」公曰：「不會。」師曰：「晝夜一百八。」公不曉，遂回。次日再來，至門前見首座，舉前話問意旨如何。座扣齒三下。及見師，理前問，師亦扣齒三下。公曰：「元來佛法無兩般。」師曰：「是何道理？」公曰：「適來問首座亦如是。」師乃召首座：「是汝如此對否？」座曰：「是。」師便打趁出院。文公又一日白師曰：「弟子軍州事繁，佛法省要處，乞師一語。」師良久，公罔措。時三平爲侍者，乃敲禪牀三下。師曰：「作麼？」平曰：「先以定動，後以智拔。」公乃曰：「和尚門風高峻，弟子於侍者邊得箇入處。」僧問：「苦海波深，以何爲船筏？」師曰：「以木爲船筏。」曰：「恁麼即得度也。」師曰：「盲者依前盲，瘂者依前瘂。」一日，將痒和子廊下行，逢一僧問訊次，師以痒和子驀口打曰：「會麼？」曰：「不會。」師曰：「大顛老野狐，不曾孤負人。」

長髭曠禪師

潭州長髭曠禪師，曹谿禮祖塔回，參石頭。頭問：「甚麼處來？」曰：「嶺南來。」頭曰：「大庾嶺頭一鋪功德成就也未？」師曰：「成就久矣，祇欠點眼在。」頭曰：「莫要點眼麼？」師曰：「便請。」頭乃垂下一足。師禮拜，頭曰：「汝見箇甚麼道理便禮拜？」師曰：「據某甲所見，如紅爐上一點雪。」玄覺云：「且道長髭具眼祇對，不具眼祇對？若具眼，爲甚麼請他點眼？若不具眼，又道成就久矣，且作麼生商量？」法燈代云：「和尚可謂眼昏。」僧參，遶禪牀一匝，卓然而立。師曰：「若是石頭法席，一點也用不著。」僧又遶禪牀一匝。師曰：「却是恁麼時，不易道箇來處。」僧便出去。師乃喚，僧不顧。師曰：「這漢猶少教詔在。」僧却回曰：「有一人不從人得，不受教詔，不落階級，師還許麼？」師曰：「逢之不逢，逢必有事。」僧乃退身三步，師却遶禪牀一匝。僧曰：「不唯宗眼分明，亦乃師承有據。」師乃打三棒。問僧：「甚處來？」曰：「九華山控石庵。」師曰：「庵主是甚麼人？」曰：「馬祖下尊宿。」師曰：「名甚麼？」曰：「不委他法號。」師曰：「他不委，你不委。」曰：「尊宿眼在甚處？」師曰：「若是庵主親來，今日也須喫棒。」曰：「賴遇和尚，放過某甲。」師曰：「百年後討箇師僧也難得。」龐居士到，師陞座，衆集定。士出曰：「各請自撿好。」却於禪床右立。時有僧問：「不觸主人翁，請師答話。」師曰：「識龐公麽？」曰：「不識。」士便搊住曰：「苦哉！苦哉！」僧無對。士便拓開。師少間却問：「適來這僧還喫棒否？」士曰：「待伊甘始得。」師曰：「居士祇見錐頭利，不見鑿頭方。」士曰：「恁麽説話，某甲即得；外人聞之，要且不好。」師曰：「不好箇甚麽？」士曰：「阿師祇見錐頭尖，不見鑿頭利。」李行婆來，師乃問：「憶得在絳州時事麽？」婆曰：「非師不委。」師曰：「多虚少實在。」婆曰：「有甚諱處？」師曰：「念你是女人，放你拄杖。」婆曰：「某甲終不見尊宿過。」師曰：「老僧過在甚麽處？」婆曰：「和尚無過，婆豈有過？」師曰：「無過底人作麽生？」婆乃竪拳曰：「與麽，總成顛倒。」師曰：「實無諱處。」師見僧，乃擒住曰：「師子兒，野干屬！」僧以手作撥眉勢，師曰：「雖然如此，猶欠哮吼在。」僧擒住師曰：「偏愛行此一機。」師與一摑，僧拍手三下。師曰：「若見同風，汝甘與麽否？」曰：「終不由別人。」師作撥眉勢。僧曰：「猶欠哮吼在。」師曰：「想料不由別人。」師見僧問訊次，師曰：「步步是汝證明處。汝還知麽？」曰：「某甲不知。」師曰：「汝若知，我堪作甚麽？」僧禮拜。師曰：「我不堪，汝却好！」

京兆尸利禪師

京兆府尸利禪師，問石頭：「如何是學人本分事？」頭曰：「汝何從吾覓？」曰：「不從師覓，如何即得？」石頭曰：「汝還曾失麽？」師乃契會厥旨。

招提慧朗禪師

潭州招提寺慧朗禪師，始興曲江人也。初參馬祖，祖問：「汝來何求？」曰：「求佛知見。」祖曰：「佛無知見，知見乃魔耳。汝自何來？」曰：「南嶽來。」祖曰：「汝從南嶽來，未識曹谿心要。汝速歸彼，不宜他往。」師歸石頭，便問：「如何是佛？」頭曰：「汝無佛性。」師曰：「蠢動含靈，又作麽生？」頭曰：「蠢動含靈，却有佛性。」曰：「慧朗爲甚麽却無？」頭曰：「爲汝不肯承當。」師於言下信入。住後，凡學者至，皆曰：「去！去！汝無佛性。」其接機大約如此。時謂大朗。

興國振朗禪師

長沙興國寺振朗禪師，初參石頭，便問：「如何是祖師西來意？」頭曰：「問取露柱。」曰：「振朗不會。」頭曰：「我更不會。」師俄省悟。住後，有僧來參，師召上座，僧應諾。師曰：「孤負去也。」曰：「師何不鑒？」師乃拭目而視之。僧無語。時謂小朗。

汾州石樓禪師

汾州石樓禪師，上堂，僧問：「未識本來性，乞師方便指。」師曰：「石樓無耳朵。」曰：「某甲自知非。」師曰：「老僧還有過。」曰：「和尚過在甚麽處？」師曰：「過在汝非處。」僧禮拜，師便打。問僧：「近離甚處？」曰：「漢國。」師曰：「漢國主人還重佛法麽？」曰：「苦哉！賴遇問着某甲；若問別人，即禍生。」師曰：「作麽生？」曰：「人尚不見，有何佛法可重？」師曰：「汝受戒得多少夏？」曰：「三十夏。」師曰：「大好不見有人。」便打。

法門佛陀禪師

鳳翔府法門寺佛陀禪師，尋常持一串數珠，念三種名號，曰一釋迦、二元和、三佛陀，自餘是甚麽「椀躂丘」，乃過一珠，終而復始。事迹異常，時人莫測。

水空和尚

水空和尚，一日廊下見一僧，乃問：「時中事作麽生？」僧良久。師曰：「衹恁便得麽？」曰：「頭上安頭。」師打曰：「去！去！已後惑亂人家男女在。」

大同濟禪師

澧州大同濟禪師，米胡領衆來，纔欲相見，師便拽轉禪牀，面壁而坐。米於背後立，少時却回客位。師曰：「是即是，若不驗破，已後遭人貶剥。」令侍者請米來。却拽轉禪牀便坐。師乃遶禪牀一匝，便歸方丈。米却拽倒禪牀，領衆便出。師訪龐居士，士曰：「憶在母胎時，有一則語，舉似阿師，切不得作道理主持。」師曰：「猶是隔生也。」士曰：「向道不得作道理。」師曰：「驚人之句，争得不怕！」士曰：「如師見解，可謂驚人。」師曰：「不作道理，却成作道理。」士曰：「不但隔一生、兩生。」師曰：「粥飯底僧，一任檢責。」士鳴指三下。師一日見龐居士來，便掩却門曰：「多知老翁，莫與相見。」士曰：「獨坐獨語，過在阿誰？」師便開門，纔出，被士把住曰：「師多知？我多知？」師曰：「多知且置，閉門開門，卷之與舒，相較幾許？」士曰：「秖此一問，氣急殺人！」師默然。士曰：「弄巧成拙。」僧問：「此箇法門，如何繼紹？」師曰：「冬寒夏熱，人自委知。」曰：「恁麽則蒙分付去也！」師曰：「頑嚚少智，勔臏多癡。」問：「十二時中如何合道？」師曰：「汝還識十二時麽？」曰：「如何是十二時？」師曰：「子丑寅卯。」僧禮拜。師示頌曰：「十二時中那事別，子丑寅卯吾今說。若會唯心萬法空，釋迦、彌勒從兹決。」

青原下三世

藥山儼禪師法嗣

道吾宗智禪師

潭州道吾山宗智禪師，豫章海昏張氏子。幼依槃和尚受教登戒，預藥山法會，密契心印。一日，山問：「子去何處來？」師曰：「遊山來。」山曰：「不離此室，速道將來。」師曰：「山上烏兒頭似雪，澗底遊魚忙不徹。」師離藥山見南泉，泉問：「闍黎名甚麽？」師曰：「宗智。」泉曰：「智不到處，作麽生宗？」師曰：「切忌道着。」泉曰：「灼然，道著即頭角生。」三日後，師與雲巖在後架把針。泉見乃問：「智頭陀前日道，智不到處切忌道着，道着即頭角生。合作麽生行履？」師便抽身入僧堂，泉便歸方丈。師又來把針。巖曰：「師弟適來爲甚不祇對和尚？」師曰：「你不妨靈利！」巖不薦，却問南泉：「適來智頭陀爲甚不祇對和尚，某甲不會，乞師垂示。」泉曰：「他却是異類中行。」巖曰：「如何是異類中行？」泉曰：「不見道：智不到處切忌道着，道着即頭角生。直須向異類中行。」巖亦不會。師知雲巖不薦，乃曰：「此人因緣不在此。」却同回藥山。山問：「汝回何速？」巖曰：「祇爲因緣不契。」山曰：「有何因緣？」巖舉前話。山曰：「子作麽生會他，這箇時節便回？」巖無對。山乃大笑。巖便問：「如何是異類中行？」山曰：「吾今日困倦，且待別時來。」巖曰：「某甲特爲此事歸來。」山曰：「且去！」巖便出。師在方丈外，聞巖不薦，不覺齩得指頭血出。師却下來問巖：「師兄！去問和尚那因緣作麽生？」巖曰：「和尚不與某甲説。」師便低頭。僧問雲居：「切忌道着，意作麽生？」居云：「此語最毒。」云：「如何是最毒底語？」居云：「一棒打殺龍蛇。」雲巖臨遷化，遣書辭師。師覽書了，謂洞山、密師伯曰：「雲巖不知有，我悔當時不向伊道。雖然如是，要且不違藥山之子。」玄覺云：「古人恁麽道，還知有也未?」又云:「雲巖當時不會,且道甚麼處是伊不會處?」

藥山上堂曰:「我有一句子,未曾説向人。」師出曰:「相隨來也。」僧問:「藥山一句子如何説?」山曰:「非言説。」師曰:「早言説了也。」師一日提笠出,雲巖指笠曰:「用這箇作甚麼?」師曰:「有用處。」巖曰:「忽遇黑風猛雨來時如何?」師曰:「蓋覆著。」巖曰:「他還受蓋覆麽?」師曰:「雖然如是,且無滲漏。」潙山問雲巖:「菩提以何爲座?」巖曰:「以無爲爲座。」巖却問潙山。山曰:「以諸法空爲座。」又問:「師作麽生?」師曰:「坐也聽伊坐,卧也聽伊卧,有一人不坐不卧。速道!速道!」山休去。潙山問師:「甚麽處去來?」師曰:「看病來。」山曰:「有幾人病?」師曰:「有病底,有不病底。」山曰:「不病底莫是智頭陀麽?」師曰:「病與不病,總不干他事。速道!速道!」山曰:「道得也與他没交涉。」僧問:「萬里無雲未是本來天,如何是本來天?」師曰:「今日好曬麥。」雲巖問:「師弟家風近日如何?」師曰:「教師兄指點,堪作甚麽?」巖曰:「無這箇來多少時也?」師曰:「牙根猶帶生澀在。」僧問:「如何是今時着力處?」師曰:「千人萬人喚不回頭,方有少分相應。」曰:「忽然火起時如何?」師曰:「能燒大地。」師却問僧:「除却星與燄,那箇是火?」曰:「不是火。」别一僧却問:「師還見火麽?」師曰:「見。」曰:「見從何起?」師曰:「除却行住坐卧,别請一問。」有施主施裩，藥山提起示衆曰：「法身還具四大也無？有人道得，與他一腰裩。」師曰：「性地非空，空非性地。此是地大，三大亦然。」山曰：「與汝一腰裩。」師指佛桑花問僧曰：「這箇何似那箇？」曰：「直得寒毛卓豎。」師曰：「畢竟如何？」曰：「道吾門下底。」師曰：「十里大王。」雲巖不安，師乃謂曰：「離此殼漏子，向甚麽處相見？」巖曰：「不生不滅處相見。」師曰：「何不道非不生不滅處，亦不求相見？」

雲巖補鞋次，師問：「作甚麽？」巖曰：「將敗壞補敗壞。」師曰：「何不道即敗壞非敗壞？」師聞僧念維摩經云：「八千菩薩、五百聲聞，皆欲隨從文殊師利。」師問曰：「甚麽處去？」其僧無對。師便打。後僧問禾山，山曰：「給侍者方諧。」師到五峰，峰問：「還識藥山老宿否？」師曰：「不識。」峰曰：「爲甚麽不識？」師曰：「不識，不識。」問：「如何是祖師西來意？」師曰：「東土不曾逢。」因設先師齋，僧問：「未審先師還來也無？」師曰：「汝諸人用設齋作甚麽？」石霜問：「和尚一片骨，敲着似銅鳴，向甚麽處去也？」師喚侍者，者應諾。師曰：「驢年去！」唐太和九年九月示疾，有苦。僧衆慰問體候，師曰：「有受非償，子知之乎？」衆皆愀然。越十日，將行，謂衆曰：「吾當西邁，理無東移。」言訖告寂。闍維得靈骨數片，建塔道吾。後雷，遷于石霜山之陽。

雲巖曇晟禪師

潭州雲巖曇晟禪師，鍾陵建昌王氏子。少出家於石門，參百丈海禪師二十年，因緣不契。後造藥山，山問：「甚處來？」曰：「百丈來。」山曰：「百丈有何言句示徒？」師曰：「尋常道：我有一句子，百味具足。」山曰：「鹹則鹹味，淡則淡味，不鹹不淡是常味。作麽生是百味具足底句？」師無對。山曰：「爭奈目前生死何！」師曰：「目前無生死。」山曰：「在百丈多少時？」師曰：「二十年。」山曰：「二十年在百丈，俗氣也不除。」他日侍立次，山又問：「百丈更説甚麽法？」師曰：「有時道：三句外省去，六句内會取。」山曰：「三千里外，且喜没交涉。」山又問：「更説甚麽法？」師曰：「有時上堂，大衆立定，以拄杖一時趁散。復召大衆，衆回首。丈曰：『是甚麽？』」山曰：「何不早恁麽道，今日因子得見海兄。」師於言下頓省，便禮拜。一日山問：「汝除在百丈，更到甚麽處來？」師曰：「曾到廣南來。」曰：「見説廣州城東門外有一片石，被州主移去。是否？」師曰：「非但州主，闔國人移亦不動。」山又問：「聞汝解弄師子，是否？」師曰：「是。」曰：「弄得幾出？」師曰：「弄得六出。」曰：「我亦弄得。」師曰：「和尚弄得幾出？」曰：「我弄得一出。」師曰：「一即六，六即一。」後到潙山，潙問：「承聞長老在藥山弄師子，是否？」師曰：「是。」曰：「長弄？有置時？」師曰：「要弄即弄，要置即置。」曰：「置時師子在甚麼處？」師曰：「置也！置也！」

僧問：「從上諸聖甚麼處去？」師良久曰：「作麽？作麽？」問：「暫時不在，如同死人時如何？」師曰：「好埋却。」問：「大保任底人，與那箇是一是二？」師曰：「一機之絹，是一段是兩段？」洞山代云：「如人接樹。」師煎茶次，道吾問：「煎與阿誰？」師曰：「有一人要。」曰：「何不教伊自煎？」師曰：「幸有某甲在。」師問石霜：「甚麼處來？」曰：「潙山來。」師曰：「在彼中得多少時？」曰：「粗經冬夏。」師曰：「恁麼即成山長也。」曰：「雖在彼中却不知。」師曰：「他家亦非知非識。」石霜無對。道吾聞云：「得恁麼無佛法身心。」

住後，上堂示衆曰：「有箇人家兒子，問着無有道不得底。」洞山出問曰：「他屋裏有多少典籍？」師曰：「一字也無。」曰：「爭得恁麼多知？」師曰：「日夜不曾眠。」山曰：「問一段事還得否？」師曰：「道得却不道。」問僧：「甚處來？」曰：「添香來。」師曰：「還見佛否？」曰：「見。」師曰：「甚麼處見？」曰：「下界見。」師曰：「古佛！古佛！」道吾問：「大悲千手眼，那箇是正眼？」師曰：「如人夜間背手摸枕子。」吾曰：「我會也。」師曰：「作麽生會？」吾曰：「遍身是手眼。」師曰：「道也太煞道，祇道得八成。」吾曰：「師兄作麽生？」師曰：「通身是手眼。」掃地次，道吾曰：「太區區生！」師曰：「須知有不區區者。」吾曰：「恁麽則有第二月也。」師竪起掃帚曰：「是第幾月？」吾便行。玄沙聞云：「正是第二月。」問僧：「甚處來？」曰：「石上語話來。」師曰：「石還點頭也無？」僧無對。師自代曰：「未語話時却點頭。」師作草鞋次，洞山近前曰：「乞師眼睛，得麽？」師曰：「汝底與阿誰去也？」曰：「良价無。」師曰：「設有，汝向甚麽處著？」山無語。師曰：「乞眼睛底是眼否？」山曰：「非眼。」師便喝出。

尼僧禮拜，師問：「汝爺在否？」曰：「在。」師曰：「年多少？」曰：「年八十。」師曰：「汝有箇爺不年八十，還知否？」曰：「莫是恁麽來者？」師曰：「恁麽來者，猶是兒孫。」洞山代云：「直是不恁麽來者，亦是兒孫。」僧問：「一念瞥起便落魔界時如何？」師曰：「汝因甚麽却從佛界來？」僧無對。師曰：「會麽？」曰：「不會。」師曰：「莫道體不得，設使體得，也祇是左之右之。」

院主遊石室回，師問：「汝去入到石室裏許，爲祇恁麽便回？」主無對。洞山代曰：「彼中已有人占了也。」師曰：「汝更去作甚麽？」山曰：「不可人情斷絶去也。」會昌元年辛酉十月二十六日示疾，命澡身竟，喚主事令備齋，來日有上座發去。至二十七夜歸寂，荼毗得舍利一千餘粒。瘞于石塔，謚無住大師。

船子德誠禪師

秀州華亭船子德誠禪師，節操高邈，度量不群。自印心於藥山，與道吾、雲巖爲同道交。洎離藥山，乃謂二同志曰：「公等應各據一方，建立藥山宗旨。予率性疏野，唯好山水，樂情自遣，無所能也。他後知我所止之處，若遇靈利座主，指一人來，或堪雕琢，將授生平所得，以報先師之恩。」遂分携。至秀州華亭，泛一小舟，隨緣度日，以接四方往來之者。時人莫知其高蹈，因號船子和尚。一日，泊船岸邊閑坐，有官人問：「如何是和尚日用事？」師豎橈子曰：「會麼？」官人曰：「不會。」師曰：「棹撥清波，金鱗罕遇。」師有偈曰：「三十年來坐釣臺，鈎頭往往得黃能。金鱗不遇空勞力，收取絲綸歸去來。」「千尺絲綸直下垂，一波纔動萬波隨。夜静水寒魚不食，滿船空載月明歸。」「三十年來海上遊，水清魚現不吞鈎。釣竿斫盡重栽竹，不計功程得便休。」「有一魚兮偉莫裁，混融包納信奇哉。能變化，吐風雷，下線何曾釣得來。」「别人祇看採芙蓉，香氣長粘遶指風。兩岸映，一船紅，何曾解染得虚空。」「問我生涯祇是船，子孫各自睹機緣。不由地，不由天，除却蓑衣無可傳。」道吾後到京口，遇夾山上堂。僧問：「如何是法身？」山曰：「法身無相。」曰：

「如何是法眼？」山曰：「法眼無瑕。」道吾不覺失笑。山便下座，請問道吾：「某甲適來祇對這僧話，必有不是，致令上座失笑。望上座不吝慈悲！」吾曰：「和尚一等是出世，未有師在。」山曰：「某甲甚處不是？望爲説破。」吾曰：「某甲終不説，請和尚却往華亭船子處去。」山曰：「此人如何？」吾曰：「此人上無片瓦，下無卓錐。和尚若去，須易服而往。」山乃散衆束裝，直造華亭。船子纔見，便問：「大德住甚麼寺？」山曰：「寺即不住，住即不似。」師曰：「不似，似箇甚麼？」山曰：「不是目前法。」師曰：「甚處學得來？」山曰：「非耳目之所到。」師曰：「一句合頭語，萬劫繫驢橛。」師又問：「垂絲千尺，意在深潭。離鈎三寸，子何不道？」山擬開口，被師一橈打落水中。山纔上船，師又曰：「道！道！」山擬開口，師又打。山豁然大悟，乃點頭三下。師曰：「竿頭絲線從君弄，不犯〔一〕清波意自殊。」山遂問：「抛綸擲釣，師意如何？」師曰：「絲懸渌水，浮定有無之意。」山曰：「語帶玄而無路，舌頭談而不談。」師曰：「釣盡江波，金鱗始遇。」山乃掩耳。師曰：「如是！如是！」遂囑曰：「汝向去直須藏身處没蹤迹，没蹤迹處莫藏身。吾三十年在藥山，祇明斯事。汝今既得，他後莫住城隍聚落，但向深山裏、钁頭邊，覓取一箇半箇接續，

〔一〕「犯」，原作「把」，據續藏本改。

無令斷絶。」山乃辭行，頻頻回顧。師遂喚：「闍黎！」山乃回首，師竪起橈子曰：「汝將謂別有。」乃覆船入水而逝。

椑樹慧省禪師

宣州椑樹慧省禪師，洞山參，師問：「來作甚麽？」山曰：「來親近和尚。」師曰：「若是親近，用動這兩片皮作麽？」山無對。曹山云：「一子親得。」僧問：「如何是佛？」師曰：「猫兒上露柱。」曰：「學人不會。」師曰：「問取露柱去！」

百巖明哲禪師

鄂州百巖明哲禪師，藥山看經次，師曰：「和尚休猱人好！」山置經曰：「日頭早晚也？」師曰：「正當午。」山曰：「猶有文彩在。」師曰：「某甲無亦無。」山曰：「汝太煞聰明。」師曰：「某甲祇恁麽，和尚作麽生？」山曰：「跛跛挈挈，百醜千拙。且恁麽過。」洞山與密師伯到參，師問：「二上座甚處來？」山曰：「湖南。」師曰：「觀察使姓甚麽？」曰：「不得姓。」師曰：「名甚麽？」曰：「不得名。」師曰：「還治事也無？」曰：「自有郎幕在。」師曰：「還出入也無？」曰：「不出入。」師曰：「豈不出入？」山拂袖便出。師次早入堂，召二上座曰：「昨日老僧對闍黎一轉語不相契，一夜不安。今請闍黎別下一轉語。若愜老僧意，便開粥相伴過夏。」山曰：「請和尚問。」師曰：「豈不出入？」山曰：「太尊貴生！」師乃開粥，同共過夏。

澧州高沙彌

澧州高沙彌初參藥山，山問：「甚處來？」師曰：「南嶽來。」山曰：「何處去？」師曰：「江陵受戒去。」山曰：「受戒圖甚麼？」師曰：「圖免生死。」山曰：「有一人不受戒，亦無生死可免。汝還知否？」師曰：「恁麼則佛戒何用？」山曰：「這沙彌猶挂脣齒在。」師禮拜而退。道吾來侍立，山曰：「適來有箇跛脚沙彌，却有些子氣息。」吾曰：「未可全信，更須勘過始得。」至晚，山上堂，召曰：「早來沙彌在甚麼處？」師出衆立。山問：「我聞長安甚鬧，你還知否？」師曰：「我國晏然。」法眼别云：「見誰説？」山曰：「汝從看經得？請益得？」師曰：「不從看經得，亦不從請益得。」山曰：「大有人不看經、不請益，爲甚麼不得？」師曰：「不道他不得，衹是不肯承當。」山顧道吾、雲巖曰：「不信道。」師一日辭藥山，山問：「甚麼處去？」師曰：「某甲在，衆有妨，且往路邊卓箇草菴，接待往來茶湯去。」山曰：「生死事大，何不受戒去？」師曰：「知是般事便休，更唤甚麽作戒？」山曰：「汝既如是，不得離吾左右，時復要與子相見。」師住菴後，一日歸來，值雨。山曰：「你來也。」師曰：「是。」山曰：「可煞濕。」師曰：「不打這箇鼓笛。」雲巖曰：「皮也無，打甚麽鼓？」道吾曰：「鼓也無，打甚麽皮？」山曰：「今日大好一場曲調。」僧問：「一句子還有該不得處否？」師曰：「不順世。」藥山齋時，自打鼓，師捧鉢作舞入堂。山便擲下鼓槌曰：「是第幾和？」師曰：「是第二和。」山曰：「如何是第一和？」師就桶舀一杓飯便出。

刺史李翺居士

鼎州李翺刺史，嚮藥山玄化，屢請不赴，乃躬謁之。山執經卷不顧。侍者曰：「太守在此。」守性褊急，乃曰：「見面不如聞名。」拂袖便出。山曰：「太守何得貴耳賤目？」守回拱謝，問曰：「如何是道？」山以手指上下曰：「會麽？」守曰：「不會。」山曰：「雲在青天水在瓶〔一〕。」守忻愜作禮，而述偈曰：「鍊得身形似鶴形，千株松下兩函經。我來問

〔一〕「瓶」，原作「缾」，據清藏本、續藏本改。

道無餘說，雲在青天水在缾。」玄覺云：「且道李太守是讚他語？明他語？須是行脚眼始得。」守又問：「如何是戒定慧？」山曰：「貧道這裏無此閑家具。」守莫測玄旨。山曰：「太守欲得保任，此事直須向高高山頂立，深深海底行。閨閤中物捨不得，便爲滲漏。」守見老宿獨坐，問曰：「端居丈室，當何所務？」宿曰：「法身凝寂，無去無來。」法眼別云：「汝作甚麼來？」法燈別云：「非公境界。」

丹霞然禪師法嗣

翠微無學禪師

京兆府翠微無學禪師，初問丹霞：「如何是諸佛師？」霞咄曰：「幸自可憐生，須要執巾帚作麼？」師退身三步，霞曰：「錯！」師進前，霞曰：「錯！錯！」師翹一足，旋身一轉而出。霞曰：「得即得，孤他諸佛。」師由是領旨。住後，投子問：「未審二祖初見達磨，有何所得？」師曰：「汝今見吾，復何所得？」投子頓悟玄旨。一日，師在法堂內行，投子進前接禮。問曰：「西來密旨，和尚如何示人？」師駐步少時。子曰：「乞師垂示。」師曰：「更要第二杓惡水那？」子便禮謝。師曰：「莫埰根。」子曰：「時至根苗自生。」師因供養羅漢，僧問：「丹霞燒木佛，和尚爲甚麼供養羅漢？」師曰：「燒也不燒着，供養亦一任供養。」曰：「供養羅漢，羅漢還來也無？」師曰：「汝每日還喫飯麼？」僧無語。師曰：「少有靈利底！」

孝義性空禪師

吉州孝義寺性空禪師，僧參，師乃展手示之。僧近前，却退後。師曰：「父母俱喪，略不慘顔。」僧呵呵大笑。師曰：「少間與闍黎舉哀。」僧打筋斗而出。師曰：「蒼天！蒼天！」僧參，人事畢，師曰：「與麼下去，還有佛法道理也無？」曰：「某甲結舌有分。」師曰：「老僧又作麼生？」曰：「素非好手。」師便仰身合掌，僧亦合掌。師乃拊掌三下，僧拂袖便出。師曰：「烏不前，兔不後，幾人於此茫然走。秖有闍黎達本源，結舌何曾着空有？」

米倉和尚

米倉和尚，新到參，遶師三匝，敲禪牀曰：「不見主人公，終不下參衆。」師曰：「甚麼處情識去來？」曰：「果然不在。」師便打一拄杖。僧曰：「幾落情識。」師曰：「村草步頭逢着一箇，有甚麽話處？」曰：「且參衆去！」

丹霞義安禪師

丹霞山義安禪師，僧問：「如何是佛？」師曰：「如何是上座？」曰：「恁麽即無異去也。」師曰：「誰向汝道？」

本童禪師

本童禪師，因僧寫師真呈，師曰：「此若是我，更呈阿誰？」曰：「豈可分外也。」師曰：「若不分外，汝却收取。」僧擬收，師打曰：「正是分外强爲。」曰：「若恁麽，即須呈於師也。」師曰：「收取！收取！」

大川禪師法嗣

僊天禪師

僊天禪師，新羅僧參，方展坐具，擬禮拜，師捉住云：「未發本國時道取一句？」僧無語。師便推出曰：「問伊一句，便道兩句。」僧參，展坐具，師曰：「這裏會得，孤負平生去也。」曰：「不向這裏會得，又作麽生？」師曰：「不向這裏會，更向那裏會？」便打出。僧參，纔展坐具，師曰：「不用通時暄，還我文彩未生時道理來！」曰：「某甲有口，瘂却即閑，苦死覓箇臘月扇子作麽？」師拈棒作打勢。僧把住曰：「還我未拈棒時道理。」師曰：「隨我者，隨之南北，不隨我者，死住東西。」曰：「隨與不隨且置，請師指出東西南北。」師便打。披雲和尚來，纔入方丈，師便問：「未見東越老人時，作麽生爲物？」雲曰：「祇見雲生碧嶂，焉知月落寒潭。」師曰：「祇與麽也難得。」曰：「莫是未見時麽？」師便喝。雲展兩手，師曰：「錯怪人者有甚麽限？」雲掩耳而出。師曰：「死却這漢平生也！」洛瓶和尚參，師問：「甚處來？」瓶曰：「南溪。」師曰：「還將南溪消息來麽？」曰：「消即消已，息即未息。」師曰：「最苦是未息。」瓶曰：「且道未息箇甚麽？」師曰：「一回見面，千載忘名。」瓶拂袖便出。師曰：「弄死虵手有甚麽限？」僧參，擬禮拜，師曰：「野孤兒！見甚麽了便禮拜？」曰：「老禿奴！見甚麽了便恁麽問？」師曰：「苦哉！苦哉！僊天今日忘前失後。」曰：「要且得時，終不補失。」師曰：「争不如此？」曰：「誰甘！」師呵呵大笑曰：「遠之遠矣。」僧四顧便出。

福州普光禪師

福州普光禪師，僧侍立次，師以手開胸曰：「還委老僧事麼？」曰：「猶有這箇在。」師却掩胸曰：「不妨太顯。」曰：「有甚麼避處？」師曰：「的是無避處。」曰：「即今作麼生？」師便打。

大顛通禪師法嗣

三平義忠禪師

漳州三平義忠禪師，福州楊氏子。初參石鞏，鞏常張弓架箭接機。師詣法席，鞏曰：「看箭！」師乃撥開胸曰：「此是殺人箭，活人箭又作麼生？」鞏彈弓弦三下，師乃禮拜。鞏曰：「三十年張弓架箭，祇射得半箇聖人。」遂拗折弓箭。後參大顛，舉前話。顛曰：「既是活人箭，爲甚麼向弓弦上辨？」平無對。顛曰：「三十年後，要人舉此話也難得。」

師問大顛：「不用指東劃西，便請直指。」顛曰：「幽州江口石人蹲。」師曰：「猶是指東劃西。」顛曰：「若是鳳凰兒，不向那邊討。」師作禮。顛曰：「若不得後句，前話也難圓。」師住三平，上堂曰：「今時人出來盡學馳求走作，將當自己眼目。有甚麽相當！阿汝欲學麽？不要諸餘，汝等各有本分事，何不體取？作麽心憤憤、口悱悱，有甚麽利益？分明向汝説，若要修行路及諸聖建立化門，自有大藏教文在。若是宗門中事宜，汝切不得錯用心。」僧問：「宗門中還有學路也無？」師曰：「有一路，滑如苔。」曰：「學人還躡得否？」師曰：「不擬心，汝自看。」問：「黑豆未生芽時如何？」師曰：「佛亦不知。」講僧問：「三乘十二分教，某甲不疑，如何是祖師西來意？」師曰：「龜毛拂子，兔角拄杖。」大德藏向甚麽處？」曰：「龜毛兔角豈是有邪？」師曰：「肉重千斤，智無銖兩。」上堂：「諸人若未曾見知識即不可，若曾見作者來，便合體取些子意度，向巖谷間木食草衣，恁麽去，方有少分相應。若馳求知解義句，即萬里望鄉關去也。珍重！」問侍者：「姓甚麽？」者曰：「與和尚同姓。」師曰：「你道三平姓甚麽？」者曰：「問頭何在？」師曰：「幾時問汝？」者曰：「問姓者誰？」師曰：「念汝初機，放汝三十棒。」師有偈曰：「即此見聞非見聞，無餘聲色可呈君。箇中若了全無事，體用何妨分不分。」陞座次，有道士出衆，從東過西，一僧從西過東。師曰：「適來道士却有見處，師僧未在。」士出作禮曰：「謝師接引。」師便打。僧出作禮曰：「乞師指示。」師亦打。復謂衆曰：「此兩件公案作麽生斷？還有人斷得麽？」如是三問，衆無對。師曰：「既無人斷得，老僧爲斷去。」乃擲下拄杖，歸方丈。

馬頰本空禪師

馬頰山本空禪師，上堂：「秖這施爲動轉，還合得本來祖翁麽？若合得，十二時中無虚棄底道理？若合不得，喫茶説話往往喚作茶話在。」僧便問：「如何免得不成茶話去？」師曰：「你識得口也未？」曰：「如何是口？」師曰：「兩片皮也不識。」曰：「如何是本來祖翁？」師曰：「大衆前不要牽爺恃孃。」曰：「大衆忻然去也。」師曰：「你試點大衆性看！」僧作禮。師曰：「伊往往道一性一切性在。」僧欲進語，師曰：「孤負平生行脚眼。」問：「去却即今言句，請師直指本來性。」師曰：「你迷源來得多少時？」曰：「即今蒙和尚指示。」師曰：「若指示你，我即迷源。」曰：「如何即是。」師示頌曰：「心是性體，性是心用。心性一如，誰别誰共？妄外迷源，秖者難洞。古今凡聖，如幻如夢。」

本生禪師

本生禪師，拈拄杖示衆曰：「我若拈起，你便向未拈起時作道理。我若不拈起，你便向拈起時作主宰。且道老僧爲人在甚處？」時有僧出曰：「不敢妄生節目。」師曰：「也知闍黎不分外。」曰：「低低處平之有餘，高高處觀之不足。」師曰：「節目上更生節目。」僧無語。師曰：「掩鼻偷香，空招罪犯。」

長髭曠禪師法嗣

石室善道禪師

潭州石室善道禪師作沙彌時，長髭遣令受戒，謂之曰：「汝回日須到石頭和尚處禮拜。」師受戒後，乃參石頭。一日隨頭遊山次，頭曰：「汝與我斫却面前樹子，免礙我。」師曰：「不將刀來。」頭乃抽刀倒與，師曰：「何不過那頭來？」頭曰：「你用那頭作甚麼？」師即大悟，便歸長髭。髭問：「汝到石頭否？」師曰：「到即到，祇是不通號。」髭曰：「從誰受戒？」師曰：「不依他。」髭曰：「在彼即恁麼，來我這裏作麼生？」師曰：「不違背。」髭曰：「太忉忉生！」師曰：「舌頭未曾點著在。」髭喝曰：「沙彌！出去！」師便出。髭曰：「爭得不遇於人。」師尋值沙汰，乃作行者，居于石室。每見僧，便豎起杖子曰：「三世諸佛，盡由這箇。」對者少得冥契。長沙聞，乃曰：「我若見，即令放下拄杖，別通箇消息。」三聖將此語祇對，被師認破是長沙語。杏山聞三聖失機，乃親到石室。師見杏山，僧衆相隨，潛入碓坊碓米。杏曰：「行者接待不易，貧道難消。」師曰：「開心椀子盛將來，無蓋盤子合取去。說甚麼難消。」杏便休。仰山問：「佛之與道，相去幾何？」師曰：「道如展手，佛似握拳。」曰：「畢竟如何的當可信可依？」師以手撥空三下曰：「無恁麼事，無恁麼事。」曰：「還假看教否？」師曰：「三乘十二分教是分外事。若與他作對，即是心境兩法，能所雙行，便有種種見解，亦是狂慧，未足爲道。若不與他作對，一事也無。所以祖師道『本來無一物。』汝不見小兒出胎時，可道我解看教、不解看教？當恁麼時，亦不知有佛性義、無佛性義。及至長大，便學種種知解，出來便道我能、我解，不知總是客塵煩惱。十六行中，嬰兒行爲最。哆哆和和時，喻學道之人離分別取捨心，故讚歎嬰兒，可況喻取之。若謂嬰兒是道，今時人錯會。」師一夕與仰山翫月，山問：「這箇月尖時，圓相甚麼處去？圓時，尖相又甚麼處去？」師曰：「尖時圓相隱，圓時尖相在。」雲巖云：「尖時圓相在，圓時無尖相」。道吾云：「尖時亦不尖，圓時亦不圓。」仰山辭，師送出門。乃召曰：「闍黎！」山應諾。師曰：「莫一向去，却回這邊來。」僧問：「曾到五臺否？」師曰：「曾到。」曰：「還見文殊麼？」師曰：「見。」曰：「文殊向行者道甚麼？」師曰：「文殊道，你生身父母在深草裹。」

青原下四世

道吾智禪師法嗣

石霜慶諸禪師

潭州石霜山慶諸禪師，廬陵新淦陳氏子。依洪井西山紹鑾禪師落髮，詣洛下學毗尼教，雖知聽制，終爲漸宗。回抵溈山，爲米頭。一日篩米次，溈曰：「施主物，莫抛撒。」師曰：「不抛撒。」溈於地上拾得一粒曰：「汝道不抛撒，這箇是甚麽？」師無對。溈又曰：「莫輕這一粒，百千粒盡從這一粒生。」師曰：「百千粒從這一粒生，未審這一粒從甚麽處生？」溈呵呵大笑，歸方丈。溈至晚，上堂曰：「大衆！米裏有蟲，諸人好看。」後參道吾，問：「如何是觸目菩提？」吾喚沙彌，彌應諾。吾曰：「添净瓶水著。」良久却問師：「汝適來問甚麽？」師擬舉，吾便起去。師於此有省。吾將順世，垂語曰：「我心中有一物，久而爲患，誰能爲我除之？」師曰：「心物俱非，除之益患。」吾曰：「賢哉！賢哉！」師後避世，混俗于長沙瀏陽陶家坊。朝遊夕處，人莫能識。後因僧自洞山來，師問：「和尚有何言句示徒？」曰：「解夏上堂云：『秋初夏末，兄弟或東去西去，直須向萬里無寸草處去。』良久曰：『祇如萬里無寸草處作麽生去？』」師曰：「有人下語否？」曰：「無。」師曰：「何不道『出門便是草』？」僧回，舉似洞山。山曰：「此是一千五百人善知識語。」因兹囊錐始露，果熟香飄，衆命住持。上堂：「汝等諸人自有本分事，不用馳求，無你是非處，無你齩嚼處。一代時教，整理時人脚手。凡有其由，皆落今時，直至法身非身，此是教家極則。我輩沙門全無肯路，若分則差，不分則坐着泥水，但由心意，妄説見聞。」僧問：「如何是西來意？」師曰：「空中一片石。」僧禮拜。師曰：「會麽？」曰：「不會。」師曰：「賴汝不會，若會即打破汝頭。」問：「如何是和尚本分事？」師曰：「石頭還汗出麽？」問：「到這裏，爲甚麽却道不得。」師曰：「脚底著口。」問：「真身還出世也無？」師曰：「不出世。」曰：「争柰真身何？」師曰：「瑠璃缾子口。」問：「如何是和尚深深處？」師曰：「無鬚鎖子兩頭摇。」師在方丈内，僧在窗外問：「咫尺之間爲甚麽不覩師顔？」師曰：「徧界不曾藏。」僧舉問雪峰：「徧界不曾藏，意旨如何？」峰曰：「甚麽處不是石霜。」師聞曰：「這老漢著甚麽死急！」峰聞曰：「老僧罪過。」東禪齊云：「祇如雪峰是會石霜意？不會石霜意？若會，他爲甚麽道死急？若不會，雪峰作麽不會？然法且無異，奈以師承不同，解之差別。他云：『偏界不曾藏。』也須曾學來始得會，亂説即不可。」

裴相公來，師拈起裴笏問：「在天子手中爲珪，在官人手中爲笏，在老僧手中且道喚作甚麽？」裴無對，師乃留下笏。示衆：「初機未覯大事，先須識取頭，其尾自至。」踈山仁參，問：「如何是頭？」師曰：「直須知有。」曰：「如何是尾？」師曰：「盡却今時。」曰：「有頭無尾時如何？」師曰：「吐得黄金，堪作甚麽？」曰：「有尾無頭時如何？」師曰：「猶有依倚在。」曰：「直得頭尾相稱時如何？」師曰：「渠不作箇解會，亦未許渠在。」僧辭，師問：「船去？陸去？」曰：「遇船即船，遇陸即陸。」師曰：「我道半途稍難。」僧無對。僧問：「三千里外，遠聞石霜有箇不顧。」師曰：「是。」曰：「祇如萬象歷然，是顧不顧？」師曰：「我道不驚衆。」曰：「不驚衆是與萬象合，如何是不顧？」師曰：「偏界不曾藏。」問：「如何是祖師西來意？」師乃齩齒示之。僧不會，後問九峰曰：「先師齩齒，意旨如何？」峰曰：「我寧可截舌，不犯國諱。」又問雲蓋，蓋曰：「我與先師有甚麽冤讎？」問僧：「近離甚處？」曰：「審道。」師於面前畫一畫曰：「汝刺脚與麽來，還審得這箇麽？」曰：「審不得。」師曰：「汝衲衣與麽厚，爲甚却審這箇不得？」曰：「某甲衲衣雖厚，争柰審這箇不得。」師曰：「與麽，則七佛出世也救你不得。」曰：「説甚七佛，千佛出僧曰：「向前世也救某甲不得。」師曰：「太慒憧生！」曰：「争柰聻？」師曰：「參堂去。」洞山問：「向前「喏！喏！」問：「童子不坐白雲牀時如何？」師曰：「不打水，魚自驚。」問：「一箇童子甚了事，如今向甚處去也？」師曰：「火焰上泊不得，却歸清凉世界去也。」問：「佛性如虚空，是否？」師曰：「卧時即有，坐時即無。」問：「忘收一足時如何？」師曰：「不共汝同盤。」問：「風生浪起時如何？」師曰：「湖南城裏太煞鬧。有人不肯過江西。」問：「如何是佛法大意？」師曰：「落花隨水去。」曰：「意旨如何？」師曰：「脩竹引風來。」問：「如何是塵劫來事？」師曰：「冬天則有，夏天則無。」師頌洞山五位王子。誕生曰：「天然貴胤本非功，德合乾坤育勢隆。始末一朝無雜種，分宫六宅不他宗。上和下睦陰陽順，共氣連枝器量同。欲識誕生王子父，鶴冲霄漢出銀籠。」朝生曰：「苦學論情世莫群，出來凡事已超倫。詩成五字三冬雪，筆落分毫四海雲。萬卷積功彰聖代，一心忠孝輔明君。鹽梅不是生知得，金榜何勞顯至勳。」末生曰：「久棲岩壑用工夫，草榻柴扉守志孤。十載見聞心自委，一身冬夏衣縑無。澄凝含笑三秋思，清苦高名上哲圖。業就高科酬志極，比來臣相不當途。」化生曰：「傍分帝位爲傳持，萬里山河布政威。紅影日輪凝下界，碧油風冷暑炎時。高低豈廢尊卑奉？玉袴蘇途遠近知。妙印手持煙塞静，當陽那肯露纖機。」内生曰：「九重密處復何宣，挂弊由來顯妙傳。秖奉一人天地貴，從他諸道自分權。紫羅帳合君臣隔，黄閣簾垂禁制全。爲汝方隅宫屬戀，遂將黄葉止啼錢。」師居石霜山二十年間，學衆有長坐不卧，屹若株杌，天下謂之枯木衆也。唐僖宗聞師道譽，賜紫衣，師牢辭不受。光啓四年示疾告寂，葬于院之西北隅，謚普會大師。

漸源仲興禪師

潭州漸源仲興禪師，在道吾爲侍者。因過茶與吾，吾提起盞曰：「是邪是正？」師叉手近前，目視吾。吾曰：「邪則總邪，正則總正。」師曰：「某甲不恁麼道。」吾曰：「汝作麼生？」師奪盞子提起曰：「是邪是正？」吾曰：「汝不虚爲吾侍者。」師便禮拜。一日，侍吾往檀越家弔慰，師拊棺曰：「生邪死邪？」吾曰：「生也不道，死也不道。」師曰：「爲甚麼不道。」吾曰：「不道，不道。」歸至中路，師曰：「和尚今日須與某甲道。若不道，打和尚去也。」吾曰：「打即任打，道即不道。」師便打。吾歸院曰：「汝宜離此去，恐知事得知，不便。」師乃禮辭，隱于村院。經三年後，忽聞童子念觀音經，至「應以比丘身得度者即現比丘身」，忽然大省。遂焚香遥禮曰：「信知先師遺言，終不虚發。自是我不會，却怨先師。先師既没，唯石霜是嫡嗣，必爲證明。」乃造石霜，霜見便問：「離道吾後到甚處來？」師曰：「祇在村院寄足。」霜曰：「前來打先師因緣會也未？」師起身進前曰：「却請和尚道一轉語。」霜曰：「不見道：生也不道，死也不道。」師乃述在村院得底因緣。遂禮拜石霜，設齋懺悔。他日，持鍬復到石霜，於法堂上從東過西，從西過東。霜曰：「作麼？」師曰：「覓先師靈骨。」霜曰：「洪波浩渺，白浪滔天。覓甚先師靈骨？」師曰：「正好著力。」霜曰：「這裏針劄不入，著甚麼力？」源持鍬肩上便出。太原孚上座代云：「先師靈骨猶在。」師後住漸源，一日在紙帳内坐，有僧來撥開帳曰：「不審。」師以目視之。良久曰：「會麼？」曰：「不會。」師曰：「七佛已前事，爲甚麼不會？」僧舉似石霜，霜曰：「如人解射，箭不虛發。」一日，寶蓋和尚來訪，師便捲起簾子，在方丈内坐。蓋一見乃下却簾，便歸客位。師令侍者傳語：「長老遠來不易，猶隔津在。」蓋擒住侍者，與一掌。者曰：「不用打某甲，有堂頭和尚在。」蓋曰：「爲有堂頭老漢，所以打你。」者回舉似師，師曰：「猶隔津在。」

淥清禪師

淥清禪師，僧問：「不落道吾機，請師道。」師曰：「庭前紅莧樹，生葉不生華。」僧良久，師曰：「會麽？」曰：「不會。」師曰：「正是道吾機，因甚麽不會？」僧禮拜，師打曰：「須是老僧打你始得。」問：「如何是無相？」師曰：「山青水緑。」僧參，師以目視之。僧曰：「是箇機關，於某甲分上用不著。」師彈指三下。僧遶禪牀一匝，依位立。師曰：「參堂去。」僧始出。師便喝，僧却以目視之。師曰：「灼然用不著。」僧禮拜。

雲巖晟禪師法嗣

杏山鑒洪禪師

涿州杏山鑒洪禪師，臨濟問：「如何是露地白牛？」師曰：「吽！吽！」濟曰：「瘂却杏山口。」師曰：「老兄作麽生？」濟曰：「這畜生！」師便休。示滅後荼毗，收五色舍利建塔。

神山僧密禪師

潭州神山僧密禪師，師在南泉打羅次，泉問：「作甚麽？」師曰：「打羅。」曰：「手打？脚打？」師曰：「却請和尚道。」泉曰：「分明記取。向後遇明眼作家，但恁麽舉似。」雲巖代云：「無手脚者始解打。」師與洞山渡水，山曰：「莫錯下脚。」師曰：「錯即過不得也。」山曰：「不錯底事作麽生？」師曰：「共長老過水。」一日，與洞山鉏茶園，山擲下钁頭曰：「我今日一點氣力也無。」師曰：「若無氣力，争解恁麽道？」山曰：「汝將謂有氣力底是。」裴大夫問僧：「供養佛，佛還喫否？」僧曰：「如大夫祭家神。」大夫舉似雲巖，巖曰：「這僧未出家在。」曰：「和尚又如何？」巖曰：「有幾般飯食，但一時下來。」巖却問師：「一時下來又作麽生？」師曰：「合取鉢盂。」巖肯之。問：「一地不見二地時如何？」師曰：「汝莫錯否？汝是何地？」問：「生死事，乞師一言。」師曰：「汝何時死去來。」曰：「某甲不會，請師説。」師曰：「不會，須死一場始得。」師與洞山行次，忽見白兔走過，師曰：「俊哉！」洞曰：「作麽生？」師曰：「大似白衣拜相。」洞曰：「老老大大，作這箇説話？」師曰：「你作麽生？」洞曰：「積代簪纓，暫時落魄。」師把針次，洞山問曰：「作甚麽？」師曰：「把針。」洞曰：「把針事作麽生？」師曰：「針針相似。」洞曰：「二十年同行，作這箇語話，豈有與麽工夫？」師曰：「長老又作麽生？」洞曰：「如大地火發底道理。」師問洞山：「智識所通，莫不遊踐，徑截處乞師一言。」洞曰：「師伯意何得取功？」師因斯頓覺，下語非常。後與洞山過獨木橋，洞先過了，拈起木橋曰：「過來！」師喚：「价闍黎！」洞乃放下橋木。

幽谿和尚

幽谿和尚，僧問：「大用現前，不存軌則時如何？」師起，遶禪牀一匝而坐。僧擬進語，師與一蹋。僧歸位而立。師曰：「汝恁麼我不恁麼，汝不恁麼我却恁麼。」僧再擬進語，師又與一蹋，曰：「三十年後，吾道大行。」問：「如何是祖師禪？」師曰：「泥牛步步出人前。」問：「處處該不得時如何？」師曰：「夜半石人無影像，縱橫不辨往來源。」

船子誠禪師法嗣

夾山善會禪師

澧州夾山善會禪師，廣州廖氏子。幼歲出家，依年受戒，聽習經論，該練三學。出住潤州鶴林，因道吾勸發，往見船子，由是師資道契，微眹不留。語見船子章。恭稟遺命，遁世忘機。尋以學者交湊，廬室星布，曉夕參依。咸通庚寅，海衆卜于夾山，遂成院宇。上堂：「有祖以來，時人錯會，相承至今，以佛祖言句爲人師範。若或如此，却成狂人、無智人去。他衹指示汝：無法本是道，道無一法。無佛可成，無道可得，無法可取，無法可捨。所以老僧道：目前無法，意在目前。他不是目前法。若向佛祖邊學，此人未具眼在。何故？皆屬所依，不得自在。本衹爲生死茫茫，識性無自由分，千里萬里求善知識，須具正眼，求脱虚謬之見，定取目前生死，爲復實有？爲復實無？若有人定得，許汝出頭。上根之人，言下明道。中下根器，波波浪走。何不向生死中定當取，何處更疑佛疑祖替汝生死？有智人笑汝。汝若不會，更聽一頌：『勞持生死法，唯向佛邊求。目前迷正理，撥火覓浮漚。』」僧問：「從上立祖意教意，和尚爲甚麼却言無？」師曰：「三年不喫飯，目前無饑人。」曰：「既是無饑人，某甲爲甚麼不悟？」師曰：「衹爲悟迷却闍黎。」復示偈曰：「明明無悟法，悟法却迷人。長舒兩脚睡，無僞亦無真。」問：「十二分教及祖意，和尚爲甚麼不許人問？」師曰：「是老僧坐具。」曰：「和尚以何法示人？」師曰：「虚空無挂針之路，子虚徒撚線之功。」又曰：「會麼？」曰：「不會。」師曰：「金粟之苗裔，舍利之真身，罔象之玄談，是野孤之窟宅。」

上堂：「不知天曉，悟不由師。龍門躍鱗，不墮漁人之手。但意不寄私緣，舌不親玄旨，正好知音，此名俱生話。若向玄旨疑去，賺殺闍黎。困魚止濼，鈍鳥棲蘆。雲水非闍黎，闍黎非雲水。老僧於雲水而得自在，闍黎又作麽生？」西川座主罷講，徧參到襄州華嚴和尚處。問曰：「祖意教意，是同是別？」嚴曰：「如車二輪，如鳥二翼。」主曰：「將爲禪門別有長處，元來無。」遂歸蜀，後聞師道播諸方，令小師持此語問，師曰：「雕砂無鏤玉之談，結草乖道人之意。」主聞舉，遥禮曰：「元來禪門中別有長處。」上堂：「聞中生解，意下丹青。目前即美，久蘊成病。青山與白雲，從來不相到。機絲不挂梭頭事，文彩縱横意自殊。嘉祥一路，智者知疏。瑞草無根，賢者不貴。」問：「如何是道？」師曰：「太陽溢目，萬里不挂片雲。」曰：「不會。」師曰：「清清之水，遊魚自迷。」問：「如何是本？」師曰：「飲水不迷源。」問：「古人布髮掩泥，當爲何事？」師曰：「九烏射盡，一翳猶存。一箭墮地，天下黯黑。」問：「祖意教意是同是別？」師曰：「風吹荷葉滿池青，十里行人較一程。」問：「撥塵見佛時如何？」師曰：「直須揮劍。若不揮劍，漁父棲巢。」僧後問石霜：「撥塵見佛時如何？」霜曰：「渠無國土，甚處逢渠？」僧回舉似師，師上堂舉了，乃曰：「門庭施設，不如老僧。入理深談，猶較石霜百步。」問：「兩鏡相照時如何？」師曰：「蚌呈無價寶，龍吐腹中珠。」問：「如何是寂默中事？」師曰：「寢殿無人。」師喫茶了，自烹一椀，過與侍者。者擬接，師乃縮手。曰：「是甚麽？」者無對。座主問：「若是教意，某甲即不疑。祇如禪門中事如何？」師曰：「老僧祇解變生爲熟。」問：「如何是實際之理？」師曰：「石上無根樹，山含不動雲。」問：「如何是出窟師子？」師曰：「虚空無影像，足下野雲生。」

師在潙山作典座，潙問：「今日喫甚菜？」師曰：「二年同一春。」潙曰：「好好修事著。」師曰：「龍宿鳳巢。」問：「如何識得家中寶？」師曰：「忙中争得作閑人。」問：「如何是相似句？」師曰：「荷葉團團團似鏡，菱角尖尖尖似錐。」復曰：「會麽？」曰：「不會。」師曰：「風吹柳絮毛毬走，雨打梨花蛺蝶飛。」問：「如何是一老一不老？」師曰：「青山元不動，澗水鎮長流。」手執夜明符，幾箇知天曉。」上堂：「金烏玉兔，交互争輝。坐却日頭，天下黯黑。上脣與下脣，從來不相識。明明向君道，莫令眼顧著。何也？日月未足爲明，天地未足爲大。空中不運斤，巧匠不遺蹤。見性不留佛，悟道不存師。尋常老僧道，目覩瞿曇猶如黄葉，一大藏教是老僧坐具，祖師玄旨是破草鞋，寧可赤脚不著最好。」僧問：「如何是佛？」師曰：「此間無賓主。」曰：「尋常與甚麽人對談？」師曰：「文殊與吾携水去，普賢猶未折花來。」上堂：「我二十年住此山，未曾舉著宗門中事。」有僧問：「承和尚有言，二十年住此山，未曾舉著宗門中事，是否？」師曰：「是。」僧便掀倒禪牀。師休去。至明日普請，掘一坑，令侍者請昨日僧至，曰：「老僧二十年説無義語，今日請上座打殺老僧，埋向坑裏。便請！便請！若不打殺老僧，上座自著打殺，埋在坑中始得。」其僧歸堂，束裝潛去。

上堂：「百草頭薦取老僧，鬧市裏識取天子。」虎頭上座參，師問：「甚處來？」曰：「湖南來。」師曰：「曾到石霜麼？」曰：「要路經過，争得不到？」師曰：「聞石霜有毬子話，是否？」曰：「和尚也須急著眼始得。」師曰：「作麼生是毬子？」曰：「跳不出。」師曰：「作麼生是毬杖？」曰：「没手足。」師曰：「且去。老僧未與闍黎相見。」明日陞座，師曰：「昨日新到在麼？」頭出應諾。師曰：「目前無法，意在目前，不是目前法，非耳目之所到。」頭曰：「今日雖問，要且不是。」師曰：「片月難明，非關天地。」頭曰：「莫冢沸。」便作掀禪牀勢。師曰：「且緩緩，虧著上座甚麼處？」頭豎起拳曰：「目前還著得這箇麼？」師曰：「作家！作家！」頭又作掀禪牀勢。師曰：「大衆看這一員戰將，若是門庭布列，山僧不如他。若據入理之談，也較山僧一級地。」上堂：「眼不挂户，意不停玄，直得靈草不生，猶是五天之位。珠光月魄，不是出頭時。此間無老僧，五路頭無闍黎。」問：「如何是夾山境？」師曰：「猿抱子歸青嶂裏，鳥銜華落碧巖前。」法眼云：「我二十年祇作境話會。」師問僧：「甚麼處來？」曰：「洞山來。」師曰：「洞山有何言句示徒？」曰：「尋常教學人三路學。」師曰：「何者三路？」曰：「玄路、鳥道、展手。」師曰：「實有此語否？」曰：「實有。」師曰：「軌持千里鉢，林下道人悲。」師再闡玄樞，迨于一紀。唐中和元年十一月七日，召主事曰：「吾與衆僧話道累歲，佛法深旨，各應自知。吾今幻質，時盡即去。汝等善保護，如吾在日。勿得雷同世人，輒生惆悵。」言訖奄然而逝。塔于本山，謚傳明大師。

翠微學禪師法嗣

清平令遵禪師

鄂州清平山安樂院令遵禪師，東平人也。初參翠微，便問：「如何是西來的的意？」微曰：「待無人即向汝説。」師良久曰：「無人也，請和尚説。」微下禪牀，引師入竹園。師又曰：「無人也，請和尚説。」微指竹曰：「這竿得恁麼長，那竿得恁麼短？」師雖領其微言，猶未徹其玄旨。出住大通。上堂，舉初見翠微機緣謂衆曰：「先師入泥入水爲我，自是我不識好惡。」師自此化導，次遷清平。上堂：「諸上座！夫出家人須會佛意始得。若會佛意，不在僧俗男女貴賤，但隨家豐儉安樂便得。諸上座盡是久處叢林，徧參尊宿，且作麽生會佛意？試出來大家商量，莫空氣高，至後一事無成，一生空度。若未會佛意，直饒頭上出水，足下出火，燒身鍊臂，聰慧多辯。聚徒一千二千，説法如雲如雨，講得天華亂墜，祇成箇邪説，争競是非，去佛法大遠在。諸人幸值色身安健，不值諸難，何妨近前著些工夫，體取佛意好。」僧問：「如何是大乘？」師曰：「井索。」曰：「如何是小乘？」師曰：「錢貫。」問：「如何是清平家風？」師曰：「一斗麪作三箇蒸餅。」問：「如何是禪？」師曰：「猢猻上樹尾連顛。」問：「如何是有漏？」師曰：「笊籬。」曰：「如何是無漏？」師曰：「木杓。」曰：「覿面相呈時如何？」師曰：「分付與典座。」自餘逗機方便，靡徇時情，逆順卷舒，語超格量。天祐十六年，終于本山，謚法喜禪師。

投子大同禪師

舒州投子山大同禪師，本州懷寧劉氏子。幼歲依洛下保唐滿禪師出家。初習安般觀，次閱華嚴教，發明性海。復謁翠微，頓悟宗旨。語見翠微章。由是放意周遊，後旋故土，隱投子山，結茅而居。一日趙州和尚至桐城縣，師亦出山，途中相遇。乃逆而問曰：「莫是投子山主麽？」師曰：「茶鹽錢布施我。」州先歸庵中坐，師後携一缾油歸。州曰：「久嚮投子，及乎到來，祇見箇賣油翁。」師曰：「汝祇識賣油翁，且不識投子。」州曰：「如何是投子？」師提起油餅曰：「油！油！」州問：「大死底人却活時如何？」師曰：「不許夜行，投明須到。」州曰：「我早侯白，伊更侯黑。」上堂：「汝諸人來這裏，擬覓新鮮語句，攢華四六，圖口裏有可道。我老兒氣力稍劣，脣舌遲鈍，亦無閑言語與汝。汝若問我，便隨汝答，也無玄妙可及於汝。亦不教汝垛根，終不説向上向下、有佛有法、有凡有聖。亦不存坐繫縛。汝諸人變現千般，總是汝自生見解，擔帶將來，自作自受。我這裏無可與汝，也無表無裏説似諸人，有疑便問。」僧問：「表裏不收時如何？」師曰：「汝擬向這裏垛根。」便下座。問：「大藏教中還有奇特事也無？」師曰：「演出大藏教。」問：「如何是眼未開時事？」師曰：「目浄脩廣如青蓮。」問：「一切諸佛及諸佛法，皆從此經出，如何是此經？」師曰：「以是名字，汝當奉持。」問：「枯木中還有龍吟也無？」師曰：「我道髑髏裏有師子吼。」問：「一法普潤一切群生。如何是一法？」師曰：「雨下也。」問：「一塵含法界時如何？」師曰：「早是數塵也。」問：「金鎖未開時如何？」師曰：「開也。」問：「學人擬欲修行時如何？」師曰：「虛空不曾爛壞。」

巨榮禪客參次，師曰：「老僧未曾有一言半句挂諸方脣齒，何用要見老僧？」榮曰：「到這裏不施三拜，要且不甘。」師曰：「出家兒得恁麼没碑記。」榮乃遶禪牀一匝而去。師曰：「有眼無耳朶，六月火邊坐。」問：「一切聲是佛聲，是不？」師曰：「是。」曰：「和尚莫豕沸盌鳴聲。」師便打。問：「麁言及細語，皆歸第一義。是不？」師曰：「是。」曰：「喚和尚作頭驢，得麽？」師便打。問：「如何是十身調御？」師下禪牀立。師指庵前一片石，謂雪峰曰：「三世諸佛總在裏許。」峰曰：「須知有不在裏許者。」師曰：「不快漆桶！」師與雪峰遊龍眠，有兩路，峰問：「那箇是龍眠路？」師以杖指之。峰曰：「東去？西去？」師曰：「不快漆桶！」問：「一槌便就時如何？」師曰：「不是性燥漢。」曰：「不假一槌時如何？」師曰：「不快漆桶！」峰問：「此間還有人參也無？」師將钁頭抛向峰面前。峰曰：「恁麽則當處掘去也。」師曰：「不快漆桶！」峰辭，師送出門。召曰：「道者！」峰回首應諾。師曰：「途中善爲。」問：「故歲已去，新歲到來，還有不涉二途者也無？」師曰：「有。」曰：「如何是不涉二途者？」師曰：「元正啓祚，萬物咸新。」問：「依俙似半月，彷彿若三星。乾坤收不得，師於何處明？」師曰：「道甚麽？」曰：「想師祇有湛水之波，且無滔天之浪。」師曰：「閑言語。」問：「類中來時如何？」師曰：「人類中來，馬類中來？」問：「祖祖相傳，傳箇甚麽？」師曰：「老僧不解妄語。」問：「如何是出門不見佛？」師曰：「無所覩。」曰：「如何是入室別爺孃？」師曰：「無所生。」問：「如何是火燄裏身？」師曰：「有甚麽掩處？」曰：「如何是炭庫裏藏身？」師曰：「我道汝黑似漆。」問：「的的不明時如何？」師曰：「明也。」問：「如何是末後一句？」師曰：「最初明不得。」問：「從苗辨地，因語識人，未審將何辨識？」師曰：「引不著。」問：「院中有三百人，還有不在數者也無？」師曰：「一百年前，五十年後看取。」問僧：「久嚮疎山、薑頭，莫便是否？」僧無對。法眼代云：「嚮重和尚日久。」問：「抱璞投師，請師雕琢。」師曰：「不爲棟梁材。」曰：「恁麼則卞和無出身處也。」師曰：「擔帶即跉跰辛苦。」曰：「不擔帶時如何？」師曰：「不教汝抱璞投師，請師雕琢。」問：「那吒析骨還父，析肉還母，如何是那吒本來身？」師放下拂子，叉手。問：「佛法二字，如何辨得清濁？」師曰：「佛法清濁。」曰：「學人不會。」師曰：「汝適來問箇甚麼？」問：「一等是水，爲甚麼海鹹河淡？」師曰：「天上星，地下水〔一〕。」法眼別云：「大似相違。」問：「如何是祖師意？」師曰：「彌勒覓箇受記處不得。」問：「不斷煩惱而入涅槃時如何？」師作色曰：「這箇師僧，好發業殺人。」問：「和尚自住此山，有何境界？」師曰：「丫角女子白頭絲。」問：「如何是無情說法？」師曰：「惡。」問：「如何是毗盧？」師曰：「已有名字。」曰：「如何是毗盧師？」師曰：「未有毗盧時會取。」問：「歷落一句，請師道。」師曰：「好。」問：「四山相逼時如何？」師曰：「五蘊皆空。」問：「一念未生時如何？」師曰：「真箇謾語。」問：「凡聖相去幾

〔一〕「水」，原作「木」，據清藏本、續藏本改。

何？」師下禪牀立。

問：「學人一問即和尚答，忽若千問萬問時如何？」師曰：「如雞抱卵。」問：「天上天下，唯我獨尊，如何是我？」師曰：「推倒這老胡，有甚麼罪過。」問：「如何是和尚師？」師曰：「迎之不見其首，隨之罔眺其後。」問：「鑄像未成，身在甚麼處？」師曰：「莫造作。」曰：「争柰現不現何！」師曰：「隱在甚麼處？」問：「無目底人如何進步？」師曰：「徧十方。」曰：「無目爲甚麼徧十方？」師曰：「還更著得目也無？」問：「如何是西來意？」師曰：「不諱。」問：「月未圓時如何？」師曰：「吞却三箇四箇。」曰：「圓後如何？」師曰：「吐却七箇八箇。」問：「日月未明，佛與衆生在甚麼處？」師曰：「見老僧嗔便道嗔，見老僧喜便道喜。」問僧：「甚麼處來？」曰：「東西山禮祖師來。」師曰：「祖師不在東西山。」僧無語。法眼代云：「和尚識祖師。」問：「如何是玄中的？」師曰：「不到汝口裏道。」問：「牛頭未見四祖時如何？」師曰：「與人爲師。」曰：「見後如何？」師曰：「不與人爲師。」問：「諸佛出世爲一大事因緣，和尚出世當爲何事？」師曰：「尹司空請老僧開堂。」問：「如何是佛？」師曰：「幻不可求。」問：「千里投師，乞師一接。」師曰：「今日老僧腰痛。」菜頭請益，師曰：「且去，待無人時來。」頭明日伺得無人，又來。師曰：「近前來！」頭近前，師曰：「輒不得舉似於人。」問：「併却咽喉脣吻，請師道。」師曰：「汝祇要我道不得。」問：「達磨未來時如何？」師曰：「徧天徧地。」曰：「來後如何？」師曰：「蓋覆不得。」問：「如何是無情説法？」師曰：「莫惡口。」問：「和尚未見先師時如何？」師曰：「通身不柰何。」曰：「見後如何？」師曰：「通身撲不碎。」曰：「還從師得也無？」師曰：「終不相孤負。」曰：「恁麽則從師得也。」師曰：「得箇甚麽？」曰：「恁麽則孤負先師也。」師曰：「非但孤負先師，亦乃孤負老僧。」問：「七佛是文殊弟子，文殊還有師也無？」師曰：「適來恁麽道，也大似屈己推人。」問：「金雞未鳴時如何？」師曰：「無這箇音響。」曰：「鳴後如何？」師曰：「各自知時。」問：「師子是獸中之王，爲甚麽被六塵吞？」師曰：「不作大，無人我。」師居投子山三十餘載，往來激發，請益者常盈于室。縱以無畏之辯，隨問遽答，啐啄同時，微言頗多，今録少分而已。中和中巢寇暴起，天下喪亂，有狂徒持刃問師曰：「住此何爲？」師乃隨宜説法，渠魁聞而拜伏，脱身服，施之而去。乾化四年四月六日示微疾，大衆請醫。師謂衆曰：「四大動作，聚散常程，汝等勿慮，吾自保矣。」言訖跏趺而寂，謚慈濟大師。

道場如訥禪師

安吉州道場山如訥禪師，僧問：「如何是教意？」師曰：「汝自看。」僧禮拜。師曰：

「明月鋪霄漢，山川勢自分。」問：「如何得聞性不隨緣去？」師曰：「汝聽看。」僧禮拜。師曰：「聾人也唱胡笳調，好惡高低自不聞。」曰：「恁麽則聞性宛然也。」師曰：「石從空裏立，火向水中焚。」問：「虛空還有邊際否？」師曰：「汝也太多知。」僧禮拜。師曰：「三尺杖頭挑日月，一塵飛起任遮天。」問：「如何是道人？」師曰：「行運無蹤跡，起坐絶人知。」曰：「如何即是？」師曰：「三爐力盡無煙燄，萬頃平田水不流。」問：「一念不生時如何？」師曰：「堪作甚麽！」僧無語。師又曰：「透出龍門雲雨合，山川大地入無蹤。」師目有重瞳，手垂過膝，自翠微受訣，止于此山，薙草卓庵，學徒四至，廣闡法化，遂成叢社焉。

白雲山約禪師

建州白雲約禪師，僧問：「不坐偏空堂，不居無學位。此人合向甚麽處安置？」師曰：「青天無電影。」韶國師參，師問：「甚麽處來？」韶曰：「江北來。」師曰：「船來陸來？」曰：「船來。」師曰：「還逢見魚鱉麽？」曰：「往往遇之。」師曰：「遇時作麽生？」韶曰：「咄！」縮頭去。師大笑。

孝義性空禪師法嗣

歙州茂源禪師

歙州茂源禪師，因平田参，師欲起身，田乃把住曰：「開口即失，閉口即喪。去此二途，請師速道。」師以手掩耳。田放手曰：「一步易，兩步難。」師曰：「有甚麼死急？」田曰：「若非此箇，師不免諸方點檢。」師不對。

棗山光仁禪師

棗山光仁禪師，上堂衆集，師於座前謂衆曰：「不負平生行脚眼目，致箇問來，還有麽？」衆無對。師曰：「若無，即陞座去也。」便登座。僧出禮拜。師曰：「負我且從大衆，何也？」便歸方丈。翌日，有僧請辨前語意旨如何。師曰：「齋時有飯與汝喫，夜後有牀與汝眠。一向煎迫我作甚麽？」僧禮拜。師曰：「苦！苦！」僧曰：「請師直指。」師乃垂足曰：「舒縮一任老僧。」

中國佛教典籍選刊

五燈會元

二

〔宋〕普濟 撰
蘇淵雷 點校

中華書局

本册目録

卷第六

青原下五世

青原下六世

青原下七世

大宋玉音

卷第七

青原下六世

卷第八

青原下七世

青原下八世

青原下九世

南嶽下八世

卷第十

青原下八世

青原下九世

青原下十世

青原下十一世

五燈會元卷第六

青原下五世

石霜諸禪師法嗣

大光居誨禪師

潭州大光山居誨禪師，京兆人也。初造石霜，長坐不卧。麻衣草屨，亡身爲法。霜遂令主性空塔院。一日，霜知緣熟，試其所得。問曰：「國家每年放舉人及第，朝門還得拜也無？」師曰：「有一人不求進。」霜曰：「憑何？」師曰：「他且不爲名。」霜曰：「除却今日，别更有時也無？」師曰：「他亦不道今日是。」如是酬問，往復無滯。盤桓二十餘祀，衆請出世。僧問：「祇如達磨是祖否？」師曰：「不是祖。」曰：「既不是祖，又來作甚麼？」師曰：「祇爲汝不薦。」曰：「薦後如何？」師曰：「方知不是祖。」問：「混沌未分時如何？」師曰：「時教阿誰叙？」上堂：「一代時教，祇是整理時人手脚，直饒剥盡到底，也祇成得箇了事人，不可將當衲衣下事。所以道：四十九年明不盡，標不起。到這裏，合作麼生？更若忉忉，恐成負累。珍重！」

九峰道虔禪師

瑞州九峰道虔禪師，福州人也。嘗爲石霜侍者。洎霜歸寂，衆請首座繼住持。師白衆曰：「須明得先師意，始可。」座曰：「先師有甚麼意？」師曰：「先師道：休去，歇去，冷湫湫地去，一念萬年去，寒灰枯木去，古廟香爐去，一條白練去。其餘則不問，如何是一條白練去？」座曰：「這箇祇是明一色邊事。」師曰：「元來未會先師意在。」座曰：「你不肯我那？但裝香來，香煙斷處若去不得，即不會先師意。」遂焚香，香煙未斷，座已脱去。師拊座背曰：「坐脱立亡即不無，先師意未夢見在。」住後，僧問：「無間中人行甚麼行？」師曰：「畜生行。」曰：「畜生復行甚麼行？」師曰：「無間行。」曰：「此猶是長生路上人？」師曰：「汝須知有不共命者。」曰：「不共甚麼命？」師曰：「長生氣不常。」師乃曰：「諸兄弟還識得命麽？欲知命，流泉是命，湛寂是身。千波競涌，是文殊境界。一亘晴空，是普賢牀榻。其次，借一句子是指月，於中事是話月，從上宗門中事，如節度使信旗相似。且如諸方先德，未建許多名目指陳已前，諸兄弟約甚麽體格商量？到這裏，不假三寸試話會看，不假耳試采聽看，不假眼試辨白看。所以道：聲前抛不出，句後不藏形。盡乾坤大地都來，是汝當人箇體，向甚麽處安眼耳鼻舌？莫但向意根下圖度作解，盡未來際亦未有休歇分。所以洞山道：『擬將心意學玄宗，大似西行却向東。』珍重！」

問：「承古有言，向外紹則臣位，向内紹則王種。是否？」師曰：「是。」曰：「如何是外紹？」師曰：「若不知事極頭，衹得了事，喚作外紹，是爲臣種。」曰：「如何是内紹？」師曰：「知向裏許承當擔荷，是爲内紹。」曰：「如何是王種？」師曰：「須見無承當底人，無擔荷底人，始得同一色。同一色了，所以借爲誕生，是爲王種。」曰：「恁麽則内紹亦須得轉？」師曰：「灼然有承當擔荷，争得不轉？汝道内紹便是人王種，你且道如今還有紹底道理麽？所以古人道：紹是功，紹了非是功。轉功位了，始唤作人王種。」曰：「未審外紹還轉也無？」師曰：「外紹全未知有，且教渠知有。」曰：「如何是知有？」師曰：「天明不覺曉。」問：「如何是外紹？」師曰：「不借别人家裏事。」曰：「如何是内紹？」師曰：「推爺向裏頭。」曰：「二語之中，那語最親。」師曰：「臣在門裏，王不出門。」曰：「恁麽則不出門者，不落二邊。」師曰：「渠也不獨坐世界，裹紹王種名，外紹王種姓。所以道：紹是功名臣，是偏中正。紹了轉功名君，是正中偏。」問：「誕生還更知聞也無？」師曰：「更知聞阿誰？」曰：「恁麽則莫便是否？」師曰：「若是，古人爲甚麽道誕生王有父？」曰：「既有父，爲甚麽不知聞？」師曰：「同時不識祖。」問：「古人云：直得不恁麽來者，猶是兒孫。意旨如何？」師曰：「古人不謾語。」曰：「如何是來底兒孫？」師曰：「猶守珍御在。」曰：「如何是父？」師曰：「無家可坐，無世可興。」問：「『諸聖間出，祇是箇傳語底人。』豈不是和尚語？」師曰：「是。」曰：「祇如世尊生下，一手指天，一手指地，云：天上天下，唯我獨尊。爲甚麽喚作傳語底人？」師曰：「爲他指天指地，所以喚作傳語底人。」僧禮拜而退。問：「九重無信，恩赦何來？」師曰：「流光雖徧，闠内不周。」曰：「流光與闠内相去多少？」師曰：「緑水騰波，青山秀色。」問：「人人盡言請益，未審師將何拯濟？」師曰：「汝道巨嶽還曾乏寸土也無？」曰：「恁麽則四海參尋，當爲何事？」師曰：「演若迷頭心自狂。」曰：「還有不狂者麽？」師曰：「有。」曰：「如何是不狂者？」師曰：「突曉途中眼不開。」問：「如何是學人自己？」師曰：「更問阿誰？」曰：「便恁麽承當時如何？」師曰：「須彌還更戴須彌。」問：「祖祖相傳，復傳何事？」師曰：「釋迦慳，迦葉富。」曰：「如何是釋迦慳？」師曰：「無物與人。」曰：「如何是迦葉富？」師曰：

「國内孟嘗君。」曰：「畢竟傳底事作麽生？」師曰：「百歲老人分夜燈。」問：「諸佛非我道，如何是我道？」師曰：「我非諸佛。」曰：「既非諸佛，爲甚麽却立我道？」師曰：「適來暫唤來，如今却遣出。」曰：「爲甚麽却遣出？」師曰：「若不遣出，眼裏塵生。」問：「一切處覓不得，豈不是聖？」師曰：「是甚麽聖？」曰：「牛頭未見四祖時，豈不是聖？」師曰：「是聖境未忘〔一〕。」曰：「二聖相去幾何？」師曰：「塵中雖有隱形術，争柰全身入帝鄉。」問：「古人道：因真立妄，從妄顯真。是否？」師曰：「是。」曰：「如何是真心？」師曰：「不雜食是。」曰：「如何是妄心？」師曰：「攀緣起倒是。」曰：「離此二途，如何是本體？」師曰：「本體不離。」曰：「爲甚麽不離？」師曰：「不敬功德天，誰嫌黑暗女？」問：「盡乾坤都來是箇眼，如何是乾坤眼？」師曰：「乾坤在裹許。」曰：「乾坤眼何在？」師曰：「正是乾坤眼。」曰：「還照矚也無？」師曰：「不借三光勢。」曰：「既不借三光勢，憑何唤作乾坤眼？」師曰：「若不如是，髑髏前見鬼人無數。」問：「一筆丹青爲甚麽邈志公真不得？」師曰：「僧繇却許誌公。」曰：「未審僧繇得甚麽人證旨，却許誌公？」師曰：「烏龜稽首須彌柱。」問：「動容沈古路，身没乃方知。此意如何？」師曰：「偷佛錢

〔一〕「忘」，原作「志」，據續藏本改。

買佛香。」曰：「學人不會。」師曰：「不會即燒香供養本爺孃。」師後住溈潭而終，謚大覺禪師。

涌泉景欣禪師

台州涌泉景欣禪師，泉州人也。自石霜開示而止涌泉。一日，不披袈裟喫飯，有僧問：「莫成俗否？」師曰：「即今豈是僧邪？」彊、德二禪客於路次見師騎牛，不識師。忽曰：「蹄角甚分明，争奈騎者不鑒。」師驟牛而去。彊、德憩於樹下煎茶。師回，却下牛問曰：「二禪客近離甚麽處？」彊曰：「那邊。」師曰：「那邊事作麽生？」彊提起茶盞。師曰：「此猶是這邊事，那邊事作麽生？」彊無對。師曰：「莫道騎者不鑒好！」上堂：「我四十九年在這裏，尚自有時走作。汝等諸人莫開大口。見解人多，行解人萬中無一箇。見解言語總要知通，若識不盡，敢道輪回去在。爲何如此？蓋爲識漏未盡。汝但盡却今時，始得成立。亦唤作立中功，轉功就他去；亦唤作就中功，親他去。我所以道，親人不得度，渠不度親人。恁麽譬喻，尚不會薦取，渾崙底但管取性，亂動舌頭。不見洞山道：『相續也大難。』汝須知有此事。若不知有，啼哭有日在。」上堂：「拍盲不見佛，開眼遇途人。借問途中事，渠無丈六身。不從五天來，漢地不曾踏。不是張家生，誰云李家子。三人拄一杖、卧一牀，似伊不似伊，拈來搭肩上，爲他十八兒，論不奈伊何。」

雲蓋志元禪師

潭州雲蓋山志元圓淨禪師，遊方時問雲居曰：「志元不奈何時如何？」居曰：「秖爲闍黎功力不到。」師不禮拜。直造石霜，亦如前問。霜曰：「非但闍黎，老僧亦不奈何！」師曰：「和尚爲甚麽不奈何？」霜曰：「老僧若奈何，拈過汝不奈何。」師便禮拜。僧問石霜：「萬户俱閉即不問，萬户俱開時如何？」霜曰：「堂中事作麽生？」僧無對。經半年，方始下一轉語曰：「無人接得渠。」霜曰：「道即太煞道，秖道得八成。」曰：「和尚又且如何？」霜曰：「無人識得渠。」師知乃禮拜，乞爲舉。霜不肯，師乃抱霜上方丈曰：「和尚若不道，打和尚去在！」霜曰：「得在。」師頻禮拜。霜曰：「無人識得渠。」師於言下頓省。住後，僧問：「如何是佛？」師曰：「黄面底是。」曰：「如何是法？」師曰：「藏裏是。」問：「然燈未出時如何？」師曰：「昧不得。」問：「蛇爲甚麽吞却師？」師曰：「通身色不同。」問：「如何是衲僧？」師曰：「參尋訪道。」潭州道正表聞馬王，乞師論義，王請師上殿相見。茶罷，師就王乞劍，師握劍問道正曰：「你本教中道，恍恍惚惚，其中有物，是何物？杳杳冥冥，其中有精，是何精？道得不斬，道不得即斬。」道正茫然，便禮拜懺悔。師謂王曰：「還識此人否？」王曰：「識。」師曰：「是誰？」王曰：「道正。」師曰：「不是。其道若正，合對得臣僧。此祇是箇無主孤魂。」因兹道士更不紛紜。

谷山藏禪師

潭州谷山藏禪師，僧問：「法尚應捨，何況非法？如何是法尚應捨？」師曰：「空裏撒醍醐。」曰：「如何是非法？」師曰：「嵩山道士詐明頭。」問：「逼迫出來時如何？」師曰：「還曾撈著汝麼！」

中雲蓋山禪師

潭州中雲蓋禪師，僧問：「和尚開堂，當爲何事？」師曰：「爲汝驢漢。」曰：「諸佛出世，當爲何事？」師曰：「爲汝驢漢。」問：「祖佛未出世時如何？」師曰：「像不得。」曰：「出世後如何？」師曰：「闍黎也須側身始得。」問：「如何是向上一句？」師曰：「文殊失却口。」曰：「如何是門頭一句？」師曰：「頭上插花子。」問：「如何是超百億？」師曰：「超人不得肯。」

南際僧一禪師

河中南際山僧一禪師，僧問：「幸獲親近，乞師指示。」師曰：「我若指示，即屈著汝。」曰：「教學人作麼生即是？」師曰：「切忌是非。」問：「如何是衲僧氣息？」師曰：「還曾薰著汝也無？」問：「同類即不問，如何是異類？」師曰：「要頭斫將去！」問：「如何是法身主？」師曰：「不過來。」問：「如何是毗盧師？」師曰：「不超越。」師終于長慶，謚本浄大師。

棲賢懷祐禪師

廬山棲賢懷祐禪師，泉州人也。僧問：「如何是五老峰前事？」師曰：「萬古千秋。」曰：「恁麼則成絶嗣去也。」師曰：「躊躇欲與誰？」問：「自遠趨風，請師激發。」師曰：「他不憑時。」曰：「請師憑時。」師曰：「我亦不换。」問：「如何是法法無差？」師曰：

「雪上更加霜。」上堂：「若會此箇事，無有下口處。」問：「如何是祖師西來意？」師曰：「井底寒蟾，天中明月。」

覆船洪荐禪師

福州覆船山洪荐禪師，僧問：「如何是本來面目？」師便閉目吐舌，又開目吐舌。曰：「本來有許多面目。」師曰：「適來見甚麽？」僧無語。問：「如何是師子？」師曰：「善哮吼。」僧拊掌曰：「好手！好手！」師曰：「青天白日，却被鬼迷。」僧作掀禪牀勢，師便打。曰：「驢事未去，馬事到來。」師曰：「灼然作家。」僧拂袖便出。師曰：「將甌盛水，擬比大洋。」問：「如何是玄妙？」師曰：「未問已前。」道吾問：「久嚮和尚會禪，是否？」師曰：「蒼天！蒼天！」吾近前掩師口，曰：「低聲！低聲！」師與一掌。吾曰：「蒼天！蒼天！」師把住曰：「得恁麽無禮。」吾却與一掌。師曰：「老僧罪過！」吾拂袖便行。師呵呵大笑曰：「早知如是，不見如是。」僧參，師便作起勢，僧便出。師曰：「闍黎且來人事。」僧回作抽坐具勢，師却歸方丈。僧曰：「蒼天！蒼天！」師曰：「龍頭蛇尾。」僧近前叉手立。師曰：「敗將投王，不存性命。」問：「抱璞投師，師還接否？」師以手拍香臺，僧禮拜。師曰：「禮拜則不無，其中事作麽生？」僧却拍香臺。師曰：「舌頭不出口。」師將示寂，三日前令侍者喚第一座來，師卧，出氣一聲，座喚侍者曰：「和尚渴，要湯水喫。」師乃面壁而卧。臨終令集衆，乃展兩手出舌示之。時第三座曰：「諸人！和尚舌根硬也。」師曰：「苦哉！苦哉！誠如第三座所言，舌根硬去也。」言訖而寂，謚紹隆大師。

德山存德禪師

鼎州德山存德慧空禪師，僧問：「如何是一句？」師曰：「更請問。」問：「如何是和尚先𨸏婆？」師曰：「昨夜三更見月明。」

吉州崇恩禪師

吉州崇恩禪師，僧問：「祖意教意是同是别？」師曰：「少林雖有月，葱嶺不穿雲。」問：「如何是類？」師曰：「柰河橋畔嘶聲切，劍樹林中去復來。」

石霜山暉禪師

石霜暉禪師，僧問：「世尊出世，先度五俱輪。和尚出世，先度何人？」師曰：「總不度。」曰：「爲甚麼不度？」師曰：「爲伊不是五俱輪。」

郢州芭蕉禪師

郢州芭蕉禪師，僧問：「從上宗乘，如何舉唱？」師曰：「已被人冷眼覷破了。」問：「不落諸緣，請師直指。」師曰：「有問有答。」問：「如何是和尚爲人一句？」師曰：「祇恐闍黎不問。」問：「如何是向去底人？」師曰：「董家稚子聲聲哭。」曰：「如何是却來底人？」師曰：「枯木驪龍露爪牙。」

肥田慧覺禪師

潭州肥田慧覺伏禪師，僧問：「如何是未出世邊事？」師曰：「髻中珠未解，石女斂雙眉。」曰：「出世後如何？」師曰：「靈龜呈卦兆，失却自家身。」問：「此地名甚麽？」師曰：「肥田。」曰：「宜種甚麼？」師便打。師有偈曰：「修多好句枉工夫，返本還源是大愚。祖佛不從修證得，縱行玄路也崎嶇。」

鹿苑山暉禪師

潭州鹿苑暉禪師，僧問：「不假諸緣，請師道。」師敲火爐曰：「會麼？」曰：「不會。」師曰：「瞌睡漢！」問：「牛頭未見四祖時如何？」師曰：「如月在水。」曰：「見後如何？」師曰：「如水在月。」問：「祖祖相傳，未審傳箇甚麼？」師曰：「汝問我，我問汝。」曰：「恁麼則緇素不分也。」師曰：「甚麼處去來。」

寶蓋山約禪師

潭州寶蓋約禪師，僧問：「寶蓋高高掛，其中事若何？請師言下旨，一句不消多。」師曰：「寶蓋掛空中，有路不曾通。儻求言下旨，便是有西東。」

雲門海晏禪師

越州雲門山拯迷寺海晏禪師，僧問：「如何是衲衣下事？」師曰：「如皷硬石頭。」問：「如何是古寺一爐香？」師曰：「歷代無人齅。」曰：「齅者如何？」師曰：「六根俱不到。」問：「久嚮拯迷，到來爲甚麽不見拯迷？」師曰：「闍黎不識拯迷。」

湖南文殊禪師

湖南文殊禪師，僧問：「僧繇爲甚麽貌誌公真不得？」師曰：「非但僧繇，誌公也貌不得。」曰：「誌公爲甚麽貌不得？」師曰：「彩繪不將來。」曰：「和尚還貌得也無？」師曰：「我亦貌不得。」曰：「和尚爲甚麽貌不得？」師曰：「渠不以苟我顏色，教我作麽生貌？」問：「如何是密室？」師曰：「緊不就。」曰：「如何是密室中人？」師曰：「不坐上色牛。」

鳳翔石柱禪師

鳳翔府石柱禪師遊方時到洞山，時虔和尚垂語曰：「有四種人：一人説過佛祖，一步行不得。一人行過佛祖，一句説不得。一人説得行得。一人説不得，行不得。阿那箇是其人？」師出衆曰：「一人説過佛祖行不得者，衹是無舌不許行。一人行過佛祖一句説不得者，衹是無足不許説。一人説得行得者，衹是函蓋相稱。一人説不得行不得者，如斷命求活。此是石女兒，披枷帶鎖。」山曰：「闍黎分上作麽生？」師曰：「該通分上卓卓寧彰。」山曰：「衹如海上明公秀又作麽生？」師曰：「幻人相逢，拊掌呵呵。」

大通存壽禪師

河中府棲巖山大通院存壽禪師，初講經論，後於石霜之室忘筌。住後，僧問：「如何是和尚得力處？」師曰：「不居無理位，豈坐白牛車？」問：「蓮華未出水時如何？」師曰：「汝莫問出水後蓮華事麽？」僧無語。師平居罕言，叩之則應。謚真寂禪師。

南嶽玄泰禪師

南嶽玄泰禪師，沉静寡言，未嘗衣帛，時謂之泰布衲。始見德山，陞于堂矣。後謁石霜，遂入室焉。掌翰二十年，與貫休、齊己爲友。後居蘭若曰金剛臺，誓不立門徒，四方後進依附，皆用交友之禮。嘗以衡山多被山民斬伐燒畬，爲害滋甚，乃作畬山謠曰：「畬山兒，畬山兒，無所知，年年斫斷青山嵋。就中最好衡嶽色，杉松利斧摧貞枝。靈禽野鶴無因依，白雲回避青煙飛。猿猱路絶巖崖出，芝术失根茆草肥。年年斫罷仍再鉏，千秋終是難復初。又道今年種不多，來年更斫當陽坡。國家壽嶽尚如此，不知此理如之何。」遠邇傳播，達于九重，有詔禁止。故嶽中蘭若無復延燎，師之力也。將示滅，乃召一僧令備薪蒸，留偈曰：「今年六十五，四大將離主。其道自玄玄，箇中無佛祖。不用剃頭，不須澡浴，一堆猛火，千足萬足。」端坐垂一足而逝。闍維收舍利，建塔於迎雲亭側。

潭州雲蓋禪師

潭州雲蓋禪師，僧問：「佛未出世時如何？」師曰：「月中藏玉兔。」曰：「出後如何？」師曰：「日裏背金烏。」問：「不可以情測時如何？」師曰：「無舌童兒機智盡。」風穴參，師問：「石角穿雲路，携笻意若何？」穴曰：「紅霞籠玉象，擁嶂照川源。」師曰：「相隨來也。」穴曰：「和尚也須低聲。」師曰：「且坐喫茶。」

龍湖普聞禪師

邵武軍龍湖普聞禪師，唐僖宗太子也。幼不茹葷，長無經世意。僖宗鍾愛之，然百計陶寫，終不能回。中和初，僖宗幸蜀，師斷髮逸遊，人無知者。造石霜，問曰：「祖師別傳事，肯以相付乎？」霜曰：「莫謗祖師。」師曰：「天下宗旨盛大，豈妄爲之邪？」霜曰：「是實事那？」師曰：「師意如何？」霜曰：「待案山點頭，即向汝道。」師於言下頓省，辭去。至邵武城外，見山鬱然深秀，遂撥草，至煙起處，有一苦行居焉。苦行見師至，乃曰：「上人當興此。」長揖而去。師居十餘年，一日有一老人拜謁，師問：「住在何處？至此何求？」老人曰：「住在此山，然非人，龍也。行雨不職，上天有罰當死，願垂救護。」師曰：「汝得罪上帝，我何能致力？雖然，可易形來。」俄失老人所在，視坐傍有一小蛇，延緣入袖。至暮，雷電震山，風雨交作。師危坐不傾，達旦晴霽，垂袖，蛇墮地而去。有頃，老人拜而泣曰：「自非大士慈悲，爲血腥穢此山矣，念何以報斯恩。」即穴巖下爲泉，曰：「此泉爲他日多衆之設。」今號龍湖。邦人聞其事，施財施力，相與建寺，衲子雲趨。師闡化三十餘年，臨示寂，聲鐘集衆，説偈曰：「我逃世難來出家，宗師指示箇歇處。住山聚衆三十年，尋常不欲輕分付。今日分明説似君，我斂目時齊聽取。」安然而逝。塔于本山，謚圓覺禪師。

張拙秀才

張拙秀才，因禪月大師指參石霜。霜問：「秀才何姓？」曰：「姓張名拙。」霜曰：「覓巧尚不可得，拙自何來？」公忽有省。乃呈偈曰：「光明寂照徧河沙，凡聖含靈共我家。一念不生全體現，六根纔動被雲遮。斷除煩惱重增病，趣向真如亦是邪。隨順世緣無罣礙，涅槃生死等空花。」

夾山會禪師法嗣

洛浦元安禪師

澧州洛浦山元安禪師，鳳翔麟遊人也。丱年出家，具戒通經論。問道臨濟，後爲侍者。濟嘗對衆美之曰：「臨濟門下一隻箭，誰敢當鋒。」師蒙印可，自謂已足。一日侍立次，有座主參濟，濟問：「有一人於三乘十二分教明得，有一人不於三乘十二分教明得，且道此二人是同是别？」主曰：「明得即同，明不得即别。」師曰：「這裏是甚麽所在，説同説别？」濟顧師曰：「汝又作麽生？」師便喝。濟送座主回，問師：「汝豈不是適來喝老僧者？」師曰：「是。」濟便打。師後辭濟，濟問：「甚麽處去？」師曰：「南方去。」濟以拄杖畫一畫，曰：「過得這箇便去。」師乃喝，濟便打。師作禮而去。濟明日陞堂曰：「臨濟門下有箇赤梢鯉魚，摇頭擺尾，向南方去，不知向誰家虀甕裏淹殺。」師遊歷罷，直往夾山卓庵，經年不訪夾山。山乃修書，令僧馳往。師接得便坐却，再展手索，僧無對。師便打，曰：「歸去舉似和尚。」僧回舉似。山曰：「這僧若開書，三日内必來。若不開書，斯人救不得也。」師果三日後至，見夾山不禮拜，乃當面叉手而立。山曰：「雞棲鳳巢，非其同類。出去！」師曰：「自遠趨風，請師一接。」山曰：「目前無闍黎，此間無老僧。」師便喝。山曰：「住！住！且莫草草怱怱。雲月是同，谿山各異。截斷天下人舌頭即不無，闍黎争教無舌人解語？」師佇思，山便打，因兹服膺。興化代云：「但知作佛，莫愁衆生。」一日問山：「佛魔不到處如何體會？」山曰：「燭明千里像，闇室老僧迷。」又問：「朝陽已昇，夜月不現時如何？」山曰：「龍銜海珠，遊魚不顧。」山將示滅，垂語曰：「石頭一枝，看看師〔一〕滅矣。」師曰：「不然。」山曰：「何也？」師曰：「他家自有青山在。」山曰：「苟如是，即吾宗不墜矣。」暨夾山順世，師抵于涔陽，遇故人，因話武陵事。問曰：「倏忽數年，何處逃難？」師曰：「祇在闤闠中。」曰：「何不向無人處去？」師曰：「無人處有何難？」曰：「闤闠中如何逃避？」師曰：「雖在闤闠中，要且人不識。」故人罔測。又問：「佛佛相應，祖祖相傳，彼此不垂曲時如何？」師曰：「野老門前，不話朝堂之事。」曰：「合譚何事？」師曰：「未逢別者，終不開拳。」曰：「有人不從朝堂來，相逢還話會否？」師曰：「量外之機，徒勞目擊。」

師尋之澧陽洛浦山卜築宴處，後遷止朗州蘇谿。四方玄侶，憧憧奔湊。上堂：「末後一句始到牢關，鎖斷要津，不通凡聖。尋常向諸人道，任從天下樂欣欣，我獨不肯。欲知上流之士，不將佛祖言教貼在額頭上，如龜負圖，自取喪身之兆。鳳縈金網，趍霄漢以何期。直須旨外明宗，莫向言中取則。是以石人機似汝，也解唱巴歌。汝若似石人，雪曲也應和。指南一路，智者知疏。」僧問：「瞥然便見時如何？」師曰：「曉星分曙色，争似太陽輝。」又問：「恁麼來不立，恁麼去不泯時如何？」師曰：「鬻薪樵子貴，衣錦道人輕。」

〔一〕「師」，清藏本、續藏本均作「即」。

問：「供養百千諸佛，不如供養一箇無心道人。未審百千諸佛有何過？無心道人有何德？」師曰：「一片白雲横谷口，幾多歸鳥盡迷巢。」問：「日未出時如何？」師曰：「水竭滄溟龍尚隱，雲騰碧漢鳳猶飛。」問：「如何是本來事？」師曰：「一粒在荒田，不耘苗自秀。」曰：「若也不耘，莫被草埋却也無？」師曰：「肌骨異蒭蕘，稊稗終難隱。」問：「不傷物命者如何？」師曰：「眼花山影轉，迷者謾彷徨。」問：「不譚今古時如何？」師曰：「靈龜無卦兆，空殼不勞鑽。」曰：「争柰空殼何？」師曰：「見盡無機所，邪正不可立。」曰：「恁麽則無棲泊處也。」師曰：「玄象始於未形，虚勞煩於飾彩。」問：「龍機不吐霧，滋益事如何？」師曰：「道本無名，不存明暗。」曰：「不掛明暗底事，又作麽生？」師曰：「言中易舉，意外難提。」問：「不生如來家，不坐華王座時如何？」師曰：「汝道火爐重多少？」問：「祖意教意，是同是别？」師曰：「師子窟中無異獸，象王行處絶狐蹤。」問：「一時舉來時如何？」師曰：「獻璞不知機，徒勞招刖足。」

問僧：「近離甚處？」曰：「荆南。」師曰：「有一人與麽去，還逢麽？」曰：「不逢。」師曰：「爲甚不逢？」曰：「若逢即頭粉碎。」師曰：「闍黎三寸甚密。」雲門於江西見其僧，乃問：「還有此語否？」曰：「是。」門曰：「洛浦倒退三千里。」

問：「行不思議處如何？」師曰：「青山常舉足，白日不移輪。」問：「枯盡荒田獨立事如何？」師曰：「鷺倚雪巢猶可辨，烏投漆立事難分。」問：「如何是主中賓？」師曰：「逢人常問路，足下鎮長迷。」曰：「如何是賓主雙舉？」師曰：「枯樹無横枝，鳥來難措足。」問：「終日朦朧時如何？」師曰：「擲寶混沙中，識者天然異。」曰：「恁麼則展手不逢師也。」師曰：「莫將鶴唳悞作鶯啼。」問：「圓伊三點人皆會，洛浦家風事若何？」師曰：「雷霆一震，布鼓聲銷。」問：「正當亭午時如何？」師曰：「亭午猶虧半，烏沈始得圓。要會箇中意，牛頭尾上安。」問：「如何是祖師西來意？」師曰：「颯颯當軒竹，經霜不自寒。」僧擬進語，師曰：「祇聞風擊響，知是幾千竿。」上堂：「孫臏收鋪去也，有卜者出來。」僧曰：「請和尚卜。」師曰：「汝家爺死。」僧無對。法眼代拊掌三下。問：「如何是西來意？」師以拂子擊禪牀曰：「會麼？」曰：「不會。」師曰：「天上忽雷驚宇宙，井底蝦蟇不舉頭。」問：「如何是佛法大意？」師曰：「雪覆孤峰峰不白，雨滋石笋笋須生。」問：「法身無爲，不墮諸數，是否？」師曰：「惜取眉毛好！」曰：「如何免得斯咎？」師曰：「泥龜任你千年，終不解隨雲鶴。」曰：「直是孫臏，也遭貶剥。」師曰：「不穿鼻孔底牛，有甚禦處？」僧便作牛吼。師曰：「這畜生！」僧便喝。師曰：「掩尾露牙，終非好手。」問：「萬丈懸崖撒手去，如何免得喪於身時如何？」師曰：「須彌繫藕絲。」曰：「是何境界？」師曰：「刹竿頭上仰蓮心。」曰：「恁麼則湛湛澄澄去也。」師曰：「須彌頂上再飜身。」曰：「恁麼則兢兢切切去也。」師曰：「空隨媒鴿走，虛喪網羅身。」曰：「如何得不隨去？」師曰：「瞿鵝鉼項小，擬透望天飛。」問：「露不垂群木時如何？」師曰：「有虎鴉須噪，無人鳥不驚。」問：「撥亂乾坤底人來，師還接否？」師豎拂子。僧曰：「恁麼則得遇明君去也。」師曰：「依俙似曲纔堪聽，又被風吹別調中。」問：「佛魔不到處，如何辨得？」師曰：「演若頭非失，鏡中認取乖。」問：「如何是救離生死？」師曰：「執水苟延生，不聞天樂妙。」問：「四大從何而有？」師曰：「湛水無波，漚因風激。」曰：「漚滅歸水時如何？」師曰：「不渾不濁，魚龍任躍。」問：「如何離得生死去？」師曰：「一念忘機，大虛無玷。」問：「如何是道？」師曰：「存機猶滯迹，去杌却通途。」問：「如何是一大藏教收不得者？」師曰：「雨滋三草秀，片玉本來輝。」問：「一毫吞盡巨海，於中更復何言？」師曰：「家有白澤之圖，必無如是妖怪。」保福別云：「家無白澤之圖，亦無如是妖怪。」問：「凝然時如何？」師曰：「時雷應節，震嶽驚蟄。」曰：「千般運動，不異箇凝然時如何？」師曰：「靈鶴翥空外，鈍鳥不離巢。」曰：「如何？」師曰：「白首拜少年，舉世人難信。」問：「諸聖恁麼來，將何供養？」師曰：「土宿雖持錫，不是婆羅門。」問：「祖意教意，是同是別？」師曰：「日月並輪輝，誰家別有路。」曰：「恁麼則顯晦殊途，事非一概。」師曰：「但自不亡羊，何須泣歧路。」問：「學人擬歸鄉時如何？」師曰：「家破人亡，子歸何處？」曰：「恁麼則不歸去也。」師曰：「庭前殘雪日輪消，室内遊塵遣誰掃？」乃有偈曰：「決志歸鄉去，乘船渡五湖。舉篙星月隱，停棹日輪孤。解纜離邪岸，張帆出正途。到來家蕩盡，免作屋中愚。」問：「動是法王苗，寂是法王根，根苗即不問，如何是法王？」師舉拂子。僧曰：「此猶是法王苗。」師曰：「龍不出洞，誰人柰何！」侍者謂師曰：「肇法師制得四輪，甚奇怪。」師曰：「肇公甚奇怪，要且不見祖師。」者無對。法燈代云：「和尚甚麼處是？」雲居錫云：「甚麼處是肇公不見祖師處，莫是有許多言語麼？」又云：「肇公有多少言語？」問：「如何是生機一路？」師曰：「敲空有響，擊木無聲。」

師兩山開法，語播諸方。光化元年八月，誡主事曰：「出家之法，長物不留。播種之時，切宜減省。締搆之務，悉從廢停。流光迅速，大道玄深。苟或因循，曷由體悟？」雖激勵懇切，衆以爲常，略不相儆。至冬示微疾，亦不倦參請。十二月一日告衆曰：「吾非明即後也。今有一事問汝等：若道這箇是，即頭上安頭；若道不是，即斬頭求活。」第一座對曰：「青山不舉足，日下不挑燈。」師曰：「是甚麼時節，作這箇語話？」時有彥從上座對曰：「離此二途，請和尚不問。」師曰：「未在，更道。」曰：「彥從道不盡。」師曰：「我不管汝盡不盡。」曰：「彥從無侍者祇對和尚。」師便休。至夜令侍者喚從問曰：「闍黎今日祇對，甚有道理。汝合體得先師意。先師道，目前無法，意在目前，不是目前法，非耳目之所到。且道那句是賓，那句是主？若擇得出，分付鉢袋子。」曰：「彥從不會。」師曰：「汝合會。」曰：「彥從實不會。」師喝出，乃曰：「苦！苦！」玄覺云：「且道從上座實不會，是怕見鉢袋子粘着伊。」二日午時，別僧舉前話問師。師曰：「慈舟不棹清波上，劍峽徒勞放水鵝。」便告寂。

逍遥懷忠禪師

撫州逍遥山懷忠禪師，僧問：「不似之句還有人道得否？」師曰：「或即五日齋前，或即五日齋後。」問：「劍鏡明利，毫毛何惑？」師曰：「不空罥索。」問：「洪鑪猛燄，烹鍛何物？」師曰：「烹佛烹祖。」曰：「佛祖作麼生烹？」師曰：「業在其中。」曰：「喚作甚麼業？」師曰：「佛力不如。」問：「四十九年不說一句，如何是不說底句？」師曰：「隻履西行，道人不顧。」曰：「莫便是和尚消停處也無？」師曰：「馬是官馬，不用印。」問：「如何是一老一不老？」師曰：「三從六義。」曰：「如何是奇特一句？」師曰：「坐佛牀，斫佛朴。」問：「祖與佛阿那箇最親？」師曰：「真金不肯博，誰肯換泥丸。」曰：「恁麼則不肯去也！」師曰：「汝貴我賤。」問：「懸劍萬年松時如何？」師曰：「非言可及。」曰：「當爲何事？」師曰：「爲汝道話。」曰：「言外事如何明得？」師曰：「日久年多筋骨成。」問：「不敵魔軍，如何證道？」師曰：「海水不勞杓子舀。」問：「不住有雲山，常居無底船時如何？」師曰：「果熟自然香。」曰：「更請師道。」師曰：「門前真佛子。」曰：「學人爲甚麽不見？」師曰：「處處王老師。」

蟠龍可文禪師

袁州蟠龍山可文禪師，僧問：「亡僧遷化向甚麽處去也？」師曰：「石牛沿古路，日裏夜明燈。」問：「如何是佛？」師曰：「癡兒捨父逃。」

黄山月輪禪師

撫州黄山月輪禪師，福唐許氏子。初謁三峰，機緣靡契。尋聞夾山盛化，乃往叩之。山問：「名甚麽？」師曰：「月輪。」山作一圓相，曰：「何似這箇？」師曰：「和尚恁麽語話，諸方大有人不肯在。」山曰：「闍黎作麽生？」師曰：「還見月輪麽？」山曰：「闍黎恁麽道，此間大有人不肯諸方。」師乃服膺參訊。一日，夾山抗聲問曰：「子是甚麽處人？」

師曰：「閩中人。」山曰：「還識老僧麼？」師曰：「和尚還識學人麼？」山曰：「不然。子且還老僧草鞋錢，然後老僧還子廬陵米價。」師曰：「恁麼則不識和尚也。未委廬陵米作麼價？」山曰：「真師子兒，善能哮吼。」乃入室受印，依附七年。衆請住黄山。上堂：「祖師西來，特唱此事。自是諸人不薦，向外馳求。投赤水以尋珠，就荆山而覓玉。所以道：從門入者，不是家珍。認影迷頭，豈非大錯。」僧問：「如何是祖師西來意？」師曰：「梁殿不施功，魏邦絶心迹。」問：「如何是道？」師曰：「石牛頻吐三春霧，木馬嘶聲滿道途。」問：「如何得見本來面目？」師曰：「不勞懸石鏡，天曉自雞鳴。」問：「宗乘一句，請師商量。」師曰：「黄峰獨脱物外秀，年來月往冷颼颼。」問：「不辨中言，如何指撥？」師曰：「劍去遠矣，爾方刻舟。」問：「如何是衲衣下事？」師曰：「石牛水上卧，東西得自由。」問：「如何是目前意？」師曰：「秋風有韻，片月無方。」問：「如何是學人用心處？」師曰：「覺户不掩，對月莫迷。」問：「如何是青霄路？」師曰：「鶴棲雲外樹，不倦苦風霜。」問：「過去事如何？」師曰：「龍叫清潭，波瀾自肅。」師於同光二年示寂，塔于院之西北隅。

韶山寰普禪師

洛京韶山寰普禪師，有僧到參，禮拜起立。師曰：「大才藏拙户。」僧過一邊立，師曰：「喪却棟梁材。」問：「如何是韶山境？」師曰：「古今猿鳥叫，翠色薄煙籠。」曰：「如何是境中人？」師曰：「退後看。」僧參，師問：「莫是多口白頭因麽？」因曰：「不敢。」師曰：「有多少口？」曰：「通身是。」師曰：「尋常向甚麽處屙？」曰：「向韶山口裏屙。」師曰：「有韶山口即得，無韶山口向甚麽處屙？」因無語。師便打。遵布衲訪師，在山下相見。遵問：「韶山路向甚麽處去？」師以手指曰：「嗚！那青青黯黯處去。」遵近前把住曰：「久嚮韶山，莫便是否？」師曰：「是即是。闍黎有甚麽事？」遵曰：「擬伸一問，師還答否？」師曰：「看君不是金牙作，争解彎弓射尉遲。」遵曰：「鳳凰直入煙霄去，誰怕林間野雀兒。」師曰：「當軒畫鼓從君擊，試展家風似老僧。」遵曰：「一句迥超千聖外，松蘿不與月輪齊。」師曰：「饒君直出威音外，猶較韶山半月程。」遵曰：「過在甚處？」師曰：「倜儻之辭，時人知有。」遵曰：「恁麽則真玉泥中異，不撥萬機塵。」師曰：「魯般門下，徒施巧妙。」遵曰：「學人即恁麽，未審師意如何？」師曰：「玉女夜抛梭，織錦於西舍。」遵曰：「莫便是和尚家風也無？」師曰：「耕夫製玉漏，不是行家作。」遵曰：「此猶是文言，如何是和尚家風？」師曰：「横身當宇宙，誰是出頭人？」遵無語。師遂同歸山，纔人事了，師召近前曰：「闍黎有衝天之氣，老僧有入地之謀。闍黎横吞巨海，老僧背負須彌。闍黎按劍上來，老僧掗鎗相待。向上一路，速道！速道！」遵曰：「明鏡當臺，請師一鑒。」師曰：「不鑒。」遵曰：「爲甚不鑒？」師曰：「水淺無魚，徒勞下鈞。」遵無對，師便打。僧問：「如何是一如相？」師曰：「鷺飛霄漢白，山遠色深青。」問：「是非不到處，還有句也無？」師曰：「有。」曰：「是甚麽句？」師曰：「一片白雲不露醜。」終後謚無畏禪師。

上藍令超禪師

洪州上藍令超禪師，初住瑞州上藍山，唱夾山之道，學侶俱會。後於洪井創禪苑，還以上藍爲名，化道益盛。僧問：「如何是上藍本分事？」師曰：「不從千聖借，豈向萬機求？」曰：「祇如不借不求時如何？」師曰：「不可拈放汝手裏，得麽？」問：「鋒前如何辨的？」師曰：「鋒前不露影，莫向舌頭尋。」問：「如何是無舌人唱歌？」師曰：「韻震青霄，宫商不犯。」問：「二龍争珠，誰是得者？」師曰：「其珠徧地，目覩如泥。」問：「善財見文殊後，爲甚却往南方？」師曰：「學憑入室，知乃通方。」曰：「爲甚麽彌勒却遣見文殊？」師曰：「道廣無涯，逢人不盡。」至唐大順正月初，告衆曰：「吾本約住此十年，今化事既畢，當即行矣。」齋畢聲鍾，端坐長往。謚元真禪師。

郢州四禪禪師

郢州四禪禪師，僧問：「古人有請不背，今請和尚入井，還去也無？」師曰：「深深無別源，飲者消諸患。」問：「如何是和尚家風？」師曰：「會得底人意，須知月色寒。」問：「諸佛未出世時如何？」師曰：「王宮絶消息。」曰：「出世後如何？」師曰：「榮枯各不同。」

太原海湖禪師

太原海湖禪師，因有人請灌頂三藏供養，敷坐訖，師乃就彼位坐。時有雲涉座主問曰：「和尚甚麼年行道？」師曰：「座主近前來！」涉近前，師曰：「祇如憍陳如是甚麼年行道？」涉茫然。師喝曰：「這尿牀鬼！」問：「和尚院内人何太少，定水院人何太多？」師曰：「草深多野鹿，巖高獬豸稀。」問：「如何是無問而自答？」師曰：「松韻琴聲響。」

嘉州白水禪師

嘉州白水禪師，僧問：「如何是西來意？」師曰：「四溟無窟宅，一滴潤乾坤。」問：

「曹溪一路，合譚何事？」師曰：「澗松千載鶴來聚，月中香桂鳳凰歸。」問：「如何是此經？」曰：「抛梭石女遼空響，海底泥牛夜叫頻。」

天蓋山幽禪師

鳳翔府天蓋山幽禪師，僧問：「如何是天蓋水？」師曰：「四海滂沲，不犯涓滴。」問：「學人擬看經時如何？」師曰：「既是大商，何求小利。」問：「對境不動時如何？」師曰：「邊方雖有令，不是太平年。」

清平遵禪師法嗣

三角令珪禪師

蘄州三角山令珪禪師，初參清平，平問：「來作麽？」師曰：「來禮拜。」平曰：「禮拜阿誰？」師曰：「特來禮拜和尚。」平咄曰：「這鈍根阿師！」師乃禮拜。平以手斫師頸一下，從此領旨。住後，僧問：「如何是佛？」師曰：「明日來，向汝道。如今道不得！」

投子同禪師法嗣

投子感温禪師

投子感温禪師，僧問：「師登寶座，接示何人？」師曰：「如月赴千溪。」曰：「恁麽則滿地不虧也。」師曰：「莫恁麽道。」問：「父不投，爲甚麽却投子？」師曰：「豈是别人屋裏事。」曰：「父與子還屬功也無？」師曰：「不屬。」曰：「不屬功底如何？」師曰：「父子各自脱。」曰：「爲甚麽如此？」師曰：「汝與我會。」師遊山見蟬蜕，侍者問曰：「殼在這裏，蟬向甚麽處去也？」師拈殼就耳畔摇三五下，作蟬聲。侍者於是開悟。

牛頭山微禪師

福州牛頭微禪師，上堂：「三世諸佛，用一點伎倆不得。天下老師口似匾擔，諸人作麽生？大不容易，除非知有，餘莫能知。」僧問：「如何是和尚家風？」師曰：「山畬脱粟飯，野菜澹黄虀。」曰：「忽遇上客來，又作麽生？」師曰：「喫即從君喫，不喫任東西。」

問：「不問驪龍頷下珠，如何識得家中寶？」師曰：「忙中争得作閑人。」

香山澄照禪師

西川青城香山澄照禪師，僧問：「諸佛有難，向火燄裏藏身，未審衲僧有難，向甚麽處藏身？」師曰：「水精甕裏著波斯。」問：「如何是初生月？」師曰：「大半人不見。」

陝府天福禪師

陝府天福禪師，僧問：「如何是佛法大意？」師曰：「黄河無滴水，華嶽總平沉。」

中梁山古禪師

興元府中梁山遵古禪師，僧問：「空劫無人能問法，即今有問法何安？」師曰：「大悲菩薩甕裏坐。」問：「如何是祖師西來意？」師曰：「道士擔漏巵。」

襄州谷隱禪師

襄州谷隱禪師，僧問：「如何是不觸白雲機？」師曰：「鶴帶鵶顔，浮生不棄。」

安州九嵕禪師

安州九嵕山禪師，僧問：「遠聞九嵕，及乎到來，祇見一嵕。」師曰：「闍黎祇見一嵕，不見九嵕。」曰：「如何是九嵕？」師曰：「水急浪花麤。」

盤山二世禪師

幽州盤山禪師，二世。僧問：「如何出得三界？」師曰：「在裏頭來多少時邪？」曰：「如何出得？」師曰：「青山不礙白雲飛。」問：「承教有言，如化人煩惱，如石女兒，此理如何？」師曰：「闍黎直如石女兒去。」

九嵕敬慧禪師

九嵕敬慧禪師，僧問：「解脱深坑，如何過得？」師曰：「不求過。」曰：「如何過得？」師曰：「求過亦非。」

觀音巖俊禪師

東京觀音院巖俊禪師者，邢臺廉氏子。初参祖席，徧歷衡、廬、岷、蜀。嘗經鳳林深谷，欻覩珍寶發現，同侣相顧，意將取之。師曰：「古人鉏園，觸黄金若瓦礫。待吾菅覆頂，須此供四方僧。」言訖捨去。謁投子。子問：「昨夜宿何處？」師曰：「不動道場。」子曰：「既言不動，曷由至此？」師曰：「至此豈是動邪？」子曰：「元來宿不著處。」投子默許之。尋住觀音，衆常數百。周高祖、世宗二帝潛隱時，每登方丈，必施禮。及即位，特賜紫衣，署浄戒大師。示寂，垂誡門人訖，怡顔合掌而逝。

濠州思明禪師

濠州思明禪師，在衆時，僧問：「如何是上座沙彌童行？」師曰：「諾。」問：「如何是清浄法身？」師曰：「屎裏蛆兒，頭出頭没。」

鳳翔招福禪師

鳳翔府招福禪師，僧問：「東牙烏牙皆出隊，和尚爲甚麽不出隊？」師曰：「住持各不同，闍黎争得怪？」

青原下六世

大光誨禪師法嗣

谷山有緣禪師

潭州谷山有緣禪師，僧問：「跉跰之子如何得歸向？」師曰：「會人路不通。」曰：「恁麽則無奉重處也。」師曰：「我道你鉢盂落地拈不起。」問：「一撥便轉時如何？」師曰：「野馬走時鞭轡斷，石人拊掌笑呵呵。」

潭州龍興禪師

潭州龍興禪師，僧問：「一撥便轉時如何？」師曰：「根不利。」問：「得坐披衣時如何？」師曰：「不端嚴。」曰：「爲甚麽不端嚴？」師曰：「不從修證得。」問：「如何是道中人？」師曰：「終日寂攢眉。」問：「文不加點時如何？」師曰：「無目童兒不出户。」

問：「賓主未分時如何？」師曰：「雙陸盤中不喝彩。」曰：「分後如何？」師曰：「骰子不曾拋。」

伏龍一世禪師

潭州伏龍山禪師，第一世。僧問：「攪長河爲酥酪，變大地作黄金時如何？」師曰：「臂長衫袖短。」問：「隨緣認得時如何？」師曰：「雪内牡丹花。」問：「如何是祖師西來意？」師曰：「你得恁麽不識痛痒！」

白雲善藏禪師

京兆白雲善藏禪師，僧問：「如何是和尚深深處？」師曰：「矮子渡深谿。」問：「赤脚時如何？」師曰：「何不脱却。」問：「如何是法法不生？」師曰：「萬類千差。」曰：「如何是法法不滅？」師曰：「縱横滿目。」

伏龍二世禪師

伏龍山禪師，第二世。僧問：「隨緣認得時如何？」師曰：「汝道興國門樓高多少？」問：「子不譚父德時如何？」師曰：「闍黎且低聲。」

陝府龍峻禪師

陝府龍峻山禪師，僧問：「如何是不知善惡底人？」師曰：「千聖近不得。」曰：「此人還知有向上事也無？」師曰：「不知。」曰：「爲甚麼不知？」師曰：「不識善惡，說甚麼向上事。」曰：「畢竟如何？」師曰：「不見道：犴狢。」問：「如何是佛向上人？」師曰：「不帶容。」問：「凡有展拓，盡落今時，不展拓時如何？」師曰：「不展，不展。」曰：「畢竟如何？」師曰：「不拓，不拓。」

伏龍三世禪師

伏龍山和尚，第三世。僧問：「行盡千山路，玄機事若何？」師曰：「鳥道不曾棲。」

問：「既是師，爲甚却無位次？」師曰：「古今排不出，三際豈能安？」曰：「恁麽則某甲隨手去也。」師曰：「春風吹柳絮，往復幾時休？」問：「如何是真際？」師曰：「曠劫無異，不存階級。」

九峰虔禪師法嗣

新羅清院禪師

新羅國清院禪師，僧問：「奔馬争毬，誰是得者？」師曰：「誰是不得者？」曰：「恁麽則不在争也。」師曰：「直得不争，亦有過在。」曰：「如何免得此過？」師曰：「要且不曾失。」曰：「不失處如何鍛鍊？」師曰：「兩手捧不起。」

泐潭神黨禪師

洪州泐潭神黨禪師，僧問：「四威儀中如何辨主？」師曰：「正遇寶峰不脱鞋。」問：「如何是佛法大意？」師曰：「虚空駕鐵船，岳頂浪滔天。」

南源行修禪師

袁州南源行修慧觀禪師，亦曰光睦。僧問：「如何是南源境？」師曰：「幾處峰巒猿鳥叫，一帶平川遊子迷。」問：「如何是南源深深處？」師曰：「衆人皆見。」曰：「恁麽則淺也。」師曰：「也是兩頭揺。」問：「有口談不得，無心未見伊時如何？」師曰：「古洞有龍吟不出，巖前木馬喊無形。」

㴩潭山明禪師

㴩潭明禪師一日下到客位，衆請師歸方丈。師曰：「道得即去。」時牟和尚對曰：「大衆請。」師乃上法堂。僧問：「非思量處識情難測時如何？」師曰：「我不欲違古人。」曰：「不違古人意作麽生？」師曰：「也合消得汝三拜。」僧問：「碓擣磨磨，不得忘却，此意如何？」師曰：「虎口裏活雀兒。」問：「定慧不生時如何？」師曰：「鐵牛草上卧，昏昏不舉頭。」問：「如何是道者？」師曰：「毛毿毿地。」曰：「如何是道者家風？」師曰：「佛殿前逢尊者。」問：「如何是和尚終日事？」師曰：「鉢盂裏無折筯。」曰：「如何是沙門日用事？」師曰：「轟轟不借萬人機。」

吉州禾山禪師

吉州禾山禪師，僧問：「如何是祖師西來意？」師曰：「杉樹子。」問：「文殊以何爲師？」師曰：「風箏有韻真堪聽，聽得由來曲不成。」

泐潭延茂禪師

泐潭延茂禪師，僧問：「如何是古佛心？」師曰：「終不道土木瓦礫是。」問：「日落西山去，林中事若何？」師曰：「庭前花盛發，室内不知春。」問：「如何是閉門造車？」師曰：「失却斑猫兒。」曰：「如何是出門合轍？」師曰：「坐地到長安。」問：「如何是和尚正主？」師曰：「畫鼓連槌響，耳畔不聞聲。」

同安常察禪師

洪州鳳棲同安院常察禪師，僧問：「如何是鳳棲家風？」師曰：「鳳棲無家風。」曰：

「既是鳳棲，爲甚麽無家風？」師曰：「不迎賓，不待客。」曰：「恁麽則四海參尋，當爲何事？」師曰：「盤飣自有旁人施。」問：「如何是鳳棲境？」師曰：「千峰連岳秀，萬嶂不知春。」曰：「如何是境中人？」師曰：「孤巖倚石坐，不下白雲心。」問：「祖意教意，是同是别？」師曰：「鐵狗吠石牛，幻人看月色。」問：「如何是披毛戴角底人？」師曰：「蓑衣箬笠賣黄金，幾箇相逢不解唤？」問：「學人未曉時機，乞師指示。」師曰：「參差松竹煙籠薄，重疊峰巒月上遲。」僧擬進語，師曰：「劍甲未施，賊身已露。」僧曰：「何也？」師曰：「精陽不剪霜前竹，水墨徒誇海上龍。」僧遶禪牀而出。師曰：「閉目食蝸牛，一場酸澀苦。」問：「返本還源時如何？」師曰：「蟭螟雖脱殼，不免抱寒枝。」問：「如何是猛利底人？」師曰：「石牛步步吼深潭，紙馬聲聲火中叫。」新到持錫遶師三匝，振錫一下曰：「凡聖不到處，請師道。」師鳴指三下。僧曰：「同安今日嚇得忘前失後。」師曰：「闍黎發足何處？」僧珍重便出。師曰：「五湖衲子，一錫禪人，未到同安，不妨疑着。」僧回首，曰：「遠聞不如近見。」師曰：「貪他一盃酒，失却滿船魚。」問：「如何是大没慚愧底人？」師曰：「老僧見作這業次。」問：「如何是祖師西來意？」師曰：「犀因翫月紋生角，象被雷驚花入牙。」問：「如何是向去底人？」師曰：「寒蟬抱枯木，泣盡不回頭。」曰：「如何是却來底人？」師曰：「火裏蘆花秀，逢春恰似秋。」曰：「如何是不來不去底人？」

師曰：「石羊遇石虎，相看早晚休。」座主問：「三乘十二分教，某甲粗知，未審和尚説何法示人？」師曰：「我説一乘法。」曰：「如何是一乘法？」師曰：「幾般雲色出峰頂，一樣泉聲落檻前。」曰：「不問這箇，如何是一乘法？」師曰：「你不妨靈利。」翫月次，謂僧曰：「奇哉！奇哉！星明月朗，足可觀瞻，豈異道乎？」僧曰：「如何是道？」師曰：「汝試道看。」曰：「彼自無瘡，勿傷之也。」師曰：「負笈攻文，不閑弓矢。」問僧：「近離何處？」曰：「江西。」師曰：「江西法道何似此間？」曰：「賴遇問著某甲，若問別人，則禍生也。」師曰：「老僧適來造次。」曰：「某甲不是嬰兒，徒用止啼黃葉。」師曰：「傷鱉恕龜，殺活由我。」問僧：「甚處來？」曰：「五臺。」師曰：「還見文殊麽？」僧展兩手。師曰：「展手頗多，文殊誰覩？」曰：「氣急殺人。」師曰：「不覩雲中雁，焉知沙塞寒。」問：「遠趨丈室，乞師一言。」師曰：「孫臏門下，徒話鑽龜。」曰：「名不浪得。」師曰：「喫茶去！」僧便珍重。師曰：「雖得一場榮，刖却一雙足。」師看經次，有僧來問訊。師曰：「古佛今佛，皆無別理。」曰：「和尚如何？」師打一掌。僧曰：「如是！如是！」師曰：「這風顛漢！」曰：「今古皆然。」師曰：「擬欲降龍，却逢死虎。」曰：「同安甚生光彩。」師曰：「守株停舶，非汝而誰？」曰：「和尚聻？」師曰：「胡羊往楚，抱屈而歸。」師問僧：「眼界無光，如何得見？」曰：「北斗東轉，南斗西移。」師曰：「夫子入太廟。」曰：

「與麼則同安門下，道絶人荒去也。」師曰：「横抱孾孩，擬彰皇簡。」師聞鵲聲，謂衆曰：「喜鵲鳴寒檜，心印是渠傳。」僧出問曰：「何别？」師曰：「衆中有人在。」曰：「同安門下，道絶人荒？」師曰：「胡人飲乳，返怪良醫。」曰：「休！休！」師曰：「老鶴入枯池，不見魚蹤跡。」

泐潭匡悟禪師

洪州泐潭匡悟禪師，僧問：「如何是直截一路？」師曰：「恰好消息。」曰：「還通向上事也無？」師曰：「魚從下過。」問：「幽關未度，信息不通時如何？」師曰：「客路如天遠，侯門似海深。」問：「香煙馥郁，大張法筵，從上宗乘，如何舉唱？」師曰：「莫錯舉似人。」曰：「恁麼則總應如是。」師曰：「還是没交涉。」問：「六葉芬芳，師傳何葉？」師曰：「六葉不相續，花開果不成。」曰：「豈無今日事？」師曰：「若是今日即有。」曰：「今日事如何？」師曰：「葉葉連枝秀，花開處處芳。」

禾山無殷禪師

吉州禾山無殷禪師，福州吴氏子。七歲從雪峰出家，依年受具。謁九峰，峰問：「汝遠遠而來，暉暉（音衮）隨衆，見何境界而可修行？由何徑路而能出離？」師曰：「重昏廓闢，盲者自盲。」峰乃許入室。後住禾山，學徒濟濟，諸方降歎。江南李氏召而問曰：「和尚何處來？」師曰：「禾山來。」曰：「山在甚麽處？」師曰：「人來朝鳳闕，山嶽不曾移。」國主重之，命居楊州祥光院。復乞入山，以翠巖而棲止焉。時上藍亦虛其室，命師來往闡化，號澄源禪師。僧問：「學人乍入叢林，乞師指示。」師曰：「於汝不惜。」問：「仰山插鍬，意旨如何？」師曰：「汝問我。」，曰：「玄沙踏倒鍬，又作麽生？」師曰：「我問汝。」曰：「未辨其宗，如何體悉？」師曰：「頭大尾尖。」問：「咫尺之間，爲甚麽不覩師顔？」師曰：「且與闍黎道一半。」曰：「爲甚麽不全道？」師曰：「盡法無民。」曰：「不怕無民，請師盡法。」師曰：「推倒禾山也！」問：「習學謂之聞，絶學謂之鄰，過此二者，謂之真過。如何是真過？」師曰：「禾山解打鼓。」曰：「如何是真諦？」師曰：「禾山解打鼓。」問：「即心即佛則不問，如何是非心非佛？」師曰：「禾山解打鼓。」曰：「如何是向上事？」師曰：「禾山解打鼓。」問：「萬法齊興時如何？」師曰：「禾山解打鼓。」問：「如何是古佛心？」師曰：「世界崩陷。」曰：「爲甚如此？」師曰：「寧無我身。」問：「尊者撥眉擊目視育王時如何？」師曰：「即今也恁麽。」曰：「學人如何領會？」師曰：「莫非摩利支山。」問：「摩尼寶殿有四角，一角常露，如何是露底角？」師舉手曰：「汝打我。」

復曰：「汝還會麽？」曰：「不會。」師曰：「汝争解打得我？」問：「如何是西來意？」師曰：「撲破著。」問：「已在紅爐，請師烹鍊。」師曰：「槌下成器。」曰：「恁麽則烹鍊去也！」師曰：「池州和尚。」問：「四壁打禾，中間剗草。和尚赴阿那頭？」師曰：「甚麽處不赴。」曰：「恁麽則同於衆去也。」師曰：「小師弟子。」建隆元年二月示微疾，三月二日辭衆，乃曰：「後來學者未識禾山，即今識取。珍重！」言訖而寂。謚法性禪師。

泐潭山牟禪師

洪州泐潭牟禪師，僧問：「如何是學人著力處？」師曰：「正是著力處。」上堂，僧問：「百丈捲席，意旨如何？」師曰：「珍重！」便下座。

涌泉欣禪師法嗣

六通院紹禪師

台州六通院紹禪師，一日，涌泉問：「甚麽處去來？」師曰：「燒畬來。」泉曰：「火後事作麽生？」師曰：「鐵蛇鑽不入。」住後，僧問：「不出咽喉脣吻事如何？」師曰：「待汝一钁劚斷巾子山，我亦不向汝道。」問：「南山有一毒蛇，如何近得？」師曰：「非但闍黎，千聖亦近不得。」人問：「承聞南方有一劍話，如何是一劍？」師曰：「不當鋒。」曰：「頭落又作麽生？」師曰：「我道不當鋒，有甚麽頭？」其人禮謝而去。問：「父母未生時，那人何處立？」師曰：「卦兆未興，孫臏失筭。」問：「如何是大千頂？」師曰：「不與衆峰齊。」師休夏，入天台山華頂峰晦迹，莫知所終。

雲蓋元禪師法嗣

雲蓋智罕禪師

潭州雲蓋山志罕禪師，僧問：「如何是須彌頂上浪滔天？」師曰：「文殊正作鬧。」曰：「如何是正位中事？」師曰：「不向機前展大悲。」問：「如何是那邊人？」師曰：「鋒前不露影，句後覓無蹤。」

新羅卧龍禪師

新羅國卧龍禪師，僧問：「如何是大人相？」師曰：「紫羅帳裏不垂手。」曰：「爲甚麽不垂手？」師曰：「不尊貴。」問：「十二時中如何用心？」師曰：「猢猻喫毛蟲。」問：「如何是潭中意？」師曰：「絲綸垂不到，磻溪謾放鈎。」曰：「如何是潭外事？」師曰：「日裏金烏叫，蟾中玉兔驚。」

天台山燈禪師

彭州天台燈禪師，僧問：「古佛向甚麽處去也？」師曰：「中央甲第高，歲歲出靈苗。」問：「古鏡未磨時如何？」師曰：「不施功。」曰：「磨後如何？」師曰：「不照燭。」問：「如何是佛？」師曰：「紅蓮座上，不覯天冠。」

谷山藏禪師法嗣

新羅瑞巖禪師

新羅國瑞巖禪師，僧問：「黑白兩亡開佛眼時如何？」師曰：「恐你守内。」問：「如何是誕生王子？」師曰：「深宫引不出。」曰：「如何是朝生王子？」師曰：「宫中不列位。」曰：「如何是末生王子？」師曰：「處處無標的，不展萬人機。」

新羅百巖禪師

新羅國百巖禪師，僧問：「如何是禪？」師曰：「古塚不爲家。」曰：「如何是道？」師曰：「徒勞車馬迹。」曰：「如何是教？」師曰：「貝葉收不盡。」

新羅大嶺禪師

新羅國大嶺禪師，僧問：「古人道，祇到潼關便即休。會了便休？未會便休？」師曰：「祇爲迷途中活計。」曰：「離却迷途，還得其中活計也無？」師曰：「體即得，當即不得。」曰：「既是體得，爲甚麽當不得？」師曰：「體是甚麽人分上事？」曰：「其中事如何？」師曰：「不作尊貴。」問：「如何是一切處清淨？」師曰：「截瓊枝寸寸是寶，析旃檀片片皆香。」問：「如何是用中無礙？」師曰：「一片白雲繚亂飛。」

中雲蓋禪師法嗣

雲蓋山景禪師

潭州雲蓋山證覺景禪師，僧問：「國土晏清，功歸何處？」師曰：「銀臺門下不展賀。」曰：「轉功無位時如何？」師曰：「王家事宛然。」曰：「如何是閫外底事？」師曰：「畫鼓聲終後，將軍不點頭。」

禾山師陰禪師

吉州禾山師陰禪師，僧問：「王子未來登，誰人當治化？」師曰：「閫外不行邊塞令，將軍自致太平年。」曰：「恁麽則治化之功猶不當。」師曰：「亦有當。」曰：「如何是當？」師曰：「十方國土盡屬於王。」問：「久久尋源，爲甚麽不見？」師曰：「爲步數太多。」曰：「恁麽則不覓去也。」師曰：「還同避溺而投火。」問：「如何是佛？」師曰：「承當者不是好手。」

柘溪從實禪師

幽州柘溪從實禪師，僧問：「如何是道？」師曰：「箇中無紫皂。」曰：「如何是禪？」師曰：「不與白雲連。」師問：「僧作甚麽來？」曰：「親近來。」師曰：「任你白雲朝嶽頂，争柰青山不展眉。」

洛浦安禪師法嗣

烏牙彦賓禪師

蘄州烏牙山彦賓禪師，僧問：「未作人身已前，作甚麽來？」師曰：「三脚石牛坡上走，一枝瑞草目前分。」問：「疋馬單鎗直入時如何？」師曰：「饒你雄信解拈鎗，猶較秦王百步在。」問：「久戰沙場，爲甚麽功名不就？」師曰：「雙鵰隨箭落，李廣不當名。」問：「百步穿楊，中的者誰？」師曰：「將軍不上便橋，金牙徒勞拈筈。」問：「蝴蝀飲雲根時如何？」師曰：「金輪天子下閻浮，鐵縵頭上金花異。」曰：「正當恁麽時如何？」師曰：「當今不坐靈明殿，畫鼓休停八佾音。」

青峰傳楚禪師

鳳翔府青峰傳楚禪師，涇州人也。一日，洛浦問曰：「院主去甚麽處來？」師曰：「掃雪來。」浦曰：「雪深多少？」師曰：「樹上總是。」浦曰：「得即得，汝向後住箇雪窟定矣。」後訪白水，水曰：「見説洛浦有生機一路，是否？」師曰：「是。」水曰：「止却生路，向熟路上來。」師曰：「生路上死人無數，熟路上不著活漢。」水曰：「此是洛浦底，你底作麽生？」師曰：「非但洛浦，夾山亦不柰何。」水曰：「夾山爲甚麽不柰何？」師曰：「不見道：生機一路。」住後，僧問：「佛魔未現，向甚麽處應？」師曰：「諸上座聽祇對。」問：「大事已明，爲甚麽也如喪考妣？」師曰：「不得春風花不開，及至花開又吹落。」問：「如何是一色？」師曰：「全無一滴水，浪激似銀山。」問：「如何是臨機一句？」師曰：「便道將來。」曰：「請和尚道。」師曰：「穿過髑髏，不知痛痒。」問：「如何是明了底人一句？」師曰：「駿馬寸步不移，鈍鳥昇騰出路。」

永安善静禪師

京兆府永安院善静禪師，郡之王氏子。母夢金像，覺而有娠。師幼習儒學，博通群言。年二十七，忽厭浮幻，潛詣終南山禮廣度禪師披削。唐天復中，南謁洛浦，浦器之，容其入室。乃典園務，力營衆事。一日，有僧辭浦，浦曰：「四面是山，闍黎向甚麽處去？」僧無對。浦曰：「限汝十日，下語得中，即從汝去。」其僧經行冥搜，偶入園中。師問曰：「上座既是辭去，今何在此？」僧具陳所以，堅請代語。師曰：「竹密豈妨流水過，山高那阻野雲飛。」其僧喜踊。師屬之曰：「不得道是某甲語。」僧遂白浦。曰：「誰語？」曰：「某甲語。」浦曰：「非汝語。」僧具言園頭見教。浦至晚，上堂謂衆曰：「莫輕園頭，他日座下有五百人在。」後住永安，衆餘五百，果符洛浦之記。僧問：「知有道不得時如何？」師曰：「知有箇甚麽？」曰：「不可無去也。」師曰：「恁麽則合道得。」曰：「道即不無，争柰語偏。」師曰：「水凍魚難躍，山寒花發遲。」問：「如何是和尚家風？」師曰：「木馬背斜陽，入草無蹤跡。」問：「如何是一色？」師曰：「易分雪裏粉，難辨墨中煤。」問：「如何是衲衣向上事？」師曰：「龍魚不出海，水月不吞光。」問：「不可以智知，不可以識識時如何？」師曰：「鶴鷺並頭蹋雪睡，月明驚起兩遲疑。」問：「牛頭未見四祖時如何？」師曰：「異境靈松，覩者皆羡。」曰：「見後如何？」師曰：「葉落已枝摧，風來不得韻。」問：「如何得生如來家？」師曰：「披衣望曉，論劫不明。」曰：「明後如何？」師曰：「一句不可得。」曰：「如何是不坐如來座？」師曰：「抱頭石女歸來晚，祇園會裏没蹤由。」師往遊僰道，避昭宗蒙塵之亂，以漢開運丙午年冬，鳴犍稚集僧，囑累入方丈，東向右脇而化。謚淨悟禪師。

鄧州中度禪師

鄧州中度禪師，僧問：「海内不逢師，如何是寰中主？」師曰：「金雞常報曉，時人自不聞。」問：「如何是暗中明鏡？」師曰：「昧不得。」曰：「未審照何物？」師曰：「甚麽物不照。」問：「如何是實際理地不受一塵，佛事門中不捨一法？」師曰：「真常塵不染，海納百川流。」曰：「請和尚離聲色外答。」師曰：「木人常對語，有性不能言。」

洞谿戒定禪師

嘉州洞谿戒定禪師，初問洛浦：「月樹無枝長覆蔭，請師直指妙玄微。」浦曰：「森羅秀處，事不相依。淥水千波，孤峰自異。」師於是領旨。住後，僧問：「蛇師爲甚麽被蛇吞？」師曰：「幾度扣門招不出，將身直入裹頭看。」有官人問：「既是清浄伽藍，爲甚打魚鼓？」師曰：「直須打出青霄外，免見龍門點額人。」

京兆卧龍禪師

京兆府卧龍禪師，僧問：「杲日符天際，珠光照舊都。浦津通法海，今日意何如？」師曰：「寶劍揮時，豈該明暗！」

逍遥忠禪師法嗣

福清師巍禪師

泉州福清院師巍通玄禪師，僧問：「枝分夾嶺，的紹逍遥，寶座既登，法雷請震。」師曰：「逍遥迥物外，物外霞不生。」問：「如何是西來的的意？」師曰：「立雪未爲勞，斷臂方爲的。」曰：「恁麽則一華開五葉，芬芳直至今。」師曰：「因圓三界外，果滿十方知。」

白雲無休禪師

京兆府白雲無休禪師，僧問：「路逢猛虎，如何降伏？」師曰：「歸依佛法。」僧問：「如何是白雲境？」師曰：「月夜樓邊海客愁。」

蟠龍文禪師法嗣

永安浄悟禪師

廬山永安浄悟禪師，僧問：「如何是出家底事？」師曰：「萬丈懸崖撒手去。」曰：「如何是不出家底事？」師曰：「迥殊雪嶺安巢節，有異許由挂一瓢。」問：「六門不通，如何達信？」師曰：「闍黎外邊與誰相識？」問：「脱籠頭、卸角馱來時如何？」師曰：「换骨洗腸投紫塞，雁門切忌更銜蘆。」問：「從上諸聖將何示人？」師曰：「有異祖龍行化節，迥超棲鳳越揚塵。」問：「如何是解作客底人？」師曰：「寶御珍裝猶尚棄，誰能歷劫傍他門？」問：「如何是西來意？」師曰：「海底泥牛吼，雲中木馬嘶。」問：「衆手淘金，誰是得者？」師曰：「黄帝不曾遊赤水，神珠罔象也虚然。」問：「雪覆蘆華時如何？」師曰：「雖則冱凝呈瑞色，太陽暉後却迷人。」

木平善道禪師

袁州木平山善道禪師，初謁洛浦，問：「一漚未發已前，如何辨其水脉？」浦曰：「移舟諳水脉，舉棹別波瀾。」師不契。乃參蟠龍，語同前問。龍曰：「移舟不別水，舉棹即迷源。」師從此悟入。僧問：「如何是西來意？」師曰：「石羊頭子向東看。」問：「如何是正法眼？」師曰：「拄杖孔。」問：「如何是不動尊？」師曰：「浪浪宕宕。」問：「如何是木平一句？」師曰：「畐塞虚空。」曰：「畐塞虚空即不問，如何是一句？」師便打。凡有新到，未許參禮，先令運土三擔，而示偈曰：「南山路側東山低，新到莫辭三轉泥。嗟汝在途經日久，明明不曉却成迷。」師肉髻螺紋，金陵李氏嚮其道譽，迎請供養，待以師禮。嘗問：「如何是木平？」師曰：「不勞斤斧。」曰：「爲甚麽不勞斤斧？」師曰：「木平。」法眼禪師有偈贈曰：「木平山裏人，貌古言復少。相看陌路同，論心秋月皎。壞衲線非蠶，助歌聲有鳥。城闕今日來，一漚曾已曉。」滅後，門人建塔，謚真寂禪師。

崇福院志禪師

崇福志禪師，僧問：「供養百千諸佛，不如供養一無心道人。未審諸佛有何過？無心道人有何德？」師曰：「雪深宜近火，身煖覺春遲。」問：「貧子獻珠時如何？」師曰：「甚麼處得來？」問：「如何是道？」師曰：「回車有分。」

陝府龍溪禪師

陝府龍溪禪師，上堂，僧問：「如何是無縫塔？」師曰：「百寶莊嚴今已了，四門開豁幾多時。」師乃曰：「直饒説似箇無縫塔，也不免老僧下箇橛，作麼生免得去？」衆無對。師曰：「下去！」

黄山輪禪師法嗣

郢州桐泉禪師

郢州桐或作潼。泉山禪師參黄山，山問：「天門一合，十方無路。有人道得，擺手出漳江。」師曰：「蟄户不開，龍無龍句。」山曰：「是你恁麽道。」師曰：「是即直言是，不是直言不是。」山曰：「擺手出漳江。」山復問：「卞和到處荆山秀，玉印從他天子傳時如何？」師曰：「靈鶴不於林下憩，野老不重太平年。」山深肯之。住後，僧問：「如何是相傳底事？」師曰：「龍吐長生水，魚吞無盡漚。」曰：「請師挑剔。」師曰：「擂皷轉船頭，棹穿波裏月。」

韶山普禪師法嗣

潭州文殊禪師

潭州文殊禪師，僧問：「如何是祝融峰前事？」師曰：「巖前瑞草生。」問：「仁王登位，萬姓霑恩。和尚出世，有何祥瑞？」師曰：「萬里長沙駕鐵船。」問：「如何是本爾莊嚴？」師曰：「菊花原上景，行人去路長。」

耀州密行禪師

耀州密行禪師，僧問：「密室之言，請師垂示。」師曰：「南方水闊，北地風多。」曰：

「不會，乞師再指。」師曰：「鳥棲林麓易，人出是非難。」

思明禪師法嗣

鷲嶺善本禪師

襄州鷲嶺善本禪師，浴次，僧問：「和尚是離垢人，爲甚麽却浴？」師曰：「定水湛然滿，浴此無垢人。」問：「祖意教意，是同是别？」師曰：「鷲嶺峰上，青草參天，鹿野苑中，狐兔交横。」

青原下七世

藤霞禪師法嗣

澧州藥山禪師

澧州藥山禪師，上堂：「夫學般若菩薩，不懼得失，有事近前。」時有僧問：「藥山祖裔，請師舉唱。」師曰：「萬機挑不出。」曰：「爲甚麽萬機挑不出？」師曰：「他緣岸谷。」問：「如何是藥山家風？」師曰：「葉落不如初。」問：「法雷哮吼時如何？」師曰：「宇宙不曾震。」曰：「爲甚麽不曾震？」師曰：「偏地娑婆，未嘗哮吼。」曰：「不哮吼底事如何？」師曰：「闔國無人知。」

雲蓋景禪師法嗣

南臺寺藏禪師

衡嶽南臺寺藏禪師，僧問：「遠遠投師，請師一接。」師曰：「不隔户。」問：「如何是南臺境？」師曰：「松韻拂時石不點，孤峰山下壘難齊。」曰：「如何是境中人？」師曰：「巖前栽野菓，接待往來賓。」曰：「恁麽則謝師供養。」師曰：「怎生滋味？」問：「如何是法堂？」師曰：「無壁落。」問：「不顧諸緣時如何？」師良久。

雲蓋證覺禪師

潭州雲蓋山證覺禪師，僧問：「如何是和尚家風？」師曰：「四海不曾通。」問：「如何是一塵含法界?」師曰:「通身體不圓。」曰:「如何是九世剎那分?」師曰:「繁興不布彩。」問:「如何是宗門中的的意?」師曰:「萬里胡僧,不入波瀾。」

烏牙賓禪師法嗣

大安興古禪師

安州大安山興古禪師,僧問:「亡僧遷化,向甚麼處去也?」師曰:「昨夜三更拜南郊。」問:「維摩默然,意旨如何?」師曰:「黯黑石牛兒,超然不出户。」問:「如何是那邊事?」師曰:「黑漆牧童不展手,銀籠鶴畔野雲飛。」

烏牙行朗禪師

蘄州烏牙山行朗禪師,僧問:「未作人身已前作甚麼來?」師曰:「海上石牛歌三拍,一條紅線掌間分。」問:「迦葉上行衣,何人合得披?」師曰:「天然無相子,不掛出塵衣。」

青峰楚禪師法嗣

西川靈龕禪師

西川靈龕禪師，僧問：「如何是諸佛出身處？」師曰：「出處非干佛，春來草自青。」問：「碌碌地時如何？」師曰：「試進一步看。」

紫閣端己禪師

京兆府紫閣山端己禪師，僧問：「四相俱盡，立甚麽爲真？」師曰：「你甚麽處去來？」問：「渭水正東流時如何？」師曰：「從來無間斷。」

開山懷晝禪師

房州開山懷晝禪師，僧問：「作何行業，即得不違於千聖？」師曰：「妙行無倫匹，情玄體自殊。」問：「有耳不臨清水洗，無心誰爲白雲幽時如何？」師曰：「無木掛千金。」曰：「掛後如何？」師曰：「杳杳人難辨。」問：「如何是塵中師？」師曰：「荆棘林中隨處到，旃檀林裏任縱横。」問：「如何是祖師西來意？」師曰：「月隱澄潭，金輝正午。」

幽州傳法禪師

幽州傳法禪師，僧問：「教意祖意，是同是别？」師曰：「華開金綫秀，古洞白雲深。」問：「别人爲甚麽徒弟多，師爲甚麽無徒弟？」師曰：「海島龍多隱，茅茨鳳不棲。」

浄衆歸信禪師

益州浄衆寺歸信禪師，僧問：「蓮華未出水時如何？」師曰：「菡萏滿池流。」曰：「出水後如何？」師曰：「葉落不知秋。」問：「不假浮囊，便登巨海時如何？」師曰：「紅觜飛超三界外，緑毛也解道煎茶。」問：「如何是自在底人？」師曰：「劍樹霜林去便行。」曰：「如何是不自在底人？」師曰：「釋迦在闍黎後。」

青峰清勉禪師

青峰山清勉禪師，僧問：「久醞蒲萄酒，今日爲誰開？」師曰：「飲者方知。」問：「如何是祖師西來意？」師曰：「耨池無一滴，四海自滔滔。」

大宋玉音〔一〕

宋太宗皇帝

太宗皇帝一日幸相國寺，見僧看經，問曰：「是甚麼經？」僧曰：「仁王經。」帝曰：「既是寡人經，因甚却在卿手裏？」僧無對。雪竇代云：「皇天無親，唯德是輔。」幸開寶塔，問僧：「卿是甚人？」對曰：「塔主。」帝曰：「朕之塔爲甚麼卿作主？」僧無對。雪竇代曰：「合國咸知。」一日，因僧朝見，帝問：「甚處來？」對曰：「廬山卧雲庵。」帝曰：「朕聞卧雲深處不

〔一〕「玉音」二字原無，據清藏本、續藏本補。

朝天，爲甚到此？」僧無對。雪竇代云：「難逃至化。」僧入對次，奏曰：「陛下還記得麽？」帝曰：「甚處相見來？」奏曰：「靈山一别，直至如今。」帝曰：「卿以何爲驗？」僧無對。雪竇代曰：「貧道得得而來。」京寺回禄，藏經悉爲煨燼。僧欲乞宣賜，召問：「昔日摩騰不燒，如今爲甚却燒？」僧無對。雪竇代云：「陛下不忘付囑。」帝嘗夢神人報曰：「請陛下發菩提心。」因早朝宣問左右街：「菩提心作麽生發？」街無對。雪竇代云：「實謂今古罕聞。」智寂大師進三界圖，帝問：「朕在那一界中？」寂無對。保寧勇代曰：「陛下何處不稱尊？」一日朝罷，帝擎鉢問丞相王隨曰：「既是大庾嶺頭提不起，爲甚麽却在朕手裏？」隨無對。

宋徽宗皇帝

徽宗皇帝，政和三年，嘉州巡捕官奏：本部路傍有大古樹，因風摧折，中有一僧禪定，鬚髮被體，指爪遶身。帝降旨，令肩輿入京，命西天總持三藏以金磬出其定。遂問：「何代僧？」曰：「我乃東林遠法師之弟，名慧持，因遊峨嵋，入定于樹。遠法師無恙否？」藏曰：「遠法師，晋人也，化去七百年矣。」持不復語。藏問：「師既至此，欲歸何所？」持曰：「陳留縣。」復入定。帝製三偈，令繪像頒行。偈曰：「七百年來老古錐，定中消息許誰知？爭如隻履西歸去，生死何勞木作皮。」「藏山於澤亦藏身，天下無藏道可親。寄語莊周休擬議，樹中不是負趍人。」「有情身不是無情，彼此人人定裏身。會得菩提本無樹，不須辛苦問盧能。」

宋孝宗皇帝

孝宗皇帝宣問靈隱佛照光禪師，曰：「釋迦佛入山修道，六年而成，所成者何事？請師明說。」對曰：「將謂陛下忘却！」

未詳法嗣

實性大師

實性大師，因同參芙蓉訓禪師至，上堂，以右手拈拄杖，倚放左邊。良久曰：「此事若不是芙蓉師兄，也大難委悉。」便下座。

茶陵郁山主

茶陵郁山主，不曾行脚，因廬山有化士至，論及宗門中事，教令看僧問法燈：「百尺竿頭，如何進步？」燈云：「噁。」凡三年。一日乘驢度橋，一踏橋板而墮，忽然大悟。遂有頌云：「我有神珠一顆，久被塵勞關鎖。今朝塵盡光生，照破山河萬朵。」因茲更不遊方。師乃白雲端和尚得度師。雲有贊曰：「百尺〔一〕竿頭曾進步，溪橋一踏没山河。從茲不出茶川上，吟嘯無非囉哩囉。」

僧肇法師

僧肇法師，遭秦主難，臨就刑説偈曰：「四大元無主，五陰本來空。將頭臨白刃，猶似斬春風。」玄妙云：「大小肇法師，臨死猶寱語。」

〔一〕「尺」，原作「赤」，據清藏本、續藏本改。

禪月貫休禪師

禪月貫休禪師，有詩曰：「禪客相逢祇彈指，此心能有幾人知？」大隨和尚舉問曰：「如何是此心？」師無對。歸宗柔代云：「能有幾人知？」

先淨照禪師

先淨照禪師，問楞嚴大師：「經中道：『若能轉物，即同如來。若被物轉，即名凡夫。』祇如昇元閣作麽生轉？」嚴無對。汾陽代云：「彼此老大。」

公期和尚

公期和尚，因往羅漢，路逢一騎牛公子，師問：「羅漢路向甚麽處去？」公拍牛曰：「道！道！」師喝曰：「這畜生！」公曰：「羅漢路向甚麽處去？」師却拍牛曰：「道！道！」公曰：「直饒恁麽，猶少蹄角在。」師便打。公拍牛便走。

唐朝因禪師

唐朝因禪師，微時，嘗運槌擊土次，見一大塊，戲槌猛擊之，應碎。豁然大悟。後有老宿聞云：「盡山河大地，被因禪師一擊百雜碎。」

東山雲頂禪師

福州東山雲頂禪師，泉州人。遺其氏。以再下春闈，往雲臺大吼寺剃染具戒，即謁大愚、芝神、鼎譚。後見羅漢下尊宿，始徹已事，道學有聞叢林，稱爲頂三教。僧問：「如何是和尚日用事？」師曰：「我喫飯，汝受饑。」曰：「法法不相到，又作麼生？」師曰：「汝作罪，我皆知。」問：「如何是和尚一枝拂？」師曰：「打破修行窟。」曰：「恁麼則本來無一物也。」師曰：「知無者是誰？」曰：「學人罪過。」師曰：「再思可矣！」居士問：「洞山道：『有一物上拄天，下拄地。』未審是甚麼物？」師曰：「擔鐵枷，喫鐵棒。」曰：「天地黑，山河走。」師曰：「閻老殿前添一鬼，北邙山下臥千年。」士叫：「快活！快活！」師曰：「也是野狐吞老鼠。」九龍觀道士并三士人，請上堂：「儒門畫八卦，造契書，不救六道輪回。道門朝九皇，鍊真氣，不達三祇劫數。我釋迦世尊，洞三祇劫數，救六道輪回，以大願攝人天，如風輪持日月，以大智破生死，若劫火焚秋毫。入得我門者，自然轉變天地，幽察鬼神，使須彌、鐵圍、大地、大海入一毛孔中，一切衆生，不覺不知。我説此法門，如虚空俱含萬象，一爲無量，無量爲一。若人得一，即萬事畢。珍重！」

雲幽重惲禪師

婺州雲幽重惲禪師，今曰法雲。初謁雪峰，次依石霜，乃開悟。旋里隱居，蔽形唯一衲。住後，上堂：「雲幽一隻箭，虚空無背面。射去遍十方，要且無人見。」時有僧問：「如何是和尚一隻箭？」師曰：「盡大地人無髑髏。」

布衲如禪師

雙溪布衲如禪師，因嵩禪師戲以詩悼之曰：「繼祖當吾代，生緣行可規。終身常在道，識病懶尋醫。貌古筆難寫，情高世莫知。慈雲布何處，孤月自相宜。」師讀罷舉筆答曰：「道契平生更有誰，閑卿於我最心知。當初未欲成相別，恐誤同參一首詩。」投筆坐亡。於六十年後，塔户自啓，其真容儼然。

投子通禪師

舒州投子通禪師，僧問：「達磨未來時如何？」師曰：「兩岸唱漁歌。」曰：「來後如何？」師曰：「大海涌風波。」問：「如何是孤峰頂上節操長松？」師曰：「能爲萬象主，不逐四時凋。」問：「如何是和尚這裹佛法？」師曰：「東壁打西壁。」

法海立禪師

處州法海立禪師，因朝廷有旨，革本寺爲神霄宫。師陞座謂衆曰：「都緣未徹，所以説是説非。蓋爲不真，便乃分彼分此。我身尚且不有，身外烏足道哉！正眼觀來，一場笑具。今則聖君垂旨，更僧寺作神霄，佛頭上添箇冠兒，算來有何不可。山僧今日不免横擔拄杖，高掛鉢囊，向無縫塔中安身立命，於無根樹下嘯月吟風。一任乘雲仙客、駕鶴高人，來此呪水書符，叩牙作法。他年成道，白日上昇，堪報不報之恩，以助無爲之化。祇恐不是玉，是玉也大奇。然雖如是，且道山僧轉身一句作麽生道？還委悉麽？」擲下拂子，竟爾趨寂。郡守具奏其事，奉旨改其寺曰真身。

天寧明禪師

汝州天寧明禪師，改德士日，師登座謝恩畢，乃曰：「木簡信手拈來，坐具乘時放下。雲散水流去，寂然天地空。」即斂目而逝。

仁王欽禪師

蜀中仁王欽禪師，僧問：「如何是佛？」師曰：「聞名不如見面。」曰：「如何是祖師西來意？」師曰：「閙市裏弄猢猻。」曰：「如何是道？」曰：「大蟲看水磨。」

金陵鐵索山主

金陵鐵索山主，遺其名。僧問：「久嚮鐵索，未審作何面目？」主打露柱。僧曰：「謝見示。」主曰：「你據箇甚麽便恁麽道？」僧却打露柱。主曰：「且道索在甚麽處？」僧作量勢。主曰：「今日遇箇同參。」

樓子和尚

樓子和尚，不知何許人也，遺其名氏。一日偶經遊街市間，於酒樓下整襪帶次，聞樓上人唱曲云：「你既無心我也休。」忽然大悟，因號樓子焉。

神照本如法師

神照本如法師，嘗以經王請益四明尊者。者震聲曰：「汝名本如。」師即領悟。作偈曰：「處處逢歸路，頭頭達故鄉。本來成現事，何必待思量。」

天竺證悟法師

臨安府上竺圓智證悟法師，台州林氏子，依白蓮僊法師，問具變之道。蓮指行燈曰：「如此燈者，離性絶非，本自空寂，理則具矣。六凡四聖，所見不同，變則在焉。」師不契，後因掃地誦法華經，至「知法常無性，佛種從緣起」，始諭旨。告蓮，蓮然之。師領徒以來，嘗患本宗學者囿於名相，膠於筆録，至以天台之傳爲文字之學，南宗鄙之。乃謁護國此庵元禪師，夜語次，師舉東坡宿東林偈，且曰：「也不易到此田地。」庵曰：「尚未見路徑，何言到耶？」曰：「祇如他道：『溪聲便是廣長舌，山色豈非清淨身？』若不到此田地，如何有這箇消息？」庵曰：「是門外漢耳。」曰：「和尚不吝，可爲説破？」庵曰：「却祇從這裏猛著精彩覰捕看。若覰捕得他破，則亦知本命元辰落著處。」師通夕不寐，及曉鐘鳴，去其袐畜，以前偈别曰：「東坡居士太饒舌，聲色關中欲透身。溪若是聲山是色，無山無水好愁人。」特以告此庵。庵曰：「向汝道是門外漢。」師禮謝。未幾，有化馬祖殿瓦者，求語發揚。師書曰：「寄語江西老古錐，從教日炙與風吹。兒孫不是無料理，要見冰消瓦解時。」此庵見之，笑曰：「須是這闍黎始得！」

本嵩律師

本嵩律師，因無爲居士楊桀請問宣律師所講毗尼性體。師以偈答曰：「情智何嘗異，犬吠蚍自行。終南的的意，日午打三更。」

亡名古宿

昔有一老宿，一夏不爲師僧説話。有僧嘆曰：「我祇恁麽空過一夏，不敢望和尚説佛法，得聞『正因』兩字也得。」老宿聞，乃曰：「闍黎莫誓速，若論正因，一字也無。」道了叩齒云：「適來無端，不合與麼道。」鄰壁有一老宿聞曰：「好一釜羹，被一顆鼠糞污却。」雪竇代云：「誰家釜裏無一兩顆。」

昔有一僧，在經堂内不看經，每日打坐。藏主曰：「何不看經？」僧曰：「某甲不識字。」主曰：「何不問人？」僧近前，叉手鞠躬曰：「這箇是甚麼字？」主無對。大通本代云：「人道不識。」

昔有一老宿，住庵，於門上書心字，於窗上書心字，於壁上書心字。法眼云：「門上但書門字，牕上但書牕字，壁上但書壁字。」玄覺云：「門上不要書門字，牕上不要書牕字，壁上不要書壁字。何故？字義炳然。」

昔有二庵主，住庵，旬日不相見，忽相會。上庵主問下庵主：「多時不相見，向甚麼處去？」下庵主曰：「在庵中造箇無縫塔。」上庵主曰：「某甲也要造一箇，就兄借取塔樣子。」下庵主曰：「何不早説，恰被人借去了也！」法眼云：「且道是借他樣？不借他樣？」

昔有一庵主，見僧來豎起火筒曰：「會麼？」曰：「不會。」主曰：「三十年用不盡底。」僧却問：「三十年前用箇甚麼？」主無對。歸宗柔代云：「也要知。」

昔有一老宿，因江南國主問：「予有一頭水牯牛，萬里無寸草，未審向甚麼處放？」宿無對。歸宗柔代云：「向處放。」

昔有一老宿，問僧：「甚麼處來？」僧〔一〕曰：「牛頭山禮拜祖師來。」宿曰：「還見祖師麼？」僧無對。歸宗柔代云：「大似不相信。」

昔有一老宿，有偈曰：「五蘊山頭一段空，同門出入不相逢。無量劫來賃屋住，到頭不識主人公。」有老宿云：「既不識他，當初問甚麼人賃。」

僧問老宿：「如何是密室中人？」老宿曰：「有客不答話。」玄沙云：「何曾密？」歸宗柔別老宿云：「你因甚麼得見？」

昔有一老宿，因僧問：「魂兮歸去來，食我家園葚。如何是家園葚？」玄覺代云：「是亦食不得。」法燈云：「污却你口。」

昔有一老宿，曰：「祖師九年面壁，爲訪知音，若恁麼會得，喫鐵棒有日在。」又一老宿曰：「祖師九年面壁，何不慚惶？若恁麼會得，更買草鞋行脚三十年。」琅琊覺云：「既不然，且道祖師面壁意作麼生？」良久云：「欲得不招無間〔二〕業，莫謗如來正法輪。」

〔一〕「僧」，原作「宿」，據清藏本、續藏本改。
〔二〕「間」，原作「問」，據清藏本、續藏本改。

昔有一老宿，因僧問：「師子捉兔亦全其力，捉象亦全其力，未審全箇甚麼力？」老宿曰：「不欺之力。」法眼别云：「不會古人語。」

昔有一老宿，曰：「這一片田地分付來多時也，我立地待汝搆去。」法眼云：「山僧如今坐地，待汝搆去，還有道理也無？那箇親？那箇疏？試裁斷看。」

昔有老宿，畜一童子，並不知軌則。有一行脚僧到，乃教童子禮儀。晚間見老宿外歸，遂去問訊。老宿怪訝，遂問童子曰：「阿誰教你？」童曰：「堂中某上座。」老宿喚其僧來，問：「上座傍家行脚，是甚麼心行？這童子養來二三年了，幸自可憐生，誰教上座教壞伊！快束裝起去。」黄昏雨淋淋地，被趁出。法眼云：「古人恁麼顯露些子家風，甚怪。且道意在於何？」

昔有僧到曹溪，時守衣鉢僧提起衣曰：「此是大庾嶺頭提不起底。」僧曰：「爲甚麼在上座手裏？」僧無對。雲門云：「彼此不了。」又云：「將謂是師子兒。」

昔有僧因看法華經至「諸法從本來，常自寂滅相」。忽疑不決，行住坐卧，每自體究，都無所得。忽春月聞鶯聲，頓然開悟。遂續前偈曰：「諸法從本來，常自寂滅相。春至百花開，黄鶯啼柳上。」

昔有老宿問一座主：「疏鈔解義，廣略如何？」主曰：「鈔解疏，疏解經。」宿曰：「經解甚麼？」主無對。

昔高麗國，來錢唐刻觀音聖像，及舁上船，竟不能動，因請入明州開元寺供養。後有設問：「無刹不現身，聖像爲甚不去高麗國？」長慶稜云：「現身雖普，覩相生偏。」法眼別云：「識得觀音未？」

泗州塔前，一僧禮拜。有人問：「上座日日禮拜，還見大聖麽？」法眼代云：「汝道禮拜是甚麽義？」

泗州塔頭侍者，及時鎖門。有人問：「既是三界大師，爲甚麽被弟子鎖？」侍者無對。法眼代云：「弟子鎖，大師鎖。」法燈代云：「還我鎖匙來。」又老宿代云：「吉州鎖，虔州鎖。」

聖僧像被屋漏滴，有人問僧：「既是聖僧，爲甚麽有漏？」僧無對。韶國師代云：「無漏不是聖僧。」

有人問：「僧點甚麽燈？」僧曰：「長明燈。」曰：「甚麽時點？」曰：「去年點。」曰：「長明何在？」僧無語。長慶稜代云：「若不如此，知公不受人謾。」法眼別云：「利動君子。」

有座主念彌陀名號次，小師喚和尚，及回顧，小師不對。如是數四，和尚叱曰：「三度四度喚，有甚麽事？」小師曰：「和尚幾年喚他即得，某甲纔喚便發業。」法燈代云：「咄叱！」

有僧與童子上經了，令持經著函内。童子曰：「某甲念底，著向那裏？」法燈代云：「汝念甚麼經？」法燈代云：「是弟子。」

一僧注道德經，人問曰：「久嚮大德注道德經。」僧曰：「不敢。」曰：「何如明皇？」

有僧入冥見地藏菩薩。藏問：「你平生修何業？」僧曰：「念法華經。」曰：「『止止不須說，我法妙難思。』爲是說？是不說？」僧無對。歸宗柔代云：「此回歸去，敢爲流通。」

鹽官會下有一主事僧，忽見一鬼使來追。僧告曰：「某甲身爲主事，未暇修行，乞容七日得否？」使曰：「待爲白王，若許，即七日後來。不然，須臾便至。」言訖不見。至七日後，復來。覓其僧，了不可得。後有人舉問一僧：「若被覓著時，如何抵擬他？」洞山代云：「被他覓得也。」

台州六通院僧欲渡船。有人問：「既是六通，爲甚麼假船？」僧無對。天台韶國師代云：「不欲驚衆。」

亡名官宰

洪州太守宋令公，一日大寧寺僧陳乞，請第二座開堂。公曰：「何不請第一座？」衆無語。法眼代云：「不勞如此。」

江南相馮延己與數僧遊鍾山，至一人泉。問：「一人泉，許多人争得足？」一僧對曰：「不教欠少。」延己不肯。乃别曰：「誰人欠少！」法眼别云：「誰是不足者。」官人問：「僧名甚麽？」曰：「無揀。」官人曰：「忽然將一椀沙與上座，又作麽生？」曰：「謝官人供養。」法眼别云：「此猶是揀底。」

廣南有僧住庵，國主出獵，左右報庵主：「大王來，請起。」主曰：「非但大王來，佛來亦不起。」王問：「佛豈不是汝師？」主曰：「是。」王曰：「見師爲甚麽不起？」法眼代云：「未足酬恩。」

福州洪塘橋上有僧列坐，官人問：「此中還有佛麽？」僧無對。法眼代云：「汝是甚麽人？」

昔有官人入鎮州天王院，覩神像，因問院主曰：「此是甚麽功德？」曰：「護國天王。」曰：「祇護此國？偏護餘國？」曰：「在秦爲秦，在楚爲楚。」曰：「臘月二十九日打破鎮州城，天王向甚處去？」主無對。

昔有官人作無鬼論，中夜揮毫次，忽見一鬼出云：「汝道無，我聻？」五祖演云：「老僧當時若見，但以手作鵓鳩觜，向伊道：谷呱呱。」

亡名行者

昔有道流，在佛殿前背佛而坐。僧曰：「道士莫背佛。」道流曰：「大德！本教中道：『佛身充滿於法界。』向甚麽處坐得？」僧無對。法眼代云：「識得汝。」

有一行者，隨法師入佛殿。行者向佛而唾。師曰：「行者少去就，何以唾佛？」者曰：「將無佛處來與某甲唾。」師無對。溈山云：「仁者却不仁者，不仁者却仁者。」仰山代法師云：「但唾行者。」又云：「行者若有語，即向伊道：還我無行者處來。」

死魚浮於水上，有人問僧：「魚豈不是以水爲命？」僧曰：「是。」曰：「爲甚麽却向水中死？」僧無對。杭州天龍機和尚代云：「是伊爲甚麽不去岸上死？」

鷂子趁鴿子，飛向佛殿欄干上顫。有人問僧：「一切衆生，在佛影中常安常樂，鴿子見佛爲甚麽却顫？」僧無對。法燈代云：「怕佛。」

昔有一僧去覆船，路逢一賣鹽翁。僧問：「覆船路向甚麽處去？」翁良久。僧再問，翁曰：「你患聾那！」僧曰：「你向我道甚麽？」翁曰：「向你道覆船路。」僧曰：「翁莫會禪麽？」翁曰：「莫道會禪，佛法也會盡。」僧曰：「你試説看。」翁挑起鹽籃。僧曰：「難。」翁曰：「你喚這箇作甚麽？」僧曰：「鹽。」翁曰：「有甚麽交涉？」僧曰：「你喚作甚麽？」曰：「不可更向你道是鹽。」

亡名道婆

昔有婆子供養一庵主，經二十年，常令一二八女子送飯給侍。一日，令女子抱定，曰：「正恁麽時如何？」主曰：「枯木倚寒巖，三冬無暖氣。」女子舉似婆。婆曰：「我二十年秖供養得箇俗漢！」遂遣出，燒却庵。

昔有一僧參米胡，路逢一婆住庵。僧問：「婆有眷屬否？」曰：「有。」僧曰：「在甚麽處？」曰：「山河大地，若草若木，皆是我眷屬。」僧曰：「婆莫作師姑來否？」曰：「汝見我是甚麽？」僧曰：「俗人。」婆曰：「汝不可是僧？」僧曰：「婆莫混濫佛法好！」婆曰：「我不混濫佛法。」僧曰：「汝恁麽，豈不是混濫佛法？」婆曰：「你是男子，我是女人。豈曾混濫？」

龐行婆，入鹿門寺設齋，維那請意旨。婆拈梳子插向髻後曰：「回向了也。」便出去。

温州陳道婆，嘗徧扣諸方名宿，後於長老山浄和尚語下發明。有偈曰：「高坡平頂上，盡是採樵翁，人人盡懷刀斧意，不見山花映水紅。」

昔有施主婦人入院，行衆僧隨年錢。僧曰：「聖僧前著一分。」婦人曰：「聖僧年多少？」僧無對。法眼代云：「心期滿處即知。」

五燈會元卷第七

青原下二世

石頭遷禪師法嗣

天皇道悟禪師

荆州天皇道悟禪師，婺州東陽張氏子。神儀挺異，幼而生知。年十四，懇求出家，父母不聽。遂損減飲膳，日纔一食，形體羸悴。父母不得已而許之，依明州大德披削。二十五詣杭州竹林寺具戒。精修梵行，推爲勇猛。或風雨昏夜，宴坐丘塚，身心安静，離諸怖畏。一日，遊餘杭，首謁徑山國一受心法，服勤五載。後參馬祖，重印前解，法無異説。依止二夏，乃謁石頭而致問曰：「離却定慧，以何法示人？」頭曰：「我這裏無奴婢，離箇甚麽？」曰：「如何明得？」頭曰：「汝還撮得虛空麽？」曰：「恁麽則不從今日去也！」頭曰：「未審汝早晚從那邊來？」曰：「道悟不是那邊人。」頭曰：「我早知汝來處也。」曰：「師何以贓誣於人？」頭曰：「汝身見在。」曰：「雖然如是，畢竟如何示於後人？」頭曰：「汝道誰是後人？」師從此頓悟，罄殫前二哲匠言下有所得心。後卜荆州當陽紫陵山，學徒駕肩接迹，都人士女，嚮風而至。時崇業寺上首以狀聞于連帥，迎入城。郡之左有天皇寺，乃名藍也，因火而廢。主僧靈鑒將謀修復，乃曰：「苟得悟禪師爲化主，必能福我。」乃中宵潛往哀請，肩舁而至。時江陵尹右僕射裴公稽首問法，致禮勤至。師素不迎送，客無貴賤，皆坐而揖之。裴公愈加歸向，由是石頭法道盛矣。

師因龍潭問：「從上相承底事如何？」師曰：「不是明汝來處不得。」潭曰：「這箇眼目，幾人具得？」師曰：「淺草易爲長蘆。」僧問：「如何是玄妙之説？」師曰：「莫道我解佛法好！」曰：「争柰學人疑滯何？」師曰：「何不問老僧？」曰：「即今問了也。」師曰：「去！不是汝存泊處。」元和丁亥四月示疾，命弟子先期告終，至晦日大衆問疾，師驀召典座，座近前，師曰：「會麽？」曰：「不會。」師拈枕子抛於地上，即便告寂。壽六十，臘三十五。以其年八月五日，塔于郡東。

按景德傳燈録稱，青原下出石頭遷，遷下出天皇悟，悟下出龍潭信，信下出德山鑒，鑒下出雪峰存，存下出雲門偃、玄沙備，備再傳爲法眼益，皆謂雲門、法眼二宗來自青原石頭，雖二家兒孫，亦自謂青原石頭所自出，不知其差悮所從來久矣。道悟同時有二人，一住荆南城西天王寺，嗣馬祖。一住荆南城東天皇寺，嗣石頭。其下出龍潭信者，乃馬祖下天王道悟，非石頭下天皇道悟也。何以明之？按唐正議大夫、户部侍郎、平章事、荆南節度使丘玄素所撰天王道悟禪師碑云：道悟，渚宫人，姓崔氏，子玉之後胤也。年十五依長沙寺曇翥律師出家，二十三詣嵩山受戒，三十參石頭，頻沐指示，曾未投機，次謁忠國師，三十四與國師侍者應真南還謁馬祖。祖曰：「識取自心本來是佛，不屬漸次，不假修持，體自如如，萬德圓滿。」師於言下大悟。祖囑曰：「汝若住持，莫離舊處。」師蒙旨已，便返荆門，去郭不遠，結草爲廬。後因節使顧問左右，申其端緒。節使親臨訪道，見其路隘，車馬難通，極目荒榛，曾未修削，覩兹發怒，令人擒師，抛於水中。旌旆纔歸，乃見徧衙火發，内外烘燄，莫可近之，唯聞空中聲曰：「我是天王神！我是天王神！」節使回心設拜，煙燄都息，宛然如初。遂往江邊，見師在水，都不濕衣。節使重伸懺，悔迎請在衙供養，於府西造寺，額號「天王」。師常云：「快活！快活！」及臨終時，叫「苦！苦！」又云：「閻羅王來取我也。」院主問曰：「和尚當時被節度使抛向水中，神色不動，如今何得恁麽地？」師舉枕子云：「汝道當時是？如今是？」院主無對，便入滅。當元和三年戊子十月十三日也。年八十二，坐六夏。嗣法一人，曰崇信，即龍潭也。城東天皇道悟禪師者，協律郎符載撰碑，乃與景德傳燈合其碑云：道悟，姓張氏，婺州東陽人，十四出家，依明州大德祝髮，二十五受戒于杭州竹林寺。初參國一，留五年，大曆十一年，隱于大梅山。建中初，謁江西馬祖。二年參石頭，乃大悟。遂隱當陽紫陵山，後於荆南城東有天皇廢寺，靈鑒請居之。元和二年丁亥四月十三日，以背痛入滅，年六十，坐三十五夏。法嗣三人，曰慧真，曰文賁，曰幽閑。今荆南城東有天皇巷存焉。唐聞人歸登，撰南嶽讓禪師碑，列法孫數人於後，有天王道悟名。圭峰答裴相國宗趣狀，列馬祖法嗣六人，首曰江陵道悟。權德輿撰馬祖塔銘，載弟子慧海智藏等十一人，道悟其一也。又呂夏卿、張無盡著書皆稱道悟嗣馬祖，宗門反以爲悮。然佛國白續燈録，叙雪竇顯爲大寂九世孫，祖源通要録中，收爲馬祖之嗣。達觀穎以丘玄素碑證之，疑信相半。蓋獨見丘玄素碑，而未見符載碑耳。今以二碑參合，則應以天皇道悟嗣石頭，以慧真、文賁、幽閑嗣之，而於馬祖法嗣下增入天王道悟，以龍潭、崇信嗣之，始爲不差悞矣。

青原下三世

天皇悟禪師法嗣

龍潭崇信禪師

澧州龍潭崇信禪師，渚宫人也。其家賣餅。師少而英異，初悟和尚爲靈鑒潛請居天皇寺，人莫之測。師家于寺巷，常日以十餅饋之。天皇受之，每食畢，常留一餅曰：「吾惠汝以蔭子孫。」師一日自念曰：「餅是我持去，何以返遺我邪？其别有旨乎？」遂造而問焉。皇曰：「是汝持來，復汝何咎？」師聞之，頗曉玄旨，因投出家。皇曰：「汝昔崇福善，今信吾言，可名崇信。」由是服勤左右。一日問曰：「某自到來，不蒙指示心要。」皇曰：「自汝到來，吾未嘗不指汝心要。」師曰：「何處指示？」皇曰：「汝擎茶來，吾爲汝接。汝行食來，吾爲汝受。汝和南時，吾便低首。何處不指示心要？」師低頭良久。皇曰：「見則直下便見，擬思即差。」師當下開解。復問：「如何保任？」皇曰：「任性逍遥，隨緣放曠。但盡凡心，別無聖解。」師後詣澧陽龍潭棲止。僧問：「髻中珠誰人得？」師曰：「不賞玩者得。」曰：「安着何處？」師曰：「有處即道來。」有尼問：「如何得爲僧去？」師曰：「作尼來多少時也？」曰：「還有爲僧時也無？」師曰：「汝即今是甚麽？」曰：「現是尼身，何得不識？」師曰：「誰識汝？」李翱刺史問：「如何是真如般若？」師曰：「我無真如般若。」李曰：「幸遇和尚。」師曰：「此猶是分外之言。」

青原下四世

龍潭信禪師法嗣

德山宣鑒禪師

鼎州德山宣鑒禪師，簡州周氏子，丱歲出家，依年受具。精究律藏，於性相諸經，貫通旨趣。常講金剛般若，時謂之周金剛。嘗謂同學曰：「一毛吞海，海性無虧。纖芥投鋒，鋒利不動。學與無學，唯我知焉。」後聞南方禪席頗盛，師氣不平，乃曰：「出家兒千劫學佛威儀，萬劫學佛細行，不得成佛。南方魔子敢言直指人心，見性成佛，我當摟其窟穴，滅其種類，以報佛恩。」遂擔青龍疏鈔出蜀，至澧陽路上，見一婆子賣餅，因息肩買餅點心。婆指擔曰：「這箇是甚麼文字？」師曰：「青龍疏鈔。」婆曰：「講何經？」師曰：「金剛經。」婆曰：「我有一問，你若答得，施與點心。若答不得，且別處去。金剛經道：『過去心不可得，現在心不可得，未來心不可得。』未審上座點那箇心？」師無語，遂往龍潭。至法堂曰：「久嚮龍潭，及乎到來，潭又不見，龍又不現。」潭引身曰：「子親到龍潭。」師無語，遂棲止焉。一夕侍立次，潭曰：「更深何不下去？」師珍重便出。却回曰：「外面黑。」潭點紙燭度與師。師擬接，潭復吹滅。師於此大悟，便禮拜。潭曰：「子見箇甚麼？」師曰：「從今向去，更不疑天下老和尚舌頭也。」至來日，龍潭陞座，謂衆曰：「可中有箇漢，牙如劍樹，口似血盆，一棒打不回頭。他時向孤峰頂上，立吾道去在！」師將疏鈔堆法堂前，舉火炬曰：「窮諸玄辯，若一毫置於太虛。竭世樞機，似一滴投於巨壑。」遂焚之。於是禮辭，直抵溈山。挾複子上法堂，從西過東，從東過西，顧視方丈曰：「有麼？有麼？」山坐次，殊不顧盼。師曰：「無！無！」便出至門首。乃曰：「雖然如此，也不得草草。」遂具威儀，再入相見。纔跨門，提起坐具曰：「和尚！」山擬取拂子。師便喝，拂袖而出。潙山至晚問首座：「今日新到在否？」座曰：「當時背却法堂，著草鞋出去也。」山曰：「此子已後向孤峰頂上盤結草庵，呵佛罵祖去在！」

師住澧陽三十年，屬唐武宗廢教，避難於獨浮山之石室。大中初，武陵太守薛廷望再崇德山精舍，號古德禪院。將訪求哲匠住持，聆師道行，屢請，不下山。廷望乃設詭計，遣吏以茶鹽誣之，言犯禁法，取師入州。瞻禮，堅請居之，大闡宗風。上堂：「若也於己無事，則勿妄求。妄求而得，亦非得也。汝但無事於心，無心於事，則虛而靈，空而妙。若毛端許，言之本末者，皆爲自欺。何故？毫氂繫念，三塗業因。瞥爾情生，萬劫羈鎖。聖名凡號，盡是虛聲。殊相劣形，皆爲幻色。汝欲求之，得無累乎？及其厭之，又成大患，終而無益。」

小參示衆曰：「今夜不答話，問話者三十棒。」時有僧出禮拜，師便打。僧曰：「某甲話也未問，和尚因甚麼打某甲？」師曰：「汝是甚麼處人？」曰：「新羅人。」師曰：「未跨船舷，好與三十棒。」法眼云：「大小德山話作兩橛。」玄覺云：「叢林中喚作隔下語且從，祇如德山道：『問話者三十棒。』意作麼生？」僧參，師問維那：「今日幾人新到？」曰：「八人。」師曰：「喚來一時生按著。」龍牙問：「學人仗鏌鎁劍擬取師頭時如何？」師引頸近前，曰：「㘞。」法眼別云：「汝向甚麼處下手？」牙曰：「頭落也。」師呵呵大笑。牙後到洞山，舉前話，山曰：「德山道甚麼？」牙曰：「德山無語。」洞曰：「莫道無語，且將德山落底頭呈似老僧看。」牙方省，便懺謝。有僧舉似師，師曰：「洞山老人不識好惡，這漢死來多少時？救得有甚麼用處？」

僧問：「如何是菩提？」師打曰：「出去！莫向這裏屙。」問：「如何是佛？」師曰：「佛是西天老比丘。」雪峰問：「從上宗乘，學人還有分也無？」師打一棒曰：「道甚麼！」曰：「不會。」至明日請益，師曰：「我宗無語句，實無一法與人。」峰因此有省。巖頭聞之曰：「德山老人一條脊梁骨硬似鐵，拗不折。然雖如此，於唱教門中猶較些子。」保福問招慶：「祇如巖頭出世，有何言教過於德山，便恁麼道？」慶云：「汝不見巖頭道：如人學射，久久方中。」福云：「中後如何？」慶云：「展闍黎，莫不識痛痒。」福云：「和尚今日非唯舉話。」慶云：「展闍黎是甚麼心行？」明招云：「大小招慶，錯下名言。」示衆曰：「道得也三十棒，道不得也三十棒。」臨濟聞得，謂洛浦曰：「汝去問他，道得爲甚麼也三十棒？待伊打汝，接住棒送一送，看伊作麼生？」浦如教而問，師便打。浦接住送一送，師便歸方丈。浦回舉似臨濟，濟曰：「我從來疑着這漢。雖然如是，你還識德山麼？」浦擬議，濟便打。巖頭云：「德山老人尋常祇據一條白棒，佛來亦打，祖來亦打，争柰較些子。」東禪齊云：「祇如臨濟道，我從前疑着這漢，是肯底語？不肯底語？爲當別有道理？試斷看。」

上堂：「問即有過，不問猶乖。」有僧出禮拜，師便打。僧曰：「某甲始禮拜，爲甚麼便打？」師曰：「待汝開口，堪作甚麼？」師令侍者喚義存，即雪峰也。存上來。師曰：「我自喚義存，汝又來作甚麽？」存無對。上堂：「我先祖見處即不然，這裏無祖無佛，達磨是老臊胡，釋迦老子是乾屎橛，文殊、普賢是擔屎漢。等覺妙、覺是破執凡夫，菩提涅槃是繫驢橛，十二分教是鬼神簿、拭瘡疣紙，四果三賢、初心十地是守古塚鬼，自救不了。」有僧相看，乃近前作相撲勢。師曰：「與麽無禮！合喫山僧手裏棒。」僧拂袖便行。師曰：「饒汝如是，也祇得一半。」僧轉身便喝，師打曰：「須是我打你始得。」曰：「諸方有明眼人在。」師曰：「天然有眼。」僧擘開眼曰：「猫！」便出。師曰：「黄河三千年一度清。」師見僧來，乃閉門。其僧敲門，師曰：「阿誰？」曰：「師子兒。」師乃開門。僧禮拜，師騎僧項曰：「這畜生甚處去來？」雪峰問：「南泉斬猫兒，意旨如何？」師乃打趁，却喚曰：「會麽？」峰曰：「不會。」師曰：「我恁麽老婆心，也不會？」僧問：「凡聖相去多少？」師便喝。師因疾，僧問：「還有不病者也無？」師曰：「有。」曰：「如何是不病者？」師曰：「阿哪！阿哪！」師復告衆曰：「捫空追響，勞汝心神。夢覺覺非，竟有何事。」言訖，安坐而化。即唐咸通六年十二月三日也。謚見性禪師。

泐潭寶峰禪師

洪州泐潭寶峰和尚，新到參，師問：「其中事即易道，不落其中事始終難道。」曰：

「某甲在途中時，便知有此一問。」師曰：「更與二十年行脚，也不較多。」曰：「莫不契和尚意麽？」師曰：「苦瓜那堪待客。」問僧：「古人有一路接後進初心，汝還知否？」曰：「請師指出古人一路。」師曰：「恁麽則闍黎知了也。」曰：「頭上更安頭。」師曰：「寶峰不合問仁者。」曰：「問又何妨？」師曰：「這裏不曾有人亂説道理，出去！」巖頭僧來參，師豎起拂子曰：「落在此機底人，未具眼在。」僧擬近前，師曰：「恰落在此機。」僧回舉似巖頭，頭曰：「我當時若見，奪却拂子，看他作麽生。」師聞乃曰：「我豎起拂子從伊奪，總不將物時又作麽生？」巖頭聞得，又曰：「無星秤子，有甚辨處？」

青原下五世

德山鑒禪師法嗣

巖頭全奯禪師

鄂州巖頭全奯禪師，泉州柯氏子。少禮青原誼公落髮，往長安寶壽寺稟戒，習經律諸部，偃遊禪苑，與雪峰、欽山爲友。自杭州大慈山邐迤造于臨濟，屬濟歸寂，乃謁仰山。纔入門，提起坐具曰：「和尚！」仰山取拂子擬舉，師曰：「不妨好手。」後參德山，執坐具上法堂瞻視。山曰：「作麽？」師便喝。山曰：「老僧過在甚麽處？」師曰：「兩重公案。」乃下參堂。山曰：「這箇阿師稍似箇行脚人！」至來日上問訊，山曰：「闍黎是昨日新到否？」曰：「是。」山曰：「甚麽處學得這虛頭來？」師曰：「全奯終不自謾。」山曰：「他後不得孤負老僧。」

一日，參德山，方跨門便問：「是凡是聖？」山便喝。師禮拜。有人舉似洞山，山曰：「若不是奯公，大難承當。」師曰：「洞山老人不識好惡，錯下名言。我當時一手擡，一手搦。」雪峰在德山作飯頭，一日飯遲，德山擎鉢下法堂。峰曬飯巾次，見德山乃曰：「鐘未鳴，鼓未響，拓鉢向甚麽處去？」德山便歸方丈。峰舉似師。師曰：「大小德山未會末後句在。」山聞，令侍者喚師去。問：「汝不肯老僧那？」師密啓其意。山乃休。明日陞堂，果與尋常不同。師至僧堂前，拊掌大笑曰：「且喜堂頭老漢會末後句，他後天下人不柰伊何！雖然，也祇得三年活。」山果三年後示滅。

一日，與雪峰、欽山聚話。峰驀指一椀水。欽曰：「水清月現。」峰曰：「水清月不現。」師踢却水椀而去。師與雪峰同辭德山，山問：「甚麽處去？」師曰：「暫辭和尚下山去。」曰：「子他後作麼生？」師曰：「不忘。」曰：「子憑何有此說？」師曰：「豈不聞：智過於師，方堪傳受；智與師齊，減師半德。」曰：「如是如是，當善護持。」二士禮拜而退。

師住鄂州巖頭，值沙汰，於湖邊作渡子，兩岸各掛一板，有人過渡，打板一下。師曰：「阿誰？」或曰：「要過那邊去！」師乃舞棹迎之。一日，因一婆抱一孩兒來，乃曰：「呈橈舞棹即不問，且道婆手中兒甚處得來？」師便打。婆曰：「婆生七子，六箇不遇知音，祇這一箇，也不消得。」便抛向水中。師後庵于洞庭卧龍山，徒侶臻萃。僧問：「無師還有出身處也無？」師曰：「聲前古毳爛。」問：「堂堂來時如何？」師曰：「刺破眼。」

上堂：「吾嘗究涅槃經七八年，覩三兩段義似衲僧說話。」又曰：「休！休！」時有一僧出禮拜，請師舉。師曰：「吾教意如∴字三點。第一向東方下一點，點開諸菩薩眼。第二向西方下一點，點諸菩薩命根。第三向上方下一點，點諸菩薩頂。此是第一段義。」又曰：「吾教意如摩醯首羅，擘開面門，豎亞一隻眼。此是第二段義。」又曰：「吾教意猶如塗毒鼓，擊一聲，遠近聞者皆喪。此是第三段義。」時小巖上座問：「如何是塗毒鼓？」師以兩手按膝，亞身曰：「韓信臨朝底。」巖無語。夾山下一僧到石霜，纔跨門便道：「不審。」霜曰：「不必，闍黎！」僧曰：「恁麼則珍重。」又到師處，如前道「不審。」師噓一噓。

僧曰：「恁麽則珍重。」方回步，師曰：「雖是後生，亦能管帶。」其僧歸，舉似夾山。山上堂曰：「前日到巖頭、石霜底阿師出來，如法舉似前話。」其僧舉了。山曰：「大衆還會麽？」衆無對。山曰：「若無人道得，山僧不惜兩莖眉毛道去也！」乃曰：「石霜雖有殺人刀，且無活人劍。巖頭亦有殺人刀，亦有活人劍。」

師與羅山卜塔基，羅山中路忽曰：「和尚！」師回顧曰：「作麽？」山舉手指曰：「這裏好片地。」師咄曰：「瓜州賣瓜漢。」又行數里，歇次，山禮拜，問曰：「和尚豈不是三十年前在洞山而不肯洞山？」師曰：「是。」又曰：「和尚豈不是嗣德山又不肯德山？」師曰：「是。」山曰：「不肯德山即不問，衹如洞山有何虧闕？」師良久曰：「洞山好佛，衹是無光。」山禮拜。僧問：「利劍斬天下，誰是當頭者？」師曰：「暗。」僧擬再問，師咄曰：「這鈍漢，出去！」問：「不歷古今時如何？」師曰：「卓朔地。」曰：「古今事如何？」師曰：「任爛。」問僧：「甚處來？」曰：「西京來。」師曰：「黄巢過後，還收得劍麽？」曰：「收得。」師引頸近前曰：「囫！」曰：「師頭落也！」師呵呵大笑。僧後到雪峰，峰問：「甚處來？」曰：「巖頭來。」峰曰：「巖頭有何言句？」僧舉前話，峰便打三十棒，趁出。問：「二龍争珠，誰是得者？」師曰：「俱錯。」僧問雪峰：「聲聞人見性，如夜見月。菩薩人見性，如晝見日。未審和尚見性如何？」峰打拄杖三下。僧後舉前語問師，師與三摑。

問：「如何是三界主？」師曰：「汝還解喫鐵棒麽？」

德山一日謂師曰：「我這裏有兩僧入山，住庵多時，汝去看他怎生。」師遂將一斧去，見兩人在庵内坐。師乃拈起斧曰：「道得也一下斧，道不得也一下斧。」二人殊不顧。師擲下斧曰：「作家！作家！」歸，舉似德山，山曰：「汝道他如何？」師曰：「洞山門下不道全無，若是德山門下，未夢見在。」僧參，於左邊作一圓相，又於右邊作一圓相，又於中心作一圓相。欲成未成，被師以手一撥。僧無語，師便喝：「出！」僧欲跨門，師却喚回，問：「汝是洪州觀音來否？」曰：「是。」師曰：「祇如適來左邊一圓相作麽生？」曰：「是有句。」師曰：「右邊圓相聻？」曰：「是無句。」師曰：「中心圓相作麽生？」曰：「是不有不無句。」師曰：「祇如吾與麽又作麽生？」曰：「如刀畫水。」師便打。

瑞巖問：「如何是毗盧師？」師曰：「道甚麽！」巖再問，師曰：「汝年十七八未？」問：「弓折箭盡時如何？」師曰：「去。」問：「如何是巖中的的意？」師曰：「謝指示。」曰：「請和尚答話。」師曰：「珍重。」問：「三界競起時如何？」師曰：「坐却著。」曰：「未審師意如何？」師曰：「移取廬山來，即向汝道。」問：「起滅不停時如何？」師喝曰：「是誰起滅？」問：「輪中不得轉時如何？」師曰：「澀。」問：「路逢猛虎時如何？」師曰：「拶。」問：「如何是道？」師曰：「破草鞋，與抛向湖裏著。」問：「萬丈井中如何得到底？」師曰：「吽。」僧再問，師曰：「脚下過也。」問：「古帆未掛時如何？」師曰：「小魚吞大魚。」又僧如前問，師曰：「後園驢喫草。」邇後人或問佛、問法、問道、問禪者，師皆作噓聲。師嘗謂衆曰：「老漢去時，大吼一聲了去！」唐光啓之後，中原盜起，衆皆避地，師端居晏如也。一日賊大至，責以無供饋，遂傳刃焉。師神色自若，大叫一聲而終，聲聞數十里。即光啓三年丁未四月八日也。門人後焚之，獲舍利四十九粒，衆爲起塔，謚清嚴禪師。

雪峰義存禪師

福州雪峰義存禪師，泉州南安曾氏子。家世奉佛，師生惡葷茹，於襁褓中聞鐘梵之聲，或見幡花像設，必爲之動容。年十二，從其父遊莆田玉澗寺，見慶玄律師，遽拜曰：「我師也。」遂留侍焉。十七落髮，謁芙蓉常照大師，照撫而器之。後往幽州寶刹寺受戒。久歷禪會，緣契德山。唐咸通中回閩中雪峰創院，徒侶翕然。懿宗錫號真覺禪師，仍賜紫袈裟。初與巖頭至澧州鼇山鎮，阻雪，頭每日秖是打睡，師一向坐禪。一日喚曰：「師兄！師兄！且起來。」頭曰：「作甚麽？」師曰：「今生不着便，共文邃箇漢行脚，到處被他帶累。今日到此，又祇管打睡？」頭喝曰：「噇眠去！每日床上坐，恰似七村裏土地，他時後日魔魅人家男女去在。」師自點胸曰：「我這裏未穩在，不敢自謾。」頭曰：「我將謂你他日向孤峰頂上盤結草庵，播揚大教，猶作這箇語話？」師曰：「我實未穩在。」頭曰：「你若實如此，據你見處一一通來。是處與你證明，不是處與你剗却。」師曰：「我初到鹽官，見上堂舉色空義，得箇入處。」頭曰：「此去三十年，切忌舉著。」「又見洞山過水偈曰：『切忌從他覓，迢迢與我疏。渠今正是我，我今不是渠。』」頭曰：「若與麼，自救也未徹在。」師又曰：「後問德山：『從上宗乘中事，學人還有分也無？』德山打一棒曰：『道甚麼！』我當時如桶底脱相似。」頭喝曰：「你不聞道，從門入者不是家珍。」師曰：「他後如何即是？」頭曰：「他後若欲播揚大教，一一從自己胸襟流出，將來與我蓋天蓋地去。」師於言下大悟，便作禮起。連聲叫曰：「師兄，今日始是鼇山成道。」師在洞山作飯頭，淘米次，山問：「淘沙去米，淘米去沙？」師曰：「沙米一時去。」山曰：「大衆喫箇甚麼？」師遂覆却米盆。山曰：「據子因緣，合在德山。」

洞山一日問師：「作甚麼來？」師曰：「斫槽來。」山曰：「幾斧斫成？」師曰：「一斧斫成。」山曰：「猶是這邊事，那邊事作麼生？」師曰：「直得無下手處。」山曰：「猶是這邊事，那邊事作麼生？」師休去。汾陽代云：「某甲早困也。」師辭洞山，山曰：「子甚處去？」師曰：「歸嶺中去。」山曰：「當時從甚麼路出？」師曰：「從飛猿嶺出。」山曰：「今回向甚麼路去？」師曰：「從飛猿嶺去。」山曰：「有一人不從飛猿嶺去，子還識麼？」師曰：「不識。」山曰：「爲甚麼不識？」師曰：「他無面目。」山曰：「子既不識，争知無面目？」師無對。住後，僧問：「和尚見德山得箇甚麼便休去？」師曰：「我空手去，空手歸。」問：「祖意教意，是同是別？」師曰：「雷聲震地，室内不聞。」又曰：「闍黎行脚，爲甚麼事？」問：「我眼本正，因師故邪時如何？」師曰：「迷逢達磨。」曰：「我眼何在？」師曰：「得不從師。」問：「剃髮染衣，受佛依蔭，爲甚麼不許認佛？」師曰：「好事不如無。」師問座主：「如是兩字盡是科文，作麼生是本文？」主無對。五雲代云：「更分三段著。」問：「如何是佛？」師曰：「寐語作甚麼！」問：「如何是覿面事？」師曰：「千里未是遠。」問：「如何是大人相？」師曰：「瞻仰即有分。」問：「文殊與維摩對談何事？」師曰：「義墮也。」問：「寂然無依時如何？」師曰：「猶是病。」曰：「轉後如何？」師曰：「船子下揚州。」問：「承古有言。」師便作卧勢，良久起曰：「問甚麼？」僧再舉，師曰：「虚生浪死漢！」問：「箭頭露鋒時如何？」師曰：「好手不中的。」曰：「盡眼没標的時如何？」師曰：「不妨隨分好手。」問：「古人道，路逢達道人，不將語默對。未審將甚麼對？」師曰：「喫茶去。」問僧：「甚處來？」曰：「神光來。」師曰：「晝喚作日光，夜喚作火光，作麼生是神光？」僧無對。師自代曰：「日光火光。」

棲典座問：「古人有言，知有佛向上事，方有語話分。如何是語話？」師把住曰：「道！道！」棲無對。師遂蹋倒，棲當下汗流。問僧：「甚處來？」曰：「近離浙中。」師曰：「船來？陸來？」曰：「二途俱不涉。」師曰：「爭得到這裏？」曰：「有甚麽隔礙？」師便打。問：「古人道，覿面相呈時如何？」師曰：「是。」曰：「如何是覿面相呈？」師曰：「蒼天！蒼天！」師謂衆曰：「此箇水牯牛年多少？」衆皆無對。師自代曰：「七十九也。」僧曰：「和尚爲甚麽作水牯牛去？」師曰：「有甚麽罪過？」

問僧：「甚處去？」曰：「禮拜徑山和尚去。」師曰：「徑山若問汝此間佛法如何，汝作麽生祇對？」曰：「待問即道。」師便打。後舉問鏡清：「這僧過在甚麽處？」清曰：「問得徑山徹困。」師曰：「徑山在浙中，因甚麽問得徹困？」清曰：「不見道：遠問近對。」師曰：「如是！如是！」一日謂長慶曰：「吾見溈山問仰山：從上諸聖向甚麽處去？他道或在天上，或在人間。汝道仰山意作麽生？」慶曰：「若問諸聖出没處，恁麽道即不可。」師曰：「汝渾不肯，忽有人問，汝作麽生道？」慶曰：「但道錯。」師曰：「是汝不錯。」慶曰：「何異於錯？」問僧：「甚處來？」曰：「江西。」師曰：「與此間相去多少？」曰：「不遥。」師竪起拂子曰：「還隔這箇麽？」曰：「若隔這箇，即遥去也。」師便打出。

問：「學人乍入叢林，乞師指箇入路。」師曰：「寧自碎身如微塵，終不敢瞎却一僧眼。」問：「四十九年後事即不問，四十九年前事如何？」師以拂子驀口打。

僧辭去，參靈雲。問：「佛未出世時如何？」雲舉拂子。曰：「出世後如何？」雲亦舉拂子。其僧却回。師曰：「返太速乎！」曰：「某甲到彼，問佛法不契乃回。」師曰：「汝問甚麽事？」僧舉前話。師曰：「汝問，我爲汝道。」僧便問：「佛未出世時如何？」師舉起拂子。曰：「出世後如何？」師放下拂子。僧禮拜，師便打。後僧舉問玄沙，沙云：「汝欲會麽？我與汝説箇喻。如人賣一片園，東西南北一時結契了也，中心樹子猶屬我在。」崇壽稠云：「爲當打伊解處？別有道理？」師舉：「六祖道：不是風動，不是幡動，仁者心動。」乃曰：「大小祖師，龍頭蛇尾，好與二十拄杖。」時太原孚上座侍立，不覺齩齒。師曰：「我適來恁麽道，也好喫二十拄杖。」師行脚時參烏石觀和尚，纔敲門，石問：「誰？」師曰：「鳳凰兒。」石曰：「來作麽？」師曰：「來啗老觀。」石便開門扭住曰：「道！道！」師擬議，石拓開，閉却門。師住後示衆曰：「我當時若入得老觀門，你這一隊噇酒糟漢向甚麽處摸索？」師問慧全：「汝得入處作麽生？」全曰：「共和尚商量了。」師曰：「甚麽處商量？」曰：「甚麽處去來？」師曰：「汝得入處又作麽生？」全無對，師便打。全坦問：「平田淺草，麈鹿成群，如何射得麈中主？」師喚全坦，坦應諾。師曰：「喫茶去。」問僧：「甚處來？」曰：「潙山來。」師曰：「溈山有何言句？」曰：「某甲曾問如何是祖師西來意？溈山據坐。」師曰：「汝肯他否？」曰：「某甲不肯他。」師曰：「溈山古佛，汝速去懺悔。」玄沙云：「山頭老漢蹉過溈山也。」

閩王問曰：「擬欲蓋一所佛殿去時如何？」師曰：「大王何不蓋取一所空王殿？」曰：「請師樣子。」師展兩手。雲門云：「一舉四十九。」僧問：「學人道不得處，請師道。」師曰：「我爲法惜人。」師舉拂子示一僧，其僧便出去。長慶舉似王延彬太傅了，乃曰：「此僧合喚轉與一頓棒。」王曰：「和尚是甚麼心行？」曰：「幾放過。」師問長慶：「古人道前三三，後三三，意作麼生？」慶便出去。鵝湖別云：「諾。」問僧：「甚處來？」曰：「藍田來。」師曰：「何不入草？」長慶云：「險。」上堂：「南山有一條鱉鼻蛇，汝等諸人切須好看。」長慶出曰：「今日堂中大有人喪身失命。」雲門以拄杖攛向師前，作怕勢。有僧舉似玄沙，沙曰：「須是稜兄始得。然雖如是，我即不然。」曰：「和尚作麼生？」沙曰：「用南山作麼？」

一日，有兩僧來，師以手拓庵門，放身出曰：「是甚麼？」僧亦曰：「是甚麼？」師低頭歸庵。僧辭去，師問：「甚麼處去？」曰：「湖南。」師曰：「我有箇同行住巖頭，附汝一書去。」書曰：「某書上師兄：某一自鰲山成道後，迄至于今，飽不飢。同參某書上。」僧到巖頭，問：「甚麼處來？」曰：「雪峰來，有書達和尚。」頭接了，乃問僧：「別有何言句？」僧遂舉前話。頭曰：「他道甚麼？」曰：「他無語，低頭歸庵。」頭曰：「噫！我當初悔不向伊道末後句。若向伊道，天下人不柰雪老何！」僧至夏末，請益前話。頭曰：「何不早問？」曰：「未敢容易。」頭曰：「雪峰雖與我同條生，不與我同條死。要識末後句，祇這是。」上堂：「盡大地撮來如粟米粒大，拋向面前，漆桶不會，打鼓普請看！」長慶問雲門曰：「雪峰與麼道，還有出頭不得處麼？」門曰：「有。」曰：「作麼生？」門曰：「不可總作野狐精見解。」又曰：「狼籍不少。」問僧：「甚麼處去？」曰：「識得即知去處。」師曰：「你是了事人，亂走作麼？」曰：「和尚莫塗汙人好！」師曰：「我即不塗汙你，古人吹布毛作麼生？與我說來看。」曰：「殘羹餿飯已有人喫了。」師休去。

有一僧在山下卓庵多年，不剃頭。畜一長柄杓，溪邊舀水。時有僧問：「如何是祖師西來意？」主曰：「溪深杓柄長。」師聞得，乃曰：「也甚奇怪。」一日，將剃刀同侍者去訪，纔相見，便舉前話，問：「是庵主語否？」主曰：「是。」師曰：「若道得，即不剃你頭。」主便洗頭，胡跪師前。師即與剃却。師領徒南遊，時黄涅槃預知師至，搘策前迎，抵蘇溪邂逅。師問：「近離何處？」槃曰：「辟支巖。」師曰：「巖中還有主麼？」槃以竹策敲師轎。師乃出轎相見。槃曰：「曾郎萬福。」師遽展丈夫拜，槃作女人拜。師曰：「莫是女人麼？」槃又設兩拜，遂以竹策畫地，右繞師轎三匝。師曰：「某甲三界內人，你三界外人。你前去，某甲後來。」槃回，師隨至，止囊山憩數日。槃供事隨行徒眾，一無所缺。上堂：

「此事如一片田地相似，一任諸人耕種，無有不承此恩力者。」玄沙曰：「且作麽生是這田地？」師曰：「看。」沙曰：「是即是，某甲不與麽？」師曰：「你作麽生？」沙曰：「祇是人人底。」三聖問：「透綱金鱗，以何爲食？」師曰：「待汝出網來向汝道。」聖曰：「一千五百人善知識，話頭也不識。」師曰：「老僧住持事繁。」上堂：「盡大地是箇解脱門，把手拽伊不肯入。」時一僧出曰：「和尚怪某甲不得。」又一僧曰：「用入作甚麽？」師便打。玄沙謂師曰：「某甲如今大用去，和尚作麽生？」師將三箇木毬一時抛出。沙作斫牌勢。師曰：「你親在靈山，方得如此。」沙曰：「也是自家事。」

一日陞座，衆集定，師輥出木毬，玄沙遂捉來安舊處。師一日在僧堂内燒火，閉却前後門。乃叫曰：「救火！救火！」玄沙將一片柴從窗櫺中抛入，師便開門。問：「古澗寒泉時如何？」師曰：「瞪目不見底。」曰：「飲者如何？」師曰：「不從口入。」僧舉似趙州，州曰：「不可從鼻孔裏入。」僧却問：「古澗寒泉時如何？」州曰：「苦。」曰：「飲者如何？」州曰：「死。」師聞得，乃曰：「趙州古佛。」遥望作禮，自此不答話。師因閩王封柑橘各一顆，遣使送至，柬問：「既是一般顔色，爲甚名字不同？」師遂依舊封回，王復馳問玄沙，沙將一張紙蓋却。問僧：「近離甚處？」曰：「覆船。」師曰：「生死海未渡，爲甚麽覆却船？」僧無語，乃回舉似覆船。船曰：「何不道渠無生死？」僧再至，進此語，師曰：「此不是汝語。」曰：「是覆船恁麽道。」師曰：「我有二十棒寄與覆船，二十棒老僧自喫，不干闍黎事。」問：「大事作麽生？」師執僧手曰：「上座將此問誰？」有僧禮拜，師打五棒。僧曰：「過在甚麽處？」師又打五棒，喝出。問僧：「甚處來？」曰：「嶺外來。」師曰：「還逢達磨也無？」曰：「青天白日。」師曰：「自己作麽生？」曰：「更作麽生？」師便打。師送僧出，行三五步，召曰：「上座！」僧回首，師曰：「途中善爲。」問：「拈槌豎拂，不當宗乘，未審和尚如何？」師豎起拂子。僧乃抱頭出去，師不顧。法眼代云：「大衆看此一員戰將。」問：「三乘十二分教，爲凡夫開演？不爲凡夫開演？」師曰：「不消一曲楊柳枝。」師謂鏡清曰：「古來有老宿，引官人巡堂曰：『此一衆盡是學佛法僧』。官人曰：『金屑雖貴，又作麽生？』老宿無對。」清代曰：「比來抛甎引玉。」法眼别云：「官人何得貴耳賤目！」

上堂，舉拂子曰：「這箇爲中下。」僧問：「上上人來時如何？」師舉拂子。僧曰：「這箇爲中下。」師便打。問：「國師三喚侍者意如何？」師乃起入方丈。問僧：「今夏在甚麽處？」曰：「涌泉。」師曰：「長時涌？暫時涌？」曰：「和尚問不着。」師曰：「我問不着？」僧曰：「是。」師乃打。普請次，路逢一獼猴，師曰：「人人有一面古鏡，這箇獼猴亦有一面古鏡。」三聖曰：「曠劫無名，何以彰爲古鏡？」師曰：「瑕生也。」聖曰：「這老漢著甚麼死急，話頭也不識。」師曰：「老僧住持事繁。」閩帥施銀交牀，僧問：「和尚受大王如此供養，將何報答？」師以手拓地曰：「輕打我！輕打我！」僧問疏山云：「雪峰道『輕打我』，意作麼生？」山云：「頭上插瓜虀，垂尾脚跟齊。」問：「呑盡毗盧時如何？」師曰：「福唐歸來還平善否？」上堂：「我若東道西道，汝則尋言逐句。我若羚羊掛角，汝向甚麼處捫摸？」僧問保福：「祇如雪峰有甚麼言教，便似羚羊掛角時。」福云：「我不可作雪峰弟子不得。」師之法席，常不減千五百衆。梁開平戊辰三月示疾。閩帥命醫，師曰：「吾非疾也。」竟不服藥，遺偈付法。五月二日，朝遊藍田，暮歸澡身，中夜入滅。

感潭資國禪師

洪州感潭資國禪師，白兆問：「家内停喪，請師慰問。」師曰：「苦痛蒼天！」曰：「死却爺？死却孃？」師打了趁出。師凡接機皆如此。

瑞龍慧恭禪師

天台瑞龍慧恭禪師，福州羅氏子。謁德山，山問：「會麼？」曰：「作麼？」山曰：

「請相見。」曰：「識麽？」山大笑。遂許入室。洎山順世，乃開法焉。

泉州瓦棺和尚

泉州瓦棺和尚，在德山爲侍者。一日，同入山斫木。山將一椀水與師，師接得便喫却。山曰：「會麽？」師曰：「不會。」山又將一椀水與師，師又接喫却。山曰：「會麽？」師曰：「不會。」山曰：「何不成褫取不會底？」師曰：「不會，又成褫箇甚麽？」山曰：「子大似箇鐵橛。」住後，雪峰訪師，茶話次，峰問：「當時在德山斫木因緣作麽生？」師曰：「先師當時肯我。」峰曰：「和尚離師太早。」時面前偶有一椀水，峰曰：「將水來。」師便度與，峰接得便潑却。雲門云：「莫壓良爲賤。」

高亭簡禪師

襄州高亭簡禪師，參德山，隔江纔見，便云：「不審。」山乃摇扇招之。師忽開悟，乃横趨而去，更不回顧。

青原下六世

巖頭奯禪師法嗣

瑞巖師彥禪師

台州瑞巖師彥禪師，閩之許氏子。自幼披緇，秉戒無缺。初禮巖頭，問曰：「如何是本常理？」頭曰：「動也。」曰：「動時如何？」頭曰：「不是本常理。」師良久。頭曰：「肯即未脱根塵，不肯即永沈生死。」師遂領悟，便禮拜。頭每與語，徵讎無忒。後謁夾山，山問：「甚處來？」曰：「卧龍來。」山曰：「來時龍還起也未？」師乃顧視之。山曰：「灸瘡瘢上更著艾燋。」曰：「和尚又苦如此作甚麽？」山休去。師乃問山：「與麽即易，不與麽即難。與麽與麽即惺惺，不與麽不與麽即居空界。與麽不與麽，請師速道！」山曰：「老僧謾闍黎去也。」師喝曰：「這老和尚，而今是甚時節！」便出去。後有僧舉似岩頭，頭云：「苦哉！將我一枝佛法，與麽流將去。」師尋居丹丘瑞巖，坐磐石，終日如愚。每自喚主人公，復應諸，乃曰：「惺惺著，他後莫受人謾。」後有僧參玄沙，沙問：「近離甚處？」云：「瑞巖。」沙云：「有何言句示徒？」僧舉前話。沙云：「一等是弄精魂，也甚奇怪。」乃云：「何不且在彼住。」云：「已遷化也。」沙云：「而今還喚得應麽？」僧無對。師統衆嚴整，江表稱之。僧問：「頭上寶蓋現，足下雲生時如何？」師曰：「披枷帶鎖漢。」曰：「頭上無寶蓋，足下無雲生時如何？」師曰：「猶有杻在。」曰：「畢竟如何？」師曰：「齋後困。」鏡清問：「天不能覆，地不能載，豈不是？」師曰：「若是即被覆載。」清曰：「若不是，瑞巖幾遭也。」師自稱曰：「師彦。」僧問：「如何是佛？」師曰：「石牛。」曰：「如何是法？」師曰：「石牛兒。」曰：「恁麽即不同也。」師曰：「合不得。」曰：「爲甚麽合不得？」師曰：「無同可同，合甚麽？」問：「作麽生商量，即得不落階級？」師曰：「排不出。」曰：「爲甚麽排不出？」師曰：「他從前無階級。」曰：「未審居何位次？」師曰：「不坐普光殿。」曰：「還理化也無？」師曰：「名聞三界重，何處不歸朝？」一日有村媪作禮，師曰：「汝速歸，救取數千物命。」媪回舍，見兒婦拾田螺歸，媪遂放之水濱。師之異迹頗多，兹不繁録。逝後塔于本山，謚空照禪師。

玄泉山彦禪師

懷州玄泉彦禪師，僧問：「如何是道中人？」師曰：「日落投孤店。」問：「如何是佛？」師曰：「張家三箇兒。」曰：「學人不會。」師曰：「孟、仲、季也不會。」問：「如何是聲前一句？」師曰：「吽〔一〕。」曰：「轉後如何？」師曰：「是甚麼！」

羅山道閑禪師

福州羅山道閑禪師，長溪陳氏子。出家於龜山，年滿受具，徧歷諸方。嘗謁石霜，問：「去住不寧時如何？」霜曰：「直須盡却。」師不契，乃參巖頭，亦如前問。頭曰：「從他去住，管他作麼？」師於是服膺。閩帥飲其法味，請居羅山，號法寶禪師。開堂陞座，方斂衣便曰：「珍重。」時衆不散，良久師又曰：「未識底近前來。」僧出禮拜，師抗聲曰：「也大苦哉！」僧擬伸問，師乃喝出。問：「如何是奇特一句？」師曰：「道甚麼？」問：「當鋒事如何辨明？」師舉如意。僧曰：「乞和尚垂慈。」師曰：「大遠也。」問：「急急相投，請師一接。」師曰：「會麼？」曰：「不會。」師曰：「箭過也。」問：「九女不攜，誰是哀提者？」師曰：「高聲問。」僧擬再問，師曰：「甚麼處去也？」僧來參，師問：「名甚麼？」

〔一〕「吽」，原誤作「叫」，今改。

曰：「明教。」師曰：「還會教也未？」曰：「隨分。」師豎起拳曰：「靈山會上，喚這箇作甚麼？」曰：「拳教。」師笑曰：「若恁麼喚作拳教。」復展兩足曰：「這箇是甚麼教？」僧無語。師曰：「莫喚作脚教麼？」師在禾山，送同行矩長老出門次，把拄杖向面前一攛，矩無對。師曰：「石牛攔古路，一馬生雙駒。」後僧舉似疏山，山云：「石牛攔古路，一馬生三寅。」僧辭保福，福問：「甚處去？」曰：「禮拜羅山。」福曰：「汝向羅山道：保福秋間上府朝覲大王，置四十箇問頭問和尚，忽若一句不相當，莫言不道。」僧舉似師，師呵呵大笑曰：「陳老師自入福建道洪塘橋下一寨，未曾見有箇毛頭星現。汝與我向從展道：『陳老師無許多問頭，祇有一口劍。一劍下須有分身之意，亦有出身之路。若不明，便須成末。』」僧回舉似福，福曰：「我當時也祇是謔伊。」至秋朝覲，師特爲辦茶筵請福。福不赴，却向僧曰：「我中間曾有謔語，恐和尚問著。」僧歸舉似，師曰：「汝向他道，猛虎終不食伏肉。」僧又去，福遂來。

無軫上座問：「祇如巖頭道，洞山好佛，祇是無光。未審洞山有何虧闕，便道無光？」師召軫，軫應諾。師曰：「灼然好箇佛，祇是無光。」曰：「大師爲甚麼撥無軫話？」師曰：「甚麼處是陳老師撥你話處？快道！快道！」軫無語。師打三十棒趁出。軫舉似招慶，慶一夏罵詈。至夏末自來問，師乃分明舉似，慶便作禮懺悔曰：「洎錯怪大師。」僧舉寒山詩，問：「白鶴銜苦桃時如何？」師曰：「貞女室中吟。」曰：「千里作一息時如何？」師曰：「送客郵亭外。」曰：「欲往蓬萊山時如何？」師曰：「欹枕覷獼猴。」曰：「將此充糧食時如何？」師曰：「古劍髑髏前。」問：「如何是百草頭上盡是祖師意？」師曰：「刺破汝眼。」問：「如何是道？」師曰：「倚著壁。」問：「前是萬丈洪崖，後是虎狼師子，正當恁麽時如何？」師曰：「自在。」問：「三界誰爲主？」師曰：「還解喫飯麽？」臨遷化，上堂集衆，良久展左手，主事罔測。乃令東邊師僧退後。又展右手，又令西邊師僧退後。迺曰：「欲報佛恩，無過流通大教。歸去也！歸去也！珍重！」言訖，莞爾而寂。

香谿從範禪師

福州香谿從範禪師，新到參，師曰：「汝豈不是鼓山僧？」僧曰：「是。」師曰：「額上珠爲何不見？」僧無對。僧辭，師門送，復召：「上座！」僧回首。師曰：「滿肚是禪。」曰：「和尚是甚麽心行？」師大笑而已。師披衲衣次，說偈曰：「迦葉上行衣，披來須捷機。纔分招的箭，密露不藏龜。」

聖壽院嚴禪師

福州聖壽嚴禪師，補衲次，僧參，師提起示之曰："山僧一衲衣，展似衆人見。雲水兩條分，莫教露針線。速道！速道！"僧無對。師曰："如許多時作甚麽來！"

靈巖慧宗禪師

吉州靈巖慧宗禪師，福州陳氏子，受業於龜山。僧問："如何是靈巖境？"師曰："松檜森森密密遮。"曰："如何是境中人？"師曰："夜夜有猿啼。"問："如何是學人自己本分事？"師曰："抛却真金，拾瓦礫作麽？"

雪峰存禪師法嗣

玄沙師備禪師

福州玄沙師備宗一禪師，閩之謝氏子。幼好垂釣，泛小艇於南臺江，狎諸漁者。唐咸通初年，甫三十，忽慕出塵，乃棄舟投芙蓉訓禪師落髮，往豫章開元寺受具。布衲芒屨，食纔接氣。常終日宴坐，衆皆異之。與雪峰本法門昆仲，而親近若師資。峰以其苦行，呼爲頭陀。一日峰問：「阿那箇是備頭陀？」師曰：「終不敢誑於人。」異日，峰召曰：「備頭陀何不徧參去！」師曰：「達磨不來東土，二祖不往西天。」峰然之。暨登象骨山，乃與師同力締搆，玄徒臻萃。師入室咨決，罔替晨昏。又閱楞嚴，發明心地，由是應機敏捷，與修多羅冥契。諸方玄學有所未決，必從之請益。至與雪峰徵詰，亦當仁不讓。峰曰：「備頭陀再來人也。」雪峰上堂：「要會此事，猶如古鏡當臺，胡來胡現，漢來漢現。」師出衆曰：「忽過明鏡來時如何？」峰曰：「胡漢俱隱。」師曰：「老和尚脚跟猶未點地在。」住後，上堂：「佛道閑曠，無有程途。無門解脱之門，無意道人之意。不在三際，故不可昇沉，建立乖真，非屬造化。動則起生死之本，静則醉昏沉之鄉。動静雙泯，即落空亡；動静雙收，瞞頇佛性。必須對塵對境，如枯木寒灰，臨時應用，不失其宜。鏡照諸像，不亂光輝；鳥飛空中，不雜空色。所以十方無影像，三界絶行蹤，不墮往來機，不住中間意。鐘中無皷響，皷中無鐘聲，鐘皷不相交，句句無前後。如壯士展臂，不籍他力；師子遊行，豈求伴侣？九霄絶翳，何在穿通？一段光明，未曾昏昧。若到這裏，體寂寂，常的的，日赫倓，無邊表。圓覺空中不動摇，吞爍乾坤迥然照。夫佛出世者，元無出入，名相無體，道本如如，法爾天真，不同修證。祇要虚閑，不昧作用，不涉塵泥，箇中纖毫道不盡，即爲魔王眷屬，句前句後，是學人難處。所以一句當天，八萬門永絶生死。直饒得似秋潭月影，静夜鐘聲，隨扣擊以無虧，觸波瀾而不散，猶是生死岸頭事。道人行處，如火銷冰，終不却成冰。箭既離弦，無返回勢。所以牢籠不肯住，呼唤不回頭，古聖不安排，至今無處所。若到這裏，步步登玄，不屬邪正，識不能識，智不能知，動便失宗，覺即迷旨。二乘膽顫，十地魂驚。語路處絶，心行處滅。直得釋迦掩室於摩竭，浄名杜口於毗耶，須菩提唱無説而顯道，釋梵絶聽而雨花。若與麽，見前更疑何事？没棲泊處，離去來今，限約不得，心思路絶。不因莊嚴，本來真浄。動用語笑，隨處明了，更無欠少。今時人不悟箇中道理，妄自涉事涉塵，處處染著，頭頭繫絆。縱悟，則塵境紛紜，名相不實，便擬凝心斂念，攝事歸空，閉目藏睛，終有念起，旋旋破除，細想纔生，即便遏捺。如此見解，即是落空亡底外道，魂不散底死人。冥冥漠漠，無覺無知，塞耳偷鈴，徒自欺誑。這裏分别則不然，也不是限門傍户，句句現前，不得商量，不涉文墨，本絶塵境，本無位次，權名箇出家兒，畢竟無蹤迹。真如凡聖，地獄人天，祇是療狂子之方。虚空尚無改變，大道豈有昇沈？悟則縱横不離本際，若到這裏，凡聖也無立處。若向句中作意，則没溺殺人；若向外馳求，又落魔界。如如向上，没可安排。恰似焰爐不藏蚊蚋，此理本來平坦，何用剗除？動静揚眉，是真解脱道。不彊爲意度，建立乖真。若到這裏，纖毫不受，指意則差。便是千聖出頭來，也安一字不得。久立，珍重！」

上堂：「我今問汝諸人，且承當得箇甚麼事？在何世界安身立命？還辨得麼？若辨不得，恰似揑目生花，見事便差。知麼？如今目前，見有山河大地、色空明暗種種諸物，皆是狂勞花相，喚作顛倒知見。夫出家人，識心達本源，故號爲沙門。汝今既已剃髮披衣，爲沙門相，即便有自利利他分。如今看着，盡黑漫漫地墨汁相似。自救尚不得，爭解爲得人？仁者！佛法因緣事大，莫作等閑相似，聚頭亂説雜話，趁讃古困切。過時，光陰難得，可惜許大丈夫兒，何不自省察看是甚麼事？祇如從上宗乘，是諸佛頂族，汝既承當不得，所以我方便勸汝，但從迦葉門接續頓超去。此一門超凡聖因果，超毗盧妙莊嚴世界海，超他釋迦方便門，直下永劫不教有一物與汝作眼見，何不自急急究取？未必道，我且待三生兩生，久積浄業。仁者！宗乘是甚麼事？不可由汝用工莊嚴便得去，不可他心宿命便得去。會麼？祇如釋迦出頭來作許多變弄，説十二分教，如瓶灌水，大作一場佛事。向此門中用一點不得，用一毛頭伎倆不得。知麼？如同夢事，亦如寱語，沙門不應出頭來，不同夢事，蓋爲識得。知麼？識得即是大出脱、大徹頭人，所以超凡越聖，出生離死，離因離果，超毗盧，越釋迦，不被凡聖因果所謾，一切處無人識得汝。知麼？莫祇長戀生死愛網，被善惡業拘將去，無自由分。饒汝鍊得身心同虛空去，饒汝到精明湛不搖處，不出識陰。古人喚作如急流水，流急不覺，妄爲恬静。恁麽修行，盡出他輪回際不得，依前被輪回去。所以道，諸行無常，直是三乘功果，如是可畏。若無道眼，亦不究竟。何似如今博地凡夫，不用一毫工夫，便頓超去，解省心力麽？還願樂麽？勸汝：我如今立地待汝搆去，更不教汝加功煉行，如今不恁麽，更待何時？還肯麽！」便下座。

上堂：「汝諸人如在大海裏坐，没頭浸却了，更展手問人乞水喫。夫學般若菩薩，須具大根器，有大智慧始得。若有智慧，即今便出脱得去。若是根機遲鈍，直須勤苦耐志，日夜忘疲，無眠失食，如喪考妣相似。恁麽急切，盡一生去，更得人荷挾，剋骨究實，不妨易得搆去。且況如今，誰是堪任受學底人？仁者！莫祇是記言記語，恰似念陀羅尼相似，蹋步向前來，口裏哆哆和和地，被人把住詰問著，没去處，便嗔道：『和尚不爲我答話。』恁麽學事，大苦。知麽？有一般坐繩牀和尚，稱善知識，問著便摇身動手，點眼吐舌瞪視。更有一般説昭昭靈靈，靈臺智性，能見能聞，向五蘊身田裏作主宰，恁麽爲善知識、大賺人。知麽？我今問汝：汝若認昭昭靈靈是汝真實，爲甚麽瞌睡時又不成昭昭靈靈？若瞌睡時不是，爲甚麽有昭昭時？汝還會麽？這箇喚作認賊爲子，是生死根本妄想緣氣。汝欲識根由麽？我向汝道，昭昭靈靈，祇因前塵色聲香等法而有分别，便道此是昭昭靈靈。

若無前塵，汝此昭昭靈靈同於龜毛兔角。仁者！真實在甚麼處？汝今欲得出他五蘊身田主宰，但識取汝祕密金剛體。古人向汝道，圓成正遍，遍周沙界。我今少分爲汝，智者可以譬喻得解，汝還見南閻浮提日麼？世間人所作興營、養身、活命種種心行作業，莫非皆承日光成立。祇如日體，還有許多般心行麼？還有不周遍處麼？欲識金剛體，亦須如是看。祇如今山河大地、十方國土、色空明暗，及汝身心，莫非盡承汝圓成威光所現。直是天人群生類所作業次，受生果報，有情無情，莫非承汝威光，乃至諸佛成道成果，接物利生，莫非盡承汝威光。祇如金剛體，還有凡夫諸佛麼？有汝心行麼？不可道無便得當去也，知麼？汝既有如是奇特[一]當陽出身處，何不發明取？因何却隨他向五蘊身田中鬼趣裏作活計，直下自謾去？忽然無常殺鬼到來，眼目譸竹尤切。張，身見命見，恁麼時，大難支荷，如生脱龜殼相似，大苦。仁者，莫把瞌睡見解便當却去，未解蓋覆得毛頭許。汝還知麼？三界無安，猶如火宅。且汝未是得安樂底人，祇大作群隊干他人世，這邊那邊飛走，野鹿相似，但求衣食。若恁麼，争行他王道？知麼？國王大臣不拘執汝，父母放汝出家，

[一]「特」，原作「恃」，據清藏本、續藏本改。

十方施主供汝衣食，土地龍神荷〔一〕護汝，也須具慚愧知恩始得。莫孤負人好！長連牀上排行著地銷將去，道是安樂未在，皆是粥飯將養得汝，爛冬瓜相似變將去，土裏埋將去。業識茫茫，無本可據。沙門因甚麽到恁麽地？祇如大地上蠢蠢者，我唤作地獄劫住。如今若不了，明朝後日入驢胎馬肚裏，牽犂拽杷，銜鐵負鞍，碓擣磨磨，水火裏燒煮去，大不容易受，大須恐懼好，是汝自累。知麽？若是了去，直下永劫不曾教汝有這箇消息。若不了此，煩惱惡業因緣不是一劫兩劫得休，直與汝金剛齊壽。知麽？」

師因參次，聞燕子聲，乃曰：「深談實相，善説法要。」便下座。時有僧請益，曰：「某甲不會。」師曰：「去！誰信汝？」鼓山來，師作一圓相示之。山曰：「人人出這箇不得。」師曰：「情知汝向驢胎馬腹裏作活計。」山曰：「和尚又作麽生？」師曰：「人人出這箇不得。」山曰：「和尚與麽道却得，某甲爲甚麽道不得？」師曰：「我得，汝不得。」上堂，衆集，遂將拄杖一時趁下，却回向侍者道：「我今日作得一解，險入地獄如箭射。」者曰：「喜得和尚再復人身。」僧侍立次，師以杖指面前地上白點曰：「還見麽？」曰：「見。」如是三問，僧亦如是答。師曰：「你也見，我也見，爲甚麽道不會？」師嘗訪三斗庵主，纔相

〔一〕「荷」，清藏本、續藏本均作「呵」。

見，主曰：「莫恠住山年深無坐具。」師曰：「人人盡有，庵主爲甚麽無？」主曰：「且坐喫茶。」師曰：「庵主元來有在。」侍雪峰次，有二僧從堦下過，峰曰：「此二人堪爲種草。」師曰：「某甲不與麽？」峰曰：「汝作麽生？」師曰：「便好與三十棒。」因雪峰指火曰：「三世諸佛在火焰裏轉大法輪。」師曰：「近日王令稍嚴。」峰曰：「作麽生？」師曰：「不許攙奪行市。」雲門曰：「火焰爲三世諸佛說法，三世諸佛立地聽。」南際到雪峰，峰令訪師。師問：「古人道此事唯我能知，長老作麽生？」際曰：「須知有不求知者」。歸宗柔別：拊掌三下。師曰：「山頭和尚喫許多辛苦作麽？」雪峰普請畬田次，見一蛇，以杖挑起，召衆曰：「看！看！」以刀芟爲兩段。師以杖拋於背後，更不顧視。衆愕然。峰曰：「俊哉！」侍雪峰遊山次，峰指面前地曰：「這一片地好造箇無縫塔。」師曰：「高多少？」峰乃顧視上下，師曰：「人天福報即不無和尚，若是靈山授記，未夢見在。」峰曰：「你又作麽生？」師曰：「七尺八尺。」雪峰曰：「世界闊一尺，古鏡闊一尺。世界闊一丈，古鏡闊一丈。」師指火爐曰：「火爐闊多少？」峰曰：「如古鏡闊。」師曰：「老和尚脚跟未點地在。」師初住普應院，遷止玄沙，天下叢林皆望風而賓之。閩帥王公待以師禮，學徒餘八百，室户不閉。

上堂，良久曰：「我爲汝得徹困也，還會麽？」僧問：「寂寂無言時如何？」師曰：

「寐語作麼？」曰：「本分事，請師道。」師曰：「瞌睡作麼？」曰：「學人即瞌睡，和尚如何？」師曰：「争得恁麼不識痛痒！」又曰：「可惜如許大師僧，千道萬里行脚到這裏，不消箇瞌睡寐語，便屈却去。」問：「如何是學人自己？」師曰：「用自己作麼？」問：「從上宗乘，如何理論？」師曰：「少人聽。」曰：「請和尚直道。」師曰：「患聾作麼？」又曰：「仁者！如今事不獲已，教我抑下如是威光，苦口相勸，百千方便，如此如彼，共汝相知聞，盡成顛倒知見。將此咽喉脣吻，祇成得箇野狐精業謾汝，我還肯麼？祇如有過無過，唯我自知，汝争得會？若是恁麼人出頭來，甘伏呵責。夫爲人師匠大不易，須是善知識始得。知我如今恁麼方便助汝，猶尚不能搆得。可中純舉宗乘，是汝向甚麼處安措？還會麼？四十九年是方便，祇如靈山會上有百萬衆，唯有迦葉一人親聞，餘盡不聞。汝道迦葉親聞底事作麼生？不可道如來無説説，迦葉不聞聞，便得當去。不可是汝修因成果、福智莊嚴底事。知麼？且如道，吾有正法眼藏，付囑大迦葉，我道猶如話月。曹谿豎拂子，還如指月。所以道：大唐國内宗乘中事，未曾見有一人舉唱。設有人舉唱，盡大地人失却性命，如無孔鐵鎚相似，一時亡鋒結舌去。汝諸人賴遇我不惜身命，共汝顛倒知見，隨汝狂意，方有伸問處。我若不共汝恁麼知聞去，汝向甚麼處得見我？會麼？大難。努力珍重！」師有偈曰：「萬里神光頂後相，没頂之時何處望？事已成，意亦休，此箇來蹤觸處周。智者撩着便提取，莫待須臾失却頭。」又曰：「玄沙遊逕別，時人切須知。三冬陽氣盛，六月降霜時。有語非關舌，無言切要詞。會我最後句，出世少人知。」問：「四威儀外，如何奉王？」師曰：「汝是王法罪人，争會問事？」問：「古人拈槌豎拂，還當宗乘也無？」師曰：「不當。」曰：「古人意作麽生？」師舉拂子。僧曰：「宗乘中事如何？」師曰：「待汝悟始得。」問：「如何是金剛力士？」師吹一吹。閩王送師上船，師扣船召曰：「大王争能出得這裏去？」王曰：「在裏許得多少時也？」歸宗柔別云：「不因和尚，不得到這裏。」師問文桶頭：「下山幾時歸？」曰：「三五日。」師曰：「歸時，有無底桶子將一擔歸。」文無對。歸宗柔代云：「和尚用作甚麽？」師垂語曰：「諸方老宿盡道接物利生，祇如三種病人，汝作麽生接？患盲者，拈槌豎拂他又不見；患聾者，語言三昧他又不聞；患瘂者，教伊説又説不得。若接不得，佛法無靈驗。」時有僧出曰：「三種病人還許學人商量否？」師曰：「許。汝作麽生商量？」其僧珍重出，師曰：「不是！不是！」羅漢曰：「桂琛現有眼耳口，和尚作麽生接？」師曰：「慚愧！」便歸方丈。中塔曰：「三種病人，即今在甚麽處？」又一僧曰：「非唯謾他，兼亦自謾。」法眼云：「我當時見羅漢舉此僧語，我便會三種病人。」雲居錫云：「祇如此僧會不會？若道會，玄沙又道不是；若道不會，法眼爲甚麽道『我因此僧語，便會三種病人』？上座無事，上來商量，大家要知。」

有僧請益雲門，門曰：「汝體拜著。」僧禮拜起，門以拄杖桎之。僧退後。門曰：「汝不是患盲麽？」復喚：「近前來。」僧近前，門曰：「汝不是患聾麽？」門曰：「會麽？」曰：「不會。」門曰：「汝不是患瘂麽？」僧於是有省。長慶來，師問：「除却藥忌，作麽生道？」慶曰：「放憨作麽？」師曰：「雪峰山橡子拾食，來這裏雀兒放糞。」師因僧禮拜，師曰：「因我得禮汝。」普請斫柴次，見一虎，天龍曰：「和尚，虎！」師曰：「是汝虎。」歸院後天龍問：「適來見虎，云是汝。未審尊意如何？」師曰：「娑婆世界有四種極重事，若人透得，不妨出得陰界。」東禪齊云：「上座！古人見了道我身心如大地虚空，如今人還透得麽？」師問長生：「維摩觀佛，前際不來，後際不去，今則無住。汝作麽生觀？」生曰：「放皎然過，有箇道處。」師曰：「放汝過，作麽生道？」生良久，師曰：「教阿誰委悉。」生曰：「徒勞側耳。」師曰：「情知汝向鬼窟裏作活計。」崇壽稠別長生云：「喚甚麽作如來？」問：「古人皆以瞬視接人，未審和尚以何接人？」師曰：「我不以瞬視接人。」曰：「學人爲甚道不得？」師曰：「畐塞汝口，争解道得？」法眼云：「古人恁麽道甚奇特，且問上座口是甚麽？」問：「凡有言句，盡落裷襀；不落裷襀，請和尚商量。」師曰：「拗折秤衡來，與汝商量。」問：「承古有言：舉足下足，無非道場。如何是道場？」師曰：「没却你。」曰：「爲甚麽得恁麽難見？」師曰：「祇爲太近。」法眼曰：「也無可得近，直下是上座。」師在雪峰時，光侍者謂師曰：「師叔若學得禪，某甲打鐵船下海去。」師住後問光曰：「打得鐵船也未？」光無對。法眼代云：「和尚終不恁麼。」法燈代云：「請和尚下船。」玄覺代云：「貧兒思舊債」。師一日遣僧送書上雪峰，峰開緘，見白紙三幅。問僧：「會麼？」曰：「不會。」峰曰：「不見道：君子千里同風。」僧回舉似，師曰：「山頭老漢蹉過也不知！」曰：「和尚如何？」師曰：「孟春猶寒也不解道。」師問鏡清：「教中道：『不見一法爲大過患。』且道不見甚麼法？」清指露柱曰：「莫是不見這箇法麼？」同安顯別云：「也知和尚不造次。」師曰：「浙中清水白米從汝喫，佛法未會在。」問：「承和尚有言，盡十方世界是一顆明珠。學人如何得會？」師曰：「盡十方世界是一顆明珠，用會作麼？」僧便休。師來日却問其僧：「盡十方世界是一顆明珠，汝作麼生會？」曰：「盡十方世界是一顆明珠，用會作麼？」師曰：「知汝向鬼窟裏作活計。」玄覺云：「一般恁麼道，爲甚麼却成鬼窟去？」問：「如何是無縫塔？」師曰：「這一縫大小？」韋監軍來謁，乃曰：「曹山和尚甚奇怪。」師曰：「撫州取曹山幾里？」韋指傍僧曰：「上座曾到曹山否？」曰：「曾到。」韋曰：「撫州取曹山幾里？」曰：「百二十里。」韋曰：「恁麼則上座不到曹山。」韋却起禮拜，師曰：「監軍却須禮此僧，此僧却具慚愧。」雲居錫云：「甚麼處是此僧具慚愧？若檢得出，許上座有行脚眼。」問：「如何是清淨法身？」師曰：「膿滴滴地。」問：「如何是親切底事？」師曰：「我是謝三郎。」西天有聲明三藏至，閩帥請師辨驗。師以鐵火筯敲銅爐，問：「是甚麼聲？」藏曰：「銅鐵聲。」法眼别云：「請大師爲大王。」法燈别云：「聽和尚問。」師曰：「大王莫受外國人謾。」藏無對。法眼代云：「大師久受大王供養。」法燈代云：「却是和尚謾大王。」師南遊，莆田縣排百戲迎接。來日，師問小塘長老：「昨日許多喧鬧，向甚麼處去也？」塘提起衲衣角，師曰：「料掉没交涉。」法眼别云：「昨日有多少喧鬧。」法燈别云：「今日更好笑。」問僧：「乾闥婆城汝作麼生會？」曰：「如夢如幻。」法眼别敲物示之。師與地藏在方丈説話，夜深，侍者閉却門。師曰：「門揔閉了，汝作麼生得出去？」藏曰：「喚甚麼作門？」法燈别云：「和尚莫欲歇去。」師以杖拄地，問長生曰：「僧見俗見，男見女見，汝作麼生見？」曰：「和尚還見皎然見處麼？」師曰：「相識滿天下。」問：「承和尚有言：聞性遍周沙界。雪峰打鼓，這裏爲甚麼不聞？」師曰：「誰知不聞？」問：「險惡道中，以何爲津梁？」師曰：「以眼爲津梁。」曰：「未得者如何？」師曰：「快救取好！」師舉誌公云：「每日拈香擇火，不知身是道場。」乃曰：「每日拈香擇火，不知真箇道場。」玄覺云：「祇如此二尊宿語，還有親疏也無？」師與韋監軍喫果子。韋問：「如何是日用而不知？」師拈起果子曰：「喫。」韋喫果子了，再問。師曰：「祇這是日用而不知。」普請般柴，師曰：「汝諸人盡承吾力。」一僧曰：「既承師力，何用普請？」師叱之曰：「不普請，争得柴歸？」師問明真大師：「善財參彌勒，彌勒指歸文殊，文殊指歸佛處，汝道佛指歸甚麼處？」曰：「不知。」師曰：「情知汝不知。」

法眼别云：「唤甚麽作佛？」大普玄通到，禮覲。師曰：「你在彼住，莫誑惑人家男女。」曰：「玄通祇是開箇供養門，晚來朝去，争敢作恁麽事？」師曰：「事難。」曰：「真情是難。」師曰：「甚麽處是難處？」曰：「爲伊不肯承當。」師便入方丈，拄却門。僧問：「學人乍入叢林，乞師指箇入路。」師曰：「還聞偃溪水聲麽？」曰：「聞。」師曰：「從這裏入。」泉守王公請師登樓，先語客司曰：「待我引大師到樓前，便舁却梯。」客司禀旨。公曰：「請大師登樓。」師視樓，復視其人，乃曰：「佛法不是此道理。」法眼云：「未舁梯時，一日幾度登樓。」師與泉守在室中説話，有一沙彌揭簾入見，却退步而出。師曰：「那沙彌好與二十拄杖。」守曰：「恁麽即某甲罪過。」同安顯别云：「祖師來也。」師曰：「佛法不是恁麽。」鏡清云：「不爲打水。」有僧問：「不爲打水意作麽生？」清云：「青山碾爲塵，敢保没閑人。」梁開平戊辰示寂，閩帥爲之樹塔。

長慶慧稜禪師

福州長慶慧稜禪師，杭州鹽官人也。姓孫氏。禀性淳澹，年十三於蘇州通玄寺出家登戒，歷參禪苑。後參靈雲，問：「如何是佛法大意？」雲曰：「驢事未去，馬事到來。」師如是往來雪峰、玄沙二十年間，坐破七箇蒲團，不明此事。一日捲簾，忽然大悟。乃有頌曰：「也大差，也大差，捲起簾來見天下。有人問我解何宗，拈起拂子劈口打。」峰舉謂玄沙曰：「此子徹去也。」沙曰：「未可，此是意識著述，更須勘過始得。」至晚，衆僧上來問訊，峰謂師曰：「備頭陀未肯汝在，汝實有正悟，對衆舉來。」師又有頌曰：「萬象之中獨露身，唯人自肯乃方親。昔時謬向途中覓，今日看來火裏冰。」峰乃顧沙曰：「不可，更是意識著述。」師問峰曰：「從上諸聖傳受一路，請師垂示。」峰良久，師設禮而退，峰乃微笑。師入方丈參，峰曰：「是甚麽？」師曰：「今日天晴好普請。」自此醻問，未嘗爽於玄旨。師在西院，問詵上座曰：「這裏有象骨山，汝曾到麽？」曰：「不曾到。」師曰：「爲甚麽不到？」曰：「自有本分事在。」師曰：「作麽生是上座本分事？」詵乃提起衲衣角。師曰：「爲當祇這箇，別更有？」曰：「上座見箇甚麽？」師曰：「何得龍頭蛇尾？」保福辭歸雪峰，謂師曰：「山頭和尚或問上座信，作麽生祇對？」師曰：「不避腥羶，亦有少許。」曰：「信道甚麽？」師曰：「教我分付阿誰？」曰：「從展雖有此語，未必有恁麽事。」師曰：「若然者，前程全自闍黎。」師與保福遊山，福問：「古人道妙峰山頂，莫祇這箇便是也無？」師曰：「是即是，可惜許。」僧問鼓山：「祇如長慶恁麽道，意作麽生？」山云：「孫公君無此語，可謂髑髏徧野。」

師來往雪峰二十九載，天祐三年泉州刺史王廷彬請住招慶。開堂日，公朝服趨隅曰：「請師説法。」師曰：「還聞麼？」公設拜，師曰：「雖然如此，恐有人不肯。」僧問：「如何是正法眼？」師曰：「有願不撒沙。」一日，王太傅入院，見方丈門閉，問演侍者曰：「有人敢道大師在否？」演曰：「有人敢道大師不在否？」法眼別云：「太傅識大師。」閩帥請居長慶，號超覺大師。上堂，良久曰：「還有人相悉麼？若不相悉，欺謾兄弟去也。祇今有甚麼事？莫有窒塞也無？復是誰家屋裏事，不肯擔荷，更待何時？若是利根，參學不到這裏。還會麼？如今有一般行脚人，耳裏揔滿也，假饒收拾得底，還當得行脚事麼？」僧問：「行脚事如何學？」師曰：「但知就人索取。」曰：「如何是獨脱一路？」師曰：「何煩更問？」問：「名言妙義，教有所詮，不涉三科，請師直道。」師曰：「珍重！」師乃曰：「明明歌詠，汝尚不會，忽被暗裏來底事，汝作麼生？」僧問：「如何是暗來底事？」師曰：「喫茶去。」中塔代云：「便請和尚相伴。」問：「如何是不隔毫端底事？」師曰：「當不當。」「如何得不疑不惑去？」師乃展兩手，僧不進語。師曰：「汝更問，我與汝道。」僧再問，師露膊而坐。僧禮拜。師曰：「汝作麼生會？」曰：「今日風起。」師曰：「恁麼道，未定人見解，汝於古今中有甚麼節要齊得長慶？若舉得，許汝作話主。」其僧但立而已。師却問：「汝是甚處人？」曰：「向北人。」師曰：「南北三千里外，學妄語作麼？」僧無對。

上堂，良久曰：「莫道今夜較些子。」便下座。僧問：「衆手淘金，誰是得者？」師曰：「有伎倆者得。」曰：「學人還得也無？」師曰：「大遠在。」上堂：「撞着道伴交肩過，一生參學事畢。」上堂：「浄潔打疊了也，却近前問我覓，我劈脊與你一棒。有一棒到你，你須生慚愧。無一棒到你，你又向甚麼處會？」問：「羚羊挂角時如何？」師曰：「草裏漢。」曰：「挂角後如何？」師曰：「亂叫喚。」曰：「畢竟如何？」師曰：「驢事未去，馬事到來。」問：「如何是合聖之言？」師曰：「大小長慶被汝一問，口似匾擔。」曰：「何故如此？」師曰：「適來問甚麼？」上堂：「我若純舉唱宗乘，須閉却法堂門。所以道，盡法無民。」僧問：「不怕無民，請師盡法。」師曰：「還委落處麼？」問：「如何是西來意？」師曰：「香嚴道底，一時坐却。」上堂：「摠似今日，老胡有望。」保福曰：「摠似今日，老胡絶望。」玄覺云：「恁麽道是相見語？不是相見語？」安國瑫和尚得師號，師去作賀，國出接。師曰：「師號來邪？」曰：「來也。」師曰：「是甚麼號？」曰：「明真。」師乃展手，國曰：「甚麼處去來？」師曰：「幾不問過。」問僧：「甚處來？」曰：「皷山來。」師曰：「皷山有不跨石門底句，有人借問，汝作麼生道？」曰：「昨夜報慈宿。」師曰：「劈脊棒汝，又作麼生？」曰：「和尚若行此棒，不虚受人天供養。」師曰：「幾合放過。」問：「古人有言，相逢不拈出，舉意便知有時如何？」師曰：「知有也未？」僧又問保福，福云：「此是誰語？」云：「丹霞語。」福云：「去！莫妨我打睡。」師入僧堂，舉起疏頭曰：「見即不見，還見麼？」衆無對。法眼代云：「縱受得，到別處亦不敢呈人。」師到羅山，見製龕子，以杖敲龕曰：「太煞預備。」山曰：「拙布置。」師曰：「還肯入也無？」山乃「吽！吽！」上堂，大衆集定，師乃拽出一僧曰：「大衆禮拜此僧。」又曰：「此僧有甚麼長處，便教大衆禮拜？」衆無對。僧問：「如何是文彩未生時事？」師曰：「汝先舉，我後舉。」其僧但立而已。法眼別云：「請和尚舉。」師曰：「汝作麼生舉？」曰：「某甲截舌有分。」保福遷化，僧問：「保福抛却殼漏子，向甚麼處去也？」師曰：「且道保福在那箇殼漏子裏？」法眼別云：「那箇是保福殼漏子？」閩帥夫人崔氏奉道，自稱練師。遣使送衣物至。曰：「練師令就大師請回信。」師曰：「傳語練師：領取回信。」須臾，使却來師前唱喏便回。師明日入府，練師曰：「昨日謝大師回信。」師曰：「却請昨日回信看。」練師展兩手，帥問師曰：「練師適來呈信，還愜大師意否？」師曰：「猶較些子。」法眼別云：「這一轉語，大王自道取。」曰：「未審大師意旨如何？」師良久。帥曰：「不可思議。大師佛法深遠。」後唐長興三年歸寂，王氏建塔。

保福從展禪師

漳州保福院從展禪師，福州陳氏子。年十五，禮雪峰爲受業師，遊吴楚間，後歸執侍。

峰一日忽召曰：「還會麽？」師欲近前，峰以杖拄之，師當下知歸。嘗以古今方便詢于長慶。一日慶謂師曰：「寧説阿羅漢有三毒，不可説如來有二種語。不道如來無語，祇是無二種語。」師曰：「作麽生是如來語？」慶曰：「聾人爭得聞！」師曰：「情知和尚向第二頭道。」慶曰：「汝又作麽生？」師曰：「喫茶去。」雲居錫云：「甚麽處是長慶向第二頭道處？」因舉：「盤山道：光境俱亡，復是何物？洞山道：光境未亡，復是何物？」師曰：「據此二尊宿商量，猶未得勦絶。」乃問長慶：「如今作麽生道得勦絶？」慶良久。師曰：「情知和尚向鬼窟裏作活計。」慶却問：「作麽生？」師曰：「兩手扶犂水過膝。」長慶問：「見色便見心，還見船子麽？」師曰：「見。」曰：「船子且置，作麽生是心？」師却指船子。歸宗柔別云：「和尚祇解問人。」雪峰上堂曰：「諸上座！望州亭與汝相見了也，烏石嶺與汝相見了也，僧堂前與汝相見了也。」師舉問鵝湖：「僧堂前相見即且置，祇如望州亭、烏石嶺甚麽處相見？」鵝湖驟步歸方丈，師低頭入僧堂。

梁貞明四年，漳州刺史王公創保福禪苑，迎請居之。開堂日，王公禮跪三請，躬自扶掖陞座。師乃曰：「須起箇笑端作麽？然雖如此，再三不容推免。諸仁者！還識麽？若識得，便與古佛齊肩。」時有僧出，方禮拜，師曰：「晴乾不肯去，直待雨淋頭。」問：「郡守崇建精舍，大闡真風，便請和尚舉揚宗教。」師曰：「還會麽？」曰：「恁麽則群生有賴也。」師曰：「莫塗汙人好！」又僧出禮拜，師曰：「大德好與，莫覆却船子。」僧問：「泯默之時，將何爲則？」師曰：「落在甚麼處？」曰：「不會。」師曰：「瞌睡漢，出去！」上堂：「此事如擊石火，似閃電光，搆得搆不得，未免喪身失命。」僧問：「未審搆得底人還免喪身失命也無？」師曰：「適來且置，闍黎還搆得麼？」曰：「若搆不得，未免大衆怪笑。」師曰：「作家！作家！」曰：「是甚麼心行？」師曰：「一杓屎攔面潑，也不知臭。」師見僧，以杖打露柱，又打其僧頭。僧作忍痛聲。師曰：「那箇爲甚麼不痛？」僧無對。玄覺代云：「貪行拄杖。」問：「摩騰入漢，一藏分明；達磨西來，將何指示？」師曰：「上座行脚事作麼生？」曰：「不會。」師曰：「不會會取，莫傍家取人處分。若是久在叢林，粗委些子，遠近可以隨處任真。其有初心後學，未知次序，山僧所以不惜口業，向汝道塵劫來事，祇在如今。還會麼？然佛法付囑，國王、大臣、郡守昔同佛會，今方如是。若是福禄榮貴，則且不論，祇如當時受佛付囑底事，還記得麼？若識得，便與千聖齊肩。儻未識得，直須諦信此事不從人得，自己亦非，言多去道轉遠，直道言語道斷，心行處滅，猶未是在。久立，珍重！」

上堂：「有人從佛殿後過，見是張三、李四，從佛殿前過，爲甚麼不見？且道佛法利害在甚麼處？」僧曰：「爲有一分麁境，所以不見。」師乃叱之，自代曰：「若是佛殿即不見。」曰：「不是佛殿，還可見否？」師曰：「不是佛殿，見箇甚麼？」問：「十二時中如何據驗？」師曰：「恰好據驗。」曰：「學人爲甚麼不見？」師曰：「不可更捏目去也。」問：「主伴重重，極十方而齊唱。如何是極十方而齊唱？」師曰：「汝何不教别人問。」問：「因言辨意時如何？」師曰：「因甚麼言？」僧低頭良久，師曰：「掣電之機，徒勞佇思。」

師因僧侍立，問曰：「汝得恁麼麄心！」僧曰：「甚麼處是某甲麄心處？」師拈一塊土，度與僧曰：「抛向門前著。」僧抛了却來，曰：「甚麼處是某甲麄心處？」師曰：「我見築著磕著，所以道汝麄心。」師問羅山：「僧問巖頭：『浩浩塵中如何辨主？』頭曰：『銅沙鑼裏滿盛油。』意作麼生？」山召師，師應諾。山曰：「獮猴入道場。」山却問明招：「忽有人問你，又作麼生？」招曰：「箭穿紅日影。」師問羅山：「巖頭道與麼與麼，不與麼不與麼，意作麼生？」山召師，師應諾。山曰：「雙明亦雙暗。」師禮謝。三日後却問：「前日蒙和尚垂慈，祇爲看不破。」山曰：「盡情向汝道了也。」師曰：「和尚是把火行山。」曰：「若與麼，據汝疑處問將來。」師曰：「如何是雙明亦雙暗？」山曰：「同生亦同死。」師又禮謝而退。別有僧問師：「同生亦同死時如何？」師曰：「彼此合取狗口。」曰：「和尚收取口喫飯。」其僧却問羅山：「同生亦同死時如何？」山曰：「如牛無角。」曰：「同生不同死時如何？」山曰：「如虎戴角。」師見僧喫飯，乃拓鉢曰：「家常。」僧曰：「和尚是甚麼心行？」

有尼到參，師問：「阿誰？」侍者報曰：「覺師姑。」師曰：「既是覺師姑，用來作麽？」尼曰：「仁義道中即不無。」師別云：「和尚是甚麽心行？」師聞長生卓庵，乃往相訪。茶話次，生曰：「曾有僧問祖師西來意，某甲舉拂子示之，不知得不得？」師曰：「某甲爭敢道得不得！有箇問，有人讚歎此事，如虎戴角，有人輕毁此事，分文不直。一等是恁麽事，因甚麽毁讚不同？」生曰：「適來出自偶爾。」老宿云：「毁又争得。」又老宿云：「惜取眉毛好。」太原孚云：「若無智眼，難辨得失。」師問僧：「殿裏底是甚麽？」曰：「和尚定當看。」師曰：「釋迦佛。」曰：「和尚莫謾人好！」師曰：「却是汝謾我。」閩帥遣使送朱記到，師上堂提起印曰：「去即印住，住即印破。」僧曰：「不去不住，用印奚爲？」師便打。僧曰：「恁麽則鬼窟裏全因今日也。」師持印歸方丈。問僧：「甚處來？」曰：「江西。」師曰：「學得底那？」曰：「拈不出。」師曰：「作麽生？」法眼別云：「謾語。」僧無對。師舉洞山真贊云：「徒觀紙與墨，不是山中人。」僧問：「如何是山中人？」師曰：「汝試邈掠看。」曰：「若不黠兒，幾成邈掠。」師曰：「汝是黠兒？」曰：「和尚是甚麽心行？」師曰：「來言不豐。」僧數錢次，師乃展手曰：「乞我一錢。」曰：「和尚因何到恁麽地？」師曰：「我到恁麽地。」曰：「若到恁麽地，將取一文去。」師曰：「汝因甚到恁麽地？」問僧：「甚處來？」曰：「觀音。」師曰：「還見觀音麽？」曰：「見。」師曰：「左邊見？右邊見？」曰：「見時不歷左右。」法眼別云：「如和尚見。」問：「如何是入火不燒，入水不溺？」師曰：「若是水火，即被燒溺。」師問飯頭：「鑊闊多少？」曰：「和尚試量看。」師以手作量勢。曰：「和尚莫謾某甲。」師曰：「却是汝謾我。」問：「欲達無生路，應須識本源。如何是本源？」師良久，却問侍者：「這僧問甚麽？」其僧再舉，師乃喝出。曰：「我不患聾。」問：「學人近入叢林，乞師全示入路。」師曰：「若教全示，我却禮拜汝。」師問僧：「汝作甚麽業來，得恁麽長大？」曰：「和尚短多少？」師却蹲身作短勢。僧曰：「和尚莫謾人好！」師曰：「却是汝謾我。」師令侍者屈隆壽長老云：「但獨自來，莫將侍者來。」壽曰：「不許將來，争解離得？」師曰：「太煞恩愛。」壽無對。師代曰：「更謝和尚上足傳示。」閩帥奏命服，一日示微疾，僧入丈室問訊。師曰：「吾與汝相識年深，有何方術相救？」曰：「方術甚有，聞説和尚不解忌口。」法燈别云：「和尚解忌口麽？」又謂衆曰：「吾旬日來氣力困劣，别無他，衹是時至也。」僧問：「時既至矣，師去即是？住即是？」師曰：「道！道！」曰：「恁麽則某甲不敢造次。」師曰：「失錢遭罪。」言訖而寂。

鼓山神晏國師

福州鼓山神晏興聖國師，大梁李氏子。幼惡葷羶，樂聞鐘梵。年十二時，有白氣數道騰于所居屋壁。師題壁曰：「白道從茲速改張，休來顯現作妖祥。定祛邪行歸真見，必得超凡入聖鄉。」題罷，氣即隨滅。年甫志學，遘疾甚亟。夢神人與藥，覺而頓愈。明年又夢梵僧告曰：「出家時至矣。」遂依衛州白鹿山規禪師披削，嵩嶽受具。謂同學曰：「古德云：『白四羯磨後，全體戒定慧。』豈準繩而可拘也？」於是杖錫偏扣禪關，而但記語言，存乎知解。及造雪嶺，朗然符契。一日參雪峰，峰知其緣熟，忽起搊住曰：「是甚麼？」師釋然了悟，亦忘其了心，唯舉手搖曳而已。峰曰：「子作道理邪？」師曰：「何道理之有！」峰審其懸解，撫而印之。後閩帥常詢法要，創皷山禪苑，請舉揚宗旨。上堂，良久曰：「南泉在日，亦有人舉，要且不識南泉。即今莫有識南泉者麼？試出來，對衆驗看！」時有僧出，禮拜纔起，師曰：「作麼生？」僧近前曰：「咨和尚。」師曰：「不才請退。」乃曰：「經有經師，論有論師，律有律師。有函有號，有部有帙，各有人傳持。且佛法是建立教，禪道乃止啼之說，他諸聖出興，盡爲人心不等，巧開方便，遂有多門。受疾不同，處方還異。在有破有，居空叱空。二患既除，中道須遣。皷山所以道：句不當機，言非展事，承言者喪，滯句者迷。不唱言前，寧談句後？直至釋迦掩室，净名杜口，大士梁時，童子當日，一問二問三問，盡有人了也。諸仁者合作麼生？」時有僧出禮拜，師曰：「高聲問。」曰：「學人咨和尚。」師喝曰：「出去！」曰：「己事未明，以何爲驗？」師抗聲曰：「似未聞那！」其僧再問，師曰：「一點隨流，食咸不重。」問：「如何是包盡乾坤底句？」師曰：「近前來！」僧近前，師曰：「鈍置殺人。」曰：「如何紹得？」師曰：「犴（河干）⿰犭谷（余玉）無風，徒勞展掌。」曰：「如何即是？」師曰：「錯。」曰：「學人便承當時如何？」師曰：「汝作麽生承當？」法燈別云：「莫費力。」問：「如何是學人正立處？」師曰：「不從諸聖行。」法燈別云：「汝擬亂走。」問：「千山萬山，那箇是正山？」師曰：「用正山作麽？」法燈別云：「千山萬山。」師與招慶相遇次，慶曰：「家常。」師曰：「太無厭生！」慶曰：「且款款。」師却曰：「家常。」慶曰：「今日未有火。」師曰：「太鄙悋生！」慶曰：「穩便將取去。」上堂，垂語曰：「皷山門下，不得咳嗽。」時有僧咳嗽一聲，師曰：「作甚麽？」曰：「傷風。」師曰：「傷風即得。」僧問：「如何是宗門中事？」師乃側掌：「吽！吽！」問：「如何是向上關棙子？」師便打。問：「如何是皷山正主？」師曰：「瞎作麽！」師問保福：「古人道：『非不非，是不是。』意作麽生？」福拈起茶盞。師曰：「莫是非好！」問：「如何是真實人體？」師曰：「即今是甚麽體？」曰：「究竟如何？」師曰：「争得到恁麽地！」問：「如何是佛法大意？」師曰：「金烏一點，萬里無雲。」上堂：「欲知此事，如一口劍。」僧問：「學人是死屍，如何是劍？」師曰：「拽出這死屍着。」僧應諾，便歸僧堂，結束而去。師至晚聞得，乃曰：「好與拄杖。」東禪齊云：「這僧若不肯皷山，有甚過？若肯，何得便發去？」又云：「皷山拄杖，賞伊罰伊？具眼底試商量看。」問僧：「鼓山有不跨石門句，汝作麽生道？」僧曰：「請師便打。」問：「如何是古人省心力處？」師曰：「汝何費力？」問：「言滿天下無口過。如何是無口過？」師曰：「有甚麽過？」問：「如何是教外別傳底事？」師曰：「喫茶去。」師與閩帥瞻仰佛像，帥問：「是甚麽佛？」師曰：「請大王鑒。」帥曰：「鑒即不是佛。」師曰：「是甚麽？」帥無對。長慶代云：「久承大師在衆，何得造次。」僧問：「從上宗乘如何舉唱？」師以拂子驀口打。問：「如何是省要處？」師曰：「汝還耻麽？」師復曰：「今爲諸仁者刺頭入他諸聖化門裏，抖擻不出。所以向諸人道，教排不到，祖不西來，三世諸佛不能唱，十二分教載不起，凡聖攝不得，古今傳不得。忽爾是箇漢，未通箇消息，向他恁麽道，被他驀口摑。還怪得他麽？雖然如此，也不得亂摑。鼓山尋常道，更有一人不跨石門，須有不跨石門句。作麽生是不跨石門句？鼓山自住三十餘年，五湖四海來者向高山頂上看山翫水，未見一人快利，通得箇消息。如今還有人通得也未？若通得，亦不昧諸兄弟；若無，不如散去。珍重！」師有偈曰：「直下猶難會，尋言轉更賒。若論佛與祖，特地隔天涯。」師舉問僧：「汝作麽生會？」僧無語，乃謂侍者曰：「某甲不會，請代一轉語。」者曰：「和尚與麽道，猶隔天涯在。」僧舉似師。師喚侍者，問：「汝爲這僧代語，是否？」者曰：「是。」師便打趁出院。

龍華靈照禪師

杭州龍華寺靈照真覺禪師，高麗人也。萍遊閩越，陞雪峰之堂，冥符玄旨。居唯一衲，服勤衆務，閩中謂之照布衲。一夕，指半月問溥上座曰：「那一片甚麽處去也？」溥曰：「莫妄想。」師曰：「失却一片也。」衆雖歎美，而恬澹自持。初住婺州齊雲山。上堂良久，忽舒手顧衆曰：「乞取些子，乞取些子。」又曰：「一人傳虚，萬人傳實。」僧問：「草童能歌舞，未審今時還有無？」師下座作舞曰：「沙彌會麽？」曰：「不會。」師曰：「山僧蹋曲子也不會？」問：「還丹一粒，點鐵成金。至理一言，轉凡成聖。請師一點。」師曰：「還知齊雲點金成鐵麽？」曰：「點金成鐵，前之未聞。至理一言，敢希垂示。」師曰：「句下不薦，後悔難追。」次遷越州鏡清，上堂：「今日盡令去也。」時有僧出曰：「請師盡令。」師乃「吽！吽！」問：「如何是學人本分事？」師曰：「鏡清不惜口。」問：「請師彫琢。」師曰：「八成。」曰：「爲甚麽不十成？」師曰：「還知鏡清生修理麽？」問僧：「甚處來？」曰：「五峰來。」師曰：「來作甚麽？」曰：「禮拜和尚。」師曰：「何不自禮？」曰：「禮了也。」師曰：「鏡湖水淺。」問：「如何是第一句？」師曰：「莫錯下名言。」曰：「豈無方便？」師曰：「烏頭養雀兒。」問：「向上一路，千聖不傳。未審甚麽人傳得？」師曰：「千聖也疑我。」曰：「莫便是傳也無？」師曰：「晉帝斬嵇康。」問「釋迦掩室於摩竭，淨名杜口於毗耶，此意如何？」師曰：「東廊下兩兩三三。」上堂：「諸方以毗盧法身爲極則，鏡清這裏即不然。須知毗盧有師，法身有主。」僧問：「如何是毗盧師、法身主？」師曰：「二公争敢論。」問：「古人道見色便見心，此即是色，阿那箇是心？」師曰：「恁麽問，莫欺山僧麽？」問：「未剖以前，請師斷。」師曰：「落在甚麽處？」曰：「失口即不可。」師曰：「也是寒山送拾得。」僧禮拜，師曰：「住！住！闍黎失口，山僧失口。」曰：「惡虎不食子。」師曰：「驢頭出，馬頭回。」師驀問一僧：「記得麽？」曰：「記得。」師曰：「道甚麽？」曰：「道甚麽？」師曰：「淮南小兒入寺。」問：「是甚麽即俊鷹俊鷂趁不及。」師曰：「闍黎別問，山僧別答。」曰：「請師別答。」師曰：「十里行人較一程。」問：「金屑雖貴，眼裏著不得時如何？」師曰：「著不得還著，得麽？」僧禮拜。師曰：「深沙神。」問：「菩提樹下度衆生。如何是菩提樹？」師曰：「大似苦楝樹。」曰：「爲甚麽似苦楝樹？」師曰：「素非良馬，何勞鞭影？」晉天福丁未示寂，塔于杭之大慈山。

翠巖令參禪師

明州翠巖令參永明禪師，安吉州人也。僧問：「不借三寸，請師道。」師曰：「茶堂裏貶剥去。」問：「國師三喚侍者，意旨如何？」師曰：「抑逼人作麽？」上堂：「一夏與兄弟東語西話，看翠巖眉毛在麽？」長慶云：「生也。」雲門云：「關。」保福云：「作賊人心虛。」翠岩芝云：「爲衆竭力，禍出私門。」問：「凡有言句，盡是點汙。如何是向上事？」師曰：「凡有言句，盡是點汙。」問：「如何是省要處？」師曰：「大衆笑汝。」問：「還丹一粒，點鐵成金。至理一言，轉凡成聖。學人上來，請師一點。」師曰：「不點。」曰：「爲甚麽不點？」師曰：「恐汝落凡聖。」曰：「乞師至理。」師曰：「侍者，點茶來。」問：「古人拈槌豎拂，意旨如何？」師曰：「邪法難扶。」問：「僧繇爲甚寫誌公真不得？」師曰：「作麽生合殺？」問：「險惡道中，以何爲津梁？」師曰：「藥山再三叮囑。」問：「不帶凡聖，當機何示？」師曰：「莫向人道翠巖靈利。」問：「妙機言句，盡皆不當。宗乘中事如何？」師曰：「禮拜著。」曰：「學人不會。」師曰：「出家行脚，禮拜也不會？」師後遷龍册而終焉。

鏡清道怤禪師

越州鏡清寺道怤順德禪師，永嘉陳氏子。六歲不葷茹，親黨强啖以枯魚，隨即嘔（烏没）噦（乙劣），遂求出家，于本州開元寺受具。遊方抵閩，謁雪峰。峰問：「甚處人？」曰：「温州人。」峰曰：「恁麼則與一宿覺是鄉人也。」曰：「秖如一宿覺是甚麼處人？」峰曰：「好喫一頓棒，且放過。」一日，師問：「祇如古德，豈不是以心傳心？」峰曰：「兼不立文字語句。」師曰：「祇如不立文字語句，師如何傳？」峰良久，師禮謝。峰曰：「更問我一轉豈不好？」師曰：「就和尚請一轉問頭。」峰曰：「秖恁麼，爲别有商量？」師曰：「和尚恁麼即得。」峰曰：「於汝作麼生？」師曰：「孤負殺人！」雪峰謂衆曰：「堂堂密密地。」師出，問：「是甚麼堂堂密密？」峰起立曰：「道甚麼！」師退步而立。雪峰垂語曰：「此事得恁麼尊貴，得恁麼綿密。」師曰：「道怤自到來數年，不聞和尚恁麼示誨。」峰曰：「我向前雖無，如今已有，莫有所妨麼？」曰：「不敢！此是和尚不已而已。」峰曰：「致使我如此。」師從此信入，而且隨衆，時謂之小怤布衲。普請次，雪峰舉：「溈山道：『見色便見心。』汝道還有過也無？」師曰：「古人爲甚麼事？」峰曰：「雖然如此，要共汝商量。」

師曰：「恁麽則不如道怤鉏地去。」師再參雪峰，峰問：「甚處來？」師曰：「嶺外來。」峰曰：「甚麽處逢見達磨？」師曰：「更在甚麽處？」峰曰：「未信汝在。」師曰：「和尚莫恁麽粘泥好！」峰便休。師後遍歷諸方，益資權智。因訪先曹山。山問：「甚麽處來？」師曰：「昨日離明水。」山曰：「甚麽時到明水？」師曰：「和尚到時到。」山曰：「汝道我甚麽時到？」師曰：「適來猶記得。」山曰：「如是！如是！」

師初住越州鏡清，唱雪峰之旨，學者奔湊。副使皮光業者，日休之子，辯學宏贍，屢擊難之。退謂人曰：「怤師之高論，人莫窺其極也。」新到參，師拈起拂子。僧曰：「久嚮鏡清，猶有這箇在。」師曰：「鏡清今日失利。」問：「學人啐，請師啄。」師曰：「還得活也無？」曰：「若不活，遭人怪笑。」師曰：「也是草裏漢。」問僧：「近離甚處？」曰：「三峰。」師曰：「夏在甚處？」曰「五峰」。師曰：「放你三十棒。」曰：「過在甚麽處？」師曰：「爲汝出一叢林，入一叢林。」師一日於僧堂自擊鐘曰：「玄沙道底，玄沙道底。」僧問：「玄沙道甚麽？」師乃畫一圓相。僧曰：「若不久參，争知與麽？」師曰：「失錢遭罪。」師住庵時，有行者至，徐徐近繩牀，取拂子提起。問：「某甲喚這個作拂子，庵主喚作甚麽？」師曰：「不可更安名立字也。」行者乃擲却拂子曰：「著甚死急！」問僧：「外面是甚麽聲？」曰：「蛇齩蝦蟆聲。」師曰：「將謂衆生苦，更有苦衆生。」師問靈雲：「行脚事大，乞師指南。」雲曰：「浙中米作麽價？」師曰：「若不是道忞，洎作米價會却。」問：「如何是靈源一直道？」師曰：「鏡湖水可煞深。」問：「如何是清浄法身？」師曰：「紅日照青山。」曰：「如何是法身向上事？」師曰：「風吹雪不寒。」問僧：「趙州喫茶話，汝作麽生會？」僧便出去。師曰：「邯鄲學唐步。」問：「學人未達其源，請師方便。」師曰：「是甚麽源？」曰：「其源。」師曰：「若是其源，争受方便？」僧禮拜退。侍者問：「和尚適來莫是成褫伊麽？」師曰：「無。」曰：「莫是不成褫伊麽？」師曰：「無。」曰：「未審意旨如何？」師曰：「一點水墨，兩處成龍。」師在帳中坐，有僧問訊，師撥開曰：「當斷不斷，反招其亂。」曰：「既是當斷，爲甚麽不斷？」師曰：「我若盡法，直恐無民。」曰：「不怕無民，請師盡法。」師曰：「維那，拽出此僧著！」又曰：「休！休！我在南方識伊和尚來。」普請鉏草次，浴頭請師浴，師不顧，如是三請，師舉钁作打勢，頭便走。師召曰：「來！來！」頭回首，師曰：「向後遇作家，分明舉似。」頭後到保福，舉前語未了，福以手掩其口。頭却回，舉似師。師曰：「饒伊恁麽，也未作家。」師問荷玉：「甚處來？」曰：「天台來。」師曰：「阿誰問汝天台？」曰：「和尚何得龍頭蛇尾？」師曰：「鏡清今日失利。」師看經次，僧問：「和尚看甚麽經？」師曰：「我與古人鬭百草。」師却問：「汝會麽？」曰：「少年也曾恁麽來。」師曰：「如今作麽生？」僧舉拳，師曰：「我輸汝也！」

問：「辨不得、提不起時如何？」師曰：「争得到這裏？」曰：「恁麼則禮拜去也。」師曰：「鏡清今日失利。」師見僧學書，迺問：「學甚麼書？」曰：「請和尚鑒。」師曰：「一點未分，三分著地。」曰：「今日又似遇人，又似不遇人。」師曰：「鏡清今日失利。」僧問：「聲前絶妙，請師指歸。」師曰：「許由不洗耳。」曰：「爲甚麼如此？」師曰：「猶繫脚在。」曰：「某甲祇如此，師意又如何？」師曰：「無端夜來雁，驚起後池秋。」錢王命居天龍寺，後創龍册寺，延請居焉。

上堂：「如今事不得已向汝道，各自驗看實箇親切。既恁麼親切，到汝分上因何特地生疏？祇爲拋家日久，流浪年深，一向緣塵，致見如此，所以唤作背覺合塵，亦名捨父逃逝。今勸兄弟：未歇，歇去好，未徹，徹去好。大丈夫兒得恁麼無氣概，還惆悵麼？終日茫茫地，且覓取箇管帶路好，也無人問我管帶一路。」僧問：「如何是管帶一路？」師嘘嘘曰：「要棒喫即道。」曰「恁麼則學人罪過也。」師曰：「幾被汝打破蔡州。」問僧：「近離甚處？」曰：「石橋。」師曰：「本分事作麼生？」曰：「近離石橋。」師曰：「我豈不知你近離石橋？本分事作麼生？」曰：「和尚何不領話？」師便打。僧曰：「某甲話在。」師曰：「你但喫棒，我要這話行。」僧問：「一等明機雙扣，爲甚麼却遭違貶？」師曰：「打水魚頭痛，驚林鳥散忙。」問：「十二時中以何爲驗？」師曰：「得力即向我道。」僧曰：「諾。」師曰：「十萬八千猶可近。」問：「如何是方便門速易成就？」師曰：「速易成就。」曰：「争柰學人領覽未的。」師曰：「代得也代却。」問：「如何是人無心合道？」師曰：「何不問道無心合人？」曰：「如何是道無心合人？」師曰：「白雲乍可來青嶂，明月那教下碧天。」問：「新年頭還有佛法也無？」師曰：「有。」曰：「如何是新年頭佛法？」師曰：「元正啓祚，萬物咸新。」曰：「謝師答話。」師曰：「鏡清今日失利。」問：「學人問不到處，請師不答。和尚答不到處，學人即不問。」師乃搊住曰：「是我道理？是汝道理？」曰：「和尚若打學人，學人也打和尚。」師曰：「得對相耕去。」問：「承師有言，諸方若不是走人，便是籠人、罩人，未審和尚如何？」師曰：「被汝致此一問，直得當門齒落。」

上堂，衆集定，師抛下拄杖曰：「大衆動著也二十棒，不動著也二十棒。」時有僧出，拈得頭上戴出去。師曰：「鏡清今日失利。」問僧：「門外甚麽聲？」曰：「雨滴聲。」師曰：「衆生顛倒，迷己逐物。」曰：「和尚作麽生？」師曰：「洎不迷己。」曰：「洎不迷己，意旨如何？」師曰：「出身猶可易，脱體道應難。」問：「如何是同相？」師將火筯插向爐中。曰：「如何是别相？」師又將火筯插向一邊。法眼别云：「問不當理。」有僧引一童子到曰：「此童子常愛問人佛法，請和尚驗看。」師乃令點茶。童子點茶來，師啜了，過盞櫜與童子。子近前接，師却縮手曰：「還道得麽？」子曰：「問將來。」法眼别云：「和尚更喫茶否？」僧曰：

「此童子見解如何？」師曰：「也祇是一兩生持戒僧。」晋天福初示滅，塔于龍册山。

報恩懷岳禪師

漳州報恩院懷岳禪師，泉州人也。僧問：「十二時中如何行履？」師曰：「動即死。」曰：「不動時如何？」師曰：「猶是守古塚鬼。」問：「如何是學人出身處？」師曰：「有甚麽纏縛汝？」曰：「争柰出身不得何！」師曰：「過在阿誰？」問：「如何是報恩一靈物？」師曰：「喫如許多酒糟作麽？」曰：「還露脚手也無？」師曰：「這裏是甚麽處所？」問：「牛頭未見四祖時如何？」師曰：「萬里一片雲。」曰：「見後如何？」師曰：「廓落地。」問：「黑雲陡暗，誰當雨者？」師曰：「峻處先傾。」問：「宗乘不却，如何舉唱？」師曰：「山不自稱，水無間斷。」問：「佛未出世時如何？」師曰：「汝争得知？」問：「撥塵見佛時如何？」師曰：「甚麽年中得見來！」問：「師子在窟時如何？」師曰：「師子是甚麽家具？」曰：「師子出窟時如何？」師曰：「師子在甚麽處？」問：「如何是目前佛？」師曰：「快禮拜。」臨遷化，上堂：「山僧十二年來舉揚宗教，諸人怪我甚麽處？若要聽三經五論，此去開元寺咫尺。」言訖告寂。

安國弘瑫禪師

福州安國院弘瑫明真禪師，泉州陳氏子。參雪峰，峰問：「甚麽處來？」曰：「江西來。」峰曰：「甚麽處見達磨？」曰：「分明向和尚道。」峰曰：「道甚麽？」曰：「甚麽處去來？」一日，雪峰見師，忽搊住曰：「盡乾坤是箇解脱門，把手拽伊不肯入。」曰：「和尚怪弘瑫不得。」峰拓開曰：「雖然如此，争柰背後許多師僧何！」師舉國師碑文云：「得之於心，猗蘭作旃檀之樹；失之於旨，甘露乃蒺藜之園。」問僧曰：「一語須具得失兩意，汝作麽生道？」僧舉拳曰：「不可唤作拳頭也。」師不肯，亦舉拳别云：「秖爲唤這箇作拳頭。」出世囷山。後閩帥命居安國，大闡玄風。僧問：「如何是西來意？」師曰：「是即是，莫錯會。」問：「如何是第一句？」師曰：「問，問。」問：「學人上來，未盡其機，請師盡機。」師良久，僧禮拜。師曰：「忽到别處，人問，汝作麽生舉？」曰：「終不敢錯舉。」師曰：「未出門已見笑具。」問：「如何是達磨傳底心？」師曰：「素非後躅。」問：「不落有無之機，請師全道。」師曰：「汝試斷看。」問：「如何是一毛頭事？」師拈起袈裟，僧曰：「乞師指示。」師曰：「抱璞不須頻下淚，來朝更獻楚王看。」問：「寂寂無言時如何？」師曰：「更進一步。」問：「凡有言句，皆落因緣方便；不落因緣方便事如何？」師曰：「桔槔之士頻逢，抱甕之流罕遇。」問：「向上一路，千聖不傳，未審和尚如何傳？」師曰：「且留口喫飯著。」問：「如何是高尚底人？」師曰：「河濱無洗耳之叟，磻谿絶垂釣之人。」問：「十二時中，如何救得生死？」師曰：「執鉢不須窺衆樂，履冰何得步參差。」問：「學人擬問宗乘，師還許也無？」師曰：「但問。」僧擬問，師便喝出。問：「目前生死，如何免得？」師曰：「把將生死來！」問：「知有底人，爲甚麽道不得？」師曰：「汝爺名甚麽？」問：「如何是活人劍？」師曰：「不敢瞎却汝。」曰：「如何是殺人刀？」師曰：「祇這箇是。」問：「不犯鋒鋩，如何知音？」師曰：「驢年去！」問：「苦澀處乞師一言。」師曰：「可煞沈吟。」曰：「爲甚麽如此？」師曰：「也須相悉好！」問：「常居正位底人，還消得人天供養否？」師曰：「消不得。」曰：「爲甚麽消不得？」師曰：「是甚麽心行？」曰：「甚麽人消得？」師曰：「著衣喫飯底消得。」師舉稜和尚住招慶時，在法堂東角立，謂僧曰：「這裏好致一問。」僧便問：「和尚爲何不居正位？」稜曰：「爲汝恁麽來。」曰：「即今作麽生？」稜曰：「用汝眼作麽？」師舉畢，乃曰：「他家恁麽問，别是箇道理，如今作麽生道？」後安國曰：「恁麽則大衆一時散去得也。」師自代曰：「恁麽即大衆一時禮拜。」

睡龍道溥禪師

泉州睡龍山道溥弘教禪師，福唐鄭氏子。初住五峰。上堂：「莫道空山無祇待。」便歸方丈。僧問：「凡有言句，不出大千頂，未審頂外事如何？」師曰：「凡有言句，不是大千頂。」曰：「如何是大千頂？」師曰：「摩醯首羅天，猶是小千界。」問：「初心後學，近入叢林，方便門中，乞師指示。」師敲門枋，僧曰：「向上還有事也無？」師曰：「有。」曰：「如何是向上事？」師再敲門枋。

金輪可觀禪師

南嶽金輪可觀禪師，福唐薛氏子。參雪峰，峰曰：「近前來！」師方近前作禮，峰與一蹋，師忽契悟。師事十二載，復歷叢林。住後，上堂：「我在雪峰，遭他一蹋，直至如今眼不開，不知是何境界？」僧問：「如何是西來意？」師曰：「不是。」大衆夜參後下堂，師召大衆，衆回首。師曰：「看月！」衆乃看。師曰：「月似彎弓，少雨多風。」衆無對。問：「古人道：『毗盧有師，法身有主。』如何是毗盧師、法身主？」師曰：「不可牀上安牀。」問：「如何是日用事？」師拊掌三下。僧曰：「學人未領此意。」師曰：「更待甚麼？」問：「從上宗乘，如何爲人？」師曰：「我今日未喫茶。」曰：「請師指示。」師曰：「過也。」問：「正則不問，請師傍指。」師曰：「抱取猫兒去。」問僧：「甚處來？」曰：「華光。」師便推出，閉却門。僧無對。問：「路逢達道人，不將語默對。未審將何對？」師咄曰：「出去！」問僧：「作麼生是覿面事？」曰：「請師鑒。」師曰：「恁麼道還當麼？」曰：「故爲即不可。」師曰：「別是一著。」問：「如何是靈源一路？」師曰：「蹋過作麼？」雪峰院主有書來招曰：「山頭和尚年尊也，長老何不再入嶺一轉？」師回書曰：「待山頭和尚別有見解，即再入嶺。」僧問：「如何是雪峰見解？」師曰：「我也驚。」

大普玄通禪師

福州大普山玄通禪師，本郡人也。僧問：「驪龍頷下珠如何取得？」師乃拊掌瞬視。問：「方便以前事如何？」師便推出。其僧問：「如何是祖師西來意？」師曰：「齩骨頭漢，出去！」問：「撥塵見佛時如何？」師曰：「脱枷來商量。」問：「急急相投，請師接。」師曰：「鈍漢！」

長生皎然禪師

福州長生山皎然禪師，本郡人。久依雪峰，一日與僧斫樹次，峰曰：「斫到心且住。」師曰：「斫却著。」峰曰：「古人以心傳心，汝爲甚麽道斫却？」師擲下斧曰：「傳。」峰打一拄杖而去。僧問雪峰：「如何是第一句？」峰良久，僧舉似師。師曰：「此是第二句。」峰再令其僧來問：「如何是第一句？」師曰：「蒼天！蒼天！」普請次，雪峰問：「古人道：誰知席帽下，元是昔愁人。古人意作麽生？」師側戴笠子曰：「這箇是甚麽人語？」峰問師：「持經者能荷擔如來，作麽生是荷擔如來？」師乃捧雪峰向禪牀上。普請次，雪峰負一束藤，路逢一僧便抛下。僧擬取，峰便踢倒。歸謂師曰：「我今日踢這僧快！」師曰：「和尚却替這僧入涅槃堂始得。」峰便休去。雪峰問：「光境俱亡，復是何物？」師曰：「放皎然過，有道處。」峰曰：「放汝過，作麽生道？」曰：「皎然亦放和尚過。」峰曰：「放汝二十棒。」師便禮拜。住後，僧問：「古人有言：無明即佛性，煩惱不須除。如何是無明即佛性？」師忿然作色，舉拳呵曰：「今日打這師僧去也！」曰：「如何是煩惱不須除？」師以手拏頭曰：「這師僧得恁麽發人業。」問：「路逢達道人，不將語默對。未審將甚麼對？」師曰：「上紙墨堪作甚麼？」閩帥署禪主大師，莫知所終。

鵝湖智孚禪師

信州鵝湖智孚禪師，福州人也。僧問：「萬法歸一，一歸何所？」師曰：「非但闍黎一人忙。」問：「虚空講經，以何爲宗？」師曰：「闍黎不是聽衆，出去。」問：「五逆之子，還受父約也無？」師曰：「雖有自裁，未免傷己。」問：「如何是佛向上人？」師曰：「情知闍黎不柰何。」曰：「爲甚麼不柰何？」師曰：「未必小人得見君子。」問：「在前一句，請師道？」師曰：「脚跟下探取甚麼？」曰：「即今見問。」師曰：「看闍黎變身不得。」問：「雪峰拋下拄杖，意作麼生？」師以香匙拋下地。僧曰：「未審此意如何？」師曰：「不是好種，出去。」問：「如何是鵝湖第一句？」師曰：「道甚麼？」曰：「如何即是？」師曰：「妨我打睡。」問：「不問不答時如何？」師曰：「問人焉知？」問：「迷子未歸家時如何？」師曰：「不在途。」曰：「歸後如何？」師曰：「正迷在。」問：「如何是源頭事？」師曰：「途中覔甚麼？」問：「如何是一句？」師曰：「會麼？」曰：「恁麼莫便是否？」師曰：「蒼天！蒼天！」鏡清問：「如何是即今底？」師曰：「何更即今？」清曰：「幾就支荷。」師曰：「語逆言順。」師一日不赴堂，侍者來請赴堂。師曰：「我今日在莊喫油糍飽。」者曰：「和尚不曾出入。」師曰：「你但去問取莊主。」者方出門，忽見莊主歸謝和尚到莊喫油糍。

化度師郁禪師

杭州西興化度院師郁悟真禪師，泉州人也。僧問：「如何是西來意？」師舉拂子。僧曰：「不會。」師曰：「喫茶去。」問：「如何是一塵？」師曰：「九世刹那分。」曰：「如何含得法界？」師曰：「法界在甚麼處？」問：「谿谷各異，師何明一？」師曰：「汝喘作麼？」問：「學人初機，乞師指示入路。」師曰：「汝恠化度甚麼處？」問：「如何是隨色摩尼珠？」師曰：「青黄赤白。」曰：「如何是不隨色摩尼珠？」師曰：「青黄赤白。」問：「如何是西來意？」師曰：「是東來？西來？」問：「牛頭未見四祖時如何？」師曰：「鳥獸俱迷。」曰：「見後如何？」師曰：「山深水冷。」問：「維摩與文殊對談何事？」師曰：「唯有門前鏡湖水，清風不改舊時波。」

隆壽紹卿禪師

漳州隆壽紹卿興法禪師，泉州陳氏子。因侍雪峰山行，見芋葉動，峰指動葉示之。師曰：「紹卿甚生怕怖。」峰曰：「是汝屋裏底，怕怖甚麼？」師於此有省。尋居龍谿，僧問：「古人道：摩尼殿有四角，一角常露。如何是常露底角？」師舉拂子。問：「糧不畜一粒，如何濟得萬人饑？」師曰：「俠客面前如奪劍，看君不是黠兒郎。」問：「耳目不到處如何？」師曰：「汝無此作。」曰：「恁麼即聞也。」師曰：「真箇聾漢！」

仙宗行瑫禪師

福州仙宗院行瑫仁慧禪師，泉州王氏子。上堂：「我與釋迦同參，汝道參甚麼人？」時有僧出禮拜，擬伸問，師曰：「錯。」便下座。問：「如何是西來意？」師曰：「熊耳不曾藏。」問：「直下事乞師方便。」師曰：「不因汝問，我亦不道。」問：「如何是西來意？」師曰：「白日無閑人。」

永福從弇禪師

福州蓮華永福院從弇超證禪師，僧問：「儒門以五常爲極則，未審宗門以何爲極則？」師良久，僧曰：「恁麼則學人造次也。」師曰：「好與拄杖。」問：「教中道：『唯有一乘法。』如何是一乘法？」師曰：「汝道我在這裏作甚麼？」曰：「恁麼則不知教意也。」師曰：「雖然如此，却不孤負汝。」問：「不向問處領，猶有學人問處，和尚如何？」師曰：「喫茶去。」上堂：「長慶道：盡法無民。永福即不然。若不盡法，又争得民？」時有僧曰：「請師盡法。」師曰：「我不要汝納税。」問：「諸餘即不問，聊徑處乞師垂慈。」師曰：「不快禮三拜。」問：「大衆雲集，請師説法。」師曰：「聞麼？」曰：「若更佇思，應難得及。」師曰：「實即得。」問：「摩尼殿有四角，一角常露。如何是常露底角？」師曰：「不可更點。」師一日上堂，於座邊立，謂衆曰：「二尊不並化。」便歸方丈。

雲蓋歸本禪師

襄州雲蓋雙泉院歸本禪師，京兆府人也。初謁雪峰，禮拜次，峰下禪牀，跨背而坐，師於此有省。住後，僧問：「如何是雙泉？」師曰：「可惜一雙眉。」曰：「學人不會。」師曰：「不曾煩禹力，湍流事不知。」問：「如何是西來的的意？」師乃搊住，其僧變色。師曰：「我這裏無這箇。」師手指纖長，特異於人，號手相大師。

韶州林泉和尚

韶州林泉和尚，僧問：「如何是一塵？」師曰：「不覺成丘山。」

洛京南院和尚

洛京南院和尚，僧問：「如何是法法不生？」師曰：「生也。」有儒者博覽古今，時呼爲張百會，謁師，師問：「莫是張百會麼？」曰：「不敢。」師以手於空畫一畫曰：「會麼？」曰：「不會。」師曰：「一尚不會，甚麼處得百會來？」

洞巖可休禪師

越州洞巖可休禪師，僧問：「如何是洞巖正主？」師曰：「開著。」問：「如何是和尚親切爲人處？」師曰：「大海不宿死屍。」問：「如何是向上一路？」師舉衣領示之。問：「學人遠來，請師方便。」師曰：「方便了也。」

法海行周禪師

定州法海院行周禪師，僧問：「風恬浪静時如何？」師曰：「吹倒南牆。」問：「如何是道中寶？」師曰：「不露光。」曰：「莫便是否？」師曰：「是即露也。」

龍井山通禪師

杭州龍井通禪師，僧問：「如何是龍井龍？」師曰：「意氣天然別，神工畫不成。」曰：「爲甚麽畫不成？」師曰：「出群不帶角，不與類中同。」曰：「還解行雨也無？」師曰：「普潤無邊際，處處皆結粒。」曰：「還有宗門中事也無？」師曰：「有。」曰：「如何是宗門中事？」師曰：「從來無形段，應物不曾虧。」

龍興宗靖禪師

杭州龍興宗靖禪師，台州人也。初參雪峰，誓充飯頭，勞逾十載。嘗於衆堂中袒一膊釘簾，峰覩而記曰：「汝向後住持有千僧，其中無一人衲子也。」師悔過回浙，住六通院，錢王命居龍興寺，有衆千餘，唯三學講誦之徒，果如雪峰所誌。僧問：「如何是六通奇特之唱？」師曰：「天下舉將去。」問：「如何是六通家風？」師曰：「一條布衲，一斤有餘。」問：「如何是學人進前一路？」師曰：「誰敢謾汝？」曰：「豈無方便？」師曰：「早是屈抑也。」問：「如何是和尚家風？」師曰：「早朝粥，齋時飯。」曰：「更請和尚道？」師曰：「老僧困。」曰：「畢竟作麽生？」師大笑而已。

南禪契璠禪師

福州南禪契璠禪師，上堂：「若是名言妙句，諸方揔道了也。今日衆中還有超第一義者，致將一問來？若有，即不孤負於人。」僧問：「如何是第一義？」師曰：「何不問第一義？」曰：「見問。」師曰：「已落第二義也。」問：「古佛曲調請師和。」師曰：「我不和汝雜亂底。」曰：「未審爲甚麽人和？」師曰：「甚麽處去來？」

越山師鼐禪師

越州越山師鼐鑒真禪師，初參雪峰而染指。後因閩王請，於清風樓齋，坐久舉目，忽覩日光，豁然頓曉。而有偈曰：「清風樓上赴官齋，此日平生眼豁開。方信普通年遠事，不從葱嶺帶將來。」歸呈雪峰，峰然之。住後，僧問：「如何是佛身？」師曰：「你問阿那箇佛身？」曰：「釋迦佛身。」師曰：「舌覆三千界。」師臨終示偈曰：「眼光隨色盡，耳識逐聲消。還源無別旨，今日與明朝。」乃跏趺而逝。

福清玄訥禪師

泉州福清院玄訥禪師，高麗人也。泉守王公問：「如何是宗乘中事？」師叱之。僧問：「如何是觸目菩提？」師曰：「闍黎失却半年糧。」曰：「爲甚麽如此？」師曰：「祇爲圖他一斗米。」問：「如何是清浄法身？」師曰：「蝦蟇曲蟮。」問：「教云：唯一堅密身，一切塵中現。如何是堅密身？」師曰：「驢馬猫兒。」曰：「乞師指示。」師曰：「驢馬也不會？」問：「如何是物物上辨明？」師展一足示之。

南臺院仁禪師

衢州南臺仁禪師，僧問：「如何是南臺境？」師曰：「不知貴。」曰：「畢竟如何？」師曰：「闍黎即今在甚麽處？」

泉州東禪和尚

泉州東禪和尚，初開堂，僧問：「人王迎請，法王出世，如何提唱宗乘，即得不謬於祖風？」師曰：「還柰得麽？」曰：「若不下水，焉知有魚？」師曰：「莫閑言語。」問：「如何是佛法最親切處？」師曰：「過也。」問：「學人末後來，請師最先句。」師曰：「甚處去來？」問：「如何是學人己分事？」師曰：「苦。」問：「如何是佛法大意？」師曰：「幸自可憐生，剛要異鄉邑。」

大錢從襲禪師

杭州大錢山從襲禪師，雪峰之上足也。自本師印解，洞曉宗要。常曰：「擊關南鼓，唱雪峰歌。」後入浙中謁錢王，王欽服道化，命居此山而闡法焉。僧問：「不因王請，不因衆聚，請師直道西來的的意。」師曰：「那邊師僧過這邊著。」曰：「學人不會，乞師再指。」師曰：「争得恁麽不識好惡？」問：「閉門造車，出門合轍。如何是閉門造車？」師曰：「造車即不問，作麽生是轍？」曰：「學人不會，乞師指示。」師曰：「巧匠施工，不露斤斧。」

福州永泰和尚

福州永泰和尚，僧問：「承聞和尚見虎，是否？」師作虎聲，僧作打勢。師曰：「這死漢！」問：「如何是天真佛？」師乃拊掌曰：「不會，不會。」

和龍守訥禪師

池州和龍壽昌院守訥妙空禪師，福州林氏子。僧問：「未到龍門，如何湊泊？」師曰：「立命難存。」新到參，師問：「近離甚處？」曰：「不離方寸。」師曰：「不易來。」僧亦曰：「不易來。」師與一掌。問：「如何是傳底心？」師曰：「再三囑汝，莫向人說。」

問：「如何是從上宗乘？」師曰：「向闍黎口裏著得麽？」問：「省要處請師一接。」師曰：「甚是省要。」

建州夢筆和尚

建州夢筆和尚，僧問：「如何是佛？」師曰：「不誑汝。」曰：「莫便是否？」師曰：「汝誑他。」閩王請齋，問：「師還將得筆來也無？」師曰：「不是稽山繡管，慙非月裏兔毫。大王既垂顧問，山僧敢不通呈？」又問：「如何是法王？」師曰：「不是夢筆家風。」

極樂元儼禪師

福州極樂元儼禪師，僧問：「如何是極樂家風？」師曰：「滿目看不盡。」問：「萬法本無根，未審教學人承當甚麽？」師曰：「莫寐語。」問：「久處暗室，未達其源。今日上來，乞師一接。」師曰：「莫閉眼作夜好！」曰：「恁麽即優曇華坼，曲爲今時。向上宗風，如何垂示？」師曰：「汝還識也無？」曰：「恁麽即息疑去也。」師曰：「莫用大衆前寐語。」問：「摩騰入漢即不問，達磨來梁時如何？」師曰：「如今豈謬？」曰：「恁麽即理出三乘，華開五葉。」師曰：「説甚麼三乘五葉？出去！」

芙蓉如體禪師

福州芙蓉山如體禪師，僧問：「如何是古人曲調？」師良久曰：「聞麼？」曰：「不聞。」師示頌曰：「古曲發聲雄，今時韻亦同。若教第一指，祖佛盡迷蹤。」

憩鶴山和尚

洛京憩鶴山和尚，僧問：「如何是憩鶴？」師以兩手闘云：「鵓鳩鳩。」風穴云：「鶴唳一聲喧宇宙，群鷄莫謂報知時。」問：「駿馬不入西秦時如何？」師曰：「向甚麼處去？」

大溈山棲禪師

潭州溈山棲禪師，僧問：「正恁麼時如何親近？」師曰：「汝擬作麼生親近？」曰：「豈無方便？」師曰：「開元龍興，大藏小藏。」問：「如何是速疾神通？」師曰：「新衣成弊帛。」問：「如何是黄尋橋？」師曰：「賺却多少人？」問：「不假忉忉，如何是和尚家風？」師曰：「莫作野干聲。」

潮山延宗禪師

吉州潮山延宗禪師，因資福來謁，師下禪牀相接。福問：「和尚住此山，得幾年也？」師曰：「鈍鳥棲蘆，困魚止濼。」曰：「恁麽則真道人也。」師曰：「且坐喫茶。」問：「如何是潮山？」師曰：「不宿屍。」曰：「如何是山中人？」師曰：「石上種紅蓮。」問：「如何是和尚家風？」師曰：「切忌犯朝儀。」

普通普明禪師

益州普通山普明禪師，僧問：「如何是佛性？」師曰：「汝無佛性。」曰：「蠢動含靈，皆有佛性。學人爲何却無？」師曰：「爲汝向外求。」問：「如何是玄玄之珠？」師曰：「這箇不是。」曰：「如何是玄玄珠？」師曰：「失却也。」

雙泉山永禪師

隨州雙泉山梁家庵永禪師，僧問：「達磨九年面壁，意旨如何？」師曰：「睡不著。」

師問護國長老：「隨陽一境，是男是女？各伸一問，問問各别。長老將何祗對？」國以手空中畫一圓相，師曰：「謝長老慈悲。」國曰：「不敢。」師低頭不顧。問：「如何得頓息諸緣去？」師曰：「雪上更加霜。」

保福超悟禪師

漳州保福院超悟禪師，僧問：「魚未透龍門時如何？」師曰：「養性深潭。」曰：「透出時如何？」師曰：「纔昇霄漢，衆類難追。」曰：「昇後如何？」師曰：「垂雲普覆，潤及大千。」曰：「還有不受潤者也無？」師曰：「有。」曰：「如何是不受潤者？」師曰：「直杌撑太陽。」

太原孚上座

太原孚上座，初在揚州光孝寺講涅槃經。有禪者阻雪，因往聽講。至三因佛性，三德法身，廣談法身妙理，禪者失笑。師講罷，請禪者喫茶。白曰：「某甲素志狹劣，依文解義，適蒙見笑，且望見教。」禪者曰：「實笑座主不識法身。」師曰：「如此解説，何處不是？」曰：「請座主更説一遍。」師曰：「法身之理，猶若太虚，豎窮三際，横亘十方，彌綸八極，包括二儀，隨緣赴感，靡不周偏。」曰：「不道座主説不是，祇是説得法身量邊事，實未識法身在。」師曰：「既然如是，禪德當爲我説。」曰：「座主還信否？」師曰：「焉敢不信？」曰：「若如是，座主輟講旬日，於室内端然静慮，收心攝念，善惡諸緣，一時放却。」師一依所教，從初夜至五更，聞鼓角聲，忽然契悟。便去扣門，禪者曰：「阿誰？」師曰：「某甲。」禪者咄曰：「教汝傳持大教，代佛説法，夜來爲甚麽醉酒卧街？」師曰：「禪德自來講經，將生身父母鼻孔扭揑，從今已去，更不敢如是。」禪者曰：「且去，來日相見。」師遂罷講，偏歷諸方，名聞宇内。嘗遊浙中，登徑山法會。一日於大佛殿前，有僧問：「上座曾到五臺否？」師曰：「曾到。」曰：「還見文殊麽？」師曰：「見。」曰：「甚麽處見？」師曰：「徑山佛殿前見。」其僧後適閩川，舉似雪峰，峰曰：「何不教伊入嶺來。」師聞，乃趣裝而邁。初至雪峰廨院憩錫，因分柑子與僧。長慶問：「甚麽處將來？」師曰：「嶺外將來。」曰：「遠涉不易，擔負得來。」師曰：「柑子，柑子。」次〔一〕日上山，雪峰聞，乃集衆。

〔一〕「次」，原作「汝」，據續藏本改。

師到法堂上，顧視雪峰，便下看知事，明日却上禮拜曰：「某甲昨日觸忤和尚。」峰曰：「知是般事便休。」峰一日見師，乃指日示之，師摇手而出。峰曰：「汝不肯我那？」師曰：「和尚摇頭，某甲擺尾，甚麽處是不肯？」峰曰：「到處也須諱却。」一日，衆僧晚參，峰在中庭卧。師曰：「五州管内，祇有這老和尚較些子。」峰便起去。峰嘗問師：「見説臨濟有三句，是否？」師曰：「是。」曰：「作麽生是第一句？」師舉目視之。峰曰：「此猶是第二句。如何是第一句？」師叉手而退。自此雪峰深器之。室中印解，師資道契，更不他遊，而掌浴焉。一日，玄沙上，問訊雪峰，峰曰：「此間有箇老鼠子，今在浴室裏。」沙曰：「待與和尚勘過。」言訖，到浴室，遇師打水。沙曰：「相看上座。」師曰：「已相見了。」沙曰：「甚麽劫中曾相見？」師曰：「瞌睡作麽？」沙却入方丈，白雪峰曰：「已勘破了。」峰曰：「作麽生勘伊？」沙舉前話，峰曰：「汝著賊也。」鼓山問師：「父母未生時，鼻孔在甚麽處？」師曰：「老兄先道。」山曰：「如今生也，汝道在甚麽處？」師不肯。山却問：「作麽生？」師曰：「將手中扇子來！」山與扇子，再徵前話，師摇扇不對。山罔測，乃毆師一拳。鼓山赴大王請，雪峰門送，回至法堂。乃曰：「一隻聖箭直射九重城裏去也。」師曰：「是伊未在。」峰曰：「渠是徹底人。」師曰：「若不信，待某甲去勘過。」遂趁至中路，便問：「師兄向甚麽處去？」山曰：「九重城裏去。」師曰：「忽遇三軍圍繞時如何？」山曰：「他家自有通霄路。」師曰：「恁麽則離宫失殿去也。」山曰：「何處不稱尊！」師拂袖便回。峰問：「如何？」師曰：「好隻聖箭，中路折却了也。」遂舉前話。峰乃曰：「奴渠語在。」師曰：「這老凍膿猶有鄉情在。」師在庫前立，有僧問：「如何是觸目菩提？」師踢狗子，作聲走。僧無對。師曰：「小狗子不消一踢。」保福簽瓜次，師至，福曰：「道得與汝瓜喫。」師曰：「把將來。」福度與一片，師接得便去。師不出世，諸方目爲太原孚上座。後歸維揚，陳尚書留在宅供養。一日謂尚書曰：「來日講一徧大涅盤經，報答尚書。」書致齋茶畢，師遂陞座。良久，揮尺一下曰：「如是我聞。」乃召尚書，書應諾。師曰：「一時佛在。」便乃脱去。

南嶽惟勁禪師

南嶽般若惟勁寶聞禪師，福州人也。師雪峰而友玄沙，深入玄奥。一日問鑑上座：「聞汝注楞嚴，是否？」鑑曰：「不敢。」師曰：「二文殊作麽生注？」曰：「請師鑑。」師乃揚袂而去。師嘗續寶林傳四卷，紀貞元之後宗門繼踵之源流者。又别著南嶽高僧傳，皆行于世。

感潭資國禪師法嗣

白兆志圓禪師

安州白兆志圓顯教禪師，僧問：「諸佛心印甚麽人傳？」師曰：「達磨大師。」曰：「達磨争能傳得？」師曰：「汝道甚麽人傳得？」問：「如何是直截一路？」師曰：「截。」問：「如何是佛法大意？」師曰：「苦。」問：「如何是道？」師曰：「普。」問：「如何是學人自己？」師曰：「失。」問：「如何是得無山河大地去？」師曰：「不起見。」問：「如何是畢鉢羅窟迦葉道場中人？」師曰：「釋迦牟尼佛。」問：「如何是朱頂王菩薩？」師曰：「問那箇赤頭漢作麽？」

五燈會元卷第八

青原下七世

瑞巖彥禪師法嗣

南嶽横龍和尚

南嶽横龍和尚，初住金輪。僧問：「如何是金輪第一句？」師曰：「鈍漢。」問：「如何是金輪一隻箭？」師曰：「過也。」問：「如何是祖師燈？」師曰：「八風吹不滅。」曰：「恁麽則暗冥不生也。」師曰：「白日没閑人。」

瑞峰神禄禪師

温州瑞峰院神禄禪師，福州人也。久爲瑞巖侍者，後開山創院，學侶依附。師有偈曰：「蕭然獨處意沉吟，誰信無絃發妙音。終日法堂唯静坐，更無人問本來心。」時有朋彦上座問曰：「如何是本來心？」師召朋彦，彦應諾。師曰：「與老僧點茶來。」彦於是信入。

玄泉彦禪師法嗣

黄龍誨機禪師

鄂州黄龍山誨機超慧禪師，清河張氏子。初參巖頭，問：「如何是祖師西來意？」頭曰：「你還解救糍麽？」師曰：「解。」頭曰：「且救糍去。」後到玄泉，問：「如何是祖師西來意？」泉拈起一莖皂角曰：「會麽？」師曰：「不會。」泉放下皂角，作洗衣勢。師便禮拜曰：「信知佛法無別。」泉曰：「你見甚麽道理？」師曰，「某甲曾問巖頭，頭曰：『你還解救糍麽？』救糍也秖是解粘。和尚提起皂角，亦是解粘，所以道無別。」泉呵呵大笑，師遂有省。住後，僧問：「不問祖佛邊事，如何是平常之事？」師曰：「我住山得十五年也。」問：「如何是和尚家風？」師曰：「琉璃鉢盂無底。」問：「如何是君王劍？」師曰：

「不傷萬類。」曰：「佩者如何？」師曰：「血濺梵天。」曰：「大好不傷萬類。」師便打。問：「佛在日爲衆生説法，佛滅後有人説法否？」師曰：「慚愧佛。」問：「毛呑巨海，芥納須彌，不是學人本分事。如何是學人本分事？」師曰：「封了合盤市裏揭。」問：「急切相投，請師通信。」師曰：「火燒裙帶香。」問：「如何是大疑底人？」師曰：「對坐盤中弓落盞。」曰：「如何是不疑底人？」師曰：「再坐盤中弓落盞。」問：「風恬浪静時如何？」師曰：「百尺竿頭五兩垂。」師將順世，僧問：「百年後，鉢囊子甚麽人將去？」師曰：「一任將去。」曰：「裏面事如何？」師曰：「線綻方知。」曰：「甚麽人得？」師曰：「待海鷰雷聲，即向汝道。」言訖而寂。

洛京柏谷和尚

洛京柏谷和尚，僧問：「普滋法雨時如何？」師曰：「有道傳天位，不汲鳳凰池。」問：「九旬禁足三月事如何？」師曰：「不墜蠟人機。」

玄泉二世和尚

懷州玄泉二世和尚，僧問：「辭窮理盡時如何？」師曰：「不入理，豈同盡？」問：

「妙有玄珠，如何取得？」師曰：「不似摩尼絶影豔，碧眼胡人豈能見？」曰：「有口道不得時如何？」師曰：「三寸不能齊皷韻，瘂人解唱木人歌。」

妙勝玄密禪師

潞府妙勝玄密禪師，僧問：「四山相逼時如何？」師曰：「紅日不垂影，暗地莫知音。」曰：「學人不會。」師曰：「鶴透群峰，何伸向背？」問：「雪峰一曲千人唱，月裏挑燈誰最明？」師曰：「無音和不齊，明暗豈能收！」

羅山閑禪師法嗣

明招德謙禪師

婺州明招德謙禪師，受羅山印記，靡滯於一隅，激揚玄旨，諸老宿皆畏其敏捷，後學鮮敢當其鋒者。嘗到招慶，指壁畫問僧：「那箇是甚麽神？」曰：「護法善神。」師曰：「會昌沙汰時，向甚麽處去來？」僧無對。師令僧問演侍者，演曰：「汝甚麽劫中遭此難來？」僧回舉似師，師曰：「直饒演上座他後聚一千衆，有甚麽用處？」僧禮拜，請別語。師曰：「甚麽處去也。」次到坦長老處，坦曰：「夫參學，一人所在亦須到，半人所在亦須到。」師便問：「一人所在即不問，作麽生是半人所在？」坦無對。後令小師問師，師曰：「汝欲識半人所在麽？也祇是弄泥團漢。」清八路〔一〕舉仰山插鍬話問師：「古人意在叉手處，插鍬處？」師召清，清應諾。師曰：「還夢見仰山麽？」清曰：「不要上座下語，祇要商量。」師曰：「若要商量，堂頭自有一千五百人老師在。」又到雙巖，巖請喫茶次，曰：「某甲致一問，若道得，便捨院與闍黎住。若道不得，即不捨院。」遂舉：「金剛經云：『一切諸佛及諸佛阿耨多羅三藐三菩提法，皆從此經出。』且道此經是何人説？」師曰：「説與不説，拈向這邊著。祇如和尚，決定喚甚麽作此經？」巖無對。師又曰：「一切賢聖，皆以無爲法而有差別，則以無爲法爲極則，憑何而有差別？祇如差別，是過不是過？若是過，一切賢聖悉皆是過。若不是過，決定喚甚麽作差別？」巖亦無語。師曰：「噫！雪峰道底。」師訪保寧，於中路相遇，便問：「兄是道伴中人？」乃點鼻頭曰：「這箇礙塞我不徹，與我拈却少時，得麽？」寧曰：「和尚有來多少時？」師曰：「噫！洎賺我踏破一緉草

〔一〕「八路」，續藏本作「上座」。

鞋。」便回。國泰代曰：「非但某甲，諸佛亦不柰何！」師曰：「因甚麼以己方人？」師在婺州智者寺，居第一座，尋常不受浄水。主事嗔曰：「上座不識觸浄，爲甚麼不受浄水？」師跳下牀，提起浄瓶曰：「這箇是觸是浄？」事無語，師乃撲破。自爾道聲遐播，衆請居明招山開法，四來禪者盈于堂室。上堂：「全鋒敵勝，罕遇知音。同死同生，萬中無一。尋言逐句，其數河沙。舉古舉今，滅胡種族。向上一路，啐啄猶乖。儒士相逢，握鞭回首。沙門所見，誠實苦哉。抛却真金，隨隊撮土。報諸稚子，莫謾波波。解得他玄，猶兼瓦礫。不如一擲，騰過太虛。祇者靈鋒，阿誰敢近？任君來箭，方稱丈夫。擬欲吞聲，不消一攫。」僧問：「師子未出窟時如何？」師曰：「俊鷂趁不及。」曰：「出窟後如何？」師曰：「萬里正紛紛。」曰：「欲出不出時如何？」師曰：「嶮。」曰：「向去事如何？」師曰：「劄。」問：「如何是透法身外一句子？」師曰：「北斗後翻身。」問：「十二時中如何趣向？」師曰：「抛向金剛地上著。」問：「文殊與維摩對譚何事？」師曰：「葛巾紗帽，已拈向這邊著也。」問：「如何是和尚家風？」師曰：「齩得著是好手。」問：「放鶴出籠和煙去時如何？」師曰：「争柰頭上一點何！」問：「無煙之火，是甚麼人向得？」師曰：「不惜眉毛底。」曰：「和尚還向得麼？」師曰：「汝道我有多少莖眉毛在？」新到參，纔上法堂，師舉拂子却擲下，其僧珍重，便下去。師曰：「作家！作家！」問：「全身佩劍時如何？」師曰：「忽遇正恁麽時又作麽生？」僧無對。

一日天寒，上堂，衆纔集，師曰：「風頭稍硬，不是汝安身立命處，且歸暖室商量。」便歸方丈，大衆隨至立定。師又曰：「纔到暖室，便見瞌睡。」以拄杖一時趁下。師問國泰：「古人道俱胝趁念三行呪，便得名超一切人。作麽生與他拈却三行呪，便得名超一切人？」泰豎起一指。師曰：「不因今日，争識得瓜洲客。」師有師叔在廨院不安，附書來問曰：「某甲有此大病，如今正受疼痛，一切處安置伊不得，還有人救得麽？」師回信曰：「頂門上中此金剛箭，透過那邊去也。」會下有僧去，住庵一年後却來，禮拜曰：「古人道三日不相見，莫作舊時看。」師撥開胸曰：「汝道我有幾莖蓋膽毛？」僧無對。師却問：「汝甚麽時離庵？」曰：「今朝。」師曰：「來時折脚鐺子，分付與阿誰？」僧又無語。師乃喝出。問：「承師有言，我住明招頂，興傳古佛心。如何是明招頂？」師曰：「换却眼。」曰：「如何是古佛心？」師曰：「汝還氣急麽？」問：「學人拏雲攫浪，上來請師展鉢。」師曰：「擉破汝頂。」曰：「也須仙陀去。」師便打趁出。師有頌示衆曰：「明招一拍和人稀，此是真宗上妙機。石火瞥然何處去，朝生之子合應知。」臨遷化，上堂告衆，囑付訖，僧問：「和尚百年後向甚麽處去？」師擡起一足曰：「足下看取。」中夜問侍者：「昔日靈山會上，釋迦如來展開雙足，放百寶光。」遂展足曰：「吾今放多少？」者曰：「昔日世尊，今宵和尚。」師以手撥眉曰：「莫孤負麼？」乃説偈曰：「驀刀叢裏逞全威，汝等諸人善護持。火裏鐵牛生犢子，臨歧誰解湊吾機？」偈畢，端坐而逝，塔院存焉。

大寧隱微禪師

洪州大寧院隱微覺寂禪師，豫章新淦楊氏子。誕夕有光明貫室。年七歲，依本邑石頭院道堅禪師出家受具，歷參宗匠。至羅山，山導以「師子在窟出窟」之要，因而省悟。後回江表，會龍泉宰李孟俊請居十善道場，闡揚宗旨。上堂：「還有騰空底麼？出來！」衆無出者。師説偈曰：「騰空正是時，應須眨上眉。從兹出倫去，莫待白頭兒。」僧問：「如何是十善橋？」師曰：「險。」曰：「過者如何？」師曰：「喪。」問：「資福和尚遷化向甚麼處去？」師曰：「草鞋破。」問：「如何是黄梅一句？」師曰：「即今作麼生？」曰：「如何通信？」師曰：「九江路絶。」問：「初心後學，如何是學？」師曰：「頭戴天。」曰：「畢竟如何？」師曰：「脚踏地。」問：「如何是法王劍？」師曰：「露。」曰：「還殺人也無？」師曰：「作麼！」問：「如何是龍泉劍？」師曰：「不出匣。」曰：「便請出匣。」師曰：「星辰失位。」問：「國界安寧，爲甚麼珠不現？」師曰：「落在甚麼處？」

華光院範禪師

衡州華光範禪師，僧問：「靈臺不立，還有出身處也無？」師曰：「有。」曰：「如何是出身處？」師曰：「出。」問：「如何是西來意？」師曰：「道。」問：「如何是佛法大意？」師曰：「驗。」問：「牛頭未見四祖時如何？」師曰：「自由自在。」曰：「見後如何？」師曰：「自由自在。」問：「如何是佛法中事。」師曰：「了。」

羅山紹孜禪師

福州羅山紹孜禪師，上堂，有數僧爭出問話。師曰：「但一齊出來問，待老僧一齊與汝荅。」僧便問：「學人一齊問，請師一齊荅。」師曰：「得。」問：「學人乍入叢林，祖師的的意，請師直指。」師曰：「好。」

西川定慧禪師

西川定慧禪師，初參羅山，山問：「甚麼處來？」師曰：「遠離西蜀，近發開元。」却近前問：「即今事作麽生？」山揖曰：「喫茶去。」師擬議，山曰：「秋氣稍熱去。」師出至法堂，歎曰：「我在西蜀峨嵋山脚下拾得一隻蓬蒿箭，擬撥亂天下，今日打羅山寨，弓折箭盡也。休！休！」乃下參衆。山來日上堂，師出問：「豁開户牖，當軒者誰？」山便喝。師無語。山曰：「毛羽未備，且去。」師因而摳衣，久承印記。後謁台州勝光，光坐次，師直入身邊，叉手而立。光問：「甚處來？」師曰：「猶待荅話在。」便出。光拈得拂子，趁至僧堂前，見師，乃提起拂子曰：「闍黎喚這箇作甚麽？」師曰：「敢死喘氣。」光低頭歸方丈。

白雲令弇禪師

建州白雲令弇禪師，上堂：「遣往先生門，誰云對喪主？珍重！」僧問：「已事未明，以何爲驗？」師曰：「木鏡照素容。」曰：「驗後如何？」師曰：「不争多。」問：「三台有請，四衆臨筵。既處當仁，請師一唱。」師曰：「要唱也不難。」曰：「便請。」師曰：「夜静水寒魚不食，滿船空載月明歸。」

天竺義澄禪師

虔州天竺義澄常真禪師，在羅山數載。後因山示疾，師問：「百年後忽有人問，和尚以何指示？」山乃放身便倒。師從此契悟，即禮謝。住後，僧問：「如何是佛法大意？」師曰：「寒暑相催。」

清平惟曠禪師

吉州清平惟曠真寂禪師，上堂：「不動神情，便有輸贏之意。還有麼，出來。」時有僧出禮拜，師曰：「不是作家。」便歸方丈。問：「如何是第一句？」師曰：「要頭將取去！」問：「如何是活人劍？」師曰：「會麼？」曰：「如何是殺人刀？」師叱之。問：「如何是師子兒？」師曰：「毛頭排宇宙。」

金柱義昭禪師

婺州金柱山義昭禪師，僧問：「如何是和尚家風？」師曰：「開門作活計。」曰：「忽遇賊來，又作麽生？」師曰：「然。」新到參，師揭簾以手作除帽勢。僧擬欲近前，師曰：「賺殺人！」因事有偈曰：「虎頭生角人難措，石火電光須密布。假饒烈士也應難，懵底那能解回互。」

潭州谷山和尚

潭州谷山和尚，僧問：「省要處乞師一言。」師便起去。問：「羺羊掛角時如何？」師曰：「你向甚麽處覓？」曰：「掛角後如何？」師曰：「走。」

道吾從盛禪師

湖南道吾從盛禪師，初住龍回，僧問：「如何是覿面事？」師曰：「新羅國去也。」問：「如何是龍回家風？」師曰：「縱横射直。」問：「窮子投師，乞師拯濟。」師曰：「莫是屈著汝麽？」曰：「争柰窮何！」師曰：「大有人見。」

羅山義因禪師

福州羅山義因禪師，上堂，良久曰：「若是宗師門下客，必不怪於羅山。珍重！」僧問：「承古有言，自從認得曹谿路，了知生死不相關。曹谿路即不問，如何是羅山路？」師展兩手，僧曰：「恁麽則一路得通，諸路亦然。」師曰：「甚麽諸路？」僧近前叉手，師曰：「靈鶴煙霄外，鈍鳥不離窠。」問：「教中道：『順法身萬象俱寂，隨智用萬象齊生。』如何是萬象俱寂？」師曰：「有甚麽？」曰：「如何是萬象齊生？」師曰：「繩牀倚子。」

灌州靈巖和尚

灌州靈巖和尚，僧問：「如何是道中寶？」師曰：「地傾東南，天高西北。」曰：「學人不會。」師曰：「落照機前異。」師頌石鞏接三平曰：「解擘當胸箭，因何祇半人？爲從途路曉，所以不全身。」

吉州匡山和尚

吉州匡山和尚，示徒頌曰：「匡山路，匡山路，巖崖嶮峻人難措。遊人擬議隔千山，一句分明超佛祖。」白牛頌曰：「我有古壇真白牛，父子藏來經幾秋。出門直往孤峰頂，回來暫跨虎谿頭。」

興聖重滿禪師

福州興聖重滿禪師，上堂：「覿面分付，不待文宣。對眼投機，唤作參玄。上士若能如此，所以宗風不墜。」僧問：「如何是宗風不墜底句？」師曰：「老僧不忍。」問：「昔日靈山會裏，今朝興聖筵中，和尚親傳，如何舉唱？」師曰：「欠汝一問。」

寶應清進禪師

潭州寶應清進禪師，僧問：「如何是實相？」師曰：「没却汝。」問：「至理無言，如何通信？」師曰：「千差萬别。」曰：「得力處乞師指示。」師曰：「瞌睡漢。」

玄沙備禪師法嗣

羅漢桂琛禪師

漳州羅漢院桂琛禪師，常山李氏子。爲童兒時，日一素食，出言有異。既冠，親事本府萬歲寺無相大師，披削登戒，學毗尼。一日，爲衆陞臺，宣戒本布薩已，乃曰：「持戒但律身而已，非真解脱也。依文作解，豈發聖智乎？」於是訪南宗，初謁雲居雪峰，參訊勤恪，然猶未有所見。後造玄沙，一言啓發，廓爾無惑。沙問：「三界唯心，汝作麽生會？」師指倚子曰：「和尚喚這箇作甚麽？」曰：「倚子。」師曰：「和尚不會三界唯心。」曰：「我喚這箇作竹木，汝喚作甚麽？」師曰：「桂琛亦喚作竹木。」曰：「盡大地覓一箇會佛法底人不可得。」師自爾愈加激勵。沙每因誘迪學者，流出諸三昧，皆命師爲助發。師雖處衆韜晦，然聲譽甚遠。時漳牧王公建精舍曰地藏，請師開法。因插田次，見僧乃問：「從甚處來？」曰：「南州。」師曰：「彼中佛法如何？」曰：「商量浩浩地。」師曰：「争如我這裏栽田博飯喫？」曰：「争柰三界何？」師曰：「喚甚麽作三界？」問僧「甚處來？」

曰：「南方來。」師曰：「南方知識，有何言句示徒？」曰：「彼中道，金屑雖貴，眼裏著不得。」師曰：「我道須彌在汝眼裏。」一日，同中塔侍玄沙，沙打中塔一棒曰：「就名就體。」中塔不對。沙乃問師：「作麼生會？」師曰：「這僧著一棒不知來處。」僧報曰：「保福已遷化也。」師曰：「保福遷化，地藏入塔。」僧問法眼：「古人意旨如何？」眼云：「蒼天！蒼天！」

後遷羅漢，大闡玄要。上堂：「宗門玄妙，爲當祇恁麼也，更別有奇特？若別有奇特，汝且舉將來看。若無去，不可將兩箇字便當却宗乘也。何者？兩箇字謂宗乘、教乘也。汝纔道著宗乘，便是宗乘；道著教乘，便是教乘。禪德，佛法宗乘，元來由汝口裏安立名字，作取說取便是也。斯須向這裏說平說實，說圓說常。禪德！汝喚甚麼作平實？把甚麼作圓常？傍家行脚，理須甄別，莫相埋没。得些子聲色名字，貯在心頭，道我會解，善能揀辨。汝且會箇甚麼？揀箇甚麼？記持得底是名字，揀辨得底是聲色。若不是聲色名字，汝又作麼生記持揀辨？風吹松樹也是聲，蝦蟇老鵶叫也是聲，何不那裏聽取揀擇去！若那裏有箇意度模樣，秖如老師口裏，又有多少意度與上座？莫錯，即今聲色摐摐地，爲當相及不相及？若相及，即汝靈性金剛祕密應有壞滅去也。何以如此？爲聲貫破汝耳，色穿破汝眼，因緣即塞却汝，幻妄走殺汝，聲色體爾不可容也。若不相及，又甚麼處得聲色來？會麼？相及不相及，試裁辨看。」少間又道：「是圓常平實，甚麼人恁麼道？未是黃夷村裏漢解恁麼説，是他古聖乖些子相助顯發。今時不識好惡，便安圓實，道我別有宗風玄妙，釋迦佛無舌頭，不如汝些子便恁麼點胸。若論殺盜婬罪，雖重猶輕，尚有歇時，此箇謗般若，瞎却衆生眼，入阿鼻地獄吞鐵丸〔一〕莫將爲等閑。所以古人道，過在化主，不干汝事。珍重！」僧問：「如何是羅漢一句？」師曰：「我若向汝道，便成兩句也。」問：「不會底人來，師還接否？」師曰：「誰是不會者？」曰：「適來道了也。」師曰：「莫自屈麼？」

保福僧到，師問：「彼中佛法如何？」曰：「有時示衆道：塞却你眼，教你覷不見。塞却你耳，教你聽不聞。坐却你意，教你分別不得。」師曰：「吾問你，不塞你眼，見箇甚麼？不塞你耳，聞箇甚麼？不坐你意，作麼生分別？」東禪齊云：「那僧聞了，忽然省去，更不他遊。上座如今還會麼？若不會，每日見箇甚麼？」問：「以字不成，八字不是，未審是甚麼字？」師曰：「汝實不會那？」曰：「學人實不會。」師曰：「看取下頭注脚。」問：「如何是沙門正命食？」師曰：「喫得麼？」曰：「欲喫此食，作何方便？」師曰：「塞却你口。」問：「如何是羅漢家風？」師曰：「不向你道。」曰：「爲甚麼不道？」師曰：「是我家風。」問：「如何是法王身？」師曰：「汝今是甚麼身？」曰：「恁麼即無身也。」師曰：「苦痛深。」上堂纔坐，有二

〔一〕「丸」，原作「九」，據清藏本、續藏本改。

僧一時禮拜。師曰：「俱錯。」問：「如何是撲不破底句？」師曰：「撲。」問：「一佛出世普爲群生，和尚今日爲箇甚麽？」師曰：「甚麽處遇一佛？」曰：「恁麽即學人罪過。」師曰：「謹退。」問：「如何是諸聖玄旨？」師曰：「四楞塌地。」問：「大事未肯時如何？」師曰：「由汝。」問：「如何是十方眼？」師曰：「眨上眉毛著。」請保福齋，令人傳語曰：「請和尚慈悲降重。」福曰：「慈悲爲阿誰？」師曰：「和尚恁麽道，渾是不慈悲。」翫月次，乃曰：「雲動有，雨去有？」僧曰：「不是雲動是風動。」師曰：「我道雲亦不動，風亦不動。」曰：「和尚適來又道雲動。」師曰：「阿誰罪過？」師見僧，舉拂子曰：「還會麽？」曰：「謝和尚慈悲示學人。」師曰：「見我豎拂子，便道示學人，汝每日見山見水，可不示汝？」又見僧來，舉拂子。其僧讚歎禮拜，師曰：「見我豎拂子，便禮拜讚歎。那裏掃地豎起掃帚，爲甚麽不讚歎？」問：「承教有言，若見諸相非相，即見如來。如何是非相？」師曰：「燈籠子。」問：「如何是出家？」師曰：「喚甚麽作家？」問：「僧甚處來？」曰：「秦州。」師曰：「將得甚麽物來？」曰：「不將得物來。」師曰：「汝爲甚麽對衆謾語？」其僧無對。師却問：「秦州豈不是出鸚鵡？」曰：「鸚鵡出在隴西。」師曰：「也不較多。」問：「僧甚處來？」曰：「報恩。」師曰：「何不且在彼中？」曰：「僧家不定。」師曰：「既是僧家，爲甚麽不定？」僧無對。玄覺代云：「謝和尚顧問。」

王太傅上雪峰施衆僧衣，時從弇上座不在，師弟代上名受衣。弇歸，弟曰：「某甲爲師兄上名了。」弇曰：「汝道我名甚麽？」弟無對。師代云：「師兄得恁麽貪？」又曰：「甚麽處是貪處？」又代云：「兩度上名。」雲居錫云：「甚麽處是弇上座兩度上名處？」師與長慶、保福入州，見牡丹障子。保福曰：「好一朵牡丹花。」長慶曰：「莫眼花。」師曰：「可惜許一朵花。」玄覺云：「三尊宿語還有親疏也無？祇如羅漢恁麽道，落在甚麽處？」問僧：「汝在招慶有甚麽異聞底事？試舉看。」曰：「不敢錯舉。」師曰：「真實底事作麽生舉？」曰：「和尚因甚麽如此？」師曰：「汝話墮也。」衆僧晚參，聞角聲，師曰：「羅漢三日一度上堂，王太傅二時相助。」問：「如何是學人本來心？」師曰：「是你本來心。」問：「師居寶座，説法度人，未審度甚麽人？」師曰：「汝也居寶座，度甚麽人？」問：「鏡裏看形見不難，如何是鏡？」師曰：「還見形麽？」問：「但得本，莫愁末，如何是末？」師曰：「總有也。」師因疾，僧問：「和尚尊候較否？」師以杖拄地曰：「汝道這箇還痛否？」曰：「和尚問阿誰？」師曰：「問汝。」曰：「還痛否？」師曰：「元來共我作道理。」天成三年秋，復届閩城舊止，徧遊近城梵宇已，乃示寂。荼毗收舍利，建塔于院之西隅，謚真應禪師。

天龍重機禪師

杭州天龍寺重機明真禪師，台州人也。得法玄沙，復回浙中。錢武肅王請出世開法。上堂：「若直舉宗風，獨唱本分事，便同於頑石。若言絶凡聖消息，無大地山河，盡十方世界都是一隻眼。此乃事不獲已恁麼道，還會麼？若更不會，聽取一頌：『盲聾瘖瘂是仙陀，滿眼時人不柰何。祇向目前須體妙，身心萬象與森羅。』」僧問：「如何是璇璣不動？」師曰：「青山數重。」曰：「如何是寂爾無根？」師曰：「白雲一帶。」問：「如何是歸根得旨？」師曰：「兔角生也。」曰：「如何是隨照失宗？」師曰：「龜毛落也。」問：「蓮花未出水時如何？」師曰：「誰人不知？」曰：「出水後如何？」師曰：「馨香目擊。」問：「朗月輝空時如何？」師曰：「正是分光景，何消指玉樓。」

僊宗契符禪師

福州僊宗院契符清法禪師，開堂日，僧問：「師登寶座，合談何事？」師曰：「剔開耳孔著。」曰：「古人爲甚麼却道非耳目之所到？」師曰：「金櫻樹上不生梨。」曰：「古今不到處，請師道。」師曰：「汝作麽生問？」問：「衆手淘金，誰是得者？」師曰：「舉手隔千里，休功任意看。」問：「飛岫巖邊華子秀，仙境臺前事若何？」師曰：「無價大寶光中現，暗客惛惛争柰何。」曰：「優曇華拆人皆覩，向上宗乘意若何？」師曰：「闍黎若問宗乘意，不如静處薩婆訶。」問：「如何是閩中諸佛境界？」師曰：「造化終難測，春風徒自輕。」問「如何是道中寶？」師曰：「雲孫淚亦垂。」問：「諸聖收光歸源後如何？」師曰：「三聲猿屢斷，萬里客愁聽。」曰：「未審今時人，如何湊得古人機？」師曰：「好心向子道，切忌未生時。」

國泰院瑫禪師

婺州國泰院瑫禪師，上堂：「不離當處，咸是妙明真心。所以玄沙和尚道：會我最後句，出世少人知。争似國泰有末頭一句？」僧問：「如何是國泰末頭一句？」師曰：「闍黎問太遲生！」便歸方丈。問：「如何是毗盧？」師曰：「某甲與老兄是弟子。」問：「達磨來時即不問，如何是未來時事？」師曰：「親遇梁王。」問：「古鏡未磨時如何？」師曰：「古鏡。」曰：「磨後如何？」師曰：「古鏡。」

白龍道希禪師

福州升山白龍院道希禪師，本郡人也。上堂：「不要舉足，是誰威光？還會麼？若道自家去處，本自如是，且喜没交涉。」問：「如何是西來意？」師曰：「汝從甚處來？」問：「如何是佛法大意？」師曰：「汝早禮三拜。」問：「不責上來，請師直道。」師曰：「得。」問：「如何是正真道？」師曰：「騎驢覓驢。」問：「請師荅無賓主話。」師曰：「昔年曾記得。」曰：「即今如何？」師曰：「非但耳聾，亦兼眼暗。」問：「情忘體合時如何？」師曰：「別更夢見箇甚麽？」問：「學人擬伸一問，請師裁。」師曰：「不裁。」曰：「爲甚麽不裁？」師曰：「須知好手。」問：「大衆雲集，請師舉揚宗教。」師曰：「少遇聽者。」問：「不涉脣鋒，乞師指示。」師曰：「不涉脣鋒問將來！」曰：「恁麽即群生有賴。」師曰：「莫閑言語。」問：「請和尚生機荅話。」師曰：「把紙筆來録將去。」問：「如何是思大口？」師曰：「出來向你道。」曰：「學人即今見出。」師曰：「曾賺幾人來？」

安國慧球禪師

福州安國院慧球寂照禪師，亦曰中塔。泉州莆田人也。玄沙室中，參訊居首。因問：「如何是第一月？」沙曰：「用汝箇月作麼？」師從此悟入。梁開平二年，玄沙將示滅，閩帥王氏遣子至，問疾，仍請密示繼踵説法者誰。沙曰：「球子得。」王默記遺旨。乃問鼓山：「臥龍法席，孰當其任？」鼓山舉城下宿德具道眼者十有二人，皆堪出世。王亦默之。至開堂日，官寮與僧侶俱會法筵。王忽問衆曰：「誰是球上座？」於是衆人指出師，王氏便請陞座。師良久曰：「莫嫌寂寞，莫道不堪，未詳涯際，作麼生論量？所以尋常用其音響，聊撥一兩下，助他發機。若論來，十方世界覓一人爲伴侶，不可得。」僧問：「佛法大意，從何方便頓入？」師曰：「入是方便。」問：「雲自何山起？風從何澗生？」師曰：「盡力施爲，不離中塔。」上堂：「我此間粥飯因緣，爲兄弟舉唱，終是不常。欲得省要，却是山河大地與汝發明。其道既常，亦能究竟。若從文殊門入者，一切無爲，土木瓦礫，助汝發機。若從觀音門入者，一切音響，蝦蟇蚯蚓，助汝發機。若從普賢門入者，不動步而到。以此三門方便示汝。如將一隻折箸攪大海水，令彼魚龍知水爲命。會麼？若無智眼而審諦之，任汝百般巧妙，不爲究竟。」問：「學人近入叢林，不明己事，乞師指示。」師以杖指之曰：「會麼？」曰：「不會。」師曰：「我恁麼爲汝，却成抑屈人，還知麼？若約當人分上，從來底事，不論初入叢林及過去諸佛，不曾乏少。如大地水，一切魚龍初生及至老死，所受用水悉皆平等。」問：「不謬正宗，請師真實。」師曰：「汝替我道。」曰：「或有不辨者作麼生？」師曰：「待不辨者來。」問：「諸佛還有師否？」師曰：「有。」曰：「如何是諸佛師？」師曰：「一切人識不得。」上堂良久，有僧出禮拜。師曰：「莫教髑髏摎損。」僧參問，曰：「去却僕從，便請相見。」師曰：「眨上眉毛看。」曰：「不與麼時如何？」師曰：「山北去也。」問：「從上宗乘事如何？」師良久，僧拜問，師便喝出。問：「如何是大庾嶺頭事？」師曰：「料汝承當不得。」曰：「重多少？」師曰：「這般底論劫不柰何。」師問了院主：「祇如先師道，盡十方世界是真實人體，你還見僧堂麼？」了曰：「和尚莫眼花。」師曰：「先師遷化，肉猶煖在。」

南臺誠禪師

衡嶽南臺誠禪師，僧問：「玄沙宗旨，請師舉揚。」師曰：「甚麼處得此消息？」曰：

「垂接者何？」師曰：「得人不迷己。」問：「潭清月現，是何境界？」師曰：「不干你事。」曰：「借問又何妨？」師曰：「覓潭月不可得。」問：「離地四指，爲甚麽却有魚紋？」師曰：「有聖量在。」曰：「此量爲甚麽人施？」師曰：「不爲聖人。」

螺峰冲奥禪師

福州螺峰冲奥明法禪師，上堂：「人人具足，人人成現，争怪得山僧？珍重。」僧問：「諸法寂滅相，不可以言宣。如何是寂滅相？」師曰：「問荅俱備。」曰：「恁麽則真如法界，無自無他。」師曰：「特地令人愁。」問：「牛頭未見四祖時如何？」師曰：「德重鬼神欽。」曰：「見後如何？」師曰：「通身聖莫測。」問：「如何是螺峰一句？」師曰：「苦。」問：「如何是本來人？」師曰：「惆悵松蘿境界危。」

睡龍山和尚

泉州睡龍山和尚，僧問：「如何是觸目菩提？」師以杖趁之，僧乃走。師曰：「住！住！向後遇作家舉看。」上堂，舉拄杖曰：「三十年住山，得他氣力。」時有僧問：「和尚得他甚麼氣力？」師曰：「過谿過嶺，東拄西拄。」招慶云：「我不恁麼道。」僧問：「和尚作麼生道？」慶以杖下地拄行。

雲峰光緒禪師

天台山雲峰光緒至德禪師，上堂：「但以衆生日用而不知，譬如三千大千世界，日月星辰，江河淮濟，一切含靈，從一毛孔入一毛孔，毛孔不小，世界不大。其中衆生，不覺不知。若要易會，上座日用亦復不知。」時有僧問：「日裏僧馱像，夜裏像馱僧。未審此意如何？」師曰：「闍黎豈不是從茶堂裏來？」

大章契如庵主

福州大章山契如庵主，本郡人也。素蘊孤操，志探祖道。預玄沙之室，穎悟幽旨。玄沙記曰：「子禪已逸格則，他後要一人侍立也無。」師自此不務聚徒，不畜童侍，隱于小界山，刳大朽杉若小庵，但容身而已。凡經游僧至，隨叩而應，無定開示。僧問：「生死到來，如何回避？」師曰：「符到奉行。」曰：「恁麼則被生死拘將去也！」師曰：「阿哪唧！」問：「西天持錫，意作麽生？」師拈錫杖，卓地振之。僧曰：「未審此是甚麽義？」師曰：「這箇是張家打。」僧擬進語，師以錫攛之。僧問雲臺欽和尚：「如何是真言？」欽曰：「南無佛陀耶。」師別云：「作麽？作麽？」清豁、沖煦二長老嚮師名，未嘗會遇，一旦同訪之，值師採粟，豁問：「道者！如庵主在何所？」師曰：「從甚麽處來？」曰：「山下來。」師曰：「因甚麽得到這裏？」曰：「這裏是甚麽處所？」師揖曰：「那不喫茶去！」二公方省是師，遂詣庵所，頗味高論。晤坐於左右，不覺及夜。覩豺虎奔至庵前，自然馴遶。豁因有詩曰：「行不等閑行，誰知去住情。一餐猶未飽，萬户勿聊生。非道應難伏，空拳莫與争。龍吟雲起處，閑嘯兩三聲。」二公尋於大章山創庵，請師居之。兩處孤坐，垂五十二載而卒。

蓮華神禄禪師

福州蓮華山永興神禄禪師，閩王請開堂日，未陞座，先於座前立曰：「大王、大衆聽！已有真正舉揚也。此一會總是得聞，豈有不聞者？若有不聞，彼此相謾去也。」方乃登座。僧問：「大王請師出世，未委今日一會何似靈山？」師曰：「徹古傳今。」問：「如何是和尚家風?」師曰:「毛頭顯沙界,日月現其中。」

國清師靜上座

天台國清寺師靜上座,始遇玄沙示衆曰:「汝諸人但能一生如喪考妣,吾保汝究得徹去。」師躡前語,問曰:「秖如教中道:不得以所知心測度如來無上知見。又作麽生?」沙曰:「汝道究得徹底所知心,還測度得及否?」師從此信入。後居天台三十餘載不下山。博綜三學,操行孤立。禪寂之餘,常閱龍藏。遐邇欽重,時謂大靜上座。嘗有人問:「弟子每當夜坐,心念紛飛,未明攝伏之方,願垂示誨。」師曰:「如或夜閑安坐,心念紛飛,却將紛飛之心,以究紛飛之處。究之無處,則紛飛之念何存?反究究心,則能究之心安在?又能照之智本空,所緣之境亦寂。寂而非寂者,蓋無能寂之人也。照而非照者,蓋無所照之境也。境智俱寂,心慮安然。外不尋枝,内不住定。二途俱泯,一性怡然,此乃還源之要道也。」師因覩教中幻義,乃述一偈,問諸學流曰:「若道法皆如幻有,造諸過惡應無咎。云何所作業不忘,而藉佛慈興接誘?」時有小靜上座荅曰:「幻人興幻幻輪圍,幻業能招幻所治。不了幻生諸幻苦,覺知如幻幻無爲。」二靜上座並終於本山。

長慶稜禪師法嗣

招慶道匡禪師

泉州招慶院道匡禪師，潮州人也。稜和尚始居招慶，師乃入室參侍，遂作桶頭，常與衆僧語話。一日，慶見，乃曰：「爾每日口嘮嘮地作麽？」師曰：「一日不作，一日不食。」慶曰：「與麽則磨弓錯箭去也。」師曰：「專待尉遲來。」慶曰：「尉遲來後如何？」師曰：「教伊筋骨遍地，眼睛突出。」慶便出去。洎慶被召，師繼踵住持。上堂：「聲前薦得，孤負平生。句後投機，殊乖道體。爲甚麽如此？大衆且道從來合作麽生？」又曰：「招慶與諸人一時道却，還委落處麽？」時有僧出曰：「大衆一時散去，還稱師意也無？」師曰：「好與二十拄杖。」僧禮拜，師曰：「雖有盲龜之意，且無曉月之程。」曰：「如何是曉月之程？」師曰：「此是盲龜之意。」問：「如何是沙門行？」師曰：「非行不行。」問：「如何是西來意？」師曰：「蚊子上鐵牛。」問：「如何是在匣劍？」師良久，僧罔措。師曰：「也須感荷招慶始得。」問：「如何是提宗一句？」師曰：「不得昧著招慶。」其僧禮拜起，師又曰：「不得昧著招慶，囑汝作麽生是提宗一句。」僧無對。問：「文殊劍下不承當時如何？」師曰：「未是好手人。」曰：「如何是好手人？」師曰：「是汝話墮也。」問：「如何是招慶家風？」師曰：「寧可清貧自樂，不作濁富多憂。」問：「如何是南泉一線道？」師曰：「不亂向汝道，恐較中更較去。」問：「如何是佛法大意？」師曰：「七顛八倒。」問：「學人根思遲回，乞師曲運慈悲，開一線道。」師曰：「這箇是老婆心。」曰：「悲華剖坼，以領尊慈，從上宗乘事如何？」師曰：「恁麽須得汝親問始得。」問：「僧甚處去來？」曰：「劈柴來。」師曰：「還有劈不破底也無？」曰：「有。」師曰：「作麽生是劈不破底？」僧無語。師曰：「汝若道不得，問我，我與汝道。」曰：「作麽生是劈不破底？」師曰：「賺殺人！」師拈鉢囊問僧：「你道直幾錢？」僧無對。歸宗柔代云：「留與人增價。」因地動，僧問：「還有不動者也無？」師曰：「有。」曰：「如何是不動者？」師曰：「動從東來，却歸西去。」問：「法雨普霑，還有不潤處否？」師曰：「有。」曰：「如何是不潤處？」師曰：「水灑不著。」問：「如何是招慶深深處？」師曰：「和汝没却。」問：「如何是九重城裏人？」師曰：「還共汝知聞麽？」上堂次，大衆擁法座而立。師曰：「這裏無物，諸人苦恁麽相促相摻作麽？擬心早没交涉，更上門上户，千里萬里，今既上來，各著精彩，招慶一時抛與諸人，好麽？」乃曰：「還接得也無？」衆無對。師曰：「勞而無功。」便陞座。復曰：「汝諸人得恁麽鈍，看他古人一兩箇得恁麽快，纔見便負將去，也較些子。若有此箇人，非但四事供養，便以瑠璃爲地，白銀爲壁，亦未爲貴。帝釋引前，梵王隨後，攬長河爲酥酪，變大地爲黄金，亦未爲足。直得如是，猶更有一級在，還委得麽？珍重！」

報恩寶資禪師

婺州報恩院寶資曉悟禪師，僧問：「學人初心，請師示箇入路。」師遂側掌示之曰：「還會麽？」曰：「不會。」師曰：「獨掌不浪鳴。」問：「如何是報恩家風？」師曰：「也知闍黎入衆日淺。」問：「古人拈槌豎拂，意旨如何？」師曰：「報恩截舌有分。」僧曰：「爲甚麽如此？」師曰：「屈著作麽？」問：「如何是文殊劍？」師曰：「不知。」曰：「祇如一劍下活得底人作麽生？」師曰：「山僧祇管二時齋粥。」問：「如何是觸目菩提？」師曰：「背後是甚麽立地？」曰：「學人不會，乞師再示。」師提拄杖曰：「汝不會，合喫多少拄杖！」問：「如何是具大慚愧底人？」師曰：「開取口，合不得。」曰：「此人行履如何？」師曰：「逢茶即茶，逢飯即飯。」問：「如何是金剛一隻箭？」師曰：「道甚麽？」僧再問，師曰：「過新羅國去也。」問：「波騰鼎沸，起必全真，未審古人意如何？」師乃叱之。曰：「恁麼則非次也。」師曰：「你話墮也。」又曰：「我話亦墮，汝作麼生？」僧無對。問：「去却賞罰，如何是吹毛劍？」師曰：「延平屬劍州。」曰：「恁麼則喪身失命去也。」師曰：「錢塘江裏潮。」

翠峰從欣禪師

處州翠峰從欣禪師，上堂曰：「更不展席也。珍重！」便歸方丈，却問侍者：「還會麼？」曰：「不會。」師曰：「將謂汝到百丈來。」

鷲嶺明遠禪師

襄州鷲嶺明遠禪師，初參長慶，慶問：「汝名甚麼？」師曰：「明遠。」慶曰：「那邊事作麼生？」師曰：「明遠退兩步。」慶曰：「汝無端退兩步作麼？」師無語。慶曰：「若不退步，争知明遠？」師乃諭旨。住後，向火次，僧問：「無一法當前，應用無虧時如何？」師以手卓火，其僧於此有省。

龍華彥球禪師

杭州龍華寺彥球實相得一禪師，開堂日，謂衆曰：「今日既陞法座，又争解諱得，祇如不諱底事，此衆還有人與作證明麽？若有即出來，相共作箇牓様。」僧問：「此座爲從天降下？爲從地涌出？」師曰：「是甚麽？」曰：「此座高廣，如何陞得？」師曰：「今日幾被汝安頓著。」問：「靈山一會，迦葉親聞。今日一會，何人得聞？」師曰：「同我者擊其大節。」曰：「灼然俊哉！」師曰：「去般水，漿茶堂裏用去。」師復曰：「從前佛法付囑國王、大臣及有力檀越，今日郡尊及諸官僚特垂相請，不勝荷媿。山僧更有未後一句子，賤賣與諸人。」師乃起身立，曰：「還有人買麽？若有人買，即出來；若無人買，即賤貨自收去也。久立，珍重！」僧問：「如何是學人自己？」師曰：「雪上更加霜。」

保安院連禪師

杭州保安連禪師，僧問：「如何是保安家風？」師曰：「問有甚麽難？」問：「如何是吹毛劍？」師曰：「豫章鐵柱堅。」曰：「學人不會。」師曰：「漳江親到來。」問：「如何是沙門行?」師曰:「師僧頭上戴冠子。」問:「如何是西來意?」師曰:「死虎足人看。」問:「一問一荅,彼此興來,如何是保安不驚人之句?」師曰:「汝到別處作麼生舉?」

報慈光雲禪師

福州報慈院光雲慧覺禪師,上堂:「瘥病之藥,不假驢駞。若據如今,各自歸堂去。珍重!」問僧:「近離甚處?」曰:「卧龍。」師曰:「在彼多少時?」曰:「經冬過夏。」師曰:「龍門無宿客,爲甚在彼許多時?」曰:「師子窟中無異獸。」師曰:「汝試作師子吼看!」曰:「若作師子吼,即無和尚。」師曰:「念汝新到,放汝三十棒。」問:「承聞超覺有鎖口訣,如何示人?」師曰:「賴我拄杖不在手。」曰:「恁麼則深領尊慈也。」師曰:「待我肯汝即得。」閩王問:「報慈與神泉相去近遠?」師曰:「若説近遠,不如親到。」師却問:「大王日應千差,是甚麼心?」王曰:「甚麼處得心來?」師曰:「豈有無心者!」王曰:「那邊事作麼生?」師曰:「請向那邊問。」王曰:「大師謾別人即得。」問:「大衆臻湊,請師舉揚。」師曰:「更有幾人未聞?」曰:「恁麼則不假上來也。」師曰:「不上來且從汝,向甚麼處會?」曰:「若有處所,即孤負和尚去也。」師曰:「秖恐不辨精麁。」問:

「夫説法者當如法説，此意如何？」師曰：「有甚麽疑訛？」問：「古人面壁意旨如何？」師便打。問：「不假言詮，請師徑直。」師曰：「何必更待商量。」

開先紹宗禪師

廬山開先寺紹宗圓智禪師，姑蘇人也。江南李主巡幸洪井，入山瞻謁，請上堂。令僧問：「如何是開先境？」師曰：「最好是一條界破青山色。」曰：「如何是境中人？」師曰：「拾枯柴，煮布水。」國主益加欽重。後終於本山，靈塔存焉。

傾心法瑫禪師

杭州傾心寺法瑫宗一禪師，上堂，良久曰：「大衆不待一句語，便歸堂去，還有紹繼宗風分也無？還有人酬得此問麽？若有人酬得，這裏與諸人爲怪笑；若酬不得，諸人與這裏爲怪笑。珍重！」僧問：「如何朴實，免見虚頭？」師曰：「汝問若當，衆人盡鑒。」曰：「有恁麽來皆不丈夫，祇如不恁麽來，還有紹繼宗風分也無？」師曰：「出兩頭致一問來！」曰：「甚麽人辨得？」師曰：「波斯養兒。」問：「佛法去處，乞師全示。」師曰：

「汝但全致一問來。」曰：「爲甚麽却拈此問去？」師曰：「汝適來問甚麽？」曰：「若不遇於師，幾成走作。」師曰：「賊去後關門。」問：「別傳一句，如何分付？」師曰：「可惜許！」曰：「恁麽則別酬亦不當去也。」師曰：「也是閑辭。」問：「如何是不朝天子、不羨王侯底人？」師曰：「每日三條線，長年一衲衣。」曰：「未審此人還紹宗風也無？」師曰：「鵲來頭上語，雲向眼前飛。」問：「承古有言，不斷煩惱。此意如何？」師曰：「又是發人業。」曰：「如何得不發業？」師曰：「你話墮也。」問：「請去賞罰，如何是吹毛劍？」師曰：「如法禮三拜。」師後住龍册寺歸寂。

水陸洪儼禪師

福州水陸院洪儼禪師，上堂，大衆集定，師下座，捧香鑪巡行大衆前，曰：「供養十方諸佛。」便歸方丈。僧問：「離却百非兼四句，請師盡力與提綱。」師曰：「落在甚麽處？」曰：「恁麽則人天有賴去也。」師曰：「莫將惡水潑人好！」

廣嚴咸澤禪師

杭州靈隱山廣嚴院咸澤禪師，初參保福，福問：「汝名甚麽？」師曰：「咸澤。」福曰：「忽遇枯涸者如何？」師曰：「誰是枯涸者？」福曰：「我是。」師曰：「和尚莫謾人好！」福曰：「却是汝謾我。」師後承長慶印記，住廣嚴道場。今法安院。僧問：「如何是覿面相呈事？」師下禪牀曰：「伏惟尊體，起居萬福。」問：「不與萬法爲侶者是甚麽人？」師曰：「城中青史樓，雲外高峰塔。」問：「如何是佛法大意？」師曰：「幽澗泉清，高峰月白。」問：「如何是廣嚴家風？」師曰：「一塢白雲，三間茆屋。」曰：「畢竟如何？」師曰：「既無維那，兼少典座。」問：「如何是廣嚴家風？」師曰：「師子石前靈水響，雞籠山上白猿啼。」

報慈慧朗禪師

福州報慈院慧朗禪師，上堂：「從上諸聖，爲一大事因緣故出現於世，遞相告報。是汝諸人還會麽？若不會，大不容易。」僧問：「如何是一大事？」師曰：「莫錯相告報麽！」曰：「恁麽則學人不疑也。」師曰：「争柰一翳在目。」問：「三世諸佛盡是傳語人，未審傳甚麽人語？」師曰：「聽。」曰：「未審是甚麽語？」師曰：「你不是鍾期。」問：「如何是學人眼？」師曰：「不可更撒沙。」

長慶常慧禪師

福州長慶常慧禪師，僧問：「王侯請命法嗣怡山鎖口之言，請師不謬。」師曰：「得。」曰：「恁麼則深領尊慈。」師曰：「莫鈍置人好！」問：「不犯宗風，不傷物義，請師滿口道。」師曰：「今日豈不是開堂？」問：「談續雪峰，印傳超覺，不違於物，不負於人，不在當頭，即今何道？」師曰：「違負即道。」曰：「恁麼則善副來言，淺深已辨。」師曰：「也須識好惡。」

石佛院静禪師

福州石佛院静禪師，上堂：「若道素面相呈，猶添脂粉，縱離添過，猶有負償。諸人且作麼生體悉？」僧問：「學人欲見和尚本來面目。」師曰：「洞上有言親體取。」曰：「恁麼則不得見去也。」師曰：「灼然。客路如天遠，侯門似海深。」

觀音清换禪師

福州枕峰觀音院清换禪師，上堂：「諸禪德！若要論禪説道，舉唱宗風，祇如當人分上，以一毛端上有無量諸佛轉大法輪，於一塵中現寶王刹，佛説，衆生説，山河大地一時説，未嘗間斷，如毗沙門王，始終不求外寶。既各有如是家風，阿誰欠少？不可更就别人處分也。」僧問：「如何是法界性？」師曰：「汝身中有萬象。」曰：「如何體得？」師曰：「虚谷尋聲，更求本末。」

東禪契訥禪師

福州東禪契訥禪師，上堂：「未曾暫失，全體現前，恁麽道亦是分外。既恁麽道不得，向兄弟前合作麽生道？莫是無道處不受道麽？莫錯會好！」僧問：「如何是現前三昧？」師曰：「何必更待道。」問：「己事未明，乞師指示。」師曰：「何不禮謝！」問：「如何是東禪家風？」師曰：「一人傳虚，萬人傳實。」

長慶弘辯禪師

福州長慶院弘辯妙果禪師，上堂，於座前側立曰：「大衆各歸堂得也未，還會得麽？若也未會，山僧謾諸人去也。」遂陞座。僧問：「海衆雲臻，請師開方便門，示真實相。」師曰：「這箇是方便門。」曰：「恁麽則大衆側聆去也。」師曰：「空側聆作麽？」

東禪可隆禪師

福州東禪院可隆了空禪師，僧問：「如何是道？」師曰：「正是道。」曰：「如何是道中人？」師曰：「分明向汝道。」上堂：「大好省要，自不仙陀。若是聽響之流，不如歸堂向火。珍重！」問：「如何是普賢第一句？」師曰：「落第二句也。」

僊宗守玭禪師

福州僊宗院守玭禪師，久不上堂，大衆入方丈參。師曰：「今夜與大衆同請假，未審還給假也無？若未聞給假，即先言者負。珍重！」僧問：「十二時中常在底人，還消得人天供養也無？」師曰：「消不得。」曰：「爲甚麽消不得？」師曰：「爲汝常在。」曰：「祇如常不在底人，還消得也無？」師曰：「驢年。」問：「請師答無賓主話。」師曰：「向無賓主處問將來！」

永安懷烈禪師

撫州永安院懷烈淨悟禪師，上堂顧視左右曰：「患聻作麽？」便歸方丈。上堂，良久曰：「幸自可憐生，又被污却也。」上堂：「大衆！正是着力處，切莫容易。」僧問：「怡山親聞一句，請師爲學人道。」師曰：「向後莫錯舉似人。」

閩山令含禪師

福州閩山令含禪師，上堂：「還恩恩滿，賽願願圓。」便歸方丈。僧問：「既到妙峰頂，誰人爲伴侣？」師曰：「到。」曰：「甚麽人爲伴侣？」師曰：「喫茶去。」問：「明明不會，乞師指示。」師曰：「指示且置，作麽生是你明明底事？」曰：「學人不會，再乞師指。」師曰：「八棒十三。」

新羅龜山和尚

新羅國龜山和尚，有人舉：「裴相國啓建法會，問僧：『看甚麼經？』曰：『無言童子經。』公曰：『有幾卷？』曰：『兩卷。』公曰：『既是無言，爲甚麼却有兩卷？』僧無對。」師代曰：「若論無言，非唯兩卷。」

資國道殷禪師

吉州資國院道殷禪師，僧問：「如何是祖師西來意？」師曰：「普通八年遭梁怪，直至如今不得雪。」問：「千山萬山，如何是龍須山？」師曰：「千山萬山。」曰：「如何是山中人？」師曰：「對面千里。」問：「不落有無，請師道。」師曰：「汝作麼生問？」

祥光澄静禪師

福州祥光院澄静禪師，僧問：「如何是道？」師曰：「長安路上。」曰：「向上事如何？」師曰：「谷聲萬籟起，松老五雲披。」問：「如何是和尚家風？」師曰：「門下平章事，宮闈較幾重。」

報慈從瓌禪師

杭州報慈院從瓌禪師，福州陳氏子。僧問：「承古有言，今人看古教，未免心中鬧。欲免心中鬧，應須看古教。如何是古教？」師曰：「如是我聞。」曰：「如何是心中鬧？」師曰：「那畔雀兒聲。」

龍華契盈禪師

杭州龍華寺契盈廣辯周智禪師，僧問：「如何是龍華境？」師曰：「翠竹搖風，寒松鎖月。」曰：「如何是境中人？」師曰：「切莫唐突。」問：「如何是三世諸佛道場？」師曰：「莫別瞻禮。」曰：「恁麼則亘古亘今。」師曰：「是甚麼年中？」

太傅王延彬居士

太傅王延彬居士，一日入招慶佛殿，指鉢盂問殿主：「這箇是甚麼鉢？」主曰：「藥師鉢。」公曰：「祇聞有降龍鉢。」主曰：「待有龍即降。」公曰：「忽遇拏雲攫浪來時作麼生？」主曰：「他亦不顧。」公曰：「話墮也。」玄沙曰：「盡你神力，走向甚麼處去？」保福曰：「皈依佛、法、僧，百丈恒作覆鉢勢。」雲門曰：「他日生天，莫孤負老僧。」長慶謂太傅曰：「雪峰豎拂子示僧，其僧便出去。若據此僧，合喚轉痛與一頓。」公曰：「是甚麼心行？」慶曰：「洎合放過。」公到招慶煎茶，朗上座與明招把銚，忽翻茶銚。公問：「茶爐下是甚麼？」朗曰：「捧爐神。」公曰：「既是捧爐神，爲甚麼翻却茶？」朗曰：「事官千日，失在一朝。」公拂袖便出。明招曰：「朗上座喫却招慶飯了，却向外邊打野梩。」朗曰：「上座作麼生？」招曰：「非人得其便。」

保福展禪師法嗣

延壽慧輪禪師

潭州延壽寺慧輪禪師，僧問：「寶劍未出匣時如何？」師曰：「不在外。」曰：「出匣後如何？」師曰：「不在內。」問：「如何是一色？」師曰：「青黃赤白。」曰：「大好一色。」師曰：「將謂無人，也有一箇半箇。」

保福可儔禪師

漳州保福可儔禪師，僧問：「如何是和尚家風？」師曰：「雲在青天水在缾。」問：「如何是吹毛劍？」師曰：「瞥落也。」曰：「還用也無？」師曰：「莫鬼語。」

海會如新禪師

舒州海會院如新禪師，上堂，良久曰：「禮繁即亂。」便下座。僧問：「從上宗乘，如何舉唱？」師曰：「轉見孤獨。」曰：「親切處乞師一言。」師曰：「不得雪也。聽他。」問：「如何是迦葉頓領底事？」師曰：「汝若領得，我即不恪。」曰：「恁麼則不煩於師去也。」師曰：「又須著棒，争得不煩？」問：「牛頭横説豎説，猶未知向上關捩子，如何是向上關捩？」師曰：「賴遇孃生臂短。」問：「如何是祖師意？」師曰：「要道何難？」曰：「便請師道。」師曰：「將謂靈利，又不仙陀。」

漳江慧廉禪師

洪州漳江慧廉禪師，僧問：「師登寶座，曲爲今時。四衆攀瞻，請師接引。」師曰：「甚麼處屈汝？」曰：「恁麼則垂慈方便路，直下不孤人也。」師曰：「也須收取好。」問：「如何是漳江境？」師曰：「地藏皺眉。」曰：「如何是境中人？」師曰：「普賢斂袂。」問：「如何是漳江水？」師曰：「苦。」問：「如何是漳江第一句？」師曰：「到別處不得錯舉。」

報慈文欽禪師

福州報慈院文欽禪師，僧問：「如何是諸佛境？」師曰：「雨來雲霧暗，晴乾日月明。」問：「如何是妙覺明心？」師曰：「今冬好晚稻，出自秋雨成。」問：「如何是妙用河沙？」師曰：「雲生碧岫，雨降青天。」問：「如何是平常心合道？」師曰：「喫茶喫飯隨時過，看水看山實暢情。」

萬安清運禪師

泉州萬安院清運資化禪師，僧問：「諸佛出世，震動乾坤。和尚出世，未審如何？」師曰：「向汝道甚麽？」曰：「恁麽則不異諸聖去也。」師曰：「莫亂道。」問：「如何是萬安家風？」師曰：「苔羹倉米飯。」曰：「忽遇上客來，將何祗待？」師曰：「飯後三巡茶。」問：「如何是萬安境？」師曰：「一塔松蘿望海青。」

報恩道熙禪師

漳州報恩院道熙禪師，初與保福送書上泉州王太尉。尉問：「漳南和尚近日還爲人也無？」師曰：「若道爲人，即屈著和尚。若道不爲人，又屈著太尉來問。請〔一〕太尉曰：「道取一句。」尉曰：「待鐵牛能齧草，木馬解含煙。」師曰：「某甲惜口喫飯。」尉良久，又問：「驢來？馬來？」師曰：「驢馬不同途。」尉曰：「争得到這裏？」師曰：「特謝太尉領

〔一〕清藏本、續藏本無「請」字。

話。」住後，僧問：「明言妙句即不問，請師真實道將來。」師曰：「不阻來意。」

鳳凰從琛禪師

泉州鳳凰山從琛洪忍禪師，僧問：「如何是和尚家風？」師曰：「門風相似，即無阻矣。汝不是其人。」曰：「忽遇其人時又如何？」師曰：「不可預搔待痒。」問：「學人根思遲回，方便門中乞師傍瞥。」師曰：「傍瞥。」曰：「深領師旨，安敢言乎？」師曰：「太多也。」上堂，有僧出禮拜起，退身立。師曰：「我不如汝。」僧應諾。師曰：「無人處放下著。」問：「如何是學人自己事？」師曰：「暗筭流年事可知。」問：「如何是鳳凰境？」師曰：「雪夜觀明月。」問：「如何是西來意？」師曰：「作人醜差。」曰：「爲人何在？」師曰：「莫屈著汝麼？」

永隆慧瀛禪師

福州永隆院明慧瀛禪師，上堂：「謂言侵早起，更有夜行人。似則似，是即不是。珍重！」問：「無爲無事人爲甚麼却是金鎖難？」師曰：「爲斷麁纖，貴重難留。」曰：「爲甚麼道無爲無事人逍遥實快樂？」師曰：「爲鬧亂且要斷送。」僧參，師曰：「不要得許多般數，速道！速道！」僧無對。上堂：「日出卯，用處不須生善巧。」便下座。僧問：「如何進向，得達本源？」師曰：「依而行之。」

清泉守清禪師

洪州清泉山守清禪師，福州人也。僧問：「如何是佛？」師曰：「問。」曰：「如何是祖？」師曰：「荅。」問：「和尚見古人得箇甚麽，便住此山？」師曰：「情知汝不肯。」曰：「争知某甲不肯？」師曰：「鑒貌辨色。」問：「親切處乞師一言。」師曰：「莫過於此。」問：「古人面壁爲何事？」師曰：「屈。」曰：「恁麽則省心力去也。」師曰：「何處有恁麽人？」問：「諸餘即不問，如何是向上事？」師曰：「消汝三拜？不消汝三拜？」

報恩行崇禪師

漳州報恩院行崇禪師，僧問：「如何是佛法大意？」師曰：「碓擣磨磨。」問：「曹谿一路，請師舉揚。」師曰：「莫屈著曹谿麽？」曰：「恁麽則群生有賴。」師曰：「也是老鼠喫鹽。」問：「不涉公私，如何言論？」師曰：「喫茶去。」問：「丹霞燒木佛，意作麽生？」師曰：「時寒燒火向。」曰：「翠微迎羅漢，意作麽生？」師曰：「别是一家春。」

潭州嶽麓和尚

潭州嶽麓山和尚，上堂，良久曰：「昔日毗盧，今朝嶽麓。珍重！」僧問：「如何是聲色外句？」師曰：「猿啼鳥叫。」問：「師唱誰家曲？宗風嗣阿誰？」師曰：「五音六律。」問：「截舌之句，請師舉揚。」師曰：「日能熱，月能凉。」

德山德海禪師

鼎州德山德海禪師，僧問：「靈山一會，何人得聞？」師曰：「闍黎得聞。」曰：「未審靈山説箇甚麽？」師曰：「即闍黎會。」問：「如何是該天括地句？」師曰：「千里摇動。」問：「從上宗乘，以何爲驗？」師曰：「從上且置，即今作麽生？」曰：「大衆總見。」師曰：「話墮也。」問：「如何是祖師西來意？」師曰：「擘。」

後招慶和尚

泉州後招慶和尚，僧問：「末後一句，請師商量。」師曰：「塵中人自老，天際月常明。」問：「如何是和尚家風？」師曰：「一鉼兼一鉢，到處是生涯。」問：「如何是佛法大意？」師曰：「擾擾忩忩，晨雞暮鐘。」

梁山簡禪師

鼎州梁山簡禪師，問僧：「甚處來？」曰：「藥山來。」師曰：「還將得藥來否？」曰：「和尚住山也不錯。」師便休。

建山澄禪師

洪州建山澄禪師，僧問：「如何是法王劍？」師曰：「可惜許。」曰：「如何是人王劍？」師曰：「塵埋牀下複，風動架頭巾。」問：「一代時教接引今時，未審祖宗如何示人？」師曰：「一代時教已有人問了也。」曰：「和尚如何示人？」師曰：「惆悵庭前紅莧樹，年年生葉不生花。」問：「故歲已去，新歲到來。還有不受歲者也無？」師曰：「作麽生？」曰：「恁麽則不受歲也。」師曰：「城上已吹新歲角，牕前猶點舊年燈。」曰：「如何是舊年燈？」師曰：「臘月三十日。」

招慶省僜禪師

泉州招慶院省僜淨修禪師，初參保福，福一日入大殿覩佛像，乃舉手，問師曰：「佛恁麽意作麽生？」師曰：「和尚也是横身。」福曰：「一橛我自收取。」師曰：「和尚非唯横身。」福然之。後住招慶，開堂陞座，良久乃曰：「大衆！向後到處遇道伴，作麽生舉似他？若有人舉得，試對衆舉看。若舉得，免孤負上祖，亦免埋没後來。古人道：『通心君子，文外相見。』還有這箇人麽？況是曹谿門下子孫，合作麽生理論？合作麽生提唱？」僧問：「如何得不傷於己，不負於人？」師曰：「莫屈著汝這問麽？」曰：「恁麽上來已蒙師指也。」師曰：「汝又屈著我作麽？」問：「當鋒一句，請師道。」師曰：「嗄。」僧再問。師曰：「瞌睡漢。」問僧：「近離甚處？」曰：「報恩。」師曰：「僧堂大小？」曰：「和尚試道看。」師曰：「何不待問。」問：「學人全身不會，請師指示。」師曰：「還解笑得麽？」乃曰：「叢林先達者，不敢相觸忤。若是初心後學，未信直須信取，未省直須省取，不用掠虚。諸人本分去處，未有一時不顯露，未有一物解蓋覆得。如今若要知，不用移絲髮地，不用少許工夫，但向博地凡夫位中承當取，豈不省心力？既能省得，便與諸佛齊肩，依而行之，緣此事是箇白浄去處，今日須得白浄身心合他始得，自然合古合今，脱生離死。古人云：『識心達本，解無爲法，方號沙門。』如今諸官大衆，各須體取好，莫全推過師僧分上。佛法平等，上至諸佛，下至一切，共同此事。既然如此，誰有誰無？王事之外，亦須努力。適來説如許多般，蓋不得已而已。莫道從上宗門合恁麽語話，秖如從上宗門合作麽生，還相悉麽？若有人相悉，山僧今日雪得去也。久立，大衆珍重！」示坐禪方便頌曰：「四威儀内坐爲先，澄濾身心漸坦然。瞥爾有緣隨濁界，當須莫續是天年。修持秖學從功路，至理寧論在那邊。一切時中常管帶，因緣相湊豁通玄。」示執坐禪者曰：「大道分明絶點塵，何須長坐始相親？遇緣儻解無非是，處憒那能有故新？散誕肯齊支遁侶，逍遥曷與慧休鄰。或遊泉石或闤闠，可謂煙霞物外人。」

康山契穩禪師

福州康山契穩法寶禪師，初開堂，僧問：「威音王佛已後，次第相承，未審師今一會，法嗣何方？」師曰：「象骨舉手，龍谿點頭。」問：「圓明湛寂非師意，學人因底却無明？」

師曰：「辨得也未？」曰：「恁麽則識性無根去也。」師曰：「隔靴搔痒。」

西明院琛禪師

泉州西明院琛禪師，僧問：「如何是和尚家風？」師曰：「竹箸瓦椀。」曰：「忽遇上客來時，如何祗待？」師曰：「黄齏倉米飯。」問：「如何是祖師西來意？」師曰：「問取露柱看。」

鼓山晏國師法嗣

天竺子儀禪師

杭州天竺子儀心印水月禪師，温州樂清陳氏子。初遊方，謁鼓山，問曰：「子儀三千里外遠投法席，今日非時上來，乞師非時荅話。」山曰：「不可鈍置仁者。」師曰：「省力處如何？」山曰：「汝何費力？」師於此有省。後回浙中，錢忠懿王命開法于羅漢、光福二道場。上堂：「久立大衆更待甚麽？不辭展拓，却恐悮於禪德，轉迷歸路。時寒，珍重！」

僧問：「如何是從上來事？」師曰：「住。」曰：「如何薦？」師曰：「可惜龍頭，翻成蛇尾。」有僧禮拜起，將問話。師曰：「如何且置。」僧乃〔一〕問：「祇如興聖之子，還有相親分也無？」師曰：「祇待局終，不知柯爛。」問：「如何是維摩默？」師曰：「謗。」曰：「文殊因何讚？」師曰：「同案領過。」曰：「維摩又如何？」師曰：「頭上三尺巾，手裏一枝拂。」問：「如何是諸佛出身處？」師曰：「大洋海裏一星火。」曰：「學人不會。」師曰：「燒盡魚龍。」問：「丹霞燒木佛，意旨如何？」師曰：「寒即圍爐向猛火。」曰：「還有過也無？」師曰：「熱即竹林溪畔坐。」問：「如何是法界義宗？」師曰：「九月九日浙江潮。」問：「諸餘即不問，如何是光福門下超毗盧越釋迦底人？」師曰：「諸餘奉納。」曰：「恁麼則平生慶幸去也。」師曰：「慶幸事作麼生？」僧罔措，師便喝。將下堂，僧問：「下堂一句，乞師分付。」師曰：「慧理已歸西國去，此山空有老猿啼。」問：「鼓山有掣鼓奪旗之說，師且如何？」師曰：「敗將不忍誅。」曰：「或遇良將又如何？」師曰：「念子孤魂，賜汝三奠。」問：「世尊入滅，當歸何所？」師曰：「鶴林空變色，真歸無所歸。」曰：「未審必定何之？」師曰：「朱實殞勁風，繁英落素秋。」曰：「我師將來復歸何所？」師曰：「子今

〔一〕「乃」，原作「不」，據續藏本改。

欲識吾歸處，東西南北柳成絲。」問：「如何修行，即得與道相應？」師曰：「高卷吟中箔，濃煎睡後茶。」

白雲智作禪師

建州白雲智作真寂禪師，永貞朱氏子。容若梵僧，禮鼓山披剃。一日，鼓山上堂，召大衆，衆皆回眸。山披襟示之，衆罔措。唯師朗悟厥旨，入室印證。又參次，山召曰：「近前來！」師近前，山曰：「南泉喚院主，意作麼生？」師斂手端容，退身而立。山莞然奇之。住後，上堂：「還有人向宗乘中致得一問來麼？待山僧向宗乘中荅。」時有僧出禮拜，師便歸方丈。問：「如何是枯木裏龍吟？」師曰：「火裏蓮生。」曰：「如何是髑髏裏眼睛？」師曰：「泥牛入海。」問：「如何是主中主？」師曰：「汝還具眼麼？」曰：「恁麼則學人歸堂去也。」師曰：「猢猻入布袋。」問：「如何是延平津？」師曰：「萬古水溶溶。」曰：「如何是延平劍？」師曰：「速須退步。」曰：「未審津與劍是同是異？」師曰：「可惜許！」次遷奉先，僧問：「如何是奉先境？」師曰：「一任觀看。」曰：「如何是境中人？」師曰：「莫無禮。」問：「如何是奉先家風？」師曰：「即今在甚麼處？」曰：「恁麼則大衆有賴也。」師曰：「干汝甚麽事？」問：「如何是爲人一句？」師曰：「不是奉先道不得。」

鼓山智嚴禪師

鼓山智嚴了覺禪師，上堂：「多言復多語，由來反相悮。珍重！」僧問：「石門之句即不問，請師方便示來機。」師曰：「問取露柱。」問：「國王出世三邊静，法王出世有何恩？」師曰：「還會麽？」曰：「幸遇明朝，輒伸呈獻。」師曰：「吐却著。」曰：「若不禮拜，幾成無孔鐵鎚。」師曰：「何異無孔鐵鎚？」

龍山智嵩禪師

福州龍山智嵩妙虚禪師，上堂：「幸自分明，須作這箇節目〔一〕作麽？到這裏便成節目，便成增語，便成塵玷，未有如許多事時作麽生？」僧問：「古佛化導，今祖重興，人天輻輳於禪庭，至理若爲於開示？」師曰：「亦不敢孤負大衆。」曰：「恁麽則人天不謬殷勤

〔一〕「目」，原作「自」，據續藏本改。

請，頓使凡心作佛心。」師曰：「仁者作麽生？」曰：「退身禮拜，隨衆上下。」師曰：「我識得汝也。」

鳳凰山彊禪師

泉州鳳凰山彊禪師，僧問：「燈傳鼓嶠，道化温陵，不跨石門，請師通信。」師曰：「若不是今日，攔胸撞出。」曰：「恁麽則今日親聞師子吼，他時終作鳳凰兒。」師曰：「又向這裏塗汙人！」問：「白浪滔天境，何人住太虚？」師曰：「静夜思堯鼓，回頭聞舜琴。」

龍山文義禪師

福州龍山文義禪師，上堂：「若舉宗乘，即院寂徑荒，若留委問，更待箇甚麽？還有人委悉麽？出來驗看。若無人委悉，且莫掠虚好！」便下座。問：「如何是人王？」師曰：「威風人盡懼。」曰：「如何是法王？」師曰：「一句令當行。」曰：「二王還分不分？」師曰：「適來道甚麽？」

鼓山智岳禪師

福州鼓山智岳了宗禪師，本郡人也。初遊方至鄂州黄龍，問：「久嚮黄龍，及乎到來，祇見赤斑蛇」。龍曰：「汝祇見赤斑蛇，且不識黄龍。」師曰：「如何是黄龍？」龍曰：「滔滔地。」師曰：「忽遇金翅鳥來又作麽生？」龍曰：「性命難存。」師曰：「恁麽則被他吞却去也。」龍曰：「謝闍黎供養。」師便禮拜。住後，上堂：「我若全舉宗乘，汝向甚麽處領會？所以道古今常露，體用無妨，不勞久立，珍重！」問：「虚空還解作用也無？」師拈起拄杖曰：「這箇師僧好打！」僧無語。

襄州定慧禪師

襄州定慧禪師，僧問：「如何是佛向上事？」師曰：「無人不驚。」曰：「學人未委在。」師曰：「不妨難向。」問：「不借時機用，如何話祖宗？」師曰：「闍黎還具慚愧麽？」僧便喝，師休去。

皷山清諤禪師

福州皷山清諤宗曉禪師，僧問：「亡僧遷化向甚麽處去也？」師曰：「時寒不出手。」

浄德冲煦禪師

金陵浄德院冲煦慧悟禪師，福州和氏子。僧問：「如何是大道？」師曰：「我無小徑。」曰：「如何是小徑？」師曰：「我不知大道。」

報恩清護禪師

金陵報恩院清護崇因妙行禪師，福州長樂陳氏子。六歲禮皷山披削，於國師言下發明。開堂日，僧問：「諸佛出世，天花亂墜。和尚出世，有何祥瑞？」師曰：「昨日新雷發，今朝細雨飛。」問：「如何是諸佛玄旨？」師曰：「草鞋木履。」開寶三年示寂，茶毗收舍利三百餘粒，并靈骨歸于建州雞足山卧雲院建塔。

龍華照禪師法嗣

瑞巖師進禪師

台州瑞巖師進禪師，僧問：「如何是瑞巖境？」師曰：「重重疊嶂南來遠，北向皇都咫尺間。」曰：「如何是境中人？」師曰：「萬里白雲朝瑞嶽，微微細雨灑簾前。」曰：「未審如何親近此人？」師曰：「將謂闍黎親入室，元來猶隔萬重關。」

六通志球禪師

台州六通院志球禪師，僧問：「全身佩劍時如何？」師曰：「落。」曰：「當者如何？」師曰：「熏天炙地。」問：「如何是六通境？」師曰：「滿目江山一任看。」曰：「如何是境中人？」師曰：「古今自去來。」曰：「離此二途，還有向上事也無？」師曰：「有。」曰：「如何是向上事？」師曰：「雲水千徒與萬徒。」問：「擁毳玄徒，請師指示。」師曰：「紅爐不墜雁門關。」曰：「如何是紅爐不墜雁門關？」師曰：「青霄豈悋衆人攀？」曰：「還有不知者也無？」師曰：「有。」曰：「如何是不知者？」師曰：「金牓上無名。」問：「如何是和尚家風？」師曰：「萬家明月朗。」問：「如何是第二月。」師曰：「山河大地。」

雲龍院歸禪師

杭州雲龍院歸禪師，僧問：「久戰沙場，爲甚麼功名不就？」師曰：「過在這邊。」曰：「還有昇進處也無？」師曰：「水消瓦解。」

功臣道閑禪師

杭州功臣院道閑禪師，僧問：「如何是功臣家風？」師曰：「俗人東畔立，僧衆在西邊。」問：「如何是學人自己？」師曰：「如汝與我。」曰：「恁麼則無二去也。」師曰：「十萬八千。」

報國院照禪師

福州報國院照禪師，上堂：「我若全機，汝向甚麼處摸索？蓋爲根器不等，便成不具慚愧，還委得麼？如今與諸仁者作箇入底門路。」乃敲繩牀兩下曰：「還見麼？還聞麼？

若見便見，若聞便聞。莫向意識裏卜度，却成妄想顛倒，無有出期。珍重！」佛塔被雷霹，有問：「祖佛塔廟爲甚麽却被雷霹？」師曰：「通天作用。」曰：「既是通天作用，爲甚麽却霹佛？」師曰：「作用何處見有佛？」曰：「争奈狼籍何！」師曰：「見甚麽？」

白雲院迺禪師

台州白雲迺禪師，僧問：「荆山有玉非爲寶，囊裏真金賜一言。」師曰：「我家本貧。」曰：「慈悲何在？」師曰：「空慙道者名。」

翠巖參禪師法嗣

龍册子興禪師

杭州龍册寺子興明悟禪師，僧問：「正位中還有人成佛否？」師曰：「誰是衆生？」曰：「若恁麽則總成佛去也。」師曰：「還我正位來！」曰：「如何是正位？」師曰：「汝是衆生。」問：「如何是無價珍？」師曰：「卞和空抱璞。」曰：「忽遇楚王，還進也無？」師曰：「凡聖相繼續。」問：「古人拈布毛，意作麽生？」師曰：「闍黎舉不全。」曰：「如何舉得全？」師乃拈起袈裟。

佛嶴知默禪師

温州雲山佛嶴院知默禪師，僧問：「如何是佛嶴家風？」師曰：「送客不離三步内，邀賓祇在草堂前。」上堂：「山僧如今看見諸上座，恁麽行脚，喫辛喫苦，盤山涉澗，終不爲觀看州縣，參尋名山勝跡，莫非爲此一大事？如今且要諸人，於本分參問中通箇消息來。雲山敢與證明，非但雲山證明，乃至禪林佛刹亦與證明。還有麽？若無，不如散去。」便下座。

鏡清怤禪師法嗣

清化師訥禪師

越州清化師訥禪師，僧問：「十二時中如何得不疑惑去？」師曰：「好。」曰：「恁麽則得遇於師去也。」師曰：「珍重！」僧來禮拜，師曰：「子亦善問，吾亦善荅。」曰：「恁麽則大衆久立。」師曰：「抑逼大衆作甚麽？」問：「去却賞罰，如何是吹毛劍？」師曰：「錢塘江裏好渡船。」問：「如何是西來意？」師曰：「可煞新鮮！」

南禪遇緣禪師

衢州南禪遇緣禪師，因有俗士謂之鐵脚，忽騎馬至。僧問：「師既是鐵脚，爲甚麽却騎馬？」師曰：「腰帶不因遮腹痛，幞頭豈是禦天寒。」官人問師：「和尚恁麽後生，爲甚麽却爲尊宿？」師曰：「千歲秖言朱頂鶴，朝生便是鳳凰兒。」上堂：「此箇事得恁麽難道？」時有僧出曰：「請師道。」師曰：「睦州溪苔，錦軍石耳。」問：「衆手淘金，誰是得者？」師曰：「谿畔披砂徒自困，家中有寶速須還。」曰：「恁麽則始終不從人得去也。」師曰：「饒君便有擎山力，未免肩頭有擔胝。」

資福智遠禪師

復州資福院智遠禪師，福州人也。參鏡清，問：「如何是諸佛出身處？」清曰：「大家要知。」師曰：「如斯則衆眼難瞞去也。」清曰：「理能縛豹。」師因此發悟玄旨。住後，僧問：「師唱誰家曲？宗風嗣阿誰？」師曰：「雪嶺峰前月，鏡湖波裏明。」問：「諸佛出世，天雨四華，地搖六動，和尚今日有何祥瑞？」師曰：「一物不生全體露，目前光彩阿誰知？」問：「如何是直示一句？」師曰：「是甚麽？」師乃曰：「還會麽？會去，即今便了，不會，塵沙筭劫。祇據諸賢分上，古佛心源，明露現前，匝天徧地，森羅萬象，自己家風。佛與衆生，本無差别，涅槃生死，幻化所爲，性地真常，不勞修證。珍重！」

烏巨儀晏禪師

衢州烏巨山儀晏開明禪師，吴興許氏子。於唐乾符三年將誕之夕，異香滿室，紅光如晝。光啓中隨父鎮信安，强爲娶，師不願。遂遊歷諸方，機契鏡清，歸省父母，乃於郭南創别舍以遂師志。舍旁陳司徒廟有凛禪師像，師往瞻禮，失師所之。後郡守展祀祠下，見師入定于廟後叢竹間。蟻蠹其衣，敗葉没脞。或者云：「是許鎮將之子也。」自此三昧或出或入。子湖訥禪師，未知師所造淺深，問曰：「子所住定，蓋小乘定耳？」時方啜茶，師呈起槖曰：「是大是小？」訥駭然。尋謁栝蒼唐山德巖禪師，巖問：「汝何姓？」曰：「姓許。」巖曰：「誰許汝？」曰：「不别。」巖默識之，遂與剃染。嘗令摘桃，浹旬不歸，往尋，見師攀桃倚石，泊然在定。巖鳴指出之。開運中遊江郎巖，覩石龕，謂弟子慧興曰：「予入定此中，汝當壘石塞門，勿以吾爲念。」興如所戒。明年，興意師長往，啓龕視師，素髮被肩，胸臆尚煖。徐自定起，了無異容。復回烏巨。侍郎慎公鎮信安，馥師之道，命義學僧守榮詰其定相，師不與之辨。榮意輕之。時信安人競圖師像而尊事，皆獲舍利，榮因媿服，禮像謝僭，亦獲舍利。歎曰：「此後不敢以淺解測度矣。」錢忠懿王感師見夢，遣使圖像至，適王患目疾，展像作禮，如夢所見。隨雨舍利，目疾頓瘳。因錫號開明，及述偈讚，寶器供具千計。端拱初，太宗皇帝聞師定力，詔本州加禮，津發赴闕。師力辭，僧再至諭旨，特令肩輿入對便殿，命坐賜茗，咨問禪定。奏對簡盡，深契上旨。丐歸，復詔入對，得請還山，送車塞途。淳化元年示寂，壽一百十五，臘五十七。闍維白光屬天，舍利五色，邦人以骨塑像，至今州郡雨暘，禱之如嚮斯答。

報恩岳禪師法嗣

妙濟師浩禪師

潭州妙濟院師浩傳心禪師，僧問：「擬即第二頭，不擬即第三首，如何是第一頭？」

師曰：「收。」問：「古人斷臂，當爲何事？」師曰：「我寧可斷臂。」問：「如何是學人眼？」師曰：「須知我好心。」問：「如何是香山劍？」師曰：「異。」曰：「還露也無？」師曰：「不忍見。」問：「如何是松門第一句？」師曰：「切不得錯舉。」問：「如何是妙濟家風？」師曰：「左右人太多。」問：「如何是佛法大意？」師曰：「兩口一無舌。」問：「如何是香山一路？」師曰：「滔滔地。」曰：「到者如何？」師曰：「息汝平生。」問：「如何是世尊密語？」師曰：「阿難亦不知。」曰：「爲甚麼不知？」師曰：「莫非仙陁。」問：「如何是香山寶？」師曰：「碧眼胡人不敢定。」曰：「露者如何？」師曰：「龍王捧不起。」僧舉聖僧塑像被虎齩，問師：「既是聖僧，爲甚麼被大蟲齩？」師曰：「疑殺天下人。」問：「如何是無慙愧底人？」師曰：「闍黎合喫棒。」

安國瑫禪師法嗣

白鹿師貴禪師

福州白鹿師貴禪師，開堂日，僧問：「西峽一派，不異馬頭。白鹿千峰，何似雞足？」

師曰：「大衆驗看。」問：「如何是白鹿家風？」師曰：「向汝道甚麼！」曰：「恁麼則便知時去也」。師曰：「知時底人合到甚麼田地？」曰：「不可更口喃喃也。」師曰：「放過即不可。」問：「牛頭未見四祖時，百鳥銜花供養，見後爲甚麼不來？」師曰：「曙色未分人盡望，及乎天曉也如常。」

羅山義聰禪師

福州羅山義聰禪師，上堂，僧問：「如何是出窟師子？」師曰：「甚麼處不震裂？」曰：「作何音響？」師曰：「聾者不聞。」問：「手指天地，唯我獨尊，爲甚麼却被傍觀者責？」師曰：「謂言胡鬚赤。」曰：「衹如傍觀者，有甚麼長處？」師曰：「路見不平，所以按劍。」師乃曰：「若有分付處，羅山即不具眼。若無分付處，即勞而無功。所以維摩昔日對文殊，具問如今會也無？久立，珍重！」

安國從貴禪師

福州安國院從貴禪師，僧問：「禪宮大敞，法侶雲臻。向上一路，請師決擇。」師曰：

「素非時流。」上堂：「禪之與道，拈向一邊著。佛之與祖，是甚麼破草鞋！恁麼告報，莫屈著諸人麼？若道屈著，即且須行脚。若道不屈著，也須合取口始得。珍重！」上堂：「直是不遇梁朝，安國也謾人不過。珍重！」僧問：「請師舉唱宗乘。」師曰：「今日打禾，明日般柴。」問：「牛頭未見四祖時如何？」師曰：「香鑪對繩牀。」曰：「見後如何？」師曰：「門扇對露柱。」問：「如何是和尚家風？」師曰：「若問家風，即荅家風。」曰：「學人不問家風時作麼生？」師曰：「胡來漢去。」問：「諸餘即不問，省要處乞師一言。」師曰：「還得省要也未？」復曰：「純陀獻供。珍重！」

長慶藏用禪師

福州怡山長慶藏用禪師，上堂，衆集，以扇子拋向地上曰：「愚人謂金是土，智者作麼生？後生可畏，不可總守過去也。還有人道得麼？出來道看。」時有僧出禮拜，退後而立。師曰：「別更作麼生？」曰：「請和尚明鑑。」師曰：「千年桃核。」問：「如何是伽藍？」師曰：「長溪莆田。」曰：「如何是伽藍中人？」師曰：「新羅白水。」問：「如何是靈泉正主？」師曰：「南山北山。」問：「如何是和尚家風？」師曰：「齋前厨蒸南國飯，午後爐煎北苑茶。」問：「法身還受苦也無？」師曰：「地獄豈是天堂？」曰：「恁麽則受苦去也。」師曰：「有甚麽罪過？」

永隆彦端禪師

福州永隆院彦端禪師，上堂，大衆雲集，師從座起作舞。謂衆曰：「會麽？」對曰：「不會。」師曰：「山僧不捨道法而現凡夫事，作麽生不會？」問：「本自圓成，爲甚麽却分明晦？」師曰：「汝自檢責看。」

瑞峰志端禪師

福州林陽瑞峰院志端禪師，本州人也。初參安國，見僧問：「如何是萬象之中獨露身？」國舉一指，其僧不薦。師於是冥契玄旨，乃入室白曰：「適來見那僧問話，志端有箇省處。」國曰：「汝見甚麽道理？」師亦舉一指曰：「這箇是甚麽？」國然之，師禮謝。住後，上堂，舉拂子曰：「曹溪用不盡底，時人喚作頭角生，山僧拈來拂蚊子，薦得乾坤陷落。」僧問：「如何是西來意？」師曰：「木馬走似煙，石人趁不及。」問：「如何是禪？」師曰：「今年早去年。」曰：「如何是道？」師曰：「冬田半折耗。」問：「如何是學人自己？」師與一踏，僧作接勢。師便與一摑，僧無語。師曰：「賺殺人！」問：「如何是迥絶人煙處佛法？」師曰：「巔山峭峙碧芬芳。」曰：「恁麼則一真之理，華野不殊。」師曰：「不是這箇道理。」問：「如何是佛法大意？」師曰：「竹箸一文一雙。」有僧夜參，師曰：「阿誰？」曰：「某甲。」師曰：「泉州砂糖，舶上檳榔。」僧良久，師曰：「會麼？」曰：「不會。」師曰：「你若會，即廓清五蘊，吞盡十方。」開寶元年八月，遺偈曰：「來年二月二，別汝暫相棄。燒灰散四林，免占檀那地。」明年正月二十八日，州民競入山瞻禮，師尚無恙，參問如常。至二月一日，州牧率諸官同至山，詰伺經宵。二日齋罷，上堂辭衆。時圓應長老出問：「雲愁霧慘，大衆嗚呼。請師一言，未在告別。」師垂一足，應曰：「法鏡不臨於此土，寶月又照於何方？」師曰：「非君境界。」應曰：「恁麼則漚生漚滅還歸水，師去師來是本常。」師長噓一聲，下座歸方丈。安坐至亥時，問衆曰：「世尊滅度，是何時節？」衆曰：「二月十五日子時。」師曰：「吾今日子〔一〕時前。」言訖長往。

〔一〕「子」，原作「前」，據續藏本改。

仙宗院明禪師

福州仙宗院明禪師，上堂曰：「幸有如是門風，何不烜赫地紹續取去。若也紹得，不在三界。若出三界，即壞三界。若在三界，即礙三界。不礙不壞，是出三界？是不出三界？恁麽徹去，堪爲佛法種子，人天有賴。」時有僧問：「孥雲不假風雷便，迅浪如何透得身？」師曰：「何得棄本逐末？」

安國院祥禪師

福州安國院祥禪師，上堂，良久，失聲曰：「大是無端。雖然如此，事不得已。於中若有未搆〔一〕者，更開方便，還會麽？」時有僧問：「不涉方便，乞師垂慈。」師曰：「汝問我答，即是方便。」問：「應物現形，如水中月，如何是月？」師提起拂子，僧曰：「古人爲甚麽道水月無形？」師曰：「見甚麽？」問：「如何是宗乘中事？」師曰：「淮軍散後。」問：「如何是和尚家風？」師曰：「衆眼難謾。」

〔一〕「搆」，清藏本、續藏本均作「覯」。

睡龍溥禪師法嗣

保福清豁禪師

漳州保福院清豁禪師，福州人也。少而聰敏，禮鼓山國師落髮稟具。後謁大章山如庵主。語具如庵主章。後參睡龍，龍問曰：「豁闍黎見何尊宿來，還悟也未？」曰：「清豁嘗訪大章，得箇信處。」龍於是上堂集衆，召曰：「豁闍黎出來，對衆燒香説悟處，老僧與汝證明。」師出衆，乃拈香曰：「香已拈了，悟即不悟。」龍大悦而許之。上堂：「山僧今與諸人作箇和頭，和者默然，不和者説。」良久曰：「和與不和，切在如今。山僧帶些子事，珍重！」僧問：「家貧遭劫時如何？」師曰：「不能盡底去。」曰：「爲甚麽不能盡底去？」師曰：「賊是家親。」曰：「既是家親，爲甚麽翻成家賊？」師曰：「内既無應，外不能爲。」曰：「忽然捉敗時如何？」師曰：「内外絶消息。」曰：「捉敗後功歸何所？」師曰：「賞亦未曾聞。」曰：「恁麽則勞而無功也。」師曰：「功即不無，成而不處。」曰：「既是成功，爲甚麽不處？」師曰：「不見道：太平本是將軍致，不使將軍見太平。」問：「如何是西來意？」師曰：「胡人泣，漢人悲。」師忽捨衆，欲入山待滅。乃遺偈曰：「世人休説路行難，鳥道羊腸咫尺間。珍重苧谿谿畔水，汝歸滄海我歸山。」即往貴湖卓庵，未幾，謂門人曰：「吾滅後將遺骸施諸蟲蟻，勿置墳塔。」言訖，入湖頭山，坐磐石，儼然長往。門人禀遺命，延留七日，竟無蟲蟻之所侵食，遂就闍維，散於林野。

金輪觀禪師法嗣

南嶽金輪和尚

南嶽金輪和尚，僧問：「如何是金輪第一句？」師曰：「鈍漢。」問：「如何是金輪一隻箭？」師曰：「過也。」曰：「臨機一箭，誰是當者？」師曰：「倒也！」

白兆圓禪師法嗣

大龍智洪禪師

鼎州大龍山智洪弘濟禪師，僧問：「如何是佛？」師曰：「即汝便是。」曰：「如何領會？」師曰：「更嫌鉢盂無柄那？」問：「如何是微妙？」師曰：「風送水聲來枕畔，月移山影到牀前。」問：「如何是極則處？」師曰：「懊惱三春月，不及九秋光。」問：「色身敗壞，如何是堅固法身？」師曰：「山花開似錦，澗水湛如藍。」

白馬行靄禪師

襄州白馬山行靄禪師，僧問：「如何是清浄法身？」師曰：「井底蝦蟇吞却月。」問：「如何是白馬正眼？」師曰：「面南看北斗。」

白兆懷楚禪師

安州白兆竺乾院懷楚禪師，僧問：「如何是句句須行玄路？」師曰：「沿路直到湖南。」問：「如何是師子兒？」師曰：「德山嗣龍潭。」問：「如何是和尚爲人一句？」師曰：「與汝素無冤讎，一句元在這裏。」曰：「未審在甚麽方所？」師曰：「這鈍漢！」

四祖清皎禪師

蘄州四祖山清皎禪師，福州王氏子。僧問：「師唱誰家曲？宗風嗣阿誰？」師曰：「楷師巖畔祥雲起，寶壽峰前震法雷。」臨終遺偈曰：「吾年八十八，滿頭垂白髮。顒顒鎮雙峰，明明千江月。黄梅揚祖教，白兆承宗訣。日日告兒孫，勿令有斷絶。」

三角志操禪師

蘄州三角山志操禪師，僧問：「教法甚多，宗歸一貫。和尚爲甚麽説得許多周由者也？」師曰：「爲你周由者也。」曰：「請和尚即古即今。」師以手敲繩牀。

興教師普禪師

晉州興教師普禪師，僧問：「盈龍宫，溢海藏，真詮即不問，如何是教外别傳底法？」師曰：「眼裏耳裏鼻裏。」曰：「祇此便是否？」師曰：「是甚麽？」僧便喝，師亦喝。問僧：「近離甚處？」曰：「下寨。」師曰：「還逢著賊麽？」曰：「今日捉下。」師曰：「放汝三十捧。」

三角真鑑禪師

蘄州三角山真鑑禪師，僧問：「師唱誰家曲，宗風嗣阿誰？」師曰：「忽然行正令，便見下堂堦。」

大陽行冲禪師

郢州大陽山行冲禪師，僧問：「如何是無盡藏？」師良久，僧無語。師曰：「近前來！」僧纔近前，師曰：「去！」

青原下八世

黄龍機禪師法嗣

紫蓋善沼禪師

洛京紫蓋善沼禪師，僧問：「死中得活時如何？」師曰：「抱鎌刮骨薰天地，炮烈棺中求託生。」問：「纔生便死時如何？」師曰：「賴得覺疾。」

黄龍繼達禪師

眉州黄龍繼達禪師，僧問：「如何是衲？」師曰：「針去線不回。」曰：「如何是帔？」師曰：「横鋪四世界，豎蓋一乾坤。」曰：「道滿到來時如何？」師曰：「要羹與羹，要飯與飯。」問：「黄龍出世，金翅鳥滿空飛時如何？」師曰：「問汝金翅鳥，還得飽也無？」

棗樹二世和尚

棗樹和尚第二世住。問僧：「發足甚處？」曰：「閩中。」師曰：「俊哉！」曰：「謝師指示。」師曰：「屈哉！」僧作禮。師曰：「我與麼道，落在甚麼處？」僧無語。師曰：「彼自無瘡，勿傷之也。」僧參，師乃問：「未到這裏時，在甚處安身立命？」僧叉手近前，師亦叉手近前，相竝而立。僧曰：「某甲未到此時，和尚與誰竝立？」師指背後曰：「莫是伊麼？」僧無對。師曰：「不獨自謾，兼謾老僧。」僧作禮，師曰：「正是自謾。」僧鉏地次，見師來乃不審，師曰：「見阿誰了便不審。」曰：「見師不問訊，禮式不全。」師曰：「却是孤負老僧。」其僧歸，舉似首座曰：「和尚近日可畏。」座曰：「作麼生？」僧舉前語，座曰：「和尚近日可謂爲人切。」師聞，乃打首座七捧。座曰：「某甲恁麼道，未有過在，亂打作麼？」師曰：「枉喫我多少鹽醬。」又打七棒。僧辭，師乃問：「若到諸方，有人問你老僧此間法道，作麼生祇對？」曰：「待問即道。」師曰：「何處有無口底佛？」曰：「祇這也還難。」師竪拂子曰：「還見麼？」曰：「何處有無眼底佛？」師曰：「祇這也還難。」僧遶禪牀一匝而出。師曰：「善能祇對。」僧便喝。師曰：「老僧不識子。」曰：「用識作麼？」師敲禪牀三下。

玄都山澄禪師

興元府玄都山澄禪師，僧問：「喜得趨方丈，家風事若何？」師曰：「西風開曉露，明月正當天。」曰：「如何拯濟？」師曰：「金雞樓上一下鼓。」問：「如何是沙門行？」師曰：「一切不如。」

嘉州黑水和尚

嘉州黑水和尚，初參黃龍，便問：「雪覆蘆花時如何？」龍曰：「猛烈。」師曰：「不猛烈。」龍又曰：「猛烈。」師又曰：「不猛烈。」龍便打，師於此有省，即便禮拜。

黄龍智顒禪師

鄂州黄龍智顒禪師，僧問：「如何是諸佛之本源？」師曰：「即此一問是何源？」曰：「恁麽則諸佛無異去也。」師曰：「延平劍已成龍去，猶有刻舟求底人。」

昌福院達禪師

眉州昌福達禪師，僧問：「學人來問，師則對，不問時，師意如何？」師曰：「謝師兄指示。」問：「本來則不問，如何是今日事？」師曰：「師兄這問大好。」曰：「學人不會時如何？」師曰：「謾得即得。」問：「國有寶刀，誰人得見？」師曰：「師兄遠來不易。」曰：「此刀作何形狀？」師曰：「要也道，不要也道。」曰：「請師道。」師曰：「難逢難遇。」問：「石牛水上卧時如何？」師曰：「異中還有異，妄計不浮沈。」曰：「便恁麽去時如何？」師曰：「翅天日落，把土成金。」

呂巖洞賓真人

呂巖真人，字洞賓，京川人也。唐末三舉不第，偶於長安酒肆遇鍾離權，授以延命術，自爾人莫之究。嘗遊廬山歸宗，書鍾樓壁曰：「一日清閑自在身，六神和合報平安。丹田有寶休尋道，對境無心莫問禪。」未幾，道經黄龍山，覩紫雲成蓋，疑有異人。乃入謁，值龍擊鼓陞堂。龍見，意必吕公也，欲誘而進。厲聲曰：「座傍有竊法者。」吕毅然出，問：「一粒粟中藏世界，半升鐺内煮山川。且道此意如何？」龍指曰：「這守屍鬼。」吕曰：「争奈囊有長生不死藥。」龍曰：「饒經八萬劫，終是落空亡。」吕薄訝，飛劍脅之，劍不能入。遂再拜，求指歸。龍詰曰：「半升鐺内煮山川即不問，如何是一粒粟中藏世界？」吕於言下頓契。作偈曰：「棄却瓢囊摵碎琴，如今不戀水中金。自從一見黄龍後，始覺從前錯用心。」龍囑令加護。後謁潭州智度覺禪師，有曰：「余遊韶郴，東下湘江，今見覺公，觀其禪學精明，性源淳潔，促膝静坐，收光内照。一衲之外無餘衣，一鉢之外無餘食。達生死岸，破煩惱殼。方今佛衣寂寂兮無傳，禪理懸懸兮幾絶，扶而興者，其在吾師乎？」聊作一絶奉記：「達者推心方濟物，聖賢傳法不離真。請師開説西來意，七祖如今未有人。」

明招謙禪師法嗣

報恩契從禪師

處州報恩契從禪師，開堂陞座，乃曰：「烈士鋒前，還有俊鷹俊鷂麽？放一箇出來看。」良久曰：「所以道，烈士鋒前少人陪，雲雷擊皷劍輪開。誰是大雄師子種，滿身鋒刃但出來。」時有僧出，師曰：「好著精彩。」僧擬伸問，師曰：「甚麽處去也？」僧乃問：「師子未出窟時如何？」師曰：「鋒鋩難擊。」曰：「出窟後如何？」師曰：「藏身無路。」曰：「欲出不出時如何？」師曰：「命似懸絲。」曰：「向去事如何？」師曰：「摻。」問：「如何是和尚家風？」師曰：「還柰何麽？」問：「十二時中如何即是？」師曰：「金剛頂上看。」曰：「恁麽則人天有賴。」師曰：「汝又誑謼人天作麽？」

普照院瑜禪師

婺州普照瑜禪師，上堂：「三十年後，大有人向這裏亡鋒結舌去在。」良久曰：「還會麽？灼然若不是真師子兒，争識得上來之機？」時有僧問：「師子未出窟時如何？」師曰：「衆獸徒然。」曰：「出窟後如何？」師曰：「狐絶萬里。」曰：「欲出不出時如何？」師曰：「當衝者喪。」曰：「向去事如何？」師曰：「決在臨鋒。」僧禮拜，師有頌曰：「決在臨鋒處，天然師子機。嚬呻出三界，非祖莫能知。」

雙溪保初禪師

婺州雙溪保初禪師，上堂：「未透徹，不須呈，十方世界廓然明。孤峰頂上通機照，不用看他北斗星。」僧問：「九夏靈峰劍，請師不露鋒。」師曰：「未拍金鎖前何不問？」曰：「千般徒設用，難出髑髏前。」師曰：「背後礙殺人。」

涌泉院究禪師

處州涌泉究禪師，上堂，良久曰：「還有虎狼禪客麽？有則放出一箇來。」僧纔出，師曰：「還知喪命處麽？」曰：「學人咨和尚。」師曰：「甚麽處去也？」曰：「師子未出窟時如何？」師曰：「抖𡁠地。」曰：「出窟後如何？」師曰：「蓋天蓋地。」曰：「欲出不出時如何？」師曰：「一切人辨不得。」曰：「向去事如何？」師曰：「俊鷂亦迷蹤。」

羅漢院義禪師

衢州羅漢義禪師，上堂衆集，僧纔出，師曰：「不是好底。」僧禮拜起，問：「龍泉寶劍請師揮。」師曰：「甚麼處去也？」曰：「恁麼則龍谿南面盡鋒鋩。」師曰：「收取。」問：「不落古今，請師道。」師曰：「還怪得麼？」曰：「猶落古今。」師曰：「莫錯。」

羅漢琛禪師法嗣

清溪洪進禪師

襄州清谿山洪進禪師，在地藏時居第一座。一日地藏上堂，二僧出禮拜。藏曰：「俱錯。」二僧無語，下堂請益修山主，修曰：「汝自巍巍堂堂，却禮拜擬問他人，豈不是錯？」

師聞之，不肯。修乃問：「未審上座又作麽生？」師曰：「汝自迷暗，焉可爲人？」修憤然上方丈請益，藏指廊下曰：「典座入庫頭去也。」修乃省過。又一日，師問修山主曰：「明知生是不生之理，爲甚麽爲生死之所流？」修曰：「筍畢竟成竹去，如今作篾使，還得麽？」師曰：「汝向後自悟去在。」修曰：「某所見祇如此。上座意旨又如何？」師指曰：「這箇是監院房，那箇是典座房。」修即禮謝。住後，僧問：「衆盲摸象，各説異端。忽遇明眼人，又作麽生？」師曰：「汝但舉似諸方。」師經行次，衆僧隨從，乃謂衆曰：「古人有甚麽言句，大家商量。」時有從漪上座出衆擬問次，師曰：「這没毛驢！」漪涣然省悟。

清涼休復禪師

昇州清涼院休復悟空禪師，北海王氏子。幼出家，十九納戒。嘗自謂曰：「苟尚能詮，則爲滯筏；將趣凝寂，復患墮空。既進退莫決，捨二何之？」乃參尋宗匠，依地藏，經年不契，直得成病入涅槃堂。一夜藏去看，乃問：「復上座安樂麽？」師曰：「某甲爲和尚因緣背。」藏指燈籠曰：「見麽？」師曰：「見。」藏曰：「秖這箇也不背。」師於言下有省。後修山主問訊地藏，乃曰：「某甲百劫千生，曾與和尚違背，來此者又值和尚不安。」

藏遂豎起拄杖曰：「祇這箇也不背。」師忽然契悟。後繼法眼住崇壽，江南國主創清涼道場，延請居之。上堂：「古聖纔生下，便周行七步，目顧四方，云：『天上天下，唯我獨尊。』他便有這箇方便奇特。祇如諸上座初生下時，有甚麼奇特？試舉看。若道無，即對面諱却，若道有，又作麼生通得箇消息？還會麼？上座幸然有奇特事，因甚麼不知去？珍重！」僧問：「如何是佛？」師曰：「汝是衆生。」曰：「還肯也無？」師曰：「虛施此問。」問：「如何是西來意？」師曰：「汝道此土還有麼？」問：「省要處乞師一言。」師曰：「珍重。」問：「如何是道？」師曰：「本來無一物，何處有塵埃？」僧禮拜，師曰：「莫錯會。」問：「如何是一塵入正受？」師曰：「色即空。」曰：「如何是諸塵三昧起？」師曰：「空即色。」問：「諸餘即不問，如何是悟空一句？」師曰：「兩句也。」問：「牛頭未見四祖時，爲甚麼百鳥銜華？」師曰：「未見四祖。」曰：「見後爲甚麼不銜華？」師曰：「見四祖。」問：「如何是自己事？」師曰：「幾處問人來？」問：「古人得箇甚麼，即便休歇去？」師曰：「汝得箇甚麼，即不休歇去。」問：「如何是學人出身處？」師曰：「千般比不得，萬般況不及。」曰：「請和尚道。」師曰：「古亦有，今亦有。」問：「如何是亡僧面前觸目菩提？」師曰：「問取髑髏後人。」問：「毒龍奮迅、萬象同然時如何？」師曰：「你甚麼處得這箇問頭？」問：「忠座主講甚麼經？」曰：「法華經。」師曰：「若有說法華經處，我現寶塔當爲證明。大德講，甚麽人證明？」忠無對。法燈代云：「謝和尚證明。」天福八年十月朔日，遣僧命法眼禪師至，囑付訖，又致書辭國主，取三日夜子時入滅。國主令本院至時擊鐘，及期，大衆普集，師端坐警衆曰：「無棄光影。」語絶告寂。時國主聞鐘，登高臺遥禮，深加哀慕，仍致祭、荼毗，收舍利建塔。

龍濟紹修禪師

撫州龍濟紹修禪師，初與法眼同參地藏，所得謂已臻極。暨同辭至建陽，途中譚次，眼忽問：「古人道：『萬象之中獨露身。』是撥萬象？不撥萬象？」師曰：「不撥。」眼曰：「説甚麽撥不撥？」師懵然不知。却回地藏，藏問：「子去未久，何以却來？」師曰：「有事未決，豈憚跋涉山川？」藏曰：「汝跋涉許多山川也還不惡。」師未喻旨，乃問：「古人道：『萬象之中獨露身。』意旨如何？」藏曰：「汝道古人撥萬象？不撥萬象？」師曰：「不撥。」藏曰：「兩箇也。」師駭然沈思，而却問：「未審古人撥萬象？不撥萬象？」藏曰：「汝唤甚麽作萬象？」師方省悟。再辭地藏，覲于法眼。眼語意與地藏開示前後如一。師後居龍濟山，不務聚徒，而學者奔至。上堂：「具足凡夫法，凡夫不知。具足聖人法，聖人不會。聖人若會，即是凡夫。凡夫若知，即是聖人。此兩語一理二義，若人辨得，不妨於佛法中有箇入處。若辨不得，莫道不疑好。珍重！」僧問：「見色便見心，露柱是色，如何是心？」師曰：「幸然未會，且莫詐明頭。」問：「如何得出三界？」師曰：「是三界則一任出。」曰：「不是三界又如何？」師曰：「甚麼處不是三界？」問：「當陽舉唱，誰是委者？」師曰：「非汝不委。」問：「如何是萬法主？」師曰：「把將萬法來！」問：「承古有言，須彌納芥子，芥子納須彌。如何是須彌？」師曰：「穿破汝心。」曰：「如何是芥子？」師曰：「塞却汝眼。」曰：「如何納得？」師曰：「把將須彌與芥子來！」曰：「前言何在？」師曰：「前有甚麽言？」問僧：「甚處來？」曰：「翠巖。」師曰：「翠巖有何言句示徒？」曰：「尋常道，出門逢彌勒，入門見釋迦。」師曰：「與麽道，又争得？」曰：「和尚又如何？」師曰：「出門逢阿誰？入門見甚麽？」僧於言下有省。上堂：「聲色不到處，病在見聞。言詮不及處，過在唇吻。」僧問：「離却聲色，請和尚道。」師曰：「聲色裏問將來！」問：「如何是學人心？」師曰：「阿誰恁麽問？」問：「劫火洞然，大千俱壞，未審這箇還壞也無？」師曰：「不壞。」曰：「爲甚麽不壞？」師曰：「爲同於大千。」上堂：「卷簾除却障，閉户生窒礙。祇這障與礙，古今無人會。會得是障礙，不會不自在。」問：「巨夜之中，以何爲眼？」師曰：「暗。」問：「纖毫不隔，爲甚麽覷之不見？」師曰：「作家弄影漢。」問：「古鏡未磨時如何？」師曰：「照破天地。」曰：「磨後如何？」師曰：「黑漆漆地。」問：「如何是普眼？」師曰：「纖毫覰不見。」曰：「爲甚麽覰不見？」師曰：「爲伊眼太大。」問：「如何是大敗壞底人？」師曰：「劫壞不曾遷。」曰：「此人還知有佛法也無？」師曰：「若知有佛法，渾成顛倒。」曰：「如何得不顛倒去？」師曰：「直須知有佛法。」曰：「如何是佛法？」師曰：「大敗壞。」問：「如何是學人常在底心？」師曰：「還曾問荷玉麽？」曰：「學人不會。」師曰：「若不會，夏末了，問取曹山去。」師有頌曰：「風動心摇樹，雲生性起塵。若明今日事，昧却本來人。」又：「欲識解脱道，諸法不相到。眼耳絶見聞，聲色鬧浩浩。」又：「初心未入道，不得鬧浩浩。鐘聲裏薦取，鼓聲裏顛倒。」又：「諸佛不出世，四十九年説。祖師不西來，少林有妙訣。」又：「萬法是心光，諸緣唯性曉。本無迷悟人，祇要今日了。」

延慶傳殷禪師

潞府延慶院傳殷禪師，僧問：「見色便見心，燈籠是色，那箇是心？」師曰：「汝不會古人意。」曰：「如何是古人意？」師曰：「燈籠是心。」問：「若能轉物，即同如來。未審轉甚麼物？」師曰：「道甚麼？」僧擬進語，師曰：「這漆桶！」

南臺守安禪師

衡嶽南臺守安禪師，僧問：「人人盡有長安路，如何得到？」師曰：「即今在甚麼處？」問：「寂寂無依時如何？」師曰：「寂寂底聻？」因示頌曰：「南臺静坐一鑪香，終日凝然萬慮亡。不是息心除妄想，都緣無事可思量。」

天龍院秀禪師

杭州天龍寺清慧秀禪師，上堂：「諸上座！多少無事，十二時中在何世界安身立命？且子細點檢看。何不覓箇歇處？因甚麼却與別人點檢。若恁麼去，早落第二頭也。」時有僧問：「承師有言：『恁麼去，早落第二頭。』學人總不恁麼上來，如何辨白？」師曰：「汝却作家。」曰：「恁麼則今日得遇於師也。」師曰：「且莫詐明頭。」

天龍機禪師法嗣

雪嶽令光禪師

高麗雪嶽令光禪師，僧問：「如何是和尚家風？」師曰：「分明記取。」問：「如何是諸法之根源？」師曰：「謝指示。」

僊宗符禪師法嗣

僊宗洞明禪師

福州僊宗洞明真覺禪師，僧問：「拏雲不假風雷便，濬浪如何透得身？」師曰：「何得棄本逐末。」

福清行欽禪師

泉州福清行欽廣法禪師，上堂：「還有人鑑得麽？若有人鑑得，是甚麽湖裏破草鞋？若也鑑不出，落地作金聲。無事，久立。」僧問：「如何是佛法大意？」師曰：「諸上座！大家道取。」問：「如何是談真逆俗？」師曰：「客作漢！問甚麽？」曰：「如何是順俗違真？」師曰：「喫茶去。」問：「如何是然燈前？」師曰：「然燈後。」曰：「如何是然燈後？」師曰：「然燈前。」曰：「如何是正然燈？」師曰：「喫茶去。」問：「如何是第二月？」師曰：「汝問我答。」

國泰瑫禪師法嗣

齊雲寶勝禪師

婺州齊雲寶勝禪師，僧問：「如何是齊雲水？」師曰：「龍潭常徹底，擬問即波瀾。」曰：「莫祇這箇便是麽？」師曰：「古殿無香煙，誰人辨清濁。」曰：「未審深深處如何？」

師曰：「闍黎欲識深深處，直須脚下絶雲生。」

白龍希禪師法嗣

廣平玄旨禪師

福州廣平玄旨禪師，上堂：「還有人證明麽？若有人證明，亦免孤負上祖，埋没後來。若是尋言數句，大〔一〕藏分明，若是祖宗門中，怪及甚麽處？恁麽道亦是傍瞥之辭。」僧問：「如何是廣平境？」師曰：「地負名山秀，谿連海水清。」曰：「如何是境中人？」師曰：「汝問我答。」問：「如何是法身體？」師曰：「廓落虚空絶玷瑕。」曰：「如何是體中物？」師曰：「一輪明月散秋江。」曰：「未審體與物分不分？」師曰：「適來道甚麽？」曰：「恁麽則不分也。」師曰：「穿耳胡僧笑點頭。」

〔一〕「大」，原誤作「太」，今改。

白龍清慕禪師

福州昇山白龍清慕禪師，僧問：「如何是白龍密用一機？」師曰：「汝每日用甚麽？」曰：「恁麽則徒勞側聆。」師喝曰：「出去！」問：「一切衆生日用而不知，如何是日用底？」師曰：「别祇對你争得。」問：「不責上來聲前一句，請師道？」師曰：「莫是不辨麽？」

靈峰志恩禪師

福州靈峰志恩禪師，僧問：「如何是吹毛劍？」師曰：「我進前，汝退後。」曰：「恁麽則學人喪身命去也。」師曰：「不打水，魚自驚。」問：「如何是佛？」師曰：「更是阿誰？」曰：「既然如此，爲甚麽迷妄有差殊？」師曰：「但自不亡羊，何須泣歧路？」問：「如何是靈峰境？」師曰：「萬疊青山如飣出，兩條緑水若圖成。」曰：「如何是境中人？」師曰：「明明密密，密密明明。」

東禪玄覺禪師

福州東禪玄亮禪師，僧問：「本無迷悟，爲甚麽却有佛有衆生？」師曰：「話墮也。」問：「祖祖相傳傳法印，師今繼嗣嗣何人？」師曰：「特謝證明。」曰：「恁麽則白龍當時親授記，今日應聖度迷津。」師曰：「汝莫錯認定盤星。」

報劬玄應禪師

漳州報劬院玄應定慧禪師，泉州晉江吴氏子。漳州刺史陳文顥創院，請師開法。僧問：「如何是第一義？」師曰：「如何是第一義？」曰：「學人請益，師何以倒問學人？」師曰：「汝適來請益甚麽？」曰：「第一義。」師曰：「汝謂之倒問邪？」問：「如何是古佛道場？」師曰：「今夏堂中千五百僧。」開寶八年將順世，先七日書辭陳公，仍示偈曰：「今年六十六，世壽有延促。無生火熾然，有爲薪不續。出谷與歸源，一時俱備足。」及期，誡門人曰：「吾滅後不得以喪服哭泣。」言訖而寂。

招慶匡禪師法嗣

報恩宗顯禪師

泉州報恩院宗顯明慧禪師，僧問：「昔日靈山一會，迦葉親聞；未審今日誰是聞者？」師曰：「却憶七葉巖中尊。」問：「昔日覺城東際，象王回旋，五衆咸臻。今日太守臨筵，如何提接？」師曰：「眨上眉毛著。」曰：「恁麽則一機顯處，萬緣喪盡。」師曰：「何必繁辭？」問：「如何是西來意？」師曰：「日裏看鵰毛。」問：「學人都致一問，請師道。」師曰：「不是創住，這箇師僧也難容。」問：「離四句，絶百非，請師道。」師曰：「青紅花滿庭。」問：「不涉思量處，從上宗乘，請師直道。」師良久。僧曰：「恁麽則聽響之流，徒勞側耳。」師曰：「早是粘泥。」問：「如何是人王？」師曰：「奉對不敢造次。」曰：「如何是法王？」師曰：「莫孤負好！」曰：「未審人王與法王對談何事？」師曰：「非汝所聆。」

龍光澄忻禪師

金陵龍光院澄忻禪師，廣州人也。新到參，師問：「甚處來？」曰：「江南來。」師曰：「汝還禮拜渡江船子麼？」曰：「和尚爲甚麼教某禮拜渡江船子？」師曰：「是汝善知識。」

永興可休禪師

永興北院可休禪師，僧問：「如何是西來意？」師曰：「徧滿天下。」曰：「莫便是也無？」師曰：「是即牢收取。」問：「大作業底人來，師還接否？」師曰：「不接。」曰：「爲甚麼不接？」師曰：「幸是好人家男女。」

太平清海禪師

郴州太平院清海禪師，僧問：「古人道：不從請益得。祖師爲甚麼道誰得作佛？」師曰：「悟了方知。」問：「從上宗乘，次第指授，未審今日如何舉唱？」師曰：「透出白雲深洞裏，名華異草嶺頭生。」

慈雲慧深禪師

連州慈雲慧深普廣禪師，僧問：「匿王請佛，既奉法於當時。我后延師，蓋興宗於此日。幸施方便，無悋舉揚。」師曰：「不煩再問。」問：「如何是大圓鏡？」師曰：「著。」問：「如何是向上事？」師曰：「分明聽取。」

興陽道欽禪師

郢州興陽山道欽禪師，僧問：「如何是興陽境？」師曰：「松竹乍栽山影緑，水流穿過院庭中。」問：「如何是佛？」師曰：「更是甚麼？」

報恩資禪師法嗣

福林院澄禪師

處州福林澄禪師，僧問：「如何是伽藍？」師曰：「没幡幀。」曰：「如何是伽藍中人？」師曰：「瞻禮有分。」問：「下堂一句，請師不吝。」師曰：「閑吟唯憶龐居士，天上人間不可陪。」

翠峰欣禪師法嗣

報恩守真禪師

處州報恩守真禪師，僧問：「如何是佛法大意？」師曰：「閃爍烏飛急，奔騰兔走頻。」

鷲嶺遠禪師法嗣

鷲嶺通禪師

襄州鷲嶺通禪師，僧問：「世尊得道，地神報虛空神。和尚得道，未審甚麼人報？」師曰：「謝汝報來。」

龍華球禪師法嗣

仁王院俊禪師

杭州仁王院俊禪師，僧問：「古人道：『向上一路，千聖不傳。』如何是不傳底事？」師曰：「向上問將來！」曰：「恁麽則上來不當去也。」師曰：「既知如是，踏步上來作甚麽？」

酒仙遇賢禪師

酒仙遇賢禪師，姑蘇長洲林氏子。母夢吞大球而孕，生多異祥。貌偉怪，口容雙拳。七歲嘗沈大淵，而衣不濕。遂去家，師嘉禾永安可依，三十剃染圓具，往參龍華，發明心印。回居明覺院，唯事飲酒，醉則成歌頌，警道俗，因號酒仙。偈曰：「緑水紅桃華，前街後巷走百餘遭，張三也識我，李四也識我。識我不識我，兩箇拳頭那箇大。兩箇之中一箇大，曾把虚空一戳破。摩挲令教却恁麽，拈取須彌枕頭卧。」「揚子江頭浪最深，行人到此盡沈吟。他時若到無波處，還似有波時用心。」「金翆又聞泛，玉山還報頹，莫教更漏促，趁取月明回。」「貴買朱砂畫月，筭來枉用工夫。醉卧緑楊陰下，起來强説真如。泥人再三叮囑，莫教失却衣珠。」「一六二六，其事已足。一九二九，我要喫酒。長伸兩脚眠一寣，（音忽。）起來天地還依舊。門前緑樹無啼鳥，庭下蒼苔有落花。聊與東風論箇事，十分春色屬誰家。」「秋至山寒水冷，春來柳緑花紅。一點動隨萬變，江村煙雨濛濛。有不有，空不空，笊籬撈取西北風。」「生在閻浮世界，人情幾多愛惡。祇要喫些酒子，所以倒街卧路。死後却産娑婆，不願超生浄土。何以故，西方浄土且無酒酤？」師於祥符二年上元凌晨，浴罷就室，合拳右舉，左張其口而化。

延壽輪禪師法嗣

歸宗道詮禪師

廬山歸宗道詮禪師，吉州劉氏子。僧問：「承聞和尚親見延壽來，是否？」師曰：「山前麥熟也未？」問：「九峰山中還有佛法也無？」師曰：「有。」曰：「如何是九峰山中佛法？」師曰：「石頭大底大，小底小。」尋屬江南國絶，僧徒例試經業，師之衆並習禪觀。乃述一偈，聞于州牧曰：「比擬忘言合太虛，免教和氣有親疏。誰知道德全無用，今日爲僧貴識書。」州牧閲之，與僚佐議曰：「旃檀林中，必無雜樹。唯師一院，特奏免試。」南康知軍張南金具疏，集道俗迎請，坐歸宗道場。僧問：「如何是歸宗境？」師曰：「千邪不如一直。」問：「如何是佛？」師曰：「待得雪消後，自然春到來。」問：「深山巖谷中，還有佛法也無？」師曰：「無。」曰：「佛法徧在一切處，爲甚麽却無？」師曰：「無人到。」問：「古人道不是風動、不是幡動時如何？」師曰：「來日路口有市。」問：「如何是學人自己？」師曰：「牀窄先卧，粥稀後坐。」雍熙二年順寂，塔于牛首庵。

龍興院裕禪師

潭州龍興裕禪師，僧問：「如何是學人自己？」師曰：「張三李四。」曰：「比來問自己，爲甚麽却道張三李四？」師曰：「汝且莫草草。」問：「諸餘即不問，如何是和尚家風？」師曰：「家風即且置，阿那箇是汝不問底諸餘？」

保福儔禪師法嗣

隆壽無逸禪師

漳州隆壽無逸禪師，開堂陞座，良久曰：「諸上座，若是上根之士，早已掩耳，中下之流，競頭側聽。雖然如此，猶是不得已而言。諸上座，他時後日到處，有人問著今日事，且作麽生舉似他。若也舉得，舌頭鼓論，若也舉不得，如無三寸，且作麽生舉？」

大龍洪禪師法嗣

大龍景如禪師

鼎州大龍山景如禪師，僧問：「如何是佛法大意？」師便喝。僧曰：「尊意如何？」師曰：「會麽？」曰：「不會。」師又喝。問：「太陽一顯人皆羨，鼓聲纔罷意如何？」師曰：「季秋凝後好晴天。」

大龍楚勛禪師

鼎州大龍山楚勛禪師，上堂，良久曰：「大衆祇恁麽各自散去，已是重宣此義了也。久立又奚爲？然久立有久立底道理。知了，經一小劫如一食頃。不知，便見茫然。還知麽？有知者出來，大家相共商量。」僧出提坐具，曰：「展即徧周沙界，縮即絲髮不存。展即是？不展即是？」師曰：「你從甚麽處得來？」曰：「恁麽則展去也。」師曰：「没交涉。」問：「如何是大龍境？」師曰：「諸方舉似人。」曰：「如何是境中人？」師曰：「你爲甚麽謾我？」問：「亡僧遷化向甚麽處去？」師曰：「阿彌陁佛。」問：「善法堂中師子吼，未審法嗣嗣何人？」師曰：「猶自恁麽問。」

普通從善禪師

興元府普通院從善禪師，僧問：「法輪再轉時如何？」師曰：「助上座喜。」曰：「合譚何事？」師曰：「異人掩耳。」曰：「便恁麽領會時如何？」師曰：「錯。」問：「佩劍叩松關時如何？」師曰：「莫亂作。」曰：「誰不知有。」師曰：「出。」

白馬靄禪師法嗣

白馬智倫禪師

襄州白馬智倫禪師，僧問：「如何是佛？」師曰：「真金也須失色。」問：「如何是和尚出身處？」師曰：「牛觝牆。」曰：「學人不會意旨如何？」師曰：「已成八字。」

白兆楚禪師法嗣

保壽匡祐禪師

唐州保壽匡祐禪師，僧問：「如何是佛法大意？」師曰：「近前來。」僧近前，師曰：「會麽？」曰：「不會。」師曰：「石火電光，已經塵劫。」問：「如何是爲人底一句？」師曰：「開口入耳。」曰：「如何理會？」師曰：「逢人告人。」

青原下九世

黄龍達禪師法嗣

眉州黄龍禪師

眉州黄龍禪師，僧問：「如何是密室？」師曰：「斫不開。」曰：「如何是密室中人？」師曰：「非男女相。」問：「國内按劍者是誰？」師曰：「昌福。」曰：「忽遇尊貴時如何？」師曰：「不遺。」

清谿進禪師法嗣

天平從漪禪師

相州天平山從漪禪師，僧問：「如何得出三界？」師曰：「將三界來，與汝出。」問：

「如何是和尚家風?」師曰:「顯露地。」問:「如何是佛?」師曰:「不指天地。」曰:「爲甚麽不指天地?」師曰:「唯我獨尊。」問:「如何是天平?」師曰:「八凹九凸。」問:「洞深杳杳清谿水,飲者如何不升墜?」師曰:「更夢見甚麽?」問:「大衆雲集,合譚何事?」師曰:「香煙起處森羅見。」

圓通緣德禪師

廬山圓通緣德禪師,臨安黄氏子。事本邑東山勤老宿剃染,徧遊諸方。江南國主於廬山建院,請師開法。上堂:「諸上座,明取道眼好,是行脚本分事。道眼若未明,有甚麽用處?祇是移盤喫飯漢。道眼若明,有何障礙?若未明得,强説多端也無用處。無事切須尋究。」僧問:「如何是四不遷?」師曰:「地水火風。」問:「如何是古佛心?」師曰:「水鳥樹林。」曰:「學人不會。」師曰:「會取學人。」問:「久負没絃琴,請師彈一曲。」師曰:「負來多少時也?」曰:「未審作何音調?」師曰:「話墮也。珍重!」問:「如何是佛法大意?」師曰:「過去燈明佛,本光瑞如是。」

本朝遣帥問罪江南,後主納土矣,而胡則者據守九江不降,大將軍曹翰部曲渡江入寺，禪者驚走，師淡坐如平日。翰至，不起不揖，翰怒訶曰：「長老不聞殺人不眨眼將軍乎？」師熟視曰：「汝安知有不懼生死和尚邪？」翰大奇，增敬而已。曰：「禪者何爲而散？」師曰：「擊鼓自集。」翰遣裨校擊之，禪無至者。翰曰：「不至，何也？」師曰：「公有殺心故爾。」師自起擊之，禪者乃集。翰再拜，問决勝之策。師曰：「非禪者所知也。」太平興國二年十月七日，陞堂曰：「脱離世緣，乃在今日。」囑令門人累青石爲塔，乃曰：「他日塔作紅色，吾再至也。」言訖而逝，謚道濟禪師。

清凉復禪師法嗣

奉先慧同禪師

昇州奉先寺慧同浄照禪師，魏府張氏子。僧問：「教中道：『唯一堅密身，一切塵中見。』又道：『佛身充滿於法界，普見一切群生前。』於此二途，請師説。」師曰：「唯一堅密身，一切塵中見。」問：「如何是古佛心？」師曰：「汝疑阿那箇不是？」問：「如何是常在底人？」師曰：「更問阿誰？」

龍濟修禪師法嗣

河東廣原禪師

河東廣原禪師，僧問：「如何是佛法大意？」師曰：「聽取一偈：剎剎現形儀，塵塵具覺知。性源常鼓浪，不悟未曾移。」

南臺安禪師法嗣

鷲嶺善美禪師

襄州鷲嶺善美禪師，僧問：「如何是鷲嶺境？」師曰：「峴山對碧玉，江水往南流。」曰：「如何是境中人？」師曰：「有甚麽事？」問：「百川異流，還歸大海，未審大海有幾滴？」師曰：「汝還到海也未？」曰：「到海後如何？」師曰：「明日來，向汝道。」

歸宗詮禪師法嗣

九峰義詮禪師

瑞州九峰義詮禪師，僧問：「如何是祖師西來意？」師曰：「有力者負之而趨。」

隆壽逸禪師法嗣

隆壽法騫禪師

隆壽法騫禪師，泉州施氏子。漳州刺史陳洪銛請開法，上堂：「今日隆壽出世，三世諸佛、森羅萬象，同時出世，同時轉法輪，諸人還見麽？」僧問：「如何是隆壽境？」師曰：「無汝插足處。」曰：「如何是境中人？」師曰：「未識境在。」有僧來參，次日請問心要。師曰：「昨日相逢序起居，今朝相見事還如。如何却覓呈心要，心要如何特地疏？」

五燈會元卷第九

南嶽下三世

百丈海禪師法嗣

潙山靈祐禪師

潭州潙山靈祐禪師，福州長谿趙氏子。年十五出家，依本郡建善寺法常律師剃髮於杭州龍興寺，究大小乘教。二十三遊江西，參百丈，丈一見，許之入室，遂居參學之首。侍立次，丈問：「誰？」師曰：「某甲。」丈曰：「汝撥爐中有火否？」師撥之曰：「無火。」丈躬起，深撥得少火，舉以示之曰：「汝道無，這箇聻？」師由是發悟，禮謝陳其所解。丈曰：「此乃暫時岐路耳。經云：欲識佛性義，當觀時節因緣。時節既至，如迷忽悟，如忘忽憶，方省己物不從他得。故祖師云：悟了同未悟，無心亦無法。祇是無虛妄凡聖等心，本來心法元自備足。汝今既爾，善自護持。」次日，同百丈入山作務。丈曰：「將得火來麽？」師曰：「將得來。」丈曰：「在甚處？」師乃拈一枝柴吹兩吹，度與百丈。丈曰：「如蟲禦木。」司馬頭陀自湖南來，謂丈曰：「頃在湖南尋得一山，名大潙，是一千五百人善知識所居之處。」丈曰：「老僧住得否？」陀曰：「非和尚所居。」丈曰：「何也？」陀曰：「和尚是骨人，彼是肉山。設居，徒不盈千。」丈曰：「吾衆中莫有人住得否？」陀曰：「待歷觀之。」時華林覺爲第一座，丈令侍者請至。問曰：「此人如何？」陀請謦欬一聲，行數步。陀曰：「不可。」丈又令喚師，師時爲典座。陀一見乃曰：「此正是潙山主人也。」丈是夜召師入室，囑曰：「吾化緣在此。潙山勝境，汝當居之，嗣續吾宗，廣度後學。」而華林聞之曰：「某甲忝居上首，典座何得住持？」丈曰：「若能對衆下得一語出格，當與住持。」即指淨瓶問曰：「不得喚作淨瓶，汝喚作甚麽？」林曰：「不可喚作木楔也。」丈乃問師，師踢倒淨瓶便出去。丈笑曰：「第一座輸却山子也。」師遂往焉。

是山峭絶，夐無人煙。猿猱爲伍，橡栗充食。經于五七載，絶無來者。師自念言，我本住持，爲利益於人，既絶往還，自善何濟？即捨庵而欲他往。行至山口，見虵虎狼豹，交橫在路。師曰：「汝等諸獸，不用攔吾行路。吾若於此山有緣，汝等各自散去。吾若無緣，汝等不用動。吾從路過，一任汝喫。」言訖，蟲虎四散而去。師乃回庵。未及一載，安上座（即懶安也）。同數僧從百丈來，輔佐於師。安曰：「某與和尚作典座，待僧及五百人，不論時節，即不造粥，便放某甲下。」自後山下居民，稍稍知之，率衆共營梵宇。連帥李景讓奏號同慶寺，相國裴公休嘗咨玄奥，繇是天下禪學輻輳焉。

上堂：「夫道人之心，質直無僞，無背無面，無詐妄心。一切時中，視聽尋常，更無委曲，亦不閉眼塞耳，但情不附物即得。從上諸聖，祇説濁邊過患，若無如許多惡覺情見想習之事，譬如秋水澄渟，清淨無爲，澹泞無礙。喚他作道人，亦名無事人。」時有僧問：「頓悟之人更有修否？」師曰：「若真悟得本他自知時，修與不修是兩頭語。如今初心雖從緣得，一念頓悟自理，猶有無始曠劫習氣未能頓淨，須教渠淨除現業流識，即是修也。不可別有法教渠修行趣向。從聞入理，聞理深妙，心自圓明，不居惑地。縱有百千妙義，抑揚當時，此乃得坐披衣，自解作活計始得。以要言之，則實際理地，不受一塵，萬行門中，不捨一法。若也單刀直入，則凡聖情盡，體露真常，理事不二，即如如佛。」仰山問：「如何是祖師西來意？」師指燈籠曰：「大好燈籠。」仰曰：「莫祇這便是麼？」師曰：「這箇是甚麼？」仰曰：「大好燈籠。」師曰：「果然不見。」一日，師謂衆曰：「如許多人，祇得大機，不得大用。」仰山舉此語，問山下庵主曰：「和尚恁麽道，意旨如何？」主曰：「更舉看。」仰擬再舉，被庵主踏倒。仰歸，舉似師，師呵呵大笑。師在法堂坐，庫頭擊木魚，火頭擲却火抄，拊掌大笑。師曰：「衆中也有恁麽人？」遂喚來問：「你作麽生？」火頭曰：「某甲不喫粥肚饑，所以歡喜。」師乃點頭。後鏡清怤云：「將知溈山衆裏無人。」臥龍球云：「將知溈山衆裏有人。」

師摘茶次，謂仰山曰：「終日摘茶，祇聞子聲，不見子形。」仰撼茶樹，師曰：「子祇得其用，不得其體。」仰曰：「未審和尚如何？」師良久。仰曰：「和尚祇得其體，不得其用。」師曰：「放子三十棒。」仰曰：「和尚棒某甲喫，某甲棒教誰喫？」師曰：「放子三十棒。」玄覺云：「且道過在甚麽處？」上堂，僧出曰：「請和尚爲衆説法。」師曰：「我爲汝得徹困也！」僧禮拜。後人舉似雪峰，峰曰：「古人得恁麽老婆心切。」玄沙云：「山頭和尚蹉過古人事也。」雪峰聞之，乃問沙曰：「甚麽處是老僧蹉過古人事處？」沙曰：「大小溈山被那僧一問，直得百雜碎。」峰乃駭然。師坐次，仰山入來。師曰：「寂子速道，莫入陰界。」仰曰：「慧寂信亦不立。」師曰：「子信了不立？不信不立？」仰曰：「祇是慧寂，更信阿誰？」師曰：「若恁麽，即是定性聲聞。」仰曰：「慧寂佛亦不立。」師問仰山：「涅槃經四十卷，多少是佛説？多少是魔説？」仰曰：「總是魔説。」師曰：「已後無人柰子何！」仰曰：「慧寂即一期之事，行履在甚麽處？」師曰：「祇貴子眼正，不説子行履。」仰山蹋衣次，提起問師曰：「正恁麼時，和尚作麼生？」師曰：「正恁麼時，我這裏無作麼生？」仰曰：「和尚有身而無用。」師良久，却拈起問曰：「汝正恁麼時，作麼生？」仰曰：「正恁麼時，和尚還見伊否？」師曰：「汝有用而無身。」師後忽問仰山：「汝春間有話未圓，今試道看。」仰曰：「正恁麼時，切忌勃訴。」師曰：「停囚長智。」師一日喚院主，主便來。師曰：「我喚院主，汝來作甚麼？」主無對。曹山代云：「也知和尚不喚某甲。」又令侍者喚第一座，座便至。師曰：「我喚第一座，汝來作甚麼？」座亦無對。曹山代云：「若令侍者喚，恐不來。」法眼云：「適來侍者喚。」師問雲巖：「聞汝久在藥山，是否？」巖曰：「是。」師曰：「如何是藥山大人相？」巖曰：「涅槃後有。」師曰：「如何是涅槃後有？」巖曰：「水灑不着。」巖却問師：「百丈大人相如何？」師曰：「巍巍堂堂，煒煒煌煌。聲前非聲，色後非色。蚊子上鐵牛，無汝下觜處。」師過浄瓶與仰山，山擬接，師却縮手曰：「是甚麼？」仰曰：「和尚還見箇甚麼？」師曰：「若恁麼，何用更就吾覓？」仰曰：「雖然如此，仁義道中與和尚提瓶挈水，亦是本分事。」師乃過浄瓶與仰山。

師與仰山行次，指柏樹子問曰：「前面是甚麼？」仰曰：「柏樹子。」師却問耘田翁，翁亦曰：「柏樹子。」師曰：「這耘田翁向後亦有五百衆。」師問仰山：「何處來？」仰曰：

「田中來。」師曰：「禾好刈也未？」仰作刈禾勢。師曰：「汝適來作青見？作黃見？作不青不黃見？」仰曰：「和尚背後是甚麼？」師曰：「子還見麼？」仰拈禾穗曰：「和尚何曾問這箇？」師曰：「此是鵝王擇乳。」師問仰山：「天寒？人寒？」仰曰：「大家在這裏。」師曰：「何不直說？」仰曰：「適來也不曲，和尚如何？」師曰：「直須隨流。」上堂：「仲冬嚴寒年年事，晷運推移事若何？」仰山進前，叉手而立。師曰：「我情知汝答這話不得！」香嚴曰：「某甲偏答得這話。」師躡前問，嚴亦進前，叉手而立。師曰：「賴遇寂子不會。」

師一日見劉鐵磨來，師曰：「老牸牛，汝來也。」磨曰：「來日臺山大會齋，和尚還去麼？」師乃放身作卧勢，磨便出去。有僧來禮拜，師作起勢。僧曰：「請和尚不用起。」師曰：「老僧未曾坐。」僧曰：「某甲未曾禮。」師曰：「何故無禮？」僧無對。同安代云：「和尚不怪。」僧問：「如何是道？」師曰：「無心是道。」曰：「某甲不會。」師曰：「會取不會底好！」曰：「如何是不會底？」師曰：「祇汝是，不是別人。」復曰：「今時人但直下體取不會底，正是汝心，正是汝佛。若向外得一知一解，將爲禪道，且没交涉。名運糞入，不名運糞出，汙汝心田。所以道：不是道。」問：「如何是百丈真？」師下禪牀，叉手立。曰：「如何是和尚真？」師却坐。師坐次，仰山從方丈前過，師曰：「若是百丈先師見，子須喫痛棒始得。」仰曰：「即今事作麽生？」師曰：「合取兩片皮。」仰曰：「此恩難報。」師曰：「非子不才，迺老僧年邁。」仰曰：「今日親見百丈師翁來。」師曰：「子向甚麽處見？」仰曰：「不道見，秖是無别。」師曰：「始終作家。」

師問仰山：「即今事且置，古來事作麽生？」仰叉手近前。師曰：「猶是即今事，古來事作麽生？」仰退後立。師曰：「汝屈我？我屈汝？」仰便禮拜。仰山香嚴侍立次，師舉手曰：「如今恁麽者少，不恁麽者多。」嚴從東過西立，仰從西過東立。師曰：「這箇因緣，三十年後如金擲地相似。」仰曰：「亦須是和尚提唱始得。」嚴曰：「即今亦不少。」師曰：「合取口。」師坐次，仰山入來，師以兩手相交示之。仰作女人拜。師曰：「如是！如是！」師方丈内坐次，仰山入來，師曰：「寂子，近日宗門令嗣作麽生？」仰曰：「大有人疑著此事。」師曰：「寂子作麽生？」仰曰：「慧寂祇管困來合眼，健即坐禪，所以未曾説著在。」師曰：「到這田地也難得。」仰曰：「據慧寂所見，祇如此一句也著不得。」師曰：「汝爲一人也不得。」仰曰：「自古聖人，盡皆如此。」師曰：「大有人笑汝恁麽祇對。」仰曰：「解笑者是慧寂同參。」師曰：「出頭事作麽生？」仰繞禪牀一匝，師曰：「裂破古今。」仰山香嚴侍立次，師曰：「過去現在未來，佛佛道同，人人得箇解脱路。」仰曰：「如何是人人解脱路？」師回顧香嚴曰：「寂子借問，何不答伊？」嚴曰：「若道過去未來現在，某甲却有箇祇對處。」師曰：「子作麼生祇對？」嚴珍重便出。師却問仰山曰：「智閑恁麼祇對，還契寂子也無？」仰曰：「不契。」師曰：「子又作麼生？」仰亦珍重出去。師呵呵大笑曰：「如水乳合。」

一日，師翹起一足謂仰山曰：「我每日得他負載，感伊不徹。」仰曰：「當時給孤園中，與此無別。」師曰：「更須道始得。」仰曰：「寒時與他襪著，也不爲分外。」師曰：「不負當初，子今已徹。」仰曰：「恁麼更要答話在。」師曰：「道看。」仰曰：「誠如是言。」師曰：「如是！如是！」師問仰山：「生住異滅，汝作麼生會？」仰曰：「一念起時，不見有生住異滅。」師曰：「子何得遺法？」仰曰：「和尚適來問甚麼？」師曰：「生住異滅。」仰曰：「却喚作遺法。」師問仰山：「妙淨明心，汝作麼生會？」仰曰：「山河大地，日月星辰。」師曰：「汝祇得其事。」仰曰：「和尚適來問甚麼？」師曰：「妙淨明心。」仰曰：「喚作事，得麼？」師曰：「如是！如是！」石霜會下有二禪客到，云：「此間無一人會禪。」後普請般柴，仰山見二禪客歇，將一橛柴問曰：「還道得麼？」俱無對。仰曰：「莫道無人會禪好！」仰歸，舉似師曰：「今日二禪客，被慧寂勘破。」師曰：「甚麼處被子勘破？」仰舉前話。師曰：「寂子又被吾勘破。」雲居錫云：「甚處是潙山勘破仰山處？」

師睡次，仰山問訊，師便回面向壁。仰曰：「和尚何得如此？」師起曰：「我適來得一夢，你試爲我原看。」仰取一盆水，與師洗面。少頃，香嚴亦來問訊。師曰：「我適來得一夢，寂子爲我原了，汝更與我原看。」嚴乃點一椀茶來。師曰：「二子見解，過於鶖子。」師因泥壁次，李軍容來，具公裳，直至師背後，端笏而立。師回首見，便側泥盤作接泥勢。李便轉笏作進泥勢。師便拋下泥盤，同歸方丈。僧問：「不作溈山一頂笠，無由得到莫傜村。如何是溈山一頂笠？」師喚曰：「近前來。」僧近前，師與一踏。

上堂：「老僧百年後，向山下作一頭水牯牛。左脇下書五字，曰：『溈山僧某甲。』當恁麼時，喚作溈山僧，又是水牯牛，喚作水牯牛，又是溈山僧。畢竟喚作甚麼即得？」仰山出禮拜而退。雲居膺代曰：「師無異號。」資福寶曰：「當時但作此◯相拓呈之。」新羅和尚作此(牛)相拓呈之。又曰：「同道者方知。」芭蕉徹作此(牣)(弗)(衣)相拓呈之。又曰：「説也説了也，注也注了也。悟取好！」乃述偈曰：「不是溈山不是牛，一身兩號實難酬。離却兩頭應須道，如何道得出常流。」師敷揚宗教凡四十餘年，達者不可勝數。大中七年正月九日，盥漱敷坐，怡然而寂。壽八十三，臘六十四。塔于本山，謚大圓禪師，塔曰清淨。

南嶽下四世

潙山祐禪師法嗣

仰山慧寂禪師

袁州仰山慧寂通智禪師，韶州懷化葉氏子。年九歲，於廣州和安寺投通禪師出家。即不語通。十四歲，父母取歸，欲與婚媾。師不從，遂斷手二指，跪致父母前，誓求正法，以答劬勞。父母乃許。再詣通處，而得披剃。未登具，即遊方。初謁耽源，已悟玄旨。後參潙山，遂升堂奥。耽源謂師曰：「國師當時傳得六代祖師圓相，共九十七箇，授與老僧。乃曰：『吾滅後三十年，南方有一沙彌到來，大興此教，次第傳受，無令斷絶。』我今付汝，汝當奉持。」遂將其本過與師。師接得一覽，便將火燒却。耽源一日問：「前來諸相，甚宜秘惜。」師曰：「當時看了便燒却也。」源曰：「吾此法門無人能會，唯先師及諸祖師、諸大聖人方可委悉，子何得焚之？」師曰：「慧寂一覽，已知其意。但用得，不可執本也。」源曰：「然雖如此，於子即得，後人信之不及。」師曰：「和尚若要，重録不難。」即重集一本呈上，更無遺失。源曰：「然。」耽源上堂，師出衆，作此○相以手拓呈了，却叉手立。源以兩手相交，作拳示之。師進前三步，作女人拜。源點頭，師便禮拜。

師浣衲次，耽源曰：「正恁麼時作麼生？」師曰：「正恁麼時向甚麼處見？」後參潙山，潙問：「汝是有主沙彌？無主沙彌？」師曰：「有主。」曰：「主在甚麼處？」師從西過東立，潙異之。師問：「如何是真佛住處？」潙曰：「以思無思之妙，返思靈燄之無窮，思盡還源，性相常住。事理不二，真佛如如。」師於言下頓悟，自此執侍前後，盤桓十五載。

後參巖頭，頭舉起拂子，師展坐具。巖拈拂子置背後，師將坐具搭肩上而出。巖曰：「我不肯汝放，秖肯汝收。」掃地次，潙問：「塵非掃得，空不自生。如何是塵非掃得？」師掃地一下，潙曰：「如何是空不自生？」師指自身，又指潙，潙曰：「塵非掃得，空不自生。離此二途，又作麼生？」師又掃地一下，又指自身，並指潙。潙一日指田問師：「這丘田那頭高，這頭低。」師曰：「却是這頭高，那頭低。」潙曰：「你若不信，向中間立，看兩頭。」師曰：「不必立中間，亦莫住兩頭。」潙曰：「若如是，著水看，水能平物。」師曰：「水亦無定，但高處高平，低處低平。」潙便休。

有施主送絹與潙山，師問：「和尚受施主如是供養，將何報答？」潙敲禪牀示之。師曰：「和尚何得將衆人物作自己用？」師在溈山爲直歲，作務歸，溈問：「甚麼處去來？」師曰：「田中來。」溈曰：「田中多少人？」師插鍬叉手。溈曰：「今日南山大有人刈茅。」師拔鍬便行。玄沙云：「我若見，即踏倒鍬子。」僧問鏡清：「仰山插鍬，意旨如何？」清云：「狗御赦書，諸侯避道。」云：「祇如玄沙踏倒，意旨如何？」清云：「不柰船何，打破戽斗。」云：「南山刈茅，意旨如何？」清云：「李靖三兄，久經行陣。」雲居錫云：「且道鏡清下此一判，著不著？」師在溈山牧牛，時踢天泰上座問曰：「一毛頭師子現即不問，百億毛頭百億師子現又作麼生？」師便騎牛歸，侍立溈山次，舉前話方了，却見泰來。師曰：「便是這箇上座。」溈遂問：「百億毛頭百億師子現，豈不是上座道？」泰曰：「是。」師曰：「正當現時，毛前現？毛後現？」泰曰：「現時不說前後。」溈山大笑。師曰：「師子腰折也。」便下去。

一日，第一座舉起拂子曰：「若人作得道理，即與之。」師曰：「某甲作得道理，還得否？」座曰：「但作得道理便得。」師乃掣將拂子去。雲居錫云：「甚麼處是仰山道理？」一日雨下，天性上座謂師曰：「好雨！」師曰：「好在甚麼處？」性無語。師曰：「某甲却道得。」性曰：「好在甚麼處？」師指雨，性又無語。師曰：「何得大智而默？」師隨溈山遊山，到磐陀石上坐。師侍立次，忽鵶銜一紅柿落在面前。溈拾與師，師接得，洗了度與溈。溈曰：「子甚處得來？」師曰：「此是和尚道德所感。」溈曰：「汝也不得無分。」即分半與師。玄沙云：「大小溈山被仰山一坐，至今起不得。」

溈山問師：「忽有人問汝，汝作麽生衹對？」師曰：「東寺師叔若在，某甲不致寂寞。」溈曰：「放汝一箇不衹對罪。」師曰：「生之與殺，衹在一言。」溈曰：「不負汝見，別有人不肯。」師曰：「阿誰？」溈指露柱曰：「這箇。」師曰：「道甚麽？」溈曰：「道甚麽？」師曰：「白鼠推遷，銀臺不變。」師問溈山：「大用現前，請師辨白。」溈山下座歸方丈，師隨後入。溈問：「子適來問甚麽話？」師再舉，溈曰：「還記得吾答語否？」師曰：「記得。」溈曰：「你試舉看。」師便珍重出去。溈曰：「錯。」師回首，曰：「閑師弟若來，莫道某甲無語好！」師問東寺曰：「借一路過那邊還得否？」寺曰：「大凡沙門不可衹一路，也別更有麽？」師良久，寺却問：「借一路過那邊得否？」師曰：「大凡沙門不可衹一路，也別更有麽？」寺曰：「衹有此。」師曰：「大唐天子決定姓金。」

師在溈山前坡牧牛次，見一僧上山，不久便下來。師乃問：「上座何不且留山中？」僧曰：「衹爲因緣不契。」師曰：「有何因緣？試舉看。」曰：「和尚問某名甚麽，某答歸真和尚。曰歸真何在？某甲無對。」師曰：「上座却回，向和尚道：『某甲道得也。』和尚問：『作麽生道？』但曰：『眼裏、耳裏、鼻裏。』」僧回，一如所教。溈曰：「脱空謾語漢，此是五百人善知識語。」

師臥次，夢入彌勒内院，衆堂中諸位皆足，惟第二位空，師遂就座。有一尊者白槌曰：「今當第二座説法。」師起白槌曰：「摩訶衍法，離四句，絶百非，諦聽！諦聽！」衆皆散去。及覺，舉似潙，潙曰：「子已入聖位。」師便禮拜。

師侍潙行次，忽見前面塵起，潙曰：「面前是甚麽？」師近前看了，却作此⊕〔一〕相。潙點頭。潙山示衆曰：「一切衆生皆無佛性。」鹽官示衆曰：「一切衆生皆有佛性。」鹽官有二僧往探問，既到潙山，聞潙山舉揚，莫測其涯，若生輕慢。因一日與師言話次，乃勸曰：「師兄須是勤學佛法，不得容易！」師乃作此○相，以手拓呈了，却拋向背後，遂展兩手就二僧索，二僧罔措。師曰：「吾兄直須勤學佛法，不得容易！」便起去。時二僧却回鹽官，行三十里，一僧忽然有省，乃曰：「當知潙山道，一切衆生皆無佛性。信之不錯。」便回潙山。一僧更前行數里，因過水忽然有省，自歎曰：「潙山道，一切衆生皆無佛性。灼然有他恁麽道。」亦回潙山，久依法席。潙山同師牧牛次，潙曰：「此中還有菩薩也無？」師曰：「有。」潙曰：「汝見那箇是？試指出看。」師曰：「和尚疑那箇不是？試指出看。」潙便休。師送果子上潙山，潙接得，問：「子甚麽處得來？」師曰：「家園底。」潙曰：「堪

〔一〕「⊕」，原作「車」，據清藏本、續藏本改。

喫也未？」師曰：「未敢嘗，先獻和尚。」溈曰：「是阿誰底？」師曰：「慧寂底。」溈曰：「既是子底，因甚麽教我先嘗？」師曰：「和尚嘗千嘗萬。」溈便喫，曰：「猶帶酸澀在。」師曰：「酸澀莫非自知？」溈不答。

赤干行者聞鐘聲，乃問：「有耳打鐘？無耳打鐘？」師曰：「汝但問，莫愁我答不得。」干曰：「早箇問了也！」師喝曰：「去！」師夏末問訊溈山次，溈曰：「子一夏不見上來，在下面作何所務？」師曰：「某甲在下面，鉏得一片畬，下得一籮種。」溈曰：「子今夏不虚過。」師却問：「未審和尚一夏之中作何所務？」溈曰：「日中一食，夜後一寢。」師曰：「和尚今夏亦不虚過。」道了乃吐舌。溈曰：「寂子何得自傷己命？」溈山一日見師來，即以兩手相交過，各撥三下，却豎一指。師亦以兩手相交過，各撥三下，却向胸前仰一手，覆一手，以目瞻視。溈山休去。

溈山餧鵶生飯，回頭見師，曰：「今日爲伊上堂一上。」師曰：「某甲隨例得聞。」溈曰：「聞底事作麽生？」師曰：「鵶作鵶鳴，鵲作鵲噪。」溈曰：「争奈聲色何！」師曰：「和尚適來道甚麽？」溈曰：「我祇道爲伊上堂一上。」師曰：「爲甚麽唤作聲色？」溈曰：「雖然如此，驗過也無妨。」師曰：「大事因緣又作麽生驗？」溈豎起拳，師曰：「終是指東畫西。」溈曰：「子適來問甚麽？」師曰：「問和尚大事因緣。」溈曰：「爲甚麽唤作指東畫西？」師曰：「爲著聲色故，某甲所以問過。」溈曰：「並未曉了此事。」師曰：「如何得曉了此事？」溈曰：「寂子聲色，老僧東西。」師曰：「一月千江，體不分水。」溈曰：「應須與麼始得。」師曰：「如金與金，終無異色，豈有異名？」溈曰：「作麼生是無異名底道理？」師曰：「瓶、盤、釵、釧、券、盂、盆。」溈曰：「寂子說禪如師子吼，驚散狐狼野干之屬。」

師後開法王莽山，問僧：「近離甚處？」曰：「廬山。」師曰：「曾到五老峰麼？」曰：「不曾到。」師曰：「闍黎不曾遊山。」雲門云：「此語皆爲慈悲之故，有落草之談。」上堂：「汝等諸人，各自回光返照，莫記吾言。汝無始劫來，背明投暗，妄想根深，卒難頓拔。所以假設方便，奪汝麁識。如將黃葉止啼，有甚麼是處〔一〕？亦如人將百種貨物與金寶作一鋪貨賣，祇擬輕重來機〔二〕。所以道：石頭是真金鋪〔三〕，我這裏是雜貨鋪。有人來覓鼠糞，我亦拈與他。來覓真金，我亦拈與他。」時有僧問：「鼠糞即不要，請和尚真金。」師曰：「齧鏃擬

〔一〕「有甚麼是」四字原闕，據清藏本、續藏本補。
〔二〕「重來機」三字原闕，據清藏本、續藏本補。
〔三〕「所以道」三字原闕，據清藏本、續藏本補。

開口，驢年亦不會。」僧無對。師曰：「索喚則有交易，不索喚則無。我若説禪宗，身邊要一人相伴亦無，豈況有五百七百衆邪？我若東説西説，則争頭向前采拾。如將空拳誑小兒，都無實處。我今分明向汝説聖邊事，且莫將心湊泊。但向自己性海，如實而修，不要三明六通。何以故？此是聖末邊事，如今且要識心達本。但得其本，不愁其末，他時後日自具去在。若未得本，縱饒將情學他亦不得。汝豈不見潙山和尚云：『凡聖情盡，體露真常，事理不二，即如如佛。』」問：「如何是祖師意？」師以手於空，作此(佛)相示之。僧無語。師謂第一座曰：「不思善，不思惡，正恁麼時作麼生？」座曰：「正恁麼時是某甲放身命處。」師曰：「何不問老僧？」座曰：「正恁麼時不見有和尚。」師曰：「扶吾教不起。」

師因歸潙山省覲，潙問：「子既稱善知識，争辨得諸方來者知有不知有，有師承無師承，是義學是玄學？子試説看。」師曰：「慧寂有驗處，但見僧來便豎起拂子，問伊：『諸方還説這箇不説？』又曰：『這箇且置，諸方老宿意作麼生？』」潙嘆曰：「此是從上宗門中牙爪。」潙問：「大地衆生，業識茫茫，無本可據，子作麼生知他有之與無？」師曰：「慧寂有驗處。」時有一僧從面前過，師召曰：「闍黎！」僧回首，師曰：「和尚！這箇便是業識茫茫，無本可據。」潙曰：「此是師子一滴乳，迸散六斛驢乳。」師問僧：「甚處來？」曰：「幽州。」師曰：「我恰要箇幽州信，米作麼價？」曰：「某甲來時，無端從市中過，踏折他橋梁。」師便休。師見僧來，豎起拂子，僧便喝。師曰：「喝即不無，且道老僧過在甚麼處？」曰：「和尚不合將境示人。」師便打。

有梵僧從空而至，師曰：「近離甚處？」曰：「西天。」師曰：「幾時離彼？」曰：「今早。」師曰：「何太遲生！」曰：「遊山翫水。」師曰：「神通遊戲則不無，闍黎，佛法須還老僧始得。」曰：「特來東土禮文殊，却遇小釋迦。」遂出梵書貝多葉，與師作禮，乘空而去。自此號小釋迦。

師住東平時，溈山令僧送書并鏡與師。師上堂，提起示衆曰：「且道是溈山鏡？東平鏡？若道是東平鏡，又是溈山送來。若道是溈山鏡，又在東平手裏。道得則留取，道不得則撲破去也。」衆無語，師遂撲破，便下座。僧參次，便問：「和尚還識字否？」師曰：「隨分。」僧以手畫此○相拓呈，師以衣袖拂之。僧又作此○相拓呈，師以兩手作背拋勢。僧以目視之，師低頭。僧遶師一匝，師便打，僧遂出去。師坐次，有僧來作禮，師不顧。其僧乃問：「師識字否？」師曰：「隨分。」僧乃右旋一匝。曰：「是甚麼字？」師於地上書十字酬之。僧又左旋一匝，曰：「是甚字？」師改十字作(卍)字。僧畫此○相，以兩手拓，如脩羅掌日月勢。曰：「是甚麼字？」師乃畫此卍相對之，僧乃作婁至德勢。師曰：「如是！如是！此是諸佛之所護念，汝亦如是，吾亦如是。善自護持！」其僧禮謝，騰空而去。時有一道者見，經五日後，遂問師。師曰：「汝還見否？」道者曰：「某甲見出門騰空而去。」師曰：「此是西天羅漢，故來探吾道。」道者曰：「某雖覩種種三昧，不辨其理。」師曰：「吾以義爲汝解釋，此是八種三昧，是覺海變爲義海，體則同然。此義合有因有果，即時異時，總別不離隱身三昧也。」師問僧：「近離甚處？」曰：「南方。」師舉拄杖曰：「彼中老宿還說這箇麽？」曰：「不說。」師曰：「既不說這箇，還說那箇否？」曰：「不說。」師召：「大德！」僧應諾。師曰：「參堂去。」僧便出。師復召曰：「大德！」僧回首，師曰：「近前來。」僧近前，師以拄杖頭上點一下曰：「去！」

劉侍御問：「了心之旨，可得聞乎？」師曰：「若要了心，無心可了。無了之心，是名真了。」師一日在法堂上坐，見一僧從外來，便問訊了，向東邊叉手立，以目視師，師乃垂下左足。僧却過西邊叉手立，師垂下右足。僧向中間叉手立，師收雙足。僧禮拜，師曰：「老僧自住此，未曾打着一人。」拈拄杖便打。僧便騰空而去。陸希聲相公欲謁師，先作此○相封呈。師開封於相下面書云：「不思而知，落第二頭。思而知之，落第三首。」遂封回。韋宙相公機語相似，茲不重出。公見即入山，師乃門迎。公纔入門，便問：「三門俱開，從何門入？」師曰：「從信門入。」公至法堂，又問：「不出魔界，便入佛界時如何？」師以拂子倒點三下。公便設禮。又問：「和尚還持戒否？」師曰：「不持戒。」曰：「還坐禪否？」

師曰：「不坐禪。」公良久，師曰：「會麽？」曰：「不會。」師曰：「聽老僧一頌：滔滔不持戒，兀兀不坐禪。釅茶三兩椀，意在钁頭邊。」師却問：「承聞相公看經得悟，是否？」曰：「弟子因看涅槃經有云『不斷煩惱而入涅槃』，得箇安樂處。」師豎起拂子，曰：「祇如這箇作麽生入？」曰：「入之一字，也不消得。」師曰：「入之一字，不爲相公。」公便起去。法燈云：「上座且道，入之一字爲甚麽人？」又云：「相公且莫煩惱。」

龐居士問：「久嚮仰山，到來爲甚麽却覆？」師豎起拂子，士曰：「恰是。」師曰：「是仰是覆？」士乃打露柱，曰：「雖然無人，也要露柱證明。」師擲拂子，曰：「若到諸方，一任舉似。」師指雪師子，問衆：「有過得此色者麽？」衆無對。雲門云：「當時便好與推倒。」師問雙峰：「師弟近日見處如何？」曰：「據某見處，實無一法可當情。」師曰：「汝解猶在境。」曰：「某秖如此，師兄又如何？」師曰：「汝豈不知無一法可當情者？」溈山聞曰：「寂子一句，疑殺天下人。」玄覺云：「經道：『實無有法。然燈佛與我授記。』他道實無一法可當情。爲甚麽道解猶在境？且道利害在甚麽處？」

師卧次，僧問：「法身還解説法也無？」師曰：「我説不得，别有一人説得。」曰：「説得底人在甚麽處？」師推出枕子。溈山聞曰：「寂子用劍刃上事。」師閉目坐次，有僧潛來身邊立，師開目，於地上作此㊌相，顧視其僧。僧無語。師携拄杖行次，僧問：「和尚手中是甚麽？」師便拈向背後，曰：「見麽？」僧無對。師問一僧：「汝會甚麽？」曰：「會卜。」師提起拂子，曰：「這箇六十四卦中阿那卦收？」僧無對。師自代云：「適來是雷天大壯，如今變爲地火明夷。」問僧：「名甚麽？」曰：「靈通。」師曰：「便請入燈籠。」曰：「早箇入了也。」法眼別云：「喚甚麽作燈籠？」問：「古人道，見色便見心。禪牀是色，請和尚離却色，指學人心。」師曰：「那箇是禪牀？指出來看。」僧無語。玄覺云：「忽然被伊却指禪牀，作麽生對伊？」有僧云：「却請和尚道。」玄覺代拊掌三下。問：「如何是毗盧師？」師乃叱之。僧曰：「如何是和尚師？」師曰：「莫無禮！」師共一僧語，旁有僧曰：「語底是文殊，默底是維摩。」師曰：「不語不默底莫是汝否？」僧默然。師曰：「何不現神通？」曰：「不辭現神通，祇恐和尚收作教。」師曰：「鑒汝來處，未有教外底眼。」問：「天堂地獄相去幾何？」師將拄杖畫地一畫。師住觀音時，出牓云：「看經次，不得問事。」有僧來問訊，見師看經，旁立而待。師卷却經，問：「會麽？」曰：「某甲不看經，争得會？」師曰：「汝已後會去在。」其僧到巖頭，頭問：「甚處來？」曰：「江西觀音來。」頭曰：「和尚有何言句？」僧舉前話，頭曰：「這箇老師，我將謂被故紙埋却，元來猶在。」

僧思鄰問：「禪宗頓悟畢竟入門的意如何？」師曰：「此意極難，若是祖宗門下上根上智，一聞千悟，得大揔持。其有根微智劣，若不安禪静慮，到這裏總須茫然。」曰：「除此一路，别更有入處否？」師曰：「有。」曰：「如何即是？」師曰：「汝是甚處人？」曰：「幽州人。」師曰：「汝還思彼處否？」曰：「常思。」師曰：「能思者是心，所思者是境。彼處樓臺林苑，人馬駢闐，汝反思底還有許多般也無？」曰：「某甲到這裏，總不見有。」師曰：「汝解猶在心。信位即得，人位未在。」曰：「除却這箇，别更有意也無？」師曰：「别有别無即不堪也。」曰：「到這裏作麽生即是？」師曰：「據汝所解，衹得一玄，得坐披衣，向後自看。」鄒禮謝之。

師接機利物，爲宗門標準。再還東平，將順寂，數僧侍立，師以偈示之曰：「一二二三子，平目復仰視。兩口一無舌，即是吾宗旨。」至日午，陞座辭衆，復説偈曰：「年滿七十七，無常在今日。日輪正當午，兩手攀屈膝。」言訖，以兩手抱膝而終。閲明年，南塔涌禪師遷靈骨歸仰山，塔于集雲峰下。謚智通禪師、妙光之塔。

香嚴智閑禪師

鄧州香嚴智閑禪師，青州人也。厭俗辭親，觀方慕道。在百丈時，性識聰敏，參禪不得。洎丈遷化，遂參溈山。山問：「我聞汝在百丈先師處，問一答十，問十答百。此是汝聰明靈利，意解識想，生死根本。父母未生時，試道一句看。」師被一問，直得茫然。歸寮，將平日看過底文字從頭要尋一句酬對，竟不能得，乃自嘆曰：「畫餅不可充饑。」屢乞潙山説破，山曰：「我若説似汝，汝已後罵我去。我説底是我底，終不干汝事。」師遂將平昔所看文字燒却。曰：「此生不學佛法也，且作箇長行粥飯僧，免役心神。」乃泣辭潙山，直過南陽覩忠國師遺跡，遂憩止焉。

一日，芟除草木，偶抛瓦礫，擊竹作聲，忽然省悟。遽歸，沐浴焚香，遥禮潙山。讚曰：「和尚大慈，恩逾父母。當時若爲我説破，何有今日之事？」乃有頌曰：「一擊忘所知，更不假修持。動容揚古路，不墮悄然機。處處無蹤跡，聲色外威儀。諸方達道者，咸言上上機。」潙山聞得，謂仰山曰：「此子徹也。」仰曰：「此是心機意識，著述得成。待某甲親自勘過。」仰後見師，曰：「和尚讚嘆師弟發明大事，你試説看。」師舉前頌，仰曰：「此是夙習記持而成，若有正悟，别更説看。」師又成頌曰：「去年貧，未是貧，今年貧，始是貧。去年貧，猶有卓錐之地，今年貧，錐也無。」仰曰：「如來禪許師弟會，祖師禪未夢見在。」師復有頌曰：「我有一機，瞬目視伊。若人不會，别唤沙彌。」仰乃報潙山，曰：「且喜閑師弟會祖師禪也。」玄覺云：「且道如來禪與祖師禪分不分？」長慶稜云：「一時坐却。」

師初開堂，潙山令僧送書并拄杖至。師接得便哭：「蒼天！蒼天！」僧曰：「和尚爲甚麽如此？」師曰：「衹爲春行秋令。」上堂：「道由悟達，不在語言。況是密密堂堂，曾無間隔，不勞心意，暫借回光。日用全功，迷徒自背。」僧問：「如何是香嚴境？」師曰：「華木不滋。」問：「如何是僊陀婆？」師敲禪牀曰：「過這裏來。」問：「如何是現在學？」師以扇子旋轉示之，曰：「見麽？」僧無語。問：「如何是正命食？」師以手撮而示之。問：「如何是無表戒？」師曰：「待闍黎作俗即説。」問：「如何是聲色外相見一句？」師曰：「如某甲未住香嚴時，且道在甚麽處？」曰：「恁麽則亦不敢道有所在。」師曰：「如幻人心心所法。」問：「如何是直截根源佛所印？」師拋下拄杖，散手而去。問：「如何是佛法大意？」師曰：「今年霜降早，蕎麥總不收。」問：「如何是西來意？」師以手入懷作拳，展開與之。僧乃跪膝，以兩手作受勢。師曰：「是甚麽？」僧無對。問：「離四句，絶百非，請和尚道。」師曰：「獵師前不得説本師戒。」

上堂：「若論此事，如人上樹，口銜樹枝，脚不蹋枝，手不攀枝，樹下忽有人問：『如何是祖師西來意？』不對他，又違他所問。若對他，又喪身失命。當恁麽時作麽生即得？」時有虎頭招上座出衆云：「樹上即不問，未上樹時請和尚道。」師乃呵呵大笑。

師問：「僧甚處來？」曰：「潙山來。」師曰：「和尚近日有何言句？」曰：「有僧問：『如何是西來意？』和尚豎起拂子。」師曰：「彼中兄弟作麽生會？」曰：「彼中商量道，即色明心，附物顯理。」師曰：「會即便會，著甚死急！」僧却問：「師意如何？」師亦豎起拂子。玄沙云：「祇這香嚴脚跟未點地。」雲居錫云：「甚麼處是香嚴脚跟未點地處？」師有偈曰：「子啐母啄，子覺母殻。子母俱亡，應緣不錯。同道唱和，妙云〔一〕獨脚。」師凡示學徒，語多簡直。有偈頌二百餘篇，隨緣對機，不拘聲律，諸方盛行。後謚襲燈禪師。

徑山洪諲禪師

杭州徑山洪諲禪師，吴興人也。僧問：「掩息如灰時如何？」師曰：「猶是時人功幹。」曰：「幹後如何？」師曰：「耕人田不種。」曰：「畢竟如何？」師曰：「禾熟不臨場。」問：「龍門不假風雷勢便透得者如何？」師曰：「猶是一品二品。」曰：「此既是階級，向上事如何？」師曰：「吾不知有汝龍門。」問：「如霜如雪時如何？」師曰：「猶是污染。」曰：「不污染時如何？」師曰：「不同色。」許州全明上座先問石霜：「一毫穿衆穴時如何？」霜曰：「直須萬年去。」曰：「萬年後如何？」霜曰：「登科任汝登科，拔萃任汝拔萃。」後問師曰：「一毫穿衆穴時如何？」師曰：「光靴任汝光靴，結果任汝結果。」問：

〔一〕「云」，續藏本作「玄」。

「如何是長？」師曰：「千聖不能量。」曰：「如何是短？」師曰：「蟭螟眼裏著不滿。」其僧不肯，便去。舉似石霜，霜曰：「祇爲太近實頭。」僧却問霜：「如何是長？」霜曰：「不屈曲。」曰：「如何是短？」霜曰：「雙陸盤中不喝彩。」佛日長老訪師。師問：「伏承長老獨化一方，何以薦遊峰頂？」日曰：「朗月當空掛，冰霜不自寒。」師曰：「莫是長老家風也無？」日曰：「峭峙萬重關，於中含寶月。」師曰：「此猶是文言，作麽生是長老家風？」日曰：「今日賴遇佛日，却問：隱密全真，時人知有，道不得；太省無辜，時人知有，道得。於此二途，猶是時人升降處。未審和尚親道自道如何道？」師曰：「我家道處無可道。」日曰：「如來路上無私曲，便請玄音和一場。」師曰：「任汝二輪更互照，碧潭雲外不相關。」日曰：「爲報白頭無限客，此回年少莫歸鄉。」師曰：「老少同輪無向背，我家玄路勿參差。」日曰：「一言定天下，四句爲誰宣？」師曰：「汝言有三四，我道其中一也無。」師因有偈曰：「東西不相顧，南北與誰留？汝言有三四，我道一也無。」光化四年九月二十八日，白衆而化。

定山神英禪師

滁州定山神英禪師，因椑樹省和尚行脚時參問：「不落數量，請師道。」師提起數珠曰：「是落不落？」樹曰：「圓珠三竅，時人知有，請師圓前話。」師便打，樹拂袖便出。師曰：「三十年後槌胸大哭去在！」樹住後示衆曰：「老僧三十年前至定山，被他熱謾一上，不同小小。」師見首座洗衣，遂問：「作甚麽？」座提起衣示之。師曰：「洗底是甚衣？」座曰：「關中使鐵錢。」師喚維那，移下座掛搭著。

延慶法端禪師

襄州延慶山法端禪師，僧問：「蚯蚓斬爲兩段，兩頭俱動。佛性在阿那頭？」師展兩手。洞山別云：「問底在阿那頭？」師滅後，謚紹真禪師。

益州應天和尚

益州應天和尚，僧問：「人人盡有佛性，如何是和尚佛性？」師曰：「汝喚甚麽作佛性？」曰：「恁麽則和尚無佛性也。」師乃叫：「快活！快活！」

九峰慈慧禪師

福州九峰慈慧禪師，初在溈山，山上堂曰：「汝等諸人，祇得大機，不得大用。」師便抽身出去。溈召之，師更不回顧。溈曰：「此子堪爲法器。」一日辭溈山，曰：「某甲辭違和尚，千里之外不離左右。」溈動容曰：「善爲！」

京兆府米和尚

京兆府米和尚亦謂七師。參學後，歸受業寺，有老宿問：「月中斷井索，時人喚作蛇。未審七師見佛喚作甚麽？」師曰：「若有佛見，即同衆生。」法眼別云：「此是甚麽時節問？」法燈別云：「喚底不是。」老宿曰：「千年桃核。」師令僧去問仰山曰：「今時還假悟也無？」仰曰：「悟即不無，争柰落在第二頭。」師深肯之。又令僧問洞山曰：「那箇究竟作麽生？」洞曰：「却須問他始得。」師亦肯之。僧問：「自古上賢，還達真正理也無？」師曰：「達。」曰：「祇如真正理作麽生達？」師曰：「當時霍光賣假銀城與單于，契書是甚麽人做？」曰：「某甲直得杜口無言。」師曰：「平地教人作保。」問：「如何是衲衣下事？」師曰：「醜陋任君嫌，不掛雲霞色。」

晉州霍山和尚

晉州霍山和尚，因仰山一僧到，自稱集雲峰下四藤條天下大禪佛參，師乃喚維那：

「打鐘著。」大禪佛驟步而去。

元康和尚

元康和尚，因訪石樓，樓纔見便收足坐。師曰：「得恁麽威儀周足！」樓曰：「汝適來見箇甚麽？」師曰：「無端被人領過。」樓曰：「須是與麽始爲真見。」師曰：「苦哉！賺殺幾人來？」樓便起身。師曰：「見則見矣，動則不動。」樓曰：「盡力道不出定也。」師拊掌三下。後有僧舉似南泉，泉曰：「天下人斷這兩箇漢是非不得。若斷得，與他同參。」

三角法遇庵主

蘄州三角山法遇庵主，因荒亂，魁帥入山，執刃而問：「和尚有甚財寶？」師曰：「僧家之寶，非君所宜。」魁曰：「是何寶？」師震聲一喝，魁不悟，以刃加之。

常侍王敬初居士

襄州王敬初常侍，視事次，米和尚至，公乃舉筆示之。米曰：「還判得虛空否？」公擲筆入宅，更不復出。米致疑，明日憑皷山供養主入探其意，米亦隨至，潛在屏蔽間偵（恥慶切）伺。供養主纔坐，問曰：「昨日米和尚有甚麼言句，便不相見？」公曰：「師子齩人，韓獹逐塊。」米聞此語，即省前謬，遽出，朗笑曰：「我會也，我會也。」公曰：「會即不無，你試道看。」米曰：「請常侍舉。」公乃豎起一隻筯。米曰：「這野狐精。」公曰：「這漢徹也。」問僧：「一切衆生還有佛性也無？」曰：「有。」公指壁上畫狗子曰：「這箇還有也無？」僧無對。公自代曰：「看齩著汝。」

南嶽下五世

仰山寂禪師法嗣

西塔光穆禪師

袁州仰山西塔光穆禪師，僧問：「如何是正聞？」師曰：「不從耳入。」曰：「作麼生？」師曰：「還聞麼？」問：「祖意教意，是同是別？」師曰：「同別且置，汝道瓶嘴裏甚麼物出來入去？」問：「如何是西來意？」師曰：「汝無佛性。」問：「如何是頓？」師作圓相示之。曰：「如何是漸？」師以手空中撥三下。

南塔光涌禪師

袁州仰山南塔光涌禪師，豫章豐城章氏子。母乳之夕，神光照庭，厩馬皆驚，因以光涌名之。少甚俊敏，依仰山剃度。北游謁臨濟，復歸侍山。山曰：「汝來作甚麼？」師曰：「禮覲和尚。」山曰：「還見和尚麼？」師曰：「見。」山曰：「和尚何似驢？」師曰：「某甲見和尚亦不似佛。」山曰：「若不似佛，似箇甚麼？」師曰：「若有所似，與驢何別？」山大驚曰：「凡聖兩忘，情盡體露。吾以此驗人，二十年無決了者，子保任之。」山每指謂人曰：「此子肉身佛也。」僧問：「文殊是七佛之師，文殊還有師否？」師曰：「遇緣即有。」曰：「如何是文殊師？」師豎起拂子。僧曰：「莫祇這便是麼？」師放下拂子，叉手。問：「如何是妙用一句？」師曰：「水到渠成。」問：「真佛住在何處？」師曰：「言下無相，也不在別處。」

霍山景通禪師

晉州霍山景通禪師，初參仰山，山閉目坐，師乃翹起右足曰：「如是！如是！西天二十八祖亦如是！中華六祖亦如是！和尚亦如是！景通亦如是！」仰山起來，打四藤條。師因此自稱「集雲峰下四藤條天下大禪佛」。歸宗下，亦有大禪佛名智通。住後，有行者問：「如何是佛法大意？」師乃禮拜。者曰：「和尚爲甚麼禮俗人？」師曰：「汝不見道：尊重弟子。」師問僧：「甚麼處來？」僧提起坐具，師曰：「龍頭蛇尾。」問：「如何是佛？」師便打，僧亦打。師曰：「汝打我有道理，我打汝無道理。」僧無語。師又打趁出。師化緣將畢，先備薪於郊野，徧辭檀信。食訖，至薪所，謂弟子曰：「日午當來報。」至日午，師自執炬登積薪上，以笠置項後，作圓光相。手執拄杖，作降魔杵勢，立終於紅燄中。

無著文喜禪師

杭州無著文喜禪師，嘉禾語溪人也。姓朱氏。七歲，依本邑常樂寺今宗福也。國清出家剃染，後習律聽教。屬會昌澄汰，反服韜晦。大中初，例重懺度於鹽官齊峰寺，後謁大慈山性空禪師。空曰：「子何不徧參乎？」師直往五臺山華嚴寺，至金剛窟禮謁，遇一老翁牽牛而行，邀師入寺。翁呼均提，有童子應聲出迎。翁縱牛，引師陞堂。堂宇皆耀金色，翁踞牀，指繡墩命坐。翁曰：「近自何來？」師曰：「南方。」翁曰：「南方佛法如何住持？」師曰：「末法比丘，少奉戒律。」翁曰：「多少衆？」師曰：「或三百，或五百。」師却問：「此間佛法如何住持？」翁曰：「龍蛇混雜，凡聖同居。」師曰：「多少衆？」翁曰：「前三三，後三三。」翁呼童子致茶，并進酥酪。師納其味，心意豁然。翁拈起玻璃盞，問曰：「南方還有這箇否？」師曰：「無。」翁曰：「尋常將甚麽喫茶？」師無對。師覩日色稍晚，遂問翁：「擬投一宿得否？」翁曰：「汝有執心在，不得宿。」師曰：「某甲無執心。」翁曰：「汝曾受戒否？」師曰：「受戒久矣。」翁曰：「汝若無執心，何用受戒？」師辭退。翁令童子相送，師問童子：「前三三，後三三，是多少？」童召：「大德！」師應諾。童曰：「是多少？」師復問曰：「此爲何處？」童曰：「此金剛窟般若寺也。」師悽然，悟彼翁者即文殊也。不可再見，即稽首童子，願乞一言爲別。童説偈曰：「面上無嗔供養具，口裏無嗔吐妙香。心裏無嗔是珍寶，無垢無染是真常。」言訖，均提與寺俱隱，但見五色雲中，文殊乘金毛師子往來，忽有白雲自東方來，覆之不見。時有滄州菩提寺僧修政等至，尚聞山石震吼之聲。師因駐錫五臺。咸通三年至洪州觀音參仰山，頓了心契，令充典座。

文殊嘗現於粥鑊上，師以攪粥篦便打，曰：「文殊自文殊，文喜自文喜。」殊乃説偈曰：「苦瓠連根苦，甜瓜徹蒂甜。修行三大刦，却被老僧嫌。」一日，有異僧來求齋食，師減己分饋之。仰山預知，問曰：「適來果位人至，汝給食否？」師曰：「輟己回施。」仰曰：「汝大利益。」後旋浙住龍泉寺。僧問：「如何是涅槃相？」師曰：「香煙盡處驗。」問：「如何是佛法大意？」師曰：「喚院主來，這師僧患顛。」問：「如何是自己？」師默然，僧罔措，再問。師曰：「青天蒙昧，不向月邊飛。」錢王奏賜紫衣，署無著禪師。將順寂，於子夜告衆曰：「三界心盡，即是涅槃。」言訖，跏趺而終。白光照室，竹樹同色。塔于靈隱山之西塢。天福二年宣城帥田頵（於倫切）應杭將許思叛涣，縱兵大掠，發師塔，覩肉身不壞，爪髮俱長。武肅錢王異之，遣裨將邵志重加封瘞，至皇朝嘉定庚辰，遷于浄慈山智覺壽禪師塔左。

五觀順支禪師

新羅國五觀山順支了悟禪師，僧問：「如何是西來意？」師豎拂子。僧曰：「莫這箇便是？」師放下拂子。問：「以字不成，八字不是，是甚麼字？」師作圓相示之。有僧於師前作五花圓相，師畫破，作一圓相。

仰山東塔和尚

袁州仰山東塔和尚，僧問：「如何是君王劍？」師曰：「落纜不采功。」曰：「用者如何？」師曰：「不落人手。」問：「法王與君王相見時如何？」師曰：「兩掌無私。」曰：「見後如何？」師曰：「中間絶像。」

香嚴閑禪師法嗣

吉州止觀和尚

吉州止觀和尚，僧問：「如何是毗盧師？」師攔胸與一拓。問：「如何是頓？」師曰：「非梁陳。」

壽州紹宗禪師

壽州紹宗禪師，僧問：「如何是西來意？」師曰：「好事不出門，惡事行千里。」有官人謂師曰：「見説江西不立宗？」師曰：「遇緣即立。」曰：「遇緣立箇甚麼？」師曰：「江西不立宗。」

南禪無染禪師

益州南禪無染禪師，僧問：「無句之句，師還答也無？」師曰：「從來祇明恁麼事。」曰：「畢竟如何？」師曰：「且問看。」

長平山和尚

益州長平山和尚，僧問：「視瞬不及處如何？」師曰：「我眨眼也没工夫。」問：「如何是祖師意？」師曰：「西天來，唐土去。」

崇福演教禪師

益州崇福演教禪師，僧問：「如何是寬廓之言？」師曰：「無口得道。」問：「如何是西來意？」師曰：「今日明日。」

大安清幹禪師

安州大安山清幹禪師，僧問：「從上諸聖，從何而證？」師乃斫額。問：「如何是祖師西來意？」師曰：「羊頭車子推明月。」

終南山豐德和尚

終南山豐德寺和尚，僧問：「如何是和尚家風？」師曰：「觸事面牆。」問：「如何是本來事？」師曰：「終不更問人。」

武當佛巖暉禪師

均州武當山佛巖暉禪師，僧問：「某甲頃年有疾，又中毒藥，請師醫。」師曰：「二宜湯一椀。」問：「如何是佛向上事？」曰：「螺髻子。」曰：「如何是佛向下事？」師曰：「蓮華座。」

雙谿田道者

江州廬山雙谿田道者，僧問：「如何是啐啄之機？」師以手作啄勢。問：「如何是西來意？」師曰：「甚麽處得箇問頭來？」

徑山諲禪師法嗣

洪州米嶺和尚

洪州米嶺和尚，常語曰：「莫過於此。」僧問：「未審是甚麽莫過於此？」師曰：「不出是。」僧後問長慶：「爲甚麽不出是？」慶曰：「汝擬喚作甚麽？」

雙峰和尚法嗣

雙峰古禪師

福州雙峰古禪師，本業講經，因參先雙峰。峰問：「大德甚麽處住？」曰：「城裏。」峰曰：「尋常還思老僧否？」曰：「常思和尚，無由禮覲。」峰曰：「祇這思底便是大德。」師從此領旨。即罷講席，侍奉數年。後到石霜，但隨衆而已，更不參請。衆謂古侍者嘗受雙峰印記，往往聞于石霜。霜欲詰其所悟，而未得其便。師因辭去，霜將拂子送出門首，召曰：「古侍者！」師回首。霜曰：「擬著即差，是著即乖，不擬不是，亦莫作箇會。除非知有，莫能知之。好去！好去！」師應喏喏，即前邁。尋屬雙峰示寂，師乃繼續住持。僧問：「和尚當時辭石霜，石霜恁麽道，意作麽生？」師曰：「祇教我不著是非。」玄覺云：「且道他會石霜意不會？」

南嶽下六世

西塔穆禪師法嗣

資福如寶禪師

吉州資福如寶禪師，僧問：「如何是應機之句？」師默然。問：「如何是玄旨？」師曰：「汝與我掩却門。」問：「魯祖面壁，意作麽生？」師曰：「没交涉。」問：「如何是從上真正眼？」師槌胸曰：「蒼天！蒼天！」曰：「借問有何妨？」師曰：「困。」問：「這箇還受學也無？」師曰：「未曾钁地栽虚空。」問：「如何是衲僧急切處？」師曰：

「不過此問。」曰：「學人未問已前，請師道。」師曰：「噫！」問：「如何是一塵入正受？」師作入定勢。曰：「如何是諸塵三昧起？」師曰：「汝問阿誰？」問：「如何是一路涅槃門？」師彈指一聲，又展開兩手。曰：「如何領會？」師曰：「不是秋月明，子自横行八九。」問：「如何是和尚家風？」師曰：「飯後三椀茶。」師一日拈起蒲團，示衆曰：「諸佛菩薩、入理聖人，皆從這裏出。」便擲下，擘開胸曰：「作麽生？」衆無對。問：「學人創入叢林，一夏將末，未蒙和尚指教，願垂提拯。」師拓開曰：「老僧住持已來，未曾瞎却一人眼。」師有時坐良久，周視左右曰：「會麽？」衆曰：「不會。」師曰：「不會即謾汝去也。」師一日將蒲團於頭上，曰：「汝諸人恁麽時難共語。」衆無對。師將坐，却曰：「猶較些子。」

南塔涌禪師法嗣

芭蕉慧清禪師

郢州芭蕉山慧清禪師，新羅國人也。上堂，拈拄杖示衆曰：「你有拄杖子，我與你拄杖子。你無拄杖子，我奪却你拄杖子。」靠拄杖下座。僧問：「如何是芭蕉水？」師曰：「冬温夏涼。」問：「如何是吹毛劍？」師曰：「進前三步。」曰：「用者如何？」師曰：「退後三步。」問：「如何是和尚爲人一句？」師曰：「祇恐闍黎不問。」上堂：「會麽？相悉者少，珍重！」問：「不語有問時如何？」師曰：「未出三門千里程。」問：「如何是自己？」師曰：「望南看北斗。」問：「光境俱亡，復是何物？」師曰：「知。」曰：「知箇甚麽？」師曰：「建州九郎。」上堂：「如人行次，忽遇前面萬丈深坑，背後野火來逼，兩畔是荆棘叢林，若也向前，則墮在坑壍；若也退後，則野火燒身；若也轉側，則被荆棘林礙。當與麽時，作麽生免得？若也免得，合有出身之路；若免不得，墮身死漢。」問：「如何是提婆宗？」師曰：「赤幡在左。」問僧：「近離甚處？」僧曰：「請師試道看。」師曰：「將謂是舶上商人，元來是當州小客。」問：「不問二頭三首，請師直指本來面目。」師默然正坐。問：「賊來須打，客來須看，忽遇客賊俱來時如何？」師曰：「屋裏有一緉破草鞋。」曰：「祇如破草鞋，還堪受用也無？」師曰：「汝若將去，前凶後不吉。」問：「北斗藏身，意旨如何？」師曰：「九九八十一。」乃曰：「會麽？」曰：「不會。」師曰：「一二三四五。」師謂衆曰：「我年二十八，到仰山參見南塔，見上堂曰：『汝等諸人，若是箇漢，從孃肚裏出來便作師子吼，好麽？』我於言下歇得身心，便住五載。」僧問：「古佛未出興時如何？」

師曰：「千年茄子根。」曰：「出興後如何？」師曰：「金剛努出眼。」上堂，良久曰：「也大相辱。珍重！」問：「如何是祖師意？」師曰：「汝問那箇祖師意？」曰：「達磨西來意。」師曰：「獨自棲棲暗渡江。」問：「牛頭未見四祖時如何？」師曰：「知。」曰：「見後如何？」師曰：「知。」問：「甚麼物無兩頭，甚麼物無背面？」師曰：「我身無兩頭，我語無背面。」問：「如何是透法身句？」師曰：「一不得問，二不得休。」曰：「學人不會。」師曰：「第三度來，與汝相見。」

清化全怤禪師

越州清化全怤禪師，吴郡崑山人也。初參南塔，塔問：「從何而來？」師曰：「鄂州。」塔曰：「鄂州使君名甚麼？」師曰：「化下不敢相觸忤。」曰：「此地道不畏。」師曰：「大丈夫何必相試。」塔囅（丑忍切）然而笑，遂乃印可。時廬陵安福縣宰建應國禪苑，迎師聚徒，本道上聞，賜名清化。僧問：「如何是和尚急切爲人處？」師曰：「朝看東南，暮看西北。」曰：「不會。」師曰：「徒誇東陽客，不識西陽珍。」問：「如何是正法眼？」師曰：「我却不知。」曰：「和尚爲甚麼不知？」師曰：「不可青天白日尿牀也。」

師後還故國，錢氏文穆王特加禮重。晋天福二年丁酉歲，錢氏戍將闞雲峰山建院，亦以清化爲名，延師開堂。僧問：「如何是佛法大意？」師曰：「華表柱頭木鶴飛。」問：「路逢達道人，不將語默對，未審將甚麽對？」師曰：「眼裏瞳人吹叫子。」問：「和尚年多少？」師曰：「始見去年九月九，如今又見秋葉黄。」曰：「恁麽則無數也。」師曰：「問取黄葉。」曰：「畢竟事如何？」師曰：「六隻骰子滿盆紅。」問：「亡僧遷化向甚麽處去？」師曰：「長江無間斷，聚沫任風飄。」曰：「還受祭祀也無？」師曰：「祭祀即不無。」曰：「如何祭祀？」師曰：「漁歌舉櫂，谷裏聞聲。」忠獻王賜紫方袍，師不受。王改以衲衣，仍號純一禪師。師曰：「吾非飾讓也，慮後人傚吾而逞欲耳。」開運四年秋，示寂。時大風摧震竹木。

黄連義初禪師

韶州黄連山義初明微禪師，僧問：「三乘十二分教即不問，請師開口不答話。」師曰：「寶華臺上定古今。」曰：「如何是寶華臺上定古今？」師曰：「一點墨子，輪流不移。」曰：「學人全體不會，請師指示。」師曰：「靈覺雖轉，空華不墜。」問：「古路無蹤，如何進步？」師曰：「金烏遶須彌，元與劫同時。」曰：「恁麼則得達於彼岸也。」師曰：「黃河三千年一度清。」廣主劉氏嚮師道化，請入府内説法。僧問：「人王與法王相見時如何？」師曰：「兩鏡相照，萬象歷然。」曰：「法王心要，達磨西來，五祖付與曹谿，自此不傳衣鉢。未審碧玉階前，將何付囑？」師曰：「石羊水上行，木馬夜翻駒。」曰：「恁麼則我王有感，萬國歸朝。」師曰：「時人盡唱太平歌。」問：「如何是佛？」師曰：「胸題卍字，背負圓光。」問：「如何是道？」師展兩手示之。僧曰：「佛之與道，相去幾何？」師曰：「如水如波。」

慧林鴻究禪師

韶州慧林鴻究妙濟禪師，僧問：「千聖常行此路，如何是此路？」師曰：「果然不見。」問：「魯祖面壁，意旨如何？」師曰：「有甚麼雪處？」問：「如何是急切事？」師曰：「鈍漢。」問：「如何是和尚家風？」師曰：「諸方大例。」問：「定慧等學，明見佛性。此理如何？」師曰：「新修梵宇。」

南嶽下七世

資福寶禪師法嗣

資福貞邃禪師

吉州資福貞邃禪師，僧問：「和尚見古人，得何意旨便歇去？」師作此㊌相示之。問：「如何是最初一句？」師曰：「未具世界時，闍黎亦在此。」問：「百丈卷席，意旨如何？」師良久。問：「古人道，前三三，後三三，意旨如何？」師曰：「汝名甚麽。」曰：「某甲。」師曰：「喫茶去。」上堂：「隔江見資福刹竿便回去，脚跟下好與三十棒。況過江來？」時有僧纔出，師曰：「不堪共語。」問：「如何是古佛心？」師曰：「山河大地。」

吉州福壽和尚

吉州福壽和尚，僧問：「祖意教意，是同是別？」師展手。問：「文殊騎師子，普賢騎象王，未審釋迦騎甚麽？」師舉手云：「唧！唧！」

潭州鹿苑和尚

潭州鹿苑和尚，僧問：「餘國作佛，還有異名也無？」師作此○相示之。問：「如何是鹿苑一路？」師曰：「吉獠舌頭問將來。」問：「如何是閉門造車？」師曰：「南嶽石橋。」曰：「如何是出門合轍？」師曰：「拄杖頭鞋。」上堂，展手曰：「天下老和尚、諸上座命根，揔在這裏。」有僧出曰：「還收得也無？」師曰：「天台石橋側。」曰：「某甲不恁麽。」師曰：「伏惟尚饗。」問：「如何是世尊不説説？」師曰：「須彌山倒。」曰：「如何是迦葉不聞聞？」師曰：「大海枯竭。」

芭蕉清禪師法嗣

芭蕉繼徹禪師

郢州芭蕉山繼徹禪師，初參風穴。穴問：「如何是正法眼？」師曰：「泥彈子。」穴異之。次謁先芭蕉。蕉上堂，舉：「仰山道：『兩口一無舌，此是吾宗旨。』」師豁然有省。住後，僧問：「如何是林溪境？」師曰：「有山有水。」曰：「如何是境中人？」師曰：「三門前，佛殿後。」問：「如何是深深處？」師曰：「石人開石户，石鎖兩頭摇。」上堂：「昔日如來於波羅柰國，梵王請轉法輪，如來不已而已，有屈宗風。隨機逗教，遂有三乘名字，流傳於天上人間，至今光揚不墜。若據祖宗門下，天地懸殊，上上根機，頓超不異。作麽生是混融一句？還有人道得麽？若道得，有參學眼。若道不得，天寬地窄。」便下座。

上堂：「眼中無翳，空裏無花。水長船高，泥多佛大。莫將問來，我也無答。會麽？問在答處，答在問處。」便下座。問：「三乘十二分教即不問，如何是宗門一句？」師曰：「七縱八横。」曰：「如何領會？」師曰：「泥裏倒，泥裏起。」問：「如何是祖師西來意？」師曰：「著體汗衫。」問：「有一人不捨生死，不證涅槃，師還提攜也無？」師曰：「不提攜。」曰：「爲甚麽不提攜？」師曰：「林溪粗識好惡。」問：「如何是吹毛劍？」師曰：「透。」曰：「用者如何？」師曰：「鈍。」問：「寂寂無依時如何？」師曰：「未是衲僧分上事。」曰：「如何是衲僧分上事？」師曰：「要行即行，要坐即坐。」師有偈曰：「芭蕉的旨，不挂脣齒。木童唱和，石人側耳。」

興陽清讓禪師

郢州興陽山清讓禪師，僧問：「大通智勝佛，十劫坐道場。佛法不現前，不得成佛道時如何？」師曰：「其問甚諦當。」曰：「既是坐道場，爲甚麽不得成佛道？」師曰：「爲伊不成佛。」

幽谷法滿禪師

洪州幽谷山法滿禪師，僧問：「如何是道？」師良久曰：「會麽？」曰：「學人不會。」師曰：「聽取一偈：話道語下無聲，舉揚奥旨丁寧。禪要如今會取，不須退後消停。」

芭蕉山遇禪師

郢州芭蕉山遇禪師，僧問：「如何是祖師西來意？」師曰：「是星皆拱北，無水不朝東。」曰：「争奈學人未會何？」師曰：「逢人但恁麽舉。」

芭蕉山圓禪師

郢州芭蕉山圓禪師，僧問：「如何是和尚接人一句？」師曰：「要頭截取去。」曰：「豈無方便？」師曰：「心不負人，面無慚色。」上堂：「三千大千世界，夜來被老僧都合成一塊，輥向須彌頂上。帝釋大怒，拈得撲成粉碎。諸上座還覺頭痛也無？」良久曰：「莫不識痛痒好！珍重！」

承天辭確禪師

彭州承天院辭確禪師，僧問：「學人有一隻箭，射即是？不射即是？」師曰：「作麼生是闍黎箭？」僧便喝。師曰：「這箇是草箭子。」曰：「如何是和尚箭？」師曰：「禁忌須屈指，禱祈便扣牙。」問：「心隨萬境轉，阿那箇是轉萬境底心？」師曰：「嘉州大像古人鐫。」問：「衆罪如霜露，慧日能消除時如何？」師曰：「亭臺深夜雨，樓閣静時鐘。」曰：「爲甚麽因緣會遇時，果報還自受？」師曰：「管筆能書，片舌解語。」開堂日示衆：「正令提綱，猶是捏窠造僞。佛法祇對，特地謾鷩上流。問著即參差，答着即交互。大德擬向甚麽處下口？然則如是，事無一向，權柄在手，縱奪臨機，有疑請問。」僧問：「如何是第一義？」師曰：「群峰穿海去，滴水下巖來。」問：「師唱誰家曲？宗風嗣阿誰？」師曰：「道頭會尾，舉意知心。」

牛頭山精禪師

興元府牛頭山精禪師，僧問：「如何是古佛心？」師曰：「東海浮漚。」曰：「如何領會？」師曰：「秤鎚落井。」問：「不居凡聖是甚麽人？」師曰：「梁朝傅〔一〕大士。」曰：「此理如何？」師曰：「楚國孟嘗君。」

覺城院信禪師

益州覺城院信禪師，僧問：「如何是出身一路？」師曰：「三門前。」曰：「如何領會？」師曰：「緊峭草鞋。」

〔一〕「傅」，原誤作「傳」，今改。

芭蕉山閑禪師

郢州芭蕉山閑禪師，僧問：「十語九不中時如何？」師曰：「閉門屋裏坐，抱首哭蒼天。」

芭蕉令遵禪師

郢州芭蕉山令遵禪師，僧問：「直得無下口處時如何？」師曰：「便須進一步。」曰：「向甚麼處下脚？」師曰：「東山西嶺上。」

慧林究禪師法嗣

韶州靈瑞和尚

韶州靈瑞和尚，俗士問：「如何是佛？」師喝曰：「汝是村裏人。」僧問：「如何是西來意？」師曰：「十萬八千里。」問：「如何是本來心？」師曰：「坐却毗盧頂，出没太虚中。」問：「如何是教外别傳底事？」師曰：「兩箇靈龜泥裏鬭，直至如今困未休。」曰：「不會。」師曰：「木雞銜卵走，燕雀乘虎飛。潭中魚不現，石女却生兒。」

南嶽下八世

報慈韶禪師法嗣

三角志謙禪師

蘄州三角山志謙禪師，僧問：「如何是佛？」師曰：「速禮三拜。」僧禮拜，師曰：「一撥便轉。」

興陽詞鐸禪師

郢州興陽詞鐸禪師，僧問：「佛界與衆生界相去多少？」師曰：「道不得。」曰：「真箇那？」師曰：「有些子。」

五燈會元卷第十

青原下八世

羅漢琛禪師法嗣

清涼文益禪師

金陵清涼院文益禪師，餘杭魯氏子。七歲，依新定智通院全偉禪師落髮。弱齡稟具於越州開元寺。屬律匠希覺師盛化于明州鄮山育王寺，師往預聽習，究其微旨。復傍探儒典，遊文雅之場。覺師目爲我門之游、夏也。師以玄機一發，雜務俱捐，振錫南邁，抵福州，參長慶，不大發明。後同紹、修、法進三人欲出嶺，過地藏院，阻雪少憩。附爐次，藏問：「此行何之？」師曰：「行脚去。」藏曰：「作麽生是行脚事？」師曰：「不知。」藏曰：「不知最親切。」又同三人舉肇論至「天地與我同根」處，藏曰：「山河大地，與上座自己是同是別？」師曰：「別。」藏豎起兩指，師曰：「同。」藏又豎起兩指，便起去。雪霽辭去，藏門送之，問曰：「上座尋常說三界唯心，萬法唯識。」乃指庭下片石曰：「且道此石在心內？在心外？」師曰：「在心內。」藏曰：「行脚人著甚麼來由，安片石在心頭？」師窘無以對，即放包依席下求決擇。近一月餘，日呈見解，說道理。藏語之曰：「佛法不恁麼。」師曰：「某甲詞窮理絶也。」藏曰：「若論佛法，一切見成。」師於言下大悟，因議留止。

進師等以江表叢林欲期歷覽，命師同往。至臨川，州牧請住崇壽院。開堂日，中坐茶筵未起時，僧正白師曰：「四衆已圍繞和尚法座了也。」師曰：「衆人却參真善知識。」少頃，陞座，僧問：「大衆雲集，請師舉唱。」師曰：「大衆久立。」乃曰：「衆人既盡在此，山僧不可無言，與大衆舉一古人方便。珍重！」便下座。子方上座自長慶來，師舉長慶偈問曰：「作麼生是萬象之中獨露身？」子方舉拂子，師曰：「恁麼會又争得？」曰：「和尚尊意如何？」師曰：「喚甚麼作萬象？」曰：「古人不撥萬象。」師曰：「萬象之中獨露身，說甚麼撥不撥？」子方豁然悟解，述偈投誠。自是諸方會下，有存知解者翕然而至。始則行如也，師微以激發，皆漸而服膺。海參之衆，常不減千計。

上堂，大衆立久，乃謂之曰：「祇恁麽便散去，還有佛法道理也無？試説看！若無，又來這裏作麽？若有，大市裏人叢處亦有，何須到這裏？諸人各曾看還源觀、百門義海、華嚴論、涅槃經諸多策子，阿那箇教中有這箇時節？若有，試舉看！莫是恁麽經裏有恁麽語，是此時節麽？有甚麽交涉？所以道：微言滯於心首，嘗爲緣慮之場；實際居於目前，翻爲名相之境。又作麽生得翻去？若也翻去，又作麽生得正夫〔一〕，還會麽？莫祇恁麽念策子，有甚麽用處？」僧問：「如何披露，即得與道相應？」師曰：「汝幾時披露即與道不相應？」問：「六處不知音時如何？」師曰：「汝家眷屬一群子。」師又曰：「作麽生會？莫道恁麽來問，便是不得。汝道六處不知音，眼處不知音？耳處不知音？若也根本是有，争解無得？古人道：離聲色，著聲色；離名字，著名字。所以無想天修得，經八萬大劫，一朝退墮，諸事儼然，蓋爲不知根本真實，次第修行三生六十劫，四生一百劫，如是直到三祇果滿。他古人猶道：不如一念緣起無生，超彼三乘權學等見。又道：彈指圓成八萬門，刹那滅却三祇劫。也須體究。若如此用多少省力！」僧問：「指即不問，如何是月？」師曰：「阿那箇是汝不問底指？」又僧問：「月即不問，如何是指？」師曰：「月。」

〔一〕「夫」，據義應作「去」。

曰：「學人問指，和尚爲甚麼對月？」師曰：「爲汝問指。」

江南國主重師之道，迎住報恩禪院，署淨慧禪師。僧問：「洪鐘纔擊，大衆雲臻，請師如是。」師曰：「大衆會，何似汝會？」問：「如何是古佛家風？」師曰：「甚麼處看不足？」問：「十二時中如何行履，即得與道相應？」師曰：「取捨之心成巧僞。」問：「古人傳衣，當記何人？」師曰：「汝甚麼處見古人傳衣？」問：「十方賢聖皆入此宗，如何是此宗？」師曰：「十方賢聖皆入。」問：「如何是佛向上人？」師曰：「方便呼爲佛。」問：「如何是學人一卷經？」師曰：「題目甚分明。」問：「聲色兩字，甚麼人透得？」師却謂衆曰：「諸上座！且道這箇僧還透得也未？若會此僧問處，透聲色也不難。」問：「求佛知見，何路最徑？」師曰：「無過此。」問：「瑞草不凋時如何？」師曰：「謾語。」問：「大衆雲集，請師頓決疑網。」師曰：「寮舍内商量？茶堂内商量？」問：「雲開見日時如何？」師曰：「謾語真箇。」問：「如何是沙門所重處？」師曰：「若有纖毫所重，即不名沙門。」問：「千百億化身，於中如何是清淨法身？」師曰：「揔是。」問：「簇簇上來，師意如何？」師曰：「是眼？不是眼？」問：「全身是義，請師一決。」師曰：「汝義自破。」問：「如何是古佛心？」師曰：「流出慈悲喜捨。」問：「百年暗室，一燈能破。如何是一燈？」師曰：「論甚麼百年？」問：「如何是正真之道？」師曰：「一願也教汝行，二願也教汝行。」問：「如何是一真之地？」師曰：「地則無一真。」曰：「如何卓立？」師曰：「轉無交涉。」問：「如何是古佛？」師曰：「即今也無嫌疑。」問：「十二時中如何行履？」師曰：「步步蹋著。」問：「古鏡未開，如何顯照？」師曰：「何必再三？」問：「如何是諸佛玄旨？」師曰：「是汝也有。」問：「承教有言，從無住本立一切法。如何是無住本？」師曰：「形興未質，名起未名。」問：「亡僧衣衆人唱，祖師衣甚麽人唱？」師曰：「汝唱得亡僧甚麽衣？」問：「蕩子還鄉時如何？」師曰：「將甚麽奉獻？」曰：「無有一物。」師曰：「日給作麽生？」

師後住清凉，上堂曰：「出家人但隨時及節便得，寒即寒，熱即熱。欲知佛性義，當觀時節因緣。古今方便不少，不見石頭和尚因看肇論云：『會萬物爲己者，其唯聖人乎！』他家便道：『聖人無己，靡所不己。』有一片言語喚作參同契，末上云：『竺土大僊心。』無過此語也。中間也祇隨時説話。上坐！今欲會萬物爲自己去，蓋爲大地無一法可見。他又囑云：『光陰莫虚度。』適來向上座道，但隨時及節便得。若也移時失候，即是虚度光陰，於非色中作色解。上座！於非色中作色解，即是移時失候。且道色作非色解，還當不當？上座若恁麽會，便是没交涉。正是癡狂兩頭走，有甚麽用處？上座！但守分隨時過好。珍重！」僧問：「如何是清凉家風？」師曰：「汝到別處，但道到清凉來。」問：「如何得諸法無當去？」師曰：「甚麼法當著上座？」曰：「爭柰日夕何！」師曰：「閑言語。」問：「觀身如幻化，觀内亦復然時如何？」師曰：「還得恁麼也無？」問：「要急相應，唯言不二。如何是不二之言？」師曰：「更添些子得麼？」問：「如何是法身？」師曰：「這箇是應身。」問：「如何是第一義？」師曰：「我向你道是第二義。」

師問修山主：「毫氂有差，天地懸隔。兄作麼生會？」修曰：「毫氂有差，天地懸隔。」師曰：「恁麼會又爭得？」修曰：「和尚如何？」師曰：「毫氂有差，天地懸隔。」修便禮拜。東禪齊云：「山主恁麼祇對，爲甚麼不肯？及乎再請益，法眼亦祇恁麼道便得去。且道疑訛在甚麼處？若看得透，道上座有來由。」師與悟空禪師向火，拈起香匙，問曰：「不得喚作香匙，兄喚作甚麼？」空曰：「香匙。」師不肯。空後二十餘日方明此語。僧參次，師指簾，時有二僧同去捲。師曰：「一得一失。」東禪齊云：「上座作麼生會？有云：爲伊不明旨便去捲簾。亦有道：指者即會，不指而去者即失。恁麼會還可不可？既不許恁麼會，且問上座阿那箇得？阿那箇失？」

雲門問：「僧甚處來？」曰：「江西來。」門曰：「江西一隊老宿寱語住也未？」僧無對。後僧問師：「不知雲門意作麼生？」師曰：「大小雲門被這僧勘破。」

問：「僧甚處來？」曰：「道場來。」師曰：「明合？暗合？」僧無語。師令僧取土添蓮盆。僧取土到，師曰：「橋東取？橋西取？」曰：「橋東取。」師曰：「是真實？是虛安？」問：「僧甚處來？」曰：「報恩來。」師曰：「衆僧還安否？」曰：「安。」師曰：「喫茶去。」問：「僧甚處來？」曰：「泗州禮拜大聖來。」師曰：「今年大聖出塔否？」曰：「出。」師却問傍僧曰：「汝道伊到泗州不到？」

師問寶資長老：「古人道，山河無隔礙，光明處處透。且作麽生是處處透底光明？」資曰：「東畔打羅聲。」歸宗柔別云：「和尚擬隔礙。」師指竹問僧：「還見麽？」曰：「見。」師曰：「竹來眼裏？眼到竹邊？」曰：「揔不恁麽。」法燈別云：「當時但擘眼向師。」歸宗柔別云：「和尚祇是不信某甲。」有俗士獻畫障子，師看了，問曰：「汝是手巧？心巧？」曰：「心巧。」師曰：「那箇是汝心？」士無對。歸宗柔代云：「某甲今日却成容易。」僧問：「如何是第二月？」師曰：「森羅萬象。」曰：「如何是第一月？」師曰：「萬象森羅。」上堂：「盡十方世界，皎皎地無一絲頭，若有一絲頭，即是一絲頭。」法燈云：「若有一絲頭，不是一絲頭。」師指凳子曰：「識得凳子，周匝有餘。」雲門云：「識得凳子，天地懸殊。」僧問：「如何是塵劫來事？」師曰：「盡在于今。」

師因患脚，僧問訊次，師曰：「非人來時不能動，及至人來動不得。且道佛法中下得甚麽語？」曰：「和尚且喜得便。」師不肯，自別云：「和尚今日似減。」因開井，被沙塞却泉眼。師曰：「泉眼不通被沙礙，道眼不通被甚麽礙？」僧無對。師代曰：「被眼礙。」師見僧般土次,乃以一塊土放僧擔上,曰:「吾助汝。」僧曰:「謝和尚慈悲。」師不肯。一僧別云:「和尚是甚麼心行?」師便休去。師謂小兒子曰:「因子識得你爺,你爺名甚麼?」兒無對。法燈代云:「但將衣袖掩面。」師却問僧:「若是孝順之子,合下得一轉語。且道合下得甚麼語?」僧無對。師代曰:「他是孝順之子。」師問講百法論僧曰:「百法是體用雙陳,明門是能所兼舉。座主是能,法座是所,作麼生説兼舉?」有老宿代云:「某甲喚作箇法座。」歸宗柔云:「不勞和尚如此。」

師一日與李王論道罷,同觀牡丹花。王命作偈,師即賦曰:「擁毳對芳叢,由來趣不同。髮從今日白,花是去年紅。豔冶隨朝露,馨香逐晚風。何須待零落,然後始知空。」王頓悟其意。師頌三界唯心曰:「三界唯心,萬法唯識。唯識唯心,眼聲耳色。色不到耳,聲何觸眼?眼色耳聲,萬法成辦。萬法匪緣,豈觀如幻?山河大地,誰堅誰變?」頌華嚴六相義曰:「華嚴六相義,同中還有異。異若異於同,全非諸佛意。諸佛意總別,何曾有同異?男子身中入定時,女子身中不留意。不留意,絶名字,萬象明明無理事。」師緣被於金陵,三坐大道場,朝夕演旨,時諸方叢林,咸遵風化。異域有慕其法者,涉遠而至。玄沙正宗,中興於江表。師調機順物,斥滯磨昏。凡舉諸方三昧,或入室呈解,或叩激請益,皆應病與藥。隨根悟入者,不可勝紀。周顯德五年戊午七月十七日示疾,國主親加禮問。

閏月五日剃髮澡身，告衆訖，跏趺而逝，顔貌如生。壽七十有四，臘五十四。城下諸寺院，具威儀迎引。公卿李建勳以下，素服奉全身於江寧縣丹陽起塔，謚大法眼禪師。塔曰無相。後李主創報慈院，命師門人玄覺言導師開法，再謚師大智藏大導師。

青原下九世

清涼益禪師法嗣

天台德韶國師

天台山德韶國師，處州龍泉陳氏子也。母葉氏，夢白光觸體，因而有娠。及誕，尤多奇異。年十五，有梵僧勉令出家，十七依本州龍歸寺受業，十八納戒於信州開元寺。後唐同光中遊方，首詣投子見同禪師，次謁龍牙，乃問：「雄雄之尊，爲甚麽近之不得？」牙曰：「如火與火。」師曰：「忽遇水來又作麽生？」牙曰：「去！汝不會我語。」師又問：「天不蓋，地不載。此理如何？」牙曰：「道者合如是。」師經十七次問，牙祇如此答。師竟不諭旨，再請垂誨。牙曰：「道者！汝已後自會去。」師後於通玄峰澡浴次，忽省前話，遂具威儀，焚香遥望龍牙禮拜曰：「當時若向我説，今日決定罵也。」又問疏山：「百匝千重，是何人境界？」山曰：「左搓芒繩縛鬼子。」師曰：「不落古今，請師説。」曰：「不説。」師曰：「爲甚麽不説？」曰：「箇中不辨有無。」師曰：「師今善説。」山駭之。如是歷參五十四員善知識，皆法緣未契，最後至臨川謁法眼，眼一見，深器之。師以徧涉叢林，亦倦於參問，但隨衆而已。

一日，法眼上堂，僧問：「如何是曹源一滴水？」眼曰：「是曹源一滴水。」僧惘然而退。師於坐側，豁然開悟。平生凝滯，涣若冰釋。遂以所悟聞于法眼。眼曰：「汝向後當爲國王所師，致祖道光大，吾不如也。」自是諸方異唱，古今玄鍵，與之決擇，不留微迹。尋回本道，遊天台，止覩智者顗禪師遺蹤，有若舊居。師復與智者同姓，時謂之後身也。初止白沙，時忠懿王爲王子，時刺台州，嚮師之名，延請問道。師謂曰：「他日爲霸主，無忘佛恩。」漢乾祐元年戊申，王嗣國位，遣使迎之，伸弟子之禮。有傳天台智者教義寂者，即螺谿也。屢言于師曰：「智者之教，年祀浸遠，慮多散落。今新羅國其本甚備，自非和尚慈力，其孰能致之乎？」師於是聞于王，王遣使及齎師之書往彼國繕寫，備足而回，迄今盛行于世矣住後，上堂：「古聖方便猶如河沙，祖師道：『非風幡動，仁者心動。』斯乃無上心印法門。我輩是祖師門下客，合作麽生會祖師意？莫道風幡不動，汝心妄動；莫道不撥風幡，就風幡通取；莫道風幡動處是甚麽？有云附物明心，不須認物；有云色即是空；有云非風幡動，應須妙會。如是解會，與祖師意旨有何交涉？既不許如是會，諸上座便合知悉。若於這裏徹底悟去，何法門而不明？百千諸佛方便，一時洞了，更有甚麽疑情？所以古人道：『一了千明，一迷萬惑。』上座豈是今日會得一則，明日又不會也？莫是有一分向上事難會，有一分下劣凡夫不會？如此見解，設經塵劫，祇自勞神乏思，無有是處。」

僧問：「諸法寂滅相，不可以言宣。和尚如何爲人師？」曰：「汝到諸方，更問一徧。」曰：「恁麽則絶於言句去也。」師曰：「夢裏惺惺。」問：「艫棹俱停，如何得到彼岸？」師曰：「慶汝平生。」問：「如何是三種病人。」師曰：「恰問著。」問：「如何是古佛心？」師曰：「此問不弱。」問：「如何是六相？」師曰：「即汝是。」問：「如何是方便？」師曰：「此問甚當。」問：「亡僧遷化向甚麽處去也？」師曰：「終不向汝道。」曰：「爲甚麽不向某甲道？」師曰：「恐汝不會。」問：「一華開五葉，結果自然成。如何是一華開五葉？」師曰：「日出月明。」曰：「如何是結果自然成？」師曰：「天地皎然。」問：「如何是無憂佛？」師曰：「愁殺人。」問：「一切山河大地，從何而起？」師曰：「此問從何而來？」問：「如何是數起底心？」師曰：「争諱得？」問：「如何是沙門眼？」師曰：「黑如漆。」問：「絶消息時如何？」師曰：「謝指示。」問：「如何是轉物即同如來？」師曰：「汝喚甚麽作物？」曰：「恁麽則同如來也。」師曰：「莫作野干鳴。」問：「那吒太子析肉還母，析骨還父，然後於蓮華上爲父母説法。未審如何是太子身？」師曰：「大家見上座問。」曰：「恁麽則大千同一真性也。」師曰：「依稀似曲纔堪聽，又被風吹别調中。」問：「六根俱泯，爲甚麽理事不明？」師曰：「何處不明？」曰：「恁麽則理事俱如也。」師曰：「前言何在？」

上堂：「大凡言句，應須絶滲漏始得。」時有僧問：「如何是絶滲漏底句？」師曰：「汝口似鼻孔。」問：「如何是不證一法？」師曰：「待言語在。」曰：「如何是證諸法？」師曰：「醉作麽？」乃曰：「秖如山僧恁麽對他，諸上座作麽生體會？莫是真實相爲麽？莫是正恁麽時無一法可證麽？莫是識伊來處麽？莫是全體顯露麽？莫錯會好！如此見解，喚作依草附木，與佛法天地懸隔。假饒答話揀辨如懸河，秖成得箇顛倒知見。若秖貴答話揀辨，有甚麽難？但恐無益於人，翻成賺悞。如上座從前所學揀辨、問答、記持，説道理極多，爲甚麽疑心不息？聞古聖方便，特地不會，秖爲多虛少實。上座不如從脚跟下一時覷破，看是甚麽道理？有多少法門，與上座作疑求解？始知從前所學底事，秖是生死根源、陰界裏活計。所以古人道，見聞不脱，如水裏月。無事，珍重！」師有偈曰：「通玄峰頂，不是人間。心外無法，滿目青山。」法眼聞云：「即此一偈，可起吾宗。」

師後於般若寺開堂説法十二會。上堂：「毛呑巨海，海性無虧，纖芥投鋒，鋒利無動。見與不見，會與不會，唯我知焉。」乃有頌曰：「暫下高峰已顯揚，般若圜通遍十方。人天浩浩無差别，法界縱横處處彰。珍重！」上堂，僧問：「承古有言：『若人見般若，即被般若縛。若人不見般若，亦被般若縛。』既見般若，爲甚麼却被縛？」師曰：「你道般若見甚麼？」曰：「不見般若，爲甚麼亦被縛？」師曰：「你道般若甚麼處不見？」乃曰：「若見般若，不名般若。不見般若，亦不名般若。且作麼生説見不見？所以古人道：『若欠一法，不成法身；若剩一法，不成法身；若有一法，不成法身；若無一法，不成法身。』此是般若之真宗也。」

僧問：「乍離凝峰丈室，來坐般若道場。今日家風，請師一句。」師曰：「虧汝甚麼處？」曰：「恁麼則雷音震動乾坤界，人人無不盡霑恩。」師曰：「幸然未會，且莫探頭。」僧禮拜，師曰：「探頭即不中。諸上座！相共證明，今法久住，國土安寧。珍重！」上堂，僧問：「承教有言：『歸源性無二，方便有多門。』如何是歸源性？」師曰：「你問我答。」曰：「如何是方便門？」師曰：「你答我問。」曰：「如何趣向？」師曰：「顛倒作麼？」

問：「一身即無量身，無量身即一身。如何是無量身？」師曰：「一身。」曰：「恁麽則昔日靈山，今日親覩。」師曰：「理當即行。」乃曰：「三世諸佛，一時證明上座，上座且作麽生會？若會時不遷，無絲毫可得移易，何以故？爲過去、未來、見在三際是上座，上座且非三際，澤霖大海，滴滴皆滿，一塵空性，法界全收。珍重！」

上堂，僧問：「四衆雲集，人天恭敬。目覩尊顔，願宣般若。」師曰：「分明記取。」曰：「師宣妙法，國王萬歲，人民安樂。」師曰：「誰向你道？」曰：「法爾如然。」師曰：「你却靈利！」問：「三世諸佛不知有，狸奴白牯却知有。既是三世諸佛，爲甚麽却不知有？」師曰：「却是你知有。」曰：「狸奴白牯爲甚麽却知有？」師曰：「你甚麽處見三世諸佛？」問：「承教有言：『眼不見色塵，意不知諸法。』如何是眼不見色塵？」師曰：「却是耳見。」曰：「如何是意不知諸法？」師曰：「眼知。」曰：「恁麽則見聞路絶，聲色喧然。」師曰：「誰向汝道？」乃曰：「夫一切問答，如針鋒相投，無纖毫參差。事無不通，理無不備。良由一切言語，一切三昧，横竪、深淺、隱顯、去來、是諸佛實相門，祇據如今一時驗取。珍重！」

上堂：「古者道：『如何是禪？三界綿綿，如何是道？十方浩浩。』因甚麽道三界綿綿，何處是十方浩浩底道理？要會麽？塞却眼，塞却耳，塞却舌、身、意，無空闕處，無轉動處。上座作麽生會？横亦不得，豎亦不得，縱亦不得，奪亦不得。無用心處，亦無施設處。若如是會得，始會法門絶揀擇，一切言語絶滲漏。曾有僧問：『作麽生是絶滲漏底語？』向他道：『口似鼻孔甚好。』上座如此會，自然不通風去，如識得，盡十方世界是金剛眼睛。無事，珍重！」

上堂，僧問：「天下太平，大王長壽。如何是王？」師曰：「日曉月明。」曰：「如何領會？」師曰：「誰是學人？」乃曰：「『天下太平，大王長壽，國土豐樂，無諸患難。』此是佛語，古不易今。不遷一言，可以定古定今。會取好，諸上座！」又僧問：「承古有言：『有物先天地，無形本寂寥。』如何是有物先天地？」師曰：「非同非合。」曰：「如何是無形本寂寥？」師曰：「誰問先天地？」曰：「恁麽則境静林間獨自遊去也。」師曰：「亂道作麽？」乃曰：「佛法不是這箇道理，要會麽？言發非聲，也〔一〕前不物，始會天下太平，大王長壽。久立，珍重！」

上堂：「佛法現成，一切具足。豈不見道：『圓同太虚，無欠無餘。』若如是也，且誰欠誰剩，誰是誰非，誰是會者，誰是不會者？所以道，東去亦是上座，西去亦是上座，南去

〔一〕「也」，據義應作「色」。

亦是上座，北去亦是上座。因甚麽得成東西南北？若會得，自然見聞覺知路絶，一切諸法現前。何故如此？爲法身無相，觸目皆形；般若無知，對緣而照。一時徹底會取好！諸上座！出家兒合作麽生？此是本有之理，未爲分外。識心達本源，故名爲沙門。若識心皎皎地，實無絲毫障礙。上座！久立，珍重！」

上堂，僧問：「欲入無爲海，先乘般若船。如何是般若船？」師曰：「常無所住。」曰：「如何是無爲海？」師曰：「且會般若船。」問：「古德道：『登天不借梯，徧地無行路。』如何是登天不借梯？」師曰：「不遺絲髮地。」曰：「如何是徧地無行路？」師曰：「適來向你道甚麽？」乃曰：「百千三昧門，百千神通門，百千妙用門，盡不出得般若海中。何以故？爲於無住本建立諸法。所以道，生滅去來，邪正動静，千變萬化，是諸佛大定門，無過於此。諸上座！大家究取，增於佛法壽命，珍重！」

上堂，僧問：「世尊以正法眼付囑摩訶迦葉，祇如迦葉在畢鉢羅窟，未審付囑何人？」師曰：「教我向誰説？」曰：「恁麽則靈山付囑，不異今日。」師曰：「你甚麽處見靈山？」問：「法眼寶印，和尚親傳，未審今日當付何人？」師曰：「鼕鼕鼓，一頭打，兩頭鳴。」曰：「恁麽則千聖同儔，古今不異。」師曰：「禪河浪静，尋水迷源。」僧清遇問：「帝王請命，師赴王恩，般若會中，請師舉唱。」師曰：「分明記取。」曰：「恁麽則雲臺寶網，同演妙音。」師曰：「清遇何在？」曰：「法王法如是。」師曰：「阿誰證明？」乃曰：「靈山付囑分明，諸上座一時驗取。若驗得，更無别理，祇是如今。譬如太虚，日明雲暗，山河大地，一切有爲世界，悉皆明現，乃至無爲，亦復如是。世尊付囑，迄至于今，並無絲毫差别，更付阿誰？所以祖師道：『心自本來心，本心非有法。有法有本心，非心非本法。』此是靈山付囑榜樣。諸上座徹底會取好！莫虚度時光。國王恩難報，諸佛恩難報，父母師長恩難報，十方施主恩難報。況建置如是次第，佛法興隆，若非國王恩力，焉得如此？若要報恩，應須明徹道眼，入般若性海始得。久立，珍重！」

上堂，僧問：「古德道：『人空法亦空，二相本來同。』」師曰：「山河大地。」曰：「學人不會，乞師方便。」師曰：「甚麽處不是方便？」問：「名假法假，人空法空。向去諸緣，請師直指。」師曰：「謝此一問。」曰：「不覩王居壯，焉知天子尊？」師曰：「貪觀天上月，失却手中橈。」問：「教中道：『心清浄故，法界清浄。』如何是清浄心？」師曰：「迦陵頻伽，共命之鳥。」曰：「與法界是一是二？」師曰：「你自問别人。」乃曰：「大道廓然，詎齊今古？無名無相，是法是修。良由法界無邊，心亦無際。無事不彰，無言不顯。如是會得，喚作般若現前，理同真際，一切山河大地，森羅萬象，牆壁瓦礫，並無絲毫可得虧闕。無事久立，珍重！」

上堂，僧問：「承師有言：『九天擎玉印，七佛兆前心。』如何是印？」師曰：「不露文。」曰：「如何是心？」師曰：「你名安嗣。」乃曰：「法界性海，如函如蓋，如鉤如鎖，如金與金，位位皆齊，無纖毫參差，不相混濫。非一非異，非同非別，若歸實地去，法法皆到底。不是上來問箇如何若何便是，不問時便非，在長連牀上坐時是有，不坐時是無。祇如諸方老宿，言教在世如恒河沙，如來一大藏經，卷卷皆説佛理，句句盡言佛心，因甚麽得不會去！若一向織絡言教，意識解會，饒上座經塵沙劫，亦不能得徹。此喚作顛倒知見，識心活計，並無得力處。此蓋爲脚跟下不明，若究盡諸佛法源，河沙大藏一時現前，不欠絲毫，不剩絲毫。諸佛時常出世，時常説法度人，未曾間歇。乃至猿啼鳥叫，草木叢林，常助上座發機，未有一時不爲上座。有如是奇特處，可惜許！諸上座！大家究取，令法久住世間，增益人天壽命，國王安樂。無事，珍重！」

上堂，舉：「古者道：『吾有一言，天上人間。若人不會，緑水青山。』且作麽生是一言底道理？古人語須是曉達始得。若是將言而名於言，未有箇會處，良由究盡諸法根蔕，始會一言。不是一言半句，思量解會，喚作一言。若會言語道斷，心行處滅，始到古人境界。亦不是閉目藏睛，暗中無所見，喚作言語道斷。且莫賺會，佛法不是這箇道理。要會麽，假饒經塵沙劫説，亦未曾有半句到諸上座。經塵沙劫不説，亦未曾欠少半句。應須徹底會去始得。若如是斟酌名言，空勞心力，並無用處。與諸上座共相證明，後學初心，速須究取。久立，珍重！」

上堂，僧問：「髑髏常干世界，鼻孔摩觸家風。如何是髑髏常干世界？」師曰：「更待荅話在。」曰：「如何是鼻孔摩觸家風？」師曰：「時復舉一徧。」問：「一人執炬自爇其身，一人抱冰橫屍於路。此二人阿誰辨道？」師曰：「不遺者。」曰：「不會，乞師指示。」師曰：「你名敬新。」曰：「未審還有人證明也無？」師曰：「有。」曰：「甚麽人證明？」師曰：「敬新。」問：「牛頭未見四祖時如何？」師曰：「異境靈蹤，覩者皆羨。」曰：「見後如何？」歸〔一〕曰：「適來向你道甚麽？」問：「古者道：『敲打虛空鳴㲉㲉，石人木人齊應諾。六月降雪落紛紛，此是如來大圓覺。』如何是敲打虛空底？」師曰：「崑崙奴著鐵袴，打一捧行一步。」曰：「恁麽則石人木人齊應諾也。」師曰：「你還聞麽？」乃曰：「諸佛法門，時常如是。譬如大海，千波萬浪，未嘗暫住，未嘗暫有，未嘗暫無，浩浩地光明自在。宗三世於毛端，圓古今於一念，應須徹底明達始得，不是問一則語，記一轉話，巧作道理。風雲水月，四六八對，便當佛法，莫自賺！諸上座，究竟無益，若徹底會去，實無可隱

〔一〕「歸」，據義應作「師」。

藏。無刹不彰，無塵不現，直下凡夫，位齊諸佛。不用纖毫氣力，一時會取好！無事，珍重！」

師因興教明和尚問曰：「飲光持釋迦丈六之衣，在雞足山候彌勒下生，將丈六之衣披在千尺之身，應量恰好。祇如釋迦身長丈六，彌勒身長千尺，爲復是身解短邪？衣解長邪？」師曰：「汝却會。」明拂袖便出去。師曰：「小兒子，山僧若荅汝不是，當有因果。汝若不是，吾當見之。」明歸七日，吐血。浮光和尚勸曰：「汝速去懺悔。」明乃至師方丈，悲泣曰：「願和尚慈悲，許某懺悔。」師曰：「如人倒地，因地而起。不曾教汝起倒。」明又曰：「若許懺悔，某當終身給侍。」師爲出語曰：「佛佛道齊，宛爾高低。釋迦彌勒，如印印泥。」開寶四年辛未，華頂西峰忽摧，聲震一山。師曰：「吾非久矣。」明年六月，大星殞于峰頂，林木變白。師乃示疾於蓮華峰，參問如常。二十八日，集衆言別，跏趺而逝。

清涼泰欽禪師

金陵清涼泰欽法燈禪師，魏府人也。生而知道，辯才無礙。入法眼之室，海衆歸之，僉曰敏匠。初住洪州雙林院，開堂日，指法座曰：「此山先代尊宿曾説法來，此座高廣，不才何陞？古昔有言：『作禮須彌燈王如來，乃可得坐。』且道須彌燈王如來今在何處？大衆要見麽？一時禮拜。」便陞座，良久曰：「大衆祇如此，也還有會處麽？」僧問：「如何是雙林境？」師曰：「畫也畫不成。」曰：「如何是境中人？」師曰：「且去，境也未識且討人。」又僧問：「一佛出世，震動乾坤。和尚出世，震動何方？」師曰：「甚麽處見震動？」曰：「争柰即今何！」師曰：「今日有甚麽事？」有僧出禮拜，師曰：「道者！前時謝汝請我，將甚麽與汝好？」僧擬問次，師曰：「將謂相悉，却成不委。」問：「如何是西來密密意？」師曰：「苦。」問：「一佛出世，普潤群生。和尚出世，當爲何人？」師曰：「不徒然。」曰：「恁麽則大衆有賴也。」師曰：「何必！」乃曰：「且住得也。久立，尊官及諸大衆，今日相請勤重，此箇殊功，比喻何及？所以道，未了之人聽一言，祇這如今誰動口？」便下座，立倚拄杖而告衆曰：「還會麽？天龍寂聽而雨華莫作，須菩提幀子畫將去，且恁麽信受奉行。」問：「新到近離甚處？」僧曰：「廬山。」師拈起香合曰：「廬山還有這箇也無？」僧無對。師自代云：「尋香來禮拜和尚。」問：「百骸俱潰散，一物鎮長靈。未審百骸一物，相去多少？」師曰：「百骸一物，一物百骸。」

次住上藍護國院，僧問：「十方俱擊鼓，十處一時聞。如何是聞？」師曰：「汝從那方來？」問：「善行菩薩道，不染諸法相。如何是菩薩道？」師曰：「諸法相。」曰：「如何得不染去？」師曰：「染著甚麼處？」問：「不久開選場，還許學人選也無？」師曰：「汝是點額人。」又曰：「汝是甚麼科目？」問：「如何是演大法義？」師曰：「我演何似汝演。」

次住金陵龍光院，上堂，維那白椎云：「法筵龍象衆，當觀第一義。」師曰：「維那早是第二義，長老即今是第幾義？」乃舉衣袖曰：「會麽？大衆！此是手舞足蹈，莫道五百生前曾爲樂主來。或有疑情，請垂見示。」時有僧問：「如何是諸佛正宗？」師曰：「汝是甚麽宗？」曰：「如何？」師曰：「如何即不會。」問：「上藍一曲師親唱，今日龍光事若何？」師曰：「汝甚麽時到上藍來？」曰：「諦當事如何？」師曰：「不諦當即別處覓。」問：「如何是佛法大意？」師曰：「且問小意，却來與汝大意。」

師後住清凉大道場，上堂，僧出禮拜次，師曰：「這僧最先出，爲大衆荅國主深恩。」僧便問：「國主請命，祖席重開，學人上來，請師直指心源。」師曰：「上來却下去。」問：「法眼一燈，分照天下。和尚一燈，分照何人？」師曰：「法眼甚麽處分照來？」師乃曰：「某甲本欲居山藏拙，養病過時，柰緣先師有未了底公案，出來與他了却。」時有僧問：「如何是先師未了底公案？」師便打。曰：「祖禰不了，殃及兒孫。」曰：「過在甚麽處？」師曰：「過在我殃及你。」

江南國主爲鄭王時，受心法於法眼之室。暨法眼入滅，復嘗問師曰：「先師有甚麽不了底公案？」師曰：「見分析次。」異日，又問曰：「承聞長老於先師有異聞底事。」師作起身勢。國主曰：「且坐。」師謂衆曰：「先師法席五百衆，今祇有十數人在諸方爲導首。你道莫有錯指人路底麽？若錯指，教他入水入火，落坑落壍。然古人又道：『我若向刀山，刀山自摧折，我若向鑊湯，鑊湯自消滅。』且作麽生商量？言語即熟，乃問著便生疏去，何也？祇爲隔闊多時。上座！但會我甚麽處去不得？有去不得者，爲眼等諸根、色等諸法。諸法且置，上座開眼見甚麽？所以道，不見一法即如來，方得名爲觀自在。珍重！」

師開寶七年六月示疾，告衆曰：「老僧卧疾，强牽拖與汝相見，如今[一]隨處道場，宛然化城。且道作麽生是化城？不見古導師云：『寶所非遥，須且前進。』及至城所，又道：『我所化作。』今汝諸人試説箇道理看。是如來禪？祖師禪？還定得麽？汝等雖是晚生，須知僥忝我國主，凡所勝地建一道場，所須不闕，祇要汝開口，如今不知阿那箇是汝口，争荅效他四恩三有？欲得會麽，但識口必無咎，縱有咎，因汝有。我今火風相逼，去住是常道。老僧住持，將逾一紀，每承國主助發，至于檀越，十方道侣，主事小師，皆赤心爲我，默

[一]「今」，原作「人」，據清藏本、續藏本改。

而難言，或披麻帶布，此即順俗，我道違真。且道順好？違好？然但順我道，即無顛倒。我之遺骸，必於南山大智藏和尚左右乞一墳冢。升沈皎然，不淪化也。努力，珍重！」二十四日，安坐而終。

靈隱清聳禪師

杭州靈隱清聳禪師，福州人也。初參法眼，眼指雨謂師曰：「滴滴落在上座眼裏。」師初不喻旨，後因閱華嚴感悟，承眼印可。回止明州四明山卓庵。節度使錢億執事師之禮。忠懿王命於臨安兩處開法。後居靈隱上寺，署了悟禪師。上堂曰：「十方諸佛常在汝前，還見麼？若言見，將心見？將眼見？所以道：一切法不生，一切法不滅。若能如是解，諸佛常現前。」又曰：「見色便見心，且喚甚麼作心？山河大地，萬象森羅，青黄赤白，男女等相，是心不是心？若是心，爲甚麼却成物象去？若不是心，又道見色便見心。還會麼？祇爲迷此而成顛倒，種種不同，於無同異中强生同異。且如今直下承當，頓豁本心，皎然無一物可作見聞。若離心別求解脱者，古人喚作迷波討源，卒難曉悟。」僧問：「根塵俱泯，爲甚麼事理不明？」師曰：「事理且從，喚甚麼作俱泯底根塵？」問：「如何是觀音第一義？」師曰：「錯。」問：「無明實性即佛性。如何是佛性？」師曰：「喚甚麽作無明？」問：「如何是和尚家風？」師曰：「亘古亘今。」問：「不問不荅時如何？」師曰：「寐語作麽？」問：「牛頭未見四祖時如何？」師曰：「青山緑水。」曰：「見後如何？」師曰：「緑水青山。」師問僧：「汝會佛法麽？」曰：「不會。」師曰：「汝端的不會？」曰：「是。」師曰：「且去，待別時來。」其僧珍重。師曰：「不是這箇道理。」問：「如何是摩訶般若？」師曰：「雪落茫茫。」僧無語。師曰：「會麽？」曰：「不會。」師示偈曰：「摩訶般若，非取非捨。若人不會，風寒雪下。」

歸宗義柔禪師

廬山歸宗義柔禪師，開堂陞座，維那白槌曰：「法筵龍象衆，當觀第一義。」師曰：「若是第一義，且作麽生觀？恁麽道，落在甚麽處？爲復是觀？爲復不許人觀？先德上座，共相證明。後學初心，莫喚作返問語、倒靠語，有疑請問。」僧問：「諸佛出世，説法度人，感天動地。和尚出世，有何祥瑞？」師曰：「人天大衆前寐語作麽？」問：「優曇華折人皆覩，達本無心事若何？」師曰：「謾語。」曰：「恁麽則南能別有深深旨，不是心心人不知。」師曰：「事須飽叢林。」問：「昔日金峰，今日歸宗，未審是一是二？」師曰：「謝汝證明。」問：「法眼一箭，直射歸宗。歸宗一箭，當射何人？」師曰：「莫謗我法眼。」問：「此日知軍親證法，師於何處荅深恩？」師曰：「教我道甚麽即得？」乃曰：「一問一荅，也無了期。佛法也不是恁麽道理。大衆！此日之事，故非本心。實謂祇箇住山寧有意？向來成佛亦無心。蓋緣是知軍請命，寺衆誠心，既到這裏，且說箇甚麽即得？還相悉麽？若信不及，古人便道：『相逢欲相喚，脉脉不能語。』作麽生會？若會，堪報不報之恩，足助無爲之化。若也不會，莫道長老開堂祇舉古人語。此之盛事，天高海深，況喻不及，更不敢讚祝皇風，回向清列。何以故？古人道：『吾禱久矣！』豈況當今聖明者哉？珍重！」僧問：「如何是空王廟？」師曰：「莫少神。」曰：「如何是廟中人？」師曰：「適來不謾道。」問：「靈龜未兆時如何？」師曰：「是吉是凶？」問：「未達其源，乞師方便。」師曰：「達也。」曰：「達後如何？」師曰：「終不恁麽問。」問僧：「看甚麽經？」曰：「寶積經。」師曰：「既是沙門，爲甚麽看寶積經？」僧無語。師代云：「古今用無極。」

百丈道恒禪師

洪州百丈道恒禪師，參法眼，因請益：「外道問佛：『不問有言，不問無言。』」叙語未終，眼曰：「住！住！汝擬向世尊良久處會那？」師從此悟入。住後，上堂：「乘此寶乘，直至道場。每日勞諸上座訪及，無可祇延，時寒，不用久立，却請回車。珍重！」僧問：「如何是學人行脚事？」師曰：「拗折拄杖得也未？」問：「古人有言：『釋迦與我同參。』未審參見何人？」師曰：「唯有同參方知。」曰：「未審此人如何親近？」師曰：「恁麽則你不解參也。」問：「如何是祖師西來意？」師曰：「往往問不著。」問：「還鄉曲子作麽生唱？」師曰：「設使唱，落汝後。」問：「如何是百丈境？」師曰：「何似雲居？」問：「如何是百丈爲人一句？」師曰：「若到諸方，揔須問過。」乃曰：「實是無事，諸人各各是佛，更有何疑得到這裏？古人道，十方同聚會，箇箇學無爲。此是選佛場，心空及第歸。且作麽生是心空？不是那裏閉目冷坐是心空，此正是意識想解。上座要會心空麽？但且識心，便見心空。所以道：過去已過去，未來更莫筭。兀然無事坐，何曾有人喚。設有人喚，上座應他好？不應他好？若應他，阿誰喚上座？若不應他，又不患聾也。三世體空，且不是木頭也。所以古人道：『心空得見法王。』還見法王麽？也祇是老病僧。又莫道渠自伐好！珍重。」問：「如何是佛？」師曰：「汝有多少事不問？」僧舉：「人問玄沙：『三乘十二分教即不問，如何是祖師西來意？』沙曰：『三乘十二分教不要。』某甲不會，請師爲説。」師曰：「汝實不會？」曰：「實不會。」師示偈曰：「不要三乘要祖宗，三乘不要與君同。君今欲會通宗旨，後夜猿啼在亂峰。」上堂：「諸上座適來從僧堂裏出來，脚未跨門限便回去，已是重説偈言了也，更來這裏，不可重重下切脚也。古人云：『參他不如自參。』所以道：森羅萬象，是善財之宗師；業惑塵勞，乃普賢之境界。若恁麽參，得與善財同參。若不肯與麽參，却歸堂向火，參取勝熱婆羅門。珍重！」上堂，衆纔集，便曰：「喫茶去。」或時衆集，便曰：「珍重。」或時衆集，便曰：「歇。」後有頌曰：「百丈有三訣：喫茶、珍重、歇。直下便承當，敢保君未徹。」師終于本山。

永明道潛禪師

杭州永明寺道潛禪師，河中府武氏子。初謁法眼，眼問曰：「子於參請外，看甚麽經？」師曰：「華嚴經。」眼曰：「揔、别、同、異、成、壞六相，是何門攝屬？」師曰：「文在十地品中。據理則世出世間一切法，皆具六相也。」眼曰：「空還具六相也無？」師懵然無對。眼曰：「汝問我，我向汝道。」師乃問：「空還具六相也無？」眼曰：「空。」師於是開悟，踊躍禮謝。眼曰：「子作麽生會？」師曰：「空。」眼然之。異日，因四衆士女入院，眼問師曰：「律中道：隔壁聞釵釧聲，即名破戒。見覩金銀合雜，朱紫駢闐，是破戒不是破戒？」師曰：「好箇入路。」眼曰：「子向後有五百毳徒，爲王侯所重在。」

師尋禮辭，駐錫於衢州古寺，閱大藏經。忠懿王命入府受菩薩戒，署慈化定慧禪師，建大伽藍，號慧日永明，請居之。師欲請塔下羅漢銅像過新寺供養。王曰：「善矣！予昨夜夢十六尊者，乞隨禪師入寺，何昭應之若是？」仍於師號加應真二字。師坐永明，常五百衆。上堂：「佛法顯然，因甚麽却不會？諸上座欲會佛法，但問取張三李四。欲會世法，則參取古佛叢林。無事，久立。」僧問：「如何是永明的的意？」師曰：「今日十五，明朝十六。」曰：「覽師的的意。」師曰：「何處覽？」問：「如何是永明家風？」師曰：「早被上座荅了也。」問：「三種病人如何接？」師曰：「汝是聾人。」曰：「請師方便。」師曰：「是方便。」問：「牛頭未見四祖時，爲甚麽百鳥銜華？」師曰：「見東見西。」曰：「見後爲甚麽不銜華？」師曰：「見南見北。」曰：「昔日作麽生？」師曰：「且會今日。」問：「達磨西來傳箇甚麽？」師曰：「傳箇册子。」曰：「恁麽則心外有法去也。」師曰：「心内無法。」問：「如何是第二月？」師曰：「月。」問：「如何是覿面事？」師曰：「背後是甚麽？」問：「文殊仗劍，擬殺何人？」師曰：「止！止！」曰：「如何是劍？」師曰：「眼是。」問：「諸餘即不問，向上宗乘亦且置，請師不荅。」師曰：「好箇師僧子。」曰：「恁麽則禮拜去也。」師曰：「不要三拜，盡汝一生去。」

衆參次，師指香爐曰：「汝諸人還見麽？若見，一時禮拜，各自歸堂。」僧問：「至道無言，借言顯道。如何是顯道之言？」師曰：「切忌揀擇。」曰：「如何是不揀擇？」師曰：「元帥大王，太保令公。」問：「如何是慧日祥光？」師曰：「此去報慈不遠。」曰：「恁麽則親蒙照燭。」師曰：「且喜没交涉。」

報恩慧明禪師

杭州報恩慧明禪師，姓蔣氏。幼歲出家，三學精練。志探玄旨，乃南遊於閩越間，歷諸禪會，莫契本心。後至臨川謁法眼，師資道合。尋回鄞水大梅山庵居。吴越部内，禪學者雖盛，而以玄沙正宗置之閫外，師欲整而導之。一日，有新到參，師問：「近離甚處？」曰：「都城。」師曰：「上座離都城到此山，則都城少上座，此間剩上座。剩則心外有法，少則心法不周。説得道理即住，不會即去。」僧無對。僧問：「如何是大梅主？」師曰：「闍黎今日離甚麼處？」僧無對。師尋遷天台山白沙卓庵，有朋彦上座博學强記，來訪師，敵論宗乘。師曰：「言多去道轉遠。今有事借問，祇如從上諸聖及諸先德，還有不悟者也無？」彦曰：「若是諸聖先德，豈有不悟者哉？」師曰：「一人發真歸源，十方虚空悉皆消殞。今天台山嶷然，如何得消殞去？」彦不知所措。自是，他宗泛學來者皆服膺矣。

漢乾祐中，忠懿王延入府中問法，命住資崇院。師盛談玄沙及地藏、法眼，宗旨臻極。王因命翠巖令參等諸禪匠及城下名公定其勝負。天龍禪師問曰：「一切諸佛及諸佛法皆從此經出，未審此經從何而出？」師曰：「道甚麼？」天龍擬進語，師曰：「過也。」資嚴長老問：「如何是現前三昧？」師曰：「還聞麼？」嚴曰：「某甲不患聾。」師曰：「果然患聾。」師復舉雪峰塔銘問諸老宿：「夫從緣有者，始終而成壞；非從緣有者，歷劫而長堅。堅之與壞即且置，雪峰即今在甚麼處？」法眼别云：「祇今是成是壞？」宿無對，設有對者，亦不能當其徵詰。時群彦弭伏，王大喜悦，署圓通普照禪師。

上堂：「諸人還委悉麼？莫道語默動静無非佛事好！且莫錯會。」僧問：「如何是祖師西來意？」師曰：「汝還見香臺麼？」曰：「某甲未會，乞師指示。」師曰：「香臺也不識。」問：「離却目前機，如何是西來意？」師曰：「汝何不問？」曰：「恁麼則委是去也。」

師曰：「也是虚施。」問：「如何是佛法大意？」師曰：「我見燈明佛本光瑞如此。」問：「如何是學人自己？」師曰：「特地伸問是甚麽意？」問：「如何是西來意？」師曰：「十萬八千真跋涉，直下西來不到東。」問：「如何是第二月？」師曰：「揑目看花花數朵，見精明樹幾枝枝。」

報慈行言導師

金陵報慈行言玄覺導師，泉州人也。上堂：「凡行脚人參善知識，到一叢林，放下瓶鉢，可謂行菩薩道能事畢矣。何用更來這裏舉論真如涅槃？此是非時之説。然古人有言：譬如披沙識寶，沙礫若除，真金自現，便唤作常住世間，具足僧寶。亦如一味之雨，一般之地，生長萬物，大小不同，甘辛有異。不可道地與雨有大小之名也。所以道：方即現方，圓即現圓。何以故？法爾無偏正，隨相應現，唤作對現色身。還見麽？若不見也，莫閑坐地。」僧問：「如何是祖師西來意？」師曰：「此問不當。」問：「坐却是非，如何合得本來人？」師曰：「汝作麽生坐？」師聞鳩子叫，問僧：「甚麽聲？」曰：「鳩子聲。」師曰：「欲得不招無間業，莫謗如來正法輪。」江南國主建報慈院，命師大闡宗猷。海會二千餘衆，別署導師之號。上堂：「此日英賢共會，海衆同臻。諒惟佛法之趣，無不備矣。若是英鑒之者，不須待言也。然言之本無，何以默矣？是以森羅萬象，諸佛洪源，顯明則海印光澄，冥昧則情迷自惑。苟非通心上士、逸格高人，則何以於諸塵中發揚妙極，卷舒物象，縱奪森羅，示生非生，應滅非滅？生滅洞已，乃曰真常。言假則影散千途，論真則一空絶跡。豈可以有無生滅而計之者哉！」僧問：「國王再請，特薦先朝，和尚今日如何舉唱？」師曰：「汝不是問再唱人？」曰：「恁麼則天上人間，無過此也。」師曰：「没交涉。」問：「遠遠投師，請垂一接。」師曰：「却依舊處去。」

崇壽契稠禪師

撫州崇壽院契稠禪師，泉州人也。上堂，僧問：「四衆諦觀第一義。如何是第一義？」師曰：「何勞更問？」乃曰：「大衆欲知佛性義，當觀時節因緣。作麼生是時節因緣？上座！如今便散去，且道有也未？若無，因甚麼便散去？若有，作麼生是第一義？上座！第一義現成，何勞更觀？恁麼顯明得佛性常照，一切法常住。若見有法常住，猶未是法之真源。作麼生是法之真源？上座！不見古人道：『一人發真歸源，十方虛空悉皆消殞。』還有一法爲意解麽？古人有如是大事因緣，依而行之即是，何勞長老多説？衆中有未知者，便請相示。」僧問：「法眼之燈，親然汝水。今日王侯請命，如何是法眼之燈？」師曰：「更請一問。」問：「古人見不齊處，請師方便。」師曰：「古人見甚麽處不齊？」問：「如何是佛？」師曰：「如何是佛。」曰：「如何領解？」師曰：「領解即不是。」問：「的的西來意，師當第幾人？」師曰：「年年八月半中秋。」問：「如何是和尚爲人一句？」師曰：「觀音舉、上藍舉。」

報恩法安禪師

金陵報恩院法安慧濟禪師，太和人也。初住曹山，上堂：「知幻即離，不作方便。離幻即覺，亦無漸次。諸上座！且作麽生會？不作方便，又無漸次，古人意在甚麽處？若會得，諸佛常現前；若未會，莫向圓覺經裏討。夫佛法亘古亘今，未嘗不現前。諸上座！一切時中，咸承此威光，須具大信根，荷擔得起始得。不見佛讚猛利底人堪爲器用，亦不賞他向善久修浄業者，要似他廣額兇屠，拋下操刀，便證阿羅漢果，直須恁麽始得。所以長者道：如將梵位直授凡庸。」僧問：「大衆既臨於法會，請師不吝句中玄。」師曰：「謾得大衆麽？」曰：「恁麽則全因此問也。」師曰：「不用得。」問：「古人有言：『一切法以不生爲宗。』如何是不生宗？」師曰：「好箇問處。」問：「佛法中請師方便。」師曰：「方便了也。」問：「如何是古佛心？」師曰：「何待問。」

江南國主請居報恩，署號攝衆。上堂，謂衆曰：「此日奉命令住持當院，爲衆演法。適來見維那白槌了，多少好。令教當觀第一義。且作麽生是第一義？若這裏參得多少省要，如今別更說箇甚麽即得。然承恩旨，不可杜默去也。夫禪宗示要，法爾常規，圓明顯露，亘古亘今。至于達磨西來，也秖與諸人證明，亦無法可得與人。秖道直下是，便教立地搆取。古人雖則道立地搆取，如今坐地還搆得也無？有疑請問。」僧問：「三德奧樞從佛演，一音玄路請師明。」師曰：「汝道有也未？」問：「如何是報恩境？」師曰：「大家見汝問。」開寶中，示滅于本院。

長安延規禪師

廬州長安院延規禪師，僧問：「如何是庵中主？」師曰：「汝到諸方，但道從長安來。」

雲居清錫禪師

南康軍雲居山清錫禪師，泉州人也。僧問：「如何是雲居境？」師曰：「汝喚甚麼作境？」曰：「如何是境中人？」師曰：「適來向汝道甚麼？」後住泉州西明院。有廖天使入院，見供養法眼和尚真，乃問曰：「真前是甚麼果子？」師曰：「假果子。」天使曰：「既是假果子，爲甚麼將供養真？」師曰：「也祇要天使識假。」僧問：「如何是佛？」師曰：「容顏甚奇妙。」

正勤希奉禪師

常州正勤院希奉禪師，蘇州謝氏子。上堂：「古聖道：『圓同太虛，無欠無餘。』又道：『一一法，一一宗；衆多法，一法宗。』又道：『起唯法起，滅唯法滅。』又道：『起時不言我起，滅時不言我滅。』據此說話，屈滯久在叢林上座，若是初心兄弟，且須體道。人身難得，正法難聞，莫同等閑。施主衣食，不易消遣。若不明道，箇箇盡須還他。上座！要會道麽？珍重！」僧問：「如何是祖師西來意？」師曰：「甚麽處得這箇消息？」問：「如何是諸法空相？」師曰：「山河大地。」問：「僧衆雲集，請師舉唱宗乘。」師曰：「舉來久矣。」問：「佛法付囑國王大臣，今日正勤將何付囑？」師曰：「萬歲！萬歲！」問：「古人有言：『山河大地是汝真善知識。』如何得山河大地爲善知識去？」師曰：「汝唤甚麽作山河大地？」問：「如何是合道之言？」師曰：「汝問我荅。」問：「靈山會上，迦葉親聞，未審今日誰人得聞？」師曰：「迦葉親聞箇甚麽？」問：「古佛道場，學人如何得到？」師曰：「汝今在甚麽處？」問：「如何是和尚圓通？」師敲禪牀三下。問：「如何是脱却根塵？」師曰：「莫妄想。」問：「人王法王，是一是二？」師曰：「人王法王。」問：「如何是諸法寂滅相？」師曰：「起唯法起，滅唯法滅。」問：「如何是未曾生底法？」師曰：「汝争得知？」問：「無著見文殊，爲甚麽不識？」師曰：「汝道文殊還識無著麽？」問：「得意誰家新曲妙，正勤一句請師宣。」師曰：「道甚麽？」曰：「豈無方便也？」師曰：「汝不會我語。」

羅漢智依禪師

漳州羅漢智依宣法禪師，上堂：「盡十方世界，無一微塵許法與汝作見聞覺知，還信麽？然雖如此，也須悟始得，莫將爲等閑。不見道：單明自己，不悟目前，此人衹具一隻眼。還會麽？」僧問：「纖塵不立，爲甚麽好醜現前？」師曰：「分明記取，别處問人。」問：「大衆雲集，誰是得者？」師曰：「還曾失麽？」問：「如何是佛？」師曰：「汝是行脚僧。」問：「如何是寶壽家風？」師曰：「一任覷看。」曰：「恁麽則大衆有賴。」師曰：「汝作麽生？」曰：「終不敢謾大衆。」師曰：「嫌少作麽？」問僧：「受業在甚麽處？」曰：「在佛跡。」師曰：「佛在甚麽處？」曰：「甚麽處不是？」師舉起拳曰：「作麽生？」曰：「和尚收取。」師曰：「放闍黎七棒。」問僧：「今夏在甚麽處？」僧曰：「在無言上座處。」師曰：「還曾問訊他否？」僧曰：「也曾問訊。」師曰：「無言作麽生問得？」僧曰：「若得無言，甚麽處不問得？」師喝曰：「恰似問老兄。」師與彦端長老喫餅餤，端曰：「百種千般，其體不二。」師曰：「作麽生是不二體？」端拈起餅餤，師曰：「衹守百種千般。」端曰：「也是和尚見處。」師曰：「汝也是羅公詠梳頭樣。」師將示滅，乃謂衆曰：「今晚四大不和暢。雲騰鳥飛，風動塵起，浩浩地還有人治得麽？若治得，永劫不相識。若治不得，時時常見我。」言訖告寂。

章義道欽禪師

金陵鍾山章義院道欽禪師，太原人也。初住廬山棲賢，上堂：「道遠乎哉？觸事而真。聖遠乎哉？體之則神。我尋常示汝，何不向衣鉢下坐地直下參取，須要上來討箇甚麽？既上來，我即事不獲已，便舉古德少許方便，抖擻些子龜毛兔角解落向汝。諸上座！欲得省要，僧堂裏、三門下、寮舍裏參取好！還有會處也未？若有會處，試説看，與上座證明。」僧問：「如何是棲賢境？」師曰：「棲賢有甚麽境？」問：「古人拈椎豎拂，還當宗乘中事也無？」師曰：「古人道了也。」問：「學人乍入叢林，乞和尚指示。」師曰：「一手指天，一手指地。」後江南國主請居章義道場。上堂：「揔來這裏立作甚麽？善知識如河沙數，常與汝爲伴。行住坐卧，不相捨離。但長連牀上穩坐地，十方善知識自來參，上座何不信取？作得如許多難易，他古聖嗟見今時人不奈何。」乃曰：「傷夫，人情之惑久矣。目對真而不覺，此乃嗟汝諸人看却不知。且道看却甚麽不知？何不體察古人方便？祇爲信之不及，致得如此。諸上座！但於佛法中留心，無不得者。無事，體道去！」便下座。僧問：「百年暗室，一燈能破時如何？」師曰：「莫謾語。」問：「佛法還受變異也無？」師曰：「上座是。」僧問：「大衆雲集，請師舉揚宗旨。」師曰：「久矣！」問：「如何是玄旨？」師曰：「玄有甚麼旨？」

報恩匡逸禪師

金陵報恩匡逸禪師，明州人也。江南國主請居上院，署凝密禪師。上堂，顧視大衆曰：「依而行之，即無累矣。還信麼？如太陽赫奕皎然地，更莫思量，思量不及。設爾思量得及，喚作分限智慧。不見先德云：人無心合道，道無心合人。人道既合，是名無事人。且自何而凡，自何而聖？於此若未會，可謂爲迷情所覆，便去離不得。迷時即有窒礙，爲對爲待，種種不同。忽然惺去，亦無所得。譬如演若達多認影迷頭，豈不擔頭覓頭？然正迷之時，頭且不失。及乎悟去，亦不爲得。何以故？人迷謂之失，人悟謂之得。得失在於人，何關於動静？」僧問：「諸佛説法，普潤群機。和尚説法，甚麼人得聞？」師曰：「祇有汝不聞。」問：「如何是報恩一句？」師曰：「道不是得麼？」問：「十二時中思量不到處，如何行履？」師曰：「汝如今在甚麼處？」問：「祖嗣西來，如何舉唱？」師曰：「不違所請。」問：「如何是一句？」師曰：「我荅争似汝舉。」問：「佛爲一大事因緣出世，未審和尚出世如何？」師曰：「恰好。」曰：「恁麼則大衆有賴。」師曰：「莫錯會。」

報慈文遂導師

金陵報慈文遂導師，杭州陸氏子。嘗究首楞嚴，甄會真妄緣起，本末精博。於是節科注釋，文句交絡。厥功既就，謁于法眼，述己所業，深符經旨。眼曰：「楞嚴豈不是有八還義？」師曰：「是。」曰：「明還甚麽？」師曰：「明還日輪。」曰：「日還甚麽？」師懵然無對。眼誡令焚其所注之文。師自此服膺請益，始忘知解。金陵國主署雷音覺海大導師。

上堂：「天人群生類，皆承此恩力。威權三界，德被四方。共禀靈光，咸稱妙義。十方諸佛常頂戴汝，誰敢是非？及乎向這裏，唤作開方便門，對根設教，便有如此如彼，流出無窮。若能依而奉行，有何不可？所以清凉先師道：『佛是無事人。』且如今覓箇無事人也不可得。」僧問：「巔山巖崖，還有佛法也無？」師曰：「汝唤甚麽作巔山巖崖？」問：「如何是道？」師曰：「妄想顛倒。」乃曰：「老僧平生，百無所解。日日一般，雖住此間，隨緣任運。今日諸上座與本無異。珍重！」僧問：「如何是無異底事？」師曰：「千差萬別。」僧再問，師曰：「止！止！不須説，且會取千差萬別。」問：「如何是和尚家風？」師曰："方丈板門扇。"問："如何是無相道場？"師曰："四郎五郎廟。"問："如何是吹毛劍？"師曰："榨麵杖。"問："如何是正直一路？"師曰："遠遠近近。"曰："便恁麼去時如何？"師曰："咄哉，癡人！此是險路。"問："僧從甚麼處來？"曰："曹山來。"師曰："幾程到此？"曰："七程。"師曰："行却許多山林谿澗，何者是汝自己？"曰："揔是。"師曰："衆生顛倒，認物爲己。"曰："如何是學人自己？"師曰："揔是。"乃曰："諸上座，各在此經冬過夏，還有人悟自己也無？山僧與汝證明，令汝真見不被邪魔所惑。"問："如何是學人自己？"師曰："好箇師僧！眼目甚分明。"

羅漢守仁禪師

漳州羅漢院守仁禪師，泉州人也。上堂："祇據如今，誰欠誰剩？然雖如此，猶是第二義門。上座若明達得去也，且是一是二，更須子細看。"僧問："如何是祖師西來的的意？"師曰："即今是甚麼意？"問："如何是涅槃？"師曰："生死。"曰："如何是生死？"師曰："適來道甚麼？"僧衆晚參，師曰："物物本來無處所，一輪明月印心池。"便歸方丈。次住報恩，上堂："報恩這裏不曾與人揀話，今日與諸上座揀一兩則話，還願樂麽？諸上座！鶴脛長，鳬脛短，甘草甜，黄蘗苦。恁麽揀辨，還愜雅意麽？諸上座！莫是血脉不通，泥水有隔麽？且莫錯會。珍重！」僧問：「如何是西來意？」師曰：「唤甚麽作西來意？」曰：「恁麽則無西來也。」師曰：「由汝口頭道。」問：「如何是報恩家風？」師曰：「無汝着眼處。」問：「學人未委稟承，請師方便。」師曰：「莫相孤負麽？」曰：「恁麽則有師資之分也。」師曰：「叢林見多。」問：「如何是佛法大意？」師曰：「向汝道甚麽？」問：「如何是無生之相？」師曰：「捨身受身。」曰：「恁麽則生死無過也。」師曰：「料汝恁麽會。」又曰：「人人皆備理，一一盡圓常。」僧便問：「如何是圓常之理？」師曰：「無事不參差。」曰：「恁麽則縱横法界也。」師曰：「巧道有何難？」問：「如何是不到三寸？」師曰：「你問我荅。」問僧：「甚麽處來？」曰：「福州來。」師曰：「跋涉如許多山嶺，阿那箇是上座自己？」曰：「某甲親離福州。」師曰：「祇恁麽，别更有商量？」曰：「更作甚麽商量？」師曰：「汝話墮也。」問：「不昧緣塵，請師一接。」師曰：「唤甚麽作緣塵？」曰：「若不伸問，焉息疑情。」師曰：「若不是今日，便作官方。」

黄山良匡禪師

撫州黄山良匡禪師，吉州人也。僧問：「如何是黄山家風？」師曰：「築著汝鼻孔。」問：「如何是不遷義？」師曰：「春夏秋冬。」問：「如何是一路涅槃門？」師曰：「汝問宗乘中一句豈不是？」曰：「恁麽則不哆哆。」師曰：「莫哆哆好。」問：「衆星攢月時如何？」師曰：「唤甚麽作月？」曰：「莫祇這箇便是也無？」師曰：「這箇是甚麽？」問：「明鏡當臺，森羅爲甚麽不現？」師曰：「那裏當臺？」曰：「争奈即今何！」師曰：「又道不現。」

報恩玄則禪師

金陵報恩院玄則禪師，滑州衛南人也。初問青峰：「如何是學人自己？」峰曰：「丙丁童子來求火。」後謁法眼，眼問：「甚處來？」師曰：「青峰。」眼曰：「青峰有何言句？」師舉前話，眼曰：「上座作麽生會？」師曰：「丙丁屬火而更求火，如將自己求自己。」眼曰：「與麽會又争得？」師曰：「某甲祇與麽，未審和尚如何？」眼曰：「你問我，我與你道。」師問：「如何是學人自己？」眼曰：「丙丁童子來求火。」師於言下頓悟。開堂日，李王與法眼俱在會，僧問：「龍吟霧起，虎嘯風生。學人知是出世邊事，到此爲甚麽不會？」師曰：「會取好！」僧舉頭看師，又看法眼，乃抽身入衆。法眼與李王當時失色。眼歸方丈，令侍者喚問話僧至。眼曰：「上座適來問底話，許你具眼。人天衆前，何不禮拜蓋覆却？」眼摑一坐具，其僧三日後吐光而終。僧問：「了了見佛性，如何是佛性？」師曰：「不欲便道。」問：「如何是金剛大士？」師曰：「見也未？」問：「如何是諸聖密密處？」師曰：「却須會取自己。」曰：「如何是和尚密密處？」師曰：「待汝會始得。」上堂：「諸上座！盡有常圓之月，各懷無價之珍。所以月在雲中，雖明而不照。智隱惑内，雖真而不通。無事，久立。」問：「如何是不動尊？」師曰：「飛飛颺颺。」問：「如何是了然一句？」師曰：「對汝又何難？」曰：「恁麽道莫便是也無？」師曰：「不對又何難？」曰：「深領和尚恁麽道。」師曰：「汝道我道甚麽？」問：「亡僧遷化向甚麽處去也？」師曰：「待汝生即道。」曰：「賓主歷然。」師曰：「汝立地見亡僧。」問：「如何是學人本來心？」師曰：「汝還曾道著也未？」曰：「祇如道著，如何體會？」師曰：「待汝問始得。」問：「教中道：樹能生果，作玻璃色。未審此果何人得喫？」師曰：「樹從何來？」曰：「學人有分。」師曰：「去果八萬四千。」問：「如何是不遷義？」師曰：「江河競注，日月旋流。」

問：「宗乘中玄要處，請師一言。」師曰：「汝行脚來多少時也？」曰：「不曾逢伴侶。」師曰：「少瞌睡！」

浄德智筠禪師

金陵浄德院智筠達觀禪師，河中府王氏子。初住棲賢。上堂：「從上諸聖方便門不少，大抵秖要諸仁者有箇見處。然雖未見，且不參差一絲髮許，諸仁者亦未嘗違背一絲髮許。何以故？炟赫地顯露，如今便會取，更不費一毫氣力。還省要麽？設道毗盧有師，法身有主，斯乃抑揚，對機施設。諸仁者！作麽生會對底道理？若也會，且莫嫌他佛語，莫重祖師，直下是自己眼明始得。」僧問：「如何是的的之言？」師曰：「道甚麽？」問：「紛然覓不得時如何？」師曰：「覓箇甚麽不得？」問：「如何是祖師意？」師曰：「用祖師意作甚麽？」問：「今朝呈遠瑞，正意爲誰來？」師曰：「大衆盡見汝恁麽問。」江南國主創浄德院，延請居之，署達觀禪師。

上堂：「夫欲慕道，也須上上根器始得造次。中下不易承當。何以故？佛法非心意識境界。上座！莫恁麽懱（莫結切）猰（公入切）地。他古人道：沙門眼把定世界，函蓋乾坤，綿綿不漏絲髮。所以諸佛讚歎，讚歎不及比喻，比喻不及道。上座威光赫奕，亘古亘今，幸有如是家風，何不紹續取？爲甚麽自生卑劣，枉受辛勤，不能曉悟？祇爲如此，所以諸佛出興於世。祇爲如此，所以諸佛唱入涅槃。祇爲如此，所以祖師特地西來。」僧問：「諸聖皆入不二法門，如何是不二法門？」師曰：「但恁麽入。」曰：「恁麽則今古同然去也。」師曰：「汝道甚麽處是同？」問：「如何是佛法大意？」師曰：「恰問著。」曰：「恁麽則學人禮拜也。」師曰：「汝作麽生會？」問：「如何是佛？」師曰：「如何不是？」乃曰：「吾不能投身巖谷，滅迹市鄽，而出入禁庭，以重煩世主，吾之過也。」遂屢辭歸故山。國主錫以五峰棲玄蘭若。

高麗慧炬國師

高麗國道峰山慧炬國師，始發機於法眼之室。本國主思慕，遣使來請，遂回故地。國主受心訣，禮待彌厚。一日請入王府。上堂，師指威鳳樓示衆曰：「威鳳樓爲諸上座舉揚了也。還會麽？儻若會，且作麽生會？若道不會，威鳳樓作麽生不會？珍重！」

寶塔紹巖禪師

杭州真身寶塔寺紹巖禪師，雍州劉氏子。吴越王命師開法，署了空大智常照禪師。上堂：「山僧素寡知見，本期閑放，念經待死，豈謂今日大王勤重，苦勉山僧，效諸方宿德，施張法筵。然大王致請，也祇圖諸仁者明心，此外别無道理。諸仁者還明心也未？莫不是語言譚笑時，凝然杜默時，參尋知識時，道伴商略時，觀山翫水時，耳目絶對時，是汝心否？如上所解，盡爲魔魅所攝，豈曰明心？更有一類人，離身中妄想外，别認徧十方世界，含日月，包太虚，謂是本來真心，斯亦外道所計，非明心也。諸仁者要會麽？心無是者，亦無不是者。汝擬執認，其可得乎？」僧問：「六合澄清時如何？」師曰：「大衆誰信汝。」師開寶四年七月示疾，謂門弟子曰：「諸行無常，即常住相。」言訖，跏趺而逝。

般若敬遵禪師

台州般若寺敬遵通慧禪師，上堂：「皎皎炟赫地，亘古亘今，也未曾有纖毫間斷相。無時無節，長時拶定上座無通氣處。所以道：山河大地是上座善知識。放光動地，觸處露現，實無絲頭許法可作隔礙。如今因甚麽却不會，特地生疑去？無事，不用久立。」僧問：「優曇花拆人皆覩，般若家風賜一言。」師曰：「不因上座問，不曾舉似人。」曰：「恁麽則般若雄峰，詎齊今古？」師曰：「也莫錯會。」問：「牛頭未見四祖時，爲甚麽百鳥銜華？」師曰：「汝甚麽處見？」曰：「見後爲甚麽不銜華？」師曰：「且領話好！」問：「靈山一會，迦葉親聞，未審今日一會，何人得聞？」師曰：「試舉迦葉聞底看。」曰：「恁麽則迦葉親聞去也。」師曰：「亂道作麽？」師自述真讚曰：「真兮寥廓，郢人圖䨼。嶽聳雲空，澄潭月躍。」

歸宗策真禪師

廬山歸宗策真法施禪師，曹州魏氏子也。初名慧超，謁法眼。問曰：「慧超咨和尚，如何是佛？」眼曰：「汝是慧超。」師從此悟入。住後，上堂：「諸上座！見聞覺知，祇可一度。祇如會了，是見聞覺知？不是見聞覺知？要會麽？與諸上座説破了也。待汝悟始得。久立，珍重！」僧問：「如何是佛？」師曰：「我向汝道，即別有也。」問：「如何是歸宗境？」師曰：「是汝見甚麽？」曰：「如何是境中人？」師曰：「出去。」問：「國王請命，大啓法筵。不落見聞，請師速道。」師曰：「閑言語。」曰：「師意如何？」師曰：「又亂説。」問：「承教有言：『將此深心奉塵刹，是則名爲報佛恩。』塵刹即不問，如何是報佛恩？」師曰：「汝若是，則報佛恩。」問：「無情説法，大地得聞。師子吼時如何？」師曰：「汝還聞麼？」曰：「恁麼則同無情也。」師曰：「汝不妨會得好！」問：「古人以不離見聞爲宗。未審和尚以何爲宗？」師曰：「此問甚好。」曰：「猶是三緣四緣？」師曰：「莫亂道。」

同安紹顯禪師

洪州同安院紹顯禪師，僧問：「王恩降旨師親受，熊耳家風乞一言。」師曰：「已道了也。」問：「千里投師，請師一接。」師曰：「好入處。」雲蓋山乞瓦造殿，有官人問：「既是雲蓋，何用乞瓦？」僧無對。師代曰：「罕遇其人。」

棲賢慧圓禪師

廬山棲賢慧圓禪師，上堂：「出得僧堂門，見五老峰，一生參學事畢，何用更到這裏來？雖然如此，也勞上座一轉了也。珍重！」僧問：「不是風動，不是幡動，未審古人意旨如何？」師曰：「大衆一時會取。」上堂，有僧擬問，師乃指其僧曰：「住！住！」其僧進步，問：「從上宗乘，請師舉唱。」師曰：「前言不搆，後語難追。」曰：「未審今日事如何？」師曰：「不會人言語。」問：「如何是佛法大意？」師曰：「好。」問：「如何是棲賢境？」師曰：「入得三門便合知。」問：「如何是祖師西來意？」師曰：「此土不欠少。」

觀音從顯禪師

洪州觀音院從顯禪師，泉州人也。上堂，衆集，良久曰：「文殊深讚居士，未審居士受讚也無？若受讚，何處有居士邪？若不受讚，文殊不可虛發言也。大衆作麽生會？若會，真箇衲僧。」僧問：「居士默然，文殊深讚，此意如何？」師曰：「汝問我答。」曰：「忽遇恁麽人出頭來，又作麽生？」師曰：「行到水窮處，坐看雲起時。」問：「如何是觀音家風？」師曰：「眼前看取。」曰：「忽遇作者來，作麽生見待？」師曰：「貧家祇如此，未必便言歸。」問：「久負没絃琴，請師彈一曲。」師曰：「作麽生聽？」其僧側耳。師曰：「賺殺人！」乃曰：「盧行者當時大庾嶺頭謂明上座言：『莫思善，莫思惡，還我明上座本來面目來。』觀音今日不恁麼道，還我明上座來，恁麼道，是曹溪子孫也無？若是曹溪子孫，又爭除却四字？若不是，又過在甚麼處？試出來商量看。」良久曰：「此一衆真行脚人也。」便下座。太平興國八年九月中，師謂檀那袁長史曰：「老僧三兩日間歸鄉去。」袁曰：「和尚年尊，何更思鄉？」師曰：「歸鄉圖得好鹽喫。」袁不測其言。翌日，師不疾，坐亡。袁建塔于西山。

興善棲倫禪師

洛京興善棲倫禪師，僧問：「如何是佛？」師曰：「向汝道甚麼即得。」問：「如何是西來意？」師曰：「適來猶記得。」

新興齊禪師

洪州嚴陽新興院齊禪師，僧問：「如何得出三界去？」師曰：「汝還信麼？」曰：「信則深信，乞和尚慈悲。」師曰：「祇此信心，亘古亘今。快須究取，何必沈吟。要出三界，三界唯心。」師因雪謂衆曰：「諸上座還見雪麼？見即有眼，不見無眼。有眼即常，無眼即斷。恁麽會得，佛身充滿。」問：「學人辭去泐潭，乞和尚示箇入路。」師曰：「好箇入路，道心堅固。隨衆參請，隨衆作務。要去便去，要住便住。去之與住，更無他故。若到泐潭，不審馬祖。」

慈雲匡達禪師

潤州慈雲匡達禪師，僧問：「佛以一大事因緣故出現於世，未審和尚出世如何？」師曰：「恰好。」曰：「作麽生？」師曰：「不好。」

薦福紹明禪師

蘇州薦福院紹明禪師，州將錢仁奉請住持，乃問：「如何是和尚家風？」師曰：「一切處看取。」

古賢謹禪師

澤州古賢院謹禪師，侍立法眼次，眼問一僧曰：「自離此間，甚麽處去來？」曰：「入嶺來。」眼曰：「不易。」曰：「虚涉他如許多山水。」眼曰：「如許多山水也不惡。」其僧無語，師於此有省。住後，僧問：「如何是佛？」師曰：「築著你鼻孔。」問僧曰：「唯一堅密身，一切塵中現。如何是堅密身？」僧豎指，師曰：「現則現，你作麼生會？」僧無語。

興福可勳禪師

宣州興福院可勳禪師，建州朱氏子。僧問：「如何是興福正主？」師曰：「闍黎不識。」曰：「莫祇這便是麼？」師曰：「縱未歇狂，頭亦何失？」問：「如何是道？」師曰：「勤而行之。」問：「何云法空？」師曰：「不空。」有偈示衆曰：「秋江煙島晴，鷗鷺行行立。不念觀世音，爭知普門入。」

上藍守訥禪師

洪州上藍院守訥禪師，上堂：「盡令提綱，無人掃地。叢林兄弟，相共證明。晚進之流，有疑請問。」僧問：「願開甘露門，當觀第一義。不落有無中，請師垂指示。」師曰：「大衆證明。」曰：「恁麼則莫相屈去也。」師曰：「閑言語。」問：「如何是佛？」師曰：

「更問阿誰？」

撫州覆船和尚

撫州覆船和尚，僧問：「如何是佛？」師曰：「不識。」問：「如何是祖師西來意？」師曰：「莫謗祖師好！」

奉先法瓌禪師

杭州奉先寺法瓌法明普照禪師，僧問：「釋迦出世，天雨四華，地摇六動，未審今日有何祥瑞？」師曰：「大衆盡見。」曰：「法王法如是。」師曰：「人王見在。」問：「法眼寶印，和尚親傳。今日一會，當付何人？」師曰：「誰人無分？」曰：「恁麽則雷音普震無邊刹去也。」師曰：「也須善聽。」

化城慧朗禪師

廬山化城寺慧朗禪師，江南相國宋齊丘請開堂，師陞座曰：「今日令公請山僧爲衆，莫非承佛付囑，不忘佛恩。衆中有問話者出來，爲令公結緣。」僧問：「令公親降，大衆雲臻，從上宗乘，請師舉唱。」師曰：「莫是孤負令公麽？」問：「師常苦口，爲甚麽學人己事不明？」師曰：「闍黎甚麽處不明？」曰：「不明處，請師決斷。」師曰：「適來向汝道甚麽？」曰：「恁麽則全因今日去也。」師曰：「退後。」禮三拜。

永明道鴻禪師

杭州慧日永明寺道鴻通辯禪師，僧問：「遠離天台境，來登慧日峰，久聞師子吼，今日請師通。」師曰：「聞麽？」曰：「恁麽則昔日崇壽，今日永明也。」師曰：「幸自靈利，何須亂道。」乃曰：「大道廓然，古今常爾。真心周徧，如量之智皎然。萬象森羅，咸真實相。該天括地，亘古亘今。大衆還會麽？還辨白得麽？」僧問：「國王嘉命，公貴臨筵，未審今日當爲何事？」師曰：「驗取。」曰：「此意如何？」師曰：「甚麽處去來？」曰：「恁麽則成造次也。」師曰：「休亂道。」

高麗靈鑒禪師

高麗國靈鑒禪師，僧問：「如何是清浄伽藍？」師曰：「牛欄是。」問：「如何是佛？」

師曰：「拽出癲漢着。」

荆門上泉和尚

荆門上泉和尚，僧問：「二龍争珠，誰是得者？」師曰：「我得。」問：「遠遠投師，如何一接？」師按杖視之。其僧禮拜，師便喝。問：「尺壁無瑕時如何？」師曰：「我不重。」曰：「不重後如何？」師曰：「火裏蝍蟟飛上天。」

大林僧遁禪師

廬山大林寺僧遁禪師，初住圓通。有僧舉：「僧問玄沙：『向上宗乘，此間如何言論？』沙曰：『少人聽。』未審玄沙意旨如何？」師曰：「待汝移却石耳峰，我即向汝道。」

歸宗柔別云：「且低聲。」

仁王緣勝禪師

池州仁王院緣勝禪師，僧問：「農家擊壤時如何？」師曰：「僧家自有本分事。」曰：

「不問僧家本分事，農家擊壤時如何？」師曰：「話頭何在？」

青原下十世

天台韶國師法嗣

永明延壽禪師

杭州慧日永明延壽智覺禪師，餘杭王氏子。總角之歲，歸心佛乘。既冠，不茹葷，日唯一食。持法華經，七行俱下。纔六旬〔一〕，悉能誦之，感群羊跪聽。年二十八，爲華亭鎮將，屬翠巖參禪師遷止龍册寺，大闡玄化。時吴越文穆王知師慕道，乃從其志，遂禮翠巖爲師，執勞供衆，都忘身宰，衣不繒纊，食無重味，野蔬布襦，以遣朝夕。尋往天台山天柱峰，九旬習定，有鳥類斥鷃巢于衣襵中。暨謁韶國師，一見而深器之，密授玄旨。仍謂師

〔一〕「旬」，原作「句」，據清藏本、續藏本改。

曰：「汝與元帥有緣，他日大興佛事。」初住雪竇，上堂：「雪竇這裏，迅瀑千尋，不停纖粟。奇巖萬仞，無立足處。汝等諸人，向甚麽處進步？」僧問：「雪竇一徑，如何履踐？」師曰：「步步寒華結，言言徹底冰。」師有偈曰：「孤猿叫落中巖月，野客吟殘半夜燈。此境此時誰得意？白雲深處坐禪僧。」忠懿王請開山靈隱新寺，明年遷永明大道場，衆盈二千。僧問：「如何是永明妙旨？」師曰：「更添香著。」曰：「謝師指示。」師曰：「且喜没交涉。」僧禮拜，師曰：「聽取一偈：欲識永明旨，門前一湖水。日照光明生，風來波浪起。」問：「學人久在永明，爲甚麽不會永明家風？」師曰：「不會處會取。」曰：「不會處如何會？」師曰：「牛胎生象子，碧海起紅塵。」問：「成佛成祖亦出不得，六道輪回亦出不得。未審出甚麽處不得？」師曰：「出汝問處不得。」問：「教中道：『一切諸佛及諸佛法，皆從此經出。』如何是此經？」師曰：「長時轉不停，非義亦非聲。」曰：「如何受持？」師曰：「若欲受持者，應須著眼聽。」問：「如何是大圓鏡？」師曰：「破砂盆。」師居永明十五載，度弟子一千七百人。開寶七年入天台山，度戒約萬餘人。常與七衆授菩薩戒，夜施鬼神食，朝放諸生類，不可稱筭。六時散華行道，餘力念法華經，計萬三千部。著宗鏡録一百卷，詩偈賦詠凡千萬言，播于海外。高麗國王覽師言教，遣使齎書，叙弟子之禮。奉金線織成袈裟、紫水精珠、金澡罐等。彼國僧三十六人，皆承印記，前後歸本國，各化一方。開寶八年十二月示疾。越二日，焚香告衆，跏趺而寂。塔于大慈山。

長壽朋彥禪師

蘇州長壽院朋彥廣法禪師，永嘉秦氏子。僧問：「如何是玄旨？」師曰：「四稜塌地。」問：「如何是絶絲毫底法？」師曰：「山河大地。」曰：「恁麼則即相而無相也。」師曰：「也是狂言。」問：「如何是徑直之言？」師曰：「千迂萬曲。」曰：「恁麼則無不總是也。」師曰：「是何言歟？」問：「如何是道？」師曰：「跋涉不易。」

大寧可弘禪師

温州大寧院可弘禪師，僧問：「如何是正真一路？」師曰：「七顛八倒。」曰：「恁麼則法門無別去也。」師曰：「我知汝錯會去。」問：「皎皎地無一絲頭時如何？」師曰：「話頭已墮。」曰：「乞師指示。」師曰：「適來亦不虚設。」問：「向上宗乘，請師舉揚。」師曰：「汝問太遲生！」曰：「恁麼則不仙陀去也。」師曰：「深知汝恁麼去。」

五雲志逢禪師

杭州五雲山華嚴院志逢禪師，餘杭人也。生惡葷血，膚體香潔。幼歲出家于臨安東山朗瞻院，依年受具，通貫三學，了達性相。嘗夢陞須彌山，覩三佛列坐。初釋迦，次彌勒，皆禮其足。唯不識第三尊，但仰視而已。釋尊謂之曰：「此是補彌勒處師子月佛。」師方作禮，覺後因閱大藏經，乃符所夢。天福中，遊方抵天台雲居，參國師，賓主緣契，頓發玄祕。一日入普賢殿中宴坐，倏有一神人跪膝于前。師問：「汝其誰乎？」曰：「護戒神也。」師曰：「吾患有宿愆未殄，汝知之乎？」曰：「師有何罪？唯一小過耳。」師曰：「何也？」曰：「凡折鉢水，亦施主物。師每傾棄，非所宜也。」言訖而隱，師自此洗鉢水盡飲之，積久因致脾疾，十載方愈。凡折退飲食，及涕唾便利等，並宜鳴指，默念呪，發施心而傾棄之。

吳越國王嚮師道風，召賜紫衣，署普覺禪師，命住臨安功臣院。上堂：「諸上座！捨一知識，參一知識，盡學善財南遊之式樣，且問上座，祇如善財禮辭文殊，擬登妙峰謁德雲比丘，及到彼所，何以德雲却於別峰相見？夫教意祖意，同一方便，終無別理。彼若明得，此亦昭然。諸上座即今蔟著老僧，是相見？是不相見？此處是妙峰？是別峰？脫或從此省去，可謂不孤負老僧，亦常見德雲比丘，未嘗刹那相捨離，還信得及麽？」僧問：「叢林舉唱，曲爲今時，如何是功臣的的意？」師曰：「見麽？」曰：「恁麽則大衆咸欣也。」師曰：「將謂師子兒。」問：「佛佛授手，祖祖傳心。未審和尚傳箇甚麽？」師曰：「汝承當得麽？」曰：「學人承當不得，還别有人承當得否？」師曰：「大衆笑汝。」問：「如何是如來藏？」師曰：「恰問著。」問：「如何是諸佛機？」師曰：「道是得麽？」上堂，良久曰：「大衆！看看。」便下座。上堂：「古德爲法行脚，不憚勤勞。如雲〔一〕峰三到投子，九上洞山，盤桓往返，尚求箇入路不得。看汝近世參學人，纔跨門來，便要老僧接引，指示説禪。且汝欲造玄極之道，豈同等閑？而況此事亦有時節，躁求焉得？汝等要知悟時麽？如今各且下去，堂中静坐，直待仰家峰點頭，老僧即爲汝説。」時有僧出，曰：「仰家峰點頭也，請師説。」師曰：「大衆且道，此僧會老僧語？不會老僧語？」僧禮拜，師曰：「今日偶然失鑒。」有人問僧：「無爲無事人，爲甚麽却有金鎖難？」僧無對。師代云：「祇爲無爲無事。」僧問：「教中道：文殊忽起佛見、法見，被佛威神攝向二鐵圍山。意旨如何？」師曰：「甚麽處是二鐵圍山？」僧無語。師曰：「還會麽？如今若有人起佛法之見，吾與烹

〔一〕「雲」，疑爲「雪」。

茶兩甌，且道賞伊罰伊？同教意不同教意？」開寶四年，大將凌超於五雲山創院，奉師爲終老之所。師每携大扇乞錢，買肉飼虎。虎每迎之，載以還山。雍熙二年示寂，塔于本院。

報恩法端禪師

杭州報恩法端慧月禪師，上堂：「數夜與諸上座東語西話，猶未盡其源。今日與諸上座大開方便，一時説却，還願樂也無？久立，珍重！」僧問：「學人恁麼上來，請師接。」師曰：「不接。」曰：「爲甚麼不接？」師曰：「爲汝太靈利。」

報恩紹安禪師

杭州報恩紹安通辯明達禪師，上堂，僧問：「大衆側聆，請師不吝。」師曰：「奇怪。」曰：「恁麼則今日得遇於師也。」師曰：「是何言歟！」乃曰：「一句染神，萬劫不朽。今日爲諸人舉一句子。」良久曰：「分明記取。」便下座。上堂：「幸有樓臺匝地，常提祖印，不妨諸上座參取。久立，珍重！」僧問：「如何是和尚家風？」師曰：「一切處見成。」

曰：「恁麼則亘古亘今也。」師曰：「莫閑言語。」

廣平守威禪師

福州廣平院守威宗一禪師，本州人也。參天台國師得旨，乃付衣法。時有僧問：「大庾嶺頭提不起，如何今日付於師？」師提起曰：「有人敢道天台得麽？」上堂：「達磨大師云：『吾法三千年後，不移絲髮。』山僧今日不移達磨絲髮。先達之者，共相證明。若未達者，不移絲髮。」僧問：「洪鐘韻絶，大衆臨筵，祖意西來，請師提唱。」師曰：「洪鐘韻絶，大衆臨筵。」問：「古人云：『任汝千聖見，我有天真佛。』如何是天真佛？」師曰：「千聖是弟。」問：「如何是廣平家風？」師曰：「誰不受用？」上堂：「不用開經作梵，不用展鈔牒科，還有理論處也無？設有理論處，亦是方便之談。宗乘事合作麽生？」問：「如何是西來意？」師曰：「未曾有人答得。」曰：「請師方便。」師曰：「何不更問？」

報恩永安禪師

杭州報恩永安禪師，温州翁氏子。幼依本郡彙征大師出家。後唐天成中隨本師入國，忠懿王命征爲僧正。師尤不喜俗務，擬濳往閩川投訪禪會，屬路歧艱阻，遂回天台山結茅。尋遇韶國師開示，頓悟本心，乃辭出山。征聞于王，王命住越州清泰，次召居上寺，署正覺空慧禪師。上堂：「十方諸佛一時雲集，與諸上座證明，諸上座與佛一時證明，還信麼？切忌卜度。」僧問：「四衆雲臻，如何舉唱？」師曰：「若到諸方，切莫錯舉。」曰：「非但學人，大衆有賴。」師曰：「禮拜著。」問：「五乘三藏，委者頗多。祖意西來，乞師指示。」師曰：「五乘三藏。」曰：「向上還有事也無？」師曰：「汝却靈利。」問：「如何大作佛事？」師曰：「嫌甚麼？」曰：「恁麼則親承摩頂去也。」師曰：「何處見世尊？」問：「如何是西來意？」師曰：「過這邊立。」僧纔移步，師召曰：「會麼？」曰：「不會。」師曰：「聽取一偈：汝問西來意，且過這邊立。昨夜三更時，雨打虛空濕。電影忽然明，不似蚰蜒急。」開寶七年示疾，告衆言別，時有僧問：「昔日如來正法眼，迦葉親傳，未審和尚玄風，百年後如何體會？」師曰：「汝甚麼處見迦葉來？」曰：「恁麼則信受奉行，不忘斯旨去也。」師曰：「佛法不是這箇道理。」言訖，跏趺而寂。闍維，舌根不壞，柔輭如紅蓮華，藏于普賢道場。

光聖師護禪師

廣州光聖院師護禪師，閩人也。自天台得法，化行嶺表。國主劉氏創大伽藍，請師居焉，署大義禪師。僧問：「昔日梵王請佛，今日國主臨筵，祖意西來，如何舉唱？」師曰：「不要西來，山僧已舉唱了也。」曰：「豈無方便？」師曰：「適來豈不是方便？」問：「學人乍入叢林，西來妙訣，乞師指示。」師曰：「汝未入叢林，我已示汝了也。」曰：「如何領會？」師曰：「不要領會。」

奉先清昱禪師

杭州奉先寺清昱禪師，永嘉人也。忠懿王召入問道，創奉先居之，署圓通妙覺禪師。僧問：「如何是西來意？」師曰：「高聲舉似大衆。」

紫凝智勤禪師

台州紫凝普聞寺智勤禪師，僧問：「如何是空手把鉏頭？」師曰：「但恁麼諦信。」

曰：「如何是步行騎水牛？」師曰：「汝自何來？」有偈示衆曰：「今年五十五，脚未蹋寸土。山河是眼睛，大海是我肚。」太平興國四年，有旨試僧經業。山門老宿各寫法名，唯師不閑書札。時通判李憲問：「世尊還解書也無？」師曰：「天下人知。」淳化初，不疾，命侍僧開浴，浴訖，垂誡徒衆，安坐而逝。塔于本山。三年後，門人遷塔發龕，覩師容儀儼若，髭髮仍長，遂迎入新塔。

雁蕩願齊禪師

温州雁蕩山願齊禪師，錢塘江氏子。上堂，僧問：「夜月舒光，爲甚麽碧潭無影？」師曰：「作家弄影漢。」其僧從東過西立，師曰：「不唯弄影，兼乃怖頭。」

普門希辯禪師

杭州普門寺希辯禪師，蘇州人也。忠懿王命主越州清泰，署慧智，後遷上寺。上堂：「山僧素乏知見，復寡聞持，頃雖侍立於國師，不蒙一句開示，以致今日與諸仁者聚會，更無一法可相助發，何況能爲諸仁者區别緇素，商量古今？還怪得山僧麽？若有怪者，且道此人具眼？不具眼？有賓主義？無賓主義？晚學初機，必須審細。」僧問：「如何是普門示現神通事？」師曰：「恁麽則闍黎怪老僧去也。」曰：「不怪時如何？」師曰：「汝且下堂裏思惟去。」太平興國三年，吴越王入覲，師隨寶塔至，見于滋福殿，賜紫衣，號慧明禪師。端拱中乞還故里，詔從之，賜御製詩。忠懿王施金，於常熟本山院創甎浮圖七級，高二百尺。功既就，至道三年八月示寂，塔于院之西北隅。

光慶遇安禪師

杭州光慶寺遇安禪師，錢塘沈氏子。上堂，僧問：「無價寶珠，請師分付。」師曰：「善能吐露。」曰：「恁麽則人人具足去也。」師曰：「珠在甚麽處？」僧禮拜。師曰：「也是虚言。」問：「提綱舉領，盡立主賓。如何是主？」師曰：「深委此問。」曰：「如何是賓？」師曰：「適來向汝道甚麽？」曰：「賓主道合時如何？」師曰：「其令不行。」問：「心月孤圓，光吞萬象。如何是吞萬象底光？」師曰：「大衆總見汝恁麽問。」曰：「光吞萬象從師道，心月孤圓意若何？」師曰：「抖擻精神著。」曰：「鷺倚雪巢猶可辨，光吞萬象事難明。」師曰：「謹退。」問：「青山緑水，處處分明。和尚家風，乞垂一句。」師曰：

「盡被汝道了也。」曰：「未必如斯，請師答話。」師曰：「不用閑言。」又一僧方禮拜，師曰：「問答俱備。」僧擬問，師乃叱之。上堂：「欲識曹溪旨，雲飛前面山。分明真實箇，不用別追攀。」僧問：「古德有言：『井底紅塵生，山頭波浪起。』未審此意如何？」師曰：「若到諸方，但恁麽問。」曰：「和尚意旨如何？」師曰：「適來向汝道甚麽？」乃曰：「古今相承，皆云：『塵生井底，浪起山頭。結子空花，生兒石女。』且作麽生會？莫是和聲送事，就物呈心，句裏藏鋒，聲前全露麽？莫是有名無體，異唱玄譚麽？上座自會即得，古人意旨即不然。既恁麽會不得，合作麽生會？上座欲得會麽？但看泥牛行處，陽燄翻波，木馬嘶時，空花墜影。聖凡如此，道理分明。何須久立？珍重！」

般若友蟾禪師

台州般若寺友蟾禪師，錢塘人也。初住雲居普賢，忠懿王署慈悟禪師，遷止上寺，衆盈五百。僧問：「皷聲纔罷，大衆雲臻。向上宗乘，請師舉唱。」師曰：「虧汝甚麽？」曰：「恁麽則人人盡霑恩去也。」師曰：「莫亂道。」

智者全肯禪師

婺州智者寺全肯禪師，初參國師，國師問：「汝名甚麽？」師曰：「全肯。」國師曰：「肯箇甚麽？」師於言下有省，乃禮拜。住後，僧問：「有人不肯，還甘也無？」師曰：「若人問我，即向伊道。」

玉泉義隆禪師

福州玉泉義隆禪師，上堂：「山河大地，盡在諸人眼睛裏。因甚麽説會與不會？」時有僧問：「山河大地眼睛裏，師今欲更指歸誰？」師曰：「祇爲上座去處分明。」曰：「若不上來伸此問，焉知方便不虚施？」師曰：「依俙似曲纔堪聽，又被風吹別調中。」

龍册曉榮禪師

杭州龍册寺曉榮禪師，温州鄧氏子。僧問：「祖祖相傳，未審和尚傳阿誰？」師曰：「汝還識得祖也未？」僧慧文問：「如何是真實沙門？」師曰：「汝是慧文。」問：「如何是般若大神珠？」師曰：「般若大神珠，分形萬億軀。塵塵彰妙體，刹刹盡毗盧。」問：「如何是日用事？」師曰：「一念周沙界，日用萬般通。湛然常寂滅，常展自家風。」小參次，僧問：「向上事即不問，如何是妙善臺中的的意？」師曰：「若到諸方，分明舉似。」曰：「恁麼則雲有出山勢，水無投澗聲。」師乃叱之。

功臣慶蕭禪師

杭州功臣慶蕭禪師，僧問：「如何是功臣家風？」師曰：「明暗色空。」曰：「恁麼則諸法無生去也。」師曰：「汝喚甚麼作諸法？」僧禮拜。師曰：「聽取一偈：功臣家風，明暗色空。法法非異，心心自通。恁麼會得，諸佛真宗。」

稱心敬璡禪師

越州稱心敬璡禪師，僧問：「結束囊裝，請師分付。」師曰：「莫譚却。」曰：「甚麼處孤負和尚？」師曰：「却是汝孤負我。」

巖峰師术禪師

福州巖峰師术禪師，開堂，陞座，極樂和尚問曰：「大衆顒望，請震法雷。」師曰：「大衆還會麼？還辨得麼？今日不異靈山，乃至諸佛國土，天上人間，總皆如是。亘古亘今，常無變異。作麼生會無變異底道理？若會得，所以道：無邊刹境，自他不隔於毫端；十世古今，始終不離於當念。」僧問：「靈山一會，迦葉親聞，巖峰一會，誰是聞者？」師曰：「問者不弱。」問：「如何是文殊？」師曰：「來處甚分明。」

華巖慧達禪師

潞府華巖慧達禪師，僧問：「如何是古佛心？」師曰：「山河大地。」問：「如何是華巖境？」師曰：「滿目無形影。」

清泰道圓禪師

越州清泰院道圓禪師，僧問：「亡僧遷化向甚麼處去也？」師曰：「今日遷化嶺中。」

上座問：「如何是祖師西來意？」師曰：「不可向汝道庭前柏樹子。」

九曲慶祥禪師

杭州九曲觀音院慶祥禪師，餘杭人也。辯才冠衆，多聞强記。時天台門下，推爲傑出。僧問：「湛湛圓明，請師一決。」師曰：「十里平湖，一輪秋月。」問：「險惡道中，以何爲津梁？」師曰：「以此爲津梁。」曰：「如何是此？」師曰：「築著汝鼻孔。」問：「無根樹子向甚麼處栽？」師曰：「汝甚處得來？」

開化行明禪師

杭州開化寺行明傳法禪師，本州于氏子。禮雪竇智覺禪師爲師，及智覺遷永明，遂入天台國師之室，蒙授記莂。復歸永明，翊賛廼師，海衆傾仰。忠懿王建六和寺，本朝賜開化額。延請住持，聚徒説法。僧問：「如何是開化門中流出方便？」師曰：「日日潮音兩度聞。」問：「如何是無盡燈？」師曰：「謝闍黎照燭。」

開善義圓禪師

越州漁浦開善寺義圓禪師，僧問：「一年去，一年來。方便門中請師開。」師曰：「分明記取。」曰：「恁麽則昔時師子吼，今日象王回也。」師曰：「且喜没交涉。」

瑞鹿遇安禪師

温州瑞鹿寺上方遇安禪師，福州人也。得法於天台，又常閲首楞嚴經，到「知見立知，即無明本。知見無見，斯即涅槃。」師乃破句讀曰：「知見立，知即無明本。知見無，見斯即涅槃。」於此有省。有人語師曰：「破句了也。」師曰：「此是我悟處，畢生不易。」時謂之安楞嚴。至道元年春，將示寂，有嗣子藴仁侍立，師乃説偈示之：「不是嶺頭攜得事，豈從雞足付將來？自古聖賢皆若此，非吾今日爲君裁。」付囑已，澡身易衣，安坐，令舁棺至室。良久，自入棺。經三日，門人啓棺，覩師右脇吉祥而卧，四衆哀慟。師乃再起，陞堂説法，訶責垂誡：「此度更啓吾棺者，非吾之子。」言訖，復入棺長往。

龍華慧居禪師

杭州龍華寺慧居禪師，閩人也。自天台領旨，忠懿王命住上寺，開堂示衆曰：「從上宗乘，到這裏如何舉唱？祇如釋迦如來說一代時教，如瓶注水。古德尚云：『猶如夢事寱語一般。』且道據甚麼道理便恁麼道？還會麼？大施門開，何曾雍塞？生凡育聖，不漏纖塵。言凡則全凡，舉聖則全聖。凡聖不相待，箇箇獨稱尊。所以道：山河大地，長時說法，長時放光，地水火風，一一如是。」時有僧出禮拜，師曰：「好箇問頭，如法問著。」僧擬進前，師曰：「又没交涉也。」問：「諸佛出世，放光動地。和尚出世，有何祥瑞？」師曰：「話頭自破。」上堂：「龍華這裏，也祇是拈柴擇菜，上來下去，晨朝一粥，齋時一飯，睡後喫茶。但恁麼參取。珍重！」問：「學人未明自己，如何辨得淺深？」師曰：「識取自己眼。」曰：「如何是自己眼？」師曰：「向汝道甚麼？」

齊雲遇臻禪師

婺州齊雲山遇臻禪師，越州楊氏子。僧問：「如何是無縫塔？」師曰：「五六尺。」其僧禮拜。師曰：「塔倒也！」問：「圓明了知，爲甚麼不因心念？」師曰：「圓明了知。」曰：「何異心念？」師曰：「汝喚甚麼作心念？」秋夕閑坐，偶成頌曰：「秋庭肅肅風颸，寒星列空蟾魄高。搘頤静坐神不勞，鳥窠無端吹布毛。」

瑞鹿本先禪師

温州瑞鹿寺本先禪師，本州鄭氏子。參天台國師，導以「非風幡動，仁者心動」之語，師即悟解。爾後示徒曰：「吾初學天台法門，語下便薦。然千日之内，四儀之中，似物礙膺，如讎同所。千日之後，一日之中，物不礙膺，讎不同所，當下安樂，頓覺前咎。」乃述頌三首。一、非風幡動仁者心動，曰：「非風幡動唯心動，自古相傳直至今。今後水雲人欲曉，祖師直是好知音。」二、見色便見心，曰：「若是見色便見心，人來問著方難答。更求道理説多般，孤負平生三事衲。」三、明自己，曰：「曠大劫來祇如是，如是同天亦同地。同地同天作麽形？作麽形兮無不是。」師自爾足不歷城邑，手不度財貨，不設卧具，不衣繭絲。日唯一食，終日宴坐，申旦誨誘，踰三十載，其志彌厲。上堂：「你諸人還見竹林、蘭若、山水、院舍、人衆麽？若道見，則心外有法。若道不見，争柰竹林、蘭若、山水、院舍、人衆現在攏然地，還會恁麽告示麽？若會，不妨靈利。無事，莫立。」上堂：「大凡參學，未必學問話是參學，未必學揀話是參學，未必學代語是參學，未必學別語是參學，未必學捻破經論中奇特言語是參學，未必捻破祖師奇特言語是參學。若於如是等參學，任你七通八達，於佛法中儻無見處，唤作乾慧之徒。豈不聞古德道：『聰明不敵生死，乾慧豈免苦輪？』諸人若也參學，應須真實參學始得。行時，行時參取；立時，立時參取；坐時，坐時參取；眠時，眠時參取；語時，語時參取；默時，默時參取；一切作務時，一切作務時參取。既向如是等時參，且道參箇甚人？參箇甚麽語？到這裏，須自有箇明白處始得。若不如是，唤作造次之流，則無究了之旨。」

上堂：「幽林鳥叫，碧澗魚跳。雲片展張，瀑聲嗚咽。你等還知得如是多景象，示你等箇入處麽？若也知得，不妨參取好！」上堂：「天台教中説文殊、觀音、普賢三門。文殊門者一切色，觀音門者一切聲，普賢門者不動步而到。我道文殊門者不是一切色，觀音門者不是一切聲，普賢門者是箇甚麽？莫道別却天台教説話。無事，且退。」上堂，舉：「僧問長沙：『南泉遷化向甚麽處去？』沙曰：『東家作驢，西家作馬。』僧曰：『學人不會。』沙曰：『要騎便騎，要下即下。』」師曰：「若是求出三界修行底人，聞這箇言語，不妨狐疑，不妨驚怛。南泉遷化向甚處去？東家作驢，西家作馬。或有會云：千變萬化，不出真常。或有會云：須會異類中行，始會得這箇言語。或有會云：東家是南泉，西家是南泉。或有會云：東家郎君子，西家郎君子。或有會云：東家是甚麼？西家是甚麼？或有會云，便作驢叫，又作馬嘶。或有會云，喚甚麼作東家驢？喚甚麼作西家馬？或有會云：既問遷化，答在問處。或有會云：作露柱處去也。或有會云：東家作驢，西家作馬，虧南泉甚處？如是諸家會也，總於佛法有安樂處。南泉遷化向甚處去？東家作驢，西家作馬。學人不會。要騎便騎，要下即下。這箇話不消得多道理而會，若見法界性去。也没多事，珍重！」

上堂：「鑑中形影，唯憑鑑光顯現。你等諸人所作一切事，且道唯憑箇甚麼顯現？還知得麼？若也知得，於參學中千足萬足。無事，莫立。」上堂：「你等諸人，夜間眠熟，不知一切，既不知一切，且問你等那時有本來性？無本來性？若道那時有本來性，又不知一切，與死無異。若道那時無本來性，睡眠忽省，覺知如故。還會麼？不知一切，與死無異，睡眠忽省，覺知如故，如是等時，是箇甚麼？若也不會，各體究取。無事，莫立。」上堂：「諸法所生，唯心所現。如是言語，好箇入底門户。且問你等諸人，眼見一切色，耳聞一切聲，鼻嗅一切香，舌了一切味，身觸一切耎滑，意分别一切諸法，祇如眼耳鼻舌身意所對之物，爲復唯是你等心？爲復非是你等心？若道唯是你等心，何不與你等身都作一塊了休，爲甚麽所對之物却在你等眼耳鼻舌身意外？你等若道眼耳鼻舌身意所對之物非是你等心，又争柰諸法所生，唯心所現，言語留在世間，何人不舉著？你等見這箇説話，還會麽？若也不會，大家用心商量教會去。幸在其中，莫令厭學。無事，且退。」大中祥符元年二月，謂上足如晝曰：「可造石龕，仲秋望日，吾將順化。」晝禀命即成，及期，遠近士庶奔趨瞻仰。是日參問如常，至午坐方丈，手結寶印，謂晝曰：「古人云：『騎虎頭，打虎尾。』中央事作麽生？」晝曰：「也衹是如晝。」師曰：「你問我。」晝乃問：「騎虎頭，打虎尾，中央事，和尚作麽生？」師曰：「我也弄不出。」言訖奄然，開一目微視而逝。

興教洪壽禪師

杭州興教洪壽禪師，同國師普請次，聞墮薪有省，作偈曰：「撲落非他物，縱横不是塵。山河及大地，全露法王身。」

永安道原禪師

蘇州承天永安道原禪師，僧問：「如何是佛？」師曰：「咄！這旃陁羅。」曰：「學人初機，乞師方便。」師曰：「汝問甚麽？」曰：「問佛。」師曰：「咄！這旃陁羅。」

清凉欽禪師法嗣

雲居道齊禪師

洪州雲居道齊禪師，本州金氏子。偏歷禪會，學心未息。後於上藍院主經藏。法燈一日謂師曰：「有人問我西來意，答它曰：不東不西。藏主作麽生會？」師對曰：「不東不西。」燈曰：「與麽會又争得？」曰：「道齊祇恁麽，未審和尚尊意如何？」燈曰：「他家自有兒孫在。」師於是頓明厥旨。有頌曰：「接物利生絶妙，外生終是不肖。他家自有兒孫，將來用得恰好。」住後，僧問：「如何是佛？」師曰：「汝是阿誰？」問：「荆棘林中無出路，請師方便爲畲開。」師曰：「汝擬去甚麽處？」曰：「幾不到此。」師曰：「閑言語。」問：「不免輪回，不求解脱時如何？」師曰：「還曾問建山麽？」曰：「學人不會，乞師方便。」師曰：「放你三十棒。」問：「如何是三寶？」師曰：「汝是甚麽寶？」曰：「如何？」師曰：「土木瓦礫。」師著語要、搜玄、拈古、代别等，盛行叢林。至道三年丁酉九月，示疾。

聲鐘集衆，乃曰：「老僧三處住持三十餘年，十方兄弟相聚話道，主事頭首動心贊助。老僧今日火風相逼，特與諸人相見。諸人還見麽？今日若見，是末後方便。諸人向甚麽處見？爲向四大五陰處見？六入十二處見？這裏若見，可謂雲居山二十年間後學有賴。吾去後，山門大衆分付契瓌開堂住持，凡事勤而行之，各自努力。珍重！」大衆纔散，師歸西挾而逝，塔于本山。

靈隱聳禪師法嗣

功臣道慈禪師

杭州功臣院道慈禪師，僧問：「師登寶座，大衆咸臻。便請舉揚宗教。」師曰：「大衆證明。」曰：「恁麽則亘古亘今也。」師曰：「也須領話。」

羅漢願昭禪師

秀州羅漢院願昭禪師，錢塘人也。上堂：「山河大地是真善知識，時常説法，時時度人。不妨諸上座參取。」僧問：「羅漢家風，請師一句。」師曰：「嘉禾合穗，上國傳芳。」曰：「此猶是嘉禾家風，如何是羅漢家風？」師曰：「或到諸方，分明舉似。」後住杭州香嚴寺，僧問：「不立纖塵，請師直道。」師曰：「衆人笑汝。」曰：「如何領會？」師曰：「還我話頭來。」

報恩師智禪師

處州報恩院師智禪師，僧問：「如何是和尚家風？」師曰：「誰人不見？」問：「如何是一相三昧？」師曰：「青黄赤白。」曰：「一相何在？」師曰：「汝却靈利。」問：「祖祖相傳傳祖印，師今法嗣嗣何人？」師曰：「靈鷲峰前，月輪皎皎。」

瀫寧可先禪師

衢州瀫寧可先禪師，僧問：「如何是瀫寧家風？」師曰：「謝指示。」問：「如何是西來意？」師曰：「怪老僧甚麼處？」曰：「學人不會，乞師方便。」師曰：「適來豈不是問西來意？」

光孝道端禪師

杭州光孝院道端禪師，僧問：「如何是佛？」師曰：「高聲問著。」曰：「莫即便是也無？」師曰：「没交涉。」後住靈隱，示滅。

保清遇寧禪師

杭州西山保清院遇寧禪師，開堂陞座，有二僧一時禮拜。師曰：「二人俱錯。」僧擬進語，師便下座。

支提辯隆禪師

福州支提雍熙辯隆禪師，明州人也。上堂：「巍巍實相，逼塞虚空。金剛之體，無有破壞。大衆還見不見？若言見也，且實相之體，本非青黄赤白、長短方圓，亦非見聞覺知之法。且作麽生説箇見底道理？若言不見，又道巍巍實相，逼塞虚空，爲甚麽不見？」僧問：「如何是向上一路？」師曰：「脚下底。」曰：「恁麽則尋常履踐。」師曰：「莫錯認。」

問：「如何是堅密身？」師曰：「倮倮地。」曰：「恁麼則不密也。」師曰：「見箇甚麼！」

瑞龍希圓禪師

杭州瑞龍院希圓禪師，僧問：「如何是和尚家風？」師曰：「特謝闍黎借問。」曰：「借問則不無，家風作麼生？」師曰：「瞌睡漢。」

歸宗柔禪師法嗣

羅漢行林禪師

南康軍羅漢行林祖印禪師，僧問：「天垂甘露，地涌七珍。是甚麼人分上事？」師曰：「謝汝相報。」曰：「恁麼則佛子住此地，即是佛受用去也。」師曰：「更須子細。」上堂，纔坐，忽有猫兒跳上身，師提起示衆曰：「昔日南泉親斬却，今朝耶舍示玄徒。而今賣與諸禪客，文契分明要也無。」良久，拋下猫兒，便下座。

天童山新禪師

明州天童新禪師，僧問：「如何是密作用？」師曰：「何曾密？」問：「心徑未通時如何？」師曰：「甚麼物礙汝？」問：「求之不得時如何？」師曰：「用求作麽？」曰：「如何即是？」師曰：「何曾失却？」問：「如何是天童境？」師曰：「雲無人種生何極，水有誰教去不回？」

功臣覺軻禪師

杭州功臣覺軻心印禪師，僧問：「祖師不在東西山，未審在甚麽處？」師曰：「且討。」問：「如何是天真佛？」師曰：「争敢裝點？」

天童清簡禪師

明州天童清簡禪師，錢塘張氏子。師爲事孤潔，時謂之簡浙客。僧問：「如何是祖師西來意？」師曰：「不欲向汝道。」曰：「請和尚道。」師曰：「達磨不可再來也。」師晚居雪竇而終，塔于寺之東南隅。

百丈恒禪師法嗣

棲賢澄湜禪師

廬山棲賢澄湜禪師，僧問：「趙州石橋，度驢度馬。三峽石橋，當度何人？」師曰：「蝦蟇蚯蚓。」曰：「恁麼則物物盡沾恩。」師曰：「踏不著。」問：「仙洞昨朝師罷唱，棲賢今日請師宣。」師曰：「來日又作麼生？」曰：「未審如何領會？」師曰：「箭過新羅。」問：「如何是佛？」師曰：「張三李四。」問：「古人斬蛇意旨如何？」師曰：「猶未知痛痒。」問：「此是選佛場，心空及第歸。學人如何得及第歸？」師曰：「不才謹退。」晚參衆集，師曰：「早晨不與諸人相見，今晚不可無言。」便下座。問：「毗目仙人執善財手，見微塵諸佛。祇如未執手時，見箇甚麼？」師曰：「如今又見箇甚麼？」上堂，良久曰：「幸好一盤飯，不可糝椒薑。雖然如此，試唼啗看。」便下座。

萬壽德興禪師

蘇州萬壽德興禪師，僧問：「如何是佛？」師曰：「大衆一時瞻仰。」問：「如何是和尚爲人一句？」師曰：「汝且自爲。」乃曰：「問答俱備，其誰得意？若向他求，還成特地。老僧久處深山，比爲藏拙，何期今日入到萬壽門下，可謂藏之不得。既藏不得，分明露現。未審諸人阿誰先見？如有見處，出來對衆吐露箇消息。」良久曰：「久立，珍重！」

雲門永禪師

越州雲門雍熙永禪師，僧問：「師子未出窟時如何？」師曰：「且莫哮吼。」曰：「出窟後如何？」師曰：「退後著。」問：「如何是古佛徑路？」師曰：「誰不履踐？」問：「如何是學人休心息意處？」師曰：「拗折拄杖得也未？」問：「心王出勑時如何？」師曰：「更宣一徧看。」問：「如何是決定義？」師曰：「不可執著。」問：「如何是佛法大意？」師曰：「此意不小。」

永明潛禪師法嗣

千光瓌省禪師

杭州千光王寺瓌省禪師，温州鄭氏子。幼歲出家，精究律部。聽天台文句，棲心於圓頓止觀。後閱楞嚴，文理宏濬，未能洞曉。一夕誦經既久，就案假寐，夢中見日輪自空而降，開口吞之。自是倏然發悟，差別義門，涣然無滯。後參永明，永明唯印前解，無別指喻。以忠懿王所遺衲衣授之表信。住後，上堂：「諸上座，佛法無事。昔之日月，今之日月。昔日風雨，今日風雨。昔日上座，今日上座。舉亦了，説亦了，一切成現好！珍重。」開寶五年七月，寶樹浴池，忽現其前。師曰：「凡所有相，皆是虚妄。」越三日示疾，集衆言别，安坐而逝。闍維，收舍利建塔。

鎮境志澄禪師

衢州鎮境志澄禪師，僧問：「如何是定乾坤底劍？」師曰：「不漏絲髮。」曰：「用者如何？」師曰：「不知。」因普請次，僧問：「鉏頭損傷蝦蟇蚯蚓，還有罪也無？」師曰：「阿誰下手？」曰：「恁麽則無罪過。」師曰：「因果歷然。」

崇福慶祥禪師

明州崇福院慶祥禪師，上堂：「諸禪德！見性周徧，聞性亦然。洞徹十方，無内無外。所以古人道，隨緣無作，動寂常真。如此施爲，全真知用。」僧問：「如何是本來人？」師曰：「堂堂六尺甚分明。」曰：「祇如本來人，還作如此相貌也無？」師曰：「汝唤甚麽作本來人？」曰：「乞師方便。」師曰：「教誰方便？」

報恩明禪師法嗣

保明道誠禪師

福州保明院道誠通法禪師，上堂：「如爲一人，衆多亦然。珍重！」僧問：「圓音普震，三等齊聞。竺土僊心，請師密付。」師良久。僧曰：「恁麽則意馬已成於寶馬，心牛頓作於白牛去也。」師曰：「七顛八倒。」曰：「若然者，幾招哂笑。」師曰：「禮拜了退。」問：「如何是和尚西來意？」師曰：「我不曾到西天。」曰：「如何是學人西來意？」師曰：「汝在東土多少時？」

報慈言導師法嗣

雲居義能禪師

南康軍雲居義能禪師，上堂：「不用上來，堂中憍陳如上座爲諸上座轉第一義法輪，還得麽？若信得及，各自歸堂參取。」下座後却問一僧：「祇如山僧適來教上座參取聖僧，聖僧還道箇甚麽？」僧曰：「特謝和尚再舉。」問：「如何是佛？」師曰：「即心即佛。」曰：「學人不會，乞師方便。」師曰：「方便呼爲佛，回光返照看，身心是何物？」

崇壽稠禪師法嗣

雲臺令岑禪師

泉州雲臺山令岑禪師，僧問：「如何是雲臺境？」師曰：「前山後山。」曰：「如何是境中人？」師曰：「瞌睡漢。」

資國圓進山主

杭州資國圓進山主，僧問：「丹霞燒木佛，意旨如何？」師曰：「招因帶果。」問：「庭前柏樹子，意旨如何？」師曰：「碧眼胡僧笑點頭。」問：「古人道：東家作驢，西家作馬，意旨如何？」師曰：「相識滿天下。」

報恩安禪師法嗣

棲賢道堅禪師

廬山棲賢道堅禪師，有官人問：「某甲收金陵，布陣殺人無數，還有罪也無？」師曰：「老僧祇管看。」問：「如何是祖師西來意？」師曰：「洋瀾左蠡，無風浪起。」

歸宗慧誠禪師

廬山歸宗慧誠禪師，揚州人也。開堂日，於法堂前謂衆曰：「天人得道，以此爲證。恁麼便散去，已是周遮。其如未曉，即爲重説。」遂陞座。僧問：「知郡臨筵，請師演法。」師曰：「我不及汝。」問：「如何是佛？」師曰：「如何不是？」問：「如何是祖師西來意？」師曰：「不知。」乃曰：「問話且住。直饒問到窮劫，問也不著。答到窮劫，答也不及。何以故？祇爲諸人各有本分事，圓滿十方，亘古亘今，乃至諸佛也不敢錯悞諸人，便謂之頂族，祇是助發上座。所以道：十方法界諸有情，念念以證善逝果。彼既丈夫我亦爾，何得自輕而退屈？諸上座！不要退屈，信取便休。祖師西來，衹道見性成佛，其餘所説，不及此説。更有箇奇特方便，舉似諸人。」良久曰：「分明記取，若到諸方，不得錯舉。久立，珍重！」僧問：「不通風處如何過得？」師曰：「汝從甚麼處來？」僧舉：「南泉問鄧隱峰曰：『銅缾是境，缾中有水。不得動著境，與老僧將水來』。峰便拈缾瀉水。未審此意如何？」師曰：「鄧隱峰甚奇怪，要且亂瀉。」

長安規禪師法嗣

長安辯實禪師

廬州長安院辯實禪師，僧問：「如何是祖師西來意？」師曰：「少室靈峰住九霄。」

雲蓋用清禪師

潭州雲蓋用清禪師，河州趙氏子。僧問：「有一人在萬丈井底，如何出得？」師曰：「且喜得相見。」曰：「恁麽則穿雲透月去也。」師曰：「三十三天事作麽生？」僧無對。師曰：「謾語作麼？」問：「如何是雲蓋境？」師曰：「門外三泉井。」曰：「如何是境中人？」師曰：「童行仔子。」有頌示衆曰：「雲蓋鎖口訣，擬議皆腦裂。拍手趁虚空，雲露西山月。」僧問：「如何是鎖口訣？」師曰：「偏天偏地。」曰：「恁麽則石人點頭，露柱拍手去也。」師曰：「一缾浄水一爐香。」曰：「此猶是井底蝦蟇。」師曰：「勞煩大衆。」師常節飲食，隨衆二時，但展鉢而已。或逾年月，亦不調練服餌，無妨作務。有請必開，即便飽食而亡拘執。至道二年四月二日，示疾而逝。

雲居錫禪師法嗣

般若從進禪師

台州般若從進禪師，僧問：「古澗寒泉時如何？」師曰：「切忌飲著。」曰：「飲著又如何？」師曰：「喪却汝性命。」

清化志超禪師

越州清化志超禪師，僧問：「如何是佛？」師曰：「汝是甚麽人？」曰：「莫便是也無？」師曰：「是即没交涉。」

青原下十一世

長壽彦禪師法嗣

長壽法齊禪師

蘇州長壽法齊禪師，婺州人。始講明門、因明二論，尋置遊方，受心印於廣法禪師。節使錢仁奉禮，請繼廣法住持。開堂日，有百法座主問：「令公請命，四衆雲臻。向上宗乘，請師舉唱。」師曰：「百法明門論。」曰：「畢竟作麽生？」師曰：「一切法無我。」問：「城東老母與佛同生，爲甚麽却不見佛？」師曰：「不見即道。」曰：「恁麽則見去也。」師曰：「城東老母與佛同生。」

雲居齊禪師法嗣

雲居契瓌禪師

南康雲居契瓌禪師，僧問：「路逢死蛇莫打殺，無底籃子盛將歸。未審師還受也無？」師曰：「你甚麽處得來？」曰：「恁麽則不虛施也。」師曰：「却且提取去。」問：「如何是佛？」師曰：「讚歎不及。」曰：「莫祇這箇便是麽？」師曰：「不令人讚歎。」

靈隱文勝禪師

杭州靈隱文勝慈濟禪師，僧問：「古鑑未磨時如何？」師曰：「古鑑。」曰：「磨後如何？」師曰：「古鑑。」曰：「未審分不分？」師曰：「更照看。」問：「如何是和尚家風？」師曰：「莫訝荒疏。」曰：「忽遇客來作麽生？」師曰：「喫茶去。」

瑞巖義海禪師

明州瑞巖義海禪師，霅川人也。造雲居法席，居問：「甚麽物恁麽來？」師於言下大悟。遂有頌曰：「雲居甚麽物，問著頭恍惚。直下便承當，猶是生埋没。」出世住報本。僧問：「如何是祖師西來意？」師曰：「若到諸方，但道報本不解答話。」問：「如何是和尚家風？」師曰：「無忌諱。」曰：「忽遇觸忤，又且如何？」師曰：「不解作客，勞煩主人。」問：「釋迦掩室於摩竭，淨名杜口於毗耶，未審如何示衆？」師曰：「汝不欲我開談？」曰：「未曉師機。」師曰：「且退。」問：「如何是無位真人？」師曰：「這裏無安排你處。」

廣慧志全禪師

明州廣慧志全禪師，上堂，僧問：「如何是衲僧本分事？」師曰：「你莫鈍置我。」僧禮拜。師曰：「却是大衆鈍置闍黎。」便下座。問：「賊不打貧兒家時如何？」師曰：「説向人也不信。」僧曰：「恁麽則禮拜而退。」師曰：「得箇甚麽！」

大梅居煦禪師

明州大梅保福居煦禪師，僧問：「古人面壁，意旨如何？」師曰：「但恁麼會。」曰：「未審如何領會？」師曰：「禮拜著。」

南明惟宿禪師

處州南明惟宿禪師，僧問：「法法不隱藏，古今常顯露。如何是顯露底法？」師曰：「見示大衆。」曰：「恁麼則學人謹退也。」師曰：「知過必改。」

清溪清禪師

荆門軍清溪清禪師，僧問：「古路坦然，如何履踐？」曰：「你是行脚僧。」

支提隆禪師法嗣

靈隱玄本禪師

杭州靈隱玄本禪師，僧問：「蚌含未剖時如何？」師曰：「光從何來？」問：「臨濟入門便喝，德山入門便棒，此意如何？」師曰：「天晴不肯去。」師見僧看經，乃問：「看甚麽經？」僧無語。乃示頌曰：「看經不識經，徒勞損眼睛。欲得不損眼，分明識取經。」

羅漢林禪師法嗣

慧力紹珍禪師

臨江軍慧力院紹珍禪師，僧問：「金雞未鳴時如何？」師曰：「是何時節？」曰：「鳴後如何？」師曰：「却不知時。」問：「師子未出窟時如何？」師曰：「在那裏？」曰：「出窟後如何？」師曰：「且走。」

大寧慶瑭禪師

洪州大寧院慶瑭禪師，僧問：「道泰不傳天子令，時人盡唱太平歌。未審師今意旨如何？」師曰：「山僧罪過。」問：「如何是佛？」師曰：「須彌山。」上堂：「生死涅槃，猶如昨夢。且道三世諸佛、釋迦老子有甚麽長處？雖然如是，莫錯會好！」拍手一下，便下座。問：「承古有言，東山西嶺青，未審意旨如何？」師曰：「東山西嶺青，雨下却天晴。更問箇中意，鵓鳩生鷂鷹。」

功臣軻禪師法嗣

堯峰顥暹禪師

蘇州堯峰顥暹禪師，僧問：「學人乍入叢林，乞師一接。」師曰：「去。」問：「承教有言：『是法平等，無有高下。』如何是平等法？」師曰：「堯峰高，寶華低。」曰：「恁麽則却成高下去也。」師曰：「情知你恁麽會。」聞雷聲，示衆曰：「還聞雷聲麽？還知起處麽？

若知起處，便知身命落處。若也不知，所以古人道：『不知天地者，剛道有乾坤。』不如喫茶去。」問：「如何是道？」師曰：「夕死可矣。」問：「如何是金剛力士？」師曰：「這裏用不著。」問：「亡僧遷化向甚麽處去也？」師曰：「蒼天！蒼天！」乃曰：「祇如末後僧問：『亡僧遷化向甚麽處去也？』山僧向他道：『蒼天！蒼天！』且道意落在甚麽處？莫是悲傷遷逝，痛憶道人麽？若乃恁麽評論，實謂罔知去處。要知去處麽？更不用久立。歇去！」上堂：「冬去春來，樓閣門開。若也入得，不用徘徊。諸上座！還向這裏入得也未？若也入得，所以古人道：『是處是彌勒，無門無善財。』若也入之未得，自是諸上座狂走，更不忉忉。久立，珍重！」

聖壽志昇禪師

蘇州吴江聖壽志昇禪師，上堂：「若論佛法，更有甚麽事？所以道：古今山河，古今日月，古今人倫，古今城郭，唤作平等法門。絶前後際，諸人還信得及麽？若信得及，依而行之。久立，珍重！」

功臣守如禪師

杭州功臣開化守如禪師，上堂，召大衆曰：「還知道聖僧同諸人到這裏麽？既勞尊降，焉敢稽留？久立，珍重！」

棲賢湜禪師法嗣

興教惟一禪師

杭州南山興教院惟一禪師，僧問：「佛未出世時如何？」師曰：「白雲數重。」曰：「出世後如何？」師曰：「青山一朵。」問：「如何是道？」師曰：「刺頭入荒草。」曰：「如何是道中人？」師曰：「乾屎橛。」曰：「大耳三藏第三度爲甚麽不見國師？」師曰：「脚跟下看。」曰：「如何得見？」師曰：「草鞋跟斷。」

西余體柔禪師

安吉州西余體柔禪師，上堂：「一人把火，自爇其身。一人抱冰，横屍於路。進前即觸途成滯，退後即噎氣填胸。直得上天無路，入地無門。如今已不柰何也！」良久曰：「待得雪消去，自然春到來。」

定山惟素山主

真州定山惟素山主，僧問：「如何是不遷義？」師曰：「暑往寒來。」曰：「恁麼則還去也。」師曰：「啼得血流無用處。」問：「達磨心印師已曉，試舉家風對衆看。」師曰：「門前有箇長松樹，夜半子規來上啼。」問：「知師洞達諸方旨，臨機不答舊時禪。如何是新奇？」師曰：「若到諸方，不得錯舉。」曰：「學人慇懃於座右，莫不祗此是新奇。」師曰：「折草量天。」問：「如何是定山境？」師曰：「清風滿院。」曰：「忽遇客來，如何祗待？」師曰：「莫嫌冷淡。」乃曰：「若論家風與境，不易酬對。多見指定處所，教他不得自在。曾有僧問大隨：『如何是和尚家風？』隨曰：『赤土畫簸箕。』又曰：『肚上不貼榜。』且問諸人作麼生會？更有夾山、雲門、臨濟、風穴，皆有此話播於諸方，各各施設不同，又作麼生會？法無異轍，殊途同歸。若要省力易會，但識取自家桑梓，便能紹得家業，隨處解脱，應用現前，天地同根，萬物一體，唤作衲僧眼睛，綿綿不漏絲髮。苟或於此不明，徒自竛竮辛苦。」

僧問：「如何是佛？」師曰：「含齒戴髮。」曰：「恁麽則人人具足。」師曰：「遠之又遠。」問：「牛頭未見四祖時如何？」師曰：「成家立業。」曰：「見後如何？」師曰：「立業成家。」問：「如何是定山路？」師曰：「峭。」曰：「履踐者如何？」師曰：「嶮。」問：「無上法王有大陁羅尼，名爲圓覺，流出一切清淨真如、菩提涅槃，未審圓覺從甚麽處流出？」師曰：「山僧頂戴有分。」曰：「恁麽則信受奉行。」師曰：「依俙似曲纔堪聽。」問：「十二時中如何得與道相應？」師曰：「皇天無親，唯德是輔。」曰：「恁麽則不假修證也。」師曰：「三生六十劫。」

淨土素禪師法嗣

淨土惟正禪師

杭州淨土院惟正禪師，秀州華亭黄氏子。幼從錢塘資聖院本如隷業，且將較藝於有司。如使禱觀音像，以求陰相。師謝曰：「豈忍獨私於己哉！」郡人朱紹安聞而加歎，欲啓帑度之。師慨然曰：「古之度人，以清機密旨，今反是，去古遠矣。吾墮三寶數，當有其時。」已而遇祥符覃恩，得諧素志。獨擁毳袍且弊，同列慢之。師曰：「佛乎！佛乎！儀相云乎哉？僧乎！僧乎！盛服云乎哉？」厥後有願輸奉歲時用度，俾繼如之院務，亦復謝曰：「聞拓鉢乞食，未聞安坐以享。聞歷謁諸祖，未聞廢學自任。況我齒茂氣完，正在筋力爲禮，非從事屋廬之秋也。」於是提策東引，學三觀於天台，復旋徑山，咨單傳之旨於老宿惟素。素董臨安功臣山浄土院，師輔相之，久而繼席焉。然爲人高簡，律身精嚴，名卿巨公多所推尊。葉内翰清臣牧金陵，迎師語道。一日，葉曰：「明日府有燕飲，師固奉律，能爲我少留一日，款清話否？」師諾之。翌日，遣使邀師，留一偈而返。曰：「昨日曾將今日期，出門倚杖又思惟。爲僧祇合居巖谷，國士筵中甚不宜。」坐客皆仰其標致。師識慮洗然，不牽世累，雅愛跨黄犢出入，軍持巾鉢悉掛角上，市人争觀之。師自若也。杭守蔣侍郎堂與師爲方外友，每往謁，至郡庭下犢譚笑，終日而去。蔣有詩曰：「禪客尋常入舊都，黄牛角上掛缾盂。有時帶雪穿雲去，便好和雲畫作圖。」師嘗作山中偈曰：「橋上山萬層，橋下水千里。唯有白鷺鷥，見我常來此。」平生製作三十卷，號錦溪集。又工書，筆法勝絶，秦少游珍藏之。冬不擁爐，以荻花作毬，納足其中，客至共之。夏秋好翫月，盤膝大盆中，浮池上，自旋其盆，吟笑達旦，率以爲常。九峰韶禪師嘗客于院，一夕將卧，師邀之曰：「月色如此，勞生擾擾，對之者能幾人？」峰唯唯而矣。久之，呼童子使熟炙。峰方饑，意作藥石。頃乃橘皮湯一盃，峰匿笑曰：「無乃太清乎！」有問曰：「師以禪師名，乃不談禪，何也？」師曰：「徒費言語。吾懶，寧假曲折，但日夜煩萬象爲敷演耳。言語有間，而此法無盡，所謂造物無盡藏也。」皇祐元年孟夏八日，語衆曰：「夫動以對静，未始有極。吾一動歷年六十有四，今静矣。然動静本何有哉？」於是泊然而逝。

青原下十二世

靈隱勝禪師法嗣

靈隱延珊禪師

杭州靈隱延珊慧明禪師，僧問：「如何是道？」師曰：「道遠乎哉？」問：「如何是正真一路？」師曰：「絲髪不通。」曰：「恁麽則依而行之。」師曰：「莫亂走。」上堂：「與上座一線道，且作麽生持論佛法？若也水洩不通，便教上座無安身立命處。當此之時，祖佛出頭來，也有二十棒分。恁麽道，山僧還有過也無？不見世尊生下，周行七步，目顧四方，一手指天，一手指地，云：『天上天下，唯吾獨尊。』雲門云：『我當初若見，一棒打殺與狗子喫却。何以如此？貴圖天下太平。』且道雲門恁麽説話，有佛法道理也無？雖然如此，雲門祇具一隻眼。久立，珍重！」

薦福歸則禪師

常州薦福院歸則禪師，僧問：「如何是祖師西來意？」師曰：「耳畔打鐘聲。」

瑞巖海禪師法嗣

翠巖嗣元禪師

明州翠巖嗣元禪師，僧問：「如何是祖師西來意？」師曰：「見錢買賣不曾賒。」曰：「向上更有事也無？」師曰：「好不信人直！」

中國佛教典籍選刊

五燈會元

三

〔宋〕普濟 撰
蘇淵雷 點校

中華書局

本册目録

卷第十一

南嶽下六世

南嶽下七世

卷第十二

南嶽下十一世

南嶽下十四世

南嶽下十五世

卷第十四

青原下七世

青原下十世

青原下十一世

青原下十二世

青原下十三世

青原下十四世

卷第十五

青原下十世上

五燈會元卷第十一

南嶽下四世

黄檗運禪師法嗣

臨濟義玄禪師

鎮州臨濟義玄禪師，曹州南華邢氏子。幼負出塵之志，及落髮進具，便慕禪宗。初在黄檗會中，行業純一。時睦州爲第一座，乃問："上座在此多少時？"師曰："三年。"州曰："曾參問否？"師曰："不曾參問，不知問箇甚麽？"州曰："何不問堂頭和尚，如何是佛法的的大意？"師便去。問聲未絶，檗便打。師下來，州曰："問話作麽生？"師曰："某甲問聲未絶，和尚便打，某甲不會。"州曰："但更去問。"師又問，檗又打。如是三度問，三度被打。師白州曰：「早承激勸問法，累蒙和尚賜棒，自恨障緣，不領深旨。今且辭去。」州曰：「汝若去，須辭和尚了去。」師禮拜退。州先到黃檗處曰：「問話上座，雖是後生，却甚奇特。若來辭，方便接伊。已後爲一株大樹，覆蔭天下人去在。」師來日辭黃檗，檗曰：「不須他去，秖往高安灘頭參大愚，必爲汝説。」師到大愚，愚曰：「甚處來？」師曰：「黃檗來。」愚曰：「黃檗有何言句？」師曰：「某甲三度問佛法的的大意，三度被打。不知某甲有過無過？」愚曰：「黃檗與麽老婆心切，爲汝得徹困，更來這裏問有過無過？」師於言下大悟。乃曰：「元來黃檗佛法無多子。」愚搊住曰：「這尿牀鬼子！適來道有過無過，如今却道黃檗佛法無多子。你見箇甚麽道理？速道！速道！」師於大愚肋下築三拳，愚拓開曰：「汝師黃檗，非干我事。」師辭大愚，却回黃檗。檗見便問：「這漢來來去去，有甚了期？」師曰：「秖爲老婆心切。」便人事了，侍立。檗問：「甚處去來？」師曰：「昨蒙和尚慈旨，令參大愚去來。」檗曰：「大愚有何言句？」師舉前話。檗曰：「大愚老漢饒舌，待來痛與一頓。」師曰：「説甚待來，即今便打。」隨後便掌。檗曰：「這風顛漢來這裏捋虎鬚。」師便喝。檗喚侍者曰：「引這風顛漢參堂去。」溈山舉問仰山：「臨濟當時得大愚力？得黃檗力？」仰云：「非但騎虎頭，亦解把虎尾。」

黃檗一日普請次，師隨後行。檗回頭見師空手，乃問：「钁在何處？」師曰：「有一人將去了也。」檗曰：「近前來！共汝商量箇事。」師便近前，檗豎起钁曰：「祇這箇，天下人拈掇不起。」師就手掣得，豎起曰：「爲甚麽却在某甲手裏？」檗曰：「今日自有人普請。」便回寺。仰山侍溈山次，溈舉此話未了，仰便問：「钁在黄檗手裏，爲甚麽却被臨濟奪却？」溈云：「賊是小人，智過君子。」師普請鉏地次，見黄檗來，拄钁而立。檗曰：「這漢困那！」師曰：「钁也未舉，困箇甚麽？」檗便打，師接住棒，一送送倒，檗呼維那：「扶起我來。」維那扶起曰：「和尚争容得這風顛漢無禮？」檗纔起，便打維那。師钁地曰：「諸方火葬，我這裏活埋。」溈山問仰山：「黄檗打維那意作麽生？」仰云：「正賊走却，邏贓人喫棒。」

師一日在僧堂裏睡，檗入堂見，以拄杖打板頭一下。師舉首，見是檗，却又睡。檗又打板頭一下，却往上間。見首座坐禪，乃曰：「下間後生却坐禪，汝在這裏妄想作麽？」座曰：「這老漢作甚麽？」檗又打板頭一下，便出去。溈山舉問仰山：「祇如黄檗意作麽生？」仰云：「兩彩一賽。」師栽松次，檗曰：「深山裏栽許多松作甚麽？」師曰：「一與山門作境致，二與後人作標牓。」道了，將钁頭𡎺地三下。檗曰：「雖然如是，子已喫吾三十棒了也。」師又𡎺地三下，噓一噓。檗曰：「吾宗到汝，大興於世。」溈山舉問仰山：「黄檗當時祇囑臨濟一人，更有人在？」仰云：「有。祇是年代深遠，不欲舉似和尚。」溈云：「雖然如是，吾亦要知，汝但舉看。」仰云：「一人指南，吴越令行，遇大風即止。」

黃檗因入厨下，問飯頭：「作甚麼？」頭曰：「揀衆僧飯米。」檗曰：「一頓喫多少？」頭曰：「二石五。」檗曰：「莫太多麼？」頭曰：「猶恐少在。」檗便打。頭舉似師，師曰：「我與汝勘這老漢。」纔到，侍立。檗舉前話，師曰：「飯頭不會，請和尚代一轉語。」檗曰：「汝但舉。」師曰：「莫太多麼？」檗曰：「來日更喫一頓。」師曰：「説甚麼來日，即今便喫。」隨後打一掌。檗曰：「這風顛漢又來這裏捋虎鬚。」師喝一喝，便出去。溈山舉問仰山：「此二尊宿意作麼生？」仰山云：「和尚作麼生？」溈山云：「養子方知父慈。」仰山云：「不然。」溈山云：「子又作麼生？」仰山云：「大似勾賊破家。」

師半夏上黃檗山，見檗看經。師曰：「我將謂是箇人，元來是唵（或作揞）黑豆老和尚。」住數日，乃辭，檗曰：「汝破夏來，何不終夏去？」師曰：「某甲暫來禮拜和尚。」檗便打趁令去。師行數里，疑此事，却回終夏。後又辭檗，檗曰：「甚處去？」師曰：「不是河南，便歸河北。」檗便打。師約住與一掌，檗大笑，乃唤侍者：「將百丈先師禪板几案來。」師曰：「侍者將火來。」檗曰：「不然。子但將去，已後坐斷天下人舌頭去在。」師到達磨塔頭，塔主問：「先禮佛？先禮祖？」師曰：「祖佛俱不禮。」主曰：「祖佛與長老有甚冤家？」師拂袖便出。師爲黃檗馳書至溈山，與仰山語次，仰曰：「老兄向後北去，有箇住處。」師曰：「豈有與麼事？」仰曰：「但去，已後有一人佐輔汝。此人祇是有頭無尾，有始無終。」懸記普化。

師後住鎮州臨濟，學侶雲集。一日，謂普化、克符二上座曰：「我欲於此建立黄檗宗旨，汝且成褫我。」二人珍重下去。三日後，普化却上來問：「和尚三日前説甚麼？」師便打。三日後克符上來問：「和尚前日打普化作甚麼？」師亦打。至晚小參，曰：「有時奪人不奪境，有時奪境不奪人，有時人境兩俱奪，有時人境俱不奪。」問荅語具克符章。僧問：「如何是真佛、真法、真道？乞師開示。」師曰：「佛者，心清淨是；法者，心光明是；道者，處處無礙淨光是。三即一，皆是空名而無實有。如真正作道人，念念心不間斷。自達磨大師從西土來，衹是覓箇不受人惑底人。後遇二祖，一言便了，始知從前虚用工夫。山僧今日見處，與祖佛不别。若第一句中薦得，堪與祖佛爲師。若第二句中薦得，堪與人天爲師。若第三句中薦得，自救不了。」僧便問：「如何是第一句？」師曰：「三要印開朱點窄，未容擬議主賓分。」曰：「如何是第二句？」師曰：「妙解豈容無著問，漚和争負截流機。」曰：「如何是第三句？」師曰：「但看棚頭弄傀儡，抽牽全藉裏頭人。」乃曰：「大凡演唱宗乘，一句中須具三玄門，一玄門須具三要。有權有實，有照有用。汝等諸人作麽生會？」師謂僧曰：「有時一喝如金剛王寶劍，有時一喝如踞地師子，有時一喝如探竿影草，有時一喝不作一喝用。汝作麽生會？」僧擬議，師便喝。

示衆：「參學之人，大須子細。如賓主相見，便有言論往來。或應物現形，或全體作用，或把機權喜怒，或現半身，或乘師子，或乘象王。如有真正學人便喝，先拈出一箇膠盆子。善知識不辨是境，便上他境上作模作樣，便被學人又喝，前人不肯放下，此是膏肓之病，不堪醫治，唤作賓看主。或是善知識不拈出物，祇隨學人問處即奪，學人被奪，抵死不肯放，此是主看賓。或有學人應一箇清淨境，出善知識前，知識辨得是境，把得抛向坑裏。學人言：『大好善知識。』知識即云：『咄哉！不識好惡。』學人便禮拜。此唤作主看主。或有學人披枷帶鎖出善知識前，知識更與安一重枷鎖，學人歡喜，彼此不辨，唤作賓看賓。大德！山僧所舉，皆是辨魔揀異，知其邪正。」

師問洛浦：「從上來一人行棒，一人行喝，阿那箇親？」曰：「摠不親。」師曰：「親處作麼生？」浦便喝，師乃打。上堂：「有一人論劫在途中，不離家舍。有一人離家舍，不在途中。那箇合受人天供養？」師問院主：「甚處去來？」曰：「州中糶黄米來。」師曰：「糶得盡麼？」主曰：「糶得盡。」師以拄杖畫一畫曰：「還糶得這箇麼？」主便喝，師便打。典座至，師舉前話。座曰：「院主不會和尚意？」師曰：「你又作麼生？」座禮拜，師亦打。

上堂：「一人在孤峰頂上，無出身路。一人在十字街頭，亦無向背。且道那箇在前，那箇在後？不作維摩詰，不作傅大士。珍重！」有一老宿參，便問：「禮拜即是？不禮拜即是？」師便喝，宿便拜。師曰：「好箇草賊。」宿曰：「賊！賊！」便出去。師曰：「莫道無事好！」時首座侍立，師曰：「還有過也無？」座曰：「有。」師曰：「賓家有過？主家有過？」曰：「二俱有過。」師曰：「過在甚麽處？」座便出去。師曰：「莫道無事好！」南泉聞云：「官馬相踏。」

師到京行化，至一家門首，曰：「家常添鉢。」有婆曰：「太無厭生！」師曰：「飯也未曾得，何言太無厭生？」婆便閉却門。師陞堂，有僧出，師便喝，僧亦喝，便禮拜，師便打。趙州游方到院，在後架洗脚次，師便問：「如何是祖師西來意？」州曰：「恰遇山僧洗脚。」師近前作聽勢，州曰：「會即便會，啗啄作什麽？」師便歸方丈。州曰：「三十年行脚，今日錯爲人下注脚。」問：「僧甚處來？」曰：「定州來。」師拈棒，僧擬議，師便打，僧不肯。師曰：「已後遇明眼人去在。」僧後參三聖，纔舉前話，三聖便打。僧擬議，聖又打。

師應機多用喝，會下參徒亦學師喝。師曰：「汝等摠學我喝，我今問汝：有一人從東堂出，一人從西堂出，兩人齊喝一聲，這裏分得賓主麽？汝且作麽生分？若分不得，已後不得學老僧喝。」示衆：「我有時先照後用，有時先用後照，有時照用同時，有時照用不同時。先照後用有人在，先用後照有法在，照用同時，驅耕夫之牛，奪飢人之食，敲骨取髓，痛下針錐。照用不同時，有問有答，立賓立主，合水和泥，應機接物。若是過量人，向未舉已前撩起便行，猶較些子。」

師行脚時到龍光，值上堂，師出問：「不展鋒鋩，如何得勝？」光據坐。師曰：「大善知識，豈無方便？」光瞪目曰：「嗄。」師以手指曰：「這老漢今日敗缺也。」次到三峰平和尚處，平問：「甚處來？」師曰：「黄檗來。」平曰：「黄檗有何言句？」師曰：「金牛昨夜遭塗炭，直至如今不見蹤。」平曰：「金風吹玉管，那箇是知音？」師曰：「直透萬重關，不住青霄内。」平曰：「子這一問太高生！」師曰：「龍生金鳳子，衝破碧琉璃。」平曰：「且坐喫茶。」又問：「近離甚處？」師曰：「龍光。」平曰：「龍光近日如何？」師便出去。又往鳳林，路逢一婆子。婆問：「甚處去？」師曰：「鳳林去。」婆曰：「恰值鳳林不在。」師曰：「甚處去？」婆便行。師召婆，婆回首，師便行。一作師曰：「誰道不在？」到鳳林。林曰：「有事相借問，得麽？」師曰：「何得剜肉作瘡？」林曰：「海月澄無影，遊魚獨自迷。」師曰：「海月既無影，遊魚何得迷？」林曰：「觀風知浪起，翫水野帆飄。」師曰：「孤蟾獨耀江山静，長嘯一聲天地秋。」林曰：「任張三寸揮天地，一句臨機試道看。」師曰：「路逢劍客須呈劍，不是詩人不獻詩。」林便休。師乃有頌曰：「大道絶同，任向西東。石火莫及，電光罔通。」溈山問仰山：「石火莫及，電光罔通，從上諸聖，以何爲人？」仰云：「和尚意作麽生？」溈云：「但有言說，都無實義。」仰云：「不然。」潙云：「子又作麽生？」仰云：「官不容針，私通車馬。」

麻谷問：「十二面觀音，那箇是正面？」師下禪床擒住曰：「十二面觀音，甚處去也？速道！速道！」谷轉身擬坐，師便打。谷接住棒，相捉歸方丈。師問一尼：「善來？惡來？」尼便喝。師拈棒曰：「更道！更道！」尼又喝，師便打。師一日拈餬餠示洛浦曰：「萬種千般，不離這箇，其理不二。」浦曰：「如何是不二之理？」師再拈起餠示之。浦曰：「與麽則萬種千般也。」師曰：「屙屎見解。」浦曰：「羅公照鏡。」師見僧來，舉起拂子。僧禮拜，師便打。又有僧來，師亦舉拂子。僧不顧，師亦打。又有僧來參，師舉拂子。僧曰：「謝和尚指示。」師亦打。雲門代云：「祇宜老漢。」大覺云：「得即得，猶未見臨濟機在。」

麻谷問：「大悲千手眼，那箇是正眼？」師搊住曰：「大悲千手眼，作麽生是正眼？速道！速道！」谷拽師下禪牀，却坐。師問訊曰：「不審。」谷擬議，師便喝。拽谷下禪牀，却坐。谷便出。上堂，僧問：「如何是佛法大意？」師豎起拂子，僧便喝，師便打。又僧問：「如何是佛法大意？」師亦豎拂子，僧便喝，師亦喝。僧擬議，師便打。乃曰：「大衆！夫爲法者，不避喪身失命。我於黄檗先師處三度問佛法的的大意，三度被打，如蒿枝拂相似。如今更思一頓，誰爲下手？」時有僧出曰：「某甲下手。」師度與拄杖，僧擬接，師便打。同普化赴施主齋次，師問：「毛吞巨海，芥納須彌，爲復是神通妙用？爲復是法爾如然？」化趯倒飯牀。師曰：「太麤生！」曰：「這裏是甚麽所在，説麤説細！」次日又同赴齋，師復問：「今日供養，何似昨日？」化又趯倒飯牀。師曰：「得即得，太麤生！」化喝曰：「瞎漢！佛法説甚麽麤細！」師乃吐舌。師與王常侍到僧堂，王問：「這一堂僧還看經麽？」師曰：「不看經。」曰：「還習禪麽？」師曰：「不習禪。」曰：「既不看經，又不習禪，畢竟作箇甚麽？」師曰：「總教伊成佛作祖去！」曰：「金屑雖貴，落眼成翳。」師曰：「我將謂你是箇俗漢。」師上堂次，兩堂首座相見，同時下喝。僧問師：「還有賓主也無？」師曰：「賓主歷然。」師召衆曰：「要會臨濟賓主句，問取堂中二首座。」師後居大名府興化寺東堂。咸通八年丁亥四月十日，將示滅，説傳法偈曰：「沿流不止問如何，真照無邊説似他。離相離名人不禀，吹毛用了急須磨。」復謂衆曰：「吾滅後，不得滅却吾正法眼藏。」三聖出曰：「争敢滅却和尚正法眼藏？」師曰：「已後有人問，你向他道甚麽？」三聖便喝。師曰：「誰知吾正法眼藏，向這瞎驢邊滅却。」言訖，端坐而逝。塔全身于府西北隅，謚慧照禪師，塔曰澄靈。

南嶽下五世

臨濟玄禪師法嗣

興化存奬禪師

魏府興化存奬禪師，在三聖會裏爲首座。常曰：「我向南方行脚一遭，拄杖頭不曾撥着一箇會佛法底人。」三聖聞得，問曰：「你具箇甚麽眼，便恁麽道？」師便喝。聖曰：「須是你始得。」後大覺聞舉，遂曰：「作麽生得風吹到大覺門裏來？」師後到大覺爲院主。一日覺喚院主：「我聞你道，向南方行脚一遭，拄杖頭不曾撥着一箇會佛法底。你憑箇甚麽道理，與麽道？」師便喝，覺便打。師又喝，覺又打。師來日從法堂過，覺召院主：「我直下疑你昨日這兩喝。」師又喝，覺又打。師再喝，覺又打。師曰：「某甲於三聖師兄處，學得箇賓主句，總被師兄折倒了也。願與某甲箇安樂法門。」覺曰：「這瞎漢來這裏納敗缺，脱下衲衣，痛打一頓。」師於言下薦得臨濟先師於黄檗處喫棒底道理。師後開堂日，拈香曰：「此一炷香本爲三聖師兄，三聖於我太孤；本爲大覺師兄，大覺於我太賒。不如供養臨濟先師。」

僧問：「多子塔前，共談何事？」師曰：「一人傳虛，萬人傳實。」師有時喚僧，僧應諾。師曰：「點即不到。」又喚一僧，僧應諾。師曰：「到即不點。」僧問：「四方八面來時如何？」師曰：「打中間底。」僧便禮拜。師曰：「昨日赴箇村齋，中途遇一陣卒風暴雨，却向古廟裏嚲避得過。」問僧：「甚處來？」曰：「崔禪處來。」師曰：「將得崔禪喝來否？」曰：「不將得來。」師曰：「恁麽則不從崔禪處來。」僧便喝，師便打。示衆：「我聞前廊下也喝，後架裏也喝。諸子！汝莫盲喝亂喝，直饒喝得興化向虛空裏，却撲下來，一點氣也無，待我蘇息起來，向汝道『未在』。何故？我未曾向紫羅帳裏撒真珠與汝諸人去在，胡喝亂喝作麽？」雲居住三峰菴時，師問：「權借一問以爲影草時如何？」居無對。師云：「想和尚答這話不得，不如禮拜了退。」二十年後，居云：「如今思量，當時不消道箇何必。」後遣化主到師處，師問：「和尚住三峰菴時，老僧問伊話，對不得，如今道得也未？」主舉前話，師云：「雲居二十年祇道得箇何必，興化即不然，争如道箇不必。」

師謂克賓維那曰：「汝不久爲唱導之師。」賓曰：「不入這保社。」師曰：「會了不入？不會了不入？」曰：「總不與麽。」師便打。曰：「克賓維那法戰不勝，罰錢伍貫，設饡飯一堂。」次日，師自白椎曰：「克賓維那法戰不勝，不得喫飯。」即便出院。僧問：「國師喚侍者，意作麼生？」師曰：「一盲引衆盲。」師在臨濟爲侍者，洛浦來參，濟問：「甚處來？」浦曰：「鑾城來。」濟曰：「有事相借問，得麼？」浦曰：「新戒不會。」濟曰：「打破大唐國，覓箇不會底人也無？參堂去！」師隨後，請問曰：「適來新到是成褫他？不成褫他？」濟曰：「我誰管你成褫不成褫！」師曰：「和尚祇解將死雀就地彈，不解將一轉語蓋覆却。」濟曰：「你又作麼生？」師曰：「請和尚作新到。」濟遂曰：「新戒不會。」師曰：「却是老僧罪過。」濟曰：「你語藏鋒。」師擬議，濟便打。至晚，濟又曰：「我今日問新到，是將死雀就地彈？就窠子裏打？及至你出得語，又喝起了向青雲裏打。」師曰：「草賊大敗。」濟便打。師見同參來，纔上法堂，師便喝，僧亦喝。師又喝，僧亦喝。師近前拈棒，僧又喝。師曰：「你看！這瞎漢猶作主在。」僧擬議，師直打下法堂。侍者請問：「適來那僧有甚觸忤和尚？」師曰：「他適來也有權，也有實，也有照，也有用。及乎我將手向伊面前横兩横，到這裏却去不得。似這般瞎漢，不打更待何時？」僧禮拜，問：「寶劍知師藏已久，今日當場略借看。」師曰：「不借。」曰：「爲甚麼不借？」師曰：「不是張華眼，徒窺射斗光。」曰：「用者如何？」師曰：「横身當宇宙，誰是出頭人？」僧便作引頸勢，師曰：「嗄。」僧曰：「喏。」便歸衆。後唐莊宗車駕幸河北，回至魏府行宫，詔師問曰：「朕收中原，獲得一寶，未曾有人酬價。」師曰：「請陛下寶看！」帝以兩手舒幞頭脚。師曰：「君王之寶，誰敢酬價？」玄覺徵云：「且道興化肯莊宗？不肯莊宗？若肯莊宗，興化眼在甚麼處？若不肯莊宗，過在甚麼處？」龍顏大悦。賜紫衣、師號，師皆不受。乃賜馬與師乘騎，馬忽驚，師墜傷足。帝復賜藥救療。師喚院主：「與我做箇木枴子。」主做了將來。師接得，遶院行，問僧曰：「汝等還識老僧麼？」曰：「争得不識和尚？」師曰：「蹴脚法師，説得行不得。」又至法堂，令維那聲鐘集衆。師曰：「還識老僧麼？」衆無對。師擲下枴子，端然而逝。謚廣濟禪師。

寶壽沼禪師

鎮州寶壽沼禪師，第一世。僧問：「萬境來侵時如何？」師曰：「莫管他。」僧禮拜，師曰：「不要動著，動著即打折汝腰。」師在方丈坐，因僧問訊次，師曰：「百千諸聖，盡不出此方丈内。」曰：「祇如古人道『大千沙界海中漚』，未審此方丈向甚麼處着？」師曰：「千聖現在。」曰：「阿誰證明？」師便擲下拂子。僧從西過東立，師便打。僧曰：「若不久參，焉知端的？」師曰：「三十年後，此話大行。」趙州來，師在禪牀背面而坐，州展坐具禮拜。師起入方丈。州收坐具而出。師問僧：「甚處來？」曰：「西山來。」師曰：「見獼猴麽？」曰：「見。」師曰：「作甚麽伎倆？」曰：「見某甲一箇伎倆也作不得。」師便打。胡釘鉸參，師問：「汝莫是胡釘鉸麽？」曰：「不敢。」師曰：「還釘得虚空麽？」曰：「請和尚打破。」師便打，胡曰：「和尚莫錯打某甲。」師曰：「向後有多口阿師與你點破在。」胡後到趙州，舉前話，州曰：「汝因甚麽被他打？」胡曰：「不知過在甚麽處？」州曰：「祇這一縫尚不柰何！」胡於此有省。趙州曰：「且釘這一縫。」僧問：「萬里無雲時如何？」師曰：「青天也須喫棒。」曰：「未審青天有甚麽過？」師便打。問：「如何是祖師西來意？」師曰：「面黑眼睛白。」西院來參，問：「踏倒化城來時如何？」師曰：「不斬死漢。」院曰：「斬。」師便打，院連道：「斬！斬！」師又隨聲打。師却回方丈曰：「適來這僧將赤肉抵他乾棒，有甚死急！」

三聖慧然禪師

鎮州三聖院慧然禪師，自臨濟受訣，遍歷叢林。至仰山，山問：「汝名甚麽？」師曰：「慧寂。」山曰：「慧寂是我名。」師曰：「我名慧然。」山大笑而已。仰山因有官人相訪，山問：「官居何位？」曰：「推官。」山竪起拂子曰：「還推得這箇麽？」官人無對。山令衆下語，皆不契。時師不安，在涅槃堂内將息。山令侍者去請下語，師曰：「但道和尚今日有事。」山又令侍者問：「未審有甚麽事？」師曰：「再犯不容。」到香嚴，嚴問：「甚處來？」師曰：「臨濟。」嚴曰：「將得臨濟喝來麽？」師以坐具驀口打。又到德山，纔展坐具，山曰：「莫展炊巾，這裏無殘羹餿飯。」師曰：「縱有，也無著處。」山便打，師接住棒，推向禪牀上。山大笑，師哭蒼天，便下參堂。堂中首座號踢天泰，問：「行脚高士須得本道公驗，作麽生是本道公驗？」師曰：「道甚麽？」座再問，師打一坐具曰：「這漆桶，前後觸忤多少賢良！」座擬人事，師便過第二座人事，又到道吾。吾預知，以緋抹額，持神杖於門下立。師曰：「小心祇候。」吾應喏。師參堂了，再上人事。吾具威儀，方丈内坐。師纔近前，吾曰：「有事相借問，得麽？」師曰：「也是適來野狐精。」便出去。住後，上堂：「我逢人即出，出則不爲人。」便下座。興化云：「我逢人即不出，出則便爲人。」僧問：「如何是祖師西來意？」師曰：「臭肉來蠅。」興化云：「破驢脊上足蒼蠅。」問：「僧近離甚處？」僧便喝，師亦喝。僧又喝，師又喝。僧曰：「行棒即瞎。」便喝。師拈棒，僧乃轉身作受棒勢。師曰：「下坡不走，快便難逢。」便棒。僧曰：「這賊！」便出去。師遂抛下棒。次有僧問：「適來争容得這僧？」師曰：「是伊見先師來。」

魏府大覺和尚

魏府大覺和尚，參臨濟。濟纔見，豎起拂子。師展坐具，濟擲下拂子。師收坐具，參堂去。時僧衆曰：「此僧莫是和尚親故？不禮拜，又不喫棒。」濟聞說，令侍者喚適來新到上來。師隨侍者到方丈，濟曰：「大衆道，汝來參長老，又不禮拜，又不喫棒，莫是老僧親故？」師乃珍重下去。師住後，僧問：「如何是本來身？」師曰：「頭枕衡山，脚踏北嶽。」問：「如何是佛法大意？」師曰：「良馬不窺鞭，側耳知人意。」問：「如何是鎮國寶？」師曰：「穿耳賣不售。」問：「香草未生時如何？」師曰：「齅着腦裂。」曰：「生後如何？」師曰：「腦裂。」問：「如何是祖師西來意？」師曰：「十字街頭，望空啓告。」問：「如何是大覺？」師曰：「惡覺。」曰：「乖極。」師便打。問：「忽來忽去時如何？」師曰：「風吹柳絮毛毬走。」曰：「不來不去時如何？」師曰：「華嶽三峰頭指天。」問：「一飽忘百飢時如何？」師曰：「縱遇臨歧食，隨分納些些。」臨終時謂衆曰：「我有一隻箭，要付與人。」時有一僧出，曰：「請和尚箭。」師曰：「汝喚甚麼作箭？」僧喝，師打數下，便歸方丈。却喚其僧入來，問曰：「汝適來會麼？」曰：「不會。」師又打數下，擲却拄杖。曰：「已後遇明眼人，分明舉似。」便乃告寂。

灌谿志閑禪師

灌谿志閑禪師，魏府館陶史氏子。幼從柏巖禪師披剃受具。後見臨濟，濟驀胸搊住，師曰：「領，領。」濟拓開曰：「且放汝一頓。」師離臨濟至末山。語見末山章。師住後，上堂曰：「我在臨濟爺爺處得半杓，末山孃孃處得半杓，共成一杓喫了，直至如今飽不饑。」僧問：「請師不借借。」師曰：「滿口道不得。」師又曰：「大庾嶺頭佛不會，黄梅路上没衆生。」師會下一僧，去參石霜。霜問：「甚處來？」曰：「灌谿來。」霜曰：「我南山，不如他北山。」僧無對。僧回，舉似師，師曰：「何不道灌谿修涅槃堂了也？」問：「久嚮灌谿，到來祇見漚麻池。」師曰：「汝祇見漚麻池，且不見灌谿。」曰：「如何是灌谿？」師曰：「劈箭急。」後人舉似玄沙，沙云：「更學三十年未會禪。」問：「如何是古人骨？」師曰：「安置不得。」曰：「爲甚麽安置不得？」師曰：「金烏那教下碧天。」問：「金鎖斷後如何？」師曰：「正是法汝處。」問：「如何是祖師西來意？」師曰：「鉢裹盛飯，鑽裹盛羹。」曰：「學人不會。」師曰：「飢則食，飽則休。」上堂：「十方無壁落，四畔亦無門。露裸裸，赤灑灑，無可把。」便下座。問：「如何是一色？」師曰：「不隨。」曰：「一色後如何？」師曰：「有闍黎承當分也無？」問：「今日一會，祗敵何人？」師曰：「不爲凡聖。」問：「一句如何？」師曰：「不落千聖機。」問：「如何是洞中水？」師曰：「不洗人。」唐乾寧二年乙卯五月二十九日，問侍者曰：「坐死者誰？」曰：「僧伽。」師曰：「立死者誰？」曰：「僧會。」師乃行七步，垂手而逝。

涿州紙衣和尚

涿州紙衣和尚，即克符道者。初問臨濟：「如何是奪人不奪境？」濟曰：「煦日發生鋪地錦，嬰兒垂髮白如絲。」師曰：「如何是奪境不奪人？」濟曰：「王令已行天下徧，將軍塞外絶煙塵。」師曰：「如何是人境俱奪？」濟曰：「并汾絶信，獨處一方。」師曰：「如何是人境俱不奪？」濟曰：「王登寶殿，野老謳歌。」師於言下領旨。後有頌曰：「奪人不奪境，緣自帶誵訛。擬欲求玄旨，思量反責麽。驪珠光燦爛，蟾桂影婆娑。覿面無差互，還應滯網羅。」「奪境不奪人，尋言何處真？問禪禪是妄，究理理非親。日照寒光澹，山摇翠色新。直饒玄會得，也是眼中塵。」「人境兩俱奪，從來正令行。不論佛與祖，那説聖凡情？擬犯吹毛劍，還如值木盲。進前求妙會，特地斬情靈。」「人境俱不奪，思量意不偏。主賓言少異，問答理俱全。踏破澄潭月，穿開碧落天。不能明妙用，淪溺在無緣。」僧問：「如何是賓中賓？」師曰：「倚門傍户猶如醉，出言吐氣不慚惶。」曰：「如何是賓中主？」師曰：「口念彌陁雙拄杖，目瞽瞳人不出頭。」曰：「如何是主中賓？」師曰：「高提禪師當機用，利物應知語帶悲。」曰：「如何是主中主？」師曰：「横按鏌鎁全正令，太平寰宇斬癡頑。」曰：「既是太平寰宇，爲甚麽却斬癡頑？」師曰：「不許夜行剛把火，直須當道與人看。」

定州善崔禪師

定州善崔禪師，州將王令公於衙署張座，請師説法。師陞座，拈拄杖曰：「出來也打，不出來也打。」僧出曰：「崔禪聻？」師擲下拄杖曰：「久立令公，伏惟珍重！」僧問：「如何是祖師西來意？」師曰：「定州瓷器似鐘鳴。」曰：「學人不會意旨如何？」師曰：「口口分明没喎斜。」

鎮州萬壽和尚

鎮州萬壽和尚，僧問：「如何是迦葉上行衣？」師曰：「鶴飛千點雪，雲鎖萬重山。」問：「如何是丈六金身？」師曰：「袖頭打領，腋下剜襟。」曰：「學人不會。」師曰：「不會請人裁。」師訪寶壽，壽坐不起。師展坐具，壽下禪牀。師却坐，壽驟入方丈，閉却門。知事見師坐不起，曰：「請和尚庫下喫茶。」師乃歸院。翌日，寶壽來復謁，師踞禪牀。壽展坐具，師亦下禪牀。壽却坐，師歸方丈閉却門。壽入侍者寮，取灰圍却方丈門，便歸去。師遂開門見曰：「我不恁麽，他却恁麽。」

幽州譚空和尚

幽州譚空和尚，鎮州牧有姑爲尼，行脚回，欲開堂爲人，牧令師勘過。師問曰：「見説汝欲開堂爲人，是否？」尼曰：「是。」師曰：「尼是五障之身，汝作麽生爲人？」尼曰：「龍女八歲，南方無垢世界成等正覺又作麽生？」師曰：「龍女有十八變，你試一變看。」

尼曰：「設使變得，也祇是箇野狐精。」師便打。牧聞舉，乃曰：「和尚棒折那！」僧問：「德山棒，臨濟喝，未審那箇最親？」師曰：「已前在衆裏，老僧也曾商量來。」僧便喝。師曰：「却是汝會。」僧曰：「錯。」師便打。上堂，衆集，有僧出曰：「擬問不問時如何？」師曰：「嗄！」僧便喝。師曰：「囮！」僧又喝。師拈拄杖，僧曰：「瞎！」師抛下拄杖，曰：「今日失利。」僧曰：「草賊大敗。」便歸衆。師以手向空點一點，曰：「大衆！還有人辨得麼？若有辨得者，出來對衆道看。」師良久曰：「頂門上眼也鑒不破。」便下座。寶壽和尚問：「除却中上二根人來時，師兄作麼生？」師曰：「汝適來舉，早錯也。」壽曰：「師兄也不得無過。」師曰：「汝却與我作師兄。」壽側掌曰：「這老賊！」

襄州歷村和尚

襄州歷村和尚，僧問：「如何是觀其音聲而得解脱？」師將火筯敲柴曰：「汝還聞麼？」曰：「聞。」師曰：「誰不解脱？」師煎茶次，僧問：「如何是祖師西來意？」師舉起茶匙。僧曰：「莫祇這便當否？」師擲向火中。

滄州米倉和尚

滄州米倉和尚，州牧請師與寶壽入廳供養，令人傳語，請二長老譚論佛法。壽曰：「請師兄荅話。」師便喝。壽曰：「某甲話也未問，喝作麽？」師曰：「猶嫌少在。」壽却與一喝。

智異山和尚

新羅國智異山和尚，一日示衆曰：「冬不寒，臘後看。」便下座。

善權徹禪師

常州善權山徹禪師，僧問：「祖意、教意，是同是别？」師曰：「冬寒夏熱。」曰：「此意如何？」師曰：「炎天宜散袒，冬後更深藏。」

金沙和尚

金沙和尚，僧問：「如何是祖師西來意？」師曰：「聽。」曰：「恁麽則大衆側聆。」師曰：「十萬八千。」

齊聳禪師

齊聳禪師，僧問：「如何是佛？」師曰：「老僧並不知。」曰：「和尚是大善知識，爲甚麽不知？」師曰：「老僧不曾接下機。」問：「如何是道？」師曰：「往來無障礙。」復曰：「忽遇大海，作麽生過？」僧擬議，師便打。

雲山和尚

雲山和尚，有僧從西京來，師問：「還將得西京主人書來否？」曰：「不敢妄通消息。」師曰：「作家師僧，天然有在。」曰：「殘羹餿飯誰喫？」師曰：「獨有闍黎不甘喫。」其僧乃作吐勢，師喚侍者曰：「扶出這病僧著。」僧便出去。師見僧來，便作起勢，僧便出去。師曰：「得恁麽靈利。」僧便喝曰：「作這箇眼目，承嗣臨濟，也太屈哉！」師曰：「且望闍黎善傳。」僧回首，師喝曰：「作這箇眼目，錯判諸方名言。」隨後便打。

虎谿庵主

虎谿庵主，僧問：「庵主在這裏多少年也？」師曰：「祇見冬凋夏長，年代總不記得。」曰：「大好不記得。」師曰：「汝道我在這裏得多少年也？」曰：「冬凋夏長聻！」師曰：「鬧市裏虎。」僧到相看，師不顧。僧曰：「知道庵主有此機鋒！」師鳴指一下，僧曰：「是何宗旨？」師便打。僧曰：「知道今日落人便宜。」師曰：「猶要棒喫在。」有僧纔入門，師便喝，僧默然，師便打，僧却喝。師曰：「好箇草賊！」有僧到，近前曰：「不審庵主！」師曰：「阿誰？」僧便喝。師曰：「得恁麽無賓主。」曰：「猶要第二喝在。」師便喝。有僧問：「和尚何處人？」師曰：「隴西人。」曰：「承聞隴西出鸚鵡，是否？」師曰：「是」。曰：「和尚莫不是否？」師便作鸚鵡聲。僧曰：「好箇鸚鵡！」師便打。

覆盆庵主

覆盆庵主問僧：「甚處來？」僧曰：「覆盆山下來。」師曰：「還見庵主麽？」僧便喝，師便打。僧曰：「作甚麽！」師住棒。僧擬議，師又打。一日，有僧從山下哭上，師閉却門。僧於門上畫一圓相，門外立地。師從庵後出，却從山下哭上。僧喝曰：「猶作這箇去就在！」師便换手搥胸曰：「可惜先師一場埋没。」僧曰：「苦！苦！」師曰：「庵主被謾。」

桐峰庵主

桐峰庵主，僧問：「和尚這裏忽遇大蟲作麽生？」師便作大蟲吼，僧作怖勢，師大笑。僧曰：「這老賊！」師曰：「争柰老僧何！」有僧到庵前便去，師召：「闍黎！」僧回首便喝。師良久，僧曰：「死却這老漢！」師便打，僧無語，師呵呵大笑。有僧入庵便把住師，師叫：「殺人！殺人！」僧拓開曰：「叫唤作甚麽？」師曰：「誰？」僧便喝，師便打。僧出外回首曰：「且待！且待！」師大笑。有老人入山參，師曰：「住在甚處？」老人不語。師曰：「善能對機。」老人地上拈一枝草示師，師便喝。老人禮拜，師便歸庵。老人曰：「與麽疑殺一切人在！」

杉洋庵主

杉洋庵主，有僧到參，師問：「阿誰？」曰：「杉洋庵主。」師曰：「是我。」僧便喝，師作噓聲。僧曰：「猶要棒喫在。」師便打。僧問：「庵主得甚麽道理，便住此山？」師曰：「也欲通箇來由，又恐遭人點檢。」僧曰：「又争免得？」師便喝，僧曰：「恰是。」師便打，僧大笑而出。師曰：「今日大敗。」

定上座

定上座，初參臨濟，問：「如何是佛法大意？」濟下禪牀擒住，師擬議。濟與一掌，師佇思。傍僧曰：「定上座何不禮拜？」師方作禮，忽然大悟。後南游，路逢巖頭、雪峰、欽山三人。巖頭問：「上座甚處來？」師曰：「臨濟來。」巖曰：「和尚萬福。」師曰：「和尚已順世也。」巖曰：「某甲三人特去禮拜，薄福不遇，不知和尚在日有何言句，請上座舉一兩則。」師遂舉：「臨濟上堂曰：『赤肉團上有一無位真人，常在汝等諸人面門出入，未證據者看看。』時有僧問：『如何是無位真人？』濟下禪牀搊住曰：『道！道！』僧擬議，濟拓開曰：『無位真人是甚麽乾屎橛！』」巖頭不覺吐舌。雪峰曰：「臨濟大似白拈賊。」欽山曰：「何不道赤肉團上非無位真人？」師便擒住曰：「無位真人與非無位真人相去多少？速道！速道！」欽山被擒，直得面黄面青，語之不得。巖頭、雪峰曰：「這新戒不識好惡，觸忤上座，且望慈悲。」師曰：「若不是這兩箇老漢，㧐殺這尿牀鬼子。」師在鎮府齋，回到橋上坐次，逢三人座主，一人問：「如何是禪河深處須窮到底？」師擒住，擬拋向橋下。二座主近前諫曰：「莫怪觸忤上座，且望慈悲。」師曰：「若不是這兩箇座主，直教他窮到底。」

奯上座

奯上座，離臨濟參德山，山纔見，下禪牀作抽坐具勢。師曰：「這箇且置，或遇心境一如底人來，向伊道箇甚麽，免被諸方檢責〔一〕。」山曰：「猶較昔日三步在，別作箇主人公來。」師便喝，山默然。師曰：「塞却這老漢咽喉也。」拂袖便出。溈山聞舉云：「奯上座雖得便

〔一〕「責」，原作「貴」，據清藏本、續藏本改。

宜，争柰掩耳偷鈴。」又參百丈，茶罷，丈曰：「有事相借問，得麽？」師曰：「幸自非言，何須譸諮？」師曰：「更請一甌茶。」丈曰：「與麽則許借問。」丈曰：「收得安南，又憂塞北。」師擘開胸曰：「與麽不與麽？」丈曰：「要且難搆，要且難搆。」師曰：「知即得，知即得。」仰山云：「若有人知得此二人落處，不妨奇特。若辨不得，大似日中迷路。」

南嶽下六世

興化獎禪師法嗣

南院慧顒禪師

汝州南院慧顒禪師，亦曰寶應。上堂：「赤肉團上，壁立千仞。」僧問：「赤肉團上，壁立千仞，豈不是和尚道？」師曰：「是。」僧便掀倒禪牀。師曰：「這瞎驢亂作。」僧擬議，師便打。問：「僧近離甚處？」曰：「長水。」師曰：「東流西流？」曰：「總不恁麽。」師曰：「作麽生？」僧珍重，師便打。僧參，師舉拂子，僧曰：「今日敗缺。」師放下拂子。僧曰：「猶有這箇在。」師便打。問僧：「近離甚處？」曰：「襄州。」師曰：「來作甚麽？」

曰：「特來禮拜和尚。」師曰：「恰遇竇應老不在。」僧便喝。師曰：「向汝道不在，又喝作甚麼？」僧又喝，師便打。僧禮拜，師曰：「這棒本是汝打我，我且打汝，要此話大行。瞎漢！參堂去。」思明和尚未住西院時，到參禮拜了，曰：「無可人事，從許州來，收得江西剃刀一柄，獻和尚。」師曰：「汝從許州來，爲甚却收得江西剃刀？」明把師手搯一搯。師曰：「侍者收取。」明以衣袖拂一拂便行。師曰：「阿剌剌，阿剌剌！」

上堂：「諸方祇具啐啄同時眼，不具啐啄同時用。」僧便問：「如何是啐啄同時用？」師曰：「作家不啐啄，啐啄同時失。」曰：「此猶未是某甲問處。」師曰：「汝問處作麼生？」僧曰：「失。」師便打，其僧不肯。後於雲門會下，聞二僧舉此話。一僧曰：「當時南院棒折那！」其僧忽契悟，遂奔回省覲，師已圓寂。乃謁風穴，穴一見便問：「上座莫是當時問先師啐啄同時話底麼？」僧曰：「是。」師曰：「汝當時作麼生會？」曰：「某甲當時如在燈影裏行相似。」穴曰：「汝會也。」

問：「古殿重興時如何？」師曰：「明堂瓦插簷。」曰：「與麼則莊嚴畢備也。」師曰：「斬草蛇頭落。」問：「如何是佛法大意？」師曰：「無量大病源。」曰：「請師醫。」師曰：「世醫拱手。」問：「匹馬單槍來時如何？」師曰：「且待我斫棒。」問：「如何是無相涅槃？」師曰：「前三點，後三點。」曰：「無相涅槃，請師證照。」師曰：「三點前，三點後。」

問：「凡聖同居時如何？」師曰：「兩箇猫兒一箇獰。」問：「如何是無縫塔？」師曰：「八花九裂。」曰：「如何是塔中人？」師曰：「頭不梳，面不洗。」問：「如何是佛？」師曰：「待有即向你道。」曰：「與麼則和尚無佛也。」師曰：「正當好處。」曰：「如何是好處？」師曰：「今日是三十日。」

問園頭：「瓠子開花也未？」曰：「開花已久。」師曰：「還着子也無？」曰：「昨日遭霜了也。」師曰：「大衆喫箇甚麼？」僧擬議，師便打。問僧：「名甚麼？」曰：「普參。」師曰：「忽遇屎橛作麼生？」僧便不審，師便打。問：「人逢碧眼時如何？」師曰：「鬼争漆桶。」問：「龍躍江湖時如何？」師曰：「瞥嗔瞥喜。」曰：「傾湫倒嶽時如何？」師曰：「老鵶没背。」問：「萬里無雲時如何？」師曰：「餓虎投崖。」問：「二王相見時如何？」師曰：「十字路頭吹尺八。」問：「如何是薝蔔林？」師曰：「鬼厭箭。」問：「如何是金剛不壞身？」師曰：「老僧在汝脚底。」僧便喝，師曰：「未在。」僧又喝，師便打。問：「上上根器人來，師還接也無？」師曰：「接。」曰：「便請和尚接。」師曰：「且喜共你平交。」問：「祖意教意，是同是别？」師曰：「王尚書、李僕射。」曰：「意旨如何？」師曰〔一〕：

〔一〕「師曰」二字原無，據清藏本補。

「牛頭南，馬頭北。」問：「如何是祖師西來意？」師曰：「五男二女。」問：「擬伸一問，師意如何？」師曰：「是何公案？」僧曰：「喏。」師曰：「放汝三十棒。」

問：「如何是寶應主？」師曰：「杓大盌小。」問僧：「近離甚處？」曰：「龍興。」曰：「發足莫過葉縣也無？」僧便喝。師曰：「好好問你，又惡發作麼？」曰：「喚作惡發即不得。」師却喝，曰：「你既惡發，我也惡發。近前來，我也没量罪過，你也没量罪過。瞎漢！參堂去。」問僧：「近離甚處？」曰：「襄州。」師曰：「是甚麼物恁麼來？」曰：「和尚試道看。」師曰：「適來禮拜底。」曰：「錯。」師曰：「禮拜底錯箇甚麼？」曰：「再犯不容。」師曰：「三十年弄馬騎，今日被驢撲。瞎漢！參堂去。」問：「從上諸聖，向甚麼處去？」師曰：「不上天堂，則入地獄。」曰：「和尚又作麼生？」師曰：「還知寶應老漢落處麼？」僧擬議，師打一拂，曰：「你還知喫拂子底麼？」曰：「不會。」師曰：「正令却是你行。」又打一拂子。

守廓侍者

守廓侍者，問德山曰：「從上諸聖，向甚麼處去？」山曰：「作麼，作麼？」師曰：「勑點飛龍馬，跛鱉出頭來。」山便休去。來日浴出，師過茶與山，山於背上拊一下曰：「昨日公案作麽生？」師曰：「這老漢今日方始瞥地。」山又休去。師行脚到襄州華嚴和尚會下。一日，嚴上堂，曰：「大衆！今日若是臨濟、德山、高亭、大愚、鳥窠、船子兒孫，不用如何若何，便請單刀直入，華嚴與汝證據。」師出，禮拜起，便喝，嚴亦喝，師又喝，嚴亦喝。師禮拜起，曰：「大衆！看這老漢一場敗缺。」又喝一喝，拍手歸衆。嚴下座歸方丈。時風穴作維那，上去問訊。嚴曰：「維那！汝來也，叵耐守廓適來把老僧扭捏一上，待集衆打一頓趁出。」穴曰：「趁他遲了也。自是和尚言過，他是臨濟下兒孫，本分恁麽。」嚴方息怒。穴下來舉似師。師曰：「你著甚來由勸這漢？我未問前，早要棒喫。得我話行，如今不打，搭却我這話也。」穴曰：「雖然如是，已遍天下也。」

寶壽沼禪師法嗣

西院思明禪師

汝州西院思明禪師，僧問：「如何是伽藍？」師曰：「荆棘叢林。」曰：「如何是伽藍中人?」師曰:「貛兒貉子。」問:「如何是不變易底物?」師曰:「打帛石。」問:「如何是臨濟一喝?」師曰:「千鈞之弩,不爲鼷鼠而發機。」曰:「和尚慈悲何在?」師便打。從漪上座到法席,旬日,常自曰:「莫道會佛法人,覓箇舉話底人也無?」師聞而默之。漪異日上法堂次,師召從漪,漪舉首。師曰:「錯。」漪進三兩步,師又曰:「錯。」漪近前,師曰:「適來兩錯,是上座錯?是思明老漢錯?」曰:「是從漪錯。」師曰:「錯!錯!」乃曰:「上座且在這裏過夏,共汝商量這兩錯。」漪不肯,便去。後住相州天平山,每舉前話曰:「我行脚時被惡風吹到汝州,有西院長老勘我,連下兩錯,更留我過夏,待共我商量。我不道恁麽時錯,我發足向南方去時,早知錯了也。」首山念云:「據天平作恁麽解會,未夢見西院在,何故話在?」

寶壽和尚

寶壽和尚第二世。在先寶壽爲供養主,壽問:「父母未生前,還我本來面目來!」師立至夜深,下語不契。翌日辭去。壽曰:「汝何往?」師曰:「昨日蒙和尚設問,某甲不契,往南方參知識去。」壽曰:「南方禁夏不禁冬,我此間禁冬不禁夏。汝且作街坊過夏。若是佛法,闤闠之中,浩浩紅塵,常說正法。」師不敢違。一日,街頭見兩人交争,揮一拳曰:

「你得恁麽無面目？」師當下大悟，走見寶壽。未及出語，壽便曰：「汝會也，不用說。」師便禮拜。壽臨遷化時，囑三聖請師開堂。師開堂日，三聖推出一僧，師便打。聖曰：「與麽爲人，非但瞎却這僧眼，瞎却鎮州一城人眼去在。」法眼云：「甚麽處是瞎却人眼處？」師擲下拄杖，便歸方丈。僧問：「不占閫域，請師不謗。」師曰：「莫。」問：「種種莊嚴慇懃奉獻時如何？」師曰：「莫汙我心田。」師將順寂，謂門人曰：「汝還知吾行履處否？」曰：「知和尚長坐不卧。」師又召僧近前來，僧近前，師曰：「去！非吾眷屬。」言訖而化。

三聖然禪師法嗣

鎮州大悲和尚

鎮州大悲和尚，僧問：「除上去下，請師别道？」師曰：「開口即錯。」曰：「真是學人師也。」師曰：「今日向弟子手裏死。」問：「如何是和尚密作用？」師拈棒，僧轉身受棒。師拋下棒曰：「不打這死漢。」問：「如何是諦實之言？」師曰：「舌拄上齶。」曰：「爲甚麽如此？」師便打。問：「如何是大悲境？」師曰：「千眼都來一隻收。」曰：「如何是境中人?」師曰:「手忙脚亂。」問:「不著聖凡,請師荅話。」師曰:「好。」僧擬議,師便喝。

淄州水陸和尚

淄州水陸和尚,僧問:「如何是學人用心處?」師曰:「用心即錯。」曰:「不起一念時如何?」師曰:「没用處漢。」問:「此事如何保任?」師曰:「切忌。」問:「如何是最初一句?」師便喝,僧禮拜。師以拂子點曰:「且放。」問:「狹路相逢時如何?」師便攔胸拓一拓。

魏府大覺和尚法嗣

廬州大覺和尚

廬州大覺和尚,僧問:「牛頭未見四祖時,爲甚麽鳥獸銜華?」師曰:「有恁麽畜生無所知。」曰:「見後爲甚麽不銜華?」師曰:「無恁麽畜生有所知。」

澄心旻德禪師

廬州澄心院旻德禪師，在興化遇示衆曰：「若是作家戰將，便請單刀直入，更莫如何若何。」師出禮拜起，便喝，化亦喝。師又喝，化亦喝。師禮拜歸衆。化曰：「適來若是別人，三十棒一棒也較不得。何故？爲他旻德會一喝不作一喝用。」住後，僧問：「如何是澄心？」師曰：「我不作這活計。」曰：「未審作麽生？」師便喝。僧曰：「大好不作這活計。」師便打。問：「如何是道？」師曰：「老僧久住澄心院。」曰：「如何是道中人？」師曰：「破衲長披經歲年。」問：「露地不通風時如何？」師曰：「漆。」問：「既是澄心，爲甚麽出來入去？」師曰：「鼻孔上著灸。」僧禮拜，師便打。

竹園山和尚

荆南府竹園山和尚，僧問：「久嚮和尚會禪，是否？」師曰：「是。」僧曰：「蒼天！蒼天！」師近前，以手掩僧口。曰：「低聲！低聲！」僧打一掌，便拓開。師曰：「山僧招得。」僧拂袖出去，師笑曰：「早知如是，悔不如是。」問：「既是竹園，還生笋也無？」師曰：「千株萬株。」曰：「恁麽則學人有分也。」師曰：「汝作麽生？」僧擬議，師便打。

法華和尚

宋州法華院和尚，僧問：「如何是佛？」師曰：「獨坐五峰前。」問：「如何是初生月？」師曰：「不高不低。」曰：「還許學人瞻敬也無？」師曰：「三日後看。」問：「如何是法華家風？」師曰：「寒時寒殺，熱時熱殺。」曰：「如何是寒時寒殺？」師曰：「三三兩兩抱頭行。」曰：「如何是熱時熱殺？」師曰：「東西南北見者嗤。」問：「學人手持白刃，直進化門時如何？」師曰：「你試用看。」僧便喝。師擒住，僧隨手打一掌，師拓開曰：「老僧今日失利。」僧作舞而出。師曰：「賊首頭犯。」

灌谿閑禪師法嗣

魯祖教禪師

池州魯祖山教禪師，僧問：「如何是祖師西來意？」師曰：「今日不荅話。」曰：「大好不荅話。」師便打。問：「如何是雙林樹？」師曰：「有相身中無相身。」曰：「如何是有相身中無相身？」師曰：「金香爐下鐵崑崙。」問：「如何是孤峰獨宿底人？」師曰：「半夜日頭明，日午打三更。」問：「如何是格外事？」師曰：「化道緣終後，虛空更那邊？」問：「進向無門時如何？」師曰：「太鈍生！」曰：「不是鈍生，直下進向無門時如何？」師曰：「靈機未曾論邊際，執法無門在暗中。」問：「如何是學人著力處？」師曰：「春來草自青，月上已天明。」曰：「如何是不著力處？」師曰：「崩山石頭落，平川燒火行。」

紙衣和尚法嗣

鎮州談空和尚

鎮州談空和尚，僧問：「如何是佛？」師曰：「麻纏紙裹。」問：「百了千當時如何？」師和聲便打。問：「格外之譚，請師舉唱。」師曰：「隘路不通風。」曰：「莫祇這便是也無？」師乃噓噓。

際上座

際上座，行脚到洛京南禪，時有朱行軍設齋，入僧堂顧視曰：「直下是。」遂行香，口不住道，至師面前，師便問：「直下是箇甚麽？」行軍便喝。師曰：「行軍幸是會佛法底人，又惡發作甚麽？」行軍曰：「喚作惡發即不得。」師便喝。行軍曰：「鉤在不疑之地。」師又喝，行軍便休。齋退，令客司請適來下喝僧來。師至，便共行軍言論，並不顧諸人。僧録曰：「行軍適來争容得這僧無禮？」行軍曰：「若是你諸人喝，下官有劍。」僧録曰：「某等固是不會，須是他暉長老始得。」行軍曰：「若是南禪長老，也未夢見在。」僧問：「如何是佛法的的大意？」師曰：「龍騰滄海，魚躍深潭。」曰：「畢竟如何？」師曰：「夜聞祭鬼鼓，朝聽上灘歌。」問：「如何是上座家風？」師曰：「三脚蝦蟇背大象。」

南嶽下七世

南院顒禪師法嗣

風穴延沼禪師

汝州風穴延沼禪師，餘杭劉氏子。幼不茹葷，習儒典，應進士。一舉不遂，乃出家，依本州開元寺智恭披削受具，習天台止觀。年二十五，謁鏡清。清問：「近離甚處？」師曰：「自離東來。」清曰：「還過小江也無？」師曰：「大舸獨飄空，小江無可濟。」清曰：「鏡水秦山，鳥飛不度。子莫道聽途言？」師曰：「滄溟尚怯艨艎勢，列漢飛帆渡五湖。」清竪拂子曰：「争奈這箇何？」師曰：「這箇是甚麽？」清曰：「果然不識。」師曰：「出没卷舒，與師同用。」清曰：「杓卜聽虚聲，熟睡饒譫語。」師曰：「澤廣藏山，理能伏豹。」清曰：「捨罪放愆，速須出去。」師曰：「出去即失。」便出，到法堂乃曰：「夫行脚人，因緣未盡其善，不可便休去。」却回曰：「某甲適來輒陳小騃，冒瀆尊顔，伏蒙慈悲，未賜罪責。」清曰：「適來言從東來，豈不是翠巖來？」師曰：「雪竇親棲寶蓋東。」清曰：「不逐忘羊狂解息，却來這裏念篇章。」師曰：「路逢劍客須呈劍，不是詩人莫獻詩。」清曰：「詩速祕却，略借劍看。」師曰：「梟首甑人攜劍去。」清曰：「不獨觸風化，亦自顯顢頇。」師曰：「若不觸風化，争明古佛心？」清曰：「如何是古佛心？」師曰：「再許允容，師今何有？」清曰：「東來衲子，菽麥不分。祇聞不已而已，何得抑已而已。」師曰：「巨浪涌千尋，澄波不離水。」清曰：「一句截流，萬機寢削。」師便禮拜。清曰：「衲子俊哉！衲子俊哉！」

師到華嚴，嚴問：「我有牧牛歌，輒請闍黎和。」師曰：「羯皷掉鞭牛豹跳，遠村梅樹觜盧都。」師參南院，入門不禮拜。院曰：「入門須辨主。」師曰：「端的請師分。」院於左膝拍一拍，師便喝。院於右膝拍一拍，師又喝。院曰：「左邊一拍且置，右邊一拍作麽生？」師曰：「瞎！」院便拈棒，師曰：「莫盲枷瞎棒，奪打和尚，莫言不道。」院擲下棒曰：「今日被黄面浙子鈍置一場。」師曰：「和尚大似持鉢不得，詐道不饑。」院曰：「闍黎曾到此間麽？」師曰：「是何言歟？」院曰：「老僧好好相借問。」師曰：「也不得放過。」便下。參衆了，却上堂頭禮謝。院曰：「闍黎曾見甚麽人來？」師曰：「在襄州華嚴與廓侍者同夏。」院曰：「親見作家來。」院問：「南方一棒作麽商量？」師曰：「作奇特商量。」師却問：「和尚此間一棒作麽商量？」院拈拄杖曰：「棒下無生忍，臨機不見師。」師於言下大徹玄旨，遂依止六年，四衆請主風穴。又八年，李史君與闔城士庶再請開堂演法矣。

上堂：「夫參學眼目臨機，直須大用現前，勿自拘於小節。設使言前薦得，猶是滯殼迷封。縱然句下精通，未免觸途狂見。應是從前依他作解，明昧兩歧，與你一時掃却。直教箇箇如師子兒，吒呀地哮吼一聲，壁立千仞，誰敢正眼覷著？覷著即瞎却渠眼。」時有僧問：「如何是正法眼？」師曰：「即便戳瞎。」曰：「戳瞎後如何？」師曰：「撈天摸地。」師後因本郡兵寇作孽，與衆避地于郢州，謁前請主李使君，留於衙内度夏。普設大會，請師上堂。纔陞座，乃曰：「祖師心印，狀似鐵牛之機。去即印住，住即印破。祇如不去不住，印即是？不印即是？還有人道得麽？」時有盧陂長老出，問：「學人有鐵牛之機，請師不搭印。」師曰：「慣釣鯨鯢澄巨浸，却嗟蛙步騵泥沙。」陂佇思，師喝曰：「長老何不進語？」陂擬議，師便打一拂子，曰：「還記得話頭麽？試舉看。」陂擬開口，師又打一拂子。牧主曰：「信知佛法與王法一般。」師曰：「見甚麽道理？」牧主曰：「當斷不斷，反招其亂。」師便下座。至九月，汝州大師宋侯捨宅爲寺，復來郢州，請師歸新寺住持。至周廣順元年，賜額廣慧。師住二十二年，常餘百衆。

上堂，僧問：「如何是佛？」師曰：「如何不是佛？」曰：「未曉玄言，請師直指。」師曰：「家住海門洲，扶桑最先照。」問：「朗月當空時如何？」師曰：「不從天上輥，任向地中埋。」問：「古曲無音韻，如何和得齊？」師曰：「木雞啼子夜，芻狗吠天明。」

上堂，舉寒山詩曰：「梵志死去來，魂識見閻老。讀盡百王書，未免受捶拷。一稱南無佛，皆以成佛道。」僧問：「如何是一稱南無佛？」師曰：「燈連鳳翅當堂照，月映娥眉顬面看。」問：「如何是佛？」師曰：「嘶風木馬緣無絆，背角泥牛痛下鞭。」問：「如何是廣慧劍？」師曰：「不斬死漢。」問：「古鏡未磨時如何？」師曰：「天魔膽裂。」曰：「磨後如何？」師曰：「軒轅無道。」問：「矛盾本成雙翳病，帝網明珠事若何？」師曰：「爲山登九仞，捻土定千鈞。」問：「干木奉文侯，知心有幾人？」師曰：「少年曾決龍蛇陣，老倒還聽稚子歌。」問：「如何是清凉山中主？」師曰：「一句不遑無著問，迄今猶作野盤僧。」

問：「如何是和尚家風？」師曰：「鶴有九皋難翥翼，馬無千里謾追風。」問：「未有之言，請師試道。」師曰：「入市能長嘯，歸家著短衣。」問：「夏終今日，師意如何？」師曰：「不憐鵝護雪，且喜蠟人冰。」問：「歸鄉無路時如何？」師曰：「平窥紅爛處，暢殺子平生。」問：「滿目荒郊翠，瑞草却滋榮時如何？」師曰：「新出紅爐金彈子，簉破闍黎鐵面皮。」問：「如何是互换之機？」師曰：「和盲愬愬瞎。」問：「真性不隨緣，如何得證悟？」師曰：「豬肉案上滴乳香。」問：「如何是清淨法身？」師曰：「金沙灘頭馬郎婦。」問：「一色難分，請師顯示。」師曰：「滿爐添炭猶嫌冷，路上行人祇守寒。」問：「如何是學人立身處？」師曰：「井底泥牛吼，林間玉兔驚。」問：「如何是道？」師曰：「五鳳樓前。」曰：「如何是道中人？」師曰：「問取皇城使。」問：「不傷物義，請師便道。」師曰：「劈腹開心，猶未性燥。」問：「未定渾濁，如何得照？」師曰：「下坡不走，快便難逢。」問：「如何是衲僧行履處？」師曰：「頭上喫棒，口裏喃喃。」問：「靈山話月，曹谿指月，去此二途，請師直指。」師曰：「無言不當啞。」曰：「請師定當。」師曰：「先度汨羅江。」問：「任性浮沉時如何？」師曰：「牽牛不入欄。」問：「凝然便會時如何？」師曰：「截耳卧街。」問：「狼烟永息時如何？」師曰：「兩脚捎空。」問：「祖令當行時如何？」師曰：「點。」問：「不施寸刃，便登九五時如何？」師曰：「鞭屍屈項。」

上堂，舉古云：「我有一隻箭，曾經久磨煉。射時徧十方，落處無人見。」師曰：「山僧即不然，我有一隻箭，未嘗經磨煉，射不徧十方，要且無人見。」僧便問：「如何是和尚箭？」師作彎弓勢，僧禮拜。師曰：「拖出這死漢。」問：「牛頭未見四祖時如何？」師曰：「披席把盌。」曰：「見後如何？」師曰：「披席把盌。」問：「未達其源時如何？」師曰：「鶴冷移巢易，龍寒出洞難。」問：「不露鋒鋩句，如何辨主賓？」師曰：「口銜羊角鰾膠粘。」問：「將身御險時如何？」師曰：「布露長書寫罪原。」問：「學人解問諸訛句，請師舉起訝人機。」師曰：「心裏分明眼睛黑。」問：「生死到來時如何？」師曰：「青布裁衫招犬吠。」曰：「如何得不吠去？」師曰：「自宜齁避寂無聲。」問：「如何是真道人？」師曰：「竹竿頭上禮西方。」問：「魚隱深潭時如何？」師曰：「湯瀺火燒。」問：「如何是諸佛行履處？」師曰：「青松綠竹下。」問：「如何是大善知識？」師曰：「殺人不眨眼。」曰：「既是大善知識，爲甚麽殺人不眨眼？」師曰：「塵埃影裏不拂袖，盡戟門前磨寸金。」問：「一即六，六即一。一六俱亡時如何？」師曰：「一箭落雙鵰。」曰：「意旨如何？」師曰：「身亡跡謝。」問：「摘葉尋枝即不問，直截根源事若何？」師曰：「赴供凌晨去，開塘帶雨歸。」問：「問問盡是揑怪，請師直指根源。」師曰：「罕逢穿耳客，多遇刻舟人。」問：「正當恁麽時如何？」師曰：「盲龜值木雖優穩，枯木生華物外春。」問：「寶塔元無縫，金門即日開時如何？」師曰：「智積佐來空合掌，天王捧出不知音。」曰：「如何是塔中人？」師曰：「萎花風掃去，香水雨飄來。」問：「隨緣不變者，忽遇知音時如何？」師曰：「披莎側立千峰外，引水澆蔬五老前。」問：「刻舟求不得，常用事如何？」師曰：「大勳不立賞，柴扉草自深。」問：「從上古人，印印相契，如何是相契底眼？」師曰：「輕轟道者知機變，拈却招魂拭淚巾。」問：「九夏賞勞，請師言薦。」師曰：「出袖拂開龍洞雨，泛杯波涌鉢囊華。」問：「最初自恣，合對何人？」師曰：「一把香芻拈未暇，六環金錫響遥空。」問：「西祖傳來，請師端的。」師曰：「一犬吠虚，千猱啀實。」問：「王道與佛道，相去幾何？」師曰：「芻狗吠時天地合，木雞啼後祖燈輝。」問：「祖師心印，請師拂拭。」師曰：「祖月淩空圓聖智，何山松檜不青青。」

上堂：「若立一塵，家國興盛，野老顰蹙。不立一塵，家國喪亡，野老安怗。於此明得，闍黎無分，全是老僧；於此不明，老僧却是闍黎。闍黎與老僧，亦能悟却天下人，亦能瞎却天下人。欲識闍黎麽？」右邊一拍曰：「這裏是。欲識老僧麽？」左邊一拍曰：「這裏是。」僧問：「大衆雲集，請師説法。」師曰：「赤脚人趁兔，著靴人喫肉。」問：「不曾博覽空王教，略借玄機試道看。」師曰：「白玉無瑕，卞和刖足。」問：「如何是無爲之句？」師曰：「寶燭當軒顯，紅光爍太虚。」問：「如何是臨機一句？」師曰：「因風吹火，用力不多。」問：「素面相呈時如何？」師曰：「拈却蓋面帛。」問：「紫菊半開秋已老，月圓當户意如何？」師曰：「月生蓬島人皆見，昨夜遭霜子不知。」問：「如何是直截一路？」師曰：「直截是迂曲。」問：「如何是師子吼？」師曰：「阿誰要汝野干鳴？」問：「如何是諦實之言？」師曰：「口懸壁上。」

上堂：「若是上上之流，各有證據，略赴箇程限。中下之機，各須英俊，當處出生，隨處滅盡。如爆龜紋，爆即成兆，不爆成鈍，欲爆不爆，直下便捏。」問：「心不能緣，口不能言時如何？」師曰：「逢人但恁麽舉。」問：「龍透清潭時如何？」師曰：「印駿捺尾。」問：「任性浮沉時如何？」師曰：「牽牛不入欄。」問：「有無俱無去處時如何？」師曰：「三月懶遊花下路，一家愁閉雨中門。」問：「語默涉離微，如何通不犯？」師曰：「常憶江南三月裏，鷓鴣啼處百花香。」問：「百了千當時如何？」師曰：「不許夜行，投明須到。」

上堂：「三千劍客，耻見莊周。赤眉横肩，得無訛謬。他時變豹，後五日看。珍重！」問：「心印未明時如何？」師曰：「雖聞酋帥投歸款，未見牽羊納璧來。」問：「如何是臨濟下事？」師曰：「桀犬吠堯。」問：「如何是齧鏃事？」師曰：「孟浪借辭論馬角。」

上堂，大衆集定，師曰：「不是無言，各須英鑒。」問：「大衆雲集，師意如何？」師曰：「景謝初寒，骨肉疏冷〔一〕。」問：「不修禪定，爲甚麽成佛無疑？」師曰：「金雞專報曉，漆桶夜生光。」問：「一念萬年時如何？」師曰：「拂石僊衣破。」問：「洪鐘未擊時如何？」師曰：「充塞大千無不韻，妙含幽致豈能分？」曰：「擊後如何？」師曰：「石壁山河無障礙，翳消開後好咨聞。」問：「古今纔分，請師密要。」師曰：「截却重舌。」問：「如何是大人相？」師曰：「赫赤窮漢。」曰：「未審將何受用？」師曰：「攜籮挈杖。」問：「如何是賓中主？」師曰：「入市雙瞳瞽。」曰：「如何是主中賓？」師曰：「回鑾兩曜新。」曰：「如何是賓中賓？」師曰：「攢眉坐白雲。」曰：「如何是主中主？」師曰：「磨礱三尺劍，待斬不平人。」問：「如何是钁頭邊意？」師曰：「山前一片青。」問：「如何是佛？」師曰：「杖林山下打筋鞭。」

潁橋安禪師

潁橋安禪師，號鐵胡。與鍾司徒向火次，鍾忽問：「三界焚燒時如何出得？」師以香匙撥開火。鍾擬議，師曰：「司徒！司徒！」鍾忽有省。

〔一〕「冷」，原作「泠」，據清藏本、續藏本改。

西院明禪師法嗣

興陽歸静禪師

郢州興陽歸静禪師，初參西院，便問：「擬問不問時如何？」院便打。師良久，院曰：「若喚作棒，眉鬚墮落。」師於言下大悟。住後，僧問：「師唱誰家曲？宗風嗣阿誰？」師曰：「少室山前無異路。」

南嶽下八世

風穴沼禪師法嗣

首山省念禪師

汝州首山省念禪師，萊州狄氏子。受業於本郡南禪寺，纔具尸羅，偏遊叢席。常密誦法華經，衆目爲念法華也。晚於風穴會中充知客。一日侍立次，穴乃垂涕告之曰：「不幸臨濟之道，至吾將墜于地矣。」師曰：「觀此一衆，豈無人邪？」穴曰：「聰敏者多，見性者少。」師曰：「如某者如何？」穴曰：「吾雖望子之久，猶恐耽著此經，不能放下。」師曰：「此亦可事，願聞其要。」穴遂上堂，舉世尊以青蓮目顧視大衆，乃曰：「正當恁麽時，且道說箇甚麽？若道不說而說，又是埋没先聖。且道說箇甚麽？」師乃拂袖下去。穴擲下拄杖，歸方丈。侍者隨後請益，曰：「念法華因甚不祗對和尚？」穴曰：「念法華會也。」次日，師與真園頭同上問訊次，穴問真曰：「作麽生是世尊不說說？」真曰：「鵓鳩樹頭鳴。」穴曰：「汝作許多癡福作麽？何不體究言句？」又問師曰：「汝作麽生？」師曰：「動容揚古路，不墮悄然機。」穴謂真曰：「汝何不看念法華下語？」師受風穴印可之後，泯迹韜光，人莫知其所以。因白兆楚和尚至汝州宣化，風穴令師往傳話。纔相見，提起坐具，便問：「展即是？不展即是？」兆曰：「自家看取。」師便喝。兆曰：「我曾親近知識來，未嘗輒敢恁麽造次。」師曰：「草賊大敗。」兆曰：「來日若見風穴和尚，待一一舉似。」師曰：「一任一任，不得忘却。」師乃先回，舉似風穴。穴曰：「今日又被你收下一員草賊。」師曰：「好手不張名。」兆次日纔到相見，便舉前話。穴曰：「非但昨日，今日和贓捉敗。」師於是名振四方，學者望風而靡。開法首山，爲第一世也。

入院上堂曰：「佛法付與國王、大臣、有力檀越，令其佛法不斷絶，燈燈相續，至于今日。大衆！且道續箇甚麽？」良久曰：「須是迦葉師兄始得。」時有僧問：「靈山一會，何異今朝？」師曰：「墮坑落塹。」曰：「爲甚麽如此？」師曰：「瞎。」問：「師唱誰家曲？宗風嗣阿誰？」師曰：「少室巖前親掌示。」曰：「便請洪音和一聲。」師曰：「如今也要大家知。」問：「如何是徑截一路？」師曰：「或在山間，或在樹下。」問：「如何是學人親切處？」師曰：「五九盡日又逢春。」曰：「畢竟事如何？」師曰：「冬到寒食一百五。」問：「如何是和尚家風？」師曰：「一言截斷千江口，萬仞峰前始得玄。」問：「如何是首山境？」師曰：「一任衆人看。」曰：「如何是境中人？」師曰：「喫棒得也未？」僧禮拜，師曰：「喫棒且待別時。」問：「如何是祖師西來意？」師曰：「風吹日炙。」問：「從上諸聖，向甚麽處行履？」師曰：「牽犂拽杷。」問：「古人拈槌豎拂，意旨如何？」師曰：「孤峰無宿客。」曰：「未審意旨如何？」師曰：「不是守株人。」問：「如何是菩提路？」師曰：「此去襄縣五里。」曰：「向上事如何？」師曰：「往來不易。」問：「諸聖説不到處，請師舉唱。」師曰：「萬里神光都一照，誰人敢並日輪齊。」問：「臨濟喝，德山棒，未審明甚麽邊事？」師曰：「汝試道看。」僧便喝。師曰：「瞎。」僧又喝，師曰：「這瞎漢祇麽亂喝作麽？」僧禮拜，師便打。問：「和尚是大善知識，爲甚麽却首山？」師曰：「不坐孤峰頂，常伴白雲閑。」問：「四衆圍繞，師説何法？」師曰：「打草蛇驚。」曰：「未審作麽生下手？」師曰：「適來幾合喪身失命。」問：「二龍争珠，誰是得者？」師曰：「得者失。」曰：「不得者又如何？」師曰：「珠在甚麽處？」問：「一切諸佛皆從此經出，如何是此經？」師曰：「低聲！低聲！」曰：「如何受持？」師曰：「切不得污染。」問：「世尊滅後，法付何人？」師曰：「好箇問頭，無人答得。」曰：「如何是世尊不説説？」師曰：「任從滄海變，終不爲君通。」曰：「如何是迦葉不聞聞？」師曰：「聵人徒側耳。」問：「古人道，見色便見心，諸法無形，將何所見？」師曰：「一家有事百家忙。」曰：「學人不會，乞師再指。」師曰：「五日後看取。」問：「菩薩未成佛時如何？」師曰：「衆生。」曰：「成佛後如何？」師曰：「衆生，衆生。」問：「路逢達道人，不將語默對，未審將甚麽對？」師曰：「瞥爾三千界。」曰：「與麽則目視不勞也。」師曰：「天恩未遇，後悔難追。」

上堂：「第一句薦得，堪與祖佛爲師。第二句薦得，堪與人天爲師。第三句薦得，自救不了。」時有僧問：「如何是第一句？」師曰：「大用不揚眉，棒下須見血。」曰：「慈悲何在？」師曰：「送出三門外。」問：「如何是第二句？」師曰：「不打恁麽驢漢。」曰：「將接何人？」師曰：「如斯争奈何！」問：「如何是第三句？」師曰：「解問無人答。」曰：「即今祇對者是誰？」師曰：「莫使外人知。」曰：「和尚是第幾句薦得？」師曰：「月落三更穿市過。」問：「維摩默然，文殊贊善，未審此意如何？」師曰：「當時聽衆必不如是。」曰：「既不如是，維摩默然，又且如何？」師曰：「知恩者少，負恩者多。」乃曰：「若論此事實，不挂一箇元字脚。」便下座。問：「如何是古佛心？」師曰：「鎮州蘿蔔重三斤。」問：「如何是玄中的？」師曰：「有言須道却。」曰：「此意如何？」師曰：「無言鬼也瞋。」問：「如何是衲僧眼？」師曰：「此問不當。」曰：「當後如何？」師曰：「堪作甚麼？」問：「如何得離衆緣去？」師曰：「千年一遇。」曰：「不離時如何？」師曰：「立在衆人前。」問：「如何是大安樂底人？」師曰：「不見有一法。」曰：「將何爲人？」師曰：「謝闍黎領話。」問：「如何是常在底人？」師曰：「亂走作麼？」問：「如何是首山？」師曰：「東山高，西山低。」曰：「如何是山中人？」師曰：「恰遇棒不在。」問：「如何是道？」師曰：「爐中有火無心撥，處處縱横任意遊。」曰：「如何是道中人？」師曰：「坐看煙霞秀，不與白雲齊。」問：「一毫未發時如何？」師曰：「路逢穿耳客。」曰：「發後如何？」師曰：「不用更遲疑。」問：「無絃一曲，請師音韻。」師良久曰：「還聞麼？」曰：「不聞。」師曰：「何不高聲問著。」問：「學人久處沈迷，請師一接。」師曰：「老僧無這閑工夫。」曰：「和尚豈無方便？」師曰：「要行即行，要坐即坐。」問：「如何是離凡聖底句？」師曰：「嵩山安和尚。」曰：「莫便是和尚極則處否？」師曰：「南嶽讓禪師。」問：

「學人乍入叢林，乞師指示。」師曰：「闍黎到此多少時也？」曰：「已經冬夏。」師曰：「莫錯舉似人。」問：「有一人蕩盡來時，師還接否？」師曰：「蕩盡即置，那一人是誰？」曰：「風高月冷。」師曰：「僧堂内幾人坐卧？」僧無對。師曰：「賺殺老僧！」問：「如何是梵音相？」師曰：「驢鳴狗吠。」乃曰：「要得親切，第一莫將問來問。還會麽？問在答處，答在問處。汝若將問來問，老僧在汝脚底。汝若擬議，即没交涉。」時有僧出禮拜，師便打。僧便問：「挂錫幽巖時如何？」師曰：「錯。」僧曰：「錯。」師又打。問：「如何是佛？」師曰：「新婦騎驢阿家牽。」曰：「未審此語甚麽句中收？」師曰：「三玄收不得，四句豈能該？」曰：「此意如何？」師曰：「天長地久，日月齊明。」問：「曹谿一句，天下人聞。未審和尚一句，甚麽人得聞？」師曰：「不出三門外。」曰：「爲甚麽不出三門外？」師曰：「舉似天下人。」問：「如何是和尚不欺人底眼？」師曰：「看看冬到來。」曰：「究竟如何？」師曰：「即便春風至。」問：「遠聞和尚無絲可挂，及至到來，爲甚麽有山可守？」師曰：「道甚麽！」僧便喝，師亦喝。僧禮拜，師曰：「放汝三十棒。」

次住廣教及寶應，三處法席，海衆常臻。淳化三年十二月四日午時，上堂説偈曰：

「今年六十七，老病隨緣且遣〔一〕日。今年記却來年事，來年記著今朝日。」至四年，月日無爽前記，上堂辭衆，仍説偈曰：「白銀世界金色身，情與非情共一真。明暗盡時俱不照，日輪午後示全身。」言訖，安坐而逝。荼毗，收舍利建塔。

廣慧真禪師

汝州廣慧真禪師，嘗在風穴作園頭。穴問曰：「會昌沙汰時，護法善神向甚麽處去？」師曰：「常在闤闠中，要且無人識。」穴曰：「汝徹也。」師禮拜，出世。開堂日，僧問：「如何是廣慧境？」師曰：「小寺前，資慶後。」問：「如何是和尚家風？」師曰：「杴爬钁子。」

長興滿禪師

鳳翔府長興院滿禪師，僧問：「如何是古佛道場？」師曰：「行便踏著。」曰：「踏著

〔一〕「遣」，原作「道」，據清藏本、續藏本改。

後如何？」師曰：「冰消瓦解。」曰：「爲甚如此？」師曰：「城內君子，郭外小兒。」問：「大用現前時如何？」師曰：「鬧市裏輥。」

潭州靈泉和尚

潭州靈泉院和尚，僧問：「如何是和尚活計？」師曰：「一物也無。」曰：「未審日用何物？」師便喝。僧禮拜，師便打。問：「先師道：『金沙灘上馬郎婦。』意旨如何？」師曰：「上東門外人無數。」曰：「便恁麼會時如何？」師曰：「天津橋上往來多。」

南嶽下九世

首山念禪師法嗣

汾陽善昭禪師

汾州太子院善昭禪師，太原俞氏子。剃髮受具，杖策游方。所至少留，隨機叩發，歷參知識七十一員。後到首山，問：「百丈卷席，意旨如何？」山曰：「龍袖拂開全體現。」曰：「師意如何？」山曰：「象王行處絶狐蹤。」師於言下大悟，拜起而曰：「萬古碧潭空界月，再三撈摝始應知。」有問者曰：「見何道理，便爾自肯？」師曰：「正是我放身命處。」後游衡湘及襄沔間，每爲郡守以名刹力致，前後八請，堅卧不答。洎首山歿，西河道俗遣僧契聰迎請住持。師閉關高枕，聰排闥而入，讓之曰：「佛法大事，靖退小節。風穴懼應讖，憂宗旨墜滅，幸而有先師。先師已棄世，汝有力荷擔如來大法者，今何時而欲安眠哉？」師矍起，握聰手曰：「非公不聞此語。趣辦嚴，吾行矣。」

住後，上堂，謂衆曰：「汾陽門下有西河師子，當門踞坐。但有來者，即便齩殺。有何方便，入得汾陽門，見得汾陽人？若見汾陽人者，堪與祖佛爲師。不見汾陽人，盡是立地死漢。如今還有人入得麽？快須入取，免得孤負平生。不是龍門客，切忌遭點額。那箇是龍門客？一齊點下。」舉起拄杖曰：「速退！速退！珍重。」

上堂：「先聖云：『一句語須具三玄門，一玄門須具三要。』阿那箇是三玄三要底句？快會取好。各自思量，還得穩當也未？古德已前行脚，聞一箇因緣，未明中間，直下飲食無味，睡卧不安，火急決擇，莫將爲小事。所以大覺老人爲一大事因緣出現於世。想計他從上來行脚，不爲遊山翫水，看州府奢華，片衣口食，皆爲聖心未通，所以驅馳行脚，決擇深奧，傳唱敷揚，博問先知，親近高德。蓋爲續佛心燈，紹隆祖代，興崇聖種，接引後機，自利利他，不忘先跡。如今還有商量者麽？有即出來，大家商量。」僧問：「如何是接初機底句？」師曰：「汝〔一〕是行脚僧。」曰：「如何是辨衲僧底句？」師曰：「西方日出外。」曰：「如何是正令行底句？」師曰：「千里持來呈舊面。」曰：「如何是立乾坤底句？」師曰：「北俱盧洲長粳米，食者無貪亦無瞋。」乃曰：「將此四轉語驗天下衲僧，纔見你出來，驗得了也。」問：「如何是學人著力處？」師曰：「嘉州打大像。」曰：「如何是學人轉身處？」師曰：「陝府灌鐵牛。」曰：「如何是學人親切處？」師曰：「西河弄師子。」乃曰：「若人會得此三句，已辨三玄。更有三要語在，切須薦取，不是等閑。與大衆頌出：三玄三要事難分，得意忘言道易親。一句明明該萬象，重陽九日菊花新。」

師爲并汾苦寒，乃罷夜參。有異比丘振錫而至，謂師曰：「會中有大士六人，奈何不説法？」言訖而去。師密記以偈曰：「胡僧金錫光，爲法到汾陽。六人成大器，勸請爲敷揚。」上堂：「凡一句語須具三玄門，每一玄門須具三要。有照有用，或先照後用，或先用後照，或照用同時，或照用不同時。先照後用，且要共你商量。先用後照，你也須是箇人

〔一〕「汝」，原誤作「洪」，今改。

始得。照用同時，你作麽生當抵？照用不同時，你又作麽生湊泊？」僧問：「如何是大道之源？」師曰：「掘地覓天。」曰：「何得如此？」師曰：「不識幽玄。」問：「如何是賓中賓？」師曰：「合掌庵前問世尊。」曰：「如何是賓中主？」師曰：「對面無儔侶。」曰：「如何是主中賓？」師曰：「陣雲横海上，拔劍攪龍門。」曰：「如何是主中主？」師曰：「三頭六臂擎天地，忿怒那吒撲帝鐘。」

上堂：「汾陽有三訣，衲僧難辨别。更擬問如何，拄杖驀頭揳。」時有僧問：「如何是三訣？」師便打，僧禮拜。師曰：「爲汝一時頌出：第一訣，接引無時節，巧語不能詮，雲綻青天月。第二訣，舒光辨賢哲，問荅利生心，拔却眼中楔。第三訣，西國胡人説，濟水過新羅，北地用鑌鐵。」復曰：「還有人會麽？會底出來通箇消息。要知遠近，莫祗恁麽記言記語，以當平生，有甚麽利益！不用久立，珍重！」

僧問：「如何是祖師西來意？」師曰：「青絹扇子足風凉。」問：「布鼓當軒挂，誰是知音者？」師曰：「停鉏傾麥飯，卧草不擡頭。」問：「如何是道場？」師曰：「下脚不得。」問：「如何是祖師西來意？」師曰：「徹骨徹髓。」曰：「此意如何？」師曰：「徧天徧地。」問：「真正修道人，不見世間過。未審不見箇甚麽過？」師曰：「雪埋夜月深三尺，陸地行舟萬里程。」曰：「和尚是何心行？」師曰：「却是你心行。」問：「大悲千手眼，如何是正眼？」師曰：「瞎。」曰：「恁麼則一條拄杖兩人舁。」師曰：「三家村裏唱巴歌。」曰：「恁麼則和尚同在裏顯。」師曰：「謝汝慇懃。」問：「如何是和尚家風？」師曰：「三玄開正道，一句破邪宗。」曰：「如何是和尚活計？」師曰：「尋常不掌握，供養五湖僧。」曰：「未審喫箇甚麼？」師曰：「天酥陁飯非珍饌，一味良羹飽即休。」問：「牛頭未見四祖時如何？」師曰：「新神更著師婆賽。」曰：「見後如何？」師曰：「古廟重遭措大題。」

上堂，謂衆曰：「夫說法者，須具十智同真。若不具十智同真，邪正不辨，緇素不分，不能與人天爲眼目，決斷是非，如鳥飛空而折翼，如箭射的而斷弦。弦斷故射的不中，翼折故空不可飛。弦壯翼牢，空的俱徹。作麼生是十智同真？與諸上座點出：一同一質，二同大事，三總同參，四同真志，五同徧普，六同具足，七同得失，八同生殺，九同音吼，十同得入。」又曰：「與甚麼人同得入？與阿誰同音吼？作麼生是同生殺？甚麼物同得失？阿那箇同具足？是甚麼同徧普？何人同真志？孰能總同參？那箇同大事？何物同一質？有點得出底麼？點得出者，不悋慈悲。點不出來，未有參學眼在。切須辨取，要識是非，面目見在。不可久立，珍重！」龍德府尹李侯與師有舊，虛承天寺致之，使三反不赴。使者受罰，復至曰：「必欲得師俱往，不然有死而已。」師笑曰：「老病業已不出山，借往當先後之，何必俱邪？」使曰：「師諾，則先後唯所擇。」師令饌設，且俶裝曰：「吾先行矣！」停箸而化，闍維，收舍利起塔。

葉縣歸省禪師

汝州葉縣廣教院歸省禪師，冀州賈氏子。弱冠依易州保壽院出家，受具後遊方，參首山。山一日舉竹篦，問曰：「喚作竹篦即觸，不喚作竹篦即背。喚作甚麼？」師掣得，擲地上曰：「是甚麼？」山曰：「瞎。」師於言下豁然頓悟。開堂，僧問：「祖祖相傳傳祖印，師今得法嗣何人？」師曰：「寰中天子，塞外將軍。」曰：「汝海一滴蒙師指，向上宗風事若何？」師曰：「高祖殿前樊噲怒，須知萬里絶煙塵。」問：「維摩丈室不以日月爲明，和尚丈室以何爲明？」師曰：「眉分八字。」曰：「未審意旨如何？」師曰：「雙耳垂肩。」問：「如何是超師之作？」師曰：「老僧眉毛長多少？」問：「如何是塵中獨露身？」師曰：「塞北千人帳，江南萬斛船。」曰：「恁麼即非塵也。」師曰：「學語之流，一札萬行。」問：「如何是和尚深深處？」師曰：「猫有歃血之功，虎有起屍之德。」曰：「莫便是也無？」師曰：「碓擣東南，磨推西北。」問：「如何是金剛不壞身？」師曰：「百雜碎。」曰：「意旨如何？」師曰：「終是一堆灰。」問：「不落諸緣，請師便道。」師曰：「落。」問：「如何是清浄法身？」師曰：「厠坑頭籌子。」問：「如何是戒定慧？」師曰：「破家具。」

師一日陞座，僧問：「纔上法堂來時如何？」師拍禪牀一下，僧曰：「未審此意如何？」師曰：「無人過價，打與三百。」問：「忽遇大闡提人來，還相爲也無？」師曰：「法久成弊。」曰：「慈悲何在？」師曰：「年老成魔。」上堂：「宗師血脉，或凡或聖。龍樹馬鳴，天堂地獄。鑊湯爐炭，牛頭獄卒。森羅萬象，日月星辰。他方此土，有情無情。」以手畫一畫云：「俱入此宗。此宗門中，亦能殺人，亦能活人。殺人須得殺人刀，活人須得活人句。作麼生是殺人刀、活人句？道得底，出來對衆道看。若道不得，即孤負平生。珍重！」問：「如何是和尚四無量心？」師曰：「放火殺人。」曰：「慈悲何在？」師曰：「遇明眼人舉似。」問：「不在内，不在外，不在中間。未審在甚麼處？」師曰：「南斗六，北斗七。」問：「如何是毗盧師、法身主？」師曰：「僧排夏臘，俗列耆年。」曰：「向上更有事也無？」師曰：「有。」曰：「如何是向上事？」師曰：「萬里崖州君自去，臨行惆悵怨他誰？」

上堂，良久曰：「夫行脚禪流，直須著忖，參學須具參學眼，見地須得見地句，方有相親分，始得不被諸境惑，亦不落於惡道。畢竟如何委悉？有時句到意不到，妄緣前塵，分别影事。有時意到句不到，如盲摸象，各説異端。有時意句俱到，打破虚空界，光明照十方。有時意句俱不到，無目之人縱横走，忽然不覺落深坑。」問：「如何是古今無異路？」師曰：「俗人盡裹頭。」曰：「意旨如何？」師曰：「闍黎無席帽。」問：「己事未明，以何爲驗？」師曰：「鬧市裏打静槌。」曰：「意旨如何？」師曰：「日午點金燈。」問：「布鼓當軒擊，誰是知音者？」師曰：「眼中有澀釘。」曰：「未審此意如何？」師曰：「喬翁賽南神。」僧請益柏樹子話，師曰：「我不辭與汝説，還信麽？」曰：「和尚重言，争敢不信。」師曰：「汝還聞簷頭水滴聲麽？」其僧豁然，不覺失聲云：「唧。」師曰：「你見箇甚麽道理？」僧便以頌對曰：「簷頭水滴，分明歷歷。打破乾坤，當下心息。」師乃忻然。問僧：「日暮投林，朝離何處？」曰：「新戒不曾學禪。」師曰：「生身入地獄。下去！」後有僧舉到智門寬和尚處，門曰：「何不道鎖匙在和尚手裏？」師因去將息寮看病僧，僧乃問曰：「和尚！四大本空，病從何來？」師曰：「從闍黎問處來。」僧喘氣，又問曰：「不問時如何？」師曰：「撒手卧長空。」僧曰：「唧。」便脱去。

神鼎洪諲禪師

潭州神鼎洪諲禪師，襄水扈氏子。自遊方，一衲以度寒暑。甞與數耆宿至襄沔間，一僧舉論宗乘，頗敏捷。會野飯山店中供辦，而僧論説不已。師曰：「『三界唯心，萬法唯識。唯識唯心，眼聲耳色。』是甚麽人語？」僧曰：「法眼語。」師曰：「其義如何？」曰：「唯心故根境不相到，唯識故聲色摐然。」師曰：「舌味是根境否？」曰：「是。」師以筯筴菜置口中，含胡而語曰：「何謂相入邪？」坐者駭然，僧不能荅。師曰：「途路之樂，終未到家。見解入微，不名見道。參須實參，悟須實悟。閻羅大王，不怕多語。」僧拱而退。後反長沙，隱于衡嶽三生藏。有湘陰豪貴來遊福嚴，即師之室，見其氣貌閑静，一鉢挂壁，餘無長物。傾愛之，遂拜跪，請曰：「神鼎乃我家植福之地，久乏宗匠，願師俱往，何如？」師笑而諾之。即以己馬負師至，十年始成叢席，一朽牀爲説法座，其甘枯淡無比。又以德臘俱高，諸方尊之，如古趙州。僧問：「諸法未聞時如何？」師曰：「風蕭蕭，雨颯颯。」曰：「聞後如何？」師曰：「領話好。」問：「魚鼓未鳴時如何？」師曰：「看天看地。」曰：「鳴後如何？」師曰：「捧鉢上堂。」問：「古澗寒泉時如何？」師曰：「不是衲僧行履處。」師曰：「如何是衲僧行履處？」師曰：「不見有古澗寒泉。」問：「兩手獻尊堂時如何？」師曰：「是甚麽？」問：「學人到寶山空手回時如何？」師曰：「臘月三十日。」問：「如何是和尚家風？」師曰：「飢不擇食。」問：「如何是和尚爲人句？」師曰：「拈柴擇菜。」曰：「莫祇這便是也無？」師曰：「更須子細。」問：「撥塵見佛時如何？」師曰：「佛亦是塵。」問：「如何是道人活計？」師曰：「山僧自小不曾入學堂。」官人指木魚問：「這箇是甚麽？」師曰：「驚回多少瞌睡人。」官曰：「洎不到此間。」師曰：「無心打無心。」問：「如何是清淨法身？」師曰：「灰頭土面。」曰：「爲甚麽如此？」師曰：「爭怪得山僧？」曰：「未審法身向上還有事也無？」師曰：「有。」曰：「如何是向上事？」師曰：「毗盧頂上金冠子。」問：「菩提本無樹，何處得子來？」師曰：「唤作無，得麽？」問：「持地菩薩修路等佛，和尚修橋等何人？」師曰：「近後。」問：「和尚未見先德時如何？」師曰：「東行西行。」曰：「見後如何？」師曰：「横擔拄杖。」上堂，舉：「洞山曰：『貪嗔癡，太無知，賴我今朝識得伊。行便打，坐便槌，分付心王子細推。無量劫來不解脱，問汝三人知不知？』」師曰：「古人與麽道，神鼎則不然。貪嗔癡，實無知，十二時中任從伊。行即往，坐即隨，分付心王擬何爲？無量劫來元解脱，何須更問知不知？」

谷隱蘊聰禪師

襄州谷隱山蘊聰慈照禪師，初參百丈恒和尚，因結夏。百丈上堂，舉中觀論曰：「正覺無名相，隨緣即道場。」師便出問：「如何是正覺無名相？」丈曰：「汝還見露柱麽？」師曰：「如何是隨緣即道場？」丈曰：「今日結夏。」次參首山，問：「學人親到寶山空手回時如何？」山曰：「家家門前火把子。」師於言下大悟。呈偈曰：「我今二十七，訪道曾尋覓。今朝喜得逢，要且不相識。」後到大陽，玄和尚問：「近離甚處？」師曰：「襄州。」陽曰：「作麼生是不隔底句？」師曰：「和尚住持不易。」陽曰：「且坐喫茶。」師便參衆去。侍者問：「適來新到，祇對住持不易，和尚爲甚麼教坐喫茶？」陽曰：「我獻他新羅附子，他酬我舶上茴香。你去問他，有語在。」侍者請師喫茶，問：「適來祇對和尚，道住持不易，意旨如何？」師曰：「真鍮不博金。」住後，僧問：「如何是佛？」師曰：「卭州多出九節杖。」曰：「謝師指示。」師曰：「且莫作荅佛話會却。」問：「來時無物去時空，二路俱迷，如何得不迷去？」師曰：「秤頭半斤，秤尾八兩。」問：「如何是古佛心？」師曰：「踏著秤鎚硬似鐵。」曰：「意旨如何？」師曰：「明日向汝道。」問：「青山渌水即不問，急切一句作麼生道？」師曰：「手過膝，耳垂肩。」問：「如何是道？」師曰：「車碾馬踏。」曰：「如何是道中人？」師曰：「横眠豎坐。」問：「日往月來遷，不覺年衰老，還有不老者麼？」師曰：「有。」曰：「如何是不老者？」師曰：「虬龍筋力高聲叫，晚後精靈轉更多。」問：「如何是學人深深處？」師曰：「烏龜水底深藏穴〔一〕。」曰：「未審其中事若何？」師

〔一〕「穴」，疑爲「六」。

曰：「路上行人莫與知。」問：「古人索火，意旨如何？」師曰：「任他滅。」曰：「滅後如何？」師曰：「初三十一。」

因作清涼河堰，僧問：「忽遇洪水滔天，還堰得也無？」師曰：「上拄天，下拄地。」曰：「劫火洞然，又作麼生？」師曰：「横出豎没。」問：「深山巖崖中還有佛法也無？」師曰：「有。」曰：「如何是深山巖崖中佛法？」師曰：「奇怪石頭形似虎，火燒松樹勢如龍。」問：「古人道：『見色便見心。』露柱是色，那箇是心？」師曰：「晝見簸箕星。」曰：「意旨如何？」師曰：「柳營節級横階上。」問：「如何是道？」師曰：「善犬帶牌。」曰：「爲甚如此？」師曰：「令人懼見。」

上堂：「十五日已前諸佛生，十五日已後諸佛滅。十五日已前諸佛生，你不得離我這裏。若離我這裏，我有鈎子鈎你。十五日已後諸佛滅，你不得住我這裏，若住我這裏，我有錐子錐你。且道正當十五日，用鈎即是？用錐即是？」遂有偈曰：「正當十五日，鈎錐一時息。更擬問如何，回頭日又出。」問：「如何是無縫塔？」師曰：「直下看。」曰：「如何是塔中人？」師曰：「退後！退後！」問：「承古有言：『祇這如今誰動口？』意旨如何？」師曰：「莫認驢鞍橋作阿爺下頷。」張茂崇太保問：「摩騰入漢，已涉繁詞。達磨單傳，請師直指。」師曰：「冬不寒，臘後看。」問：「若能轉物，即同如來。萬象是物，如何轉得？」師曰：「喫了飯，無些子意智。」問：「寸絲不挂，法網無邊。爲甚麼却有迷悟？」師曰：「兩桶一擔。」問：「有情有用，無情無用。如何是無情無用？」師曰：「獨扇門子盡夜開。」

上堂：「春景温和，春雨普潤，萬物生芽，甚麼處不沾恩？且道承恩力一句，作麼生道？」良久曰：「春雨一滴滑如油。」問：「如何是學人自己法身？」師曰：「每日般柴不易。」曰：「此是大衆底，如何是學人底？」師曰：「三生六十劫。」問：「逐日開單展鉢，以何報荅施主之恩？」師曰：「被這一問，和我愁殺。」曰：「恁麼則謝供養也。」師曰：「得甚麼人氣力？」僧禮拜，師曰：「明日更喫一頓。」問：「古人急水灘頭毛毬子，意旨如何？」師曰：「雲開月朗。」問：「急水灘頭連底石，意旨如何？」師曰：「屋破見青天。」曰：「屋破見青天，意旨如何？」師曰：「通上徹下。」問：「一處火發，任從你救。八方齊發時如何？」師曰：「快。」曰：「還求出也無？」師曰：「若求出，即燒殺你。」僧禮拜，師曰：「直饒你不求出，也燒殺你。」示衆：「第一句道得，石裹迸出。第二句道得，挨拶將來。第三句道得，自救不了。」上堂：「五白猫兒爪距獰，養來堂上絶蟲行。分明上樹安身法，切忌遺言許外生。作麼生是許外生底句？莫錯舉。」僧入室問：「正當與麼時，還有師也無？」師曰：「燈明連夜照，甚處不分明。」曰：「畢竟事如何？」師曰：「來日是寒食。」

廣慧元璉禪師

汝州廣慧院元璉禪師，泉州陳氏子〔一〕。到首山，山問：「近離甚處？」師曰：「漢上。」山豎起拳曰：「漢上還有這箇麼？」師曰：「這箇是甚麼盌鳴聲？」山曰：「瞎。」師曰：「恰是。」拍一拍便出。他日又問：「學人親到寶山空手回時如何？」山曰：「家家門前火把子。」師當下大悟，云：「某甲不疑天下老和尚舌頭也。」山曰：「汝會處作麼生？與我說來看。」師曰：「祇是地上水碙砂也。」山曰：「汝會也。」師便禮拜。住後，僧問：「如何是祖師西來意？」師曰：「竹竿頭上曜紅旗。」楊億侍郎問：「天上無彌勒，地下無彌勒，未審在甚麼處？」師曰：「敲甎打瓦。」又問：「風穴道：『金沙灘頭馬郎婦。』意旨如何？」師曰：「更道也不及。」僧問：「如何是無位真人？」師曰：「上木下鐵。」曰：「恁麼則罪歸有處也。」師曰：「判官擲下筆。」僧禮拜，師曰：「拖出。」問：「如何是佛？」師曰：「兩箇不是多。」上堂：「臨濟兩堂首座相見，同時下喝，諸人且道還有賓主

〔一〕「子」字原無，據文義補。

也無？若道有，祇是箇瞎漢。若道無，亦是箇瞎漢。不有不無，萬里崖州，若向這裏道得，也好與三十棒。若道不得，亦與三十棒。衲僧家到這裏，作麽生出得山僧圈襀去？」良久曰：「苦哉！蝦蟆蚯蚓，䟦跳上三十三天，撞著須彌山百雜碎。」拈拄杖曰：「一隊無孔鐵鎚。速退！速退！」

三交智嵩禪師

并州承天院三交智嵩禪師，參首山，問：「如何是佛法的的大意？」山曰：「楚王城畔，汝水東流。」師於此有省，頓契佛意。乃作三玄偈曰：「須用直須用，心意莫定動。三歲師子吼，十方没狐種。我有真如性，如同幕裏隱。打破六門關，顯出毗盧印。真骨金剛體可誇，六塵一拂求無遮。廓落世界空爲體，體上無爲真到家。」山聞，乃請喫茶。問：「這三頌是汝作來邪？」師曰：「是。」山曰：「或有人教汝現三十二相時如何？」師曰：「某甲不是野狐精。」山曰：「惜取眉毛。」師曰：「和尚落了多少？」山以竹篦頭上打。曰：「這漢向後亂作去在。」

住後，上堂：「文殊仗劍，五臺横行，唐明一路，把斷妖訛。三世諸佛，未出教乘。綱底游魚，龍門難渡。垂鉤四海，祇釣獰龍。格外玄談，爲求知識。若也舉揚宗旨，須彌直須粉碎。若也説佛説祖，海水便須枯竭。寶劍揮時，毫光萬里。放汝一路，通方説話。把斷咽喉，諸人甚處出氣？」僧問：「鈍根樂小法，不自信作佛。作佛後如何？」師曰：「水裏捉麒麟。」曰：「與麽則便登高座也。」師曰：「騎牛上三十三天。」問：「古人拈椎豎拂，意旨如何？」師曰：「騎驢不著靴。」問：「如何是奪人不奪境？」師曰：「家鄉有路無人到。」曰：「如何是奪境不奪人？」師曰：「暗傳天子敕，陪行一百程。」曰：「如何是人境兩俱奪。」師曰：「無頭蝦蟇脚指天。」曰：「如何是人境俱不奪？」師曰：「晋祠南畔長柳巷。」問：「古人東山西嶺青，意作麽生？」師曰：「波斯鼻孔大。」曰：「與麽則西天迦葉，東土我師。」師曰：「金剛手板闊。」問：「大悲千手眼，那箇是正眼？」師曰：「開化石佛拍手笑，晋祠娘子解謳歌。」問：「臨濟推倒黄檗，因甚維那喫棒？」師曰：「正狗不偷油，雞銜燈盞走。」問：「如何是截人之機？」師曰：「要用便用。」曰：「請和尚用。」師曰：「拖出這死漢。」

鄭工部問：「百尺竿頭獨打毬，萬丈懸崖絲繫腰時如何？」師曰：「幽州著脚，廣南斯撲。」鄭無語。師曰：「勘破這胡漢。」鄭曰：「二十年江南界裏，這回却見禪師。」師曰：「瞎老婆吹火。」僧問：「二邊純莫立，中道不須安。未審意旨如何？」師曰：「廣南出象牙。」曰：「不會，請師直指。」師曰：「番國皮毬八百價。」上堂：「寒温冷暖，著衣喫飯，自不欠少。波波地覓箇甚麽？祇是諸人不肯承當，如今還有承當底麽？有則不得孤負山河大地。珍重！」問：「祖師西來，三藏東去，當明何事？」師曰：「佛殿部署修，僧堂老僧羞。」僧曰：「與麽則全明今日事也。」師曰：「今日事作麽生？」僧便喝，師便打。問：「如何是學人用心處？」師曰：「光剃頭，浄洗鉢。」曰：「如何是學人行履處？」師曰：「僧堂前，佛殿後。」上堂，舉：「法眼偈曰：『見山不是山，見水何曾别。山河與大地，都是一輪月。』大小法眼未出涅槃堂，三交即不然，見山河與大地，錐刀各自用。珍重！」

鐵佛智嵩禪師

忻州鐵佛院智嵩禪師，有同參到，師見便問：「還記得相識麽？」參頭擬議，第二僧打參頭一坐具曰：「何不快祇對和尚？」師曰：「一箭兩垜。」師問：「僧甚處來？」曰：「臺山來。」師曰：「還見龍王麽？」曰：「和尚試道看。」師曰：「我若道，即瓦解冰消。」僧擬議，師曰：「不信道。」問：「亡僧遷化向甚麽處去也？」師曰：「下坡不走，快便難逢。」

首山懷志禪師

汝州首山懷志禪師，僧問：「如何是祖師西來意？」師曰：「三尺杖子破瓦盆。」問：「如何是佛？」師曰：「桶底脱。」問：「從上諸聖有何言句？」師曰：「如是我聞。」曰：「不會。」師曰：「信受奉行。」

仁王處評禪師

池州仁王院處評禪師，問首山：「如何是佛法大意？」山便喝。師禮拜，山拈棒。師曰：「老和尚没世界那！」山抛下拄杖曰：「明眼人難謾。」師曰：「草賊大敗。」

智門迥罕禪師

隨州智門迥罕禪師，爲北塔僧使點茶次，師起揖曰：「僧使近上坐。」使曰：「鷂子頭上，争敢安巢？」師曰：「捧上不成龍。」隨後打一坐具。使茶罷，起曰：「適來却成觸忤和尚。」師曰：「江南杜禪客，覓甚麽第二盌？」

鹿門慧昭山主

襄州鹿門慧昭山主，楊億侍郎問曰：「入山不畏虎，當路却防人時如何？」師曰：「君子坦蕩蕩。」僧問：「如何是鹿門山？」師曰：「石頭大底大，小底小。」曰：「如何是山中人？」師曰：「横眠豎卧。」

丞相王隨居士

丞相王隨居士，謁首山，得言外之旨。自爾履踐，深明大法。臨終書偈曰：「盡堂燈已滅，彈指向誰説。去住本尋常，春風掃殘雪。」

五燈會元卷第十二

南嶽下十世

汾陽昭禪師法嗣

石霜楚圓禪師

潭州石霜楚圓慈明禪師，全州李氏子。少爲書生，年二十二，依湘山隱静寺出家。其母有賢行，使之游方。聞汾陽道望，遂往謁焉。陽顧而默器之。經二年，未許入室。每見必駡詬，或毁詆諸方，及有所訓，皆流俗鄙事。一夕訴曰：「自至法席已再夏，不蒙指示，但增世俗塵勞，念歲月飄忽，己事不明，失出家之利。」語未卒，陽熟視，駡曰：「是惡知識，敢裨販我！」怒舉杖逐之。師擬伸救，陽掩師口。乃大悟曰：「是知臨濟道出常情。」

服役七年，辭去，依唐明嵩禪師。嵩謂師曰：「楊大年内翰知見高，入道穩實，子不可不見。」師乃往見大年。年問曰：「對面不相識，千里却同風。」師曰：「近奉山門請。」年曰：「真箇脱空。」師曰：「前月離唐明。」年曰：「適來悔相問。」師曰：「作家。」年便喝。師曰：「恰是。」年復喝。師以手劃一劃。年吐舌曰：「真是龍象。」師曰：「是何言歟？」年唤客司：「點茶來，元來是屋裏人。」師曰：「也不消得。」茶罷，又問：「如何是上座爲人一句？」師曰：「切。」年曰：「與麽，則長裙新婦拖泥走。」師曰：「誰得似内翰？」年曰：「作家！作家！」師曰：「放你二十棒。」年拊膝曰：「這裏是甚麽所在？」師拍掌曰：「也不得放過。」年大笑。又問：「記得唐明當時悟底因緣麽？」師曰：「唐明問首山，如何是佛法的的大意？」山曰：『楚王城畔，汝水東流。』」年曰：「祇如此語，意旨如何？」師曰：「水上挂燈毬。」年曰：「與麽則孤負古人去也。」師曰：「内翰疑則别參。」年曰：「三脚蝦蟆跳上天。」師曰：「一任踍跳。」年乃大笑。館于齋中，日夕質疑智證，因聞前言往行，恨見之晚。

朝中見駙馬都尉李公遵勗曰：「近得一道人，真西河師子。」李曰：「我以拘文，不能就謁，柰何！」年默然，歸語師曰：「李公佛法中人，聞道風遠至，有願見之心，政以法不得與侍從過從。」師於是黎明謁李公，公閲謁使童子問曰：「道得即與上座相見。」師曰：

「今日特來相看。」又令童子曰：「碑文刊白字，當道種青松。」師曰：「不因今日節，餘日定難逢。」童又出曰：「都尉言，與麽則與上座相見去也。」師曰：「脚頭？脚底？」公乃出，坐定問曰：「我聞西河有金毛獅子，是否？」師曰：「甚麽處得此消息？」公便喝。師曰：「野干鳴。」公又喝。師曰：「恰是。」公大笑。師辭，公問：「如何是上座臨行一句？」師曰：「好將息。」公曰：「何異諸方？」師曰：「都尉又作麽生？」公曰：「放上座二十棒。」師曰：「專爲流通。」公又喝。師曰：「瞎。」公曰：「好去。」師應：「喏！喏！」自是往來楊、李之門，以法爲友。久之，辭還河東。年曰：「有一語寄與唐明，得麽？」師曰：「明月照見夜行人。」年曰：「却不相當。」師曰：「更深猶自可，午後更愁人。」年曰：「開寶寺前金剛，近日因甚麽汗出？」師曰：「知。」年曰：「上座臨行，豈無爲人底句？」師曰：「重疊關山路。」年曰：「與麽則隨上座去也。」師嘘一聲。年曰：「真師子兒，大師子吼。」師曰：「放去又收來。」年曰：「適來失脚踏倒，又得家童扶起。」師曰：「有甚麽了期？」年大笑。師還唐明，李公遣兩僧訊師，師於書尾畫雙足，寫來僧名以寄之。公作偈曰：「黑毫千里餘，金櫛示雙趺。人天渾莫測，珍重赤鬚胡。」師以母老，南歸至瑞州，首衆於洞山，時聰禪師居焉。先是，汾陽謂師曰：「我偏參雲門兒孫，特以未見聰爲恨。」故師依止三年，乃游仰山。楊大年以書抵宜春太守黃宗旦，使請師出世説法。守以南源致師，師不赴，旋特謁守願行。守問其故？對曰：「始爲讓，今偶欲之耳。」守大賢之。住後，上堂：「一切諸佛及諸佛阿耨多羅三藐三菩提法，皆從此經出。」乃豎起拄杖曰：「這箇是南源拄杖子，阿那箇是經？」良久曰：「向下文長，付在來日。」喝一喝，下座。上堂，良久曰：「無爲無事人，猶是金鎖難。」喝一喝，下座。問：「如何是佛？」師曰：「水出高原。」問：「如何是南源境？」師曰：「黄河九曲，水出崑崙。」曰：「如何是境中人？」師曰：「隨流人不顧，斫手望扶桑。」上堂：「雲收霧卷，杲日當空。不落明暗，如何通信？」僧問：「山深覓不得時如何？」師曰：「口能招禍。」問：「如何是佛法大意？」師曰：「洞庭湖裏浪滔天。」問：「東涌西没時如何？」師曰：「尋。」問：「夜静獨行時如何？」師曰：「三把茆。」問：「寶劍未出匣時如何？」師曰：「響。」曰：「出匣後如何？」師噓一聲。問：「鬧中取静時如何？」師曰：「頭枕布袋。」問：「牛頭未見四祖時如何？」師曰：「堆堆地。」曰：「見後如何？」師曰：「堆堆地。」問：「一得永得時如何？」師曰：「抱石投河。」問：「仗鏌鋣劍，擬取師頭時如何？」師曰：「斬將去。」僧擬議，師便打。師住三年，棄去謁神鼎諲禪師。

鼎，首山高第，望尊一時，衲子非人類精奇，無敢登其門者。住山三十年，門弟子氣吞諸方。師髮長不剪，弊衣楚音，通謁稱法姪，一衆大笑。鼎遣童子問：「長老誰之嗣？」師仰視屋曰：「親見汾陽來！」鼎杖而出，顧見頎然。問曰：「汾州有西河師子，是否？」師指其後，絶叫曰：「屋倒矣！」童子返走，鼎回顧相矍鑠。師地坐，脱隻履而視之。鼎老忘所問，又失師所在。師徐起整衣，且行且語曰：「見面不如聞名。」遂去。鼎遣人追之不可。嘆曰：「汾州乃有此兒邪？」師自是名重叢林。

定林沙門本延有道行，雅爲士大夫所信敬。鼎見延，稱師知見可興臨濟。會道吾虚席，延白郡，請以師主之。法令整肅，亡軀爲法者集焉。上堂：「先寶應曰：第一句薦得，堪與祖佛爲師。第二句薦得，堪與人天爲師。第三句薦得，自救不了。道吾則不然：第一句薦得，和泥合水。第二句薦得，無繩自縛。第三句薦得，四稜著地。所以道，起也海晏河清，行人避路；住也乾坤失色，日月無光。汝輩向甚麽處出氣？如今還有出氣者麽？有即出來，對衆出氣看。如無，道吾爲汝出氣去也。」乃噓一聲，卓拄杖下座。

上堂：「道吾打鼓，四大部洲同參。拄杖横也，挑括乾坤大地；鉢盂覆也，蓋却恒沙世界。且問諸人向甚麽處安身立命？若也知得，向北俱盧洲喫粥喫飯；若也不知，長連牀上喫粥喫飯。」次住石霜，當解夏，謂衆曰：「昨日作嬰孩，今朝年已老。未明三八九，難踏古皇道。手鑠黄河乾，脚踢須彌倒。浮生夢幻身，人命夕難保。天堂并地獄，皆由心所造。南山北嶺松，北嶺南山草。一雨潤無邊，根苗壯枯槁。五湖參學人，但問虚空討。死脱夏天衫，生披冬月襖。分明無事人，特地生煩惱。」喝一喝，下座。

上堂：「一喝分賓主，照用一時行。要會箇中意，日午打三更。」遂喝一喝，曰：「且道是賓是主？還有分得者麽？若也分得，朝打三千，暮打八百。若也未能，老僧失利。」因同道相訪。上堂：「颯颯凉風景，同人訪寂寥。煮茶山上水，燒鼎洞中樵。珍重！」問〔一〕：「達磨未來時如何？」師曰：「長安夜夜家家月。」曰：「來後如何？」師曰：「幾處笙歌幾處愁。」問：「一物不將來時如何？」師曰：「槐木成林。」曰：「四山火來時如何？」師曰：「物逐人興。」曰：「步步登高時如何？」師曰：「雲生足下。」問：「古人封白紙，意旨如何？」師曰：「家貧路富。」問：「如何是祖師西來意？」師曰：「三日風，五日雨。」上堂：「夫宗師者，奪貧子之衣珠，究達人之見處。若不如是，盡是和泥合水漢。」良久曰：「路逢劍客須呈劍，不是詩人莫獻詩。」喝一喝。上堂：「我有一言，絶慮忘緣。巧説不得，衹要心傳。更有一語，無過直舉。且作麽生是直舉一句？」良久，以拄杖畫一畫，喝一喝。問：「己事未明，以何爲驗？」師曰：「玄沙曾見雪峰來。」曰：「意旨如何？」師曰：「一生不出嶺。」問：「祖意教意，是同是別？」師曰：「馬有垂韁之報，犬有

〔一〕「問」，原作「間」，據清藏本、續藏本改。

驢草之恩。」曰：「與麽則不别也。」師曰：「西天東土。」問：「如何是學人自己？」師曰：「打骨出髓。」

上堂：「入水見長人。珍重！」上堂：「面西行向東，北斗正離宫。道去何曾去，騎牛卧牧童。珍重！」上堂：「春生夏長即不問，你諸人脚跟下一句作麽生道？」良久曰：「華光寺主。」便下座。上堂：「藥多病甚，網細魚稠。」便下座。示衆，以拄杖擊禪牀一下云：「大衆還會麽？不見道：一擊忘所知，更不假修持。諸方達道者，咸言上上機。香嚴恁麽悟去，分明悟得如來禪，祖師禪未夢見在。且道祖師禪有甚長處？若向言中取則，悮賺後人，直饒棒下承當，辜負先聖。萬法本閑，唯人自鬧。所以山僧居福嚴，衹見福嚴境界，晏起早眠。有時雲生碧嶂，月落寒潭，音聲鳥飛鳴般若臺前，娑羅花香散祝融峰畔。把瘦筇，坐磐石，與五湖衲子時話玄微。灰頭土面住興化，衹見興化家風，迎來送去，門連城市，車馬駢闐。漁唱瀟湘，猿啼嶽麓，絲竹謌謡，時時入耳。復與四海高人，日談禪道，歲月都忘。且道居深山、住城郭，還有優劣也無？試道看！」良久云：「是處是慈氏，無門無善財。」問：「行脚不逢人時如何？」師曰：「釣絲絞水。」問：「尋枝摘葉即不問，如何是直截根源？」師曰：「楖栗拄杖。」曰：「意旨如何？」師曰：「行即肩挑雲水衲，坐來安在掌中擎。」問：「既是護法善神，爲甚麽張弓架箭？」師曰：「禮防君子。」問：「如何是佛？」師曰：「有錢使錢。」上堂：「祖師心印，一印印空，一印印水，一印印泥。如今還有印不著者麽？試向脚跟下，道將一句來。設你道得倜儻分明，第一不得行過衲僧門下，且道衲僧有甚麽長處？」良久曰：「人王三寸鐵，徧地是刀鎗。」喝一喝，卓拄杖下座。

上堂：「天已明，鼓已響。聖衆臻，齊合掌，如今還有不合掌者麽？有即尼乾歡喜，無則瞿曇惡發。久立，珍重！」問：「磨礱三尺劍，去化不平人。師意如何？」師曰：「好去。」僧曰：「點。」師曰：「你看。」僧拍手一下，歸衆。師曰：「了。」

上堂：「北山南，南山北，日月雙明天地黑。大海江河盡放光，逢著觀音問彌勒。珍重！」問：「有理難伸時如何？」師曰：「苦。」曰：「恁麽則舌拄上齶也。」師噓一聲。僧曰：「將謂胡鬚赤。」師曰：「夢見興化脚跟麽？」示徒偈曰：「黑黑黑，道道道，明明明，得得得。」師室中插劍一口，以草鞋一對、水一盆，置在劍邊。每見入室，即曰：「看！看！」有至劍邊擬議者，師曰：「險喪身失命了也。」便喝出。師冬日牓僧堂，作此字：「ooo三三三几耼柚。」其下注曰：「若人識得，不離四威儀中。」首座見曰：「和尚今日放參。」師聞而笑之。寶元戊寅李都尉遣使邀師曰：「海内法友，唯師與楊大年耳。大年棄我而先，僕年來頓覺衰落，忍死以一見公。」仍以書抵潭帥，敦遣之。師惻然與侍者舟而東下，舟中作偈曰：「長江行不盡，帝里到何時？既得涼風便，休將艣棹施。」至京師，與李公會月餘，而李公果歿。臨終畫一圓相，又作偈獻師：「世界無依，山河匪礙。大海微塵，須彌納芥。拈起幞頭，解下腰帶。若覓死生，問取皮袋。」師曰：「如何是本來佛性？」公曰：「今日熱如昨日。」隨聲便問師：「臨行一句作麽生？」師曰：「本來無罣礙，隨處任方圓。」公曰：「晚來困倦。」更不荅話。師曰：「無佛處作佛。」公於是泊然而逝。仁宗皇帝尤留神空宗，聞李公之化，與師問荅，加嘆久之。師哭之慟，臨壙而別。有旨賜官舟南歸。中途謂侍者曰：「我忽得風痺疾。」視之口吻已喎斜，侍者以足頓地曰：「當柰何！平生呵佛罵祖，今乃爾。」師曰：「無憂，爲汝正之。」以手整之如故。曰：「而今而後，不鈍置汝。」後年正月五日示寂，壽五十四，臘三十二。銘行實於興化，塔全身於石霜。續通鑑則平河東，在太平興國己卯。據佛運統紀，則師入滅於康定庚辰，以壽數逆而推之，則雍熙丁亥師始生，僧寶傳所載，恐失考證。

瑯邪慧覺禪師

滁州瑯邪山慧覺廣照禪師，西洛人也。父爲衡陽太守，因疾傾喪。師扶櫬歸洛，過澧陽藥山古刹，宛若夙居。緣此出家，遊方參問。得法汾陽，應緣滁水，與雪竇明覺同時唱道。四方皆謂二甘露門，逮今淮南遺化如在。僧問：「如何是佛？」師曰：「銅頭鐵額。」

曰：「意旨如何？」師曰：「鳥觜魚腮。」上堂：「奇哉十方佛，元是眼中花。欲識眼中花，元是十方佛。欲識十方佛，不是眼中花。欲識眼中花，不是十方佛。於此明得，過在十方佛。於此未明，聲聞起舞，獨覺臨粧。珍重！」僧問：「阿難結集即不問，迦葉微笑事如何？」師曰：「尅時尅節。」曰：「自從靈鷲分燈後，直至支那耀古今。」師曰：「點朱點漆。」問：「如何是賓中賓？」師曰：「手攜書劍謁明君。」曰：「如何是賓中主？」師曰：「卷起簾來無可覩。」曰：「如何是主中賓？」師曰：「三更過孟津。」曰：「如何是主中主？」師曰：「獨坐鎮寰宇。」問：「蓮花未出水時如何？」師曰：「猫兒戴紙帽。」曰：「出水後如何？」師曰：「狗子着靴行。」問：「拈椎豎拂即不問，瞬目揚眉事若何？」師曰：「趙州曾見南泉來。」曰：「學人未曉。」師曰：「今冬多雨雪，貧家争柰何！」

上堂：「欲知常住身，當觀爛壞體。欲知常住性，當觀拄杖子。拄杖子吞却須彌，須彌吞却拄杖子。衲僧到這裏，若也擬議，劍梁落膊輸降款，鐵作胸襟到海隅。」擊禪牀，下座。上堂：「見聞覺知，俱爲生死之因。見聞覺知，正是解脱之本。譬如師子反擲，南北東西且無定止。汝等諸人，若也不會，且莫孤負釋迦老子。咔。」

上堂：「山僧今日爲諸人説破，明眼衲僧莫去泥裏打坐。珍重！」上堂：「天高莫測，地厚寧知？白雲片片嶺頭飛，緑水潺潺澗下急。東湧西没一句即不問，你生前殺後一句作麽生道？」良久曰：「時寒喫茶去。」

上堂：「阿呵呵，是甚麽？開口是，合口過。輕舟短棹泛波心，蓑衣箬笠從他破。咦！」

上堂：「十方諸佛是箇爛木橛，三賢十聖是箇茅溷頭籌子。汝等諸人來到這裏作麽？」良久曰：「欲得不招無間業，莫謗如來正法輪。」

上堂：「剪除狂寇，掃蕩攙槍，猶是功勳邊事。君臣道合，海晏河清，猶是法身邊事。作麽生是衲僧本分事？」良久曰：「透網金鱗猶滯水，回途石馬出紗籠。」

上堂：「承言須會宗，勿自立規矩。若人下得通方句，我當刎頸而謝之。」上堂，拈起拄杖曰：「山僧有時一棒作箇漫天網，打俊鷹快鷂。有時一棒作箇布絲網，摝蜆撈鰕。有時一棒作金毛師子，有時一棒作蝦蟇蚯蚓。山僧打你一棒，且作麽生商量？你若緇素得出，不妨拄杖頭上眼開，照四天下。若也未然，從教立在古屏畔，待使丹青入畫圖。」

上堂：「擊水魚頭痛，穿林宿鳥驚。黄昏不擊鼓，日午打三更。諸禪德！既是日午，爲甚却打三更？」良久曰：「昨見垂楊緑，今逢落葉黄。」

上堂：「拈起拄杖，更無上上。放下拄杖，是何模樣？髑髏峰後即不問汝諸人，馬鐙裏藏身一句作麽生道？若道不得，拄杖子道去也。」卓一下，便歸方丈。

上堂：「進前即死，退後即亡。不進不退，又落在無事之鄉。何故？長安雖樂，不是久居。」

上堂：「汝等諸人在我這裏過夏，與你點出五般病：一、不得向萬里無寸草處去。二、不得孤峰獨宿。三、不得張弓架箭。四、不得物外安身。五、不得滯於生殺。何故？一處有滯，自救難爲。五處若通，方名導師。汝等諸人若到諸方，遇明眼作者，與我通箇消息，貴得祖風不墜。若是常徒，即便寢息。何故？躶形國裏誇服飾，想君太煞不知時。」

上堂：「山僧因看華嚴金師子章第九由心回轉善成門，又釋曰：如一尺之鏡，納重重之影象。若然者，道有也得，道無也得，道非亦得，道是亦得。雖然如是，更須知有拄杖頭上一竅。若也不會，拄杖子穿燈籠，入佛殿，撞著釋迦，磕倒彌勒，露柱拊掌，呵呵大笑。你且道笑箇甚麼？」卓拄杖下座。上堂，拈拄杖曰：「盤山道向上一路滑，南院道壁立千仞嶮，臨濟道石火電光鈍。瑯邪有定乾坤底句，各各高著眼，高著眼。」卓拄杖下座。

大愚守芝禪師

瑞州大愚山守芝禪師，纔陞座，僧問：「如何是和尚家風？」師曰：「一言出口，駟馬難追。」問：「如何是城裏佛？」師曰：「十字街頭石幢子。」問：「不落三寸時如何？」師曰：「乾三長，坤六短。」曰：「意旨如何？」師曰：「切忌地盈虛。」問：「昔日靈山分半座，二師相見事如何？」師曰：「記得麽？」僧良久，師打禪牀一下曰：「多年忘却也。」乃曰：「且住！且住！若向言中取則，句裏明機，也似迷頭認影。若也舉唱宗乘，大似一場寐語。雖然如是，官不容針，私通車馬，放一線道，有箇葛藤處。」遂敲禪牀一下曰：「三世諸佛盡皆頭痛，且道大衆還有免得底麽？若一人免得，無有是處。若免不得，海印發光。」師乃豎起拂子曰：「這箇是印，那箇是光？這箇是光，那箇是印？掣電之機，徒勞佇思。會麽？老僧説夢，且道夢見箇甚麽？南柯十更若不會，聽取一頌：『北斗挂須彌，杖頭挑日月。林泉好商量，夏末秋風切。』珍重！」

問：「如何是祖師西來意？」師曰：「天寒日短。」問：「心法無形，如何彫琢？」師曰：「一丁兩丁。」曰：「未曉者如何領會？」師曰：「透七透八。」上堂：「一擊響玲瓏，喧轟宇宙通。知音纔側耳，項羽過江東。與麽會，恰認得驢鞍橋作阿爺下頷。」上堂：「大愚相接大雄孫，五湖雲水競頭奔。競頭奔，有何門，擊箭寧知枯木存。枯木存，一年還曾兩度春。兩度春，帳裏真珠撒與人。撒與人，思量也是慕西秦。」上堂：「豎窮三際，橫徧十方，拈起也帝釋心驚，放下也地神膽戰。不拈不放，喚作甚麽？」自云：「蝦蟆。」

上堂：「三世諸佛不知有，狸奴白牯却知有。」乃拈起拂子云：「狸奴白牯總在這裏放光動地，何謂如此？兩段不同。」問：「如何是佛？」師曰：「鋸解秤錘。」上堂，大衆集定，乃曰：「現成公案，也是打揲不辦。」便下座。上堂：「大洋海底排班立，從頭第二鬢毛斑。爲甚麽不道第一鬢毛斑？要會麽？金蕊銀絲成玉露，高僧不坐鳳凰臺。」上堂衆集，乃曰：「爲衆竭力，禍出私門。」便下座。上堂：「翠巖路嶮巇，舉步涉千溪。更有洪源水，滔滔在嶺西。」擊禪牀，下座。示衆，擎起香合云：「明頭合，暗頭合。道得，天下横行，若道不得，且合却。」下座。問：「如何是爲人一句？」師曰：「四角六張。」曰：「意旨如何？」師曰：「八凹九凸。」上堂：「沙裏無油事可哀，翠巖嚼飯餧嬰孩。他時好惡知端的，始覺從前滿面埃。」擊禪床，下座。

石霜法永禪師

潭州石霜法永禪師，僧問：「如何是佛？」師曰：「臂長衫袖短。」問：「如何是祖師西來意？」師曰：「布袴膝頭穿。」

法華全舉禪師

舒州法華院全舉禪師，到公安遠和尚處，安問：「作麽生是伽藍？」師曰：「深山藏獨虎，淺草露群蛇。」曰：「作麽生是伽藍中人？」師曰：「青松蓋不得，黄葉豈能遮。」曰：「道甚麽？」師曰：「少年翫盡天邊月，潦倒扶桑没日頭。」曰：「一句兩句，雲開月露，作麽生？」師曰：「照破佛祖。」

到大愚芝和尚處，愚問：「古人見桃花意作麽生？」師曰：「曲不藏直。」曰：「那箇且從，這箇作麽生？」師曰：「大街拾得金，四鄰争得知？」曰：「上座還知麽？」師曰：「路逢劍客須呈劍，不是詩人不獻詩。」曰：「作家詩客！」師曰：「一條紅線兩人牽。」曰：「玄沙道，諦當甚諦當，敢保老兄未徹在，又作麽生？」師曰：「海枯終見底，人死不知心。」曰：「却是。」師曰：「樓閣凌雲勢，峰巒疊翠層。」

到琅邪覺和尚處，邪問：「近離甚處？」師曰：「兩浙。」曰：「船來陸來？」師曰：「船來。」曰：「船在甚處？」師曰：「步下。」曰：「不涉程途一句，作麽生道？」師以坐具摵一摵曰：「杜撰長老，如麻似粟。」拂袖而出。邪問侍者：「此是甚麽人？」者曰：「舉上座。」邪曰：「莫是舉師叔麽？先師教我尋見伊。」遂下。旦過問：「上座莫是舉師叔麽？莫怪適來相觸忤。」師便喝，復問：「長老何時到汾陽？」邪曰：「某時到。」師曰：「我在浙江早聞你名，元來見解祇如此，何得名播寰宇？」邪遂作禮曰：「某甲罪過。」

師到杭州西庵，庵主曾見明招，主舉頌曰：「絶頂西峰上，峻機誰敢當。超然凡聖外，瞥起兩重光。」師曰：「如何是兩重光？」主曰：「月從東出，日向西没。」師曰：「庵主未見明招時如何？」主曰：「滿盞油難盡。」師曰：「見後如何？」主曰：「多心易得乾。」

住後，僧問：「如何是奪人不奪境？」師曰：「白菊乍開重日暖，百年公子不逢春。」曰：「如何是奪境不奪人？」師曰：「大地絶消息，翛然獨任真。」曰：「如何是人境兩俱奪？」師曰：「草荒人變色，凡聖兩齊空。」曰：「如何是人境俱不奪？」師曰：「清風與明月，野老笑相親。」

上堂：「釋迦不出世，達磨不西來，佛法徧天下，談玄口不開。」上堂：「鐘鳴鼓響，鵲噪鴉鳴。爲你諸人説般若、講涅槃了也。諸人還信得及麽？觀音菩薩向諸人面前作大神通；若信不及，却往他方救苦利生去也。」上堂：「開口又成增語，不開口又成剩語。」乃曰：「金輪天子勑，草店家風别。」上堂：「三世諸佛，口挂壁上。天下老和尚作麽生措手？你諸人到諸方作麽生舉？山僧恁麽道，也是久日樺來脣。」喝一喝。上堂：「古者道，我若一向舉揚宗教，法堂裹草深一丈，不可爲闍黎鎖却僧堂門去也。雖然如是，也是烏龜陸地弄塵行。」上堂：「語漸也，返常合道；論頓也，不留眹迹。直饒論其頓返其常，也是抑而爲之。」問：「牛頭未見四祖時，爲甚麼百鳥銜花獻？」師曰：「果熟猿兼重。」曰：「見後爲甚麼不銜花？」師曰：「林疏鳥不過。」問：「七星光彩天將曉，不犯皇風試道看。」師曰：「將軍馬蹄紅。」曰：「錯。」師便打，僧禮拜，展坐具始收。師曰：「一展一收，法法皆周。擬欲更問，著甚來由。」遂問：「會麼？」僧曰：「不會。」師便打。

芭蕉谷泉禪師

南嶽芭蕉庵大道谷泉禪師，泉州人也。受法汾陽，放蕩湖湘，後省同參慈明禪師。明問：「白雲橫谷口，道人何處來？」師左右顧視，曰：「夜來何處火，燒出古人墳。」明曰：「未在，更道。」師作虎聲，明以坐具便摵，師接住，推明置禪牀上，明却作虎聲。師大笑曰：「我見七十餘員善知識，今日始遇作家。」

師因倚遇上座來參，遇後住法昌。問：「庵主在麼？」師曰：「誰？」曰：「行脚僧。」師曰：「作甚麼？」曰：「禮拜庵主。」師曰：「恰值庵主不在。」曰：「你聻？」師曰：「向道不在，說甚麼你我。」拽棒趁出。遇次日再來，師又趁出。遇一日又來，問：「庵主在麽？」師曰：「誰？」曰：「行脚僧。」揭簾便入。師攔胸扭住曰：「我這裏狼虎縱横，尿牀鬼子，三回兩度來討甚麽？」曰：「人言庵主親見汾陽來。」師解衣抖擻曰：「你道我見汾陽有多少奇特？」曰：「如何是庵中主？」師曰：「入門須辨取。」曰：「莫祇這便是麽？」師曰：「賺却幾多人？」曰：「前言何在？」師曰：「聽事不真，唤鐘作甕。」曰：「萬法泯時全體現，君臣合處正中邪去也。」師曰：「驢漢！不會便休，亂統作麽？」曰：「未審客來將何祇待？」師曰：「雲門餬餅趙州茶。」曰：「恁麽則謝師供養去也。」師叱曰：「我這裏火種也未有，早言謝供養。」師因大雪，作偈曰：「今朝甚好雪，紛紛如秋月。文殊不出頭，普賢呈醜拙。」慈明遷住福嚴，師又往省之。少留而還，作偈寄之曰：「相别而今又半年，不知誰共對談禪。一般秀色湘山裏，汝自匡徒我自眠。」明覽笑而已。

龍華曉愚禪師

蘄州黄梅龍華寺曉愚禪師，到五祖戒和尚處，祖問曰：「不落唇吻一句，作麽生道？」師曰：「老老大大，話頭也不照顧。」祖便喝，師亦喝。祖拈棒，師拍手便出。祖召曰：「闍黎且住，話在。」師將坐具搭在肩上，更不回首。上堂：「摩騰入漢，已涉繁詞。

達磨西來，不守己分。山僧今日與麼道，也是爲他閑事長無明。」

天聖皓泰禪師

安吉州天聖皓泰禪師，到琅邪，邪問：「埋兵掉鬬，未是作家。匹馬單鎗，便請相見。」師指邪曰：「將頭不猛，帶累三軍。」邪打師一坐具，師亦打邪一坐具。邪接住曰：「適來一坐具，是山僧令行，上座一坐具，落在甚麼處？」師曰：「伏惟尚饗。」邪拓開曰：「五更侵早起，更有夜行人。」師曰：「賊過後張弓。」邪曰：「且坐喫茶。」住後，僧問：「如何是佛？」師曰：「黑漆聖僧。」曰：「如何是佛法大意？」師曰：「看牆似土色。」

龍潭智圓禪師

唐州龍潭智圓禪師，辭汾陽，陽曰：「別無送路，與子一枝拄杖、一條手巾。」師曰：「手巾和尚受用，拄杖即不消得。」陽曰：「汝但將去，有用處在。」師便收。陽曰：「又道不用。」師便喝。陽曰：「已後不讓臨濟。」師曰：「正令已行。」陽來日送出三門，乃問：「汝介山逢尉遲時如何？」師曰：「一刀兩段。」陽曰：「彼現那吒，又作麼生？」師便拽拄杖，陽喝曰：「這回全體分付。」住後，僧問：「承教有言：『是真精進，是名真法供養如來。』如何是真法？」師曰：「夜聚曉散。」問：「如何是龍潭劍？」師曰：「觸不得。」曰：「用者如何？」師曰：「白骨連山。」問：「昔日窮經，今日參禪，此理如何？」師曰：「兩彩一賽。」曰：「作麼生領會？」師曰：「去後不留蹤。」曰：「如何是佛？」師曰：「火燒不燃。」問：「古殿無佛時如何？」師曰：「三門前合掌。」

投子圓修禪師

舒州投子圓修禪師，僧問：「達磨未來時如何？」師曰：「出口入耳。」曰：「來後如何？」師曰：「叉手並足。」

太子道一禪師

汾州太子院道一禪師，僧問：「如何是佛？」師曰：「賣扇老婆手遮日。」問：「紅輪未出時如何？」師曰：「照燭分明。」曰：「出後如何？」師曰：「撈天摸地。」問：「如何是學人親切處？」師曰：「慈母抱嬰兒。」曰：「如何是學人轉身處？」師曰：「街頭巷尾。」曰：「如何是學人著力處？」師曰：「千斤擔子兩頭摇。」問：「古曲無音韻，如何和得齊？」師曰：「三九二十七，籬頭吹觱栗。」曰：「宫商角徵非關妙，石人拊掌笑呵呵。」師曰：「同道方知。」

葉縣省禪師法嗣

浮山法遠禪師

舒州浮山法遠圓鑒禪師，鄭州人也。投三交嵩和尚出家。幼爲沙彌，見僧入室請問趙州庭柏因緣，嵩詰其僧，師傍有省。進具後，謁汾陽、葉縣，皆蒙印可。嘗與達觀穎、薛大頭七八輩遊蜀，幾遭横逆，師以智脱之。衆以師曉吏事，故號遠録公。開堂拈香曰：「汝海枯木上生花，别迎春色。」僧問：「師唱誰家曲？宗風嗣阿誰？」師曰：「八十翁翁輥繡毬。」曰：「恁麽則一句迥然開祖胄，三玄戈甲振叢林。」師曰：「李陵元是漢朝臣。」問：「如何是佛？」師曰：「大者如兄，小者如弟。」問：「如何是祖師西來意？」師曰：「平地起骨堆。」問：「祖師門下，壁立千仞。正令當行，十方坐斷。和尚將何表示？」師曰：「寒猫不捉鼠。」曰：「莫便是爲人處也無？」師曰：「波斯不繫腰。」問：「新歲已臨，舊歲何往？」師曰：「目前無異怪，不用貼鍾馗。」曰：「畢竟如何？」師曰：「將謂目前無。」僧以手畫曰：「争柰這箇何！」師便打。師與王質待制論道，畫一圓相，問曰：「一不得匹馬單槍，二不得衣錦還鄉，鵲不得喜，鴉不得殃，速道！速道！」王罔措，師曰：「勘破了也。」

上堂：「更莫論古話今，祇據目前事與你諸人定奪區分。」僧便問：「如何是目前事？」師曰：「鼻孔。」曰：「如何是向上事？」師曰：「眼睛。」歐陽文忠公聞師奇逸，造其室，未有以異之。與客碁，師坐其旁。文忠遽收局，請因碁説法。師即令撾鼓陞座，曰：「若論此事，如兩家著碁相似，何謂也？敵手知音，當機不讓。若是綴五饒三，又通一路始得。有一般底，祇解閉門作活，不會奪角衝關，硬節與虎口齊彰，局破後徒勞綽斡。所以道，肥邊易得，瘦肚難求。思行則往往失粘，心麁而時時頭撞。休誇國手，謾説神僊。贏局輸籌即不問，且道黑白未分時，一著落在甚麽處？」良久曰：「從來十九路，迷悟幾多人。」文忠加嘆，從容謂同僚曰：「修初疑禪語爲虛誕，今日見此老機緣，所得所造，非悟明於心地，安能有此妙旨哉！」

上堂：「天得一以清，地得一以寧，君王得一以治天下。衲僧得一，禍患臨身。」

擊禪牀，下座。上堂：「諸佛出世，建立化門，不離三身智眼，亦如摩醯首羅三目。何故？一隻水泄不通，緇素難辨。一隻大地全開，十方通暢。一隻高低一顧，萬類齊瞻。雖然若是，本分衲僧陌路相逢，别具通天正眼始得。所以道，三世諸佛不知有，狸奴白牯却知有。且道狸奴白牯知有箇甚麽事？要會麽？深秋簾幕千家雨，落日樓臺一笛風。」

師暮年休於會聖巖，叙佛祖奧義，作九帶，曰佛正法眼帶、佛法藏帶、理貫帶、事貫帶、理事縱横帶、屈曲垂帶、妙叶兼帶、金針雙鎖帶、平懷常實帶。學者既已傳誦，師曰：「若據圓極法門，本具十數，今此九帶，已爲諸人説了。更有一帶，還見得麽？若也見得親切分明，却請出來，對衆説看。説得分明，許汝通前九帶圓明道眼。若見不親切，説不相應，唯依吾語而爲已解，則名謗法。諸人到此如何？」衆無語，師叱之而去。

寶應法昭禪師

汝州寶應院法昭演教禪師，僧問：「一言合道時如何？」師曰：「七顛八倒。」曰：「學人禮拜。」師曰：「教休不肯休，直待雨淋頭。」問：「大通智勝佛，十劫坐道場。佛法不現前，不得成佛道。爲甚麼不得成佛道？」師曰：「赤脚騎鐵驢，直至海南居。」上堂：「十二時中，許你一時絶學，即是學佛法。不見阿難多聞第一，却被迦葉擯出，不得結集。方知聰明博學，記持憶想，向外馳求，與靈覺心轉没交涉。五藴殼中透脱不過，順情生喜，違情生怒。蓋覆深厚，自纏自縛，無有解脱。流浪生死，六根爲患。衆苦所逼，無自由分，而被妄心於中主宰。大丈夫兒早搆取好！」喝一喝，曰：「參！」上堂：「寶應門風險，入者喪全身。作麽生是出身一句？若道不得，三十年後。」

大乘慧果禪師

唐州大乘山慧果禪師，僧問：「如何是從上來傳底意？」師曰：「金盤拓出衆人看。」問：「撥塵見佛時如何？」師曰：「撥塵即乖，見佛即錯。」曰：「總不如是時如何？」師曰：「錯。」問：「如何是道？」師曰：「寬處寬，窄處窄。」曰：「如何是道中人？」師曰：「苦處苦，樂處樂。」曰：「道與道中人相去多少？」師曰：「十萬八千。」問：「如何是祖師西來意？」師曰：「天晴日出。」曰：「學人不會。」師曰：「雨下泥生。」

神鼎諲禪師法嗣

開聖寶情山主

荆南府開聖寶情山主，僧問：「如何是開聖境？」師曰：「三烏引路。」曰：「如何是境中人？」師曰：「二虎巡山。」

妙智光雲禪師

天台山妙智寺光雲禪師，僧問：「如何是祖師西來意？」師曰：「東籬黄菊。」曰：「意旨如何？」師曰：「九月重陽。」

谷隱聰禪師法嗣

金山曇穎禪師

潤州金山曇穎達觀禪師，首謁大陽玄禪師，遂問：「洞山特設偏正君臣，意明何事？」陽曰：「父母未生時事。」師曰：「如何體會？」陽曰：「夜半正明，天曉不露。」師罔然。遂謁谷隱，舉前話，隱曰：「大陽不道不是，秖是口門窄，滿口説未盡。老僧即不然。」師問：「如何是父母未生時事？」隱曰：「糞墼子。」師曰：「如何是夜半正明，天曉不露？」隱曰：「牡丹花下睡猫兒。」師愈疑駭。一日普請，隱問：「今日運薪邪？」師曰：「然。」隱曰：「雲門問僧：『人般柴？柴般人？』如何會？」師無對。隱曰：「此事如人學書，點畫可效者工，否者拙，蓋未能忘法耳。當筆忘手，手忘心，乃可也。」師於是默契。良久曰：「如石頭云，執事元是迷，契理亦非悟。」隱曰：「汝以爲藥語？爲病語？」師曰：「是藥語。」隱呵曰：「汝以病爲藥，又安可哉？」師曰：「事如函得蓋，理如箭直鋒，妙寧有加者？而猶以爲病，實未喻旨。」隱曰：「妙至是，亦秖名理事。祖師意旨，智識所不能到，矧事理能盡乎？故世尊云：『理障礙正見知，事障續諸生死。』」師恍如夢覺，曰：「如何受用？」隱曰：「語不離窠臼，安能出蓋纏？」師嘆曰：「纔涉唇吻，便落意思。盡是死門，終非活路。」住後，示衆曰：「纔涉唇吻，便落意思。盡是死門，俱非活路。直饒透脱，猶在沉淪。莫教孤負平生，虛度此世。要得不孤負平生麽？」拈拄杖卓一下曰：「須是莫被拄杖瞞始得。看看！拄杖子穿過你諸人髑髏，踍跳入你鼻孔裏去也。」又卓一下。僧問：「經文最初兩字是甚麽字？」師曰：「以字。」曰：「有甚麽交涉？」師曰：「八字。」

曰：「好嫌人！」師曰：「謗此經，故獲罪如是。」問：「一百二十斤鐵枷，教阿誰擔？」師曰：「老僧。」曰：「自作自受。」師曰：「苦！苦！」問：「和尚還曾念佛也無？」師曰：「不曾念佛。」曰：「爲甚麽不念佛？」師曰：「怕汚人口。」

上堂，衆集定，首座出禮拜。師曰：「好好問著。」座低頭。問話次，師曰：「今日不答話。」便歸方丈。上堂：「山僧門庭别，已改諸方轍。爲文殊拔出眼裏楔，教普賢休嚼口中鐵，勸人放開髂（枯駕切）蛇手，與汝斫却繫驢橛。駐意擬思量。」喝曰：「捏！捏！參！」上堂：「山僧平生意好相撲，衹是無人搭對。今日且共首座搭對。」捲起袈裟，下座索首座相撲。座纔出，師曰：「平地上喫交。」便歸方丈。

上堂：「三世諸佛是奴婢，一大藏教是涕唾。」良久曰：「且道三世諸佛是誰奴婢？」乃將拂子畫一畫曰：「三世諸佛過這邊，且道一大藏教是誰涕唾？」師乃自唾一唾。上堂：「秤錘井底忽然浮，老鼠多年變作牛。慧空見了拍手笑，三脚猢猻差異猴。」上堂：「五千教典，諸佛常談，八萬塵勞，衆生妙用，猶未是金剛眼睛在。如何是金剛眼睛？」良久曰：「瞎。」上堂，大衆集定，有僧纔出禮拜，師曰：「欲識佛性義，當觀時節因緣。」僧便問：「如何是時節因緣？」師便下座。問：「如何是向去底人？」師曰：「從歸青嶂裏，不出白雲來。」曰：「如何是却來底人？」師曰：「自從游紫陌，誰肯隱青山？」問：「如何是奪人不奪境？」師曰：「家裏已無回日信，路邊空有望鄉牌。」曰：「如何是奪境不奪人？」師曰：「滄海盡教枯到底，青山直得碾爲塵。」曰：「如何是人境兩俱奪？」師曰：「天地尚空秦日月，山河不見漢君臣。」曰：「如何是人境俱不奪？」師曰：「鶯囀千林花滿地，客游三月草侵天。」問：「如何有和尚家風？」師曰：「伸手不見掌。」曰：「忽遇仙陀客來，又作麽生？」師曰：「對面千里。」問：「師唱誰家曲？宗風嗣阿誰？」師曰：「臨濟。」曰：「恁麽則谷隱的子也。」師曰：「德山。」問：「如何是長法身？」師曰：「拄杖六尺。」曰：「如何是短法身？」師曰：「筭子三寸。」曰：「恁麽則法身有二也。」師曰：「更有方圓在。」上堂：「諸方鈎又曲，餌又香，奔湊猶如蜂抱王。因聖這裏鈎又直，餌又無，猶如水底捺葫蘆。」舉拄杖作釣魚勢，曰：「深水取魚長信命，不曾將酒祭江神。」擲拄杖，下座。

洞庭慧月禪師

蘇州洞庭翠峰慧月禪師，僧問：「一花開五葉，結果自然成時如何？」師曰：「脱却籠頭，卸却角馱。」曰：「拶出虚空去，處處盡聞香。」師曰：「雲愁聞鬼哭，雪壓髑髏吟。」

問：「和尚未見谷隱時一句作麼生道？」師曰：「步步登山遠。」曰：「見後如何？」師曰：「驅驅信馬蹄。」

仗錫修己禪師

明州仗錫山修己禪師，與浄山遠公遊。嘗卓庵廬山佛手巖。後至四明山心，獨居十餘載，虎豹爲鄰。嘗曰：「羊腸鳥道無人到，寂寞雲中一箇人。」爾後道俗聞風而至，遂成禪林。僧問：「如何是無縫塔？」師曰：「四稜著地。」曰：「如何是塔中人？」師曰：「高枕無憂。」問：「如何是祖師西來意？」師曰：「舶船過海，赤脚回鄉。」

大乘德遵禪師

唐州大乘山德遵禪師，問谷隱曰：「古人索火，意旨如何？」曰：「任他滅。」師曰：「滅後如何？」曰：「初三十一。」師曰：「恁麼則好時節也。」曰：「汝見甚麼道理？」師曰：「今日一場困。」隱便打。師乃有頌曰：「索火之機實快哉，藏鋒妙用少人猜。要會我師親的旨，紅爐火盡不添柴。」僧問：「世界圓融一句，請師道。」師曰：「團團七尺餘。」

問：「如何是祖師西來意？」師曰：「鼻大眼深。」上堂：「上來又不問，下去又不疑。不知是不是，是即也大奇。」便下座。

竹園法顯禪師

荆南府竹園法顯禪師，僧問：「如何是佛？」師曰：「好手畫不成。」問：「如何是道？」師曰：「交横十字。」曰：「如何是道中人？」師曰：「往往不相識。」

永福延照禪師

彭州永福院延照禪師，僧問：「如何是彭州境？」師曰：「人馬合雜。」僧以手作拽弓勢，師拈棒。僧擬議，師便打。

景清居素禪師

安吉州景清院居素禪師，僧問：「即此見聞非見聞，爲甚麽法身有三種病、二種光？」師曰：「填凹就缺。」問：「承和尚有言：寰中天子勑，塞外將軍令。如何是塞外將軍令？」師曰：「揭。」曰：「其中事如何？」師曰：「蹴。」曰：「莫便是和尚爲人處也無？」師彈指一下。問：「遠遠投師，乞師一接。」師曰：「新羅人打皷。」曰：「如何領會？」師曰：「船主未曾逢。」問：「如何是末上一句？」師曰：「金剛樹下。」曰：「如何是末後一句？」師曰：「拘尸城邊。」曰：「向上更有事也無？」師曰：「有。」曰：「如何是向上事？」師曰：「波旬拊掌呵呵笑，迦葉擡頭不識人。」

仁壽嗣珍禪師

處州仁壽嗣珍禪師，僧問：「知師已得禪中旨，當陽一句爲誰宣？」師曰：「土雞瓦犬。」曰：「如何領會？」師曰：「門前不與山童掃，任意松釵滿路岐。」上堂：「明明無悟，有法即迷。日上無雲，麗天普照。眼中無翳，空本無花。無智人前，不得錯舉。參！」

雲門顯欽禪師

越州雲門顯欽禪師，上堂，良久曰：「好箇話頭，若到諸方，不得錯舉。」便下座。

永慶光普禪師

果州永慶光普禪師，初問谷隱：「古人道：『來日大悲院裏有齋。』意旨如何？」曰：「日出隈陽坐，天寒不舉頭。」師入室次，隱曰：「適來因緣汝作麽生會？」師曰：「會則途中受用，不會則世諦流布。」曰：「未在，更道。」師拂袖便出。住後，僧問：「如何是佛法大意？」師曰：「蜀地用鑌鐵。」

駙馬李遵勗居士

駙馬都尉李遵勗居士，謁谷隱，問出家事。隱以崔趙公問徑山公案答之。公於言下大悟，作偈曰：「學道須是鐵漢，著手心頭便判。直趣無上菩提，一切是非莫管。」公一日與堅上座送別，公問：「近離上黨，得届中都，方接麈談，遽回虎錫。指雲屏之翠嶠，訪雪嶺之清流。未審此處彼處的的事作麽生？」座曰：「利劍拂開天地静，霜刀纔舉斗牛寒。」公曰：「恰值今日耳聵。」座曰：「一箭落雙鵰。」公曰：「上座爲甚麽著草鞋睡？」座以衣袖一拂，公低頭曰：「今日可謂降伏也。」座曰：「普化出僧堂。」公臨終時，膈胃躁熱，有尼道堅謂曰：「衆生見劫盡，大火所燒時，都尉切宜照管主人公。」公曰：「大師與我煎一服藥來。」堅無語。公曰：「這師姑藥也不會煎得。」公與慈明問答罷，泊然而終。語見慈明傳中。

英公夏竦居士

英公夏竦居士，字子喬。自契機於谷隱，日與老衲遊。偶上藍溥禪師至，公問：「百骸潰散時，那箇是長老自家底？」藍曰：「前月二十離蘄陽。」公休去。藍却問：「百骸潰散時，那箇是相公自家底？」公便喝。藍曰：「喝則不無，畢竟那箇是相公自家底？」公對以偈曰：「休認風前第一機，太虚何處著思惟。山僧若要通消息，萬里無雲月上時。」藍曰：「也是弄精魂。」

廣慧璉禪師法嗣

華嚴道隆禪師

東京華嚴道隆禪師，初參石門徹和尚，問曰：「古者道，但得隨處安閑，自然合他古轍。雖有此語，疑心未歇時如何？」門曰：「知有乃可隨處安閑。如人在州縣住，或聞或見，千奇百怪，他總將作尋當〔一〕。不知有而安閑，如人在村落住，有少聲色則驚怪傳説。」師於言下有省。門盡授其洞上厥旨，後爲廣慧嗣。一日，福嚴承和尚問曰：「禪師親見石門，如何却嗣廣慧？」師曰：「我見廣慧，渠欲剃髮，使我擎凳子來。慧曰：『道者，我有凳子詩聽取。』乃曰：『放下便平穩。』我時便肯伊。因敘在石門處所得，廣慧曰：『石門所示，如百味珍羞，祇是飽人不得。』」師至和初游京，客景德寺，日縱觀都市，歸常二皷。一夕不得入，卧於門之下。仁宗皇帝夢至寺門，見龍蟠地，驚覺。中夜遣中使視之，覩師熟睡鼻鼾，撼之驚矍，問名歸奏。帝聞名道隆，乃喜曰：「吉徵也。」明日召至便殿，問宗旨。師奏對詳允，帝大悦。後以偈句相酬唱，絡繹於道，或入對，留宿禁中，禮遇特厚，賜號應制明悟禪師。皇祐間，詔大覺璉禪師於化成殿演法，召師問話，機鋒迅捷，帝大悦，侍衛皆山呼。師即奏疏舉璉自代，禁林待問，秘殿譚禪，乞歸廬山。帝覽表不允。有旨：於曹門外建精舍延師，賜號華嚴禪院。開堂，僧問：「如何是道？」師曰：「高高低低。」曰：「如何是道中人？」師曰：「脚瘦草鞋寬。」師年八十餘，示寂於盛暑。安坐七日，手

〔一〕「當」，據義應作「常」字。

足柔和。全身塔于寺之東。

慧力慧南禪師

臨江軍慧力慧南禪師，僧問：「師唱誰家曲？宗風嗣阿誰？」師曰：「鐵牛不喫欄邊草，直上須彌頂上眠。」曰：「恁麼則昔日汝陽親得旨，臨江今日大敷揚。」師曰：「禮拜了退。」問：「如何是佛？」師曰：「頭大尾小。」曰：「未曉玄言，乞師再指。」師曰：「眉長三尺二。」曰：「恁麼則人人皆頂戴，見者盡攢眉。」師長噓一聲，僧拍一拍便禮拜。師曰：「一任𨁝跳。」

廣慧德宣禪師

汝州廣慧德宣禪師，僧問：「祖祖相傳傳祖印，師今得法嗣何人？」師曰：「仲氏吹塤，伯氏吹篪。」曰：「恁麼則廣慧的子，首山親孫也。」師曰：「椽𡎺裹坐地，不打闍黎。」

文公楊億居士

文公楊億居士，字大年。幼舉神嬰，及壯，負才名，而未知有佛。一日過同僚，見讀金剛經，笑且罪之，彼讀自若。公疑之曰：「是豈出孔孟之右乎？何佞甚！」因閱數板，懵然始少敬信。後會翰林李公維，勉令參問。及由秘書監出守汝州，首謁廣慧。慧接見，公便問：「布鼓當軒擊，誰是知音者？」慧曰：「來風深辨。」公曰：「恁麽則禪客相逢祇彈指也。」慧曰：「君子可八。」公應喏喏。慧曰：「草賊大敗。」夜語次，慧曰：「秘監曾與甚人道話來？」公曰：「某曾問雲巖諒監寺：『兩箇大虫相齩時如何？』諒曰：『一合相。』某曰：『我祇管看。』未審恁麽道還得麽？」慧曰：「這裏即不然。」公曰：「請和尚別一轉語。」慧以手作拽鼻勢，曰：「這畜生更䠞跳在。」公於言下脱然無疑。有偈曰：「八角磨盤空裏走，金毛師子變作狗。擬欲將身北斗藏，應須合掌南辰後。」復抒其師承密證，寄李翰林曰：「病夫夙以頑惷，獲受奬顧。預聞南宗之旨，久陪上國之游。動静咨詢，周旋策發，俾其刳心之有詣，牆面之無慙者，誠出於席間牀下矣。矧又故安公大師每垂誘導，自雙林滅影，隻履西歸，中心浩然，罔知所止，仍歲沈痾，神慮迷恍，殆及小間，再辨方位。又得雲門諒公大士見顧蓬蒿，諒之旨趣，正與安公同轍，並自廬山雲居、歸宗而來，皆是法眼之流裔。去年假守兹郡，適會廣慧禪伯，實承嗣南院念，念嗣風穴，穴嗣先南院，南院嗣興化，興化嗣臨濟，臨濟嗣黄檗，黄檗嗣百丈，丈嗣馬祖，祖出讓和尚，讓即曹溪之長嫡也。齋中務簡，退食之暇，或坐邀而至，或命駕從之。請扣無方，蒙滯頓釋。半歲之後，曠然弗疑。如忘忽記，如睡忽覺。平昔礙膺之物，曝然自落。積劫未明之事，廓爾現前。固亦決擇之洞分，應接之無蹇矣。重念先德，率多參尋。如雪峰九上洞山，三到投子，遂嗣德山；臨濟得法於大愚，終承黄檗；雲巖多蒙道吾訓誘，乃爲藥山之子；丹霞親承馬祖印可，而終作石頭之裔。在古多有，於理無嫌。病夫今繼紹之緣，實屬於廣慧；而提激之自，良出於鼇峰也。欣幸！欣幸！」公問廣慧曰：「承和尚有言：一切罪業，皆因財寶所生。勸人疏於財利。況南閻浮提衆生以財爲命，邦國以財聚人，教中有財法二施，何得勸人疏財乎？」慧曰：「幡竿尖上鐵龍頭。」公曰：「海壇馬子似驢大。」慧曰：「楚雞不是丹山鳳。」公曰：「佛滅二千歲，比丘少慚愧。」公置一百問，請廣慧答。慧一一答回。公問李都尉曰：「釋迦六年苦行，成得甚麽事？」尉曰：「擔折知柴重。」公因微恙，問環大師曰：「某今日忽違和，大師慈悲，如何醫療？」環曰：「丁香湯一盌。」公便作吐勢，環曰：「恩愛成煩惱。」環爲煎藥次，公叫曰：「有賊！」環下藥於公前，叉手側立。公瞠目眎之曰：「少叢林漢。」環拂袖而出。又一日，問曰：「某四大將欲離散，大師如何相救？」環乃槌胸三下。公曰：「賴遇作家。」環曰：「幾年學佛法，俗氣猶未除。」公曰：「禍不單行。」環作噓噓聲。公書偈遺李都尉曰：「漚生與漚滅，二法本來齊。欲識真歸處，趙州東院西。」尉見，遂曰：「泰山廟裏賣紙錢。」尉即至，公已逝矣。

南嶽下十一世

石霜圓禪師法嗣

翠巖可真禪師

洪州翠巖可真禪師，福州人也。嘗參慈明，因之金鑾同善侍者坐夏。善乃慈明高第，道吾真、楊岐會皆推伏之。師自負親見慈明，天下無可意者。善與語，知其未徹，笑之。一日山行，舉論鋒發。善拈一片瓦礫，置磐石上，曰：「若向這裏下得一轉語，許你親見慈明。」師左右視，擬對之。善叱曰：「竚思停機，情識未透，何曾夢見？」師自愧悚，即還石霜。慈明見來，叱曰：「本色行脚人，必知時節，有甚急事，夏未了，早已至此？」師泣曰：「被善兄毒心，終礙塞人，故來見和尚。」明遽問：「如何是佛法大意？」師曰：「無雲生嶺上，有月落波心。」明嗔目喝曰：「頭白齒豁，猶作這箇見解，如何脱離生死？」師悚然，求指示。明曰：「汝問我。」師理前語問之。明震聲曰：「無雲生嶺上，有月落波心。」師於言下大悟。師爽氣逸出，機辯迅捷，叢林憚之。

住翠巖日，僧問：「如何是佛？」師曰：「同坑無異土。」問：「如何是祖師西來意？」師曰：「深耕淺種。」問：「如何是學人轉身處？」師曰：「一堵牆，百堵調。」曰：「如何是學人著力處？」師曰：「千日斫柴一日燒。」曰：「如何是學人親切處？」師曰：「渾家送上渡頭船。」問：「利人一句，請師垂示？」師曰：「三脚蝦蟇飛上天。」曰：「前村深雪裏，昨夜一枝開。」師曰：「飢逢王饍不能饗。」問：「如何是道？」師曰：「出門便見。」曰：「如何是道中人？」師曰：「擔枷過狀。」上堂：「先德道，此事如爆龜文，爆即成兆，不爆成鈍。爆與不爆，直下便捏。上藍即不然，無固無必，虚空走馬，旱地行船，南山起雲，北山下雨。」遂拈拄杖曰：「拄杖子變作天大將軍，巡歷四天下。有守節不守節，有戒行無戒行，一時奏與天帝釋。」乃喝一喝，曰：「丈夫自有衝天志，莫向如來行處行。」卓一下。上堂，舉：「龍牙頌曰：『學道如鑽火，逢煙未可休。直待金星現，歸家始到頭。』神鼎曰：

『學道如鑽火，逢煙即便休。莫待金星現，燒脚又燒頭。』」師曰：「若論頓也，龍牙正在半途。若論漸也，神鼎猶少悟在。於此復且如何？諸仁者！今年多落葉，幾處掃歸家？」上堂：「臨陣抗敵，不懼生死者，將軍之勇也。入山不懼虎兕者，獵人之勇也。入水不懼蛟龍者，漁人之勇也。作麽生是衲僧之勇？」拈拄杖曰：「這箇是拄杖子，拈得、把得、動得，三千大千世界一時摇動；若拈不得、把不得、動不得，文殊自文殊，解脱自解脱。參！」

上堂，舉：「僧問巴陵：『如何是道？』陵曰：『明眼人落井。』又問寶應：『如何是道？』應曰：『五鳳樓前。』又問首山：『如何是道？』山曰：『脚下深三尺。』此三轉語，一句壁立千仞，一句陸地行船，一句賓主交參。諸人莫有揀得者麽？出來道看。如無，且行羅漢慈，破結賊故。行菩薩慈，安衆生故。行如來慈，得如相故。」問：「如何是佛法大意？」師曰：「五通賢聖。」曰：「學人不會。」師曰：「舌至梵天。」師將入滅，示疾甚勞苦。席藁于地，轉側不少休。喆侍者垂泣曰：「平生訶佛駡祖，今何爲乃爾？」師熟視，訶曰：「汝亦作此見解邪？」即起趺坐，呼侍者燒香，煙起，遂示寂。

蔣山贊元禪師

蔣山贊元覺海禪師，婺州義烏人。姓傅氏，乃大士之裔也。夙修種智，隨願示生。父母感祥，閭里稱異。三歲出家，七歲爲僧。十五游方，遠造石霜，陞於丈室。慈明一見曰：「好好著槽廠。」師遂作驢鳴。明曰：「真法器耳。」俾爲侍者。二十年中，運水般柴，不憚寒暑，悉己躬親。求道後出世蘇臺、天峰、龍華、白雲，府帥請居誌公道場，提綱宗要，機鋒迅敏，解行相應，諸方推服。丞相王公安石重師德望，特奏章服師號。公又堅辭鼎席，結廬定林山中，與師蕭散林下，清談終日。贈師頌曰：「不與物違真道廣，每隨緣起自禪深。舌根已浄誰能壞，足跡如空我得尋。」此亦明世希有事也。僧問：「如何是和尚家風？」師曰：「東壁打西壁。」曰：「客來如何祇待？」師曰：「山上樵，井中水。」問：「如何是諸佛出身處？」師曰：「驢胎馬腹。」問：「魯祖面壁，意旨如何？」師曰：「住持事繁。」問：「如何是大善知識？」師曰：「屠牛剥羊。」曰：「爲甚麽如此？」師曰：「業在其中。」上堂：「這箇若是，如虎戴角。這箇若不是，唤作甚麽？」良久曰：「矮驢矮馬，珍重！」元祐元年，師乃遷化。丞相王公慟哭于塔，讚師真曰：「賢哉人也！行厲而容寂，知言而能默。譽榮弗喜，辱毁弗戚，弗矜弗克，人自稱德。有緇有白，來自南北，弗順弗逆，弗抗弗抑。弗觀汝華，唯食己實，孰其嗣之，我有遺則。」

武泉山政禪師

瑞州武泉山政禪師，僧問：「如何是佛法大意？」師曰：「衣成人，水成田。」上堂：「黄梅席上，海衆千人，付法傳衣，碓坊行者。是則紅日西昇，非則月輪東上。參！」

雙峰省回禪師

南嶽雙峰寺省回禪師，上堂：「南番人泛船，塞北人摇艣。波斯入大唐，須彌山作舞。是甚麼説話？」師元豐六年九月十七日浄髮，沐浴辭衆。偈曰：「九十二光陰，分明對衆説。遠洞散寒雲，幽牕度殘月。」言訖坐逝。荼毗，齒頂不壞，上有五色異光。

大寧道寬禪師

洪州大寧道寬禪師，僧問：「飲光正見，爲甚麼見拈花却微笑？」師曰：「忍俊不禁。」問：「丹霞燒木佛，院主爲甚麼眉鬚墮落？」師曰：「賊不打貧兒家。」問：「既是一真法界，爲甚麼却有千差萬别？」師曰：「根深葉茂。」僧打圓相曰：「還出得這箇也無？」師曰：「弄巧成拙。」問：「如何是前三三，後三三？」師曰：「數九不到九。」問：「如何是佛法大意？」師曰：「點茶須是百沸湯。」曰：「意旨如何？」師曰：「喫盡莫留滓。」有僧造師之室，問：「如何是露地白牛？」師以火筯插火爐中，曰：「會麽？」曰：「不會。」師曰：「頭不欠，尾不剩。」師在同安日，時有僧問：「既是同安，爲甚麽却有病僧化去？」師曰：「布施不如還却債。」上堂：「少林妙訣，古佛家風。應用隨機，卷舒自在。如拳作掌，開合有時。似水成漚，起滅無定。動静俱顯，語默全彰。萬用自然，不勞心力。到這裏喚作順水放船，且道逆風舉棹，誰是好手？」良久曰：「弄潮須是弄潮人。」喝一喝，曰：「珍重！」上堂：「無念爲宗，無住爲本。真空爲體，妙有爲用。所以道，盡大地是真空，徧法界是妙有。且道是甚麽人用得？四時運用，日月長明，法本不遷，道無方所，隨緣自在，逐物昇沈，此土他方，入凡入聖。雖然如是，且道入鄉隨俗一句作麽生道？」良久曰：「西天梵語，此土唐言。」

道吾悟真禪師

潭州道吾悟真禪師，上堂：「古今日月，依舊山河。若明得去，十方薄伽梵，一路涅槃門。若明不得，謗斯經故，獲罪如是。」上堂：「師子兒哮吼，龍馬駒跨跳。古佛鏡中明，三山孤月皎。」遂作舞，下座。上堂，舉：「洞山道：『五臺山上雲蒸飯，佛殿堦前狗尿天。刹竿頭上煎䭔子，三箇猢猻夜簸錢。』老僧即不然。三面狸奴脚踏月，兩頭白牯手拏煙。戴冠碧兔立庭柏，脱殼烏龜飛上天。老僧葛藤盡被汝諸人覷破了也。洞山老人，甚是奇特。雖然如是，秖行得三步四步，且不過七跳八跳。且道誵訛在甚麽處？老僧今日不惜眉毛，一時布施。」良久曰：「叮嚀損君德，無言真有功，任從滄海變，終不爲君通。」問：「凝然便會時如何？」師曰：「老鼠尾上帶研槌。」問：「如何是真如體？」師曰：「夜叉屈膝眼睛黑。」曰：「如何是真如用？」師曰：「金剛杵打鐵山摧。」問：「如何是常照？」師曰：「針鋒上須彌。」曰：「如何是寂照？」師曰：「眉毛裏海水。」曰：「如何是本來照？」師曰：「草鞋裏跨跳。」僧退，師曰：「寂照常照本來照，草鞋底下常跨跳。更會針鋒上須彌，眉毛中水常渺渺。」問：「如何是佛？」師曰：「洞庭無蓋。」

上堂：「山前麥熟，廬陵米價，鎮州蘿蔔，更有一般。」良久曰：「時挑野菜和根煑，旋斫生柴帶葉燒。」上堂：「古人道『認著依前還不是』，實難會。土宿頷下髭鬚多，波斯眼深鼻孔大。甚奇怪，欻然透過新羅界。」問僧：「甚處來？」曰：「堂中來。」師曰：「聖僧道甚麽？」僧近前不審。師曰：「東家作驢，西家作馬。」曰：「過在甚麽處？」師曰：「萬里崖州。」師不安，僧問：「和尚近日尊位如何？」師曰：「粥飯頭不了事。」僧無語。師鳴指一下。

上堂：「普化明打暗打，布袋横撒豎撒，石室行者踏碓，因甚志却下脚。」問：「如何是第一玄？」師曰：「釋尊光射阿難肩。」曰：「如何是第二玄？」師曰：「孤輪衆象攢。」曰：「如何是第三玄？」師曰：「泣向枯桑淚漣漣。」曰：「如何是第一要？」師曰：「最好精麁照。」曰：「如何是第二要？」師曰：「閃電乾坤光晃耀。」曰：「如何是第三要？」師曰：「路夾青松老。」上堂，舉：「僧問首山：『如何是佛？』山曰：『新婦騎驢阿家牽。』」師曰：「手提巴鼻脚踏尾，仰面看天聽流水。天明送出路傍邊，夜静還歸茅屋裏。」

蔣山保心禪師

蔣山保心禪師，僧問：「月未圓時如何？」師曰：「順數將去。」曰：「圓後如何？」師曰：「倒數將來。」問：「如何是吹毛劍？」師曰：「黑漆露柱。」問：「聲色兩字如何透得？」師曰：「一手吹，一手拍。」

百丈惟政禪師

洪州百丈惟政禪師，上堂：「巖頭和尚用三文錢索得箇妻，祇解撈鰕摝蜆，要且不解生男育女，直至如今，門風斷絶。大衆要識巖公妻麽？百丈今日不惜唇吻，與你諸人注破：蓬鬢荆釵世所稀，布裙猶是嫁時衣。」僧問：「牛頭未見四祖時，爲甚麽百鳥銜花獻？」師曰：「有錢千里通。」曰：「見後爲甚麽不銜花？」師曰：「無錢隔壁聾。」問：「達磨未來時如何？」師曰：「六六三十六。」曰：「來後如何？」師曰：「九九八十一。」問：「如何是祖師西來意？」師曰：「木耳樹頭生。」問：「一切法是佛法，意旨如何？」師曰：「一重山下一重人。」問：「『上行下斅，未是作家。背楚投吴，方爲達士。』豈不是和尚語？」師曰：「是。」曰：「父財子用也。」師曰：「汝試用看。」僧擬議，師便打。上堂：「天台普請，人人知有，南嶽遊山，又作麽生？會則燈籠笑你，不會有眼如盲。」

香山藴良禪師

明州香山藴良禪師，僧問：「如何是透法身句？」師曰：「刹竿頭上舞三臺。」曰：

「如何是接初機句？」師曰：「上大人。」曰：「如何是末後句？」師曰：「雙林樹下。」問：「如何是學人轉身處？」師曰：「磨坊裹。」上堂，良久，呵呵大笑曰：「笑箇甚麼？笑他鴻鵠冲天飛，烏龜水底逐魚兒。三箇老婆六隻奶，金剛背上爛如泥。呵呵呵，知不知，東村陳大耆。參！」

南峰惟廣禪師

蘇州南峰惟廣禪師，上堂：「一問一答，如鐘含響，似谷應聲。蓋爲事不獲已，且於建化門中放一線道。若據衲僧門下，天地懸殊。且道衲僧有甚麽長處？」良久曰：「盡日覓不得，有時還自來。咄！」

大潙德乾禪師

潭州大潙德乾禪師，僧問：「如何是祖師西來意？」師曰：「水從山上出。」曰：「意旨如何？」師曰：「溪澗豈能留？」乃曰：「山花似錦，文殊撞著眼睛；幽鳥綿蠻，觀音塞却耳際。諸仁者！更思量箇甚麽？昨夜三更睡不著，翻身捉得普賢，貶向無生國裹，一覺直至天明。今朝又得與諸人相見説夢。噫！是甚麼説話。」卓拄杖，下座。

靈山本言禪師

全州靈山本言禪師，僧問：「如何是佛？」師曰：「誰教汝恁麼問？」曰：「今日起動和尚也。」師曰：「謝訪及。」

廣法源禪師

安吉州廣法院源禪師，僧問：「如何是祖師西來意？」師曰：「甎頭瓦片。」問：「鬧中取静時如何？」師曰：「冤不可結。」問：「如何是正法眼？」師曰：「眉毛下。」曰：「便與麼會時如何？」師曰：「瞳兒笑點頭。」問：「如何是向上事？」師曰：「日月星辰。」曰：「如何是向下事？」師曰：「地獄鑊湯。」問：「萬里無雲時如何？」師曰：「猢猻忍餓。」曰：「乞師拯濟。」師曰：「甚麼火色？」問：「古人拈槌舉拂，意旨如何？」師曰：「白日無閑人。」曰：「如何承當？」師曰：「如風過耳。」問：「握劍當胸時如何？」師曰：「老鴉成隊。」曰：「正是和尚見處。」師曰：「蛇穿鼻孔。」僧拂袖便出。師曰：「大衆相逢。」問：「從上諸聖向甚麽處行履？」師曰：「十字街頭。」曰：「與麽則敗缺也。」師曰：「知你不到這田地。」曰：「到後如何？」師曰：「家常茶飯。」問：「祖意教意，是同是別？」師曰：「乾薑附子。」曰：「與麽則不同也。」師曰：「冰片雪團。」上堂：「春雨微微，簷頭水滴，聞聲不悟，歸堂面壁。」上堂：「若論大道，直教杼山無開口處。你諸人試開口看。」僧便問：「如何是大道？」師曰：「擔不起。」曰：「爲甚麽擔不起？」師曰：「大道。」上堂：「若論此事，切莫道著。道著即頭角生。」有僧出曰：「頭角生也。」師曰：「禍事。」曰：「某甲罪過。」師曰：「龍頭蛇尾，伏惟珍重！」師元豐八年十月十二晚，忽書偈曰：「雪鬢霜髭九九年，半肩毳衲盡諸緣。廓然笑指浮雲散，玉兔流光照大千。」擲筆而寂。

靈隱德章禪師

靈隱德章禪師，初住大相國寺西經藏院。慶曆八年九月一日，仁宗皇帝詔師於延春閣下齋，宣普照大師問：「如何是當機一句？」師曰：「一言迥出青霄外，萬仞峰前嶮處行。」曰：「作麽生是嶮處行？」師便喝。曰：「皇帝面前，何得如此？」師曰：「也不得放過。」明年又宣入内齋，復宣普照問：「如何是奪人不奪境？」師曰：「雷驚細草萌芽發，高山進步莫遲遲。」曰：「如何是奪境不奪人？」師曰：「戴角披毛異，來往任縱横。」曰：「如何是人境兩俱奪？」師曰：「出門天外迥，流山影不真。」曰：「如何是人境俱不奪？」師曰：「寒林無宿客，大海聽龍吟。」後再宣入化成殿齋，宣守賢問：「齋筵大啓，如何報答聖君？」師曰：「空中求鳥跡。」曰：「意旨如何？」師曰：「水内覓魚蹤。」師進心珠歌曰：「心如意，心如意，任運隨緣不相離。但知莫向外邊求，外邊求，終不是，枉〔一〕用工夫隱真理，識心珠，光耀日，秘藏深密無形質。拈來掌内衆人驚，二乘精進争能測。碧眼胡，須指出，臨機妙用何曾失？尋常切忌與人看，大地山河動岌岌。」師皇祐二年乞歸山林養老。御批杭州靈隱寺住持，賜號明覺。

琅邪覺禪師法嗣

定慧超信禪師

蘇州定慧院超信海印禪師，僧問：「如何是佛法的的大意？」師曰：「湘源斑竹杖。」

〔一〕「枉」，原誤作「柱」，今改。

曰：「意旨如何？」師曰：「枝枝帶淚痕。」問：「如何是第一句？」師曰：「那吒忿怒。」曰：「如何是第二句？」師曰：「衲僧罔措。」曰：「如何是第三句？」師曰：「西天此土。」上堂：「泥蛇齩石鱉，露柱啾啾叫。須彌打一棒，閻老呵呵笑。參！」上堂：「若識般若，即被般若縛。若不識般若，亦被般若縛。識與不識，拈放一邊，却問諸人，如何是般若體？參堂去！」上堂：「鶯聲闌，蟬聲急，入水烏龜頭不濕。鷺鷥飛入蘆花叢，雪月交輝俱不及。吽！」

泐潭曉月禪師

洪州泐潭曉月禪師，僧問：「修多羅教，如標月指，未審指箇甚麼？」師曰：「請高著眼。」曰：「曙色未分人盡望，及乎天曉也尋常。」師曰：「年衰鬼弄人。」

姜山方禪師

越州姜山方禪師，僧問：「如何是不動尊？」師曰：「單著布衫穿市過。」曰：「學人未曉。」師曰：「騎驢踏破洞庭波。」曰：「透過三級浪，專聽一聲雷。」師曰：「伸手不見掌。」曰：「還許學人進向也無？」師曰：「踏地告虛空。」曰：「雷門之下，布鼓難鳴。」師曰：「八花毬子上，不用繡紅旗。」曰：「三十年後，此話大行。」師便打。問：「蓮花未出水時如何？」師曰：「穿針嫌眼小。」曰：「出水後如何？」師曰：「盡日展愁眉。」問：「如何是一塵入正受？」師曰：「蛇銜老鼠尾。」曰：「如何是諸塵三昧起？」師曰：「鰲皷釣魚竿。」曰：「恁麼則東西不辨，南北不分去也。」師曰：「堂前一盌夜明燈，簾外數莖青瘦竹。」問：「諸佛未出世時如何？」師曰：「不識酒望子。」曰：「出世後如何？」師曰：「釣魚船上贈三椎。」問：「如何是佛？」師曰：「留髭表丈夫。」問：「奔流度刃，疾燄過風，未審姜山門下還許借借也無？」師曰：「天寒日短夜更長。」曰：「錦帳繡鴛鴦，行人難得見。」師曰：「髑髏裏面氣衝天。」僧召和尚，師曰：「雞頭鳳尾。」曰：「諾〔一〕方泥裏洗，姜山畫將來。」師曰：「姜山今日爲客，且望闍黎善傳。雖然如是，不得放過。」便打。

上堂：「穿雲不渡水，渡水不穿雲。乾坤把定不把定，虛空放行不放行。橫三竪四，乍離乍合，將長補短即不問，汝諸人飯是米做一句要且難道。」良久曰：「私事不得官酬。」上堂：「不是道得道不得，諸方盡把爲奇特。寒山燒火滿頭灰，笑罵豐干這老賊。」

〔一〕「諾」，據義應作「諸」字。

白鹿顯端禪師

福州白鹿山顯端禪師，僧問：「如何是道？」師曰：「九州百粵。」曰：「如何是道中人？」師曰：「乘肥衣錦。」問：「如何是大善知識？」師曰：「持刀按劍。」曰：「爲甚麽如此？」師曰：「禮防君子。」問：「如何是異類？」師曰：「鴉巢生鳳。」上堂：「摩騰入漢，肉上剜瘡。僧會來吳，眼中添屑。達磨九年面壁，鬼魅之由。二祖立雪求心，翻成不肖。汝等諸人到這裏，如何吐露？若也道得，海上横行。若道不得，林間獨卧。」以拄杖擊禪牀一下。問：「如何是無相佛？」師曰：「灘頭石師子。」曰：「意旨如何？」師曰：「有心江上住，不怕浪淘沙。」問：「凝然湛寂時如何？」師曰：「不是闍黎安身立命處。」曰：「如何是學人安身立命處？」師曰：「雲有出山勢，水無投澗聲。」問：「如何是教意？」師曰：「楞伽會上。」曰：「如何是祖意？」師曰：「熊耳山前。」曰：「教意祖意，相去幾何？」師曰：「寒松連翠竹，秋水對紅蓮。」

琅邪智遷禪師

滁州琅邪山智遷禪師，僧問：「如何是琅邪境？」師曰：「松因有恨蕭疏老，花爲無情取次開。」曰：「如何是境中人？」師曰：「髮長僧貌醜。」問：「如何是和尚爲人句？」師曰：「眼前三尺雪。」曰：「莫便是也無？」師曰：「腦後一枝花。」

涼峰洞淵禪師

泉州涼峰洞淵禪師，僧問：「如何是涅槃？」師曰：「刀斫斧劈。」曰：「如何是解脱？」師曰：「衫長袴短。」問：「諸聖不到處，師還知也無？」師曰：「老來無力下禪牀。」問：「離四句，絶百非時如何？」師曰：「柴門草自深。」問：「狗子還有佛性也無？」師曰：「松直棘曲。」問：「如何是佛？」師曰：「金沙照影。」曰：「如何是道？」師曰：「玉女拋梭。」曰：「佛與道相去幾何？」師曰：「龜毛長一丈，兔角長八尺。」

真如方禪師

真州真如院方禪師，參琅邪，唯看柏樹子話。每入室，陳其所見，不容措詞，常被喝出。忽一日大悟，直入方丈曰：「我會也。」琅邪曰：「汝作麼生會？」師曰：「夜來牀薦暖，一覺到天明。」琅邪可之。

興教坦禪師

宣州興教院坦禪師，永嘉牛氏子。業打銀，因淬礪瓶器有省。即出家，參琅邪，機語頓契。後依天衣懷禪師，時住興教，擢爲第一座。衣受他請，欲聞州乞師繼之。時刁景純學士守宛陵，衣恐刁涉外議，乃於觀音前祝曰：「若坦首座道眼明白，堪任住持，願示夢於刁學士。」刁夜夢牛在興教法座上。衣凌晨辭州，刁舉所夢，衣大笑。刁問其故，衣曰：「坦首座姓牛，又屬牛。」刁就座出帖請之，師受請陞座。有雪竇化主省宗出，問：「諸佛未出世，人人鼻孔遼天。出世後爲甚麼杳無消息？」師曰：「雞足峰前風悄然。」宗曰：「未在，更道。」師曰：「大雪滿長安。」宗曰：「誰人知此意，令我憶南泉？」拂袖歸衆，更不禮拜。師曰：「新興教今日失利。」便歸方丈。令人請宗至，師曰：「適來錯祗對一轉語，人天衆前何不禮拜蓋覆却？」宗曰：「大丈夫膝下有黄金，爭肯禮拜無眼長老？」師曰：「我別有語在。」宗乃理前語，至「未在，更道」處，師曰：「我有三十棒寄你打雪竇。」宗乃禮拜。

歸宗可宣禪師

江州歸宗可宣禪師，漢州人也。壯爲僧，即出峽依琅邪，一語忽投，群疑頓息。琅邪可之。未幾，令分座。淨空居士郭功甫過門問道，與厚。及師領歸宗，時功甫任南昌尉，俄郡守恚師不爲禮，捃甚。遂作書寄功甫曰：「某世緣尚有六年，奈州主抑逼，當棄餘喘，託生公家，願無見阻。」功甫閱書驚喜，且頷之。中夜，其妻夢間見師入其寢，失聲曰：「此不是和尚來處。」功甫撼而問之，妻詳以告。呼燈取書示之，相笑不已。遂孕，及生，乃名宣老。朞年記問如昔。至三歲，白雲端禪師抵其家，始見之。曰：「吾姪來也。」雲曰：「與和尚相別幾年？」宣倒指曰：「四年矣。」蓋與相別一年方死。雲曰：「甚處相別？」曰：「白蓮莊上。」雲曰：「以何爲驗？」曰：「爹爹！媽媽！明日請和尚齋。」忽聞推車聲，雲問：「門外是甚麼聲？」宣以手作推車勢。雲曰：「過後如何？」曰：「平地兩條溝。」果六周無疾而逝。

長水子璿講師

秀州長水子璿講師，郡之嘉興人也。自落髮誦楞嚴不輟。從洪敏法師講至「動靜二相，了然不生」，有省。謂敏曰：「敲空擊木，木一作竹。尚落筌蹄。舉目揚眉，已成擬議。去此二途，方契斯旨。」敏拊而證之。然欲探禪源，罔知攸往。聞琅邪道重當世，即趨其席。值上堂次，出問：「清淨本然，云何忽生山河大地？」琅邪憑陵荅曰：「清淨本然，云何忽生山河大地？」師領悟，禮謝曰：「願侍巾瓶。」琅邪謂曰：「汝宗不振久矣，宜厲志扶持，報佛恩德，勿以殊宗爲介也。」乃如教，再拜以辭。後住長水，承禀日顧衆曰：「道非言象得，禪非擬議知。會意通宗，曾無別致。」由是二宗仰之。嘗疏楞嚴等經，盛行於世。

大愚芝禪師法嗣

雲峰文悦禪師

南嶽雲峰文悦禪師，南昌徐氏子。初造大愚，聞示衆曰：「大家相聚喫莖齏，若唤作一莖齏，入地獄如箭射。」便下座。師大駭，夜造方丈，愚問：「來何所求？」師曰：「求心法。」愚曰：「法輪未轉，食輪先轉。後生趁色力健，何不爲衆乞食？我忍飢不暇，何暇爲汝説禪乎？」師不敢違。未幾，愚移翠巖，師納疏罷，復過翠巖求指示。巖曰：「佛法未到爛却，雪寒宜爲衆乞炭。」師亦奉命，能事罷，復造方丈。巖曰：「堂司闕人，今以煩汝。」師受之不樂，恨巖不去心地。坐後架，桶箍忽散，自架墮落。師忽然開悟，頓見巖用處。走搭伽梨，上寢堂。巖迎笑曰：「維那，且喜大事了畢。」師再拜，不及吐一辭而去。服勤八年，後出世翠巖。時首座領衆出迎，問曰：「德山宗乘即不問，如何是臨濟大用？」師曰：「你甚處去來？」座擬議，師便掌。座擬對，師喝曰：「領衆歸去！」自是一衆畏服。

僧問：「如何是道？」師曰：「路不拾遺。」曰：「如何是道中人？」師曰：「草賊大敗。」僧禮拜，師噓一聲。問：「萬法歸一，一歸何所？」師曰：「黄河九曲。」曰：「如何是第一句？」師曰：「垂手過膝。」曰：「如何是第二句？」師曰：「萬里崖州。」曰：「如何是第三句？」師曰：「糞箕掃帚。」問：「如何是深山巖崖佛法？」師曰：「猢猻倒上樹。」問：「如何是衲衣下事？」師曰：「皮裏骨。」問：「不涉廉纖，請師速道。」師曰：「須彌山。」問：「如何是清浄法身？」師曰：「柴場荻草。」上堂：「語不離窠道，焉能出蓋纏？片雲横谷口，迷却幾人源？所以道，言無展事，語不投機，承言者喪，滯句者迷。汝等諸人，到這裏憑何話會？」良久曰：「欲得不招無間業，莫謗如來正法輪。」上堂：「過去諸佛已滅，未來諸佛未生。正當今日，佛法委在翠巖。放行則隨機利物，把住則瓦解冰消。且道把住好？放行好？」良久曰：「咄！這野狐精。」擊禪牀下座。

上堂："汝等諸人，與麽上來，大似剌腦入膠盆。與麽下去，也是平地喫交。直饒不來不去，朝打三千，暮打八百。"上堂："道遠乎哉？觸事而真。聖遠乎哉？體之則神。所以娑婆世界，以音聲爲佛事。香積世界，以香飯爲佛事。翠巖這裏，祇於出入息内供養承事。過現未來塵沙諸佛，無一空過者。過現未來塵沙諸佛，是翠巖侍者，無一不到。如一不到，三十拄杖。諸上座還會麽？將此深心奉塵刹，是則名爲報佛恩。"

上堂："有情之本，依智海以爲源；含識之流，總法身而爲體。祇爲情生智隔，想變體殊；達本情忘，知心體合。諸禪德！會麽？古佛與露柱相交，佛殿與燈籠鬭額。若也不會，單重交拆。"上堂："竿木隨身，逢場作戲。然雖如是，一手不獨拍，衆中莫有作家禪客、本分衲僧，出來共相唱和。有麽？"時有僧出，禮拜，師曰："依俙似曲纔堪聽，又被風吹别調中。"便下座。

上堂："天明平旦，萬事成辦。北俱盧洲長粳米飯。"下座。上堂："有佛處不得住，無佛處急走過。你等諸人，横擔拄杖，向甚麽處行脚？"良久曰："東勝身洲持鉢，西瞿耶尼喫飯。"上堂："假使心通無量時，歷劫何曾異今日？且道今日事作麽生？"良久曰："烏龜鑽破壁。"上堂："見聞覺知無障礙，聲香味觸常三昧。衲僧道，會也，山是山，水是水，飢來喫飯，困來打睡。忽然須彌山跨跳入你鼻孔裏，摩竭魚穿你眼睛中，作麽生商量？」良久曰：「參堂去！」

上堂：「一刀兩段，未稱宗師。就下平高，固非作者。翠巖到這裏，口似匾擔，你等諸人作麽生商量？」良久曰：「欲得不招無間業，莫謗如來正法輪。」上堂：「若見諸相非相，即山河大地，並無過咎。諸上座終日著衣喫飯，未曾齩著一粒米，未曾挂著一縷絲，便能變大地作黄金，攪長河爲酥酪。然雖如是，著衣喫飯即不無，衲僧門下汗臭氣也未夢見在。」上堂：「普賢行，文殊智，補陁巖上清風起，瞎驢趁隊過新羅，吉獠舌頭三千里。」上堂，拈起拄杖曰：「掌鉢盂向香積世界，爲甚麽出身無路？挑日月於拄杖頭上，爲甚麽有眼如盲？直得風行草偃，響順聲和，無纖芥可留，猶是交争底法。作麽生是不交争底法？」卓拄杖，下座。

上堂：「臨濟先鋒，放過一著，德山後令，且在一邊。獨露無私一句作麽生道？」良久曰：「堪嗟楚下鍾離昧。音抹」以拂子擊禪牀，下座。上堂：「教中道：種種取捨，皆是輪回。未出輪回而辨圓覺，彼圓覺性即同流轉。若免輪回，無有是處。你等諸人，到這裏且作麽生辨圓覺？」良久曰：「荷葉團團團似鏡，菱角尖尖尖似錐。」以拂擊禪牀。

上堂：「古人道，山河石壁，不礙眼光。」師曰：「作麽生是眼？」拈拄杖打禪牀一下曰：「須彌山百雜碎即不問，你且道娑竭羅龍王年多少？」俗士問：「如何是佛？」師曰：「著衣喫飯量家道。」曰：「恁麽則退身三步，叉手當胸去也。」師曰：「醉後添杯不如無。」小參，舉百丈歲夜示衆曰：「你這一隊後生，經律論固是不知，入衆參禪禪又不會，臈月三十日，且作麽生折合去！」師曰：「灼然！諸禪德！去聖時遥，人心澹泊，看却今時叢林，更是不得所在之處，或聚徒三百五百，浩浩地祇以飯食豐濃、寮舍穩便爲旺化，中間孜孜爲道者無一人。設有十箇五箇，走上走下，半青半黄，會即總道我會，各各自謂握靈蛇之珠，孰肯知非？及乎挨拶鞭逼將來，直是萬中無一。苦哉！苦哉！所謂般若叢林歲歲凋，無明荒草年年長。就中今時後生，纔入衆來，便自端然拱手，受他别人供養，到處菜不擇一莖，柴不般一束，十指不沾水，百事不干懷。雖則一期快意，争柰三塗累身。豈不見教中道：寧以熱鐵纏身，不受信心人衣，寧以洋銅灌口，不受信心人食。上座若也是去，直饒變大地作黄金，攪長河爲酥酪，供養上座，未爲分外。若也未是，至於滴水寸絲，便須披毛戴角，牽犂拽杷償他始得。不見祖師道，入道不通理，復身還信施。此是決定底事，終不虚也。諸上座！光陰可惜，時不待人。莫待一朝眼光落地，緇田無一簣之功，鐵圍陷百刑之痛。莫言不道。珍重！」

瑞光月禪師

蘇州瑞光月禪師，僧問：「俱胝一指，意旨如何？」師曰：「月落三更穿市過。」

洞山子圓禪師

瑞州洞山子圓禪師，上堂，有僧出拋下坐具。師曰：「一釣便上。」僧提起坐具。師曰：「弄巧成拙。」僧曰：「自古無生曲，須是遇知音。」師曰：「波斯入唐土。」僧大笑歸衆。

石霜永禪師法嗣

福嚴保宗禪師

南嶽福嚴保宗禪師，上堂：「世尊周行七步，舉足全乖。目顧四方，觸途成滯。金襴授去，殃及兒孫。玉偈傳來，挂人脣吻。風幡悟性，未離色塵。鉢水投針，全成管見。祖師九年面壁，不見纖毫。盧公六代傳衣，圖他小利。江西一喝，不解慎初。德嶠全施，未知護末。

南山鼈鼻，謾指蹤由。北院枯松，徒彰風彩。雲門顧鑒，落二落三。臨濟全提，錯七錯八。若説君臣五位，直如紙馬過江。更推賓主交參，恰似泥人澡洗。獨超象外，且非捉兔之鷹。混迹塵中，未是齩豬之狗。何異趒坑墮壍，正是避溺投罝。如斯之解，正在常途。出格道人，如何話會？豈不見陶潛俗子尚自覩事見機。而今祖室子孫，不可皮下無血。」喝一喝。

大陽如漢禪師

郢州大陽如漢禪師，僧問：「如何是敲磕底句？」師曰：「檻外竹摇風，驚起幽人睡。」曰：「觀音門大啓也。」師曰：「師子齩人。」廼曰：「聞聲悟道，失却觀音眼睛。見色明心，昧了文殊巴鼻。一出一入，半開半合。泥牛昨夜遊滄海，直至如今不見回。咄！」

浮山遠禪師法嗣

浄因道臻禪師

東京浄因院道臻浄照禪師，僧問：「如何是佛？」師曰：「朝裝香，暮换水。」問：「如何是觀音妙智力？」師曰：「河南犬吠，河北驢鳴。」上堂，拈拄杖曰：「榔栗木杖子，善能談佛祖。聾人既得聞，瘂人亦解語。指白石爲玉，點黄金爲土。便恁麼會去，他家未相許。不相許，莫莽鹵。南街打鼓北街舞。」

興化仁岳禪師

廬州興化仁岳禪師，泉南人也。僧問：「如何是佛法大意？」師曰：「臨濟問黄檗。」曰：「學人不會。」師曰：「三回喫棒來。」問：「如何是和尚家風？」師曰：「曲録禪牀。」曰：「客來如何祇待？」師曰：「拄杖子。」問：「一大藏教盡是名言，離此名言，如何指示？」師曰：「癩馬揩枯柳。」曰：「學人不會。」師曰：「駱駝好喫鹽。」曰：「畢竟如何？」師曰：「鐵鞭指處馬空嘶。」

玉泉謂芳禪師

荆門軍玉泉謂芳禪師，僧問：「從上諸聖，以何法示人？」師拈起拄杖，僧曰：「學人不會。」師曰：「兩手分付。」僧擬議，師便打。

定林惠琛禪師

宿州定林惠琛禪師，僧問：「如何是道？」師曰：「祇在目前。」僧曰：「爲甚麼不見？」師曰：「瞎。」

本覺若珠禪師

秀州本覺若珠禪師，僧問：「如何是道？」師舉起拳，僧曰：「學人不會。」師曰：「拳頭也不識。」上堂：「説佛説祖，埋没宗乘。舉古談今，淹留衲子。撥開上路，誰敢當頭。齊立下風，不勞拈出。無星秤子，如何辨得斤兩？若也辨得，須彌祇重半銖。若辨不得，拗折秤衡，向日本國與諸人相見。」

華巖普孜禪師

東京華嚴普孜禪師，僧問：「如何是賓中賓？」師曰：「客路如天遠。」曰：「如何是賓中主？」師曰：「侯門似海深。」曰：「如何是主中主？」師曰：「寰中天子勑。」曰：「如何是主中賓？」師曰：「塞外將軍令。」乃曰：「賓中問主，互换機鋒。主中問賓，同生同死。主中辨主，飲氣吞聲。賓中覓賓，白雲萬里。故句中無意，意在句中。於斯明得，一雙孤雁撲地高飛。於斯未明，一對鴛鴦池邊獨立。知音禪客，相共證明。影響異流，切須子細。」良久曰：「若是陶淵明，攢眉便歸去。」

清隱惟湜禪師

南康軍清隱院惟湜禪師，僧問：「如何是道？」師曰：「斜街曲巷。」曰：「如何是道中人？」師曰：「百藝百窮。」

衡嶽奉能禪師

潭州衡嶽寺奉能禪師，上堂：「宗風纔舉，萬里雲收。法令若行，千峰寒色。須彌頂上，白浪滔天。大海波中，紅塵滿地。應思黄梅昔日，少室當年，不能退己讓人，遂使舂糠答志，斷臂酬心。何似衡嶽這裏，山畬粟米飯，一桶没鹽羹。苦樂共住，隨高就低。且不是南頭買貴，北頭賣賤。直教文殊稽首，迦葉攢眉，龍樹、馬鳴吞聲飲氣。目連、鶖子且不能爲。爲甚如此？諦觀法王法，法王法如是。」

寶應昭禪師法嗣

瑯邪方鋭禪師

滁州瑯邪方鋭禪師，上堂：「造化無生物之心，而物物自成。雨露非潤物之意，而靈苗自榮。所以藥劑不食而病自損，良師不親而心自明。故知妙慧靈光，不從緣得。到這裏，方許你進步，瑯邪與你别作箇相見。還有麽？若無，不可壓良爲賤。」

興陽希隱禪師

郢州興陽山希隱禪師，僧問：「如何是懸崖撒手底句？」師曰：「明月照幽谷。」曰：「如何是絶後再蘇底句？」師曰：「白雲生太虚。」曰：「恁麽則樵夫出林丘，處處歌春色。」師曰：「是人道得。」上堂：「了見不見，見了未了。路上行人，林間宿鳥。月裏塔高十二層，天外星躔五百杪。要會麽？手執夜明符，幾箇知天曉。參！」

石門進禪師法嗣

瑞巖智才禪師

明州瑞巖智才禪師，僧問：「如何是截斷衆流句？」師曰：「好。」曰：「如何是隨波逐浪句？」師曰：「隨。」曰：「如何是函蓋乾坤句？」師曰：「合。」曰：「三句蒙師指，如何辨古今？」師曰：「向後不得錯舉。」上堂：「天平等故常覆，地平等故常載，日月平等故四時常明，涅槃平等故聖凡不二，人心平等故高低無諍。」拈拄杖卓一下曰：「諸禪者！這拄杖子晝夜爲諸人説平等法門，還聞麽？若聞去，敢保諸人行脚事畢。若言不聞，亦許諸人頂門眼正。何故？是法平等，無有高下，是名阿耨多羅三藐三菩提。」良久，笑曰：「向下文長。」

金山穎禪師法嗣

普慈崇珍禪師

潤州普慈院崇珍禪師，僧問：「如何是普慈境？」師曰：「出門便見鶴林山。」曰：「如何是境中人？」師曰：「入門便見珍長老。」

瑞竹仲和禪師

太平州瑞竹仲和禪師，僧問：「得坐披衣人盡委，向上宗乘事若何？」師曰：「但知冰是水。」曰：「更有事也無？」師曰：「休問水成冰。」曰：「弄潮須是弄潮人。」師曰：「這僧從浙中來。」

金山懷賢禪師

潤州金山懷賢圓通禪師，僧問：「師揚宗旨，得法何人？」師拈起拂子。僧曰：「鐵甕城頭曾印證，碧溪崖畔祖燈輝。」師拂一拂，曰：「聽事不真，喚鐘作甕。」

石佛顯忠禪師

越州石佛寺顯忠祖印禪師，僧問：「如何是不動尊？」師曰：「熱鏊上猢猻。」曰：「如何是千百億化身？」師曰：「添香換水，點燈掃地。」曰：「如何是毗盧師、法身主？」師曰：「繫馬柱。」曰：「有甚麽交涉？」師曰：「縛殺這漢。」問：「會殺佛祖底始是作家。如何是殺佛祖底劍？」師曰：「不斷死漢。」曰：「如何是和尚劍？」師曰：「令不重行。」問：「如何是相生？」師曰：「山河大地。」曰：「如何是想生？」師曰：「兔子望月。」曰：「如何是流注生？」師曰：「無間斷。」曰：「如何是色空？」師曰：「五彩屏風。」上堂：「咄！咄！咄！海底魚龍盡枯竭，三脚蝦蟇飛上天，脱殼烏龜火中活。」上堂：「點時不到，皂白未分。到時不點，和泥合水。露柱跨跳入燈籠裏，即且從他。汝眉毛因甚麽却拖在脚跟下？直饒於此明得，也是猢猻戴席帽。於此未明，何異曲蟮穿靴？然雖如此，笑我者多，哂我者少。」

浄住居説禪師

杭州浄住院居説真浄禪師，參達觀，遂問曰：「某甲經論粗明，禪直不信，願師決疑。」觀曰：「既不信禪，豈可明經？禪是經綱，經是禪網。提綱正網，了禪見經。」師曰：「爲某甲説禪看。」觀曰：「向下文長。」師曰：「若恁麽，經與禪乃一體。」觀曰：「佛及祖非二心，如手搦拳，如拳搦手。」師因而有省，乃成偈曰：「二十餘年用意猜，幾番曾把此心灰。而今潦倒逢知己，李白元來是秀才。」

西余拱辰禪師

安吉州西余山拱辰禪師，上堂：「靈雲見華，眼中著翳。玄沙蹙指，體上遭迍。不如且恁麽過時，自然身心安樂。」上堂：「理因事有，心逐境生。事境俱忘，千山萬水。作麽生得恰好去？」良久曰：「且莫剜肉成瘡。」師有祖源通要三十卷行于世。

般若善端禪師

蘇州崑山般若寺善端禪師，僧問：「有生有滅，盡是常儀。無生無滅時如何？」師曰：「崑崙著靴空中立。」曰：「莫便是爲人處也無？」師曰：「石女簪花火裏眠。」曰：「大衆證明。」師曰：「更看泥牛鬬入海。」

節使李端愿居士

節使李端愿居士，兒時在館舍，常閱禪書。長雖婚宦，然篤志祖道，遂於後圃築室類蘭若，邀達觀處之。朝夕咨參，至忘寢食。觀一日視公曰：「非示現力，豈致爾哉？柰無箇所入何？」公問曰：「天堂地獄，畢竟是有是無？請師明說。」觀曰：「諸佛向無中說有，眼見空花。太尉就有裏尋無，手摅水月。堪笑眼前見牢獄不避，心外聞天堂欲生。殊不知忻怖在心，善惡成境。太尉但了自心，自然無惑。」公曰：「心如何了？」觀曰：「善惡都莫思量。」公曰：「不思量後，心歸何所？」觀曰：「且請太尉歸宅。」公曰：「祇如人死後，心歸何所？」觀曰：「未知生，焉知死？」公曰：「生則某已知之。」觀曰：「生從何來？」公罔措。觀起揕其胸曰：「祇在這裏。更擬思量箇甚麽？」公曰：「會得也。」觀曰：「作麽生會？」公曰：「祇知貪程，不覺蹉路。」觀拓開曰：「百年一夢，今朝方省。」既而説偈曰：「三十八歲，懵然無知？及其有知，何異無知。滔滔汴水，隱隱隋堤。師其歸矣，箭浪東馳。」

洞庭月禪師法嗣

薦福院亮禪師

蘇州薦福亮禪師，僧問：「不假言詮，請師示誨。」師曰：「大衆總見汝恁麼問。」曰：「莫秖這便是也無？」師曰：「罕逢穿耳客。」

仗錫己禪師法嗣

黃巖保軒禪師

台州黃巖保軒禪師，僧問：「不欲無言，略憑施設時如何？」師曰：「知而故犯。」僧禮拜，師便打。

龍華岳禪師法嗣

西余浄端禪師

安吉州西余師子浄端禪師，本郡人也。姓丘氏。始見弄師子，發明心要，往見龍華，蒙印可。遂旋里。合綵爲師子皮，時被之，因號端師子。丞相章公慕其道，躬請開法吴山，化風盛播。開堂日，僧官宣疏，至「推倒回頭，趯飜不托。七軸之蓮經未誦，一聲之漁父先聞。」師止之。遂登座，拈香祝聖罷，引聲吟曰：「本是瀟湘一釣客，自西自東自南北。」大衆雜然稱善。師顧笑曰：「諦觀法王法，法王法如是。」便下座。上堂：「二月二，禪翁有何謂，春風觸目百花開，公子王孫日日醺醺醉。唯有殿前陳朝檜，不入時人意。禪家流，祇這是，莫思慮，坦然齋後一甌茶，長連牀上伸脚睡。咄！」師到華亭，衆請上堂：「靈山師子，雲間哮吼，佛法無可商量，不如打箇筋斗。」便下座。問：「羚羊未挂角時如何？」師曰：「怕。」曰：「既是善知識，因何却怕？」師曰：「山僧不曾見恁麼差異畜生。」

南嶽下十二世

翠巖真禪師法嗣

大潙慕喆禪師

潭州大潙慕喆真如禪師，撫州臨川聞氏子。僧問：「趙州庭柏，意旨如何？」師曰：「夜來風色緊，孤客已先寒。」曰：「先師無此語，又作麽生？」師曰：「行人始知苦。」曰：「十載走紅塵，今朝獨露身。」師曰：「雪上加霜。」問：「如何是城裏佛？」師曰：「萬人叢裏不插標。」曰：「如何是村裏佛？」師曰：「泥豬疥狗。」曰：「如何是山裏佛？」師曰：「絶人往還。」曰：「如何是教外别傳底一句？」師曰：「翻譯不出。」問：「牛頭未見四祖時如何？」師曰：「寒毛卓竪。」曰：「見後如何？」師曰：「額頭汗出。」上堂：「月生一，天地茫茫誰受屈？月生二，東西南北没巴鼻。月生三，善財特地向南參。所以道，放行也，怛薩舒光；把住也，泥沙匿曜。且道放行是？把住是？」良久曰：「圓伊三點水，萬物自尖新。」上堂：「古佛道，昔於波羅奈轉四諦法輪，墮坑落壍，今復轉最妙無上大法輪，土上加泥。如今還有不歷階梯、獨超物外者麼？」良久曰：「出頭天外看，誰是箇中人？」上堂：「阿剌剌，是甚麼？翻思當年破竈墮，杖子忽擊著，方知孤負我。」以拄杖擊香臺一下曰：「墮！墮！」上堂：「捫空追響，勞汝精神。夢覺覺非，復有何事？德山老人在汝諸人眉毛眼睫上，諸人還覺麼？若也覺去，夢覺覺非；若也未覺，捫空追響，終無了期。直饒向這裏倜儻分明，猶是梯山入貢。還有獨超物外者麼？」良久曰：「且莫詐明頭。」問：「大通智勝佛，十劫坐道場。爲甚麼不得成佛道？」師曰：「苦殺人。」

上堂：「白雲瀇泞，水注滄溟。萬法本閑，復有何事？所以道，也有權，也有實，也有照，也有用。諸人到這裏，如何履踐？」良久曰：「但有路可上，更高人也行。」上堂：「山僧本無積畜，且得粥足飯足，困來即便打眠，一任東卜西卜。」上堂：「古者道：『一釋迦，二元和，三佛陀，自餘是甚麼椀脱丘！』慧光即不然，一釋迦，二元和，三佛陀，總是椀脱丘。諸人還知慧光落處麼？若也知去，許你具鐵眼銅睛。若也不知，莫謂幾經風浪險，扁舟曾向五湖遊。」上堂，拈起拄杖曰：「一塵纔起，大地全收。」卓一下曰：「妙喜世界百雜碎，且道不動如來即今在甚麽處？若人識得，可謂不動步而登妙覺。若也未識，向諸人眉毛眼睫裹涅槃去也。」又卓一下。上堂：「不用思而知，不用慮而解。廬陵米價高，鎮州蘿蔔大。」上堂，拈起拄杖曰：「智海拄杖，或作金剛王寶劍，或作踞地師子，或作探竿影草，或不作拄杖用。諸人還相委悉麽？若也委悉去，如龍得水，似虎靠山，出没卷舒，縱横應用。如未相委，大似日中逃影。」上堂：「十方同聚會，箇箇學無爲。此是選佛場，心空及第歸。慧光門下直拔超升，不歷科目。諸人既到這裹，風雲布地，牙爪已成，但欠雷聲燒尾。如今爲你諸人震忽雷去也。」以拄杖擊禪床，下座。師於紹聖二年十月八日，無疾説偈曰：「昨夜三更，風雷忽作。雲散長空，前溪月落。」良久，别衆趨寂。闍維，舍利斗許，大如豆，目睛齒爪不壞。門弟子分塔于京潭。

西林崇奥禪師

南嶽西林崇奥禪師，僧問：「一問一答，賓主歷然。不問不答，如何辨别？」師曰：「不得「坐底坐，立底立。」曰：「便恁麽會時如何？」師曰：「舌拄上齶。」僧禮拜，師曰：「不得諱却。」

蔣山元禪師法嗣

雪竇法雅禪師

明州雪竇法雅禪師，僧問：「學人不問西來意，乞師方便指迷情。」師曰：「霹靂過頭猶瞌睡。」曰：「謝師答話。」師曰：「再三啓口問何人？」曰：「争奈學人未禮拜何？」師曰：「休鈍置。」

丞熙應悦禪師

邵州丞熙應悦禪師，撫之宜黄戴氏子。上堂：「我宗無語句，徒勞尋露布。現成公案已多端，那堪更涉他門户？覿面當機直下提，何用波吒受辛苦？咄！」

雙峰回禪師法嗣

光國文贊禪師

閬州光國文贊禪師，僧問：「不二之法，請師速道。」師曰：「領。」曰：「恁麽則人人有分也。」師曰：「了。」曰：「錦屏天下少，光國世間稀。」師曰：「退。」

定慧信禪師法嗣

穹窿智圓禪師

蘇州穹窿智圓禪師，上堂：「福臻不説禪，無事日高眠。有問祖師意，連擉兩三拳。大衆！且道爲甚麽如此？不合惱亂山僧睡。」

雲峰悦禪師法嗣

壽寧齊曉禪師

桂州壽寧齊曉禪師，上堂："觸目不會道，猶較些子。運足焉知路，錯下名言。諸仁者，山僧今日將錯就錯，汝等諸人，見有眼，聞有耳，嗅有鼻，味有舌，因甚麽却不會？"良久曰："武帝求仙不得仙，王喬端坐却昇天。咄！"僧問："大衆雲臻，合談何事？"師曰："波斯入鬧市。"曰："恁麽則草偃風行去也。"師曰："萬里望鄉關。"

淨因臻禪師法嗣

長慶惠暹禪師

福州長慶惠暹文慧禪師，僧問："離上生之寶刹，登延聖之道場。如何是不動尊？"師曰："孤舟載明月。"曰："忽遇艫棹俱停，又作麽生？"師曰："漁人偏愛宿蘆花。"

問：「長期進道，西天以蠟人爲驗，未審此間以何爲驗？」師曰：「鐵彈子。」曰：「意旨如何？」師曰：「大底大，小底小。」

棲勝繼超禪師

福州棲勝繼超禪師，上堂，拈拄杖，良久曰：「三世諸佛，盡在這裏踍跳。大衆還會麽？過去諸佛説了，未來諸佛未説，現在諸佛今説。敢問諸人，作麽生是説底事？」卓一下曰：「蘇嚧蘇嚧！」

興化岳禪師法嗣

興化紹清禪師

潭州興化紹清禪師，上堂：「祖師門下，佛法不存。善法堂前，仁義休説。然雖如是，事無一向。竊聞哀哀父母，生我劬勞，欲報深恩，昊天罔極，髪膚身體，弗敢毀傷。此魯仲尼之孝也。輪轉三界中，恩愛不能捨，棄恩入無爲，真實報恩者。故我大覺世尊，雪山苦行，摩竭成道，往忉利天爲母說法。此釋迦之孝也。得大解脱，運大神通，手擎金錫，掌拓龍盂，詣地獄門，卓然尋省，見其慈母，悲泣無量。此目連之孝也。作麼生是興化之孝？」良久曰：「興化今日不上天堂，不入地獄，於善法堂中燈王座上，爲母說法，以報劬勞。且道我母即今在甚麼處？」乃曰：「我母生前足善緣，無勞問佛定生天。人間上壽古今少，九十春秋減一年。」下座。「敢煩大衆燒一炷香，以助山僧報孝。既是山僧之母，爲甚麼却煩諸人燒香？不見道：東家人死，西家人助哀。」以手槌胸曰：「蒼天！蒼天！」

玉泉芳禪師法嗣

慧力善周禪師

臨江軍慧力善周禪師，上堂：「遼天鶻，萬重雲，祇一突，是甚麼？咄！」師元祐元年十二月望日，沐浴淨髮，說偈曰：「山僧住瑞筠，未嘗形言句。七十三年來，七十三年去。」言畢而逝。五日後鬚髮再生。

南嶽下十三世

大潙喆禪師法嗣

智海道平禪師

東京智海普融道平禪師，上堂：「山僧不會佛法，爲人總没來由。或時半開半合，或時全放全收。還如萬人叢裏，冷地掉箇石頭，忽然打著一箇，方知觸處周流。」上堂：「趙州有四門，門門通大道。玉泉有四路，路路透長安。門門通大道，畢竟誰親到？路路透長安，分明進步看。」拍膝一下曰：「歲晚未歸客，西風門外寒。」上堂，舉：「盤山示衆曰：『似地擎山，不知山之孤峻。如石含玉，不知玉之無瑕。』古人恁麼説話，大似抱贓叫屈。智海門下，人人慷慨。生擒虎兕，活捉獰龍。眼裏著得須彌山，耳裏著得大海水。」遂拈拄杖曰：「不是向人誇伎倆，丈夫標致合如斯。」卓拄杖，下座。

泐潭景祥禪師

洪州泐潭景祥禪師，建昌南城傅氏子。僧問：「如何是祖師西來意？」師曰：「十箇指頭八箇丫。」問：「我手何似佛手？」師曰：「金鍮難辨。」曰：「我脚何似驢脚？」師曰：「黄龍路險。」曰：「人人有箇生緣，如何是和尚生緣？」師曰：「把定要津，不通凡聖。」中秋上堂：「靈山話，曹谿指，放過初生斫額底。未問龍眠老古錐，昨夜三更轉向西。正當恁麽時，有人問如何是月。向明暗未分處道得一句，便與古人共出一隻手。如或未然，寶峰不免依模畫樣，應箇時節。」乃打一圓相曰：「清光萬古復千古，豈止人間一夜看。」師室中問僧：「達磨西歸，手攜隻履。當時何不兩隻都將去？」曰：「此土也要留箇消息。」師曰：「一隻脚在西天，一隻脚在東土。著甚來由？」僧無語。問僧：「唯一堅密身，一切塵中現。如何是塵中現底身？」僧指香爐曰：「這箇是香爐。」師曰：「帶累三世諸佛生陷地獄。」僧罔措，師便打。師不安次，有僧問：「和尚近日尊候如何？」師曰：「土地前燒二陌紙著。」師常叉手夜坐，如對大賓。初坐手與趺綴，至五鼓必齊膺，因號祥叉手焉。

光孝慧蘭禪師

和州光孝慧蘭禪師，不知何許人也。自號碧落道人。嘗以觸衣書七佛名，叢林稱爲蘭布裩。有擬草庵歌一篇行于世，具載普燈。建炎末逆虜犯淮，執師見酋長。長曰：「聞我名否？」師曰：「我所聞者，唯大宋天子之名。」長恚，令左右以鎚擊之。鎚至輒斷壞。長驚異，延麾下敬事之。經旬，師索薪自焚，無敢供者。親拾薪成龕，怡然端坐。煙焰一起，流光四騰，虜跪伏灼膚者多。火絶，得五色舍利，併其骨而北歸。所執僧尼，悉得自便。和人至今詠之。

東明仁仙禪師

潭州東明仁仙禪師，開堂日，僧問：「世尊出世，梵王前引，帝釋後隨。和尚出世，有何祥瑞？」師曰：「任是百千諸佛，一時趕向水牯欄裏。」曰：「有何祥瑞？」師曰：「山僧不曾眼花。」

普照曉欽禪師

泗州普照曉欽明悟禪師，僧問：「師唱誰家曲？宗風嗣阿誰？」師曰：「東邊更近東。」曰：「溈山的子、智海親孫也。」師曰：「却笑傍人把釣竿。」上堂：「引手撮空，展轉莫及。翻身擲影，徒自勞形。當面拈來，却成蹉過。畢竟如何？」拍禪牀曰：「汨合錯商量。」

東林自遵禪師

廬山東林自遵正覺禪師，上堂：「十五日已前放過一著，十五日已後未可商量。正當十五日，試道一句看。」良久曰：「山色翠穠春雨歇，柏庭香擁木蘭開。」

福嚴寘禪師

潭州福嚴寘禪師，上堂：「福嚴山上雲，舒卷任朝昏。忽爾落平地，客來難討門。」

東明遷禪師

潭州東明遷禪師，久侍真如，晚居潙山。真如庵忠道者高其風，每叩之。一日閱首楞嚴次，忠問：「『如我按指，海印發光。』佛意如何？」師曰：「釋迦老子好與二十棒。」曰：「爲甚麼如此？」師曰：「用按指作麼？」曰：「汝暫舉心，塵勞先起又作麼生？」師曰：「亦是海印發光。」

雪竇雅禪師法嗣

光孝普印禪師

衢州光孝普印慈覺禪師，泉州許氏子。室中問僧：「父母未生已前在甚麼處行履？」僧擬對，即打出。或曰：「達磨在你脚下。」僧擬看，亦打出。或曰：「道！道！」僧擬開口，復打出。

慶善震禪師法嗣

慶善普能禪師

杭州慶善院普能禪師，上堂：「事不獲已，與諸人葛藤。一切衆生，祇爲心塵未脱，情量不除，見色聞聲，隨波逐浪，流轉三界，汩没四生，致使正見不明，觸途成滯。若也是非齊泯，善惡都忘，坐斷報化佛頭，截却聖凡途路，到這裏方有少許相應。直饒如是，衲僧分上未爲奇特。何故如此？纔有是非，紛然失心。咄！」上堂，拈拄杖曰：「未入山僧手中，萬法宛然。既入山僧手中，復有何事。」良久曰：「有意氣時添意氣，不風流處也風流。」卓拄杖一下。

淨土思禪師法嗣

萬壽法詮禪師

杭州靈鳳山萬壽法詮禪師，僧問：「如何是佛？」師曰：「抱樁打拍浮。」曰：「如何是法？」師曰：「黄泥彈子。」曰：「如何是僧？」師曰：「剃除鬚髮。」曰：「三寶外還別有爲人處也無？」師舉起一指。僧曰：「不會。」師曰：「指在唯觀月，風來不動幡。」上堂：「德山棒，臨濟喝，盡是無風波帀帀。燈籠跨跳過青天，露柱魂驚頭腦裂。然雖如是，大似食鹽加得渴。」喝一喝。

慶善守隆禪師

杭州慶善守隆禪師，開堂日，僧問：「知師久藴囊中寶，今日當筵略借看。」師曰：「多少分明。」曰：「師子吼時全露現，文殊仗劍又如何？」師曰：「驚殺老僧。」問：「千佛出世，各有奇祥。和尚今日，以何爲驗？」師曰：「木人把板雲中拍。」曰：「意旨如何？」師曰：「石女拈笙水底吹。」上堂：「花蔟蔟，錦蔟蔟，鹽醬年來事事足。留得南泉打破鍋，分付沙彌煮晨粥，晨粥一任諸人喫，洗鉢盂一句作麽生會？多少人疑着。」

護國月禪師法嗣

護國慧本禪師

江陵府護國慧本禪師，僧問：「有物先天地，無形本寂寥。未審是甚麽物？」師曰：「一鋌墨。」曰：「恁麽則耀古照今去也。」師曰：「作麽生是耀古照今底？」僧便喝，師便打。上堂：「好箇時節，誰肯承當？苟或無人，不如惜取。」良久曰：「彈雀夜明珠。」

南嶽下十四世

智海平禪師法嗣

浄因繼成禪師

東京浄因蹣庵繼成禪師，袁之宜春劉氏子。上堂，拈拄杖曰：「清浄本然，云何忽生山河大地？看看富樓那穿過釋迦老子鼻孔，釋迦老子鑽破虛空肚皮。且道山河大地在甚麽處？」擲下拄杖，召大衆曰：「虛空翻筋斗，向新羅國裏去也。是你諸人，切忌認葉止啼，刻舟尋劍。」上堂：「茫茫盡是覓佛漢，舉世難尋閑道人。棒喝交馳成藥忌，了亡藥忌未天真。」上堂：「崑崙奴著鐵袴，打一棒行一步，争似火中釣鱉，日裏藏冰？陰影間䰐魍魎，虛空縛殺麻繩。」上堂：「狹路相逢且莫疑，電光石火已遲遲。若教直下三心徹，祇在如今一餉時。到這裏，直使問來荅去，火迸星飛，互換主賓，照用得失，波翻嶽立，玉轉珠回，衲僧面前了無交涉。豈不見拈花鷲嶺，獨許飲光，問疾毗耶，誰當金粟？那知微笑已成途轍，縱使默然，未免風波。要須格外相逢，始解就中穎契。還會麽？一曲寥寥動今古，洛陽三十六峰西。」

上堂：「舉不顧，即差互。擬思量，何劫悟？大衆！枯桑知天風，是顧不顧？海水知天寒，是思不思？且唤甚麽作悟底道理？兔角杖頭挑法界，龜毛拂子舞三臺。」上堂：「鼻裏音聲耳裏香，眼中鹹淡舌玄黄。意能覺觸身分别，冰室如春九夏凉。如斯見得，方知男子身中入定時，女子身中從定出。葵花隨日轉，犀紋翫月生。香楓化老人，螟蠕成蜾蠃。若也不知，苦哉佛陀耶！許你具隻眼。」上堂：「一念心清浄，佛居魔王殿。一念惡心生，魔王居佛殿。懷禪師曰：『但恁麽信去，唤作脚踏實地而行。終無别法，亦無别道理。』老僧恁麼舉了，祇恐你諸人見兔放鷹，刻舟求劍。何故？功德天、黑暗女，有智主人，二俱不受。」上堂，舉：「汾陽拈拄杖示衆曰：『三世諸佛在這裏，爲汝諸人無孔竅。遂走向山僧拄杖裏去，强生節目。』」師曰：「汾陽與麽示徒，大似擔雪填井，傍若無人。山僧今日爲汝諸人出氣。」拈起拄杖曰：「三世諸佛不敢强生節目，却從山僧拄杖裏走出，向諸人道：『我不敢輕於汝等，汝等皆當作佛。』説是語已，翻筋斗向拘尸羅城裏去也。」擲下拄杖曰：「若到諸方，分明舉似。」

師同圓悟、法真、慈受并十大法師、禪講千僧，赴太尉陳公良弼府齋。時徽宗皇帝私幸觀之，太師魯國公亦與焉。有善華嚴者，乃賢首宗之義虎也。對衆問諸禪曰：「吾佛設教，自小乘至于圓頓，掃除空有，獨證真常。然後萬德莊嚴，方名爲佛。嘗聞禪宗一喝，能轉凡成聖，則與諸經論似相違背。今一喝若能入吾宗五教，是爲正説；若不能入，是爲邪説。」諸禪視師，師曰：「如法師所問，不足三大禪師之酬。浄因小長老可以使法師無惑也。」師召善，善應諾。師曰：「法師所謂愚法小乘教者，乃有義也。大乘始教者，乃空義也。大乘終教者，乃不有不空義也。大乘頓教者，乃即有即空義也。一乘圓教者，乃不有而有，不空而空或作空而不有，有而不空。義也。如我一喝，非唯能入五教，至於工巧技藝，諸子百家，悉皆能入。」師震聲喝一喝，問善曰：「聞麽？」曰：「聞。」師曰：「汝既聞，此一喝是有，能入小乘教。」須臾，又問善曰：「聞麽？」曰：「不聞。」師曰：「汝既不聞，適來一喝是無，能入始教。」遂顧善曰：「我初一喝，汝既道有；喝久聲銷，汝復道無。道無則元初實有，道有則而今實無，不有不無，能入終教。我有一喝之時，有非是有，因無故有；無一喝之時，無非是無，因有故無；即有即無，能入頓教。須知我此一喝，不作一喝用。有無不及，情解俱忘。道有之時，纖塵不立；道無之時，横徧虚空。即此一喝入百千萬億喝，百千萬億喝入此一喝，是故能入圓教。」善乃起再拜。師復謂曰：「非唯一喝爲然。乃至一語一默，一動一静，從古至今，十方虚空，萬象森羅，六趣四生，三世諸佛，一切聖賢，八萬四千法門，百千三昧無量妙義，契理契機，與天地萬物一體，謂之法身。三界唯心，萬法唯識，四時八節，陰陽一致，謂之法性。是故華嚴經云：法性徧在一切處，有相無相，一聲一色，全在一塵中含四義。事理無邊，周徧無餘，參而不雜，混而不一，於此一喝中皆悉具足。猶是建化門庭，隨機方便，謂之小歇場，未至寶所。殊不知吾祖師門下，以心傳心，以法印法，不立文字，見性成佛，有千聖不傳底向上一路在。」善又問曰：「如何是向上一路？」師曰：「汝且向下會取。」善曰：「如何是寶所？」師曰：「非汝境界。」善曰：「望禪師慈悲。」師曰：「任從滄海變，終不爲君通。」善膠口而退。聞者靡不歎仰。皇帝顧謂近臣曰：「禪宗玄妙深極如此，浄因才辯亦罕有也。」近臣奏曰：「此宗師之緒餘也。」

法輪彥孜禪師

南嶽法輪彥孜禪師，處之龍泉陳氏子。上堂：「若是諦當漢，通身無隔礙。舉措絕毫釐，把手出紅塵。撥開向上竅，當頭劄定，不犯鋒稜。轉握將來，應用恰好。絲毫不漏，函蓋相應。任是諸佛諸祖覷著，寒毛卓豎。會麽？喫茶去。」僧問：「如何是不涉煙波底句？」師曰：「皎皎寒松月，飄飄谷口風。」曰：「萬差俱掃蕩，一句截流機。」師曰：「點。」僧曰：「到。」師曰：「借人面具舞三臺。」問：「如何是佛？」師曰：「白額大虫。」曰：「祇如洞山道，麻三斤。又作麽生？」師曰：「毒虵鑽露柱。」曰：「學人不曉。」師曰：「踏著始驚人。」

開福崇哲禪師

衡州開福崇哲禪師，邵州劉氏子。上堂：「妙體堂堂觸處彰，快須回首便承當。今朝對衆全分付，莫道儂家有覆藏。」擲拂子，召侍者曰：「因甚打下老僧拂子？」問：「一水吞空遠，三峰峭壁危。猊臺重拂拭，共喜主人歸。未審到家如何施設？」師曰：「空手捻雙拳。」曰：「意旨如何？」師曰：「突出難辨。」上堂：「山僧有三印，更無增減剩。覿面便相呈，能轉凡成聖。諸人還知麽？若也未知，不免重重注破：一印印空，日月星辰列下風；一印印泥，頭頭物物顯真機；一印印水，捩轉魚龍頭作尾。三印分明體一同，看來非赤又非紅。互换高低如不薦，青山依舊白雲中。」

溈潭祥禪師法嗣

鴻福德昇禪師

台州鴻福德昇禪師，衡陽人也。上堂：「諸人恁麽上來，墮在見聞覺知。恁麽下去，落在動静施爲。若也不去不來，正是鬼窟活計。如何道得出身底句？若也道得，則分付拄杖子。若道不得，依而行之。」卓拄杖，下座。

萬壽慧素禪師

建寧府萬壽慧素禪師，上堂，僧問：「劫火洞然，大千俱壞。未審這箇還壞也無？」大隨曰『壞〔一〕』，修山主曰『不壞』。未審孰是孰非？」師曰：「一壞一不壞，笑殺觀自在。師子驀齩人，狂狗盡逐塊。」復曰：「會麼？」曰：「不會。」師曰：「漆桶不快。」便下座。一日，有僧來作禮，師問：「甚處來？」曰：「和尚合知某來處。」師曰：「湖南擔屎漢，江西刈禾客。」曰：「和尚真人天眼目。某在大潙充園頭，東林作藏主。」師打三棒，喝出。紹興三十三年六月朔，沐浴趺坐，書偈曰：「昨夜風雷忽爾，露柱生出兩指。天明笑倒燈籠，拄杖依前扶起。拂子跨跳過流沙，奪轉胡僧一隻履。」於是儼然而逝。

香山道淵禪師

明州香山道淵禪師，本郡人。上堂：「酒市魚行，頭頭寶所。鵶鳴鵲噪，一一妙音。」卓拄杖曰：「且道這箇是何佛事，狼籍不少！」上堂：「香山有箇話頭，彌滿四大神洲。若以佛法批判，還如認馬作牛。諸人既不作佛法批判，畢竟是甚麼道理？」擊拂子：「無鑐鎖子，不厭動摇。半夜枕頭，要須摸著。」下座。

〔一〕「壞」，據義應作「壞」。

開善道瓊禪師

建寧府開善木庵道瓊首座，信之上饒人。叢林以耆德尊之，溈潭亦謂其飽參。分座日，嘗舉隻履西歸語，謂衆曰：「坐脱立亡倒化即不無，要且未有逝而復出遺履者。爲復後代兒孫不及祖師？爲復祖師剩有這一著子？」乃大笑曰：「老野狐。」紹興庚申冬，信守以超化律革爲禪，迎爲第一祖。師語專使曰：「吾初無意人間，欲爲山子，正爲宗派耳。然恐多不能往。」受請已，取所藏溈潭繪像與木庵二字，仍書偈囑清泉亨老寄得法弟子慧山曰：「口觜不中祥老子，愛向叢林鼓是非。分付雪峰山首座，爲吾痛駡莫饒伊。」顧專使曰：「爲我傳語侍郎，行計迫甚，不及修答。」聲絶而化。

寶峰景淳知藏

景淳知藏，梅州人，於化度寺得度。往依溈潭，入室次，潭問：「陝府鐵牛重多少？」師叉手近前曰：「且道重多少？」潭曰：「尾在黄河北，頭枕黄河南。」善財無鼻孔，依舊向南參。」師擬議，潭便打，忽頓徹。巾侍有年，竟隱居林壑。嘗作偈曰：「怕寒懶剃鬔鬆髮，愛煖頻添榾柮柴。破衲伽黎撩亂搭，誰能勞力强安排。」

懷玉用宣首座

信州懷玉用宣首座，四明彭氏子。幼爲僧，徑趨叢席，侍泐潭於黄檗。一日自臨川持鉢歸，值潭晚參，有云：「一葉飄空便見秋，法身須透鬧啾啾。」師聞領旨，潭爲證據。後依大慧，慧亦謂其類己。以是名卿鉅公列刹迎禮，不就。嘗有頌大愚荅佛話，話曰：「鋸解秤鎚，出老杜詩：『紅稻啄殘鸚鵡顆，碧梧棲老鳳凰枝。』」

光孝蘭禪師法嗣

蘆山法真禪師

明州蘆山無相法真禪師，江南李主之裔也。上堂：「欲明向上事，須具頂門眼。若具頂門眼，始契出家心。既契出家心，常具頂門眼。要會頂門眼麽？四京人著衣喫飯，兩浙人飽暖自如。通玄峰頂香風清，花發蟠桃三四株。」

南嶽下十五世

浄因成禪師法嗣

瑞巖如勝禪師

台州瑞巖如勝佛燈禪師，上堂：「人人領略釋迦，箇箇平欺達磨，及乎問著宗綱，東手盡云放過。放過即不無，秖如女子出定，趙州洗鉢盂，又作麽生話會？鶴有九臯難翥翼，馬無千里謾追風。」

冶父道川禪師

無爲軍冶父實際道川禪師，崑山狄氏子。初爲縣之弓級，聞東齋謙首座爲道俗演法，往從之，習坐不倦。一日因不職遭笞，忽於杖下大悟，遂辭職依謙。謙爲改名道川，且曰：「汝舊呼狄三，今名道川，川即三耳。汝能豎起脊梁，了辦箇事，其道如川之增；若放倒，則依舊狄三也。」師銘於心。建炎初，圓頂游方，至天封蹣庵，與語鋒投，庵稱善。歸憩東齋，道俗愈敬。有以金剛般若經請問者，師爲頌之，今盛行於世。隆興改元，殿撰鄭公喬年漕淮西，適冶父，虚席迎開法。上堂：「群陰剥盡一陽生，草木園林盡發萌。唯有衲僧無底鉢，依前盛飯又盛羹。」上堂，舉：「雪峰一日登座，拈拄杖東覷曰：『東邊底。』又西覷曰：『西邊底。諸人還知麼？』擲下拄杖曰：『向這裏會取。』」師曰：「東邊覷了復西觀，拄杖重重話歲寒。帶雨一枝花落盡，不煩公子倚欄干。」

五燈會元卷第十三

青原下四世

雲巖晟禪師法嗣

洞山良价禪師

瑞州洞山良价悟本禪師，會稽俞氏子。幼歲從師念般若心經，至「無眼耳鼻舌身意」處，忽以手捫面，問師曰：「某甲有眼耳鼻舌等，何故經言無？」其師駭然異之，曰：「吾非汝師。」即指往五洩山禮默禪師披剃。年二十一，詣嵩山具戒。遊方，首詣南泉，值馬祖諱辰修齋。泉問衆曰：「來日設馬祖齋，未審馬祖還來否？」衆皆無對。師出對曰：「待有伴即來。」泉曰：「此子雖後生，甚堪雕琢。」師曰：「和尚莫壓良爲賤。」次參溈山，問曰：「頃聞南陽忠國師有無情說法話，某甲未究其微。」溈曰：「闍黎莫記得麽？」師曰：「記得。」溈曰：「汝試舉一徧看。」師遂舉：「僧問：『如何是古佛心？』國師曰：『牆壁瓦礫是。』僧曰：『牆壁瓦礫，豈不是無情？』國師曰：『是。』僧曰：『還解說法否？』國師曰：『常說，熾然說，無間歇。』僧曰：『某甲爲甚麽不聞？』國師曰：『汝自不聞，不可妨他聞者也。』僧曰：『未審甚麽人得聞？』國師曰：『諸聖得聞。』僧曰：『和尚還聞否？』國師曰：『我不聞。』僧曰：『和尚既不聞，爭知無情解說法？』國師曰：『賴我不聞，我若聞，即齊於諸聖，汝即不聞我說法也。』僧曰：『恁麽則衆生無分去也。』國師曰：『我爲衆生說，不爲諸聖說。』僧曰：『衆生聞後如何？』國師曰：『即非衆生。』僧曰：『無情說法，據何典教？』國師曰：『灼然言不該典，非君子之所談。汝豈不見華嚴經云：刹說、衆生說、三世一切說。』」師舉了，溈曰：「我這裏亦有，祇是罕遇其人。」師曰：「某甲未明，乞師指示。」溈豎起拂子曰：「會麽？」師曰：「不會，請和尚說。」溈曰：「父母所生口，終不爲子說。」師曰：「還有與師同時慕道者否？」溈曰：「此去澧陵攸縣，石室相連，有雲巖道人，若能撥草瞻風，必爲子之所重。」師曰：「未審此人如何？」溈曰：「他曾問老僧：『學人欲奉師去時如何？』老僧對他道：『直須絕滲漏始得。』他道：『還得不違師旨也無？』老僧道：『第一不得道老僧在這裏。』」師遂辭溈山，徑造雲巖，舉前因緣了，便問：

「無情説法，甚麽人得聞？」巖曰：「無情得聞。」師曰：「和尚聞否？」巖曰：「我若聞，汝即不聞吾説法也。」師曰：「某甲爲甚麽不聞？」巖豎起拂子曰：「還聞麽？」師曰：「不聞。」巖曰：「我説法汝尚不聞，豈況無情説法乎？」師曰：「無情説法，該何典教？」巖曰：「豈不見彌陁經云，水鳥樹林，悉皆念佛念法。」師於此有省。乃述偈曰：「也大奇，也大奇，無情説法不思議。若將耳聽終難會，眼處聞時方得知。」師問雲巖：「某甲有餘習未盡。」巖曰：「汝曹作甚麽來？」師曰：「聖諦亦不爲。」巖曰：「還歡喜也未？」師曰：「歡喜則不無，如糞掃堆頭，拾得一顆明珠。」師問雲巖：「擬欲相見時如何？」曰：「問取通事舍人。」師曰：「見問次。」曰：「向汝道甚麽？」師辭雲巖，巖曰：「甚麽處去？」師曰：「雖離和尚，未卜所止。」曰：「莫湖南去？」師曰：「無。」曰：「莫歸鄉去？」師曰：「無。」曰：「早晚却回？」師曰：「待和尚有住處即來。」曰：「自此一別，難得相見。」師曰：「難得不相見。」臨行又問：「百年後忽有人問，還邈得師真否，如何祇對？」巖良久曰：「祇這是。」師沈吟，巖曰：「价闍黎承當箇事，大須審細。」師猶涉疑，後因過水睹影，大悟前旨。有偈曰：「切忌從他覓，迢迢與我疏。我今獨自往，處處得逢渠。渠今正是我，我今不是渠。應須恁麽會，方得契如如。」他日，因供養雲巖真次，僧問：「先師道祇這是，莫便是否？」師曰：「是。」曰：「意旨如何？」師曰：「當時幾錯會先師意。」曰：「未審先師還知有也無？」師曰：「若不知有，爭解恁麼道？若知有，爭肯恁麼道？」長慶云：「既知有，爲甚麼恁麼道？」又云：「養子方知父慈。」

師在泐潭，見初首座，有語曰：「也大奇，也大奇。佛界道界不思議。」師遂問曰：「佛界道界即不問，祇如説佛界道界底是甚麼人？」初良久無對。師曰：「何不速道？」初曰：「爭即不得。」師曰：「道也未曾道，説甚麼爭即不得！」初無對。師曰：「佛之與道，俱是名言，何不引教？」初曰：「教道甚麼？」師曰：「得意忘言。」初曰：「猶將教意向心頭作病在。」師曰：「説佛界道界底病大小？」初又無對。次日忽遷化，時稱師爲「問殺首座價」。師自唐大中末於新豐山接誘學徒，厥後盛化豫章高安之洞山。權開五位，善接三根。大闡一音，廣弘萬品。横抽寶劍，剪諸見之稠林。妙叶弘通，截萬端之穿鑿。又得曹山深明的旨，妙唱嘉猷，道合君臣，偏正回互。由是洞上玄風，播於天下，故諸方宗匠咸共推尊之曰「曹洞宗」。師因雲巖諱日營齋，僧問：「和尚於雲巖處得何指示？」師曰：「雖在彼中，不蒙指示。」曰：「既不蒙指示，又用設齋作甚麼？」師曰：「爭敢違背他！」曰：「和尚初見南泉，爲甚麼却與雲巖設齋？」師曰：「我不重先師道德佛法，祇重他不爲我説破。」曰：「和尚爲先師設齋，還肯先師也無？」師曰：「半肯半不肯。」曰：「爲甚麼不全肯？」師曰：「若全肯，即孤負先師也。」問：「欲見和尚本來師，如何得見？」師曰：「年牙相似，即無阻矣。」僧擬進語，師曰：「不躡前蹤，別請一問。」僧無對。雲居代云：「恁麼則不見和尚本來師也。」僧問長慶：「如何是年牙相似者？」慶云：「古人恁麼道，闍黎久向這裏覓箇甚麼？」問：「寒暑到來，如何回避？」師曰：「何不向無寒暑處去？」曰：「如何是無寒暑處？」師曰：「寒時寒殺闍黎，熱時熱殺闍黎。」上堂：「還有不報四恩三有者麼？」衆無對。又曰：「若不體此意，何超始終之患？直須心心不觸物，步步無處所，常無間斷，始得相應。直須努力，莫閑過日。」問僧：「甚處來？」曰：「遊山來。」師曰：「還到頂麼？」曰：「到。」師曰：「頂上有人麼？」曰：「無人。」師曰：「恁麼則不到頂也。」曰：「若不到頂，争知無人？」師曰：「何不且住？」曰：「某甲不辭住，西天有人不肯。」師曰：「我從來疑著這漢。」

師與泰首座冬節喫果子次，乃問：「有一物上拄天，下拄地，黑似漆，常在動用中。動用中收不得，且道過在甚麼處？」泰曰：「過在動用中。」同安顯別云：「不知。」師喚侍者掇退果卓。問雪峰：「從甚處來？」曰：「天台來。」師曰：「見智者否？」曰：「義存喫鐵棒有分。」僧問：「如何是西來意？」師曰：「大似駭雞犀。」問：「蛇吞蝦蟇，救則是？不救則是？」師曰：「救則雙目不睹，不救則形影不彰。」有僧不安，要見師。師遂往，僧曰：「和尚何不救取人家男女？」師曰：「你是甚麼人家男女？」曰：「某甲是大闡提人家男女。」

師良久。僧曰：「四山相逼時如何？」師曰：「老僧日前也向人家屋簷下過來。」曰：「回互不回互？」師曰：「不回互。」曰：「教某甲向甚處去？」師曰：「粟畬裏去。」僧噓一聲，曰：「珍重。」便坐脱。師以拄杖敲頭三下曰：「汝祇解與麼去，不解與麼來。」

因夜參，不點燈，有僧出問話。退後，師令侍者點燈，乃召適來問話僧出來。其僧近前，師曰：「將取三兩粉來，與這箇上座。」其僧拂袖而退，自此省發，遂罄捨衣資設齋。得三年後，辭師，師曰：「善爲！」時雪峰侍立，問曰：「祇如這僧辭去，幾時却來？」師曰：「他祇知一去，不解再來。」其僧歸堂，就衣鉢下坐化。峰上報師，師曰：「雖然如此，猶較老僧三生在。」雪峰上問訊，師曰：「入門來須有語，不得道早箇入了也。」峰曰：「某甲無口。」師曰：「無口且從，還我眼來。」峰無語。雲居別前語云：「待某甲有口即道。」長慶別云：「恁麼則某甲謹退。」雪峰般柴次，乃於師面前抛下一束。師曰：「重多少？」峰曰：「盡大地人提不起。」師曰：「争得到這裏？」峰無語。

問僧：「甚處來？」曰：「三祖塔頭來。」師曰：「既從祖師處來，又要見老僧作甚麼？」曰：「祖師即别，學人與和尚不别。」師曰：「老僧欲見闍黎本來師，還得否？」曰：「亦須待和尚自出頭來始得。」師曰：「老僧適來暫時不在。」官人問：「有人修行否？」師曰：「待公作男子即修行。」僧問：「相逢不拈出，舉意便知有時如何？」師乃合掌頂戴。

問僧：「作甚麽來？」曰：「孝順和尚來。」師曰：「世間甚麽物最孝順？」僧無對。

上堂：「有一人在千人萬人中，不背一人，不向一人，你道此人具何面目？」雲居出曰：「某甲參堂去。」師有時曰：「體得佛向上事，方有些子語話分。」僧問：「如何是語話？」師曰：「語話時闍黎不聞。」曰：「和尚還聞否？」師曰：「不語話時即聞。」問：「如何是正問正答？」師曰：「不從口裏道。」曰：「若有人問，師還答否？」師曰：「也未曾問。」問：「如何是從門入者非寶？」師曰：「便好休。」問：「和尚出世幾人肯？」師曰：「並無一人肯。」曰：「爲甚麽並無一人肯？」師曰：「爲他箇箇氣宇如王。」師問講維摩經僧曰：「不可以智知，不可以識識，喚作甚麽語？」曰：「讚法身語。」師曰：「喚作法身，早是讚也。」問：「時時勤拂拭，爲甚麽不得他衣鉢？未審甚麽人合得？」師曰：「不入門者。」曰：「秖如不入門者，還得也無？」師曰：「雖然如此，不得不與他却。」又曰：「直道本來無一物，猶未合得他衣鉢，汝道甚麽人合得？這裏合下得一轉語，且道下得甚麽語？」時有一僧，下九十六轉語，並不契，末後一轉，始愜師意。師曰：「闍黎何不早恁麽道？」別有一僧密聽，秖不聞末後一轉，遂請益其僧。僧不肯說，如是三年相從，終不爲舉。一日因疾，其僧曰：「某三年請舉前話，不蒙慈悲，善取不得，惡取去！」遂持刀白曰：「若不爲某舉，即殺上座去也。」其僧悚然，曰：「闍黎且待，我爲你舉。」乃曰：「直饒將來亦無處著。」其僧禮謝。有庵主不安，凡見僧便曰：「相救！相救！」多下語不契。師乃去訪之，主亦曰：「相救。」師曰：「甚麽相救？」主曰：「莫是藥山之孫，雲巖嫡子麽？」師曰：「不敢。」主合掌曰：「大家相送。」便遷化。僧問：「亡僧遷化向甚麽處去？」師曰：「火後一莖茆。」問：「師尋常教學人行鳥道，未審如何是鳥道？」師曰：「不逢一人。」曰：「如何行？」師曰：「直須足下無私去。」曰：「祇如行鳥道，莫便是本來面目否？」師曰：「闍黎因甚顛倒？」曰：「甚麽處是學人顛倒？」師曰：「若不顛倒，因甚麽却認奴作郎？」曰：「如何是本來面目？」師曰：「不行鳥道。」師謂衆曰：「知有佛向上人，方有語話分。」僧問：「如何是佛向上人？」師曰：「非佛。」保福別云：「佛非。」法眼別云：「方便呼爲佛。」師與密師伯過水，乃問：「過水事作麽生？」伯曰：「不濕脚。」師曰：「老老大大，作這箇語話。」伯曰：「你又作麽生？」師曰：「脚不濕。」問僧：「甚處去來？」曰：「製鞋來。」師曰：「自解？依他。」曰：「依他。」師曰：「他還指教汝也無？」曰：「允即不違。」僧問茱萸：「如何是沙門行？」萸曰：「行則不無，有覺即乖。」別有僧舉似師，師曰：「他何不道：未審是甚麽行？」僧遂進此語，萸曰：「佛行，佛行。」僧回，舉似師，師曰：「幽州猶似可，最苦是新羅。」東禪齊拈云：「此語還有疑訛也無？若有，且道甚麽處不得？若無，他又道最苦是新羅。還點檢得出麽？他道行則不無，有覺即乖。却令再問是甚麽行？又道佛行。那僧是會了問？

不會了問？請斷看。」僧却問：「如何是沙門行？」師曰：「頭長三尺，頸長二寸。」師令侍者持此語問三聖然和尚，聖於侍者手上掐一掐。侍者回，舉似師。師肯之。師見幽上座來，遽起向禪床後立。幽曰：「和尚爲甚麼回避學人？」師曰：「將謂闍黎不見老僧。」問：「如何是玄中又玄？」師曰：「如死人舌。」師洗鉢次，見兩烏争蝦蟇。有僧便問：「這箇因甚麼到恁麼地？」師曰：「祇爲闍黎。」問：「如何是毗盧師、法身主？」師曰：「禾莖粟榦。」問：「三身之中，阿那身不墮衆數？」師曰：「吾常於此切。」僧問曹山：「先師道：『吾常於此切。』意作麼生？」山云：「要頭便斫去。」又問雪峰，峰以拄杖劈口打云：「我亦曾到洞山來。」會下有老宿去雲巖回，師問：「汝去雲巖作甚麼？」宿曰：「不會。」師代曰：「堆堆地。」師行脚時，會一官人，曰：「三祖信心銘，弟子擬注。」師曰：「纔有是非，紛然失心，作麼生注？」法眼代云：「恁麼則弟子不注也。」師看稻次，見朗上座牽牛。師曰：「這箇牛須好看，恐傷人苗稼。」朗曰：「若是好牛，應不傷人苗稼。」僧問：「如何是青山白雲父？」師曰：「不森森者是。」曰：「如何是白雲青山兒？」師曰：「不辨東西者是。」曰：「如何是白雲終日倚？」師曰：「去離不得。」曰：「如何是青山揔不知？」師曰：「不顧視者是。」問：「清河彼岸是甚麼草？」師曰：「是不萌之草。」師作五位君臣頌曰：「正中偏，三更初夜月明前，莫怪相逢不相識，隱隱猶懷舊日嫌。偏中正，失曉老婆逢古鏡，分明覿面別無真，休更迷頭猶認影。正中來，無中有路隔塵埃，但能不觸當今諱，也勝前朝斷舌才。兼中至，兩刃交鋒不須避，好手猶如火裏蓮，宛然自有沖天志。兼中到，不落有無誰敢和，人人盡欲出常流，折合還歸炭裏坐。」上堂：「向時作麽生？奉時作麽生？功時作麽生？共功時作麽生？功功時作麽生？」僧問：「如何是向？」師曰：「喫飯時作麽生？」曰：「如何是奉？」師曰：「背時作麽生？」曰：「如何是功？」師曰：「放下钁頭時作麽生？」曰：「如何是共功？」師曰：「不得色。」曰：「如何是功功？」師曰：「不共。」乃示頌曰：「聖主由來法帝堯，御人以禮曲龍腰。有時鬧市頭邊過，到處文明賀聖朝。」「浄洗濃粧爲阿誰，子規聲裏勸人歸。百花落盡啼無盡，更向亂峰深處啼。」「枯木花開劫外春，倒騎玉象趁麒麟。而今高隱千峰外，月皎風清好日辰。」「衆生諸佛不相侵，山自高兮水自深。萬別千差明底事，鷓鴣啼處百花新。」「頭角纔生已不堪，擬心求佛好羞慚。迢迢空劫無人識，肯向南詢五十三。」師因曹山辭，遂囑曰：「吾在雲巖先師處，親印寶鏡三昧，事窮的要，今付於汝。」詞曰：「如是之法，佛祖密付。汝今得之，宜善保護。銀盌盛雪，明月藏鷺。類之弗齊，混則知處。意不在言，來機亦赴。動成窠臼，差落顧佇。背觸俱非，如大火聚。但形文彩，即屬染污。夜半正明，天曉不露。爲物作則，用拔諸苦。雖非有爲，不是無語。如臨寶鏡，形影相覩。汝不是渠，渠正是汝。如世嬰兒，五相完具。不去不來，不起不住。婆婆和和，有句無句。

終不得物，語末正故。重離六爻，偏正回互。疊而爲三，變盡成五。如荎（徒結切）草味，如金剛杵。正中妙挾，敲唱雙舉。通宗通塗，挾帶挾路。錯然則吉，不可犯忤。天真而妙，不屬迷悟。因緣時節，寂然昭著。細入無間，大絶方所。毫忽之差，不應律吕。今有頓漸，緣立宗趣。宗趣分矣，即是規矩。宗通趣極，真常流注。外寂中摇，係駒伏鼠。先聖悲之，爲法檀度。隨其顛倒，以緇爲素。顛倒想滅，肯心自許。要合古轍，請觀前古。佛道垂成，十劫觀樹。如虎之缺，如馬之馵（之戍切）。以有下劣，寶几珍御。以有驚異，貍奴白牯。羿以巧力，射中百步。箭鋒相直，巧力何預。木人方歌，石女起舞。非情識到，寧容思慮。臣奉於君，子順於父。不順非孝，不奉非輔。潛行密用，如愚若魯。但能相續，名主中主。」師又曰：「末法時代，人多乾慧。若要辨驗真僞，有三種滲漏。一曰見滲漏，機不離位，墮在毒海。二曰情滲漏，滯在向背，見處偏枯。三曰語滲漏，究妙失宗，機昧終始，濁智流轉。於此三種，子宜知之。」又綱要偈三首，一、敲唱俱行偈曰：「金針雙鎖備，叶路隱全該。寶印當風妙，重重錦縫開。」二、金鎖玄路偈曰：「交互明中暗，功齊轉覺難。力窮忘進退，金鎖網鞔鞔。」三、不墮凡聖（亦名理事不涉）偈曰：「事理俱不涉，回照絶幽微。背風無巧拙，電火爍難追。」上堂：「道無心合人，人無心合道。欲識箇中意，一老一不老。」後僧問曹山：「如何是一老？」山云：「不扶持。」云：「如何是一不老？」山云：「枯木。」僧又舉似逍遥忠，忠云：「三從六義。」問僧：「世間何物最苦？」曰：「地獄最苦。」師曰：「不然，在此衣線下，不明大事，是名最苦。」師與密師伯行次，指路傍院曰：「裏面有人説心説性。」伯曰：「是誰？」師曰：「被師伯一問，直得去死十分。」伯曰：「説心説性底誰？」師曰：「死中得活。」問僧：「名甚麽？」曰：「某甲。」師曰：「阿那箇是闍黎主人公？」曰：「見祇對次。」師曰：「苦哉！苦哉！今時人例皆如此，秖認得驢前馬後底，將爲自己。佛法平沈，此之是也。賓中主尚未分，如何辨得主中主？」僧便問：「如何是主中主？」師曰：「闍黎自道取。」曰：「某甲道得，即是賓中主。雲居代云：「某甲道得，不是賓中主。」如何是主中主？」師曰：「恁麽道即易，相續也大難。」遂示頌曰：「嗟見今時學道流，千千萬萬認門頭。恰似入京朝聖主，祇到潼關便即休。」師不安，令沙彌傳語雲居，乃囑曰：「他或問和尚安樂否，但道雲巖路相次絶也。汝下此語須遠立，恐他打汝。」沙彌領旨去，傳語聲未絶，早被雲居打一棒，沙彌無語。同安顯代云：「恁麽則雲巖一枝不墜也。」雲居錫云：「上座！且道雲巖路絶不絶？」崇壽稠云：「古人打此一棒，意作麽生？」師將圓寂，謂衆曰：「吾有閑名在世，誰人爲吾除得？」衆皆無對。時沙彌出曰：「請和尚法號。」師曰：「吾閑名已謝。」石霜云：「無人得他肯。」雲居云：「若有閑名，非吾先師。」曹山云：「從古至今，無人辨得。」疏山云：「龍有出水之機，無人辨得。」僧問：「和尚違和，還有不病者也無？」師曰：「有。」曰：「不病者還看和尚否？」師曰：

「老僧看他有分。」曰：「未審和尚如何看他？」師曰：「老僧看時，不見有病。」師乃問僧：「離此殼漏子，向甚麽處與吾相見。」僧無對。師示頌曰：「學者恒沙無一悟，過在尋他舌頭路。欲得忘形泯蹤跡，努力殷懃空裏步。」乃命剃髮、澡身、披衣，聲鐘辭衆，儼然坐化。時大衆號慟，移晷不止。師忽開目謂衆曰：「出家人心不附物，是真修行。勞生惜死，哀悲何益？」復令主事辦愚癡齋，衆猶慕戀不已。延七日，食具方備，師亦隨衆齋畢。乃曰：「僧家無事，大率臨行之際，勿須喧動。」遂歸丈室，端坐長往。當咸通十年三月，壽六十三，臘四十二，謚悟本禪師，塔曰慧覺。

青原下五世

洞山价禪師法嗣

曹山本寂禪師

撫州曹山本寂禪師，泉州莆田黄氏子。少業儒，年十九，往福州靈石出家，二十五登戒。尋謁洞山，山問：「闍黎名甚麽？」師曰：「本寂。」山曰：「那箇聻？」師曰：「不名本寂。」山深器之。自此入室，盤桓數載，乃辭去。山遂密授洞上宗旨，復問曰：「子向甚麽處去？」師曰：「不變異處去。」山曰：「不變異處，豈有去邪？」師曰：「去亦不變異。」遂往曹溪禮祖塔，回吉水。衆嚮師名，乃請開法。師志慕六祖，遂名山爲曹。尋值賊亂，乃之宜黄。有信士王若一，捨何王觀請師住持。師更何王爲荷玉，由是法席大興，學者雲萃。洞山之宗，至師爲盛。師因僧問五位君臣旨訣，師曰：「正位即空界，本來無物。偏位即色界，有萬象形。正中偏者，背理就事。偏中正者，舍事入理。兼帶者，冥應衆緣，不墮諸有，非染非浄，非正非偏，故曰虚玄大道，無著真宗。從上先德，推此一位，最妙最玄，當詳審辨明。君爲正位，臣爲偏位，臣向君是偏中正，君視臣是正中偏，君臣道合是兼帶語。」僧問：「如何是君？」師曰：「妙德尊寰宇，高明朗太虚。」曰：「如何是臣？」師曰：「靈機弘聖道，真智利群生。」曰：「如何是臣向君？」師曰：「不墮諸異趣，凝情望聖容。」曰：「如何是君視臣？」師曰：「妙容雖不動，光燭本無偏。」曰：「如何是君臣道合？」師曰：「混然無内外，和融上下平。」師又曰：「以君臣偏正言者，不欲犯中，故臣稱君，不敢斥言是也。此吾法宗要。」乃作偈曰：「學者先須識自宗，莫將真際雜頑空。妙明體盡知傷觸，力在逢緣不借中。出語直教燒不着，潛行須與古人同。無身有事超岐路，無事無身落始終。」復作五相：◓、偈曰：「白衣須拜相，此事不爲奇。積代簪纓者，休言落魄時。」◒、偈曰：「子時當正位，明正在君臣。未離兜率界，烏雞雪上行。」⊙、偈曰：「燄裏寒冰結，楊花九月飛。泥牛吼水面，木馬逐風嘶。」○、偈曰：「王宮初降日，玉兔不能離。未得無功旨，人天何太遲。」●、偈曰：「渾然藏理事，眹兆卒難明。威音王未曉，彌勒豈惺惺。」稠布衲問：「披毛帶角是甚麼墮？」師曰：「是類墮。」曰：「不斷聲色是甚麼墮？」師曰：「是隨墮。」曰：「不受食是甚麼墮？」師曰：「是尊貴墮。」乃曰：「食者即是本分事，知有不取，故曰尊貴墮。若執初心，知有自己及聖位，故曰類墮。若初心知有己事，回光之時，擯却色聲香味觸法，得寧謐即成功勳。後却不執六塵等事，隨分而味，任之則礙。所以外道六師，是汝之師。彼師所墮，汝亦隨墮。乃可取食，食者即是正命食也。亦是就六根門頭見聞覺知，祇是不被他染污，將爲墮，且不是同向前均他，本分事尚不取，豈況其餘事邪？」師凡言墮，謂混不得、類不齊，凡言初心者，所謂悟了同未悟耳。師作四禁偈曰：「莫行心處路，不挂本來衣。何須正恁麼，切忌未生時。」僧問：「學人通身是病，請師醫。」師曰：「不醫。」曰：「爲甚麼不醫？」師曰：「教汝求生不得，求死不得。」問：「沙門豈不是具大慈悲底人？」師曰：「是。」曰：「忽遇六賊來時如何？」師曰：「亦須具大慈悲。」曰：「如何具大慈悲？」師曰：「一劍揮盡。」曰：「盡後如何？」師曰：「始得和同。」問：「五位對賓時如何？」師曰：「汝即今問那箇位？」曰：「某甲從偏位中來，請師向正位中接。」師曰：「不接。」曰：「爲甚麼不接？」師曰：「恐落偏位中去。」師却問僧：「祇如不接是對賓？是不對賓？」曰：「早是對賓了也。」師曰：「如是！如是！」問：「萬法從何而生？」師曰：「從顛倒生。」曰：「不顛倒時萬法何在？」師曰：「在。」曰：「在甚麼處？」師曰：「顛倒作麼？」問：「不萌之草爲甚麼能藏香象？」師曰：「闍黎幸是作家，又問曹山作麼？」問：「三界擾擾，六趣昏昏，如何辨色？」師曰：「不辨色。」曰：「爲甚麼不辨色？」師曰：「若辨色即昏也。」師聞鐘聲，乃曰：「阿㖿！阿㖿！」僧問：「和尚作甚麼？」師曰：「打著我心。」僧無對。五祖戒代云：「作賊人心虛。」問維那：「甚處來？」曰：「牽醋槽去來。」師曰：「或到險處，又作麼生牽？」那無對。雲居代云：「正好著力。」疏山代云：「切須放却始得。」問金峰志曰：「作甚麼來？」曰：「蓋屋來。」師曰：「了也未。」曰：「這邊則了。」師曰：「那邊事作麼生？」曰：「候下工日白和尚。」師曰：「如是！如是！」師一日入僧堂向火，有僧曰：「今日好寒。」師曰：「須知有不寒者。」曰：「誰是不寒者？」師筴火示之。僧曰：「莫道無人好。」師拋下火。僧曰：「某甲到這裏却不會。」師曰：「日照寒潭明更明。」問：「不與萬法爲侶者是甚麼人？」師曰：「汝道洪州城裏如許多人，甚麼處去？」問：「眉與目還相識也無？」師曰：「不相識。」曰：「爲甚麼不相識？」師曰：「爲同在一處。」曰：「恁麽則不分去也。」師曰：「眉且不是目。」曰：「如何是目？」師曰：「端的去。」曰：「如何是眉？」師曰：「曹山却疑。」曰：「和尚爲甚麽却疑？」師曰：「若不疑，即端的去也。」問：「如何是無刃劍？」師曰：「非淬鍊所成。」曰：「用者如何？」師曰：「逢者皆喪。」曰：「不逢者如何？」師曰：「亦須頭落。」曰：「逢者皆喪則固是，不逢者爲甚麽頭落？」師曰：「不見道：能盡一切。」曰：「盡後如何？」師曰：「方知有此劍。」問：「於相何真？」師曰：「即相即真。」曰：「當何顯示？」師竪起拂子。問：「幻本何真？」師曰：「幻本元真。」法眼別云：「幻本不真」。曰：「當幻何顯？」師曰：「即幻即顯。」法眼別云：「幻即無當。」曰：「恁麽則始終不離於幻也。」師曰：「覓幻相不可得。」問：「即心即佛即不問，如何是非心非佛？」師曰：「兔角不用無，牛角不用有。」問：「如何是常在底人？」師曰：「恰遇曹山暫出。」曰：「如何是常不在底人？」師曰：「難得。」僧問：「清稅孤貧，乞師賑濟。」師召「稅闍黎！」稅應諾。師曰：「清原白家酒三盞，喫了猶道未沾唇。」玄覺云：「甚麽處是與他酒喫？」問：「擬豈不是類？」師曰：「直是不擬亦是類。」曰：「如何是異？」師曰：「莫不識痛痒好！」鏡清問：「清虚之理，畢竟無身時如何？」師曰：「理即如此，事作麽生？」曰：「如理如事。」師曰：「謾曹山一人即得，争奈諸聖眼何！」曰：「若無諸聖眼，争鑑得箇不恁麽？」師曰：「官不容針，私通車馬。」雲門問：「不改易底人來，師還接否？」師曰：「曹山無恁麽閑工夫。」問：「人人盡有弟子在塵中，師還有否？」師曰：「過手來。」其僧過手，師點曰：「一二三四五六〔一〕足。」問：「魯祖面壁，用表何事？」師以手掩耳。問：「承古有言：『未有一人倒地，不因地而起。』如何是倒？」師曰：「肯即是。」曰：「如何是起？」師曰：「起也。」問：「子歸就父，爲甚麽父全不顧？」師曰：「理合如是。」曰：「父子之恩何在？」師曰：「始成父子之恩。」曰：「如何是父子之恩？」師曰：「刀斧斫不開。」問：「靈衣不挂時如何？」師曰：「曹山孝滿。」曰：「孝滿後如何？」師曰：「曹山好顛酒。」問：「教中道：『大海不宿死屍』如何是大海？」師曰：「包含萬有者。」曰：「既是包含萬有，爲甚麽不宿死屍？」師曰：「絶氣息者不著。」曰：「既是包含萬有，爲甚麽絶氣息者不著？」師曰：「萬有非其功，絶氣息者有其德。」曰：「向上還有事也無？」師曰：「道有道無即得，爭柰龍王按劍何！」問：「具何知解，善能問難？」師曰：「不呈句。」曰：「問難箇甚麽？」師曰：「刀斧斫不入。」曰：「恁麽問難，還有不肯者麽？」師曰：「有。」曰：「是誰？」師曰：「曹山。」問：「世間甚麽物最貴？」師曰：「死猫兒頭最貴。」曰：「爲甚麽死猫兒頭最

〔一〕「六」，疑衍。

貴？」師曰：「無人著價。」問：「無言如何顯？」師曰：「莫向這裏顯。」曰：「甚麼處顯？」師曰：「昨夜床頭失却三文錢。」問：「日未出時如何？」師曰：「曹山也曾恁麽來。」曰：「出後如何？」師曰：「猶較曹山半月程。」問僧：「作甚麽？」曰：「掃地。」師曰：「佛前掃？佛後掃？」曰：「前後一時掃。」師曰：「與曹山過靸鞋來。」僧問：「抱璞投師，請師雕琢。」師曰：「不雕琢。」曰：「爲甚麽不雕琢？」師曰：「須知曹山好手。」問：「如何是曹山眷屬？」師曰：「白髮連頭戴，頂上一枝花。」問：「古德道：『盡大地唯有此人。』未審是甚麽人？」師曰：「不可有第二月也。」曰：「如何是第二月？」師曰：「也要老兄定當。」曰：「作麽生是第一月？」師曰：「險。」師問德上座：「菩薩在定，聞香象渡河，出甚麽經？」曰：「出涅槃經。」師曰：「定前聞？定後聞？」曰：「和尚流也。」師曰：「道也太煞道，祇道得一半。」曰：「和尚如何？」師曰：「灘下接取。」問：「學人十二時中，如何保任？」師曰：「如經蠱毒之鄉，水也不得沾著一滴。」問：「如何是法身主？」師曰：「謂秦無人。」曰：「這箇莫便是否？」師曰：「斬。」問：「親何道伴，即得常聞於未聞？」師曰：「同共一被蓋。」曰：「此猶是和尚得聞，如何是常聞於未聞？」師曰：「不同於木石。」曰：「何者在先？何者在後？」師曰：「不見道：常聞於未聞。」問：「國內按劍者是誰？」師曰：「曹山。」法燈別云：「汝不是恁麽人。」曰：「擬殺何人？」師曰：「一切總殺。」

曰：「忽逢本生父母又作麽生？」師曰：「揀甚麽！」曰：「争柰自己何！」師曰：「誰柰我何！」曰：「何不自殺？」師曰：「無下手處。」問：「一牛飲水，五馬不嘶時如何？」師曰：「曹山解忌口。」問：「常在生死海中沉没者，是甚麽人？」師曰：「第二月。」曰：「還求出也無？」師曰：「也求出，祇是無路。」曰：「未審甚麽人接得伊？」師曰：「擔鐵枷者。」問：「雪覆千山，爲甚麽孤峰不白？」師曰：「須知有異中異。」曰：「如何是異中異？」師曰：「不墮諸山色。」紙衣道者來參，師問：「莫是紙衣道者否？」者曰：「不敢。」師曰：「如何是紙衣下事？」者曰：「一裘纔挂體，萬法悉皆如。」師曰：「如何是紙衣下用？」者近前應諾，便立脱。師曰：「汝祇解恁麽去，何不解恁麽來？」者忽開眼，問曰：「一靈真性，不假胞胎時如何？」師曰：「未是妙。」者曰：「如何是妙？」師曰：「不借借。」者珍重便化。師示頌曰：「覺性圓明無相身，莫將知見妄疏親。念異便於玄體昧，心差不與道爲鄰。情分萬法沈前境，識鑒多端喪本真。如是句中全曉會，了然無事昔時人。」問强上座曰：「佛真法身，猶若虚空，應物現形，如水中月。作麽生説箇應底道理？」曰：「如驢覷井。」師曰：「道則太煞道，祇道得八成。」曰：「和尚又如何？」師曰：「如井覷驢。」僧舉：「藥山問僧：『年多少？』曰：『七十二。』山曰：『是七十二那？』曰：『是。』山便打。此意如何？」師曰：「前箭猶似可，後箭射人深。」曰：「如何免得此棒？」師曰：「王敕既行，諸侯避道。」問：「如何是佛法大意？」師曰：「填溝塞壑。」問：「如何是師子？」師曰：「衆獸近不得。」曰：「如何是師子兒？」師曰：「能吞父母者。」曰：「既是衆獸近不得，爲甚麽却被兒吞？」師曰：「豈不見道：子若哮吼，祖父俱盡。」曰：「盡後如何？」師曰：「全身歸父。」曰：「未審祖盡時父歸何所？」師曰：「所亦盡。」曰：「前來爲甚麽道全身歸父？」師曰：「譬如王子，能成一國之事。」又曰：「闍黎！此事不得孤滯，直須枯木上更撒些子華。」雲門問：「如何是沙門行？」師曰：「喫常住苗稼者是。」曰：「便恁麽去時如何？」師曰：「你還畜得麽？」曰：「畜得。」師曰：「你作麽生畜？」曰：「著衣喫飯有甚麽難？」師曰：「何不道披毛戴角？」門便禮拜。陸亘大夫問南泉：「姓甚麽？」泉曰：「姓王。」曰：「王還有眷屬也無？」泉曰：「四臣不昧。」曰：「王居何位？」泉曰：「玉殿苔生。」後僧舉問師：「玉殿苔生，意旨如何？」師曰：「不居正位。」曰：「八方來朝時如何？」師曰：「他不受禮。」曰：「何用來朝？」師曰：「違則斬。」曰：「違是臣分上，未審君意如何？」師曰：「樞密不得旨。」曰：「恁麽則燮理之功，全歸臣相也。」師曰：「你還知君意麽？」曰：「外方不敢論量。」師曰：「如是！如是！」問：「纔有是非，紛然失心時如何？」師曰：「斬。」僧問香嚴：「如何是道？」嚴曰：「枯木裏龍吟。」曰：「如何是道中人？」嚴曰：「髑髏裏眼睛。」玄沙別云：「龍藏枯木。」僧不領，乃問石霜：「如何是枯木裏龍吟？」霜曰：「猶帶喜在。」曰：「如何是髑髏裏眼睛？」霜曰：「猶帶識在。」又不領，乃問師：「如何是枯木裏龍吟？」師曰：「血脉不斷。」曰：「如何是髑髏裏眼睛？」師曰：「乾不盡。」曰：「未審還有得聞者麽？」師曰：「盡大地未有一人不聞。」曰：「未審枯木裏龍吟是何章句？」師曰：「不知是何章句，聞者皆喪。」遂示偈曰：「枯木龍吟真見道，髑髏無識眼初明。喜識盡時消息盡，當人那辨濁中清？」問：「朗月當空時如何？」師曰：「猶是堦下漢。」曰：「請師接上堦。」師曰：「月落後來相見。」師尋常應機，曾無軌轍。於天復辛酉夏夜，問知事曰：「今日是幾何日月？」曰：「六月十五。」師曰：「曹山平生行脚到處，祇管九十日爲一夏。明日辰時行脚去。」及時，焚香宴坐而化。閱世六十二，臘三十七。葬全身於山之西阿，謚元證禪師，塔曰福圓。

雲居道膺禪師

洪州雲居道膺禪師，幽州玉田王氏子。童丱出家於范陽延壽寺。二十五成大僧。其師令習聲聞篇聚，非其好，棄之。遊方至翠微問道，會有僧自豫章來，盛稱洞山法席，師遂造焉。山問：「甚處來？」師曰：「翠微來。」山曰：「翠微有何言句示徒？」師曰：「翠微供養羅漢。某甲問：『供養羅漢，羅漢還來否？』微曰：『你每日噇箇甚麽？』」山曰：「實有此語否？」師曰：「有。」山曰：「不虚參見作家來！」山問：「汝名甚麽？」師曰：「道膺。」山曰：「向上更道。」師曰：「向上即不名道膺。」山曰：「與老僧祇對道吾底語一般。」師問：「如何是祖師意？」山曰：「闍黎！他後有把茅蓋頭，忽有人問，如何祇對？」師曰：「道膺罪過。」山謂師曰：「吾聞思大和尚生倭國作王，是否？」師曰：「若是思大，佛亦不作。」山然之。山問師：「甚處去來？」師曰：「蹋山來。」山曰：「那箇山堪住？」師曰：「那箇山不堪住？」山曰：「恁麽則國内總被闍黎占却。」師曰：「不然。」山曰：「恁麽則子得箇入路。」師曰：「無路。」山曰：「若無路，争得與老僧相見？」師曰：「若有路，即與和尚隔山（山或作生）去也。」山乃曰：「此子已後，千人萬人把不住去在。」師隨洞山渡水次，山問：「水深多少？」師曰：「不濕。」山曰：「麤人。」師曰：「請師道。」山曰：「不乾。」南泉問僧：「講甚麽經？」曰：「彌勒下生經。」泉曰：「彌勒幾時下生？」曰：「見在天宫，當來下生。」泉曰：「天上無彌勒，地下無彌勒。」師問洞山：「天上無彌勒，地下無彌勒，未審誰與安名？」山被問直得禪床震動，乃曰：「膺闍黎！吾在雲巖曾問老人，直得火爐震動；今日被子一問，直得通身汗流。」師後結庵于三峰，經旬不赴堂。山問：

「子近日何不赴齋？」師曰：「每日自有天神送食。」山曰：「我將謂汝是箇人，猶作這箇見解在？汝晚間來。」師晚至，山召：「膺庵主！」師應諾。山曰：「不思善，不思惡，是甚麽？」師回庵，寂然宴坐，天神自此竟尋不見。如是三日乃絶。山問師：「作甚麽？」師曰：「合醬。」山曰：「用多少鹽？」師曰：「旋入。」山曰：「作何滋味？」師曰：「得。」山問：「大闡提人作五逆罪，孝養何在？」師曰：「始成孝養。」自爾洞山許爲室中領袖。初止三峰，其化未廣。後開法雲居，四衆臻萃。上堂，舉：「先師道：『地獄未是苦，向此衣線下不明大事，却是最苦。』」師曰：「汝等既在這箇行流，十分去九，不較多也。更著些子精彩，便是上座不屈平生行脚，不孤負叢林。古人道：『欲得保任，此事須向高高山頂立，深深海底行，方有些子氣息。』汝若大事未辦，且須履踐玄途。」上堂：「得者不輕微，明者不賤用，識者不咨嗟，解者無厭惡。從天降下則貧窮，從地湧出則富貴。門裏出身易，身裏出門難。動則埋身千丈，不動則當處生苗。一言迴脱，獨拔當時。言語不要多，多則無用處。」僧問：「如何是從天降下則貧窮？」師曰：「不貴得。」曰：「如何是從地湧出則富貴？」師曰：「無中忽有。」劉禹端公問：「雨從何來？」師曰：「從端公問處來。」公歡喜讚歎。師却問公：「雨從何來？」公無語。有老宿代云：「適來道甚麽？」歸宗柔别云：「謝和尚再三。」問：「如何是沙門所重？」師曰：「心識不到處。」問：「佛與祖還有階級否？」師曰：「俱在階級。」問：「如何是西來意？」師曰：「古路不逢人。」問：「如何是一法？」師曰：「如何是萬法？」曰：「未審如何領會？」師曰：「一法是你本心，萬法是你本性，且道心與性，是一是二？」僧禮拜，師示頌曰：「一法諸法宗，萬法一法通。唯心與唯性，不説異兼同。」問：「如何是口訣？」師曰：「近前來。」僧近前，師擲拂子曰：「會麽？」曰：「不會。」師曰：「趁雀兒也不會。」僧問：「有人衣錦繡入來見和尚，後爲甚寸絲不挂？」師曰：「直得琉璃殿上行，撲倒也須粉碎。」問：「馬祖出八十四人善知識，未審和尚出多少人？」師展手示之。問：「如何是向上人行履處？」師曰：「天下太平。」問：「遊子歸家時如何？」師曰：「且喜歸來。」曰：「將何奉獻？」師曰：「朝打三千，暮打八百。」問：「如何是諸佛師？」師喝曰：「這田庫兒。」僧禮拜。師曰：「你作麽生會？」僧喝曰：「這老和尚！」師曰：「元來不會。」僧作舞出去。師曰：「沿臺盤乞兒。」師曾令侍者送袴與一住庵道者。道者曰：「自有孃生袴。」竟不受。師再令侍者問：「孃未生時著箇甚麽？」道者無語。後遷化有舍利，持似於師。師曰：「直饒得八斛四斗，不如當時下得一轉語好。」師在洞山作務，悮剗殺蚯蚓。山曰：「這箇聻？」師曰：「他不死。」山曰：「二祖往鄴都，又作麽生？」師不對。後有僧問：「和尚在洞山剗殺蚯蚓因緣，和尚豈不是無語？」師曰：「當時有語，衹是無人證明。」問：「山河大地從何而有？」師曰：「從妄想有。」曰：「與某甲想出一鋌金，得麽？」師便休去。僧不肯。師問雪峰：「門外雪消也未？」曰：「一片也無，消箇甚麽？」師曰：「消也。」僧問：「一時包裹時如何？」師曰：「旋風千匝。」上堂：「如人將三貫錢買箇獵狗，祇解尋得有蹤跡底。忽遇羚羊挂角，莫道蹤跡，氣息也無。」僧問：「羚羊挂角時如何？」師曰：「六六三十六。」曰：「挂角後如何？」師曰：「六六三十六。」僧禮拜。師曰：「會麽？」曰：「不會。」師曰：「不見道：無蹤跡。」其僧舉似趙州，州曰：「雲居師兄猶在。」僧便問：「羚羊挂角時如何？」州曰：「九九八十一。」曰：「挂角後如何？」州曰：「九九八十一。」曰：「得恁麽難會？」州曰：「有甚麽難會？」曰：「請和尚指示。」州曰：「新羅！新羅！」又問長慶：「羚羊挂角時如何？」慶曰：「草裏漢。」曰：「挂後如何？」慶曰：「亂叫唤。」曰：「畢竟如何？」慶曰：「驢事未去，馬事到來。」衆僧夜參，侍者持燈來，影在壁上。僧見便問：「兩箇相似時如何？」師曰：「一箇是影。」問：「學人擬欲歸鄉時如何？」師曰：「祇這是。」新羅僧問：「佛陀波利見文殊，爲甚却回去？」師曰：「祇爲不將來，所以却回去。」問：「如何是佛？」師曰：「讚歎不及。」曰：「莫祇這便是否？」師曰：「不勞讚歎。」問：「教中道：『是人先世罪業，應墮惡道。以今世人輕賤故。』此意如何？」師曰：「動則應墮惡道，静則爲人輕賤。」崇壽稠別云：「心外有法，應墮惡道。守住自己，爲人輕賤。」問：「香積飯甚麽人得喫？」

師曰：「須知得喫底人入口也須抉出。」有僧在房内念經，師隔窗問：「闍黎念者是甚麼經？」僧曰：「維摩經。」師曰：「不問維摩經，念者是甚麼經？」其僧從此得入。上堂：「孤迥迥，峭巍巍。」僧出問曰：「某甲不會。」師曰：「面前案山子也不會？」新羅僧問：「是甚麼得恁麼難道？」師曰：「有甚麼難道？」曰：「便請和尚道。」師曰：「新羅！新羅！」問：「明眼人爲甚麼黑如漆？」師曰：「何怪？」荆南節度使成汭入山設供，問曰：「世尊有密語，迦葉不覆藏。如何是世尊密語？」師召『尚書！』書應諾。師曰：「會麼？」書曰：「不會。」師曰：「汝若不會，世尊有密語；汝若會，迦葉不覆藏。」僧問：「纔生爲甚麼不知有？」師曰：「不同生。」曰：「未生時如何？」師曰：「不曾滅。」曰：「未生時在甚麼處？」師曰：「有處不收。」曰：「甚麼人不受滅？」師曰：「是滅不得者。」上堂：「僧家發言吐氣，須有來由，莫將等閑。這裏是甚麼所在，争受容易？凡問箇事，也須識些子好惡。若不識尊卑良賤，不知觸犯，信口亂道，也無利益。傍家行脚，到處覓相似語。所以尋常向兄弟道，莫怪不相似，恐同學太多去。第一莫將來，將來不相似，言語也須看前頭。八十老人入場屋，不是小兒嬉，不是因循事。一言參差，即千里萬里，難爲收攝。蓋爲學處不著力，敲骨打髓，須有來由。言語如鉗如夾，如鈎如鎖，須教相續不斷，始得頭頭上具，物物上明。豈不是得妙底事？一種學，大須子細研窮，直須諦當的的無差。

到這裏，有甚麼蹞跣處，有甚麼擬議處，向去底人常須慘悚戢翼始得。若是知有底人，自解護惜，終不取次，十度發言，九度休去。爲甚麼如此？恐怕無利益。體得底人，心如臘月扇子，直得口邊醭出，不是强爲，任運如此。欲得恁麼事，須是恁麼人。既是恁麼人，不愁恁麼事。恁麼事即難得。」上堂：「汝等諸人，直饒學得佛邊事，早是錯用心。不見古人講得天花落，石點頭，亦不干自己事。自餘是甚麼閑，擬將有限身心向無限中用，如將方木逗圓孔，多少誵訛。若無恁麼事，饒你攢花簇錦，亦無用處，未離情識在。一切事須向這裏及盡，若有一毫去不盡，即被塵累，豈況更多？差之毫氂，過犯山嶽。不見古人道：『學處不玄，盡是流俗；閨閤中物捨不得，俱爲滲漏。』直須向這裏及取、及去、及來，併盡一切事，始得無過。如人頭頭上了，物物上通，祇喚作了事人，終不喫〔一〕作尊貴。將知尊貴一路自别。不見道：從門入者非寶，捧上不成龍。知麼？」師爲南昌鍾王尊之，願爲世世師。天復元年秋，示疾。明年正月三日，問侍者曰：「今日是幾？」曰：「初三。」師曰：「三十年後，但道祇這是。」乃告寂。謚弘覺禪師。

〔一〕「喫」，據義應作「喚」。

疏山匡仁禪師

撫州疏山匡仁禪師，吉州新淦人。投本州元證禪師出家。一日，告其師，往東都。聽習未經歲月，忽曰：「尋行數墨，語不如默。捨己求人，假不如真。」遂造洞山。值山早參，出問：「未有之言，請師示誨。」山曰：「不諾無人肯。」師曰：「還可功也無？」山曰：「你即今還功得麼？」師曰：「功不得即無諱處。」山他日上堂曰：「欲知此事，直須如枯木生花，方與他合。」師問：「一切處不乖時如何？」山曰：「闍黎，此是功勳邊事。幸有無功之功，子何不問？」師曰：「無功之功，豈不是那邊人？」山曰：「大有人笑子恁麼問。」師曰：「恁麼則迢然去也。」山曰：「迢然非迢然，非不迢然。」師曰：「如何是迢然？」山曰：「喚作那邊人即不得。」師曰：「如何是非迢然？」山曰：「無辨處。」山問師：「空劫無人家，是甚麼人住處？」師曰：「不識。」山曰：「人還有意旨也無？」師曰：「和尚何不問他？」山曰：「現問次。」師曰：「是何意旨？」山不對。洎洞山順世，弟子禮終，乃到潭州大溈，值溈示衆，曰：「行脚高士，直須向聲色裏睡眠，聲色裏坐卧始得。」師出問：「如何是不落聲色句？」溈竪起拂子。師曰：「此是落聲色句。」溈放下拂子，歸方丈。師不契，便辭香嚴。嚴曰：「何不且住？」師曰：「某甲與和尚無緣。」嚴曰：「有何因緣？試舉看。」師遂舉前話。嚴曰：「某甲有箇語。」師曰：「道甚麼？」嚴曰：「言發非聲，色前不物。」師曰：「元來此中有人。」遂囑香嚴曰：「向後有住處，某甲却來相見。」乃去。溈問嚴曰：「問聲色話底矮闍黎在麼？」嚴曰：「已去也。」溈曰：「曾舉向子麼？」嚴曰：「某甲亦曾對他來。」溈曰：「試舉看。」嚴舉前語，溈曰：「他道甚麼？」嚴曰：「深肯某甲。」溈失笑曰：「我將謂這矮子有長處，元來秖在這裏。此子向去，若有箇住處，近山無柴燒，近水無水喫。」師聞福州大溈安和尚示衆曰：「有句無句，如藤倚樹。」師特入嶺到彼，值溈泥壁，便問：「承聞和尚道：『有句無句，如藤倚樹。』是否？」溈曰：「是。」師曰：「忽遇樹倒藤枯，句歸何處？」溈放下泥槃，呵呵大笑，歸方丈。師曰：「某甲三千里賣却布單，特爲此事而來，和尚何得相弄？」溈喚侍者：「『取二百錢與這上座去。』遂囑曰：「向後有獨眼龍爲子點破在。」溈山次日上堂，師出問：「法身之理，理絶玄微，不奪是非之境，猶是法身邊事。如何是法身向上事？」溈舉起拂子。師曰：「此猶是法身邊事。」溈曰：「如何是法身向上事？」師奪拂子，摺折擲向地上，便歸衆。溈曰：「龍蛇易辨，衲子難瞞。」後聞婺州明招謙和尚出世，謙眇一目，徑往禮拜。招問：「甚處來？」師曰：「閩中來。」招曰：「曾到大溈否？」師曰：「到。」招曰：「有何言句？」師舉前話，招曰：「潙山可謂頭正尾正，秖是不遇知音。」師亦不省。復問：「忽遇樹倒藤枯，句歸何處？」招曰：「却使潙山笑轉新。」師於言下大悟。乃曰：「潙山元來笑裏有刀。」遥望禮拜，悔過。招一日問：「虎生七子，那箇無尾巴？」師曰：「第七箇無尾巴。」香嚴出世，師不爽前約，遂往訪之。嚴上堂，僧問：「不求諸聖、不重己靈時如何？」嚴曰：「萬機休罷，千聖不攜。」師在衆作嘔聲，曰：「是何言歟？」嚴聞便下座。曰：「適對此僧語，必有不是，致招師叔如是，未審過在甚麼處？」師曰：「萬機休罷，猶有物在。千聖不攜，亦從人得。如何無過？」嚴曰：「却請師叔道。」師曰：「若教某甲道，須還師資禮始得。」嚴乃禮拜，躡前問。師曰：「何不道肯諾不得全？」嚴曰：「肯又肯箇甚麼？諾又諾於阿誰？」師曰：「肯即肯他千聖，諾即諾於己靈。」嚴曰：「師叔恁麼道，向去倒屙三十年在。」師到夾山。山上堂，師問：「承師有言：『目前無法，意在目前。』如何是非目前法？」山曰：「夜月流輝，澄潭無影。」師作掀禪牀勢。山曰：「闍黎作麼生？」師曰：「目前無法，了不可得。」山曰：「大衆！看取這一員戰將。」師參巖頭，頭見來，乃低頭佯睡。師近前而立，頭不顧。師拍禪牀一下，頭回首曰：「作甚麼？」師曰：「和尚且瞌睡。」拂袖便行。頭呵呵大笑曰：「三十年弄馬騎，今日被驢撲。」回謁石霜，機語具石霜章。遂歸故里，出主藍田。信士張霸遷問：「和尚有何言句？」師示偈曰：「吾有一寶琴，寄之在曠野。不是不解彈，未遇知音者。」後還疏山。上堂：「病僧咸通年前，會得法身邊事。咸通年後，會得法身向上事。」雲門出問：「如何是法身邊事？」師曰：「枯椿。」曰：「如何是法身向上事？」師曰：「非枯椿。」曰：「還許某甲説道理也無？」師曰：「許。」曰：「枯椿豈不是明法身邊事？」師曰：「是。」曰：「非枯椿豈不是明法身向上事？」師曰：「是。」曰：「祇如法身，還該一切也無？」師曰：「法身周徧，豈得不該？」門指浄瓶曰：「祇如浄瓶，還該法身麽？」師曰：「闍黎莫向浄瓶邊覓。」門便禮拜。師問鏡清：「肯諾不得全，子作麽生會？」清曰：「全歸肯諾。」師曰：「不得全又作麽生？」清曰：「箇中無肯路。」師曰：「始愜病僧意。」問僧：「甚處來？」曰：「雪峰來。」師曰：「我已前到時，事事不足，如今足也未？」曰：「如今足也。」師曰：「粥足飯足？」僧無對。雲門代云：「粥足飯足。」有僧爲師造壽塔畢，白師。師曰：「將多少錢與匠人？」曰：「一切在和尚。」師曰：「爲將三錢與匠人？爲將兩錢與匠人？爲將一錢與匠人？若道得，與吾親造塔來。」僧無語。後僧舉似大嶺庵閑和尚，即羅山也。嶺曰：「還有人道得麽？」僧曰：「未有人道得。」嶺曰：「汝歸與疏山道，若將三錢與匠人，和尚此生決定不得塔。若將兩錢與匠人，和尚與匠人共出一隻手。若將一錢與匠人，累他匠人眉鬚墮落。」僧回如教而説。師具威儀望大嶺作禮，歎曰：「將謂無人，大嶺有古佛放光，射到此間。雖然如是，也是臘月蓮花。」大嶺後聞此語，曰：「我恁麽道，早是龜毛長三尺。」僧問：「如何是諸佛師？」師曰：「何不問疏山老漢？」僧無對。師常握木蛇，有僧問：「手中是甚麽？」師提起曰：「曹家女。」問：「如何是和尚家風？」師曰：「尺五頭巾。」曰：「如何是尺五頭巾？」師曰：「圓中取不得。」因鼓山舉威音王佛師，師乃問：「作麽生是威音王佛師？」山曰：「莫無慚愧好！」師曰：「闍黎恁麽道即得，若約病僧即不然。」山曰：「作麽生是威音王佛師？」師曰：「不坐無貴位。」問：「靈機未運時如何？」師曰：「夜半放白牛。」問：「如何是一句？」師曰：「不道。」曰：「爲甚麽不道？」師曰：「少時輩。」問：「久負不逢時如何？」師曰：「饒你雄信解拈鎗，比逐秦王較百步。」曰：「正當恁麽時如何？」師曰：「將軍不上便橋，金牙徒勞拈筈。」問：「如何是直指？」師曰：「珠中有水君不信，擬向天邊問太陽。」冬至上堂，僧問：「如何是冬來意？」師曰：「京師出大黃。」問：「和尚百年後向甚麽處去？」師曰：「背抵芒叢，四脚指天。」

師臨遷化，有偈示衆曰：「我路碧空外，白雲無處閑。世有無根樹，黃葉風送還。」偈終而逝，塔于本山。

青林師虔禪師

青林師虔禪師，初參洞山，山問：「近離甚處。」師曰：「武陵。」曰：「武陵法道何似此間？」師曰：「胡地冬抽笋。」山曰：「別甑炊香飯供養此人。」師拂袖便出。山曰：「此子向後走殺天下人在。」師在洞山栽松次，有劉翁者求偈。師作偈曰：「長長三尺餘，鬱鬱覆青草。不知何代人，得見此松老。」劉得偈呈洞山，山謂曰：「此是第三代洞山主人。」師辭洞山，山曰：「子向甚麼處去？」師曰：「金輪不隱的，徧界絶紅塵。」山曰：「善自保任！」師珍重而出。洞山門送，謂師曰：「恁麼去一句作麼生道？」師曰：「步步踏紅塵，通身無影像。」山良久，師曰：「老和尚何不速道！」山曰：「子得恁麼性急？」師曰：「某甲罪過。」便禮辭。師至山南府青銼山住庵。經十年，忽記洞山遺言，乃曰：「當利群蒙，豈拘小節邪？」遂往隨州，衆請住青林，後遷洞山。凡有新到，先令般柴三轉，然後參堂。有一僧不肯，問師曰：「三轉内即不問，三轉外如何？」師曰：「鐵輪天子寰中旨。」僧無對。師便打趁出。僧問：「昔年病苦，又中毒藥，請師醫。」師曰：「金鎞撥破腦，頂上灌醍醐。」曰：「恁麼則謝師醫。」師便打。上堂：「祖師門下，鳥道玄微。功窮皆轉，不究難明。汝等諸人，直須離心意識參，出凡聖路學，方可保任。若不如是，非吾子息。」問：「久負不逢時如何？」師曰：「古皇尺一寸。」問：「請師答話。」師曰：「修羅掌於日月。」上堂：「祖師宗旨，今日施行。法令已彰，復有何事？」僧問：「正法眼藏，祖祖相傳，未審和尚傳付何人？」師曰：「靈苗生有地，大悟不存師。」問：「如何是道？」師曰：「回頭尋遠澗。」曰：「如何是道中人？」師曰：「擁雪首揚眉。」問：「千差路別，如何頓曉？」師曰：「足下背驪珠，空怨長天月。」問：「學人徑往時如何？」師曰：「死蛇當大路，勸子莫當頭。」曰：「當頭者如何？」師曰：「喪子命根。」曰：「不當頭者如何？」師曰：「亦無回避處。」曰：「正當恁麼時如何？」師曰：「失却也。」曰：「向甚麼處去？」師曰：「草深無覓處。」曰：「和尚也須隄防始得。」師拊掌曰：「一等是箇毒氣。」

白水本仁禪師

高安白水本仁禪師，因設先洞山忌齋，僧問：「供養先師，先師還來也無？」師曰：「更下一分供養著。」上堂：「老僧尋常不欲向聲前色後鼓弄人家男女。何故？且聲不是聲，色不是色。」僧問：「如何是聲不是聲？」師曰：「唤作色得麽？」曰：「如何是色不是色？」師曰：「唤作聲得麽？」僧作禮。師曰：「且道爲汝説，答汝話，若向這裏會得，有箇入處。」上堂：「眼裏著沙不得，耳裏著水不得。」僧問：「如何是眼裏著沙不得？」師曰：「應真無比。」曰：「如何是耳裏著水不得？」師曰：「白淨無垢。」問：「文殊與普賢，萬法悉同源。文殊普賢即不問，如何是同源底法？」師曰：「却問取文殊普賢。」曰：「如何是文殊普賢？」師曰：「一釣便上。」師謂鏡清曰：「時寒，道者！」清曰：「不敢。」師曰：「還有卧單也無？」曰：「設有，亦無展底工夫。」師曰：「直饒道者滴水冰生，亦不干他事。」曰：「滴水冰生，事不相涉。」師曰：「是。」曰：「此人意作麽生？」師曰：「此人不落意。」曰：「不落意，此人聻？」師曰：「高山頂上，無可與道者啗啄。」長生然和尚問：「如何是西來意？」師曰：「還見庭前杉檝樹否？」曰：「恁麽則和尚今日因學人致得是非。」師曰：「多口座主。」然去後，師方知是雪峰禪客。乃曰：「盜法之人，終不成器。」然住後，衆緣不備，果符師記。因僧問：「從上宗乘，如何舉唱？」然云：「不可爲闍黎一人荒却長生山也。」玄沙聞云：「然師兄佛法即大行，受記之緣亦就。」僧問：「如何是不遷義？」師曰：「落花隨流水，明月上孤岑。」師將順世，焚香白衆曰：「香煙絶處，是吾涅槃時也。」言訖，跏趺而坐，息隨煙滅。

白馬遁儒禪師

洛京白馬遁儒禪師，僧問：「如何是衲僧本分事？」師曰：「十道不通風，瘂子傳來信。」曰：「傳甚麼信？」師乃合掌頂戴。問：「如何是密室中人？」師曰：「纔生不可得，不貴未生時。」曰：「是箇甚麼不貴未生時？」師曰：「是汝阿爺。」問：「三千里外嚮白馬，及乎到來爲甚麼不見？」師曰：「是汝不見，不干老僧事。」曰：「請和尚指示。」師曰：「指即没交涉。」問：「如何是學人本分事？」師曰：「昨夜三更月正午。」問：「如何是法身向上事？」師曰：「井底蝦蟆吞却月。」僧問黄龍：「如何是井底蝦蟆吞却月？」龍曰：「不柰何。」曰：「恁麼則吞却去也。」龍曰：「任吞。」曰：「吞後如何？」龍曰：「好蝦蟆。」問：「如何是學人急切處？」師曰：「俊鳥猶嫌鈍，瞥然早已遲。」問：「如何是西來意？」師曰：「點額猢猻探月波。」

龍牙居遁禪師

潭州龍牙山居遁證空禪師，撫州人也。因參翠微，乃問：「學人自到和尚法席一箇餘月，不蒙一法示誨，意在於何？」微曰：「嫌甚麼？」師又問洞山，山曰：「爭怪得老僧？」法眼別云：「祖師來也。」雲居齊云：「此三人尊宿，還有親疏也無？若有，那箇親？若無親疏，眼在甚麼處？」師又問翠微：「如何是祖師意？」微曰：「與我將禪板來。」師遂過禪板，微接得便打。師曰：「打即任打，要且無祖師意。」又問臨濟：「如何是祖師意？」濟曰：「與我將蒲團來。」師乃過蒲團，濟接得便打。師曰：「打即任打，要且無祖師意。」後有僧問：「和尚行脚時，問二尊宿祖師意，未審二尊宿明也未？」師曰：「明即明也，要且無祖師意。」東禪齊云：「衆中道，佛法即有，衹是無祖師意。若恁麼會，有何交涉？別作麼生會無祖師意底道理？」師復舉德山頭落底語，因自省過，遂止於洞山，隨衆參請。一日問：「如何是祖師西來意？」山曰：「待洞水逆流，即向汝道。」師始悟厥旨，服勤八稔。湖南馬氏請住龍牙。上堂：「夫參玄人，須透過祖佛始得。新豐和尚道：『祖佛言教似生冤家，始有參學分。若透不得，即被祖佛謾去。』」僧問：「祖佛還有謾人之心也無？」師曰：「汝道江湖還有礙人之心也無？」乃曰：「江湖雖無礙人之心，爲時人過不得，江湖成礙人去，不得道江湖不礙人。祖佛雖無謾人之心，爲時人透不得，祖佛成謾人去，不得道祖佛不謾人。若透得祖佛過，此人過却祖佛。若也如是，始體得佛祖意，方與向上人同。如未透得，但學佛學祖，則萬劫無有出期。」僧曰：「如何得不被祖佛謾去？」師曰：「道者直須自悟去始得。」問：「十二時中如何著力？」師曰：「如無手人欲行拳始得。」問：「終日區區，如何頓息？」師曰：「如孝子喪却父母始得。」東禪齊云：「衆中道，如喪父母，何有閑暇？恁麽會還息得人疑情麽？除此外且作麽生會龍牙意？」問：「如何是道？」師曰：「無異人心是。」乃曰：「若人體得道無異人心，始是道人。若是言説，則没交涉。道者！汝知行底道人否？十二時中，除却著衣喫飯，無絲髮異於人心，無誑人心，此箇始是道人。若道我得我會，則没交涉，大不容易。」問：「如何是祖師西來意？」師曰：「待石烏龜解語，即向汝道。」曰：「石烏龜語也。」師曰：「向汝道甚麽？」問：「古人得箇甚麽便休去？」師曰：「如賊入空室。」問：「無邊身菩薩爲甚麽不見如來頂相？」師曰：「汝道如來還有頂相麽？」問：「大庾嶺頭提不起時如何？」師曰：「六祖爲甚麽將得去？」問：「二鼠侵藤時如何？」師曰：「須有隱身處始得。」曰：「如何是隱身處？」師曰：「還見儂家麽？」問：「維摩掌擎世界，未審維摩向甚麽處立？」師曰：「道者！汝道維摩掌擎世界？」問：「知有底人，爲甚麽却有生死？」師曰：「恰似道者未悟時。」問：「如何是西來意？」師曰：「此一問最苦。」報慈云：「此一問最好。」問：「祖意教意，是同是別？」師曰：「祖師在後來。」問：「如何是無事沙門？」師曰：「若是沙門，不得無事。」曰：「爲甚麽不得無事？」師曰：「覓一箇也難得。」問：「蟾蜍無反照之功，玉兔無伴月之意時如何？」師曰：「道者！堯舜之君猶有化在。」問：「如何得此身安去？」

師曰：「不被别身謾始得。」法眼别云：「誰惱亂汝？」報慈嶼讚師真曰：「日出連山，月圓當户。不是無身，不欲全露。」師一日在帳中坐，僧問：「不是無身，不欲全露，請師全露。」師撥開帳子曰：「還見麽？」曰：「不見。」師曰：「不將眼來？」報慈嶼聞云：「龍牙衹道得一半。」法眼别云：「飽叢林。」師將順寂，有大星隕于方丈前。

華嚴休静禪師

京兆華嚴寺休静禪師，在洛浦作維那時，一日白椎普請曰：「上間般柴，下間鋤地。」第一座問：「聖僧作甚麽？」師曰：「當堂不正坐，不赴兩頭機。」師問洞山：「學人無箇理路，未免情識運爲。」山曰：「汝還見有理路也無？」師曰：「見無理路。」山曰：「甚處得情識來？」師曰：「學人實問。」山曰：「恁麽則直須向萬里無寸草處去。」師曰：「萬里無寸草處，還許某甲去也無？」山曰：「直須恁麽去。」師般柴次，洞山把住曰：「狹路相逢時如何？」師曰：「反側！反側！」山曰：「汝記吾言，向南住有一千人，向北住止三百而已。」初住福州東山之華嚴，衆滿一千。未幾，屬後唐莊宗徵入輦下，大闡玄風，其徒果止三百。莊宗問：「祖意教意，是同是别？」師曰：「探盡龍宫藏，衆義不能詮。」問：「大悟底人爲甚麼却迷？」師曰：「破鏡不重照，落花難上枝。」問：「大軍設天王齋求勝，賊軍亦設天王齋求勝。未審天王赴阿誰願？」師曰：「天垂雨露，不揀榮枯。」莊宗請入内齋，見大師大德總看經，唯師與徒衆不看經。帝問：「師爲甚麼不看經？」師曰：「道泰不傳天子令，時清休唱太平歌。」帝曰：「師一人即得，徒衆爲甚麼也不看經？」師曰：「師子窟中無異獸，象王行處絶狐蹤。」帝曰：「大師大德爲甚麼總看經？」師曰：「水母元無眼，求食須賴鰕。」帝曰：「既是後生，爲甚麼却稱長老？」師曰：「三歲國家龍鳳子，百年殿下老朝臣。」師後遊河朔，於平陽示滅。荼毗，獲舍利，建四浮圖：一晉州，一房州，一終南山逍遥園，一華嚴寺。謚寶智禪師、無爲之塔。

九峰普滿禪師

瑞州九峰普滿禪師，僧問：「如何是不遷義？」師曰：「東生明月，西落金烏。」曰：「非師不委。」師曰：「理當則行。」僧禮拜，師便打。僧曰：「仁義道中，禮拜何咎？」師曰：「來處不明，須行嚴令。」問：「眼不到色塵時如何？」師指香臺曰：「面前是甚麼？」

曰：「請師子細。」師曰：「不妨遭人檢點。」問：「人人盡道請益，未審師還拯濟也無？」師曰：「汝道巨嶽還乏寸土麽？」曰：「四海參尋，當爲何事？」師曰：「演若迷頭心自狂。」曰：「還有不狂者也無？」師曰：「有。」曰：「如何是不狂者？」師曰：「突曉途中眼不開。」問僧：「近離甚處？」曰：「閩中。」師曰：「遠涉不易。」曰：「不難，動步便到。」師曰：「有不動步者麽？」曰：「有。」師曰：「争得到此間？」僧無對。師以拄杖趁下。問：「對境心不動時如何？」師曰：「汝無大人力。」曰：「如何是大人力？」師曰：「對境心不動。」曰：「適來爲甚麽道無大人力？」師曰：「在舍祇言爲客易，臨川方覺取魚難。」問：「如何是道？」師曰：「見通車馬。」曰：「如何是道中人？」師便打。僧作禮，師便喝。問：「十二時中如何合道？」師曰：「與心合道。」曰：「畢竟如何？」師曰：「土上加泥猶自可，離波求水實堪悲。」問：「如何是不壞身？」師曰：「正是。」曰：「學人不會，請師直指。」師曰：「適來曲多少？」問：「古人道，真因妄立，從妄顯真。是否？」師曰：「是。」曰：「如何是真？」師曰：「不雜食。」曰：「如何是妄？」師曰：「起倒攀緣。」曰：「去此二途，如何合得圓常？」師曰：「不敬功德天，誰嫌黑暗女？」問：「九峰一路，今古咸知。向上宗乘，請師提唱。」師豎起拂子。僧曰：「大衆側聆，願垂方便。」師曰：「清波不覩魚龍現，迅浪風高下底鈎。」曰：「若不久參，那知今日？」師曰：「人生無定止，像没鏡中圓。」問：「如何是祖師西來意？」師曰：「更問阿誰？」曰：「恁麼則學人全體是也。」師曰：「須彌頂上戴須彌。」

北院通禪師

益州北院通禪師，初参夾山，問曰：「『目前無法，意在目前。不是目前法，非耳目之所到。』豈不是和尚語？」山曰：「是。」師乃掀倒禪牀，叉手而立。山起來打一拄杖，師便下去。法眼云：「是他掀倒禪牀，何不便去？須待他打一棒了去，意在甚麼處？」次参洞山，山上堂曰：「坐斷主人公，不落第二見。」師出衆曰：「須知有一人不合伴。」山曰：「猶是第二見。」師便掀倒禪牀。山曰：「老兄作麼生？」師曰：「待某甲舌頭爛，即向和尚道。」後辭洞山擬入嶺，山曰：「善爲！飛猿嶺峻好看！」師良久，山召：「通闍黎！」師應諾。山曰：「何不入嶺去？」師因有省，更不入嶺。住後，上堂：「諸上座有甚麼事，出來論量取。若上上根機，不假如斯。若是中下之流，直須剗削門頭户底，教索索地，莫教入泥水。第一速須省事，直須無心去。學得千般萬般，祇成知解，與衲僧門下有甚麼交涉？」僧問：「直須無心學時如何？」師曰：「不管繫。」問：「如何是佛？」師曰：「峭壁本無苔，灑墨圖斑駮。」問：「二龍争珠，誰是得者？」師曰：「得者失。」曰：「不得者如何？」師曰：「還我珠來。」問：「如何是清浄法身？」師曰：「無點污。」問：「轉不得時如何？」師曰：「功不到。」問：「如何是大富貴底人？」師曰：「如輪王寶藏。」曰：「如何是赤窮底人？」師曰：「如酒店腰帶。」問：「水灑不著時如何？」師曰：「乾剥剥地。」問：「一槌便成時如何？」師曰：「不是偶然。」問：「如何是祖師西來意？」師曰：「壁上盡枯松，遊蜂競採蕊。」滅後謚證真禪師。

洞山道全禪師

洞山道全禪師，問先洞山：「如何是出離之要？」山曰：「闍黎足下煙生。」師當下契悟，更不他遊。雲居進語曰：「終不敢孤負和尚足下煙生。」山曰：「步步玄者，即是功到。」暨洞山圓寂，衆請踵迹住持。僧問：「佛入王宮，豈不是大聖再來？」師曰：「護明不下生。」曰：「争柰六年苦行何？」師曰：「幻人呈幻事。」曰：「非幻者如何？」師曰：「王宮覓不得。」問：「清浄行者不入涅槃，破戒比丘不入地獄時如何？」師曰：「度盡無遺影，還他越涅槃。」問：「極目千里，是甚麽風範？」師曰：「是闍黎風範。」曰：「未審和尚風範如何？」師曰：「不布婆娑眼〔一〕。」

京兆蜆子和尚

京兆府蜆子和尚，不知何許人也。事迹頗異，居無定所。自印心於洞山，混俗閩川，不畜道具，不循律儀。冬夏唯披一衲，逐日沿江岸採掇鰕蜆，以充其腹。暮即宿東山白馬廟紙錢中。居民目爲蜆子和尚。華嚴静禪師聞之，欲決真假，先潛入紙錢中。深夜師歸，嚴把住曰：「如何是祖師西來意？」師遽答曰：「神前酒臺盤。」嚴放手曰：「不虚與我同根生。」嚴後赴莊宗詔入長安，師亦先至。每日歌唱自拍，或乃佯狂泥雪，去來俱無蹤跡，厥後不知所終。

幽棲道幽禪師

台州幽棲道幽禪師，鏡清問：「如何是少父？」師曰：「無標的。」曰：「無標的以爲

〔一〕「眼」，原作「耶」，據清藏本、續藏本改。

少父邪？」師曰：「有甚麽過？」曰：「祇如少父作麽生？」師曰：「道者！是甚麽心行？」問：「如何是佛？」師曰：「汝不信是衆生。」曰：「學人大信。」師曰：「若作勝解，即受群邪。」問：「如何是道？」師曰：「但有路可上，更高人也行。」曰：「如何是道中人？」師曰：「解驅雲裏信。」師一日齋時，入堂白槌曰：「白大衆。」衆舉頭，師曰：「且喫飯。」師將示滅，僧問：「和尚百年後向甚麽處去？」師曰：「迢然！迢然！」言訖坐亡。

越州乾峰和尚

越州乾峰和尚，上堂：「法身有三種病，二種光，須是一一透得，始解歸家穩坐，須知更有向上一竅在。」雲門出，問：「庵内人爲甚麽不知庵外事？」師呵呵大笑。門曰：「猶是學人疑處。」師曰：「子是甚麽心行？」門曰：「也要和尚相委。」師曰：「直須與麽，始解穩坐。」門應喏喏。上堂：「舉一不得舉二，放過一著，落在第二。」雲門出衆曰：「昨日有人從天台來，却往徑山去。」師曰：「典座來日不得普請。」便下座。問僧：「甚處來？」曰：「天台。」師曰：「見説石橋作兩段，是否？」曰：「和尚甚處得這消息來？」師曰：「將謂華頂峰前客，元是平田莊裏人。」問：「如何得出三界去？」師曰：「喚院主來，趁出這僧著。」師問：「衆僧輪回六趣，具甚麽眼？」衆無對。僧問：「如何是超佛越祖之談？」師曰：「老僧問聻？」曰：「和尚問則且置。」師曰：「老僧問尚不柰何，說甚麼超佛越祖之談？」問：「十方薄伽梵，一路涅盤門。未審路頭在甚麼處？」師以拄杖畫云：「在這裏。」僧後請益雲門，門拈起扇子云：「扇子𨁝跳上三十三天，築著帝釋鼻孔，東海鯉魚打一棒，雨似盆傾。會麼？」

吉州禾山和尚

吉州禾山和尚，僧問：「學人欲伸一問，師還答否？」師曰：「禾山答汝了也。」問：「如何是西來意？」師曰：「禾山大頂。」問：「如何和尚家風？」師曰：「滿目青山起白雲。」曰：「或遇客來，如何祇待？」師曰：「滿盤無味醍醐果。」問：「無言童子居何國土？」師曰：「當軒木馬嘶風切。」

天童咸啓禪師

明州天童咸啓禪師，問伏龍：「甚處來？」曰：「伏龍來。」師曰：「還伏得龍麼？」曰：「不曾伏這畜生。」師曰：「且坐喫茶。」簡大德問：「學人卓卓上來，請師的的。」師曰：「我這裏一屙便了，有甚麼卓卓的的？」曰：「和尚恁麼答話，更買草鞋行脚好！」師曰：「近前來。」簡近前，師曰：「祇如老僧恁麼答，過在甚麼處？」簡無對。師便打。問：「如何是本來無物？」師曰：「石潤元含玉，鑛異自生金。」問：「如何是真常流注？」師曰：「涓滴無移。」

寶蓋山和尚

潭州寶蓋山和尚，僧問：「一間無漏舍，合是何人居？」師曰：「無名不挂體。」曰：「還有位也無？」師曰：「不處。」問：「如何是寶蓋？」師曰：「不從人天得。」曰：「如何是寶蓋中人？」師曰：「不與時人知。」曰：「佛來時如何？」師曰：「覓他路不得。」問：「世界壞時，此物何處去？」師曰：「千聖尋不得。」曰：「時人如何歸向？」師曰：「直須似他去。」曰：「還有的當也無？」師曰：「不立標則。」問：「不居正位底人，如何行履？」師曰：「紅焰叢中駿馬嘶。」

欽山文邃禪師

澧州欽山文邃禪師，福州人也。少依〔一〕杭州大慈山寰中禪師受業，時巖頭、雪峰在

〔一〕「依」，原作「作」，據清藏本、續藏本改。

衆，覩〔一〕師吐論，知是法器，相率遊方。二大士各承德山印記，師雖屢激揚，而終然凝滯。一日，問德山曰：「天皇也恁麼道，龍潭也恁麼道，未審和尚作麼生道？」山曰：「汝試舉天皇、龍潭道底看。」師擬進語，山便打。師被打歸延壽堂，曰：「是則是，打我太煞。」巖頭曰：「汝恁麼道，他後不得道見德山來。」法眼别云：「是則是，錯打我。」後於洞山言下發解，乃爲之嗣。年二十七，止于欽山，對大衆前自省過，舉參洞山時語。山問：「甚麼處來？」師曰：「大慈來。」曰：「還見大慈麼？」師曰：「見。」曰：「色前見？色後見？」師曰：「非色前後見。」洞山默置。師乃曰：「離師太早，不盡師意。」法眼云：「不盡師意，不易承嗣得他」。僧問：「如何是祖師西來意？」師曰：「梁公曲尺，誌公剪刀。」問：「一切諸佛及諸佛法，皆從此經出。如何是此經？」師曰：「常轉。」曰：「未審經中説甚麼？」師曰：「有疑請問。」問：「如何是和尚家風？」師曰：「錦繡銀香囊，風吹滿路香。」巖頭聞，令僧去云：「傳語十八子，好好事潘郎。」有僧寫師真呈，師曰：「還似我也無？」僧無對。師自代曰：「衆僧看取。」德山侍者來參，纔禮拜，師把住曰：「還甘欽山與麼也無？」者曰：「某甲却悔久住德山，今日無言可對。」師乃放手曰：「一任祇對。」者撥開胸曰：「且聽某通

〔一〕「覩」，原作「祖」，據清藏本、續藏本改。

氣一上。」師曰：「德山門下即得，這裏一點用不着。」者曰：「久聞欽山不通人情。」師曰：「累他德山眼目。參堂去！」師與巖頭、雪峰坐次，洞山行茶來，師乃閉眼。洞曰：「甚麽處去來？」曰：「入定來。」洞曰：「定本無門，從何而入？」師入浴院，見僧踏水輪。僧下問訊，師曰：「幸自轆轆地轉，何須恁麽？」曰：「不恁麽又争得？」師曰：「若不恁麽，欽山眼堪作甚麽？」曰：「作麽生是師眼？」師以手作撥眉勢。曰：「和尚又何得恁麽？」師曰：「是我恁麽，你便不恁麽。」僧無對。師曰：「索戰無功，一場氣悶。」良久，乃問曰：「會麽？」曰：「不會。」師曰：「欽山爲汝擔取一半。」師與巖頭、雪峰過江西，到一茶店喫茶次，師曰：「不會轉身通氣者，不得茶喫。」頭曰：「若恁麽我定不得茶喫。」峰曰：「某甲亦然。」師曰：「這兩箇老漢話頭也不識。」頭曰：「甚處去也？」師曰：「布袋裏老鴉，雖活如死。」頭退後曰：「看！看！」師曰：「奯公且置，存公作麽生？」峰以手畫一圓相。師曰：「不得不問。」頭呵呵曰：「太遠生。」師曰：「有口不得茶喫者多。」巨良禪客參，禮拜了便問：「一鏃破三關時如何？」師曰：「放出關中主看。」良曰：「恁麽則知過必改。」師曰：「更待何時？」良曰：「好隻箭，放不着所在。」便出去。師曰：「且來，闍黎！」良回首，師下禪牀擒住曰：「一鏃破三關即且置，試爲欽山發箭看。」良擬議，師打七棒曰：「且聽箇亂統漢疑三十年。」有僧舉似同安察，安曰：「良公雖解發箭，要且未中的。」僧便問：「未審如何得中的去？」安曰：「關中主是甚麽人？」僧回，舉似師，師曰：「良公若解恁麽，也免得欽山口。然雖如此，同安不是好心，亦須看始得。」僧參，師竪起拳曰：「開即成掌，五指參差；如今爲拳，必無高下。汝道欽山還通商量也無？」僧近前，却竪起拳。師曰：「你恁麽祇是箇無開合漢。」曰：「未審和尚如何接人？」師曰：「我若接人，共汝一般去也。」曰：「特來參師，也須吐露箇消息。」師曰：「汝若特來，我須吐露。」曰：「便請。」師便打，僧無語。師曰：「守株待兔，枉用心神。」上堂，横按拄杖，顧視大衆曰：「有麽有麽？如無，欽山唱菩薩蠻去也，囉囉哩哩。」便下座。師與道士論義。士立義曰：「麤言及細語，皆歸第一義。」師曰：「道士是佛家奴。」士曰：「太麤生！」師曰：「第一義何在？」士無語。

九峰通玄禪師

瑞州九峰通玄禪師，鄧州程氏子。初參德山，後於洞山言下有省。住後，僧問：「自心他心，得相見否？」師曰：「自己尚不見，他人何可觀？」問：「罪福之性，如何了達，得無同異？」師曰：「絺綌不禦寒。」

青原下六世

曹山寂禪師法嗣

洞山道延禪師

瑞州洞山道延禪師，因曹山垂語云：「有一人向萬丈巖頭騰身直下，此是甚麼人？」衆無對。師出曰：「不存。」山曰：「不存箇甚麼？」師曰：「始得撲不碎。」山深肯之。後有僧問：「請和尚密付真心。」師曰：「欺這裏無人作麼？」

金峰從志禪師

撫州金峰從志玄明禪師，僧問：「如何是金峰正主？」師曰：「此去鎮縣不遥，闍黎莫造次。」曰：「何不道取？」師曰：「口如磉盤。」問：「千峰萬峰，那箇是金峰？」師乃斫額。問：「千山無雲，萬里絶霞時如何？」師曰：「飛猿嶺〔一〕那邊何不吐却？」問：「如何是西來意？」師曰：「壁邊有鼠耳。」問：「如何是和尚家風？」師曰：「金峰門前無五里牌。」新到參，師曰：「不用通時暄，第一句道將來。」曰：「孟春猶寒，伏惟和尚。」師曰：「猶有這箇在。」曰：「不可要人點檢去也。」師曰：「誰？」僧指自身。師曰：「不妨遭人點檢。」拈起枕子，示僧曰：「一切人喚作枕子，金峰道不是。」僧曰：「未審和尚喚作甚麽？」師拈起枕子，僧曰：「恁麽則依而行之。」師曰：「你喚作甚麽？」僧曰：「枕子。」師曰：「落在金峰窠裏。」問：「金盃滿酌時如何？」師曰：「金峰不勝酩酊。」僧掃地次，師問：「作甚麽？」僧豎起苕帚。師曰：「猶有這箇在。」曰：「和尚適來見箇甚麽？」師豎起拄杖。僧參，纔入方丈，師便打。僧曰：「是！是！」師又打。僧曰：「不是！不是！」師作禮拜勢，僧作拓勢。師曰：「老僧眼暗，闍黎耳聾。」曰：「將飯餧魚，還須克己。」師曰：「施食得長壽報。」曰：「和尚年多少？」師曰：「不落數量。」曰：「長壽者誰？」師曰：「金峰。」曰：「果然眼昏。」師曰：「是！是！」問僧：「甚處來？」僧近前，良久，師曰：「闍黎參見甚麽人？」曰：「參甚麽椀？」師曰：「金峰有過。」曰：「是！

〔一〕「嶺」，原作「領」，據清藏本、續藏本改。

是！」師良久。師問僧：「甚處來？」曰：「東國來。」師曰：「作麼生過得金峰關？」曰：「公驗分明。」師曰：「試呈似金峰看。」僧展兩手，師曰：「金峰關從來無人過得。」曰：「和尚還過得麼？」師曰：「波斯喫胡椒。」問僧：「姓甚麼？」曰：「姓何。」師曰：「至竟不脫俗。」曰：「因師致得。」師曰：「若恁麼，過在金峰。」曰：「不敢。」師曰：「灼然金峰有過。」僧問訊次，師把住曰：「輒不得向人道，我有一則因緣舉似你。」僧作聽勢，師與一掌。僧曰：「爲甚麼打某甲？」師曰：「我要這話行。」看經次，驸道者來，師擎起經作攬衣勢，以目視之。驸提起坐具，以目視師。師曰：「一切人道你會禪。」驸曰：「和尚作麼生？」師笑曰：「草賊大敗。」問：「是身無知，如土木瓦石，此意如何？」師下禪牀，扭僧耳朵。僧負痛作聲。師曰：「今日始捉著箇無知漢。」僧作禮出去。師召：「闍黎！」僧回首。師曰：「若到堂中，不可舉著。」曰：「何故？」師曰：「大有人笑金峰老婆心。」上堂：「老僧二十年前有老婆心，二十年後無老婆心。」僧問：「如何是二十年前有老婆心？」師曰：「問凡答凡，問聖答聖。」曰：「如何是二十年後無老婆心？」師曰：「問凡不答凡，問聖不答聖。」師見僧來，乃舉手曰：「此是大人分上事，你試通箇消息看？」曰：「某甲不欲瞞和尚。」師曰：「知孝養人，也還稀有。」曰：「莫是大人分上事麼？」師曰：「老僧瞞闍黎。」曰：「到這裏不易辨白。」師曰：「灼然灼然！」僧禮拜，師曰：「發足何處？」曰：「祇這裏。」師曰：「不唯自瞞，兼瞞老僧。」上堂：「我若舉來，又恐遭人唇吻；不舉，又遭人笑怪。於其中間，如何即是？」有僧纔出，師便歸方丈。至晚，別僧請益曰：「和尚今日爲甚不答這僧話？」師曰：「大似失錢遭罪。」問僧：「你還知金峰一句子麽？」曰：「知來久矣。」師曰：「作麽生？」僧便喝。師良久，僧曰：「金峰一句，今日粉碎。」師曰：「老僧大曾問人，唯有闍黎門風峭峻。」曰：「不可須要人點檢。」師曰：「真鍮不博金。」問：「如何是非言之言？」師曰：「不加文彩。」問：「四海晏清時如何？」師曰：「猶是堦下漢。」上堂：「事存函蓋合，理應箭鋒拄。還有人道得麽？如有人道得，金峰分半院與他住。」時有僧出作禮，師曰：「相見易得好，共住難爲人。」便下座。僧辭，師問：「何處去？」曰：「不敢妄通消息。」師曰：「若到諸方，切忌道著金峰爲人處。」曰：「已領尊旨。」師曰：「忽有人問，你作麽生？」僧提起袈裟角。師曰：「捷弱於闍黎。」

鹿門處真禪師

襄州鹿門山處真禪師，僧問：「如何是和尚家風？」師曰：「有鹽無醋。」曰：「忽遇客來，如何祇待？」師曰：「柴門草户，謝子遠來。」問：「如何是道人？」師曰：「口似鼻孔。」問：「祖祖相傳，傳甚麼物？」師曰：「金襴袈裟。」問：「如何是函中般若？」師曰：「佛殿挾頭六百卷。」問：「和尚百年後，向甚麼處去？」師曰：「山下李家使牛去。」曰：「還許學人相隨也無？」師曰：「汝若相隨，莫同頭角。」曰：「諾。」師曰：「合到甚麼處？」曰：「佛眼辨不得。」師曰：「若不放過，亦是茫茫。」問：「如何是鹿門高峻處？」師曰：「汝還曾上主山也無？」問：「如何是禪？」師曰：「鸞鳳入雞籠。」曰：「如何是道？」師曰：「藕絲牽大象。」問：「劫火洞然，大千俱壞。未審此箇還壞也無？」師曰：「臨崖看滸眼，特地一場愁。」問：「如何是和尚轉身處？」師曰：「昨夜三更失却枕子。」問：「一句下豁然時如何？」師曰：「汝是誰家子？」上堂：「一片凝然光燦爛，擬意追尋卒難見。瞥然撞著豁人情，大事分明總成辦。實快活，無繫絆，萬兩黃金終不換。任他千聖出頭來，總是向渠影中現。」

曹山慧霞禪師

撫州曹山慧霞了悟禪師，僧問：「佛未出世時如何？」師曰：「曹山不如。」曰：「出世後如何？」師曰：「不如曹山。」問：「四山相逼時如何？」師曰：「曹山在裏許。」曰：

「還求出也無？」師曰：「在裏許，即求出。」僧侍立，師曰：「道者可煞熱。」曰：「是。」師曰：「祇如熱向甚處回避？」曰：「向鑊湯鑪炭裏回避。」師曰：「祇如鑊湯鑪炭，又作麼生回避？」曰：「衆苦不能到。」

草庵法義禪師

華州草庵法義禪師，僧問：「如何是祖師西來意？」師曰：「爛炒浮漚飽滿喫。」問：「擬心即差，如何進道？」師曰：「有人常擬，爲甚麽不差？」曰：「此猶是和尚分上事。」師曰：「紅焰蓮花朵朵開。」問：「如何是和尚得力處？」師曰：「如盲似聾。」曰：「不會。」師曰：「恰與老僧同參。」

曹山光慧禪師

撫州曹山光慧玄悟禪師，上堂，良久曰：「雪峰和尚爲人，如金翅鳥入海取龍相似。」僧出問：「未審和尚此間如何？」師曰：「甚處去來？」問：「如何是西來的的意？」師曰：「不禮拜，更待何時？」問：「如何是密傳底心？」師良久。僧曰：「恁麽則徒勞側耳也。」師喚侍者來：「燒香著。」問：「古人云：『如紅爐上一點雪。』意旨如何？」師曰：「恁麽則全因和尚去也。」師曰：「因箇甚麽？」問：「如何是妙明真性？」師曰：「款款莫磕損。」上堂，良久，僧出曰：「爲衆竭力，禍出私門。未審放過不放過？」師默然。問：「古人道：『生也不道，死也不道。』意旨如何？」師良久。僧禮拜，師曰：「會麽？」曰：「不會。」師曰：「也是厨寒甑足塵。」上堂，舉拄杖曰：「從上皆留此一路，方便接人。」有僧出曰：「和尚又是從頭起也。」師曰：「謝相委悉。」問：「機關不轉，請師商量。」師曰：「瘂得我口麽？」問：「路逢猛虎時如何？」師曰：「放憨作麽！」

「惜取眉毛好！」問：「如何指示，即得不昧去？」師曰：「不可雪上更加霜。」曰：「恁麽則全因和尚去也。」

曹山智炬禪師

撫州曹山羌慧智炬禪師，初問先曹山曰：「古人提持那邊人，學人如何體悉？」山曰：「退步就己，萬不失一。」師於言下頓忘玄解，乃辭去徧參。至三祖，因看經次，僧問：「禪僧心不挂元字脚，何得多學？」師曰：「文字性異，法法體空。迷則句句瘡疣，悟則文文般若。苟無取捨，何害圓伊？」後離三祖到瑞州，衆請住龍泉。僧問：「如何是文殊？」師曰：「不可有第二月也。」曰：「即今事如何？」師曰：「正是第二月。」問：「如何是如來語？」師曰：「猛風可繩縛。」問：「如何履踐，即得不昧宗風？」師曰：「須知龍泉好手。」曰：「請和尚好手。」師曰：「却憶鍾子期。」問：「古人道：『若記一句，論劫作野狐精。』未審古人意旨如何？」師曰：「龍泉僧堂未曾鎖。」曰：「和尚如何？」師曰：「風吹耳朵。」問：「如何是一句？」師曰：「無聞。」問：「如何是聲前一句？」師曰：「恰似不道。」問：「如何是和尚爲人一句？」師曰：「汝是九色鹿。」問：「抱璞投師時如何？」師曰：「不是自家珍。」曰：「如何是自家珍？」師曰：「不琢不成器。」

育王弘通禪師

衡州育王山弘通禪師，僧問：「混沌未分時如何？」師曰：「混沌。」曰：「分後如何？」師曰：「混沌。」上堂：「釋迦如來四十九年説不到底句，今夜山僧不避羞耻，與諸尊者共譚。」良久曰：「莫道錯。珍重！」僧問：「學人有病，請師醫。」師曰：「將病來，與汝醫。」曰：「便請。」師曰：「還老僧藥價錢來。」問：「曹源一路即不問，衡陽江畔事如何？」師曰：「紅爐焰上無根草，碧潭深處不逢魚。」問：「心法雙亡時如何？」師曰：「三脚蝦蟇背大象。」問：「如何是西來意？」師曰：「老僧毛豎。」問：「如何是佛法大意？」師曰：「直待文殊過，即向你道。」曰：「文殊過也，請和尚道。」師便打。問：「如何是和尚家風？」師曰：「渾身不直五文錢。」曰：「太貧寒生！」師曰：「古代如是。」曰：「如何施設？」師曰：「隨家豐儉。」問：「如何是急切處？」師曰：「鍼眼裏打筋斗。」問：「如何是本來身？」師曰：「回光影裏見方親。」

華光範禪師

衡州華光範禪師，僧問：「如何是無縫塔？」師指僧堂曰：「此間僧堂無門户。」問僧：「曾到紫陵麽？」曰：「曾到。」師曰：「曾到鹿門麽？」曰：「曾到。」師曰：「嗣紫陵即是？嗣鹿門即是？」曰：「即今嗣和尚得麽？」師曰：「人情不打即不可。」便打。問：「非隱顯處是和尚，那箇是某甲？」師曰：「盡乾坤無一不是。」曰：「此猶是和尚，那箇是某甲？」師曰：「木人石女笑分明。」

廣利容禪師

處州廣利容禪師，初住貞溪。僧參，師舉拂子曰：「貞溪老僧還具眼麽？」曰：「某甲不敢見和尚過。」師曰：「老僧死在闍黎手裏也。」問：「如何是和尚家風？」師曰：「謝闍黎道破。」問：「西院拍手笑呵呵，意作麽生？」師曰：「捲上簾子著。」問：「自己不明，如何得明？」師曰：「不明。」曰：「爲甚麽不明？」師曰：「不見道：自己事。」問：「魯祖面壁，意作麽生？」師良久曰：「還會麽？」曰：「不會。」師曰：「魯祖面壁。」因郡守受代歸，師出送接話次，守問：「和尚遠出山門，將甚麽物來？」師曰：「無盡之寶呈獻。」守無對。後有人進語曰：「便請。」師曰：「太守尊嚴。」問：「千途路絶，語思不通時如何？」師曰：「猶是堦下漢。」曰：「如何是堦上漢？」師曰：「龍樓不舉手。」乃曰：「作麽生是尊貴底人？試道看。莫祇向長連牀上坐地，見他人不肯，忽被明眼人挖著，便向鐵圍山裏藏身。若到廣利門下，須道得第一句，即開一線道與兄弟商量。」時有僧出禮拜，師曰：「將謂是異國舶主，元來是此土商人。」

小谿行傳禪師

泉州廬山小谿院行傳禪師，青原周氏子。僧問：「久嚮廬山石門，爲甚麽入不得？」師曰：「鈍漢。」僧曰：「忽遇猛利者，還許也無？」師曰：「喫茶去。」

布水巖和尚

益州布水巖和尚，僧問：「如何是西來意？」師曰：「一回思著一傷心。」問：「寶劍未磨時如何？」師曰：「用不得。」曰：「磨後如何？」師曰：「觸不得。」

蜀川西禪和尚

蜀川西禪和尚，僧問：「佛是摩耶降生，未審和尚是誰家子？」師曰：「水上卓紅旗。」問：「三十六路，阿那一路最妙？」師曰：「不出第一手。」曰：「忽遇出時如何？」師曰：「脊著地也不難。」

韶州華嚴和尚

韶州華嚴和尚，僧問：「既是華嚴，還將得華來麼？」師曰：「孤峰頂上千枝秀，一句當機對聖明。」僧録問：「法身無相，不可言宣。皇帝詔師，將何接引？」師曰：「金鐘迴出雲中響，萬里歸朝賀聖君。」問：「如何是佛法大意？」師曰：「驚天動地。」曰：「還當也無？」師曰：「靈機永布千家月，祇這如今萬世傳。」

雲居膺禪師法嗣

同安丕禪師

洪州鳳棲山同安丕禪師，僧問：「如何是無縫塔？」師曰：「吽！吽！」曰：「如何是塔中人？」師曰：「今日大有人從建昌來。」問：「一見便休去時如何？」師曰：「是也。更來這裏作麽？」問：「如何是點額魚？」師曰：「不透波瀾。」曰：「慚耻時如何？」師曰：「終不仰面。」曰：「恁麽則不變其身也。」師曰：「是也。青雲事作麽生？」問：「如何是和尚家風？」師曰：「金雞抱子歸霄漢，玉兔懷胎入紫微。」曰：「忽遇客來，將何祇待？」師曰：「金果朝來猿摘去，玉花晚後鳳銜歸。」問：「無情還解説法也無？」師曰：「玉犬夜行，不知天曉。」問：「路逢達道人，不將語默對。未審將甚麽對？」師曰：「要踢要拳。」問：「纔有言詮，盡落今時，不落言詮，請師直説。」師曰：「木人解語非干舌，石女抛梭豈亂絲？」問：「依經解義，三世佛冤。離經一字，即同魔説。此理如何？」師曰：

「孤峰迥秀，不挂煙蘿。片月行空，白雲自在。」新到參，師問：「甚處來？」曰：「湖南。」師曰：「還知同安這裏風雲體道，花檻璇璣麽？」曰：「知。」師曰：「非公境界。」僧便喝。師曰：「短販樵人，徒誇書劍。」僧擬進語，師曰：「劍甲未施，賊身已露。」問：「佛未出世時如何？」師曰：「藕絲繫大象。」曰：「出世後如何？」師曰：「鐵鎖鎖石牛。」問：「不傷王道如何？」師曰：「喫粥喫飯。」曰：「莫便是不傷王道也無？」師曰：「遷流左降。」問：「玉印開時，何人受信？」師曰：「不是恁麽人。」曰：「親宮事如何？」師曰：「道甚麽？」問：「如何是毗盧師？」師曰：「闍黎在甚麽處出家？」問：「如何是觸目菩提？」師曰：「面前佛殿。」問：「片玉無瑕，請師不觸。」師曰：「落汝後。」問：「玉印開時，何人受信？」師曰：「不是小小。」問：「迷頭認影如何止？」師曰：「告阿誰？」曰：「如何即是？」師曰：「從人覓即轉遠也。」曰：「不從人覓時如何？」師曰：「頭在甚麽處？」問：「如何是同安一隻箭？」師曰：「腦後看。」曰：「腦後事如何？」師曰：「過也。」問：「亡僧衣衆人唱，祖師衣甚麽人唱？」師曰：「打。」問：「將來不相似，不將來時如何？」師曰：「甚麽處著？」問：「未有這箇時，作麽生行履？」師曰：「尋常又作麽生？」曰：「恁麽則不改舊時人也。」師曰：「作何行履？」問：「如何是異類中人？」師曰：「露地藏白牛，長空吞日月。」師看經次，見僧來參，遂以衣袖蓋却頭。僧近前作弔慰勢，師放下衣袖，提起經曰：「會麽？」僧却以衣袖蓋頭。師曰：「蒼天！蒼天！」

歸宗懷惲禪師

廬山歸宗寺懷惲禪師，僧問：「無佛無衆生時如何？」師曰：「甚麽人如此？」問：「水清魚現時如何？」師曰：「把一箇來。」僧無對。同安代云：「動即失。」問：「如何是五老峰？」師曰：「突兀地。」問：「截水停輪時如何？」師曰：「磨不轉。」曰：「如何是磨不轉？」師曰：「不停輪。」問：「如何是塵中弟子？」師曰：「灰頭土面。」同安代云：「不拂拭。」問：「如何是世尊不説説？」師曰：「正恁麽。」曰：「如何是迦葉不聞聞？」師曰：「不附物。」問：「不佛不衆生時如何？」師曰：「是甚麽人如此？」問：「學人不到處，請師説。」師曰：「汝不到甚麽處來？」

嵇山章禪師

池州嵇山章禪師，在投子作柴頭。投子同喫茶次，謂師曰：「森羅萬象，總在裏許。」師潑却茶曰：「森羅萬象，在甚麽處？」子曰：「可惜一椀茶。」師後謁雪峰，峰問：「莫是章柴頭麼？」師乃作輪椎勢，峰肯之。

雲居懷岳禪師

南康軍雲居懷岳禪師，僧問：「如何是大圓鏡？」師曰：「不鑒照。」曰：「忽遇四方八面來時作麼生？」師曰：「胡來胡現，漢來漢現。」曰：「大好不鑒照。」師便打。問：「如何是一丸療萬病底藥？」師曰：「汝患甚麼？」問：「如何是本來瑞草？」師曰：「好手拈不出。」曰：「如何是無根樹？」師曰：「處處著不得。」

杭州佛日禪師

杭州佛日本空禪師，初遊天台山，嘗曰：「如有人奪得我機者，即吾師矣。」尋謁雲居，作禮問曰：「二龍爭珠，誰是得者？」居曰：「卸却業身來，與子相見。」師曰：「業身已卸。」居曰：「珠在甚麼處？」師無對。同安代云：「回頭即沒交涉。」遂投誠入室，時始年十三。後四年，參夾山。纔入門，見維那。那曰：「此間不著後生。」師曰：「某甲不求挂搭，暫來禮謁和尚。」維那白夾山，山許相見。師未陞堦，山便問：「甚處來？」師曰：「雲居來。」曰：「即今在甚麽處？」師曰：「在夾山頂顙上。」山曰：「老僧行年在坎，五鬼臨身。」師擬上堦，山曰：「三道寶堦，從何而上？」師曰：「三道寶堦，曲爲今時。向上一路，請師直指。」山便揖，師乃上堦禮拜。山問：「闍黎與甚麽人同行？」師曰：「木上座。」山曰：「何不來相看老僧？」師曰：「和尚看他有分？」山曰：「在甚處？」師曰：「在堂中。」山便同師下到堂中，師遂取拄杖擲在山面前。山曰：「莫從天台得否？」師曰：「非五嶽之所生。」山曰：「莫從須彌得否？」師曰：「月宫亦不逢。」山曰：「恁麽則從人得也。」師曰：「自己尚是冤家，從人得堪作甚麽？」山曰：「冷灰裏有一粒豆爆。」乃唤維那：「明窗下安排著。」師曰：「未審明窗還解語也無？」山曰：「待明窗解語，即向汝道。」夾山來日上堂，問：「昨日新到在甚麽處？」師出應喏。山曰：「子未到雲居已前，在甚麽處？」師曰：「天台國清。」山曰：「吾聞天台有潺潺之瀑，渌渌之波，謝子遠來，此意如何？」師曰：「久居巖谷，不挂松蘿。」山曰：「此猶是春意，秋意作麽生？」師良久，山曰：「看君秖是撑船漢，終歸不是弄潮人。」來日普請，維那令師送茶。師曰：「某甲爲佛法來，不爲送茶來。」那曰：「奉和尚處分。」師曰：「和尚尊命即得。」乃將茶去作務處，摇茶甌作聲。山回顧，師曰：「釅茶三五盌，意在钁頭邊。」山曰：「瓶有傾茶勢，籃中幾箇甌？」師曰：「瓶有傾茶勢，籃中無一甌。」便行茶，時衆皆舉目。師曰：「大衆鶴望，請師一言。」山曰：「路逢死蛇莫打殺，無底籃子盛將歸。」師曰：「手執夜明符，幾箇知天曉？」山曰：「大衆有人也。歸去來，歸去來。」遂住，普請歸院，衆皆仰嘆。師終于佛日，卵塔存焉。

永光真禪師

蘇州永光院真禪師，上堂：「言鋒若差，鄉關萬里。直須懸崖撒手，自肯承當。絶後再蘇，欺君不得。非常之旨，人焉廋哉？」問：「道無横徑，立者皆危。如何得不被横徑所侵去？」師以杖拄僧口，僧曰：「此猶是横徑。」師曰：「合取口。」問：「如何是常在底人？」師曰：「來往不易。」問：「如何是祖師西來意？」師曰：「鐵山夜鎖千家月，金烏常照不當門。」

歸宗澹權禪師

廬山歸宗澹權禪師，僧問：「金雞未鳴時如何？」師曰：「失却威音王。」曰：「鳴後如何？」師曰：「三界平沉。」問：「盡身供養時如何？」師曰：「將甚麽來？」曰：「所有不惜。」師曰：「供養甚麽人？」僧無語。問：「學人爲佛法來，如何是佛法？」師曰：「正空閑。」曰：「便請商量。」師曰：「周匝有餘。」問：「大衆雲集，合譚何事？」師曰：「三三兩兩。」問：「路逢達道人，不將語默對，未審將甚麽對？」師曰：「争能肯得人？」僧良久，師曰：「會麽？」曰：「不會。」師曰：「長安路上厕坑子。」問：「如何是佛法大意？」師曰：「三枷五棒。」問：「通徹底人如何語道？」師曰：「汝衹今作麽生？」曰：「任性隨流。」師曰：「不隨流争得息？」

蘄州廣濟禪師

蘄州廣濟禪師，僧問：「疋馬單槍時如何？」師曰：「頭落也。」問：「如何是方外之譚？」師曰：「汝道甚麽？」問：「如何是廣濟水？」師曰：「飲者絶饑渴。」曰：「恁麽則學人不虚到也。」師曰：「情知你受人安排。」問：「遠遠來接，乞師指示。」師曰：「有口衹解喫飯。」問：「温伯雪與仲尼相見時如何？」師曰：「此間無恁麽人。」問：「不識不見，請師道出。」師曰：「不昧。」曰：「不昧時作麽生？」師曰：「汝唤作甚麽？」問：「如何是奇特事？」師曰：「焰裏牡丹花。」問：「如何是無心道人？」師曰：「丹霞放火燒。」

水西南臺和尚

潭州水西南臺和尚，僧問：「如何是此間一滴水？」師曰：「入口即抉出。」問：「如何是西來意？」師曰：「靴頭線綻。」問：「祖祖相傳，未審傳箇甚麼？」師曰：「不因闍黎問，老僧亦不知。」

朱谿謙禪師

歙州朱谿謙禪師，韶國師到，參次，聞犬齩靈鼠聲。國師便問：「是甚麼聲？」師曰：「犬齩靈鼠聲。」國師曰：「既是靈鼠，爲甚麼却被犬齩？」師曰：「齩殺也。」國師曰：「好箇犬。」師便打。國師曰：「莫打，某甲話在。」師休去。因造佛殿畢，一僧同看。師曰：「此殿著得甚麼佛？」曰：「著即不無，有人不肯。」師曰：「我不問那箇人！」曰：「恁麼則某甲亦未曾祇對和尚。」

楊州豐化和尚

楊州豐化和尚，僧問：「上無片瓦，下無卓錐時如何？」師曰：「莫飄露麽？」問：「不具得失時如何？」師曰：「道甚麽？」

雲居道簡禪師

南康軍雲居道簡禪師，范陽人也。久入先雲居之室，密受真印，而分掌寺務，典司樵爨。以臘高，堂中爲第一座。屬先雲居將順寂，主事請問：「誰堪繼嗣？」居曰：「堂中簡。」主事雖承言而意不在師，謂令揀擇可當説法者。僉曰：「第二座可。」然且備禮，先請第一座；若謙讓，即堅請第二座。」師既密承授記，略不辭免。即自持道具入方丈，攝衆演法。主事等不愜素志，罔循規式。師察其情，乃潛棄去。其夜安樂樹神號泣詰旦，主事大衆奔至麥莊悔過，哀請歸院。衆聞空中連聲唱曰：「和尚來也。」僧問：「如何是和尚家風？」師曰：「隨處得自在。」問：「維摩豈不是金粟如來？」師曰：「是。」曰：「爲甚麽却在釋迦會下聽法？」師曰：「他不擔人我。」問：「横身蓋覆時如何？」師曰：「還蓋覆得麼？」問：「蛇子爲甚麼吞却蛇師？」師曰：「在理何傷？」問：「諸聖道不得處，和尚還道得麼？」師曰：「汝道甚麼處諸聖道不得？」問：「路逢猛虎時如何？」師曰：「千人萬人不逢，爲甚麼闍黎偏逢？」問：「孤峰獨宿時如何？」師曰：「閑却七間僧堂不宿，阿誰教汝孤峰獨宿？」師後無疾而寂，塔於本山。

大善慧海禪師

洪州大善慧海禪師，僧問：「不坐青山頂時如何？」師曰：「且道是甚麼人？」問：「如何是解作客底人？」師曰：「不占上。」問：「靈泉忽逢時如何？」師曰：「從甚麼處來？」問：「如何道即不違於師？」師曰：「莫惜口。」曰：「道後如何？」師曰：「道甚麼？」問：「如何道得相親去？」師曰：「快道。」曰：「恁麼則不道也。」師曰：「用口作甚麼？」問：「如何是西來意？」師曰：「三界平沉。」

鼎州德山和尚

鼎州德山和尚，僧問：「路逢達道人，不將語默對。未審將甚麼對？」師曰：「祇恁麼。」僧良久，師曰：「汝更問。」僧再問，師乃喝出。

南嶽南臺和尚

南嶽南臺和尚，僧問：「直上融峰時如何？」師曰：「見麼？」

雲居山昌禪師

南康軍雲居昌禪師，僧問：「相逢不相識時如何？」師曰：「既相逢，爲甚麼不相識？」問：「紅鑪猛焰時如何？」師曰：「裹頭是甚麼？」問：「不受商量時如何？」師曰：「來作甚麼？」曰：「來亦不商量。」師曰：「空來何益？」問：「方丈前容身時如何？」師曰：「汝身大小？」

晋州大梵和尚

晋州大梵和尚，僧問：「如何是學人顧望處？」師曰：「井底架高樓。」曰：「恁麼則超然去也。」師曰：「何不擺手？」

新羅雲住和尚

新羅國雲住和尚，僧問：「諸佛道不得，甚麼人道得？」師曰：「老僧道得。」曰：「諸佛道不得，和尚作麼生道？」師曰：「諸佛是我弟子。」曰：「請和尚道。」師曰：「不是對君王，好與二十棒。」問：「達磨未來時如何？」師曰：「夜半石牛吼。」曰：「來後如何？」師曰：「特地使人愁。」問：「既是普眼，爲甚不見普賢？」師曰：「祇爲貪程太速。」

昤珽和尚

昤珽和尚，僧問：「學人不負師機，還免披毛戴角也無？」師曰：「闍黎何得對面不相識？」曰：「恁麼則吞盡百川水，方明一點心。」師曰：「雖脱毛衣，猶披鱗甲。」曰：「好采〔一〕和尚具大慈悲。」師曰：「盡力道，也出老僧格不得。」

〔一〕「采」，清藏本、續藏本均作「來」字。

疏山仁禪師法嗣

護國守澄禪師

隨州護國院守澄淨果禪師，上堂：「諸方老宿盡在曲录木牀上爲人，及有人問著祖師西來意，未曾有一人當頭道著。」時有僧問：「請和尚當頭道。」師曰：「河北驢鳴，河南犬吠。」問：「如何是佛？」師咄曰：「這驢漢！」問：「盡大地是一隻眼底人來時如何？」師曰：「堦下漢。」問：「諸佛不到處，是甚麼人行履？」師曰：「聃耳鬅頭。」曰：「何人通得彼中信？」師曰：「驢面獸腮。」問：「隨緣認得時如何？」師曰：「錯。」問：「如何是西來意？」師曰：「一人傳虛，萬人傳實。」問：「不落干將手，如何是太阿？」師曰：「七星光彩耀，六國罷煙塵。」問：「鶴立枯松時如何？」師曰：「地下底一場懡㦬。」問：「會昌沙汰時，護法善神向甚麼處去？」師曰：「三門前兩個一場懡㦬。」問：「滴水滴凍時如何？」師曰：「日出後一場懡㦬。」

靈泉歸仁禪師

洛京靈泉歸仁禪師，初問疏山：「枯木生花，始與他合。是這邊句？是那邊句？」山曰：「亦是這邊句。」師曰：「如何是那邊句？」山曰：「石牛吐出三春霧，靈雀不棲無影林。」住後，僧問：「如何是靈泉家風？」師曰：「十日作活九日病。」曰：「此病如何？」師曰：「回避不得。」曰：「還療得也無？」師曰：「耆婆稽首，醫王皺眉。」問：「祖意教意，是同是別？」師曰：「牛馬同群放。」曰：「還分不分？」師曰：「夜半崑崙穿市過，午後烏鷄帶雪飛。」問：「急切相投時如何？」師曰：「見佛似冤家。」問：「如何是靈泉竹？」師曰：「不從栽種得。」曰：「還變動也無？」師曰：「三冬瑞雪應難改，九夏凝霜色轉鮮。」問：「如何是靈泉心印？」師曰：「不傳不受。」曰：「或遇交代時如何？」師曰：「淮南船子看洛陽。」問：「六國未寧時如何？」師曰：「作亂者誰？」問：「如何是祖師西來意？」師曰：「仰面獨揚眉，回頭自拍手。」問：「如何是和尚家風？」師曰：「騎牛戴席帽，過水著靴衫。」問：「如何是無問而自說？」師曰：「死人口裏活人舌。」曰：「未審是何人領會？」師曰：「無角水牯牛。」問：「如何是靈泉活計？」師曰：「東壁打倒西壁。」曰：

「憑箇甚麽過朝夕？」師曰：「折脚鐺子無煙火。」曰：「二時將何奉獻？」師曰：「野老共炊無米飯，溪邊大會不來人。」問：「如何是靈泉境？」師曰：「枯椿花爛漫。」曰：「如何是境中人？」師曰：「子規啼斷後，花落布堦前。」問：「如何是沙門行？」師曰：「恰似箇屠兒。」曰：「如何行履？」師曰：「破齋犯戒。」曰：「究竟作麽生？」師曰：「因不收，果不入。」俗士問：「俗人還許會佛法否？」師曰：「那箇臺無月？誰家樹不春？」

五峰遇禪師

瑞州五峰遇禪師，僧問：「佛未出世時如何？」師曰：「一堆泥土。」問：「如何是不撥不觸底人？」師曰：「閉目藏三寸，黐眉蓋眼睛。」

疏山證禪師

撫州疏山證禪師，初參先疏山得旨，後歷諸方，謁投子。子問：「近離甚處？」曰：「延平。」子曰：「還將得劍來麽？」曰：「將得來。」子曰：「呈似老僧看。」師乃指面前地。子便休。至晚問侍者：「新到在麽？」者曰：「當時去也。」子曰：「三十年弄馬騎，今日被驢撲。」住後，僧問：「如何是就事學？」師曰：「著衣喫飯。」曰：「如何是就理學？」師曰：「騎牛去穢。」曰：「如何是向上事？」師曰：「溥濟〔一〕不收。」問：「如何是聲色混融句？」師曰：「不辨消不及。」曰：「如何是聲色外別行底句？」師曰：「難逢不可得。」問：「親切處乞一言。」師以拄杖敲之。僧曰：「爲甚麽不道？」師曰：「得恁麽不識好惡！」

百丈安禪師

洪州百丈明照安禪師，新羅人也。僧問：「一藏圓光，如何是體？」師曰：「勞汝遠來。」曰：「莫便是一藏圓光麽？」師曰：「更喫一椀茶。」問：「如何是和尚家風？」師曰：「手巾寸半布。」問：「萬法歸一，一歸何處？」師曰：「未有一箇人不問。」問：「如何是極則處？」師曰：「空王殿裏登九五，野老門前不立人。」問：「隨緣認得時如何？」師曰：「未認得時作麽生？」問：「如何是毗盧師？」師曰：「人天收不得。」曰：「如何是一代時教？」師曰：「義例分明。」

〔一〕「濟」，續藏本作「際」。

黄檗慧禪師

瑞州黄檗山慧禪師，洛陽人也。少出家，業經論。因增受菩薩戒，而歎曰：「大士攝律儀，與吾本受聲聞戒，俱止持作犯也。然於篇聚增減，支本通别，制意且殊，既微細難防，復於攝善中未嘗行於少分，況饒益有情乎？且世間泡幻，身命何可留戀哉！」由是置講課，欲以身捐於水中，飼鱗甲之類。念已將行，偶二禪者接之款話，説：「南方頗多知識，何滯於一隅？」師從此回志參尋，屬關津嚴緊，乃謂守吏曰：「吾非翫山水，誓求祖道，他日必不忘恩也。」吏者察其志，遂不苛留，且謂之曰：「師既爲法忘身，回時願無吝所聞。」師欣謝，直造疏山，時仁和尚坐法堂受參。師先顧視大衆，然後致問曰：「刹那便去時如何？」山曰：「逼塞虚空，汝作麽生去？」師曰：「逼塞虚空，不如不去。」山便休。師下堂，參第一座，座曰：「適來祇對甚奇特。」師曰：「此乃率爾，敢望慈悲，開示愚昧。」座曰：「一刹那間還有擬議否？」師於言下頓省，禮謝。住後，僧問：「黄檗一路荒來久，今日當陽事若何？」師曰：「虚空不假金鎚鍊，日月何曾待照人？」師示滅，塔于本山，肉身至今如生。

伏龍奉璘禪師

延州伏龍山奉璘禪師，僧問：「如何是和尚家風？」師曰：「横身卧海，日裏挑燈。」問：「如何是伏龍境？」師曰：「山峻水流急，三冬發異華。」問：「和尚還愛財色也無？」師曰：「愛。」曰：「既是善知識，爲甚麽却愛財色？」師曰：「知恩者少。」師問火頭：「培火了也未？」曰：「低聲。」師曰：「甚麽處得這消息來？」曰：「不假多言。」師曰：「省錢易飽，喫了還饑。」問：「如何是和尚家風？」師曰：「長虀冷飯。」曰：「太寂寞生！」師曰：「僧家合如是。」

大安省禪師

安州大安山省禪師，僧問：「失路迷人，請師直指。」師曰：「三門前去。」問：「舉步臨危，請師指月。」師曰：「不指月。」曰：「爲甚麽不指月？」師曰：「臨坑不推人。」問：「離四句，絶百非，請和尚道。」師曰：「我王庫内無如是刀。」問：「重重關鎖，信息不通時如何？」師曰：「争得到這裏？」曰：「到後如何？」師曰：「彼中事作麽生？」問：「如何是真中真？」師曰：「十字路頭泥佛子。」問：「無爲無事人，猶是金鎖難。金鎖牽不住，是甚麽人？」師曰：「向闍黎道即得，不可荒却大安山去也。」

百丈超禪師

洪州百丈超禪師，海東人也。僧問：「祖意教意，是同是别？」師曰：「金鷄玉兔，聽遶須彌。」問：「日落西山去，林中事若何？」師曰：「洞深雲出晚，澗曲水流遲。」問：「某甲今日辭去，或有人問和尚説甚麽法，向他道甚麽？」師曰：「但道大雄山頂上，虎生師子兒。」

天王和尚

洪州天王院和尚，僧問：「國内按劍者是誰？」師曰：「天王。」問：「百骸俱潰散，一物鎮長靈時如何？」師曰：「不墮無壞爛。」問：「如何是佛？」師曰：「錯。」問：「如何是無相道場。」師曰：「門外列金剛。」

正勤蘊禪師

常州正勤院蘊禪師，魏府韓氏子。幼而出家，老有童顏。僧問：「師唱誰家曲？宗風事若何？」師曰：「迴出簫韶外，六律豈能過？」曰：「不過底事作麼生？」師曰：「聲前拍不散，句後覓無蹤。」問：「如何是正勤一路？」師曰：「泥深三尺。」曰：「如何到得？」師曰：「闍黎從甚麼處來？」問：「如何是禪？」師曰：「石上蓮華火裏泉。」曰：「如何是道？」師曰：「楞伽峰頂一莖草。」曰：「禪道相去幾何？」師曰：「泥人落水木人撈。」晉天福中順寂，葬于院側。經二稔，門人發塔，覩全身儼然，髮爪俱長。乃闍維，收舍利真骨重建塔焉。

洞山瑞禪師

襄州洞山瑞禪師，僧問：「道有又無時如何？」師曰：「龍頭蛇尾，腰間一劍。」問：「如何是無生曲？」師曰：「未問已前。」

京兆三相和尚

京兆府三相和尚，僧問：「如何是無縫塔？」師曰：「覓縫不得。」曰「如何是塔中人？」師曰：「對面不相見。」問：「如何是西來意？」師曰：「雪覆孤峰白，殘照露瑕痕。」

青林虔禪師法嗣

廣德延禪師

襄州萬銅山廣德延禪師，僧問：「如何是和尚家風？」師曰：「山前人不住，山後人更忙。」問：「如何是透法身句？」師曰：「無力登山水，茅户絶知音。」問：「如何是佛法大意？」師曰：「始嗟黄葉落，又見柳條青。」問：「盡大地是箇死屍，向甚麽處葬？」師曰：「北邙山下，千丘萬丘。」師不安，僧問：「和尚患箇甚麽？」師曰：「無私不墜的。」曰：「恁麽則已知和尚病源也。」師曰：「你道老僧患甚麽？」曰：「和尚忌口好！」師便打。問：「如何是佛？」師曰：「畫戟門開見墜仙。」僧後問悟空：「畫戟門開見墜仙，意旨如何？」空曰：「直饒親見釋迦來，智者咸言不是佛。」

石門獻蘊禪師

襄州石門獻蘊禪師，京兆人也。初問青林：「如何用心，得齊於諸聖？」林仰面良久曰：「會麽？」師曰：「不會。」林曰：「去！無子用心處。」師禮拜，乃契悟，更不他遊，遂作園頭。一日歸侍立次，林曰：「子今日作甚麽來？」師曰：「種菜來。」林曰：「偏界是佛身，子向甚處種？」師曰：「金鉏不動土，靈苗在處生。」林欣然。來日入園，喚：「蘊闍黎！」師應喏。林曰：「剩栽無影樹，留與後人看。」師曰：「若是無影樹，豈受栽邪？」林曰：「不受栽且止，你曾見他枝葉麽？」師曰：「不曾見。」林曰：「既不曾見，争知不受栽？」師曰：「祇爲不曾見，所以不受栽。」林曰：「如是！如是！」林將順寂，召師，師應諾。林曰：「日轉西山後，不須取次安。」師曰：「雪滿金檀樹，靈枝萬古春。」林曰：「或有人問你金針線囊事，子道甚麽？」師曰：「若是毛羽相似者，某甲終不敢造次。」初住南嶽蘭若，未幾遷夾山。道由潭州時，楚王馬氏出城延接。便問：「如何是祖師西來大道？」師曰：「好大哥，御駕六龍千古秀，玉街排仗出金門。」王大喜，延入天册府，供養數日，方至夾山。開堂，僧問：「今日一會，何異靈山？」師曰：「天垂寶蓋重重異，地湧金蓮葉葉新。」曰：「未審將何法示人？」師曰：「無絃琴韻流沙界，清音普應大千機。」問：「師唱誰家曲？宗風嗣阿誰？」師曰：「一曲宮商纔品弄，辨寶還他碧眼胡。」曰：「恁麽則清流分洞下，滿月照青林去也。」師曰：「多子塔前分的意，至今異世度洪音。」問：「何如是夾山正主？」師曰：「好手須知欒布作，韓光虛妄立功勳。」問：「如何是西來意？」師曰：「玉璽不離天子手，金箱豈許外人知？」問：「不落機關，請師便道。」師曰：「湛月迅機無可比，君今曾問幾人來？」曰：「即今問和尚。」師曰：「好大哥，雲綻不須藏九尾，恕君殘壽速歸丘。」師以蠻夷作亂，遂離夾山至襄州，創石門寺，再振玄風。上堂：「琉璃殿上光輝，而日日無私。七寶山中晃耀，而頭頭有據。泥牛運步，木馬嘶聲。野老謳歌，樵人舞袖。太陽路上，古曲玄音。林下相逢，更有何事？」僧問：「月生雲際時如何？」師曰：「三箇孩兒抱華鼓，好大哥，莫來攔我毬門路。」問：「如何是和尚家風？」師曰：「常騎駿馬驟高樓，鐵鞭指盡胡人路。」問：「如何是石門境？」師曰：「遍界黃金無異色，往來遊子罷追尋。」曰：「如何是境中人？」師曰：「無相不居凡聖位，經行鳥道没蹤由。」問：「猛虎當軒時如何？」師曰：「性命不存。」曰：「恁麽則遭他毒手。」師曰：「一任齩嚼。」問：「如何是浄土中人？」師曰：「披毛遊火聚，戴角混塵泥。」問：「道界無窮際，通身絶點痕時如何？」師曰：「渺渺白雲漫雪嶽，轉身玄路莫遲遲。」曰：「未審轉身路在甚麼處？」師曰：「石人舉手分明記，萬年枯骨笑時看。」問：「如如不動時如何？」師曰：「有甚麼了日？」曰：「如何即是？」師曰：「石户非關鎖。」般若寺遭焚，有人問曰：「既是般若，爲甚麼被火燒？」師曰：「萬里一條鐵。」師應機多云「好大哥」，時稱大哥和尚。

龍光諲禪師

韶州龍光諲禪師，僧問：「人王與法王相見時如何？」師曰：「越國君王曾按劍，龍光一句不曾虧。」上堂，良久曰：「不煩，珍重。」問：「如何是西來意？」師曰：「胡風一扇，漢地成規。」問：「撥塵見佛時如何？」師拊掌顧視。問：「如何是龍光一句？」師曰：「不空罥索。」曰：「學人不會。」師曰：「唵。」問：「如何是極則爲人處？」師曰：「慇懃囑付後來人。」問：「賓頭盧一身，爲甚麼赴四天下供？」師曰：「千江同一月，萬户盡逢春。」遂有偈曰：「龍光山頂寶月輪，照耀乾坤爍暗雲。尊者不移元一質，千家影現萬家春。」

郢州芭蕉和尚

郢州芭蕉和尚，僧問：「十二時中如何用心？」師曰：「蘢葱一木盆。」問：「如何是道？」師曰：「或横三，或竪五。」曰：「如何是道中人？」師曰：「罷舉雲中信，半夜太陽輝。」

石藏慧炬禪師

定州石藏慧炬禪師，僧問：「如何是西來意？」師曰：「樹帶滄浪色，山横一抹青。」問：「如何是伽藍？」師曰：「祇這是。」曰：「如何是伽藍中人？」師曰：「作麽！作麽！」曰：「忽遇客來，將何祇待？」師曰：「喫茶去。」

白水仁禪師法嗣

重雲智暉禪師

京兆府重雲智暉禪師，咸秦高氏子。總角之歲，好遊佛宇，誓志出家，父母不能止。禮圭峰温禪師剃度，後謁白水，獨領微言，潛通秘鍵。尋回洛，卜于中灘，創温室院，常施水給藥爲事。有比丘患白癩，衆惡之，唯師與之摩洗如常。俄有神光異香，既而訝之，遂失所在。遺瘡痂，馨香酷烈，遂聚而塑觀音像以藏之。師後忽欲歸終南圭峰舊居，一日閑步巖岫間，如常寢處，倏覩摩衲、數珠、銅瓶、樱笠，觸之即壞。謂侍者曰：「此吾前身道具耳。就兹建寺，以酬宿因。」當薙草間，有祥雲蔽日，屯于峰頂，久而不散，因目爲重雲山，猛獸皆自引去。及塞龍潭以通徑，龍亦他徙。後唐明宗賜額曰長興，學侶臻萃。上堂，僧問：「如何是歸根得旨？」師曰：「早是忘却，不憶塵生。」曰：「如何是隨照失宗？」師曰：「家遭劫賊。」問：「不憶塵生，如何是進身一路？」師曰：「足下已生草，前程萬丈坑。」問：「要路坦然，如何踐履？」師曰：「我若指汝，則東西南北去也。」問：「如何是重雲秤？」師曰：「任將天下勘。」問：「如何是截鐵之言？」師曰：「寧死不犯。」問：「如何是迦葉親聞底事？」師曰：「重雲記不得。」問：「如何是重雲境？」師曰：「四時花蔟蔟，三冬異草青。」師闡法四十餘年，節度使王彦超微時常從師遊，欲爲沙門。師熟視曰：「汝世緣深，當爲我家垣牆。」王公後果鎮永興，申弟子禮。師將順世，先與王公言別，囑護法門。王公泣曰：「師忍棄弟子乎？」師笑曰：「借千年亦一別耳。」及歸，書偈示衆曰：「我有一間舍，父母爲修蓋。住來八十年，近來覺損壞。早擬移別處，事涉有憎愛。待他摧毀時，彼此無妨礙。」乃跏趺而逝，塔于本山。

瑞龍幼璋禪師

杭州瑞龍院幼璋禪師，唐相國夏侯孜之猶子也。大中初，伯父司空出鎮廣陵，師方七歲，遊慧照寺，聞誦法華，志求出家。伯父初不允，因師絕飲食，不得已而許之。師慧遠禪師，後遊諸禪會，薯山白水，咸受心訣。咸通十三年至江陵，騰騰和尚囑之曰：「汝往天台，尋静而棲，遇安即止。」已而又值憨憨和尚撫而記曰：「汝却後四十年，有巾子山下菩薩王於江南，當此時吾道昌矣。」尋抵天台山，於静安鄉創福唐院，乃契騰騰之言。又住隱龍院。中和四年，浙東饑疫，師於温、台、明三郡收瘞遺骸，時謂悲增大士。雪峰嘗往見之，遺櫻櫚拂子而去。天祐三年，錢尚父遣使童建賫衣服香藥入山致請，至府庭，署志德大師，館于功臣堂，日親問法。師請每年於天台山建金光明道場，諸郡黑白大會，逾月而散光明大會始於師也。將辭歸山，王加戀慕，於府城建瑞龍院，文穆王改爲寶山院。延請開法。時禪門興盛，斯則憨憨縣記應矣。上堂：「老僧頃年遊歷江外、嶺南、荆湖，但有知識叢林，無不參問來。蓋爲今日與諸人聚會，各要知箇去處。然諸方終無異説，祗教當人歇却狂心，休從他覓。但隨方任真，亦無真可任。隨時受用，亦無時可用。設垂慈苦口，且不可呼晝作夜。更饒善巧，終不能指東爲西。脱或能爾，自是神通作怪，非干我事。若是學語之流，不自省己知非，直欲向空裏採花，波中取月，還著得心力麽？汝今各且退思，忽然肯去，始知瑞龍老漢事不獲已，迂回太甚。還肯麽？」時有僧問：「如何是瑞龍境？」師曰：「道汝不見，得麽？」曰：「如何是境中人？」師曰：「後生可畏。」問：「廓然無雲，如何是中秋月？」師曰：「最好是無雲。」曰：「恁麽則一輪高掛，萬國同觀去也。」師曰：「捏目之子難與言。」天成二年丁亥四月，乞墳塔于尚父。父命陸仁璋於西關選勝地，建塔創院，改天台隱龍爲隱迹。塔畢，師入府庭辭尚父，囑以護法。尅期順寂。尚父悲悼，遣僧正集在城宿德，迎引入塔。

白馬儒禪師法嗣

青剉如觀禪師

興元府青剉山如觀禪師，僧問：「如何是和尚家風？」師曰：「無底籃子拾生菜。」問：「如何是青剉境？」師曰：「三冬華木秀，九夏雪霜飛。」

龍牙遁禪師法嗣

報慈藏嶼禪師

潭州報慈藏嶼匡化禪師，僧問：「心眼相見時如何？」師曰：「向汝道甚麽？」問：「如何是實見處？」師曰：「絲毫不隔。」曰：「恁麽則見也。」師曰：「南泉甚好去處。」問：「如何是西來意？」師曰：「昨夜三更送過江。」問：「臨機便用時如何？」師曰：「海東有果樹頭心。」問：「如何是真如佛性？」師曰：「阿誰無？」問：「如何是向上一路？」師曰：「郴連道永。」問：「和尚年多少？」師曰：「秋來黄葉落，春到便開花。」問僧：「甚處來？」曰：「卧龍來。」師曰：「在彼多少時？」曰：「經冬過夏。」師曰：「龍門無宿客，爲甚麽在彼許多時？」曰：「師子窟中無異獸。」師曰：「汝試作師子吼看。」曰：「某甲若作師子吼，即無和尚。」師曰：「念汝新到，放汝三十棒。」問：「如何是湖南境？」師曰：「艛船戰棹。」曰：「還許學人遊翫也無？」師曰：「一任闍黎打僜。」問：「和尚百年後，有人問，如何祇對？」師曰：「分明記取。」問：「情生智隔，想變體殊。祇如情未生時如何？」師曰：「隔。」曰：「情未生時，隔箇甚麽？」師曰：「這箇梢郎子未遇人在。」問：

「如何是龍牙山？」師曰：「益陽那邊。」曰：「如何即是？」師曰：「不擬。」曰：「如何是不擬去？」師曰：「恁麼則不是。」問：「古人面壁，意旨如何？」師良久却召僧，僧應諾。師曰：「你去，别時來。」上堂：「一句徧大地，一句纔問便道，一句問亦不道。」僧問：「如何是徧大地句？」師曰：「無空缺。」曰：「如何是纔問便道句？」師曰：「低聲，低聲。」曰：「如何是問亦不道句？」師曰：「便合知時。」

含珠審哲禪師

襄州含珠山審哲禪師，僧問：「如何是和尚深深處？」師曰：「寸釘纔入木，九牛拽不出。」問：「如何是正法眼？」師曰：「門前神樹子。」問：「如何是佛法大意？」師曰：「貧兒抱子渡，恩愛競隨流。」問僧：「有亦不是，無亦不是，不有不無亦不是。汝本來名箇甚麽？」曰：「學人已具名了。」師曰：「具名即不無，畢竟名箇甚麽？」曰：「祇這莫便是否？」師曰：「且喜没交涉。」曰：「如何即是？」師曰：「親切處更請一問。」曰：「學人道不得，請和尚道。」師曰：「别日來，與汝道。」曰：「即今爲甚麽不道？」師曰：「覓箇領話人不可得。」又問僧：「張王李趙不是汝本來姓，汝本來姓箇甚麽？」曰：「與和尚同姓。」師曰：「同姓即且從汝，本來姓箇甚麽？」曰：「待漢水逆流，却向和尚道。」師曰：「即今爲甚麽不道？」曰：「漢水逆流也未？」師休去。問：「隨緣認得時如何？」師曰：「是甚麽？」問：「如何是無位真人？」師曰：「别安排又争得？」曰：「不安排時如何？」師曰：「無位真人。」問：「如何是真經？」師曰：「阿彌陀。」

西川存禪師

西川存禪師，僧問：「學人解問諳訛句，請師舉起訝人機。」師曰：「巢父不牽牛，許由不洗耳。」問：「具足底人來，師還接否？」師便打。

華嚴静禪師法嗣

紫陵匡一禪師

鳳翔府紫陵匡一定覺禪師，初到蟠龍，見僧問：「碧潭清似鏡，蟠龍何處安？」龍曰：「沈沙不見底，浮浪足巑岏。」師不肯。龍請師道，師曰：「金龍迴透青霄外，潭中豈滯玉輪機？」龍肯之。住後，僧問：「未作人身已前，作甚麽來？」師曰：「石牛步步火中行，返顧休銜日中草。」問：「智識路絶，思議併忘時如何？」師曰：「停囚長智，養病喪軀。」

九峰滿禪師法嗣

同安威禪師

洪州同安院威禪師，僧問：「牛頭未見四祖時如何？」師曰：「路邊神樹子，見者盡擎拳。」曰：「見後如何？」師曰：「室内無靈牀，渾家不著孝。」問：「祖意教意，是同是別？」師曰：「玉兔不曾知曉意，金烏争肯夜頭明。」問：「如何是同安一曲？」師曰：「靈琴不別人間韻，知音豈度伯牙門？」曰：「未審何人和得？」師曰：「木馬嘶時從彼聽，石人拊掌阿誰聞？」曰：「或遇知音時如何？」師曰：「知音不度耳，達者豈同聞？」師一日遊山，大衆隨後。師曰：「堦前翠竹，砌下黄花。古人道真如般若，同安即不然。」有僧曰：「古人也好和尚。」師曰：「不貪香餌味，可謂碧潭龍。」曰：「諸方眼目，不怪淵明。」師曰：「闍黎閉目中秋坐，却笑月無光。」曰：「堦前翠竹，砌下黄花，又作麽生？」師曰：

「安南未伏，塞北那降？」僧禮拜，師曰：「名稱普聞。」師問僧：「寅晡飲啄，無處藏身。你道有此道理麽？」曰：「和尚作麽生？」師打一拂子，僧曰：「撲手征人，徒誇好手。」師曰：「握鞭側帽，豈是闍黎？」曰：「今古之道，何處藏身？」師曰：「闍黎作麽生？」僧珍重便出。師曰：「未在。」

北院通禪師法嗣

京兆香城和尚

京兆府香城和尚，初參北院，問曰：「一似兩箇時如何？」院曰：「一箇賺汝。」師乃有省。僧問：「三光景色謝照燭事如何？」師曰：「朝邑峰前卓五彩。」曰：「不涉文彩事作麽生？」師曰：「如今特地過江來。」問：「向上一路，請師舉唱。」師曰：「鈞絲鉤不出。」問：「牛頭還得四祖意否？」師曰：「沙書下點落千字。」曰：「下點後如何？」師曰：「別將一撮俵人天。」曰：「恁麽則人人有也。」師曰：「汝又作麽生？」問：「囊無繫蟻之絲，厨絶聚蠅之糝時如何？」師曰：「日捨不求，思從妄得。」

五燈會元卷第十四

青原下七世

洞山延禪師法嗣

上藍慶禪師

瑞州上藍院慶禪師，初遊方，問雪峰：「如何是雪峰的的意？」峰以杖子敲師頭，師應諾。峰大笑。師後承洞山印解，開法上藍。僧問：「如何是上藍無刃劍？」師曰：「無。」曰：「爲甚麼無？」師曰：「闍黎！諸方自有。」

同安慧敏禪師

洪州同安慧敏禪師，初参洞山，問：「諸聖以何爲命？」山曰：「以不間斷。」師曰：

「還有向上事也無?」山曰:「有。」師曰:「如何是向上事?」山曰:「不從間斷。」師於言下有省。住後,僧問:「請師一句。」師曰:「好記取。」

金峰志禪師法嗣

天池智隆禪師

廬山天池智隆禪師,在金峰普請般柴次,峰問:「般柴人過水否?」師曰:「有一人不過水。」曰:「不過水還般柴否?」師曰:「雖不般柴,也不得動著他。」

鹿門真禪師法嗣

谷隱智静禪師

襄州谷隱智静悟空禪師,僧問:「如何是和尚轉身處?」師曰:「卧單子下。」問:「如何是道?」師曰:「鳳林關。」曰:「學人不會。」師曰:「直至荆南。」問:「如何是指歸之路？」師曰：「莫用伊。」曰：「還使學人到也無？」師曰：「甚麼處著得汝？」問：「靈山一會，何異今時？」師曰：「不異如今。」曰：「不異底事作麼生？」師曰：「如來密旨，迦葉不聞。」問：「古澗寒泉，甚麼人得飲？」師曰：「絶飢渴者。」曰：「絶飢渴者如何得飲？」師曰：「東畎東流，西畎西流。」

益州崇真禪師

益州崇真禪師，僧問：「如何是禪？」師曰：「澄潭釣玉兔。」曰：「如何是道？」師曰：「拍手笑清風。」問：「如何是大人相？」師曰：「泥捏三官土地堂。」

鹿門譚禪師

襄州鹿門志行譚禪師，僧問：「如何是實際理地？」師曰：「南贍部洲，北鬱單越。」曰：「恁麼則事同一家也。」師曰：「隔須彌在。」問：「遠遠投師，請師一接。」師曰：「從甚麼處來？」曰：「江北來。」師曰：「南堂裏安下。」問：「如何是清浄法身？」師曰：「戊亥年生。」

佛手巖因禪師

廬山佛手巖行因禪師，雁門人也。首謁鹿門，師資契會。尋抵廬山，山之北，有巖如五指，下有石窟，可三丈餘。師宴處其中，因號佛手巖和尚。江南李主三召不起，堅請就棲賢，開堂不逾月，潛歸巖室。僧問：「如何是對現色身？」師竪一指。法眼別云：「還有也未？」後示微疾，謂侍僧曰：「日午吾去矣。」及期，僧報：「日午也。」師下牀，行數步，屹然立化。李主備香薪，荼毗，塔于巖之陰。

曹山霞禪師法嗣

嘉州東汀和尚

嘉州東汀和尚，僧問：「如何是向去底人？」師曰：「石女紡麻縷。」曰：「如何是却來底人？」師曰：「扇車關棙斷。」問：「遍界是佛身，教某甲甚麼處立？」師曰：「孤峰頂上木人叫，紅焰輝中石馬嘶。」

草庵義禪師法嗣

龜洋慧忠禪師

泉州龜洋慧忠禪師，本州陳氏子。謁草庵，庵問：「何方來？」師曰：「六眸峰。」庵曰：「還見六眸否？」師曰：「患非重瞳。」庵然之。師尋回故山，屬唐武宗廢教，例民其衣。暨宣宗中興，師曰：「古人有言，上昇道士不受籙，成佛沙彌不具戒。」祇爲白衣，過中不食。不宇而禪，迹不出山者三十年。述三偈以自見曰：「雪後始知松柏操，雲收方見濟河分。不因世主教還俗，那辨鷄群與鶴群！」「多年塵事謾騰騰，雖著方袍未是僧。今日修行依善慧，滿頭留髮候然燈。」「形儀雖變道常存，混俗心源亦不昏。試讀善財巡禮偈，當時豈例作沙門。」謂門弟子曰：「衆生不能解脱者，情累爾。悟道易，明道難。」僧問：「如何得明道去？」師曰：「但脱情見，其道自明矣。夫明之爲言，信也。如禁虵人，信其呪力藥力，以虵綰弄揣懷袖中無難，未知呪藥等力者怖駭棄去。但諦見自心，情見便破。今千疑萬慮不得用者，未見自心者也。」忽索香焚罷，安然而化。全身葬於無了禪師塔之東。後數年，塔忽坼裂，連階丈餘。主僧將發視之，是夜宴寂中，見無了曰：「不必更發也。」今爲沈陳二真身。無了姓沈，見馬祖。

同安丕禪師法嗣

同安志禪師

洪州同安志禪師，先同安將示寂，上堂曰：「多子塔前宗子秀，五老峰前事若何？」如是三舉，未有對者。末後師出曰：「夜明簾外排班立，萬里歌謡道太平。」安曰：「須是這驢漢始得。」住後，僧問：「二機不到處，如何舉唱？」師曰：「遍處不逢，玄中不失。」問：「凡有言句，盡落今時。學人上來，請師直指。」師曰：「目前不現，句後不迷。」曰：「向上事如何？」師曰：「迥然不换，標的即乖。」

袁州仰山和尚

袁州仰山和尚，僧問：「如何是仰山境？」師曰：「白雲峰下猿啼早，碧嶂巖前虎起遲。」僧曰：「如何是境中人？」師曰：「寒來火畔坐，熱向澗邊行。」

歸宗惲禪師法嗣

歸宗弘章禪師

廬山歸宗弘章禪師，僧問：「學人有疑時如何？」師曰：「疑來多少時也？」問：「小船渡大海時如何？」師曰：「較些子。」曰：「如何得渡？」師曰：「不過來。」問：「枯木生華時如何？」師曰：「把一朵來。」問：「混然覓不得時如何？」師曰：「是甚麼？」

嵇山章禪師法嗣

雙泉道虔禪師

隨州雙泉山道虔禪師，僧問：「洪鐘未擊時如何？」師曰：「絶音響。」曰：「擊後如何？」師曰：「絶音響。」問：「如何是在道底人？」師曰：「無異念。」問：「如何是希有底事？」師曰：「白蓮華向半天開。」

雲居岳禪師法嗣

豐化令崇禪師

揚州豐化院令崇禪師，舒州人也。僧問：「如何是敵國一著碁？」師曰：「下將來。」問：「一棒打破虚空時如何？」師曰：「把將一片來看。」

藥山忠彦禪師

澧州藥山忠彦禪師，僧問：「教中道：『諸佛放光明，助發實相義。』光明即不問，如何是實相義？」師曰：「會麽？」曰：「莫便是否？」師曰：「是甚麽？」問：「師唱誰家曲？宗風嗣阿誰？」師曰：「雲嶺龍昌月，神風洞上泉。」

梓州龍泉和尚

梓州龍泉和尚，僧問：「如何是祖師西來意？」師曰：「不在闍黎分上。」問：「學人欲跳萬丈洪崖時如何？」師曰：「撲殺。」

護國澄禪師法嗣

護國知遠禪師

隨州護國知遠演化禪師，僧問：「舉子入門時如何？」師曰：「緣情體物事作麼生？」問：「乾坤休駐意，宇宙不留心時如何？」師曰：「揔是戰爭收拾得，却因歌舞破除休。」

智門守欽禪師

隨州智門寺守欽圓照禪師，僧問：「兩鏡相照，爲甚麼中間無像？」師曰：「自己亦須隱。」曰：「鏡破臺亡時如何？」師竪起拳。問：「如何是和尚家風？」師曰：「額上不貼牓。」問：「如何是祖師西來意？」師曰：「把火燒天徒自疲。」

大安能禪師

安州大安山崇教能禪師，僧問：「師唱誰家曲？宗風嗣阿誰？」師曰：「打動南山皷，唱起北山歌。」問：「如何是三冬境？」師曰：「千山添翠色，萬樹鎖銀華。」

薦福思禪師

潁州薦福院思禪師，僧問：「古殿無佛時如何？」師曰：「梵音何來？」曰：「不假修證，如何得成？」師曰：「修證即不成。」

護國志朗禪師

隨州護國志朗圓明禪師，僧問：「如何是萬法之源？」師曰：「空中收不得，護國豈能該？」

靈泉仁禪師法嗣

大陽慧堅禪師

郢州大陽慧堅禪師，初在靈泉，入室次，泉問：「甚麼處來？」師曰：「僧堂裏來。」泉曰：「爲甚麼不築著露柱？」師於言下有省。住後，僧問：「如何是玄旨？」師曰：「壁上掛錢財。」問：「如何是法王劍？」師曰：「腦後看。」問：「如何是無相道場？」師曰：「佛殿裏懸幡。」問：「不借時機用，如何話祖宗？」師曰：「老鼠齩腰帶。」僧請益法身，師示偈曰：「扶桑出日頭，黄河輥底流。六六三十六，陝府灌鐵牛。」

五峰遇禪師法嗣

五峰紹禪師

瑞州五峰紹禪師，僧問：「如何是第一義？」師拍禪牀云：「若不是仙陀，千里萬里。」問：「如何是祖師西來意？」師曰：「迢迢十萬餘。」

廣德延禪師法嗣

廣德義禪師

襄州廣德義禪師，謁先廣德，作禮問曰：「如何是和尚密密處？」德曰：「隱身不必須巖谷，闤闠堆堆覩者稀。」師曰：「恁麽則酌水獻華去也。」德曰：「忽然雲霧靄，闍黎作麽生？」師曰：「採汲不虛施。」廣德忻然曰：「大衆！看取第二代廣德。」師次踵住持，聚徒開法。僧問：「如何是佛？」師曰：「披蓑倒騎牛，草深不露角。」問：「如何是祖師西來意？」師曰：「魚躍無源水，鶯啼枯木花。」問：「如何是常在底人？」師曰：「臘月死蛇當大路，觸著傷人不柰何。」問：「如何是學人相契處？」師曰：「方木逗圓孔。」問：「如何是大寂滅海？」師曰：「鬧市走馬，不觸一人。」曰：「如何是大通智勝佛？」師曰：「孤輪罷照妙峰頂，汝報巴猿莫斷腸。」問：「如何是作無間業底人？」師曰：「猛火然鐺煮佛喋。」師因事示偈曰：「纔到洪山便跺根，四方八面不言論。他家自有眠雲志，蘆管橫吹宇宙喧。」問：「如何是古佛心？」師曰：「多年曆日雖無用，犯著應須總滅門。」曰：「或遇新曆日，又作麽生？」師曰：「運動修營無滯礙，何勞入市問孫臏？」問：「時人有病醫王醫，醫王有病甚人醫？」師展手曰：「與我診候看。」曰：「不會。」師曰：「須彌徒作藥，四海謾爲湯。」問：「向上一路，千聖不傳。和尚還傳也無？」師曰：「鐵丸驀口塞，難得解吞人。」問：「如何是佛法大意？」師曰：「雪寒向火，日暖偎陽。」問：「如何是賓中賓？」師曰：「蕩子無家計，飄蓬不自知。」曰：「如何是賓中主？」師曰：「茅户掛珠簾。」曰：「如何是主中賓？」師曰：「龍樓鋪草坐。」曰：「如何是主中主？」師曰：「東宫雖至嫡，不面聖堯顔。」問：「有一室女，未曾嫁娉，生得一子，姓箇甚麽？」師曰：「偶然衫子破，闖外没人縫。」問：「如何是不落堦級底人？」師曰：「胎中童子眉如雪。」問：「如何是不睡底眼？」師曰：「昨夜三更壁不開。」問：「諦信底人信箇甚麽？」師曰：「莫道冰無火，斯須紅焰生。」問：「如何是密室？」師曰：「茅茨當大道，歷劫没人敲。」問：「如何是異日已前人？」師曰：「萬年枯木鳥銜來。」問：「懸崖峭峻，還具得失也無？」師曰：「忻逢良便，好與一推。」問：「牛頭未見四祖時如何？」師曰：「鮓甕乍開蠅哢哢。」曰：「見後如何？」師曰：「底穿蕩盡冷湫湫。」

廣德周禪師

襄州廣德周禪師，僧問：「魚向深潭難避網，龍居淺水却難尋時如何？」師曰：「遍體崑崙黑，通身一點霜。」問：「貧子歸家時如何？」師曰：「入門不見面，處處故園春。」問：「命盡禄絶時如何？」師曰：「死。」曰：「此人落歸何道？」師曰：「薰薰彌宇宙，爛壞莫能拈。」問：「聞話不覺時如何？」師曰：「遍界没聾人，誰是知音者？」曰：「如何是知音者？」師曰：「斷絃續不得，歷劫響泠泠。」問：「教中道：阿逸多不斷煩惱，不修禪定，佛記此人成佛無疑。此理如何？」師曰：「鹽又盡，炭又無。」曰：「鹽盡炭無時如何？」師曰：「愁人莫向愁人説，説向愁人愁殺人。」問：「如何得念念相應去？」師曰：「驚水魚龍散。」曰：「念念相應後如何？」師曰：「海北天南各自行，不勞魚雁通消息。」

石門蘊禪師法嗣

石門慧徹禪師

襄州石門慧徹禪師，僧問：「金烏出海光天地，與此光陰事若何？」師曰：「龍出洞兮風雨至，海岳傾時日月明。」問：「從上諸聖向甚麽處去也？」師曰：「露柱挂燈籠。」問：「如何是和尚家風？」師曰：「解接無根樹，能挑海底燈。」問：「如何是祖師西來意？」師曰：「少林澄九鼎，浪動百花新。」問：「如何是佛法大意？」師曰：「三門外松樹子，見生見長。」問：「三身中那身是正？」師曰：「報化路頭横鳥道，石人眼裏不栽花。」問：「雲光作牛，意旨如何？」師曰：「陋巷不騎金色馬，回途却著破襴衫。」問：「年窮歲盡時如何？」師曰：「東村王老夜燒錢。」問：「一毫未發時如何？」師曰：「后羿不調弓，箭透三江口。」問：「如何是佛？」師曰：「樵子度荒郊，騎牛草不露。」曰：「如何是騎牛草不露？」師曰：「遮掩不得。」問：「如何是靈利底物？」師曰：「古墓毒蛇頭戴角。」又曰：「維摩不離方丈室，文殊未到却先知。」又曰：「垢膩汗衫皂角洗。」因令初上座領衆來參，師問：「萬仞峰頭石牛吼，穿雲渡水意如何？」初無對。師曰：「山僧住持事大，參堂去！」師後令僧下語，或云「久嚮和尚。」或云「訪道尋師明的旨，覺了根源顯異機。」師曰：「當時初上座若下得這語，不將他作參學人。」上堂：「一切衆生本源佛性，譬如朗月常空，祇爲浮雲翳障，不得顯現，爲明爲照，爲道爲路，爲舟爲楫，爲依爲止。一切衆生本源佛性，亦復如是。」時汾陽昭和尚在衆，出問：「朗月海雲遮不得，舒光直透水晶宮時如何？」師曰：「石壁山河非障礙，閻浮界外任昇騰。」陽曰：「恁麼則千聖共傳無底鉢，時人皆唱太平歌。」師曰：「太平曲子如何唱？」陽曰：「不墮五音，非關六律。」師曰：「還有人和得麼？」陽曰：「請和尚不恪慈悲。」師曰：「仁者善自保任！」

含珠哲禪師法嗣

龍穴山和尚

洋州龍穴山和尚，僧問：「如何是西來意？」師曰：「騎虎唱巴歌。」問：「既是善知識，爲甚麼却與土地燒錢？」師曰：「彼上人者，難爲疇對。」

大乘山和尚

唐州大乘山和尚，僧問："枯樹逢春時如何？"師曰："世間希有。"問："如何是四方八面事？"師曰："升子裏踍跳，斗子内轉身。"

延慶歸曉禪師

襄州延慶院歸曉慧廣禪師，僧問："言語道斷時如何？"師曰："兩重公案。"曰："如何領會？"師曰："分明舉似。"問："如何是鳳山境？"師曰："好生看取。"曰："如何是境中人？"師曰："識麽？"

含珠山真禪師

襄州含珠山真禪師，僧問："師唱誰家曲？宗風嗣阿誰？"師曰："含珠密意，同道者知。"曰："恁麽則不假羽翼，便登霄漢去也。"師曰："鈍。"問："古鏡未磨時如何？"師曰："昧不得。"曰："磨後如何？"師曰："黑如漆。"

紫陵一禪師法嗣

廣福道隱禪師

并州廣福道隱禪師，僧問：「如何是指南一路？」師曰：「妙引靈機事，澄波顯異輪。」問：「三家同到請，未審赴誰家？」師曰：「月印千江水，門門盡有僧。」

紫陵微禪師

紫陵微禪師，初到夾山，山問：「近離甚處？」師曰：「向北山。」曰：「是何宗徒？」師曰：「昔日老胡師子吼，頂門一裂至如今。」住後，僧問：「如何是紫陵境？」師曰：「寂照燈光夜已深。」曰：「如何是境中人？」師曰：「猿啼虎嘯。」問：「寶劍未出匣時如何？」師曰：「磐陀石上栽松柏。」問：「如何是大猛烈底人？」師曰：「石牛步步火中行，返顧休銜日中草。」曰：「如何是五逆底人？」師曰：「放火夜燒無相宅，天明戴帽入長安。」曰：「如何是孝順底人？」師曰：「步步手提無米飯，斂手堂前不舉頭。」問：「如何是祖師西來意？」師曰：「紅爐焰上碧波流。」

興元大浪和尚

興元府大浪和尚，僧問：「既是喝河神，爲甚麽被水推却？」師曰：「隨流始得妙，住岸却成迷。」

洪州東禪和尚

洪州東禪和尚，僧問：「如何是密室？」師曰：「江水深七尺。」曰：「如何是密室中人？」師曰：「此去江南三十步。」僧問：「如何是新吴劍？」師作拔劍勢。

同安威禪師法嗣

陳州石鏡和尚

陳州石鏡和尚，僧問：「石鏡未磨，還鑒照否？」師曰：「前生是因，今生是果。」

青原下八世

谷隱静禪師法嗣

谷隱知儼禪師

襄州谷隱知儼宗教禪師，登州人也。僧問：「師唱誰家曲？宗風嗣阿誰？」師曰：「白雲南，傘蓋北。」問：「如何是迦葉親聞底事？」師曰：「速須吐却。」問：「如何是諸佛照不著處？」師曰：「問這山鬼窟作麽？」曰：「照著後如何？」師曰：「咄！精怪。」問：「千山萬水，如何登涉？」師曰：「舉步便千里萬里。」曰：「不舉步時如何？」師曰：「亦千里萬里。」

普寧法顯禪師

襄州普寧院法顯禪師，僧問：「曩劫共住，爲甚麽不識親疏？」師曰：「誰？」曰：

「更待某甲道。」師曰：「將謂不領話。」問：「千山萬水，如何登涉？」師曰：「青霄無間路，到者不迷機。」

同安志禪師法嗣

梁山緣觀禪師

鼎州梁山緣觀禪師，僧問：「如何是和尚家風？」師曰：「益陽水急魚行澀，白鹿松高鳥泊難。」問：「家賊難防時如何？」師曰「識得不爲冤。」曰：「識得後如何？」師曰：「貶向無生國裏。」曰：「莫是他安身立命處也無？」師曰：「死水不藏龍。」曰：「如何是活水龍？」師曰：「興波不作浪。」曰：「忽然傾湫倒嶽時如何？」師下座把住曰：「莫教濕却老僧袈裟角。」問：「師唱誰家曲？宗風嗣阿誰？」師曰：「龍生龍子，鳳生鳳兒。」問：「如何是西來意？」師曰：「葱嶺不傳唐土印，胡人謾唱太平歌。」問：「如何是從上傳來底事？」師曰：「渡水胡僧無膝袴，背駝梵夾不持經。」問：「如何是正法眼？」師曰：「南華裏。」曰：「爲甚在南華裏？」師曰：「爲汝問正法眼。」問：「如何是學人自己？」師曰：「寰中天子，塞外將軍。」曰：「便恁麽去時如何？」師曰：「朗月懸空，室中暗坐。」問：「如何是衲衣下事？」師曰：「密。」師與瑞長老坐次，僧問：「二尊不並化，爲甚兩人居方丈？」師曰：「一亦非。」有偈曰：「梁山一曲歌，格外人難和。十載訪知音，未嘗逢一箇。」問：「亡僧遷化向甚麽處去？」師曰：「亡僧幾時遷化？」曰：「争奈相送何？」師曰：「紅爐燄上絛絲縷，霮䨴雲中不點頭。」上堂：「垂鉤四海，祇釣獰龍。格外玄機，爲尋知己。」上堂：「垂絲千尺，意在深潭。一句横空，白雲自異。孤舟獨棹，不犯清波。海上横行，罕逢明鑒。」問：「如何是衲衣下事？」師曰：「衆聖莫顯。」師後示偈曰：「紅燄藏吾身，何須塔廟新？有人相肯重，灰裏邈全真。」

歸宗章禪師法嗣

普浄常覺禪師

東京普浄院常覺禪師，陳留李氏子。初訪歸宗，聞法省悟，遂求出家。未幾，歸宗將順寂，召師撫之曰：「汝於法有緣，他後濟衆人，莫測其量也。」仍以披剃事囑諸門人。師至唐乾化二年落髮，明年納戒於東林寺甘露壇。尋游五臺山，還上都，於麗景門外獨居二載，間有比鄰信士張生者，請師供養。張素探玄理，因叩師垂誨。師乃隨宜開誘，張生於言下悟入。設榻留宿，至深夜，與妻竊窺之，見師體遍一榻，頭足俱出。及令婢僕視之，即如常，倍加欽慕。曰：「弟子夫婦垂老，今願割宅之前堂，以裨丈室。」師欣然受之。至後唐天成三年，遂成大院，賜額曰普浄。師以時機淺昧，難任極旨，苟啓之非器，令彼招謗讟之咎，我寧不務開法。每月三八施浴，僧道萬計。師嘗謂諸徒曰：「但得慧門無壅，則福何滯哉？」一日，給事中陶穀入院，致禮而問曰：「經云：『離一切相，則名諸佛。』今目前諸相紛然，如何離得？」師曰：「給事見箇甚麽？」陶欣然仰重。自是王公大人屢薦章服、師號，皆却而不受。以開寶四年十二月二日示疾，十一日告衆。囑付訖，右脇而化。

護國遠禪師法嗣

雲頂德敷禪師

懷安軍雲頂德敷禪師，初參護國，問曰：「直截根源佛所印，摘葉尋枝我不能時如何？」國曰：「罷攀雲樹三秋果，休弄碧潭孤月輪。」師乃頓釋所疑。住後，成都帥請就衙陞座。有樂營將出，禮拜起，回顧下馬臺，曰：「一口吸盡西江水即不問，請師吞却堦前下馬臺。」師展兩手唱曰：「細抹將來。」營將猛省。

大陽堅禪師法嗣

石門聰禪師

襄州石門聰禪師，僧問：「大陽遷化向甚麼處去？」師曰：「騎牛不戴帽，正坐不偏行。」

北禪契念禪師

潭州北禪契念禪師，僧問：「如何是大道之源？」師曰：「衆流混不得。」曰：「獨脱事如何？」師曰：「穿雲透石。」問：「如何是不墜古今句？」師曰：「十五十六，日月相逐」。

石門徹禪師法嗣

石門紹遠禪師

襄州石門紹遠禪師，初在石門作田頭。門問：「如何是田頭水牯牛？」師曰：「角轉轟天地，朝陽處處春。」他日門又問：「水牯牛安樂否？」師曰：「水草不曾虧。」曰：「田中事作麼生？」師曰：「深畊淺種。」曰：「如法著。」師曰：「某甲不曾取次。」住後，僧問：「師唱誰家曲？宗風嗣阿誰？」師曰：「十方無異路，揭覺鳳林前。」問：「先師已歸雁塔去，當陽一句請師宣。」師曰：「修羅掌內擎日月，夜叉足下蹋泥龍。」問：「金龍不吐凡間霧，請師舉唱鳳凰機。」師曰：「白眉不展手，長安路坦平。」問：「如何是西來意？」師曰：「布袋盛烏龜。」問：「如何是石門境？」師曰：「孤峰對鳳嶺。」曰：「如何是境中人？」師曰：「巖中殘雪，處處分輝。」問：「如何是和尚密作用？」師曰：「滴瀝非旨趣，千山不露身。」問：「四方八面來時如何？」師曰：「赤脚波斯鼻嗅天。」問：「亡僧遷化向甚麼處去？」師曰：「灰飛煙滅，白骨連天。」師與病僧灸次，僧問：「正當與麼時如何？」師曰：「通玄一脉，大似流星。」問：「如何是古佛心？」師曰：「白牛露地卧青谿。」問：「生死之河，如何過得？」師曰：「風吹荷葉浮萍草。」問：「如何是教外别傳一句？」師曰：「羊頭車子入長安。」問：「生死浪前如何話道？」師曰：「毛袋横身絶飲啄，青谿常卧太陽春。」問：「如何是道？」師曰：「山深水冷。」曰：「如何是道中人？」師曰：「金槌擊金皷。」問：「天陰日不出，光輝何處去？」師曰：「鐵蛇横大路，通身黑似煙。」問：「如何是宗乘中一句？」師曰：「石火夜燒山，大地齊合掌。」問：「如何是祖師西來意？」師曰：「石牛攔古路，木馬驟高樓。」

北禪懷感禪師

潭州北禪懷感禪師，僧問：「如何是諸聖爲人底句？」師曰：「紅輪當萬户，光燭本無心。」問：「師唱誰家曲？」師曰：「石户不留心，洞玄通妙的。」問：「如何是佛？」師曰：「尺短寸長。」

靈竹守珍禪師

鄂州靈竹守珍禪師，僧問：「如何是西來意？」師曰：「錫帶胡天雪，瓶添漢地泉。」問：「迷悟不入諸境時如何？」師曰：「境從何來？」曰：「恁麼則無諸境去也。」師曰：「龍頭蛇尾漢。」

四面津禪師

舒州四面山津禪師，僧問：「如何是佛？」師曰：「王字不著點。」曰：「學人不會。」師曰：「點。」問：「如何是祖師西來意？」師曰：「山寒水冷。」師有拄杖頌曰：「四面一條杖，當機驗龍象。頭角稍低昂，電光臨背上。」

承天義懃禪師

嘉州承天義懃禪師，僧問：「如何是承天境？」師曰：「兩江夾却青盲漢，一帶山藏赤脚蠻。」問：「如何是諦實之言？」師曰：「措大巾子黑。」

青峰義誠禪師

鳳翔府青峰義誠禪師，僧問：「三際不生，是何人境界？」師曰：「白雲連雪嶽，明月混魚鉤。」曰：「未審向上更有事也無？」師曰：「有。」曰：「如何是向上事？」師曰：「靈光爍破瑠璃色，大地明來絶點痕。」問：「如何是青峰家風？」師曰：「向火喫甜瓜。」

廣德智端禪師

襄州廣德山智端禪師，僧問：「牛頭未見四祖時如何？」師曰：「著衣喫飯。」曰：「見後如何？」師曰：「著衣喫飯。」問：「如何是廣德山？」師曰：「當陽花易發，背陰雪難消。」曰：「如何是山中人？」師曰：「朝霞不出門，暮霞行千里。」

石門筠首座

筠首座者，太原人也。自至石門逾三十年，叢林慕之。有僧請喫茶次，問：「如何是首座爲人一著子？」師曰：「適來猶記得。」曰：「即今又如何？」師曰：「好生點茶來！」

一日荷鉏入園，僧問：「三身中那一身去作務？」師拄鉏而立。僧曰：「莫便當也無？」師攜鉏便行。

青原下九世

谷隱儼禪師法嗣

谷隱契崇禪師

襄州谷隱契崇禪師，僧問：「如何是祖師西來意？」師曰：「番人皮裘胡人著。」曰：「學人不會此理如何？」師曰：「聾人側耳瘂人歌。」

梁山觀禪師法嗣

大陽警玄禪師

郢州大陽山警玄禪師，江夏張氏子。依智通禪師出家，十九爲大僧。聽圓覺了義講席，無能及者，遂遊方。初到梁山，問：「如何是無相道場？」山指觀音，曰：「這箇是吴處士畫。」師擬進語，山急索曰：「這箇是有相底，那箇是無相底？」師遂有省，便禮拜。山曰：「何不道取一句？」師曰：「道即不辭，恐上紙筆。」山笑曰：「此語上碑去在。」師獻偈曰：「我昔初機學道迷，萬水千山覓見知。明今辨古終難會，直説無心轉更疑。蒙師點出秦時鏡，照見父母未生時。如今覺了何所得，夜放烏雞帶雪飛。」山謂「洞上之宗可倚」，一時聲價籍籍。山歿，辭塔至大陽，謁堅禪師。堅讓席使主之。僧問：「如何是大陽境？」師曰：「羸鶴老猿啼谷韻，瘦松寒竹鎖青煙。」曰：「如何是境中人？」師曰：「作麽！作麽！」曰：「如何是和尚家風？」師曰：「滿瓶傾不出，大地没饑人。」上堂：「嵯峨萬仞，鳥道難通。劍刃輕冰，誰當履踐。宗乘妙句，語路難陳。不二法門，浄名杜口。所以達磨西來，九年面壁，始遇知音。大陽今日，也大無端。珍重！」問：「如何是透法身句？」師曰：「大洋海底紅塵起，須彌頂上水横流。」師問僧：「甚處來？」曰：「洪山。」師曰：「先師在麽？」曰：「在。」師曰：「在即不無，請渠出來，我要相見。」僧曰：「灊？」師曰：「這箇猶是侍者。」僧無對。師曰：「喫茶去。」上堂：「諸禪德須明平常無生句、妙玄無私句、體明無盡句。第一句通一路，第二句無賓主，第三句兼帶去。一句道得師子嚬呻，二句道得師子返擲，三句道得師子踞地。縱也周遍十方，擒也一時坐斷。正當恁麽時，作麼生通得箇消息？若不通得箇消息，來朝更獻楚王看。」問：「如何是平常無生句？」師曰：「白雲覆青山，青山頂不露。」曰：「如何是妙玄無私句？」師曰：「寶殿無人不侍立，不種梧桐免鳳來。」曰：「如何是體明無盡句？」師曰：「手指空時天地轉，回途石馬出紗籠。」曰：「如何是師子嚬呻？」師曰：「終無回顧意，争肯落平常？」曰：「如何是師子返擲？」師曰：「周旋往返全歸父，繁興大用體無虧。」曰：「如何是師子踞地？」師曰：「迥絶去來機，古今無變異。」問：「如何是大達底人？」師曰：「虚空類不得。」曰：「如何是清浄法身？」師曰：「白牛吐雪彩，黑馬上烏雞。」上堂：「撒手那邊千聖外，祖堂少室長根芽。鷺倚雪巢猶自可，更看白馬入蘆花。」上堂：「夜半烏雞抱鵲卵，天明起來生老鸖。鸖毛鷹觜鷺鷥身，却共烏鵶爲侣伴。高入煙霄，低飛柳岸。向晚歸來子細看，依俙恰似雲中雁。」師嘗釋曹山三種「墮」曰：「此三語須明得轉位始得。」「一作水牯牛，是類墮。」師曰：「是沙門轉身語，是異類中事，若不曉此意，即有所滯。直是要伊一念無私，即有出身之路。」「二不受食，是尊貴墮。」師曰：「須知那邊了却，來這邊行履。若不虚此位，即坐在尊貴。」「三不斷聲色，是隨墮。」師曰：「以不明聲色，故隨處墮。須向聲色裏有出身之路。」「作麼生是聲色外一句？」乃曰：「聲不自聲，色不自色，故云不斷指掌，當指何掌也。」五位頌曰：「正中偏，一輪皎潔正當天。宛轉虚玄事不彰，明暗祇在影中圓。偏中正，休觀朗月秦時鏡。隱隱猶如日下燈，明暗混融誰辨影。正中來，脉路玄玄絶迂迴。静照無私隨處現，如行鳥道入鄽開。偏中至，法法無依即智智。横身物外兩不傷，妙用玄玄善周備。兼中到，叶路當風無中道。莫守寒巖異草青，坐却白雲宗不妙。」師神觀奇偉，有威重。從兒稚中，日衹一食。自以先德付授之重，足不越限，脇不至席。年八十，嘆無可以繼者，遂作偈并皮履、布直裰，寄浮山遠禪師，使爲求法器。偈曰：「楊廣山頭草，憑君待價焞。異苗飜茂處，深密固靈根。」偈尾云：「得法者潛衆十年，方可闡揚。」遠拜而受之。遂贊師像曰：「黑狗爛銀蹄，白象崑崙騎。於斯二無礙，木馬火中嘶。」師天聖五年七月十九陞座，辭衆示寂。塔于本山。

梁山巖禪師

鼎州梁山巖禪師，僧問：「如何是祖師西來意？」師曰：「新羅附子，蜀地當歸。」

藥山利昱禪師

澧州藥山利昱禪師，上堂：「山河大地、日月星辰與諸上座同生，三世諸佛與諸上座同參，三藏聖教與諸上座同時。還信得及麽？若也信得及，陝府鐵牛吞却乾坤。雖然如是，被法身礙却，轉身不得，須知有出身之路。作麽生是諸上座出身之路？道！道！」良久曰：「若道不得，永沉苦海。珍重！」僧問：「格外之談，乞師垂示。」師曰：「要道也不難。」曰：「恁麽則萬仞碧潭，許垂一線也。」師曰：「大衆笑你。」

羅紋得珍山主

鼎州羅紋得珍山主，僧問：「親切處乞師指示。」師曰：「老僧元是廣南人。」

石門遠禪師法嗣

道吾契詮禪師

潭州道吾契詮禪師，僧問：「師唱誰家曲？宗風嗣阿誰？」師曰：「鳳嶺無私曲，如今天下傳。」曰：「如何是道吾境？」師曰：「溪花含玉露，庭果落金臺。」曰：「如何是境中人？」師曰：「擁爐披古衲，曝日枕山根。」問：「牛頭未見四祖時如何？」師曰：「玉上青蠅。」曰：「見後如何？」師曰：「紅爐焰裏冰。」

雲頂鑒禪師

懷安軍雲頂山鑒禪師，僧問：「雪點紅爐，請師驗的。」師曰：「王婆煮餛。」曰：「争柰即今何？」師曰：「猶嫌少在。」

廣濟方禪師

鄧州廣濟方禪師，僧問：「如何是佛？」師曰：「騎牛趁春草，背却少年爺。」問：「寶劍未磨時如何？」師曰：「烏龜啗黑豆。」曰：「磨後如何？」師曰：「庭柱挂燈籠。」曰：「如何是修行？」師曰：「庭柱傷寒。」

清居昇禪師

果州清居山昇禪師，僧問：「師唱誰家曲？宗風嗣阿誰？」師曰：「金雞啼石户，得意逐波清。」曰：「未審是誰之子？」師曰：「謝汝就門罵詈。」

北禪感禪師法嗣

南禪聰禪師

濠州南禪聰禪師，僧問：「如何是西來意？」師曰：「冬月深林雨，三春平地風。」問：「如何是大道根源？」師曰：「雲興當午夜，石虎叫連宵。」

青原下十世

大陽玄禪師法嗣

投子義青禪師

舒州投子義青禪師，青社李氏子。七齡穎異，往妙相寺出家，試經得度。習百法論。未幾歎曰：「三祇塗遠，自困何益？」乃入洛聽華嚴，義若貫珠。嘗讀諸林菩薩偈，至「即心自性」，猛省曰：「法離文字，寧可講乎？」即棄，游宗席。時圓鑑禪師居會聖巖，一夕，夢畜青色鷹，爲吉徵。屆旦師來，鑑禮延之。令看外道問佛「不問有言，不問無言」因緣。經三載，一日問曰：「汝記得話頭麽？試舉看。」師擬對，鑑掩其口。師了然開悟，遂禮拜。鑑曰：「汝妙悟玄機邪？」師曰：「設有也須吐却。」時資侍者在旁，曰：「青華嚴今日如病得汗。」師回顧曰：「合取狗口。若更忉忉，我即便嘔。」自此復經三年，鑑時出洞下宗旨示之，悉皆妙契。付以大陽頂相、皮履、直裰，囑曰：「代吾續其宗風，無久滯此。善宜護持。」遂書偈送曰：「須彌立太虛，日月輔而轉。群峰漸倚他，白雲方改變。少林風起叢，曹溪洞簾卷。金鳳宿龍巢，宸苔豈車碾。」令依圓通秀禪師。師至彼無所參問，唯嗜睡而已。執事白通曰：「堂中有僧日睡，當行規法。」通曰：「是誰？」曰：「青上座。」通曰：「未可，待與按過。」通即曳杖入堂，見師正睡。乃擊牀呵曰：「我這裏無閑飯與上座，喫了打眠。」師曰：「和尚教某何爲？」通曰：「何不參禪去？」師曰：「美食不中飽人喫。」通曰：「争奈大有人不肯上座。」師曰：「待肯，堪作甚麽？」通曰：「上座曾見甚麽人來？」師曰：「浮山。」通曰：「怪得恁麽頑賴。」遂握手相笑，歸方丈。由是道聲籍甚。初住白雲，次遷投子。上堂，召大衆曰：「若論此事，如鸞鳳冲霄，不留其迹；羚羊挂角，那覓乎蹤？金龍不守於寒潭，玉兔豈棲於蟾影？其或主賓若立，須威音世外摇頭。問荅言陳，仍玄路旁提爲唱。若能如是，猶在半途。更若凝眸，不勞相見。」上堂：「宗乘若舉，凡聖絶蹤。樓閣門開，別户相見。設使卷簾悟去，豈免旁觀？春遇桃華，重增眼病。所以古人道：『向上一路，千聖不傳。』諸仁者！既是不傳，爲甚鐵牛走過新羅國裏？」遂喝曰：「達者須知暗裏驚。」僧問：「師唱誰家曲？宗風嗣阿誰？」師曰：「威音前一箭，射透兩重山。」曰：「如何是相傳底事？」師曰：「全因淮地月，得照郢陽春。」曰：「恁麼則入水見長人也。」師曰：「祇知荆玉異，那辨楚王心？」僧禮拜，師以拂子擊之。復曰：「更有問話者麽？如無，彼此著便。」問：「和尚適來拈香，祝延聖壽，且道當今年多少？」師曰：「月籠丹桂遠，星拱北辰高。」曰：「南山直聳齊天壽，東海洪波比福源。」師曰：「雙鳳朝金闕，青松古韻高。」曰：「聖壽已蒙師指示，治化乾坤事若何？」師曰：「不如緘口退，却是報皇恩。」上堂：「默沈陰界，語落深坑。擬着則天地懸殊，棄之則千生萬劫。洪波浩渺，白浪滔天，鎮海明珠，在誰收掌？」良久，卓拄杖曰：「百雜碎。」上堂：「孤村陋店，莫挂瓶盂。祖佛玄關，横身直過。早是蘇秦觸塞，求路難回。項主臨江，何逃困命。諸禪德！到這裏，進則落於天魔，退則沉於鬼趣。不進不退，正在死水中。諸仁者！作麽生得平穩去？」良久曰：「任從三尺雪，難壓寸靈松。」師作五位頌并序：「夫長天一色，星月何分；大地無偏，枯榮自異。是以法無異法，何迷悟而可及？心不自心，假言象而提唱。其言也，偏圓正到，兼帶叶通；其法也，不落是非，豈關萬象？幽旨既融於水月，宗源派混於金河。不墜虛凝，回途復妙。」頌曰：「正中偏，星河横轉月明前。彩氣夜交天未曉，隱隱俱彰暗裏圓。偏中正，夜半天明羞自影。朦朦霧色辨何分，混然不落秦時鏡。正中來，火裏金雞坐鳳臺。玄路倚空通脉上，披雲鳥道出塵埃。兼中至，雪刃籠身不回避。天然猛將兩不傷，暗裏全施善周備。兼中到，解走之人不觸道。一般拈掇與君殊，不落是非方始妙。」師示寂，書偈曰：「兩處住持，無可助道。珍重諸人，不須尋討。」投筆奄息。闍維，多靈異，兹不盡具。獲設利五色，同靈骨塔于寺北三峰庵。

興陽清剖禪師

郢州興陽清剖禪師，在大陽作園頭，種瓜次，陽問：「甜瓜何時得熟？」師曰：「即今熟爛了也。」曰：「揀甜底摘來。」師曰：「與甚麼人喫？」曰：「不入園者。」師曰：「未審不入園者還喫也無？」曰：「汝還識伊麼？」師曰：「雖然不識，不得不與。」陽笑而去。住後，上堂：「西來大道，理絶百非。句裏投機，全垂妙旨。不已而已，有屈祖宗。豈況忉忉，有何所益？雖然如是，事無一向。且於唱教門中，通一線道，大家商量。」僧問：

「娑竭〔一〕出海乾坤震，覿面相呈事若何？」師曰：「金翅鳥王當宇宙，箇中誰是出頭人？」曰：「忽遇出頭時又作麼生？」師曰：「似鶻提鳩君不信，髑髏前驗始知真。」曰：「恁麼則叉手當胸，退身三步也。」師曰：「須彌座下烏龜子，莫待重遭點額回。」問：「從上諸聖向甚麼處去？」師曰：「月照千江静，孤燈海底明。」鄭金部問：「和尚甚麼時開堂？」師曰：「不歷僧祇數，日月未生前。」師卧疾次，大陽問：「是身如泡幻，泡幻中成辦。若無箇泡幻，大事無由辦。若要大事辦，識取箇泡幻。作麼生？」師曰：「猶是這邊事。」陽曰：「那邊事作麼生？」師曰：「匝地紅輪秀，海底不栽花。」陽笑曰：「乃爾惺惺邪？」師唱曰：「將謂我忘却。」竟爾趨寂。

福嚴審承禪師

南嶽福巖審承禪師，侍立大陽次，陽曰：「有一人遍身紅爛，卧在荆棘林中，周匝火圍，若親近得此人，大敞鄽開；若親近不得，時中以何爲據？」師曰：「六根不具，七識不

〔一〕「竭」，原作「竭」，據清藏本、續藏本改。

全。」陽曰：「你教伊出來，我要見伊。」師曰：「適來别無左右祇對和尚。」陽曰：「官不容針。」師便禮拜。師後至華嚴隆和尚處，舉前話。隆曰：「冷如毛粟，細如冰雪。」李相公特上山，問：「如何是祖師西來意？」師指庭前柏樹。公如是三問，師如是三荅。公欣然，乃有頌曰：「出没雲閑滿太虚，元來真相一塵無。重重請問西來意，唯指庭前柏一株。」

羅浮顯如禪師

惠州羅浮山顯如禪師，初到大陽，陽問：「汝是甚處人？」曰：「益州。」陽曰：「此去幾里？」曰：「五千里。」陽曰：「你與麽來，還曾踏著麽？」曰：「不曾踏著。」陽曰：「汝解騰空那？」曰：「不解騰空。」陽曰：「争得到這裏？」曰：「步步不迷方，通身無辨處。」陽曰：「汝得超方三昧邪？」曰：「聖心不可得，三昧豈彰名？」陽曰：「如是！如是！汝應信此即本體全彰，理事不二。善自護持。」住後，僧問：「如何是羅浮境？」師曰：「突兀侵天際，巍峨鎮海涯。」曰：「如何是境中人？」師曰：「頂上白雲散，足下黑煙生。」

白馬歸喜禪師

襄州白馬歸喜禪師，初問大陽：「學人蒙昧，乞指箇入路。」陽曰：「得。」良久，乃召師，師應諾。陽曰：「與你箇入路。」師於言下有省。住後，僧問：「如何是佛法大意？」師曰：「善犬帶牌。」問：「如龜藏六時如何？」師曰：「布袋裏弓箭。」問：「不著佛求，不著法求，當於何求？」師曰：「村人跪拜石師子。」曰：「意旨如何？」師曰：「社樹下設齋。」上堂：「急走即蹉過，慢行趁不上。没量大衲僧無計柰何，有多口饒舌底出來。」僧問：「一句即不問，如何是半句？」師曰：「投身擲下。」曰：「這箇是一句也。」師曰：「半句也摸不著。」問：「如何是閴寂之門？」師曰：「莫鬧！莫鬧！」

大陽慧禪師

郢州大陽慧禪師，僧問：「漢君七十二陣，大霸寰中。和尚臨筵，不施寸刃，承誰恩力？」師曰：「杲日當軒際，森羅一樣觀。」曰：「恁麽則金烏凝秀色，玉兔瑞雲深。」師曰：「滴瀝無私旨，通方一念玄。」問：「如何是和尚家風？」師曰：「麄布直裰重重補，日用鉏頭旋旋揩。」曰：「向上客來，如何祇待？」師曰：「要用便用。」問：「如何是西來意？」師曰：「日出東方，月落西户。」復示頌曰：「朝朝日出東方，夜夜月落西户。如今大宋官家，盡是金枝玉樹。」

雲門靈運禪師

越州雲門山靈運寶印禪師，上堂：「夜來雲雨散長空，月在森羅萬象中。萬象靈光無内外，當明一句若爲通。不見僧問大哥和尚云：『月生雲際時如何？』大哥曰：『三箇孩兒抱花鼓，莫來攔我毬門路。』月生雲際，是明甚麽邊事？三箇孩兒抱花鼓，擬思即隔；莫來攔我毬門路，須有出身處始得。若無出身處，也似黑牛卧死水。出身一句作麽生道？不勞久立。」

雲頂海鵬禪師

懷安軍雲頂海鵬禪師，僧問：「如何是大疑底人？」師曰：「畢鉢巖中，面面相覷。」曰：「如何是不疑底人？」師曰：「如是我聞，須彌粉碎。」問：「祖意教意，是同是别？」

師曰：「達磨逢梁武，摩騰遇漢明。」

乾明機聰禪師

復州乾明機聰禪師，僧問：「如何是佛法大意？」師曰：「此問不虛。」問：「如何是東禪境？」師曰：「定水不曾離舊岸，紅塵争敢入波來？」

梁山巖禪師法嗣

梁山善冀禪師

鼎州梁山善冀禪師，僧問：「撥塵見佛時如何？」師曰：「莫眼華。」問：「和尚幾時成佛？」師曰：「且莫壓良爲賤。」曰：「爲甚麽不肯承當？」師曰：「好事不如無。」

師頌魯祖面壁曰：「魯祖三昧最省力，纔見僧來便面壁。若是知心達道人，不在揚眉便相悉。」

道吾詮禪師法嗣

天平契愚禪師

相州天平山契愚禪師，僧問：「師唱誰家曲？宗風嗣阿誰？」師曰：「杖皷兩頭打。」問：「如何是祖師西來意？」師曰：「鎮州蘿蔔。」石含茶居士問：「法無動摇時如何？」師曰：「你從潞府來？」士曰：「一步也不曾驀。」師曰：「因甚得到這裏？」士曰：「和尚睡語作麽？」師曰：「放你二十棒。」官人問：「無鄰可隔，爲甚麽不相見？」師曰：「怨阿誰？」師廊下行次，見僧，以拄杖示之。僧便近前接，師便打。

青原下十一世

投子青禪師法嗣

芙蓉道楷禪師

東京天寧芙蓉道楷禪師，沂州崔氏子。自幼學辟穀，隱伊陽山。後遊京師，籍名術臺寺，試法華得度。謁投子於海會，乃問：「佛祖言句，如家常茶飯。離此之外，別有爲人處也無？」子曰：「汝道寰中天子敕，還假堯舜禹湯也無？」師欲進語，子以拂子摵師口曰：「汝發意來，早有三十棒也。」師即開悟，再拜便行。子曰：「且來，闍黎！」師不顧，子曰：「汝到不疑之地邪？」師即以手掩耳。後作典座，子曰：「廚務勾當不易。」師曰：「不敢。」子曰：「煮粥邪？蒸飯邪？」師曰：「人工淘米著火，行者煮粥蒸飯。」子曰：「汝作甚麼？」師曰：「和尚慈悲，放他閑去。」一日侍投子遊菜園，子度拄杖與師，師接得便隨行。子曰：「理合恁麼。」師曰：「與和尚提鞋挈杖，也不爲分外。」子曰：「有同行在。」師曰：「那一人不受教。」子休去。至晚問師：「早來説話未盡。」師曰：「請和尚舉。」子曰：「卯生日，戌生月。」師即點燈來。子曰：「汝上來下去，總不徒然。」師曰：「在和尚左右，理合如此。」子曰：「奴兒婢子，誰家屋裏無？」師曰：「和尚年尊，闕他不可。」子曰：「得恁麼殷勤！」師曰：「報恩有分。」住後，僧問：「胡家曲子不墮五音，韻出青霄，請師吹唱。」師曰：「木雞啼夜半，鐵鳳叫天明。」曰：「恁麼則一句曲含千古韻，滿堂雲水盡知音。」師曰：「無舌童兒能繼和。」曰：「作家宗師，人天眼目。」師曰：「禁取兩片皮。」問：「夜半正明，天曉不露。如何是不露底事？」師曰：「滿船空載月，漁父宿蘆花。」問：「如何是曹洞家風？」師曰：「繩牀風雨爛，方丈草來侵。」問：「如何是直截根源？」

師曰：「足下已生草，舉步落危坡。」上堂：「晝入祇陀之苑，皓月當天；夜登靈鷲之山，太陽溢目。烏鵶似雪，孤雁成群。鐵狗吠而凌霄，泥牛鬬而入海。正當恁麼時，十方共聚，彼我何分？古佛場中，祖師門下，大家出一隻手，接待往來知識。諸仁者！且道成得箇甚麼事？」良久曰：「剩栽無影樹，留與後人看。」上堂：「纔陞此座，已涉塵勞。更乃凝眸，自彰瑕玷。別傳一句，勾賊破家。不失本宗，狐狸戀窟。所以真如凡聖，皆是夢言；佛及衆生，並爲增語。到這裏，回光返照，撒手承當。未免寒蟬抱枯木，泣盡不回頭。」上堂：「喚作一句，已是埋没宗風，曲爲今時，通途消耗。所以借功明位，用在體處；借位明功，體在用處。若也體用雙明，如門扇兩開，不得向兩扇上著意。不見新豐老子道：峰巒秀異，鶴不停機。靈木迢然，鳳無依倚。直得功成不處，電火難追。擬議之間，長途萬里。」上堂：「臘月三十日已前即不問，臘月三十日事作麼生？諸仁者！到這裏，佛也爲你不得，法也爲你不得，祖師也爲你不得，天下老和尚也爲你不得，山僧也爲你不得，閻羅老子也爲你不得。直須盡却今時去，若也盡却今時，佛也不奈他何，法也不奈他何，祖師也不奈他何，天下老和尚也不奈他何，山僧也不奈他何，閻羅老子也不奈他何。諸人且道，如何是盡却今時底道理？還會麼？明年更有新條在，惱亂春風卒未休。」問：「如何是道？」師曰：「無角泥牛犇夜欄。」上堂：「鐘皷喧喧報未聞，一聲驚起夢中人。圓常靜應無餘事，誰道觀音别有門。」良久曰：「還會麽？休問補陀巖上客，鶯聲啼斷海山雲。」上堂，拈拄杖曰：「這裏薦得，盡是諸佛建立邊事。直饒東涌西没，卷舒自在，也未夢見七佛已前消息。須知有一人，不從人得，不受教詔，不落階級。若識此人，一生參學事畢。」驀召大衆曰：「更若凝眸，不勞相見。」上堂，良久曰：「青山常運步，石女夜生兒。」便下座。上堂：「假言唱道，落在今時。設使無舌人解語，無脚人能行，要且未能與那一人相應。還會麽？龍吟徒側耳，虎嘯謾沉吟。」問：「如何是兼帶之語？」師曰：「妙用全施該世界，木人閑步火中來。」曰：「如何是和尚家風？」師曰：「衆人皆見。」曰：「未審見箇甚麽？」師曰：「東壁打西壁。」大觀初，開封尹李孝壽奏師「道行卓冠叢林，宜有襃顯」。即賜紫方袍，號定照禪師。内臣持敕命至，師謝恩竟，乃陳己志：「出家時嘗有重誓，不爲利名，專誠學道，用資九族。苟渝願心，當棄身命。父母以此聽許。今若不守本志，竊冒寵光，則佛法、親盟背矣。」於是修表具辭。復降旨京尹堅俾受之。師確守不回，以拒命坐罪。奉旨下棘寺，與從輕。寺吏聞有司欲徒淄州，有司曰：「有疾，與免刑。」及吏問之，師曰：「無疾。」曰：「何有灸瘢邪？」師曰：「昔者疾，今日愈。」吏令思之。師曰：「已悉厚意，但妄非所安。」乃恬然就刑而行，從之者如歸市。及抵淄川，僦居，學者愈親。明年冬，敕令自便。庵於芙蓉湖心，道俗川湊。示衆曰：「夫出家者，爲厭塵勞，求脱生死，休心息念，斷絶攀緣，故名出家。豈可以等閑利養，埋没平生？直須兩頭撒開，中間放下。遇聲遇色，如石上栽花。見利見名，似眼中著屑。况從無始以來，不是不曾經歷，又不是不知次第。不過翻頭作尾，止於如此，何須苦苦貪戀？如今不歇，更待何時？所以先聖教人，秖要盡却今時。能盡今時，更有何事？若得心中無事，佛祖猶是冤家。一切世事，自然冷淡，方始那邊相應。你不見隱山至死不肯見人，趙州至死不肯告人，匾擔拾橡栗爲食，大梅以荷葉爲衣，紙衣道者秖披紙，玄泰上座秖著布。石霜置枯木堂與人坐卧，秖要死了你心。投子使人辦米，同煮共餐，要得省取你事。且從上諸聖，有如此榜樣，若無長處，如何甘得？諸仁者！若也於斯體究，的不虧人。若也不肯承當，向後深恐費力。山僧行業無取，忝主山門，豈可坐費常住，頓忘先聖付囑？今者輒斅古人，爲住持體例，與諸人議定，更不下山，不赴齋，不發化主。唯將本院莊課一歲所得，均作三百六十分，日取一分用之，更不隨人添減。可以備飯則作飯，作飯不足則作粥，作粥不足則作米湯。新到相見，茶湯而已，更不煎點，唯置一茶堂，自去取用。務要省緣，專一辦道。又况活計具足，風景不疏。華解笑，鳥解啼，木馬長鳴，石牛善走。天外之青山寡色，耳畔之鳴泉無聲。嶺上猿啼，露濕中宵之月。林間鶴唳，風回清曉之松。春風起時，枯木龍吟，秋葉凋而寒林華散。玉堦鋪苔蘚之紋，人面帶煙霞之色。音塵寂爾，消息宛然。一味蕭條，無可趣向。山僧今日向諸人面前説家門，已是不著便，豈可更去陞堂入室，拈槌豎拂，東喝西棒，張眉努目，如瘤病發相似，不唯屈沈上座，況亦辜負先聖。你不見達磨西來少室山下，面壁九年。二祖至於立雪斷臂，可謂受盡艱辛。然而達磨不曾措了一詞，二祖不曾問著一句。還唤達磨作不爲人，得麽？二祖做不求師，得麽？山僧每至説著古聖做處，便覺無地容身，慚愧後人軟弱。又況百味珍羞，遞相供養。道我四事具足，方可發心。祇恐做手脚不迭，便是隔生隔世去也。時光似箭，深爲可惜。雖然如是，更在他人從長相度，山僧也强教你不得。諸仁者！還見古人偈麽？山田脱粟飯，野菜淡黄虀，喫則從君喫，不喫任東西。伏惟同道，各自努力。珍重！」政和七年冬，賜額曰華嚴禪寺。八年五月十四日，索筆書偈，付侍僧曰：「吾年七十六，世緣今已足。生不愛天堂，死不怕地獄。撒手横身三界外，騰騰任運何拘束。」移時乃逝。

大洪報恩禪師

隨州大洪山報恩禪師，衛之黎陽劉氏子，世皆碩儒。師未冠，舉方略，擢上第。後厭塵境，請于朝，乞謝簪紱爲僧。上從其請，遂游心祖道。至投子未久，即悟心要。子曰：

「汝再來人也。宜自護持。」辭謁諸名宿，皆蒙印可。丞相韓公縝請開法於西京少林。未幾，大洪革律爲禪，詔師居之。上堂：「五五二十五。案山雷，主山雨。明眼衲僧，莫教錯舉。」僧問：「九鼎澄波即不問，爲祥爲瑞事如何？」師曰：「古今不墜。」曰：「這箇且拈放一邊，向上還有事也無？」師曰：「太無厭生。」曰：「作家宗師。」師曰：「也不消得。」上堂：「如斯話會，誰是知音？直饒向一句下千眼頓開，端的有幾箇是迷逢達磨？諸人要識達磨祖師麽？」乃舉手作捏勢，曰：「達磨鼻孔在少林手裏，若放開去也，從教此土西天説黄道黑，欺胡謾漢。若不放過，不消一捏。有人要與祖師作主，便請出來與少林相見，還有麽？」良久曰：「果然。」上堂，拈起拄杖曰：「昔日德山、臨濟，信手拈來，便能坐斷十方，壁立千仞。直得冰河焰起，枯木花芳。諸人若也善能横擔豎夯，徧問諸方；苟或不然，少林倒行此令去也。」擊禪牀一下。僧問：「一箭一群即不問，一箭一箇事如何？」師曰：「中也。」曰：「還端的也無？」師曰：「同聲相應，同氣相求。」曰：「恁麽則石鞏猶在。」師曰：「非但一箇兩箇。」曰：「好事不如無。」師曰：「穿却了也。」問：「三玄三要即不問，五位君臣事若何？」師曰：「非公境界。」曰：「恁麽則石人拊掌，木女呵呵。」師曰：「杓卜聽虚聲，熟睡饒譫語。」曰：「若不上來伸此問，焉能得見少林機？」師曰：「放過即不可。」隨後便打。上堂，横按拄杖曰：「便與麽休去，已落二三。更若忉忉，終成異見。既到這裏，又不可弓折箭盡去也。且衲僧家遠則能照，近則能明。」乃拈起拄杖曰：「穿却德山鼻孔，换却臨濟眼睛，掀翻大海，撥轉虚空，且道三千里外，誰是知音？於斯明得，大似杲日照天。苟或未明，不免雲騰致雨。」卓一下。問：「祖師西來，九年面壁，最後一句，請師舉唱。」師曰：「面黑眼睛白。」師嘗設百問以問學者。其略曰：「假使百千劫，所作業不忘，爲甚麽一稱南無佛，罪滅河沙劫？」又作此〇相，曰：「森羅萬象，總在其中。具眼禪人，試請甄别。」上堂，拈拄杖曰：「看！看！大地雪漫漫，春來特地寒。靈峰與少室，料掉不相干。休論佛意祖意，謾謂言端語端，鐵牛放去無蹤跡，明月蘆花君自看。」卓拄杖，下座。師素與無盡居士張公商英友善，無盡嘗以書問三教大要。曰：「清凉疏第三卷，西域邪見，不出四見，此方儒道，亦不出此四見。如莊老計自然爲因，能生萬物，即是邪因。易曰：太極生兩儀。太極爲因，亦是邪因。若謂一陰一陽之謂道，能生萬物，亦是邪因。若計一爲虚無，則是無因。今疑老子自然與西天外道自然不同。何以言之？老子曰：常無欲以觀其妙，常有欲以觀其徼。無欲則常，有徼則已入其道矣。謂之邪因，豈有説乎？易曰：一陰一陽之謂道，陰陽不測之謂神。神也者，妙萬物而爲言，寂然不動，感而遂通天下之故。今乃破陰陽變易之道爲邪因，撥去不測之神，豈有説乎？望紙後批示，以斷疑網故也。」師荅曰：「西域外道宗多途，要其會歸，不出有無四見而已。謂有見、無見、亦有亦無見、非有非無見也。蓋不即一心爲道，則道非我有，故名外道。不即諸法是心，則法隨見異，故名邪見。如謂之有，有則有無。如謂之無，無則無有。有無則有見競生，無有則無見斯起。若亦有亦無見，非有非無見，亦猶是也。夫不能離諸見，則無以明自心。無以明自心，則不能知正道矣。故經云：『言詞所説法，小智妄分別。』不能了自心，云何知正道。』又曰：『有見即爲垢，此則未爲見。遠離於諸見，如是乃見佛。』以此論之，邪正異途，正由見悟殊致故也。故清凉以莊老計道法自然，能生萬物。易謂太極生兩儀，一陰一陽之謂道。以自然太極爲因，一陰一陽爲道，能生萬物，則是邪因。計一爲虚無，則是無因。嘗試論之，夫三界唯心，萬緣一致，心生故法生，心滅故法滅。推而廣之，彌綸萬有而非有；統而會之，究竟寂滅而非無。非無亦非非無，非有亦非非有。四執既亡，百非斯遣。則自然因緣皆爲戲論，虚無真實俱是假名矣。至若謂太極陰陽，能生萬物；常無常有，斯爲衆妙之門；陰陽不測，是謂無方之神。雖聖人設教，示悟多方。然既異一心，寧非四見？何以明之？蓋虚無爲道，道則是無。若自然，若太極，若一陰一陽爲道，道則是有。常無常有，則是亦無亦有。陰陽不測，則是非有非無。先儒或謂妙萬物謂之神，則非物，物物則亦是無。故西天諸大論師皆以心外有法爲外道，萬法唯心爲正宗。蓋以心爲宗，則諸見自亡，言雖或異，未足以爲異也。心外有法，則諸見競生，言雖或同，未足以爲同也。雖然，儒道聖人固非不知之，乃存而不論耳。良以未即明指一心爲萬法之宗，雖或言之，猶不論也。如西天外道，皆大權菩薩示化之所施爲，横生諸見，曲盡異端，以明佛法是爲正道。此其所以爲聖人之道，順逆皆宗，非思議之所能知矣。故古人有言，緣昔真宗未至，孔子且以繫心；今知理有所歸，不應猶執權教。然知權之爲權，未必知權也。知權之爲實，斯知權矣。是亦周孔老莊設教立言之本意，一大事因緣之所成始、所成終也。然則三教一心，同途異轍；究竟道宗，本無言説。非維摩大士，孰能知此意也？」

洞山雲禪師

沂州洞山雲禪師，上堂：「秋風卷地，夜雨飜空。可中別有清凉，箇裏更無熱惱。是誰活計，到者方知。纔落見聞，即居途路。且道到家後如何？任運獨行無伴侶，不居正位不居偏。」

福應文禪師

長安福應文禪師，上堂：「明明百草頭，明明祖師意，直下便承當，錯認弓爲矢。惺惺底築著磕著，懵懂底和泥合水。龜毛拂逼塞虛空，兔角杖撐天拄地。日射珊瑚林，知心能幾幾？」擊禪牀，下座。

龍蟠曇廣禪師

滁州龍蟠聖壽曇廣禪師，僧問：「師唱誰家曲？宗風嗣阿誰？」師曰：「楊廣山頭雲靄靄，月華庵畔柏青青。」曰：「恁麼則投子嫡嗣，大陽親孫也。」師曰：「未跨鐵牛，棒如雨點。」曰：「今日已知端的。」師曰：「一任敲甎打瓦。」

青原下十二世

芙蓉楷禪師法嗣

丹霞子淳禪師

鄧州丹霞子淳禪師，劍州賈氏子。弱冠爲僧，徹證於芙蓉之室。上堂：「乾坤之内，宇宙之間，中有一寶，秘在形山。肇法師恁麽道，衹解指蹤話跡，且不能拈示於人。丹霞今日擘開宇宙，打破形山，爲諸人拈出。具眼者辨取。」以拄杖卓一下曰：「還見麽？鷺鷥立雪非同色，明月蘆花不似他。」上堂，舉：「德山示衆曰：『我宗無語句，實無一法與人。』德山恁麽説話，可謂是衹知入草求人，不覺通身泥水。子細觀來，衹具一隻眼。若是丹霞則不然，我宗有語句，金刀剪不開，深深玄妙旨，玉女夜懷胎。」上堂：「亭亭日午猶虧半，寂寂三更尚未圓。六户不曾知暖意，往來常在月明前。」上堂：「寶月流輝，澄潭布影。水無蘸月之意，月無分照之心。水月兩忘，方可稱斷。所以道：昇天底事直須颺却，十成底事直須去却。擲地金聲，不須回顧。若能如是，始解向異類中行。諸人到這裏，還相委悉麽？」良久曰：「常行不舉人間步，披毛戴角混塵泥。」僧問：「牛頭未見四祖時如何？」師曰：「金菊乍開蜂競採。」曰：「見後如何？」師曰：「苗枯華謝了無依。」宣和己亥春示寂。塔全身於洪山之南。

浄因法成禪師

東京浄因枯木法成禪師，嘉興崇德人也。上堂：「燈籠忽爾笑咍咍，如何露柱亦懷胎？天明生得白頭女，至今游蕩不歸來。這寃家，好歸來，黄花與翠竹，早晚爲誰栽？」上堂：「知有佛祖向上事，方有説話分。諸禪德！且道那箇是佛祖向上事？有箇人家兒子，六根不具，七識不全，是大闡提無佛種性。逢佛殺佛，逢祖殺祖。天堂收不得，地獄攝無門。大衆還識此人麽？」良久曰：「對面不仙陀，睡多饒寐語。」上堂：「歸元性無二，方便有多門。但了歸元性，何愁方便門。諸人要會歸元性麽？露柱將來作木杓，旁人不肯任從伊。要會方便門麽？木杓將來作露柱，撑天拄地也相宜。且道不落方便門一句作麽生道？三十年後莫教錯舉。」

寶峰惟照禪師

洪州寶峰闡提惟照禪師，簡州李氏子。幼超邁而惡俗，一日授書至「性相近也，習相遠也」，遽曰：「凡聖本一體，以習故差别。我知之矣。」即趨成都師鹿苑清泰。年十九，剃染登具。泰令聽起信於大慈，師輒歸卧。泰詰之，師曰：「既稱正信大乘，豈言説所能了？」乃虚心游方，謁芙蓉於大洪。嘗夜坐閣道，適風雪震薄，聞警盜者傳呼過之，隨有所得。辭去。大觀中，芙蓉嬰難，師自三吴欲趨沂水，僕夫迷道，師舉杖擊之，忽大悟。嘆曰：「是地非黿山也邪？」比至沂，芙蓉望而喜曰：「紹隆吾宗，必子數輩矣。」因留躬耕湖上，累年智證成就。出領招提，遷甘露、三祖。宣和壬寅，詔補圓通，棄去。復居泐潭。

上堂：「古佛道：我初成正覺，親見大地衆生悉皆成正覺。後來又道：深固幽遠〔一〕，無人能到。㘞！没見識漢，好龍頭蛇尾。」便下座。上堂：「過去諸佛已入涅槃了也。汝等諸人，不應追念。未來諸佛未出於世。汝等諸人，不要妄想。正當今日，你是何人？參！」上堂：「伯夷隘，柳下惠不恭，君子不由也。二邊不立，中道不安時作麽生？」拈拄杖曰：「鴛鴦繡出從君看，不把金針度與人。」上堂：「太陽門下，妙唱彌高。明月堂前，知音蓋寡。不免舟橫江渚，棹舉清波。唱慶堯年，和清平樂。如斯告報，普請承當。擬議之間，白雲萬里。」上堂：「本自不生，今亦無滅，是死不得底樣子。當處出生，隨處滅盡，是活生受底規模。大丈夫漢，直須處生死流，卧荆棘林，俯仰屈伸，隨機施設。能如是也，無量方便莊嚴三昧大解脱門，蕩然頓開。其或未然，無量煩惱，一切塵勞，嶽立面前，塞却古路。」上堂：「古人道，墮肢體，黜聰明，離形去智，同於大道。正當恁麽時，且道是甚麽人删詩書，定禮樂？還委悉麽？禮云禮云，玉帛云乎哉？樂云樂云，鐘鼓云乎哉？」問：

〔一〕「遠」，原作「達」，據清藏本、續藏本改。

「承師有言，雲黯黯處獨秀峰挺出，月朦朦裏㴔潭水光生。豈不是寶峰境？」師曰：「若是寶峰境，憑君子細看。」曰：「如何是境中人？」師曰：「看取令行時。」曰：「祇如承言須會宗，勿自立規矩。如何是和尚宗？」師曰：「須知雲外千峰上，别有靈松帶露寒。」雪下，僧問：「祖師西來即不問，時節因緣事若何？」師曰：「一片兩片三四片，落在眼中猶不薦。」建炎二年正月七日示寂。闍維，得舍利如珠琲，舌齒不壞。塔于寺之西峰。

石門元易禪師

襄州石門元易禪師，潼川稅氏子。上堂：「十方同聚會，箇箇學無爲。此是選佛場，心空及第歸。大衆！祇如聞見覺知未嘗有間，作麽生説箇心空底道理？莫是見而不見，聞而不聞，爲之心空邪？錯！莫是忘機息慮，萬法俱捐，銷能所以入玄宗，泯性相而歸法界，爲之心空邪？錯！恁麽也不得，不恁麽也不得，恁麽不恁麽總不得，未審畢竟作麽生？還會麽？」良久曰：「若實無爲無不爲，天堂地獄長相隨。三尺杖子攪黄河，八臂那吒冷眼窺。無限魚龍盡奔走，捉得循河三脚龜。脱取殼，鐵錐錐，吉凶之兆便分輝。借問東村白頭老，吉凶未兆若何爲？休休休，古往今來春復秋。白日騰騰隨分過，更嫌何處不風流。咄！」上堂：「皓月當空，澄潭無影。紫微轉處夕陽輝，彩鳳歸時天欲曉。碧霄雲外，石笋横空；緑水波中，泥牛駕浪。懷胎玉兔，曉過西岑；抱子金雞，夜棲東嶺。於斯明得，始知夜明簾外，别是家風；空王殿中，聖凡絶跡。且道作麽生是夜明簾外事？還委悉麽？正值秋風來入户，一聲砧杵落誰家？」僧問：「古鏡未磨時如何？」師曰：「精靈皺眉。」曰：「磨後如何？」師曰：「波斯彈指。」曰：「爲甚麽如此？」師曰：「好事不出門。」紹興丁丑七月二十五日坐寂。火後收設利，塔于學射山。

浄因自覺禪師

東京浄因自覺禪師，青州王氏子。幼以儒業見知於司馬温公。然事高尚，而無意功名。一旦落髮，從芙蓉游。履踐精密，契悟超絶。出世住大乘。崇寧間詔居浄因。上堂：「祖師西來，特唱此事。自是諸人不肯委悉，向外馳求，投赤水以尋珠，詣荆山而覓玉。殊不知從門入者，不是家珍。認影迷頭，豈非大錯？直得宗門提唱，體寂無依，念異不生，古今無間。森羅萬象，觸目家風。鳥道遼空，不妨舉步。金雞報曉，丹鳳翱翔。玉樹花開，枯枝結子。祇有太陽門下，日日三秋；明月堂前，時時九夏。要會麽？無影樹垂寒澗月，海潮東注斗移西。」

天寧禧誧禪師

西京天寧禧誧禪師，蔡州宋氏子。初住韶山，次過天寧、丹霞。上堂：「韶山近日没巴鼻，眼裏聞聲鼻嘗味。有時一覺到天明，不在牀上不落地。大衆！且道在甚麽處？諸人於斯下得一轉語，非唯救得韶山，亦乃不孤行脚。其或未然，三級浪高魚化龍，癡人猶戽夜塘水。」問：「如何是君？」師曰：「宇宙無雙日，乾坤祇一人。」曰：「如何是臣？」師曰：「德分明主化，道契物情機。」曰：「如何是臣向君？」師曰：「赤心歸舜日，盡節報堯天。」曰：「如何是君視臣？」師曰：「玄眸凝不瞬，妙體鑒旁來。」曰：「如何是君臣道合？」師曰：「帳符尊賤隔，潛信往來通。」政和五年九月四日，忽召主事，令以楮囊分而爲四，衆僧、童行、常住、津送各一。既而復曰：「丹霞有箇公案，從來推倒扶起。今朝普示諸人，且道是箇甚底？」顧視左右曰：「會麽？」曰：「不會。」師曰：「偉哉大丈夫！不會末後句。」遂就寢，右脇而化。

天寧齊璉禪師

長安天寧大用齊璉禪師，上堂：「清虚之理，佛祖同歸。畢竟無身，聖凡一體。理則如是，滿目森羅事作麽生？纖塵絶際，渠儂有眼，豈在旁窺？官不容針，私通車馬。若到恁麽田地，始可隨機受用，信手拈來，妙應無方，當風玄路。直得金針錦縫，線脚不彰，玉殿寶階，珠簾未卷。正當此時，且道是甚麽人境界？古渡秋風寒颯颯，蘆花紅蓼滿江灣。」

梅山己禪師

潼川府梅山己禪師，僧問：「如何是法身邊事？」師曰：「枯木糝花不犯春。」曰：「如何是法身向上事？」師曰：「石女不粧眉。」

普賢善秀禪師

福州普賢善秀禪師，僧問：「如何是正中偏？」師曰：「龍吟初夜後，虎嘯五更前。」曰：「如何是偏中正？」師曰：「輕煙籠皓月，薄霧鎖寒巖。」曰：「如何是正中來？」師曰："松瘁何曾老，花開滿未萌。"曰："如何是兼中至？"師曰："猿啼音莫辨，鶴唳響難明。"曰："如何是兼中到？"師曰："撥開雲外路，脱去月明前。"

鹿門法燈禪師

襄州鹿門法燈禪師，成都劉氏子，依大慈寶範爲僧，俾聽華嚴，得其要。棄謁芙蓉，蓉問曰："如何是空劫已前自己？"師於言下心跡泯然，從容進曰："靈然一句超群象，迥出三乘不假修。"蓉撫而印之。開法鹿門，僧問："虚玄不犯，寶鑑光寒時如何？"師曰："掘地深埋。"問："如何是逍遥物外底人？"師曰："徧身紅爛，不可扶持。"

資聖南禪師

建昌軍資聖南禪師，聖節上堂，顧視左右曰："諸人還知麼？夜明簾外之主，萬化不渝。瑠璃殿上之尊，四臣不昧。端拱而治，不令而行，壽逾百億須彌，化洽大千沙界。且道正恁麽時，如何行履？野老不知黄屋貴，六街慵聽静鞭聲。"

洞山微禪師

瑞州洞山微禪師，上堂：「日暖風和柳眼青，冰消魚躍浪花生。當鋒妙得空王印，半夜崑崙戴雪行。」僧問：「如何是默默相應底事？」師曰：「瘂子喫苦瓜。」

太傅高世則居士

太傅高世則居士，字仲貽，號無功。初参芙蓉，求指心要。蓉令去其所重，扣己而參。一日忽造微密，呈偈曰：「懸崖撒手任縱横，大地虚空自坦平。照壑輝巖不借月，庵頭别有一簾明。」

大洪恩禪師法嗣

大洪守遂禪師

隨州大洪守遂禪師，遂寧章氏子。上堂召大衆：「一拳拳倒黄鶴樓，一踏踏翻鸚鵡洲。慣向高樓驟玉馬，曾於急水打金毬。然雖恁麽，争柰有五色絲條繫手脚，三鑐金鎖鎖咽喉，直饒鎚碎金鎖，割斷絲絛，須知更有一重礙汝在。且道如何是那一重？還會麼？善吉、維摩談不到，目連、鶖子看如盲。」上堂，舉：「李刺史問藥山：『何姓？』山曰：『正是時。』李罔測。乃問院主：『某甲適來問長老何姓，荅道正是時。的當是姓甚麼？』主曰：『衹是姓韓。』山聞曰：『若六月對他，便道姓熱也。』又巖頭問講僧：『見說大德會教，是否？』曰：『不敢。』巖頭舉拳曰：『是甚麼教？』曰：『是權教。』頭曰：『苦哉！我若展脚問你，不可道是脚教也。』」師曰：「奇怪！二老宿有殺人刀，有活人劍。一轉語似石上栽花，一轉語似空中掛劍。當時若無後語，達磨一宗掃土而盡。諸人要見二老宿麼？寧可截舌，不犯國諱。」

青原下十三世

丹霞淳禪師法嗣

長蘆清了禪師

真州長蘆真歇清了禪師，左綿雍氏子。襁褓入寺見佛，喜動眉睫，咸異之。年十八，試法華得度。往成都大慈習經論，領大意。出蜀至沔漢，扣丹霞之室。霞問：「如何是空劫已前自己？」師擬對，霞曰：「你鬧在，且去。」一日登鉢盂峰，豁然契悟，徑歸侍立。霞掌曰：「將謂你知有。」師欣然拜之。翌日，霞上堂曰：「日照孤峰翠，月臨溪水寒。祖師玄妙訣，莫向寸心安。」便下座。師直前曰：「今日陞座，更瞞某不得也。」霞曰：「你試舉我今日陞座看。」師良久。霞曰：「將謂你瞥地。」師便出。後游五臺，之京師，浮汴直抵長蘆，謁祖照，一語契投，命爲侍者。踰年分座，未幾照稱疾退閑，命師繼席，學者如歸。建炎末，游四明，主補陁、台之天封、閩之雪峰，詔住育王，徙温州龍翔，杭之徑山。慈寧皇太后命開山皋寧崇先。上堂：「我於先師一掌下，伎倆俱盡，覓箇開口處不可得。如今還有恁麽快活不徹底漢麽？若無，銜鐵負鞍，各自著便。」上堂：「久默斯要，不務速説。釋迦老子待要款曲賣弄，争柰未出母胎，已被人覷破。且道覷破箇甚麽？瞞雪峰不得。」上堂：「上孤峰頂，過獨木橋，驀直恁麽行，猶是時人脚高脚低處。若見得徹，不出户身徧十方，未入門常在屋裏。其或未然，趁凉般取一轉柴。」上堂：「道得第一句，不被拄杖子瞞。識得拄杖子，猶是途路中事。作麽生是到地頭一句？」上堂：「處處覓不得，祇有一處不覓自得。且道是那一處？」良久曰：「賊身已露。」上堂：「口邊白醭去，始得入門。通身紅爛去，方知有門裏事。更須知有不出門底。」乃曰：「喚甚麽作門？」僧問：「三世諸佛向火焰裏轉大法輪，還端的也無？」師大笑曰：「我却疑着。」曰：「和尚爲甚麽却疑著？」師曰：「野花香滿路，幽鳥不知春。」問：「不落風彩，還許轉身也無？」師曰：「石人行處不同功。」曰：「向上事作麽生？」師曰：「妙在一漚前，豈容千聖眼？」僧禮拜，師曰：「祇恐不恁麽。」師一日入厨看煮麵次，忽桶底脱，衆皆失聲，曰：「可惜許！」師曰：「桶底脱自合歡喜，因甚麽却煩惱？」僧曰：「和尚即得。」師曰：「灼然可惜許一桶麵！」問僧：「你死後燒作灰，撒却了向甚麽處去？」僧便喝。師曰：「好一喝。祇是不得飜款。」僧又喝，師曰：「公案未圓，更喝始得。」僧無語。師打曰：「這死漢！」上堂：「苔封古徑，不墮虚凝；霧鎖寒林，肯彰風要。鈎針穩密，孰云漁父棲巢？祇麽承當，自是平常快活。還有具透關眼底麽？」良久曰：「直饒聞早便歸去，争似從來不出門。」上堂：「乍雨乍晴，乍寒乍熱。山僧底箇，山僧自知。諸人底箇，諸人自説。且道雪峰口除喫飯外，要作甚麽？」問僧：「琉璃殿上玉女擺梭，明甚麽邊事？」曰：「回互不當機。」師曰：「還有斷續也無？」曰：「古今不曾間。」師曰：「正當不曾間時如何？」僧珍重便出。上堂，撼拄杖曰：「看！看！三千大千世界一時摇動。雲門大師即得，雪峰則不然。」卓拄杖曰：「三千大千世界向甚麽處去？還會麽？不得重梅雨，秋苗争見青？」上堂：「幻化空身即法身。」遂作舞云：「見麽？見麽？恁麽見得？過橋村酒美。」又作舞云：「見麽？見麽，恁麽不見？隔岸野花香。」上堂：「還有不被玄妙污染底麽？」良久曰：「這一點，傾四海水已是洗脱不下。」僧問：「如何是空劫已前自己？」師曰：「白馬入蘆花。」上堂：「窮微喪本，體妙失宗。一句截流，淵玄及盡。是以金針密處，不露光鋩；玉線通時，潛舒異彩。雖然如是，猶是交互雙明。且道巧拙不到，作麽生相委？」良久曰：「雲蘿秀處青陰合，巖樹高低翠鎖深。」上堂：「轉功就位，是向去底人，玉韞荆山貴。轉位就功，是却來底人，紅爐片雪春。功位俱轉，通身不滯，撒手亡依。石女夜登機，密室無人掃。正恁麽時，絶氣息一句作麽生相委？」良久曰：「歸根風墮葉，照盡月潭空。」師終于皋寧崇先，塔于寺西華桐嶋，謚悟空禪師。

天童正覺禪師

明州天童宏智正覺禪師，隰州李氏子。母夢五臺一僧解環與，環其右臂，乃孕。遂齋戒。及生，右臂特起若環狀。七歲，日誦數千言。祖寂，父宗道，久參佛陁遜禪師，嘗指師謂其父曰：「此子道韻勝甚，非塵埃中人。苟出家，必爲法器。」十一得度於淨明本宗。

十四具戒，十八遊方，訣其祖曰：「若不發明大事，誓不歸矣。」及至汝州香山，成枯木一見，深所器重。一日，聞僧誦蓮經，至「父母所生眼，悉見三千界」，瞥然有省。即詣丈室陳所悟。山指臺上香合曰：「裏面是甚麽物？」師曰：「是甚麽心行？」山曰：「汝悟處又作麽生？」師以手畫一圓相呈之，復抛向後。山曰：「弄泥團漢有甚麽限？」師曰：「錯。」山曰：「別見人始得。」師應喏喏。即造丹霞，霞問：「如何是空劫已前自己？」師曰：「井底蝦蟆吞却月，三更不借夜明簾。」霞曰：「未在，更道。」師擬議，霞打一拂子曰：「又道不借。」師言下釋然，遂作禮。霞曰：「何不道取一句？」師曰：「某甲今日失錢遭罪。」霞曰：「未暇打得你，且去。」霞領大洪，師掌牋記。後命首衆，得法者已數人。四年過圓通，時真歇初住長蘆，遣僧邀至，衆出迎，見其衣烏穿弊，且易之。真歇俾侍者易以新履，師却曰：「吾爲鞋來邪？」衆聞心服，懇求説法，居第一座。六年，出住泗州普照，次補太平、圓通、能仁及長蘆。天童屋廬湫隘，師至，創闢一新，衲子争集。上堂：「黄閤簾垂，誰傳家信？紫羅帳合，暗撒真珠。正恁麽時，視聽有所不到，言詮有所不及，如何通得箇消息去？夢回夜色依俙曉，笑指家風爛熳春。」上堂：「心不能緣，口不能議。直饒退步荷擔，切忌當頭觸諱。風月寒清古渡頭，夜船撥轉琉璃地。」上堂：「空劫有真宗，聲前問已躬。赤窮新活計，清白舊家風。的的三乘外，寥寥一印中。却來行異類，萬派自朝東。」上堂：「今日是釋迦老子降誕之辰，長蘆不解説禪，與諸人畫箇樣子。祇如在摩耶胎時作麽生？」以拂子畫此⊙相，曰：「祇如以清浄水浴金色身時又作麽生？」復畫此㊌相，曰：「祇如周行七步，目顧四方，指天指地，成道説法，神通變化，智慧辯才，四十九年，三百餘會，説青道黄，指東畫西，入般涅槃時，又作麽生？」乃畫此⊕相，復曰：「若是具眼衲僧，必也相許。其或未然，一一歷過始得。」上堂，僧問：「如何是向去底人？」師曰：「白雲投壑盡，青嶂倚空高。」曰：「如何是却來底人？」師曰：「滿頭白髮離巖谷，半夜穿雲入市鄽。」曰：「如何是不來不去底人？」師曰：「石女喚回三界夢，木人坐斷六門機。」乃曰：「句裏明宗則易，宗中辨的則難。」良久曰：「還會麽？凍雞未報家林曉，隱隱行人過雪山。」僧問：「一絲不著時如何？」師曰：「合同船子並頭行。」曰：「其中事作麽生？」師曰：「快刀快斧斫不入。」問：「布袋頭開時如何？」師曰：「一任填溝塞壑。」問：「清虚之理，畢竟無身時如何？」師曰：「文彩未痕初，消息難傳際。」曰：「一步密移玄路轉，通身放下劫壺空。」師曰：「誕生就父時，合體無遺照。」曰：「理既如是，事作麽生？」師曰：「歷歷纔回分化事，十方機應又何妨？」曰：「恁麽則塵塵皆現本來身去也。」師曰：「透一切色，超一切心。」曰：「如理如事又作麽生？」師曰：「路逢死蚍莫打殺，無底籃子盛將歸。」曰：「入市能長嘯，歸家著短衫。」師曰：「木人嶺上歌，石女溪邊舞。」上堂：「諸禪德！呑盡三世佛底人，爲甚麽開口不得？照破四天下底人，爲甚麽合眼不得？許多病痛與你一時拈却了也。且作麽生得十成通暢去？還會麽？擘開華岳連天色，放出黄河到海聲。」師住持以來，受無貪而施無厭。歲艱食，竭己有及贍衆之餘，賴全活者數萬。日常過午不食。紹興丁丑九月，謁郡僚及檀度，次謁越帥趙公令詪，與之言别。十月七日還山，翌日辰巳間，沐浴更衣，端坐告衆。顧侍僧索筆作書遺育王大慧禪師，請主後事。仍書偈曰：「夢幻空花，六十七年。白鳥煙没，秋水連天。」擲筆而逝。龕留七日，顔貌如生。奉全軀塔于東谷，謚宏智，塔名妙光。

大洪慶預禪師

隨州大洪慧照慶預禪師，上堂：「進一步踐他國王水草，退一步踏他祖父田園。不進不退，正在死水中。還有出身之路也無？蕭騷晚籟松釵短，游漾春風柳線長。」上堂，舉：「船子囑夾山曰：『直須藏身處無蹤跡，無蹤跡處莫藏身。』吾在藥山三十年，祇明此事，今時人爲甚麽却造次？丹山無彩鳳，寶殿不留冠。有時憨，有時癡，非我途中争得知？」

治平湡禪師

處州治平湡禪師，上堂：「優游實際妙明家，轉步移身指落霞。無限白雲猶不見，夜乘明月出蘆花。」

浄因成禪師法嗣

天封子歸禪師

台州天封子歸禪師，上堂，卓拄杖一下，召大衆曰：「八萬四千法門，八字打開了也。見得麽？金鳳夜棲無影樹，峰巒纔露海雲遮。」

吉祥法宣禪師

太平州吉祥法宣禪師，僧問：「如何是祖師西來意？」師曰：「久旱無甘雨，田中稻穗枯。」曰：「意旨如何？」師曰：「今年米價貴，容易莫嫌麄。」

護國守昌禪師

台州護國守昌禪師，上堂，拈拄杖卓曰：「三十六旬之開始，七十二候之起元。萬邦迎和氣之時，東帝布生成之令。直得天垂瑞彩，地擁貞祥。微微細雨洗寒空，淡淡春光籠野色。可謂應時納祜，慶無不宜。盡大地人，皆添一歲。敢問諸人，且道那一人年多少？」良久曰：「千歲老兒顔似玉，萬年童子鬢如絲。」

丹霞普月禪師

鄧州丹霞普月禪師，上堂：「威音已前，誰當辨的？然燈已後，孰是知音？直饒那畔承當，未免打作兩橛。縱向這邊行履，也應未得十全。良由杜口毗耶，已是天機漏洩。任使掩室摩竭，終須縫罅離披。休云體露真常，直是純清絶點。說甚皮膚脱落，自然獨運孤明。雖然似此新鮮，未稱衲僧意氣。直得五眼齊開，三光洞啓，從此竿頭絲綫，自然不犯波瀾。須明轉位回機，方解入鄽垂手。所以道：任使板齒生毛，莫教眼睛顧著。認著則空花繚亂，言之則語路參差。既然如是，敢問諸人，不犯鋒鋩一句作麽生道？」良久曰：

「半夜烏龜眼豁開，萬象曉來都一色。」

尼慧光禪師

東京妙慧尼慧光浄智禪師，上堂，舉趙州勘婆話，乃曰：「趙州舌頭連天，老婆眉光覆地，分明勘破歸來，無限平人瞌睡。」

寶峰照禪師法嗣

圓通德止禪師

江州圓通青谷真際德止禪師，金紫徐閎中之季子也。世居歷陽。師雙瞳紺碧，神光射人。十歲未知書，多喜睡。其父目爲懵然子。暨成童，强記過人，學文有奇語。弱冠夢異僧授四句偈，已而有以南安巖主像遺之者，即傍所載聰明偈，自是持念不忘。後五年，隨金紫將漕西洛，一夕忽大悟，連作數偈。一曰：「不因言句不因人，不因物色不因聲。夜半吹燈方就枕，忽然這裏已天明。」每嘯歌自若，衆莫測之。乃力求出家，父弗許，欲以官授之。師曰：「某方將脱世網，不著三界，豈復刺頭於利名中邪？」請移授從兄珏，遂祝髮受具。未數載，名振京師。宣和三年春，徽宗皇帝賜號真際，俾居圓通。上堂：「山僧二十年前兩目皆盲，了無所覩。唯是聞人説道，青天之上有大日輪，照三千大千世界，無有不遍之處。籌策萬端，終不能見。二十年後，眼光漸開。又值天色連陰，濃雲亂湧，四方觀察，上下推窮，見雲行時，便於行處作計較；見雲住時，便於住處立箇窠臼。正如是間，忽遇著箇多知漢，問道：『莫是要見日輪麽？何不向高山頂上去。』山僧却徵他道：『那裏是高山頂上？』他道：『紅塵不到處是。』諸仁者！好箇端的消息，還會麽？長連牀上佛陁耶。」上堂：「昨夜黄面瞿曇，將三千大千世界來一口吞盡，如人飲湯水，蹤跡不留，應時消散。當爾時，諸大菩薩、聲聞羅漢，及與一切衆生，盡皆不覺不知，唯有文殊、普賢瞥然覷見。雖然得見，渺渺茫茫，恰似向大洋海裏頭出頭没。諸人且道是甚麽消息？若也檢點得破，許他頂門上具一隻眼。」示寂闍維，煙氣所及，悉成設利。塔司空山，分窆疊石原。

真如道會禪師

台州真如道會禪師，上堂：「空劫中事，自肯承當。日用全彰，有何滲漏？正好歸家穩坐，任他雪覆青山。不留元字掛懷，誰顧波翻水面？且道正不立玄、偏不附物一句，如何舉似？機絲不掛梭頭事，文彩縱横意自殊。」

智通景深禪師

興國軍智通大死翁景深禪師，台州王氏子。自幼不群。年十八，依廣度院德芝披剃，始謁浄慈象禪師。一日聞象曰：「思而知，慮而解，皆鬼家活計。」興不自遏，遂往寶峰求入室。峰曰：「直須斷起滅念，向空劫已前掃除玄路，不涉正偏，盡却今時，全身放下，放盡還放，方有自由分。」師聞，頓領厥旨。峰擊鼓告衆曰：「深得闡提大死之道，後學宜依之。」因號大死翁。建炎改元，開法智通。上堂：「來不入門，去不出户。來去無痕，如何提唱？直得古路苔封，羺羊絶迹，蒼梧月鎖，丹鳳不棲。所以道：藏身處没蹤跡，没蹤跡處莫藏身。若能如是，去住無依，了無向背，還委悉麽？而今分散如雲鶴，你我相忘觸處玄。」僧問：「如何是正中偏？」師曰：「黑面老婆披白練。」曰：「如何是偏中正？」師曰：「白頭翁子著皂衫。」曰：「如何是正中來？」師曰：「屎裏翻筋斗。」曰：「如何是兼中至？」師曰：「雪刃籠身不自傷。」曰：「如何是兼中到？」師曰：「崑崙夜裏行。」

曰：「向上還有事也無？」師曰：「捉得烏龜喚作鱉。」曰：「乞師再垂方便。」師曰：「入山逢虎臥，出谷鬼來牽。」曰：「何得干戈相待？」師曰：「三兩綫，一斤麻。」紹興初，歸住寶藏巖，以事民其服。壬申二月示微恙，乃曰：「世緣盡矣。」三月十三，爲衆小參，仍説偈曰：「不用剃頭，何須澡浴？一堆紅焰，千足萬足。雖然如是，且道向上還有事也無？」遂斂目而逝。

華藥智朋禪師

衡州華藥智朋禪師，四明黃氏子。依寶峰有年，無省，因爲衆持鉢。峰自題其像曰：「雨洗淡紅桃萼嫩，風摇淺碧柳絲輕。白雲影裏怪石露，緑水光中古木清。噫！你是何人？」至焦山，枯木成禪師見之，歎曰：「今日方知此老親見先師來。」師遂請益其贊。成曰：「豈不見法眼拈夾山境話曰：『我二十年祗作境會。』」師即契悟。羅湖野録云：「成指以問師曰：『汝會麼？』師曰：『不會。』成曰：『汝記得法燈擬寒山否？』師遂誦，至『誰人知此意？令我憶南泉。』於『憶』字處，成遽以手掩師口曰：『住！住！』師豁然有省。」乃曰：「元來恁麼地。」成曰：「汝作麼生會？」師曰：「春生夏長，秋收冬藏。」成曰：「直須保任。」師應喏。紹興初，出住華藥、婺之天寧，後遷清涼。上堂：「海風吹夢，嶺猿啼月。敢問諸人，是何時節？恁麼會得，無影樹下任遨遊。其或未然，三條椽下，直須打徹。」後退居明之瑞巖。建康再以清凉挽之，明守亦勉其行，師不從。作偈送使者曰：「相煩專使入煙霞，灰冷無湯不點茶。寄語甬東賢太守，難教枯木再生花。」未幾而終。

石門易禪師法嗣

青原齊禪師

吉州青原齊禪師，福州陳氏子。二十八辭父兄，從雲蓋智禪師出家，執事首座。座一日秉拂罷，師問曰：「某聞首座所説，莫曉其義，伏望慈悲指示。」座諄諄誘之，使究無著説這箇法。踰兩日有省，以偈呈曰：「説法無如這箇親，十方刹海一微塵。若能於此明真理，大地何曾見一人。」座駭然，因語智，得度，徧扣諸方。後至石門，深蒙器可。出住青原僅一紀。示寂日，説偈遺衆曰：「昨夜三更過急灘，灘頭雲霧黑漫漫。一條拄杖爲知己，擊碎千關與萬關。」

天衣法聰禪師

越州天衣法聰禪師，上堂：「幽室寒燈不假挑，虚空明月徹雲霄。要知日用常無間，烈焰光中發異苗。」因裝普賢大士，開光明次，師登梯，秉筆顧大衆曰：「道得即爲下筆。」衆無對。師召侍者：「與老僧牢扶梯子。」遂點之。

尼佛通禪師

遂寧府香山尼佛通禪師，因誦蓮經有省，往見石門，乃曰：「成都喫不得也，遂寧喫不得也。」門拈拄杖打出，通忽悟曰：「榮者自榮，謝者自謝。秋露春風，好不著便。」門拂袖歸方丈，師亦不顧而出。由此道俗景從，得法者衆。

淨因覺禪師法嗣

華嚴慧蘭禪師

東京華嚴真懿慧蘭禪師，上堂：「達磨大師九年面壁，未開口已前，不妨令人疑著。

却被神光座主一覷，脚手忙亂，便道：『吾本來兹土，傳法救迷情。一華開五葉，結果自然成。』當時若有箇漢，腦後有照破古今底眼目，手中有截斷虚空底鉗鎚，纔見恁麽道，便與驀胸扭住，問他道：『一華五葉且拈放一邊，作麽生是你傳底法？』待伊開口，便與掀倒禪牀，直饒達磨全機，也倒退三千里，免見千古之下，負累兒孫。華嚴今日，豈可徒然？非唯重整頽綱，且要爲諸人雪屈。」遂拈拄杖横按，召大衆曰：「達磨大師向甚處去也？」擲拄杖，下座。上堂，拈拄杖曰：「靈山會上，唤作拈花。少室峰前，名爲得髓。從上古德，祇可傍觀。末代宗師，盡皆拱手。華嚴今日不可逐浪隨波，擬向萬仞峰前點出普天春色。會麽？髑髏無喜識，枯木有龍吟。」

天寧誧禪師法嗣

熊耳慈禪師

西京熊耳慈禪師，上堂：「般若無知，應緣而照。山僧今日撒屎撒尿，這邊放，那邊屙，東山西嶺笑呵呵。幸然一片清凉地，剛被熊峰染污他。染污他，莫啾唧，泥牛木馬盡呵叱。過犯彌天且莫論，再得清明又何日？還會麼？來年更有新條在，惱亂春風卒未休。」

大洪遂禪師法嗣

大洪慶顯禪師

隨州大洪慶顯禪師，僧問：「須菩提巖中宴坐，帝釋雨華。和尚新據洪峰，有何祥瑞？」師曰：「鐵牛耕破扶桑國，迸出金烏照海門。」曰：「未審是何宗旨？」師曰：「熨斗煎茶銚不同。」

大洪智禪師法嗣

天章樞禪師

越州天章樞禪師，上堂召大衆曰：「春將至，歲已暮。思量古往今來，祇是箇般調度。

凝眸昔日家風，下足舊時岐路。勸君休莫莽鹵，眨上眉毛須薦取。東村王老笑呵呵，此道今人棄如土。」

青原下十四世

長蘆了禪師法嗣

天童宗珏禪師

明州天童宗珏禪師，僧問：「如何是道？」師曰：「十字街頭休斫額。」上堂：「劫前運步，世外横身。妙契不可以意到，真證不可以言傳。直得虚静斂氛，白雲向寒巖而斷；靈光破暗，明月隨夜船而來。正恁麼時作麼生履踐？偏正不曾離本位，縱横那涉語因緣。」

長蘆妙覺禪師

真州長蘆妙覺慧悟禪師，上堂：「盡大地是箇解脱門，把手拽不肯入。雪峰老漢抑逼人作麽？既到這裏，爲甚麽鼻孔在别人手裏？」良久曰：「貪觀天上月，失却手中橈。」

僧問：「雁過長空，影沉寒水。雁無遺蹤之意，水無沉影之心。還端的也無？」師曰：「蘆花兩岸雪，江水一天秋。」曰：「便恁麽去時如何？」師曰：「雁過長空聻？」僧擬議，師曰：「靈利衲子。」

龜山義初禪師

福州龜山義初禪師，上堂：「久默斯要，不務速説。釋迦老子寐語作麽？我今爲汝保任，斯事終不虚也。大似壓良爲賤。既不恁麽，畢竟如何？白雲籠嶽頂，翠色轉崔嵬。」

保寧興譽禪師

建康保寧興譽禪師，上堂：「步入道場，影涵宗鑑。粲粲星羅霽夜，英英花吐春時。木人密運化機，絲毫不爽；石女全提空印，文彩未彰。且道不一不異，無去無來，合作麽生體悉？的的縱横皆妙用，阿儂元不異中來。」

北山法通禪師

真州北山法通禪師，上堂：「吞盡三世底，爲甚麽開口不得？照破四天下底，爲甚麽開眼不得？作麽生得十成通暢去？金針雙鎖備，叶露隱全該。」僧問：「斷言語，絶思惟處，乞師指示。」師曰：「滴水不入石。」

天童覺禪師法嗣

雪竇嗣宗禪師

明州雪竇聞庵嗣宗禪師，徽州陳氏子。幼業經圓具，依妙湛慧禪師，詰問次，釋然契悟。慧以麈尾拂付之。後謁宏智，蒙印可，其道愈尊。出住普照、善權、翠巖、雪竇。上堂：「人人有箇鼻孔，唯有善權無鼻孔。爲甚麽無？二十年前被人掣落了也。人人有兩箇眼睛，唯有善權無眼睛。爲甚麽無？被人木槵子换了也。人人有箇髑髏，唯有善權無髑髏。爲甚麽無？借人作屎杓了也。」遂召大衆曰：「鼻孔又無，眼睛又無，髑髏又無。諸人還識善權麼？若也不識，是諸人埋没善權。其或未然，更聽一頌：『澗底泥牛金貼面，山頭石女著真紅。繫驢橛上生芝草，不是雲靄香爐峰。』」上堂：「翠巖不是不説，祇爲無箇時節。今朝快便難逢，一句爲君剖決。露柱本是木頭，秤鎚祇是生鐵。諸人若到諸方，莫道山僧饒舌。」僧問：「蓮花未出水時如何？」師曰：「没却你鼻孔。」曰：「出水後如何？」師曰：「穿著你眼睛。」曰：「如何是正法眼？」師曰：「烏豆。」問：「如何是君？」師曰：「磨礱三尺劍，待斬不平人。」曰：「如何是臣？」師曰：「白雲閑不徹，流水太忙生。」曰：「如何是君臣道合？」師曰：「雲行雨施，月皎星輝。」問：「如何是正中偏？」師曰：「菱花未照前。」曰：「如何是偏中正？」師曰：「團圝無少剩。」曰：「如何是正中來？」師曰：「徧界絶纖埃。」曰：「如何是兼中至？」師曰：「鬔鬆功前戲。」曰：「如何是兼中到？」師曰：「十道不通耗。」問：「如何是轉功就位？」師曰：「撒手無依全體現，扁舟漁父宿蘆花。」曰：「如何是轉位就功？」師曰：「半夜嶺頭風月静，一聲高樹老猿啼。」曰：「如何是功位齊彰？」師曰：「出門不踏來時路，滿目飛塵絶點埃。」曰：「如何是功位俱隱？」師曰：「泥牛飲盡澄潭月，石馬加鞭不轉頭。」師終于本山，塔全身寺之西南隅。

善權法智禪師

常州善權法智禪師，陝府柏氏子。壯於西京聖果寺祝髮。習華嚴，棄謁南陽謹，次參大洪智，踰十年無所證。後於宏智言下豁然。出居善權，次遷金粟。上堂：「明月高懸未照前，雪眉人凭玉欄干。夜深雨過風雷息，客散雲樓酒椀乾。」上堂：「三界無法，何處求心？鷺鷥入草，飛鳥出林。雨過山堂秋夜静，市聲終不到孤岑。」

浄慈慧暉禪師

杭州浄慈自得慧暉禪師，會稽張氏子。幼依澄照道凝染削進具。甫二十，扣真歇於長蘆，微有所證。旋里謁宏智，智舉「當明中有暗，不以暗相遇。當暗中有明，不以明相覩」問之，語不契。初夜定回往聖僧前燒香，而宏智適至。師見之，頓明前話。次日入室，智舉「堪嗟去日顔如玉，却歎回時鬢似霜」詰之。師曰：「其入離，其出微。」自爾問答無滯，智許爲室中真子。紹興丁巳開法補陁，徙萬壽及吉祥、雪竇。淳熙三年，勑補浄慈。上堂：「朔風凜凜掃寒林，葉落歸根露赤心。萬派朝宗船到岸，六窗虚映芥投針。本成現，莫他尋，性地閑閑耀古今。户外凍消春色動，四山渾作木龍吟。」上堂：「釋迦老子窮理盡性，金口敷宣一代時教，珠回玉轉，被人唤作拭不浄故紙。達磨祖師以一乘法直指單傳，面壁九年，不立文字，被人唤作壁觀婆羅門。且道作麽生行履，免被傍人指注去？衲帔蒙頭萬事休，此時山僧都不會。」上堂：「巢知風，穴知雨。甜者甜兮苦者苦。不須計較作思量，五五從來二十五。萬般施設到平常，此是叢林飽參句。諸人還委悉麽？野老不知堯舜力，鼕鼕打鼓祭江神。」上堂：「谷之神，樞之要。裏許旁參，回途得妙。雲雖動而常閑，月雖晦而彌照。賓主交參，正偏兼到。十洲春盡花凋殘，珊瑚樹林日杲杲。」僧問：「如何是正中偏？」師曰：「昨夜三更星滿天。」曰：「如何是偏中正？」師曰：「白雲籠嶽頂，終不露崔嵬。」曰：「如何是正中來？」師曰：「莫謂鯤鯨無羽翼，今日親從鳥道來。」曰：「如何是兼中至？」師曰：「應無跡，用無痕。」曰：「如何是兼中到？」師曰：「石人衫子破，大地没人縫。」上堂：「皮膚脱落絶方隅，明了身心一物無。妙入道寰深静處，玉人端馭白牛車。妙明田地，達者還稀。識情不到，唯證方知。白雲兒靈靈自照，青山父卓卓常存。機分頂後光，智契劫前眼。所以道：新豐路兮峻仍巇，新豐洞兮湛然沃。登者登兮不動摇，游者游兮莫忽速。亭堂雖有到人稀，林泉不長尋常木。諸禪德！向上一著，尊貴難明。琉璃殿上不稱尊，翡翠簾前還合伴。正與麽時，針線貫通，真宗不墜，合作麽生施設？滿頭白髮離巖谷，半夜穿雲入市鄽。」上堂，舉：「傅大士法身頌云：『空手把鉏頭，步行騎水牛。人從橋上過，橋流水不流。』雲門大師道：『諸人東來西來，南來北來，各各騎一頭水牯牛來。』然雖如是，千頭萬頭，秖要識取這一頭。」師曰：「雲門尋常乾爆爆地，錐劄不入。到這裏，也解拖泥帶水。諸人秖今要見這一頭麽？天色稍寒，各自歸堂。」上堂，舉風幡話，師曰：「風幡動處著得箇眼，即是上座；風幡動處失却箇眼，即是風幡。其或未然，不是風幡不是心，衲僧徒自强錐針，巖房雨過昏煙浄，卧聽涼風生竹林。」七年秋，退歸雪竇。十年仲冬二十九日中夜，沐浴而逝。窆全身於明覺塔右。

瑞巖法恭禪師

明州瑞巖石窻法恭禪師，郡之奉化林氏子。於棲真院下髮受具，往延慶講下。一夕，誦法華至「父母所生眼，悉見三千界」時，聞風刺樱櫚葉聲，忽然有省，棄依天童，始明大旨。凡當世弘法者，悉往咨決。出住能仁光孝瑞巖。上堂：「春風楊柳眉，春禽弄百舌。一片祖師心，兩處俱漏泄。不動步還家，習漏頓消滅。暗投玉線芒，曉貫金針穴。深固實幽遠，無人孰辨別。慚愧可憐生，頭頭皆合轍。不念阿彌陀，南無乾屎橛。無智癡人前，第一不得說。」上堂：「見得徹，用時親，相逢盡是箇中人。望空雨寶休誇富，無地容錐未是貧。踏著秤鎚硬似鐵，八兩元來是半斤。」上堂，舉「世尊生下，指天指地」公案，頌曰：「五天一隻蓬蒿箭，攪動支那百萬兵。不得雲門行正令，幾乎錯認定盤星。」

石門法真禪師

襄州石門清凉法真禪師，劍門人也。上堂：「柳色含煙，春光迥秀。一峰孤峻，萬卉争芳。白雲淡泞已無心，滿目青山元不動。漁翁垂釣，一溪寒雪未曾消。野渡無人，萬古碧潭清似鏡。賓中有主，拄杖横挑日月輪。主中有賓，踏破草鞋赤脚走。直得賓主互顯，殺活自由。理事混融，正偏不滯。入荒田不揀，信手拈來草。且道如何委悉？塵中雖有隱身術，争似全身入帝鄉。」

光孝思徹禪師

明州光孝了堂思徹禪師，上堂：「羊頭車子推明月，没底船兒載曉風。一句頓超情量外，道無南北與西東。所以劫前消息，非口耳之所傳；格外真規，豈思量之能解？須知佛佛祖祖，了無一法爲人；子子孫孫，直下全身荷負。既已萬機寢削，自然一糝不留。湛湛之波，碧水冷涵於秋色；靈靈之照，霽天浄洗於冰輪。宛轉旁參，叶通兼帶。夢手推開玉户，飜身撥動機輪。正令纔行，又見一陽萌動；化工密運，俄驚三世變遷。雖則默爾無言，争柰熾然常説。無遷無變，今朝拈置一邊；有故有新，且道如何話會？諸人還委悉麼？群陰消剥盡，來日是書雲。」

大洪法爲禪師

隨州大洪法爲禪師，天台鮑氏子。上堂：「法身無相，不可以音聲求。妙道亡言，豈可以文字會？縱使超佛越祖，猶落階梯；直饒説妙談玄，終挂脣齒。須是功勳不犯，影跡不留，枯木寒巖，更無津潤，幻人木馬，情識皆空，方能垂手入鄽，轉身異類。不見道：無漏國中留不住，却來煙塢卧寒沙。」

長蘆琳禪師

真州長蘆琳禪師，上堂，拈拄杖曰：「其宗也，離心意識；其旨也，超去來今。離心意識，故品萬類不見差殊；超去來今，故盡十方更無滲漏。當頭不犯，徹底無依。悟向眹兆未生已前，用在功勳不犯之處。平常活計，不用躊躕。擬議之間，即没交涉。」

大洪預禪師法嗣

惠力悟禪師

臨江軍慧力悟禪師，上堂：「一切聲是佛聲，簷前雨滴響泠泠；一切色是佛色，覿面相呈諱不得。便恁麽，若爲明，碧天雲外月華清。」

雪峰慧深首座

福州雪峰慧深首座，示衆：「未得入頭應切切，入頭已得須教徹。雖然得入本無無，莫守無無無間歇。」大洪聞之，乃曰：「深兄説禪若此，惜福緣不勝耳。」一日普説罷，揮偈辭衆，以筆一拍而化。

天封歸禪師法嗣

東林通理禪師

江州東林通理禪師，上堂：「峰頭駕鐵船，三更日輪杲。心閑不自明，落葉知誰掃？等閑摘箇鄭州梨，放手元是青州棗。」

天衣聰禪師法嗣

慧日法安禪師

蘇州慧日法安禪師，本郡人。僧問：「如何是和尚爲人一句？」師曰：「狗走抖擻口。」曰：「意旨如何？」師曰：「猴愁摟擻頭。」

護國欽禪師

温州護國欽禪師，上堂：「有句無句，明來暗去。活捉生擒，捷書露布。如藤倚樹，物以類聚。海外人參，蜀中綿附。樹倒藤枯，切忌名模。句歸何處，嚇嚧嚇嚧。呵呵大笑，破鏡不照。大地茫茫，一任踍跳。」

吉祥元實禪師

無爲軍吉祥元實禪師，高郵人。自到天衣，蚤夜精勤，脇不至席。一日，偶失笑喧衆，衣擯之。中夜宿田里，覩星月粲然，有省。曉歸趨方丈，衣見乃問：「洞山五位君臣，如何話會？」師曰：「我這裏一位也無。」衣令參堂，謂侍僧曰：「這漢却有箇見處，柰不識宗旨何？」入室次，衣預令行者五人分序而立。師至，俱召：「實上座！」師於是密契奧旨。述偈曰：「一位纔彰五位分，君臣叶處紫雲屯。夜明簾卷無私照，金殿重重顯至尊。」衣稱善，後住吉祥。

投子道宣禪師

舒州投子道宣禪師，久侍天衣，無所契。衣叱之，師忘寢食者月餘。一夕，聞巡更鈴聲，忽猛省曰：「住！住！一聲直透青霄路，寒潭月皎有誰知？泥牛觸折珊瑚樹。」衣聞，命職藏司。住後，凡有所問，以拂子作摇鈴勢。

青原下十五世

天童珏禪師法嗣

雪竇智鑒禪師

明州雪竇智鑒禪師，滁州吴氏子。兒時母與洗手瘍，因曰：「是甚麽？」對曰：「我手似佛手。」長失恃怙，依真歇於長蘆。大休首衆即器之。後遯象山，百怪不能惑。深夜開悟，求證於延壽，然後見大休。住後，上堂：「世尊有密語，迦葉不覆藏。一夜落花雨，滿城流水香。」

善權智禪師法嗣

超化藻禪師

越州超化藻禪師，開爐上堂：「雪滿寒牕，燒盡丹霞木佛。冰交野渡，凍殺陝府鐵牛。直得寒灰發燄，片雪不留。任運縱横，現成受用。諸禪德要會麽？衲帔蒙頭坐，冷煖了無知。」

雪竇宗禪師法嗣

廣福道勤禪師

泰州廣福微庵道勤禪師，本郡俞氏子。上堂，舉：「僧問同安：『如何是和尚家風？』同安曰：『金雞抱子歸霄漢，玉兔懷胎入紫微。』曰：『忽遇客來，將何祗待？』同安曰：『金果早朝猿摘去，玉華晚後鳳銜來。』」師曰：「廣福即不然。有問：『如何是和尚家風？』祇向他道：『翠竹叢邊歌欸乃，碧巖深處卧煙蘿。』『忽遇客來，將何祇待？』『没底籃兒盛皓月，無心盌子貯清風。』」

五燈會元卷第十五

青原下六世

雪峰存禪師法嗣

雲門文偃禪師

韶州雲門山光奉院文偃禪師，嘉興人也。姓張氏，幼依空王寺志澄律師出家。敏質生知，慧辯天縱。及長，落髮稟具於毗陵壇，侍澄數年，探窮律部。以己事未明，往參睦州。州纔見來，便閉却門。師乃扣門，州曰：「誰？」師曰：「某甲。」州曰：「作甚麼？」師曰：「己事未明，乞師指示。」州開門一見便閉却。師如是連三日扣門，至第三日，州開門，師乃拶入，州便擒住曰：「道！道！」師擬議，州便推出曰：「秦時轅轢鑽。」遂掩門，損師一足。師從此悟入。州指見雪峰，師到雪峰莊，見一僧，迺問：「上座今日上山去那？」僧曰：「是。」師曰：「寄一則因緣問堂頭和尚，衹是不得道是別人語。」僧曰：「得。」師曰：「上座到山中見和尚上堂，衆纔集便出，握腕立地曰：『這老漢，項上鐵枷何不脱却？』」其僧一依師教。雪峰見這僧與麼道，便下座攔胸把住曰：「速道！速道！」僧無對。峰拓開曰：「不是汝語。」僧曰：「是某甲語。」峰曰：「侍者！將繩棒來。」僧曰：「不是某語，是莊上一浙中上座教某甲來道。」峰曰：「大衆去莊上迎取五百人善知識來。」師次日上雪峰，峰纔見便曰：「因甚麼得到與麼地？」師乃低頭，從兹契合。温研積稔，密以宗印授焉。

師出嶺，徧謁諸方，覈窮殊軌，鋒辯險絶，世所盛聞。後抵靈樹，冥符知聖禪師接首座之説。初，知聖住靈樹二十年，不請首座。常云：「我首座生也，我首座牧牛也，我首座行脚也。」一日，令擊鐘，三門外接首座。衆出迓，師果至。直請入首座寮，解包。人天眼目見靈樹章。後廣主命師出世靈樹。開堂日，主親臨曰：「弟子請益。」師曰：「目前無異路。」法眼別云：「不可無益於人。」師乃曰：「莫道今日謾諸人好！抑不得已向諸人前作一場狼籍。忽遇明眼人見，成一場笑具，如今避不得也。且問你諸人從上來有甚事？欠少甚麼？向你道無事，已是相埋没也。雖然如是，也須到這田地始得。亦莫趁口快亂問，自己心裏黑漫漫地。明朝後日，大有事在。你若根思遲回，且向古人建化門庭東覷西覷，看是箇甚麽道理？你欲得會麽？都緣是你自家無量劫來妄想濃厚，一期聞人説著，便生疑心。問佛問法，問向上向下，求覓解會，轉没交涉。擬心即差，況復有言有句，莫是不擬心是麽？莫錯會好。更有甚麽事？珍重！」

上堂：「我事不獲已，向你諸人道，直下無事，早是相埋没了也。更欲踏步向前，尋言逐句，求覓解會，千差萬别，廣設問難，贏得一場口滑，去道轉遠，有甚麽休歇時？此事若在言語上，三乘十二分教豈是無言語？因甚麽更道教外别傳？若從學解機智得，祇如十地聖人説法如雲如雨，猶被呵責見性如隔羅縠。以此故知一切有心，天地懸殊。雖然如此，若是得底人，道火不能燒口，終日説事，未嘗挂著脣齒，未嘗道著一字。終日著衣喫飯，未嘗觸著一粒米，挂一縷絲。雖然如此，猶是門庭之説也，須是實得恁麽始得。若約衲僧門下，句裏呈機，徒勞佇思。直饒一句下承當得，猶是瞌睡漢。」時有僧問：「如何是一句？」師曰：「舉。」上堂：「三乘十二分教，横説豎説，天下老和尚縱横十字説，與我拈針鋒許説底道理來看，恁麽道，早是作死馬醫。雖然如此，且有幾箇到此境界？不敢望汝言中有響，句裏藏鋒，瞬目千差，風恬浪静。伏惟尚饗！」僧來參，師乃拈起袈裟曰：「汝若道得，落我袈裟圈襩裏。汝若道不得，又在鬼窟裏坐作麽生？」自代曰：「某甲無氣力。」師一日打椎曰：「妙喜世界百雜碎，拓鉢向湖南城裏喫粥飯去來。」

上堂：「諸兄弟盡是諸方參尋知識，決擇生死，到處豈無尊宿垂慈方便之詞？還有透不得底句麽？出來舉看，待老漢與你大家商量。有麽有麽？」時有僧出，擬伸問次，師曰：「去去西天路，迢迢十萬餘。」便下座。舉：「世尊初生下，一手指天，一手指地，周行七步，目顧四方，云：『天上天下，唯我獨尊。』」師曰：「我當時若見，一棒打殺與狗子喫却，貴圖天下太平。」師在文德殿赴齋，有鞠常侍問：「靈樹果子熟也未？」師曰：「甚麽年中得信道生？」僧問：「如何是西來意？」師曰：「山河大地。」曰：「向上更有事也無？」師曰：「有。」曰：「如何是向上事？」師曰：「釋迦老子在西天，文殊菩薩居東土。」問：「如何是雲門山？」師曰：「庚峰定穴。」問：「如何是大修行人？」師曰：「一榼在手。」上堂，因聞鐘聲，乃曰：「世界與麽廣闊，爲甚麽鐘聲披七條？」問：「一生積惡不知善，一生積善不知惡。此意如何？」師曰：「燭。」問：「如何是和尚非時爲人一句？」師曰：「早朝牽犂，晚間拽耙。」舉雪峰云：「三世諸佛向火燄上轉大法輪。」師曰：「火燄爲三世諸佛説法，三世諸佛立地聽。」

上堂：「舉一則語，教汝直下承當，早是撒屎著汝頭上也。直饒拈一毫頭，盡大地一時明得，也是剜肉作瘡。雖然如此，汝亦須是實到這箇田地始得。若未，切不得掠虚，却須退步向自己根脚下推尋，看是箇甚麼道理？實無絲毫許與汝作解會，與汝作疑惑。況汝等各各當人有一段事，大用現前，更不煩汝一毫頭氣力，便與祖佛無别。自是汝諸人信根淺薄，惡業濃厚，突然起得許多頭角，擔鉢囊千鄉萬里受屈作麽？且汝諸人有甚麽不足處？大丈夫漢，阿誰無分？獨自承當得，猶不著便，不可受人欺謾，取人處分。纔見老和尚開口，便好把特石驀口塞，便是屎上青蠅相似，鬭唼將去，三箇五箇聚頭商量，苦屈兄弟。古德一期，爲汝諸人不奈何，所以方便垂一言半句，通汝入路。知是般事拈放一邊，自著些子筋骨，豈不是有少許相親處？快與快與，時不待人，出息不保入息，更有甚麽身心别處閑用？切須在意。珍重！」

上堂：「盡乾坤一時將來著汝眼睫上，你諸人聞恁麽道，不敢望你出來，性燥把老漢打一摑，且緩緩子細看，是有是無？是箇甚麽道理？直饒你向這裏明得，若遇衲僧門下，好槌折脚。若是箇人，聞説道甚麽處有老宿出世，便好驀面唾污我耳目。汝若不是箇手脚，纔聞人舉，便承當得，早落第二機也。汝不看他德山和尚纔見僧入門，拽杖便趁；睦州和尚纔見僧入門來，便云『見成公案』，『放汝三十棒』。自餘之輩，合作麽生？若是一般掠虚漢，食人涎唾，記得一堆一擔骨董，到處馳騁驢脣馬嘴，誇我解問十轉五轉話。饒你從朝問到夜，論劫恁麽，還曾夢見麽？甚麽處是與人著力處？似這般底，有人屈衲僧齋，也道得飯喫，有甚堪共語處？他日閻羅王面前，不取汝口解說。諸兄弟！若是得底人，他家依衆遺日。若也未得，切莫容易過時，大須子細。古人大有葛藤相爲處，祇如雪峰道：『盡大地是汝自己。』夾山道：『百草頭上薦取老僧，閙市裏識取天子。』洛浦云：『一塵纔起，大地全收，一毛頭師子，全身揔是。』汝把取翻覆思量看，日久歲深，自然有箇入路。此事無汝替代處，莫非各在當人分上。老和尚出世，祇爲汝證明。汝若有少許來由，亦昧汝不得。若實未得方便，撥汝即不可。兄弟一等是踏破草鞋，抛却師長父母行脚，直須著些子精彩始得。若未有箇入頭處，遇著本色齩豬狗手脚，不惜性命，入泥入水相爲。有可齩嚼，眨上眉毛，高挂鉢囊，拗折拄杖。十年二十年，辦取徹頭，莫愁不成辦。直是今生不得徹頭，來生亦不失人身。向此門中亦乃省力，不虛孤負平生，亦不孤負師長父母、十方施主。直須在意，莫空遊州獵縣，橫擔拄杖，一千里二千里走，這邊經冬，那邊過夏，好山好水堪取性，多齋供，易得衣鉢。苦屈苦屈，圖他一粒米，失却半年糧。如此行脚，有甚麽利益？信心檀越把菜粒米，作麽生消得？直須自看，無人替代。時不待人，忽然一日眼光落地，到前頭將甚麽抵擬？莫一似落湯螃蟹，手脚忙亂，無汝掠虛說大話處。莫將等閑空過時光，一失人身，萬劫不復。不是小事，莫據目前。俗人尚道：『朝聞道，夕死可矣。』況我沙門，合履踐箇甚麽事？大須努力，珍重！」

僧問靈樹：「如何是祖師西來意？」樹默然。遷化後，門人立行狀碑，欲入此語。問師曰：「先師默然處如何上碑？」師對曰：「師上堂：『佛法也太煞有，祇是舌頭短。』」良久曰：「長也。」普請般柴次，師遂拈一片抛下曰：「一大藏教，祇説這箇。」見僧量米次，問：「米籮裏有多少達磨眼睛？」僧無對。師代曰：「斗量不盡。」上堂：「人人自有光明在，看時不見暗昏昏，作麼生是諸人自己光明？」自代曰：「厨庫三門。」又曰：「好事不如無。」示衆：「古德道：『藥病相治。』盡大地是藥，那箇是你自己？」乃曰：「遇賤即貴。」僧曰：「乞師指示。」師拍手一下，拈拄杖曰：「接取拄杖子。」僧接得，拗作兩橛。師曰：「直饒恁麼，也好與三十棒。」上堂：「一言纔舉，千車同轍。該括微塵，猶是化門之説。若是衲僧，合作麼生？若將佛意祖意這裏商量，曹溪一路平沉。還有人道得麼？道得底出來。」僧問：「如何是超佛越祖之談？」師曰：「餬餅。」曰：「這裏有甚麼交涉？」師曰：「灼然有甚麼交涉？」乃曰：「汝等諸人没可作了，見人道著祖意，便問超佛越祖之談。汝且喚甚麼作佛？喚甚麼作祖？且説超佛越祖底道理看。問箇出三界，汝把將三界來，看有甚麼見聞覺知隔礙著汝？有甚麼聲塵色法與汝可了？了箇甚麼椀？以那箇爲差殊之見？他古聖不奈何，横身爲物，道箇舉體全真，物物覿體不可得。我向汝道，直下有甚麼事，早是相埋没了也。汝若實未有入頭處，且獨自參詳，除却著衣喫飯，屙屎送尿，更有甚麼事？無端起得如許多般妄想作甚麽？更有一般底如等閑相似，聚頭學得箇古人話路，識性記持，妄想卜度，道我會佛法了也。衹管説葛藤，取性過時，更嫌不稱意。千鄉萬里，抛却父母師長，作這去就，這般打野榸漢，有甚麽死急！行脚去。」以拄杖趁下。

上堂：「故知時運澆漓，代干像季，近日師僧北去言禮文殊，南去謂遊衡嶽，恁麽行脚，名字比丘，徒消信施。苦哉！苦哉！問著黑漆相似，衹管取性過時。設有三箇兩箇狂學多聞，記持話路，到處覓相似語句，印可老宿，輕忽上流，作薄福業，他日閻羅王釘釘之時，莫道無人向你説。若是初心後學，直須擺動精神，莫空記人説處，多虚不如少實，向後衹是自賺。有甚麽事，近前。」上堂，衆集，師以拄杖指面前曰：「乾坤大地微塵諸佛揔在裏許争佛法，覓勝負，還有人諫得麽？若無人諫得，待老漢與你諫看。」僧曰：「請和尚諫。」師曰：「這野狐精！」上堂，拈拄杖曰：「天親菩薩無端變作一條榔栗杖。」乃畫一畫曰：「塵沙諸佛盡在這裏葛藤。」便下座。上堂：「我看汝諸人，二三機中尚不能搆得，空披衲衣何益？汝還會麽？我與汝注破，久後到諸方，若見老宿舉一指，竪一拂子云：『是禪是道？』拽拄杖打破頭便行。若不如此，盡落天魔眷屬，壞滅吾宗。汝若實不會，且向葛藤社裏看。我尋常向汝道：『微塵刹土中，三世諸佛、西天二十八祖、唐土六祖，盡在拄杖頭上説法。神通變現，聲應十方，一任縱橫。』汝還會麽？若不會，且莫掠虚。然雖如此，且諦當實見也未？直饒到此田地，也未夢見衲僧沙彌在。三家村裏，不逢一人。」驀拈拄杖畫一畫，曰：「揔在這裏。」又畫一畫曰：「揔從這裏出去也。珍重！」

師一日以手入木師子口，叫曰：「齩殺我也，相救！」歸宗柔代云：「和尚出手太殺。」上堂：「聞聲悟道，見色明心。」遂舉起手曰：「觀世音菩薩將錢買餬餅。」放下手曰：「元來祇是饅頭。」上堂：「乾坤之内，宇宙之間，中有一寶，秘在形山。拈燈籠向佛殿裏，將三門來燈籠上，作麽生？」自代曰：「逐物意移。」又曰：「雲起雷興。」示衆曰：「十五日已前不問汝，十五日已後道將一句來。」衆無對。自代曰：「日日是好日。」上堂，拈拄杖曰：「凡夫實謂之有，二乘析謂之無，圓覺謂之幻有，菩薩當體即空。衲僧家見拄杖便唤作拄杖，行但行，坐但坐，不得動著。」僧問：「如何是佛法大意？」師曰：「春來草自青。」問：「新到甚處人？」曰：「新羅。」師曰：「將甚麽過海？」曰：「草賊大敗。」師引手曰：「爲甚麽在我這裏？」曰：「恰是。」師曰：「一任踍跳。」僧無對。問：「牛頭未見四祖時如何？」師曰：「家家觀世音。」曰：「見後如何？」師曰：「火裏蝍蟟吞大蟲。」問：「如何是雲門一曲？」師曰：「臘月二十五。」曰：「唱者如何？」師曰：「且緩緩。」問：「如何是雪嶺泥牛吼？」師曰：「山河走。」曰：「如何是雲門木馬嘶？」師曰：「天地黑。」問：「從上來事，請師提綱。」師曰：「朝看東南，暮看西北。」曰：「便恁麼會時如何？」師曰：「東家點燈，西家暗坐。」問：「十二時中，如何即得不空過？」師曰：「向甚麼處著此一問？」曰：「學人不會，請師舉。」師曰：「將筆硯來。」僧乃取筆硯來，師作一頌曰：「舉不顧，即差互。擬思量，何劫悟？」問：「如何是學人自己？」師曰：「遊山翫水。」曰：「如何是和尚自己？」師曰：「賴遇維那不在。」問：「一口吞盡時如何？」師曰：「我在你肚裏。」曰：「和尚爲甚麼在學人肚裏？」師曰：「還我話頭來。」問：「如何是道？」師曰：「去。」曰：「學人不會，請師道。」師曰：「闍黎公驗分明，何在重判？」問：「生死到來，如何排遣？」師展手曰：「還我生死來。」問：「父母不聽，不得出家，如何得出家？」師曰：「淺。」曰：「學人不會。」師曰：「深。」問：「如何是學人自己？」師曰：「怕我不知。」問：「萬機喪盡時如何？」師曰：「與我拈佛殿來，與汝商量。」曰：「豈關他事？」師喝曰：「這掠虛漢！」

問：「樹凋葉落時如何？」師曰：「體露金風。」問：「如何是佛？」師曰：「乾屎橛。」問：「如何是諸佛出身處？」師曰：「東山水上行。」問：「古人面壁，意旨如何？」師曰：「念七。」問：「如何是祖師西來意？」師曰：「日裏看山。」師問僧：「近離甚麼處？」曰：「南嶽。」師曰：「我不曾與人葛藤。近前來！」僧近前，師曰：「去！」僧問：「如何是和尚家風？」師曰：「有讀書人來報。」問：「如何是透法身句？」師曰：「北斗裏藏身。」問：「如何是西來意？」師曰：「久雨不晴。」又曰：「粥飯氣。」問：「承古有言，牛頭横説豎説，猶未知有向上關棙子。如何是向上關棙子？」師曰：「東山西嶺青。」問：「如何是端坐念實相？」師曰：「河裏失錢河裏摝。」上堂：「函蓋乾坤，目機銖兩，不涉世緣，作麽生承當？」衆無對。自代曰：「一鏃破三關。」僧問：「如何是雲門劍？」師曰「祖。」問：「如何是玄中的？」師曰：「⿱祝土。」問：「如何是吹毛劍？」師曰：「骼。」又曰：「胔。」問：「如何是正法眼？」師曰：「普。」問：「如何是啐啄機？」師曰：「響。」問：「如何是雲門一路？」師曰：「親。」問：「殺父殺母，向佛前懺悔。殺佛殺祖，向甚麽處懺悔？」師曰：「露。」問：「鑿壁偷光時如何？」師曰：「恰。」問：「三身中那身説法？」師曰：「要。」問：「承古有言：『了即業障本來空，未了應須償宿債。』未審二祖是了未了？」師曰：「確。」師垂語曰：「會佛法如河沙，百草頭上道將一句來？」自代云：「俱。」僧問：「如何是一代時教？」師曰：「對一説。」問：「不是目前機，亦非目前事時如何？」師曰：「倒一説。」問：「如何是法身向上事？」師曰：「向上與汝道即不難，作麽生會法身？」曰：「請和尚鑒。」師曰：「鑒即且置，作麽生會法身？」曰：「與麽與麽。」師曰：「這箇是長連牀上學得底，我且問你，法身還解喫飯麽？」僧無對。

師問嶺中順維那：「古人豎起拂子，放下拂子，意旨如何？」順曰：「拂前見，拂後見。」師曰：「如是！如是！」師後却舉問僧：「汝道當初諾伊？不諾伊？」僧無對。師曰：「可知禮也。」問：「僧甚處來？」曰：「禮塔來。」師曰：「謔我。」曰：「實禮塔來。」師曰：「五戒也不持。」師嘗舉：「馬太師道：『一切語言是提婆宗，以這箇爲主。』」乃曰：「好語，秖是無人問我。」時有僧問：「如何是提婆宗？」師曰：「西天九十六種，你是最下種。」問僧：「近離甚處？」曰：「西禪。」師曰：「西禪近日有何言句？」僧展兩手，師打一掌。僧曰：「某甲話在。」師却展兩手，僧無語，師又打。師舉臨濟三句語問塔主：「秖如塔中和尚得第幾句？」主無對。師曰：「你問我。」主便問，師曰：「不快即道。」主曰：「作麽生是不快即道？」師曰：「一不成，二不是。」問直歲：「甚處去來？」曰：「刈茆來。」師曰：「刈得幾箇祖師？」曰：「三百箇。」師曰：「朝打三千，暮打八百。東家杓柄長，西家杓柄短。又作麽生？」歲無語，師便打。僧問：「秋初夏末，前程若有人問，作麽生秖對？」師曰：「大衆退後。」曰：「未審過在甚麽處？」師曰：「還我九十日飯錢來。」有講僧參，經時乃曰：「未到雲門時，恰似初生月。及乎到後，曲彎彎地。」師得知乃召問：「是你道否？」曰：「是。」師曰：「甚好。吾問汝：作麼生是初生月？」僧乃斫額作望月勢。師曰：「你如此，已後失却目在。」僧經旬日復來，師又問：「你還會也未？」曰：「未會。」師曰：「你問我。」僧便問：「如何是初生月？」師曰：「曲彎彎地。」僧罔措，後果然失目。

上堂：「諸和尚子！莫妄想，天是天，地是地，山是山，水是水，僧是僧，俗是俗。」良久曰：「與我拈案山來。」僧便問：「學人見山是山、水是水時如何？」師曰：「三門爲甚麼騎佛殿從這裏過？」曰：「恁麼則不妄想去也。」師曰：「還我話頭來。」上堂：「你若不相當，且覓箇入頭處。微塵諸佛在你舌頭上，三藏聖教在你脚跟底。不如悟去好！還有悟得底麼？出來對衆道看。」示衆：「盡十方世界，乾坤大地，」以拄杖畫云：「百雜碎。三乘十二分教，達磨西來，放過即不可；若不放過，不消一喝。」示衆：「真空不壞有，真空不異色。」僧便問：「作麼生是真空？」師曰：「還聞鐘聲麼？」曰：「此是鐘聲。」師曰：「驢年夢見麼？」上堂：「平地上死人無數，過得荆棘林者是好手。」時有僧出，曰：「與麼則堂中第一座有長處也。」師曰：「蘇嚕蘇嚕。」瑫長老舉菩薩手中赤幡，問師：「作麼生？」師曰：「你是無禮漢。」瑫曰：「作麼生無禮？」師曰：「是你外道奴也作不得。」僧問：「佛法如水中月，是否？」師曰：「清波無透路。」曰：「和尚從何得？」師曰：「再問復何來？」曰：「正與麽時如何？」師曰：「重疊關山路。」上堂，拈拄杖曰：「拄杖子化爲龍，吞却乾坤了也。山河大地，甚處得來？」師有偈曰：「不露風骨句，未語先分付。進步口喃喃，知君大罔措。」示衆：「大用現前，不存軌則。」時有僧問：「如何是大用現前？」師拈起拄杖，高聲唱曰：「釋迦老子來也！」

上堂：「要識祖師麽？」以拄杖指曰：「祖師在你頭上䟦跳。要識祖師眼睛麽？在你脚跟下。」又曰：「這箇是祭鬼神茶飯。雖然如此，鬼神也無厭足。」示衆：「一人因説得悟，一人因喚得悟，一人聞舉便回去。你道便回去意作麽生？」復曰：「也好與三十棒。」上堂：「光不透脱，有兩般病。一切處不明，面前有物是一。又透得一切法空，隱隱地似有箇物相似，亦是光不透脱。又法身亦有兩般病。得到法身，爲法執不忘，己見猶存，坐在法身邊是一。直饒透得法身去，放過即不可，子細點檢將來，有甚麽氣息，亦是病。」問僧：「光明寂照遍河沙，豈不是張拙秀才語？」曰：「是。」師曰：「話墮也。」僧問：「如何是法身？」師曰：「六不收。」問：「不起一念，還有過也無？」師曰：「須彌山。」問：「如何是清淨法身？」師曰：「花藥欄。」曰：「便恁麽去時如何？」師曰：「金毛師子。」問：「如何是塵塵三昧？」師曰：「鉢裏飯，桶裏水。」問：「一言道盡時如何？」師曰：「裂破。」問：「如何是佛法大意？」師曰：「面南看北斗。」問：「一切智通無障礙時如何？」師曰：「掃地潑水相公來。」

師到天童，童曰：「你還定當得麽？」師曰：「和尚道甚麽？」童曰：「不會則目前包裹。」師曰：「會則目前包裹。」師到曹山，見示衆云：「諸方盡把格則，何不與他道却，令他不疑去？」師問：「密密處爲甚麽不知有？」山曰：「祇爲密密，所以不知有。」師曰：「此人如何親近？」山曰：「莫向密密處親近。」師曰：「不向密密處親近時如何？」山曰：「始解親近。」師應喏喏。師到鵝湖，聞上堂曰：「莫道未了底人長時浮逼逼地，設使了得底，明明得知有去處，尚乃浮逼逼地。」師下問首座：「適〔一〕來和尚意作麽生？」曰：「浮逼逼地。」師曰：「首座久在此住，頭白齒黄，作這箇語話？」曰：「上座又作麽生？」師曰：「要道即得，見即便見。若不見，莫亂道。」曰：「祇如道浮逼逼地，又作麽生？」師曰：「頭上著枷，脚下著杻。」曰：「與麽則無佛法也。」師曰：「此是文殊、普賢大人境界。」僧舉灌溪上堂，曰：「十方無壁落，四面亦無門。淨躶躶，赤灑灑，没可把。」師曰：「舉即易，出也大難。」曰：「上座不肯和尚與麽道那？」師曰：「你適來與麽舉那？」曰：「是。」師曰：「你驢年夢見灌溪？」曰：「某甲話在。」師曰：「我問你，十方無壁落，

〔一〕「適」，原誤作「進」，今改。

四面亦無門。你道大梵天王與帝釋天商量甚麽事？」曰：「豈干他事！」師喝曰：「逐隊喫飯漢。」

師到江州，有陳尚書者請齋。纔見便問：「儒書中即不問，三乘十二分教自有座主，作麽生是衲僧行脚事？」師曰：「曾問幾人來？」書曰：「即今問上座。」師曰：「即今且置，作麽生是教意？」書曰：「黄卷赤軸。」師曰：「這箇是文字語言，作麽生是教意？」書曰：「口欲談而辭喪，心欲緣而慮忘。」師曰：「口欲談而辭喪，爲對有言。心欲緣而慮忘，爲對妄想。作麽生是教意？」書無語。師曰：「見説尚書看法華經，是否？」書曰：「是。」師曰：「經中道：『一切治生産業，皆與實相不相違背。』且道非非想天有幾人退位？」書無語。師曰：「尚書且莫草草。三經五論，師僧抛却，特入叢林，十年二十年尚不奈何，尚書又争得會？」書禮拜曰：「某甲罪過。」師唱道：「靈樹雲門，凡三十載。機緣語句，備載廣録。」以乾和七年己酉四月十日順寂。塔全身於方丈。後十七載，示夢阮紹莊曰：「與吾寄語秀華宫使特進李托，奏請開塔。」遂致奉勑迎請内庭供養，逾月方還。因改寺爲大覺，謚大慈雲匡真弘明禪師。

青原下七世

雲門偃禪師法嗣

白雲子祥禪師

韶州白雲子祥實性大師，初住慈光院，廣主召入府説法。時有僧問：「覺華纔綻，正遇明時。不昧宗風，乞師方便。」師曰：「我王有令。」問：「祖意教意，是同是別？」師曰：「不別。」曰：「恁麼則同也。」師曰：「不妨領話。」問：「諸佛出世，普徧大千。白雲一會，如何舉揚？」師曰：「賺却幾人來？」曰：「恁麼則四衆何依？」師曰：「没交涉。」問：「即心即佛，示誨之辭。不涉前言，如何指教？」師曰：「東西且置，南北作麼生？」問：「如何是和尚家風？」師曰：「石橋那畔有，這邊無。會麼？」曰：「不會。」師曰：「且作丁公吟。」問：「衣到六祖，爲甚麼不傳？」師曰：「海晏河清。」問：「從上宗乘，如何舉揚？」師曰：「今日未喫茶。」上堂：「諸人會麼？但向街頭市尾、屠兒魁劊、地獄鑊湯處會取。若恁麼會得，堪與人天爲師。若向衲僧門下，天地懸殊。更有一般底，衹向長連牀上作好人去。汝道此兩般人，那箇有長處？無事，珍重！」問僧：「甚麼處來？」曰：「雲門來。」師曰：「裏許有多少水牛？」曰：「一箇兩箇。」師曰：「好水牛。」問僧：「不壞假名而談實相，作麼生？」僧指倚子曰：「這箇是倚子。」師以手撥倚曰：「與我將鞋袋來。」僧無對。師曰：「這虛頭漢。」雲門聞，乃云：「須是我祥兄始得。」師將示滅，白衆曰：「某甲雖提祖印，未盡其中事。諸仁者！且道其中事作麼生？莫是無邊、中間、内外已否？若如是會，即大地如鋪沙。」良久曰：「去此即他方相見。」言訖而寂。

德山緣密禪師

鼎州德山緣密圓明禪師，上堂：「僧堂前事時人知有，佛殿後事作麼生？」上堂：「我有三句語示汝諸人：一句函蓋乾坤，一句截斷衆流，一句隨波逐浪。作麼生辨？若辨得出，有參學分；若辨不出，長安路上輥輥地。」僧問：「如何是透法身句？」師曰：「三尺杖子攪黄河。」問：「百花未發時如何？」師曰：「黄河渾底流。」曰：「發後如何？」師曰：「幡竿頭指天。」問：「不犯辭鋒時如何？」師曰：「天台、南嶽。」曰：「便恁麼去時如何？」師曰：「江西、湖南。」問：「佛未出世時如何？」師曰：「河裏盡是木頭船。」曰：「出世後如何？」師曰：「這頭蹋著那頭掀。」上堂：「與麼來者，現成公案。不與麼來者，垛生招箭。摠不與麼來者，徐六擔板。迅速鋒鋩，猶是鈍漢。萬里無雲，青天猶在。」上堂：「但參活句，莫參死句。活句下薦得，永劫無滯。一塵一佛國，一葉一釋迦，是死句。揚眉瞬目，舉指豎拂，是死句。山河大地，更無誵訛，是死句。」時有僧問：「如何是活句？」師曰：「波斯仰面看。」曰：「恁麼則不謬去也。」師便打，上堂，舉臨濟示衆曰：「恁麼來者，恰似失却。不恁麼來者，無繩自縛。十二時中，莫亂斟酌。會與不會，都盧是錯。分明與麼道，一任天下人貶剝。」師曰：「古鏡闊一丈，屋梁長三尺。是汝鉢盂鑽子闊多少？」上堂：「俱胝和尚，凡有扣問，祇豎一指。寒則普天寒，熱則普天熱。」僧問：「己事未明，如何辨得？」師曰：「須彌山頂上。」曰：「便恁麼去時如何？」師曰：「脚下水淺深。」問：「達磨未來時如何？」師曰：「千年松倒挂。」曰：「來後如何？」師曰：「金剛努起拳。」問：「師未出世時如何？」師曰：「佛殿正南開。」曰：「出世後如何？」師曰：「白雲山上起。」曰：「出與未出，還分不分？」師曰：「靜處薩婆訶。」問：「如何是和尚家風？」師曰：「南山起雲，北山下雨。」問：「如何是應用之機？」師喝，僧曰：「祇這箇？」

爲復別有?」師便打。問:「大用現前,不存軌則時如何?」師曰:「黑地打破甕。」僧退步,師便打。問:「佛未出世時如何?」師曰:「猢猻繫露柱。」曰:「出世後如何?」師曰:「猢猻入布袋。」問:「文殊與維摩對談何事?」師曰:「并汝三人,無繩自縛。」問:「如何是佛?」師曰:「滿目荒榛。」曰:「學人不會。」師曰:「勞而無功。」問:「盡大地致一問不得時如何?」師曰:「話墮也。」曰:「大衆撼見。」師便打。問:「無蹤無跡是甚麽人行履?」師曰:「偷牛賊。」問:「羺羊未挂角時如何?」師曰:「獵屎狗。」曰:「挂後如何?」師曰:「獵屎狗。」問:「牛頭未見四祖時如何?」師曰:「秋來黄葉落。」曰:「見後如何?」師曰:「春來草自青。」

巴陵顥鑒禪師

岳州巴陵新開院顥鑒禪師,初到雲門,門曰:「雪峰和尚道:『開却門,達磨來也。』我問你作麽生?」師曰:「築著和尚鼻孔。」門曰:「地神惡發,把須彌山一擲𨁝跳上梵天,摻破帝釋鼻孔,你爲甚麽向日本國裏藏身?」師曰:「和尚莫瞞人好。」門曰:「築著老僧鼻孔,又作麽生?」師無語。門曰:「將知你祇是學語之流。」師住後,更不作法嗣書，祇將三轉語上雲門。僧問：「如何是道？」師曰：「明眼人落井。」問：「如何是吹毛劍？」師曰：「珊瑚枝枝撐著月。」問：「如何是提婆宗？」師曰：「銀椀裏盛雪。」門曰：「他後老僧忌日，祇消舉此三轉語，足以報恩。」自後忌辰，果如所囑。僧問：「祖意教意，是同是别？」師曰：「雞寒上樹，鴨寒下水。」問：「三乘十二分教即不疑，如何是宗門中事？」師曰：「不是衲僧分上事。」曰：「如何是衲僧分上事？」師曰：「貪觀白浪，失却手橈。」問僧：「遊山來？爲佛法來？」曰：「清平世界，説甚麽佛法？」師曰：「好箇無事禪客。」曰：「早是多事了也。」師曰：「上座去年在此過夏了。」曰：「不曾。」師曰：「與麽則先來不相識。下去！」師將拂子遺僧。僧曰：「本來清浄，用拂子作甚麽？」師曰：「既知清浄，切勿忘却。」梁山觀别云：「也須拂却。」

雙泉師寬禪師

隨州雙泉山師寬明教禪師，上堂，舉拂子曰：「這箇接中下之人。」時有僧問：「上上人來時如何？」師曰：「打鼓爲三軍。」問：「向上宗乘，如何舉唱？」師曰：「不敢。」曰：「恁麽則含生有望。」師曰：「脚下水深淺。」問：「凡有言句，盡落有無，不落有無時如何？」師曰：「東弗于逮。」曰：「這箇猶落有無。」師曰：「支過雪山西。」僧問洞山初和尚：「如何是佛？」山曰：「麻三斤。」師聞之，乃曰：「向南有竹，向北有木。」問：「不可以智知，不可以識識時如何？」師曰：「不入這箇野狐群隊。」問：「如何是定？」師曰：「鰕跳不出斗。」曰：「如何出得去？」師曰：「南山起雲，北山下雨。」問：「北斗裏藏身，意旨如何？」師曰：「雞寒上樹，鴨寒下水。」問：「豎起杖子，意旨如何？」師曰：「一葉落知天下秋。」師遊山回，首座同衆出接，座曰：「和尚遊山，巇嶮不易。」師提起拄杖曰：「全得這箇力。」座乃奪却，師放身便倒。大衆皆進前扶起，師拈拄杖一時趁散，回顧侍者曰：「向道全得這箇力。」師一日訪白兆，兆曰：「老僧有箇木魚頌。」師曰：「請舉看。」兆曰：「伏惟爛木一橛，佛與衆生不別。若以杖子擊著，直得聖凡路絶。」師曰：「此頌有成褫？無成褫？」兆曰：「無成褫。」師曰：「佛與衆生不別聻？」侍僧救曰：「有成褫。」師曰：「直得聖凡路絶聻？」當時白兆一衆失色。僧問：「新年頭還有佛法也無？」師曰：「無。」曰：「日日是好日，年年是好年，爲甚却無？」師曰：「張公喫酒李公醉。」僧曰：「老老大大，龍頭蛇尾。」師曰：「明教今日失利。」

香林澄遠禪師

益州青城香林院澄遠禪師，漢州綿竹人，姓上官。在衆日，普請鉏草次，有一僧曰：「看！俗家失火。」師曰：「那裏火？」曰：「不見那？」師曰：「不見。」曰：「這瞎漢。」是時一衆皆言遠上座敗闕。後明教寬聞舉，嘆曰：「須是我遠兄始得。」住後，僧問：「美味醍醐，爲甚麼變成毒藥？」師曰：「導江紙貴。」問：「見色便見心時如何？」師曰：「適來甚麼處去來？」曰：「心境俱忘時如何？」師曰：「開眼坐睡。」問：「北斗裏藏身，意旨如何？」師曰：「月似彎弓，少雨多風。」問：「如何是諸佛心？」師曰：「清則始終清。」曰：「如何領會？」師曰：「莫受人謾好！」問：「如何是祖師西來意？」師曰：「踏步者誰？」問：「如何是和尚妙藥？」師曰：「不離衆味。」曰：「喫者如何？」師曰：「咂啗看。」問：「如何是室内一盌燈？」師曰：「三人證龜成鱉。」問：「如何是衲下事？」師曰：「臘月火燒山。」問：「大衆雲集，請師施設。」師曰：「三不待兩。」問：「如何是學人時中事？」師曰：「恰恰。」問：「如何是玄？」師曰：「今日來，明日去。」曰：「如何是玄中玄？」師曰：「長連牀上。」問：「如何是香林一脉泉？」師曰：「念無間斷。」曰：「飲者如何？」師曰：「隨方斗秤。」問：「如何是衲僧正眼？」師曰：「不分別。」曰：「照用事如何？」師曰：「行路人失脚。」問：「萬機俱泯迹，方識本來人時如何？」師曰：「清機自顯。」曰：「恁麽則不別人？」師曰：「方見本來人。」問：「魚游陸地時如何？」師曰：「發言必有後救。」曰：「却下碧潭時如何？」師曰：「頭重尾輕。」問：「但有言句盡是賓，如何是主？」師曰：「長安城裏。」曰：「如何領會？」師曰：「千家萬户。」問：「如何是西來的的意？」師曰：「坐久成勞。」曰：「便回轉時如何？」師曰：「墮落深坑。」問：「如何是無縫塔？」師曰：「合掌當胸。」曰：「如何是塔中人？」師曰：「露也。」問：「教法未來時如何？」師曰：「閻羅天子。」曰：「來後如何？」師曰：「大宋國裏。」問：「一子出家，九族解脱。目連爲甚麽母入地獄？」師曰：「確。」問：「如何是平常心？」師曰：「早朝不審，晚後珍重。」

上堂：「是汝諸人，盡是擔鉢囊向外行脚，還識得性也未？若識得，試出來道看。若識不得，祇是被人熱謾將去。且問汝諸人，是汝參學日久，用心掃地煎茶，遊山玩水，汝且釘釘喚甚麽作自性？諸人且道，始終不變不異，無高無下，無好無醜，不生不滅，究竟歸於何處？諸人還知得下落所在也未？若於這裏知得所在，是諸佛解脱法門，悟道見性，始終不疑不慮，一任横行，一切人不奈汝何。出言吐氣，實有來處。如人買田，須是收得元本契書，若不得他元本契書，終是不穩。遮莫經官判狀，亦是不得。其奈不收得元本契書，終是被人奪却。汝等諸人，參禪學道，亦復如是。還有人收得元本契書麽？試拈出看。汝且唤甚麽作元本契書？諸人試道看。若是靈利底，纔聞與麽説著，便知去處。若不知去處，向外邊學得千般巧妙，記持解會，口似傾河，終不究竟，與汝自己天地差殊。且去衣鉢下體當尋覓看。若有箇見處，上來這裏道看，老僧與汝證明。若覓不得，且依行隊去。」將示寂，辭知府宋公瑫曰：「老僧行脚去。」通判曰：「這僧風狂，八十歲行脚去那裏？」宋曰：「大善知識，去住自由。」師謂衆曰：「老僧四十年，方打成一片。」言訖而逝，塔于本山。

洞山守初禪師

襄州洞山守初宗慧禪師，初參雲門。門問：「近離甚處？」師曰：「查渡。」門曰：「夏在甚處？」師曰：「湖南報慈。」曰：「幾時離彼？」師曰：「八月二十五。」門曰：「放汝三頓棒。」師至明日，却上問訊：「昨日蒙和尚放三頓棒，不知過在甚麽處？」門曰：「飯袋子！江西、湖南便恁麽去？」師於言下大悟。遂曰：「他後向無人煙處，不蓄一粒米，不種一莖菜，接待十方往來，盡與伊抽釘拔楔，拈却灸脂帽子，脱却鶻臭布衫，教伊洒洒地作箇無事衲僧，豈不快哉！」門曰：「你身如椰子大，開得如許大口。」師便禮拜。

住後，上堂：「言無展事，語不投機，承言者喪，滯句者迷。還得麽？你衲僧分上，到這裏須具擇法眼始得。祇如洞山恁麽道，也有一場過。且道過在甚麽處？」僧問：「迢迢一路時如何？」師曰：「天晴不肯去，直待雨淋頭。」曰：「諸聖作麽生？」師曰：「入泥入水。」問：「心未生時，法在甚麽處？」師曰：「風吹荷葉動，決定有魚行。」問：「師登師子座，請師唱道情。」師曰：「晴乾開水道，無事設曹司。」曰：「恁麽則謝師指示。」師曰：「賣鞋老婆脚趚（郎擊切）趚（七亦切）。」問：「如何是三寶？」師曰：「商量不下。」問：「如何是無縫塔？」師曰：「十字街頭石師子。」問僧：「甚處來？」曰：「汝州。」師曰：「此去多少？」曰：「七百里。」師曰：「踏破幾緉草鞋？」曰：「三緉。」師曰：「甚處得錢買？」曰：「打笠子。」師曰：「參堂去。」僧應喏。問：「如何是免得生死底法？」師曰：「見之不取，思之三年。」僧問：「離却心機意識，請師一句。」師曰：「道士著黄甕裏坐。」問：「非時親覲，請師一句。」師曰：「對衆怎生舉？」曰：「據現定舉。」師曰：「放汝三十棒。」曰：「過在甚麽處？」師曰：「罪不重科。」問：「如何是佛？」師曰：「麻三斤。」問：「蓮華未出水時如何？」師曰：「楚山頭倒卓。」曰：「出水後如何？」師曰：「漢水正東流。」問：「如何是吹毛劍？」師曰：「金州客。」曰：「用者如何？」師曰：「伏惟尚饗。」

問：「車住牛不住時如何？」師曰：「用駕車漢作麽？」問：「如何是衲僧分上事？」師曰：「雲裏楚山頭，決定多風雨。」問：「海竭人亡時如何？」師曰：「難得。」曰：「便恁麽去時如何？」師曰：「雲在青天水在瓶。」問：「文殊、普賢來參時如何？」師曰：「趁向水牯牛欄裏著。」曰：「和尚入地獄如箭射。」師曰：「全憑子力。」問：「如何是正法眼？」師曰：「紙撚無油。」問：「牛頭未見四祖時如何？」師曰：「楖栗木拄杖。」曰：「見後如何？」師曰：「竇入布衫。」問：「如何是佛？」師曰：「灼然諦當。」問：「萬緣俱息，意旨如何？」師曰：「甕裏石人賣棗圈。」問：「如何是洞山劍？」師曰：「作麽？」曰：「學人要知。」師曰：「罪過。」問：「乾坤休著意，宇宙不留心。學人祇恁麽，師又作麽生？」師曰：「峴山亭起霧，灘峻不留船。」問：「大衆雲臻，請師撮其樞要，略舉大綱。」師曰：「水上浮漚呈五色，海底蝦蟇叫月明。」問：「正當恁麽時，文殊、普賢在甚麽處？」師曰：「長者八十一，其樹不生耳。」曰：「意旨如何？」師曰：「一則不成，二則不是。」

泐潭道謙禪師

洪州泐潭道謙禪師，僧問：「如何是泐潭家風？」師曰：「闍黎到來幾日也？」問：「但有纖毫即是塵，不有時作麽生？」師以手掩兩目。問：「當陽舉唱，誰是聞者？」師曰：「老僧不患耳聾。」問：「悟本無門，如何得入？」師曰：「阿誰教汝恁麽問？」

奉先深禪師

金陵奉先深禪師，江南主請開堂，纔升座，維那白槌曰：「法筵龍象衆，當觀第一義。」師便曰：「果然不識，鈍置殺人。」時有僧出，問：「如何是第一義？」師曰：「賴遇適來道了也。」曰：「如何領會？」師曰：「速禮三拜。」復曰：「大衆！且道鈍置落在阿誰分上？」師同明和尚在衆時，聞僧問法眼：「如何是色？」眼竪起拂子。或曰「雞冠花」，或曰「貼肉汗衫」，二人特往請益。問曰：「承聞和尚有三種色語，是否？」眼曰：「是。」師曰：「鷂子過新羅。」便歸衆。時李王在座下，不肯，乃白法眼曰：「寡人來日致茶筵，請二人重新問話。」明日茶罷，備綵一箱、劍一口，謂二師曰：「上座若問話得是，奉賞雜綵一箱。若問不是，祇賜一劍。」法眼陞座，師復出問：「今日奉敕問話，師還許也無？」眼曰：「許。」曰：「鷂子過新羅。」捧綵便行，大衆一時散去。時法燈作維那，乃鳴鐘集衆僧堂前勘師。衆集，燈問：「承聞二上座久在雲門，有甚奇特因緣？舉一兩則來商量看。」師曰：「古人道：『白鷺下田千點雪，黄鶯上樹一枝花。』維那作麼生商量？」燈擬議，師打一座具，便歸衆。師同明和尚到淮河，見人牽網，有魚從網透出。師曰：「明兄俊哉！一似箇衲僧相似。」明曰：「雖然如此，争如當初不撞入網羅好！」師曰：「明兄你欠悟在。」明至中夜方省。

雙泉郁禪師

隨州雙泉郁禪師，僧問：「如何是第一句？」師曰：「回頭終不顧。」曰：「如何是第二句？」師曰：「未語先分付。」曰：「如何是第三句？」師曰：「連根猶帶苦。」上堂：「初祖不虚傳，二祖不虚受。彼彼大丈夫，因甚麼到恁麼地？」便下座。後住舒州海會，僧問：「如何是舒州境？」師曰：「浣水逆流山露骨。」曰：「如何是境中人？」師曰：「地有毒蛇沙有虱。」

披雲智寂禪師

韶州披雲智寂禪師，僧問：「如何是披雲境？」師曰：「白日没閑人。」問：「如何是不遷義？」師曰：「山高不礙白雲飛。」問：「以字不成，八字不是，未審是甚麽字？」師曰：「聽老僧一偈：以字不是八不成，森羅萬象此中明。直饒巧説千般妙，不是謳阿不是經。」問：「如何是色空？」師曰：「拾取落花生舊枝。」問：「如何是一塵？」師曰：「滿目是青山。」問：「如何是毗盧藏中有大經卷？」師曰：「拈不得。」曰：「爲甚拈不得？」師曰：「特地却成愁。」

舜峰義韶禪師

韶州舜峰義韶禪師，僧問：「正法無言時如何？」師曰：「言。」曰：「學人不會，乞師端的。」師曰：「兩重公案。」曰：「豈無方便？」師曰：「無禮難容。」問：「祖意教意，是同是别？」師曰：「日出東方月落西。」僧正到方丈，曰：「方丈得恁麽黑！」師曰：「老鼠窟。」正曰：「放猫兒入好。」師曰：「試放看。」正無對。師拊掌笑。師與老宿渡江次，師取錢與渡子，宿曰：「囊中若有青銅片。」師揖曰：「長老莫笑。」

般若啓柔禪師

南嶽般若寺啓柔禪師，僧問：「西天以蠍人爲驗，此土如何？」師曰：「新羅人草鞋。」問：「如何是千聖同歸底道理？」師曰：「未達苦空境，無人不歎嗟。」上堂，衆聞板聲集。師因示偈曰：「妙哉三下板，知識盡來參。既善分時節，吾今不再三。」便下座。

妙勝臻禪師

潞府妙勝臻禪師，僧問：「金粟如來爲甚麽却降釋迦會裏？」師曰：「香山南，雪山北。」曰：「南瞻部洲事又作麽生？」師曰：「黄河水急浪花麤。」問：「如何是向上一路？」師曰：「一條濟水貫新羅。」

薦福承古禪師

饒州薦福承古禪師，操行高潔，禀性虚明。參大光敬玄禪師，乃曰：「祇是箇草裏漢。」遂參福嚴雅和尚，又曰：「祇是箇脱灑衲僧。」由是終日默然，深究先德洪規。一日覽雲門語，忽然發悟。自此韜藏，不求名聞。棲止雲居弘覺禪師塔所，四方學者奔凑，因稱古塔主也。景祐四年，范公仲淹出守鄱陽，聞師道德，請居薦福，開闡宗風。僧問：「大善知識將何爲人？」師曰：「莫。」曰：「恁麼則有問有荅去也。」師曰：「莫。」問：「青青翠竹，盡是真如；鬱鬱黄花，無非般若。如何是般若？」師曰：「黄泉無老少。」曰：「春來草自青。」師曰：「聲名不朽。」曰：「若然者，碧眼胡僧也皺眉。」師曰：「退後三步。」僧曰：「苦。」師乃：「吽！吽！」問：「臨濟舉拂，學人舉拳，是同是别？」師曰：「訛言亂衆。」曰：「恁麼則依令而行也。」師曰：「天涯海角。」問：「一喝分賓主，照用一時行，此意如何？」師曰：「乾柴濕荄。」僧便喝。師曰：「紅燄炎天。」上堂：「夫出家者爲無爲法，無爲法中無利益，無功德。近來出家人貪著福慧，與道全乖。若爲福慧，須至明心；若要達道，無汝用心處。所以常勸諸人，莫學佛法，但自休心，利根者晝時解脱，鈍根者或三五年，遠不過十年。若不悟去，老僧與你入拔舌地獄。參！」

清涼智明禪師

金陵清涼智明禪師，江南主請師上堂，小長老問：「凡有言句，盡落方便。不落方便，請師速道。」師曰：「國主在此，不敢無禮。」

南臺道遵禪師

潭州南臺道遵法雲禪師，上堂：「從上宗乘，合作麼生提綱？合作麼生言論？佛法兩字當得麼？真如解脱當得麼？雖然如是，細不通風，大通車馬。若約理化門中，一言纔啓，震動乾坤。山河大地，海晏河清。三世諸佛，説法現前。於此明得，古佛殿前，同登彼岸。無事，珍重！」問：「如何是祖師西來意？」師曰：「下坡不走。」問：「牛頭未見四祖時如何？」師曰：「著衣喫飯。」曰：「見後如何？」師曰：「鉢盂掛壁上。」問：「如何是真如含一切？」師曰：「分明。」曰：「爲甚麼有利鈍？」師曰：「四天打鼓，樓上擊鐘。」

問：「如何是南臺境？」師曰：「金剛手指天。」問：「如何是色空？」師曰：「道士著真紅。」問：「十二時中，時時不離時如何？」師曰：「諦。」

雙峰竟欽禪師

韶州雙峰竟欽禪師，益州人也。開堂日，雲門和尚躬臨證明。僧問：「如何是佛法大意？」師曰：「日出方知天下朗，無油那點佛前燈？」問：「如何是雙峰境？」師曰：「夜聽水流庵後竹，晝看雲起面前山。」問：「如何是和尚爲人一句？」師曰：「因風吹火。」上堂：「進一步則迷理，退一步則失事，饒你一向兀然去，又同無情。」僧問：「如何得不同無情去？」師曰：「動轉施爲。」曰：「如何得不迷理失事去？」師曰：「進一步，退一步。」僧作禮。師曰：「向來有人恁麼會，老僧不肯伊。」曰：「請師直指。」師便打出。問：「如何是正法眼？」師曰：「山河大地。」問：「如何是法王劍？」師曰：「鈆刀徒逞，不若龍泉。」曰：「用者如何？」師曰：「藏鋒猶不許，露刃更何堪！」問：「賓頭盧應供四天下，還得徧也無？」師曰：「如月入水。」問：「如何是用而不雜？」師曰：「明月堂前垂玉露，水晶殿裏琢真珠。」有行者問：「某甲遇賊來時，若殺即違佛教，不殺又違王敕。未審師意如何？」師曰：「官不容針，私通車馬。」廣主嘗親問法要，錫慧真廣悟號。將示寂，告門人曰：「吾不久去世，汝可就山頂預修墳塔。」洎工畢，以聞。師曰：「後日子時行矣。」及期，會雲門爽和尚等七人夜話。侍者報三更也。師索香焚之，合掌而逝。

資福詮禪師

韶州資福詮禪師，僧問：「不問宗乘，請師心印。」師曰：「不荅這話。」曰：「爲甚麽不荅？」師曰：「不副前言。」問：「覿面難逢處，如何顧鑒咦。乞師垂半偈，免使後人疑。」師曰：「鋒前一句超調御，擬問如何歷劫違。」曰：「恁麽則東山西嶺時人知有，未審資福庭前誰家風月？」師曰：「且領前話。」

黄雲元禪師

廣州黄雲元禪師，初開堂日，以手拊繩牀曰：「諸人還識廣大須彌之座也無？若不識，老僧陞座去也。」師便坐。僧問：「如何是大漢國境？」師曰：「歌謡滿路。」上堂：「古人道，觸目未曾無，臨機何不道？山僧即不然，觸目未曾無，臨機道甚麽？珍重！」

龍境倫禪師

廣州龍境倫禪師，開堂陞座，提起拂子曰：「還會麼？若會，頭上更增頭，若不會，斷頭取活。」僧問：「如何是龍境家風？」師曰：「豺狼虎豹。」問：「如何是佛？」師曰：「勤耕田。」曰：「學人不會。」師曰：「早收禾。」問僧：「甚麼處來？」曰：「黄雲來。」師曰：「作麽生是黄雲郎當媚癡抹躂爲人一句？」僧無對。示衆曰：「作麽生是長連牀上取性一句？道將來！」

雲門爽禪師

韶州雲門山爽禪師，上堂，僧問：「如何是佛？」師曰：「聖躬萬歲。」問：「如何是透法身句？」師曰：「銀香臺上生蘿蔔。」

白雲聞禪師

韶州白雲聞禪師，上堂良久，僧出問：「白雲一路，全因今日。」師曰：「不是！不是！」曰：「和尚又如何？」師曰：「白雲一路，草深一丈。」便下座。問：「擬伸一問，師還荅否？」師曰：「皂莢樹頭懸，風吹曲不成。」問：「受施主供養，將何報荅？」師曰：「作牛作馬。」

浄法章禪師

韶州浄法禪想章禪師，廣主問：「如何是禪？」師乃良久。主罔測，因署其號。僧問：「日月重明時如何？」師曰：「日月雖明，不鑒覆盆之下。」問：「既是金山，爲甚麽鑿石？」師曰：「金山鑿石。」問：「如何是道？」師曰：「迢迢十萬餘。」

温門滿禪師

韶州温門山滿禪師，僧問：「如何是佛？」師曰：「胸題卍字。」曰：「如何是祖？」師曰：「不遊西土。」有人指壁上畫問：「既是千尺松，爲甚麽却在屋下？」師曰：「芥子納須彌作麽生？」問：「隔牆見角，便知是牛時如何？」師便打。問：「如何是和尚家風？」師曰：「汝曾讀書麽？」問：「太子初生爲甚麽不識父母？」師曰：「迥然尊貴。」

大容諲禪師

黃州大容諲禪師，僧問：「如何是大容水？」師曰：「還我一滴來。」問：「當來彌勒下生時如何？」師曰：「慈氏宮中三春草。」問：「如何是真空？」師曰：「拈却拒陽著。」曰：「如何是妙用？」師乃握拳。僧曰：「真空妙用，相去幾何？」師以手撥之。問：「長蛇偃月即不問，匹馬單槍時如何？」師曰：「麻江橋下，會麽？」曰：「不會。」師曰：「聖壽寺前。」問：「既是大容，爲甚麽趁出僧？」師曰：「大海不容塵，小溪多搕𢶍。」問：「如何是古佛一路？」師指地，僧曰：「不問這箇。」師曰：「去。」師與一老宿相期他往，偶因事不去。宿曰：「佛無二言。」師曰：「法無一向。」

羅山崇禪師

廣州羅山崇禪師，僧問：「如何是大漢國境？」師曰：「玉狗吠時天未曉，金雞啼處五更初。」問：「丹霞訪居士，女子不擕籃時如何？」師曰：「也要到這裏一轉。」問：「如何是羅山境？」師曰：「布水千尋。」

雲門常實禪師

韶州雲門常實禪師，上堂：「至道無難，唯嫌揀擇。還有揀擇者麽？」時有僧問：「十方國土中，唯有一乘法。如何是一乘法？」師曰：「日月分明。」曰：「學人不會。」師曰：「清風滿路。」

林谿竟脱禪師

郢州林谿竟脱禪師，僧問：「如何是法身？」師曰：「四海五湖賓。」曰：「如何是透法身句？」師曰：「明眼人笑汝。」問：「如何是本來人？」師曰：「風吹滿面塵。」問：「牛頭未見四祖時如何？」師曰：「富貴多賓客。」曰：「見後如何？」師曰：「貧窮絶往還。」問：「如何是佛？」師曰：「十字路頭。」曰：「如何是法？」師曰：「三家村裏。」曰：「佛之與法，是一是二？」師曰：「露柱渡三江，猶懷感恨長。」問：「如何是無縫塔？」師曰：「復州城。」曰：「如何是塔中人？」師曰：「龍興寺。」

韶州廣悟禪師

韶州廣悟禪師，僧問：「如何是和尚爲人一句？」師曰：「因風吹火。」

華嚴慧禪師

廣州華嚴慧禪師，僧問：「承古有言：『妄心無處即菩提。』正當妄時，還有菩提也無？」師曰：「來音已照。」曰：「不會。」師曰：「妄心無處即菩提。」

長樂政禪師

韶州長樂山政禪師，僧問：「祖師心印，何人提掇？」師曰：「石人妙手在。」曰：「學人還有分也無？」師曰：「木人整不齊。」

英州觀音和尚

英州觀音和尚，因穿井次，僧問：「井深多少？」師曰：「没汝鼻孔。」問：「牛頭未見四祖時如何？」師曰：「英州觀音。」曰：「見後如何？」師曰：「英州觀音。」問：「如何是觀音妙智力？」師曰：「風射破牎鳴。」

韶州林泉和尚

韶州林泉和尚，僧問：「如何是林泉主？」師曰：「巖下白石。」曰：「如何是林泉家風？」師曰：「迎賓待客。」問：「如何是道？」師曰：「迢迢。」曰：「便恁麼領會時如何？」師曰：「久久忘緣者，寧懷去住情。」

雲門煦禪師

韶州雲門煦禪師，僧問：「如何是祖師西來意？」師曰：「即今是甚麼意？」僧曰：「恰是。」師便喝。

黄檗法濟禪師

瑞州黄檗法濟禪師，僧問："如何是和尚家風？"師曰："與天下人作牓樣。"問："如何是佛？"師曰："眉麤眼大。"上堂，良久曰："若識得黄檗帳子，平生行脚事畢。珍重！"

康國耀禪師

信州康國耀禪師，僧問："文殊與維摩對談何事？"師曰："汝向髑髏後會始得。"曰："古人道『髑髏裹薦取』又如何？"師曰："汝還薦得麽？"曰："恁麽則遠人得遇於師去也。"師曰："莫謾語。"

谷山豐禪師

潭州谷山豐禪師，僧問："師唱誰家曲？宗風嗣阿誰？"師曰："雪嶺梅花綻，雲洞老僧驚。"上堂："駿馬機前異，遊人肘後懸。既參雲外客，試爲老僧看。"時有僧纔出，師便打。曰：「何不早出頭來！」便下座。

羅漢匡果禪師

潁州羅漢匡果禪師，僧問：「如何是吹毛劍？」師曰：「了。」問：「和尚百年後，忽有人問向甚麼處去，如何酬對？」師曰：「久後遇作家，分明舉似。」曰：「誰是知音者？」師曰：「知音者即不恁麼問。」問：「鑿壁偷光時如何？」師曰：「錯。」曰：「争奈苦志專心。」師曰：「錯！錯！」

滄谿璘禪師

鼎州滄谿璘禪師，僧問：「是法住法位，世間相常住，雲門和尚向甚麼處去也？」師曰：「見麼？」曰：「錯。」師曰：「錯！錯！」問：「如何是西來意？」師曰：「不錯。」師因事示頌曰：「天地之前徑，時人莫彊移。箇中生解會，眉上更安眉。」

洞山清稟禪師

瑞州洞山清稟禪師，泉州李氏子。參雲門，門問：「今日離甚處？」曰：「慧林。」門舉拄杖曰：「慧林大師恁麽去，汝見麽？」曰：「深領此問。」門顧左右微笑而已。師自此入室印悟。金陵主請居光睦，未幾，命入澄心堂，集諸方語要，經十稔，迎住洞山。開堂日，維那白槌曰：「法筵龍象衆，當觀第一義。」師曰：「好箇消息，祇恐錯會。」時有僧問：「雲門一曲師親唱，今日新豐事若何？」師曰：「也要道却。」

北禪寂禪師

蘄州北禪悟通寂禪師，上堂，拈拄杖曰：「過去、未來、現在三世諸佛，微塵菩薩，一時在拄杖頭上轉大法輪，盡向諸人鼻孔裏過。還見麽？若見，與我拈將來。若不見，大似立地死漢。」良久曰：「風恬浪静，不如歸堂。」問僧：「甚處來？」曰：「黄州。」師曰：「夏在甚處？」曰：「資福。」師曰：「福將何資？」曰：「兩重公案。」師曰：「争奈在北禪手裏。」曰：「在手裏即收取。」師便打。僧不甘，師隨後趁出。問：「如何是佛？」師曰：

「對面千里。」

天王永平禪師

廬州南天王永平禪師，僧問：「如何是西來意？」師曰：「不撒沙。」問：「如何是南天王境？」師曰：「一任觀看。」曰：「如何是境中人？」師曰：「且領前話。」問：「久戰沙場，爲甚麼功名不就？」師曰：「祇爲眠霜卧雪深。」曰：「恁麼則罷息干戈，束手歸朝去也。」師曰：「指揮使未到你在。」

永安朗禪師

湖南永安朗禪師，僧問：「如何是洞陽家風？」師曰：「入門便見。」曰：「如何是入門便見？」師曰：「客是主人相師。」問：「如何是至極之談？」師曰：「愛别離苦。」

湘潭明照禪師

湖南湘潭明照禪師，僧問：「如何是湘潭境？」師曰：「山連大嶽，水接瀟湘。」曰：

「如何是境中人？」師曰：「便合知時。」問：「如何是佛法大意？」師曰：「百惑謾勞神。」

青城乘禪師

西川青城大面山乘禪師，僧問：「如何是相輪峰？」師曰：「直聳煙嵐際。」曰：「向上事如何？」師曰：「入地三尺五。」問：「如何是佛法大意？」師曰：「興義門前鼕鼕鼓。」曰：「學人不會。」師曰：「朝打三千，暮打八百。」

普通封禪師

興元府普通封禪師，僧問：「今日一會，何似靈山？」師曰：「震動乾坤。」問：「如何是普通境？」師曰：「庭前有竹三冬秀，户内無燈午夜明。」

净源真禪師

韶州燈峰净源真禪師，上堂：「古人道：『山河大地普真如。』大衆若得真如，即隱却山河大地。若不得，即違古人至言。衆中道得者出來道看。若道不得，不如各自歸堂。珍重！」僧問：「達磨未來時如何？」師曰：「三家村裏，兩兩三三。」曰：「來後如何？」師曰：「千斜不如一直。」問：「諸法寂滅相即不問，如何是世間相？」師曰：「真不掩假。」問：「如何是和尚爲人一句？」師曰：「不著力。」

大梵圓禪師

韶州大梵圓禪師，因見聖僧，乃問僧：「此箇聖僧年多少？」僧曰：「恰共和尚同年。」師喝曰：「這竭斗，不易道得。」

藥山圓光禪師

澧州藥山圓光禪師，僧問：「藥嶠燈聯，師當第幾？」師曰：「相逢盡道休官去，林下何曾見一人？」問：「水陸不涉者，師還接否？」師曰：「蘇嚕蘇嚕。」師問新到：「南來？北來？」曰：「北來。」師曰：「不落言詮，速道！速道！」曰：「某甲是福建道人，善會鄉談。」師曰：「參衆去。」僧曰：「灼然。」師曰：「更踍跳。」便打。問：「如何是祖師西來意？」師曰：「道甚麼！」

鵝湖雲震禪師

信州鵝湖雲震禪師，僧問：「如何是佛？」師曰：「闍黎不是。」問僧：「近離甚處？」曰：「兩浙。」師曰：「還將得吹毛劍來否？」僧展兩手。師曰：「將謂是箇爛柯仙，元來却是摴蒱漢。」問：「如何是鵝湖家風？」師曰：「客是主人相師。」曰：「恁麼則謝師周旋去也。」師曰：「難下陳蕃之榻。」

開先清耀禪師

廬山開先清耀禪師，僧問：「如何是燈燈不絶？」師曰：「青楊甋遞植。」曰：「學人不會。」師曰：「無根樹下唱虛名。」問：「披雲一句師親唱，長慶今朝事若何？」師曰：「家家觀世音。」問：「如何是披雲境？」師曰：「一缾淥水安牕下，便當生涯度幾秋。」

曰：「如何是長慶境？」師曰：「堂裏老僧頭雪白。」曰〔一〕：「二境同歸，應當別理。」師曰：「在處得人疑。」問：「古澗寒泉，誰人能到？」師曰：「乾。」曰：「恁麼則到也。」師曰：「深多少。」

奉國清海禪師

襄州奉國清海禪師，僧問：「青青翠竹，盡是真如。如何是真如？」師曰：「點鐵成金客，聞名不見形。」曰：「恁麼則禮謝去也。」師曰：「昔時妄想，至今猶存。」問：「承古有云：『見月休觀指，歸家罷問程。』如何是家？」師曰：「試舉話頭看。」問：「放過即東道西說，不放過怎生道？」師曰：「二年同一春。」

韶州慈光禪師

韶州慈光禪師，僧問：「即心即佛，誘誨之言。不涉前蹤，如何指教？」師曰：「東西

〔一〕「曰」，原作「白」，據清藏本、續藏本改。

且置，南北事作麽生？」曰：「恁麽則學人罔測去也。」師曰：「龍頭蛇尾。」

雙峰慧真禪師

韶州雙峰慧真禪師，僧問：「如何是和尚非時爲人一句？」師曰：「喫棒得也未？」僧禮拜，師便打。

保安師密禪師

潭州保安師密禪師，僧問：「齅芥投針時如何？」師曰：「落在甚麽處？」梁山云：「落在汝眼裏。」問：「不犯詞鋒時如何？」師曰：「天台、南嶽。」曰：「便恁麽去時如何？」師曰：「江西、湖南。」

雲門法球禪師

韶州雲門法球禪師，僧問：「如何是西來大道？」師曰：「當時妄想，至今不絶。」問：「如何是雲門劍？」師曰：「長空不匣鋒鋩色。」曰：「用者又如何？」師曰：「四海唯清日月明。」問：「如何是道？」師曰：「頭上脚下。」曰：「如何是道中人？」師曰：「一任東西。」問：「如何是隨色摩尼珠？」師曰：「色即不無，作麽生是珠？」曰：「學人不會，特伸請益。」師曰：「雲有出山勢，水無投澗聲。」問：「牛頭未見四祖時如何？」師曰：「香風吹萎花。」曰：「見後如何？」師曰：「更雨新好者。」

佛陀遠禪師

韶州佛陀山遠禪師，僧問：「如何是佛？」師曰：「銅頭鐵額。」曰：「意旨如何？」師曰：「簸土颺塵。」

慈雲深禪師

連州慈雲山深禪師，僧問：「寶鏡當軒時如何？」師曰：「天地皆失色。」問：「如何是教外别傳一句？」師曰：「扣牙恐驚齒。」

化城鑒禪師

廬山化城鑒禪師，僧問：「如何是和尚正法眼？」師曰：「新羅人迷路。」上堂：「十方薄伽梵，一路涅槃門。諸禪德！且作麽生是涅槃門？莫是山僧這裏聚會少時便爲涅槃門麽？莫錯會好！諸禪德！摠不恁麽會，莫別有商量底麽？山僧這裏早是事不獲已，向諸人恁麽道，已是相鈍置了也。更擬踏步向前，有何所益？諸禪德！但自無事，自然安樂，任運天真，隨緣自在。莫用巡他門户，求覓解會，記憶在心，被他繫縛，不得自在，便被生死之所拘，何時得出頭？可惜光陰倏忽，便是來生。速須努力！」時有僧問：「生死到來，如何免得？」師曰：「柴鳴竹爆驚人耳。」曰：「學人不會，請師直指。」師曰：「家犬聲獰夜不休。」問：「如何是菩提路？」師曰：「月照舊房深。」問：「如何是和尚家風？」師曰：「不欲説似人。」曰：「爲甚麽却如此？」師曰：「家醜不外揚。」問：「如何是和尚尋常爲人底句？」師曰：「量才補職。」曰：「恁麽則學人無分也。」師曰：「心不負人。」問：「佛法畢竟成得甚麽邊事？」師曰：「好箇問頭，無人荅得。」曰：「和尚豈無方便？」師曰：「雲有出山勢，水無投澗聲。」問：「如何是向上關棙子？」師曰：「拔劍攪龍門。」

廬山護國和尚

廬山護國和尚，上堂曰：「有解問話者麽？出來對衆問看。」時有僧出禮拜，師曰：「來朝更獻楚王看。」便歸方丈。上堂：「實際理地，不受一塵。佛事門中，不捨一法。」又曰：「一法若有，毗盧墮在凡夫；萬法若無，普賢失其境界。諸上座，作麽生理論？」朝夕恁麽上來，向諸上座説箇甚麽即得？若説三乘十二分教，自有座主律師。若説世諦因緣，又非僧家之所議。若論佛法，從上祖宗，多少佛法，可與評量。摠不如是，須知各各當人分上事。作麽生是諸上座分上事？知有底，對衆吐露箇消息，以表平生行脚參善知識，具爍迦羅目，不被人謾，豈不快哉！還有麽？」良久云：「若無人出頭，買賣不當價，徒勞更商量。珍重！」僧問：「佛未出世時如何？」師曰：「雲遮海門樹。」曰：「出世後如何？」師曰：「擘破鐵圍山。」

天王徽禪師

廬州天王徽禪師，僧問：「如何是一大藏教？」師曰：「高座不曾登。」曰：「登後如何？」師曰：「三段不同，今當第一。向下文長，付在來日。東家籬，西家壁，自己分上又作麽生？」僧無對。師便打。問：「如何是從天降下？」師曰：「風雨順時。」曰：「如何是從地湧出？」師曰：「稻麻竹葦。」

廬山慶雲和尚

廬州慶雲和尚，僧問：「三乘十二分教即不問，如何是直截根源？」師曰：「十進九退。」曰：「如何即是？」師曰：「何日得休時。」問：「一言道斷時如何？」師曰：「未是極則處。」曰：「如何是極則處？」師曰：「冬後一陽生。」問：「諸法實相義，和尚如何説？」師曰：「口掛東壁上。」問：「佛令祖令今已委，向上機鋒事若何？」師曰：「令。」曰：「學人不曉，如何指示？」師曰：「收。」

永福朗禪師

岳州永福院朗禪師，問僧：「汝是甚處人？」曰：「荆南人。」師曰：「還過公安渡也無？」曰：「過公安渡。」師曰：「汝何不判公驗？」曰：「和尚何得特地？」師曰：「争奈岳陽關頭何！」僧無語，師便打。

芭蕉弘義禪師

郢州芭蕉山弘義禪師，僧問：「如何是最初一句？」師曰：「舉起分明。」曰：「如何受持？」師曰：「蘇嚕悉哩。」問：「學人非時上來，乞師一接。」師曰：「汝是甚處人？」曰：「河北人。」師曰：「不易過黄河。」

趙横山和尚

郢州趙横山和尚，僧問：「十二時中如何用心？」師曰：「長連牀上喫粥喫飯。」問：「如何是諸佛師？」師曰：「平地看高。」

西禪欽禪師

信州西禪欽禪師，僧問：「如何是函蓋乾坤句？」師曰：「天上有星皆拱北。」曰：「如何是截斷衆流句？」師曰：「大地坦然平。」曰：「如何是隨波逐浪句？」師曰：「春生夏長。」問：「古殿重興時如何？」師曰：「一回春到一回新。」

南天王海禪師

廬州南天王海禪師，僧問：「如何是一體真如？」師曰：「五郎手裏鐵彈子。」問：「十度發言九度休時如何？」師曰：「口邊生荆棘。」曰：「如何免得此過？」師曰：「半路好抽身。」

覺華普照禪師

桂州覺華普照禪師，僧問：「大千世界爲甚麽轉身不得？」師曰：「誰礙闍黎？」曰：「争奈轉不得！」師曰：「無用處。」問：「聲色二字如何透得？」師曰：「虚空無變易，日月自紛拏。」問：「如何是真如涅槃？」師曰：「秋風聲颯颯，澗水響潺潺。」上堂：「總似今日老胡有望，然燈佛不如闍黎。總似今日老胡絶望，闍黎不如然燈佛。於此明得，大地微塵諸佛、西天二十八祖、唐土六祖、天下老宿，一時拈來山僧拄杖頭上轉妙法輪。於此明不得，百千諸佛穿你鼻孔，西天二十八祖透過你髑髏，還知麽？若不知，山僧與你指出。」良久曰：「山河大地有甚麼過？久立，珍重！」

鐵幢覺禪師

益州鐵幢覺禪師，僧問：「十二時中如何履踐？」師曰：「光剃頭，浄洗鉢。」問：「如何是道？」師曰：「踏著。」曰：「如何是道中人？」師曰：「退後三步。」問：「諸佛出世，當爲何事？」師曰：「截耳卧街。」

延長山和尚

新州延長山和尚後住龍景山，真身現在。僧問：「如何是和尚家風？」師曰：「醜拙不可當。」曰：「客來如何祗待？」師曰：「瓦盌竹筯。」問：「從上古聖向甚麼處去？」師曰：「不在山間，即居樹下。」曰：「未審成得箇甚麼？」師曰：「汝還知落處麼？」僧無語，師便打。

福化充禪師

眉州福化充禪師，僧問：「如何是大人相？」師曰：「山僧這裏不曾容易對闍黎。」曰：「如何得相承去？」師曰：「白雲雖有影，綠竹且無陰。」問：「天皇也恁麽道，龍潭也恁麽道，未審和尚作麽生道？」師曰：「汝試道看。」曰：「比來請益，豈無方便？」師曰：「將謂是海東船主，元來是北地番人。」問：「如何是佛法大意？」師曰：「十字路頭華表柱。」曰：「學人不會，乞師再指。」師曰：「君自行東我向西。」

黄龍贊禪師

眉州黄龍贊禪師，僧問：「如何是和尚關棙子？」師曰：「少人踏得著。」曰：「忽踏得著時如何？」師曰：「汝試進前看。」僧便喝，師便打。問僧：「近離甚處？」曰：「香林。」師曰：「在彼多少時？」曰：「六年。」師曰：「世尊在雪山六年，證無上菩提。汝在香林六年，成得箇甚麽？」僧無語。師曰：「移厨喫飯漢。」

大聖守賢禪師

衡州大聖院守賢禪師，僧問：「如何是古佛道場？」師曰：「五通廟裏没香爐。」問：「如何是佛法大意？」師曰：「南斗七，北斗八。」

天柱山和尚

舒州天柱山和尚，上堂曰：「莫有作家戰將麽？試出來與山僧相見。」時有僧出禮拜，師曰：「山僧打退鼓。」曰：「和尚是甚麽心行？」師曰：「敗將不戰。」問：「北斗藏身，意旨如何？」師曰：「闍黎豈不是荆南人？」曰：「是。」師曰：「祇見波瀾起，不測洞庭深。」

雲門朗上座

韶州雲門山朗上座，自幼肄業講肆，聞僧問雲門：「如何是透法身句？」門曰：「北斗裹藏身。」師罔測微旨，遂造雲門。門纔見便把住曰：「道！道！」師擬議，門拓開，乃示頌曰：「雲門聳峻白雲低，水急遊魚不敢棲。入户已知來見解，何勞再舉轢中泥。」師因斯大悟，即便禮拜。自此依雲門爲上座。僧問：「如何是解脱？」師曰：「穿靴水上行。」問：「如何是透脱一路？」師曰：「南贍部洲、北鬱單越。」曰：「學人不會，意旨如何？」師曰：「朝遊羅浮，暮歸檀特。」

纂子山庵主

郢州纂子山庵主，僧問：「如何是透法身句？」師曰：「朝看東南，暮看西北。」

青原下八世

白雲祥禪師法嗣

韶州大歷和尚

韶州大歷和尚，初參白雲，雲舉拳曰：「我近來不恁麽也。」師領旨禮拜，自此入室。

住後，僧問：「如何是西來意？」師曰：「破草鞋。」問：「如何是無爲？」師乃擺手。問：「施主供養，將何報荅？」師以手撚髭。曰：「有髭即撚，無髭又如何？」師曰：「非公境界。」

連州寶華和尚

連州寶華和尚，上堂：「看天看地，新羅國裏，和南不審，日銷萬兩黄金。雖然如此，猶是少分。」又曰：「盡十方世界是箇木羅漢，幡竿頭上道將一句來。」又曰：「天上龍飛鳳走，山間虎嘯猿啼。拈向鼻孔，道將一句來。」問僧：「甚處來？」曰：「大容來。」師曰：「大容近日作麽生？」曰：「近來合得一甕醬。」師唤沙彌：「將一椀水來，與這僧照影。」因有僧問大容曰：「天賜六銖披掛後，將何報荅我皇恩？」容曰：「來披三事衲，歸掛六銖衣。」師聞之，乃曰：「這老凍膿！作恁麽語話。」容聞，令人傳語曰：「何似奴緣不斷？」師曰：「比爲抛甎，祇圖引玉。」師見一僧從法堦堂下過，師乃敲繩牀。僧曰：「若是這箇，不請拈出。」師喜，下地詰之。僧無語，師便打。師有時戴冠子，謂衆曰：「若道是俗，且身披袈裟。若道是僧，又頭戴冠子。」衆無對。

月華山月禪師

韶州月華山月禪師，初謁白雲，雲問：「業箇甚麽？」曰：「念孔雀經。」雲曰：「好箇人家男女，隨鳥雀後走。」師聞語驚異，遂依附。久之乃契旨，尋住月華。僧問：「如何是月華家風？」師曰：「若問家風，即荅家風。」曰：「學人問家風。」師曰：「金銅羅漢。」上堂：「舉一句語，徧大千界。還有人會得這箇時節麽？試出來道看。要知親切。」良久曰：「不出頭，是好手。久立，珍重！」僧問：「如何是祖師西來意〔一〕？」師曰：「梁王不識。」曰：「意旨如何？」師曰：「隻履西歸。」師入京，上堂，有一官人出，禮拜起，低頭良久。師曰：「掣電之機，徒勞佇思。」有一老宿上法堂，東西顧視曰：「好箇法堂，要且無主。」師聞，乃召曰：「且坐喫茶。」宿問曰：「玄中最的，猶是龜毛兔角。不向二諦中修，如何密用？」師曰：「側。」宿曰：「恁麽則拗折拄杖，割斷草鞋去也。」師曰：「細而詳之。」

〔一〕「意」字原無，今補。

南雄地藏和尚

南雄州地藏和尚，上堂，僧問：「今日供養地藏，地藏還來否？」師曰：「打開佛殿門，裝香換水。」師與大容和尚在白雲開火路，容曰：「三道寶堦，何似箇火路？」師曰：「甚麼處不是？」

樂净含匡禪師

英州樂净含匡禪師，上堂，良久曰：「摩竭提國，親行此令，去却擔簦，截流相見。」僧問：「如何是西來意？」師曰：「側耳無功。」問：「如何是樂净家風？」師曰：「天地養人。」問：「如何是樂净境？」師曰：「有工貪種竹，無暇不栽松。」曰：「忽遇客來，將何供養？」師曰：「滿園秋果熟，要者近前嘗。」問：「龍門有意透者如何？」師曰：「灘下接取。」曰：「學人不會。」師曰：「唤行頭來。」問：「但得本，莫愁末。如何是本？」師曰：「不要問人。」曰：「如何是末？」師乃豎指。問：「如何是樂净境？」師曰：「滿月團圓菩薩面，庭前椶樹夜叉頭。」僧辭，師問：「甚處去？」曰：「大容去。」師曰：「大容若問樂淨有何言教，汝作麽生祇對？」僧無語。師代云：「但道樂淨近日不肯大容。」因普請打籬次，僧問：「古人種種開方便門，和尚爲甚麽却攔截？」師曰：「牢下橛著。」

後白雲和尚

韶州後白雲和尚，僧問：「古琴絶韻請師彈。」師曰：「伯牙雖妙手，時人聽者希。」曰：「恁麽則再遇子期也。」師曰：「笑發驚絃斷，寧知調不同。」問：「昔日靈山一會，梵王爲主，未審白雲甚麽人爲主？」師曰：「有常侍在。」曰：「恁麽則法雨霶霈，群生有賴。」師曰：「汝莫這裏賣梔子。」

白雲福禪師

韶州白雲福禪師，僧問：「如何是佛法的的之意？」師曰：「直。」曰：「學人不會，意旨如何？」師曰：「崖州路上問知音。」

德山密禪師法嗣

文殊應真禪師

鼎州文殊應真禪師，上堂：「直鉤釣獰龍，曲鉤釣蝦蟆蚯蚓，還有龍麽？」良久曰：「勞而無功。」僧問：「寶劍未出匣時如何？」師曰：「在甚麽處？」曰：「出匣後如何？」師曰：「臂長衫袖短。」問：「古人拊掌，意旨如何？」師曰：「家無小使，不成君子。」

南臺勤禪師

南嶽南臺勤禪師，僧問：「如何是祖師西來意？」師曰：「一寸龜毛重七斤。」

德山紹晏禪師

鼎州德山紹晏禪師，僧問：「如何是祖師西來意？」師曰：「桃源水遶白雲亭。」上堂：「一塵纔起，大地全收。一毛頭上，師子全身。且道一塵纔起，大地全收，須彌山重多少？一毛頭上，師子全身，大海水有幾滴？有人道得，與汝拄杖子，天下橫行。若道不得，須彌山蓋却汝頭，大海水溺却汝身。」

鹿苑文襲禪師

潭州鹿苑文襲禪師，僧問：「遠遠投師，請師一接。」師曰：「五門巷裏無消息。」僧良久。師曰：「會麽？」曰：「不會。」師曰：「長樂坡頭信不通。」

藥山可瓊禪師

澧州藥山可瓊禪師，上堂，僧出曰：「請師荅話。」師曰：「好。」曰：「還當得也無？」師曰：「更問。」問：「巨嶽不曾乏寸土，師今苦口爲何人？」師曰：「延壽也要道過。」曰：「不伸此問，焉辨我師？」師便喝。僧禮拜，師便打。

乾明普禪師

巴陵乾明院普禪師，僧問：「萬行齊修，古人不許。不落功勳，還許也無？」師曰：

一。」曰：「學人未曉，乞師再指。」師曰：「三十年後。」

中梁山崇禪師

興元府中梁山崇禪師，僧問：「垂絲千尺，意在深潭時如何？」師曰：「紅鱗掌上躍。」

黄龍志愿禪師

鄂州黄龍志愿禪師，僧問：「迦葉上行衣，何人合得披？」師曰：「一片燒痕地，春入又逢青。」

東禪秀禪師

益州東禪秀禪師，僧問：「既是善神，爲甚麼却被雷打？」師曰：「世亂奴欺主，年衰鬼弄人。」問：「如何是一代時教？」師曰：「多年故紙。」

普安道禪師

鼎州普安道禪師，三句頌，函蓋乾坤曰：「乾坤并萬象，地獄及天堂。物物皆真見，頭頭用不傷。」截斷衆流曰：「堆山積嶽來，一一盡塵埃。更擬論玄妙，冰消解瓦摧。」隨波逐浪曰：「辯口利舌問，高低總不虧。還知應病藥，診候在臨時。」三句外曰：「當人如舉唱，三句豈能該？有問如何事，南嶽與天台。」據薦商量曰：「相見不揚眉，君東我亦西。紅霞穿碧落，白日繞須彌。」

巴陵鑒禪師法嗣

泐潭靈澄散聖

泐潭靈澄散聖，因智門寬禪師問曰：「甚處來？」師曰：「水清月現。」門曰：「好好借問。」師曰：「褊衫不染皂。」門曰：「喫茶去。」師有西來意頌曰：「因僧問我西來意，我話居山七八年。草履祇栽三箇耳，麻衣曾補兩番肩。東庵每見西庵雪，下澗長流上澗泉。

半夜白雲消散後，一輪明月到牀前。」

興化興順禪師

襄州興化院興順禪師，僧問：「如何是和尚深深處？」師曰：「舉即易，荅即難。」曰：「爲甚麽如此？」師曰：「過去。」問：「如何是百千妙門，同歸方寸？」師曰：「水底看夜市。」問：「如何是向上事？」師曰：「楚山頭指天。」

雙泉寬禪師法嗣

五祖師戒禪師

蘄州五祖師戒禪師，僧問：「如何是佛？」師曰：「鼻孔長三尺。」曰：「學人不會。」師曰：「真不掩僞，曲不藏直。」問：「如何是道？」師曰：「點。」曰：「點後如何？」師曰：「荆三汴四。」問：「寶劍未出匣時如何？」師曰：「看。」曰：「出匣後如何？」師曰：「收。」問：「如何是隨色摩尼珠？」師曰：「隨。」曰：「隨後如何？」師曰：「一箇婆婆兩箇癭。」問：「得船便渡時如何？」師曰：「棹在誰人手？」僧擬議，師曰：「雲有出山勢，水無投澗聲。」上堂：「佛病祖病，一時與諸禪德拈向三門外，諸禪德還拈得山僧病也無？若拈得山僧病，不妨見得佛病祖病。珍重！」問：「如何是祖師西來意？」師曰：「擔不起。」曰：「爲甚麽擔不起？」師曰：「祖師西來意。」問：「牛頭未見四祖時如何？」師曰：「高問低對。」曰：「見後如何？」師曰：「風蕭蕭，雨颯颯。」上堂，僧問：「名喧宇宙知師久，雪嶺家風略借看。」師曰：「未在，更道。」僧展兩手，師便打。僧禮拜，師豎起拄杖曰：「大衆會麽？言不再舉，令不重行。」便下座。問僧：「近離甚處？」曰：「東京。」師曰：「還見天子也無？」曰：「常年一度出金明池。」師曰：「有禮可恕，無禮難容。出去！」智門問曰：「暑往寒來即不問，林下相逢事若何？」師曰：「五鳳樓前聽玉漏。」門曰：「争奈主山高，案山低？」師曰：「須彌頂上擊金鐘。」

福昌重善禪師

江陵府福昌院重善禪師，僧問：「如何是正法眼？」師曰：「夜觀乾象。」曰：「學人不會，意旨如何？」師曰：「日裏看山。」問：「如何是佛法的的大意？」師曰：「東方甲乙木。」曰：「恁麽則粉骨碎身也。」師曰：「易開終始口，難保歲寒心。」問：「浩浩塵中，如何辨主？」師曰：「長安天子，塞外將軍。」曰：「恁麽則權握在手。」師曰：「不斬無罪人。」問：「如何是不遷底法？」師曰：「死人不坐禪。」曰：「學人不會，意旨如何？」師曰：「那伽常在定。」問：「離却咽喉唇吻，請師速道。」師曰：「福昌口門窄。」曰：「和尚爲甚麽口門窄？」師曰：「還我話來。」問：「如何是離筌蹄底句？」師曰：「頭大帽子小。」曰：「意旨如何？」師曰：「側脚反穿靴。」問：「金烏東湧，玉兔西沈時如何？」師曰：「措大不騎驢。」曰：「恁麽則謝師指南。」師曰：「更須子細。」問：「牛頭未見四祖時如何？」師曰：「㮂子數珠。」曰：「見後如何？」師曰：「鐵磬行者。」問：「未施武藝，便入戰場時如何？」師曰：「老僧打退鼓。」曰：「恁麽則展陣開旗去也。」師曰：「伏惟尚饗。」上堂：「盡乾坤大地微塵諸佛，總在福昌這裏。」拈拄杖畫一畫，曰：「説佛説法，諸禪德若也會得，出來與汝證據。若也不會，花須連夜發，莫待曉風吹。」便下座。

四祖志諲禪師

蘄州四祖志諲禪師，僧問：「如何是透法身句？」師曰：「多年松樹老鱗皴。」問：

「葉落歸根時如何？」師曰：「一歲一枯榮。」

興化奉能禪師

襄州興化奉能禪師，僧問：「如何是佛？」師曰：「髮長僧貌醜。」

天睦慧滿禪師

唐州天睦山慧滿禪師，僧問：「如何是佛？」師曰：「多年桃核。」曰：「意旨如何？」師曰：「打破裏頭人。」問：「如何是祖師西來意？」師曰：「三年逢一閏。」曰：「合談何事？」師曰：「九日是重陽。」

建福智同禪師

鄂州建福智同禪師，僧問：「如何是透法身句？」師曰：「鸚鵡慕西秦。」僧禮拜，師曰：「聽取一頌：雲門透法身，法身何許人？雁回沙塞北，鸚鵡慕西秦。」

延慶宗本禪師

襄州延慶宗本禪師，僧問：「魚未跳龍門時如何？」師曰：「擺手入長安。」曰：「跳過後如何？」師曰：「長安雖樂。」

大龍炳賢禪師

鼎州大龍山炳賢禪師，僧問：「昔日先師語，如何透法身？」師曰：「萬仞峰前句，不與白雲齊。」問：「如何是動乾坤句？」師曰：「透出龍宮還大海，掌開日月倒須彌。」問：「如何是出家人？」師曰：「深。」曰：「如何是出家法？」師曰：「苦。」

自巖上座

自巖上座，僧問：「如何是無縫塔？」師曰：「甎瓦泥土。」曰：「如何是塔中人？」師曰：「含齒戴髮。」問：「如何是大人相？」師曰：「不曾作模樣。」曰：「如何是老人相？」師曰：「無力把拄杖。」問：「洞山麻三斤，意旨如何？」師曰：「八十婆婆不粧梳。」

香林遠禪師法嗣

智門光祚禪師

隨州智門光祚禪師，先住北塔。僧問：「如何是佛？」師曰：「踏破草鞋赤脚走。」曰：「如何是佛向上事？」師曰：「拄杖頭上挑日月。」問：「如何是祖師西來意？」師曰：「眼不見鼻。」曰：「便恁麼領會時如何？」師曰：「鼻孔裏呷羹。」問：「曹谿路上還有俗談也無？」師曰：「六祖是盧行者。」問：「一切智智清淨，還有地獄也無？」師曰：「閻羅王是鬼做。」上堂：「一法若有，毗盧墮在凡夫。萬法若無，普賢失其境界。正當恁麼時，文殊向甚麼處出頭？若也出頭不得，金毛師子腰折。幸好一盤飯，莫待糝椒薑。」上堂：「山僧記得在母胎中有一則語，今日舉似大衆，諸人不得作道理商量。還有人商量得麼？若商量不得，三十年後不得錯舉。」問：「如何是清淨法身？」師曰：「滿眼是埃塵。」問：「古鏡未磨時如何？」師曰：「也衹是箇銅片。」曰：「磨後如何？」師曰：「且收取。」問：

「如何是般若體？」師曰：「蚌含明月。」曰：「如何是般若用？」師曰：「兔子懷胎。」問：「金剛眼中著得箇甚麽？」師曰：「一把沙。」曰：「爲甚麽如此？」師曰：「非公境界。」問：「如何是無縫塔？」師曰：「四稜著地。」曰：「如何是塔中人？」師曰：「鼻孔三斤秤不起。」問：「蓮花未出水時如何？」師曰：「蓮花。」曰：「出水後如何？」師曰：「荷葉。」上堂：「汝等諸人横擔拄杖，出一叢林，入一叢林。你道叢林有幾種？或有旃檀叢林，旃檀圍繞；或有荆棘叢林，荆棘圍繞；或有荆棘叢林，旃檀圍繞；或有旃檀叢林，荆棘圍繞。祇如四種叢林，是汝諸人在阿那箇叢林裏安身立命？若無安身立命處，虚踏破草鞋，閻羅王徵你草鞋錢有日在。」上堂：「雪峰輥毬，羅漢書字，歸宗斬蛇，大隨燒畬，且道明甚麽邊事？還有人明得麽，試道看。若明不得，所以道：斬蛇須是斬蛇手，燒畬須是燒畬人，瞥起情塵生妄見，眼裏無筋一世貧。」上堂：「赫日裏我人，雲霧裏慈悲，霜雪裏假褐，雹子裏藏身。還藏得身麽？若藏不得，却被雹子打破髑髏。」上堂：「東家李四婆，西家來乞火。門外立少時，嗔他停滯我。惡發走歸家，虚心屋裏坐。可憐群小兒，終日受饑餓。有眼不點睛，空鎖髑髏破。」

灌州羅漢和尚

灌州羅漢和尚，僧問：「如何是佛？」師曰：「牛頭阿旁。」曰：「如何是法？」師曰：「劍樹刀山。」問：「如何是佛法大意？」師曰：「井中紅燄，日裏浮漚。」曰：「如何領會？」師曰：「遥指扶桑日那邊。」問：「如何是本來心？」師曰：「蹉過了也。」

香林信禪師

灌州青城香林信禪師，僧問：「覿面相呈時如何？」師曰：「築著鼻孔。」

洞山初禪師法嗣

福嚴良雅禪師

潭州福嚴良雅禪師，居洞山第一座，山參次，僧出問：「如何是佛？」山荅曰：「麻三斤。」參罷，山至寮謂師曰：「我今日荅這僧話，得麽？」曰：「恰值某浄髮。」山曰：「你元來作這去就。」拂袖便出。師曰：「這老漢將謂我明他這話頭不得？」因作偈呈曰：「五彩畫牛頭，黄金爲點額。春晴二月初，農人皆取則。寒食賀新正，鐵錢三五百。」山見，深肯之。住福巖日，僧問：「如何是和尚家風？」師曰：「入門便見。」

開福德賢禪師

荆南府開福德賢禪師，僧問：「去離不得時如何？」師曰：「子承父業。」問：「如何是衲僧活計？」師曰：「耳裏種田。」上堂：「不用思而知，不用慮而解。知解俱泯，合談何事？」良久曰：「一葉落，天下秋。」問：「承和尚有言，隔江招手，意旨如何？」師曰：「被裹張帆。」曰：「恁麼則南山起雲，北山下雨去也。」師曰：「踏不著。」

報慈嵩禪師

潭州報慈嵩禪師，僧問：「北斗藏身，意旨如何？」師曰：「百歲老人入漆甕。」

乾明睦禪師

岳州乾明睦禪師，問洞山：「停機罷賞時如何？」山曰：「水底弄傀儡。」師曰：「誰是看翫者？」山曰：「停機罷賞者。」師曰：「恁麽則知音不和也。」山曰：「知音底事作麽生？」師曰：「大盡三十日。」山曰：「未在，更道。」師曰：「某甲合喫和尚手中痛棒。」山休去。問：「昔日靈山記，今朝嗣阿誰？」師曰：「楚山突兀，漢水東流。」曰：「恁麽則洞山的嗣也。」師曰：「聽事不真，唤鐘作甕。」

廣濟同禪師

鄧州廣濟院同禪師，僧問：「萬緣息盡時如何？」師曰：「三脚蝦蟆飛上天。」問：「如何是透法身句？」師曰：「華嶽三峰小。」曰：「此意如何？」師曰：「黄河輥底流。」

東平洪教禪師

韶州東平山洪教禪師，僧問：「如何是向上關？」師豎起拂子。僧曰：「學人未曉，乞師再指。」師曰：「非公境界。」曰：「和尚豈無方便？」師曰：「再犯不容。」

洌潭謙禪師法嗣

丫山宗盛禪師

虔州丫山宗盛禪師，上堂：「鐘聲清，鼓聲響，早晚相聞休妄想。薦得徒勞別問津，莫道山僧無伎倆。咄！」

奉先深禪師法嗣

蓮華峰祥庵主

天台蓮華峰祥庵主，僧問：「如何是雪嶺泥牛吼？」師曰：「聽。」曰：「如何是雲門木馬嘶？」師曰：「響。」示寂日，拈拄杖示衆曰：「古人到這裏，爲甚麽不肯住？」衆無對。師乃曰：「爲他途路不得力。」復曰：「畢竟如何？」以杖橫肩曰：「榔栗橫擔不顧人，直入千峰萬峰去。」言畢而逝。

崇勝御禪師

江州崇勝御禪師，僧問：「如何是學人受用三昧？」師曰：「橫擔拄杖。」曰：「意旨如何？」師曰：「步步踏實。」

雙泉郁禪師法嗣

德山慧遠禪師

鼎州德山慧遠禪師，開堂，示衆曰：「無量法門悉已具足。然雖如是，且須委悉，始得其餘方便。昔時聖人互出，乃曰傳燈。爾後賢者差肩，故云繼祖。是以心心相傳，法法相印。且作麽生傳？作麽生印？」舉起拂子曰：「此乃人天同證，若如是也，遞相證明，其或未曉之徒，請垂下問。」僧問：「如何是祖師西來意？」師曰：「鐵門路險。」解夏，上堂，僧問：「九旬禁足今已滿，自恣之儀事若何？」師曰：「猢猻趁蛺蝶，九步作一歇。」曰：「意旨如何？」師示頌曰：「兩箇童兒舁木鼓，左邊打了右邊舞。剎那變現百千般，分明示君君記取。」問：「亡僧遷化，向甚麽處去？」師曰：「烏龜鑽破壁。」上堂：「枕石漱流，任運天真。不見古者道：『撥霞掃雪和雲母，掘石移松得茯苓。』當恁麽時，復何言哉？諸禪德要會麽？聽取一頌：雪霽長空，迥野飛鴻。段雲片片，向西向東。」

含珠山彬禪師

襄州含珠山彬禪師，僧問：「如何是正法眼？」師曰：「瞎。」問：「如何是和尚關棙子？」師豎起拂子。僧便喝，師便打。問：「如何是三乘教？」師曰：「上大人。」曰：「意旨如何？」師曰：「化三千。」

披雲寂禪師法嗣

開先照禪師

廬山開先照禪師，僧問：「向上宗乘，乞師垂示。」師曰：「白雲斷處見明月。」曰：

「猶是學人疑處。」師曰：「黄葉落時聞擣衣。」問：「如何是和尚家風？」師曰：「一條寒澗木，得力勝兒孫。」曰：「用者如何？」師曰：「百雜碎。」上堂：「叢林規矩，古佛家風，一參一請，一粥一飯。且道明得箇甚麽？祇如諸人心心不停，念念不住，若能不停處停，念處無念，自合無生之理。與麽説話，笑破他人口。參！」

金陵天寶和尚

金陵天寶和尚，僧問：「白雲抱幽石時如何？」師曰：「非公境界。」問：「如何是和尚家風？」師曰：「裂半作三。」曰：「學人未曉。」師曰：「鼻孔針筒。」

舜峰韶禪師法嗣

桃園曦朗禪師

磁州桃園山曦朗禪師，僧問：「如何是祖師西來意？」師曰：「西來若有意，斬下老僧頭。」曰：「爲甚却如此？」師曰：「不見道：爲法喪軀。」

法雲智善禪師

安州法雲智善禪師，僧問：「如何是古佛道場？」師曰：「山青水緑。」

般若柔禪師法嗣

藍田縣真禪師

藍田縣真禪師，僧問：「如何是大定門？」師曰：「拈柴擇菜。」上堂：「成山假就於始簣，脩途託至於初步。上座適來從地爐邊來，還與初步同别？若言同，即不會不遷。若言别，亦不會不遷。上座作麽生會？還會麽？這裏不是那裏，那裏不是這裏。且道是一處兩處？是遷不遷？是來去不是來去？若於此顯明得，便乃古今一如，初終自爾，念念無常，心心永滅。所以道觀：方知彼去，去者不至方。上座適來恁麽來，却請恁麽去。參！」

妙勝臻禪師法嗣

雪峰欽山主

西川雪峰欽山主，上堂：「昨日一，今日二，不用思量，快須瞥地。不瞥地，蹉過平生没巴鼻。咄！」

薦福古禪師法嗣

浄戒守密禪師

和州浄戒守密禪師，僧問：「如何是佛？」師曰：「稽首，稽首。」曰：「學人有分也無？」師曰：「頓首，頓首。」僧作舞而出。師曰：「似則恰似，是即未是。」

清涼明禪師法嗣

祥符雲豁禪師

吉州西峰雲豁禪師，郡之曾氏子，早扣諸方，晚見清涼。問：「佛未出世時如何？」涼曰：「雲遮海門樹。」曰：「出世後如何？」涼曰：「擘破鐵圍山。」師於言下大悟，涼印可之。歸住寶龍，雲侶駢集。真宗皇帝遣使召至，訪問宗要，留上苑，經時冥坐不食。上嘉異，賜號圓淨。辭歸，珍錫甚隆，皆不受。以詩寵其行，改寶龍曰祥符，旌師之居也。嘗有問易中要旨者，師曰：「夫神生於無形，而成於有形。從有以至於無，然後能合乎妙圓正覺之道。故自四十九衍，以至於萬有一千五百二十，以窮天下之理，以盡天下之性，不異吾聖人之教也。」示寂日，爲衆曰：「天不高，地不厚，自是時人覷不透。但看臘月二十五，依舊面南看北斗。」瞑然而逝，茶毗，獲舍利，建塔。

青原下九世

文殊真禪師法嗣

洞山曉聰禪師

瑞州洞山曉聰禪師，遊方時在雲居作燈頭，見僧説泗州大聖近在揚州出現。有設問曰：「既是泗州大聖，爲甚麼却向揚州出現？」師曰：「君子愛財，取之以道。」後僧舉似蓮華峰祥庵主，主大驚曰：「雲門兒孫猶在。」中夜望雲居拜之。住後，僧問：「達磨未傳心地印，釋迦未解髻中珠。此時若問西來意，還有西來意也無？」師曰：「六月雨淋淋，寬其萬姓心。」曰：「恁麽則雲散家家月，春來處處花。」師曰：「脚跟下到金剛水際是多少？」僧無語。師曰：「祖師西來，特唱此事。自是上座不薦。所以從門入者，不是家珍。認影迷頭，豈非大錯？既是祖師西來特唱此事，又何必更對衆忉忉？珍重！」問：「無根樹子向甚麽處栽？」師曰：「千年常住一朝。」僧問：「如何是離聲色句？」師曰：「南贍部洲，北鬱單越。」曰：「恁麽則學人知恩不昧也。」師曰：「四大海深多少？」問：「古鏡未磨時如何？」師曰：「此去漢陽不遠。」曰：「磨後如何？」師曰：「黄鶴樓前鸚鵡洲。」問：「如何是佛？」師曰：「理長即就。」上堂：「教山僧道甚麽即得？古即是今，今即是古。所以楞嚴經道，松直棘曲，鵠白烏玄。還知得麽？雖然如是，未必是松一向直，棘一向曲，鵠便白，烏便玄。洞山道：這裏也有曲底松，也有直底棘，也有玄底鵠，也有白底烏。久立。」上堂，僧問：「學人進又不得，退又不得時如何？」師曰：「抱首哭蒼天。」僧無語，師曰：「汝還知鉢盂鐼子落處麽？汝若知得落處，也從汝問。三十年後，驀然問著也不定。」

上堂，舉：「寒山云：『井底生紅塵，高峰起白浪。石女生石兒，龜毛寸寸長。若要學菩提，但看此模樣。』」良久曰：「還知落處也無？若也不知落處，看看菩提入僧堂裏去也。久立。」上堂：「春寒凝沍，夜來好雪。還見麽？大地雪漫漫，春風依舊寒。説禪説道易，成佛成祖難。珍重！」上堂：「晨雞報曉靈，粥後便天明。燈籠猶瞌睡，露柱却惺惺。」復曰：「惺惺直言惺惺，歷歷直言歷歷。明朝後日，莫認奴作郎。珍重！」因事示衆：「天晴蓋却屋，乘乾刈却禾。早輸王税了，鼓腹唱巴歌。」問：「德山入門便棒，猶是起模畫樣。臨濟入門便喝，未免捏目生花。離此二途，未審洞山如何爲人？」師曰：「天晴久無雨，近日有雲騰。」曰：「他日若有人問洞山宗旨，教學人如何舉似？」師曰：「園蔬枯槁甚，擔水潑菠稜。」師一日不安，上堂辭衆，述法身頌曰：「參禪學道莫茫茫，問透法身北斗藏。余今老倒尫羸甚，見人無力得商量。唯有钁頭知我意，栽松時復上金剛。」言訖而寂，塔于金剛嶺。

南臺勤禪師法嗣

高陽法廣禪師

汝州高陽法廣禪師，僧問：「如何是大悲千手眼？」師曰：「墮坑落壍。」

石霜節誠禪師

潭州石霜節誠禪師，僧問：「古者道：『捲簾當白晝，移榻對青山。』如何是捲簾當白晝？」師曰：「過浄瓶來。」曰：「如何是移榻對青山？」師曰：「却安舊處著。」上堂：「心外無法，法外無心。隨緣蕩蕩，更莫沉吟。你等諸人，纔上堦道，便好回去，更要待第二杓惡水潑作甚麽？」

德山晏禪師法嗣

德山志先禪師

鼎州德山志先禪師，僧問：「見色便見心時如何？」師曰：「角弓彎似月，寶劍利如霜。」曰：「如何領會？」師曰：「金甲似魚鱗，朱旗如火燄。」問：「遠遠投師，乞師一接。」師曰：「不接。」曰：「恁麽則虚伸一問。」師曰：「少逢穿耳客，多遇刻舟人。」問：「大通智勝佛，十劫坐道場。爲甚麽不得成佛道？」師曰：「貪觀天上月，失却掌中珠。」問：「軍期急速時如何？」師曰：「十字街頭滿面塵。」曰：「爲甚麽如此？」師曰：「知而故犯。」問：「如何是無爲之談？」師曰：「石羊石虎喃喃語。」曰：「是何言教？」師曰：「長行書不盡，短偈絶人聞。」問：「如何是一稱南無佛？」師曰：「皆以成佛道。」

黑水璟禪師法嗣

黑水義欽禪師

峨嵋黑水義欽禪師，上堂，僧出禮拜。師曰：「大地百雜碎。」便下座。

五祖戒禪師法嗣

泐潭懷澄禪師

洪州泐潭懷澄禪師，僧問：「見者是色，聞者是聲。離此二途，請師別道。」師曰：「古寺新牌額。」問：「不與萬法爲侶者是甚麼人？」師曰：「觀世音菩薩。」師一日見僧披衲，師曰：「得恁麽好針線？」曰：「祇要牢固。」師曰：「打草驚蛇作甚麽？」曰：「客來須看。」師曰：「祇有這箇，更別有？」曰：「雲生嶺上。」師曰：「未在，更道。」曰：「水滴巖間。」問：「如何是佛法大意？」師曰：「文殊自文殊，解脱自解脱。」

洞山自寶禪師

瑞州洞山自寶禪師，上堂：「總恁麽風恬浪静，那裏得來？忽遇洪波浩渺，白浪滔天。當恁麽時，覓箇水手也難得。衆中莫有把柂者麽？」衆無對。師曰：「賺殺一船人。」僧問：「如何是佛？」師曰：「腰長脚短。」

北塔思廣禪師

復州北塔思廣禪師，僧問：「如何是衲僧變通之事？」師曰：「東涌西没。」曰：「變通後如何？」師曰：「地肥茄子嫩。」問：「如何是和尚家風？」師曰：「左手書右字。」曰：「學人不會。」師曰：「歐頭柳脚。」

四祖端禪師

蘄州四祖端禪師，法身頌曰：「燈心刺著石人脚，火急去請周醫博。路逢龐公相借問，六月日頭乾曬却。」

雲蓋志顒禪師

潭州雲蓋志顒禪師，僧問：「如何是祖師西來意？」師曰：「古寺碑難讀。」曰：「意旨如何？」師曰：「讀者盡攢眉。」

海會通禪師

舒州海會通禪師，僧問：「如何是佛法大意？」師曰：「柿桶蓋樱笠。」曰：「學人不曉。」師曰：「行時頭頂戴，坐則挂高壁。」

洞山妙圓禪師

瑞州洞山妙圓禪師，僧問：「如何是佛？」師曰：「頭腦相似。」

義臺子祥禪師

蘄州義臺子祥禪師，僧問：「如何是義臺境？」師曰：「路不拾遺。」曰：「如何是境中人？」師曰：「桀犬吠堯。」

天童懷清禪師

明州天童懷清禪師，僧問：「如何是祖師西來意？」師曰：「眼裏不著沙。」曰：「如何領會？」師曰：「耳裏不著水。」曰：「恁麽則禮拜也。」師曰：「東家點燈，西家暗坐。」

寶嚴叔芝禪師

越州寶嚴叔芝禪師，僧問：「如何是佛？」師曰：「土身木骨。」曰：「意旨如何？」師曰：「五彩金裝。」曰：「恁麽則頂禮去也。」師曰：「天台楖栗。」

五祖秀禪師

蘄州五祖山秀禪師，僧問：「無法可説，是名説法。既是無法可説，又將何説？」師曰：「霜寒地凍。」曰：「空生不解巖中坐，惹得天花動地來。」師曰：「日出冰消。」僧擬議，師曰：「何不進語？」僧又無語。師曰：「車不橫推，理無曲斷。」

白馬辯禪師

襄州白馬辯禪師，僧問：「如何是佛？」師曰：「水來河漲。」曰：「如何是法？」師曰：「風來樹動。」

水南智昱禪師

隨州水南智昱禪師，上堂：「欲識解脱道，雞鳴天已曉。趙州庭前柏，打落青州棗。咄！」

福昌善禪師法嗣

上方齊岳禪師

安吉州上方齊岳禪師，僧問：「如何是菩提？」師曰：「甎頭瓦子。」曰：「意旨如何？」師曰：「苦。」上堂：「旋收黄葉燒青煙，竹榻和衣半夜眠。粥後放參三下鼓。孰能更話祖師禪？」便下座。

育王常坦禪師

明州育王常坦禪師，僧問：「如何是有中有？」師曰：「金河峰上。」曰：「如何是無中無？」師曰：「般若堂前。」上堂：「千花競發，百鳥啼春，是向上句。諸佛出世，知識興慈，是向下句。作麽生是不涉二途句？若識得，頂門上出氣。若識不得，土牛耕石田。」擊禪牀，下座。

金山瑞新禪師

潤州金山瑞新禪師，僧問：「吾有大患，爲吾有身。父母未生，未審此身在甚麽處？」師曰：「曠大劫來無處所，若論生滅盡成非。」曰：「恁麽則周徧十方心，不在一切處。」師曰：「泥裏㩳攄。」上堂：「世間所貴者，和氏之璧、隋侯之珠，金山唤作驢屎馬糞。出世間所貴者，真如解脱、菩提涅槃，金山唤作㞘沸盌鳴。且道恁麽説話，落在甚麽處？故不是取捨心重，信邪倒見。諸人要知麽？猛虎不顧几上肉，洪爐豈鑄囊中錐？」

乾明信禪師法嗣

藥山彝肅禪師

澧州藥山彝肅禪師，僧問：「佛未出世時如何？」師曰：「大樹大皮裹。」曰：「出世後如何？」師曰：「小樹小皮纏。」問：「如何是不動尊？」師曰：「四王擡不起。」

智門祚禪師法嗣

雪竇重顯禪師

明州雪竇重顯禪師，遂寧府李氏子。依普安院仁銑上人出家。受具之後，横經講席，究理窮玄，詰問鋒馳，機辯無敵，咸知法器，僉指南遊。首造智門，即伸問曰：「不起一念，云何有過？」門召師近前，師纔近前，門以拂子驀口打。師擬開口，門又打，師豁然開悟。

出住翠峰，後遷雪竇。開堂日，於法座前顧視大衆曰：「若論本分相見，不必高陞法座。」遂以手畫一畫曰：「諸人隨山僧手看，無量諸佛國土一時現前。各各子細觀瞻，其或涯際未知，不免拖泥帶水。」便陞座。上首白椎罷，有僧方出，師約住曰：「如來正法眼藏，委在今日。放行則瓦礫生光，把住則真金失色。權柄在手，殺活臨時。其有作者，共相證據。」僧出問：「遠離翠峰祖席，已臨雪竇道場，未審是一是二？」師曰：「馬無千里謾追風。」曰：「恁麽則雲散家家月。」師曰：「龍頭蛇尾漢。」問：「德山、臨濟棒喝已彰，和尚如何爲人？」師曰：「放過一著。」僧擬議，師便喝。僧曰：「未審祇恁麽，别有在？」師曰：「射虎不真，徒勞没羽。」問：「吹大法螺，擊大法鼓，朝宰臨筵，如何即是？」師曰：「清風來未休。」曰：「恁麽則得遇於師也。」師曰：「一言已出，駟馬難追。」僧禮拜，師曰：「放過一著。」乃普觀大衆曰：「人天普集，合發明箇甚麽事？焉可互分賓主，馳騁問荅，便當宗乘去。廣大門風，威德自在，輝騰今古，把定乾坤，千聖祇言自知，五乘莫能建立。所以聲前悟旨，猶迷顧鑒之端；言下知宗，尚昧識情之表。諸人要知真實相爲麽？但以上無攀仰，下絶己躬，自然常光現前，箇箇壁立千仞。還辨明得也無？未辨辨取，未明明取。既辨明得，能截生死流，同據佛祖位，妙圓超悟，正在此時。堪報不報之恩，以助無爲之化。」問：「如何是佛法大意？」師曰：「祥雲五色。」曰：「學人不會。」師曰：「頭上漫漫。」問：「達磨未來時如何？」師曰：「猿啼古木。」曰：「來後如何？」師曰：「鶴唳青霄。」曰：「即今事作麽生？」師曰：「一不成，二不是。」問：「和尚未見智門時如何？」師曰：「爾鼻孔在我手裏。」曰：「見後如何？」師曰「穿過髑髏。」

有僧出，禮拜起曰：「請師荅話。」師便棒。僧曰：「豈無方便？」師曰：「罪不重科。」復有一僧出，禮拜起曰：「請師荅話。」師曰：「兩重公案。」曰：「請師不荅話。」師亦棒。問：「古人道，北斗裏藏身，意旨如何？」師曰：「千聞不如一見。」曰：「此話大行。」師曰：「老鼠銜鐵。」問：「古人道，皎皎地絶一絲頭，祇如山河大地，又且如何？」師曰：「面赤不如語直。」曰：「學人未曉。」師曰：「偏問諸方。」問：「如何是學人自己？」師曰：「乘槎斫額。」曰：「莫祇這便是？」師曰：「浪死虚生。」問：「如何是緣生義？」師曰：「金剛鑄鐵券。」曰：「學人不會。」師曰：「閙市裏牌。」曰：「恁麽則行到水窮處，坐看雲起時。」師曰：「列下。」問：「四十九年説不盡底，請師説？」師曰：「争之不足。」曰：「謝師荅話。」師曰：「鐵棒自看。」問：「如何是把定乾坤眼？」師曰：「拈却鼻孔。」曰：「學人不會。」師曰：「一喜一悲。」僧擬議，師曰：「苦。」問：「如何是脱珍御服，著弊垢衣？」師曰：「垂手不垂手。」曰：「乞師方便。」師曰：「左眼挑筋，右眼抉肉。」問：「龍門争進舉，那箇是登科？」師曰：「重遭點額。」曰：「學人不會。」師曰：「退水藏鱗。」問：「寂寂忘言，誰是得者？」師曰：「卸帽穿雲去。」曰：「如何領會？」師曰：「披蓑帶雨歸。」曰：「三十年後，此話大行。」師曰：「一場酸澀。」問：「坐斷毗盧底人，師還接否？」師曰：「殷勤送別瀟湘岸。」曰：「恁麼則學人罪過也。」師曰：「天寬地窄太愁人。」僧禮拜，師曰：「苦屈之詞，不妨難吐。」問：「生死到來，如何回避？」師曰：「定花板上。」曰：「莫便是他安身立命處也無？」師曰：「符到奉行。」

上堂，僧問：「如何是吹毛劍？」師曰：「苦。」曰：「還許學人用也無？」師噓一噓，乃曰：「大衆前共相酬唱，也須是箇漢始得。若也未有奔流度刃底眼，不勞拈出。所以道：如大火聚，近著即燎却面門；亦如按太阿寶劍，衝前即喪身失命。」乃曰：「太阿横按祖堂寒，千里應須息萬端。莫待冷光輕閃爍。」復云：「看看！」便下座。上堂，僧問：「如何是維摩一默？」師曰：「寒山訪拾得。」曰：「恁麼則入不二之門。」師噓一噓，復曰：「維摩大士去何從，千古令人望莫窮。不二法門休更問，夜來明月上孤峰。」上堂：「春山疊亂青，春水漾虚碧。寥寥天地間，獨立望何極。」便下座。却顧謂侍者曰：「適來有人看方丈麼？」者曰：「有。」師曰：「作賊人心虚。」上堂：「十方無壁落，四面亦無門。古人向甚麼處見客？或若道得接手句，許你天上天下。」上堂：「田地穩密底，佛祖不敢近，爲甚麼擡脚不起？神通游戲底，鬼神不能測，爲甚麼下脚不得？直饒十字縱横，朝打三千，暮打八百。」上堂：「大衆！這一片田地，分付來多時也，爾諸人四至界畔，猶未識在。若要中心樹子，我也不惜。」

問：「如何是諸佛本源？」師曰：「千峰寒色。」曰：「未委向上更有也無？」師曰：「雨滴巖花。」上堂，僧問：「雪覆蘆花時如何？」師曰：「點。」曰：「恁麽則爲祥爲瑞去也。」師曰：「兩重公案。」乃曰：「雪覆蘆花欲暮天，謝家人不在漁船。白牛放却無尋處，空把山童贈鐵鞭。」師一日遊山，四顧周覽，謂侍者曰：「何日復來於此？」侍者哀乞遺偈，師曰：「平生唯患語之多矣。」翌日，出杖屨衣盂散及徒衆。乃曰：「七月七日復相見耳。」至期，盥沐攝衣，北首而逝。塔全身于寺之西塢，賜明覺大師。

延慶子榮禪師

襄州延慶山子榮禪師，僧問：「如何是隨色摩尼珠？」師曰：「三箇童兒弄花毬。」曰：「恁麽則終朝盡日也。」師曰：「頭白齒落。」上堂，僧問：「靈光隱隱，月照寒牕。善法堂前，請師舉唱。」師曰：「聽。」曰：「此猶是這邊事，那邊事作麽生？」師曰：「脚下毛生。」問：「如何是佛？」師曰：「横身彰十號，入槨示雙趺。」曰：「將何供養？」師曰：

「合掌當胸。」問：「如何是祖師西來意？」師曰：「穿耳胡僧不著鞋。」

百丈智映禪師

洪州百丈智映寶月禪師，僧問：「師唱誰家曲？宗風嗣阿誰？」師曰：「窣堵那吒掌上擎。」曰：「恁麽則北塔的子，韶石兒孫也。」師曰：「斫額望新羅。」

南華寶緣禪師

韶州南華寶緣慈濟禪師，僧問：「如何是祖師西來意？」師曰：「青山緑水。」曰：「未來時還有意也無？」師曰：「高者高，低者低。」

護國壽禪師

黄州護國院壽禪師，僧問：「如何是一路涅槃門？」師曰：「寒松青有千年色，一徑風飄四季香。」問：「如何是靈山一會？」師曰：「如來纔一顧，迦葉便低眉。」

九峰勤禪師

瑞州九峰勤禪師，僧問：「方便門中，請師垂示。」師曰：「佛不奪衆生願。」曰：「恁麽則謝師方便。」師曰：「却須喫棒。」上堂：「口羅舌沸，千喚萬喚，露柱因甚麽不回頭？」良久曰：「美食不中飽人喫。」便下座。

雲蓋繼鵬禪師

潭州雲蓋繼鵬禪師，初謁雙泉雅禪師，泉令充侍者，示以芭蕉拄杖話，經久無省發。一日，泉向火次，師侍立。泉忽問：「拄杖子話試舉來，與子商量。」師擬舉，泉拈火筯便摵，師豁然大悟。住後，僧問：「如何是佛法大意？」師曰：「舌頭無骨。」問：「如何是祖師西來意？」師曰：「湯瓶火裏煨。」問：「佛未出世時如何？」師曰：「天。」曰：「出世後如何？」師曰：「地。」上堂：「高不在絶頂，富不在福嚴。樂不在天堂，苦不在地獄。」良久曰：「相識滿天下，知心能幾人？」

黄龍海禪師

鄂州黄龍海禪師，僧問：「如何是黄龍家風？」師曰：「看。」曰：「忽遇客來，如何祇待？」師以拄杖點之。問：「如何是最初一句？」師曰：「掘地討天。」

彰法澄泗禪師

鼎州彰法澄泗禪師，僧問：「如何是佛法大意？」師曰：「多少人摸索不著。」曰：「忽然摸著又作麽生？」師曰：「堪作甚麽！」

雲臺省因禪師

泉州雲臺因禪師，僧問：「如何是和尚家風？」師曰：「嗔拳不打笑面。」曰：「如何施設？」師曰：「天台則有，南嶽則無。」問：「如何是佛？」師曰：「月不破五。」曰：「意旨如何？」師曰：「初三十一。」問：「如何是佛法大意？」師曰：「今日好曬麥。」曰：「意旨如何？」師曰：「問取磨頭。」上堂：「菩薩子！不在内，不在外，不在中間，且道落在甚麽處？」良久曰：「南贍部洲，北鬱單越。」

福嚴雅禪師法嗣

北禪智賢禪師

潭州北禪智賢禪師，僧問：「如何是佛？」師曰：「匙挑不上。」曰：「如何是道？」師曰：「嶮路架橋。」歲夜小參曰：「年窮歲盡，無可與諸人分歲。老僧烹一頭露地白牛，炊黍米飯，煮野菜羹，燒榾柮火，大家喫了，唱村田樂，何故？免見倚他門户傍他牆，剛被時人唤作郎。」便下座，歸方丈。至夜深，維那入方丈問訊，曰：「縣裏有公人到勾和尚。」師曰：「作甚麽？」那曰：「道和尚宰牛不納皮角。」師遂捋下頭帽，擲在地上。那便拾去，師跳下禪牀，攔胸擒住，叫曰：「賊！賊！」那將帽子覆師頂曰：「天寒，且還和尚。」師呵呵大笑，那便出去。時法昌爲侍者，師顧昌曰：「這公案作麽生？」昌曰：「潭州紙貴，一狀領過。」

衡嶽振禪師

南嶽衡嶽寺振禪師，山居頌曰：「阿呵呵，瘦松寒竹鎖清波。有時獨坐磐陀上，無人共唱太平歌。朝看白雲生洞口，暮觀明月照娑婆。有人問我居山事，三尺杖子攪黄河。」

開福賢禪師法嗣

日芳上座

日芳上座，僧問：「如何是函蓋乾坤句？」師豎起拄杖。僧曰：「如何是截斷衆流句？」師横按拄杖。僧曰：「如何是隨波逐浪句？」師擲下拄杖。僧曰：「三句外請師道。」師便起去。師贊開福真曰：「清儀瘦兮，可瞻可仰，仰之非親。妙筆圖兮，可擬可像，像之非真。非親非真，秋月盈輪。有言無味兮的中的，既往如在兮覓焉覓。當機隱顯兮絲髮誵訛，金烏卓午兮迅風霹靂。」

報慈嵩禪師法嗣

興陽遜禪師

郢州興陽山遜禪師，僧問：「如何是佛？」師曰：「髮白面皺。」曰：「如何是法？」師曰：「暑往寒來。」問：「如何是三界外事？」師曰：「洛陽千里餘，不得舊時書。」

德山遠禪師法嗣

開先善暹禪師

廬山開先善暹禪師，臨江軍人也。操行清苦，偏游師席，以明悟爲志。參德山，見山上堂，顧視大衆曰：「師子嚬呻，象王回顧。」師忽有省，入室陳所解。山曰：「子作麽生會？」師回顧曰：「後園驢喫草。」山然之。後至雪竇，竇與語，喜其超邁，目曰「海上横行暹道者」。遂命分座，四方英衲敬畏之。他日竇舉師出世金鵝。師聞，潛書二偈于壁而去。曰：「不是無心繼祖燈，道慚未則嶺南能。三更月下離巖竇，眷眷無言戀碧層。」「二十餘年四海間，尋師擇友未嘗閑。今朝得到無心地，却被無心趁出山。」晚年，衆請滋甚，遂開法開先，以慰道俗之望。

開堂日，上首白槌罷，師曰：「千聖出來，也祇是稽首讚歎，諸代祖師提挈不起。是故始從迦葉，迄至山僧，二千餘年，月燭慧燈，星排道樹，人天普照，凡聖齊榮。且道承甚麽人恩力？老胡也祇道，明星出現時，我與大地有情同時成道。如是則彼既丈夫，我亦爾，孰爲不可？良由諸人不肯承當，自生退屈，所以便推排一人半箇先達出來，遞相開發，也祇是與諸人作箇證明。今日人天會上，莫有久遊赤水，夙在荆山，懷袖有珍，頂門有眼，到處踐踏覺場底衲僧麽？却請爲新出世長老作箇證明。還有麽？」時有僧出，師曰：「象駕峥嶸謾進途，誰信螳蜋能拒轍？」問：「一棒一喝，猶是葛藤，瞬目揚眉，拖泥帶水。如何是直截根源？」師曰：「速。」曰：「恁麽則祖師正宗，和尚把定。」師曰：「野渡無人舟自横。」問：「如何是露地白牛？」師曰：「瞎。」問：「妙峰頂上即不問，半山相見事如何？」師曰：「把手過江來。」曰：「高步出長安。」師曰：「脚下一句作麽生道？」僧便喝。師曰：「山腰裹走。」問：「一雨所潤，爲甚麽萬木不同？」師曰：「羊羹雖美，衆口難調。」問：「年窮歲盡時如何？」師曰：「依舊孟春猶寒。」問：「更深夜静時如何？」師曰：「老鼠入燈籠。」問：「瞥瞋瞥喜時如何？」師曰：「適來菩薩面，如今夜叉頭。」上堂：「一若是，二即非，東西南北人不知。休話指天并指地，青山白雲徒爾爲。」以拄杖擊香臺，下座。問：「雨雪連天，爲甚麽孤峰露頂？」師曰：「有甚遮掩處？」上堂，僧問：「如何是祖師西來意？」師曰：「洛陽城古。」曰：「學人不會。」師曰：「少室山高。」僧禮拜，師迺曰：「佛種從緣起。」遂舉拄杖曰：「拄杖子是緣，且作麽生説箇起底道理？」良久曰：「金屑雖貴，落眼成翳。」卓拄杖，下座。

禾山楚材禪師

吉州禾山楚材禪師，臨江軍人也。僧問：「佛令祖令，諸方並行，未審和尚如何？」師曰：「山僧退後。」曰：「恁麽則諸方不別也。」師曰：「伏惟！伏惟！」問：「如何是離凡聖底句？」師曰：「山河安掌上。」曰：「恁麽則迴超今古外？」師曰：「展縮在當人。」問：「一毫未發時如何？」師曰：「海晏河清。」曰：「發後如何？」師曰：「徧界無知己。」問：「如何是和尚説法底口？」師曰：「放一線道。」問：「抱璞投師，請師雕琢。」師曰：「不雕琢。」曰：「爲甚麽不雕琢？」師曰：「弄巧飜成拙。」

資聖盛勤禪師

秀州資聖院盛勤禪師，僧問：「如何是正法眼？」師曰：「山青水緑。」問：「四威儀中如何履踐？」師曰：「鷺鷥立雪。」曰：「恁麽則聞鐘持鉢，日上欄干。」師曰：「魚躍千江水，龍騰萬里雲。」曰：「畢竟如何？」師曰：「山中逢猛獸，天上見文星。」上堂：「多生覺悟非干衲，一點分明不在燈。」拈拄杖曰：「拄杖頭上祖師，燈籠脚下彌勒。須彌山腰鼓細即不問你，作麽生是分明一點？你若道得，無邊刹境總在你眉毛上。你若道不得，作麽生過得羅刹橋？」良久曰：「水流千派月，山鎖一溪雲。」卓拄杖，下座。

鹿苑圭禪師

潭州鹿苑圭禪師，桂州人也。僧問：「如何是道？」師曰：「吴頭楚尾。」曰：「如何是道中人？」師曰：「騎馬踏鐙，不如步行。」問：「如何是第一義諦？」師曰：「胡人讀漢書。」上堂：「凡有因緣，須曉其宗。若曉其宗，無是無不是。用則波騰海沸，全真體以運行；體則鏡浄水沉，舉隨緣而會寂。且道兜率天宫幾人行？幾人坐？若向這裏辨得緇素，許你諸人東西南北，如雲似鶴。於此不明，踏破草鞋，未有了日在。參！」

青原下十世上

洞山聰禪師法嗣

雲居曉舜禪師

南康軍雲居曉舜禪師，瑞州人也。少年麤猛，忽悟浮幻，投師出家，乃修細行。參洞山。一日如武昌行乞，首謁劉公居士家。士高行，爲時所敬，意所與奪，莫不從之。師時年少，不知其飽參，頗易之。士曰：「老漢有一問，若相契即開疏，如不契即請還山。」遂問：「古鏡未磨時如何？」師曰：「黑似漆。」士曰：「磨後如何？」師曰：「照天照地。」士長揖曰：「且請上人還山。」拂袖入宅。師懡㦬，即還洞山，山問其故，師具言其事。山曰：「你問我，我與你道。」師理前問。山曰：「此去漢陽不遠。」師進後語，山曰：「黃鶴樓前鸚鵡洲。」師於言下大悟，機鋒不可觸。住後，僧問：「承師有言，不談玄，不說妙，去此二途，如何指示？」師曰：「蝦蟆趕鷂子。」曰：「全因此問也。」師曰：「老鼠弄猢猻。」

上堂：「唯一堅密身，一切塵中現。蝦蟆蚯蚓各有窟穴，烏鵲鳩鴿亦有窠巢。正當與麽時，爲甚麽人説法？」良久曰：「方以類聚，物以群分。」上堂：「三峽道無別，朝朝祇麽説。僧繇會寫真，鎮府出鑌鐵。」上堂：「不長不短，不小不大。此箇道理是誰境界？咄！」上堂：「聞説佛法兩字，早是污我耳目。諸人未跨雲居門，脚跟下好與三十棒。雖然如是，也是爲衆竭力。」上堂，舉：「夾山道：『鬧市門頭識取天子，百草頭上薦取老僧。』雲居即不然，婦摇機軋軋，兒弄口喎喎。」上堂：「諸方有弄蛇頭，撥虎尾，跳大海，劍刃裏藏身。雲居這裏，寒天熱水洗脚，夜間脱韈打睡，早朝旋打行纏，風吹籬倒，唤人夫劈篾縛起。」上堂：「雲居不會禪，洗脚上牀眠。冬瓜直儱侗，瓠子曲彎彎。」

大溈懷宥禪師

潭州大溈懷宥禪師，僧問：「人將語試，金將火試。未審衲僧將甚麽試？」師曰：「拄杖子。」曰：「畢竟如何？」師曰：「退後著。」僧應喏，師便打。曰：「教休不肯休，直待雨淋頭。」

佛日契嵩禪師

杭州佛日契嵩禪師，藤州鐔津李氏子。七歲出家，十三得度。十九遊方，徧參知識。得法于洞山。師夜則頂戴觀音像而誦其號，必滿十萬乃寢，以爲常。自是世間經書章句，不學而能，作原教論十餘萬言，明儒釋之道一貫，以抗宗韓排佛之説。讀之者畏服。後居永安蘭若，著禪門定祖圖、傳法正宗記、輔教編，上進仁宗皇帝，覽之加歎，付傳法院編次入藏。下詔褒寵，賜號明教。宰相韓琦、大參歐陽修皆延見而尊禮之。洎東還，熙寧四年六月四日，晨興寫偈曰：「後夜月初明，吾今喜獨行。不學大梅老，貪隨鼯鼠聲。」至中夜而化。闍維，不壞者五，曰頂、曰耳、曰舌、曰童真、曰數珠。其頂骨出舍利，紅白晶潔。道俗合諸不壞，葬於故居永安之左。後住淨慈。北磵居簡嘗著五種不壞贊。師有文集二十卷，目曰鐔津，盛行于世。

太守許式郎中

洪州太守許式，參洞山，得正法眼。一日，與泐潭澄、上藍溥坐次，潭問：「聞郎中道：『夜坐連雲石，春栽帶雨松。』當時荅洞山甚麽話？」公曰：「今日放衙早。」潭曰：「聞荅泗州大聖在楊州出現底，是否？」公曰：「別點茶來。」潭曰：「名不虚傳。」公曰：「和尚早晚回山？」潭曰：「今日被上藍覷破。」藍便喝，潭曰：「須是你始得。」公曰：「不奈船何，打破戽斗。」

泐潭澄禪師法嗣

育王懷璉禪師

明州育王山懷璉大覺禪師，漳州龍溪陳氏子。誕生之夕，夢僧伽降室，因小字泗州。既有異兆，僉知祥應。齠齔出家，丱角圓頂。篤志道學，寢食無廢。一日洗面，潑水于地，微有省發。即慕參尋，遠造泐潭法席，投機印可。師事之十餘年，去游廬山，掌記於圓通訥禪師所。皇祐中仁廟有詔，住浄因禪院，召對化成殿。問佛法大意，奏對稱旨，賜號大覺禪師。後遣中使問曰：「才去豎拂，人立難當。」師即以頌回進曰：「有節非干竹，三星偃月宫。一人居日下，弗與衆人同。」帝覽大悦。又詔入對便殿，賜羅扇一把，題元寂頌於其上。與師問答詩頌，書以賜之，凡十有七篇。至和中乞歸老山中，乃進頌曰：「六載皇都唱祖機，兩曾金殿奉天威。青山隱去欣何得，滿篋唯將御頌歸。」帝和頌不允，仍宣諭曰：「山即如如體也，將安歸乎？再住京國，且興佛法。」師再進頌謝曰：「中使宣傳出禁圍，再令臣住此禪扉。青山未許藏千拙，白髮將何補萬幾？霄露恩輝方湛湛，林泉情味苦依依。堯仁況是如天闊，應任孤雲自在飛。」既而遣使賜龍腦鉢。師謝恩罷，捧鉢曰：「吾法以壞色衣，以瓦鐵食，此鉢非法。」遂焚之。中使回奏，上加歎不已。治平中上疏丐歸，仍進頌曰：「千簇雲山萬壑流，閑身歸老此峰頭。餘生願祝無疆壽，一炷清香滿石樓。」英廟依所乞，賜手詔曰：「大覺禪師懷璉受先帝聖眷，累錫宸章，屢貢誠懇，乞歸林下。今從所請，俾遂閑心。凡經過小可菴院，任性住持。或十方禪林，不得抑逼堅請。」師既渡江，少留金山西湖，四明郡守以育王虛席迎致，九峰韶公作疏，勸請四明之人相與出力，建大閣藏所賜詩頌，榜之曰宸奎。翰林蘇公軾知杭時，以書問師曰：「承要作宸奎閣碑，謹已撰成，衰朽廢學，不知堪上石否？見參寥說，禪師出京日，英廟賜手詔，其略云『任性住持』者，不知果有否？如有，切請録示全文，欲添入此一節。」師終藏而不出，逮委順後，獲於篋笥。

開堂日，僧問：「諸佛出世，利濟群生。猊座師登，將何拯濟？」師曰：「山高水闊。」

曰：「華發無根樹，魚跳萬仞峰。」師曰：「新羅國裏。」曰：「慈舟不棹清波上，劍峽徒勞放木鵝。」師曰：「脱却衣裳卧荆棘。」曰：「人將語試。」師曰：「慣得其便。」僧拊掌，師曰：「更踍跳。」問：「聖君御頌親頒賜，和尚將何報此恩？」師曰：「兩手拓地。」曰：「恁麽則一人有慶，兆民賴之。」師曰：「半尋拄杖攪黄河。」問：「艣棹不停時如何？」師曰：「清波箭急。」曰：「恁麽則移舟諳水勢，舉棹别波瀾。」師曰：「濟水過新羅。」曰：「古佛位中留不住，夜來依舊宿蘆花。」師曰：「兒童不識十字街。」問：「坐斷毗盧頂，不稟釋迦文，猶未是學人行業。如何是學人行業？」師曰：「斫額望明月。」僧以手便拂，師曰：「作甚麽？」僧茫然。師曰：「賺却一船人。」師曰：「若論佛法兩字，是加增之辭，廉纖之説。諸人向這裏承當得，盡是二頭三首，譬如金屑雖貴，眼裏著不得。若是本分衲僧，纔聞舉著，一擺擺斷，不受纖塵，獨脱自在，最爲親的。然後便能在天同天，在人同人，在僧同僧，在俗同俗，在凡同凡，在聖同聖。一切處出没自在，並拘檢他不得，名邈他不得，何也？爲渠能建立一切法故。一切法要且不是渠，渠既無背面，第一不用安與安排，但知十二時中，平常飲啄，快樂無憂。祇此相期，更無别事。所以古人云：放曠長如癡兀人，他家自有通人愛。」

上堂：「文殊寶劍，得者爲尊。」乃拈拄杖曰：「淨因今日恁麽，直得千聖路絶。雖然如是，猶是矛盾相攻，不犯鋒鋩，如何運用？」良久曰：「野蒿自發空臨水，江燕初歸不見人。參！」上堂：「太陽東昇，爍破大千之暗。諸人若向明中立，猶是影響相馳。若向暗中立，也是藏頭露影漢。到這裏，作麽生吐露？」良久曰：「逢人秖可三分語，未可全拋一片心。參！」上堂：「世法裏面，迷却多少人？佛法裏面，醉却多少人？秖如不迷不醉，是甚麽人分上事？」上堂：「言鋒纔擊，義海交深。若用徑截一路，各請歸堂。」上堂：「應物現形，如水中月。」遂拈起拄杖曰：「這箇不是物，即今現形也。且道月在甚麽處？」良久曰：「長空有路還須透，潭底無蹤不用尋。」擊香臺，下座。上堂：「白日東上，白日西落，急如投壺閃寥廓。神龍一舉透無邊，纖鱗猶向泥中躍。靈燄中，休湊泊，三歲孩童鬢四角。參！」上堂，良久，舉起拳頭曰：「握拳則五嶽倒卓，展手則五指參差。有時把定佛祖關，有時拓開千聖宅。今日這裏相呈，且道作何使用？」指禪牀曰：「向下文長，付在來日。」

靈隱雲知禪師

臨安府靈隱雲知慈覺禪師，僧問：「一佛出世，各坐一華。和尚出世，有何祥瑞？」

師曰：「白雲横谷口。」曰：「光前絶後去也。」師曰：「錯。」曰：「大衆證明，學人禮謝。」師曰：「點。」問：「如何是道？」師曰：「甚麼道？」曰：「大道。」師曰：「欲行千里，一步爲初。」曰：「如何是道中人？」師曰：「西天駐泊，此地都監。」僧禮拜，師乃：「吽！吽！」上堂：「日月雲霞爲天標，山川草木爲地標，招賢納士爲德標，閑居趣寂爲道標。」拈拄杖曰：「且道這箇是甚麼標？會麼？拈起則有文有彩，放下則糲糲磕磕。直得不拈不放，又作麼生？」良久曰：「扶過斷橋水，伴歸無月村。」卓一下，下座。上堂：「秋風起，庭梧墜，衲子紛紛看祥瑞。張三李四賣囂虛，拾得寒山争賤貴。覿面相逢，更無難易。四衢道中，棚欄瓦市。畐塞虚空，普天帀地。任是臨濟赤肉團上，雪峰南山鱉鼻，玄沙見虎，俱胝舉指，一時拈來，當面布施。更若擬議，千山萬水。」復曰：「過。」

承天惟簡禪師

婺州承天惟簡禪師，僧問：「佛與衆生，是一是二？」師曰：「花開滿樹紅，花落萬枝空。」曰：「畢竟是一是二？」師曰：「唯餘一朵在，明日恐隨風。」問：「如何是吹毛劍？」師曰：「星多不當月。」曰：「用者如何？」師曰：「落。」曰：「落後如何？」師曰：「觀世音菩薩。」問：「如何是和尚家風？」師曰：「理長即就。」曰：「如何領會？」師曰：「繪雉不成雞。」問：「開口即失，閉口即喪。未審如何説？」師曰：「舌頭無骨。」僧曰：「不會。」師曰：「對牛彈琴。」上堂：「夫遮那之境界，衆妙之玄門，知識説之而莫窮，善財酌之而不竭，文殊體之而寂寂，普賢證之以重重。若也隨其法性，如雲收碧漢，本無一物。若也隨其智用，如花開春谷，應用無邊。雖説偏恒沙，乃同遵一道。且問諸人，作麽生是一道？」良久曰：「白雲斷處見明月，黄葉落時聞擣衣。參！」上堂：「莫離蓋纏，莫求佛祖，去此二途，以何依怙？江淹夢筆，天龍見虎，古老相傳，月不跨五。參！」上堂：「一刀兩段，埋没宗風。師子飜身，拖泥帶水。直饒坐斷十方，不通凡聖，脚跟下好與三十。」上堂：「拈一放一，妙用縱横。去解除玄，收凡破聖。若望本分草料，大似磨甎作鏡。衲僧家合作麽生？」良久曰：「寔。」

九峰鑒韶禪師

明州九峰鑒韶禪師，僧問：「承聞和尚是泐潭嫡子，是否？」師曰：「是。」曰：「還記得當時得力句否？」師曰：「記得。」曰：「請舉看。」師曰：「左手握拳，右手把筆。」上堂：「山僧説禪，如蚝蜢吐油，捏著便出。若不捏著，一點也無。何故？祇爲不曾看讀古今因緣，及預先排疊勝妙見知，等候陞堂，便磨唇捋觜，將粥飯氣熏炙諸人。凡有一問一荅，蓋不得已。豈獨山僧？看他大通智勝如來，默坐十劫，無開口處，後因諸天、梵天及十六王子再三勸請，方始説之。却不是秘惜，祇爲不敢埋没諸人。山僧既不埋没諸人，不得道山僧會陞座。參！」

西塔顯殊禪師

婺州西塔顯殊禪師，上堂：「黄梅席上數如麻，句裹呈機事可嗟。直是本來無一物，青天白日被雲遮。參！」

崇善用良禪師

天台崇善寺用良禪師，僧問：「三門與自己，是同是別？」師曰：「八兩移來作半斤。」曰：「恁麽則秋水泛漁舟去也。」師曰：「東家點燈，西家爲甚麽却覓油？」曰：「山高月上遲。」師曰：「道甚麽？」曰：「莫瞌睡。」師曰：「入水見長人。」

慧力有文禪師

臨江軍慧力有文禪師，上堂：「建山寂寞，坐倚城郭。無味之談，七零八落。」以柱杖敲香臺，下座。

雪峰象敦禪師

福州雪峰象敦禪師，僧問：「如何是佛？」師曰：「把火照魚行。」曰：「如何是法？」師曰：「唐人譯不出。」曰：「佛法已蒙師指示，未審畢竟事如何？」師曰：「臘月三十日。」

雲居守億禪師

南康軍雲居守億禪師，上堂：「馬祖纔陞堂，雄峰便卷席。春風一陣來，滿地花狼籍。」便下座。

洞山永孚禪師

瑞州洞山永孚禪師，上堂：「棒頭排日月，木馬夜嘶鳴。」拈拄杖曰：「雲門木師來也。」卓一下曰：「炊沙作飯，看井作袴。參！」

令滔首座

令滔首座，久參泐潭，潭因問：「祖師西來，單傳心印，直指人心，見性成佛。子作麽生會？」師曰：「某甲不會。」潭曰：「子未出家時，作箇甚麽？」師曰：「牧牛。」潭曰：「作麽生牧？」師曰：「早朝騎出去，晚後復騎歸。」潭曰：「子大好不會。」師於言下大悟。遂成頌曰：「放却牛繩便出家，剃除鬚髮著袈裟。有人問我西來意，拄杖横挑囉哩囉。」

洞山寶禪師法嗣

洞山清辯禪師

瑞州洞山清辯禪師，僧問：「百丈得大機，黄檗得大用。未審和尚得箇甚麽？」師便喝，僧亦喝。師便打，僧曰：「争奈大衆眼何！」便歸衆。師嘘兩嘘。

北塔廣禪師法嗣

玉泉承皓禪師

荆門軍玉泉承皓禪師，姓王氏，眉州丹稜人也。依大力院出家。登具後游方，參北塔，發明心要，得大自在三昧。製犢鼻裩，書歷代祖師名字。乃曰：「唯有文殊、普賢較些子。」且書於帶上。故叢林目爲皓布裩。元豐間，首衆於襄陽谷隱，有鄉僧亦效之。師見而詬曰：「汝具何道理，敢以爲戲事耶？嘔血無及耳。」尋於鹿門如所言而逝。張無盡奉使京西南路，就謁之。致開法于郢州大陽，時谷隱主者私爲之喜。師受請陞座，曰：「某在谷隱十年，不曾飲谷隱一滴水，嚼谷隱一粒米，汝若不會，來大陽爲汝説破。」携拄杖下座，傲然而去。尋遷玉泉，有示衆曰：「一夜雨霶烹，打倒蒲萄棚。知事頭首，行者人力，拄底拄，撐底撐，撐撐拄拄到天明，依舊可憐生。」自贊：「粥稀後坐，牀窄先卧。耳聵愛高聲，眼昏宜字大。」冬至示衆曰：「晷運推移，布裩赫赤。莫怪不洗，無來换替。」僧入室次，狗子在室中，師叱一聲，狗便出去。師曰：「狗却會，你却不會。」師示疾，門人圍繞，師笑曰：「吾年八十一，老死舁屍出。兒郎齊著力，一年三百六十日。」言畢而逝。

四祖端禪師法嗣

廣明常委禪師

福州廣明常委禪師，僧問："知師久藴囊中寶，今日當場略借看。"師曰："看。"曰："恁麽則謝師指示。"師曰："等閑垂一釣，容易上鈎來。"

雲蓋顒禪師法嗣

雲居文慶禪師

南康軍雲居文慶海印禪師，僧問："如何是函蓋乾坤句？"師曰："合。"曰："如何是隨波逐浪句？"師曰："闊。"曰："如何是截斷衆流句？"師曰："窄。"上堂："道本無爲，法非延促。一念萬年，千古在目。月白風恬，山青水緑。法法現前，頭頭具足。祖意教意，非直非曲。要識廬陵米價，會取山前麥熟。"以拂子擊禪牀，下座。

上方岳禪師法嗣

國慶順宗禪師

越州東山國慶順宗禪師，上堂：「心生則種種法生，心滅則種種法滅。」拈起拄杖曰：「此箇是法，那箇是滅底心？若人道得，許你頂門上具眼。其或未然，雲暗不知天早晚，雪深難辨路高低。參！」

金山新禪師法嗣

天聖守道禪師

安吉州天聖守道禪師，上堂：「日月遶須彌，人間分晝夜。南閻浮提人，衹被明暗色空留礙。且道不落明暗一句作麽生道？」良久曰：「柳色黄金嫩，梨花白雪香。參！」上堂：「不從一地至一地，寂滅性中寧有位？釋迦稽首問然燈，仁者何名爲受記？」便下座。

中國佛教典籍選刊

五燈會元

四

〔宋〕普濟　撰
蘇淵雷　點校

中華書局

本册目録

卷第十六

青原下十一世

青原下十二世

青原下十三世

青原下十六世

卷第十七

南嶽下十一世

南嶽下十二世

南嶽下十三世上

卷第十八

南嶽下十三世下

南嶽下十四世

南嶽下十五世

南嶽下十六世

南嶽下十六世

卷第二十

南嶽下十五世下

南嶽下十六世

南嶽下十七世

五燈會元卷第十六

青原下十世下

雪竇顯禪師法嗣

天衣義懷禪師

越州天衣義懷禪師，永嘉樂清陳氏子也。世以漁爲業。母夢星殞於屋，乃孕。及産，尤多吉祥。兒時坐船尾，父得魚付師貫之。師不忍，乃私投江中。父怒，笞之，師恬然如故。長游京師，依景德寺爲童行。天聖中，試經得度。謁金鑾善、葉縣省，皆蒙印可。遂由洛抵龍門，復至都下，欲繼宗風。意有未決，忽遇言法華，拊師背曰：「雲門、臨濟去！」及至姑蘇，禮明覺於翠峰。覺問：「汝名甚麽？」曰：「義懷。」覺曰：「何不名懷義？」

曰：「當時致得。」覺曰：「誰爲汝立名？」曰：「受戒來十年矣。」覺曰：「汝行脚費却多少草鞋？」曰：「和尚莫瞞人好！」覺曰：「我也没量罪過，汝也没量罪過。你作麽生？」師無語。覺打曰：「脱空謾語漢，出去！」入室次，覺曰：「恁麽也不得，不恁麽也不得，恁麽不恁麽總不得。」師擬議，覺又打出。如是者數四。尋爲水頭，因汲水折擔，忽悟，作投機偈曰：「一二三四五六七，萬仞峰頭獨足立。驪龍頷下奪明珠，一言勘破維摩詰。」覺聞，拊几稱善。後七坐道場，化行海内，嗣法者甚衆。住後，僧問：「如何是佛？」師曰：「布髮掩泥，横身卧地。」曰：「意旨如何？」師曰：「任是波旬也皺眉。」曰：「恁麽則謝師指示。」師曰：「西天此土。」問：「學人上來，請師説法。」師曰：「林間鳥噪，水底魚行。」上堂：「須彌頂上，不扣金鐘。畢鉢巖中，無人聚會。山僧倒騎佛殿，諸人反著草鞋，朝遊檀特，暮到羅浮。拄杖針筒，自家收取。」上堂：「衲僧横説竪説，未知有頂門上眼。」時有僧問：「如何是頂門上眼？」師曰：「衣穿瘦骨露，屋破看星眠。」上堂，大衆集定，乃曰：「上來道箇不審，能銷萬兩黄金。下去道箇珍重，亦銷得四天下供養。若作佛法話會，滴水難消。若作無事商量，眼中著屑。且作麽生即是？」良久曰：「還會麽？珍重！」

上堂：「夫爲宗師，須是驅耕夫之牛，奪飢人之食，遇賤即貴，遇貴即賤。驅耕夫之牛，令他苗稼豐登。奪飢人之食，令他永絶飢渴。遇賤即貴，握土成金。遇貴即賤，變金成土。老僧亦不驅耕夫之牛，亦不奪飢人之食。何謂？耕夫之牛，我復何用？飢人之食，我復何餐？我也不握土成金，也不變金作土。何也？金是金，土是土，玉是玉，石是石，僧是僧，俗是俗。古今天地，古今日月，古今山河，古今人倫。雖然如此，打破大散關，幾箇迷逢達磨？」上堂：「雁過長空，影沉寒水。雁無遺蹤之意，水無留影之心。若能如是，方解向異類中行。不用續鳧截鶴，夷嶽盈壑。放行也百醜千拙，收來也攣攣拳拳。用之，則敢與八大龍王鬬富。不用，都來不直半分錢。參！」

上堂：「髑髏常干世界，鼻孔摩觸家風。芭蕉聞雷開，葵花隨日轉。諸仁者！芭蕉聞雷開，還有耳麽？葵花隨日轉，還有眼麽？若也會得，西天即是此土。若也不會，七九六十三。收。」上堂：「靈源絶眹，普現色身。法離斷常，有無堪示。所以道，塵塵不見佛，刹刹不聞經。要會靈山親授記，晝見日，夜見星。」良久曰：「若到諸方，不得錯舉。參！」上堂：「夜來寒霜凛洌，黄河凍結，陝府鐵牛腰折。盡道女媧煉石補天，爭柰西北一缺。如今欲與他補却，又恐大地人無出氣處。且留這一竅，與大地人出氣。參！」上堂：「虚明自照，不勞心力。上士見之，鬼神茶飯。中下得之，狂心頓息。更有一人，切忌道著。」上堂：「光透日月，明暗不收。智出聖凡，賢愚不歷。所以道：不用低頭，思量難得。」良久曰：「是甚麼？」上堂：「青蘿夤緣，直上寒松之頂。白雲淡泞，出没太虚之中。何似南山起雲，北山下雨。若也會得，甜瓜徹蔕甜。若也不會，苦瓠連根苦。」上堂：「無邊刹境，自他不隔於毫端。且道妙喜世界不動如來，説甚麼法？十世古今，始終不離於當念。祇如威音王佛最初一會，度多少人？若是通方作者，試爲道看。」良久曰：「行路難，行路難。萬仞峰頭君自看。」上堂：「枯桑知天風，海水知天寒。金色頭陀，見處不真。雞足山中，與他看守衣鉢。三千大喻，八百小喻，大似泥裹洗土塊。四十九年，三百六十餘會，摩竭提國猶較些子。德山、臨濟，雖然丈夫，爭似罽賓國王一刀兩段？如今若有箇人鼻孔遼天，山僧性命何在？」良久曰：「太平本是將軍致，不許將軍見太平。」喝一喝，下座。

僧問：「天不能蓋，地不能載，未審是甚麼人？」師曰：「掘地深埋。」曰：「此人還受安排也無？」師曰：「土上更加泥。」問：「牛頭未見四祖時如何？」師曰：「長江無六月。」曰：「見後如何？」師曰：「一年一度春。」室中問僧：「無手人能行拳，無舌人解言語。忽然無手人打無舌人，無舌人道箇甚麼？」又曰：「蜀魄連宵叫，鵊鳩終夜啼。」圓通門大啓，何事隔雲泥？」晚年以疾居池陽杉山庵，門弟子智才住臨平之佛日，迎歸侍奉。才如蘇城未還，師速其歸。及踵門，師告之曰：「時至，吾行矣。」才曰：「師有何語示徒？」乃説偈曰：「紅日照扶桑，寒雲封華嶽。三更過鐵圍，拶折驪龍角。」才問：「卵塔已成，如何是畢竟事？」師舉拳示之，遂就寢，推枕而寂。塔全身寺東之原。崇寧中謚振宗禪師。

稱心省倧禪師

越州稱心省倧禪師，僧問：「如何是祖師西來意？」師曰：「行人念路。」僧曰：「不會。」師曰：「緊峭草鞋。」上堂：「佛種從緣起，是故説一乘。」拈拄杖曰：「拄杖是緣，那箇是佛種？拄杖是一乘法，那箇是緣？這裏參見釋迦老子了，却買草鞋行脚，不得向衲僧門下過，打折汝腰。且道衲僧據箇甚麽？」良久曰：「三十年後，莫孤負人。」卓拄杖，下座。

承天傳宗禪師

泉州承天傳宗禪師，僧問：「大用現前，不存軌則時如何？」師曰：「承天今日高豎降旗。」僧便喝。師曰：「臨濟兒孫。」僧又喝，師便打。問：「如何是般若體？」師曰：

「雲籠碧嶠。」曰：「如何是般若用？」師曰：「月在清池。」

南明日慎禪師

處州南明日慎禪師，僧問：「祖意教意，是同是別？」師曰：「水天影交碧。」曰：「畢竟是同是別？」師曰：「松竹聲相寒。」

投子法宗道者

舒州投子法宗禪師，時稱道者。僧問：「如何是道者家風？」師曰：「袈裟裹草鞋。」曰：「意旨如何？」師曰：「赤脚下桐城。」

寶相蘊觀禪師

天台寶相蘊觀禪師，僧問：「如何是佛？」師曰：「堂堂八尺餘。」

君山顯昇禪師

岳州君山顯昇禪師，上堂：「大方無外，含裹十虛。至理不形，圓融三際。高超名相，妙體全彰。迴出古今，真機獨露。握驪珠而鑑物，物物流輝。擲寶劍以揮空，空空絕迹。把定則摩竭掩室，淨名杜詞；放行則拾得摇頭，寒山拊掌。且道是何人境界？」拈拄杖卓一下曰：「瞬目揚眉處，憑君子細看。」

洞庭惠金典座

平江府水月寺惠金典座，依明覺於雪竇，聞舉須彌山話，默有契。一日欲往訊，遇之殿軒。覺問：「汝名甚麼？」曰：「惠金。」覺曰：「阿誰惠汝金？」曰：「容少間去方丈致謝。」覺曰：「即今聻？」曰：「這裏容和尚不得。」

修撰曾會居士

修撰曾會居士，幼與明覺同舍，及冠異途。天禧間，公守池州，一日會于景德寺。公遂引中庸、大學，參以楞嚴符宗門語句，質明覺。覺曰：「這箇尚不與教乘合，況中庸、大學邪？學士要徑捷理會此事。」乃彈指一下曰：「但恁麼薦取。」公於言下領旨。天聖初，公守四明，以書幣迎師補雪竇。既至，公曰：「某近與清長老商量趙州勘婆子話，未審端的有勘破處也無？」覺曰：「清長老道箇甚麼？」公曰：「又與麼去也。」覺曰：「清長老且放過一著，學士還知天下衲僧出這婆子圈繢不得麼？」公曰：「這裏別有箇道處。趙州若不勘破，婆子一生受屈。」覺曰：「勘破了也。」公大笑。

延慶榮禪師法嗣

圓通居訥禪師

廬山圓通居訥祖印禪師，梓州人，姓蹇氏。生而英特，讀書過目成誦。十一出家，十七試法華得度。受具後肄業講肆，耆年多下之。會禪者南游回，力勉其行。於是徧參荆楚間，迄無所得。至襄州洞山，留止十年，因讀華嚴論有省。後游廬山，道價日起。由歸宗而遷圓通。仁廟聞其名，皇祐初，詔住十方浄因禪院。師稱目疾，不能奉詔。有旨令舉自代，遂舉大覺璉應詔。及引對，問佛法大意，稱旨。天下賢師知人也。僧問：「祖刹重興時如何？」師曰：「人在破頭山。」曰：「一朝權在手。」師便打。

百丈映禪師法嗣

慧因懷祥禪師

臨安府慧因懷祥禪師，上堂：「南山高，北山低。日出東方夜落西。白牛上樹覓不得，烏雞入水大家知。且道覓得後又如何？」良久曰：「堪作甚麽！」

慧因義寧禪師

臨安府慧因義寧禪師，僧問：「佛未出世時如何？」師曰：「摩耶夫人。」曰：「出世後如何？」師曰：「悉達太子。」

南華緣禪師法嗣

興化延慶禪師

齊州興化延慶禪師，上堂：「言前薦得，孤負平生。句後投機，全乖道體。離此二途，祖宗門下又且如何？」良久曰：「眼裏瞳兒吹木笛。」

寶壽行德禪師

韶州寶壽行德禪師，冬日在南華受請，示衆曰：「新冬新寶壽，言是舊時言。若會西來意，波斯上舶船。」

白虎守昇禪師

韶州白虎山守昇禪師，僧問：「如何是佛？」師曰：「有眼無鼻孔。」

北禪賢禪師法嗣

興化紹銑禪師

潭州興化紹銑禪師，上堂，拈拄杖曰：「一大藏教，是拭不浄故紙。超佛越祖之談，是誑謼閭閻漢。若論衲僧門下，一點也用不得。作麼生是衲僧門下事？」良久曰：「多虚不如少實。」擊香臺，下座。

法昌倚遇禪師

洪州法昌倚遇禪師，漳州林氏子。幼棄家，依郡之崇福得度。有大志。自受具游方，名著叢席。浮山遠和尚嘗指謂人曰：「此後學行脚樣子也。」參北禪，禪問：「近離甚處？」師曰：「福嚴。」禪曰：「思大鼻孔長多少？」師曰：「與和尚當時見底一般。」禪曰：「汝道我見時長多少？」師曰：「和尚大似不曾到福嚴。」禪曰：「學語之流。」又問：「來時馬大師安樂否？」師曰：「安樂。」禪曰：「向汝道甚麼？」師曰：「教和尚莫亂統。」禪曰：「念汝新到，不能打得你。」師曰：「某甲亦放和尚。」過茶罷，禪問：「鄉里甚處？」師曰：「漳州。」禪曰：「三平在彼作甚麼？」師曰：「説禪説道。」禪曰：「年多少？」師曰：「與露柱齊年。」禪曰：「有露柱且從，無露柱年多少？」師曰：「無露柱，一年也不少。」禪曰：「夜半放烏雞。」師留北禪最久。於是師資敲唱，妙出一時。晚至西山，睠雙嶺深邃，棲息三年，始應法昌之請。師在雙嶺受請，與英、勝二首座相別，曰：「三年聚首，無事不知。檢點將來，不無滲漏。」以拄杖畫一畫，曰：「這箇即且止，宗門事作麽生？」英曰：「須彌安鼻孔。」師曰：「恁麽則臨崖看滸眼，特地一場愁。」英曰：「深沙努眼睛。」師曰：「争奈聖凡無異路，方便有多門。」英曰：「鐵蛇鑽不入。」師曰：「這般漢有甚共語處？」英曰：「自緣根力淺，莫怨太陽春。」却畫一畫，曰：「宗門事且止，這箇事作麽生？」師便掌。英曰：「這漳州子，莫無去就。」師曰：「你這般見解，不打更待何時？」又打。英曰：「也是老僧招得。」上堂：「祖師西來，特唱此事，祇要時人知有。如貧子衣珠，不從人得。三世諸佛，祇是弄珠底人。十地菩薩，祇是求珠底人。汝等正是竛竮乞丐，懷寶迷邦。靈利漢纔聞舉著，眨上眉毛，便知落處。若更踏步向前，不如策杖歸山去，長嘯一聲煙霧深。」示衆：「我要一箇不會禪底作國師。」上堂：「汝若退身千尺，我便當處生芽。汝若覿面相呈，我便藏身露影。汝若春池拾礫，我便撒下明珠。直得水洒不著，風吹不入，如箇無孔鐵鎚相似。且道法昌還有爲人處也無？」良久曰：「利刀割肉瘡猶合，惡語傷人恨不銷。」上堂：「春山青，春水緑，一覺南柯夢初足。携筇縱步出松門，是處桃英香馥郁。因思昔日靈雲老，三十年來無處討。如今競愛摘楊花，紅香滿地無人掃。」上堂，拈起拄杖，曰：「我若拈起，你便喚作先照後用。我若放下，你便喚作先用後照。我若擲下，你便喚作照用同時。忽然不拈不放，你向甚麽處卜度？直饒會得倜儻分明，若遇臨濟、德山，便須腦門著地。且道伊有甚麼長處？」良久曰：「曾經大海休誇水，除却須彌不是山。」上堂：「夜半烏雞誰捉去？石女無端遭指注。空王令下急搜求，唯心便作軍中主。雲門長驅，潙山隊伍，列五位槍旗，布三玄戈弩。藥山持刀，青原荷斧，石鞏彎弓，禾山打鼓。陣排雪嶺長蛇，兵屯黃檗飛虎。木馬帶毛烹，泥牛和角煮。賞三軍，犒師旅。打葛藤，分露布。截海颺塵，橫山簸土。擊玄關，除徼路，多少平人受辛苦。無邊剎海競紛紛，三界聖凡無覓處。無覓處，還知否？昨夜雲收天宇寬，依然帶月啼高樹。」上堂：「閑來祇麼坐，拍手誰賡和？回頭忽見簸箕星，水墨觀音解推磨。」拍手一下曰：「還會麼？八十翁翁雖皓首，看看不見老人容。」上堂：「法昌今日開爐，行脚僧無一箇。唯有十八高人，緘口圍爐打坐。不是規矩嚴難，免見諸人話墮。直饒口似秤鎚，未免燈籠勘破。不知道絶功勳，妄自修因證果。」喝曰：「但能一念回光，定脱三乘羈鎖。」黃龍南禪師至，上堂：「拏雲攫浪數如麻，點著銅睛眼便花。除却黃龍頭角外，自餘渾是赤斑蛇。法昌小剎，路遠山遥，景物蕭疏，游人罕到。敢謂黃龍禪師曲賜光臨，不唯泉石生輝，亦乃人天欣悦。然雲行雨施，自古自今，其奈爐鞴之所，鈍鐵尤多；良醫之門，病者愈甚。瘥病須求靈藥，銷頑必藉金錘。法昌這裏，有幾箇垛根阿師，病者病在膏肓，頑者頑入骨髓。若非黃龍老漢到來，總是虚生浪死。」拈拄杖曰：「要會麼？打麵還他州土麥，唱歌須是帝鄉人。」僧問：「古鏡未磨時如何？」師曰：「却須磨取。」曰：「未審如何下手？」師曰：「鏡在甚麼處？」僧遂作一圓相，師便打曰：「這漆桶？碌甎也不識。」師與感首座歲夜喫湯次，座曰：「昔日北禪分歲，曾烹露地白牛。和尚今夜分歲，有何施設？」師曰：「臘雪連山白，春風透户寒。」座曰：「大衆喫箇甚麼？」師曰：「莫嫌冷淡無滋味，一飽能消萬劫飢。」座曰：「未審是甚麼人置辦？」師曰：「無慚愧漢？來處也不知。」英、勝二首座到山相訪。英曰：「和尚尋常愛檢點諸方，今日因甚麼却來古廟裏作活計？」師曰：「打草祇要蛇驚。」英曰：「莫塗糊人好！」師曰：「你又刺頭入膠盆作甚麼？」英曰：「古人道：『我見兩箇泥牛鬬入海，所以住此山。』未審和尚見箇甚麼？」師曰：「你他時異日有把茆蓋頭，人或問你，作麼生祇對？」英曰：「山頭不如嶺尾。」師曰：「你且道，還當得住山事也無？」英曰：「使钁不及拖犂。」師曰：「還曾夢見古人麼？」英曰：「和尚作麼生？」師展兩手。英曰：「鰕跳不出斗。」師曰：「休將三寸燭，擬比太陽輝。」英曰：「争奈公案見在。」師曰：「亂統禪和，如麻似粟。」龍圖徐公禧布衣時，與師往來，爲法喜之游。師將化前一日，作偈遺之曰：「今年七十七，出行須擇日。昨夜問龜哥，報道明朝吉。」徐覽偈聳然，邀靈源清禪師同往。師方坐寢室，以院務誡知事曰：「吾住此山二十三年，護惜常住，每自莅之。今行矣，汝輩著精彩。」言畢，舉拄杖曰：「且道這箇分付阿誰？」徐與靈源皆屏息。遂擲杖投牀，枕臂而化。

廣因擇要禪師

福州廣因擇要禪師，上堂：「王臨寶位，胡漢同風。紐半破三，佛殿倒卓。藏身句即不問，你透出一字作麽生道？」拈拄杖曰：「春風開竹户，夜雨滴花心。」上堂：「古者道：『祇恐爲僧心不了，爲僧心了總輸僧。』且如何是諸上座了底心？」良久曰：「漁翁睡重春潭闊，白鳥不飛舟自横。」僧問：「如何是祖師西來意？」師曰：「長安東，洛陽西。」問：「如何是佛？」師曰：「福州橄欖兩頭尖。」問：「佛未出世時如何？」師曰：「隈巖傍壑。」曰：「出世後如何？」師曰：「前山後山。」

開先暹禪師法嗣

雲居了元禪師

南康軍雲居山了元佛印禪師，饒州浮梁林氏子。誕生之時，祥光上燭。鬚髮爪齒，宛然具體。風骨爽拔，孩孺異常。發言成章，語合經史。閭里先生稱曰神童。年將頂角，博覽典墳，卷不再舒，洞明今古。才思俊邁，風韻飄然。志慕空宗，投師出家。試經圓具，感悟夙習。即徧參尋，投機於開先法席，出爲宗匠。九坐道場，四衆傾向，名動朝野。神宗賜高麗磨衲、金鉢，以旌師德。僧問：「如何是佛？」師曰：「木頭雕不就。」曰：「恁麼則皆是虛妄也。」師曰：「梵音深遠，令人樂聞。」問：「如何是諸佛說不到底法？」師曰：「蟻子解尋腥處走，蒼蠅偏向臭邊飛。」曰：「學人未曉，請師再指。」師曰：「九萬里鵬從海出，一千年鶴遠天歸。」問：「達磨面壁，意旨如何？」師曰：「閉口深藏舌。」曰：「學人未曉。」師曰：「一言已出，駟馬難追。」問：「大修行人還入地獄也無？」師曰：「在裏許。」曰：「大作業人還上天堂也無？」師曰：「鰕跳不出斗。」曰：「恁麼則鑊湯爐炭吹教滅，劍樹刀山喝使摧。」師曰：「自作自受。」乃曰：「適來禪客出衆禮拜，各以無量珍寶布施大衆。又於面門上放大光明，照耀乾坤，令諸人普得相見。於此明得，可謂十方諸佛各坐其前，常爲勞生演說大法，豈假山僧重重注破？如或未然，不免横身徇物。」乃横按拄杖曰：「萬般草木根苗異，一得春風便放花。」上堂：「寒！寒！風撼竹聲乾，水凍魚行澀，林疏鳥宿難。早是嚴霜威重，那堪行客衣單？休思紫陌山千朵，且擁紅爐火一攢。放下茱萸空中竹櫪，倒却迦葉門前刹竿。直下更云不會，筭來也太無端。參！」師一日與學徒入室次，適東坡居士到面前。師曰：「此間無坐榻，居士來此作甚麼？」士曰：「暫借佛印四大爲坐榻。」師曰：「山僧有一問，居士若道得，即請坐；道不得，即輸腰下玉帶子。」士欣然曰：「便請。」師曰：「居士適來道，暫借山僧四大爲坐榻。祇如山僧四大本空，五陰非有，居士向甚麼處坐？」士不能答，遂留玉帶。師却贈以雲山衲衣。士乃作偈曰：「百千燈作一燈光，盡是恒沙妙法王。是故東坡不敢惜，借君四大作禪牀。病骨難堪玉帶圍，鈍根仍落箭鋒機。會當乞食歌姬院，奪得雲山舊衲衣。此帶閲人如傳舍，流傳到我亦悠哉。錦袍錯落猶相稱，乞與佯狂老萬回。」

智海本逸禪師

東京智海本逸正覺禪師，僧問：「古鏡未磨時如何？」師曰：「青青河畔草。」曰：「磨後如何？」師曰：「鬱鬱園中柳。」曰：「磨與未磨，是同是别？」師曰：「同别且置，還我鏡來。」僧擬議，師便喝。上堂：「開口是，合口是，眼下無妨更著鼻。開口錯，合口錯，眼與鼻孔都拈却。佛也打，祖也打，真人面前不説假。佛也安，祖也安，衲僧肚皮似海寬。

此乃一出一入，半合半開，是山僧尋常用底。敢問諸禪德，刹竿因甚麽頭指天？力士何故揎起拳？」良久曰：「參！」上堂，拈拄杖曰：「這拄杖，在天也與日月並明，在地也，與山河同固；在王侯也，以代蒲鞭；在百姓也，防身禦惡；在衲僧也，晝橫肩上，渡水穿雲，夜宿旅亭，撐門拄户。且道在山僧手裏，用作何爲？要會麽？有時放步東湖上，與僧遥指遠山青。」擊禪牀，下座。上堂：「憶得老僧年七歲時，於村校書處得一法門，超情離見，絶妙絶玄，爰自染神。逾六十載，今日輒出，普告大衆。若欲傳持，宜當諦聽。」遂曰：「寒原耕種罷，牽犢負薪歸。此夜一爐火，渾家身上衣。諸禪德！逢人不得錯舉。」上堂：「古者道：『接物利生絶妙，外甥終是不肖。他家自有兒孫，將來應用恰好。』諸禪德！還會麽？暹和尚道：『寒！寒！地爐火煖，閑坐蒲團。院宇漏時隨分整，兒孫大小盡風流。」上堂，舉：「遲菜園牆倒晴方築，房店籬穿雨過修。說迦葉不是，談達磨無端。此也彼也，必然一般。』」師召大衆曰：「迦葉甚處不是？達磨那裏無端？若檢點得出，彼之二老一場懡㦬。若點檢不出，三十年後，莫道不被人瞞好！」上堂：「我有這一著，人人口裏嚼。嚼得破者，速須吐却。嚼不破者，飜成毒藥。」乃召：「諸禪德！作甚麽滋味，試請道看。」良久曰：「醫王不是無方義，千里蘇香象不回。」道士問：「如何是道？」師曰：「龍吟金鼎，虎嘯丹田。」曰：「如何是道中人？」師曰：「吐故納新。」曰：「道與道中人相去多少？」師曰：「罥鶴顛崖上，冲天昧米民。」

天章元楚禪師

越州天章元楚寶月禪師，僧問：「如何是佛法大意？」師曰：「一年三百六十日。」師曰：「便恁麼會時如何？」師曰：「迢迢十萬不是遠。」上堂：「鼓聲錯落，山色崔嵬。本既不有，甚處得來？」良久曰：「高著眼。」

欽山勤禪師法嗣

梁山應圓禪師

鼎州梁山圓應禪師，僧問：「如何是超佛越祖之談？」師曰：「喫粥喫飯。」

青原下十一世

雲居舜禪師法嗣

蔣山法泉禪師

金陵蔣山法泉佛慧禪師，隨州時氏子。僧問：「古人説不到處，請師説。」師曰：「夫子入太廟。」曰：「學人未曉。」師曰：「春暖柳條青。」問：「如何是急切一句？」師曰：「火燒眉毛。」問：「祖師面壁，意旨如何？」師曰：「撐天拄地。」曰：「便恁麽去時如何？」師曰：「落七落八。」問：「二祖立雪齊腰，意旨如何？」師曰：「三年逢一閏。」曰：「爲甚麽付法傳衣？」師曰：「村酒足人酤。」問：「蓮華未出水時如何？」師曰：「西瞿耶尼。」曰：「出水後如何？」師曰：「泗州大聖。」問：「如何是祖師西來意？」師曰：「髮長僧貌醜。」曰：「未審意旨如何？」師曰：「閉户怕天寒。」問：「南禪結夏，爲甚麽却在蔣山解？」師曰：「衆流逢海盡。」曰：「恁麽則事同一家。」師曰：「夢裏到家鄉。」上堂：

「來不來，去不去。脚下須彌山，腦後擎天柱。大藏不能宣，佛眼不能覷。諸禪德！漸老逢春解惜春，昨夜飛花落無數。」上堂，畫一圓相，以手拓起曰：「諸仁者！還見麽？團團離海嶠，漸漸出雲衢。諸人若也未見，莫道南明長老措大相，却於寶華王座上念中秋月詩。若也見得，此夜一輪滿，清光何處無？」上堂：「要去不得去，要住不得住。打破大散關，脱却孃生袴。諸仁者！若到臘月三十日，且道用箇甚麽？」良久曰：「柳絮隨風，自西自東。」上堂：「古人恁麽，南禪不恁麽；古人不恁麽，南禪却恁麽。大衆還委悉麽？王婆衫子短，李四帽簷長。」聖節上堂，拈拄杖擊法座一下曰：「以此功德，祝延聖壽。」便下座。上堂：「時人欲識南禪路，門前有箇長松樹。脚下分明不較多，無奈行人恁麽去。莫恁去，急回顧。樓臺煙鎖鐘鳴處。」師因雪下，上堂召大衆曰：「還有過得此色者麽？」良久曰：「文殊笑，普賢嗔。眼裏無筋一世貧。相逢盡道休官去，林下何曾見一人？」上堂：「快人一言，快馬一鞭。若更眼睛定動，未免紙裏麻纏。脚下是地，頭上是天。不信但看八九月，紛紛黄葉滿山川。」師晚奉詔住大相國智海禪寺，問衆曰：「赴智海，留蔣山，去就孰是？」衆皆無對。師索筆書偈曰：「非佛非心徒擬議，得皮得髓謾商量。臨行珍重諸禪侶，門外千山正夕陽。」書畢坐逝。

天童澹交禪師

明州天童澹交禪師，僧問：「臨雲閣聳，太白峰高。到這裏如何進步？」師曰：「但尋荒草際，莫問白雲深。」曰：「未審如何話會？」師曰：「寒山逢拾得，兩箇一時癡。」曰：「向上宗乘，又且如何舉唱？」師曰：「前言不及後語。」上堂：「也大奇，也大差，十箇指頭八箇鎼。由來多少分明，不用鑽龜打瓦。」便下座。

崇梵餘禪師

建州崇梵餘禪師，僧問：「臨濟喝少遇知音，德山棒難逢作者。和尚今日作麼生？」師曰：「山僧被你一問，直得退身三步，脊背汗流。」曰：「作家宗師，今日遭遇。」師曰：「一語傷人，千刀攪腹。」僧以手畫一畫曰：「争奈這箇何！」師曰：「草賊大敗。」問：「恁麼來底人，師還接否？」師曰：「孤峰無宿客。」曰：「不恁麼來底人，師還接否？」師曰：「灘峻不留船。」曰：「恁麼不恁麼則且置，穿過髑髏一句作麼生？」師曰：「堪笑亦堪悲。」上堂：「直須向黑豆未生芽時搆取。」良久，召大衆曰：「劍去遠矣。」

慈雲修慧禪師

處州慈雲院修慧圓照禪師，上堂：「片月浸寒潭，微雲滿空碧。若於達道人，好箇真消息。還有達道人麽？微雲穿過你髑髏，片月觸著你鼻孔。珍重！」

大溈宥禪師法嗣

歸宗慧通禪師

廬山歸宗慧通禪師，僧問：「如何是函蓋乾坤句？」師曰：「日出東方夜落西。」曰：「如何是截斷衆流句？」師曰：「鐵山横在路。」曰：「如何是隨波逐浪句？」師曰：「船子下楊州。」問：「如何是塵塵三昧？」師曰：「灰飛火亂。」問：「如何是佛法大意？」師曰：「黄河水出崑崙嶺。」問：「十二時中如何履踐？」師曰：「鐵牛步春草。」問：「隻履西歸，當爲何事？」師曰：「爲緣生處樂，不是厭他鄉。」曰：「如何是當面事？」師曰：「眼下鼻頭垂。」上堂：「心隨相起，見自塵生。了見本心，知心無相，即十方剎海，念念圓明，無量法門，心心周匝。夫如是者，何假覺城東際，參見文殊；樓閣門開，方親彌勒？所以道，一切法門無盡海，同會一法道場中。」拈起拄杖曰：「這箇是一法，那箇是道場？這箇是道場，那箇是一法？」良久曰：「看！看！拄杖子穿過諸人髑髏，須彌山𢴤破諸人鼻孔。」擊香臺一下曰：「且向這裏會取。」上堂：「從無入有易，從有入無難。有無俱盡處，且莫自顢頇。舉來看，寒山拾得禮豐干。」

興教慧憲禪師

安州大安興教慧憲禪師，上堂：「我有一條拄杖，尋常將何比況？采來不在南山，亦非崑崙西嶂。拈起滿目光生，放下驪龍縮項。同徒若也借看，卓出人中之上。」擊香臺，下座。

育王璉禪師法嗣

佛日戒弼禪師

臨安府佛日淨慧戒弼禪師，僧問：「如何是毗盧印？」師曰：「草鞋踏雪。」曰：「學人不會。」師曰：「步步成蹤。」

天宮慎徽禪師

福州天宮慎徽禪師，上堂：「八萬四千波羅密門，門門長開；三千大千微塵諸佛，佛佛説法。不説有，不説無，不説非有非無，不説亦有亦無。何也？離四句，絶百非，相逢舉目少人知。昨夜霜風漏消息，梅花依舊綴寒枝。」

靈隱知禪師法嗣

靈隱正童禪師

臨安府靈隱正童圓明禪師，僧問：「如何是道？」師曰：「夜行莫踏白。」曰：「如何是道中人？」師曰：「黄張三，黑李四。」

承天簡禪師法嗣

智者利元禪師

婺州智者山利元禪師，上堂，拈拄杖曰：「大用現前，不存軌則。東方一指，乾坤肅靜。西方一指，瓦解冰消。南方一指，南斗作竄。北方一指，北斗潛藏。上方一指，築著帝釋鼻孔。下方一指，穿過金剛水際。諸人面前一指，成得甚麼邊事？」良久，卓一下曰：「路上指奔鹿，門前打犬兒。」

九峰韶禪師法嗣

大梅法英禪師

明州大梅法英祖鏡禪師，本郡張氏子。棄儒，試經得度，肄講延慶。凡義學有困於宿德，輒以詰師。師縱辭辨之，爲衆所敬。忽曰：「名相迂曲，豈吾所宗哉？」乃參九峰，峰見器之，與語若久在叢席，因痛劄之。師領旨，自爾得譽。住後，上堂：「三十六旬之始，七十二候之初。末後句則且置，秖如當頭一句，又作麼生道？」拈拄杖曰：「歲朝把筆，萬事皆吉。急急如律令。大衆！山僧恁麼舉唱，且道還有祖師意也無？」良久曰：「記得東村黑李四，年年親寫在門前。」卓拄杖，下座。宣和初，敕天下僧尼爲德士。雖主法聚議，無一言以回上意。師肆筆解老子，詣進。上覽，謂近臣曰：「法英道德經解，言簡理詣，於古未有。宜賜入道藏流行。仍就賜冠珮壇誥。」不知師意者，往往以其爲佞諛。明年秋，詔復天下僧尼，師獨無改志。至紹興初，晨起，戴樺皮冠，披鶴氅，執象簡，穿朱履，使擊鼓集衆。陞座，召大衆曰：「蘭芳春谷菊秋籬，物必榮枯各有時。昔毀僧尼專奉道，後平道佞復僧尼。且道僧尼形相作麼生？」復取冠示衆曰：「吾頂從來似月圓，雖冠其髮不成仙。今朝拋下無遮障，放出神光透碧天。」擲之於地，隨易僧服。提鶴氅曰：「如來昔日留皮衣，數載慚將鶴氅披。還我丈夫調御服，須知此物不相宜。」擲之。舉象簡曰：「爲嫌禪板太無端，豈料遭他象簡瞞。今日因何忽放下，普天致仕老仙官。」擲之。提朱履曰：「達磨携將一隻歸，兒孫從此赤脚走。借他朱履代麻鞋，休道時難事掣肘。化鵬未遇不如鴟，畫虎不成反類狗。」擲之。横拄杖曰：「今朝拄杖化爲龍，分破華山千萬重。」復倚肩曰：「珍重佛心真聖主，好將堯德振吾宗。」擲下拄杖，斂目而逝。

玉泉皓禪師法嗣

興教文慶禪師

郢州林溪興教文慶禪師，上堂：「六六三十六，東方甲乙木。嘉州大像出關來，陝府鐵牛入西蜀。參！」

夾山遵禪師法嗣

福昌信禪師

江陵福昌信禪師，僧問：「一花開五葉，如何是第一葉？」師提起坐具。僧曰：「雲生片片，雨點霏霏。」師曰：「不痛不知傷。」僧曰：「這箇猶是風生雨意，如何是第一葉？」師將坐具撼一撼，僧拍掌。師曰：「一任跨跳。」問：「如何是佛？」師曰：「東家兒郎，西家織女。」僧曰：「學人不會。」師曰：「擲筆抛梭。」上堂，召大衆，衆舉頭，師曰：

「南山風色緊。」便下座。

天衣懷禪師法嗣

惠林宗本禪師

東京慧林宗本圓照禪師，常州無錫管氏子。體貌厖碩，所事淳厚。年十九，依姑蘇承天永安道昇禪師出家，巾侍十載，剃度受具。又三年，禮辭遊方，至池陽謁振宗。宗舉：「天親從彌勒内宫而下，無著問云：『人間四百年，彼天爲一晝夜。彌勒於一時中，成就五百億天子，證無生法忍，未審説甚麽法？』天親曰：『祇説這箇法。』如何是這箇法？」師久而開悟。一日，室中問師：「即心即佛時如何？」曰：「殺人放火有甚麽難？」於是名播寰宇。漕使李公復圭命師開法瑞光，法席日盛。武林守陳公襄以承天、興教二刹命師擇居，蘇人擁道遮留。又以浄慈堅請，移文諭道俗曰：「借師三年，爲此邦植福，不敢久占。」道俗始從。元豐五年，神宗皇帝下詔，闢相國寺六十四院爲八禪二律，召師爲慧林第一祖。既至，上遣使問勞。閱三日，傳旨就寺之三門爲士民演法。翌日，召對延和殿。問道賜坐，師即跏趺。帝問：「卿受業何寺？」奏曰：「蘇州承天永安。」帝大悦，賜茶。師即舉盞長吸，又蕩而撼之。帝曰：「禪宗方興，宜善開導。」師奏曰：「陛下知有此道，如日照臨，臣豈敢自怠？」即辭退。帝目送之，謂左右曰：「真福慧僧也。」後帝登遐，命入福寧殿説法。以老乞歸林下，得旨任便雲遊，州郡不得抑令住持。擊鼓辭衆，説偈曰：「本是無家客，那堪任意遊？順風加艣棹，船子下楊州。」既出都城，王公貴人送者車騎相屬。師臨别誨之曰：「歲月不可把玩，老病不與人期，唯勤修勿怠，是真相爲。」聞者莫不感涕。晚居靈巖，其嗣法傳道者不可勝紀。僧問：「如何是祖師西來意？」師曰：「韓信臨朝。」曰：「中下之流，如何領會？」師曰：「伏屍萬里。」曰：「早知今日事，悔不慎當初。」師曰：「三皇塚上草離離。」問：「上是天，下是地，未審中間是甚麽物？」師曰：「山河大地。」曰：「恁麽則謝師答話。」師曰：「大地山河。」曰：「和尚何得瞞人！」師曰：「却是老僧罪過。」上元日，僧問：「千燈互照，絲竹交音。正恁麽時佛法在甚麽處？」師曰：「謝布施。」曰：「莫便是和尚爲人處也無？」師曰：「大似不齋來。」上堂：「於一毫端現寶王刹，坐微塵裏轉大法輪。」拈起拄杖曰：「這箇是塵，作麽生説箇轉法輪底道理？山僧今日不惜眉毛，與汝諸人説破。拈起也，海水騰波，須彌岌峇；放下也，四海晏清，乾坤肅静。敢問諸人，且道拈起即是？放下即是？當斷不斷，兩重公案。」擊禪牀，下座。上堂：「看！看！爍爍瑞光照大千界，百億微塵國土，百億大海水，百億須彌山，百億日月，百億四天下，乃至微塵刹土，皆於光中一時發現。諸仁者！還見麽？若也見得，許汝親在瑞光。若也不見，莫道瑞光不照好。參！」上堂：「頭圓像天，足方似地。古貌稜層，丈夫意氣。趯倒須彌，踏飜海水，帝釋與龍王無著身處。」乃拈拄杖曰：「却來拄杖上回避。咄！任汝神通變化，究竟須歸這裏。」以拄杖卓一下。師全身塔于蘇之靈巖。

法雲法秀禪師

東京法雲寺法秀圓通禪師，秦州隴城辛氏子。母夢老僧託宿，覺而有娠。先是，麥積山老僧與應乾寺魯和尚者善，嘗欲從魯游方。魯老之，既去，緒語曰：「他日當尋我竹鋪坡前，鐵場嶺下。」魯後聞其所俄有兒生，即往觀焉，兒爲一笑。三歲願隨魯歸，遂從魯姓。十九試經圓具，勵志講肆。習圓覺、華嚴，妙入精義。因聞無爲軍鐵佛寺懷禪師法席之盛，徑往參謁。懷問曰：「座主講甚麽經？」師曰：「華嚴。」曰：「華嚴以何爲宗？」師曰：「法界爲宗。」曰：「法界以何爲宗？」師曰：「以心爲宗。」曰：「心以何爲宗？」師無對。懷曰：「毫氂有差，天地懸隔。汝當自看，必有發明。」後聞僧舉：「白兆參報慈：『情未生時如何？』慈曰：『隔。』」師忽大悟，直詣方丈，陳其所證。懷曰：「汝真法器。吾宗異日在汝行矣。」初住龍舒四面，後詔居長蘆法雲爲鼻祖。神宗皇帝上仙，宣就神御前説法，賜圓通號。僧問：「不離生死而得涅槃，不出魔界而入佛界，此理如何？」師曰：「赤土茶牛奶。」曰：「謝師答話。」師曰：「你話頭道甚麽？」僧擬議，師便喝。問：「陽春二三月，萬物盡生芽。未審道芽還增長也無？」師曰：「自家看取。」曰：「莫便是指示處麽？」師曰：「芭蕉高多少？」曰：「野火燒不盡，春風吹又生。」師曰：「這箇是白公底，你底作麽生？」曰：「且待別時。」師曰：「看你道不出。」上堂：「看風使帆，正是隨波逐浪。截斷衆流，未免依前滲漏。量才補職，寧越短長；買帽相頭，難得恰好。直饒上不見天，下不見地，東西不辨，南北不分，有甚麽用處？任是純鋼打就，生鐵鑄成，也須額頭汗出。揔不恁麽，如何商量？」良久曰：「赤心片片誰知得？笑殺黄梅石女兒。」上堂：「山僧不會巧説，大都應箇時節。相唤喫椀茶湯，亦無祖師妙訣。禪人若也未相諳，踏著秤鎚硬似鐵。」上堂：「秋雲秋水，看山滿目。這裏明得，千足萬足。其或未然，道士倒騎牛。參！」上堂：「寒雨細，朔風高，吹沙走石，拔木鳴條。諸人盡知有，且道風作何色？若識得去，許你具眼。若也不識，莫怪相瞞。參！」上堂：「少林九年冷坐，却被神光覷破。如今玉石難分，祇得麻纏紙裹。還會麽？笑我者多，哂我者少。」上堂：「衲僧家高揖釋迦，不拜彌勒，未爲分外。祇如半偈亡軀，一句投火，又圖箇甚麽？」良久曰：「彼彼住山人，何須更説破？」師示疾，謂衆曰：「老僧六處住持，有煩知事、首座、大衆，今來四大不堅，火風將散，各宜以道自安，無違吾囑。」遂曰：「來時無物去時空，南北東西事一同。六處住持無所補，」師良久，監寺惠當進曰：「和尚何不道末後句？」師曰：「珍重！珍重！」言訖而逝。

慧林若冲禪師

東京相國慧林院若冲覺海禪師，江寧府鍾氏子。上堂：「碧落静無雲，秋空明有月。長江瑩如練，清風來不歇。林下道人幽，相看情共悦。諸仁者！適來道箇清風明月，猶是建化門中事，作麽生是道人分上事？」良久曰：「閑來石上觀流水，欲洗禪衣未有塵。」上堂：「無邊義海，咸歸顧眄之中。萬象形容，盡入照臨之内。你諸人築著磕著，因甚麽却不知？」良久曰：「莫怪山僧太多事，光陰如箭急相催。珍重！」

長蘆應夫禪師

真州長蘆應夫廣照禪師，滁州蔣氏子。僧問：「古者道，如來禪即許老兄會，祖師禪未夢見在。未審如來禪與祖師禪是同是別？」師曰：「一箭過新羅。」僧擬議，師便喝。問：「識得衣中寶時如何？」師曰：「你試拈出看。」僧展一手，師曰：「不用指東畫西，寶在甚麽處？」曰：「争奈學人用得。」師曰：「你試用看。」僧拂坐具一下，師曰：「衆人笑你。」上堂，召衆曰：「江山遶檻，宛如水墨屏風；殿閣凌空，麗若神仙洞府。森羅萬象，海印交參。一道神光，更無遮障。諸人還會麽？」良久曰：「寥寥天地間，獨立望何極。參！」上堂，顧大衆曰：「這箇爲甚麽擁不聚，撥不散，風吹不入，水灑不著，火燒不得，刀斫不斷？是箇甚麽？衆中莫有釘觜鐵舌底衲僧，試爲山僧定當看。還有麽？」良久曰：「若無，山僧今日失利。久立。」

臨安智才禪師

臨安府佛日智才禪師，台州人。僧問：「如何是道？」師曰：「水冷生冰。」曰：「如何是道中人？」師曰：「春雪易消。」曰：「如何談論？」師鳴指一下。問：「東西密相付，爲甚麼衆人皆知？」師曰：「春無三日晴。」曰：「特伸請益。」師曰：「拖泥帶水。」曰：「學人到這裏却不會。」師曰：「賊身已露。」上堂：「城裏喧繁，空山寂静。然雖如此，動静一如，死生不二，四時輪轉，物理湛然。夏不去而秋自來，風不凉而人自爽。今也古也，不改絲毫。誰少誰多，身無二用。諸禪德！既身無二用，爲甚麼龍女現十八變？君不見弄潮須是弄潮人。珍重！」上堂：「風雨蕭騷，塞汝耳根。落葉交加，塞汝眼根。香臭叢雜，塞汝鼻根。冷熱甘甜，塞汝舌根。衣綿温冷，塞汝身根。顛倒妄想，塞汝意根。諸禪德！直饒汝飜得轉，也是平地骨堆。參！」上堂：「嚴風刮地，大野清寒。萬里草離衰，千山樹黯黲。蒼鷹得勢，俊鶻横飛。頗稱衲僧，鉢囊高挂，獨步遐方，似猛將出荒郊，臨機須扣敵，今日還有麽？」良久曰：「匣中寶劍，袖裏金鎚，幸遇太平，挂向壁上。參！」上堂：「諸禪德！還知麽？山僧生身父母一時喪了，直是無依倚處。」以手搥胸曰：「蒼天！蒼天！」復顧大衆，良久曰：「你等諸人，也是鐵打心肝。」便下座。上堂，舉柏樹子話。師曰：「趙州庭柏，説與禪客。黑漆屏風，松欏亮隔。」僧問：「如何是無爲？」師曰：「山前雪半消。」曰：「請師方便。」師曰：「水聲轉嗚咽。」

天鉢重元禪師

北京天鉢寺重元文慧禪師，青州千乘孫氏子。母夢於佛前吞一金果，後乃誕師。相儀殊特，迥異群童。十七出家，冠歲圓具。初遊講肆，頗達宗教。嘗宴坐古室，忽聞空中有告師：「學上乘者，無滯於此。」驚駭出視，杳無人迹。翌日客至，出寒山集，師一覽之，即慕參玄。至天衣法席，遇衆請益，豁然大悟。衣印可曰：「此吾家千里駒也。」出世後，僧問：「如何是禪？」師曰：「入籠入檻。」僧拊掌，師曰：「跳得出是好手。」僧擬議，師曰：「了。」問：「如何是透法身句？」師曰：「上是天，下是地。」上堂：「冬不受寒，夏不受熱。身上衣，口中食，應時應節。既非天然自然，盡是人人膏血。諸禪德！山僧恁麼説話，爲是世法？爲是佛法？若也擇得分明，萬兩黄金亦消得。」喝一喝。上堂：「福勝一片地，行也任你行，住也任你住。步步踏著，始知落處。若未然者，直須退步，脚下看取。咄！」上堂：「古今天地，萬象森然，歲歲秋收冬藏。人人道我總會，還端的也無？直饒端的，比他雞足峰前，是甚麼閑事？」良久曰：「今朝十月初旬，天寒不得普請。參！」師四易名藍，緇白仰重。示寂，正盛暑中，清風透室，異香馥郁。荼毗，煙燄到處，獲舍利五色。

太師文公彥博，以上賜白琉璃瓶貯之，藉以錦褥，躬葬于塔。居士何震所獲額骨齒牙舍利，別創浮圖。

瑞巖子鴻禪師

台州瑞巖子鴻禪師，本郡吴氏子。僧問：「如何是道？」師曰：「開眼覷不見。」問：「法爾不爾，如何指南？」師曰：「話墮也。」曰：「乞師指示。」師呵呵大笑。上堂：「一不守，二不向，上下四維無等量。大洋海裏泛鐵船，須彌頂上翻鯨浪。臨濟縮却舌頭，德山閣却拄杖。千古萬古獨巍巍，留與人間作榜樣。」

棲賢智遷禪師

廬山棲賢智遷禪師，僧問：「一問一答，盡是建化門庭。未審向上更有事也無？」師曰：「有。」曰：「如何是向上事？」師曰：「雲從龍，風從虎。」曰：「恁麽則龍得水時添意氣，虎逢山則長威獰。」師曰：「興雲致雨又作麽生？」僧便喝。師曰：「莫更有在？」僧擬議，師咄曰：「念話杜家。」問：「如何是本來心？」師曰：「拆東籬，補西壁。」曰：「恁麽則今日齋晏。」師曰：「退後著。」上堂：「聞佛法二字，早是污我耳目。諸人未跨法堂門，脚跟下好與三十棒。雖然如是，山僧今日也是爲衆竭力。珍重！」上堂：「是甚麽物，得恁頑頑嚚嚚，膕膕睍睍。」拊掌呵呵大笑曰：「今朝巴鼻，直是黄面瞿曇通身是口，也分疏不下。久立。」

浄衆梵言首座

越州浄衆梵言首座，示衆：「南陽國師道：『説法有所得，斯則野干鳴。説法無所得，是名師子吼。』」師曰：「國師恁麽道，大似掩耳偷鈴。何故？説有説無，盡是野干鳴。諸人要識師子吼麽？咄！」

三祖冲會禪師

舒州山谷三祖冲會圓智禪師，臨安府人也。初開堂日，僧問：「如何是第一義諦？」師曰：「百雜碎。」曰：「恁麽則褒禪一會，不異靈山。」師曰：「將糞箕掃帚來。」問：「師登寶座，壁立千仞。正令當行，十方坐斷。未審將何爲人？」師曰：「千鈞之弩。」曰：

「大衆承恩。」師曰：「量才補職。」問：「理雖頓悟，事假漸除。除即不問，如何是頓悟底道理？」師曰：「言中有響。」曰：「便恁麽又且如何？」師曰：「金毛師子。」問：「生也猶如著衫，死也還同脱袴。未審意旨如何？」師曰：「譬如閑。」曰：「爲甚麽如此？」師曰：「因行不妨掉臂。」問：「如何是天堂？」師曰：「太遠在。」曰：「如何是地獄？」師曰：「放你不得。」曰：「天堂地獄，相去多少？」師曰：「七零八落。」問：「白雲綻處，樓閣門開。善財爲甚麽從外而入？」師曰：「開眼即瞎。」曰：「未審落在甚麽處？」師曰：「填溝塞壑。」問：「如何是不動尊？」師曰：「寸步千里。」

資壽院接禪師

泉州資壽院捷禪師，僧問：「如何是佛法大意？」師曰：「鐵牛生石卵。」曰：「如何是接人句？」師曰：「三門前合掌。」曰：「如何是大用句？」師曰：「腦門著地。」曰：「如何是無事句？」師曰：「横眠大道。」曰：「如何是奇特句？」師曰：「的。」

觀音啓禪師

洪州觀音啓禪師，僧問：「如何是祖師西來意？」師曰：「松長柏短。」曰：「意旨如何?」師曰:「葉落歸根。」

天章元善禪師

越州天章元善禪師,僧問:「大無外,小無内。既無内外,畢竟是甚麽物?」師曰:「開口見膽。」曰:「學人未曉。」師曰:「苦中苦。」曰:「爲衆竭力,禍出私門。」師打曰:「教休不肯休,須待雨淋頭。」問:「如何是最初句?」師曰:「末後問將來。」曰:「爲甚如此?」師曰:「先行不到。」曰:「入水見長人也。」師曰:「秦皇擊缶。」上堂:「君問西來意,馬師踏水潦。若認一毛頭,何曾知起倒?劫火纔洞然,愚夫覓乾草。寧知明眼人,爲君長懊惱?」

長蘆體明禪師

真州長蘆體明圓鑑禪師,上堂,顧視左邊曰:「師子之狀,豈免嚬呻?」顧右邊曰:「象王之儀,寧忘回顧?取此逃彼,上士奚堪?識變知機,野狐窠窟。到這裏,須知有凡聖不歷處,古今不到處。且道是甚麽人行履?」良久曰:「丈夫自有衝天志,莫向如來行處來。」

開元智孜禪師

汀州開元智孜禪師，上堂：「衲僧家向針眼裏藏身稍寬，大海中走馬甚窄。將軍不上便橋，勇士徒勞挂甲。晝行三千，夜行八百即不問，不動步一句作麽生道？若也道得，觀音、勢至、文殊、普賢祇在目前。若道不得，直須撩起布裙，緊峭草鞋。參！」上堂：「寒空落落，大地漫漫。雲生洞口，水出高原。若也把定，則十方世界恍然。若也放行，則東西南北坦然。茫茫宇宙人無數，一箇箇鼻孔遼天。且問諸人，把定即是，放行即是？還有人斷得麽？若無人斷得，三門外有兩箇大漢，一箇張眉握劍，一箇努目揮拳。參！」

澄照慧慈禪師

平江府澄照慧慈禪師，僧問：「了然無所得，爲甚麽天高地闊？」師曰：「窄。」上堂：「若論此事，眨上眉毛，早是蹉過。那堪進步向前，更要山僧説破。而今説破了也，還會麽？昨日雨，今日晴。」

法雨慧源禪師

臨安府法雨慧源禪師，僧問：「如何是最初一句？」師曰：「梁王不識。」曰：「如何是末後一句？」師曰：「達磨渡江。」

崇德智澄禪師

秀州崇德智澄禪師，上堂：「覿面相呈，更無餘事。若也如此，豈不俊哉！山僧蓋不得已，曲爲諸人，若向衲僧面前，一點也著不得。諸禪德！且道衲僧面前説箇甚麽即得？」良久曰：「深秋簾幕千家雨，落日樓臺一笛風。」

棲隱有評禪師

泉州棲隱有評禪師，僧問：「如何是平常道？」師曰：「和尚合掌，道士擎拳。」問：「十二時中如何趣向？」師曰：「著衣喫飯。」曰：「别還有事也無？」師曰：「有。」曰：「如何即是？」師曰：「齋餘更請一甌茶。」

定慧雲禪師

平江府定慧雲禪師，僧問：「如何是爲人一句？」師曰：「見之不取。」曰：「學人未曉。」師曰：「思之千里。」

大同旺禪師

建寧府乾符大同院旺禪師，僧問：「如何是祖師西來意？」師曰：「入市烏龜。」曰：「意旨如何？」師曰：「得縮頭時且縮頭。」

鐵佛因禪師

無爲軍鐵佛因禪師，僧問：「如何是和尚家風？」師曰：「一尋寒木自爲鄰，三事秋雲更誰識？」曰：「和尚家風蒙指示，爲人消息又如何？」師曰：「新月有圓夜，人心無滿時。」

報本法存禪師

安吉州報本法存禪師，錢塘陸氏子。僧問：「無味之談，塞斷人口。作麼生是塞斷人口底句？」師便打。僧曰：「恁麼則一句流通，天人聳耳。」師曰：「祇恐不是玉，是玉也大奇。」曰：「專爲流通。」師曰：「一任亂道。」在天衣受請，上堂曰：「吴江聖壽見召住持，進退不遑，且隨緣分。此皆堂頭和尚提耳訓育，終始獎諭。若據今日，正令當行，便好一棒打殺，那堪更容立在座前。雖然如是，養子方見父慈。」

開聖棲禪師

和州開聖院棲禪師，開堂垂語曰：「選佛場開，人天普會。莫有久歷覺場，罷參禪客，出來相見。」時有僧出，師曰：「作家！作家！」僧曰：「莫著忙。」師曰：「元來不是作家。」僧提起坐具，曰：「看！看！摩竭陀國親行此令。」師曰：「祇今作麼生？」僧禮拜。師曰：「龍頭蛇尾。」問：「東西不辨，南北不分，學人上來，乞師一接。」師曰：「不接。」曰：「爲甚麼不接？」師曰：「爲你東西不辨，南北不分。」曰：「將謂胡鬚赤，更有赤鬚胡。」師曰：「蘇嚧蘇嚧。」問：「如何是道？」師曰：「放汝三十棒。」曰：「爲甚麽如此？」師曰：「殺人可恕，無禮難容。」上堂，拈拄杖曰：「大衆！急著眼看，須彌山畫一畫，百雜碎，南贍部洲打一棒，東傾西側，不免且收在開聖手中，教伊出氣不得。」卓一下。

衡山惟禮禪師

福州衡山惟禮禪師，上堂：「若論此事，直下難明。三賢罔測，十聖不知。到這裏須高提祖令，横按鏌鋣。佛尚不存，纖塵何立？直教須彌粉碎，大海焦枯，放一線道與諸人商量。且道商量箇甚麽？」良久曰：「鹽貴米賤。」

顯明善孜禪師

臨安府北山顯明善孜禪師，僧問：「如何是祖師西來意？」師曰：「九年空面壁，懡㦬又西歸。」曰：「爲甚麽如此？」師曰：「美食不中飽人餐。」問：「如何是無情説法？」師曰：「燈籠挂露柱。」曰：「甚麽人得聞？」師曰：「牆壁有耳。」

啓霞惠安禪師

明州啓霞思安禪師，僧問：「諸佛出世，蓋爲群生。和尚出世，當爲何人？」師曰：「不爲闍黎。」曰：「恁麽則潭深波浪静，學廣語聲低。」師曰：「捧上不成龍。」

雲門靈侃禪師

越州雲門靈侃禪師，僧問：「十二時中，如何用心？」師曰：「佛殿裏燒香。」曰：「學人不會。」師曰：「三門頭合掌。」上堂：「塵勞未破，觸境千差。心鑑圓明，絲毫不立。靈光皎皎，獨露現前。今古兩忘，聖凡路絶。到這裏始能卷舒自在，應用無虧，出没往還，人間天上。大衆！雖然如是，忽被人把住，問你道拄杖子向甚麽處著？又如何祇對？還有人道得麽？出來道看。」衆無對。乃拍禪牀，下座。

太平元坦禪師

天台太平元坦禪師，上堂：「是法無宗，隨緣建立。聲色動静，不昧見聞。舉用千差，如鐘待扣。於此薦得，且隨時著衣喫飯。若是德山、臨濟，更須打草鞋行脚。參！」

佛日文祖禪師

臨安府佛日文祖禪師，僧問：「峭峻之機，請師垂示。」師曰：「十字街頭八字立。」曰：「祇如大洋海底行船，須彌山上走馬，又作麽生？」師曰：「烏龜向火。」曰：「恁麽則能騎虎頭，善把虎尾。」師以拄杖點一下曰：「禮拜著。」

望仙宗禪師

沂州望仙山宗禪師，僧問：「四時八節即不問，平常一句事如何？」師曰：「禾山打鼓。」曰：「莫是學人著力處也無？」師曰：「歸宗拽石。」僧無語。師曰：「真箇衲僧。」上堂：「南台烏藥，北海天麻，新羅附子，辰錦朱砂。」良久曰：「大衆會麽？久立。」上堂：「你等諸人，還肯放下麽？若不放下，且擔取去。」便下座。

五峰用機禪師

瑞州五峰淨覺院用機禪師，僧問：「如何是道？」師曰：「十字街頭踏不著。」曰：「便恁麽去時如何？」師曰：「且緩緩！」上堂：「清平過水，投子賣油。一年三百六十日，不須頻向數中求。」以拂擊禪牀，下座。

佛足處祥禪師

無爲軍佛足處祥禪師，僧問：「如何是般若體？」師曰：「琉璃殿裏隱寒燈。」曰：「如何是般若用？」師曰：「活卓卓地。」問：「一色無變異，喚作靈地白牛，還端的也無？」師曰：「頭角生也。」曰：「頭角未生時如何？」師曰：「不要犯人苗稼。」

明因慧贇禪師

平江府明因慧贇禪師，上堂，横按拄杖曰：「若恁麽去，直得天無二日，國無二王，釋迦老子飲氣吞聲，一大藏教如蟲蝕木。設使鑽仰不及，正是無孔鐵鎚。假饒信手拈來，也是殘羹餿飯。一時吐却，方有少分相應，更乃墮在空亡，依舊是鬼家活計。要會麼？雨後始知山色翠，事難方見丈夫心。」卓拄杖，下座。

西臺其辯禪師

興化軍西臺其辯禪師，上堂，舉臨濟無位真人語，乃召大衆曰：「臨濟老漢，尋常一條脊梁硬似鐵，及乎到這裏，大似日中迷路，眼見空花，直饒道無位真人是乾屎橛，正是泥龜曳尾。其僧祇知季夏極熱，不知仲冬嚴寒。若據當時，合著得甚麼語，塞斷天下人舌頭。西臺祇恁麼休去，又乃眼不見爲淨。不免出一隻手，狼籍去也。臨濟一擔，西臺一堆，一擔一堆，分付阿誰？從教撒向諸方去，笑殺當年老古錐。」

侍郎楊傑居士

禮部楊傑居士，字次公，號無爲，歷參諸名宿，晚從天衣游。衣每引老龐機語，令研究深造。後奉祠泰山，一日雞一鳴，睹日如盤湧，忽大悟，乃别有男不婚、有女不嫁之偈曰：「男大須婚，女長須嫁。討甚閑工夫，更説無生話。」書以寄衣，衣稱善。後會芙蓉楷禪師，公曰：「與師相別幾年？」蓉曰：「七年。」公曰：「學道來？參禪來？」蓉曰：「不打這鼓笛。」公曰：「恁麼則空遊山水，百無所能也。」蓉曰：「別來未久，善能高鑒。」公大笑。公有辭世偈曰：「無一可戀，無一可捨。太虛空中，之乎者也。將錯就錯，西方極樂。」

稱心倧禪師法嗣

慧日堯禪師

彭州慧日堯禪師，僧問：「古者道：『我有一句，待無舌人解語，却向汝道。』未審意旨如何？」師曰：「無影樹下好商量。」僧禮拜，師曰：「瓦解冰消。」

報本蘭禪師法嗣

中際可遵禪師

福州中際可遵禪師，上堂：「咄！咄！咄！井底啾啾是何物？直饒三千大千，也衹是箇鬼窟。咄！」上堂：「昨夜四更起來，呵呵大笑不歇。幸然好一覺睡，霜鐘撞作兩橛。」上堂：「禾山普化忽顛狂，打鼓摇鈴戲一場。劫火洞然宜煮茗，嵐風大作好乘凉。四蛇同篋看他弄，二鼠侵藤不自量。滄海月明何處去，廣寒金殿白銀牀。咄！」上堂：「八萬四千深法門，門門有路超乾坤。如何箇箇踏不著？衹爲蜈蚣太多脚。不唯多脚亦多口，釘觜鐵舌徒增醜。拈椎豎拂泥洗泥，揚眉瞬目籠中雞。要知佛祖不到處，門掩落花春鳥啼。」

法明上座

邢州開元法明上座，依報本未久，深得法忍。後歸里，事落魄，多嗜酒呼盧。每大醉，唱柳詞數闋，日以爲常。鄉民侮之，召齋則拒，召飲則從。如是者十餘年。咸指曰「醉和尚」。一日謂寺衆曰：「吾明旦當行，汝等無他往。」衆竊笑之。翌晨，攝衣就座，大呼曰：「吾去矣，聽吾一偈。」衆聞奔視，師乃曰：「平生醉裏顛蹶，醉裏却有分别。今宵酒醒何處，楊柳岸曉風殘月。」言訖寂然，撼之已委蛻矣。

稱心明禪師法嗣

上藍光寂禪師

洪州上藍院光寂禪師，上堂，橫按拄杖，召大衆曰：「還識上藍老漢麽？眼似木突，口如匾擔，無問精粗，不知鹹淡。與麽住持，百千過犯。諸禪德！還有爲山僧懺悔底麽？」良久曰：「氣急殺人！」卓拄杖，下座。

廣因要禪師法嗣

妙峰如璨禪師

福州妙峰如璨禪師，上堂：「今朝是如來降生之節，天下緇流莫不以香湯灌沐，共報洪恩。爲甚麽教中却道『如來者無所從來』？既是無所從來，不知降生底是誰？試請道看。若道得，其恩自報。若道不得，明年四月八，還是驀頭澆。」

雲居元禪師法嗣

百丈浄悟禪師

臨安府百丈慶善院浄悟禪師，僧問：「如何是佛？」師曰：「問誰？」曰：「特問和尚。」師曰：「鷂子過新羅。」上堂：「説則摇唇，行則動脚。直饒不説不行時，錯！錯！」拍禪牀，下座。

善權慧泰禪師

常州善權慧泰禪師，上堂：「諸佛出世，廣演三乘。達磨西來，密傳大事。上根之者，言下頓超。中下之流，須當漸次發明心地。或一言唱道，或三句敷揚，或善巧應機，遂成多義。撮其樞要，總是空花。一句窮源，沉埋祖道。敢問諸人，作麽生是依時及節底句？」良久曰：「微雲淡河漢，疏雨滴梧桐。參！」

崇福德基禪師

饒州崇福德基禪師，上堂：「若於這裏會得，便能入一佛國，坐一道場。水鳥樹林，共談斯要。樓臺殿閣，同演真乘。續千聖不盡之燈，照八面無私之燄。所以道，在天同天，在人同人。還有知音者麼？」良久曰：「水底金烏天上日，眼中瞳子面前人。」

寶林懷吉禪師

婺州寶林懷吉真覺禪師，上堂：「善慧遺風五百年，雲黄山色祇依然。而今祖令重行也，一句流通徧大千。大衆且道，是甚麼句？莫是函蓋乾坤、截斷衆流、隨波逐浪底麼？吽！有甚交涉？自從有佛祖已來，未曾動著，今日不可漏泄真機去也。」顧視大衆曰：「若到諸方，不得錯舉。」

資福宗誘禪師

洪州資福宗誘禪師，上堂：「龍泉今日與諸人説些葛藤。」良久曰：「枝蔓上更生枝蔓。」

智海逸禪師法嗣

黄檗志因禪師

瑞州黄檗志因禪師，僧問：「如何是得力句？」師曰：「脚。」曰：「學人不會。」師曰：「一步進一步。」上堂：「四十九年説，恩潤禽魚。十萬途程來，警悟人天。這二老漢，各人好與三十棒。何故？一箇説長説短，一箇胡言漢語。雖然如是，且放過一著。」

大中德隆禪師

福州大中德隆海印禪師，上堂：「法無異法，道無別道。時時逢見釋迦，處處撞著達磨。放步即交肩，開口即齩破。不齩破，大小大。」上堂：「夫欲智拔，先須定動。」卓拄杖曰：「唵嚤嚧嚤唎娑婆訶，歸堂喫茶。」上堂：「觸境無滯底，爲甚麽擡頭不起？田地穩密底，爲甚麽下脚不得？譬如天王賜與華屋，雖獲大宅，要因門入。」乃曰：「門䨮？樊噲踏開真主出，巨靈擡手錦鱗噴。參！」上堂：「平旦寅，曉何人？處處彌陀佛，家家觀世音。月裏麒麟看北斗，向陽棹子一邊青。」

簽判劉經臣居士

簽判劉經臣居士，字興朝。少以逸才登仕版，於佛法未之信。年三十二，會東林照覺總禪師，與語，啓迪之，乃敬服，因醉心祖道。既而抵京師，謁慧林冲禪師，於「僧問雪竇：『如何是諸佛本源？』答曰：『千峰寒色。』」語下有省。歲餘官雒幕，就參韶山杲禪師。將去任，辭韶山。山囑曰：「公如此用心，何愁不悟？爾後或有非常境界，無量歡喜，宜急收拾。若收拾得去，便成法器。若收拾不得，則有不寧之疾，成失心之患矣。」未幾，復至京師，趨智海依正覺逸禪師，請問因緣，海曰：「古人道：『平常心是道。』你十二時中放光動地，不自覺知。向外馳求，轉疏轉遠。」公益疑不解。一夕入室，海舉傳燈所載香至國王問波羅提尊者「何者是佛」，尊者曰「見性是佛」之語問之。公不能對。疑甚，遂歸就寢，熟睡至五鼓，覺來，方追念間，見種種異相，表裏通徹，六根震動，天地回旋，如雲開月現，喜不自勝。忽憶韶山臨別所囑之言，姑抑之。逗明趨智海，悉以所得告，海爲證據，且曰：「更須用得始得。」公曰：「莫要踐履否？」海厲聲曰：「這箇是甚麽事，却説踐履？」

公默契，乃作發明心地頌八首，及著明道諭儒篇以警世。詞曰：「明道在乎見性。余之所悟者，見性而已。孟子曰：『口之於味也，目之於色也，耳之於聲也，鼻之於臭也，四肢之於安佚也，性也。』楊子曰：『視聽言貌思，性所有也。』有見於此，則能明乎道矣。當知道不遠人，人之於道，猶魚之於水，未嘗須臾離也。唯其迷己逐物，故終身由之而不知。佛曰大覺，儒曰先覺，蓋覺此耳。昔人有言曰：今古應無墜，分明在目前。又曰：大道祇在目前，要且目前難睹。欲識大道真體，不離聲色言語。又曰：夜夜抱佛眠，朝朝還共起。起倒鎮相隨，語默同居止。欲識佛去處，祇這語聲是。此佛者之語道爲最親者。立則見其參於前也，在輿則見其倚於衡也。瞻之在前也，忽焉在後也。取之左右逢其原也。此儒者之語道最邇者。奈何此道唯可心傳，不立文字。故世尊拈花而妙心傳於迦葉，達磨面壁而宗旨付於神光。六葉既敷，千花競秀。分宗列派，各有門庭。故或瞬目揚眉，擎拳舉指；或行棒行喝，豎拂拈槌；或持叉張弓，輥毬舞笏；或拽石般土，打鼓吹毛；或一默一言，一吁一笑，乃至種種方便，皆是親切爲人。然祇爲太親，故人多罔措。瞥然見者，不隔絲毫。其或沉吟，迢迢萬里。欲明道者，宜無忽焉。祖祖相傳，至今不絶。真得吾儒所謂忿而不發，開而弗違者矣。余之有得，實在此門。反思吾儒，自有其道。良哉孔子之言！默而識之，一以貫之，故目擊而道存，指掌而意喻。凡若此者，皆合宗門之妙旨，得教外之真機。然而孔子之道，傳之子思，子思傳之孟子。孟子既没，不得其傳，而所以傳於世者，特文字耳。故余之學，必求自得而後已。幸余一夕開悟，凡目之所見，耳之所聞，心之所思，口之所談，手足之所運動，無非妙者。得之既久，日益見前。每以與人，人不能受。然後知其妙道果不可以文字傳也。嗚呼！是道也，有其人則傳，無其人則絶。余既得之矣，誰其似之乎？終余之身而有其人邪？無其人邪？所不可得而知也。故爲記頌歌語，以流播其事，而又著此篇，以諭吾徒云。」

青原下十二世

蔣山泉禪師法嗣

清獻趙抃居士

清獻公趙抃居士〔一〕，字悦道，年四十餘，擯去聲色，系心宗教。會佛慧來居衢之南

〔一〕「抃」，原作「扑」，據本書目録及宋史趙抃傳改。

禪，公日親之，慧未嘗容措一詞。後典青州，政事之餘，多宴坐。忽大雷震，驚即契悟，作偈曰：「默坐公堂虚隱几，心源不動湛如水。一聲霹靂頂門開，唤起從前自家底。」慧開笑曰：「趙悦道撞彩耳。」富鄭公初於宗門未有所趣，公勉之，書曰：「伏惟執事富貴如是之極，道德如是之盛，福壽康寧如是之備，退休閑逸如是之高，其所未甚留意者，如來一大事因緣而已。能專誠求所證悟，則他日爲門下賀也。」公年七十有二，以太子少保致仕而歸。親舊里民，遇之如故。作高齋以自適，題偈見意，曰：「腰佩黄金已退藏，箇中消息也尋常。世人欲識高齋老，祇是柯村趙四郎。」復曰：「切忌錯認。」臨薨，遺佛慧書曰：「非師平日警誨，至此必不得力矣。」慧悼以偈曰：「仕也邦爲瑞，歸歟世作程。人間金粟去，天上玉樓成。慧劍無纖缺，冰壺徹底清。春風瀫水路，孤月照雲明。」

慧林本禪師法嗣

法雲善本禪師

東京法雲善本大通禪師，族董氏，漢仲舒之裔也。大父琪，父温，皆官于潁，遂爲潁人。母無子，禱白衣大士，乃得師。及長，博極群書，然清修無仕宦意。嘉祐八年，與弟善思往京師地藏院，選經得度，習毗尼。東遊至姑蘇，禮圓照於瑞光。照特顧之，於是契旨，經五稔，益躋微奥。照令依圓通秀，師去，又盡其要。元豐七年，渡淮，留太守巖久之，出住雙林，遷淨慈，尋被旨徙法雲。僧問：「寶塔元無縫，如何指示人？」師曰：「煙霞生背面，星月遶簷楹。」曰：「如何是塔中人？」師曰：「竟日不知清世事，長年占斷白雲鄉。」曰：「向上更有事也無？」師曰：「太無厭生。」問：「若論此事，譬如兩家著碁，學人上來，請師一著。」師曰：「早見輸了也。」僧曰：「錯。」師曰：「是。」僧曰：「進前無路也。」師卓拄杖一下曰：「争奈這箇何？」僧曰：「祇如黑白未分時，又作麼生？」師曰：「且饒一著。」問：「百尺竿頭，如何進步？」師曰：「險。」曰：「便恁麼去又作麼生？」師曰：「百雜碎。」問：「九夏賞勞即不問，從今向去事如何？」師曰：「光剃頭，淨洗鉢。」曰：「謝師指示。」師曰：「滴水難消。」上堂：「上不見天，下不見地。畐塞虚空，無處回避。爲君明破即不中，且向南山看鱉鼻。」擲拄杖下座。

金山善寧禪師

鎮江府金山善寧法印禪師，僧問：「天皇也恁麽道，龍潭也恁麽道，未審和尚作麽生道？」師曰：「手握白玉鞭，驪珠盡擊碎。」曰：「退身有分。」師曰：「知過必改。」上堂，顧視大衆曰：「古人道：『在眼曰見，在耳曰聞，在鼻嗅香，在舌談論，在身覺觸，在意攀緣。』雖然如是，祇見錐頭利，不見鑿頭方。若是金山即不然，有眼覷不見，有耳聽不聞，有鼻不知香，有舌不談論，有身不覺觸，有意絶攀緣。一念相應，六根解脱。敢問諸禪德，且道與前來是同是別？莫有具眼底衲僧，出來通箇消息。若無，復爲諸人重重注破。放開則私通車馬，捏聚則毫末不存。若是飽戰作家，一任是非貶剥。」

資壽巖禪師

壽州資壽院圓澄巖禪師，僧問：「大藏經中還有奇特事也無？」師曰：「祇恐汝不信。」曰：「如何即是？」師曰：「黑底是墨，黄底是紙。」曰：「謝師答話。」師曰：「領取鉤頭意，莫認定盤星。」上堂：「雲生谷口，月滿長川。樵父斫深雲，漁翁釣沙島。到這裏，便是吳道子、張僧繇，無你下手處。」良久曰：「歸堂問取聖僧。參！」上堂：「乾坤肅静，海晏河清。風不鳴條，雨不破塊。春生夏長，秋收冬藏。這箇是世間法，作麽生是佛法？」良久曰：「欲得不招無間業，莫謗如來正法輪。」

本覺守一禪師

秀州本覺寺守一法真禪師，江陰沈氏子。僧問：「如何是句中玄？」師曰：「崑崙騎象藕絲牽。」曰：「如何是體中玄？」師曰：「影浸寒潭月在天。」曰：「如何是玄中玄？」師曰：「長連牀上帶刀眠。」曰：「向上還有事也無？」師曰：「放下著。」上堂，舉拂子曰：「三世諸佛，六代祖師，總在這裏，還見麽？見汝不相當。又爲説法云：『無二無二分，無別無斷故。』還聞麽？汝又不惺惺，一時却往上方香積世界去也。」撼拂子曰：「退後！退後！突著你眼睛。」上堂：「折半列三，人人道得。去一拈七，亦要商量。正當今日，雲門道底不要別，作麽生露得箇消息？」良久曰：「日月易流。」

投子脩顒禪師

舒州投子脩顒證悟禪師，僧問：「是法平等，無有高下。爲甚麼趙州三等接人？」師曰：「入水見長人。」曰：「争奈學人未會。」師曰：「唤不回頭争奈何！」上堂：「楞伽峰頂，誰能措足？少室巖前，水泄不通。正當恁麽時，黄頭老子張得口，碧眼胡僧開得眼。雖然如是，事無一向。先聖幸有第二義門，足可共諸人東説西説。所以道：春生夏長，秋落冬枯，四時遷改，輪轉長途。愚者心生彼此，達者一味無殊。」良久曰：「陝府鐵牛吞大像，嘉州佛向藕絲藏。」上堂：「巍巍少室，永鎮群峰。有時雲中捧出，有時霧罩無蹤，有時突在目前，有口道不得，被人唤作壁觀胡僧。諸仁者！作麽生免得此過？休！休！不如且持課。」良久曰：「一元和，二佛陀，三釋迦。自餘是甚椀跶丘。參！」

地藏守恩禪師

福州地藏守恩禪師，本州丘氏子。僧問：「如何是佛？」師曰：「晝〔一〕眠無益。」

〔一〕「晝」，原誤作「畫」，今改。

曰：「意旨如何？」師曰：「早起甚長。」問：「如何是西來祖意？」師曰：「風吹滿面塵。」上堂，豎起拳曰：「或時爲拳。」復開曰：「或時爲掌。若遇衲僧，有功者賞。」遂放下曰：「直是土曠人稀，相逢者少。」上堂：「雨後鳩鳴，山前麥熟。何處牧童兒，騎牛笑相逐？莫把短笛横吹，風前一曲兩曲。參！」上堂：「山僧今日略通一線，不用狐疑，麥中有麵。」上堂，拈拄杖擊禪牀一下曰：「有智若聞，則能信解。無智疑悔，則爲永失。三十年後，不得道山僧今日上堂，祇念法華經。參！」上堂：「衲僧現前三昧，釋迦老子不會。住世四十九年，説得天花亂墜。争似飢餐渴飲，展脚堂中打睡。」上堂：「諸人知處，山僧盡知。山僧知處，諸人不知。今日不免布施諸人。」良久曰：「頭上是天，脚下是地。參！」

靈曜習良禪師

衢州靈曜寺習音辯良佛慈禪師，饒州吴氏子。清獻趙公命開法於越州福果、衢州超化、海會、靈曜四刹。僧問：「三變禪林，四回出世，於和尚分上，成得甚麽邊事？」師曰：「鉢盂口向天。」曰：「三十年來閼棙子，而今流落五湖傳。」師曰：「那箇是山僧閼棙子？」曰：「一言超影象，不墜古人風。」師曰：「惜取眉毛。」上堂：「不知時分之延促，不知日月之大小，灰頭土面，且與麽過。山僧每遇月朔，特地鬬釘家風，抑揚問答，一場笑具。雖然如是，因風撒土，借水獻花。有箇葛藤露布，與諸人共相解摘看。」驀拈拄杖擊香臺，曰：「參堂去。」

香山延泳禪師

明州香山延泳正覺禪師，上堂：「心隨境現，境逐心生。心境兩忘，是箇甚麽？」拈起拄杖曰：「且道這箇甚處得來？若道是拄杖，瞎却汝眼。若道不是拄杖，眼在甚麽處？是與不是，一時拈却。且騎拄杖出三門去也。」遂曳杖，下座。

道場慧印禪師

安吉州道場慧印禪師，上堂：「韶石渡頭，舟横野水。汾陽浪裏，棹撥孤煙。雲月無私，谿山豈異？一言合轍，千里同風。敢問諸人，作麽生是同風底句？」良久曰：「八千子弟今何在，萬里山河屬帝家。」

妙慧文義禪師

臨安府西湖妙慧文義禪師，上堂：「會麽？已被熱謾了也。今早起來，無窖可説，下牀著鞋，後架洗面，堂内展鉢喫粥，粥後打睡，睡起喫茶，見客相唤，齋時喫飯，日日相似，有甚麽過？然雖如是，更有一般令我笑，金剛倒地一堆泥。」拍禪牀，下座。

靈泉宗一禪師

處州靈泉山宗一禪師，上堂：「美玉藏頑石，蓮華出淤泥。須知煩惱處，悟得即菩提。咄！」

普照處輝禪師

泗州普照寺處輝真寂禪師，滁州趙氏子。開堂日，僧問：「世尊出世，地湧金蓮。和尚出世，有何祥瑞？」師曰：「掃却門前雪。」

南禪寧禪師

常州南禪寧禪師，僧問：「廬陵米價作麼生詶？」師曰：「款出囚口。」

石佛曉通禪師

越州石佛曉通禪師，上堂：「冷似秋潭月，無心合太虛。山高流水急，何處駐游魚？」僧問：「如何是頓教？」師曰：「月落寒潭。」曰：「如何是漸教？」師曰：「雲生碧漢。」曰：「不漸不頓時如何？」師曰：「八十老婆不言嫁。」

法雲秀禪師法嗣

法雲惟白禪師

東京法雲惟白佛國禪師，上堂：「離婁有意，白浪徒以滔天。罔象無心，明珠忽然在掌。」以手打一圓相，召大衆曰：「還見麼？」良久曰：「看即有分。」上堂，拈拄杖示衆曰：「山僧住持七十餘日，未曾拈動這箇，而今不免現些小神通，供養諸人。」遂卓拄杖，下座。上堂：「過去已過去，未來且莫筭。正當現在事，今朝正月半。明月正團圓，打鼓普請看。大衆看即不無，畢竟喚甚麽作月？休於天上覓，莫向水中尋。」師有續燈録三十卷入藏。

保寧子英禪師

建康府保寧子英禪師，錢塘人也。上堂，拈拄杖曰：「日月不能並明，河海不能競深，須彌不能同高，乾坤不能同固。聖凡智慧不及，且道這箇有甚麽長處？」良久曰：「節目分明，生來條直。冰雪敲開片片分，白雲點破承伊力。」擊禪牀，下座。

僊巖景純禪師

温州僊巖景純禪師，僧問：「德山棒，臨濟喝，和尚如何作用？」師曰：「老僧今日困。」僧便喝，師曰：「却是你惺惺。」

廣教守訥禪師

寧國府廣教守訥禪師，圓照上足，時稱訥叔。僧問：「如何是古今常存底句？」師曰：「鐵牛橫海岸。」曰：「如何是衲僧正眼？」師曰：「針劄不入。」

慈濟聰禪師

興元府慈濟聰禪師，僧問：「如何是道？」師曰：「此去長安三十七程。」曰：「如何是道中人？」師曰：「撞頭磕額。」問：「不是風動，不是幡動，未審是甚麽動？」師曰：「低聲！低聲！」問：「如何是隨色摩尼珠？」師曰：「青青翠竹，鬱鬱黄花。」曰：「如何是正色？」師曰：「退後！退後！」問：「釋迦已滅，彌勒未生，未審誰爲導首？」師曰：「鐵牛也須汗出。」曰：「莫便是爲人處也無？」師曰：「細看前話。」問：「如何是超佛越祖之談？」師曰：「陝府鐵牛。」上堂：「三乘教典，不是真詮。直指本心，未爲極則。若是通心上士，脱灑高流，出來相見。」乃顧視大衆曰：「休。」上堂：「終日孜孜相爲，恰似牽牛上壁。大衆！何故如此？貪生逐日區區去，唤不回頭争奈何！」上堂：「一即一，二即二，把定要津，何處出氣？」拈拄杖曰：「彼自無瘡，勿傷之也。」卓一下，下座。

白兆圭禪師

安州白兆山通慧珪禪師，上堂：「幸逢嘉會，須采異聞。既遇寶山，莫令空手。不可他時後日，門扇後、壁角頭，自説大話也。窮天地，亘古今，即是當人一箇自性，於是中間，更無他物。諸人每日行時行著，卧時卧著，坐時坐著，祇對語言時滿口道著。以至揚眉瞬目，嗔喜愛憎，寂默游戲，未始間斷。因甚麽不肯承當，自家歇去？良由無量劫來，愛欲情重，生死路長，背覺合塵，自生疑惑。譬如空中飛鳥，不知空是家鄉；水裏遊魚，忘却水爲性命。何得自抑，却問傍人？大似捧飯稱飢，臨河叫渴。諸人要得休去麽？各請立地定著精神，一念回光，豁然自照。何異空中紅日，獨運無私；盤裏明珠，不撥自轉。然雖如是，祇爲初機，向上機關，未曾踏著。且道作麽生是向上機關？」良久曰：「仰面看天不見天。」

淨名法因禪師

廬州長安淨名法因禪師，上堂：「天上月圓，人間月半。七八是數，事却難筭。隱顯不辨即且置，黑白未分一句作麽生道？」良久曰：「相逢秋色裏，共話月明中。」上堂：「祖師妙訣，别無可説。直饒釘觜鐵舌，未免弄巧成拙。浄名已把天機泄。」

福嚴守初禪師

浮槎山福嚴守初禪師，僧問：「如何是受用三昧？」師曰：「拈匙放筯。」問：「如何是正直一路？」師曰：「踏不著。」曰：「踏著後如何？」師曰：「四方八面。」乃曰：「若論此事，放行則曹溪路上月白風清；把定則少室峰前雲收霧卷。如斯語論，已涉多途。但由一念相應，方信不從人得。大衆且道，從甚麽處得？」良久曰：「水流元在海，月落不離天。」上堂：「即性之相，一亘晴空。即相之性，千波競起。若徹來源，清流無阻。所以舉一念而塵沙法門頓顯，拈一毫而無邊刹境齊彰。且道文殊、普賢在甚麽處？下坡不走，快便難逢。」便下座。

德山仁繪禪師

鼎州德山仁繪禪師，僧問：「如何是不動尊？」師曰：「來千去萬。」曰：「恁麽則脚跟不點地也。」師曰：「却是汝會。」上堂：「至道無難，唯嫌揀擇。但莫憎愛，洞然明白。山僧即不然，至道最難，須是揀擇。若無憎愛，爭見明白？」

香積用旻禪師

澧州聖壽香積用旻禪師，上堂：「木馬衝開千騎路，鐵牛透過萬重關。木馬鐵牛即今在甚麼處？」良久曰：「驚起暮天沙上雁，海門斜去兩三行。」

瑞相子來禪師

瑞州瑞相子來禪師，上堂，顧視衆曰：「夫爲宗匠，隨處提綱，應機問答，殺活臨時，心眼精明，那容妖怪？若也棒頭取證，喝下承當，埋没宗風，耻他先作。轉身一路，不在遲疑，一息不來，還同死漢。大衆！直饒到這田地，猶是句語埋藏，未有透脱一路。敢問諸人，作麼生是透脱一路？還有人道得麼？若無，山僧不免與諸人説破。」良久曰：「玉離荆岫寒光動，劒出豐城紫氣横。」

真空從一禪師

廬州真空從一禪師，上堂：「心鏡明鑑無礙。」遂拈起拄杖曰：「喚這箇作拄杖，即是礙。不喚作拄杖，亦是礙。離此之外，畢竟如何？要會麼？礙不礙，誰爲對？大地山河，廓然粉碎。」

乾明廣禪師

襄州鳳凰山乾明廣禪師，上堂：「日頭東畔出，月向西邊没。來去急如梭，催人成白骨。山僧有一法，堪爲保命術。生死不相干，打破精魂窟。咄！咄！是何物？不是衆生不是佛。參！」

慧林冲禪師法嗣

華嚴智明禪師

東京永興華嚴寺智明佛慧禪師，常州史氏子。上堂：「若論此事，在天則列萬象而齊現，在地則運四時而發生，在人則出没卷舒，六根互用。且道在山僧拄杖頭上，又作麽生？」良久，卓一下曰：「高也著，低也著。」

永泰智航禪師

鎮州永泰智航禪師，上堂：「散爲氣者，乃道之漓。適於變者，爲法之弊。靈機不昧，亘古亘今。大用現前，何得何失？雖然如是，忽遇無孔鐵槌，作麽生話會？」拈拄杖曰：「穿過了也。」上堂：「龍騰碧漢，變化無方。鳳翥青霄，誰知蹤跡？可行則行，不出百千三昧。可止則止，寧忘萬象森羅。所以道：取不得，舍不得，不可得中祇麽得。且道得箇甚麽？」良久曰：「莫妄想。」

壽聖子邦禪師

江陰軍壽聖子邦圓覺禪師，僧問：「祖意教意拈放一邊，如何得速成佛去？」師曰：「有成終不是，是佛亦非真。」僧擬議，師叱曰：「話頭道甚麽？」

長蘆夫禪師法嗣

雪竇道榮禪師

明州雪竇道榮覺印禪師，郡之陳氏子。僧問：「寒山逢拾得時如何？」師曰：「揚眉飛閃電。」曰：「更有何事？」師曰：「開口放毫光。」曰：「如何是向上一路？」師曰：「七六八。」

長蘆宗賾禪師

真州長蘆宗賾慈覺禪師，洺州孫氏子。僧問：「達磨面壁，此理如何？」師良久，僧禮拜。師曰：「今日被這僧一問，直得口瘂。」上堂：「冬去寒食，一百單五。活人路上，死人無數。頭鑽荆棘林，將謂衆生苦。拜掃事如何，骨堆上添土。唯有出家人，不踏無生路。大衆且道，向甚麽處去？還會麽？南天台，北五臺。參！」上堂：「新羅别無妙訣，當言不避截舌。但能心口相應，一生受用不徹。且道如何是心口相應底句？」良久曰：「焦甎打著連底凍。參!」問:「六門未息時如何?」師曰:「鼻孔裏燒香。」曰:「學人不會。」師曰:「耳朵裏打鼓。」問:「如何是無功之功?」師曰:「泥牛不運步,天下没荒田。」曰:「恁麽則功不浪施也。」師曰:「雖然廣大神通,未免遭他痛棒。」上堂:「金屑雖貴,落眼成翳。金屑既除,眼在甚麽處?若如此者,未出荆棘林中。棒頭取證,喝下承當,正在金峰窠裏。」上堂:「樓外紫金山色秀,門前甘露水聲寒。古槐陰下清風裏,試爲諸人再指看。」拈拄杖曰:「還見麽?」擊香卓曰:「還聞麽?」靠却拄杖曰:「眼耳若通隨處足,水聲山色自悠悠。」

慧日智覺禪師

平江府慧日智覺廣燈禪師,本郡梅氏子。上堂,良久曰:「休休休!徒悠悠。釣竿長在手,魚冷不吞鉤。」喝一喝,下座。

佛日才禪師法嗣

夾山自齡禪師

澧州夾山靈泉自齡禪師,常州周氏子。僧問:「金雞啄破琉璃殼,玉兔挨開碧海門。

此是人間光影，如何是祖師機？」師曰：「針劄不入。」曰：「祇如眹兆未生已前，作麽生道？」師舉起拂子，僧曰：「如何領會？」師曰：「斫額望扶桑。」問：「混沌未分時如何？」師曰：「春風飀飀。」曰：「分後如何？」師曰：「春日遲遲。」曰：「向上更有事也無？」師曰：「一年三百六十日。」上堂，良久，顧大衆曰：「月裏走金烏，誰云一物無？趙州東壁上，挂箇大胡蘆。參！」上堂，良久，打一圓相曰：「大衆！五千餘卷詮不盡，三世諸佛讚不及，令人却憶賣油翁，狼忙走下繩牀立。參！」上堂：「便乃忘機守默，已被金粟占先。擬欲展演詞鋒，落在瞿曇之後。離此二途，作麽生是衲僧透脱一路？」良久曰：「好笑南泉提起處，刈茆鎌子曲彎彎。參！」

天鉢元禪師法嗣

元豐清滿禪師

衛州元豐院清滿禪師，滄州田氏子。僧問：「如何是佛？」師曰：「天寒地冷。」曰：「如何是道？」師曰：「不道。」曰：「爲甚麽不道？」師曰：「道是閑名字。」上堂：「無異思惟，諦聽！諦聽！昨日寒，今日寒，抖擻精神著力看。著力看，看來看去轉顢頇，要得不顢頇，看。參！」上堂：「堪作梁底作梁，堪作柱底作柱。靈利衲僧便知落處。」驀拈拄杖曰：「還知這箇堪作甚麼？」打香臺一下曰：「莫道無用處。」復打一下曰：「參！」上堂：「看看！堂裏木師伯，被聖僧打一摑，走去見維那，被維那打兩摑。露柱呵呵笑，打著這師伯。元豐路見不平，與你雪正。」拈拄杖曰：「來！來！然是聖僧，也須喫棒。」擊香臺，下座。歲旦上堂：「憶昔山居絶糧，有頌舉似大衆：『飢飡松柏葉，渴飲澗中泉，看罷青青竹，和衣自在眠。』大衆！更有山懷爲君説，今年年是去年年。」上堂：「此劍刃上事，須劍刃上漢始得。有般名利之徒，爲人天師，懸羊頭賣狗肉，壞後進初機，滅先聖洪範。你等諸人聞恁麼事，豈不寒心？由是疑悮衆生，墮無間獄。苦哉！苦哉！取一期快意，受萬劫餘殃。有甚麼死急，來爲釋子？」喝曰：「瞶人徒側耳。」便下座。上堂，喝一喝，曰：「不是道，不是禪，每逢三五夜，皓月十分圓。參！」師凡見僧，乃曰：「佛法世法，眼病空花。」有僧曰：「翳消花滅時如何？」師曰：「將謂汝靈利。」

定慧法本禪師

青州定慧院法本禪師，僧問：「古人到這裏，爲甚麼拱手歸降？」師曰：「理合如是。」曰：「畢竟如何？」師曰：「夜眠日走。」

善勝真悟禪師

西京普勝真悟禪師，上堂：「揚聲止響，不知聲是響根；弄影逃形，不知形爲影本。以法問法，不知法本非法；以心傳心，不知心本無心。心本無心，知心如幻；了法非法，知法如夢。心法不實，莫謾追求；夢幻空花，何勞把捉？到這裏，三世諸佛、一大藏教、祖師言句、天下老和尚露布葛藤盡使不著。何故？太平本是將軍致，不許將軍見太平。」

瑞巖鴻禪師法嗣

育王曇振禪師

明州育王曇振真戒禪師，上堂：「今日布袋頭開，還有買賣者麽？」時有僧出曰：「有。」師曰：「不作貴，不作賤，作麽生酬價？」僧無語。師曰：「老僧失利。」

棲賢遷禪師法嗣

崇福燈禪師

舒州王屋山崇福燈禪師，上堂：「天不能蓋，地不能載。一室無私，何處不在？大衆！直饒恁麼會去，也是鬼弄精魂。怎生說箇常在底道理？」良久曰：「金風昨夜起，徧地是黄花。」

浄衆言首座法嗣

招提惟湛禪師

西京招提惟湛廣燈禪師，嘉禾人也。僧問：「如何是和尚家風？」師曰：「秋風黄葉亂，遠岫白雲歸。」曰：「專爲流通也。」師曰：「即今作麼生舉？」僧便喝，師便打。上堂：「偏不偏，正不正，那事從來難比並。滿天風雨骨毛寒，何須更入那伽定。」卓拄杖，下座。上堂：「六塵不惡，還同正覺。馬上誰家白面郎？穿花折柳垂巾角。夜來一醉明月樓，呼盧輸却黄金宅。臂鷹走犬歸不歸，娥眉皓齒嗔無力。此心能有幾人知，黄頭碧眼非相識。囉囉哩。」拍手一下，下座。

青原下十三世

法雲本禪師法嗣

浄慈楚明禪師

臨安府浄慈楚明寶印禪師，百粤張氏。上堂：「祖師心印，非長非短，非方非圓，非内非外，亦非中間。且問大衆，決定是何形貌？」拈拄杖曰：「還見麽？古篆不成文，飛帛難同體。從本自分明，何須重特地。」擊禪牀，下座。上堂：「出門見山水，入門見佛殿。靈光觸處通，諸人何不薦？若不薦，浄慈今日不著便。」上堂：「祖師道：『吾本來兹土，傳法救迷情。一華開五葉，結果自然成。』浄慈當時若見恁麽道，用黑漆拄杖子一棒打殺，埋向無陰陽地上，令他出氣不得。何故？叵耐他瞞我唐土人。衆中莫有爲祖師出氣底麽？出來，和你一時埋却。」上堂：「若論此事，如散鋪寶貝，亂堆金玉。昧己者自甘窮困，有眼底信手拈來。所以道：閻浮有大寶，見少得還稀。若人將獻我，成佛一餉時。」乃拈拄杖曰：「如今一時呈似，普請大衆高著眼。」擲拄杖，下座。

長蘆道和禪師

真州長蘆道和祖照禪師，興化潘氏子。僧問：「無遮聖會，還有不到者麽？」師曰：「有。」曰：「誰是不到者？」師曰：「金剛脚下鐵崑崙。」問：「不許夜行，投明須到。意旨如何？」師曰：「羊頭車子推明月。」曰：「便恁麽去時如何？」師曰：「鐵門路嶮。」問：「一槌兩當時如何？」師曰：「踏藕得魚歸。」問：「教外别傳，未審傳箇甚麽？」師曰：「鐵彈子。」問：「百城遊罷時如何？」師曰：「前頭更有趙州關。」上堂：「一二三四五六，碧眼胡僧數不足。泥牛入海過新羅，木馬追風到天竺。天竺茫茫何處尋？補陀巖上問觀音。普賢拍手呵呵笑，歸去來兮秋水深。」

雪峰思慧禪師

福州雪峰思慧妙湛禪師，錢塘俞氏子。僧問：「古殿無燈時如何？」師曰：「東壁打西壁。」曰：「恁麼則撞著露柱也。」師曰：「未敢相許。」上堂：「一法若通，萬緣方透。」拈拄杖曰：「這裏悟了，提起拄杖，海上橫行。若到雲居山頭，爲我傳語雪峰和尚。咄！」上堂：「布大教網，摝人天魚。護聖不似老胡，拖泥帶水，祇是見兔放鷹，遇麞發箭。」乃高聲召衆曰：「中。」上堂：「昔日藥山早晚不參，動經旬月。一日，大衆纔集，藥山便歸方丈。諸禪德！彼時佛法早自淡薄，論來猶較些子。如今每日鳴鼓陞堂，忉忉怛怛地。問者口似紡車，荅者舌如霹靂。總似今日，靈山慧命，殆若懸絲；少室家風，危如累卵。又安得箇慨然有志，扶豎宗乘底衲子出來，喝散大衆，非唯耳邊静辦，當使正法久住，豈不偉哉！如或捧上不成龍，山僧倒行此令，以拄杖一時趁散。」上堂：「眼睫橫亘十方，眉毛上透青天，下徹黄泉。且道鼻孔在甚麼處？」良久曰：「劄。」上堂：「妙高山頂，雲海茫茫。少室巖前，雪霜凜凜。齊腰獨立，徒自苦疲。七日不逢，一場懡㦬。別峰相見，落在半途。隻履西歸，遠之遠矣。」卓拄杖，下座。上堂：「大道祇在目前，要且目前難睹。欲識大道真體，今朝三月十五。不勞久立。」建炎改元，上堂：「天地之大德曰生，聖人之大寶曰位。今上皇帝踐登寶位，萬國歸仁。草木禽魚，咸被其德。此猶是聖主應世邊事。主〔一〕宮降誕已前一句，天下人摸索不著。」上堂：「一切法無差，雲門胡餅趙州茶。黄鶴樓中吹玉笛，江城五月落梅花。慚愧太原孚上座，五更聞鼓角，天曉弄琵琶。」喝一喝。上堂：「南詢諸友，踏破草鞋，絶學無爲，坐消日月。凡情易脱，聖解難忘，但有纖毫，皆成滲漏。可中爲道，似地擎山；應物現形，如驢覷井。縱無計較，途轍已成；若論相應，轉没交涉。勉諸仁者，莫錯用心，各自歸堂，更求何事？」

寶林果昌禪師

婺州寶林果昌寶覺禪師，安州時氏子。師與提刑楊次公入山同遊山次，楊拈起大士飯石，問：「既是飯石，爲甚麽齩不破？」師曰：「祇爲太硬。」楊曰：「猶涉繁詞。」師曰：「未審提刑作麽生？」楊曰：「硬。」師曰：「也是第二月。」楊爲寫七佛殿額，乃問：「七佛

〔一〕「主」，續藏本作「王」。

重出世時如何？」師曰：「一回相見一回新。」上堂：「一即一，二即二，齅著直是無香氣。」驀拈柱杖卓一下曰：「識得山僧榔栗條，莫向南山尋鱉鼻。」

資福法明禪師

鄭州資福法明寶月禪師，上堂：「資福別無所補，五日一參擊鼓。何曾説妙談玄，祇是麁言直語。甘草自來甜，黄連依舊苦。忽若鼻孔遼天，逢人切忌錯舉。參！」上堂：「若論此事，譬如伐樹得根，灸病得穴。若也得根，豈在千枝徧斫？若也得穴，不假六分全燒。」以拄杖卓一下曰：「這箇是根，那箇是穴？」擲下拄杖曰：「這箇是穴，又喚甚麽作根？咄！是何言歟！」

雲峰志璿禪師

潭州雲峰志璿祖燈禪師，南粤陳氏子。上堂：「休去，歇去，一念萬年去，寒灰枯木去，古廟香爐去，一條白練去。大衆！古人見處，如日暉空，不著二邊，豈墮陰界？堪嗟後代兒孫，多作一色邊會。山僧即不然，不休去，不歇去，業識茫茫去，七顛八倒去，十字街頭鬧浩浩地聲色裏坐卧去，三家村裏盈衢塞路荆棘裏游戲去，刀山劍樹劈腹剜心、鑊湯爐炭皮穿骨爛去。如斯舉唱，大似三歲孩兒輥繡毬。」上堂：「一切聲是佛聲，塗毒鼓透入耳朵裏。一切色是佛色，鐵蒺藜穿過眼睛中。好事不如無。」便下座。上堂：「盡乾坤大地是箇熱鐵圓，汝等諸人向甚麽處下口？」良久曰：「吞不進，吐不出。」上堂：「瘦竹長松滴翠香，流風疏月度炎凉。不知誰住原西寺，每日鐘聲送夕陽。」上堂：「聲色頭上睡眠，虎狼群裏安禪。荆棘林内翻身，雪刃叢中游戲。竹影掃堦塵不動，月穿潭底水無痕。」上堂：「不是風動，不是幡動，衲僧失却鼻孔。是風動，是幡動，分明是箇漆桶。兩段不同，眼暗耳聾。澗水如藍碧，山花似火紅。」上堂，僧問：「如何是西來意？」師曰：「築著額頭磕著鼻。」曰：「意旨如何？」師曰：「驢馱馬載。」曰：「向上還有事也無？」師曰：「朝到西天，暮歸唐土。」曰：「謝師答話。」師曰：「大乘砑郎當。」僧退，師乃曰：「僧問西來意，築著額頭磕著鼻，意旨又如何？驢馱并馬載，朝到西天暮歸唐，大乘恰似砑郎當。何故？没量大人，被語脉裏轉却。」遂拊掌大笑，下座。僧問：「丹霞燒木佛，院主爲甚麽眉鬚墮落？」師曰：「一人傳虚，萬人傳實。」曰：「恁麽則不落也。」師曰：「兩重公案。」曰：「學人未曉，特伸請益。」師曰：「鈎袁虔吉，頭上插筆。」問：「德山入門便棒，意旨如何？」師曰：「束杖理民。」曰：「臨濟入門便喝，又作麽生？」師曰：「不言而化。」曰：

「未審和尚如何爲人？」師曰：「一刀兩段。」問：「無縫鐵門，請師一啓。」師曰：「進前三步。」曰：「向上無關，請師一閉。」師曰：「退後一尋。」曰：「不開不閉，又作麽生？」師曰：「吽！吽！」便打。

慧林常悟禪師

東京慧林常悟禪師，僧問：「若不傳法度衆生，舉世無由報恩者。未審傳箇甚麽法？」師曰：「開宗明義章第一。」問：「達磨未來時如何？」師曰：「省得草鞋錢。」曰：「來後如何？」師曰：「重疊關山路。」

道場有規禪師

安吉州道場有規禪師，婺州姜氏子。上堂，拈拄杖曰：「還見麽？窮諸玄辯，若一毫置於太虛；竭世樞機，似一滴投於巨壑。德山老人雖則焚其疏鈔，也是賊過後張弓。且道文彩未彰以前，又作麽生理論？三千劍客今何在，獨許莊周致太平。」上堂：「種田博飯，地藏家風。客來喫茶，趙州禮度。且道護聖門下，別有甚麽長處？」良久曰：「尋常不放山泉出，屋底清池冷照人。」化士出問：「促裝已辦，乞師一言。」師曰：「好看前路事，莫比在家時。」曰：「恁麼則三家村裏十字街頭等箇人去也。」師曰：「照顧打失布袋。」

延慶可復禪師

越州延慶可復禪師，上堂：「胡來胡現，漢來漢現。忽然胡漢俱來時，如何祇準？」良久曰：「落霞與孤鶩齊飛，秋水共長天一色。參！」上堂，驀拈拄杖橫按膝上，曰：「苦痛深，苦痛深。碧潭千萬丈，那箇是知音？」卓一下，下座。

道場慧顏禪師

安吉州道場慧顏禪師，上堂：「世尊按指，海印發光。」拈拄杖曰：「莫妄想。」便下座。

雙峰宗達禪師

溫州雙峰普寂宗達佛海禪師，僧問：「如何是永嘉境？」師曰：「華蓋峰。」曰：「如何是境中人？」師曰：「一宿覺。」上堂衆集定，喝一喝，曰：「冤有頭，債有主。珍重！」

五峰子琪禪師

越州五峰子琪禪師，僧問：「學人上來，乞師垂示。」師曰：「花開千朵。」秀曰：「學人不會。」師曰：「雨後萬山青。」曰：「謝指示。」師曰：「你作麽生會？」僧便喝。師曰：「未在。」僧又喝。師曰：「一喝兩喝後作麽生？」曰：「也知和尚有此機要。」師曰：「適來道甚麽？」僧無語，師便喝。

雲門道信禪師

西京韶山雲門道信禪師，僧問：「如何是祖師西來意？」師曰：「千年古墓蛇，今日頭生角。」曰：「莫便是和尚家風也無？」師曰：「卜度則喪身失命。」問：「如何是學人自己？」師曰：「無人識者。」曰：「如何得脱灑去？」師曰：「你問我答。」

天竺從諫講師

臨安府上天竺從諫慈辯講師，處之松陽人也。具大知見，聲播講席。於止觀深有所契，每與禪衲游。嘗以道力扣大通，通一日作書寄之。師發緘，睹黑白二圓相，乃悟。答偈曰：「黑相白相，擔枷過狀。了不了兮，無風起浪。若問究竟事如何，洞庭山在太湖上。」

金山寧禪師法嗣

普濟子淳禪師

婺州普濟子淳圓濟禪師，僧問：「摩尼珠人不識，如來藏裏親收得。如何是珠？」師曰：「不撥自轉。」曰：「如何是藏？」師曰：「一撥便轉。」曰：「轉後如何？」師曰：「把不住。」上堂：「雨過山青，雲開月白。帶雪寒松，摇風庭柏。山僧恁麽説話，還有祖師意也無？其或未然。」良久曰：「看！看！」

禾山用安禪師

吉州禾山用安禪師，僧問：「蓮華未出水時如何？」師曰：「魚挨鱉倚。」曰：「出水後如何？」師曰：「水仙頭上戴，好手絶躋攀。」曰：「出與未出時如何？」師曰：「應是乾坤惜，不教容易看。」

本覺一禪師法嗣

越峰粹珪禪師

福州越峰粹珪妙覺禪師，本郡林氏子。僧問：「如何是祖師西來意？」師曰：「瘦田損種。」曰：「未審如何領會？」師曰：「刈禾鎌子曲如鉤。」問：「機關不到時如何？」師曰：「抱甕灌園。」曰：「此猶是機關邊事。」師曰：「須要雨淋頭。」

天台如庵主

台州天台如庵主，久依法真，因看雲門東山水上行語，發明己見，歸隱故山，猿鹿爲伍。郡守聞其風，遣使逼令住持。師作偈曰：「三十年來住此山，郡符何事到林間？休將瑣瑣塵寰事，換我一生閑又閑。」遂焚其廬，竟不知所止。

西竺尼法海禪師

平江府西竺寺尼法海禪師，寶文吕嘉之姑也。首參法雲秀和尚，後領旨於法真言下，諸名儒屢挽應世，堅不從。殂日説偈曰：「霜天雲霧結，山月冷涵輝。夜接故鄉信，曉行人不知。」届明坐脱。

投子顒禪師法嗣

資壽灌禪師

壽州資壽灌禪師，上堂，良久曰：「便恁麽散去，已是葛藤。更若喃喃，有何所益？」以拂子擊禪牀，下座。

崇壽江禪師

西京白馬崇壽江禪師，僧問：「知師久藴囊中寶，今日開堂略借看。」師曰：「不借。」曰：「爲甚麽不借？」師曰：「賣金須是買金人。」

香嚴智月禪師

鄧州香嚴智月海印禪師，僧問：「法雷已震，選佛場開。不昧宗乘，請師直指。」師曰：「三月三日時，千花萬花拆。」曰：「普天匝地承恩力，覺苑仙葩一夜開。」師曰：「切忌隨他去。」乃曰：「判府吏部，此日命山僧開堂祝聖，紹續祖燈。祇如祖燈作麽生續？不見古者道：『六街鐘鼓響鼕鼕，即處鋪金世界中。池長芰荷庭長柏，更將何法演真宗？』恁麽説話，也是事不獲已。有旁不肯底出來，把山僧拽下禪牀，痛打一頓，許伊是箇本分衲僧。若未有這箇作家手脚，切不得草草匆匆，勘得脚跟下不實，頭没去處，却須倒喫香嚴手中钁柄，莫言不道。」上堂：「吾家寶藏不慳惜，覿面相呈人罕識。輝今耀古體圓時，照地照天光赫赤。荆山美玉奚爲貴？合浦明珠比不得。借問誰人敢酬價，波斯鼻孔長三尺。咄！」

丞相富弼居士

丞相富弼居士，字彦國，由清獻公警勵之後，不舍晝夜，力進此道。聞顒禪師主投子，法席冠淮甸，往質所疑。會顒爲衆登座，見其顧視如象王回旋。公微有得，因執弟子禮，趨函丈，命侍者請爲入室。顒見即曰：「相公已入來，富弼猶在外。」公聞，汗流浹背，即大悟，尋以偈寄圓照本曰：「一見顒公悟入深，夤緣傳得老師心。東南謾説江山遠，目對靈光與妙音。」後奏署顒師號。顒上堂謝語，有曰：「彼一期之悮我，亦將錯而就錯。」公作偈贊曰：「萬木千花欲向榮，卧龍猶未出滄溟。彤雲彩霧呈嘉瑞，依舊南山一色青。」

甘露宣禪師法嗣

妙湛尼文照禪師

平江府妙湛寺尼文照禪師，温陵人。上堂：「靈源不動，妙體何依？歷歷孤明，是誰光彩？若道真如實際，大似好肉剜瘡。更作祖意商量，正是迷頭認影。老胡四十九年説夢即且止，僧堂裏憍陳如上座爲你諸人舉覺底，還記得麽？」良久曰：「惜取眉毛好！」

瑞巖居禪師法嗣

萬年處幽禪師

台州萬年處幽禪師，上堂：「先聖行不到處，凡流恰到。凡流既到，先聖莫知。到與不到，知與不知，總置一壁。祇如僧問乾峰：『十方薄伽梵，一路涅槃門，未審路頭在甚麽處？』峰以拄杖畫一畫曰：『在這裏。』且道此老與他先聖凡流相去幾何？南山虎齩石羊兒，須向其中識生死。」

廣靈祖禪師法嗣

仙巖懷義禪師

處州縉雲仙巖懷義禪師，僧問：「如何是佛？」師曰：「自屈作麽？」曰：「如何是道？」師曰：「你道了。」曰：「向上更有事也無？」師曰：「無。」曰：「恁麼則小出大遇也。」師曰：「祇恐不恁麼。」曰：「也是。」師曰：「却恁麼去也。」

浄因岳禪師法嗣

鼓山體淳禪師

福州鼓山體淳禪鑒禪師，上堂：「由基弓矢，不射田蛙。任氏絲綸，要投溟渤。發則穿楊破的，得則倏鯨巨鼇。隻箭既入重城，長竿豈釣淺水？而今莫有吞鉤齧鏃底麼？若無，山僧卷起絲綸，拗折弓箭去也。」擲拄杖，下座。

乾明覺禪師法嗣

長慶應圓禪師

岳州平江長慶應圓禪師，上堂：「寒氣將殘春日到，無索泥牛皆跱跳。築著崑崙鼻孔頭，觸倒須彌成糞掃。牧童兒，鞭棄了，懶吹無孔笛，拍手呵呵笑。歸去來兮歸去來，煙霞深處和衣倒。」良久曰：「切忌睡著。」

長蘆信禪師法嗣

慧林懷深禪師

東京慧林懷深慈受禪師，壽春府夏氏子。生而祥光現舍，文殊堅禪師遥見，疑火也。詰旦，知師始生，往訪之。師見堅輒笑，母許出家。十四剃髮冠祝髮。後四年，訪道方外，依淨照於嘉禾資聖。照舉良遂見麻谷因緣，問曰：「如何是良遂知處？」師即洞明。出住資福，屨滿户外。蔣山佛鑑懃禪師行化至，茶退，師引巡寮，至千人街坊，鑑問：「既是千人街坊，爲甚麽祇有一人？」師曰：「多虚不如少實。」鑑曰：「恁麽那？」師赧然。偶朝廷以資福爲神霄宫，因棄往蔣山，留西庵陳請益。鑑曰：「資福知是般事便休。」師曰：「某實未穩，望和尚不外。」鑑舉倩女離魂話，反覆窮之，大豁疑礙。呈偈曰：「祇是舊時行履處，等閑舉著便誵訛。夜來一陣狂風起，吹落桃花知幾多。」鑑拊几曰：「這底豈不是活祖師意？」未幾，被旨住焦山。僧問：「如何是佛？」師曰：「面黄不是真金貼。」曰：「如何是佛向上事？」師曰：「一箭一蓮華。」僧作禮，師彈指三下。問：「知有道不得時如何？」師曰：「瘂子喫蜜。」曰：「道得不知有時如何？」師曰：「鸚鵡唤人。」僧禮拜，師叱曰：「這傳語漢！」問：「甚麽人不被無常吞？」師曰：「祇恐他無下口處。」曰：「恁麽則一念通玄箭，三尸鬼失奸也。」師曰：「汝有一念，定被他吞了。」曰：「無一念時如何？」師曰：「捉著闍黎。」上堂：「古者道，忍！忍！三世如來從此盡。饒！饒！萬禍千殃從此消。默！默！無上菩提從此得。」師曰：「會得此三種語了，好箇不快活漢！山僧祇是得人一牛，還人一馬。潑水相唾，插觜厮駡。」卓拄杖曰：「平出！平出！」上堂：「雲自何山起？風從甚澗生？好箇入頭處，官路少人行。」上堂：「不是境，亦非心，唤作佛時也陸沉。箇中本自無階級，切忌無階級處尋。總不尋，過猶深。打破雲門飯袋子，方知赤土是黄金。咄！」

光孝如璝禪師

平江府萬壽如璝證悟禪師，建寧魏氏。開堂日，僧問：「如何是蘇臺境？」師曰：

「山横師子秀，水接太湖清。」曰：「如何是境中人？」師曰：「衣冠皇宋後，禮樂大周前。」師凡見僧，必問：「近日如何？」僧擬對，即拊其背曰：「不可思議。」將示寂，衆集，復曰：「不可思議。」乃合掌而終。

天衣如哲禪師

越州天衣如哲禪師，族里未詳。自退席寓平江之萬壽，飲啖無擇，人多侮之。有以瑞巖喚主人公話問者，師答以偈曰：「瑞巖長喚主人公，突出須彌最上峰。大地掀飜無覓處，笙歌一曲畫樓中。」一日曰：「吾行矣。」令拂拭所乘筭輿，乃書偈告衆曰：「道在用處，用在死處。時人衹管貪歡樂，不肯學無爲。」叙平昔參問，勉衆進修已，忽豎起拳曰：「諸人且道，這箇落在甚麼處？」衆無對。師揮案一下曰：「一齊分付與秋風。」遂入輿，端坐而逝。

智者法銓禪師

婺州智者法銓禪師，上堂：「要扣玄關，須是有節操，極慷慨，斬得釘，截得鐵，硬剥剥地漢始得。若是隈刀避箭，碌碌之徒，看即有分。」以拂子擊禪牀，下座。

徑山智訥禪師

臨安府徑山智訥妙空禪師，僧問：「牛頭未見四祖時如何？」師曰：「坐久成勞。」曰：「見後如何？」師曰：「不妨我東行西行。」

金山慧禪師法嗣

報恩覺然禪師

常州報恩覺然寶月禪師，越州鄭氏子。上堂：「學者無事空言，須求妙悟。去妙悟而事空言，其猶逐臭耳。然雖如是，罕逢穿耳客，多遇刻舟人。」一日謂衆曰：「世緣易染，道業難辦，汝等勉之。」語卒而逝。

法雲白禪師法嗣

智者紹先禪師

婺州智者紹先禪師，潭州人也。上堂：「根塵同源，縛脱無二。不動絲毫，十方游戲。子湖犬子雖獰，争似南山鱉鼻。」遂高聲曰：「大衆！看脚下。」上堂：「團不聚，撥不散，日曬不乾，水浸不爛。等閑挂在太虚中，一任傍人冷眼看。」

福聖仲易禪師

沂州馬鞍山福聖院仲易禪師，上堂：「一二三四五，陞堂擊法鼓。蔟蔟齊上來，一一面相睹。秋色滿虚庭，秋風動寰宇。更問祖師禪，雪峰到投子。咄！」

慧林慧海禪師

東京慧林慧海月印禪師，僧問：「師唱誰家曲？宗風嗣阿誰？」師曰：「黄金地上玉樓臺。」曰：「如何是祖師西來意？」師曰：「三月洛陽人戴花。」上堂：「黄金地上，具眼者未肯安居。荆棘林中，本分底留伊不得。祇如去此二途，作麽生是衲僧行履處？」良久曰：「舉頭煙靄裏，依約見家山。」上堂，顧視大衆，拍禪牀一下曰：「聊表不空。」便下座。

建隆原禪師

楊州建隆原禪師，姑蘇夏氏子。上堂，拈拄杖曰：「買帽相頭，依模畫樣。從他野老自顰眉，誌公不是閑和尚。」卓拄杖，下座。

保寧英禪師法嗣

廣福惟尚禪師

臨安府廣福院惟尚禪師，初參覺印，問曰：「南泉斬猫兒，意旨如何？」印曰：「須是南泉始得。」印以前語詰之，師不能對。至僧堂，忽大悟曰：「古人道：『從今日去，更不疑天下老和尚舌頭。』信有之矣。」述偈呈印，曰：「須是南泉第一機，不知不覺驀頭錐。

覿面若無青白眼，還如鷀鶿守空池。」舉未絶，印竪拳曰：「正當恁麼時作麼生？」師掀倒禪牀，印遂喝。師曰：「賊過後張弓。」便出。住廣福日，室中問僧：「提起來作麼生會？」又曰：「且道是箇甚麼，要人提起？」

雪竇法寧禪師

明州雪竇法寧禪師，衢州杜氏子。上堂：「百川異流，以海爲極。森羅萬象，以空爲極。四聖六凡，以佛爲極。明眼衲子，以拄杖子爲極。且道拄杖子以何爲極？有人道得，山僧兩手分付。儻或未然，不如閑倚禪牀畔，留與兒孫指路頭。」

開先珣禪師法嗣

延昌熙詠禪師

廬州延昌熙詠禪師，僧問：「少林面壁，意旨如何？」師曰：「慚惶殺人。」

開先宗禪師

廬州開先宗禪師，上堂：「一不做，二不休。捩轉鼻孔，捺下雲頭。禾山解打鹽官鼓，僧繇不寫戴嵩牛。廬陵米，投子油，雪峰依舊輥雙毬。夜來風送衡陽信，寒雁一聲霜月幽。」

甘露顒禪師法嗣

光孝元禪師

楊州光孝元禪師，僧問：「如何是和尚家風？」師曰：「七顛八倒。」曰：「忽遇客來，如何祇待？」師曰：「生鐵蒺藜劈口捏。」

雪竇榮禪師法嗣

雲峰大智禪師

福州雪峰大智禪師，僧問：「如何是祖師西來意？」師銜拂柄示之。僧曰：「此是香巖底，和尚又作麽生？」師便喝，僧大笑。師叱曰：「這野狐精！」

元豐滿禪師法嗣

雪峰宗演禪師

福州雪峰宗演圓覺禪師，恩州人也。僧問：「不慕諸聖、不重己靈時如何？」師曰：「款出囚口。」曰：「便恁麽會去時如何？」師曰：「换手槌胸。」問：「如何是大善知識心？」師曰：「十字街頭片瓦子。」辭衆日，僧問：「如何是臨岐一句？」師曰：「有馬騎馬，無馬步行。」曰：「途中事作麽生？」師曰：「賤避貴。」上堂：「遣迷求悟，不知迷是悟之鉗鎚。愛聖憎凡，不知凡是聖之鑪鞴。祇如聖凡雙泯、迷悟俱忘一句作麽生道？半夜彩霞籠玉像，天明峰頂五雲遮。」

衞州王大夫

衞州王大夫，遺其名。以喪偶厭世相，遂參元豐，於言下知歸。豐一日謂曰：「子乃今之陸亘也。」公便掩耳，既而回壇山之陽，縛茅自處者三載。偶歌曰：「壇山裏，日何長。青松嶺，白雲鄉。吟鳥啼猿作道場。散髮采薇歌又笑，從教人道野夫狂。」

育王振禪師法嗣

岳林真禪師

明州岳林真禪師，上堂：「古人道：『初秋夏末，合有責情三十棒。』岳林則不然，靈山會上，世尊拈華，迦葉微笑，正當恁麽時，好與三十棒。何故？如此太平時節，强起干戈，教人吹大法螺，擊大法鼓。舉步則金蓮蹬蹀，端居則寶座巍峨。梵王引之於前，香花繚繞，帝釋隨之於後，龍象駢羅。致令後代兒孫，遞相倣斆。三三兩兩，皆言出格風標。劫劫波波，未肯歸家穩坐。鼓唇摇舌，宛如鐘磬笙竽。奮臂點胸，何啻稻麻竹葦。更逞遊山翫水，撥草瞻風，人前説得石點頭，天上飛來花撲地，也好與三十棒。且道坐夏賞勞，如何酬獎？」良久曰：「萬寶功成何厚薄，千鈞價重自低昂。」

招提湛禪師法嗣

華亭觀音和尚

秀州華亭觀音和尚，僧問：「如何是佛？」師曰：「半夜烏龜火裏行。」曰：「意作麽生？」師曰：「虚空無背面。」僧禮拜，師便打。

青原下十四世

浄慈明禪師法嗣

浄慈象禪師

臨安府浄慈象禪師，上堂：「古者道：『一翳在眼，空花亂墜。』」拈拄杖曰：「浄慈拈起拄杖，豈不是一翳在眼？百千諸佛摠在拄杖頭，現丈六紫磨金色之身，乘其國土，遊歷十方，説一切法，度一切衆，豈不是空花亂墜？即今莫有向拄杖未拈已前坐斷得麽？出來與浄慈相見。如無，切忌向空本無花、眼本無翳處著到。」乃擲拄杖，下座。

雪峰隆禪師

福州雪峰隆禪師，上堂：「一不成，二不是。口喫飯，鼻出氣。休云北斗藏身，説甚南山鱉鼻。家財運出任交關，勸君莫競錐頭利。」

長蘆和禪師法嗣

甘露達珠禪師

鎮江府甘露達珠禪師，福州人。上堂：「聖賢不分，古今惟一。可謂火就燥，水流濕，鑿井而飲，耕田而食。大衆！東村王老去不歸，紛紛黄葉空狼籍。」

靈隱惠淳禪師

臨安府靈隱惠淳圓智禪師，上堂：「吾心似秋月，碧潭清皎潔。」乃喝曰：「寒山子話墮了也。諸禪德！皎潔無塵，豈中秋之月可比？虛明絶待，非照世之珠可倫。獨露乾坤，光吞萬象，普天匝地，耀古騰今。且道是箇甚麼？」良久曰：「此夜一輪滿，清光何處無。」

雪峰慧禪師法嗣

浄慈道昌禪師

臨安府浄慈月堂道昌佛行禪師，湖州寶溪吴氏。僧問：「大用現前，不存軌則時如何？」師曰：「張家兄弟太無良。」曰：「恁麼則一切處皆是去也。」師曰：「莫唐突人好！」問：「心生則法生，心滅則法滅。祇如心法雙忘時，生滅在甚麼處？」師曰：「左手得來右手用。」問：「如何是從上宗門中事？」師曰：「一畝地。」曰：「便恁麼會時如何?」師曰:「埋没不少。」問:「如何是諸佛本源?」師曰:「屋頭問路。」曰:「向上還有事也無?」師曰:「月下抛甎。」上堂:「未透祖師關,千難與萬難。既透祖師關,千難與萬難。未透時難即且置,既透了,因甚麽却難?放下笊籬雖得價,動他杓柄也無端。」上堂:「與我相似,共你無緣。打翻藥銚,傾出爐煙。還丹一粒分明在,流落人間是幾年。」上堂:「雁過長空,影沉寒水。雁無遺蹤之意,水無留影之心。若能如是,正好買草鞋行脚。所以道:動則影現,覺則冰生,不動不覺,正在死水裏。薦福老人出頭不得即且置,育王今日又作麽生?向道莫行山下路,果聞猿叫斷腸聲。」歲旦,上堂,舉拂子曰:「歲朝把筆,萬事皆吉。忽有箇漢出來道:『和尚!這箇是三家村裏保正書門底,爲甚麽將來華王座上當作宗乘?』祇向他道:『牛進千頭,馬入百足。』」

徑山了一禪師

臨安府徑山照堂了一禪師,明州人。上堂:「參玄之士,觸境遇緣。不能直下透脱者,蓋爲業識深重,情妄膠固,六門未息,一處不通。絶點純清,含生難到。直須入林不動草,入水不動波,始可順生死流,入人間世。諸人要會麽?」以拄杖畫曰:「祇向這裏薦取。」

金山了心禪師

鎮江府金山了心禪師，上堂：「佛之一字孰云無，木馬泥牛滿道途。倚徧欄干春色晚，海風吹斷碧珊瑚。還有同聲相應，同氣相求者麽？百鳥不來樓閣閉，祇聞夜雨滴芭蕉。」

香嚴月禪師法嗣

香嚴如璧禪師

鄧州香嚴倚松如璧禪師，撫州饒氏子。上堂：「變化密移何太急，刹那念念一呼吸。八萬四千方便門，且道何門不可入？入不入，曉來雨打芭蕉濕。殷勤更問箇中人，門外堂堂相對立。」聞啄木鳥鳴，説偈曰：「剥剥剥，裏面有蟲外面啄。多少茫茫瞌睡人，頂後一錐猶未覺。若不覺，更聽山僧剥剥剥。」

慧林深禪師法嗣

靈隱慧光禪師

臨安府靈隱寂室慧光禪師，錢塘夏侯氏。僧問：「飛來山色示清浄法身，合澗溪聲演廣長舌相。正當恁麼時，如何是雲門一曲？」師曰：「芭蕉葉上三更雨。」曰：「一句全提超佛祖，滿筵朱紫盡知音。」師曰：「逢人不得錯舉。」上堂：「不用求真，何須息見。倒騎牛兮入佛殿，羌笛一聲天地空，不知誰識瞿曇面。」

國清妙印禪師

台州國清愚谷妙印禪師，上堂：「滿口道得底，爲甚麼不知有？十分知有底，爲甚麼滿口道不得？且道誵訛在甚麼處？若也知得，許你照用同時，明闇俱了。其或未然，道得道不得，知有不知有，南山石大蟲，解作師子吼。」

國清普紹禪師

台州國清垂慈普紹禪師，上堂：「靈雲悟桃花，玄沙傍不肯，多少癡禪和，擔雪去填井。今春花又開，此意誰能領？端的少人知，花落春風静。」

九座慧邃禪師

泉州九座慧邃禪師，上堂：「九座今日向孤峰絶頂駕一隻鐵船，截斷天下人要津，教他揮篙動棹不得。有箇錦標子，且道在甚麽人手裏？」拈拄杖曰：「看！看！向道是龍剛不信，等閑奪得始驚人。」

報恩然禪師法嗣

資聖元祖禪師

秀州資聖元祖禪師，僧問：「紫金蓮捧千輪足，白玉毫輝萬德身。如何是佛？」師曰：

「拖槍帶甲。」曰：「貫花千偈雖殊品，標月還歸理一如。如何是法？」師曰：「元豐條，紹興令。」曰：「林下雅爲方外客，人間堪作火中蓮。如何是僧？」師曰：「披席把椀。」

慧林海禪師法嗣

萬杉壽堅禪師

廬山萬杉壽堅禪師，相州人。歲旦，上堂：「有一人不拜歲，不迎新，寒暑不能侵其體，聖凡不能混其迹。從來鼻孔遼天，誰管多年厤日。大衆！且道此人即今在甚麽處？」卓拄杖曰：「咄咄咄！没處去。」

開先宗禪師法嗣

黄檗惟初禪師

瑞州黄檗惟初禪師，常州蔡氏子。上堂：「我見宗大哥，平生槁默危坐，所謂朽木形骸，未嘗口角譊譊，將佛祖言教以當門庭。祇要當人歇得十成，自然不向這殼漏子上著到。」有僧問：「既不向這殼漏子上著到，未審如何保任？」師曰：「無你用心處。」曰：「和尚豈無方便？」師曰：「鐓餅既無汁，壓沙那有油？」

嶽麓海禪師

潭州嶽麓海禪師，僧問：「進前三步時如何？」師曰：「撞頭磕額。」曰：「退後三步時如何？」師曰：「墮坑落壍。」曰：「不進不退時如何？」師曰：「立地死漢。」

雪峰演禪師法嗣

西禪慧舜禪師

福州西禪慧舜禪師，真定府人。上堂：「五日一參，三八普説。千説萬説，橫説豎説。忽有箇漢出來道：『説即不無，争奈三門頭兩箇不肯。』山僧即向他道：『瞎漢！若不得他兩箇，西禪〔一〕大似不遇知音。』」

〔一〕「兩箇西禪」，原舛作「西個兩禪」，今改。

青原下十五世

雪竇明禪師法嗣

嵖山寧禪師

密州嵖山寧禪師，上堂：「有時孤峰頂上嘯月眠雲，有時大洋海中飜波走浪，有時十字街頭七穿八穴。諸人還相委悉麽？樟樹花開盛，芭蕉葉最多。」

浄慈昌禪師法嗣

五雲悟禪師

臨安府五雲悟禪師，苕溪人也。上堂：「月堂老漢道，行不見行，是箇甚麽？坐不見坐，是箇甚麼？著衣時不見著衣，是箇甚麼？喫飯時不見喫飯，是箇甚麼？山僧雖與他同牀打睡，要且各自做夢。何故？行見行，坐見坐，著衣時見著衣，喫飯時見喫飯，無有不見底道理，亦無箇是甚麼？諸人且道，老漢底是？五雲底是？」拈拄杖卓一下曰：「桃紅李白薔薇紫，問著春風揔不知。」

靈隱光禪師法嗣

中竺元妙禪師

臨安府中竺癡禪元妙禪師，婺州王氏。僧問：「如何是截斷衆流句？」師曰：「佛祖開口無分。」曰：「如何是函蓋乾坤句？」師曰：「匝地普天。」曰：「如何是隨波逐浪句？」師曰：「有時入荒草，有時上孤峰。」上堂：「黄昏雞報曉，半夜日頭明。驚起雪師子，瞠開紅眼睛。」上堂：「去年梅，今歲柳，顔色馨香。」喝一喝，良久曰：「若不得這一喝，幾乎道著依舊。且道道著後如何？眼睛突出。」

圓覺曇禪師法嗣

靈巖圓日禪師

撫州靈巖圓日禪師，上堂：「悟無不悟，得無不得。九年面壁空勞力，三脚驢兒跳上天，泥牛入海無蹤跡。爲甚如此？九九八十一。」

嶽麓海禪師法嗣

玉泉思達禪師

荆門軍玉泉思達禪師，僧問：「如何是一印印空？」師曰：「萬象收歸古鑑中。」曰：「如何是一印印水？」師曰：「秋蟾影落千江裏。」曰：「如何是一印印泥？」師曰：「細觀文彩未生時。」

青原下十六世

中竺妙禪師法嗣

光孝深禪師

温州光孝已菴深禪師，本郡人也。上堂曰：「龍生龍，鳳生鳳。老鼠養兒沿屋棟。達磨大師不會禪，歷魏游梁乾打鬨。」上堂：「一九二九，相逢不出手。三九二十七，籬頭吹觱栗。翻憶小釋迦，雙手抱屈膝。知不知，實不實，摩訶般若波羅蜜。」上堂：「維摩默然，普賢廣説，歷代聖人，互呈醜拙。君不見落花三月子規啼，一聲聲是一點血。」上堂：「風蕭蕭，葉飄飄，雲片片，水茫茫。江干獨立向誰説，天外飛鴻三兩行。」

五燈會元卷第十七

南嶽下十一世

石霜圓禪師法嗣

黄龍慧南禪師

隆興府黄龍慧南禪師，信州章氏子。依泐潭澄禪師，分座接物，名振諸方。偶同雲峰悦禪師游西山，夜話雲門法道。峰曰：「澄公雖是雲門之後，法道異矣。」師詰其所以異，峰曰：「雲門如九轉丹砂，點鐵成金。澄公藥汞銀徒可翫，入煅則流去。」師怒，以枕投之。明日，峰謝過。又曰：「雲門氣宇如王，甘死語下乎？澄公有法授人，死語也。死語其能活人乎？」即背去。師挽之曰：「若如是，則誰可汝意？」峰曰：「石霜圓手段出諸方，子宜見之，不可後也。」師默計之曰：「悦師翠巖，使我見石霜，於悦何有哉？」即造石霜。中途聞慈明不事事，忽叢林。遂登衡嶽，乃謁福嚴賢，賢命掌書記。俄賢卒，郡守以慈明補之。既至，目其貶剥諸方，件件數爲邪解，師爲之氣索，遂造其室。明曰：「書記領徒游方，借使有疑，可坐而商略。」師哀懇愈切。明曰：「公學雲門禪，必善其旨。如云放洞山三頓棒，是有喫棒分？無喫棒分？」師曰：「有喫棒分。」明色莊曰：「從朝至暮，鵲噪鴉鳴，皆應喫棒。」明即端坐，受師炷香作禮。明復問：「趙州道：『臺山婆子，我爲汝勘破了也。』且那裏是他勘破婆子處？」師汗下，不能加答。次日又詣，明詬罵不已。師曰：「罵豈慈悲法施邪？」明曰：「你作罵會那？」師於言下大悟。作頌曰：「傑出叢林是趙州，老婆勘破有來由。而今四海清如鏡，行人莫與路爲讎。」呈慈明，明頷之。後開法同安。初受請日，泐潭遣僧來審，師提唱之語，有曰：「智海無性，因覺妄而成凡；覺妄元虚，即凡心而見佛。便爾休去，將謂同安無折合，隨汝顛倒所欲？南斗七，北斗八。」僧歸，舉似澄，澄不懌。自是泐潭舊好絶矣。問：「儂家自有同風事，如何是同風事？」師良久，僧曰：「恁麽則起動和尚去也。」師曰：「靈利人難得！」僧禮拜。示衆曰：「江南之地，春寒秋熱。近日已來，滴水滴凍。」僧問：「滴水滴凍時如何？」師曰：「未是衲僧分上事。」曰：「如何是衲僧分上事？」師曰：「滴水滴凍。」問：「牛頭未見四祖時，爲甚麽百鳥銜花獻？」師曰：「釘根桑樹，闊角水牛。」曰：「見後爲甚麽不銜花？」師曰：「裩無襠，袴無口。」問：「無爲無事人，猶是金鎖難。未審過在甚麽處？」師曰：「一字入公門，九牛曳不出。」曰：「學人未曉，乞師方便。」師曰：「大庾嶺頭，笑却成哭。」問：「一不去，二不住。請師道。」師曰：「高祖殿前樊噲怒。」曰：「恁麽則今日得遇和尚也。」師曰：「仰面看天不見天。」問：「德山棒，臨濟喝，直至如今，少人拈掇。請師拈掇。」師曰：「千鈞之弩，不爲鼷鼠而發機。」曰：「作家宗師，今朝有在。」師便喝，僧禮拜。師曰：「五湖衲子，一錫禪人，未到同安，不妨疑著。」上堂：「横吞巨海，倒卓須彌。衲僧面前，也是尋常茶飯。行脚人須是荆棘林内坐大道場，向和泥合水處認取本來面目。且作麽生見得？」遂拈拄杖曰：「直饒見得，未免山僧拄杖。」上堂：「聖凡情盡，體露真常。」拈起拂子，曰：「拂子跨跳上三十三天，扭脱帝釋鼻孔。驢唇先生拊掌大笑道：『盡十方世界覓箇識好惡底人，萬中無一。』」擊禪牀，下座。上堂：「説妙談玄，乃太平之姦賊。行棒行喝，爲亂世之英雄。英雄姦賊，棒喝玄妙，皆爲長物。黄檗門下總用不著。且道黄檗門下尋常用箇甚麽？」喝一喝。上堂：「撞鐘鐘鳴，擊鼓鼓響。大衆殷勤問訊，同安端然合掌。這箇是世法？那箇是佛法？咄！」上堂：「有一人朝看華嚴，暮觀般若，晝夜精勤，無有暫暇。有一人不參禪，不論義，把箇破席日裏睡。於是二人同到黄龍，一人有爲，一人無爲，安下那一箇即是？」良久曰：「功德天、黑暗女，有智主人，二俱不受。」上堂：「心王不妄動，六國一時通。罷拈三尺劍，休弄一張弓。」擊禪牀，下座。上堂：「道遠乎哉？觸事而真。聖遠乎哉？體之即神。」乃拈拄杖曰：「道之與聖，總在歸宗拄杖頭上，汝等諸人何不識取？若也識得，十方剎上不行而至，百千三昧無作而成。若也未識，有寒暑兮促君壽，有鬼神兮妬君福。」上堂：「半夜捉烏雞，驚起梵王睡。毗嵐風忽起，吹倒須彌山。官路無人行，私酒多人喫。當此之時，臨濟、德山開得口，張得眼，有棒有喝用不得。汝等諸人各自尋取祖業契書，莫認驢鞍橋作阿爺下頷。」上堂，舉：「大珠和尚道：『身口意清淨，是名佛出世；身口意不淨，是名佛滅度。』也好箇消息。古人一期方便，與你諸人討箇入路，既得箇入路，又須得箇出路。登山須到頂，入海須到底。登山不到頂，不知宇宙之寬廣；入海不到底，不知滄溟之淺深。既知寬廣，又知淺深。一踏踏翻四大海，一摑摑倒須彌山。撒手到家人不識，鵲噪鴉鳴柏樹間。」上堂：「千般說，萬般喻，祇要教君早回去。去何處？」良久云：「夜來風起滿庭香，吹落桃花三五樹。」因化主歸，上堂：「世間有五種不易：一化者不易，二施者不易，三變生爲熟者不易，四端坐喫者不易，更有一種不易是甚麽人？」良久云：「譚！」便下座。時翠巖真爲首座，藏主問云：「適來和尚道第五種不易，是甚麽人？」真曰：「腦後見腮，莫與往來。」上堂，拈拄杖曰：「橫拈倒用，撥開彌勒眼睛；明去暗來，敲落祖師鼻孔。當是時也，目連、鶖子飲氣吞聲，臨濟、德山呵呵大笑。且道笑箇甚麽？咄！」師室中常問僧曰：「人人盡有生緣，上座生緣在何處？」正當問答交鋒，却復伸手曰：「我手何似佛手？」又問諸方參請宗師所得，却復垂脚曰：「我脚何似驢脚？」三十餘年，示此三問，學者莫有契其旨。脱有酬者，師未嘗可否。叢林目之爲黄龍三關。師自頌曰：「生緣有語人皆識，水母何曾離得鰕？但見日頭東畔上，誰能更喫趙州茶。」「我手佛手兼舉，禪人直下薦取。不動干戈道出，當處超佛越祖。」「我脚驢脚並行，步步踏著無生。會得雲收日卷，方知此道縱横。」總頌曰：「生緣斷處伸驢脚，驢脚伸時佛手開。爲報五湖參學者，三關一一透將來。」熙寧己酉三月十六日，四祖演長老通嗣法書。上堂：「山僧才輕德薄，豈堪人師？蓋不昧本心，不欺諸聖，未免生死，今免生死；未出輪回，今出輪回；未得解脱，今得解脱；未得自在，今得自在。所以大覺世尊於然燈佛所無一法可得。六祖夜半於黄梅又傳箇甚麽？」乃説偈曰：「得不得，傳不傳，歸根得旨復何言？憶得首山曾漏泄，新婦騎驢阿家牽。」翌日午時，端坐示寂。闍維，得五色舍利，塔于前山，謚普覺禪師。

南嶽下十二世

黄龍南禪師法嗣

黄龍祖心禪師

隆興府黄龍祖心寶覺禪師，南雄鄔氏子。參雲峰悦禪師，三年無所得，辭去。悦曰：「必往依黄檗南禪師。」師至黄檗，四年不大發明。又辭，再上雲峰。會悦謝世，就止石霜。因閲傳燈，至「僧問多福：『如何是多福一叢竹？』福曰：『一莖兩莖斜。』曰：『不會。』福曰：『三莖四莖曲。』」師於此開悟，徹見二師用處，徑回黄檗。方展坐具，檗曰：「子已入吾室矣。」師踴躍曰：「大事本來如是，和尚何得教人看話，百計搜尋？」檗曰：「若不教你如此究尋，到無心處自見自肯，即吾埋没汝也。」住後，僧問：「達磨九年面壁，意旨如何？」師曰：「身貧無被蓋。」曰：「莫孤負他先聖也無？」師曰：「闍黎見處又作麽生？」僧畫一圓相，師曰：「燕雀不離窠。」僧禮拜。師曰：「更深猶自可，午後始愁人。」問：「未登此座時如何？」師曰：「一事全無。」曰：「登後如何？」師曰：「仰面觀天不見天。」上堂：「愚人除境不忘心，智者忘心不除境。不知心境本如如，觸目遇緣無障礙。」遂舉拂子曰：「看！拂子走過西天，却來新羅國裏。知我者謂我拖泥帶水，不知我者贏得一場怪誕。」上堂：「大凡窮生死根源，直須明取自家一片田地。教伊去處分明，然後臨機應用不失其宜。祇如鋒鋩未兆已前，都無是箇非箇。瞥爾爆動，便有五行金土相生相尅，胡來漢現，四姓雜居，各任方隅，是非鋒起。致使玄黄不辨，水乳不分，疾在膏肓，難爲救療。若不當陽曉示，窮子無以知歸。欲得大用現前，便可頓忘諸見。諸見既盡，昏霧不生。大智洞然，更非他物。珍重！」上堂，擊禪牀曰：「一塵纔舉，大地全收。諸人耳在一聲中，一聲徧在諸人耳。若是摩霄俊鶻，便合乘時；止濼困魚，徒勞激浪。」上堂：「不與萬法爲侶，即是無諍三昧，便恁麽去，争柰絃急則聲促。若能向紫羅帳裏撒真珠，未必善因而招惡果。」上堂：「有句無句，如藤倚樹，且任諸人點頭。及乎樹倒藤枯，上無衝天之計，下無入地之謀。靈利漢這裏著得一隻眼，便見七縱八横。」舉拂子曰：「看！太陽溢目，萬里不挂片雲。若是覆盆之下，又争怪得老僧？」上堂：「若也單明自己，不悟目前，此人有眼無足。若悟目前，不明自己，此人有足無眼。據此二人，十二時中常有一物蘊在胸中。物既在胸，不安之相常在目前。既在目前，觸途成滯。作麽生得平穩去？祖不言乎：『執之失度，必入邪路。放之自然，體無去住。』」上堂：「良工未出，玉石不分。巧冶無人，金沙混雜。還有無師自悟底麼？出來辨別看。」乃舉拂子曰：「且道是金是沙？」良久曰：「見之不取，思之千里。」上堂：「有時開門待知識，知識不來過。有時把手上高山，高山人不顧。或作敗軍之將，向闍黎手裏拱手歸降。或爲忿怒那吒，敲骨打髓。正當恁麼時，還有同聲相應、同氣相求底麼？有則向百尺竿頭，進取一步。如無，少室峰前，一場笑具。」上堂：「心同虛空界，示等虛空法。證得虛空時，無是無非法。便恁麼休去，停橈把纜，且向灣裏泊船。若據衲僧門下，天地懸隔。且道衲僧門下有甚長處？榔栗横擔不顧人，直入千峰萬峰去。」上堂：「一不向，二不開。翻思南嶽與天台。堪笑白雲無定止，被風吹去又吹來。」上堂：「不是風動，不是幡動，明眼漢謾他一點也不得。仁者心動且緩緩，你向甚處見祖師？」乃擲下拂子，曰：「看！」上堂：「過去諸佛已滅，未來諸佛未生。正當現在，佛法委付黄龍。放行則恍恍惚惚，其中有物。把住則杳杳冥冥，其中有精。且道放行即是？把住即是？竿頭絲線從君弄，不犯清波意自殊。」上堂：「虎頭生角人難措，石火電光須密布。假饒烈士也應難，懵底那能善回互。手擎日月，背負須彌，擲向他方，其中衆生不覺不知。其中衆生騎驢入諸人眼裏，諸人亦不覺不知。會麼？將此深心奉塵刹，是則名爲報佛恩。」上堂：「一漚未發，古帆未征。風信不來，無人舉棹。正當恁麼時，水脉如何辨的？君不見雲門老，垂手處，落落清波無透路。又不見華亭叟，泄天機，夜深空載月明歸。莫怪相逢不相識，從教萬古漫漫黑。」上堂：「馬祖陞堂，百丈卷席。後人不善來風，盡道不留眹迹。殊不知桃花浪裏正好張帆，七里灘頭更堪垂釣。如今必有辨浮沉、識深淺底漢，試出來定當水脉看。如無，且將漁父笛，閑向海邊吹。」上堂：「風蕭蕭兮木葉飛，鴻雁不來音信稀。還鄉一曲無人吹，令余拍手空遲疑。」上堂：「鏡像或謂有，攬之不盈手。鏡像或謂無，分明如儼圖。所以取不得，舍不得，不可得中祇麼得。還會麼？不作維摩詰，又似傅大士。」上堂：「夫玄道者，不可以設功得。聖智者，不可以有心知。真諦者，不可以存我會。至功者，不可以營事爲。古人一期應病與藥則不可。若是丈夫漢，出則經濟天下，不出則卷而懷之。爾若一向聲和響順，我則排斥諸方。爾若示現酒肆婬坊，我則孤峰獨宿。且道甚處是黄龍爲人眼？」師室中常舉拳，問僧曰：「唤作拳頭則觸，不唤作拳頭則背。唤作甚麼？」將入滅，命門人黄大史庭堅主後事。茶毗日，鄰峰爲秉炬，火不續，黄顧師之得法上首死心新禪師曰：「此老師有待於吾兄也。」新以喪拒，黄强之。新執炬召衆曰：「不是餘殃累及我，彌天罪過不容誅。而今兩脚捎空去，不作牛兮定作驢。」以火炬打一圓相曰：「祇向這裏雪屈。」擲炬，應手而爇。靈骨窆于普覺塔之東，謚寶覺禪師。

東林常總禪師

江州東林興龍寺常總照覺禪師，延平施氏子。久依黃龍，密授大法決旨，出住泐潭，次遷東林，皆符讖記。僧問：「乾坤之内，宇宙之間，中有一寶，秘在形山。如何是寶？」師曰：「白月現，黑月隱。」曰：「非但聞名，今日親見。」師曰：「且道寶在甚麼處？」曰：「古殿户開光燦爛，白蓮池畔社中人。」師曰：「別寶還他碧眼胡。」又僧出衆，提起坐具曰：「請師答話。」師曰：「放下著。」僧又作展勢。師曰：「收。」曰：「昔年尋劍客，今朝遇作家。」師曰：「這裏是甚麼所在？」僧便喝。師曰：「喝老僧那？」僧又喝。師曰：「放過又争得？」便打。上堂：「乾坤大地，常演圓音。日月星辰，每談實相。翻憶先黄龍道，秋雨淋漓，連宵徹曙，點點無私，不落別處。」復云：「滴穿汝眼睛，浸爛汝鼻孔。東林則不然，終歸大海作波濤。」擊禪牀，下座。上堂：「老盧不識字，頓明佛意，佛意離文墨故。白兆不識書，圓悟宗乘，宗乘非言詮故。如此老婆心，分明入泥水。今時人猶尚抱橋柱澡洗，把纜放船。」良久〔一〕曰：「争怪得老僧！」

〔一〕「久」，原作「夕」，據清藏本、續藏本改。

寶峰克文禪師

隆興府寶峰克文雲庵真淨禪師，陝府鄭氏子。坐夏大潙。聞僧舉：「僧問雲門：『佛法如水中月，是否？』門曰：『清波無透路。』」師乃領解。往見黄龍，不契，却曰：「我有好處，這老漢不識我。」遂往香城見順和尚。順問：「甚處來？」師曰：「黄龍來。」曰：「黄龍近日有何言句？」師曰：「黄龍近日，州府委請黄檗長老。龍垂語云：『鐘樓上念讚，牀脚下種菜。有人下得語契，便往住持。』勝上座云：『猛虎當路坐。』龍遂令去住黄檗。」順不覺云：「勝首座祇下得一轉語，便得黄檗住，佛法未夢見在。」師於言下大悟，方知黄龍用處，遂回見黄龍。龍問：「甚處來？」師曰：「特來禮拜和尚。」龍曰：「恰值老僧不在。」師曰：「向甚麼處去？」龍曰：「天台普請，南嶽游山。」師曰：「恁麼則學人得自在去也。」龍曰：「脚下鞋甚處得來？」師曰：「廬山七百五十文唱來。」龍曰：「何曾得自在？」師指鞋曰：「何嘗不自在？」龍駭之。開堂日，拈香祝聖，問答罷，乃曰：「問話且止，祇知問佛問法，殊不知佛法來處。且道從甚麼處來？」垂一足曰：「昔日黄龍親行此令，十方諸佛無敢違者。諸代祖師、一切聖賢無敢越者。無量法門，一切妙義，天下老和尚舌頭始終一印，無敢異者。無異則且置，印在甚麼處？還見麼？若見，非僧非俗，無偏無黨，一一分付。若不見，而我自收。」遂收足，喝一喝，曰：「兵隨印轉，將逐符行。佛手、驢脚、生緣，老好痛與三十棒，而今會中莫有不甘者麼？若有，不妨奇特。若無，新長老謾你諸人去也。故我大覺世尊，昔於摩竭陁國，十二月八日明星現時，豁然悟道，大地有情，一時成佛。今有釋子沙門某於東震旦國大宋筠陽城中，六月十三日赫日現時，又悟箇甚麼？」以拂子畫曰：「我不敢輕於汝等，汝等皆當作佛。」僧問：「如何是佛？」師呵呵大笑。僧曰：「何哂之有？」師曰：「笑你隨語生解。」曰：「偶然失利。」師喝曰：「不得禮拜。」僧便歸衆。師復笑曰：「隨語生解。」問：「江西佛手驢脚接人，和尚如何接人？」師曰：「鮎魚上竹竿。」曰：「全因今日。」師曰：「烏龜入水。」問：「新豐吟雲門曲，舉世知音能和續。大衆臨筵，願清耳目。」師以右手拍禪牀，僧曰：「木人拊掌，石女揚眉。」師以左手拍禪牀，僧曰：「猶是學人疑處。」師曰：「何不脚跟下薦取？」僧以坐具一拂，師曰：「争奈脚跟下何？」問：「遠遠馳符命，禪師俯應機。祖令當行也，方便指群迷。」師曰：「深。」曰：「深意如何？」師曰：「淺。」曰：「教學人如何領會？」師曰：

「點。」問：「馬祖下尊宿，一箇箇阿〔一〕漉漉地，唯有歸宗老較些子。黃龍下兒孫，一箇箇硬剥剥地，祇有真浄老師較些子。學人恁麽還扶得也無？」師曰：「打疊面前搕捶。」却曰：「若不同牀睡，焉知被底穿？」師不答。僧曰：「這箇爲上上根人，忽遇中下之流，如何指接？」師亦不答。僧曰：「非但和尚懡㦬，學人亦乃一場敗缺。」師曰：「三十年後悟去在。」問：「承古有言：『衆生日用而不知。』未審不知箇甚麽？」師曰：「道。」曰：「忽然知後如何？」師曰：「十萬八千。」僧提起坐具，曰：「争柰這箇何？」師便喝。上堂：「天地與我同根，萬物與我一體。脚頭脚尾，横三竪四。北俱盧洲火發，燒著帝釋眉毛，東海龍王忍痛不禁，轟一箇霹靂，直得傾湫倒嶽，雲黯長空。十字街頭廖胡子，醉中驚覺起來，拊掌呵呵大笑曰：『筠陽城中，近來少賊。』」乃拈拄杖曰：「賊！賊！」上堂：「道泰不傳天子令，行人盡唱太平歌。五九四十五，莫有人從懷州來麽？若有，不得忘却臨江軍豆豉。」上堂：「世尊拈花，迦葉微笑。」拈拄杖曰：「洞山拈起拄杖子，你諸人合作麽生？」擊香卓，下座。上堂：「裩無襠，袴無口。頭上青灰三五斗，趙州老漢少賣弄。然則國清才子貴，家富小兒驕。其柰禾黍不陽豔，競栽桃李春，翻令力耕者，半作賣花人。」上

〔一〕「阿」，清藏本作「屙」。

堂：「佛法兩字，直是難得。人有底不信自己佛事，唯憑少許古人影響，相似般若所知境界，定相法門，動即背覺合塵，黏將去，脱不得。或學者來，如印印泥，遞相印授。不唯自誤，亦乃誤他。洞山門下，無佛法與人，祇有一口劍。凡是來者，一一斬斷，使伊性命不存，見聞俱泯。却向父母未生前與伊相見，見伊纔向前，便爲斬斷。然則剛刀雖利，不斬無罪之人。莫有無罪底麽？也好與三十拄杖。」上堂：「洞山門下，要行便行，要坐便坐。鉢盂裏屙屎，浄瓶裏吐唾。執法修行，如牛拽磨。」上堂：「洞山門下，有時和泥合水，有時壁立千仞。你諸方擬向和泥合水處見洞山，洞山且不在和泥合水處。擬向壁立千仞處見洞山，洞山且不在壁立千仞處。擬向一切處見洞山，洞山且不在一切處。你擬不要見洞山，鼻索又在洞山手裏。擬瞌睡也把鼻索一掣，祇見眼孔定動，又不相識也。不要你識洞山，但識得自己也得。」上堂：「汾陽莫妄想，俱胝豎指頭。古今佛法事，到此一時休。休！休！却憶趙州勘婆子，不風流處也風流。」拈拄杖曰：「爲衆竭力。」上堂：「頭陁石被莓苔裹，擲筆峰遭薜荔纏。羅漢院裏一年度三箇行者，歸宗寺裏參退喫茶。」上堂：「師子不食鵰殘，快鷹不打死兔。放出臨濟大龍，抽却雲門一顧。」拈起拄杖，曰：「雲行雨施，三草二木。」師崇寧改元，十月旦示疾，望乃愈，出道具散諸徒。翌日中夜，沐浴更衣趺坐。衆請説法，示偈及遺誡宗門大略，言卒而逝。火葬，焰成五色，白光上騰。煙所至處，皆設利。分骨塔于泐潭、新豐。

雲居元祐禪師

南康軍雲居真如院元祐禪師，信州王氏子。僧問：「如何是道林的旨？」師曰：「劄。」曰：「隨流認得性，無喜亦無憂。」師曰：「汝皮袋重多少？」曰：「高著眼看。」師曰：「自領出去。」問：「如何是祖師西來意？」師曰：「胡天雪壓玉麒麟。」問：「如龜藏六時如何？」師曰：「文彩已彰。」曰：「争柰處處無蹤跡。」師曰：「一任拖泥帶水。」曰：「便與麼去時如何？」師曰：「果然。」上堂：「過去諸如來，更不再勘。現在諸菩薩，放過即不可。未來修學人，謾他一點不得。所以教中道：『若人欲了知，三世一切佛，應觀法界性，一切惟心造。』雖然如是，雲居門下，正是金屑落眼。」上堂：「凡見聖見，春雲掣電。真說妄說，空花水月。翻憶長髭見石頭，解道紅爐一點雪。」擊禪牀，下座。上堂：「龜毛爲箭，兔角爲弓。那吒忿怒，射破虚空。虚空撲落，傾湫倒嶽。牆壁瓦礫放光明，歸依如來大圓覺。」擊禪牀，下座。上堂：「月色和雲白，松聲帶露寒。好箇真消息，憑君子細看。」上堂：「一黄龍先師和身放倒，還有人扶得起麽？祖禰不了，殃及兒孫。」擊禪牀，下座。上堂：「一切聲是佛聲。」以拂子擊禪牀曰：「梵音深遠，令人樂聞。」又曰：「一切色是佛色，」乃拈起拂子曰：「今佛放光明，助發實相義。已到之者，頂戴奉行。未到之者，應如是知，應如是信。」擊禪牀，下座。今諸方三塔，師始創也。

大溈懷秀禪師

潭州大溈懷秀禪師，信州應氏子。僧問：「昔日溈山水牯牛，自從放去絶蹤由。今朝幸遇師登座，未審時人何處求？」師曰：「不得犯人苗稼。」曰：「恁麽則頭角已分明。」師曰：「空把山童贈鐵鞭。」

黄檗惟勝禪師

瑞州黄檗惟勝真覺禪師，潼川羅氏子。居講聚時，偶以扇勒窗櫺有聲，忽憶教中道：「十方俱擊鼓，十處一時聞。」因大悟，白本講。講令參問，師徑往黄龍。後因瑞州太守委龍遴選黄檗主人，龍集衆垂語曰：「鐘樓上念讚，牀脚下種菜。若人道得，乃往住持。」師出答曰：「猛虎當路坐。」龍大悦，遂令師往。由是諸方宗仰之。上堂：「臨濟喝，德山棒，留與禪人作模範。歸宗磨，雪峰毬，此箇門庭接上流。若是黄檗即不然，也無喝，也無棒，亦不推磨，亦不輥毬。前面是案山，背後是主山，塞却你眼睛，摻破你面門。於此見得，得不退轉地。盡未來際，不向他求。若見不得，醍醐上味，翻成毒藥。」上堂：「寂兮寥兮，蟾蜍皎皎下空谷。寬兮廓兮，曦光赫赫流四海。曹谿路上，勦絶人行。多子塔前，駢闐如市。直饒這裏薦得倜儻，分明未是衲僧活計。大丈夫漢，須是向黑暗獄中敲枷打鎖，餓鬼隊裏放火奪漿。推倒慈氏樓，拆却空王殿。靈苗瑞草和根拔，滿地從教荆棘生。」

祐聖法宧禪師

隆興府祐聖法宧禪師，潮陽鄭氏子。晚見黄龍，深蒙印可。上堂：「此事如醫家驗病方，且雜毒滿腹，未易攻治，必瞑眩之藥，而後可瘳。就令徇意投之，適足狂惑，增其沈痼。求其已病，不亦左乎？法堂前草深，於心無媿。」

開元子琦禪師

蘄州開元子琦禪師，泉州許氏子。依開元智訥試經得度。精楞嚴、圓覺，棄謁翠巖真禪師，問佛法大意。真唾地曰：「這一滴落在甚麽處？」師捫膺曰：「學人今日脾疼。」真解顔。辭參積翠，歲餘盡得其道。乘間侍翠，商榷〔一〕古今。適大雪，翠指曰：「斯可以一致苕帚否？」師曰：「不能。然則天霽日出，雲物解駮，豈復有哉？知有底人，於一切言句如破竹，雖百節，當迎刃而解，詎容聲於擬議乎？」一日，翠遣僧逆問：「老和尚三關語如何？」師厲聲曰：「你理會久遠時事作麽？」翠聞，益奇之，於是名著叢席。翠殁，四祖演禪師命分座，室中垂語曰：「一人有口道不得，姓字爲誰？」後傳至東林，總禪師歎曰：「琦首座如鐵山萬仞，卒難逗他語脉。」未幾，以開元爲禪林，請師爲第一世。上堂：「虚空無内外，事理有短長。順則成菩提，逆則成煩惱。燈籠常瞌睡，露柱亦懊惱。大道在目前，更於何處討？」以拂子擊禪牀。上堂：「四面亦無門，十方無壁落。頭鬖鬆，耳卓朔，箇箇男兒大丈夫，何得無繩而自縛？且道透脱一句作麽生道？」良久曰：「踏破草鞋赤脚走。」僧問：「須彌納芥子即不問，微塵裏轉大法輪時如何？」師曰：「一步進一步。」曰：「恁麽則朝到西天，暮歸唐土〔二〕。」師曰：「作客不如歸家。」曰：「久嚮道風，請師相見。」師曰：「雲月是同，谿山各異。」

〔一〕「榷」，原作「確」，據清藏本、續藏本改。
〔二〕「土」，原作「上」，據清藏本、續藏本改。

仰山行偉禪師

袁州仰山行偉禪師，河朔人也。東京大佛寺受具，聽習圓覺，微有所疑，挈囊游方，專扣祖意。至南禪師法席，六遷星序。一日扣請，尋被喝出，足擬跨門，頓省玄旨。出世仰山，道風大著。上堂：「大衆會麽？古今事掩不得，日用事藏不得，既藏掩不得，則日用現前。且問諸人，現前事作麽生？參。」上堂：「大衆見麽？開眼則普觀十方，合眼則包含萬有。不開不合，是何模樣？還見模樣麽？久參高德，舉處便曉。後進初機，識取模樣。莫祇管貪睡，睡時眼見箇甚麽？若道不見，與死人何别？直饒丹青處士筆頭上畫出青山緑水、夾竹桃花，祇是相似模樣。設使石匠錐頭鑽出群羊走獸，也祇是相似模樣。若是真模樣，任是處士石匠，無你下手處。諸人要見，須是著眼〔一〕始得。」良久曰：「廣則一線道，狹則一寸半。」以拂子擊禪牀。上堂：「鼓聲纔動，大衆雲臻。諸人上觀，山僧下覷。上觀觀箇甚麽？下覷覷箇甚麽？」良久曰：「對面不相識。」上堂：「道不在聲色而不離聲色。

〔一〕「眼」，原作「服」，據清藏本、續藏本改。

凡一語一默，一動一靜，隱顯縱横，無非佛事。日用現前，古今凝然，理何差互？」師自題其像曰：「吾真難邈，斑斑駮駮。擬欲安排，下筆便錯。」示寂，闍維，獲五色舍利骨石，栓索勾連。塔于寺之東。

福嚴慈感禪師

南嶽福嚴慈感禪師，潼川杜氏子。上堂：「古佛心，衹如今。若不會，苦沈吟。秋雨微微，秋風颯颯，乍此乍彼，若爲酬答。沙岸蘆花，青黄交雜。禪者何依？」良久曰：「劄。」

雲蓋守智禪師

潭州雲蓋守智禪師，劍州陳氏子。遊方至豫章大寧，時法昌遇禪師韜藏西山，師聞其飽參，即之昌。問曰：「汝何所來？」師曰：「大寧。」又問：「三門夜來倒，汝知麽？」師愕然，曰：「不知。」昌曰：「吴中石佛，大有人不曾得見。」師惘然，即展拜。昌使謁翠巖真禪師。雖久之無省，且不舍寸陰。及謁黄龍於積翠，始盡所疑。後首衆石霜，遂開法道吾，徙雲蓋。僧問：「有一無絃琴，不是世間木。今朝負上來，請師彈一曲。」師拊膝一下，僧曰：「金風颯颯和清韻，請師方便再垂音。」師曰：「陜府出鐵牛。」上堂：「緊峭離水靴，踏破湖湘月。手把鐵蒺蔾，打碎龍虎穴。翻身倒上樹，始見無生滅。却笑老瞿曇，彈指超彌勒。」上堂：「昨日高山看釣魚，步行騎馬失却驢。有人拾得駱駞去，重賞千金一也無。若向這裹薦得，不著還草鞋錢。」上堂，舉：「趙州問僧：『向甚麽處去？』曰：『摘茶去。』州曰：『閑。』」師曰：「道著不著，何處摸索。背後龍鱗，面前驢脚。翻身筋斗，孤雲野鶴。阿呵呵。」示衆：「不離當處常湛然，覓即知君不可見。雖然先聖恁麽道，且作箇模子搭却。若也出不得，衹抱得古人底。若也出得，方有少分相應。雲蓋則不然，騎駿馬，繞須彌，過山尋蟻跡，能有幾人知？」師居院之東堂，政和辛卯，死心謝事黄龍，由湖南入山奉覲，日已夕矣，侍僧通謁，師曳履且行且語曰：「將燭來！看其面目何似生而致名喧宇宙？」死心亦絶叫：「把近前來！我要照是真師叔？是假師叔？」師即當胸毆一拳，死心曰：「却是真箇。」遂作禮，賓主相得歡甚。及死心復領黄龍，至政和甲午示寂時，師住開福，得訃，上堂：「法門不幸法幢摧，五蘊山中化作灰。昨夜泥牛通一線，黄龍從此入輪回。」

玄沙合文禪師

福州玄沙合文明慧禪師，僧問：「如何是道？」師曰：「私通車馬。」僧進一步，師曰：「官不容針。」

建隆昭慶禪師

揚州建隆院昭慶禪師，上堂：「始見新歲倏忽，早是二月初一，天氣和融，擬舉箇時節因緣與諸人商量，却被帝釋、梵王在門外柳眼中努出頭來，先說偈言：『裹裹颺輕絮，且逐風來去，相次走綿毬，休言道我絮。』當時撞著阿修羅，把住云：『任你絮，忽逢西風吹渭水，落葉滿長安一句作麼生道？』於是帝釋縮頭入柳眼中。」良久曰：「參。」

報本慧元禪師

安吉州報本慧元禪師，潮州倪氏子。十九爲大僧，徧歷叢席。於黄龍三關語下悟入。住後，僧問：「諸佛不出世，達磨不西來，正當恁麼時，未審來不來？」師曰：「撞著你鼻孔。」上堂：「白雲消散，紅日東昇，仰面看天，低頭覷地。東西南北，一任觀光。達磨眼睛，斗量不盡。演若何曾認影，善財不往南方。衲僧鼻孔遼天，到此一時穿却。」僧出禮拜，曰：「學人有一問，和尚還答否？」師曰：「昨日答汝了也。」曰：「今日作麽生？」師曰：「明日來。」上堂，僧問：「諸佛所說法，種種皆方便，是否？」師曰：「是。」曰：「爲甚麽諸法寂滅相，不可以言宣？」師曰：「且莫錯會。」僧以坐具一畫，師喝曰：「諸法寂滅相，不可以言宣。今之學者，方見道不可以言宣，便擬絶慮忘緣，杜塞視聽。如斯見解，未有自在分。諸人要會寂滅相麽？出門不見一纖毫，滿目白雲與青嶂。」師坐而不卧，餘三十年。示寂，塔全身于峴山。

隆慶慶閑禪師

吉州仁山隆慶院慶閑禪師，福州卓氏子。母夢胡僧授以明珠，吞之而娠。及生，白光照室。幼不近酒胾。年十一棄俗，十七得度，二十徧參。後謁黄龍於黄檗。龍問：「甚處來？」師曰：「百丈。」曰：「幾時離彼？」師曰：「正月十三。」龍曰：「脚跟好痛與三十棒。」師曰：「非但三十棒。」龍喝曰：「許多時行脚，無點氣息。」師曰：「百千諸佛，亦乃如是。」曰：「汝與麼來，何曾有纖毫到諸佛境界？」師曰：「諸佛未必到慶閑境界。」龍問：「如何是汝生緣處？」師曰：「早晨喫白粥，如今又覺飢。」問：「我手何似佛手？」師曰：「月下弄琵琶。」問：「我脚何似驢脚？」師曰：「鷺鷥立雪非同色。」龍嗟咨而視曰：「汝剃除鬚髮，當爲何事？」師曰：「祇要無事。」曰：「與麼則數聲清磬是非外，一箇閑人天地間也。」師曰：「是何言歟？」曰：「靈利衲子。」師曰：「也不消得。」龍曰：「此間有辯上座者，汝著精彩。」師曰：「他有甚長處？」曰：「他拊汝背一下又如何？」師曰：「作甚麼？」曰：「他展兩手。」師曰：「甚處學這虛頭來？」龍大笑。師却展兩手，龍喝之。又問：「憁憁鬆鬆，兩人共一椀作麼生會？」師曰：「百雜碎。」曰：「盡大地是箇須彌山，撮來掌中，汝又作麼生會？」師曰：「兩重公案。」曰：「這裏從汝胡言漢語，若到同安，如何過得？」時英邵武在同安作首座，師欲往見之。師曰：「渠也須到這箇田地始得。」曰：「忽被渠指火爐曰：『這箇是黑漆火爐，那箇是黑漆香卓，甚處是不到處？』」師曰：「慶閑面前，且從恁麼說話，若是別人，笑和尚去。」龍拍一拍，師便喝。明日同看僧堂，曰：「好僧堂。」師曰：「極好工夫。」曰：「好在甚處？」師曰：「一梁拄一柱。」曰：「此未是好處。」師曰：「和尚又作麼生？」龍以手指曰：「這柱得與麼圓，那枋得與麼匾。」師曰：「人天大善知識，須是和尚始得。」即趨去。明日侍立，龍問：「得坐披衣，向後如何施設？」師曰：「遇方即方，遇圓即圓。」曰：「汝與麽説話，猶帶唇齒在。」師曰：「慶閑即與麽，和尚作麽生？」曰：「近前來，爲汝説。」師拊掌曰：「三十年用底，今朝捉敗。」龍大笑曰：「一等是精靈。」師拂袖而去。由是學者争歸之。廬陵太守張公鑒請居隆慶。僧問：「鋪席新開，不可放過。」師曰：「記取話頭。」曰：「請師高著眼。」師曰：「蹉過了也。」室中垂問曰：「祖師心印，篆作何文？諸佛本源，深之多少？」又曰：「十二時中，上來下去，開單展鉢，此是五藴敗壞之身，那箇是清浄法身？」又曰：「不用指東畫西，實地上道將一句來。」又曰：「十二時中，著衣喫飯，承甚麽人恩力？」又曰：「魚行水濁，鳥飛毛落。」亮座主一入西山，爲甚麽杳無消息？」師居隆慶未朞年，鍾陵太守王公韶請居龍泉，不逾年，以病求去。廬陵道俗舟載而歸，居隆慶之東堂，事之益篤。元豐四年三月七日，將示寂，遺偈曰：「露質浮世，奄質浮滅。五十三歳，六七八月。南嶽天台，松風澗雪。珍重知音，紅爐優鉢。」泊然坐逝，俾畫工就寫其真，首忽自舉，次日仍平視。闍維日，雲起風作，飛瓦折木，煙氣所至，東西南北四十里。凡草木沙礫之間，皆得舍利如金色，計其所獲幾數斛。閲世五十五，坐夏三十六。初，蘇子由欲爲作記，而疑其事，方卧痁，夢有呵者曰：「閑師事，何疑哉！疑即病矣。」子由夢中作數百言，其銘略曰：「稽首三界尊，閑師不止此。惻世狹劣故，聊示其小者。」子由其知言哉。

三祖法宗禪師

舒州三祖山法宗禪師，僧問：「如何是佛？」師曰：「喫鹽添得渴。」問：「如何是道？」師曰：「十里雙牌，五里單堠。」曰：「如何是道中人？」師曰：「少避長，賤避貴。」問：「如何是善知識所爲底心？」師曰：「十字街頭一片甎。」曰：「如何是十字街頭一片甎？」師曰：「不知。」曰：「既不知，却恁麼說？」師曰：「無人踏著。」上堂：「五五二十五，時人盡解數。倒拈第二籌，茫茫者無據。爲甚麼無據？愛他一縷，失却一端。」上堂：「明晃晃，活鱍鱍，十方世界一毫末，抛向面前知不知，莫向意根上拈掇。」拍一拍。上堂：「架梯可以攀高，雖升而不能達河漢。鑄鍬可以掘鑿，雖利而不能到風輪。其器者費功，其謀者益妄。不如歸家坐，免使走塵壤。大衆！那箇是塵壤祖佛禪道？」

泐潭洪英禪師

隆興府泐潭洪英禪師，邵武陳氏子。幼穎邁，一目五行。長棄儒得席，訪道曹山，依雅禪師。久之，辭登雲居，睠其勝絶，殆終于此山。因閱華嚴十明論，乃證宗要。即詣黄檗南禪師席，檗與語達旦。曰：「荷擔大法，盡在爾躬，厚自愛。」所至議論奪席。晚游西山，與勝首座棲雙嶺，後開法石門，久之，遷泐潭。僧問：「逢場作戲時如何？」師曰：「紅爐爆出鐵烏龜。」曰：「當軒布鼓師親擊，百尺竿頭事若何？」師曰：「山僧不作這活計。」僧擬議，師曰：「不喞嚠漢。」又僧禮拜起，便垂下袈裟角，曰：「脱衣卸甲時如何？」師曰：「喜得狼煙息，弓弰壁上懸。」僧却攬上袈裟，曰：「重整衣甲時如何？」師曰：「不到烏江畔，知君未肯休。」僧便喝，師曰：「驚殺我！」僧拍一拍，師曰：「也是死中得活。」僧禮拜。師曰：「將謂是收燕破趙之才，元來是販私鹽賊。」問：「臨濟栽松即不問，百丈開田事若何？」師曰：「深著钁頭。」曰：「古人猶在。」師曰：「更添钁頭。」僧禮拜，師扣禪牀一下，乃曰：「問也無窮，答也無盡。問答去來，於道轉遠。何故？況爲此事，直饒棒頭薦得，不是丈夫；喝下承當，未爲達士。那堪更向言中取則，句裏馳求，語路尖新，機鋒捷疾？如斯見解，盡是埋没宗旨，玷污先賢。於吾祖道何曾夢見？衹如我佛如來臨般涅槃，乃云吾有正法眼藏，涅槃妙心，付囑摩訶大迦葉。迦葉遂付阿難，暨商那和修、優波毱多。諸祖相繼，至於達磨西來，直指人心，見性成佛，不立文字語言，豈不是先聖方便之道？自是當人不信，却自迷頭認影，奔逐狂途，致使於溺流浪生死。諸禪德！若能一念回光返照到自己脚跟下，褫剥究竟，將來可謂洞門豁開，樓閣重重，十方普現，海會齊彰。便乃凡聖賢愚，山河大地，以海印三昧一印印定，更無纖毫透漏。山僧如是舉唱，若是衆中有本色衲僧聞之，實謂掩耳而歸，笑破他口。大衆！且道本色衲僧門下一句作麽生道？」良久曰：「天際雪埋千尺石，洞門凍折數株松。」上堂：「釋迦老子當時一手指天，一手指地，云：『天上天下，唯我獨尊。』釋迦老子旁若無人，當時若遇箇明眼衲僧，直教他上天無路，入地無門。然雖如是，也須是銅沙鑼裏滿盛油始得。」上堂，顧視大衆曰：「青山重疊疊，緑水響潺潺。」遂拈拄杖曰：「未到懸崖處，擡頭子細看。」卓一下。上堂：「寶峰高士罕曾到，巖前雪壓枯松倒。嶺前嶺後野猿啼，一條古路清風掃。禪德！雖然如是，且道山僧拄杖長多少？」遂拈起曰：「長者隨長使，短者隨短用。」卓一下。上堂，顧視大衆曰：「石門巇嶮鐵關牢，舉目重重萬仞高。無角鐵牛衝得破，毗盧海内作波濤。且道不涉波濤一句作麽生道？」良久曰：「一句不違無著問，迄今猶作野盤僧。」師因知事紛争，止之不可，乃謂衆曰：「領衆不肅，正坐無德，吾有愧黄龍。」叙行脚始末，曰：「吾滅後火化，以骨石藏普同塔，明生死不離清衆也。」言卒而逝。

保寧圓璣法師

金陵保寧寺圓璣禪師，福州林氏子。僧問：「生死到來，如何回避？」師曰：「堂中瞌睡，寮裏抽解。」曰：「便恁麽時如何？」師曰：「須知有轉身一路。」曰：「如何是轉身一路？」師曰：「傾出你腦髓，拽脱你鼻孔。」曰：「便從今日無疑去也。」師曰：「作麽生會？」曰：「但知行好事，不用問前程。」師曰：「須是恁麽。」上堂：「道源不遠，性海非遥。但向己求，莫從他覓。古人與麽説話，大似認奴作郎，指鹿爲馬。若是翠巖即不然，也不向己求，亦不從他覓，何故？雙眉本來自横，鼻孔本來自直。直饒説得天花亂墜，頑石點頭，筭來多虚不如少實。且道如何是少實底事？」良久曰：「冬瓜直儱侗，瓠子曲彎彎。」上堂：「春雨微微，百事皆宜。禾苗發秀，蔬菜得時。阿難如合掌，迦葉亦攢眉。直饒靈山會上拈花微笑，筭來猶涉離微。争似三家村裏老翁深耕淺種，各知其時。有事當面便説，誰管瞬目揚眉？更有一般奇特事，末後一著更須知。」擊拂子，下座。上堂：「廣尋文義，鏡裏求形。息念觀空，水中捉月。單傳心印，特地多端。德山、臨濟枉用工夫，石鞏、子湖翻成特地。若是保寧總不恁麽，但自隨緣飲啄，一切尋常，深遁白雲，甘爲無學之者。敢問諸人，保寧畢竟將何報答四恩三有？」良久曰：「愁人莫向愁人説，説向愁人愁殺人。」師示寂，闍維，有終不壞者二，糝以五色舍利，塔于雨花臺之左。

雪峰道圓禪師

南安軍雪峰道圓禪師，南雄人也。依積翠日，宴坐下板。時二僧論野狐話。一云：「不昧因果，也未脱得野狐身。」一云：「不落因果，又何曾墮野狐來？」師聞之悚然。因詣積翠庵，渡澗猛省，述偈曰：「不落不昧，僧俗本無忌諱。丈夫氣宇如王，争受囊藏被蓋。一條楖栗任縱横，野狐跳入金毛隊。」翠見，爲助喜。住後，上堂，舉風幡話，頌曰：「不是風兮不是幡，白雲依舊覆青山。年來老大渾無力，偷得忙中些子閒。」

四祖法演禪師

蘄州四祖山法演禪師，桂州人也。僧問：「如何是心相？」師曰：「山河大地。」曰：「如何是心體？」師曰：「汝唤甚麽作山河大地？」上堂：「葉辭柯，秋已暮。參玄人，須警悟。莫謂來年更有春，等閑蹉了巖前路。且道作麽生是巖前路？」良久曰：「嶮。」上堂：「主山吞却案山，尋常言論。拄杖子普該塵刹，未足爲奇。光境兩亡，復是何物？」良久曰：「劫火洞然毫末盡，青山依舊白雲中。」上堂：「佛祖之道，壁立千仞。擬議馳求，還同點額。識不能識，智不能知。古聖到這裏，垂一言半句，要你諸人有箇入處。所以道：低頭不見地，仰面不見天。欲識白牛處，但看髑髏前。如今頭上是屋，脚下是地，面前是佛殿。且道白牛在甚麼處？」乃召大衆，衆舉頭，師叱之。

清隱清源禪師

南康軍清隱潛庵清源禪師，豫章鄧氏子。上堂：「寒風激水成冰，杲日照冰成水。冰水本自無情，各各應時而至。世間萬物皆然，不用强生擬議。」上堂：「先師初事棲賢諟，泐潭澄歷二十年，宗門奇奧，經論玄要，莫不貫穿。及因雲峰指見慈明，則一字無用，遂設三關語以驗學者；而學者如葉公畫龍，龍現即怖。」

興國契雅禪師

安州興國院契雅禪師，僧問：「請師不於語默裏答話。」師以拄杖卓一下，僧曰：「和尚莫草草忽忽。」師曰：「西天斬頭截臂。」僧禮拜，師曰：「墮也！墮也！」上堂：「心如朗月連天静。」遂打一圓相曰：「寒山子聻？性似寒潭徹底清，是何境界？」良久曰：「無價夜光人不識，識得又堪作甚麽？凡夫虚度幾千春。」乃呵呵大笑曰：「争如獨坐明牕下，花落花開自有時。」下座。

靈巖重確禪師

齊州靈巖山重確正覺禪師，上堂：「祖師心印，狀以鐵牛之機，針挑不出，匙挑不上。過在阿誰？緑雖千種草，香祇一株蘭。」上堂：「不方不圓，不上不下。驢鳴狗吠，十方無價。」拍禪牀，下座。

廉泉曇秀禪師

虔州廉泉院曇秀禪師，僧問：「滿口道不得時如何？」師曰：「話墮也。」問：「不與萬法爲侶時如何？」師曰：「自家肚皮自家畫。」問：「如何是學人轉身處？」師曰：「掃地澆花。」曰：「如何是學人親切處？」師曰：「高枕枕頭。」曰：「總不恁麽時如何？」師曰：「鶯啼嶺上，花發巖前。」問：「如何是衲僧口？」師曰：「殺人不用刀。」

高臺宣明禪師

南嶽高臺寺宣明佛印禪師，僧問：「正法眼藏，涅槃妙心，便請拈出。」師直上覷。僧曰：「恁麼則人天有賴。」師曰：「金屑雖貴。」

三角慧澤禪師

蘄州三角山慧澤禪師，僧問：「師登寶座，大衆側聆。」師卓拄杖一下。僧曰：「答即便答，又卓箇甚麼？」師曰：「百雜碎。」

法輪文昱禪師

南嶽法輪文昱禪師，上堂，以拄杖卓一卓，喝一喝，曰：「雪上加霜，眼中添屑。若也不會，北鬱單越。」

靈鷲慧覺禪師

信州靈鷲慧覺禪師，上堂：「大衆！百千三昧、無量妙義，盡在諸人脚跟下。各請自家回互取，會麽？回互不回互，認取歸家路。智慧爲橋梁，柔和作依怙。居安則慮危，在樂須知苦。君不見，龐居士，黄金抛却如糞土。父子團圞頭，共説無生語。無生語，仍記取。九夏雪花飛，三冬汗如雨。」

積翠永庵主

黄檗積翠永庵主，示衆：「山僧住庵來，無禪可説，無法可傳，亦無差珍異寶。秖收得續火柴頭一箇，留與後人，令他煙燄不絶，火光長明。」遂擲下拂子。時有僧就地拈起，吹一吹。師便喝曰：「誰知續火柴頭，從這漢邊煙消火滅去。」乃拂袖歸庵。僧吐舌而去。

歸宗志芝庵主

廬山歸宗志芝庵主，臨江人也。壯爲苾蒭，依黄龍於歸宗，遂領深旨。有偈曰：「未到應須到，到了令人笑。眉毛本無用，無渠底波俏。」未幾，龍引退，芝陸沈于衆。一日普請罷，書偈曰：「茶芽蔍蔌初離焙，筍角狼忙又吐泥。山舍一年春事辦，得閒誰管板頭低。」由是衲子親之。師不懌，結茅絕頂，作偈曰：「千峰頂上一間屋，老僧半間雲半間。昨夜雲隨風雨去，到頭不似老僧閑。」

南嶽下十三世上

黃龍心禪師法嗣

黃龍悟新禪師

隆興府黃龍死心悟新禪師，韶州黃氏子。生有紫肉幕左肩，右袒如僧伽梨狀。壯依佛陁院德修，祝髮進具後，游方至黃龍，謁晦堂。堂豎拳問曰：「喚作拳頭則觸，不喚作拳頭則背。汝喚作甚麽？」師罔措。經二年，方領解。然尚談辯，無所抵捂。堂患之，偶與語，至其鋭，堂遽曰：「住！住！説食豈能飽人？」師窘，乃曰：「某到此弓折箭盡，望和尚慈悲，指箇安樂處。」堂曰：「一塵飛而翳天，一芥墮而覆地。安樂處政忌上座許多骨董，直須死却無量劫來全心乃可耳。」師趨出。一日，聞知事捶行者，而迅雷忽震，即大悟，趨見晦堂，忘納其屨。即自譽曰：「天下人總是參得底禪，某是悟得底。」堂笑曰：「選佛得甲科，何可當也！」因號死心叟。僧問：「如何是黃龍接人句？」師曰：「開口要罵人。」曰：「罵底是接人句，驗人一句又作麽生？」師曰：「但識取罵人。」問：「弓箭在手，智刃當鋒，龍虎陣圓，請師相見。」師曰：「敗將不斬。」曰：「恁麽則銅柱近標脩水側，鐵關高鎖鳳凰峰。」師曰：「不到烏江未肯休。」曰：「若然者，七擒七縱，正令全提。」師曰：「棺木裏瞠眼。」僧禮拜，師曰：「苦！苦！」問：「承師有言，老僧今夏向黃龍潭内下三百六十箇釣筒，未曾遇著箇錦鱗紅尾，爲復是鉤頭不妙？爲復是香餌難尋？」師曰：「雨過竹風清，雲開山嶽露。」曰：「恁麽則已得真人好消息，人間天上更無疑。」師曰：「是鉤頭不妙，是香餌難尋。」曰：「出身猶可易，脱體道應難。」師曰：「亂統禪和，如麻似粟。」上堂：「深固幽遠，無人能到，釋迦老子到不到？若到，因甚麽無人？若不到，誰道幽遠？」上堂：「祖師心印，狀似鐵牛之機，去即印住，住即印破。祇如不去不住，印即是？不印即是？金果早朝猿摘去，玉花晚後鳳銜歸。」上堂：「行脚高人解開布袋，放下鉢囊，去却藥忌，一人所在須到，半人所在須到，無人所在也須親到。」上堂：「拗折拄杖，將甚麽登山渡水？拈却鉢盂匙筯，將甚麽喫粥喫飯？不如向十字街頭東卜西卜。忽然卜著，是你諸人有彩；若卜不著，也怪雲巖不得。」上堂：「文殊騎師子，普賢騎象王，釋迦老子足蹋紅蓮，且道黄龍騎箇甚麽？」良久曰：「近來年老，一步是一步。」上堂：「清珠下於濁水，濁水不得不清；念佛投於亂心，亂心不得不佛。佛既不亂，濁水自清，濁水既清，功歸何所？」良久曰：「幾度黑風翻大海，未曾聞道釣舟傾。」上堂：「有時破二作三，有時會三歸一，有時三一混同，有時不落數量。且道甚麽處是黄龍爲人處？」良久曰：「珍重。」僧問：「如何是四大毒蛇？」師曰：「地水火風。」曰：「如何是地水火風？」師曰：「四大毒蛇。」曰：「學人未曉，乞師方便。」師曰：「一大既爾，四大亦同。」室中問僧：「月晦之陰，以五色彩著於暝中，令百千萬人夜視其色，寧有辨其青黄赤白者麽？」僧無語。師代曰：「箇箇是盲人。」師因王正言問：「嘗聞三緣和合而生，又聞即死即生。何故有奪胎而生者？某甚疑之。」師曰：「如正言作漕使，隨所住處即居其位，還疑否？」王曰：「不疑。」師曰：「復何疑也？」王於言下領解。師臨寂，示偈曰：「説時七顛八倒，默時落二落三。爲報五湖禪客，心王自在休參。」荼毗，設利五色，後有過其區所者，獲之尤甚。塔于晦堂丈室之北。

黄龍惟清禪師

隆興府黄龍靈源惟清禪師，本州陳氏子。印心於晦堂。每謂人曰：「今之學者未脱生死，病在甚麽處？病在偷心未死耳。然非其罪，爲師者之罪也。如漢高帝紿韓信而殺之，信雖死，其心果死乎？古之學者，言下脱生死，效在甚麽處？在偷心已死。然非學者自能爾，實爲師者鉗鎚妙密也。如梁武帝御大殿見侯景，不動聲氣而景之心已枯竭無餘矣。諸方所説非不美麗，要之如趙昌畫花，花雖逼真而非真花也。」上堂：「鼓聲纔動，大衆雲臻，無限天機，一時漏泄。不孤正眼，便合歸堂，更待繁詞，沈埋宗旨。縱謂釋迦不出世，四十九年説，達磨不西來，少林有妙訣，修山主也似萬里望鄉關。」又道：「若人識祖佛，當處便超越。直饒恁麽悟入親切去，更有轉身一路，勘過了打。」以拂子擊禪牀，下座。上堂：「江月照，松風吹，永夜清宵更是誰？霧露雲霞遮不得，箇中猶道不如歸。復何歸，荷葉團團團似鏡，菱角尖尖尖似錐。」上堂：「三世諸佛不知有，恩無重報；狸奴白牯却知有，功不浪施。明大用，曉全機。絶蹤跡，不思議。歸去好，無人知。衝開碧落松千尺，截斷紅塵水一溪。」上堂：「至道無難，唯嫌揀擇。但莫憎愛，洞然明白。祖師恁麽説話，瞎却天下人眼。識是非、别緇素底衲僧，到這裏如何辨明？未能行到水窮處，難解坐看雲起時。」

泐潭善清禪師

隆興府泐潭草堂善清禪師，南雄州何氏子。初謁大潙喆禪師，無所得。後謁黄龍，龍示以風幡話，久而不契。一日，龍問：「風幡話，子作麽生會？」師曰：「迥無入處，乞師方便。」龍曰：「子見猫兒捕鼠乎？目睛不瞬，四足踞地，諸根順向，首尾一直，擬無不中。子誠能如是，心無異緣，六根自静，默然而究，萬無失一也。」師從是屏去閑緣，歲餘豁然契悟。以偈告龍曰：「隨隨隨，昔昔昔。隨隨隨後無人識。夜來明月上高峰，元來祇是這箇賊。」龍頷之，復告之曰：「得道非難，弘道爲難。弘道猶在己，説法爲人難。既明之後，在力行之。大凡宗師説法，一句中具三玄，一玄中具三要。子入處真實，得坐披衣，向後自看，自然七通八達去。」師復依止七年，乃辭。徧訪叢林，後出世黄龍，終于泐潭。僧問：「牛頭未見四祖時如何？」師曰：「京三卞四。」曰：「見後如何？」師曰：「灰頭土面。」曰：「畢竟如何？」師曰：「一場懡㦬。」開堂，上堂，舉：「浮山遠和尚云：『欲得英俊麽，仍須四事俱備，方顯宗師蹊徑。何謂也？一者祖師巴鼻，二具金剛眼睛，三有師子爪牙，四得衲僧殺活拄杖。得此四事，方可縱横變態，任運卷舒，高聳人天，壁立千仞。儻不如是，守死善道者，敗軍之兆。何故？棒打石人，貴論實事。是以到這裏，得不脩江耿耿，大野雲凝，緑竹含煙，青山鎖翠。風雲一致，水月齊觀。一句該通，已彰殘朽。』」師曰：「黄龍今日出世，時當末季，佛法澆漓，不用祖師巴鼻，不用金剛眼睛，不用師子爪牙，不用殺活拄杖，祇有一枝拂子以爲蹊徑，亦能縱横變態，任運卷舒，亦能高聳人天，壁立千仞。有時逢强即弱，有時遇貴即賤。拈起則群魔屏迹，佛祖潛蹤；放下則合水和泥，聖凡同轍。且道拈起好？放下好？竿頭絲線從君弄，不犯清波意自殊。」上堂：「色心不異，彼我無差。」竪起拂子曰：「若唤作拂子，入地獄如箭。不唤作拂子，有眼如盲。直饒透脱兩頭，也是黑牛卧死水。」

青原惟信禪師

吉州青原惟信禪師，上堂：「老僧三十年前未參禪時，見山是山，見水是水。及至後來，親見知識，有箇入處，見山不是山，見水不是水。而今得箇休歇處，依前見山祇是山，見水祇是水。大衆！這三般見解，是同是别？有人緇素得出，許汝親見老僧。」

夾山曉純禪師

潭州夾山靈泉院曉純禪師，嘗以木刻作一獸，師子頭，牛足馬身。每陞堂時，持出示衆曰：「唤作師子，又是馬身。唤作馬身，又是牛足。且道畢竟唤作甚麽？」令僧下語，莫有契者。師示頌曰：「軒昂師子首，牛足馬身材。三道如能入，玄門疊疊開。」上堂：「有箇漢自從曠大劫，無住亦無依，上無片瓦蓋頭，下無寸土立足。且道十二時中在甚麽處安身立命？若也知得，朝到西天，暮歸東土。」

三聖繼昌禪師

漢州三聖繼昌禪師，彭州黎氏子。上堂：「木佛不度火，甘露臺前逢達磨。惆悵洛陽人未來，面壁九年空冷坐。金佛不度爐，坐歎勞生走道途。不向華山圖上看，豈知潘閬倒騎驢？泥佛不度水，一道靈光照天地。堪羡玄沙老古錐，不要南山要鱉鼻。」上堂，舉趙州訪二庵主，師曰：「五陵公子争誇富，百衲高僧不厭貧。近來世俗多顛倒，祇重衣衫不重人。」

雙嶺化禪師

隆興府雙嶺化禪師，上堂：「翠竹黄花非外境，白雲明月露全真。頭頭盡是吾家物，信手拈來不是塵。」遂舉拂子曰：「會麽？認著依前還不是。」擊禪牀，下座。

龜山曉津禪師

泗州龜山水陸院曉津禪師，僧問：「如何是賓中賓？」師曰：「巢父飲牛。」曰：「如何是賓中主？」師曰：「許由洗耳。」曰：「如何是主中賓？」師便喝。曰：「如何是主中主？」師曰：「禮拜了退。」上堂：「田地穩密，過犯彌天，灼然擡脚不起，神通游戲。無瘡自傷，特地下脚不得。且道過在甚麽處？具參學眼底出來，共相理論。要見本分家山，不支歧路。莫祇管自家點頭，蹉過歲月。他時異日，頂上一椎，莫言不道。」

保福本權禪師

漳州保福本權禪師，臨漳人也。性質直而勇於道，乃於晦堂舉拳處徹證根源，機辯捷出。黄山谷初有所入，問晦堂：「此中誰可與語？」堂曰：「漳州權。」師方督役開田，山谷同晦堂往，致問曰：「直歲還知露柱生兒麽？」師曰：「是男是女？」黄擬議，師揮之。堂謂曰：「不得無禮！」師曰：「這木頭，不打更待何時？」黄大笑。上堂，舉寒山偈曰：「吾心似秋月，碧潭清皎潔。無物堪比倫，教我如何説？老僧即不然，吾心似燈籠，點火内外紅。有物堪比倫，來朝日出東。」傳者以爲笑。死心和尚見之，歎曰：「權兄提唱若此，誠不負先師所付囑也。」

雙峰景齊禪師

潭州南嶽雙峰景齊禪師，上堂，拈拄杖曰：「横拈倒用，諸方虎步龍行。打狗撑門，雙峰掉在無事甲裏。因風吹火，别是一家。」以拄杖靠肩，顧視大衆曰：「唤作無事，得麽？」良久曰：「刀尺高懸著眼看，誌公不是閑和尚。」卓拄杖一下。

護國景新禪師

温州護國寄堂景新禪師，郡之陳氏子。上堂：「三界無法，何處求心？欲知護國當陽句，且看門前竹一林。」

黄龍智明禪師

鄂州黄龍智明禪師，一日上堂，衆纔集，師乃曰：「不可更開眼説夢去也。」便下座。上堂：「南北一訣，斬釘截鐵。切忌思量，黐成途轍。」師同胡巡檢到公安二聖，胡問：「達磨對梁武帝云：『廓然無聖。』公安爲甚麼却有二聖？」師曰：「一點水墨，兩處成龍。」

道吾仲圓禪師

潭州道吾仲圓禪師，上堂：「不是心，不是佛，不是物。古人恁麼道，譬如管中窺豹，但見一斑。設或入林不動草，入水不動波，亦如騎馬向冰凌上行。若是射鵰手，何不向虵頭上揩痒？具正眼者試辨看。」良久曰：「鴛鴦繡出自金針。」

太史黄庭堅居士

太史山谷居士黄庭堅，字魯直。以般若夙習，雖膴仕，澹如也。出入宗門，未有所向。好作豔詞，嘗謁圓通秀禪師，秀呵曰：「大丈夫翰墨之妙，甘施於此乎？」秀方戒李伯時畫馬事，公誚之曰：「無乃復置我於馬腹中邪？」秀曰：「汝以豔語動天下人婬心，不止馬腹中，正恐生泥犂耳。」公悚然悔謝，由是絶筆。惟孳孳於道，著發願文，痛戒酒色。但朝粥午飯而已。往依晦堂，乞指徑捷處。堂曰：「祇如仲尼道『二三子以我爲隱乎？吾無隱乎爾』者，太史居常如何理論？」公擬對，堂曰：「不是！不是！」公迷悶不已。一日侍堂山行次，時巖桂盛放，堂曰：「聞木犀華香麽？」公曰：「聞。」堂曰：「吾無隱乎爾。」公釋然，即拜之。曰：「和尚得恁麽老婆心切。」堂笑曰：「祇要公到家耳。」久之，謁雲巖死心新禪師，隨衆入室。心見，張目問曰：「新長老死，學士死，燒作兩堆灰，向甚麽處相見？」公無語。心約出曰：「晦堂處參得底，使未著在。」後左官黔南，道力愈勝，於無思念中頓明死心所問。報以書曰：「往年嘗蒙苦苦提撕，長如醉夢，依俙在光影中。蓋疑情不盡，命根不斷，故望崖而退耳。謫官在黔南道中，晝卧覺來，忽爾尋思，被天下老和尚謾了多少！唯有死心道人不肯，乃是第一相爲也，不勝萬幸。」後作晦堂塔銘曰：「某夙承記莂，堪任大法，道眼未圓，而來瞻窣堵，實深宗仰之歎。乃勒堅珉，敬頌遺美。」公復設蘋蘩之供，祭之以文，吊之以偈曰：「海風吹落楞伽山，四海禪徒著眼看。一把柳絲收不得，和煙搭在玉欄干。」

觀文王韶居士

觀文王韶居士，字子淳，出刺洪州，乃延晦堂問道，默有所契。因述投機頌曰：「晝曾忘食夜忘眠，捧得驪珠欲上天。却向自身都放下，四稜塌地恰團圓。」呈堂，堂深肯之。

秘書吴恂居士

秘書吴恂居士，字德夫。居晦堂，入室次，堂謂曰：「平生學解記憶多聞即不問，你父母未生已前，道將一句來。」公擬議，堂以拂子擊之，即領深旨。連呈三偈，其後曰：「咄！這多知俗漢，畝盡古今公案。忽於狼藉堆頭，拾得蜣蜋糞彈。明明不直分文，萬兩黄金不換。等閑拈出示人，祇爲走盤難看。咦！」堂答曰：「水中得火世還稀，看著令人特地疑。

自古不存師弟子，如今却許老胡知。」

東林總禪師法嗣

泐潭應乾禪師

隆興府泐潭應乾禪師，袁州彭氏子。上堂：「靈光洞耀，迥脱根塵。體露真常，不拘文字。心性無染，本自圓成。但離妄緣，即如如佛。古人恁麽道，殊不知是箇坑穽，貼肉汗衫脱不去，過不得，直須如師子兒壁立千仞，方能勦絶去。然雖如是，也是布袋裏老鵶。」拍禪牀，下座。

開先行瑛禪師

廬山開先行瑛廣鑑禪師，桂州毛氏子。僧問：「如何是道？」師曰：「良田萬頃。」曰：「學人不會。」師曰：「春不耕，秋無望。」問：「如何是祖師西來意？」師曰：「君山點破洞庭湖。」曰：「意旨如何？」師曰：「白浪四邊繞，紅塵何處來？」上堂：「談玄説妙，譬如畫餅充饑。入聖超凡，大似飛蛾赴火。一向無事，敗種焦芽。更若馳求，水中捉月。」以拂子一拂云：「適來許多見解拂却了也，作麽生是諸人透脱一句？」良久曰：「鐵牛不喫欄邊草，直向須彌頂上眠。」以拂子擊禪牀。上堂：「彎石鞏弓，架興化箭，運那羅延力，定爍迦羅眼。不射大雄虎，不射藥山鹿，不射雲巖師子，不射象骨獮猴。且道射箇甚麽？」良久曰：「放過一著。」上堂：「登山須到頂，入海須到底，學道須到佛祖道不得處。若不如是，盡是依草附木底精靈，喫野狐涕唾底鬼子。華嚴恁麽道，譬如良藥，然則苦口，且要治疾。阿啷啷！」

圓通可僊禪師

廬山圓通可僊法鏡禪師，嚴州陳氏子。僧問：「如何是佛法大意？」師曰：「寸釘牛力。」曰：「學人不會。」師曰：「參取不會底。」

象田梵卿禪師

紹興府象田梵卿禪師，嘉興人，姓錢氏。僧問：「大悲菩薩用許多手眼作甚麽？」師曰：「富嫌千口少。」曰：「畢竟如何是正眼？」師曰：「從來共住不知名。」問：「寒風乍起，衲子開爐。忽憶丹霞燒木佛，因何院主墮眉鬚？」師曰：「張公喫酒李公醉。」曰：「爲復是逢强即弱？爲復是妙用神通？」師曰：「堂中聖僧，却諳此事。」僧問：「象田有屠龍之劍，欲借一觀時如何？」師横按拄杖，僧便喝。師擲下拄杖，僧無語。師曰：「這死蝦蟇。」上堂：「春已暮，落花紛紛下紅雨。南北行人歸不歸，千林萬林鳴杜宇。我無家兮何處歸？十方刹土奚相依？老夫有箇真消息，昨夜三更月在池。」上堂：「佛法到此，命若懸絲。異目超宗，亦難承紹。」豎起拂子，曰：「賴有這箇，堪作流通。於此覷得，便見三世諸佛向燈籠露柱裏轉大法輪，六趣衆生於鐵圍山得聞法要。聲非聲見，色非色隨，異類四生，各得解脱。如斯舉唱，非但埋没宗風，亦乃平沈自己。且道如何得不犯令去？」拍禪牀，下座。

褒親有瑞禪師

東京褒親旌德院有瑞佛海禪師，興化軍陳氏子。初參黄龍南禪師。龍問：「汝爲人事來？爲佛法來？」師曰：「爲佛法來。」龍曰：「若爲佛法來，即今便分付。」遂打一拂子，師曰：「和尚也不得惱亂人。」龍即器之。後依照覺，深悟玄奧。上堂：「有佛世界以一塵一毛而作佛事，令見一法者而具足一切法，故權爲架閣。有佛化内以忘言寂默爲大佛事，使其學者離一切相，即名諸佛，故好與三下火抄。有佛土中以黄花翠竹而爲佛事，令覩相者見色即空，故且付與彌勒。有佛寶刹以法空爲座而示佛事，俾其行人不著佛求，故勘破了勾下。有佛道場以四事供養而成佛事，使知足者斷異念，故可與下載。有佛妙域以一切語言三昧作其佛事，令隨機入者不捨動静，故爲渠裝載大衆。且道於中還有優劣也無？」良久曰：「到者須知是作家。參！」

慧力可昌禪師

臨江軍慧力院可昌禪師，僧問：「佛力法力即不問，如何是慧力？」師曰：「踏倒人我山，扶起菩提樹。」曰：「菩提本無樹，向甚麽處下手？」師曰：「無下手處，正好著力。」曰：「今日得聞於未聞。」師曰：「莫把真金唤作鍮。」上堂：「佛法根源，非正信妙智不能悟入。祖師關鍵，非大悲重願何以開通？具信智，則權實雙行，如金在鑛；全悲願，則善惡可辨，似月離雲。大衆！祇如父母未生時，許多譬喻向甚麽處吐露？」良久曰：「十語九中，不如一默。」

棲真德嵩禪師

黄州柏子山棲真院德嵩禪師，上堂：「天地一指，絶諍競之心。萬物一馬，無是非之論。由是魔羅潛跡，佛祖興隆。寒山拊掌欣欣，拾得呵呵大笑。大衆！二古聖笑箇甚麽？」良久，呵呵大笑曰：「曇花一朵再逢春。」

萬杉紹慈禪師

廬山萬杉院紹慈禪師，桂州趙氏子，參照覺。問曰：「世尊付金襴外，别傳何物？」覺舉拂子，師曰：「畢竟作麽生？」覺以拂子驀口打。師擬開口，覺又打。師於是有省，遂奪拂子，便禮拜。覺曰：「汝見何道理，便禮拜？」師曰：「拂子屬某甲了也。」覺曰：「三十年老將，今日被小卒折倒。」自此玄風大振，推爲東林上首。上堂：「先行不到，若須彌立乎巨川；末後太過，猶猛士發乎狂矢。或高或下，未有準繩。似是還非，遭人點檢。且道如何得相應去！」良久曰：「紅爐燄裏重添火，烜赫金剛眼自開。咄！」上堂：「我祖别行最上機，縱横生殺絶猜疑。雖然塞斷群狐路，返擲須還師子兒。衆中還有金毛烜赫、牙爪生獰者麽？試出哮吼一聲看。」良久曰：「直饒有，也不免玉溪寨主撩鉤搭索。參！」

衡嶽道辯禪師

南嶽衡嶽寺道辯禪師，僧問：「拈槌舉拂即且置，和尚如何爲人？」師曰：「客來須接。」曰：「便是爲人處也。」師曰：「麄茶淡飯。」僧禮拜，師曰：「須知滋味始得。」

禾山志傳禪師

吉州禾山甘露志傳禪師，僧問：「一等没絃琴，請師彈一曲。」師曰：「山僧耳聾。」曰：「學人請益。」師曰：「去。」曰：「慈悲何在？」師曰：「自有諸方眼。」

褒親諭禪師

東京褒親旌德寺諭禪師，上堂：「新羅打鼓，大宋上堂。庭前柏子問話，燈籠露柱著忙。香臺拄杖起作舞，卧病維摩猶在牀。這老漢！我也識得你病，休訝郎當。咄！」

龍泉夔禪師

隆興府西山龍泉夔禪師，上堂衆集，師乃曰：「秖恁麽便散去，不妨要妙。雖然如是，早是無風起浪，釘橛空中。豈況牽枝引蔓，説妙譚玄？正是金屑眼中翳，衣珠法上塵。且道拂塵出屑是甚麽人？」卓拄杖，下座。

兜率志恩禪師

南康軍兜率志恩禪師，上堂：「落落魄魄，居村居郭。莽莽鹵鹵，何今何古？不重己靈，休話佛祖。扭定釋迦鼻孔，揭却觀音耳朵。任他雪嶺輥毬，休管禾山打鼓。若是本色衲僧，終不守株待兔。參！」

興福康源禪師

福州興福院康源禪師，上堂：「山僧有一訣，尋常不漏泄。今日不囊藏，分明爲君說。」良久曰：「寒時寒，熱時熱。」

慧圓上座

慧圓上座，開封酸棗于氏子。世業農，少依邑之建福寺德光爲師。性椎魯，然勤渠祖道，堅坐不卧。居數歲得度，出游廬山。至東林，每以己事請問，朋輩見其貌陋，舉止乖疏，皆戲侮之。一日，行殿庭中，忽足顛而仆，了然開悟。作偈，俾行者書於壁曰：「這一交，這一交，萬兩黄金也合消。頭上笠，腰下包，清風明月杖頭挑。」即日離東林，衆傳至照覺。覺大喜，曰：「衲子參究若此，善不可加。」令人迹其所往，竟無知者。大慧武庫謂證悟顒語，非也。

内翰蘇軾居士

内翰東坡居士蘇軾，字子瞻。因宿東林，與照覺論無情話，有省。黎明，獻偈曰：「溪聲便是廣長舌，山色豈非清浄身？夜來八萬四千偈，他日如何舉似人？」未幾抵荆南，聞玉泉皓禪師機鋒不可觸，公擬抑之，即微服求見。泉問：「尊官高姓？」公曰：「姓秤，乃秤天下長老底秤。」泉喝曰：「且道這一喝重多少？」公無對，於是尊禮之。後過金山，有寫公照容者，公戲題曰：「心似已灰之木，身如不繫之舟。問汝平生功業，黄州、惠州、瓊州。」

寶峰文禪師法嗣

兜率從悦禪師

隆興府兜率從悦禪師，贛州熊氏子。初首衆於道吾，領數衲謁雲蓋智和尚，智與語，未數句盡知所藴。乃笑曰：「觀首座氣質不凡，奈何出言吐氣如醉人邪？」師面熱汗下，曰：「願和尚不吝慈悲。」智復與語，錐劄之，師茫然，遂求入室。智曰：「曾見法昌遇和尚否？」師曰：「曾看他語録，自了可也，不願見之。」智曰：「曾見洞山文和尚否？」師曰：「關西子，没頭腦，拖一條布裙作尿臭氣，有甚長處？」智曰：「你但向尿臭氣處參取。」師依教，即謁洞山，深領奥旨。復謁智，智曰：「見關西子後，大事如何？」師曰：「若不得和尚指示，洎乎蹉過一生。」遂禮謝。師復謁真淨，後出世鹿苑。有清素者，久參慈明，寓居一室，未始與人交。師因食蜜漬荔枝，偶素過門，師呼曰：「此老人鄉果也，可同食之。」素曰：「自先師亡後，不得此食久矣。」師曰：「先師爲誰？」素曰：「慈明也。某忝執侍十三年耳。」師乃疑駭，曰：「十三年堪忍執侍之役，非得其道而何？」遂饋以餘果，稍稍親之。素問：「師所見者何人？」曰：「洞山文。」素曰：「文見何人？」師曰：「黄龍南。」素曰：「南匾頭見先師不久，法道大振如此。」師益疑駭，遂袖香詣素作禮。素起避之，曰：「吾以福薄，先師授記，不許爲人。」師益恭，素乃曰：「憐子之誠，違先師之記。子平生所得，試語我。」師具通所見。素曰：「可以入佛而不能入魔。」師曰：「何謂也？」素曰：「豈不見古人道：『末後一句，始到牢關。』」如是累月，素乃印可。仍戒之曰：「文示子者，皆正知正見。然子離文太早，不能盡其妙。吾今爲子點破，使子受用，得大自在。他日切勿嗣吾也。」師後嗣真淨。僧問：「提兵統將，須憑帝主虎符；領衆匡徒，密佩祖師心印。如何是祖師心印？」師曰：「滿口道不得。」曰：「祇這箇？別更有？」師曰：「莫將支遁鶴，唤作右軍鵝。」問：「如何是兜率境？」師曰：「一水挼藍色，千峰削玉青。」曰：「如何是境中人？」師曰：「七凹八凸無人見，百手千頭祇自知。」上堂：「耳目一何清，端居幽谷裏。秋風入古松，秋月生寒水。衲僧於此更求真，兩箇猢猻垂四尾。」喝一喝。上堂：「兜率都無辨別，却唤烏龜作鼈，不能説妙談真，祇解摇唇鼓舌，遂令天下衲僧，覷見眼中滴血。莫有黐嗔作喜、笑傲煙霞者麽？」良久曰：「笛中一曲昇平樂，筭得生平未解愁。」上堂：「始見新春，又逢初夏。四時若箭，兩曜如梭。不覺紅顔黐成白首。直須努力，别著精神，耕取自己田園，莫犯他人苗稼。既然如是，牽犂拽杷，須是雪山白牛始得。且道鼻孔在甚麽處？」良久曰：「吒！吒！」上堂：「常居物外度清時，牛上横將竹笛吹。一曲自幽山自緑，此情不與白雲知。慶快諸禪德！翻思范蠡謾泛滄波，因念陳摶空眠太華，何曾夢見？浪得高名。實未神游，閑漂野跡。既然如此，具眼衲僧，莫道龍安非他是己好！」上堂：「無法亦無心，無心復何捨？要真盡屬真，要假全歸假。平地上行船，虚空裏走馬。九年面壁人，有口還如瘂。參！」上堂：「夜夜抱佛眠，朝朝還共起。起坐鎮相隨，語默同居止。欲識佛去處，衹這語聲是。諸禪德！大小傅大士，衹會抱橋柱澡洗，把纜放船，印板上打將來，模子裏脱將去。豈知道本色衲僧，塞除佛祖窟，打破玄妙門，跳出斷常坑，不依清浄界，都無一物，獨奮雙拳，海上横行，建家立國。有一般漢，也要向百尺竿頭凝然端坐，洎乎黐身之際，捨命不得。豈不見雲門大師道：『知是般事，拈放一邊，直須擺動精神，著些筋骨，向混沌未剖已前薦得，猶是鈍漢。那堪更於他人舌頭上咂啖滋味，終無了日。』諸禪客！要會麽？剔起眉毛有甚難，分明不見一毫端。風吹碧落浮雲盡，月上青山玉一團。」喝一喝，下座。一日，漕使無盡居士張公商英按部過分寧，請五院長老就雲巖説法。師最後登座，橫拄杖曰：「適來諸善知識橫拈豎放，直立斜抛，換步移身，藏頭露角。既於學士面前各納敗闕，未免喫兜率手中痛棒。到這裏，不由甘與不甘。何故？見事不平爭忍得？衲僧正令自當行。」卓拄杖，下座。室中設三語以驗學者：「一曰：撥草瞻〔一〕風，祇圖見性，即今上人性在甚麼處？二曰：識得自性，方脱生死，眼光落地時作麼生脱？三曰：脱得生死，便知去處，四大分離向甚麼處去？」元祐六年冬，浴訖集衆，説偈曰：「四十有八，聖凡盡殺，不是英雄，龍安路滑。」奄然而化。其徒遵師遺誡，欲火葬捐骨江中。得法弟子無盡居士張公遣使持祭，且曰：「老師於祖宗門下有大道力，不可使來者無所起敬。」俾塔於龍安之乳峰，謚真寂禪師。

法雲杲禪師

東京法雲佛照杲禪師，自妙年遊方，謁圓通璣禪師。入室次，璣舉：「僧問投子：『大死底人却活時如何？』子曰：『不許夜行，投明須到。』意作麼生？」師曰：「恩大難

〔一〕「瞻」，清藏本、續藏本均作「擔」。

酬。」璣大喜，遂命首衆。至晚，爲衆秉拂，機遲而訥，衆笑之。師有赧色。次日於僧堂點茶，因觸茶瓢墜地，見瓢跳，乃得應機三昧。後依真淨，因讀祖偈曰：「心同虛空界，示等虛空法。證得虛空時，無是無非法。」豁然大悟，每謂人曰：「我於紹聖三年十一月二十日，悟得方寸禪。」出住歸宗，詔居淨因。僧問：「達磨西來傳箇甚麽？」師曰：「周、秦、漢、魏。」問：「昔日僧問雲門：『如何是透法身句？』門曰：『北斗裏藏身。』意旨如何？」師曰：「赤心片片。」曰：「若是學人即不然。」師曰：「汝又作麽生？」曰：「昨夜擡頭看北斗，依稀却似點糖糕。」師曰：「但念水草，餘無所知。」上堂：「西來祖意，教外別傳，非大根器，不能證入。其證入者，不被文字語言所轉，聲色是非所迷。亦無雲門、臨濟之殊，趙州、德山之異。所以唱道須明：有語中無語，無語中有語。若向這裏薦得，可謂終日著衣，未嘗掛一縷絲；終日喫飯，未嘗齩一粒米。直是呵佛罵祖，有甚麽過？雖然如是，欲得不招無間業，莫謗如來正法輪。」喝一喝，下座。上堂，拈拄杖曰：「歸宗會斬蛇，禾山解打鼓，萬象與森羅，皆從這裏去。」擲下拄杖曰：「歸堂喫茶。」師以力參，深到語不入時，每示衆，常舉：「老僧熙寧八年文帳在鳳翔府供申，當年崩了華山四十里，壓倒八十村人家。汝輩後生，茄子瓠子，幾時知得？」或問曰：「寶華玉座上，因甚麽一向世諦？」師曰：「癡人！佛性豈有二種邪？」

泐潭文準禪師

隆興府泐潭湛堂文準禪師，興元府梁氏子。初謁真淨，淨問：「近離甚處？」師曰：「大仰。」淨曰：「夏在甚處？」師曰：「大溈。」淨曰：「甚處人？」師曰：「興元府。」淨展手曰：「我手何似佛手？」師罔措。淨曰：「適來祗對，一一靈明，一一天真。及乎道箇我手何似佛手，便成窒礙。且道病在甚處？」師曰：「某甲不會。」淨曰：「一切見成，更教誰會？」師當下釋然。服勤十載，所往必隨。紹聖三年，真淨移石門，衆益盛。凡衲〔一〕僧扣問，但瞑目危坐，無所示見。來學則往治蔬圃，率以爲常。師謂同行恭上座曰：「老漢無意於法道乎？」一日，舉杖決渠，水濺衣，忽大悟。淨訴曰：「此乃敢爾蓋苴邪？」自此迹愈晦而名益著。顯謨李公景直守豫章，請開法雲巖。未幾，移居泐潭。僧問：「教意即且置，未審如何是祖意？」師曰：「煙村三月裏，别是一家春。」問：「寒食因悲郭外春，野田無處不傷神。林間壘壘添新塚，半是去年來哭人。這事且拈放一邊，如何是道？」師

〔一〕「衲」，原作「納」，據清藏本、續藏本改。

曰：「蒼天！蒼天！」曰：「學人特伸請問。」師曰：「十字街頭吹尺八，村酸冷酒兩三巡。」問：「一法若有，毗盧墮在凡夫。萬法若無，普賢失其境界。去此二途，請師一決。」師曰：「大黄甘草。」曰：「此猶是學人疑處。」師曰：「放待冷來看。」問：「向上一路，千聖不傳，未審如何是向上一路？」師曰：「行到水窮處，坐看雲起時。」曰：「爲甚不傳？」師曰：「家家有路透長安。」曰：「祇如衲僧門下，畢竟作麽生？」師曰：「放你三十棒。」

上堂曰：「五九四十五，聖人作而萬物覩。秦時𨍏轢鑽頭尖，漢祖殿前樊噲怒。曾聞黄鶴樓，崔顥題詩在上頭：『晴川歷歷漢陽戍，芳草萋萋鸚鵡洲。』可知禮也，君子務本，本立而道生。道生一，一生二，二生三，三生萬物。」驀拈拄杖，起身云：「大衆！寶峰何似孔夫子？」良久曰：「酒逢知己飲，詩向會人吟。」卓拄杖，下座。上堂：「劄！久雨不晴，直得五老峰頭黑雲靉靆，洞庭湖裏白浪滔天。雲門大師忍俊不禁，向佛殿裏燒香，三門頭合掌，禱祝呪願：願黄梅石女生兒，子母團圓；少室無角鐵牛，常甘水草。」喝一喝：「有甚麽交涉？」顧衆曰：「不因楊得意，争見馬相如？」上堂：「混元未判，一氣岑寂。不聞有天地玄黄，宇宙洪荒，日月盈昃，秋收冬藏。正當恁麽時，也好箇時節。叵耐雪峰老漢，却向虚空裏釘橛。輥三箇木毬，直至後人搆占不上，便見潙山水牯牛，一向膽大心麤；長沙大蟲，到處齩人家猪狗。雖然無禮難容，而今放過一著。孝經序云：朕聞上古，其風朴略。山前華堯民解元，且喜尊候安樂。參！」上堂：「今朝臘月十，夜來天落雪。群峰極目高低白，緑竹青松難辨别。必是來年蠶麥熟，張公李公皆忻悦。皆忻悦，鼓腹謳歌笑不徹。把得雲簫繚亂吹，依俙有如楊柳枝。又不覺手之舞之，足之蹈之，左之右之。」喝曰：「禪客相逢祇彈指，此心能有幾人知？」上堂：「太陽門下，日日三秋。明月堂前，時時九夏。洞山和尚，祇解夜半捉烏雞，殊不知驚起鄰家睡。寶峰相席打令，告諸禪德，也好冷處著把火。咄！」上堂：「古人道：『不看經，不念佛。』看經念佛是何物？自從識得轉經人。」舉拂子曰：「龍藏聖賢都一拂。」以拂子拂一拂，曰：「諸禪德！正當恁麽時，且道雲巖土地向甚麽處安身立命？」擲下拂子，以兩手握拳叩齒曰：「萬靈千聖，千聖萬靈。」上堂，僧問：「教中道：『若有一人發真歸源，十方虚空悉皆消殞。』未審此理如何？」師遂展掌，點指曰：「子丑寅卯，辰巳午未。一羅二土，三水四金，五太陽、六太陰、七計都。今日計都星入巨蟹宫。寶峰不打這鼓笛。」便下座。上堂：「大道縱横，觸事現成。雲開日出，水緑山青。」拈拄杖，卓一下曰：「雲門大師來也。説道：『觀音菩薩將錢買胡餅，放下手元來却是饅頭。』大衆！雲門祇見錐頭利，不見鑿頭方。寶峰即不然。」擲下拄杖曰：「勿於中路事空王，策杖須還達本鄉。昨日有人從淮南來，不得福建信，却道嘉州大像吞却陝府鐵牛。」喝一喝，曰：「是甚説話？笑倒雲居土地。」上堂：「祖師關捩子，幽隱少人知。不是悟心者，如何舉似伊？」喝一喝，曰：「是何言歟？若一向恁麽，達磨一宗掃土而盡。所以大覺世尊初悟此事，便開方便門，示真實相，普令南北東西，四維上下，郭大李二，鄧四張三，同明斯事。雲巖今日不免傚古去也。」擊拂子曰：「方便門開也。作麽生是真實相？」良久云：「十八十九，癡人夜走。」示衆，拈拄杖曰：「衲僧家竿木隨身，逢場作戲。倒把横拈，自有意思。所以昔日藥山和尚問雲巖曰：『聞汝解弄師子，是否？』巖曰：『是。』山曰：『弄得幾出？』巖曰：『弄得六出。』山曰：『老僧亦解弄。』巖曰：『和尚弄得幾出？』山曰：『老僧衹弄得一出。』巖曰：『一即六，六即一。』山便休。大衆！藥山、雲巖鈍置殺人，兩子父〔一〕弄一箇師子，也弄不出。若是準上座，衹消得自弄，拽得來拈頭作尾，拈尾作頭，轉兩箇金睛，攫幾鉤鐵爪，吼一聲，直令百里内猛獸潛蹤，蒲空裏飛禽亂墜。準上座未弄師子，請大衆高著眼，先做一箇定場。」擲下拄杖曰：「箇中消息子，能有幾人知？」師自浙回泐潭，謁深禪師，尋命分座。聞有悟侍者，見所擲爨餘有省，詣方丈通所悟。深喝出，因喪志，自經於延壽堂厠後，出没無時，衆憚之。師聞，中夜特往登溷，方脱衣，悟即提浄水至。師曰：「待我脱衣。」脱罷，悟復至。未幾，悟供籌子，師滌浄

〔一〕「子父」，清藏本作「父子」。

已，召接淨桶去。悟纔接，師執其手問曰：「汝是悟侍者那！」悟曰：「諾。」師曰：「是當時在知客寮見掉火柴頭有箇悟處底麽？參禪學道，祇要知箇本命元辰下落處。汝劃地作此去就，汝在藏殿移首座鞋，豈不是汝當時悟得底？又在知客寮移他枕子，豈不是汝當時悟得底？汝每夜在此提水度籌，豈不是汝當時悟得底？因甚麽不知下落，却在這裏惱亂大衆？」師猛推之，索然如倒壘甓，由是無復見者。政和五年夏，師卧病，進藥者令忌毒物，師不從。有問其故，師曰：「病有自性乎？」曰：「病無自性。」師曰：「既無自性，則毒物寧有心哉？以空納空，吾未嘗顛倒，汝輩一何昏迷！」十月二十日，更衣説偈而化。闍維，得設利，晶圓光潔，睛齒數珠不壞。塔于南山之陽。

慧日文雅禪師

廬山慧日文雅禪師，受請日，僧問：「向上宗乘，乞師不吝。」師曰：「拄杖正開封。」曰：「小出大遇也。」師曰：「放過即不可。」便打。

洞山梵言禪師

瑞州洞山梵言禪師，太平州人也。上堂，有二僧齊出。一僧禮拜，一僧便問：「得用便用時如何？」師曰：「伊蘭作旃檀之樹。」曰：「有意氣時添意氣，不風流處也風流。」師曰：「甘露乃蒺梨之園。」上堂：「吾心似秋月，碧潭清皎潔，無物堪比倫，教我如何説？寒山子勞而無功，更有箇拾得，道不識這箇意，修行徒苦辛。直饒説話，自救不了。尋常拈糞箕，把掃帚，掣風掣顛，猶較些子。直饒是文殊、普賢再出，若到洞山門下，一時分付與直歲。燒火底燒火，掃地底掃地，前廊後架，切忌攙匙亂筯。豐干老人更不饒舌。參退，喫茶。」上堂：「一生二，二生三，遏捺不住，廓周沙界。德雲直上妙峰，善財却入樓閣。新婦騎驢阿家牽，山青水緑。桃華紅，李華白，一塵一佛土，一葉一釋迦。」乃合掌曰：「不審諸佛子，今晨改旦，季春極暄，起居輕利，安樂行否？少間專到上寮問訊，不勞久立。」上堂：「臘月二十日，一年將欲盡，萬里未歸人。大衆！總是他鄉之客。還有返本還源者麼？」擊拂子曰：「門前殘雪日輪消，室内紅塵遣誰掃？」

文殊宣能禪師

德安府文殊宣能禪師，僧問：「如何是祖師燈？」師曰：「四生無不照，一點任君看。」上堂：「石鞏箭，秘魔叉，直下會得，眼裏空華。堪悲堪笑少林客，暗携隻履度流沙。」

壽寧善資禪師

桂州壽寧善資禪師，上堂：「若論此事，如鵶啄鐵牛，無下口處，無用心處。更向言中問覓，句下尋思，縱饒卜度將來，翻成戲論邊事。殊不知本來具足，直下分明，佛及衆生，纖毫不立。尋常向諸人道，凡夫具足聖人法，凡夫不知；聖人具足凡夫法，聖人不會。聖人若會，即同凡夫；凡夫若知，即是聖人。然則凡聖一致，名相互陳，不識本源，迷其真覺。所以逐境生心，徇情附物。苟能一念情忘，自然真常體露。」良久曰：「便請薦取！」上堂：「諸方五日一參，壽寧日日陞座，莫怪重説偈言，過在西來達磨。上士處處逢渠，後學時時蹉過。且道蹉過一著，落在甚麼處？」舉起拂子曰：「一片月生海，幾家人上樓。」

上封慧和禪師

南嶽祝融上封慧和禪師，上堂：「未陞此座已前，盡大地人成佛已畢。更有何法可説，更有何生可利？況菩提煩惱，本自寂然；生死涅槃，猶如昨夢；門庭施設，誑諕小兒；方便門開，羅紋結角；於衲僧面前，皆成幻惑。且道衲僧有甚麽長處？」拈起拄杖曰：「孤根自有擎天勢，不比尋常曲录枝。」卓拄杖，下座。

五峰本禪師

瑞州五峰淨覺本禪師，僧問：「同聲相應時如何？」師曰：「鵓鳩樹上啼。」曰：「同氣相求時如何？」師曰：「猛虎巖前嘯。」問：「一進一退時如何？」師曰：「脚在肚下。」曰：「如何是不動尊？」師曰：「行住坐卧。」上堂，僧問：「寶座既陞，願聞舉唱。」師曰：「雪裏梅花火裏開。」曰：「莫便是爲人處也無？」師曰：「井底紅塵已漲天。」上堂：「恁麽也不得，不恁麽也不得，恁麽不恁麽摠不得。諸人作麽生會？直下會得，不妨奇特。更或針錐，西天此土。」上堂：「五峰家風，南北西東。要用便用，以橛釘空。咄！」

太平安禪師

永州太平安禪師，上堂：「有利無利，莫離行市。鎮州蘿蔔極貴，廬陵米價甚賤。争似太平這裏，時豐道泰，商賈駢闐，白米四文一升，蘿蔔一文一束。不用北頭買賤，西頭賣貴，自然物及四生，自然利資王化。又怎生説箇佛法道理？」良久云：「勸君不用鐫頑石，路上行人口似碑。」

報慈進英禪師

潭州報慈進英禪師，僧問：「遠涉長途即不問，到家一句事如何？」師曰：「雪滿長空。」曰：「此猶是時人知有。轉身一路，又作麽生？」師便喝。上堂：「報慈有一公案，諸方未曾結斷。幸遇改旦拈出，各請高著眼看。」遂趯下一隻鞋，曰：「還知這箇消息也無？達磨西歸時，提攜在身畔。」上堂：「與麽上來，猛虎出林。與麽下去，鷩虵入草。不上不下，日輪杲杲。」喝一喝，曰：「瀟湘江水碧溶溶，出門便是長安道。」上堂，擲下拄杖，却召大衆曰：「拄杖吞却祖師了也。教甚麽人説禪？還有人救得也無？」喝一喝。上堂，驀拈拄杖曰：「三世一切佛，同入這窠窟。衲僧喚作遼天鶻。」卓拄杖一下。

洞山至乾禪師

瑞州洞山至乾禪師，上堂：「洞山不會談禪，不會説道，祇是饑來喫飯，困來打睡。你諸人必然別有長處，試出來盡力道一句看。有麽？有麽？」良久曰：「睦州道底。」

寶華普鑑禪師

平江府寶華普鑑佛慈禪師，本郡周氏子。幼不茹葷，依景德寺清智下髪。十七游方，初謁覺印英禪師，不契，遂扣真浄之室。浄舉石霜虔侍者話問之，釋然契悟。作偈曰：「枯木無華幾度秋，斷雲猶挂樹梢頭。自從鬬折泥牛角，直至如今水逆流。」浄肯之，命侍巾鉢。晚徇衆開法寶華，次移高峰。上堂：「參禪別無奇特，祇要當人命根斷，疑情脱，千眼頓開，如大洋海底輥一輪赫日，上昇天門，照破四天之下。萬別千差，一時明了，便能握金剛王寶劍，七縱八横，受用自在，豈不快哉！其或見諦不真，影像彷彿，尋言逐句，受人指呼，驢年得快活去。不如屏浄塵緣，竪起脊梁骨，著些精彩，究教七穿八穴，百了千當，向水邊林下長養聖胎，亦不枉受人天供養。然雖如是，卧雲門下有箇鐵門限，更須猛著氣力跳過始得。擬議之間，墮坑落壍。」以拂子擊禪牀，下座。上堂：「月圓，伏惟三世諸佛、狸奴白牯，各各起居萬福。時中淡薄，無可相延，切希寛抱。老水牯牛近日亦自多病多惱，不甘水草。遇著暖日和風，當下和身便倒。教渠拽杷牽犁，直是摇頭擺腦。可憐萬頃良田，一時變爲荒草。」

九峰希廣禪師

瑞州九峰希廣禪師，游方日謁雲蓋智和尚，乃問：「興化打克賓，意旨如何？」智下禪牀，展兩手，吐舌示之。師打一坐具，智曰：「此是風力所轉。」又問石霜琳禪師，琳曰：「你意作麼生？」師亦打一坐具。琳曰：「好一坐具，祇是不知落處。」又問真淨，淨曰：「你意作麼生？」師復打一坐具。淨曰：「他打，你也打。」師於言下大悟。淨因有頌曰：「丈夫當斷不自斷，興化爲人徹底漢。已後從教眼自開，棒了罰錢趁出院。」後住九峰，衲子宗仰。

黄檗道全禪師

瑞州黄檗道全禪師，上堂，以拂子擊禪牀曰：「一搥打透無盡藏，一切珍寶吾皆有。拈來普濟貧乏人，免使波吒路邊走。」遂喝曰：「誰是貧乏者？」

清涼慧洪禪師

瑞州清涼慧洪覺範禪師，郡之彭氏子。年十四，父母俱亡，乃依三峰靘禪師爲童子，日記數千言，覽群書殆盡，靘器之。十九，試經於東京天王寺，得度。從宣秘講成實、唯識論。逾四年，棄謁真淨於歸宗。淨遷石門，師隨至。淨患其深聞之弊，每舉玄沙未徹之語，發其疑。凡有所對，淨曰：「你又説道理邪？」一日頓脱所疑，述偈曰：「靈雲一見不再見，紅白枝枝不著華。叵耐釣魚船上客，却來平地摝魚鰕。」淨見，爲助喜。命掌記，未久，去謁諸老，皆蒙賞音，由是名振叢林。顯謨朱公彦請開法撫州北景德。後住清涼，示衆，舉：「首楞嚴，如來語阿難曰：『汝應齅此鑪中旃檀，此香若復然於一銖，室羅筏城四十里内同時聞氣。於意云何？此香爲復生旃檀木？生於汝鼻？爲生於空？阿難！若復此香生於汝鼻，稱鼻所生，當從鼻出。鼻非旃檀，云何鼻中有旃檀氣？稱汝聞香，當於鼻入，鼻中出香，説聞非義。若生於空，空性常恒，香應常在，何藉鑪中爇此枯木？若生於木，則此香質，因爇成煙。若鼻得聞，合蒙煙氣。其煙騰空，未及遥遠，四十里内，云何已聞？是故當知，香鼻與聞，俱無處所。即齅與香，二處虚妄。本非因縁，非自然性。』」師曰：「入此鼻觀，親證無生。」又「大智度論，問曰：『聞者云何聞？用耳根聞邪？用耳識聞邪？用意識聞邪？若耳根聞，耳根無覺識知故，不能聞。若耳識聞，耳識一念故，不能分別，不應聞。若意識聞，意識亦不能聞，何以故？先五識識五塵，然後意識識意識，不能識現在五塵，唯識過去未來五塵。若意識能識現在五塵者，盲聾人亦應識聲也。何以故？意識不破故。』」師曰：「究此聞塵，則合本妙。既證無生，又合本妙。畢竟是何境界？」良久曰：「白猿已叫千巖晚，碧縷初横萬字鑪。」住景德日，僧問：「南有景德，北有景德。德即不問，如何是景？」師曰：「頸在項上。」崇寧二年，會無盡居士張公於峽之善溪。張嘗自謂得龍安悦禪師末後句，叢林畏與語，因夜話及之，曰：「可惜雲菴不知此事。」師問所以，張曰：「商英頃自金陵酒官移知豫章，過歸宗見之，欲爲點破。方叙悦末後句未卒，此老大怒，罵曰：『此吐血禿丁、脱空妄語，不得信。』既見其盛怒，更不欲叙之。」師笑曰：「相公但識龍安口傳末後句，而真藥現前，不能辨也。」張大驚，起執師手曰：「老師真有此意邪？」曰：「疑則別參。」乃取家藏雲菴頂相，展拜贊之，書以授師。其詞曰：「雲菴綱宗，能用能照。天鼓希聲，不落凡調。冷面嚴眸，神光獨耀。孰傳其真？覿面爲肖。前悦後洪，如融如肇。」大慧處衆日，嘗親依之，每歎其妙悟辯慧。建炎二年五月，示寂于同安。太尉郭公天民奏賜寶覺圓明之號。

超化浄禪師

衢州超化浄禪師，上堂：「聲前認得，已涉廉纖。句下承當，猶爲鈍漢。電光石火，尚在遲疑。點著不來，横屍萬里。」良久云：「有甚用處？咄！」

石頭懷志庵主

南嶽石頭懷志庵主，婺州吴氏子。年十四，師智慧院寶偁。二十二試所習，落髮，肄講十二年，宿學敬慕。嘗欲會通諸宗，正一代時教。有禪者問曰：「杜順乃賢首宗祖師也，談法身則曰：『懷州牛喫禾，益州馬腹脹。』此偈合歸天台何義邪？」師無對。即出游方，晚至洞山，謁真浄。問：「古人一喝不作一喝用，意旨如何？」浄叱之，師趨出。浄笑呼曰：「浙子，齋後遊山好！」師忽領悟。久之辭去。浄曰：「子所造雖逸格，惜緣不勝耳。」因識其意。自爾諸方力命出世，師却之，庵居二十年，不與世接，士夫踵門，略不顧。有偈曰：「萬機休罷付癡憨，蹤跡時容野鹿參。不脱麻衣拳作枕，幾生夢在緑蘿庵。」或問：「住山多年，有何旨趣？」師曰：「山中住，獨掩柴門無別趣。三箇柴頭品字煨，不用援毫文彩露。」崇寧改元冬，曳杖造龍安，人莫之留。明年六月晦，問侍僧曰：「早暮？」曰：「已夕矣。」遂笑曰：「夢境相逢，我睡已覺。汝但莫負叢林，即是報佛恩德。」言訖，示寂於最樂堂。荼毗，收骨，塔于乳峰之下。

雙溪印首座

婺州雙溪印首座，自見真淨，徹證宗猷，歸遯雙溪。一日，偶書曰：「折脚鐺兒謾自煨，飯餘長是坐堆堆。一從近日生涯拙，百鳥銜華去不來。」又以觸衣碎甚，作偈曰：「不挂寸絲方免寒，何須特地裊長竿。而今落落零零也，七佛之名甚處安？」

五燈會元卷第十八

南嶽下十三世下

雲居祐禪師法嗣

羅漢系南禪師

廬山羅漢院系南禪師，汀州張氏子。上堂：「禪不禪，道不道，三寸舌頭胡亂掃。昨夜日輪飄桂花，今朝月窟生芝草。阿呵呵，萬兩黃金無處討。一句絶思量，諸法不相到。」師臨示寂，陞座告衆曰：「羅漢今日，倒騎鐵馬，逆上須彌，踏破虚空，不留眹迹。」乃歸方丈，跏趺而逝。

慈雲彦隆禪師

潭州慈雲彦隆禪師，上堂，舉：「玄沙示衆曰：『盡大地都來是一顆明珠。』時有僧問：『既是一顆明珠，學人爲甚不識？』沙曰：『全體是珠，更教誰識？』曰：『雖然全體是，争奈學人不識。』沙曰：『問取你眼。』」師曰：「諸禪德！這箇公案，唤作嚼飯餧小兒，把手更與杖。還會麽？若未會，須是扣己而參，直要真實，不得信口掠虚，徒自虚生浪死。」

子陵自瑜禪師

郢州子陵山自瑜禪師，僧問：「如何是古佛心？」師曰：「赤脚跋泥冷似冰。」曰：「未審意旨如何？」師曰：「休要拖泥帶水。」問：「泗洲大聖爲甚麽楊州出現？」師曰：「業在其中。」曰：「意旨如何？」師曰：「降尊就卑。」曰：「謝和尚答話。」師曰：「賊是小人，智過君子。」

景福省悦禪師

隆興府東山景福省悦禪師，上堂：「十二時中，跛跛挈挈。且與麽過。大衆！利害在甚麼處？」良久曰：「聽諸方斷看。」擊禪牀，下座。

白藻清儼禪師

亳州白藻清儼禪師，信州人。僧問：「楊廣失槖駞，到處無人見。未審是甚麼人得見？」師以拂子約曰：「退後！退後！妨他別人所問。」曰：「畢竟落在甚麼處？」師曰：「可煞不識好惡！」便打。

寶相元禪師

台州寶相元禪師，僧問：「一切諸佛及諸佛阿耨多羅三藐三菩提，皆從此經出。如何是此經？」師曰：「長時誦不停，非義亦非聲。」曰：「如何受持？」師曰：「若欲受持者，應須用眼聽。」

永豐慧日庵主

信州永豐慧日庵主，本郡丘氏子。丱歲出家，於明心寺得度。自機契雲居，熟游湘漢，暨歸永豐，或處巖谷，或居鄽市，令鄉民稱丘師伯。凡有所問，以「莫曉」答之。忽語邑人曰：「吾明日行脚去，汝等可來相送。」於是賫路者畢集，師笑不已。衆問其故，即書偈曰：「丘師伯莫曉，寂寂明皎皎。日午打三更，誰人打得了？」投筆而逝。

南峰永程禪師

泉州南峰永程禪師，示衆：「始自雞峰續焰，少室流芳，大布慈雲，宏開慧日，教分三藏，直指一心。或全提而棒喝齊施，或縱奪而賓主互設。或金剛按劍，或師子翻身。或照用雷奔，或機鋒電掣。無非剪除邪妄，開廓玄微，直下明宗，到真實地。諸仁者！到此方許一線道，與你商量。苟或未然，盡是依師作解，無有是處。」

大溈秀禪師法嗣

大溈祖瑃禪師

潭州大溈祖瑃禪師，福州吴氏子。僧問：「如何是溈山家風？」師曰：「竹有上下節，松無今古青。」曰：「未審其中飲噉何物？」師曰：「飢餐相公玉粒飯，渴點神運倉前茶。」上堂：「道無定亂，法離見知，言句相投，都無定義。自古龍門無宿客，至今鳥道絶行蹤。欲會箇中端的意，火裏蝍蟟吞大蟲。咄！」上堂：「雨下堦頭濕，晴乾水不流。鳥巢滄海底，魚躍石山頭。衆中大有商量，前頭兩句是平實語，後頭兩句是格外談。若如是會，祇見石磊磊，不見玉落落。若見玉落落，方知道寬廓。咦！」

福嚴文演禪師

南嶽福嚴文演禪師，僧問：「如何是佛？」師當面便唾。

南臺允恭禪師

南嶽南臺允恭禪師，開堂日，上堂：「稀逢難遇，正在此時。何謂釋迦已滅，彌勒未生？」拈拂子曰：「正當今日，佛法盡在這箇拂子頭上。放行把住，一切臨時。放行也，風行草偃，瓦礫生光。拾得、寒山，點頭拊掌。把住也，水洩不通，精金失色。德山、臨濟，飲氣吞聲。當恁麼時，放行即是？把住即是？」良久曰：「後五日看。」

黄檗勝禪師法嗣

昭覺純白禪師

成都府昭覺純白昭覺禪師，上堂：「寒便向火，熱即摇扇。飢時喫飯，困來打眠。所以趙州庭前柏，香嚴嶺後松，栽來無别用，秖要引清風。且道畢竟事作麽生？甲子乙丑海中金，丙寅丁卯鑪中火。」

開元琦禪師法嗣

薦福道英禪師

饒州薦福道英禪師，僧問：「佛未出世時如何？」師曰：「琉璃瓶貯花。」曰：「出世後如何？」師曰：「瑪瑙鉢盛果。」曰：「未審和尚今日是同是别？」師曰：「趯倒瓶，拽倒鉢。」上堂：「據道而論，語也不得，默也不得。直饒語默兩忘，亦没交涉。何故？句中無路，意在句中。無意無不意，非計較之所及。若是劈頭點一點頂門，豁然眼開者，於此却有疾速分。若低頭向意根下尋思，卒摸索不著。是知萬法無根，欲窮者錯；一源絶迹，欲返者迷。看他古佛光明、先德風彩，一一從無欲無依中發現。或時孤峻峭拔，竟不可搆；或時含融混會，了無所睹。終不椿定一處，亦不繫係兩頭。無是無不是，無非無不非。得亦無所得，失亦無所失。不曾隔越纖毫，不曾移易絲髮。明明古路，不屬玄微。覿面擎來，瞥然便過。不居正位，豈落邪途？不蹈大方，那趨小徑？騰騰兀兀，何住何爲？回首不逢，觸目無對。一念普觀，廓然空寂。此之宗要，千聖不傳。直下了知，當處超越。是知赤灑灑處，恁麽即易；明歷歷處，恁麽還難。不用沾黏點染，直須剥脱屏除。若是本分手脚，放去無收不來底。一一放光現瑞，一一削跡絶蹤。機上了不停，語中無可露。徹底攪不渾，通身撲不碎。且道畢竟是箇甚麽，得恁麽靈通？得恁麽奇特？得恁麽堅確？諸仁者！休要識渠面孔，不用安渠名字，亦莫覓渠所在。何故？渠無所在，渠無名字，渠無面孔。纔起一念追求如微塵許，便隔十生五生。更擬管帶思惟，益見紛紛叢雜。不如長時放教自由自在，要發便發，要住便住。即天然非天然，即如如非如如，即湛寂非湛寂，即敗壞非敗壞。無生戀，無死畏，無佛求，無魔怖。不與菩提會，不與煩惱俱。不受一法，不嫌一法。無在無不在，非離非不離。若能如是，見得釋迦自釋迦，達磨自達磨，干我甚麽椀？恁麽説話，衲僧門下，推勘將來，布裙芒�，不免撩他些些泥水。豈況汝等諸人，更道這箇是平實語句，這箇是差別門庭，這箇是闢椟巴鼻，這箇是道眼根塵，遞相教習，如七家村裏傳口令相似，有甚交涉？無事，珍重！」

尊勝有朋講師

泉州尊勝有朋講師，本郡蔣氏子。丱歲，試經中選，下髮，多歷教肆。嘗疏楞嚴、維摩等經，學者宗之。每疑祖師直指之道，故多與禪衲游。一日，謁開元，跡未及閫，心忽領悟。元出，遂問：「座主來作甚麽？」師曰：「不敢貴耳賤目。」元曰：「老老大大，何必如是？」師曰：「自是者不長。」元曰：「朝看華嚴，夜讀般若則不問，如何是當今一句？」師曰：「日輪正當午。」元曰：「閑言語，更道來。」師曰：「平生仗忠信，今日任風波。」然雖如是，衹如和尚恁麽道有甚交涉？須要新戒草鞋穿。」元曰：「這裏且放你過，忽遇達磨問你，作麽生道？」師便喝。元曰：「這座主今日見老僧，氣衝牛斗。」師曰：「再犯不容。」元拊掌大笑。

仰山偉禪師法嗣

龍王善隨禪師

潭州龍王山善隨禪師，僧問：「如何是龍王境？」師曰：「水晶宮殿。」曰：「如何是龍王如意寶珠？」師曰：「頂上髻中。」僧禮拜，師曰：「莫道不如意好！」

黄檗永泰禪師

瑞州黄檗山祇園永泰禪師，僧問：「如何是祖師西來意？」師曰：「鐵鑄就。」僧擬議，師曰：「會麽？」僧禮拜，師曰：「何不早如此！」

慧日明禪師

廬山慧日明禪師，上堂：「不用求心，唯須息見。三祖大師雖然回避金鈎，殊不知已吞紅線。慧日又且不然，不用求真并息見，倒騎牛兮入佛殿。牧笛一聲天地寬，稽首瞿曇，真箇黃面。」

福嚴感禪師法嗣

育王法達禪師

慶元府育王法達寶鑑禪師，饒州余氏子。僧問：「不落階級處，請師道？」師曰：「蠟人向火。」曰：「畢竟如何？」師曰：「薄處先穿。」

雲蓋智禪師法嗣

道場法如禪師

安吉州道場法如禪師，衢州徐氏子。參雲蓋，悟汾陽「十智同真」話。尋常多說十智同真，故叢林號爲如十同也。水菴、圓極皆依之。圓極嘗贊之曰：「生鐵面皮難湊泊，等閑舉步動乾坤。戲拈十智同真話，不負黄龍嫡骨孫。」上堂：「知見立知，即無明本。知見無見，斯即涅槃。無漏真浄，云何是中更容他物？釋迦老子和身放倒，後代兒孫如何接續？要會麽？通玄不是人間世，滿目青山何處尋？」

寶壽最樂禪師

福州寶壽最樂禪師，古田人也。上堂：「諸佛不真實，説法度群生。菩薩有智慧，見性不分明。白雲無心意，灑爲世間雨。大地不含情，能長諸草木。若也會得，猶存知解。若也不會，墮在無記。去此二途，如何即是？海闊難藏月，山深分外寒。」

石佛慧明禪師

紹興府石佛慧明解空禪師，僧問：「如何是寶相境？」師曰：「三生鑿成。」曰：「如何是境中人？」師曰：「一佛二菩薩。」

玄沙文禪師法嗣

廣慧達杲禪師

福州廣慧達杲禪師，上堂：「佛爲無心悟，心因有佛迷。佛心清淨處，雲外野猿啼。」

建隆慶禪師法嗣

泗洲用元禪師

平江府泗洲用元禪師，日問建隆曰：「臨濟在黄蘗，三回問佛法大意，三回被打。意旨如何？」語猶未了，被打一拂子，師頓領宗旨。開堂日，僧問：「四衆雲臻，請師説法。」師曰：「有眼無耳朵，六月火邊坐。」曰：「一句截流，萬機頓息。」師曰：「聽事不真，唤鐘作甕。」問：「朝参暮請，成得甚麽邊事？」師曰：「祇要你歇去。」曰：「早知燈是火，飯熟已多時。」師曰：「你鼻孔因甚麽著拄杖子穿却？」曰：「拗曲作直又争得？」師曰：「且教出氣。」上堂：「一二三四五，火裏蝍蟟吞却虎。六七八九十，水底泥牛波上立。一日一夜雨霖霖，無孔鐵鎚灑不入。灑不入，著底急？百川洶湧須彌岌。八臂那吒撞出來，稽首讚歎道難及。咦！」上堂，横按拄杖，顧視大衆曰：「今日平地上喫交。」便下座。

報本元禪師法嗣

永安元正禪師

平江府承天永安元正傳燈禪師，鄆州鄭氏子。上堂：「天人群生類，皆承此恩力。大衆！有一人道我不承佛恩力，不居三界，不屬五行，祖師不敢定當，先佛不敢安名。你且道是箇甚麽人？」良久曰：「倚石巖前燒鐵鉢，就松枝上挂銅瓶。」

隆慶閑禪師法嗣

安化聞一禪師

潭州安化啓寧聞一禪師，上堂：「拈花微笑虚勞力，立雪齊腰枉用功。争似老盧無用處，却傳衣鉢振真風。大衆！且道那箇是老盧傳底衣鉢？莫是大庾嶺頭提不起底麽？且莫錯認定盤星。」以拂子擊禪牀，下座。

三祖宗禪師法嗣

光孝惟爽禪師

寧國府光孝惟爽禪師，上堂：「今朝六月旦，一年已過半。奉報參玄人，識取孃生面。孃生面，薦不薦，鷺鷥飛入碧波中，抖擻一團銀繡線。」

泐潭英禪師法嗣

法輪齊添禪師

南嶽法輪齊添禪師，僧問：「學人上來，乞師指示。」師曰：「汝適來聞鼓聲麽？」曰：「聞。」師曰：「還我話頭來。」僧禮拜，師曰：「令人疑著。」上堂，喝一喝，曰：「師子哮吼。」又喝一喝，曰：「象王嚬呻。」又喝一喝，曰：「狂狗趁塊。」又喝一喝，曰：「鰕跳不出斗。」乃曰：「此四喝，有一喝堪與祖佛爲師，明眼衲僧試請揀看。若揀不出，大似日中迷路。」上堂，良久曰：「性静情逸。」乃喝一喝，曰：「心動神疲。」遂顧左右曰：「守真志滿。」拈拄杖曰：「逐物意移。」驀召大衆曰：「見怪不怪，其怪自壞。」靠拄杖，便下座。

慧明雲禪師

泉州慧明雲禪師，僧問：「般若海中，如何爲人？」師曰：「雲開銀漢迥。」曰：「畢竟如何？」師曰：「棒頭見血。」問：「毗婆尸佛早留心，直至如今不得妙。意旨如何？」師曰：「醜拙不堪當。」

保寧璣禪師法嗣

育王浄曇禪師

慶元府育王無竭浄曇禪師，嘉禾人也。晚歸錢塘之法慧。一日上堂：「本自深山卧白雲，偶然來此寄閑身。莫來問我禪兼道，我是喫飯屙屎人。」紹興丙寅夏，辭朝貴，歸付院事。四衆擁睎，揮扇久之。書偈曰：「這漢從來没縫罅，五十六年成話霸。今朝死去見閻王，劍樹刀山得人怕。」遂打一圓相，曰：「嗄！一任諸方鑚龜打瓦。」收足而化，火後設利如霰，門人持骨歸阿育王山建塔。

真如戒香禪師

台州真如戒香禪師，興化林氏子。上堂：「孟冬改旦曉天寒，葉落歸根露遠山。不是見聞生滅法，當頭莫作見聞看。」

五祖常禪師法嗣

壽聖楚清禪師

蘄州南烏崖壽聖楚清禪師，僧問：「亡僧遷化向甚麽處去？」師曰：「靈峰水急。」曰：「恁麽則不生也。」師曰：「蒼天！蒼天！」

黄龍肅禪師法嗣

百丈維古禪師

瑞州百丈維古禪師，上堂，大衆集定，拈拄杖示衆曰：「多虛不如少實。」卓一下，便起。

月珠祖鑑禪師

嘉定府月珠祖鑑禪師，僧請筆師語要。師曰：「達磨西來，單傳心印。曹溪六祖，不識一字。今日諸方出世，語句如山，重增繩索。」乃拍禪牀曰：「於斯薦得，猶是鈍根。若也未然，白雲深處從君卧，切忌寒猿中夜啼。」

石霜琳禪師法嗣

静照庵什庵主

鼎州德山静照庵什庵主，僧問：「如何是庵中主？」師曰：「從來不相許。」僧擬議，師曰：「會即便會，本來底不得安名著字。」僧擬開口，師便打出。師室中常以拂子示衆曰：「唤作拂子，依前不是。不唤作拂子，特地不識。汝唤作甚麽？」因僧請益，師頌答之曰：「我有一柄拂子，用處别無調度。有時挂在松枝，任他頭垂角露。」

華光恭禪師法嗣

萬壽念禪師

郴州萬壽念禪師，僧問：「龍華勝會，肇啓兹晨。未審彌勒世尊現居何處？」師曰：「猪肉案頭。」曰：「既是彌勒世尊，爲甚麽却在猪肉案頭？」師曰：「不是弄潮人，休入洪波裏。」曰：「畢竟事又且如何？」師曰：「番人不繫腰。」歲旦，上堂：「往復無際，動静一源。含有德以還空，越無私而迴出。昔日日，今日日，照無兩明。昔日風，今日風，鼓無兩動。昔日雨，今日雨，澤無兩潤。於其中間覓去來相而不可得。何故？自他心起，起處無蹤。自我心忘，忘無滅迹。大衆！若向這裏會去，與天地而同根，共萬物爲一體。若也未明，山僧爲你重重頌出：元正一，古佛家風從此出。不勞向上用工夫，歷劫何曾異今日。元正二，寂寥冷淡無滋味。趙州相唤喫茶來，剔起眉毛須瞥地。元正三，上來稽首各和南。若問香山山裏事，靈源一派碧如藍。」遂喝一喝，下座。

上藍順禪師法嗣

參政蘇轍居士

參政蘇轍居士，字子由。元豐三年，以睢陽從事左遷瑞州搉筦之任。是時，洪州上藍順禪師與其父文安先生有契，因往訪焉，相得歡甚。公咨以心法，順示搐鼻因緣。已而有省，作偈呈曰：「中年聞道覺前非，邂逅相逢老順師。搐鼻徑參真面目，掉頭不受別鉗鎚。

枯藤破衲公何事，白酒青鹽我是誰？慚愧東軒殘月上，一杯甘露滑如飴。」

南嶽下十四世

黄龍新禪師法嗣

禾山慧方禪師

吉州禾山超宗慧方禪師，上堂，舉拂子曰：「看！看！祇這箇，在臨濟則照用齊行，在雲門則理事俱備，在曹洞則偏正叶通，在潙山則暗機圓合，在法眼則何止唯心。然五家宗派，門庭施設則不無，直饒辨得倜儻分明去，猶是光影邊事。若要抵敵生死，則霄壤有隔。且超越生死一句作麽生道？」良久曰：「洎合錯下注脚。」

崇覺空禪師

臨安府崇覺空禪師，姑孰人也。上堂：「十方無壁落，四面亦無門。浄躶躶，赤灑灑，没可把。」遂舉拂子曰：「灌溪老漢向十字街頭逞風流，賣惺惺，道我解穿真珠，解玉版，過亂絲，卷筒絹。婬坊酒肆，瓦合輿臺，虎穴魔宮，那吒忿怒，遇文王興禮樂，逢桀紂逞干戈。今日被崇覺覷見，一場懡㦬。」師頌野狐話曰：「含血噀人，先污其口。百丈野狐，失頭狂走。驀地喚回，打箇筋斗。」

上封祖秀禪師

潭州上封祖秀禪師，常德府何氏子。上堂：「枯木巖前夜放華，鐵牛依舊卧煙沙。儂家鞭影重拈出。」擊拂子曰：「一念回心便到家。」遂喝一喝，下座。

九頂惠泉禪師

嘉定府九頂寂惺惠泉禪師，僧問：「心迷法華轉，心悟轉法華。未審意旨如何？」師曰：「風暖鳥聲碎，日高華影重。」上堂：「昔日雲門有三句，謂函蓋乾坤句，截斷衆流句，隨波逐浪句。九頂今日亦有三句，所謂飢來喫飯句，寒即向火句，困來打睡句。若以佛法而論，則九頂望雲門，直立下風。若以世諦而論，則雲門望九頂，直立下風。二語相違，且如何是九頂爲人處？」

性空妙普庵主

嘉興府華亭性空妙普庵主，漢州人。久依死心獲證，乃抵秀水，追船子遺風。結茅青龍之野，吹鐵笛以自娱。多賦詠，得之者必珍藏。其山居曰：「心法雙忘猶隔妄，色塵不二尚餘塵。百鳥不來春又過，不知誰是住菴人？」又警衆曰：「學道猶如守禁城，晝防六賊夜惺惺。中軍主將能行令，不動干戈致太平。」又曰：「不耕而食不蠶衣，物外清閑適聖時。未透祖師關棙子，也須存意著便宜。」又曰：「十二時中莫住工，窮來窮去到無窮。直須洞徹無窮底，踏倒須彌第一峰。」建炎初，徐明叛，道經烏鎮，肆殺戮，民多逃亡。師獨荷策而往，賊見其偉異，疑必詭伏者。問其來，師曰：「吾禪者，欲抵密印寺。」賊怒，欲斬之。師曰：「大丈夫要頭便斫取，奚以怒爲？吾死必矣，願得一〔一〕飯以爲送終。」賊奉肉食，師如常齋。出生畢，乃曰：「孰當爲我文之以祭？」賊笑而不答。師索筆大書曰：「嗚呼惟

〔一〕「一」，原作「二」，據清藏本、續藏本改。

靈！勞我以生，則大塊之過。役我以壽，則陰陽之失。乏我以貧，則五行不正。困我以命，則時日不吉。吁哉！至哉！賴有出塵之道，悟我之性，與其妙心，則其妙心孰與爲鄰？上同諸佛之真化，下合凡夫之無明。纖塵不動，本自圓成。妙矣哉！妙矣哉！日月未足以爲明，乾坤未足以爲大。磊磊落落，無罣無礙。六十餘年，和光混俗。四十二臘，逍遥自在。逢人則喜，見佛不拜。笑矣乎！笑矣乎！可惜少年郎，風流太光彩。坦然歸去付春風，體似虚空終不壞。尚享！」遂舉筯飫餐，賊徒大笑。食罷，復曰：「刼數既遭離亂，我是快活烈漢。如今正好乘時，便請一刀兩段。」乃大呼：「斬！斬！」賊方駭異，稽首謝過，令衛而出。烏鎮之廬舍免焚，實師之惠也。道俗聞之愈敬。有僧睹師見佛不拜歌，逆問曰：「既見佛，爲甚麽不拜？」師掌之，曰：「會麽？」云：「不會。」師又掌曰：「家無二主。」紹興庚申冬，造大盆，穴而塞之。修書寄雪竇持禪師曰：「吾將水葬矣。」壬戌歲，持至，見其尚存，作偈嘲之曰：「咄哉老性空，剛要餧魚鱉。去不索性去，祇管向人説。」師閲偈，笑曰：「待兄來證明耳。」令偏告四衆，衆集，師爲説法要，仍説偈曰：「坐脱立亡，不若水葬。一省柴燒，二省開壙。撒手便行，不妨快暢。誰是知音？船子和尚。高風難繼百千年，一曲漁歌少人唱。」遂盤坐盆中，順潮而下。衆皆隨至海濱，望欲斷目。師取塞，戽水而回。衆擁觀，水無所入。復乘流而往，唱曰：「船子當年返故鄉，没蹤跡處妙難量。真風徧寄知音者，鐵笛横吹作散場。」其笛聲嗚咽。頃於蒼茫間，見以笛擲空而没。衆號慕，圖像事之。後三日，於沙上趺坐如生，道俗争往迎歸。留五日，闍維，設利大如菽者莫計。二鶴徘徊空中，火盡始去。衆奉設利靈骨建塔于青龍。

鍾山道隆首座

嚴州鍾山道隆首座，桐廬董氏子。於鍾山寺得度，自游方所至，耆衲皆推重。晚抵黄龍，死心延爲座元。心順世，遂歸隱鍾山，慕陳尊宿高世之風，掩關不事事，日鬻數屨自適，人無識者。手常穿一襪，凡有禪者至，提以示之曰：「老僧這襪著三十年了也。」有寺僧戲問：「如何是無諍三昧？」師便掌。

楊州齊謚首座

楊州齊謚首座，本郡人也。死心稱爲飽參。諸儒屢以名山致之，不可。後示化於潭之谷山，異跡頗衆。門人嘗繪其像，請贊，爲書曰：「箇漢灰頭土面，尋常不欲露現。而今寫出人前，大似虚空著箭。怨！怨！可惜人間三尺絹。」

空室智通道人

空室道人智通者，龍圖范珣女也。幼聰慧，長歸丞相蘇頌之孫悌，未幾，厭世相，還家求祝髮。父難之，遂清修。因看法界觀，頓有省，連作二偈見意。一曰：「浩浩塵中體一如，縱橫交互印毗盧。全波是水波非水，全水成波水自殊。」次曰：「物我元無異，森羅鏡像同。明明超主伴，了了徹真空。一體含多法，交參帝網中。重重無盡處，動静悉圓通。」後父母俱亡，兄涓領分寧尉，通偕行，聞死心名重，往謁之。心見知其所得，便問：「常啼菩薩賣却心肝，教誰學般若？」通曰：「你若無心我也休。」又問：「一雨所滋，根苗有異。無陰陽地上生箇甚麼？」通曰：「一華五葉。」復問：「十二時中向甚麼處安身立命？」通曰：「和尚惜取眉毛好！」心打曰：「這婦女亂作次第。」通禮拜，心然之。於是道聲籍甚。政和間居金陵，嘗設浴於保寧，揭榜于門曰：「一物也無，洗箇甚麼？纖塵若有，起自何來？道取一句子玄，乃可大家入浴。」古靈祇解揩背，開士何曾明心？欲證離垢地時，須是通身汗出。盡道水能洗垢，焉知水亦是塵。直饒水垢頓除，到此亦須洗却。」後爲尼，名惟久，挂錫姑蘇之西竺。緇白日夕師問，得其道者頗衆。俄示疾書偈，趺坐而終。有明心録行於世。

黄龍清禪師法嗣

上封本才禪師

潭州上封佛心才禪師，福州姚氏子。幼得度受具，遊方至大中，依海印隆禪師。見老宿達道者看經，至「一毛頭師子，百億毛頭一時現。」師指問曰：「一毛頭師子作麽生得百億毛頭一時現？」達曰：「汝乍入叢林，豈可便理會許事？」師因疑之，遂發心領浄頭職。一夕汛掃次，印適夜參，至則遇結座，擲拄杖曰：「了即毛端吞巨海，始知大地一微塵。」師豁然有省。及出閩，造豫章黄龍山，與死心機不契，乃參靈源。凡入室，出必揮淚，自訟曰：「此事我見得甚分明，衹是臨機吐不出，若爲奈何？」靈源知師勤篤，告以「須是大徹，方得自在也。」未幾，竊觀鄰案僧讀曹洞廣録，至「藥山採薪歸，有僧問：『甚麽處來？』山曰：『討柴來。』僧指腰下刀曰：『鳴剥剥是箇甚麽？』山拔刀作斫勢。」師忽欣然，摑鄰案僧一掌。揭簾趨出，衝口説偈曰：「徹！徹！大海乾枯，虚空迸裂。四方八面絶遮攔，萬象森羅齊漏泄。」後分座於真乘，應上封之命，屢遷名刹。住乾元日，開堂示衆曰：「百千三昧門，無量福德藏。放行也，如開武庫，錯落交輝；把住也，似雪覆蘆花，通身莫辨。使見之者撩起便行，聞之者單刀直入。箇箇具頂門正眼，人人懸肘後靈符。掃佛祖見知，作叢林殃害。憶得寶壽開堂日，三聖推出一僧，寶壽便打。三聖云：『與麼爲人，瞎却鎮州一城人眼去在。』且如乾元今日開堂，或有僧出來，山僧亦打。不唯此話大行，且要開却福州一城人眼去。何也？劍爲不平離寶匣，藥因救病出金瓶。」上堂：「達磨未來東土已前，人人懷媚水之珠，箇箇抱荆山之璞，可謂壁立千仞。及乎二祖禮却三拜之後，一一南詢諸友，北禮文殊，好不丈夫！或有一箇半箇，不求諸聖，不重己靈，疋馬單鎗，投虚置刃，不妨慶快平生。如今有麼？自是不歸歸便得，五湖煙景有誰争？」上堂：「宗乘提唱，妙絶名言。一句該通，乾坤函蓋。直似首羅正眼，豎亞面門。又如圓∴三點，横該法界。」乃卓拄杖曰：「向這一點下明得，出身猶可易，脱體道應難。」又卓拄杖曰：「向第二點下明得，縱横三界外，隱顯十方身。」又卓拄杖曰：「向第三點下明得，魚龍鎖户，佛祖潛蹤。不然，放過一着，隨分有春色，一枝三四花。」上堂：「一法有形該動植，百川湍激競朝宗。昭琴不鼓雲天淡，想像毗耶老病翁。維摩病則上封病，上封病則拄杖子病，拄杖子病則森羅萬象病，森羅萬象病則凡之與聖病。諸人還覺病本起處麼？若也覺去，情與無情同一體，處處皆同真法界。其或未然，甜瓜徹蔕甜，苦瓠連根苦。」

黄龍德逢禪師

隆興府黄龍德逢通照禪師，郡之靖安胡氏子。生有厖眉。年十七，從上藍晋禪師落髮，往依靈源，即明深旨。上堂，舉夾山境話。師曰：「法眼徒有此語，殊不知夾山老漢被這僧輕輕撈著，直得脚前脚後。設使不作境話會，未免猶在半途。」

法輪應端禪師

潭州法輪應端禪師，南昌徐氏子。少依化度善月圓顱登具。謁真淨文禪師，機不諧。至雲居，會靈源分座，爲衆激昂，師扣其旨。然以妙入諸經自負，源嘗痛劄之。師乃援馬祖、百丈機語，及華嚴宗旨爲表。源笑曰：「馬祖、百丈固錯矣，而華嚴宗旨與箇事喜没交涉。」師憤然欲他往，因請辭。及揭簾，忽大悟，汗流浹背。源見乃曰：「是子識好惡矣。馬祖、百丈、文殊、普賢幾被汝帶累。」由此譽望四馳，名士夫争挽應世，皆不就。政和末，太師張公司成以百丈堅命開法，師不得已，始從。上堂，舉大隋劫火洞然話，遂曰：

「六合傾飜劈面來，暫披麻縷混塵埃。因風吹火渾閑事，引得遊人不肯回。壞不壞，隨不隨，徒將聞見强針錐。太湖三萬六千頃，月在波心説向誰？」僧問：「如何是賓中賓？」師曰：「芒鞋竹杖走紅塵。」曰：「如何是賓中主？」師曰：「十字街頭逢上祖。」曰：「如何是主中賓？」師曰：「御馬金鞭混四民。」曰：「如何是主中主？」師曰：「金門誰敢擡眸覷？」曰：「賓主已蒙師指示，向上宗乘又若何？」師曰：「昨夜霜風刮地寒，老猿嶺上啼殘月。」

長靈守卓禪師

東京天寧長靈守卓禪師，泉州莊氏子。上堂曰：「三千劍客，獨許莊周，爲甚麽跳不出？良醫之門多病人，因甚麽不消一劄？已透關者，再請辨看。」上堂：「譬如眼根，不自見眼，性自平等。無平等者，便恁麽去。無孔鐵鎚，聊且安置。直得入林不動草，入水不動波，也是一期方便。若也籬内竹抽籬外筍，澗東華發澗西紅，更待勘過了，打。」僧問：「丹霞燒木佛，院主爲甚麽眉鬚墮落？」師曰：「猫兒會上樹。」曰：「早知如是，終不如是。」師曰：「惜取眉毛。」問：「如何是衲衣下事？」師曰：「天旱爲民愁。」問：「佛未出世時如何？」師曰：「絶毫絶氂〔一〕。」曰「出世後如何？」師曰：「填溝塞壑。」曰：「出與未出，相去幾何？」師曰：「人平不語，水平不流。」上堂：「平高就下，勾賊破家。截鐵斬釘，狐狸戀窟。總不恁麽，合作麽生？所以道，萬仞崖頭親撒手，須是其人。祇如香積國中持鉢一句，作麽生道？」良久曰：「切忌風吹別調中。」上堂：「釋迦掩室，過犯彌天。毗耶杜詞，自救不了。如何如何，口門太小。」宣和五年十二月二十七日，奄然示寂。闍維日，皇帝遣中使賜香，持金盤求設利。爇香罷，盤中鏗然。視之五色者數顆，大如〔二〕豆。使者持還，上見大悦。

博山子經禪師

信州博山無隱子經禪師，歲旦，上堂：「和氣生枯枿，寒雲散遠郊。木人占吉兆，夜半露龜爻。諸禪德！龜爻露處，文彩已彰，便見一年十二月，月月如然；一日十二時，時時相似。到這裏，直似黄金之黄，白玉之白。自從曠大劫來，未嘗異色。還見麽？其或未

〔一〕「氂」，原作「氂」，據續藏本改。
〔二〕「如」，原作「加」，據清藏本、續藏本改。

然，且徇張三通節序，從教李四鬢蒼浪。」

百丈以棲禪師

隆興府百丈以棲禪師，興化人也。上堂：「摩騰入漢，達磨來梁，途轍既成，後代兒孫開眼迷路。若是箇惺惺底，終不向空裏採華，波中捉月。謾勞心力，畢竟何爲？山僧今日已是平地起骨堆，諸人行時，各自著精彩看。」

光孝曇清禪師

邵州光孝曇清禪師，上堂：「殺父殺母，佛前懺悔。殺佛殺祖，不消懺悔。爲甚麼不消懺悔？且得冤家解脱。」

光孝德週禪師

温州光孝德週禪師，信州璩氏子。於景德尊勝院染削，問道有年。後至黄龍，聞舉少林面壁，頓悟，述二偈以呈，龍許之。自爾名流江浙。上堂曰：「舉體露堂堂，十方無罣礙。千聖不能傳，萬靈咸頂戴。擬欲共商量，開口百雜碎。衹如未開口已前作麼生？咄！」上堂：「回互不回互，覷見没可覩。透出祖師關，踏斷人天路。阿呵呵！悟不悟，落花流水知何處。」

寺丞戴道純居士

寺丞戴道純居士，字孚中。咨扣靈源，一日有省，乃呈偈曰：「杳冥源底全機處，一片心花露印紋。知是幾生曾供養，時時微笑動香雲。」

泐潭清禪師法嗣

黄龍道震禪師

隆興府黄龍山堂道震禪師，金陵趙氏子。少依覺印英禪師爲童子，英移居泗之普照，適淑妃擇度童行，師得圓具。久之，辭謁丹霞淳禪師。一日，與論洞上宗旨。師呈偈曰：「白雲深覆古寒岩，異草靈花彩鳳銜。夜半天明日當午，騎牛背面著靴衫。」淳器之。師自以爲礙，棄依草堂，一見契合。日取藏經讀之。一夕，聞晚參鼓，步出經堂，舉頭見月，遂大悟。亟趨方丈，堂望見，即爲印可。初住曹山，次遷廣壽、黄龍。上堂曰：「舉箇古人因緣問闍黎，闍黎不得作古會，若作古會，失却當面眼。舉箇即今因緣問闍黎，闍黎不得作今會，若作今會，障却闍黎本來眼。假饒不失不障，非古非今，猶是藥病相治止啼之説。祇如透脱一句，闍黎還道得也無？若道不得，直待羅漢峰深談實相，即向汝道。」上堂：「少林冷坐，門人各説異端，大似衆盲摸象。神光禮三拜，依位而立。達磨云：『汝得吾髓。』這黑面婆羅門，脚跟也未點地在。」上堂：「石人問枯椿，何時汝發華？枯椿怒石人，何得口吧吧？石人呵呵笑，枯椿吐異葩。紅霞輝玉象，白玉碾金沙。借問通玄士，何人不到家？」

萬年法一禪師

台州萬年雪巢法一禪師，太師襄陽郡王李公遵勉之玄孫也。世居開封祥符縣。母夢一老僧至而産。年十七，試上庠。從祖仕淮南，欲官之，不就。將棄家事長蘆慈覺賾禪師，祖弗許。母曰：「此必宿世沙門，願勿奪其志。」未幾，慈覺没。大觀改元，禮靈巖通照愿禪師祝髮登具。依愿十年，迷悶不能入。謁圓悟於蔣山，悟曰：「此法器也。」悟奉詔徙京師天寧，師侍行。靖康末，謁草堂於疏山，一語之及，大法頓明。紹興七年，泉守寶文劉公彦脩請君延福，後四遷巨刹。上堂，拈拄杖曰：「拄杖子有時作出水蛟龍，萬里雲煙不斷。有時作踞地師子，百年妖怪潛蹤。有時心法兩忘，照體獨立。有時照用同時，主賓互用。」以拄杖畫曰：「延福門下總用不著，且道延福尋常用箇甚麽？」卓拄杖，喝一喝，下座。上堂：「仰面不見天，低頭不見地。古劍髑髏前，大海波濤沸。」退長蘆，歸天台萬年觀音院，忽示微疾，書偈曰：「今年七十五，歸作庵中主。珍重觀世音，泥蚰吞石虎。」入龕趺坐而逝。

雪峰慧空禪師

福州雪峰東山慧空禪師，本郡陳氏子。十四圓頂，即游諸方。徧謁諸老，晚契悟於草堂。紹興癸酉，開法雪峰。受請日，上堂曰：「俊快底點著便行，癡鈍底推挽不動。便行則人人歡喜，不動則箇箇生嫌。山僧而今轉此癡鈍爲俊快去也。」彈指一下曰：「從前推挽不出而今出，從前有院不住而今住，從前嫌佛不做而今做，從前嫌法不説而今説。出不出、住不住即且置，敢問諸人做底是甚麼佛？空王佛邪？然燈佛邪？釋迦佛邪？彌勒佛邪？説底又是甚麼法？根本法邪？無生法邪？世間法邪？出世間法邪？衆中莫有道得底麼？若道得，山僧出世事畢。如或未然，逢人不得錯舉。」喝一喝，下座。上堂，舉：「雲門示衆云：『祇這箇帶累殺人。』」師曰：「雲門尋常氣宇如王，作恁麼説話，大似貧恨一身多。山僧即不然，祇這箇快活殺人。何故？大雨方歸屋裏坐，業風吹又遶山行。然雖如是，也是乞兒見小利。且不傷物義一句作麼生道？」上堂：「一拳拳倒黄鶴樓，一趯趯飜鸚鵡洲。有意氣時添意氣，不風流處也風流。俊哉！俊哉！快活！快活！一似十七八歲狀元相似，誰管你天，誰管你地。心王不妄動，六國一時通。罷拈三尺劍，休弄一張弓。自在！自在！快活！快活！恰似七八十老人作宰相相似，風以時，雨以時，五穀植，萬民安。」竪起拄杖曰：「大衆！這兩箇并山僧拄杖子，共作得一箇。衲僧到雪峰門下，但知隨例餐餡子，也得三文買草鞋。」喝一喝，卓拄杖，下座。僧問：「和尚未見草堂時如何？」師曰：「江南有。」曰：「見後如何？」師曰：「江北無。」

育王普崇禪師

慶元府育王野堂普崇禪師，本郡人也。示衆，舉：「巴陵和尚道：『不是風動，不是幡動，不是風幡，又向甚麽處著？有人爲祖師出氣，出來與巴陵相見。』雪竇和尚道：『風動幡動，既是風幡，又向甚麽處著？有人爲巴陵出氣，出來與雪竇相見。』」師曰：「非風非幡無處著，是幡是風無著處。遼天俊鶻悉迷蹤，踞地金毛還失措。呵呵呵，悟不悟。令人轉憶謝三郎，一絲獨釣寒江雨。」

青原信禪師法嗣

梁山懽禪師

潭州梁山懽禪師，僧問：「大衆雲臻，請師開示。」師曰：「天静不知雲去處，地寒留得雪多時。」曰：「學人未曉玄言，乞師再垂方便。」師曰：「一重山後一重人。」

正法希明禪師

成都府正法希明禪師，漢州人也。解制，上堂：「林葉紛紛落，乾坤報早秋。分明西祖意，何用更馳求？若恁麼會得，始信佛祖之道，本自平夷；大解脱門，元無關鑰。彌綸宇宙，偪塞虚空，量不可窮，智不能測。若也未明此旨，不達其源，任是百劫薰功，千生煉行，徒自疲苦，了無交涉。若深明此旨，洞達其源，乃知動静施爲，經行坐卧，頭頭合道，念念朝宗。祖不云乎，迷生寂亂，悟無好惡，得失是非，一時放却。如是則誰迷誰悟，誰是誰非？自是諸人獨生異見，觀大觀小，執有執無。已靈獨耀，不肯承當；心月孤圓，自生違背。何異家中捨父，衣内忘珠，致使菩提路上，荆棘成林；解脱空中，迷雲蔽日。山僧今日幸值衆僧自恣，化主還山，諸上善人得得光訪，不可緘默，隨分葛藤，曲爲今時，少開方便。也須是諸人著眼，各自諦觀。若更擬議尋思，白雲萬里。」遂拈拄杖曰：「於斯明得，靈山一會，儼在目前。其或未然，更待來晨分付。」

嶽山祖庵主

祖庵主，見青原之後，縛屋衡嶽間〔一〕，三十餘年，人無知者。偶遣興作偈曰：「小鍋煮菜上蒸飯，菜熟飯香人正飢。一補飢瘡了無事，明朝依樣畫猫兒。」由是衲子披榛扣之。無盡張公力挽其開法，不從，竟終于此山。

夾山純禪師法嗣

欽山普初禪師

澧州欽山乾明普初禪師，上堂，良久曰：「舉揚宗旨，上祝皇基。伏願祥雲與景星俱現，醴泉與甘露雙呈。君乃堯舜之君，俗乃成康之俗。使林下野夫，不覺成太平曲。且作麽生是太平曲？無爲而爲，神而化之。灑德雨以霶霈，鼓仁風而雍熙。民如野鹿，上如標

〔一〕「間」，原作「問」，據清藏本、續藏本改。

枝。十八子，知不知？哩哩囉，邏囉哩。」拍一拍，下座。

汾潭乾禪師法嗣

勝因咸静禪師

楚州勝因戲魚咸静禪師，本郡高氏子。上堂：「游徧天下，當知寸步不曾移。歷盡門庭，家家竈底少煙不得。所以肩笻峭屐，乘興而行。掣釣沈絲，任性而住。不爲故鄉田地好，因緣熟處便爲家。今日信手拈來，從前幾曾計較。不離舊時科段，一回舉着一回新。明眼底，瞥地便回。未悟者，識取面目。且道如何是本來面目？」良久曰：「前臺花發後臺見，上界鐘聲下界聞。」以拂子擊禪牀，下座。上堂，舉：「世尊在摩竭陀國爲衆説法，是時將欲白夏，乃謂阿難曰：『諸大弟子，人天四衆，我常説法，不生敬仰。我今入因沙臼室中，坐夏九旬。忽有人來問法之時，汝代爲我説：一切法不生，一切法不滅。』言訖，掩室而坐。」師召衆曰：「釋迦老子初成佛道之時，大都事不獲已，纔方成箇保社，便生退倦之心。勝因當時若見，將釘釘却室門，教他一生無出身之路，免得後代兒孫遞相倣斅。不見道：若不傳法度衆生，是不名爲報恩者。」擊拂子，下座。後晦處漣漪之天寧，示微疾，書偈曰：「弄罷影戲，七十一載。更問如何，回來別賽。」置筆而逝。

龍牙宗密禪師

潭州龍牙宗密禪師，豫章人。僧問：「如何是佛？」師曰：「莫寐語。」問：「如何是一切法？」師曰：「早落第二。」上堂，大衆集，師曰：「已是團圝，不勞雕琢。歸堂喫茶。」上堂：「休把庭華類此身，庭華落後更逢春。此身一往知何處？三界茫茫愁殺人。」

東禪從密禪師

福州東禪祖鑑從密禪師，汀州人也。上堂：「開口不是禪，合口不是道。踏步擬進前，全身落荒草。」

天童普交禪師

慶元府天童普交禪師，郡之萬齡畢氏子，幼穎悟，未冠得度，往南屏聽台教。因爲檀越修懺摩，有問曰：「公之懺罪，爲自懺邪？爲他懺邪？若自懺罪，罪性何來？若懺他罪，他罪非汝，烏能懺之？」師不能對。遂改服遊方，造泐潭，足纔踵門，潭即呵之。師擬問，潭即曳杖逐之。一日，忽呼師至丈室曰：「我有古人公案，要與你商量。」師擬進語，潭遂喝。師豁然領悟，乃大笑。潭下繩牀，執師手曰：「汝會佛法邪？」師便喝，復拓開，潭大笑。於是名聞四馳，學者宗仰。後歸桑梓，留天童，掩關却掃者八年。寺偶虚席，郡僚命師開法。恐其遁，預遣吏候于道，故不得辭。受請日，上堂曰：「咄哉黄面老！佛法付王臣。林下無情客，官差逼殺人。莫有知心底，爲我免得麼？若無，不免將錯就錯。」便下座。師凡見僧來，必叱曰：「楖栗未擔時，爲汝説了也。且道説箇甚麼？招手洗鉢，拈扇張弓。趙州柏樹子，靈雲見桃華，且擲放一邊，山僧無恁麼閑唇吻與汝打葛藤，何不休歇去！」拈拄杖逐之。宣和六年三月二十日，沐浴，陞堂説偈，脱然示寂。偈曰：「寶杖敲空觸處春，箇中消息特彌綸。昨宵風動寒巖冷，驚起泥牛耕白雲。」壽七十七，臘五十八。

圓通道旻禪師

江州圓通道旻圓機禪師，世稱古佛，興化蔡氏子。母夢吞摩尼寶珠，有孕。生五歲，足不履，口不言。母抱遊西明寺，見佛像，遽履地，合爪稱南無佛，仍作禮，人大異之。及官學大梁，依景德寺德祥出家。試經得度，徧往參激，皆染指。親溈山喆禪師最久。晚慕泐潭，往謁，潭見，默器之。師陳歷參所得，不蒙印可。潭舉世尊拈花，迦葉微笑語以問，復不契。後侍潭行次，潭以拄杖架肩長噓，曰：「會麼？」師擬對，潭便打。有頃，復拈草示之曰：「是甚麼？」師亦擬對，潭遂喝，於是頓明大法，作拈華勢，乃曰：「這回瞞旻上座不得也。」潭挽曰：「更道！更道！」師曰：「南山起雲，北山下雨。」即禮拜，潭首肯。後開法灌溪，次居圓通，以符道濟禪師之記，學者嚮臻。朝廷聞其道會，宰臣復爲之請。錫以命服，與圓機號。上堂：「諸佛出世，無法與人。祇是抽釘拔楔，除疑斷惑。學道之士，不可自謾。若有一疑如芥子許，是汝真善知識。」喝一喝，曰：「是甚麼？切莫剌腦入膠盆。」

二靈知和庵主

慶元府二靈知和庵主，蘇臺玉峰張氏子。兒時嘗習坐垂堂，堂傾，父母意其必死，師瞑目自若。因使出家，年滿得度。趨謁泐潭，潭見乃問：「作甚麽？」師擬對，潭便打。復喝曰：「你唤甚麽作禪？」師驀領旨，即曰：「禪，無後無先，波澄大海，月印青天。」又問：「如何是道？」師曰：「道，紅塵浩浩，不用安排，本無欠少。」潭然之。次謁衡嶽辯禪師，辯尤器重。元符間抵雪竇之中峰、栖雲兩菴，逾二十年。嘗有偈曰：「竹筧二三升野水，松牕七五片閑雲。道人活計祇如此，留與人間作見聞。」有志於道者，多往見之。僧至，禮拜，師曰：「近離甚處？」曰：「天童。」師曰：「太白峰高多少？」僧以手斫額，作望勢。師曰：「猶有這箇在。」曰：「却請庵主道。」師却作斫額勢。僧擬議，師便打。師初偕天童交禪師問道，盟曰：「他日吾二人宜踞孤峰絶頂，目視霄漢，爲世外之人，不可作今時籍名官府，屈節下氣於人者。」後交爽盟，至則師竟不接。正言陳公以計誘師出山，住二靈。三十年間，居無長物，唯二虎侍其右。一日威於人，以偈遣之。宣和七年四月十二日，趺坐而逝。正言陳公狀師行實及示疾異跡甚詳。仍塑其像，二虎侍之，至今存焉。

開先瑛禪師法嗣

慈氏瑞仙禪師

紹興府慈氏瑞仙禪師，本郡人。年二十去家，以試經披削，習毗尼。因覩「戒性如虚空，持者爲迷倒。」師謂：「戒者，束身之法也。何自縛乎？」遂探台教。又閲「諸法不自生，亦不從他生，不共不無因，是故説無生。」疑曰：「又不自他，不共不無因，生畢竟從何而生？」即省曰：「因緣所生，空假三觀，抑揚性海，心佛衆生，名異體同。十境十乘，轉識成智。不思議境，智照方明，非言詮所及。」棄謁諸方，後至投子，廣鑑問：「鄉里甚處？」師曰：「兩浙東越。」鑑曰：「東越事作麽生？」師曰：「秦望峰高，鑑湖水闊。」鑑曰：「秦望峰與你自己是同是别？」師曰：「西天梵語，此土唐言。」鑑曰：「此猶是叢林祇對，畢竟是同是别？」師便喝，鑑便打。師曰：「恩大難酬。」便禮拜。後歸里，開法慈氏。室中嘗問僧：「三箇槖駞兩隻脚，日行萬里趁不著，而今收在玉泉山，不許時人亂斟酌。諸人向甚麼處與仙上座相見？」

大溈海評禪師

潭州大溈海評禪師，上堂曰：「燈籠上作舞，露柱裏藏身。深沙神惡發，崑崙奴生嗔。」喝一喝，曰：「一句合頭語，萬劫墮迷津。」

圓通僊禪師法嗣

浄光了威禪師

温州浄光了威佛日禪師，僧問：「如何是祖師西來意？」師曰：「一宿二宿程，千山萬山月。」曰：「意旨如何？」師曰：「朝看東南，暮看西北。」曰：「向上更有事也無？」師曰：「人心難滿，溪壑易填。」問：「時節因緣即不問，惠超佛話事如何？」師曰：「波斯彎弓面轉黑。」曰：「意旨如何？」師曰：「穿過髑髏笑未休。」曰：「學人好好借問。」師曰：「黄泉無邸店，今夜宿誰家？」

象田卿禪師法嗣

雪竇持禪師

慶元府雪竇持禪師，郡之盧氏子。僧問：「中秋不見月時如何？」師曰：「更待夜深看。」曰：「忽若黑雲未散，又且如何？」師曰：「争怪得老僧？」上堂：「悟心容易息心難，息得心源到處閑。斗轉星移天欲曉，白雲依舊覆青山。」

石佛益禪師

紹興府石佛益禪師，上堂：「一葉落，天下秋；一塵起，大地收；一法透，萬法周。且道透那一法？」遂喝曰：「切忌錯認驢鞍橋作阿爺下頷。」便下座。

褒親瑞禪師法嗣

壽寧道完禪師

安州應城壽寧道完禪師，僧問：「雲從龍，風從虎，未審和尚從箇甚麽？」師曰：「一字空中畫。」曰：「得恁麽奇特！」師曰：「千手大悲提不起。」問：「十方國土中，唯有一乘法。如何是一乘法？」師曰：「斗量不盡。」曰：「恁麽則動容揚古路，不墮悄然機。」師曰：「作麽生是悄然機？」僧舉頭看，師舉起拂子，僧喝一喝。師曰：「大好悄然！」上堂：「古人見此月，今人見此月，此月鎮常存，古今人還別。若人心似月，碧潭光皎潔，決定是心源，此說更無説。咄！」上堂：「諸禪德！三冬告盡，臘月將臨。三十夜作麽生祗準？」良久曰：「衣穿瘦骨露，屋破看星眠。」

兜率悦禪師法嗣

疏山了常禪師

撫州疏山了常禪師，僧問：「如何是疏山爲人底句？」師曰：「懷中玉尺未輕擲，袖裏金鎚劈面來。」上堂：「等閑放下，佛手掩不住。特地收來，大地絶纖埃。向君道，莫疑猜。處處頭頭見善財。鎚下分明如得旨，無限勞生眼自開。」

兜率慧照禪師

隆興府兜率慧照禪師，南安郭氏子。上堂：「龍安山下，道路縱横。兜率宫中，樓閣重疊。雖非天上，不是人間。到者安心，全忘諸念。善行者不移雙足，善入者不動雙扉。自能笑傲烟蘿，誰管坐消歲月？既然如是，且道向上還有事也無？」良久曰：「莫教推落巖前石，打破下方遮日雲。」上堂，舉拂子曰：「端午龍安亦鼓橈，青山雲裏得逍遥。飢飡渴飲無窮樂，誰愛争先奪錦標。却向乾地上划船，高山頭起浪。明椎玉鼓，暗展鐵旗。一盞菖蒲茶，數箇沙糖粽。且移取北鬱單越，來與南閻浮提鬬額看。」擊禪牀，下座。上堂：「兜率都無伎倆，也斅諸方榜樣。五日一度陞堂，起動許多龍象。禪道佛法又無，到此將何供養？須知達磨西來，分付一條拄杖。」乃拈起曰：「所以道：你有拄杖子，我與你拄杖子；你無拄杖子，我奪你拄杖子。且道那箇是賓句？那箇是主句？若斷得去，即途中受用。若斷不得，且世諦流布。」乃抛下拄杖。

丞相張商英居士

丞相張商英居士，字天覺，號無盡。年十九，應舉入京，道由向氏家，向預夢神人報曰：「明日接相公。」凌晨公至，向異之，勞問勤腆。乃曰：「秀才未娶，當以女奉灑掃。」公謙辭再三，向曰：「此行若不了當，吾亦不爽前約。」後果及第，乃娶之。初任主簿，因入僧寺，見藏經梵夾，金字齊整，乃怫然曰：「吾孔聖之書，不如胡人之教人所仰重。」夜坐書院中，研墨吮筆，憑紙長吟，中夜不眠。向氏呼曰：「官人，夜深何不睡去？」公以前意白之：「正此著無佛論。」向應聲曰：「既是無佛，何論之有？當須著有佛論始得。」公疑其言，遂已之。後訪一同列，見佛龕前經卷，乃問曰：「此何書也？」同列曰：「維摩詰所説經。」公信手開卷，閱到「此病非地大，亦不離地大」處，嘆曰：「胡人之語，亦能爾耶！」問：「此經幾卷？」曰：「三卷。」乃借歸閱次，向氏問：「看何書？」公曰：「維摩詰所說經。」向曰：「可熟讀此經，然後著無佛論。」公悚然異其言。由是深信佛乘，留心祖道。元祐六年，爲江西漕，首謁東林照覺總禪師，覺詰其所見處，與己符合，乃印可。覺曰：「吾有得法弟子住玉谿，乃慈古鏡也，亦可與語。」公復因按部過分寧，諸禪迓之。公到，先致敬玉谿慈，次及諸山，最後問兜率悦禪師。悦爲人短小，公曾見龔德莊說其聰明可人，乃曰：「聞公善文章。」悦大笑曰：「運使失却一隻眼了也。從悦，臨濟九世孫，對運使論文章，政如運使對從悦論禪也。」公不然其語，乃强屈指曰：「是九世也。」問：「玉谿去此多少？」曰：「三十里。」曰：「兜率潭？」曰：「五里。」公是夜乃至兜率。悦先一夜夢日輪昇天，被悦以手摶取。乃說與首座曰：「日輪，運轉之義，聞張運使非久過此，吾當深錐痛劄。若肯回頭，則吾門幸事。」座曰：「今之士大夫，受人取奉慣，恐其惡發，別生事也。」悦曰：「正使煩惱，祇退得我院，也別無事。」公與悦語次，稱賞東林，悦未肯其說。公乃題寺後擬瀑軒詩，其略曰：「不向廬山尋落處，象王鼻孔謾遼天。」意譏其不肯東林也。公與悦語至更深，論及宗門事。悦曰：「東林既印可運使，運使於佛祖言教有少疑否？」公曰：「有。」悦曰：「疑何等語？」公曰：「疑香嚴獨脚頌、德山拓鉢話。」悦曰：

「既於此有疑，其餘安得無邪？秖如巖頭言末後句，是有邪？是無邪？」公曰：「有。」悅大笑，便歸方丈，閉却門。公一夜睡不穩，至五更下牀，觸翻溺器，乃大徹，猛省前話。遂有頌曰：「鼓寂鐘沉托鉢回，巖頭一拶語如雷。果然秖得三年活，莫是遭他授記來。」遂扣方丈門，曰：「某已捉得賊了。」悅曰：「贓在甚處？」公無語。悅曰：「都運且去，來日相見。」翌日，公遂舉前頌，悅乃謂曰：「參禪秖爲命根不斷，依語生解。如是之説，公已深悟。然至極微細處，使人不覺不知，墮在區宇。」乃作頌證之曰：「等閑行處，步步皆如。雖居聲色，寧滯有無？一心靡異，萬法非殊。休分體用，莫擇精麁。臨機不礙，應物無拘。是非情盡，凡聖皆除。誰得誰失，何親何疏？拈頭作尾，指實爲虚。翻身魔界，轉脚邪塗。了無逆順，不犯工夫。」公邀悅至建昌，途中一一伺〔一〕察，有十頌叙其事，悅亦有十頌酬之。時元祐八年八月也。公一日謂大慧曰：「余閲雪竇拈古，至百丈再參馬祖因緣，曰：『大冶精金，應無變色。』投卷嘆曰：『審如是，豈得有臨濟今日耶？』遂作一頌曰：『馬師一喝大雄峰，深入髑髏三日聾。黄檗聞之驚吐舌，江西從此立宗風。』後平禪師致書云：『去夏讀臨濟宗派，乃知居士得大機大用。』且求頌本。余作頌寄之曰：『吐舌耳聾師已

〔一〕「伺」，原作「秖」，據續藏本改。

曉，搥胸祇得哭蒼天。盤山會裏翻筋斗，到此方知普化顛。』諸方往往以余聰明博記，少知余者。師自江西法窟來，必辨優劣，試爲老夫言之。」大慧曰：「居士見處，與真浄、死心合。」公曰：「何謂也？」大慧舉：「真浄頌曰：『客情步步隨人轉，有大威光不能現。突然一喝雙耳聾，那吒眼開黄檗面。』死心拈曰：『雲巖要問雪竇，既是大冶精金，應無變色。爲甚麽却三日耳聾？諸人要知麽？從前汗馬無人識，祇要重論蓋代功。』」公拊几曰：「不因公語，争見真浄、死心用處。若非二大老，難顯雪竇、馬師爾。」公於宣和四年十一月黎明口占遺表，命子弟書之。俄取枕擲門牕上，聲如雷震。衆視之，已薨矣。公有頌古行于世，兹不復録。

法雲杲禪師法嗣

洞山辯禪師

隨州洞山辯禪師，上堂：「不是心，不是佛，不是物，鑽天鷂子遼天鶻。不度火，不度水，不度爐，離弦箭發没回途。直饒會得十分去，笑倒西來碧眼胡。」

慧海儀禪師

東京慧海儀禪師，上堂：「無相如來示現身，破魔兵衆絶纖塵。七星斜映風生處，四海還歸舊主人。諸仁者！大迦葉靈山會上，見佛拈華，投機微笑。須菩提聞佛説法，深解義趣，涕淚悲泣。且道笑者是？哭者是？不見道：萬派横流總向東，超然八面自玲瓏。萬人膽破沙場上，一箭雙鵰落碧空。」上堂，舉：「潙山坐次，仰山問：『和尚百年後，有人問先師法道，如何祇對？』潙曰：『一粥一飯。』仰曰：『前面有人不肯，又作麽生？』潙曰：『作家師僧。』仰便禮拜。潙曰：『逢人不得錯舉。』」師曰：「自古及今，多少人下語道：嚴而不威，恭而無禮，横按拄杖，豎起拳頭。若祇恁麽，却如何知得他父子相契處？山僧今日也要諸人共知，莫分彼我，彼我無殊。困魚止濼，病鳥棲蘆。逡巡不進泥中履，争得先生一卷書？」

西蜀鑾禪師

西蜀鑾法師，通大小乘。佛照謝事，居景德，師問照曰：「禪家言多不根，何也？」照曰：「汝習何經論？」曰：「諸經粗知，頗通百法。」照曰：「祇如昨日雨，今日晴，是甚麽法中收？」師懵然。照舉癢和子擊曰：「莫道禪家所言不根好！」師憤曰：「昨日雨，今日晴，畢竟是甚麼法中收？」照曰：「第二十四時分不相應法中收。」師恍悟，即禮謝。後歸蜀，居講會，以直道示徒，不泥名相，而衆多引去。遂説偈罷講，曰：「衆賣華兮獨賣松，青青顏色不如紅。筭來終不與時合，歸去來兮翠靄中。」由是隱居二十年，道俗追慕，復命演法。笑答偈曰：「遁跡隱高峰，高峰又不容。不如歸錦里，依舊賣青松。」衆列拜悔過。兩川講者争依之。

泐潭準禪師法嗣

雲巖天游禪師

隆興府雲巖典牛天游禪師，成都鄭氏子。初試郡庠，復往梓州試，二處皆與貢籍。師不敢承，竄名出關。適會山谷道人西還，因見其風骨不凡，議論超卓，乃同舟而下，竟往廬山，投師剃髮，不改舊名。首參死心不契，遂依湛堂於泐潭。一日，潭普説曰：「諸人苦苦就準上座覓佛法。」遂拊膝曰：「會麼？雪上加霜。」又拊膝曰：「若也不會，豈不見乾峰示衆曰：『舉一不得舉二，放過一著，落在第二。』」師聞，脱然穎悟。出世雲蓋，次遷雲巖。嘗和忠道者牧牛頌曰：「兩角指天，四足踏地。拽斷鼻繩，牧甚屎屁！」張無盡見之，甚擊節。後退雲巖，過廬山棲賢，主翁意不欲納。乃曰：「老老大大，正是質庫中典牛也。」師聞之，述一偈而去。曰：「質庫何曾解典牛？祇緣價重實難酬。想君本領無多子，畢竟難禁這一頭。」因菴于武寧，扁曰「典牛」，終身不出。塗毒見之，已九十三矣。上堂，卓拄杖曰：「久雨不晴，劄，金烏飛在鐘樓角。」又卓一下曰：「猶在殼。」復卓曰：「一任衲僧名邈。」上堂：「馬祖一喝，百丈蹉過，臨濟小厮兒，向糞埽堆頭拾得一隻破草鞋，胡喝亂喝。」師震聲喝曰：「喚作胡喝亂喝，得麽？」上堂：「象骨輥毬能已盡，玄沙斫牌伎亦窮。還知麽？火星入袴口，事出急家門。」上堂：「三百五百，銅頭鐵額。木笛横吹，誰來接拍？」時有僧出，師曰：「也是賊過後張弓。」上堂：「寶峰有一訣，對衆分明説。昨夜三更前，烏龜吞却鱉。」至節，上堂：「晷運推移，日南長至。布裩不洗，無來换替。大小玉泉，無風浪起。雲巖路見不平，直下一鎚粉碎。」遂高聲曰：「看脚下！」上堂，舉：「梁山曰：『南來者與你三十棒，北來者與你三十棒。然雖與麽，未嘗宗乘。』後來琅瑘和尚道：『梁山好一片真金，將作頑鐵賣却。琅瑘則不然，南來者與你三十棒，北來者與你三十棒，從教天下貶剥。』」師拈曰：「一人能舒不能卷，一人能卷不能舒。雲巖門下，一任南來北來，且恁麼過，驀然洗面摸着鼻頭，却來與你三十。」上堂：「日可冷，月可熱，衆魔不能壞真說。作麼生是真說？初三十一，中九下七，若信不及，雲巖與汝道破：萬人齊指處，一雁落寒空。」病起，上堂，舉：「馬大師日面佛、月面佛，後來東山演和尚頌曰：『丫鬟女子畫蛾眉，鸞鏡臺前語似癡。自說玉顔難比並，却來架上著羅衣。』」師曰：「東山老翁滿口讚歎則故是。點檢將來，未免有鄉情在。雲巖又且不然，打殺黄鶯兒，莫教枝上啼。幾回驚妾夢，不得到遼西。」

三角智堯禪師

潭州三角智堯禪師，上堂：「捏土定千鈞，秤頭不立蠅。箇中些子事，走殺嶺南能。還有薦得底麼？直饒薦得，也是第二月。」

慧日雅禪師法嗣

九仙法清禪師

隆興府九仙法清祖鑑禪師，嚴陵人也。嘗於池之天寧，以伽梨覆頂而坐。侍郎曾公開問曰：「上座仙鄉甚處？」曰：「嚴州。」曰：「與此間是同是別？」師拽伽梨下地，揖曰：「官人曾到嚴州否？」曾罔措。師曰：「待官人到嚴州時，却向官人道。」住後，上堂曰：「萬柳千華暖日開，一華端有一如來。妙談不二虛空藏，動著微言徧九垓。笑哈哈，且道笑箇甚麽？笑覺苑脚跟不點地。」上堂，舉：「睦州示衆曰：『汝等諸人未得箇入頭處，須得箇入頭處。既得箇入頭處，不得忘却。老僧明明向汝道，尚自不會，何況蓋覆將來？』」師曰：「睦州恁麽道，意在甚麽處？其或未然，聽覺苑下箇注脚。張僧見王伴，王伴叫張僧，昨夜放牛處，嶺上及前村。溪西水不飲，溪東草不吞。教覺苑如何即得？會麽？不免與麽去。」遂以兩手按空，下座。僧問：「如何是奪人不奪境？」師曰：「惺惺寂寂。」曰：「如何是奪境不奪人？」師曰：「寂寂惺惺。」曰：「如何是人境兩俱奪？」師曰：「惺惺惺惺。」曰：「如何是人境俱不奪？」師曰：「寂寂寂寂。」曰：「學人今日買鐵得金去也。」師曰：「甚麽處得這話頭來？」

覺海法因庵主

平江府覺海法因庵主，郡之嵎山朱氏子。年二十四，披緇服進具，遊方至東林，謁慧日。日舉靈雲悟道機語問之。師擬對，日曰：「不是！不是！」師忽有所契，占偈曰：

「巖上桃華開，華從何處來？」靈雲纔一見，回首舞三臺。」日曰：「子所見雖已入微，然更著鞭，當明大法。」師承教，居廬阜三十年，不與世接，叢林尊之。建炎中，盜起江左，順流東歸，邑人結庵命居，緇白繼踵問道。嘗謂衆曰：「汝等飽持定力，無憂晨炊而事干求也。」晚年放浪自若，稱五松散人。

龍牙言禪師法嗣

洞山擇言禪師

瑞州洞山擇言禪師，僧問：「如何是十身調御？」「投子下禪牀立，未審意旨如何？」師曰：「脚跟下七穿八穴。」

文殊能禪師法嗣

德山瓊禪師

常德府德山瓊禪師，受請日上堂，曰：「作家撈籠不肯住，呼喚不回頭。爲甚麽從東過西？」自代曰：「後五日看。」

智海清禪師法嗣

四祖仲宣禪師

蘄州四祖仲宣禪師，上堂：「諸佛出世，爲一大事因緣。祖師西來，直指人心是佛。凡聖本來不二，迷悟豈有殊途？非涅槃之可欣，非死生之可厭。但能一言了悟，不起坐而即證無生；一念回光，不舉步而徧周沙界。如斯要徑，可曰宗門。山僧既到這裏，不可徒然。」乃舉拂子曰：「看看！山河大地，日月星辰，若凡若聖，是人是物，盡在拂子頭上一毛端裏出入遊戲。諸人還見麽？設或便向這裏見得倜儻分明，更須知有向上一路。試問諸人，作麽生是向上一路？」良久曰：「六月長天降大雪，三冬嶺上火雲飛。」

乾峰慧圓禪師

泉州乾峰圓慧禪師，上堂：「達磨正宗，衲僧巴鼻。堪嗟迷者成群，開眼瞌睡。頭上是天，脚下是地，耳朵聞聲，鼻孔出氣。敢問雲堂之徒，時中甚處安置？還見麽？可憐雙林傅大士，却言祇這語聲是。咄！」

大溈瑃禪師法嗣

中巖蘊能禪師

眉州中巖慧目蘊能禪師，本郡吕氏子。年二十二，於村落一富室爲校書。偶遊山寺，見禪册，閱之似有得。即裂冠圓具，一鉢遊方。首參寶勝澄甫禪師，所趣頗異。至荆湖，謁永安喜、真如喆、德山繪，造詣益高。迨抵大溈，溈問：「上座桑梓何處？」師曰：「西川。」曰：「我聞西川有普賢菩薩示現，是否？」師曰：「今日得瞻慈相。」曰：「白象何在？」師曰：「爪牙已具。」曰：「還會轉身麽？」師提坐具，繞禪牀一匝。溈曰：「不是這箇道理。」師趨出。一日，溈爲衆入室，問僧：「黄巢過後，還有人收得劍麽？」僧竪起拳。溈曰：「菜刀子。」僧曰：「爭奈受用不盡！」溈喝出。次問師：「黄巢過後，還有人收得劍麽？」師亦竪起拳。溈曰：「也祇是菜刀子。」師曰：「殺得人即休。」遂近前，攔胸築之。溈曰：「三十年弄馬騎，今日被驢子撲。」後還蜀，庵於舊址。應四衆之請，出住報恩。上堂：「龍濟道：『萬法是心光，諸緣唯性曉。本無迷悟人，祇要今日了。』」師曰：「既無迷悟，了箇甚麽？咄！」上堂，舉：「雪峰一日普請般柴，中路見一僧，遂擲下一段柴，曰：『一大藏教，祇説這箇。』後來真如喆道：『一大藏教，不説這箇。』據此二尊宿説話，是同是別？山僧則不然。」豎起拂子曰：「提起則如是我聞，放下則信受奉行。」室中問崇真氈頭：「如何是你空劫已前父母？」真領悟曰：「和尚且低聲。」遂獻投機頌曰：「萬年倉裏曾飢饉，大海中住儘長渴。當初尋時尋不見，如今避時避不得。」師爲印可。一日與黄提刑奕棊次，黄問：「數局之中，無一局同。千著萬著則故是，如何是那一著？」師提起棊子示之。黄佇思。師曰：「不見道：從前十九路，迷殺幾多人。」師住持三十餘載，凡説法，不許録其語。臨終書偈，趺坐而化。闍維時暴風忽起，煙所至處，皆雨設利。道俗斸其地，皆得之。心舌不壞。塔于本山。

雲頂宗印禪師

懷安軍雲頂寶覺宗印禪師，上堂：「古者道：『識得凳子，周匝有餘。』又道：『識得凳子，天地懸殊。』山僧總不恁麽，識得凳子是甚麽閑家具？」一日普説罷，師曰：「諸子未要散去，更聽一頌。」乃曰：「四十九年，一場熱鬨。八十七春，老漢獨弄。誰少誰多？一般作夢。歸去來兮，梅梢雪重。」言訖下座，倚杖而逝。

昭覺白禪師法嗣

信相宗顯禪師

成都府信相宗顯正覺禪師，潼川王氏子。少爲進士，有聲。嘗晝掬溪水爲戲，至夜思之，遂見水泠然盈室，欲汲之不可，而塵境自空。曰：「吾世網裂矣。」往依昭覺得度，具滿分戒，後隨衆咨參。覺一日問師：「高高峰頂立，深深海底行。汝作麽生會？」師於言下頓悟，曰：「釘殺脚跟也。」覺拈起拂子曰：「這箇又作麽生？」師一笑而出。服勤七祀，南遊至京師，歷淮、浙。晚見五祖演和尚於海會，出問：「未知關棙子，難過趙州橋。趙州橋即不問，如何是關棙子？」祖曰：「汝且在門外立。」師進步，一踏而退。祖曰：「許多時茶飯，元來也有人知滋味。」明日入室，祖云：「你便是昨日問話底僧否？我固知你見處，祇是未過得白雲關在。」師珍重便出。時圓悟爲侍者，師以白雲關意扣之，悟曰：「你但直下會取。」師笑曰：「我不是不會，秖是未諳，待見這老漢，共伊理會一上。」明日，祖往舒城，師與悟繼往，適會於興化。祖問師：「記得曾在那裏相見來？」師曰：「全火秖候。」祖顧悟曰：「這漢饒舌！」自是機緣相契。遊廬阜回，師以「高高峰頂立，深深海底行」所得之語告五祖。祖曰：「吾嘗以此事詰先師，先師云：『我曾問遠和尚，遠曰：猫有歃血之功，虎有起屍之德。』非素達本源，不能到也。」師給侍之久，祖鍾愛之。後辭西歸，爲小參，復以頌送曰：「離鄉四十餘年，一時忘却蜀語。禪人回到成都，切須記取魯語。」時覺尚無恙，師再侍之，名聲藹著。遂出住長松，遷保福、信相。僧問：「三世諸佛，六代祖師，總出這圈䙡不得。如何是這圈䙡？」師曰：「井欄唇。」上堂，舉：「仰山問中邑：『如何是佛性義？』邑曰：『我與你說箇譬喻，汝便會也。譬如一室有六窗，內有一獼猴，外有獼猴從東邊喚狌狌，獼猴即應。如是六窗，俱喚俱應。』仰乃禮拜：『適蒙和尚指示，某有箇疑處。』邑曰：『你有甚麼疑？』仰曰：『秖如內獼猴睡時，外獼猴欲與相見，又作麼生？』邑下禪牀，執仰山手曰：『狌狌與你相見了。』」師曰：「諸人要見二老麼？我也與你說箇譬喻。中邑大似箇金師，仰山將一塊金來，使金師酬價，金師亦盡價相酬。臨成交易，賣金底更與貼秤。金師雖然鬧喜，心中未免偷疑。何故？若非細作，定是賊贓。」便下座。

道林一禪師法嗣

大潙智禪師

潭州大潙大圓智禪師，四明人也。上堂，舉南泉道：「三世諸佛不知有，狸奴白牯却知有。」師曰：「三世諸佛既不知有，狸奴白牯又何曾夢見？灼然須知向上有知有底人始得。且作麽生是知有底人？喫官酒，卧官街。當處死，當處埋。沙場無限英靈漢，堆山積嶽露屍骸。」

南嶽下十五世

上封秀禪師法嗣

文定胡安國居士

文定公胡安國草庵居士，字康侯。久依上封，得言外之旨。崇寧中過藥山，有禪人舉南泉斬猫話問公，公以偈答曰：「手握乾坤殺活機，縱横施設在臨時。滿堂兔馬非龍象，大用堂堂總不知。」又寄上封，有曰：「祝融峰似杜城天，萬古江山在目前。須信死心元不死，夜來秋月又同圓。」

上封才禪師法嗣

普賢元素禪師

福州普賢元素禪師，建寧人也。上堂：「兵隨印轉，三千里外絶煙塵。將逐符行，二六時中浄躶躶。不用鐵旗鐵鼓，自然草偃風行。何須七縱七擒，直得無思不服。所謂大丈夫秉慧劍，般若鋒兮金剛焰，非但能摧外道心，早曾落却天魔膽。正恁麽時，且道主將是甚麽人？」喝一喝。上堂：「南泉道：我十八上便解作活計，囊無繫蟻之絲，厨乏聚蠅之糝。趙州道：我十八上便解破家散宅，南頭買賤，北頭賣貴，點檢將來，好與三十棒，且放過一著。何故？曾爲宕子偏憐客，自愛貪盃惜醉人。」上堂：「未開口時先分付，擬思量處隔千山。莫言佛法無多子，未透玄關也大難。祇如玄關作麽生透？」喝一喝。

鼓山僧洵禪師

福州鼓山山堂僧洵禪師，本郡阮氏子。上堂：「黄蘗手中六十棒，不會佛法的的大意，却較些子。大愚肋下築三拳，便道『黄蘗佛法無多子』，鈍置殺人。須知有一人，大棒驀頭打他不回頭，老拳劈面槌他亦不顧。且道是誰？」上堂：「朔風掃地卷黄葉，門外千峰凛寒色。夜半烏龜帶雪飛，石女谿邊皺兩眉。」卓拄杖云：「大家在這裏，且道天寒人寒？」喝一喝，云：「歸堂去。」

鼓山祖珍禪師

福州鼓山别峰祖珍禪師，興化林氏子。僧問：「趙州遶禪牀一匝，轉藏已竟，此理如何？」師曰：「畫龍看頭，畫蛇看尾。」曰：「婆子道：『比來請轉全藏，爲甚麽秖轉得半藏？』此意又且如何？」師曰：「人無遠慮，必有近憂。」曰：「未審甚麽處是轉半藏處？」師曰：「不是知音者，徒勞話歲寒。」上堂：「尋牛須訪跡，學道貴無心。跡在牛還在，無心道易尋。」豎起拂子曰：「這箇是跡，牛在甚麽處？直饒見得頭角分明，鼻孔也在法石手裏。」上堂：「向上一路，千聖不傳。」卓拄杖曰：「恁麼會得，十萬八千，畢竟如何？桃紅李白薔薇紫，問著春風總不知。」示衆云：「大道祇在目前，要且目前難覩。欲識大道真體，不離聲色言語。」卓拄杖云：「這箇是聲。」豎起拄杖云：「這箇是色。喚甚麼作大道真體？直饒向這裏見得，也是鄭州出曹門。」示衆：「若論此事，如人喫飯，飽則便休。若也不飽，必有思食之心。若也過飽，又有傷心之患。到這裏，作麼生得恰好去？」良久云：「且歸巖下宿，同看月明時。」

黄龍逢禪師法嗣

薦福擇崇禪師

饒州薦福常庵擇崇禪師，寧國府人也。上堂，舉：「僧問古德：『生死到來，如何免得？』德曰：『柴鳴竹爆驚人耳。』僧曰：『不會。』德曰：『家犬聲獰夜不休。』」師曰：「諸人要會麽？柴鳴竹爆驚人耳，大洋海底紅塵起。家犬聲獰夜不休，陸地行船三萬里。堅牢地神笑呵呵，須彌山王眼覷鼻。把手東行却向西，南山聲應北山裏。千手大悲開眼看，無量慈悲是誰底？」良久曰：「頭長脚短，少喜多嗔。」上堂，問侍者曰：「還記得昨日因緣麽？」曰：「記不得。」復顧大衆曰：「還記得麽？」衆無對。豎起拂子曰：「還記得麽？」良久曰：「也忘却了也。三處不成，一亦非有。諸人不會方言，露柱且莫開口。」以拂子擊禪牀，下座。

長寧卓禪師法嗣

育王介諶禪師

慶元府育王無示介諶禪師，温州張氏子。謝知事，上堂：「尺頭有寸，鑑者猶稀；秤尾無星，且莫錯認。若欲定古今輕重，較佛祖短長，但請於中著一隻眼，果能一尺還他十寸，八兩元是半斤，自然内外和平，家國無事。山僧今日已是兩手分付，汝等諸人還肯信受奉行也無？尺量刀剪遍世間，誌公不是閑和尚。」上堂：「文殊智，普賢行，多年歷日；德山棒，臨濟喝，亂世英雄。汝等諸人穿僧堂，入佛殿，還知嶮過鐵圍關麽？忽然踏著釋迦頂顙，磕著聖僧額頭，不免一場禍事。」上堂：「我若説有，你爲有礙。我若説無，你爲無礙。我若横説，你又跨不過。我若豎説，你又跳不出。若欲叢林平帖，大家無事，不如推倒育王。且道育王如何推得倒去？」召大衆曰：「著力！著力！」復曰：「苦哉！苦哉！育王被人推倒了也。還有路見不平，拔劍相爲底麽？若無，山僧不免自倒自起。」擊拂子，下座。師性剛毅，涖衆有古法。時以諶鐵面稱之。

道場慧琳禪師

安吉州道場普明慧琳禪師，福州人。上堂：「有漏笊籬，無漏木杓。庭白牡丹，檻紅芍藥。因思九年面壁人，到頭不識這一著。且道作麽生是這一著？」以拄杖擊禪牀，下座。上堂：「一即多，多即一，毗盧頂上明如日。也無一，也無多，現成公案没誵訛。拈起舊來氈拍板，明時共唱太平歌。」

道場居慧禪師

安吉州道場無傳居慧禪師，本郡吴氏子。上堂：「鍾馗醉裏唱凉州，小妹門前衹點頭。巡海夜叉相見後，大家拍手上高樓。大衆！若會得去，鎖却天下人舌頭。若會不得，將謂老僧别有奇特。」上堂：「百尺竿頭弄影戲，不唯瞞你又瞞天。自笑平生岐路上，投老歸來没一錢。」上堂，舉：「臨濟示衆曰：『一人在高高峰頂，無出身之路；一人在十字街頭，亦無向背。且道那箇在前？那箇在後？』」師曰：「更有一人不在高高峰頂，亦不在十字街頭，臨濟老漢因甚不知？」便下座。

顯寧圓智禪師

臨安府顯寧松堂圓智禪師，上堂：「蘆華白，蓼華紅。溪邊脩竹碧煙籠。閑雲抱幽石，玉露滴巖叢。昨夜烏龜變作鱉，今朝水牯悟圓通。咄！」

烏回良範禪師

安吉州烏回唯庵良範禪師，上堂：「塵劫已前事，堂堂無背面。動静莫能該，舒卷快如電。莫道凡不知，佛也覷不見。决定在何處？合取這兩片。薦不薦，更爲諸人通一線。」良久曰：「天下太平，皇風永扇。」上堂，舉：「僧問趙州：『至道無難，唯嫌揀擇。是時人窠窟否？』州曰：『曾有人問老僧，直得五年分疏不下。』」師召衆曰：「趙州具頂門眼，向擊石火裏分緇素，閃電光中明縱奪。爲甚麽却五年分疏不下？還委悉麽？易分雪裏粉，難辨墨中煤。」

本寂文觀禪師

温州本寂靈光文觀禪師，本郡葉氏子。上堂：「過去諸如來，斯門已成就。好事不如無。現在諸菩薩，今各入圓明。好事不如無。未來修學人，當依如是住。好事不如無。還知麽？除却華山陳處士，何人不帶是非行？參！」

黄龍震禪師法嗣

德山慧初禪師

常德府德山無諍慧初禪師，静江府人也。上堂，顧視大衆曰：「見麽？在天成象，在地成形，在日月爲晦爲朔，在四時爲寒爲暑。鼓之以雷霆，潤之以風雨。且道在衲僧分上又作麽生？一趯趯飜四大海，一拳拳倒須彌山。佛祖位中留不住，又吹漁笛汨羅灣。」上堂：「九月二十五，聚頭相共舉。瞎却正法眼，拈却雲門普。德山不會説禪，贏得村歌社舞。阿呵呵，邏囉哩。」遂作舞，下座。

萬年一禪師法嗣

報恩法常首座

嘉興府報恩法常首座，開封人也。丞相薛居正之裔。宣和七年，依長沙益陽華嚴元軾下髮，徧依叢林，於首楞嚴經深入義海。自湖湘至萬年謁雪巢，機契，命掌牋翰。後首衆報恩。室中唯一矮榻，餘無長物。庚子九月中，語寺僧曰：「一月後不復留此。」十月二十一往方丈，謁飯。將曉，書漁父詞於室門，就榻收足而逝。詞曰：「此事楞嚴嘗露布，梅華雪月交光處，一笑寥寥空萬古。風甌語，迥然銀漢横天宇。蝶夢南華方栩栩，斑斑誰跨豐干虎？而今忘却來時路，江山暮，天涯目送鴻飛去。」

嶽山祖庵主法嗣

延慶叔禪師

廬山延慶叔禪師，僧問：「多子塔前，共談何事？」師曰：「一回相見一回老，能得幾時爲弟兄？」僧禮拜，師曰：「唐興今日失利。」

勝因靜禪師法嗣

萬壽普信禪師

漣水軍萬壽夢庵普信禪師，上堂：「殘雪既消盡，春風日漸多。若將時節會，佛法又如何？且道時節因緣與佛法道理，是同是別？」良久曰：「無影樹栽人不見，開華結果自馨香。」

慧日興道禪師

平江府慧日默庵興道禪師，上堂：「同雲欲雪未雪，愛日似暉不暉。寒雀啾啾鬧籬落，朔風冽冽舞簾帷。要會韶陽親切句，今朝覿面爲提撕。」卓拄杖，下座。

光孝果慜禪師

廣德軍光孝果慜禪師，常德桃源人也。上堂，舉南泉斬猫兒話，乃曰：「南泉提起下刀誅，六臂修羅救得無？設使兩堂俱道得，也應流血滿街衢。」

雪峰需禪師法嗣

雪峰慧忠禪師

福州雪峰毬堂慧忠禪師，上堂：「終日忙忙，那事無妨。作麼生是那事？」良久曰：「心不負人，面無慚色。」

天童交禪師法嗣

蓬萊圓禪師

慶元府蓬萊圓禪師，住山三十年，足不越閫，道俗尊仰之。師有偈曰：「新縫紙被烘來暖，一覺安眠到五更。聞得上方鐘鼓動，又添一日在浮生。」

圓通旻禪師法嗣

圓通守慧禪師

江州廬山圓通守慧冲真密印通慧禪師，上堂：「但知今日復明日，不覺前秋與後秋。平步坦然歸故里，却乘好月過滄洲。咦！不是苦心人不知。」

黄龍觀禪師

隆興府黄龍道觀禪師，上堂曰：「古人道：『眼色耳聲，萬法成辦。』你諸人爲甚麽從朝至暮，諸法不相到？」遂喝一喝，曰：「牽牛入你鼻孔，禍不入慎家之門。」

左丞范沖居士

左丞范沖居士，字致虚。由翰苑守豫章，過圓通，謁旻禪師，茶罷曰：「某行將老矣。墮在金紫行中，去此事稍遠。」通呼：「内翰！」公應喏。通曰：「何遠之有？」公躍然曰：「乞師再垂指誨。」通曰：「此去洪都有四程。」公佇思，通曰：「見即便見，擬思即差。」公乃豁然有省。

樞密吴居厚居士

樞密吴居厚居士，擁節歸鍾陵，謁圓通旻禪師，曰：「某頃赴省試，過此，過趙州關，因問前住訥老：『透關底事如何？』訥曰：『且去做官。』今不覺五十餘年。」旻曰：「曾明得透關底事麽？」公曰：「八次經過，常存此念，然未甚脱洒在。」旻度扇與之，曰：「請使扇。」公即揮扇。旻曰：「有甚不脱洒處？」公忽有省曰：「便請末後句。」旻乃揮扇兩下。公曰：「親切，親切。」旻曰：「吉獠舌頭三千里。」

諫議彭汝霖居士

諫議彭汝霖居士，手寫觀音經施圓通。通拈起曰：「這箇是觀音經，那箇是諫議經？」公曰：「此是某親寫。」通曰：「寫底是字，那箇是經？」公笑曰：「却了不得也。」通曰：「即現宰官身而爲説法。」公曰：「人人有分。」通曰：「莫謗經好！」公曰：「如何即是？」通舉經示之。公拊掌大笑曰：「嗄。」通曰：「又道了不得！」公禮拜。

中丞盧航居士

中丞盧航居士，與圓通擁爐次，公問：「諸家因緣，不勞拈出。直截一句，請師指示。」通厲聲揖曰：「看火！」公急撥衣，忽大悟。謝曰：「灼然佛法無多子。」通喝曰：「放下著。」公應喏喏。

左司都貺居士

左司都貺居士，問圓通曰：「是法非思量分別之所能解，當如何湊泊？」通曰：「全身入火聚。」公曰：「畢竟如何曉會？」通曰：「驀直去。」公沈吟。通曰：「可更喫茶麽？」公曰：「不必。」通曰：「何不恁麽會？」公契旨，曰：「元來太近。」通曰：「十萬八千。」公占偈曰：「不可思議，是大火聚。便恁麽去，不離當處。」通曰：「咦！猶有這箇在。」公曰：「乞師再垂指示。」通曰：「便恁麽去，鐺是鐵鑄。」公頓首謝之。

明招慧禪師法嗣

宣祕禮禪師

揚州石塔宣祕禮禪師，僧問：「山河大地，與自己是同是别？」師曰：「長亭凉夜月，多爲客鋪舒。」曰：「謝師答話。」師曰：「網大難爲鳥，綸稠始得魚。」僧作舞歸衆。師曰：「長江爲硯墨，頻寫斷交書。」上堂，舉百丈野狐話，乃曰：「不是黿濤手，徒誇跨海鯨。由基方撚鏃，枝上衆猿驚。」上堂，至座前，師搊一僧上法座，僧慞惶欲走。師遂指座曰：「這棚子，若牽一頭驢上去，他亦須就上屙在。汝諸人因甚麽却不肯？」以拄杖一時趕散。顧侍者曰：「嶮。」

浮山真禪師法嗣

靈巖徽禪師

峨嵋靈巖徽禪師，僧問：「文殊是七佛之師，未審誰是文殊之師？」師曰：「金沙灘頭馬郎婦。」

祥符立禪師法嗣

報慈淳禪師

湖南報慈淳禪師，上堂曰：「青眸一瞬，金色知歸。授手而來，如王寶劍。而今開張門户，各説異端，可謂古路坦而荆棘生，法眼正而還自翳，孤負先聖，埋没己靈。且道不埋没，不孤負，正法眼藏如何吐露？還有吐露得底麽？出來吐露看。如無，擔取詩書歸舊隱，野花啼鳥一般春。」聯燈作烏回範語。

雲巖游禪師法嗣

徑山智策禪師

臨安府徑山塗毒智策禪師，天台陳氏子。幼依護國僧楚光落髮。十九造國清，謁寂室光，灑然有省。次謁大圓於明之萬壽。圓問曰：「甚處來？」師曰：「天台來。」曰：「見智者大師麽？」師曰：「即今亦不少。」曰：「因甚在汝脚跟下？」師曰：「當面蹉過。」圓曰：「上人不耘而秀，不扶而直。」一日辭去，圓送之門，拊師背曰：「寶所在近，此城非實。」師頷之，往豫章謁典牛，道由雲居，風雪塞路，坐閱四十二日。午初，版聲鏗然，豁爾大悟。及造門，典牛獨指師曰：「甚處見神見鬼來？」師曰：「雲居聞版聲來。」牛曰：「是甚麽？」師曰：「打破虚空，全無柄靶。」牛曰：「向上事未在。」師曰：「東家暗坐，西家斯罵。」牛曰：「嶄然超出佛祖。他日起家，一麟足矣。」住後，上堂，舉：「教中道：『若以色見我，以音聲求我，是人行邪道，不能見如來。』雖然恁麽，正是捕得老鼠，打破油甕。懷禪師道：『你眼在甚麽處？』雖則識破釋迦老子，争奈拈餡舐指。若是塗毒即不然，色見聲求也不妨，百華影裏繡鴛鴦。自從識得金針後，一任風吹滿袖香。」師將示寂，陞座别衆，囑門人以文祭之，師危坐傾聽。至尚饗，爲之一笑。越兩日，沐浴更衣，集衆説偈曰：「四大既分飛，煙雲任意歸。秋天霜夜月，萬里轉光輝。」俄頃，泊然而逝。塔全身於東崗之麓。

信相顯禪師法嗣

金繩文禪師

成都府金繩文禪師，僧問「如何是大道之源？」師曰「黄河九曲。」曰：「如何是不犯之令？」師曰「鐵蛇鑽不入。」僧擬議，師便打。

南嶽下十六世

育王諶禪師法嗣

萬年曇貫禪師

台州萬年心聞曇貫禪師，永嘉人。住江心，病起上堂：「維摩病説盡道理，龍翔病咳嗽不已。咳嗽不已，説盡道理。説盡道理，咳嗽不已。汝等諸人還識得其中意旨也未？本是長江湊風冷，却教露柱患頭風。」上堂：「一見便見，八角磨盤空裏轉；一得永得，辰錦朱砂如墨黑。秋風吹渭水，已落雲門三句裏；落葉滿長安，幾箇而今被眼瞞。」竪拂子曰：「瞞得瞞不得，總在萬年手裏。還見麽？華頂月籠招手石，斷橋水落捨身巖。」僧問：「百丈卷席，意旨如何？」師曰：「賊過後張弓。」四明太守以雪竇命師主之，師辭以偈曰：「鬧籃方喜得抽頭，退鼓而今打未休。莫把乳峰千丈雪，重來换我一雙眸。」

天童了朴禪師

慶元府天童慈航了朴禪師，福州人。上堂：「酷暑如焚不易禁，炎炎赫赫欲流金。夜明簾外無人到，靈木迢然轉緑陰。」上堂：「久雨不晴，半睡半醒。可謂天地合其德，日月合其明，四時合其序，鬼神合其吉凶。」遂喝曰：「住！住！内卦已成，更求外象。」卓拄杖曰：「適來擲得雷天大壯，如今變作地火明夷。」上堂：「牛皮鞔露柱，露柱啾啾叫。燈籠佯不知，虚明還自照。殿脊老蚩吻，聞得呵呵笑。三門側耳聽，就上打之遶。譬如十日菊，開徹阿誰要？阿呵呵！未必秋香一夜衰，熨斗煎茶不同銚。」室中問僧：「賊來須打，客來須看。祇如三更夜半，人面似賊，賊面似人，作麽生辨？」上堂：「觀音巖玲玲瓏瓏，太白石丁丁東東。西園菜蟥，似不堪食；東谷花發，却無賴紅。且道是祖意教意？途中受用？世諦流布？若辨不出，雪峰覆却飯桶；若辨得出，甘贄禮拜蒸籠。參！」上堂：「德山入門便棒，臨濟入門便喝。臨濟喝處，德山棒頭耳聾；德山棒時，臨濟喝下眼瞎。雖然一搦一擡，就中全生全殺。」遂喝一喝，卓拄杖一下云：「敢問諸人是生是殺？」良久云：「君子可八。」

西巖宗回禪師

南劍州西巖宗回禪師，婺州人也。久依無示，深得法忍。因寺僧以茶禁聞有司，吏捕知事，師謂衆曰：「此事不直之，則罪坐於我。若自直，彼復得罪，不忍爲也。」令擊鼓陞座，説偈曰：「縣吏追呼不暫停，争如長往事分明。從前有箇無生曲，且喜今朝調已成。」言訖而逝。

高麗坦然國師

高麗國坦然國師，少嗣王位，欽鄉宗乘。因海商方景仁抵四明，録無示語歸，師閲之啓悟，即棄位圓顱。作書以語要及四威儀偈，令景仁呈無示。示答曰：「佛祖出興於世，無一法與人，實使其自信、自悟、自證、自到，具大知見。如所見而説，如所説而行，山河大地、草木叢林相與證明，其來久矣。」後復通嗣法，其書略曰：「生死海廣，劫殫罔通。得遇本分宗師，以三要印子，驗定其法，實謂盲龜值浮木孔耳。」

龍華本禪師

臨安府龍華無住本禪師，廣德人也。上堂，舉：「雲門大師拈起胡餅曰：『我祇供養兩浙人，不供養向北人。』衆無語，門自代曰：『天寒日短，兩人共一椀。』」師曰：「韶陽老漢，言中有響，痛處著錐。檢點將來，翻成毒藥。諸人要會麽？半在河南半河北，一片虚凝似墨黑。冷地思量愁殺人，叵耐雲門這老賊。賊！賊！」下座，更不巡堂。

道場琳禪師法嗣

東山吉禪師

臨江軍東山吉禪師，因李朝請與甥薌林居士向公子諲謁之，遂問：「家賊惱人時如何？」師曰：「誰是家賊？」李豎起拳，師曰：「賊身已露。」李曰：「莫荼糊人好！」師曰：「贓證見在。」李無語。師示以偈曰：「家賊惱人孰奈何，千聖回機祇爲他。徧界徧空無影跡，無依無住絶籠羅。賊！賊！猛將雄兵收不得，疑殺天下老禪和，笑倒鬧市古彌勒。休！休！不用將心向外求，回頭瞥爾賊身露，和贓捉獲世無儔。世無儔，真可仰，從兹不復誇伎倆。怗怗安家樂業時，萬象森羅齊拊掌。」

道場慧禪師法嗣

靈隱道樞禪師

臨安府靈隱懶庵道樞禪師，吴興四安徐氏子。初住何山，次移華藏。隆興初，詔居靈隱。孝宗皇帝召至内殿，問禪道之要。師答以「此事在陛下堂堂日用應機處，本無知見起滅之棼、聖凡迷悟之别。第護正念，則與道相應。情却物，則業不能繫。盡去沉掉之病，自忘問答之意。矧今補處見在佛般若光明中，何事不成見邪？」上爲之首肯數四。師示衆曰：「仙人張果老，騎驢穿市過。但聞蹄撥刺，誰知是紙做？」後退居明教永安蘭若，逍遥自適。有偈題于壁曰：「雪裏梅花春信息，池中月色夜精神。年來可是無佳趣，莫把家風舉似人。」淳熙丙申八月，示微疾，書偈而逝。塔于永安。

光孝慜禪師法嗣

光孝初首座

廣德軍光孝悟初首座，分座日示衆，舉風幡話，至仁者心動處，乃曰：「祖師恁麼道，賺殺一船人。今時衲僧也不可恁麼會。既不恁麼會，畢竟作麼生？」良久曰：「六月好合醬，切忌著鹽多。」

南嶽下十七世

萬年賁禪師法嗣

龍鳴賢禪師

温州龍鳴在庵賢禪師，上堂，舉：「崇壽示衆曰：『識得凳子，周匝有餘。』雲門道：

『識得凳子，天地懸殊。』」師曰：「崇壽老漢，坐殺天下人。雲門大師，走殺天下人。龍鳴則不然，識得凳子，四脚著地，要坐便坐，要起便起。」上堂，舉趙州勘婆話頌曰：「冰雪佳人貌最奇，常將玉笛向人吹。曲中無限花心動，獨許東君第一枝。」

大溈鑑禪師

潭州大溈咦庵鑑禪師，會稽人也。上堂：「木落霜空，天寒水冷。釋迦老子，無處藏身。拆東籬，補西壁，撞著不空見菩薩，請示念佛三昧，也甚奇怪，却向道：金色光明雲，參退喫茶去。」上堂：「老胡開一條路，甚生徑直。祇云：歇即菩提，性浄明心，不從人得。後人不得其門，一向奔馳南北，往復東西，極歲窮年，無箇歇處。諸人還歇得麽？休！休！」上堂，舉：「晦堂和尚一日問僧：『甚處來？』曰：『南雄州。』堂曰：『出來作甚麽？』曰：『尋訪尊宿。』堂曰：『不如歸鄉好。』曰：『未審和尚令某歸鄉，意旨如何？』堂曰：『鄉里三錢買一片魚鮓，如手掌大。』」師曰：「寧可碎身如微塵，終不瞎箇師僧眼。晦堂較些子，有般漢便道，熟處難忘。有甚共語處？」上堂，舉罽賓國王問師子尊者蘊空公案。師頌曰：「尊者何曾得蘊空？罽賓徒自斬春風。桃花雨後已零落，染得一溪流水紅。」

五燈會元卷第十九

南嶽下十一世

石霜圓禪師法嗣

楊岐方會禪師

袁州楊岐方會禪師，郡之宜春冷氏子。少警敏，及冠，不事筆硯，繫名征商，課最坐不職。乃宵遁入瑞州九峰，恍若舊遊，眷不忍去，遂落髮。每閱經，心融神會，能折節扣參老宿。慈明自南源徙道吾、石霜，師皆佐之，總院事。依之雖久，然未有省發。每咨參，明曰：「庫司事繁，且去。」他日又問。明曰：「監寺異時兒孫遍天下在，何用忙爲？」一日，明適出，雨忽作。師偵之小徑，既見，遂扭住曰：「這老漢！今日須與我說。不說打你去。」明曰：「監寺知是般事便休。」語未卒，師大悟，即拜於泥途。問曰：「狹路相逢時如何？」明曰：「你且𨁝避，我要去那裏去。」師歸。來日，具威儀，詣方丈禮謝。明呵曰：「未在。」自是明每山行，師輒瞰其出，雖晚，必擊鼓集衆。明遽還，怒曰：「少叢林暮而陞座，何從得此規繩？」師曰：「汾陽晚參也，何謂非規繩乎？」一日，明上堂，師出問：「幽鳥語喃喃，辭雲入亂峰時如何？」明曰：「我行荒草裏，汝又入深村。」師曰：「官不容針，更借一問。」明便喝。師曰：「好喝。」明又喝，師亦喝。明連喝兩喝，師禮拜。明曰：「此事是箇人方能擔荷。」師拂袖便行。明移興化，師辭歸九峰。後道俗迎居楊歧，次遷雲蓋。受請日，拈法衣示衆曰：「會麽？若也不會，今日無端走入水牯牛隊裏去也。還知麽？筠陽、九岫，萍實、楊歧。」遂陞座。時有僧出，師曰：「漁翁未擲釣，躍鱗衝浪來。」僧便喝，師曰：「不信道。」僧拊掌歸衆。師曰：「消得龍王多少風？」問：「師唱誰家曲？宗風嗣阿誰？」師曰：「有馬騎馬，無馬步行。」曰：「少年長老，足有機籌。」師曰：「念汝年老，放汝三十棒。」問：「如何是佛？」師曰：「三脚驢子弄蹄行。」曰：「莫祇這便是麽？」師曰：「湖南長老。」乃曰：「更有問話者麽？試出來相見。楊歧今日性命，在汝諸人手裏，一任横拖倒拽。爲甚麽如此？大丈夫兒，須是當衆決擇，莫背地裏似水底按葫蘆相似，當衆引驗，莫便面赤。有麽，有麽？出來決擇看。如無，楊歧今日失利。」師便下座。九峰勤和尚把住云：「今日喜得箇同參。」師曰：「作麽生是同參底事？」勤曰：「九峰牽犂，楊岐拽杷。」師曰：「正恁麽時，楊岐在前？九峰在前？」勤擬議，師拓開曰：「將謂同參，元來不是。」僧問：「人法俱遣，未是衲僧極則；佛祖雙亡，猶是學人疑處。未審和尚如何爲人？」師曰：「你祇要勘破新長老。」曰：「恁麽則旋斫生柴帶葉燒。」師曰：「七九六十三。」問：「古人面壁，意旨如何？」師曰：「西天人不會唐言。」上堂：「霧鎖長空，風生大野，百草樹木作大師子吼，演説摩訶大般若，三世諸佛在你諸人脚跟下轉大法輪。若也會得，功不浪施。若也不會，莫道楊岐山勢險，前頭更有最高峰。」上堂：「舉古人一轉公案布施大衆。」良久曰：「口祇堪喫飯。」上堂：「踏著秤鎚硬似鐵，瘂子得夢向誰説？須彌頂上浪滔天，大洋海裏遭火爇。參！」上堂：「楊岐一要，千聖同妙。布施大衆，」拍禪牀一下云：「果然失照。參！」上堂：「楊岐一句，急著眼覷，長連牀上，拈匙把筯。」上堂，拈拄杖云：「一即一切，一切即一。」畫一畫，云：「山河大地，天下老和尚百雜碎，作麽生是諸人鼻孔？」良久云：「劍爲不平離寶匣，藥因救病出金瓶。」喝一喝，卓一下。上堂：「楊岐無旨的，種田博飯喫。説夢老瞿曇，何處覓蹤跡？」喝一喝，拍禪牀一下。上堂：「薄福住楊岐，年來氣力衰。寒風凋敗葉，猶喜故人歸。囉囉哩，拈上死柴頭，且向無煙火。」上堂：「楊岐乍住屋壁疏，滿牀盡布雪真珠。縮却項，暗嗟吁。」良久曰：「翻憶古人樹下居。」上堂：「雲蓋是事不如，説禪似吞栗蒲。若向此處會得，佛法天地懸殊。」上堂，擲下拄杖曰：「釋迦老子著跌，偷笑雲蓋亂説。雖然世界坦平，也是將勤補拙。」上堂：「釋迦老子初生時，周行七步，目顧四方，一手指天，一手指地。今時衲僧，盡皆打模畫樣，便道天上天下，唯我獨尊。雲蓋不惜性命，亦爲諸人打箇樣子。」遂曰：「陽氣發時無硬地。」示衆：「一切智通無障礙。」拈起拄杖曰：「拄杖子向汝諸人面前逞神通去也。」擲下曰：「直得乾坤震裂，山嶽摇動。會麽？不見道：一切智智清浄。」拍禪牀曰：「三十年後，明眼人前，莫道楊岐龍頭蛇尾。」僧問：「撥雲見日時如何？」師曰：「東方來者東方坐。」問：「天得一以清，地得一以寧。衲僧得一，堪作甚麽？」師曰：「鉢盂口向天。」慈明忌辰設齋，衆纔集，師於真前，以兩手揑拳安頭上，以坐具畫一畫，打一圓相，便燒香。退身三步，作女人拜。首座曰：「休揑怪。」師曰：「首座作麽生？」座曰：「和尚休揑怪。」師曰：「兔子喫牛嬭。」第二座近前，打一圓相，便燒香，亦退身三步，作女人拜。師近前作聽勢，座擬議，師打一掌曰：「這漆桶也亂做。」龍興孜和尚遷化，僧至，下遺書。師問：「世尊入滅，槨示雙趺。和尚歸真，有何相示？」僧無語。師搥胸曰：「蒼天！蒼天！」室中問僧：「栗棘蓬你作麽生吞？金剛圈你作麽生透？」一日，三人新到。師問：「三人同行，必有一智。」提起坐具曰：「參頭上座，唤這箇作甚麽？」曰：「坐具。」師曰：

「真箇那？」曰：「是。」師復曰：「喚作甚麼？」曰：「坐具。」師顧視左右曰：「參頭却具眼。」問第二人：「欲行千里，一步爲初。如何是最初一句？」曰：「到和尚這裏，争敢出手？」師以手畫一畫，僧曰：「了。」師展兩手，僧擬議。師曰：「了。」問第三人：「近離甚處？」曰：「南源。」師曰：「楊岐今日被上座勘破，且坐喫茶。」問僧：「敗葉堆雲，朝離何處？」曰：「觀音。」師曰：「觀音脚跟下一句作麼生道？」曰：「適來相見了也。」師曰：「相見底事作麼生？」僧無對。師曰：「第二上座代參頭道看。」亦無對。師曰：「彼此相鈍置。」示衆云：「春風如刀，春雨如膏。律令正行，萬物情動。你道脚踏實地一句作麼生道出來？向東涌西没處道看。直饒道得，也是梁山頌子。」示衆云：「身心清浄，諸境清浄；諸境清浄，身心清浄。還知楊岐老人落處麼？河裏失錢河裏摝。」示衆云：「景色乍晴，物情舒泰。舉步也千身彌勒，動用也隨處釋迦。文殊普賢揔在這裏。衆中有不受人謾底，便道楊岐和麩糶麵。然雖如是，布袋裏盛錐子。」示衆云：「雪！雪！處處光輝明皎潔，黄河凍鎖絶纖流，赫日光中須迸裂。須迸裂，那吒頂上喫蒺藜，金剛脚下流出血。」皇祐改元，示寂。塔于雲蓋。

南嶽下十二世

楊岐會禪師法嗣

白雲守端禪師

舒州白雲守端禪師，衡陽葛氏子。幼事翰墨，冠依茶陵郁禪師披削，往參楊岐。岐一日忽問：「受業師爲誰？」師曰：「茶陵郁和尚。」岐曰：「吾聞伊過橋遭攧有省，作偈甚奇，能記否？」師誦曰：「我有明珠一顆，久被塵勞關鎖。今朝塵盡光生，照破山河萬朵。」岐笑而趨起，師愕然，通夕不寐。黎明，咨詢之。適歲暮，岐曰：「汝見昨日打毆儺者麼？」曰：「見。」岐曰：「汝一籌不及渠。」師復駭曰：「意旨如何？」岐曰：「渠愛人笑，汝怕人笑。」師大悟。巾侍久之，辭游廬阜。圓通訥禪師舉住承天，聲名籍甚。又遜居圓通，次徙法華、龍門、興化、海會，所至衆如雲集。僧問：「如何是佛？」師曰：「鑊湯無冷處。」曰：「如何是佛法大意？」師曰：「水底按葫蘆。」曰：「如何是祖師西來意？」師曰：「烏飛兔走。」問：「不求諸聖，不重己靈，未是衲僧分上事。如何是衲僧分上事？」師曰：「死水不藏龍。」曰：「便恁麽去時如何？」師曰：「賺殺你。」到棲賢，上堂：「承天自開堂後，便安排些葛藤來山南東葛西葛，却爲在歸宗開先萬杉打疊了也。今日到三峽會裏，大似臨嫁醫瘦，卒著手脚不辦。幸望大衆不怪。伏惟珍重！」上堂：「鳥有雙翼，飛無遠近；道出一隅，行無前後。你衲僧家，尋常拈匙放筯，盡道知有；及至上嶺時，爲甚麽却氣急？不見道：人無遠慮，必有近憂。」上堂：「乾坤之内，宇宙之間，中有一寶，秘在形山。大衆！眼在鼻上，脚在肚下，且道寶在甚麽處？」良久云：「人面不知何處去，桃花依舊笑春風。」

上堂：「古者道：『將此深心奉塵刹，是則名爲報佛恩。』圓通則不然，時挑野菜和根煮，旋斫生柴帶葉燒。」上堂：「江月照，松風吹，到這裏還有漏網者麽？」良久曰：「皇天無親。」上堂：「入林不動草，入水不動波，入鳥不亂行。大衆！這箇是把纜放船底手脚，且道衲僧家合作麽生？」以手拍禪牀曰：「掀翻海嶽求知己，撥亂乾坤見太平。」上堂：「忌口自然諸病滅，多情未免有時勞。貧居動便成違順，落得清閑一味高。雖然如是，莫謂無心云是道，無心猶隔一重關。」示衆云：「泥佛不度水，木佛不度火，金佛不度爐，真佛内裏坐。大衆！趙州老子十二劑骨頭，八萬四千毛孔，一時抛向諸人懷裏了也。圓通今日路見不平，爲古人出氣。」以手拍禪牀云：「須知海嶽歸明主，未信乾坤陷吉人。」

示衆云：「佛身充滿於法界，普現一切群生前，隨緣赴感靡不周，而常處此菩提座。大衆！作麽生説箇隨緣赴感底道理？祇於一彈指間，盡大地含生根機一時應得周足，而未嘗動著一毫頭，便且唤作隨緣赴感，而常處此座。祇如山僧，比者受法華請，相次與大衆相别去。宿松縣裏開堂了，方歸院去。且道還離此座也無？若道離，則世諦流布。若道不離，作麽生見得箇不離底事？莫是無邊刹境，自他不隔於毫端；十世古今，始終不離於當念麽？又莫是一切無心，一時自遍麽？若恁麽，正是掉棒打月，到這裏直須悟始得，悟後更須遇人始得。你道既悟了便休，又何必更須遇人？若悟了遇人底，當垂手方便之時，著著自有出身之路，不瞎却學者眼。若祇悟得乾蘿蔔頭底，不唯瞎却學者眼，兼自己動便先自犯鋒傷手。你看我楊岐先師問慈明師翁道：『幽鳥語喃喃，辭雲入亂峰時如何？』答云：『我行荒草裏，汝又入深村。』進云：『官不容針，更借一問。』師翁便喝，進云：『好喝。』師翁又喝，先師亦喝。師翁乃連喝兩喝，先師遂禮拜。大衆須知，悟了遇人者，向十字街頭與人相逢，却在千峰頂上握手；向千峰頂上相逢，却在十字街頭握手。所以山僧嘗有頌云：『他人住處我不住，他人行處我不行。不是爲人難共聚，大都緇素要分明。』山僧此者臨行，解開布袋頭，一時撒在諸人面前了也。有眼者莫錯怪好！珍重！」

開堂，示衆云：「昔日靈山會上，世尊拈花，迦葉微笑。世尊道：『吾有正法眼藏，分付摩訶大迦葉，次第流傳，無令斷絶。』至于今日，大衆！若是正法眼藏，釋迦老子自無分，將箇甚麽分付？將箇甚麽流傳？何謂如此？況諸人分上，各各自有正法眼藏。每日起來，是是非非，分南分北，種種施爲，盡是正法眼藏之光影。此眼開時，乾坤大地、日月星辰、森羅萬象，祇在面前，不見有毫釐之相。此眼未開時，盡在諸人眼睛裏。今日已開者，不在此限。有未開者，山僧不惜手，爲諸人開此正法眼藏看！」乃舉手，竪兩指曰：「看！看！若見得去，事同一家。若也未然，山僧不免重説偈言：『諸人法眼藏，千聖莫能當。爲君通一線，光輝滿大唐。須彌走入海，六月降嚴霜。法華雖恁道，無句得商量。』大衆！既滿口道了，爲甚麽却無句得商量？」喝一喝，曰：「分身兩處看。」

上堂：「釋迦老子有四弘誓願云：『衆生無邊誓願度，煩惱無盡誓願斷，法門無量誓願學，佛道無上誓願成。』法華亦有四弘誓願：『饑來要喫飯，寒到即添衣，困時伸脚睡，熱處愛風吹。』」上堂：「古人留下一言半句，未透時撞著鐵壁相似，忽然一日覷得透後，方知自己便是鐵壁。如今作麽生透？」復曰：「鐵壁，鐵壁。」上堂：「若端的得一回汗出，便向一莖草上現瓊樓玉殿。若未端的得一回汗出，縱有瓊樓玉殿，却被一莖草蓋却。作麽生得汗出去？自有一雙窮相手，不曾容易舞三臺。」上堂：「安居之首，禁足爲名。禁足之意，意在進道而護生。衲僧家更有何生而可護？何道而可進？唾一唾，唾破釋迦老子面門。踏一步，踏斷釋迦老子背脊骨。猶是隨群逐隊漢，未是本分衲僧。」良久曰：「無限風流慵賣弄，免教人指好郎君。」上堂：「絲毫有趣皆能進，畢竟無歸若可當。逐日退身行興盡，忽然得見本爺孃。作麼生是本爺孃？」乃云：「萬福。」便下座。示衆云：「如我按指，海印發光。」拈起拄杖云：「山河大地、水鳥樹林、情與無情，今日盡向法華拄杖頭上作大師子吼，演説摩訶大般若。且道天台、南嶽説箇甚麼法門？南嶽説：『洞上五位修行，君臣父子各得其宜。莫守寒巖異草青，坐却白雲宗不妙。』天台説：『臨濟下，三玄三要四料揀，一喝分賓主，照用一時行。要會箇中意，日午打三更。』廬山出來道：『你兩箇正在葛藤窠裏，不見道：欲得不招無間業，莫謗如來正法輪。』大衆據此三箇漢見解，若上衲僧秤子上稱，一箇重八兩，一箇重半斤，一箇不直半分錢。且道那箇不直半分錢？」良久云：「但願春風齊著力，一時吹入我門來。」卓拄杖，下座。熙寧五年遷化，壽四十八。

保寧仁勇禪師

金陵保寧仁勇禪師，四明竺氏子。容止淵秀，齠爲大僧，通天台教。更衣謁雪竇明覺禪師，覺意其可任大法，誚之曰：「央庠座主。」師憤悱下山，望雪竇拜曰：「我此生行脚參禪，道不過雪竇，誓不歸鄉。」即往泐潭，踰紀，疑情未泮。聞楊岐移雲蓋，能鈐鍵學者，直造其室，一語未及，頓明心印。岐殁，從同參白雲端禪師游，研極玄奥。後出世，兩住保寧而終。僧問：「如何是佛？」師曰：「近火先焦。」曰：「如何是道？」師曰：「泥裏有刺。」曰：「如何是道中人？」師曰：「切忌踏著。」問：「先德道：『寒風凋敗葉，猶喜故人歸。』未審誰是故人？」師曰：「楊岐和尚遷化久矣。」曰：「正當恁麽時，更有甚麽人爲知音？」師曰：「無眼村翁暗點頭。」問：「如何是佛？」師曰：「自屎不覺臭。」問：「如何是保寧境？」師曰：「主山頭倒卓。」曰：「如何是境中人？」師曰：「鼻孔無半邊。」問：「如何是塵中自在底人？」師曰：「因行不妨掉臂。」問：「如何是佛？」師曰：「鐵鎚無孔。」曰：「如何是佛法大意？」師曰：「鑊湯無冷處。」問：「靈山指月，曹溪話月，未審保寧門下如何？」師曰：「嗄。」曰：「有花當面貼。」師便喝。問：「摘葉尋枝即不問，如何是直截根源？」師曰：「蚊子上鐵牛。」曰：「直截根源人已曉，中下之流如何指示？」師曰：「石人脊背汗通流。」

上堂：「山僧二十餘年挑囊負鉢，向寰海之内參善知識十數餘人，自家並無箇見處，有若頑石相似。參底尊宿，亦無長處可相利益。自此一生，作箇百無所解底人。幸自可憐生，忽然被業風吹到江寧府，無端被人上當，推向十字路頭，住箇破院，作粥飯主人，接待南北。事不獲已，隨分有鹽有醋，粥足飯足，且恁過時。若是佛法，不曾夢見。」上堂，侍者燒香罷，師指侍者曰：「侍者已爲諸人說法了也。」上堂：「看看！山僧入拔舌地獄去也！」以手拽舌云：「阿㖿！阿㖿！」上堂：「相罵無好言，相打無好拳。大衆！直須恁麼，始得一句句切害，一拳拳著實。忽然打著箇無面目漢，也不妨暢快殺人。」上堂：「滿口是舌，都不能說。碧眼胡僧，當門齒缺。」上堂：「秋風涼，松韻長。未歸客，思故鄉。且道誰是未歸客？何處是故鄉？」良久曰：「長連牀上，有粥有飯。」上堂：「天上無彌勒，地下無彌勒，打破太虛空，如何尋不得？」垂下一足曰：「大衆向甚麼處去也？」上堂：「若說佛法供養大衆，未免眉鬚墮落。若說世法供養大衆，入地獄如箭射。去此二途，且道保寧今日當說甚麼？三寸舌頭無用處，一雙空手不成拳。」上堂：「古人底今人用，今人底古人爲，古今無背面，今古幾人知？㖿嗚咿！一九與二九，相逢不出手。」上堂：「有手脚，無背面。明眼人，看不見。天左旋，地右轉。」拍膝曰：「西風一陣來，落葉兩三片。」上堂：「風鳴條，雨破塊，曉來枕上鶯聲碎。蝦蟆蚯蚓一時鳴，妙德空生都不會。都不會，三箇成群，四箇作隊。窈窈窕窕，飄飄颻颻。向南北東西，折得梨花李花，一佩兩佩。」上堂：「智不到處，切忌道著，道著則頭角生。大衆！頭角生了也，是牛是馬？」上堂：「無漏真淨，云何是中更容他物？」喝一喝，曰：「好人不肯做，須要屎裏卧。」上堂：「夜静月明，水清魚現，金鈎一擲，何處尋蹤？」提起拄杖曰：「歷細歷細。」

示衆云：「有箇漢，怪復醜，眼直鼻藍鑱，面南看北斗。解使日午金烏啼，夜半鐵牛吼。天地旋，山河走，羽族毛群，失其所守。直得文殊普賢出此没彼，七縱八横，千生萬受。驀然逢著箇黄面瞿曇，不惜眉毛，再三與伊摩頂授記，云善哉善哉！大作佛事，希有希有。於是乎自家懡懡㦬㦬，慞慞惶惶，藏頭縮手。」召云：「大衆！此話大行，何必更待三十年後。」示衆云：「大方無外，大圓無内。無内無外，聖凡普會。瓦礫生光，須彌粉碎。無量法門，百千三昧。」拈起拄杖云：「揔在這裏。會麽？蘇嚕蘇嚕，嗯哩嗯哩娑訶。」示衆云：「釋迦老子四十九年説法，不曾道著一字。優波毱多丈室盈籌，不曾度得一人。達磨不居少室，六祖不住曹谿，誰是後昆？誰爲先覺？既然如是，彼自無瘡，勿傷之也。」拍膝，顧衆云：「且喜得天下太平。」示衆云：「真相無形，示形現相，千怪萬狀，自此而彰。

喜則滿面光生，怒則雙眉陡豎。非凡非聖，或是或非，人不可量，天莫能測。直下搆得，未稱丈夫。喚不回頭，且莫錯怪。」

石霜守孫禪師

潭州石霜守孫禪師，僧問：「生也不道，死也不道。爲甚麼不道？」師曰：「一言已出。」曰：「從東過西，又作麼生？」師曰：「駟馬難追。」曰：「學人總不與麼？」師曰：「易開終始口，難保歲寒心。」

比部孫居士

比部孫居士，因楊岐會禪師來謁，值視斷次，公曰：「某爲王事所牽，何由免離？」岐指曰：「委悉得麼？」公曰：「望師點破。」岐曰：「此是比部弘願深廣，利濟群生。」公曰：「未審如何？」岐示以偈曰：「應現宰官身，廣弘悲願深。爲人重指處，棒下血淋淋。」公於此有省。

南嶽下十三世

白雲端禪師法嗣

五祖法演禪師

蘄州五祖法演禪師，綿州鄧氏子。三十五始棄家，祝髮受具。往成都，習唯識、百法論，因聞菩薩入見道時，智與理冥，境與神會，不分能證所證。西天外道嘗難比丘曰：「既不分能證所證，却以何爲證？」無能對者。外道貶之，令不鳴鐘鼓，反披袈裟。三藏奘法師至彼，救此義曰：「如人飲水，冷暖自知。」乃通其難。師曰：「冷暖則可知矣，作麽生是自知底事？」遂質本講曰：「不知自知之理如何？」講莫疏其問，但誘曰：「汝欲明此，當往南方，扣傳佛心宗者。」師即負笈出關。所見尊宿，無不以此咨決所疑，終不破。洎謁圓照本禪師，古今因緣會盡，唯不會：「僧問興化：『四方八面來時如何？』化云：『打中間底。』僧作禮。化云：『我昨日赴箇村齋，中途〔一〕遇一陣卒風暴雨，却向古廟裏避得過。』」請益本。本云：「此是臨濟下因緣，須是問他家兒孫始得。」師遂謁浮山遠禪師，請益前話。遠云：「我有箇譬喻説似你。你一似箇三家村裏賣柴漢子，把箇匾擔向十字街頭立地問人：『中書堂今日商量甚麽事？』」師默計云：「若如此，大故未在。」遠一日語師曰：「吾老矣，恐虚度子光陰，可往依白雲。此老雖後生，吾未識面，但見其頌臨濟三頓棒話，有過人處。必能了子大事。」師潸然禮辭。至白雲，遂舉僧問南泉摩尼珠話請問。雲叱之，師領悟，獻投機偈曰：「山前一片閑田地，叉手叮嚀問祖翁。幾度賣來還自買，爲憐松竹引清風。」雲特印可，令掌磨事。未幾，雲至，語師曰：「有數禪客自廬山來，皆有悟入處。教伊説亦説得有來由，舉因緣問伊亦明得，教伊下語亦下得，祇是未在。」師於是大疑，私自計曰：「既悟了，説亦説得，明亦明得，如何却未在？」遂參究累日，忽然省悟。從前寶惜，一時放下。走見白雲，雲爲手舞足蹈，師亦一笑而已。師後曰：「吾因兹出一身白汗，便明得下載清風。」雲一日示衆曰：「古人道，如鏡鑄像，像成後鏡在甚麽處？」衆下語不契，舉以問師。師近前問訊，曰：「也不較多。」雲笑曰：「須是道者始得。」乃命分

〔一〕「途」，原作「逢」，據續藏本改。

座，開示方來。

初住四面，遷白雲，晚居東山。僧問：「攜笻領衆，祖令當行，坐斷要津，師意如何？」師曰：「秋風吹渭水，落葉滿長安。」曰：「四面無門山嶽秀，今朝且得主人歸。」師曰：「你道路頭在甚麽處？」曰：「爲甚麽對面不相識？」師曰：「且喜到來。」問：「祖意教意，是同是別？」師曰：「人貧智短，馬瘦毛長。」問：「如何是白雲爲人親切處？」師曰：「捩轉鼻孔。」曰：「便恁麽去時如何？」師曰：「不知痛痒漢。」問：「達磨面壁，意旨如何？」師曰：「計較未成。」曰：「二祖立雪時如何？」師曰：「將錯就錯。」曰：「祇如斷臂安心，又作麽生？」師曰：「煬帝開汴河。」問：「百尺竿頭，如何進步？」師曰：「快走始得。」問：「如何是臨濟下事？」師曰：「五逆聞雷。」曰：「如何是雲門下事？」師曰：「紅旗閃爍。」曰：「如何是曹洞下事？」師曰：「馳書不到家。」曰：「如何是潙仰下事？」師曰：「斷碑橫古路。」僧禮拜。師曰：「何不問法眼下事？」曰：「留與和尚。」師曰：「巡人犯夜。」問：「如何是白雲一滴水？」師曰：「打碓打磨。」曰：「飲者如何？」師曰：「教你無著面處。」問：「天下人舌頭盡被白雲坐斷，白雲舌頭甚麽人坐斷？」師曰：「東村王大翁。」師乃曰：「適來思量得一則因緣，而今早忘了也。却是拄杖子記得。」乃拈拄杖曰：「拄杖子也忘了。」遂卓一下，曰：「同坑無異土。咄！」

上堂：「幸然無一事，行脚要參禪，却被禪相惱，不透祖師關。如何是祖師關？把火入牛欄。」上堂：「恁麽恁麽，鰕跳不出斗。不恁麽不恁麽，弄巧成拙。軟似鐵，硬如泥，金剛眼睛十二兩。衲僧手裏秤頭低，有價數，没商量。無鼻孔底將甚麽聞香？」上堂：「難難幾何般，易易没巴鼻，好好催人老，默默從此得。過這四重關了，泗州人見大聖。參！」上堂：「若要七縱八横，見老和尚打鼓陞堂。七十三，八十四，將拄杖驀口便築。然雖如是，拈却門前下馬臺，剪却五色索，方始得安樂。」僧問：「承師有言：『山前一片閑田地。』祇如威音王已前，未審甚麽人爲主？」師曰：「問取寫契書人。」曰：「和尚爲甚倩人來答？」師曰：「祇爲你教别人問。」曰：「與和尚平出去也。」師曰：「大遠在。」問：「如何是佛？」師曰：「口是禍門。」又曰：「肥從口入。」問：「一代時教是箇切脚，未審切那箇字？」師曰：「鉢囉娘。」曰：「學人祇問一字，爲甚麽却答許多？」師曰：「七字八字。」問：「如何是和尚家風？」師曰：「鐵旗鐵鼓。」曰：「祇有這箇？爲復别有？」師曰：「採石渡頭看。」曰：「忽遇客來，將何祗待？」師曰：「龍肝鳳髓，且待别時。」曰：「客是主人相師。」師曰：「謝供養。」問：「如何是先照後用？」師曰：「王言如絲。」曰：「如何是先用後照？」師曰：「其出如綸。」曰：「如何是照用同時？」師曰：「舉起軒轅鑑，蚩尤頓失威。」曰：「如何是照用不同時？」師曰：「金將火試。」問：「佛未出世時如何？」師曰：

「大愍不如小愍。」曰：「出世後如何？」師曰：「小愍不如大愍。」問：「牛頭未見四祖時如何？」師曰：「頭上戴纍垂。」曰：「見後如何？」師曰：「青布遮前。」曰：「未見時爲甚麽百鳥銜華獻？」師曰：「富與貴是人之所欲。」曰：「見後爲甚麽不銜花獻？」師曰：「貧與賤是人之所惡。」問：「如何是佛？」師曰：「露胸跣足。」曰：「如何是法？」師曰：「大赦不放。」曰：「如何是僧？」師曰：「釣魚船上謝三郎。」問：「四面無門山嶽秀，箇中時節若爲分？」曰：「東君知子細，偏地發萌芽。」曰：「春去秋來事宛然也。」師曰：「纔方搓彈子，便要捏金剛。」上堂：「古人道，我若向你道，即秃却我舌。若不向你道，即瘂却我口。且道還有爲人處也無？四面有時擬爲你吞却，祇被當門齒礙；擬爲你吐却，又爲咽喉小。且道還有爲人處也無？」乃曰：「四面自來柳下惠。」

上堂：「結夏無可供養，作一家燕，管顧諸人。」遂擡手曰：「囉邏招，囉邏摇，囉邏送，莫怪空疏，伏惟珍重。」上堂：「白雲不會説禪，三門開向兩邊，有人動著關捩，兩片東扇西扇。」上堂：「一向恁麽去，路絶人稀；一向恁麽來，孤負先聖。去此二途，祖佛不能近。設使與白雲同生同死，亦未稱平生，何也？鳳凰不是凡間物，不得梧桐誓不棲。」上堂：「千峰列翠，岸柳垂金。樵父謳歌，漁人鼓舞。笙簧聒地，鳥語呢喃。紅粉佳人，風流公子。一一爲汝諸人發上上機，開正法眼。若向這裏薦得，金色頭陀無容身處。若也不會，喫粥喫飯，許你七穿八穴。」上堂：「此箇物，上拄天，下拄地。皖口作眼，皖山作鼻。太平退身三步，放你諸人出氣。」上堂：「狗子還有佛性也無？也勝猫兒十萬倍。」上堂：「太平淈湑漢，事事盡經徧。如是三十年，也有人讚歎。且道讚歎箇甚麽？好箇淈湑漢！」

上堂：「汝等諸人，見老和尚鼓動脣吻，竪起拂子，便作勝解。及乎山禽聚集，牛動尾巴，却將作等閑。殊不知簷聲不斷前旬雨，電影還連後夜雷。」謝監收上堂：「人之性命事，第一須是○。欲得成此○，先須防於○。若是真○人，○○。」上堂：「有佛處不得住，換却你心肝五臟。無佛處急走過，雁過留聲。三千里外逢人，不得錯舉。出門便錯，恁麽則不去也，種粟却生豆。摘楊華，摘楊華，不覺日又夜，争教人少年？」上堂：「悟了同未悟，歸家尋舊路。一字是一字，一句是一句。自小不脱空，兩歲學移步。湛水生蓮花，一年生一度。」僧問：「如何是奪人不奪境？」師曰：「秋風吹渭水，落葉滿長安。」曰：「如何是奪境不奪人？」師曰：「路上逢人半是僧。」曰：「如何是人境兩俱奪？」師曰：「高空有月千門照，大道無人獨自行。」曰：「如何是人境俱不奪？」師曰：「少婦棹孤舟，歌聲逐水流。」

小參，舉：「德山云：『今夜不答話，問話者三十棒。』衆中舉者甚多，會者不少。且道向甚處見德山？有不顧性命者，試出來道看。若無，山僧爲大衆與德山老人相見去也。

待德山道：『今夜不答話，問話者三十棒。』但向伊道：『某甲話也不問，棒也不喫。』你道還契他德山老人麽？到這裏，須是箇漢始得。況某甲十有餘年海上參尋，見數人尊宿，自爲了當。及到浮山會裏，直是開口不得。後到白雲門下，齩破一箇鐵酸㦽，直得百味具足。且道㦽子一句作麽生道？」乃曰：「花發鷄冠媚早秋，誰人能染紫絲頭？有時風動頻相倚，似向堦前鬬不休。」

上堂：「山僧昨日入城，見一棚傀儡，不免近前看。或見端嚴奇特，或見醜陋不堪。動轉行坐，青黄赤白，一一見了。子細看時，元來青布幔裏有人。山僧忍俊不禁，乃問：『長史高姓？』他道：『老和尚看便了，問甚麽姓？』大衆！山僧被他一問，直得無言可對，無理可伸。還有人爲山僧道得麽？昨日那裏落節，今日這裏拔本。」上堂：「説佛説法，拈槌竪拂，白雲萬里。德山入門便棒，臨濟入門便喝，白雲萬里。然後恁麽也不得，不恁麽也不得，恁麽不恁麽總不得，也則白雲萬里。忽有箇漢出來道：『長老你恁麽道，也則白雲萬里。』這箇説話，喚作矮子看戲，隨人上下。三十年後，一場好笑。且道笑箇甚麽？笑白雲萬里。」示衆云：「祖師道：『吾本來玆土，傳法救迷情。一花開五葉，結果自然成。』達磨大師信脚來，信口道。後代兒孫，多成計較。要會開花結果處麽？鄭州梨，青州棗，萬物無過出處好。」示衆云：「真如凡聖，皆是夢言。佛及衆生，並爲增語。或有人出來道：『盤山老聻？』但向伊道：『不因紫陌花開早，争得黄鶯下柳條。』若更問道：『五祖老聻？』」自云：「諾，惺惺著。」

示衆云：「十方諸佛、六代祖師、天下善知識，皆同這箇舌頭。若識得這箇舌頭，始解大脱空，便道山河大地是佛，草木叢林是佛。若也未識得這箇舌頭，祇成小脱空，自謾去。明朝後日，大有事在。五祖恁麽説話，還有實頭處也無？」自云：「有。如何是實頭處？歸堂喫茶去。」示衆云：「每日起來，拄却臨濟棒，吹雲門曲，應趙州拍，擔仰山鍬，驅溈山牛，耕白雲田。七八年來，漸成家活。更告諸公，每人出一隻手，相共扶助。唱村田樂，粗羹淡飯，且恁麽過。何也？但願今年蠶麥熟，羅睺羅兒與一文。」示衆，舉：「德山和尚因僧問：『從上諸聖，以何法示人？』山云：『我宗無語句，亦無一法與人。』雪峰從此有省。後有僧問雪峰云：『和尚見德山，得箇甚麽便休去？』峰云：『我當時空手去，空手歸。』白雲今日説向透未過者，有箇人從東京來，問伊甚處來？他却道蘇州來。問伊蘇州事如何？伊道一切尋常。雖然如是，謾白雲不過。何故？祇爲語音各别，畢竟如何？蘇州菱，邵〔一〕伯藕。」示衆：「佛祖生冤家，悟道染泥土。無爲無事人，聲色如聾瞽。且道如何即

〔一〕「邵」，原作「郡」，據清藏本、續藏本改。

是？恁麽也不得，不恁麽也不得，恁麽不恁麽總不得。忽有箇出來道：『恁麽也得，不恁麽也得，恁麽不恁麽總得。』秖向伊道：『我也知你向鬼窟裹作活計。』」小參，舉：「陸亘大夫問南泉：『弟子家中有一片石，也曾坐，也曾卧，擬鐫作佛，得麽？』云：『得。』陸曰：『莫不得麽？』云：『不得。』大衆！夫爲善知識，須明決擇。爲甚麽他人道得也道得，他人道不得也道不得？還知南泉落處麽？白雲不惜眉毛，與汝注破。得又是誰道來，不得又是誰道來？汝若更不會，老僧今夜爲汝作箇樣子。」乃舉手云：「將三界二十八天作箇佛頭，金輪水際作箇佛脚，四大洲作箇佛身。雖然作此佛兒子了，汝諸人又却在那裹安身立命？大衆還會也未？老僧作第二箇樣子去也。將東弗于逮作一箇佛，南贍部洲作一箇佛，西瞿耶尼作一箇佛，北鬱單越作一箇佛。草木叢林是佛，蠢動含靈是佛。既恁麽，又唤甚麽作衆生？還會也未？不如東弗于逮還他東弗于逮，南贍部洲還他南贍部洲，西瞿耶尼還他西瞿耶尼，北鬱單越還他北鬱單越，草木叢林還他草木叢林，蠢動含靈還他蠢動含靈。所以道：是法住法位，世間相常住。既恁麽，汝又唤甚麽作佛？還會麽？忽有箇漢出來道：『白雲休寐語。』大衆記取這一轉。」三佛侍師於一亭上夜話，及歸，燈已滅。師於暗中曰：「各人下一轉語。」佛鑑曰：「彩鳳舞丹霄。」佛眼曰：「鐵虵横古路。」佛果曰：「看脚下。」師曰：「滅吾宗者，乃克勤爾。」崇寧三年六月二十五日，上堂，辭衆曰：「趙州和尚有末後句，你作麼生會？試出來道看。若會得去，不妨自在快活。如或未然，這好事作麼説？」良久曰：「説即説了，也衹是諸人不知。要會麽？富嫌千口少，貧恨一身多。珍重！」時山門有土木之役，躬往督之，且曰：「汝等勉力，吾不復來矣。」歸丈室，浄髪澡身，迄旦，吉祥而化。是夕山摧石隕，四十里内巖谷震吼。闍維，設利如雨，塔于東山之南。

雲蓋智本禪師

潭州雲蓋山智本禪師，瑞州郭氏子。開堂日，僧問：「諸佛出世，天雨四花。和尚出世，有何祥瑞？」師曰：「千聞不如一見。」曰：「見後如何？」師曰：「瞎。」問：「如何是清浄法身？」師曰：「家無小使，不成君子。」問：「將心覓心，如何覓得？」師曰：「波斯學漢語。」問：「如何是學人出身處？」師曰：「雪峰元是嶺南人。」問：「素面相呈時如何？」師曰：「一場醜拙。」問：「人人盡有一面古鏡，如何是學人古鏡？」師曰：「打破來，向你道。」曰：「打破了也。」師曰：「胡地冬抽笋。」問：「古人道：『説取行不得底，行取説不得底。』未審行不得底作麽生説？」師曰：「口在脚下。」曰：「説不得底作麽生行？」師曰：「踏著舌頭。」問：「知師久蘊囊中寶，今日當場略借看。」師曰：「適來恰被人借去。」上堂：「去者鼻孔遼天，來者脚踏實地。且道祖師意向甚麽處着？」良久曰：「長恨春歸無覓處，不知流入此中來。」上堂：「高臺巴鼻，開口便是。若也便是，有甚巴鼻？月冷風高，水清山翠。」上堂：「以楔出楔，有甚休歇？欲得休歇，以楔出楔。」喝一喝。上堂，高聲喚侍者，侍者應諾。師曰：「大衆集也未？」侍者曰：「大衆已集。」師曰：「那一箇爲甚麽不來赴參？」侍者無語。師曰：「到即不點。」上堂：「滿口道不出，句句甚分明。滿目覷不見，山山疊亂青。鼓聲猶不會，何況是鐘鳴？」喝一喝。上堂：「祖翁卓卓犖犖，兒孫齷齷齪齪。有處藏頭，没處露角。借問衲僧，如何摸索？」上堂，横按拄杖曰：「牙如刀劍面如鐵，眼放電光光不歇。手把蒺藜一萬斤，等閑敲落天邊月。」卓一下。僧問：「如何是皷人師子？」師曰：「五老峰前。」曰：「這箇豈會皷人？」師曰：「今日拾得性命。」上堂：「頭戴須彌山，脚踏四大海。呼吸起風雷，動用生五彩。若能識得渠，一任歲月改。且道誰人識得渠？」喝一喝，云：「田庫奴。」

琅邪永起禪師

滁州琅邪永起禪師，襄陽人也。僧問：「庵内人爲甚麽不見庵外事？」師曰：「東家點燈，西家暗坐。」曰：「如何是庵内事？」師曰：「眼在甚麽處？」曰：「三門頭合掌。」師曰：「有甚交涉？」乃曰：「五更殘月落，天曉白雲飛。分明目前事，不是目前機。既是目前事，爲甚麽不是目前機？」良久曰：「此去西天路，迢迢十萬餘。」上堂，良久，拊掌一下曰：「阿呵呵！阿呵呵！還會麽？法法本來法。」遂拈拄杖曰：「這箇是山僧拄杖，那箇是本來法？還定當得麽？」卓一下。

保福殊禪師

英州保福殊禪師，僧問：「諸佛未出世時如何？」師曰：「山河大地。」曰：「出世後如何？」師曰：「大地山河。」曰：「恁麽則一般也。」師曰：「敲甎打瓦。」問：「如何是和尚家風？」師曰：「椀大椀小。」曰：「客來將何祇待？」師曰：「一杓兩杓。」曰：「未飽者作麽生？」師曰：「少喫少喫。」問：「如何是大道？」師曰：「鬧市裏。」曰：「如何是道中人？」師曰：「一任人看。」問：「如何是禪？」師曰：「秋風臨古渡，落日不堪聞。」曰：「不問這箇蟬。」師曰：「你問那箇禪？」曰：「祖師禪。」師曰：「南華塔外松陰裏，飲露吟風又更多。」問：「如何是真正路？」師曰：「出門看堠子。」乃曰：「釋迦何處滅俱尸？彌勒幾曾在兜率？西覓普賢好慚愧，北討文殊生受屈。坐壓毗盧額汗流，行築觀音鼻血出。回頭摸著箇匾擔，却道好箇木牙笏。」喝一喝，下座。

崇勝珙禪師

袁州崇勝院珙禪師，上堂，舉石鞏張弓架箭接機公案，頌曰：「三十年來握箭弓，三平纔到擘開胸。半箇聖人終不得，大顛弦外幾時逢？」

提刑郭祥正居士

提刑郭祥正字功甫，號浄空居士。志樂泉石，不羨紛華。因謁白雲，雲上堂曰：「夜來枕上作得箇山頌謝功甫大儒，廬山二十年之舊，今日遠訪白雲之勤，當須舉與大衆，請已後分明舉似諸方。此頌豈唯謝功甫大儒，直要與天下有鼻孔衲僧脱却著肉汗衫。莫言不道！」乃曰：「上大人，丘乙己。化三千，七十士。爾小生，八九子，佳作仁，可知禮也。」公切疑，後聞小兒誦之，忽有省。以書報雲，雲以偈答曰：「藏身不用縮頭，斂跡何須收脚？金烏半夜遼天，玉兔趕他不著。」元祐中往衢之南禪，謁泉萬卷，請陞座。公趨前拈香曰：「海邊枯木，入手成香，爇向爐中，橫穿香積如來鼻孔，作此大事，須是對衆白過始得。雲居老人有箇無縫布衫，分付南禪，禪師著得不長不短，進前則諸佛讓位，退步則海水澄波。今日嚬呻，六種震動。」遂召曰：「大衆！還委悉麽？有意氣時添意氣，不風流處也風流。」泉曰：「遞相鈍置。」公曰：「因誰致得？」崇寧初，到五祖，命祖陞座。公趨前拈香曰：「此一瓣香，爇向爐中，供養我堂頭法兄禪師，伏願於方廣座上，擘開面門，放出先師形相，與他諸人描邈。何以如此？白雲巖畔舊相逢，往日今朝事不同。夜静水寒魚不食，一爐香散白蓮峰。」祖遂云：「曩謨薩怛哆鉢囉野，恁麽恁麽，幾度白雲谿上望黄梅，花向雪中開；不恁麽不恁麽，嫩柳垂金線，且要應時來。不見龐居士問馬大師云：『不與萬法爲侶者是甚麽人？』大師云：『待汝一口吸盡西江水，即向汝道。』大衆！一口吸盡西江水，萬丈深潭窮到底。掠彴不是趙州橋，明月清風安可比？」後又到保寧，亦請陞座。公拈香曰：「法鼓既鳴，寶香初爇。楊岐頂䫉門，請師重著楔。」保寧卓拄杖一下曰：「著楔已竟，大衆證明。」又卓一下，便下座。又到雲居，請佛印陞座。公拈香曰：「覺地相逢一何早，鶻臭布衫今脱了。要識雲居一句玄，珍重後園驢喫草。」召大衆曰：「此一瓣香，熏天炙地去也。」印曰：「今日不著便，被這漢當面塗糊。」便打，乃曰：「謝公千里來相訪，共話東山竹徑深。借與一龍騎出洞，若逢天旱便爲霖。」擲拄杖，下座，公拜起。印曰：「收得龍麼？」公曰：「已在這裏。」印曰：「作麼生騎？」公攞手作舞便行。印拊掌曰：「祇有這漢猶較些子。」

保寧勇禪師法嗣

壽聖智淵禪師

郢州月掌山壽聖智淵禪師，僧問：「祖意西來即不問，如何是一色？」師曰：「目前無闍黎，此間無老僧。」曰：「既不如是，如何曉會？」師曰：「領取鈎頭意，莫認定盤星。」乃曰：「凡有問答，一似擊石迸火，流出無盡法財，三草二木普霑其潤。放行也，雲生谷口，霧罩長空；把定也，碧眼胡僧，亦須罔措。壽聖如斯舉唱，猶是化門，要且未有衲僧巴鼻。敢問諸人，作麼生是衲僧巴鼻？」良久曰：「布針開兩眼，君向那頭看？」

壽聖楚文禪師

安吉州烏鎮壽聖院楚文禪師，上堂，拈拄杖曰：「華藏木櫛栗，等閑亂拈出。不是不惜手，山家無固必。點山山動摇，攪水水波溢。忽然把定時，事事執法律。要横不得横，要屈不得屈。」驀召大衆曰：「莫謂棒頭有眼明如日，上面光生盡是漆。」隨聲敲一下。上堂：「一叉一劄，著骨連皮；一搦一擡，粘手綴脚。電光石火，頭垂尾垂；劈箭追風，半生半死。撞著磕著，討甚眉毛；明頭暗頭，是何眼目？揔不恁麽，正在半途；設使全機，未至涯岸。直饒浄躶躶，赤灑灑，没可把，尚有廉纖。山僧恁麽道，且道口好作甚麽？」良久曰：「嘻！留取喫飯。」

寶積宗映禪師

信州靈鷲山寶積宗映禪師，開堂日，乃横按拄杖曰：「大衆！到這裏，無親無疏，自然不孤；無内無外，縱横自在；自在不孤，清浄毗盧。釋迦舉令，彌勒分疏，觀根逗教，更相回互。看取寶積拄杖子，黑漆光生，兩頭相副。阿呵呵！是何言歟？」良久，曰：「世事但將公道斷，人心難與月輪齊。」卓一下，下座。

景福日餘禪師

隆興府景福日餘禪師，僧問：「如何是道？」師曰：「天共白雲曉，水和明月流。」

曰：「如何是道中人？」師曰：「先行不到，末後太過。」又僧出衆畫一圓相，師以手畫一畫，僧作舞歸衆。師曰：「家有白澤之圖，必無如是妖怪。」乃拈拄杖曰：「無量諸佛向此轉大法輪，今古祖師向此演大法義。若信得及，法法本自圓成，念念悉皆具足。若信不及，山僧今日因行不妨掉臂，更爲重説偈言。」卓一下，下座。

上方日益禪師

安吉州上方日益禪師，開堂日，上首白槌罷，師曰：「白槌前觀一又不成，白槌後觀二又不是。到這裏任是鐵眼銅睛，也須百雜碎。莫有不避危亡底衲僧，試出來看。」時有兩僧齊出，師曰：「一箭落雙鵰。」僧曰：「某甲話猶未問，何得著忙？」師曰：「莫是新羅僧麼？」僧擬議，師曰：「撞露柱漢。」便打。問：「如何是未出世邊事？」師曰：「井底蝦蟆吞却月。」曰：「如何是出世邊事？」師曰：「鷺鷥踏折枯蘆枝。」曰：「去此二途，如何是和尚爲人處？」師曰：「十成好箇金剛鑽，攤向街頭賣與誰？」問：「如何是多年水牯牛？」師曰：「齒疏眼暗。」問：「鬧市相逢事若何？」師曰：「東行買賤，西行賣貴。」曰：「忽若不作貴不作賤，又作麽生？」師曰：「鎮州蘿蔔。」問：「一切含靈具有佛性。既有佛性，爲甚麼却撞入驢胎馬腹？」師曰：「知而故犯。」曰：「未審向甚麼處懺悔？」師打曰：「且作死馬醫。」問：「覿面相呈時如何？」師曰：「左眼半斤，右眼八兩。」僧提起坐具，曰：「這箇聻？」師曰：「不勞拈出。」乃左右顧視曰：「黄面老周行七步，脚跟下正好一錐。碧眼胡兀坐九年，頂門上可惜一劄。當時若有箇爲衆竭力底衲僧下得這毒手，也免得拈花微笑，空破面顔；立雪齊腰，翻成轍迹。自此將錯就錯，相簔打簔。遂有五葉芬芳，千燈續燄。向曲彔木上唱二作三，於榔栗杖頭指南爲北。直得進前退後，有問法問心之徒；倚門傍牆，有覓佛覓祖底漢。庭前指柏，便唤作祖意西來。日裏看山，更錯認學人自己。殊不知此一大事，本自靈明。盡未來際，未嘗間斷。不假修證，豈在思惟？雖鶖子有所不知，非滿慈之所能辯。不見馬祖一喝，百丈三日耳聾；寶壽令行，鎮州一城眼瞎。大機大用，如迅雷不可停；一唱一提，似斷崖不可履。正當恁麽時，三世諸佛祇可傍觀，六代祖師證明有分。大衆且道，今日還有證明底麽？」良久曰：「劄。」上堂〔一〕：「拾得般柴，寒山燒火，唯有豐干，巖中冷坐。且道豐干有甚麽長處？」良久曰：「家無小使，不成君子。」

〔一〕「堂」，原作「掌」，據續藏本改。

南嶽下十四世

五祖演禪師法嗣

昭覺克勤禪師

成都府昭覺寺克勤佛果禪師，彭州駱氏子，世宗儒。師兒時日記千言，偶游妙寂寺，見佛書，三復悵然，如獲舊物。曰：「予殆過去沙門也。」即去家，依自省祝髮，從文照通講說，又從敏行授楞嚴。俄得病，瀕死，歎曰：「諸佛涅槃正路不在文句中，吾欲以聲求色見，宜其無以死也。」遂棄去。至真覺勝禪師之席，勝方創臂出血，指示師曰：「此曹溪一滴也。」師矍然，良久曰：「道固如是乎？」即徒步出蜀，首謁玉泉皓，次依金鑾信、大潙喆、黄龍心、東林度，僉指爲法器，而晦堂稱「他日臨濟一派屬子矣。」最後見五祖，盡其機用，祖皆不諾。乃謂「祖强移换人」，出不遜語，忿然而去。祖曰：「待你著一頓熱病打時，方思量我在。」師到金山，染傷寒，困極，以平日見處試之，無得力者。追繹五祖之言，乃自誓曰：「我病稍間，即歸五祖。」病痊尋歸，祖一見而喜，令即參堂，便入侍者寮。方半月，會部使者解印還蜀，詣祖問道。祖曰：「提刑少年，曾讀小豔詩否？有兩句頗相近。頻呼小玉元無事，祇要檀郎認得聲。」提刑應喏喏。祖曰：「且子細。」師適歸，侍立次〔一〕，問曰：「聞和尚舉小豔詩，提刑會否？」祖曰：「他祇認得聲。」師曰：「祇要檀郎認得聲。他既認得聲，爲甚麽却不是？」祖曰：「如何是祖師西來意？庭前柏樹子聻？」師忽有省，遽出，見雞飛上欄干，鼓翅而鳴。復自謂曰：「此豈不是聲？」遂袖香入室，通所得，呈偈曰：「金鴨香銷錦繡幃，笙歌叢裏醉扶歸。少年一段風流事，祇許佳人獨自知。」祖曰：「佛祖大事，非小根劣器所能造詣，吾助汝喜。」祖徧謂山中耆舊曰：「我侍者參得禪也。」由此，所至推爲上首。

崇寧中，還里省親，四衆迓拜。成都帥翰林郭公知章請開法六祖，更昭覺。政和間謝事，復出峽南遊。時張無盡寓荆南，以道學自居，少見推許。師艤舟謁之，劇談華嚴旨要。曰：「華嚴現量境界，理事全真，初無假法。所以即一而萬，了萬爲一，一復一，萬復萬，浩然莫窮。心佛衆生，三無差别，卷舒自在，無礙圓融。此雖極則，終是無風帀帀之波。」公

〔一〕「次」，原作「方」，據續藏本改。

於是不覺促榻。師遂問曰：「到此，與祖師西來意爲同爲別？」公曰：「同矣。」師曰：「且得没交涉。」公色爲之愠。師曰：「不見雲門道：『山河大地，無絲毫過患，猶是轉句。直得不見一色，始是半提。更須知有向上全提時節。』彼德山、臨濟，豈非全提乎？」公乃首肯。翌日復舉事法界、理法界，至理事無礙法界。師又問：「此可説禪乎？」公曰：「正好説禪也。」師笑曰：「不然。正是法界量裏在。蓋法界量未滅，若到事事無礙法界，法界量滅，始好説禪。如何是佛？乾屎橛。如何是佛？麻三斤。是故真淨偈曰：『事事無礙，如意自在。手把豬頭，口誦浄戒。趁出婬坊，未還酒債。十字街頭，解開布袋。』」公曰：「美哉之論，豈易得聞乎！」於是以師禮留居碧巖，復徙道林。樞密鄧公子常奏賜紫服、師號，詔住金陵蔣山，學者無地以容。勑補天寧萬壽，上召見，褒寵甚渥。建炎初，又遷金山，適駕幸維揚，入對，賜圜悟禪師，改雲居。久之，復領昭覺。

僧問：「雲門道須彌山，意旨如何？」師曰：「推不向前，約不退後。」曰：「未審還有過也無？」師曰：「坐却舌頭。」問：「法不孤起，仗境方生。」提坐具曰：「這箇是境，那箇是法？」師曰：「却被闍黎奪却鎗。」問：「古人道：『楖栗横擔不顧人，直入千峰萬峰去。』未審那裏是佗住處？」師曰：「騰蛇纏足，露布遶身。」曰：「朝看雲片片，暮聽水潺潺。」師曰：「却須截斷始得。」曰：「此回不是夢，真箇到廬山。」師曰：「高著眼。」問：

「猿抱子歸青嶂後，鳥銜華落碧巖前。此是和尚舊時安身立命處，如何是道林境？」師曰：「寺門高開洞庭野，殿脚插入赤沙湖。」曰：「如何是境中人？」師曰：「僧寶人人滄海珠。」曰：「此是杜工部底，作麽生是和尚底？」師曰：「且莫亂道。」曰：「如何是奪人不奪境？」師曰：「山僧有眼不曾見。」曰：「如何是奪境不奪人？」師曰：「闍黎問得自然親。」曰：「如何是人境俱奪？」師曰：「收。」曰：「如何是人境俱不奪？」師曰：「放。」問：「有句無句，如藤倚樹。如何得透脱？」師曰：「倚天長劍逼人寒。」曰：「祗如樹倒藤枯，潙山爲甚麽呵呵大笑？」師曰：「愛他底，著他底。」曰：「忽被學人掀倒禪牀，拗折拄杖，又作箇甚麽伎倆？」師曰：「也是賊過後張弓。」問：「明歷歷，露堂堂，因甚麽乾坤收不得？」師曰：「金剛手裏八稜棒。」曰：「忽然一喚便回，還當得活也無？」師曰：「鶖子目連無柰何。」曰：「不落照，不落用。如何商量？」師曰：「放下雲頭。」曰：「忽遇其中人時如何？」師曰：「騎佛殿，出山門。」曰：「萬象不來渠獨語，教誰招手上高峰？」師曰：「錯下名言。」

上堂：「通身是眼見不及，通身是耳聞不徹，通身是口説不著，通身是心鑒不出。直饒盡大地明得，無絲毫透漏，猶在半途。據令全提，且道如何展演？域中日月縱横挂，一亘晴空萬古春。」上堂：「山頭鼓浪，井底揚塵。眼聽似震雷霆，耳觀如張錦繡。三百六十骨節，一一現無邊妙身；八萬四千毛端，頭頭彰寶王刹海。不是神通妙用，亦非法爾如然。苟能千眼頓開，直是十方坐斷。且超然獨脱一句，作麼生道？試玉須經火，求珠不離泥。」上堂：「本來無形段，那復有脣觜，特地廣稱揚，替他説道理。且道他是阿誰？」上堂：「十五日已前，千牛拽不回。十五日已後，俊鶻趁不及。正當十五日，天平地平，同明同暗，大千沙界不出當處，可以含吐十虚。進一步，超越不可説香水海；退一步，坐斷千里萬里白雲。不進不退，莫道闍黎，老僧也無開口處。」舉拂子曰：「正當恁麼時如何？有時拈在千峰上，劃斷秋雲不放高。」上堂：「十方同聚會，本來身不昧。箇箇學無爲，頂上用鉗鎚。此是選佛場，深廣莫能量。心空及第歸，利劍不如錐。龐居士舌拄梵天，口包四海，有時將一莖草作丈六金身，有時將丈六金身作一莖草，甚是奇特。雖然如此，要且不曾動著向上關。且如何是向上關？鑄印築高壇。」上堂：「有句無句，超宗越格。如藤倚樹，銀山鐵壁。及至樹倒藤枯，多少人失却鼻孔。直饒收拾得來，已是千里萬里。祇如未有恁麼消息時如何，還透得麼？風暖鳥聲碎，日高華影重。」上堂：「第一句薦得，祖師乞命。第二句薦得，人天膽落。第三句薦得，虎口横身。不是循途守轍，亦非革轍移途。透得則六臂三頭，未透亦人間天上。且三句外一句作麼生道？生涯祇在絲綸上，明月扁舟泛五湖。」

示衆云：「一言截斷，千聖消聲；一劍當頭，横屍萬里。所以道：有時句到意不到，有時意到句不到。句能剗意，意能剗句，意句交馳，衲僧巴鼻。若能恁麽轉去，青天也須喫棒。且道憑箇甚麽？可憐無限弄潮人，畢竟還落潮中死。」示衆云：「萬仞崖頭撒手，要須其人；千鈞之弩發機，豈爲鼷鼠？雲門、睦州，當面蹉過；德山、臨濟，誑謼閭閻。自餘立境立機，作窠作窟，故是滅胡種族。且獨脱一句作麽生道？萬緣遷變渾閑事，五月山房冷似冰。」紹興五年八月己酉，示微恙，趺坐書偈遺衆，投筆而逝。茶毗，舌齒不壞，設利五色無數。塔於昭覺寺之側，謚真覺禪師。

太平慧懃禪師

舒州太平慧懃佛鑑禪師，本郡汪氏子。丱歲師廣教圓深，試所習得度。每以「唯此一事實，餘二則非真」味之，有省。乃徧參名宿，往來五祖之門有年。恚祖不爲印據，與圓悟相繼而去。及悟，歸五祖，方大徹證。而師忽至，意欲他邁，悟勉令挂搭，且曰：「某與兄相別始月餘，比舊相見時如何？」師曰：「我所疑者，此也。」遂參堂。一日，聞祖舉：「僧問趙州：『如何是和尚家風？』州曰：『老僧耳聾，高聲問將來。』僧再問，州曰：『你問我家風，我却識你家風了也。』」師即大豁所疑。曰：「乞和尚指示極則。」祖曰：「森羅及萬象，一法之所印。」師展拜，祖令主翰墨。後同圓悟語話次，舉東寺問仰山鎮海明珠因緣，至「無理可伸」處，圓悟徵曰：「既云收得，逮索此珠，又道無言可對，無理可伸。」師不能加答。明日謂悟曰：「東寺祇索一顆珠，仰山當下傾出一栲栳。」悟深肯之，乃告之曰：「老兄更宜親近老和尚去。」師一日造方丈，未及語，被祖詬罵，懡㦬而退。歸寮閉門打睡，恨祖不已。悟已密知，即往扣門。師曰：「誰？」悟曰：「我。」師即開門。悟問：「你見老和尚如何？」師曰：「我本不去，被你賺累我，遭這老漢詬罵。」悟呵呵大笑曰：「你記得前日下底語麽？」師曰：「是甚麽語？」悟曰：「你又道東寺祇索一顆，仰山傾出一栲栳。」師當下釋然。悟遂領師同上方丈。祖纔見，遽曰：「懃兄，且喜大事了畢。」明年，命師爲第一座。會太平靈源赴黃龍，其席既虚，源薦師於舒守孫鼎臣，遂命補處。五祖付法衣，師受而捧以示衆曰：「昔釋迦文佛以丈六金襴袈裟披千尺彌勒佛身。佛身不長，袈裟不短。會麽？即此樣，無他樣。」自是法道大播。政和初，詔住東都智海，五年乞歸，得旨居蔣山。樞密鄧公子常奏賜徽號、椹服。僧問：「如何是祖師西來意？」師曰：「喫醋知酸，喫鹽知鹹。」曰：「弓折箭盡時如何？」師曰：「一場懡㦬。」問：「不與萬法爲侶者是甚麽人？」師曰：「拶破露柱。」曰：「歸鄉無路時如何？」師曰：「王程有限。」曰：「前三三，後三三，又作麼生？」師曰：「六六三十六。」問：「承聞和尚親見五祖，是否？」師曰：「鐵牛齧碎黃金草。」曰：「恁麼則親見五祖也。」師曰：「我與你有甚冤讎？」曰：「祇如達磨見武帝，意旨如何？」師曰：「胡言易辨，漢語難明。」曰：「爲甚棲棲暗渡〔一〕江？」師曰：「因風借便。」問：「如何是主中賓？」師曰：「進前退後愁殺人。」曰：「如何是賓中主？」師曰：「真實之言成妄語。」曰〔二〕：「如何是賓中賓？」師曰：「夫子遊行厄在陳。」曰：「如何是主中主？」師曰：「終日同行非伴侶。」曰：「賓主已蒙師指示，向上宗乘事若何？」師曰：「大斧斫了手摩挲。」問：「即心即佛即不問，非心非佛事如何？」師曰：「昨日有僧問，老僧不對。」曰：「未審與即心即佛相去多少？」師曰：「近則千里萬里，遠則不隔絲毫。」曰：「忽被學人截斷兩頭，歸家穩坐，又作麼生？」師曰：「你家在甚麼處？」曰：「大千沙界內，一箇自由身。」師曰：「未到家在，更道。」曰：「學人到這裏，直得東西不辨，南北不分去也。」師曰：「未爲分外。」

上堂：「至道無難，唯嫌揀擇。桃華紅，李華白，誰道融融只一色？燕子語，黄鶯鳴，

〔一〕「渡」，原作「没」，據續藏本改。
〔二〕「曰」字原無，據義補。

誰道關關祇一聲？不透祖師關捩子，空認山河作眼睛。」上堂：「日日日西沉，日日日東上。若欲學菩提，」擲下柱杖曰：「但看此模樣。」五祖周祥，上堂：「去年今日時，紅爐片雪飛。今日去年時，曹娥讀夜碑。末後一句子，佛眼莫能窺。白蓮峰頂上，紅日遶須彌。烏啄珊瑚樹，鯨吞離水犀。太平家業在，千古襲楊岐。」上堂，橫拄杖曰：「先照後用。」豎起曰：「先用後照。」倒轉曰：「照用同時。」卓一下曰：「照用不同時。汝等諸人被拄杖一口吞盡了也。自是你不覺，若向這裏道得轉身句，免見一場氣悶。其或未然，老僧今日失利。」上堂：「金烏急，玉兔速，急急流光七月十。無窮遊子不歸家，縱歸祇在門前立。門前立，把手牽伊不肯入。萬里看看寸草無，殘花落地無人拾。無人拾，一回雨過一回濕。」上堂：「世尊有密語，迦葉不覆藏。」乃曰：「你尋常説黃道黑，評品古今，豈不是密語？你尋常折旋俯仰，拈匙把筯，祇揖萬福，是覆藏不覆藏？忽然瞥地去，也不可知。要會麼？世尊有密語，冬到寒食一百五。迦葉不覆藏，水泄不通已露贜。靈利衲僧如會得，一重雪上一重霜。」上堂：「十五日已前事，錦上鋪花。十五日已後事，如海一漚發。正當十五日，大似一尺鏡照千里之像。雖則真空絶跡，其柰海印發光。任他露柱開花，説甚佛面百醜。何故？到頭霜夜月，任運落前溪。」上堂，舉：「僧問趙州：『如何是不遷義？』州以手作流水勢，其僧有省。又僧問法眼：『不取於相，如如不動。如何是不取於相，見於如如不動？』眼曰：『日出東方夜落西。』其僧亦有省。若也於此見得，方知道旋嵐偃嶽，本來常静；江河競注，元自不流。其或未然，不免更爲饒舌。天左旋，地右轉，古往今來經幾徧。金烏飛，玉兔走。纔方出海門，又落青山後。江河波渺渺，淮濟浪悠悠，直入滄溟晝夜流。」遂高聲曰：「諸禪德！還見如如不動麽？」師室中以木骰子六隻，面面皆書么字。僧纔入，師擲曰：「會麽？」僧擬不擬，師即打出。七年九月八日，上堂：「祖師心印，狀似鐵牛之機。去即印住，住即印破。直饒不去不住，亦未是衲僧行履處。且作麽生是衲僧行履處？待十月前後，爲諸人注破。」至後月八日，沐浴更衣，端坐，手寫數書別故舊，停筆而化。闍維，收靈骨設利，塔於本山。

龍門清遠禪師

舒州龍門清遠佛眼禪師，臨邛李氏子。嚴正寡言，十四圓具，依毗尼，究其説。因讀法華經，至「是法非思量分別之所能解」，持以問講師，講師莫能答。師嘆曰：「義學名相，非所以了生死大事。」遂卷衣南游，造舒州太平演禪師法席。因丐於廬州，偶雨〔一〕足跌仆地。煩懣間，聞二人交相惡罵，諫者曰：「你猶自煩惱在。」師於言下有省。及歸，凡有所問，演即曰：「我不如你，你自會得好。」或曰：「我不會，我不如你。」師愈疑，遂咨決於元禮首座。禮乃以手引師之耳，繞圍爐數匝，且行且語曰：「你自會得好。」師曰：「有冀開發，乃爾相戲耶？」禮曰：「你他後悟去，方知今日曲折耳。」太平將還海會，師慨然曰：「吾持鉢方歸，復參隨往一荒院，安能究決己事耶？」遂作偈告辭，之蔣山坐夏，邂逅靈源禪師，日益厚善，從容言話間，師曰：「比見都下一尊宿語句，似有緣。」靈源曰：「演公天下第一等宗師，何故捨而事遠遊？所謂有緣者，蓋知解之師與公初心相應耳。」師從所勉，徑趨海會，後命典謁。適寒夜孤坐，撥爐見火一豆許，恍然自喜曰：「深深撥，有些子。平生事，只如此。」遽起閱几上傳燈録，至破竈墮因緣，忽大悟。作偈曰：「刀林鳥啼，被衣終夜坐。撥火悟平生，窮神歸破墮。事皎人自迷，曲淡誰能和？念之永不忘，門開少人過。」圓悟因詣其寮，舉青林般土話驗之。且謂：「古今無人出得，你如何會？」師曰：「也有，甚難。」悟曰：「衹如他道鐵輪天子寰中旨，意作麽生？」師曰：「我道帝釋宫中放赦書。」悟退，語人曰：「且喜遠兄便有活人句也。」自是隱居四面大中庵，

〔一〕「雨」，疑爲「兩」。

屬天下一新崇寧萬壽寺，舒守王公涣之命師開法，次補龍門，道望尤振。後遷和之褒禪。樞密鄧公洵武奏賜師號紫衣。

上堂：「臺山路上，過客全稀。破竈堂前，感恩無地。雪埋庭柏，冰鎖偃谿。雖在南方火爐頭，不入他家甕甕裏。看看！臘月三十日，便是孟春猶寒。你等諸人，各須努力向前，切忌自生退屈。」上堂，卓拄杖曰：「圓明了知，不由心念。抵死要道，墮坑落壍。畢竟如何？」乃倚拄杖，下座。上堂：「泡幻同無礙，如何不了悟？眼裏瞳人吹叫子，達法在其中，非今亦非古。六隻骰子滿盆紅。大衆！時人爲甚麽坐地看楊州？鉢盂著柄新𣫍様，牛上騎牛笑殺人。」上堂：「趙州不見南泉，山僧不識五祖。甜瓜徹蔕甜，苦瓠連根苦。」上堂：「一葉落，天下春，無路尋思笑殺人。下是天，上是地，此言不入時流意。南作北，東作西。動而止，喜而悲。虵頭蝎尾一試之，猛虎口裏活雀兒。是何言？歸堂去。」上堂：「千説萬説，不如親面一見。縱不説，亦自分明。王子寶刀喻，衆盲摸象喻，禪學中隔江招手事，望州亭相見事，迥絶無人處事，深山巖崖處事，此皆親面而見之，不在説也。」上堂：「蘇武牧羊，辱而不屈。李陵望漢，樂以忘歸。是在外國？在本國？佛諸弟子中，有者雙足越坑，有者聆箏起舞，有者身埋糞壤，有者呵罵河神。是習氣？是妙用？至於擎叉打地，豎拂敲牀，睦州一向閉門，魯祖終年面壁，是爲人？是不爲人？信知一切凡夫，埋没寶藏，殊不丈夫。諸人何不擺柂張帆，抛江過岸？休更釘樁摇艣，何日到家？既作曹溪人，又是家裏漢，還見家裏事麼？」僧問：「劫火洞然，大千俱壞，未審這箇壞不壞？」師曰：「黑漆桶裏黄金色。」問：「道遠乎哉？觸事而真。如何是道？」師曰：「頂上八尺五。」曰：「此理如何？」師曰：「方圓七八寸。」問：「劫火威音前，别是一壺天。御樓前射獵，不是刈茅田。」提起坐具曰：「這箇唤作甚麼？」師曰：「正是刈茅田。」僧便喝，師曰：「猶作主在。」問僧：「孤燈獨照時如何？」僧無對。師代曰：「露柱證明。」師聞開静板聲，乃曰：「據款結案。」師嘗題語於龍門延壽壁間曰：「佛許有病者當療治，容有將息所也。禪林凡有數名，或曰涅槃，見法身常住，了法不生也。或曰省行，知此違緣，皆從行苦也。或曰延壽，欲得慧命，扶持色身也。其實使人了生死處也。多見少覺微恙，便入此堂，不强支吾，便有補益。及乎久病，思念鄉閭，不善退思，滅除苦本。先聖云：病者，衆生之良藥。若善服食，無不瘥者也。」宣和初，以病辭歸蔣山之東堂。二年，書雲前一日，飯食訖，趺坐，謂其徒曰：「諸方老宿，臨終必留偈辭世。世可辭耶？且將安往？」乃合掌，怡然趨寂。門人函骨歸龍門，塔於靈光臺側。

開福道寧禪師

潭州開福道寧禪師，歙溪汪氏子。壯爲道人，於崇果寺執浴。一日將濯足，偶誦金剛經，至「於此章句能生信心，以此爲實」。遂忘所知，忽垂足沸湯中，發明己見。後祝髮蔣山，依雪竇老良禪師，踰二年，偏歷叢林，參諸名宿。晚至白蓮，聞五祖小參，舉忠國師古佛浄瓶、趙州狗子無佛性話，頓徹法源。大觀中，潭帥席公震請住開福，衲子景從。浴佛，上堂：「未離兜率，已降王宫。未出母胎，度人已畢。諸禪德！日日日從東畔出，朝朝雞向五更啼。雖然不是桃華洞，春至桃華亦滿溪。」又道：「毗藍園内，右脇降生。七步周行，四方目顧。天上天下，唯我獨尊。大似貪觀天上月，失却手中珠。還知落處麽？若知落處，方爲孝子順孫。苟或未然，不免重下注脚。」良久曰：「天生伎倆能奇怪，末上輸他弄一場。」示衆云：「秋日耀長空，秋江浸虚碧。傷嗟門外人，處處尋彌勒。驀路忽擡頭，相逢不相識。諸禪德！既是相逢，爲甚麽却不相識？剪盡霜前竹，臨谿不化龍。」上堂：「偏界不曾藏，通身無影像。相逢莫訝太愚癡，曠劫至今無伎倆。無伎倆，少人知。大抵還他肌骨好，何須臨鏡畫蛾眉？」上堂：「摩竭正令，未免崎嶇；少室垂慈，早傷風骨。腰囊挈錫，孤負平生；煉行灰心，遞相鈍置。争似春雨晴，春山青，白雲三片四片，黄鳥一聲兩聲。千眼大悲看不足，王維雖巧畫難成。直饒便恁麽，猶自涉途程。且不涉途程一句作麽生道？人從汴州來，不得東京信。」僧問：「蓮華未出水時如何？」師曰：「人天合掌。」曰：「出水後如何？」師曰：「不礙往來看。」問：「如何是句到意不到？」師曰：「瑞草本無根，信手拈來用。」曰：「如何是意到句不到？」師曰：「領取鈎頭意，莫認定盤星。」曰：「如何是意句俱到？」師曰：「大悲不展手，通身是眼睛。」曰：「如何是意句俱不到？」師曰：「君向瀟湘我向秦。」政和三年十一月四日，浄髮沐浴，次日齋罷小參，勉衆行道，辭語誠切，期初七示寂。至日酉時，跏趺而逝。闍維，獲設利五色，歸藏於塔。

大隨元静禪師

彭州大隨南堂元静禪師，後名道興。閬之玉山大儒趙公約仲之子也。十歲病甚，母禱之，感異夢，捨令出家。師成都大慈寶生院宗裔。元祐三年，通經得度。留講聚有年，而南下首參永安恩禪師，於臨濟三頓棒話發明。次依諸名宿，無有當意者。聞五祖機峻，欲抑之，遂謁祖。祖乃曰：「我此間不比諸方，凡於室中，不要汝進前退後，豎指擎拳，繞禪牀作女人拜，提起坐具，千般伎倆。祇要你一言下諦當，便是汝見處。」師茫然退，參三載。一日入室罷，祖謂曰：「子所下語，已得十分，試更與我説看。」師即剖而陳之。祖曰：「説亦説得十分，更與我斷看。」師隨所問而判之。祖曰：「好即好，祇是未曾得老僧説話在。齋後可來祖師塔所，與汝一一按過始得。」及至彼，祖便以「即心即佛，非心非佛，睦州擔板漢，南泉斬猫兒，趙州狗子無佛性、有佛性」之語編辟之，其所對了無凝滯。至子胡狗話，祖遽轉面曰：「不是。」師曰：「不是却如何？」祖曰：「此不是，則和前面皆不是。」師曰：「望和尚慈悲指示。」祖曰：「看他道，子胡有一狗，上取人頭，中取人腰，下取人脚，入門者好看。纔見僧入門，便道：看狗。向子胡道看狗處下一轉語，教子胡結舌，老僧鈐口，便是你了當處。」次日入室，師默啓其説。祖笑曰：「不道你不是千了百當底人，此語祇似先師下底語。」師曰：「某何人，得似端和尚！」祖曰：「不然。老僧雖承嗣他，謂他語拙，蓋祇用遠録公手段接人故也。如老僧共遠録公，便與百丈、黄檗、南泉、趙州輩把手共行，纔見語拙即不堪。」師以爲不然。乃曳杖渡江，適大水泛漲，因留四祖，儕輩挽其歸。又二年，祖方許可。嘗商略古今次，執師手曰：「得汝説，須是吾舉；得汝舉，須是吾説。而今而後，佛祖祕要，諸方關鍵，無逃子掌握矣。」遂創南堂以居之，於是名冠寰海。成都帥席公旦請開法嘉祐。未幾徙昭覺，遷能仁及大隨。

上堂：「君王了了，將帥惺惺。一回得勝，六國平寧。」上堂，舉：「臨濟參黃檗之語，白雲端和尚頌云：一拳拳倒黃鶴樓，一趯趯飜鸚鵡洲，有意氣時添意氣，不風流處也風流。」師曰：「大隨即不然。行年七十老蹤蹱，眼目精明耳不聾。忽地有人欺負我，一拳打倒過關東。」上堂，問答已，乃曰：「有祖已來，時人錯會，祇將言句以爲禪道。殊不知道本無體，因體而得名；道本無名，因名而立號。祇如適來上座，纔恁麼出來，便恁麼歸衆。且道具眼不具眼？若道具眼，纔恁麼出來，眼在甚麼處？若道不具眼，争合便恁麼去？諸仁者！於此見得倜儻分明，則知二祖禮拜，依位而立，真得其髓。祇這些子，是三世諸佛命根，六代祖師命脉，天下老和尚安身立命處。雖然如是，須是親到始得。」上堂：「自己田園任運耕，祖宗基業力須争。悟須千聖頭邊坐，用向三塗底下行。」僧問：「祖師心印，請師直指。」師曰：「你聞熱麽？」曰：「聞。」師曰：「且不聞寒？」曰：「和尚還聞熱否？」師曰：「不聞。」曰：「爲甚麽不聞？」師摇扇曰：「爲我有這箇。」問：「如何是奪人不奪境？」師曰：「活捉魔王鼻孔穿。」曰：「如何是奪境不奪人？」師曰：「中心樹子屬吾曹。」曰：「如何是人境兩俱奪？」師曰：「一釣三山連六鼇。」曰：「如何是人境俱不奪？」師曰：「白日騎牛穿市過。」問：「蓮花未出水時如何？」師曰：「好。」曰：「出水後如何？」師曰：「好。」曰：「如何是蓮華？」師曰：「好。」僧禮拜。師曰：「與他三箇好，萬事一時休。」問：「藏天下於天下即不問。」乃舉拳曰：「祇如這箇作麽生藏？」師曰：「有甚麽難？」曰：「且作麽生藏？」師曰：「衫袖裏。」曰：「未審如何是紀綱佛法底人？」師曰：「不可是鬼。」曰：「忽遇殺佛殺祖底來，又作麽生支遣？」師曰：「老僧有眼不曾見。」問：「學人乍入叢林，乞師指示。」師曰：「喫粥喫飯，莫教放在腦後。」曰：「終日喫時未嘗喫。」師曰：「負心衲子，不識好惡。」問：「劫火洞然，大千俱壞。未審這箇壞也無？」師曰：「阿誰教你恁麽問？」僧進前，鞠躬曰：「不審。」師曰：「是壞不壞？」僧無語。問：「如何是山裏禪？」師曰：「庭前嫩竹先生笋，澗下枯松長老枝。」曰：「如何是市裏禪？」師曰：「六街鐘鼓韻鼕鼕，即處鋪金世界中。」曰：「如何是村裏禪？」師曰：「賊盜消亡蠶麥熟，謳歌鼓舞樂昇平。」問：「如何是諸佛出身處？」師曰：「問得甚當。」曰：「便恁麽去時如何？」師曰：「答得更奇。」問：「因山見水，見水忘山。山水俱忘，理歸何所？」師曰：「山僧坐却舌頭，天地黯黑。」有一老宿垂語云：「十字街頭起一間茅厠，祇是不許人屙。」僧舉以扣師。師曰：「是你先屙了，更教甚麽人屙？」宿聞，焚香遥望大隨，再拜謝之。

紹興乙卯秋七月，大雨雪，山中有異象。師曰：「吾期至矣。」十七日，別郡守以次，越三日，示少恙於天彭，二十四夜，謂侍僧曰：「天曉無月時如何？」僧無對。師曰：「倒教我與汝下火始得。」翌日還堋口廨院，留遺誡，蛻然示寂。門弟子奉全身歸，煙霧四合，猿鳥悲鳴。荼毗，異香徧野，舌本如故。設利五色者不可計，瘞於定光塔之西。後住天童、天目。文禮作師畫像贊，可補行實之缺。因併録此贊曰：「東山一會人，唯他不唧𠺕。別處著閑房，叢林難講究。郱水潭虵出驚人，鈍鐵鍋雞啼白晝。雜劇打來，全火祇候。晚歲放疏慵，却與俗和同。勤巴子使人勘驗，擲香貼便顯家風。定光無佛，枉費羅籠。臨行摇鐸向虛空，那知喪盡白雲宗。」

無爲宗泰禪師

漢州無爲宗泰禪師，涪城人。自出關，徧遊叢社。至五祖，告香日，祖舉趙州洗鉢盂話俾參。洎入室，舉此話問師：「你道趙州向伊道甚麽，這僧便悟去？」師曰：「洗鉢盂去聻？」祖曰：「你祇知路上事，不知路上滋味。」師曰：「既知路上事，路上有甚滋味？」祖曰：「你不知邪？」又問：「你曾游浙否？」師曰：「未也。」祖曰：「你未悟在。」師自此凡五年，不能對。祖一日陞堂，顧衆曰：「八十翁翁輥繡毬。」便下座。師欣然出衆曰：「和尚試輥一輥看。」祖以手作打仗鼓勢，操蜀音唱綿州巴歌曰：「豆子山，打瓦鼓。楊平山，撒白雨。白雨下，取龍女。織得絹，二丈五。一半屬羅江，一半屬玄武。」師聞大悟，掩祖口曰：「祇消唱到這裏。」祖大笑而歸。師後還蜀，四衆請開法無爲，遷正法。上堂：「此一大事因緣，自從世尊拈華，迦葉微笑，世尊曰：『吾有正法眼藏，分付摩訶大迦葉。』以後燈燈相續，祖祖相傳，迄至於今，綿綿不墜。直得遍地生華，故號涅槃妙心，亦曰本心，亦曰本性，亦曰本來面目，亦曰第一義諦，亦曰爍迦羅眼，亦曰摩訶大般若。在男曰男，在女曰女。汝等諸人，但自悟去，這般盡是閑言語。」遂拈起拂子曰：「會了喚作禪，未悟果然難。難！難！目前隔箇須彌山。悟了易。易！易！信口道來無不是。」僧問：「如何是佛？」師曰：「阿誰教你恁麼問？」僧擬議，師曰：「了。」

五祖表自禪師

蘄州五祖表自禪師，懷安人也。初依祖最久，未有省。時圓悟爲座元，師往請益。悟曰：「兄有疑處試語我。」師遂舉：「德山小參不答話，問話者三十棒。」悟曰：「禮拜著，我作得你師。舉話尚不會？」師作禮竟，悟令再舉前話。師曰：「德山小參不答話。」悟掩其口曰：「但恁麼看。」師出，揚聲曰：「屈！屈！豈有公案祇教人看一句底道理？」有僧謂師曰：「兄不可如此説，首座須有方便。」因静坐體究，及旬，頓釋所疑。詣悟禮謝。悟曰：「兄始知吾不汝欺。」又詣方丈，祖迎笑。自爾日深玄奥。祖將歸寂，遺言郡守，守命嗣其席，衲子四至不可遏。師榜侍者門曰：「東山有三句，若人道得，即挂搭。」衲子皆披靡。一日，有僧携坐具徑造丈室。謂師曰：「某甲道不得，祇要挂搭。」師大喜，呼維那於明窗下安排。上堂：「世尊拈華，迦葉微笑時，人祇知拈華微笑，要且不識世尊。」僧問：「如何是祖師西來意？」師曰：「荆棘林中舞柘枝。」曰：「如何是佛？」師曰：「新生孩子擲金盆。」

龍華道初禪師

蘄州龍華道初禪師，梓之馬氏子。爲祖侍者有年。住龍華日，上堂曰：「雞見便鬬，犬見便齩。殿上鴟吻終日相對，爲甚麽却不嗔？」便下座。師機辯峻捷，門人罔知造詣。一日，謂衆曰：「昨日離城市，白雲空往還。松風清耳目，端的勝人間。」召衆曰：「此是先師末後句。」有頃，脱然而逝。

九頂清素禪師

嘉州九頂清素禪師，本郡郭氏子。於乾明寺剃染，徧扣禪扃。晚謁五祖，聞舉首山答西來意語，倏然契悟。述偈曰：「顛倒顛，顛倒顛，新婦騎驢阿家牽。便恁麽，太無端，回頭不覺布衫穿。」祖見，乃問：「百丈野狐話又作麽生？」師曰：「來説是非者，便是是非人。」祖大悦。久之辭歸，住清溪，次遷九頂。太守吕公來瞻大像，問曰：「既是大像，因甚麽肩負兩楹？」師曰：「船上無散工。」至閣下，覩觀音像，又問：「彌勒化境，觀音何來？」師曰：「家富小兒嬌。」守乃禮敬。勤老宿至，師問：「舞劍當咽時如何？」曰：「伏惟尚饗。」師詬曰：「老賊死去，你問我。」勤理前語問之。師叉手揖曰：「拽破。」紹興乙卯四月二十四日，得微疾，書偈遺衆曰：「木人備舟，鐵人備馬。丙丁童子穩穩登，喝散白雲歸去也。」竟爾趨寂。

元禮首座

元禮首座，閩人也。受業焦山。初參演和尚於白雲。凡入室，必謂曰：「衲僧家，明取緇素好。」師疑之不已。一日，演陞堂，舉首山新婦騎驢阿家牽語，乃曰：「諸人要會麽？莫問新婦阿家，免煩路上波吒，遇飯即飯，遇茶即茶，同門出入，宿世冤家。」師於言下豁如，且曰：「今日緇素明矣。」二年，演遷席祖山，命分座，不就。演歸寂，即他往。崇寧間，再到五祖。僧問：「五祖遷化向甚麽處去？」師曰：「有眼無耳朵，六月火邊坐。」曰：「意旨如何？」師曰：「家貧猶自可，路貧愁殺人。」或問：「金剛經云：『一切善法。』如何是法？」師曰：「上是天，下是地，中間坐底坐，立底立。喚甚麽作善法？」僧無對，師便打。後終於四明之瑞巖。

普融藏主

普融知藏，福州人也。至五祖，入室次，祖舉倩女離魂話問之，有契。呈偈曰：「二女合爲一媳婦，機輪截斷難回互。從來往返絶蹤由，行人莫問來時路。」凡有鄉僧來謁，則發閩音誦俚語曰：「書頭教娘勤作息，書尾教娘莫瞌睡。且道中間説箇甚麽？」僧擬對，師即推出。

法閦上座

法閦上座，久依五祖，未有所入。一日造室，祖問：「不與萬法爲侶者是甚麽人？」曰：「法閦即不然。」祖以手指曰：「住！住！法閦即不然，作麽生？」師於是啓悟。後至東林宣密度禪師席下，見其得平實之旨。一日拈華繞度禪牀一匝，背手插香爐中，曰：「和尚且道，意作麽生？」度屢下語，皆不契。踰兩月，遂問師，令〔一〕試說之。師曰：「某祇將華插香爐中，和尚自疑，有甚麽事來？」

雲蓋本禪師法嗣

承天自賢禪師

潭州南嶽承天院自賢禪師，僧問：「大衆已集，仰聽雷音。猊座既登，請師剖露。」師

〔一〕「令」，原作「合」，據續藏本改。

曰：「刹竿頭上翻筋斗。」曰：「恁麽則嶽麓山前祥霧起，祝融峰下瑞雲生。」師曰：「紫羅帳裏撒真珠。」上堂，拈拄杖曰：「不是心，不是佛，不是物。」擊禪牀一下曰：「與君打破精靈窟，簸土揚塵無處尋，千山萬山空突兀。」復擊一下曰：「歸堂去參！」上堂：「一身高隱惟南嶽，自笑孤雲未是閑。松下水邊端坐者，也應隨倒説居山。咄！」上堂：「五更殘月落，天曉白雲飛。分明目前事，不是目前機。既是目前事，爲甚麽不是目前機？」良久曰：「欲言言不及，林下却商量。」

琅邪起禪師法嗣

金陵俞道婆

俞道婆，金陵人也。市油餈爲業。常隨衆參問琅邪，邪以臨濟無位真人話示之。一日，聞丐者唱蓮華樂云：「不因柳毅傳書信，何緣得到洞庭湖？」忽大悟，以餈盤投地。夫傍睨曰：「你顛邪？」婆掌曰：「非汝境界。」往見琅邪，邪望之，知其造詣。問：「那箇是無位真人？」婆應聲曰：「有一無位人，六臂三頭努力嗔。一擘華山分兩路，萬年流水不知春。」由是聲名藹著。凡有僧至，則曰：「兒！兒！」僧擬議，即掩門。佛燈珣禪師往勘之，婆見，如前所問。珣曰：「爺在甚麼處？」婆轉身拜露柱。珣即踏倒曰：「將謂有多少奇特？」便出。婆蹶起曰：「兒！兒！來！惜你則箇。」珣竟不顧。安首座至，婆問：「甚處來？」安曰：「德山。」婆曰：「德山泰乃老婆兒子。」安曰：「婆是甚人兒子？」婆曰：「被上座一問，直得立地放尿。」婆嘗頌馬祖不安因緣曰：「日面月面，虛空閃電。雖然截斷天下衲僧舌頭，分明秖道得一半。」

南嶽下十五世上

昭覺勤禪師法嗣

徑山宗杲禪師

臨安府徑山宗杲大慧普覺禪師，宣城奚氏子。夙有英氣。年十二入鄉校，一日因與同窗戲，以硯投之，悮中先生帽，償金而歸。曰：「大丈夫讀世間書，曷若究出世法？」即詣東山慧雲院事慧齊。年十七，薙髮具毗尼。偶閱古雲門録，怳若舊習，往依廣教珵禪師。棄游四方，從曹洞諸老宿，既得其説，去登寶峰，謁湛堂準禪師。堂一見異之，俾侍巾裓，指以入道捷徑，師横機無所讓。堂訶曰：「汝曾未悟，病在意識領解，則爲所知障。」堂疾革，囑師曰：「吾去後，當見川勤，必能盡子機用。」勤即圓悟。堂卒，師趨謁無盡居士，求堂塔銘。無盡門庭高，少許可，與師一言相契，下榻延之，名師庵曰妙喜。洎後再謁，且囑令見圓悟。師至天寧，一日聞悟陞堂，舉：「僧問雲門：『如何是諸佛出身處？』門曰：『東山水上行。』若是天寧即不然。忽有人問：『如何是諸佛出身處？』只向他道：『薰風自南來，殿閣生微凉。』」師於言下忽然前後際斷，雖然動相不生，却坐在浄躶躶處。悟謂曰：「也不易，你得到這田地，可惜死了不能得活，不疑言句，是爲大病。不見道：懸崖撒手，自肯承當，絶後再蘇，欺君不得。須信有這箇道理。」遂令居擇木堂，爲不釐務侍者。日同士大夫入室。擇木乃朝士止息處。悟每舉「有句無句，如藤倚樹」問之。師纔開口，悟便曰：「不是，不是。」經半載，遂問悟曰：「聞和尚當時在五祖曾問這話，不知五祖道甚麽？」悟笑而不答。師曰：「和尚當時須對衆問，如今説亦何妨？」悟不得已，謂曰：「我問：有句無句，如藤倚樹，意旨如何？祖曰：描也描不成，畫也畫不就。又問：樹倒藤枯時如何？祖曰：相隨來也。」師當下釋然，曰：「我會也。」悟遂舉數因緣詰之，師酬對無滯。悟曰：「始知吾不汝欺。」遂著臨濟正宗記付之，俾掌記室。未幾，令分坐，室中握竹篦以驗學者。叢林浩然歸重，名振京師。右丞相呂公舜徒奏賜紫衣、佛日之號。會女真之變，其酋欲取禪僧十數人，師在選得免。趨吳虎丘度夏，因閱華嚴至「菩薩登第七地，證無生法忍」，洞曉向所請問湛堂「殃崛摩羅持鉢至產婦家」因緣。

時圜悟詔住雲居，師往省覲，至山次日，即請爲第一座。時會中多龍象，以圜悟久虚座元，俟師之來，頗有不平之心。及冬至，秉拂昭覺元禪師出衆問云：「眉間挂劍時如何？」師曰：「血濺梵天。」圜悟於座下以手約云：「住！住！問得極好，答得更奇。」元乃歸衆，叢林由是改觀。圜悟歸蜀，師於雲居山後古雲門舊址創庵以居，學者雲集。久之入閩，結茅於長樂洋嶼，從之得法者十有三人。又徙小溪雲門庵，後應張丞相魏公浚徑山之命。開堂日，僧問：「人天普集，選佛場開。祖令當行，如何舉唱？」師云：「鈍鳥逆風飛。」曰：「偏界且無尋覓處，分明一點座中圓。」師曰：「人間無水不朝東。」復有僧競出，師約住云：「假使大地盡末爲塵，一一塵有一一口，一一口具無礙廣長舌相，一一舌相出無量差別音聲，一一音聲發無量差別言詞，一一言詞有無量差別妙義。如上塵數衲僧各各具如是口，如是舌，如是音聲，如是言詞，如是妙義，同時致百千問難，問問各別，不消長老咳嗽一聲，一時答了。乘時於其中間，作無量無邊廣大佛事，一一佛事周徧法界，所謂一毛現神變，一切佛同說，經於無量劫，不得其邊際。便恁麼去，鬧熱門庭即得，正眼觀來，正是業識茫茫，無本可據，祖師門下一點也用不著。況復勾章棘句，展弄詞鋒，非唯埋没從上宗乘，亦乃笑破衲僧鼻孔。所以道：毫釐繫念，三塗業因；瞥爾情生，萬劫羈鎖。聖名凡號，盡是虚聲；殊相劣形，皆爲幻色。汝欲求之，得無累乎！及其厭之，又成大患。看他先聖恁麽告報，如國家兵器，豈得已而用之？本分事上，亦無這箇消息。山僧今日如斯舉唱，大似無夢説夢，好肉剜瘡。檢點將來，合喫拄杖。只今莫有下得毒手者麽？若有，堪報不報之恩，共助無爲之化。如無，倒行此令去也。」驀拈拄杖云：「横按鏌鎁全正令，太平寰宇斬癡頑。」卓拄杖，喝一喝，便下座。道法之盛，冠于一時。衆二千餘，皆諸方俊乂。

侍郎張公九成亦從之游，灑然契悟。一日，因議及朝政，與師連禍。紹興辛酉五月，毁衣牒，屏居衡陽，乃裒先德機語，間與拈提，離爲三帙，目曰正法眼藏。凡十年，移居梅陽。又五年，高宗皇帝特恩放還。明年春，復僧伽梨，四方虚席以邀，率不就。後奉朝命，居育王。逾年有旨，改徑山，道俗歆慕如初。孝宗皇帝爲普安郡王時，遣内都監入山謁師，師作偈爲獻。及在建邸，復遣内知客詣山，供五百應真，請師説法，祝延聖壽。親書妙喜庵三字，並製贊寵寄之。上堂：「欲識佛性義，當觀時節因緣。時節若至，其理自彰。」舉起拂子曰：「還見麽？」擊禪牀曰：「還聞麽？聞見分明，是箇甚麽？若向這裏提得去，皇恩佛恩一時報足。其或未然，徑山打葛藤去也。」復舉起拂子曰：「看！看！無量壽世尊在徑山拂子頭上放大光明，照不可説不可説又不可説佛刹，微塵數世界中轉大法輪，作無量無邊廣大佛事。其中若凡若聖，若正若邪，若草若木，有情無情，遇斯光者，皆獲無上正等菩提。所以諸佛於此得之，具一切種智；諸大菩薩於此得之，成就諸波羅密；辟支獨覺於此得之，出無佛世，現神通光明；諸聲聞衆洎夜來迎請五百阿羅漢於此得之，得八解脱，具六神通；天、人於此得之，增長十善；脩羅於此得之，除其憍慢；地獄於此得之，頓超十地；餓鬼、傍生及四生九類一切有情於此得之，隨其根性，各得受用。無量壽世尊放大光明，作諸佛事已竟，然後以四大海水灌彌勒世尊頂，與授阿耨多羅三藐三菩提記，當於補處作大佛事。無量壽世尊有如是神通，有如是自在，有如是威神，到這裏還有知恩報恩者麽？若有，出來與徑山相見，爲汝證明。如無，聽取一頌：十方法界至人口，法界所有即其舌。祇憑此口與舌頭，祝吾君壽無間歇。億萬斯年注福源，如海滉瀁永不竭。師子窟内産狻猊，鸑鷟定出丹山穴。爲瑞爲祥遍九垓，草木昆蟲盡懽悦。稽首不可思議事，喻若衆星拱明月。故今宣暢妙伽陀，第一義中真實説。」

上堂：「祖師道：『一心不生，萬法無咎。無咎無法，不生不心。能隨境滅，境逐能沈。境由能境，能由境能。』大小祖師，却作座主見解。徑山即不然，眼不自見，刀不自割。

喫飯濟饑，飲水定渴。臨濟、德山特地迷，枉費精神施棒喝。除却棒，拈却喝，孟八郎漢，如何止遏？」上堂，拈拄杖卓一下，喝一喝，曰：「德山棒，臨濟喝，今日爲君重拈掇。天何高，地何闊，休向糞埽堆上更添搕𢶍。換却骨，洗却腸，徑山退身三步，許你諸人商量。且道作麽生商量？」擲下拄杖，喝一喝，曰：「紅粉易成端正女，無錢難作好兒郎。」上堂：「正月十四十五，雙徑椎鑼打鼓。要識祖意西來，看取村歌社舞。」上堂：「久雨不曾晴，豁開天地清。祖師門下事，何用更施呈？」上堂，舉：「圓通秀禪師示衆曰：『少林九年冷坐，剛被神光覷破。如今玉石難分，衹得麻纏紙裹。這一箇，那一箇，更一箇，若是明眼人，何須重説破』？徑山今日不免狗尾續貂，也有些子。老胡九年話墮，可惜當時放過。致令默照之徒，鬼窟長年打坐。這一箇，那一箇，更一箇，雖然苦口叮嚀，却似樹頭風過。」結夏，上堂：「文殊三處安居，誌公不是閑和尚。迦葉欲行正令，未免眼前見鬼。且道徑山門下今日事作麽生？」下座後，大家觸禮三拜。上堂：「僧問：『有麽？有麽？』庵主豎起拳頭，還端的也無？」師便下座，歸方丈。上堂：「水底泥牛嚼生鐵，憍梵鉢提咬著舌。海神怒把珊瑚鞭，須彌燈王痛不徹。」上堂：「纔方八月中秋，又是九月十五。」卓拄杖曰：「唯有這箇不遷。」擲拄杖曰：「一衆耳聞目覩。」圓悟禪師忌，師拈香曰：「這箇尊慈，平昔强項，氣壓諸方，逞過頭底顢頇，用格外底儱侗。自言：我以木槵子換天下人眼

睛，殊不知被不孝之子將斷貫索穿却鼻孔。索頭既在徑山手裏，要教
伊死也由徑山。且道以何爲驗？」遂燒香曰：「以此爲驗。」僧問：「達磨西來，將何傳
授？」師曰：「不可總作野狐精見解。」曰：「如何是麁入細？」師曰：「香水海裏一毛
孔。」曰：「如何是細入麁？」師曰：「一毛孔裏香水海。」問：「古鏡未磨時如何？」師
曰：「火不待日而熱。」曰：「磨後如何？」師曰：「風不待月而涼。」曰：「磨與未磨時如
何？」師曰：「交。」問：「『不與萬法爲侶者是甚麽人？』『待汝一口吸盡西江水即向汝
道。』意作麽生？」師曰：「釘釘膠黏。」問：「一法若有，毗盧墮在凡夫；萬法若無，普賢
失其境界。去此二途，請師速道。」師曰：「脱殼烏龜飛上天。」問：「高揖釋迦，不拜彌勒
時如何？」師曰：「夢裏惺惺。」問：「大修行底人還落因果也無？前百丈曰『不落因果』，
爲甚麽墮野狐身？」師曰：「逢人但恁麽舉。」曰：「祇如後百丈道『不昧因果』，爲甚麽脱
野狐身？」師曰：「逢人但恁麽舉。」曰：「或有人問徑山：『大修行底人還落因果也
無？』未審和尚向他道甚麽？」師曰：「向你道：『逢人但恁麽舉。』」問：「明頭來時如
何？」師曰：「頭大尾顛纖。」曰：「暗頭來時如何？」師曰：「野馬嘶風蹄撥剌。」曰：
「明日大悲院裏有齋，又作麽生？」師曰：「雪峰道底。」問：「過去心不可得，現在心不可
得，未來心不可得時如何？」師曰：「親言出親口。」曰：「未審如何受持？」師曰：「但恁

麽受持，決不相賺。」問：「我宗無語句，實無一法與人時如何？」師曰：「五味饡秤鎚。」問：「心佛俱忘時如何？」師曰：「賣扇老婆手遮日。」問：「教中道：『塵塵説，刹刹説，無間歇。』未審以何爲舌？」師拍禪牀右角一下。僧曰：「世尊不説説，迦葉不聞聞也。」師拍禪牀左角一下。僧曰：「也知今日令不虚行。」師曰：「識甚好惡？」師室中問僧：「不是心，不是佛，不是物。你作麽生會？」僧曰：「領。」師曰：「領你屋裏七代先靈。」僧便喝，師曰：「適來領，而今喝，干他『不是心，不是佛，不是物』甚麽事？」僧無語，師打出。僧請益夾山境，話聲未絶，師便喝，僧茫然。師曰：「你問甚麽？」僧擬舉，師連打喝出。師纔見僧入，便曰：「不是。出去！」僧便出。師曰：「没量大人，被語脉裏轉却。」次一僧入，師亦曰：「不是。出去！」僧却近前，師曰：「向你道不是，更近前覓箇甚麽？」便打出。復一僧入曰：「適來兩僧不會和尚意。」師低頭噓一聲，僧罔措。師打曰：「却是你會老僧意？」問僧：「我前日有一問在你處，你先前日答我了也。即今因甚麽瞌睡？」僧曰：「如是！如是！」師曰：「道甚麽？」僧曰：「不是，不是。」師連打兩棒，曰：「一棒打你如是，一棒打你不是。」舉竹篦問僧曰：「唤作竹篦則觸，不唤作竹篦則背。不得下語，不得無語，速道！速道！」僧曰：「請和尚放下竹篦，即與和尚道。」師放下竹篦，僧拂袖便出。師曰：「侍者認取這僧著。」又舉問僧，僧曰：「甕裏怕走却鱉那？」師下禪牀擒住，曰：「此是誰語？速道！」僧曰：「實不敢謾昧老師，此是竹庵和尚教某恁麽道。」師連打數棒，曰：「分明舉似諸方。」師年邁求解，辛巳春，得旨退居明月堂。隆興改元，一夕，星殞于寺西，流光赫然。尋示微恙，八月九日，學徒問安，師勉以弘道，徐曰：「吾翌日始行。」至五鼓，親書遺奏，又貽書辭紫巖居士。侍僧了賢請偈，復大書曰：「生也祇恁麽，死也祇恁麽。有偈與無偈，是甚麽熱大？」擲筆委然而逝。平明有蚍尺許，腰首白色，伏于龍王井欄，如義服者，乃龍王示現也。四衆哀號，皇帝聞而歎惜。上製師真贊曰：「生滅不滅，常住不住。圓覺空明，隨物現處。」丞相以次，致祭者沓來。門弟子塔全身於明月堂之側。壽七十有五，夏五十有八。詔以明月堂爲妙喜庵，謚曰普覺，塔名寶光。淳熙初，賜其全録八十卷，隨大藏流行。

虎丘紹隆禪師

平江府虎丘紹隆禪師，和之含山人也。九歲謝親，居佛慧院。踰六年，得度受具。又五年，荷包謁長蘆信禪師，得其大略。有傳圓悟語至者，師讀之，嘆曰：「想酢生液，雖未澆腸沃胃，要且使人慶快。第恨未聆謦欬耳。」遂由寶峰依湛堂，客黄龍，叩死心禪師。次謁圓悟，一日入室，悟問曰：「見見之時，見非是見。見猶離見，見不能及。」舉拳曰：「還見麽？」師曰：「見。」悟曰：「頭上安頭。」師聞，脱然契證。悟叱曰：「見箇甚麽？」師曰：「竹密不妨流水過。」悟肯之。尋俾掌藏教。有問悟曰：「隆藏主柔易若此，何能爲哉！」悟曰：「瞌睡虎耳。」後歸邑，住城西開聖。建炎之擾，乃結廬銅峰之下。郡守李公光延居彰教，次徙虎丘，道大顯著。因追繹白雲端和尚立祖堂故事，乃曰：「爲人之後，不能躬行遺訓，於義安乎？」遂圖其像，以奉安之。上堂曰：「凡有展托，盡落今時；不展不托，墮坑落壍。直饒風吹不入，水洒不著，撿點將來，自救不了。豈不見道：直似寒潭月影，静夜鐘聲，隨扣擊以無虧，觸波瀾而不散，猶是生死岸頭事。」拈拄杖，劃一劃，云：「劃斷古人多年葛藤，點頭石不覺拊掌大笑。且道笑箇甚麽？腦後見腮，莫與往來。」上堂：「目前無法，萬象森然；意在目前，突出難辨。不是目前法，觸處逢渠；非耳目之所到，不離見聞覺知。雖然如是，也須踏著他向上關捩子始得。所以道：羅籠不肯住，呼唤不回頭，佛祖不安排，至今無處所。如是則不勞斂念，樓閣門開；寸步不移，百城俱到。」驀拈拄杖，劃一劃，云：「路逢死蛇莫打殺，無底籃子盛將歸。」上堂曰：「百鳥不來春又暄，凭欄溢目水連天。無心還似今宵月，照見三千與大千。」上堂：「摩竭陁國親行此令。」拈拄杖，卓一下曰：「大盡三十日，小盡二十九。」僧問：「爲國開堂一句作麽生道？」師曰：

「一願皇帝萬壽，二願重臣千秋。」曰：「祇如生佛未興時，一著落在甚麼處？」師曰：「吾常於此切。」曰：「官不容針，更借一問時如何？」師曰：「踞虎頭，收虎尾。」曰：「中間事作麼生？」師曰：「草繩自縛漢。」曰：「毗婆尸佛早留心，直至如今不得妙。」師曰：「幾行巖下路，少見白頭人。」問：「九旬禁足，意旨如何？」師曰：「理長即就。」曰：「祇如六根不具底人，還禁得也無？」師曰：「穿過鼻孔。」曰：「學人今日，小出大遇。」師曰：「降將不斬。」曰：「恁麼則和尚放某甲逐便也。」師曰：「停囚長智。」問：「雪峰道：『盡大地撮來如粟米粒大，拋向面前。漆桶不會，打鼓普請看。』未審此意如何？」師曰：「一畝之地，三蛇九鼠。」曰：「乞師再垂指示。」師曰：「海口難宣。」問：「如何是大道真源？」師曰：「和泥合水。」曰：「便恁麼去時如何？」師曰：「截斷草鞋跟。」問：「如何是佛法大意？」師曰：「蚰頭生角。」問：「古人到這裏，因甚麼不肯住？」師曰：「老僧也恁麼。」曰：「忽然一刀兩段時如何？」師曰：「平地神仙。」問：「萬機休罷，千聖不攜時如何？」師曰：「未足觀光。」曰：「還有奇特事也無？」師曰：「獨坐大雄峰。」紹興丙辰，示微疾而逝。塔全軀於寺之西南隅。

育王端裕禪師

慶元府育王山佛智端裕禪師，吴越王之裔也。六世祖守會稽，因家焉。師生而歧嶷，眉目淵秀。十四驅烏於大善寺，十八得度受具。往依浄慈一禪師。未幾，偶聞僧擊露柱，曰：「你何不説禪？」師忽徹省。去謁龍門遠、甘露卓、泐潭祥，皆以穎邁見推。晚見圓悟於鍾阜。一日，悟問：「誰知正法眼藏向這瞎驢邊滅却。即今是滅不滅？」曰：「請和尚合取口好。」悟曰：「此猶未出常情。」師擬對，悟擊之，師頓去所滯。侍悟居天寧，命掌記室。尋分座，道聲藹著。京西憲請開法丹霞，次遷虎丘。徑山謝事，徇平江道俗之請，庵于西華。閲數稔，勑居建康保寧，後移蘇城萬壽及閩中賢沙、壽山西禪，復被旨補靈隱。慈寧皇太后幸韋王第，召師演法，賜金襴袈裟，乞歸西華舊隱。紹興戊辰秋，赴育王之命。

上堂曰：「德山入門便棒，多向皮袋裏埋蹤。臨濟入門便喝，總在聲塵中出没。若是英靈衲子，直須足下風生，超越古今途轍。」拈拄杖，卓一下，喝一喝，曰：「祇這箇何似生，若唤作棒喝，瞌睡未惺。不唤作棒喝，未識德山、臨濟。畢竟如何？」復卓一下曰：「總不得動著。」上堂：「盡大地是沙門眼，徧十方是自己光，爲甚麽東弗于逮打鼓，西瞿耶尼不聞，南贍部洲點燈，北鬱單越暗坐？直饒向箇裏道得十全，猶是光影裏活計。」撼拂子曰：「百雜碎了也，作麼生是出身一路？」擲下拂子曰：「參。」上堂：「動則影現，覺則冰生。直饒不動不覺，猶是秦時轆轢鑽。到這裏，便須千差密照，萬户俱開。毫端撥轉機輪，命脉不沈毒海。有時覺如湛水，有時動若星飛。有時動覺俱忘，有時照用自在。且道正恁麼時，是動是覺？是照是用？還有區分得出底麼？鐵牛橫古路，觸著骨毛寒。」上堂曰：「行時絶行跡，説時無説蹤。行説若到，則垜生招箭；行説未明，則神鋒劃斷。就使説無滲漏，行不迷方，猶滯殼漏在。若是大鵬金翅，奮迅百千由旬，十影神駒，馳驟四方八極，不取次啗啄，不隨處埋身，且總不依倚，還有履踐分也無？刹刹塵塵是要津。」上堂曰：「易填巨壑，難滿漏巵。若有操持，了無難易。拈却大地，寬綽有餘。放出纖毫，礙塞無路。忽若不拈不放，向甚麼處履踐？同誠共休戚，飲水亦須肥。」僧問：「如何是賓中賓？」師曰：「你是田庫奴。」曰：「如何是賓中主？」師曰：「相逢猶莽鹵。」曰：「如何是主中賓？」師曰：「劍氣爍愁雲。」曰：「如何是主中主？」師曰：「敲骨打髓。」師蒞衆，色必凛然，寢食不背衆，唱道無倦。紹興庚午十月初，示微疾，至十八日，首座法全請遺訓，師曰：「盡此心意，以道相資。」語絶而逝。火後目睛齒舌不壞，其地發光終夕，得設利者無計，踰月不絶。黄冠羅肇常，平日問道於師，適外歸，獨無所獲。道念勤切，方與客食，咀噍間若有物，吐哺則設利也，大如菽，色若琥珀。好事者持去，遂再拜於闍維所，聞香匳有聲，亟開，所獲如前而差紅潤。門人奉遺骨分塔於鄮峰西華，謚大悟禪師。

大溈法泰禪師

潭州大溈佛性法泰禪師，漢州李氏子。僧問：「理隨事變，該萬有而一片虚凝；事逐理融，等千差而咸歸實際。如何是理法界？」師曰：「山河大地。」曰：「如何是事法界？」師曰：「萬象森羅。」曰：「如何是理事無礙法界？」師曰：「東西南北。」曰：「如何是事事無礙法界？」師曰：「上下四維。」上堂：「推真真無有相，窮妄妄無有形。真妄兩無所有，廓然露出眼睛。眼睛既露，見箇甚麽？曉日爍開巖畔雪，朔風吹綻臘梅華。」上堂：「寶劍拈來便用，豈有遲疑？眉毛剔起便行，更無回互。一切處騰今焕古，一切處截斷羅籠。不犯鋒鋩，亦非顧鑑。獨超物外則且置，萬機喪盡時如何？八月秋，何處熱？」上堂：「涅槃無異路，方便有多門。」拈起拄杖曰：「看！看！山僧拄杖子，一口吸盡西江水，東海鯉魚跨跳上三十三天。帝釋忿怒，把須彌山一擲粉碎。堅牢地神合掌讚歎曰：『諦觀法王法，法王法如是。』」以拄杖擊禪牀，下座。上堂：「達得人空法空，未稱祖佛家風。體得全用全照，亦非衲僧要妙。直須打破牢關，識取向上一竅。如何是向上一竅？春寒料峭，凍殺年少。」上堂：「今朝正月已半，是處燈火繚亂。滿城羅騎駢闐，交互往來遊翫。文殊走入鬧籃中，普賢端坐高樓看。且道觀音在甚麼處？震天椎畫鼓，聒地奏笙歌。」上堂：「渺渺邈邈，十方該括。坦坦蕩蕩，絶形絶相。目欲眎而睛枯，口欲談而詞喪。文殊、普賢全無伎倆，臨濟、德山不妨提唱。龜吞陝府鐵牛，虵齩嘉州大像。嚇得東海鯉魚，直至如今肚脹。嘻！」上堂：「火雲燒田苗，泉源絶流注。婆竭大龍王，不知在何處。」以拄杖擊禪牀曰：「在這裏，看！看！南山起雲，北山下雨。老僧更爲震雷聲，助發威光令遠布。」乃高聲曰：「鬨弄鬨弄。」上堂：「開口有時非，開口有時是。麁言及細語，皆歸第一義。釋迦老子碗鳴聲，達磨西來屎臭氣。唯有山前水牯牛，身放毫光照天地。」上堂：「得念失念，無非解脱，是甚麽語話？成法破法，皆名涅槃，料掉没交涉。智慧愚癡，通爲般若，顢頇佛性，菩薩外道，所成就法，皆是菩提，猶較些子。然雖如是，也是楊廣失駱駞。」上堂：「欲識佛去處，祇這語聲是。咄！傅大士不識好惡，以昭昭靈靈教壞人家男女。被誌公和尚一喝曰：『大士莫作是説，别更道看。』大士復説偈曰：『空手把鉏頭，步行騎水牛。人從橋上過，橋流水不流。』誌公呵呵大笑曰：『前頭猶似可，末後更愁人。』」上堂：「憶昔游方日，獲得二種物。一是金剛鎚，一是千聖骨。持行宇宙中，氣岸高突兀。如是三十年，用之爲準則。而今年老矣，一物知何物。擲下金剛鎚，擊碎千聖骨。抛向四衢道，不能更惜得。任意過浮生，指南將作北。呼鼈以爲鱉，唤豆以爲粟。從他明眼人，笑我無繩墨。」

護國景元禪師

台州護國此庵景元禪師，永嘉楠溪張氏子。年十八，依靈山希拱，圓具後習台教三祺，棄謁圓悟於鍾阜。因僧讀死心小參語云：「既迷須得箇悟，既悟須識悟中迷，迷中悟。迷悟雙忘，却從無迷悟處建立一切法。」師聞而疑，即趨佛殿，以手托開門扉，豁然大徹。繼而執侍，機辯逸發。圓悟目爲聱頭元侍者，遂自題肖像，付之曰：「生平只説聱頭禪，撞著聱頭如鐵壁。脱却羅籠截脚跟，大地撮來墨漆黑。晚年轉復没刀刀，奮金剛椎碎窠窟。他時要識圓悟面，一爲渠儂併拈出。」圓悟歸蜀，師還浙東，鏟彩埋光，不求聞達。括蒼守耿公延禧，嘗問道於圓悟，因閲其語録，至題肖像，得師爲人。乃致開法南明山，遣使物色，至台之報恩，獲於衆寮，迫其受命。方丈古公及靈源高弟，聞其提唱，亦深駭異。僧問：「三聖道：『我逢人即出，出則不爲人。』意旨如何？」師曰：「八十翁翁嚼生鐵。」

曰：「興化道：『我逢人則不出，出即便爲人。』又作麽生？」師曰：「須彌頂上浪滔空。」問：「天不能蓋，地不能載，是甚麽物？」師曰：「無孔鐵鎚。」曰：「天人群生類，皆承此恩力也。」師曰：「莫妄想。」問：「三世諸佛説不盡底句，請師速道。」師曰：「眨上眉毛。」問：「昔年三平道場重興，是日圓悟高提祖印，始自師傳。如何是臨濟宗？」師曰：「殺人活人不眨眼。」曰：「目前抽顧鑑，領略者還稀。如何是雲門宗？」師曰：「頂門三眼耀乾坤。」曰：「未舉先知，未言先見。如何是溈仰宗？」師曰：「推不向前，約不退後。」曰：「三界唯心，萬法唯識。如何是法眼宗？」師曰：「箭鋒相直不相饒。」曰：「建化何妨行鳥道，回途復妙顯家風。如何是曹洞宗？」師曰：「手執夜明符，幾箇知天曉？」曰：「向上還有路也無？」師曰：「有。」曰：「如何是向上路？」師曰：「黑漫漫地。」僧便喝，師曰：「貪他一粒粟，失却半年糧。」上堂：「威音王已前，這一隊漢錯七錯八。威音王已後，這一隊漢落二落三。而今這一隊漢，坐立儼然，且道是錯七錯八？落二落三？還定當得出麽？」舉拂子曰：「吽！吽！」浴佛，上堂：「這釋迦老子初生下來，便作箇笑具。一手指天，一手指地，云：『天上天下，唯我獨尊。』後來雲門大師道：『我當時若見，一棒打殺與狗子喫却，貴圖天下太平。』尚有人不肯放過，却道讚祖須是雲門始得。且道那裏是讚他處，莫是一棒打殺處，是麽？且喜没交涉。今日南明乍此住持，祇得放過，若不放過，盡大地人並皆乞命始得。如今事不獲已，且同大衆向佛殿上，每人與他一杓。何故？豈不見道：乍可違條，不可越例。」以拂子擊禪牀，下座。上堂：「野干鳴，師子吼。張得眼，開得口。動南星，蹉北斗。大衆還知落處麽？金剛堦下蹲，神龜火裏走。」師退居西山，耿龍學請就淨光陞座。靈峰古禪師舉白雲見楊岐，岐令舉茶陵悟道頌公案，請師批判。師乃曰：「諸禪德！楊岐大笑，眼觀東南，意在西北。白雲悟去，聽事不真，喚鐘作甕。檢點將來，和楊岐老漢都在架子上，將錯就錯。若是南明即不然，我有明珠一顆，切忌當頭蹉過。雖然覿面相呈，也須一鎚打破。」舉拂子曰：「還會麽？碁逢敵手難藏行，詩到重吟始見功。」師示疾，請西堂應庵華禪師爲座元，付囑院事，示訓如常。俄握拳而逝。茶毗，得五色舍利，齒舌右拳無少損。塔于寺東劉阮洞前，壽五十三。

玄沙僧昭禪師

福州玄沙僧昭禪師，上堂：「天上無彌勒，地下無彌勒，且道彌勒在甚麽處？」良久曰：「夜行莫踏白，不是水便是石。」

南峰雲辯禪師

平江府南峰雲辯禪師，本郡人，依閶之瑞峰章得度。旋里謁穹窿圓，忽有得，遂通所見。圓曰：「子雖得入，未至當也，切宜著鞭。」乃辭扣諸席，後參圓悟。值入室，纔踵門，悟曰：「看脚下。」師打露柱一下。悟曰：「何不著實道取一句？」師曰：「師若搖頭，弟子擺尾。」悟曰：「你試擺尾看。」師翻筋斗而出。悟大笑，由是知名。住後，僧問：「如何是奪人不奪境？」師曰：「霸王到烏江。」曰：「如何是奪境不奪人？」師曰：「築壇拜將。」曰：「如何是人境兩俱奪？」師曰：「萬里山河獲太平。」曰：「如何是人境俱不奪？」師曰：「龍吟霧起，虎嘯風生。」曰：「向上還有事也無？」師曰：「當面蹉過。」曰：「真箇作家。」師曰：「白日鬼迷人。」一日入城，與道俗行至十郎巷，有問：「巷在這裏，十郎在甚處？」師奮臂曰：「隨我來。」

靈隱慧遠禪師

臨安府靈隱慧遠佛海禪師，眉山彭氏子。年十三，從藥師院宗辯爲僧，詣大慈聽習，棄依靈巖徽禪師，微有省。會圓悟復領昭覺，師即之，聞悟普説，舉龐居士問馬祖「不與萬法爲侶」因緣，師忽頓悟，仆於衆，衆掖之。師乃曰：「吾夢覺矣。」至夜小參，師出問曰：「浄裸裸空無一物，赤骨力貧無一錢。户破家亡，乞師賑濟。」悟曰：「七珍八寶一時拏。」師曰：「禍不入謹家之門。」悟曰：「機不離位，墮在毒海。」師隨聲便喝。悟以拄杖擊禪床云：「喫得棒也未？」師又喝。悟連喝兩喝，師便禮拜。自此機鋒峻發，無所抵捂。圓悟順寂，師即東下，屢遷名刹。由虎丘奉詔住臯亭崇先，復被旨補靈隱。孝廟召對，賜佛海禪師。上堂：「新歲有來由，烹茶上酒樓。一雙爲兩脚，半箇有三頭。突出神難辨，相逢鬼見愁。倒吹無孔笛，促拍舞涼州。咄！」上堂：「好是仲春漸暖，那堪寒食清明。萬疊雲山聳翠，一天風月良鄰。在處華紅柳緑，湖天浪穩風平。山禽枝上語諄諄。再三瑣碎碎，囑付叮叮嚀嚀。你且道，他叮嚀囑付箇甚麽？」卓拄杖曰：「記取明年今日，依舊寒食清明。」上堂，舉：「僧問睦州：『以一重去一重即不問，不以一重去一重時如何？』州曰：『昨日栽茄子，今朝種冬瓜。』」師曰：「問者善問不解答，答者善答不解問。山僧今日向饑鷹爪下奪肉，猛虎口裏横身，爲你諸人説箇様子。登壇道士羽衣輕，呪力雖窮法轉新。拇指破開天地闇，虵頭擲落鬼神驚。」僧問：「十二時中，教學人如何用心？」師曰：「蘸雪喫冬瓜。」問：「浩浩塵中如何辨主？」師曰：「木杓頭邊鎌切菜。」曰：「莫便是和尚爲人處也無？」師曰：「研槌撩䬪飥。」問：「即心即佛時如何？」師曰：「頂分丫角。」曰：「非心非佛時如何？」師曰：「耳墜金鐶。」曰：「不是心，不是佛，不是物，又作麽生？」師曰：「秃頂修羅舞柘枝。」問：「東山水上行，意旨如何？」師曰：「初三十一，不用擇日。」問：「文殊是七佛之師，爲甚麽出女子定不得？」師曰：「擔頭不挂針。」問：「昔有一秀才，作無鬼論，論成，有一鬼叱曰：『爭柰我何！』意作麽生？」師以手斫額曰：「何似生？」曰：「祇如五祖以手作鵓鳩觜，曰：『谷呱呱。』又且如何？」師曰：「自領出去。」問：「庵内人爲甚麽不知庵外事？」師曰：「拄杖横挑鐵蒺藜。」問：「不與萬法爲侣者，是甚麽人？」師曰：「脚踏轆轤。」一日鳴鼓陞堂，師潛坐帳中，侍僧尋之，師忽撥開帳曰：「祇在這裏，因甚麽不見？」僧無對。師曰：「大斧斫三門。」問僧：「一大藏教是惡口，如何是本身盧舍那？」僧曰：「天台普請，南嶽游山。」師别曰：「阿耨達池深四十丈，闊四十丈。」乙未秋，示衆曰：「淳熙二年閏季秋九月旦，鬧處莫出頭，冷地著眼看。明暗不相干，彼此分一半。一種作貴人，教誰賣柴炭？向你道，不可毁，不可讚，體若虚空没涯岸，相唤相呼歸去來，上元定是正月半。」都下喧傳而疑之。明年，忽感微疾，果以上元揮偈安坐而化。偈曰：「拗折秤鎚，掀飜露布，突出機先，鵶飛不度。」留七日，顔色不異。塔全身於寺之烏峰。

洪福子文禪師

台州鴻福子文禪師，上堂：「不昧不落作麽會？會得依前墮野狐。一夜涼風生畫角，滿舡明月泛江湖。」

正法建禪師

成都府正法建禪師，上堂：「兔馬有角，牛羊無角。絶毫絶氂，如山如嶽。針鋒上師子釁身，藕竅中大鵬展翼。等閑突過北俱盧，日月星辰一時黑。」

華藏安民禪師

建康府華藏密印安民禪師，嘉定府朱氏子。初講楞嚴於成都，爲義學所歸。時圓悟居昭覺，師與勝禪師爲友，因造焉。聞悟小參，舉「國師三喚侍者」因緣，「趙州拈云：『如人暗中書字，字雖不成，文彩已彰。』那裏是文彩已彰處？」師心疑之，告香入室。悟問：「座主講何經？」師曰：「楞嚴。」悟曰：「楞嚴有七處徵心，八還辨見，畢竟心在甚麽處？」師多呈藝解，悟皆不肯。師復請益，悟令一切處作文彩已彰會。偶僧請益十玄談，方舉：「問君心印作何顔？」悟厲聲曰：「文彩已彰。」師聞而有省，遂求印證。悟示以本色鉗鎚，師則罔措。一日，白悟曰：「和尚休舉話，待某説看。」悟諾。師曰：「尋常拈槌豎拂，豈不是經中道，『一切世界諸所有相，皆即菩提妙明真心』？」悟笑曰：「你元來在這裏作活計。」師又曰：「下喝敲牀時，豈不是『返聞聞自性，性成無上道』？」悟曰：「你豈不見經中道，『妙性圓明，離諸名相』？」師於言下釋然。悟出蜀，居夾山，師罷講侍行。悟爲衆夜參，舉「古帆未挂」因緣，師聞未領，遂求決。悟曰：「你問我。」師舉前話，悟曰：「庭前柏樹子。」師即洞明，謂悟曰：「古人道：『如一滴投於巨壑。』殊不知大海投於一滴。」悟笑曰：「柰這漢何！」未幾，令分座。悟説偈曰：「休誇四分罷楞嚴，按下雲頭徹底參。莫學亮公親馬祖，還如德嶠訪龍潭。七年往返游昭覺，三載翺翔上碧巖。今日煩充第一座，百華叢裏現優曇。」後謁佛鑑於蔣山，鑑問：「佛果有不曾亂爲人説底句，曾與你説麽？」師曰：「合取狗口。」鑑震聲曰：「不是這箇道理。」師曰：「無人奪你鹽茶袋，叫作甚麽？」鑑曰：「佛果若不爲你説，我爲你説。」師曰：「和尚疑時，退院別參去。」鑑呵呵大笑。師未幾開法保寧，遷華藏，旋里領中峰。上堂：「衆賣華兮獨賣松，青青顔色不如紅。算來終不與時合，歸去來兮翠藹中。可笑古人恁麽道，大似逃峰赴壑，避溺投火。争如隨分到尺八五分钁頭邊討一箇半箇。雖然如是，保寧半箇也不要。何故？富嫌千口少，貧恨一身多。」冬至，上堂，舉「玉泉皓和尚云，雪、雪，片片不别，下到臘月，再從來年正月、二月、三月、四月、五月、六月、七月、八月、九月、十月，依前不歇。凍殺餓殺，免教胡説亂説。」師曰：「不是駡人，亦非贊嘆。高出臨濟、德山，不似雲居、羅漢。且道玉泉意作麽生？」良久曰：「但得雪消去，自然春到來。」師後示寂於本山，闍維，設利頗賸，細民穴地尺許，皆得之，尤光明瑩潔，心舌亦不壞。

昭覺道元禪師

成都府昭覺徹庵道元禪師，綿州鄧氏子。幼於降寂寺圓具，東游謁大别道禪師，因看「廓然無聖」之語，忽爾失笑曰：「達磨元來在這裏。」道譽之，往參佛鑑、佛眼，蒙賞識。依圓悟於金山，以所見告，悟弗之許。悟被詔住雲居，師從之。雖有信入，終以鯁胸之物未去爲疑。會悟問參徒：「生死到來時如何？」僧曰：「香臺子笑和尚。」次問師：「汝作麽生？」師曰：「草賊大敗。」悟曰：「有人問你時如何？」師擬答，悟憑陵曰：「草賊大敗。」師即徹證。圓悟以拳擊之，師指掌大笑。悟曰：「汝見甚麽便如此？」師曰：「毒拳未報，永劫不忘。」悟歸昭覺，命首衆。悟將順世，以師繼席焉。

中竺中仁禪師

臨安府中天竺㑓堂中仁禪師，洛陽人也。少依東京奉先院出家。宣和初，賜牒於慶基殿，落髮進具後，往來三藏譯經所，諦窮經論，特於宗門未之信。時圓悟居天寧，凌晨謁之。悟方爲衆入室，師見敬服，奮然造前。悟曰：「依經解義，三世佛冤。離經一字，即同魔説。速道！速道！」師擬對，悟劈口擊之，因墜一齒，即大悟。留天寧。由是師資契合，請問無間。後開法大覺，遷中天竺，次徙靈峰。上堂：「九十春光已過半，養花天氣正融和。海棠枝上鶯聲好，道與時流見得麽？然雖如是，且透聲透色一句作麽生道？金勒馬嘶芳草地，玉樓人醉杏花天。」上堂，舉狗子無佛性話，乃曰：「二八佳人刺繡遲，紫荆花下囀黄鸝。可憐無限傷春意，盡在停針不語時。」淳熙甲午四月八日，孝宗皇帝詔入，賜座説法。帝舉「不與萬法爲侶」因緣，俾拈提。師拈罷，頌曰：「秤鎚搦出油，閑言長語休。腰纏十萬貫，騎鶴上揚州。」癸亥中陞堂，告衆而逝。

象耳袁覺禪師

眉州象耳山袁覺禪師，郡之袁氏子。出家傳燈，試經得度。本名圓覺，郡守填祠牒，誤作袁字，疑師慊然，戲謂之曰：「一字名可乎？」師笑曰：「一字已多。」郡守異之。既受具，出蜀徧謁有道尊宿。後往大溈，依佛性。頃之，入室陳所見。性曰：「汝忒煞遠在。」然知其爲法器，俾充侍者，掌賓客。師每侍性，性必舉法華「開示悟入」四字，令下語。又曰：「直待我豎點頭時，汝方是也。」偶不職，被斥。制中無依，寓俗士家。一日誦法華，至「亦復不知何者是火，何者爲舍」，乃豁然，制罷歸省。性見，首肯之。圓悟再得旨住雲居，師至彼，以所得白悟。悟呵云：「本是浄地，屙屎作麽？」師所疑頓釋。紹興丁巳，眉之象耳虛席，郡守謂此道場久爲蠢膢囊橐，非名流勝士，莫能起廢。諸禪舉師應聘，嘗語客曰：「東坡云：『我持此石歸，袖中有東海。』山谷云：『惠崇煙雨蘆雁，坐我瀟湘洞庭。欲唤扁舟歸去，傍人謂是丹青。』此禪髓也。」又曰：「我敲牀豎拂時，釋迦老子、孔夫子都齊立在下風。」有舉此語似佛海遠禪師，遠曰：「此覺老語也，我此間即不恁麽。」

華嚴祖覺禪師

眉州中巖華嚴祖覺禪師，嘉州楊氏子。幼聰慧，書史過目成誦。著書排釋氏，惡境忽現，悔過出家。依慧目能禪師。未幾，疽發膝上，五年醫莫愈。因書華嚴合論畢，夜感異夢，旦即捨杖步趨。一日，誦至現相品曰：「佛身無有生，而能示出生。法性如虛空，諸佛於中住。無住亦無去，處處皆見佛。」遂悟華嚴宗旨。洎登僧籍，府帥請講于千部堂，詞辯宏放，衆所歎服。適南堂靜禪師過門，謂師曰：「觀公講説，獨步西南，惜未解離文字相耳。儻問道方外，即今之周金剛也。」師欣然罷講。南游依圓悟於鍾阜。一日入室，悟舉：「羅山道：『有言時，踞虎頭，收虎尾，第一句下明宗旨。無言時，覿露機鋒，如同電拂。』作麼生會？」師莫能對。夙夜參究，忽然有省。作偈呈悟曰：「家住孤峰頂，長年半掩門。自嗟身已老，活計付兒孫。」悟見許可。次日入室，悟又問：「昨日公案作麼生？」師擬對，悟便喝曰：「佛法不是這箇道理。」師復留五年，愈更迷悶。後於廬山棲賢閱浮山遠禪師削執論云：「若道悟有親疏，豈有旃檀林中却生臭草？」豁然契悟。作偈寄圓悟曰：「出林依舊入蓬蒿，天網恢恢不可逃。誰信業緣無避處？歸來不怕語聲高。」悟大喜，持以示衆曰：「覺華嚴徹矣。」住後，僧問：「最初威音王，末後婁至佛，未審參見甚麽人？」師曰：「家住大梁城，更問長安路。」曰：「只如德山擔疏鈔行脚，意在甚麽處？」師曰：「撈破你眼睛。」曰：「與和尚悟華嚴宗旨相去幾何？」師曰：「同途不同轍。」曰：「昔日德山，今朝和尚。」師曰：「夕陽西去水東流。」上堂，舉「石霜和尚遷化，衆請首座繼踵住持，虔侍者所問」公案。師曰：「宗師行處，如火消冰。透過是非關，全機亡得喪。盡道首座滯在一色，侍者知見超師，可謂體妙失宗，全迷向背。殊不知首座如鷺鷥立雪，品類不齊；侍者似鳳翥丹霄，不縈金網。一人高高山頂立，一人深深海底行。各自隨方而來，同會九重城裏。而今要識此二人麽？」竪起拂子曰：「龍卧碧潭風凛凛。」垂下拂子曰：「鶴歸霄漢背摩天。」僧問：「如何是一喝如金剛王寶劍？」師曰：「血濺梵天。」曰：「如何是一喝如踞地師子？」師曰：「驚殺野狐狸。」曰：「如何是一喝如探竿影草？」師曰：「驗得你骨出。」曰：「如何是一喝不作一喝用？」師曰：「直須識取把針人，莫道鴛鴦好毛羽。」

福嚴文演禪師

潭州福嚴文演禪師，成都府楊氏子。僧問：「如何是定林正主？」師曰：「坐斷天下人舌頭。」曰：「未審如何親近？」師曰：「覷著則瞎。」上堂：「當陽坐斷，凡聖跡絶。隨手放開，天回地轉。直得日月交互，虎嘯龍吟。頭頭物物，耳聞目睹。安立諦上是甚麽？還委悉麽？阿斯吒。咄！」

明因曇玩禪師

平江府西山明因曇玩禪師，温州黄氏子。徧參叢席，宣和庚子，回抵鍾阜，適朝廷改僧爲德士，師與同志數人入頭陁巖食松自處。久之，圓悟被旨居是山，親至巖所，令去鬚髮。及悟詔補京師天寧，與師俱往，命掌香水海。未幾，因舉枹擊鼓，頓明大法。凡有所問，皆對曰：「莫理會。」故流輩咸以「莫理會」稱之。住後，上堂：「汝有一對眼，我也有一對眼，汝若瞞還自瞞。汝若成佛作祖，老僧無汝底分。汝若做驢做馬，老僧救汝不得。」衆檀越入山，請上堂，説偈曰：「我無長處名虚出，謝汝殷勤特地來。明因無法堪分付，謾把山門爲汝開。」

虎丘元浄禪師

平江府虎丘雪庭元浄禪師，雙溪人也。上堂：「知有底人，過萬年如同一日。不知有者，過一日如同萬年。不見死心和尚道：『山僧行脚三十餘年，以九十日爲一夏。增一日也不得，減一日也不得。取不得，捨不得，不可得中祇麽得。』翠雲見處又且不然，山僧行脚三十來年，誰管他一日、九十日，也無得，也無不得，處處當來見彌勒。且道彌勒在甚麽處？金風吹渭水，落葉滿長安。」上堂：「説得須是見得，見得又須説得。見得説不得，落在陰界，見解偏枯。説得見不得，落在時機，墮在毒海。若是翠雲門下，直饒説得見得，好與三十棒。説不得見不得，也好與三十棒。翠雲恁麽道，也好與三十棒。」遂高聲召大衆曰：「嶮。」上堂：「日日日東出，日日日西没。是時人知有，自古自今，如麻似粟。忽然捩轉話頭，亦不從東出，亦不從西没，且道從甚處出没？若是透關底人，聞恁麽道，定知五里牌在郭門外。若是透不過者，往往道半山熱瞞人。」僧問：「如何是到家一句？」師曰：「坐觀成敗。」問：「不與萬法爲侶者是甚麽人？」師曰：「遠親不如近鄰。」曰：「待汝一口吸盡西江水，即向汝道，又作麽生？」師曰：「近鄰不如遠親。」問：「亡僧遷化向甚麽處去？」師曰：「糞堆頭。」曰：「意旨如何？」師曰：「築著磕著。」

天寧梵思禪師

衢州天寧訥堂梵思禪師，蘇臺朱氏子。上堂：「趯飜生死海，踏倒涅槃岸。世上無活人，黄泉無死漢。」遂拈拄杖曰：「訥堂今日拄杖子有分付處，也還有承當得者麼？試出來擔荷看。有麼？有麼？」良久，擲拄杖，下座。上堂：「知有底，也喫粥喫飯。不知有底，也喫粥喫飯。如何直下驗得他有之與無，是之與非，邪之與正？若驗不出，參學事大遠在。」喝一喝，下座。上堂：「山僧是楊岐四世孫，這老漢有箇三脚驢子弄蹄行公案。雖人人舉得，祇是不知落處。山僧不惜眉毛，爲諸人下箇注脚。」乃曰：「八角磨盤空裏走。」

君山覺禪師

岳州君山佛照覺禪師，上堂，舉：「古者道：『仰之彌高，鑽之彌堅。瞻之在前，忽焉在後。』諸人還識得麼？若也不識，爲你注破。『仰之彌高』，不隔絲毫，要津把斷，佛祖難逃。『鑽之彌堅』，真體自然，鳥啼華笑，在碧巖前。『瞻之在前』，非正非偏，十方坐斷，威鎮大千。『忽焉在後』，一場漏逗，堪笑雲門，藏身北斗。咄！」

寶華顯禪師

平江府寶華顯禪師，本郡人也。上堂曰：「喫粥了也，頭上安頭。洗鉢盂去，爲虵畫足。更問如何？自納敗闕。」良久，高聲召大衆，衆舉首。師曰：「歸堂喫茶。」上堂：「禪莫參，道休學，歇意忘機常廓落。現成公案早周遮，祇箇無心已穿鑿。直饒坐斷未生前，難透山僧錯錯錯。」

東山覺禪師

紹興府東山覺禪師，後住因聖，上堂：「三通鼓罷，諸人各各上來，擬待理會祖師西來意？還知劍去久矣麽？設使直下悟去，也是斬頭覓活。東山事不獲已，且向第二頭鞠掕看。」以手拍禪牀，下座。上堂：「花爛熳，景暄妍。休説壺中別有天。百草頭邊如薦得，東高三丈，西闊八寸。」上堂，舉：「昔廣額屠兒，一日至佛所，颺下屠刀，曰：『我是千佛一數。』世尊曰：『如是！如是！』今時叢林，將謂廣額過去是一佛，權現屠兒。如此見廣額，且喜没交涉。」又曰：「廣額正是箇殺人不眨眼底漢，颺下屠刀，立地成佛。且喜没交涉。」又道：「廣額颺下屠刀，曰：『我是千佛一數。』這一佛多少分明，且喜没交涉。要識廣額麽？夾路桃華風雨後，馬蹄何處避殘紅。」

天封覺禪師

台州天封覺禪師，上堂：「無生國裏，未是安居。萬仞崖頭，豈容駐足？且望空撒手，直下飜身一句作麽生道？人逢好事精神爽，入火真金色轉鮮。」

道祖首座

成都府昭覺道祖首座，初見圓悟，於即心是佛語下發明。久之，悟命分座。一日爲衆入室，餘二十許人。師忽問曰：「生死到來，如何回避？」僧無對。師擲下拂子，奄然而逝。衆皆愕眙，亟以聞悟。悟至，召曰：「祖首座！」師張目眎之。悟曰：「抖擻精神透關去。」師點頭，竟爾趨寂。

宗振首座

南康軍雲居宗振首座，丹丘人也。依圓悟於雲居。一日，仰瞻鐘閣，倐然契證。有詰之者，座酬以三偈。其後曰：「我有一機，直下示伊。青天霹靂，電卷星馳。德山臨濟，棒喝徒施。不傳之妙，於汝何虧？」悟見，大悦。竟以節操自高，道望愈重。嘗書壁曰：「住在千峰最上層，年將耳順任騰騰。免教名字挂人齒，甘作今朝百拙僧。」

樞密徐俯居士

樞密徐俯，字師川，號東湖居士。每侍先龍圖謁法昌及靈源，語論終日。公聞之，藐如也。及法昌歸寂在笑談間，公異之，始篤信此道。後丁父憂，念無以報罔極，命靈源歸孝址説法。源登座，問答已，乃曰：「諸仁者！祇如龍圖平日讀萬卷書，如水傳器，涓滴不遺。且道尋常著在甚麼處？而今捨識之後，這著萬卷書底又却向甚麼處著？」公聞，灑然有得。遂曰：「吾無憾矣。」源下座，問曰：「學士適來見箇甚麼，便恁麼道？」公曰：「若有所見，則鈍置和尚去也。」源曰：「恁麼則老僧不如。」公曰：「和尚是何心行？」源大笑。靖康初，爲尚書外郎，與朝士同志者挂鉢於天寧寺之擇木堂，力參圓悟。悟亦喜其見曾走却鱉？」公曰：「且喜老漢脚跟點地。」悟曰：「莫謗他好！」公休去。

地超邁。一日至書記寮，指悟頂相曰：「這老漢脚跟猶未點地在。」悟顇面曰：「甕裏何

郡王趙令衿居士

郡王趙令衿，字表之，號超然居士。任南康，政成事簡，多與禪衲遊。公堂間爲摩詰丈室，適圓悟居甌阜，公欣然就其鑪錘，悟不少假。公固請，悟曰：「此事要得相應，直須是死一回始得。」公默契。嘗自疏之，其略曰：「家貧遭刼，誰知盡底不存。空屋無人，幾度賊來亦打。」悟見，囑令加護。紹興庚申冬，公與汪内翰藻、李參政邴、曾侍郎開詣徑山謁大慧。慧聞至，乃令擊鼓入室。公欣然袖香趨之。慧曰：「趙州洗鉢盂話，居士作麼生會？」公曰：「討甚麼碗？」拂袖便出。慧起搊住曰：「古人向這裏悟去，你因甚麼却不悟？」公擬對，慧掀之曰：「討甚麼碗？」公曰：「還這老漢始得。」

侍郎李彌遜居士

侍郎李彌遜，號普現居士。少時讀書，五行俱下。年十八，中鄉舉，登第京師。旋歷

華要，至二十八歲，爲中書舍人。常入圓悟室，一日早朝回，至天津橋，馬躍，忽有省，通身汗流。直造天寧，適悟出門，遥見便唤曰：「居士且喜大事了畢。」公厲聲曰：「和尚眼花作甚麽？」悟便喝，公亦喝。於是機鋒迅捷，凡與悟問答，當機不讓。公後遷吏部，乞祠禄歸閩連江，築庵自娱。忽一日示微恙，遽索湯，沐浴畢，遂趺坐，作偈曰：「謾説從來牧護，今日分明呈露。虚空搊倒須彌，説甚向上一路。」擲筆而逝。

祖氏覺庵道人

覺庵道人祖氏，建寧游察院之姪女也。幼志不出適，留心祖道。於圓悟示衆語下，了然明白。悟曰：「更須颺却所見，始得自由。」祖答偈曰：「露柱抽横骨，虚空弄爪牙。直饒玄會得，猶是眼中沙。」

令人明室道人

令人本明，號明室，自機契圓悟，徧參名宿，皆蒙印可。紹興庚申二月望，親書三偈寄呈草堂清，微露謝世之意。至旬末，别親里而終。草堂跋其偈，後爲刊行。大慧亦嘗垂語發揚。偈曰：「不識煩惱是菩提，若隨煩惱是愚癡。起滅之時須要會，鷂過新羅人不知。不識煩惱是菩提，淨華生淤泥。人來問我若何爲，喫粥喫飯了洗鉢盂。莫管他，莫管他，終日癡憨弄海沙。要識本來真面目，便是祖師一木叉。道不得底叉下死，道得底也叉下死。畢竟如何？不許夜行，投明須到。」

成都范縣君

成都府范縣君者，嫠居歲久，常坐而不卧。聞圓悟住昭覺，往禮拜，請示入道因緣。悟令看「不是心，不是佛，不是物，是箇甚麽」，久無所契。范泣告悟曰：「和尚有何方便，令某易會。」悟曰：「却有箇方便。」遂令衹看「是箇甚麽」，後有省曰：「元來恁麽地近那！」

太平懃禪師法嗣

文殊心道禪師

常德府文殊心道禪師，眉州徐氏子。年三十得度，詣成都習唯識，自以爲至。同舍詰之曰：「三界唯心，萬法唯識。今目前萬象摐然，心識安在？」師茫然不知對。遂出關，周流江淮，既抵舒之太平，聞佛鑑禪師夜參，舉趙州柏樹子話，至「覺鐵觜云，先師無此語，莫謗先師好」，因大疑。提撕既久，一夕豁然。即趨丈室，擬叙所悟。鑑見來，便閉門。師曰：「和尚莫謾某甲。」鑑云：「十方無壁落，何不入門來？」師以拳擉破牕紙，鑑即開門搊住云：「道！道！」師以兩手捧鑑頭，作口啐而出。遂呈偈曰：「趙州有箇柏樹話，禪客相傳徧天下。多是摘葉與尋枝，不能直向根源會。覺公説道無此語，正是惡言當面駡。禪人若具通方眼，好向此中辨真假。」鑑深然之，每對客稱賞，後命分座。襄守請開法天寧，未幾擢大別文殊。上堂曰：「師子嚬呻，象王哮吼。雲門北斗裏藏身，白雲因何唤作手？三世諸佛不能知，狸奴白牯却知有。且道作麽生是他知有底事？雨打梨花蛺蝶飛，風吹柳絮毛毬走。」上堂，拈拄杖直上指曰：「恁麽時，刺破憍尸迦脚跟。」卓一下曰：「恁麽時，卓碎閻羅王頂骨。」乃指東畔曰：「恁麽時，穿過東海鯉魚眼睛。」指西畔曰：「恁麽時，塞却西王母鼻孔。且道總不恁麽時如何？今年雨水多，各宜頻曬眼。」宣和改元，下詔改僧爲德士。上堂：「祖意西來事，今朝特地新。昔爲比丘相，今作老君形。鶴氅披銀褐，頭包蕉葉巾。林泉無事客，兩度受君恩。所以道：欲識佛性義，當觀時節因緣。且道即今是甚麽時節？毗盧遮那頂戴寶冠，爲顯真中有俗。文殊老叟身披鶴氅，且要俯順時宜。一人既爾，衆人亦然。大家成立叢林，喜得群仙聚會，共酌迷仙酎，同唱步虚詞。或看靈寶度人經，或説長生不死藥。琴彈月下，指端發太古之音；棊布軒前，妙著出神機之外。進一步便到大羅天上，退一步却入九幽城中。祇如不進不退一句，又作麽生道？直饒羽化三清路，終是輪迴一幻身。」二年九月，復僧。上堂：「不掛田衣著羽衣，老君形相頗相宜。一年半内閑思想，大底興衰各有時。我佛如來預讖法之有難，教中明載，無不委知。較量年代，正在于兹。魔得其便，惑亂正宗。僧改俗形，佛更名字。妄生邪解，删削經文。鐃鈸停音，鉢盂添足。多般矯詐，欺罔聖君。賴我皇帝陛下，聖德聖明，不忘付囑，不廢其教，特賜宸章，頒行天下，仍許僧尼重新披削。實謂寒灰再焰，枯木重榮。不離俗形而作僧形，不出魔界而入佛界。重鳴法鼓，再整頽綱。迷仙酎變爲甘露瓊漿，步虚詞翻作還鄉曲子。放下銀木簡，拈起尼師壇。昨朝稽首擎拳，今日和南不審。祇改舊時相，不改舊時人。敢問大衆，舊時人是一箇？是兩箇？」良久曰：「秋風也解嫌狼藉，吹盡當年道教灰。」建炎三年春，示衆，舉臨濟入滅囑三聖因緣，師曰：「正法眼藏瞎驢滅，臨濟何曾有是説？今古時人皆妄傳，不信但看後三月。」至閏三月，賊鍾相叛，其徒欲舉師南奔者，師曰：「學道所以了生死，何避之有！」賊至，師曰：「速見殺，以快汝心。」賊即舉槊殘之，血皆白乳。賊駭，引席覆之而去。

南華知昺禪師

韶州南華知昺禪師，蜀之永康人也。上堂：「此事最希奇，不礙當頭說。東鄰田舍翁，隨例得一橛。非唯貫聲色，亦乃應時節。若問是何宗，八字不著丿〔一〕。」擊禪牀，下座。上堂：「日日說，時時舉，似地擎山爭幾許？隴西鸚鵡得人憐，大都祇爲能言語。休思惟，帶伴侶，智者聊聞猛提取。更有一般也大奇，猫兒偏解捉老鼠。」上堂，以拄杖向空中攪曰：「攪長河爲酥酪，鰕蠏猶自眼搭眵。」卓一下曰：「變大地作黄金，窮漢依前赤骨力。爲復自家無分？爲復不肯承當？可中有箇漢荷負得行，多少人失錢遭罪。」再卓一下曰：「還會麽？寶山到也須開眼，勿使忙忙空手回。」上堂：「春光爛熳華爭發，子規啼落西山月。憍梵鉢提長吐舌，底事分明向誰說。嗄！」上堂：「迷不自迷，對悟立迷；悟不自悟，因迷説悟。所以悟爲迷之體，迷爲悟之用。迷悟兩無從，箇中無別共。無別共，撥不動。祖師不將來，鼻孔千斤重。」

〔一〕「丿」，清藏本、續藏本均作「人」。

龍牙智才禪師

潭州龍牙智才禪師，舒州施氏子。早服勤於佛鑑法席，而局務不辭難，名已聞於叢林。及遊方迫暮，至黄龍，適死心在三門，問其所從來。既稱名，則知爲舒州太平才莊主矣。翌日入室，死心問曰：「會得最初句，便會末後句；會得末後句，便會最初句。最初末後，拈放一邊。百丈野狐話作麽生會？」師曰：「入户已知來見解，何須更舉轢中泥？」心曰：「新長老死在上座手裏也。」師曰：「語言雖有異，至理且無差。」心曰：「如何是無差底事？」師曰：「不扣黄龍角，焉知頷下珠？」心便打。初住嶽麓，開堂日，僧問：「德山棒，臨濟喝，今日請師爲拈掇。」師曰：「蘇嚕蘇嚕。」曰：「蘇嚕蘇嚕，還有西來意也無？」師曰：「蘇嚕蘇嚕。」由是叢林呼爲「才蘇嚕」。後遷龍牙，因欽宗皇帝登位，衆官請上堂。祝聖已，就座，拈拄杖卓一下曰：「朝奉疏中道，本來奥境，諸佛妙場，適來拄杖子已爲諸人説了也。於斯悟去，理無不顯，事無不周。如或未然，不免别通箇消息。舜日重明四海清，滿天和氣樂昇平。延祥柱杖生歡喜，擲地山呼萬歲聲。」擲拄杖，下座。上堂，彈指一下曰：「彈指圓成八萬門，刹那滅却三祇劫。若也見得行得，健即經行困即歇。

若也不會，兩箇鷓鴣扛箇鱉。」上堂，舉：「死心和尚小參曰：『若論此事，如人家有三子。第一子聰明智慧，孝養父母，接待往來，主掌家業。第二子凶頑狡猾，貪婬嗜酒，倒街臥巷，破壞家業。第三子盲聾瘖瘂，菽麥不分，是事不能，祇會喫飯。三人中黄龍要選一人用。更有四句：『死中有活，活中有死，死中常死，活中常活。』將此四句，驗天下衲僧。」如師曰：「喚甚麼作四句？三人姓甚名誰？若也識得，與黄龍把手並行，更無纖毫間隔。如或未然，不免借水獻華去也。三人共體用非用，四句同音空不空。欲識三人並四句，金烏初出一團紅。」師㞐龍牙十三載，以清苦涖衆，衲子敬畏。大帥席公震遷住雲溪，經四稔。紹興戊午八月望，俄集衆付寺事。仍書偈曰：「戊午中秋之日，出家住持事畢。臨行自己尚無，有甚虛空可覓？」其垂訓如常。二十三日，再集衆，示問曰：「涅槃生死，盡是空華。佛及衆生，並爲增語。汝等諸人合作麼生？」衆皆下語不契。師喝曰：「苦！苦！」復曰：「白雲湧地，明月當天。」言訖，驏然而逝。火浴獲設利五色，併靈骨塔於寺之西北隅。

蓬萊卿禪師

明州蓬萊卿禪師，上堂：「有句無句，如藤倚樹，且任諸方點頭。及乎樹倒藤枯，上無衝天之計，下無入地之謀，靈利漢這裏著得一隻眼，便見七縱八横。」舉拂子曰：「看！看！一曲兩曲無人會，雨過夜塘秋水深。」上堂：「杜鵑聲裏春光暮，滿地落花留不住。瑠璃殿上絶行蹤，誰人解插無根樹？」舉拄杖曰：「這箇是無根底，且道解開華也無？」良久曰：「祇因連夜雨，又過一年春。」上堂，舉：「法眼道：『識得凳子，周匝有餘。』雲門道：『識得凳子，天地懸殊。』」師曰：「此二老人，一人向高高山頂立，一人向深深海底行。然雖如是，一不是，二不成，落華流水裏啼鶯。閑亭雨歇夜將半，片月還從海底生。」

何山守珣禪師

安吉州何山佛燈守珣禪師，郡之施氏子。參廣鑑瑛禪師，不契。遂造太平，隨衆咨請，邈無所入。乃封其衾曰：「此生若不徹去，誓不展此。」於是晝坐宵立，如喪考妣。逾七七日，忽佛鑑上堂曰：「森羅及萬象，一法之所印。」師聞頓悟，往見鑑。鑑曰：「可惜一顆明珠，被這風顛漢拾得。」乃詰之曰：「靈雲道：『自從一見桃華後，直至如今更不疑。』如何是他不疑處？」師曰：「莫道靈雲不疑，只今覓箇疑處了不可得。」鑑曰：「賢沙道：『諦當甚諦當，敢保老兄未徹在。』那裏是他未徹處？」師曰：「深知和尚老婆心切。」

鑑然之。師拜起，呈偈曰：「終日看天不舉頭，桃花爛熳始擡眸。饒君更有遮天網，透得牢關即便休。」鑑屬令護持。是夕，厲聲謂衆曰：「這回珣上座穩睡去也。」圓悟聞得，疑其未然，乃曰：「我須勘過始得。」遂令人召至，因與遊山，偶到一水潭，悟推師入水，遽問曰：「牛頭未見四祖時如何？」師曰：「潭深魚聚。」悟曰：「見後如何？」師曰：「樹高招風。」悟曰：「見與未見時如何？」師曰：「伸脚在縮脚裏。」悟大稱之。鑑移蔣山，命分座說法。出住廬陵之禾山，退藏故里，道俗迎居天聖，後徙何山及天寧。上堂：「轆轆鑽住山斧，佛祖出頭未輕與。縱使醍醐滿世間，你無寳器如何取？阿呵呵！神山打羅，道吾作舞。甜瓜徹蔕甜，苦瓠連根苦。」上堂，舉婆子燒庵話。師曰：「大凡扶宗立教，須是其人。你看他婆子，雖是箇女人，宛有丈夫作略。二十年簁油費醬，固是可知，一日向百尺竿頭做箇失落，直得用盡平生腕頭氣力。自非箇俗漢知機，洎乎巧盡拙出。然雖如是，諸人要會麽？雪後始知松柏操，事難方見丈夫心。」上堂：「如來禪，祖師道，切忌將心外邊討。從門所得即非珍，特地埋藏衣裏寳。禪家流，須及早，撥動祖師關捩，抖擻多年布襖。是非毀譽付之空，豎闊横長渾恰好。君不見寒山老，終日嬉嬉，長年把掃。人問其中事若何？入荒田不揀，信手拈來草。參！」僧問：「如何是賓中賓？」師曰：「客路如天遠，侯門似海深。」曰：「如何是賓中主？」師曰：「長因送客處，憶得別家時。」曰：「如何是主中賓?」師曰:「相逢不必問前程。」曰:「如何是主中主?」師曰:「一朝權祖令,誰是出頭人?」曰:「賓主已蒙師指示,向上宗乘事若何?」師曰:「向上問將來。」曰:「如何是向上事?」師曰:「大海若知足,百川應倒流。」僧禮拜,師曰:「珦上座三十年學得底。」師嘗謂衆曰:「兄弟如有省悟處,不拘時節,請來露箇消息。」雪夜,有僧扣方丈門,師起秉燭,震威喝曰:「雪深夜半,求決疑情。因甚麽威儀不具?」僧顧眎衣裓,師逐出院。每曰:「先師秖年五十九,吾年五十六矣,來日無多。」紹興甲寅,解制退天寧之席,謂雙槐居士鄭績曰:「十月八日是佛鑑忌,則吾時至矣。」乞還鄣南。十月四日,鄭公遣弟僧道如訊之,師曰:「汝來正其時也。先一日不著便,後一日蹉過了。吾雖與佛鑑同條生,終不同條死。明早可爲我尋一隻小船子來。」如曰:「要長者?要高者?」師曰:「高五尺許。」越三日,鷄鳴,端坐如平時,侍者請遺偈,師曰:「不曾作得。」言訖而逝。闍維,舌根不壞,郡人陳師顔以寶函藏其家。門弟子奉靈骨塔于普應院之側。

泐潭擇明禪師

隆興府泐潭擇明禪師,上堂,舉趙州訪茱萸探水因緣,師曰:「趙老雲收山嶽露,茱萸雨過竹風清。誰家別館池塘裏，一對鴛鴦畫不成。」又舉德山托鉢話，師曰：「從來家富小兒嬌，偏向江頭弄畫橈。引得老爺把不住，又來船上助歌謡。」上堂：「永嘉道：一月普現一切水，一切水月一月攝。」豎起拂子云：「看！看！千江競注，萬派争流。若也素善行舟，便諳水脉，可以優游性海，笑傲煙波。其或未然，且歸林下坐，更待月明時。」

寶藏本禪師

台州寶藏本禪師，上堂：「清明已過十餘日，華雨闌珊方寸深。春色惱人眠不得，黄鸝飛過緑楊陰。」遂大笑，下座。

祥符清海禪師

吉州大中祥符清海禪師，初見佛鑑。鑑問：「三世諸佛，一口吞盡，何處更有衆生可教化？此理如何？」師擬進語，鑑喝之。師忽領旨，述偈曰：「實際從來不受塵，箇中無舊亦無新。青山况是吾家物，不用尋家別問津。」鑑曰：「放下著。」師禮拜而出。

浄衆了璨禪師

漳州浄衆佛真了璨禪師，泉南羅氏子。上堂：「重陽九日菊華新，一句明明亘古今。楊廣槖駝無覓處，夜來足跡在松陰。」

谷山海禪師

隆興府谷山海禪師，上堂：「一舉不再説，已落二三。相見不揚眉，䨇成造作。設使動絃別曲，告往知來，見鞭影便行，望刹竿回去，脚跟下好與三十棒。那堪更向這裏撮摩石火，收捉電光。工夫枉用渾閑事，笑倒西來碧眼胡。」卓拄杖，下座。

五燈會元卷第二十

南嶽下十五世下

龍門遠禪師法嗣

龍翔士珪禪師

温州龍翔竹庵士珪禪師，成都史氏子。初依大慈宗雅，心醉楞嚴。逾五秋，南游謁諸尊宿。始登龍門，即以平時所得白佛眼。眼曰：「汝解心已極，但欠著力開眼耳。」遂俾職堂司。一日侍立次，問云：「絶對待時如何？」眼曰：「如汝僧堂中白椎相似。」師罔措。眼至晚抵堂司，師理前話。眼曰：「閑言語。」師於言下大悟。政和末，出世和之天寧，屢遷名刹。紹興間奉詔，開山雁蕩能仁。時真歇居江心，聞師至，恐緣法未熟，特過江迎歸方丈。大展九拜，以誘温人，由是翕然歸敬。未視篆，其徒懼行規法，深夜放火，鞠爲瓦礫之墟。師竟就樹縛屋，陞座示衆云：「愛閑不打鼓山鼓，投老來看雁蕩山。」喝一喝，下座。聽法檀施併力營建，未渾不見，豁邊茆屋兩三間。還有共相出手者麽？」喝一喝，下座。聽法檀施併力營建，未幾復成寶坊。次補江心。上堂曰：「萬年一念，一念萬年。和衣泥裏輥，洗脚上牀眠。歷劫來事，秖在如今。大海波濤湧，小人方寸深。」拈起拄杖曰：「汝等諸人，未得箇入頭，須得箇入頭。既得箇入頭，須有出身一路始得。大衆！且作麽生是出身一路？」良久曰：「雪壓難摧澗底松，風吹不動天邊月。」卓拄杖，下座。上堂：「萬機不到，眼見色，耳聞聲。一句當堂，頭戴天，脚踏地。你諸人秖知今日是五月初一，殊不知金烏半夜忙忙去，玉兔天明上海東。」以拂子擊禪牀，下座。上堂：「明明無悟，有法即迷。諸人向這裏立不得，諸人向這裏住不得。若立則危，若住則瞎。直須意不停玄，句不停意，用不停機。此三者既明，一切處不須管帶，自然現前，不須照顧，自然明白。雖然如是，更須知有向上事。久雨不晴。咄！」上堂：「一葉落，天下秋，欲窮千里目，更上一層樓。一塵起，大地收，嘉州打大像，陝府灌鐵牛。明眼漢合作麽生？」良久曰：「久旱簷頭句，橋流水不流。」卓拄杖，下座。上堂：「見見之時，見非是見。見猶離見，見不能及。落華有意隨流水，流水無情戀落華。諸可還者，自然非汝。不汝還者，非汝而誰？長恨春歸無覓處，不知轉入此中來。」喝一喝，曰：「三十年後，莫道能仁教壞人家男女。」上堂，僧問：「如何是祖師西來意？」師曰：「東家點燈，西家暗坐。」曰：「未審意旨如何？」師曰：「馬便搭鞍，驢便推磨。」僧禮拜。師曰：「靈利衲僧，祇消一箇。」遂曰：「馬搭鞍，驢推磨。靈利衲僧，祇消一箇。縱使東家明點燈，未必西家暗中坐。西來意旨問如何，多口阿師自招禍。」僧問：「如何是第一義？」師曰：「你問底是第二義。」問：「狗子還有佛性也無？趙州道無，意旨如何？」師曰：「一度著虵咬，怕見斷井索。」問：「鶖子深談實相，善説法要，此理如何？」師曰：「不及雁銜蘆。」問：「如何是佛？」師曰：「華陽洞口石烏龜。」問：「魯祖面壁，意旨如何？」師曰：「金木水火土，羅睺計都星。」問：「有句無句，如藤倚樹時如何？」師曰：「作賊人心虚。」曰：「國師三喚侍者，又作麽生？」師曰：「打鼓弄猢猻，鼓破猢猻走。」丙寅七月十八日，召法屬、長老、宗範付後事。次日沐浴，聲鐘集衆。就座，泊然而逝。荼毗日，送者均獲設利。奉靈骨塔于鼓山。

雲居善悟禪師

南康軍雲居高庵善悟禪師，洋州李氏子。年十一去家，業經得度。有夙慧。聞冲禪師舉武帝問達磨因緣，如獲舊物。遽曰：「我既廓然，何聖之有？」冲異其語，勉之南詢。蒙授記於龍門。一日，有僧被虵傷足，佛眼問曰：「既是龍門，爲甚麽却被虵齩？」師即應曰：「果然現大人相。」眼益器之。後傳此語到昭覺，圓悟云：「龍門有此僧耶？東山法道未寂寥爾。」住後，上堂：「少林面壁，懷藏東土西天；歐阜陞堂，充塞四維上下。致使山巍巍而砥掌平，水昏昏而常自清。華非豔而結空果，風不摇而片葉零，人無法而得咨問，佛無心而更可成。野蔬淡飯延時日，任運隨緣道自靈。畢竟如何？日午打三更。」

西禪文璉禪師

遂寧府西禪文璉禪師，郡之張氏子。上堂：「一向恁麽去，直得凡聖路絶，水泄不通，鐵虵鑽不入，鐵鎚打不破。至於千里萬里，鳥飛不度。一向恁麽來，未免灰頭土面，帶水拖泥，唱九作十，指鹿爲馬。非唯孤負先聖，亦乃埋没己靈。敢問大衆，且道恁麽去底是？恁麽來底是？芍〔一〕藥華開菩薩面，椶櫚葉散夜叉頭。」上堂：「諸方浩浩談玄，每日撞鐘打鼓。西禪無法可説，勘破燈籠露柱。門前不置下馬臺，免被傍人來借路。若借路，

〔一〕「芍」，原作「苟」，據續藏本改。

須照顧。脚下若參差，邯鄲學唐步。」上堂：「心生種種法生，森羅萬像縱横。信手拈來便用，日輪午後三更。心滅種種法滅，四句百非路絶。直饒達磨出頭，也是眼中著屑。心生心滅是誰？木人携手同歸。歸到故鄉田地，猶遭頂上一鎚。」上堂：「正月孟春猶寒，直下言端語端。拈起衲僧鼻孔，穿開祖佛心肝。知有者，達磨不來東土，二祖不往西天。不知有者，誰知當面蹉過，迢迢十萬八千。山僧爲你重説偈言，大衆！莫教孤負，孟春猶寒。」僧問：「師子未出窟時如何？」師曰：「爪牙已露。」曰：「出窟後如何？」師曰：「龍頭虵尾。」曰：「出與未出時如何？」師曰：「正好喫棒。」問：「以一重去一重即不問，不以一重去一重時如何？」師曰：「闍黎有許多工夫！」

黄龍法忠禪師

隆興府黄龍牧庵法忠禪師，四明姚氏子。十九試經得度，習台教，悟一心三觀之旨，未能泯跡。徧參名宿，至龍門，觀水磨旋轉，發明心要。乃述偈曰：「轉大法輪，目前包裹。更問如何，水推石磨。」呈佛眼，眼曰：「其中事作麽生？」師曰：「澗下水長流。」眼曰：「我有末後一句，待分付汝。」師即掩耳而去。後至廬山，於同安枯樹中絶食清坐。宣和問，湘潭大旱，禱而不應。師躍入龍淵，呼曰：「業畜！當雨一尺。」雨隨至。居南嶽，每跨虎出游，儒釋望塵而拜。住後，上堂：「張公喫酒李公醉，子細思量不思議。李公醉醒問張公，恰使張公無好氣。無好氣，不如歸家且打睡。」上堂：「今朝正月半，有事爲君斷。切忌兩眼睛，被他燈火換。」上堂：「我有一句子，不借諸聖口，不動自己舌，非聲氣呼吸，非情識分別。假使淨名杜口於毗耶，釋迦掩室於摩竭，大似掩耳偷鈴，未免天機漏泄。直饒德山入門便棒，臨濟入門便喝。若向牧庵門下檢點將來，祇得一橛。千種言，萬般說，祇要教君自家歇。一任大地虛空七凹八凸。」僧問：「如何是佛？」師曰：「莫向外邊覓。」曰：「如何是心？」師曰：「莫向外邊尋。」曰：「如何是道？」師曰：「莫向外邊討。」曰：「如何是禪？」師曰：「莫向外邊傳。」曰：「畢竟如何？」師曰：「靜處薩婆訶。」問：「大衆臨筵，請師舉唱。」師豎起拂子，僧曰：「乞師再垂方便。」師擊禪牀一下。後示寂，塔于香原洞。

烏巨道行禪師

衢州烏巨雪堂道行禪師，處州葉氏子。依泗州普照英禪師得度，去參佛眼。一日，聞舉玄沙築著脚指話，遂大悟。住後，上堂：「會即便會，玉本無瑕。若言不會，碓觜生花。試問九年面壁，何如大會拈華？南明恁麼商確，也是順風撒沙。參！」上堂：「雲籠嶽頂，百鳥無聲。月隱寒潭，龍珠自耀。正當恁麼時，直得石梁忽然大悟，石洞頓爾心休。虚空開口作證，溪北石僧點頭。諸人總在這裏瞌睡，笑殺陜府鐵牛。」上堂：「佛説三乘十二分，頓漸偏圓。癡人面前，不得説夢。祖師西來，直指人心，見性成佛。癡人面前，不得説夢。臨濟三玄，雲門三句，洞山五位。癡人面前，不得説夢。南明恁麼道，還免得遭人檢責也無？所以古人道：『石人機似汝，也解唱巴歌。汝若似石人，雪曲也應和。』還有和雪曲底麼？若有，喚來與老僧洗脚。」上堂：「通身是口，説得一半。通身是眼，用得一橛。用不到處説有餘，説不到處用無盡。所以道：當用無説，當説無用。用説同時，用説不同時。諸人若也擬議，西峰在你脚底。」到國清，衆請上堂：「句亦剗，意亦剗，絶毫絶氂處，如山如嶽。句亦到，意亦到，如山如嶽處，絶毫絶氂。忽若撥通一線，意句俱到俱不到，俱剗俱不剗。直得三句外絶牢籠，六句外無標的。正當恁麼時一句作麼生道？傾蓋同途不同轍，相將携手上高臺。」上堂，舉：「趙州示衆云：『老僧除却二時齋粥，是雜用心處。』」師曰：「今朝六月旦，行者擊鼓，長老陞堂。你諸人總來這裏雜用心。」上堂，舉：「僧問雲門：『如何是驚人句？』門曰：『響。』」師曰：「雲門答這僧話不得便休，却鼓粥飯氣，以當平生。」上堂：「黄梅雨，麥秋寒。恁麼會，太無端。時節因緣佛性義，大都須是髑髏乾。」示衆，舉：「璣和尚問僧：『禪以何爲義？』衆下語皆不契理，僧請益璣，璣代云：『以謗爲義。』」師曰：「三世諸佛是謗，西天二十八祖是謗，唐土六祖是謗，天下老和尚是謗，諸人是謗，山僧是謗。於中還有不謗者也無？談玄説妙河沙數，爭似雙峰謗得親。」師示疾，門弟子教授汪公喬年至，省候。師以後事委之，示以偈曰：「識則識自本心，見則見自本性。識得本心本性，正是宗門大病。」注曰：『爛泥中有刺，莫道不疑好。』」黎明沐浴更服，加趺而逝。闍維，五色設利，煙所至處纍然，齒舌不壞，塔於寺之西。

白楊法順禪師

撫州白楊法順禪師，綿州文氏子。依止佛眼，聞普説，舉傅大士心王銘云：「水中鹽味，色裏膠青，決定是有，不見其形。」師於言下有省。後觀寶藏迅轉，頓明大法。趨丈室作禮，呈偈曰：「頂有異峰雲冉冉，源無别派水泠泠。游山未到山窮處，終被青山礙眼睛。」眼笑而可之。住後，上堂：「好事堆堆疊疊來，不須造作與安排。落林黄葉水推去，横谷白雲風卷回。寒雁一聲情念斷，霜鐘纔動我山摧。白楊更有過人處，盡夜寒爐撥死灰。忽有箇衲僧出來道：『長老少賣弄，得恁麽窮乞相。』山僧祇向他道：『却被你道著。』」上堂：「我手何似佛手？天上南星北斗。我脚何似驢脚？往事都來忘却。人人盡有生緣，箇箇足方頂圓。大愚灘頭立處，孤月影射深灣。會不得，見還難，一曲漁歌過遠灘。」示衆：「染緣易就，道業難成。不了目前，萬緣差别。祇見境風浩浩，凋殘功德之林；心火炎炎，燒盡菩提之樹。道念若同情念，成佛多時。爲衆一似爲己，彼此事辦。不見他非我是，自然上敬下恭，佛法時時現前，煩惱塵塵解脱。」上堂：「雞啼曉月，狗吠枯椿。只可默會，難入思量。看不見處，動地放光。説不到處，天地玄黄。撫城尺六狀紙，元來出在清江。大衆！分明話出人難見，昨夜三更月到牕。」上堂：「風吹茆茨屋脊漏，雨打闍黎眼睛濕。恁麽分明却不知，却來這裏低頭立。」時紹燈上座聞之，有省，後住婺之廣教。因病示衆：「久病未嘗推木枕，人來多是問如何。山僧據問隨緣對，牕外黄鸝口更多。只如七尺之軀甚處受病？衆中具眼者，試爲山僧指出病源。」衆下語皆不契。師自拊掌一下，作嘔吐聲。又云：「好箇木枕子。」師律身清苦，出入唯杖笠獨行。後示寂，闍維，收舍利，目睛齒舌數珠，同靈骨塔于寺西。

雲居法如禪師

南康軍雲居法如禪師，丹丘胡氏子。依護國瑞禪師祝髮，登具，備參浙右諸宗匠。晚至龍門，以平日所證白佛眼。眼曰：「此皆學解，非究竟事。欲了生死，當求妙悟。」師駭然諦信。一日，命主香積，以道業未辦，固辭。眼勉曰：「姑就職其中，大有人爲汝説法。」未幾，晨興開厨門，望見聖僧，契所未證。即白佛眼，眼曰：「這裏還見聖僧麽？」師詣前問訊，叉手而立。眼曰：「向汝道大有人爲汝説法。」住後，上堂：「一法若有，毗盧墮在凡夫；萬法若無，普賢失其境界。向這裏有無俱遣，得失兩亡，直得十方諸佛不見。諸人且道，十二時中向甚麽處安身立命？披蓑側立千峰外，引水澆蔬五老前。」上堂：「乾坤之內，宇宙之間，中有一寶，秘在形山。雲居又且不然，乾坤之内，宇宙之間，中有一寶。」擲下拄杖云：「大衆也須識取。」

歸宗正賢禪師

南康軍歸宗真牧正賢禪師，潼川陳氏子。世爲名儒，幼從三聖海澄爲苾蒭。具滿分戒，游成都，依大慈秀公習經論。凡典籍過目成誦，義亦頓曉，秀稱爲經藏子。出蜀謁諸尊宿，後扣佛眼。一日入室，眼舉「殷勤抱得旃檀樹」，語聲未絶，師頓悟。眼曰：「經藏子漏逗了也。」自是與師商榷淵奥，亹亹無盡。眼稱善，因手書「真牧」二字授之。紹興己巳，歸宗虚席，郡侯以禮請，堅卧不應。寶文李公懋嘗問道於師，同屬官强之，乃就。上堂：「且第一句如何道？汝等若向世界未成時、父母未生時、佛未出世時、祖師未西來時道得，已是第二句。且第一句如何道？直饒你十成道得，未免左之右之。」卓拄杖，下座。上堂，良久，召大衆曰：「作麽生？若也擬議，賢上座謾你諸人去也。打地和尚嗔他祕魔巖主擎箇叉兒，胡説亂道，遂將一摑成虀粉，散在十方世界，還知麽？」舉拂子曰：「而今却在拂子頭上説一切智智清淨，無二無二分，無别無斷故。還聞麽？閻老子知得，乃曰：『賢上座！你若相當去，不妨奇特；或不相當，總在我手裏。』祇向他道：『閻老子！你也退步，摸索鼻孔看。』」擊禪牀，下座。僧問：「久默斯要，已泄真機。學人上來，請師開示。」師曰：「耳朵在甚麽處？」曰：「一句分明該萬象。」師曰：「分明底事作麽生？」曰：「台星臨照，枯木回春。」師曰：「换却你眼睛。」

道場明辯禪師

安吉州道場正堂明辯禪師，本郡俞氏子。幼事報本蘊禪師，圓顱受具後，謁諸名宿。至西京少林，聞僧舉佛眼以古詩發明罽賓王斬師子尊者話曰：「楊子江頭楊柳春，楊花愁殺渡江人。一聲羌笛離亭晚，君向瀟湘我向秦。」師默有所契，即趨龍門，求入室。佛眼問：「從上祖師方册因緣，許你會得。」忽舉拳曰：「這箇因何喚作拳？」師擬對，眼築其口曰：「不得作道理。」於是頓去知見。住後，上堂：「猛虎口邊拾得，毒虵頭上安排。更不釘椿摇艣，回頭別有生涯。婆子被我勘破了，大悲院裏有村齋。」上堂：「浄五眼，湧金春色晚。得五力，吹落碧桃華，唯證乃知難可測。」卓拄杖曰：「一片何人得？流經十萬家。」上堂：「三祖道：『但莫憎愛，洞然明白。』當時老僧若見，便與一摑。且道是憎邪？是愛邪？近來經界稍嚴，不許詭名挾佃。」解夏，上堂：「十五日已前不得去，少林隻履無藏處。十五日已後不得住，桂子天香和雨露。正當十五日，又且如何？阿呵呵！風流不在著衣多。」上堂，舉：「僧問投子：『大死底人却活時如何？』子曰：『不許夜行，投明須到。』」師曰：「我疑千年蒼玉精，化爲一片秋水骨。海神欲護護不得，一旦鰲頭忽擎出。」

上堂：「華開隴上，柳綻堤邊。黄鶯調叔夜之琴，芳草入謝公之句。何必聞聲悟道，見色明心？非唯水上覓漚，已是眼中著屑。」擘開胸曰：「汝等當觀吾紫磨金色之身，今日則有，明日則無。大似無風起浪，全不知羞。且道今日事作麽生？好箇迷逢達磨，不知誰解承當？」僧問：「如何是佛？」師乃鳴指三下。問：「語默涉離微，如何通不犯？」師曰：「横身三界外，獨脱萬機前。」曰：「祇如風穴道『長憶江南三月裏，鷓鴣啼處百華香』，又作麽生？」師曰：「説這箇不唧嵧漢作麽？」曰：「嫩竹摇金風細細，百華鋪地日遲遲。」師曰：「你向甚麽處見風穴？」曰：「眼裏耳裏絶瀟灑。」師曰：「料掉無交涉。」問：「蓮華未出水時如何？」師曰：「未過冬至莫道寒。」曰：「出水後如何？」師曰：「未過夏至莫道熱。」曰：「出與未出時如何？」師曰：「三十年後，不要錯舉。」問：「如何是佛？」師曰：「無柴猛燒火。」曰：「如何是法？」師曰：「貧做富裝裹。」曰：「如何是僧？」師曰：「賣扇老婆手遮日。」曰：「如何是和尚栗棘蓬？」師曰：「不答此話。」曰：「爲甚麽不答？」師大笑曰：「吞不進，吐不出。」問：「如何是一喝如金剛王寶劍？」師曰：「古墓毒虵頭戴角。」曰：「如何是一喝如踞地師子？」師曰：「虚空笑點頭。」曰：「如何是一喝如探竿影草？」師曰：「石人拍手笑呵呵。」曰：「如何是一喝不作一喝用？」師曰：「布袋裏猪頭。」曰：「四喝已蒙師指示，向上還有事也無？」師曰：「有。」曰：「如何是向上事？」師曰：「鋸解秤鎚。」隨聲便喝。佛眼忌，拈香：「龍門和尚，闌提潦倒，不信佛法，滅除禪道。拶破毗盧向上關，猫兒洗面自道好。一炷沈香爐上然，换手槌胸空懊惱。」遂摇手曰：「休懊惱。」以坐具搭肩上，作女人拜，曰：「莫怪下房媳婦觸忤大人好！」室中垂問曰：「猫兒爲甚麽愛捉老鼠？」又曰：「板鳴因甚麽狗吠？」師家風嚴冷，初機多憚之。因贊達磨曰：「昇元閣前懡㦬，洛陽峰畔乖張，皮髓傳成話霸，隻履無處埋藏。不是一番寒徹骨，争得梅花撲鼻香。」雪堂行一見，大稱賞曰：「先師猶有此人在。只消此贊，可以坐斷天下人舌頭。」由是衲子奔湊。臨終登座，拈拄杖於左邊卓一下曰：「三十二相無此相。」於右邊卓一下曰：「八十種好無此好。」僧繇一筆畫成，誌公露出草藁。」又卓一下，顧大衆曰：「莫懊惱，直下承當休更討。」下座，歸方丈，儼然趺坐而逝。火後收靈骨設利藏所建之塔，曰仙人山。

方廣深禪師

潭州方廣深禪師，僧問：「一法若有，毗盧墮在凡夫；萬法若無，普賢失其境界。未審意旨如何？」師曰：「富嫌千口少，貧恨一身多。」

世奇首座

世奇首座者，成都人也。遍依師席，晚造龍門。一日燕坐，瞌睡間群蛙忽鳴，誤聽爲淨髮版響，亟趨往。有曉之者曰：「蛙鳴非版也。」師恍然，詣方丈剖露。佛眼曰：「豈不見羅睺羅？」師遽止曰：「和尚不必舉，待去自看。」未幾有省，乃占偈曰：「夢中聞版響，覺後蝦蟆啼。蝦蟆與版響，山嶽一時齊。」由是益加參究，洞臻玄奥。眼命分座，師固辭，曰：「此非細事也。如金針刺眼，毫髮若差，睛則破矣。願生生居學地而自煅煉。」眼因以偈美之曰：「有道只因頻退步，謙和元自慣回光。不知已在青雲上，猶更將身入衆藏。」暮年，學者力請，不容辭，後因説偈曰：「諸法空故我心空，我心空故諸法同。諸法我心無別體，祇在而今一念中。且道是那一念？」衆罔措，師喝一喝而終。

淨居尼慧温禪師

温州淨居尼慧温禪師，上堂，舉：「法眼示衆曰，三通鼓罷，簇簇上來，佛法人事，一時周畢。」師曰：「山僧道：『三通鼓罷，簇簇上來。拄杖不在，苕帚柄聊與三十。』」

給事馮楫居士

給事馮楫濟川居士，自壯扣諸名宿，最後居龍門，從佛眼遠禪師。再歲，一日同遠經行法堂，偶童子趨庭，吟曰：「萬象之中獨露身。」遠拊公背曰：「好聻！」公於是契入。紹興丁巳，除給事。會大慧禪師就明慶開堂，慧下座，公挽之曰：「和尚每言於士大夫前曰，此生決不作這蟲豸，今日因甚却納敗缺？」慧曰：「盡大地是箇杲上座，你向甚處見他？」公擬對，慧便掌。公曰：「是我招得。」越月，特丐祠坐夏徑山，榜其室曰「不動軒」。一日，慧陞座，舉：「藥山問石頭曰：『三乘十二分教，某甲粗知，承聞南方直指人心，見性成佛，實未明了，伏望慈悲示誨。』頭曰：『恁麼也不得，不恁麼也不得，恁麼不恁麼總不得。你作麼生？』山罔措。頭曰：『子緣不在此，可往江西見馬大師去。』山至馬祖處，亦如前問。祖曰：『有時教伊揚眉瞬目，有時不教伊揚眉瞬目。有時教伊揚眉瞬目者是，有時教伊揚眉瞬目者不是。』山大悟。」慧拈罷，公隨至方丈曰：「適來和尚所舉底因緣，某理會得了。」慧曰：「你如何會？」公曰：「恁麼也不得，嚤嚧娑婆訶。不恁麼也不得，唵唎娑婆訶。恁麼不恁麼總不得，嚤嚧唵唎娑婆訶。」慧印之以偈曰：「梵語唐言打成一塊。

咄哉俗人，得此三昧。」公後知卭州，所至宴晦無倦。嘗自詠曰：「公事之餘喜坐禪，少曾將脇到牀眠。雖然現出宰官相，長老之名四海傳。」至二十三年秋，乞休致，預報親知，期以十月三日報終。至日，令後廳置高座，見客如平時。至辰巳間，降堦望闕肅拜。請漕使攝卭事，著僧衣履，踞高座，囑諸官吏及道俗，各宜向道，扶持教門，建立法幢。遂拈拄杖按膝，蛻然而化。漕使請曰：「安撫去住如此自由，何不留一頌以表罕聞？」公張目，索筆書曰：「初三十一，中九下七，老人言盡，龜哥眼赤。」竟爾長往。建炎後，名山巨刹教藏多不存，公累以己俸印施，凡一百二十八藏，用祝君壽，以康兆民。門人蒲大聘嘗誌其事，有語録、頌古行於世。

開福寧禪師法嗣

大溈善果禪師

潭州大溈月庵善果禪師，信州余氏子。上堂：「奚仲造車一百輻，拈却兩頭除却軸。」以拄杖打一圓相曰：「且莫錯認定盤星。」卓一卓，下座，謝供頭。上堂：「解猛虎頷下金鈴，驚群動衆；取蒼龍穴裏明珠，光天照地。山僧今日到此，讚歎不及。汝等諸人，合作麽生？」豎起拂子曰：「貶上眉毛，速須薦取。」擲拂子，下座。上堂：「心生法亦生，心滅法亦滅。心法兩俱忘，烏龜喚作鱉。諸禪德！道得也未？若道得，道林與你拄杖子。其或未然，歸堂喫茶去。」僧問：「達磨九年面壁時如何？」師曰：「魚行水濁。」曰：「二祖禮三拜，爲甚麽却得其髓？」師曰：「地肥茄子大。」曰：「祇如一華開五葉，結果自然成，明甚麽邊事？」師曰：「賊以贓爲驗。」曰：「有時乘好月，不覺過滄洲。」師曰：「闍黎無分。」問：「有句無句，如藤倚樹時如何？」師曰：「驗盡當行家。」曰：「樹倒藤枯，句歸何處？又作麽生？」師曰：「風吹日炙。」曰：「潙山呵呵大笑」曰：「波斯讀梵字。」曰：「道吾推倒泥裏，潙山不管，此意又且如何？」師曰：「有理不在高聲。」曰：「羅山道：『道吾是撮馬糞漢。』又作麽生？」師曰：「多口阿師。」曰：「今日足見老師七通八達。」師曰：「仰面哭蒼天。」僧禮拜。師曰：「過。」問：「蓮花未出水時如何？」師曰：「乾坤無異色。」曰：「出水後如何？」師曰：「偏界有清香。」

大隨静禪師法嗣

石頭自回禪師

合州釣魚臺石頭自回禪師，本郡人也。世爲石工，雖不識字，志慕空宗，每求人口授法華，能誦之。棄家投大隨，供掃洒。寺中令取崖石，師手不釋鎚鑿，而誦經不輟口。隨見而語曰：「今日硿磕，明日硿磕，死生到來，作甚折合？」師愕然，釋其器。設禮，願聞究竟法，因隨至方丈。隨令且罷誦經，看趙州勘婆因緣。師念念不去心。久之，因鑿石，石稍堅，盡力一鎚，瞥見火光，忽然省徹。走至方丈，禮拜呈頌曰：「用盡工夫，渾無巴鼻。火光迸散，元在這裏。」隨忻然曰：「子徹也。」復獻趙州勘婆頌曰：「三軍不動旗閃爍，老婆正是魔王脚。趙州無柄鐵掃帚，掃蕩煙塵空索索。」隨可之，遂授以僧服。人以其爲石工，故有回石頭之稱也。上堂：「參禪學道，大似井底叫渴相似，殊不知塞耳塞眼，回避不及。且如十二時中，行住坐卧，動轉施爲，是甚麽人使作？眼見耳聞，何處不是路頭？若識得路頭，便是大解脱路。方知老漢與你證明，山河大地與你證明，所以道：十方薄伽梵，一路涅槃門。諸仁者！大凡有一物當途，要見一物之根源；一物無處，要見一物之根源。見得根源，源無所源。所源既非，何處不圓？諸禪德！你看老漢有甚麼勝你處，諸人有甚麼不如老漢處？還會麼？太湖三萬六千頃，月在波心説向誰？」

護聖居静禪師

潼川府護聖愚丘居静禪師，成都楊氏子。年十四，禮白馬安慧爲師。聞南堂道望，遂往依焉。堂舉香嚴「枯木裏龍吟」話，往返酬詰，師於言下大悟。一日，堂問曰：「莫守寒巖異草青，坐却白雲宗不妙。汝作麼生？」師曰：「且須揮劍。若不揮劍，漁父棲巢。」堂矍然曰：「這小厮兒。」師珍重便行〔一〕。出住東巖。上堂：「月生一，東巖乍住增愁寂。紅塵世路有多端，米麵倉儲無顆粒。崖爲伴，泉爲匹，颯颯清風來入室。山王土地暗中忙，雲版鐘魚偷淚滴。世人莫道守空巖，亦有東籬打西壁。」嘗謂衆曰：「參學至要，不出先南堂道：最初句及末後句，透得過者，一生事畢。儻或未然，更與你分作十門，各各

〔一〕「行」，原作「打」，據續藏本改。

印證自心，還得穩當也未？一、須信有教外別傳。二、須知有教外別傳。三、須會無情説法與有情説法無二。四、須見性如觀掌中之物，了了分明，一一田地穩密。五、須具擇法眼。六、須行鳥道玄路。七、須文武兼濟。八、須摧邪顯正。九、須大機大用。十、須向異類中行。凡欲紹隆法種，須盡此綱要，方坐得這曲录牀子，受得天下人禮拜，敢與佛祖爲師。若不到恁麼田地，衹一向虛頭，他時異日，閻老子未放你在。」閒有學者各門頌出，呈師，師以頌示曰：「十門綱要掌中施，機會來時自有爲。作者不須排位次，大都首末是根基。」

南巖勝禪師

筠州南巖勝禪師，上堂召大衆曰：「護生須是殺，殺盡始安居。會得箇中意，分明在半途。且道到家一句又作麼生？釋迦彌勒没量大，看來猶衹是他奴。」僧問：「放行五位即不問，把定三關事若何？」師曰：「横按鏌鎁全正令。」曰：「把定三關蒙指示，放行五位事如何？」師曰：「太平寰宇斬癡頑。」曰：「恁麼則南巖門下，土曠人稀。」師曰：「靈利衲僧，衹消一點。」曰：「自古自今，同生同死時如何？」師曰：「家賊難防。」曰：「今日學人小出大遇去也。」師便打。曰：「須是老僧打你始得。」僧禮拜，師曰：「切忌詐明頭。」

梁山師遠禪師

常德府梁山廓庵師遠禪師，合川魯氏子。上堂，舉楊岐三脚驢子話，乃召大衆曰：「楊其湯者，莫若撲其火；壅其流者，莫若杜其源。此乃智人之明鑒。佛法之至論，正在斯焉。這因緣，如今叢林中提唱者甚多，商量者不少。有般底，祇道宗師家無固必，凡有所問，隨口便答。似則也似，是即未是。若恁麼，祇作箇乾無事會，不見楊岐用處。乃至祖師，千差萬別，方便門庭，如何消遣？又有般底，祇向佛邊會，却與自己没交涉。古人道：『凡有言句，須是一一消歸自己。』又作麼生？又有般底，一向祇作自己會，棄却古人用處，唯知道明自己事，古人方便却如何消遣？既消遣不下，却似抱橋柱澡洗，要且放手不得。此亦是一病。又有般底，却去脚多少處會。若恁麼會，此病最難醫也。所以他語有巧妙處，參學人卒難摸索，纔擬心則差了也。前輩謂之楊岐宗旨，須是他屋裏人，到恁麼田地，方堪傳授。若不然者，則守死善道之謂也。這公案直須還他透頂徹底漢，方能了得。此非止禪和子會不得，而今天下叢林中出世爲人底，亦少有會得者。若要會去，直須向威音那畔，空劫已前，輕輕覷著，提起便行，捺著便轉。却向萬仞峰前進一步，可以籠罩古今，坐斷天下人舌頭。如今還有恁麽者麽？有則出來道看。如無，更聽一頌：三脚驢子弄蹄行，直透威音萬丈坑。雲在嶺頭閑不徹，水流澗下太忙生。湖南長老誰解會，行人更在青山外。」上堂：「天得一以清，地得一以寧，君王得一以治天下。這箇説話，是家常茶飯。須知衲僧家別有奇特處始得。且道衲僧門下有甚奇特處？天得一，斗牛女虚危室壁。地得一，萬象森羅及瓦礫。君王得一，上下四維無等匹。且道衲僧得一時如何？要見客從何處來，閑持經卷倚松立。」浴佛上堂，舉藥山浴佛公案，拈云：「這僧問處，依稀越國，髣髴楊州。藥山答來，眼似流星，機如掣電。點檢將來，二俱不了。若是山僧即不然，當是時，纔見他問『只浴得這箇，且不浴得那箇』。但轉木杓柄與伊，待他擬議之間，攔面便潑。假饒這僧有大神通，具大智慧，也無施展處。敢問大衆，這箇即且置〔一〕，唤甚麽作那箇？」下座：「佛殿燒香，爲你説破。」師有十牛圖并頌行于世。

能仁紹悟禪師

嘉州能仁默堂紹悟禪師，結夏上堂：「最初一步，十方世界現全身；末後一言，一微

〔一〕「置」，原作「致」，據清藏本、續藏本改。

塵中深鎖斷。有時提起，如倚天長劍，光耀乾坤；有時放下，似紅爐點雪，虛含萬象。得到恁麼田地，天魔外道拱手歸降，三世諸佛一時稽首。便可以大圓覺爲我伽藍，於一毫端現寶王剎。如是則朝往西天，暮歸東土，亦是禁足；百花叢裏坐，婬坊酒肆行，亦是禁足。雖然如是，不曾動著這裏一步。恁麼則九旬無虛棄之功，百劫有今時之用。堪報不報之恩，以助無爲之化。此即是涅槃妙心，金剛王寶劍。敢問大衆，作麼生得到這田地去？如人上山，各自努力。」上堂，舉趙州訪二庵主公案，頌曰：「一重山盡一重山，坐斷孤峰子細看。霧卷雲收山嶽静，楚天空闊一輪寒。」

子言庵主

彭州土溪智陀子言庵主，綿州人也。初至大隨，聞舉石頭和尚示衆偈，倏然領旨。歸隱土溪，懸崖絶壑間有石若蹲異獸，師鑿以爲室，中發異泉，無涸溢，四衆訝之。居三十年，化風盛播。室成日，作偈曰：「一擊石庵全，縱横得自然。清凉無暑氣，涓潔有甘泉。寬廓含沙界，寂寥絶衆緣。箇中無限意，風月一牀眠。」

南修造禪師

劍門南修造者，淳厚之士也。自大隨一語契投，服勤不怠。歸謁崇化瓚禪師，坐次，瓚以宗門三印問之，南曰：「印空印泥印水，平地寒濤競起。假饒去就十分，也是靈龜曳尾。」

尚書莫將居士

莫將尚書，字少虛，家世豫章分寧。因官西蜀，謁南堂靜禪師咨決心要。堂使其向一切處提撕。適如厠，俄聞穢氣，急以手掩鼻。遂有省，即呈以偈曰：「從來姿韻愛風流，幾笑時人向外求。萬別千差無覓處，得來元在鼻尖頭。」南堂答曰：「一法纔通法法周，縱横妙用更何求？青蛇出匣魔軍伏，碧眼胡僧笑點頭。」

龍圖王蕭居士

龍圖王蕭居士，字觀復。留昭覺日，聞開静板聲，有省。問南堂曰：「某有箇見處，纔被人問，却開口不得。未審過在甚處？」堂曰：「過在有箇見處。」堂却問：「朝旆幾時到任？」公曰：「去年八月四日。」堂曰：「自按察幾時離衙？」公曰：「前月二十。」堂曰：「爲甚麽道開口不得？」公乃契悟。

五祖自禪師法嗣

龍華高禪師

蘄州龍華高禪師，上堂：「象王行，師子住，赤脚崑崙眉卓豎。寒山拾得笑呵呵，指點門前老松樹。且道他指點箇甚麽？忽然風吹倒時，好一堆柴。」

南嶽下十六世

徑山杲禪師法嗣

教忠彌光禪師

泉州教忠晦庵彌光禪師，閩之李氏子。兒時寡言笑，聞梵唄則喜。十五，依幽巖文慧禪師圓頂。猶喜閱群書。一日曰：「既剃髮染衣，當期悟徹。豈醉於俗典邪？」遂〔一〕出嶺，謁圓悟禪師於雲居。次參黄檗祥、高庵悟，機語皆契。以淮楚盜起，歸謁佛心，會大慧寓廣，因往從之。慧謂曰：「汝在佛心處所得者，試舉一二看。」師舉：「佛心上堂，拈普化公案曰：『佛心即不然，總不恁麽來時如何？劈脊便打，從教徧界分身。』」慧曰：「汝意如何？」師曰：「某不肯他，後頭下箇注脚。」慧曰：「此正是以病爲法。」師毅然無信可意。慧曰：「汝但揣摩看。」師竟以爲不然。經旬，因記海印信禪師拈曰：「雷聲浩大，雨點全無。」始無滯，趨告慧。慧以舉道者見琅邪并玄沙未徹語詰之。師對已，慧笑曰：「雖進得一步，祇是不著所在。如人斫樹，根下一刀，則命根斷矣。汝向枝上斫，其能斷命根乎？今諸方浩浩説禪者，見處總如此，何益於事？其楊岐正傳，三四人而已。」師愠而去。翌日，慧問：「汝還疑否？」師曰：「無可疑者。」慧曰：「祇如古人相見，未開口時已知虚實，或聞其語，便識淺深。此理如何？」師悚然汗下，莫知所詣。慧令究有句無句。慧過雲門庵，師侍行，一日問曰：「某到這裏，不能得徹，病在甚處？」慧曰：「汝病最癖，世醫拱手。何也？别人死了活不得，汝今活了未曾死。要到大安樂田地，須是死一回始得。」

〔一〕「遂」，原作「逐」，據清藏本、續藏本改。

師疑情愈深，後入室，慧問：「喫粥了也，洗鉢盂了也，去却藥忌，道將一句來。」師曰：「裂破。」慧震威喝曰：「你又說禪也！」師即大悟。慧撾鼓告衆曰：「龜毛拈得笑咍咍，一擊萬重關鎖開。慶快平生在今日，孰云千里賺吾來？」師亦以頌呈之曰：「一挼當機怒雷吼，驚起須彌藏北斗。洪波浩渺浪滔天，拈得鼻孔失却口。」住後，上堂：「有句無句，如藤倚樹。放憨作麼？及乎樹倒藤枯，句歸何處？情知汝等諸人卒討頭鼻不著，爲甚如此？秖爲分明極，翻令所得遲。」上堂：「夢幻空花，何勞把捉？得失是非，一時放却。」擲拂子曰：「山僧今日已是放下了也。汝等諸人又作麼生？」復曰：「侍者收取拂子。」僧問：「文殊爲甚麼出女子定不得？」師曰：「山僧今日困。」曰：「罔明爲甚麼却出得？」師曰：「令人疑著。」曰：「恁麼則擘開華嶽千峰秀，放出黃河一派清。」師曰：「一任卜度。」

東林道顔禪師

江州東林卍庵道顔禪師，潼川人，族鮮于氏。久參圓悟，微有省發。洎悟還蜀，囑依妙喜，仍以書致喜曰：「顔川彩繪已畢，但欠點眼耳。他日嗣其後，未可量也。」喜居雲門及洋嶼，師皆在焉。朝夕質疑，方大悟。住後，上堂：「一葉落，天下秋。一塵起，大地收。烏窠吹布毛，便有人悟去。今時學者，爲甚麽却不識自己？」良久曰：「莫錯怪人好！」上堂：「欲識諸佛心，但向衆生心行中識取。欲識常住不凋性，但向萬物遷變處會取。還識得麽？欲得不招無間業，莫謗如來正法輪。」上堂：「諸人知處，良遂總知；良遂知處，諸人不知。作麽生是良遂知處？」乃曰：「鸜鵒語鶴。」上堂：「仲冬嚴寒，三界無安。富者快樂，貧者饑寒。不識玄旨，錯認定盤。何也？牛頭安尾上，北斗面南看。」上堂：「一滴滴水，一滴滴凍。天寒人寒，風動幡動。雲門扇子踍跳上三十三天，築著帝釋鼻孔。東海鯉魚打一棒，雨似盆傾，不出諸人十二時中尋常受用。」上堂云：「圓通門户，八字打開。若是從門入得，不堪共語。須是入得無門之門，方可坐登堂奥。所以道，過去諸如來，斯門已成就；現在諸菩薩，今各入圓明；未來參學人，當依如是法。從上諸聖，幸有如此廣大門風，不能繼紹，甘自鄙棄，穿窬牆壁，好不丈夫！敢問大衆，無門之門作麽生入？」良久云：「非唯觀世音，我亦從中證。」上堂：「元宵已過，化主出門。六群比丘，各從其類。此衆無復枝葉，純有貞實。如是增上慢人，退亦佳矣。麒麟不爲瑞，鸑鷟不爲榮，麥秀兩岐，禾登九穗，總不消得。但願官中無事，林下棲禪，水牯牛飽卧斜陽，擔板漢清貧長樂。粥足飯足，俯仰隨時。觔籠不亂攙匙，老鼠不咬甑箄。山家活計，淡薄長情。不敬功德天，誰嫌黑暗女？有智主人，二俱不受。」良久曰：「君子愛財，取之以道。」上堂：「去年寒食後，今年寒食前。日日是好日，不是正中偏。」上堂：「客舍久留連，家鄉夕照邊。簷懸三月雨，水没兩湖蓮。鑊漏燒燈盞，柴生滿竈煙。已忘南北念，入望盡平川。」上堂：「旃檀林，無雜樹，鬱密深沉師子住。所以旃檀叢林旃檀圍繞，荆棘叢林荆棘圍繞。一人爲主，兩人爲伴，成就萬億國土。士農工商，若夜叉，若羅刹，見行魔業，『優哉游哉，聊以卒歲。』」僧問：「香嚴上樹話，意旨如何？」師曰：「描不成，畫不就。」曰：「李陵雖好手，争奈陷番何！」師曰：「甚麽處去來？」問：「如何是佛？」師曰：「汝是元固。」僧近前曰：「喏！喏！」師曰：「裩無襠，袴無口。」問：「如何是佛？」師曰：「誌公和尚。」曰：「學人問佛，何故答誌公和尚？」師曰：「誌公不是閑和尚。」曰：「如何是法？」師曰：「黄絹幼婦，外孫齏臼。」曰：「是甚麽章句？」師曰：「絶妙好辭。」曰：「如何是僧？」師曰：「釣魚船上謝三郎。」曰：「何不直説？」師曰：「玄沙和尚。」曰：「三寶已蒙師指示，向上宗乘事若何？」師曰：「王喬詐仙得仙。」僧呵呵大笑，師乃叩齒。

西禪鼎需禪師

福州西禪懶庵鼎需禪師，本郡林氏子。幼舉進士，有聲。年二十五，因讀遺教經，忽曰：「幾爲儒冠誤。」欲去家，母難之。以親迎在期，師乃絶之曰：「夭桃紅杏，一時分付春風。翠竹黄花，此去永爲道伴。」竟依保壽樂禪師爲比丘。一錫湖湘，徧參名宿，法無異味。歸里結庵，於羌峰絶頂不下山者三年。佛心才禪師挽出，首衆於大乘。嘗問學者即心即佛因緣。時妙喜庵于洋嶼，師之友彌光與師書云：「庵主手段與諸方別，可來少款，如何？」師不答，光以計邀師飯，師往赴之。會妙喜爲諸徒入室，師隨喜焉。妙喜舉：「僧問馬祖：『如何是佛？』祖云：『即心是佛。』作麽生？」師下語，妙喜訶之曰：「你見解如此，敢妄爲人師耶？」鳴鼓普説，訐其平生珍重得力處，排爲邪解。師淚交頤，不敢仰視。默計曰：「我之所得，既爲所排。西來不傳之旨，豈止此耶？」遂歸心弟子之列。一日，喜問曰：「内不放出，外不放入。正恁麽時如何？」師擬開口，喜拈竹篦，劈脊連打三下。師於此大悟，厲聲曰：「和尚已多了也。」喜又打一下，師禮拜。喜笑云：「今日方知吾不汝欺也。」遂印以偈云：「頂門豎亞摩醯眼，肘後斜懸奪命符。瞎却眼，卸却符，趙州東壁掛葫蘆。」於是聲名喧動叢林。住後，上堂曰：「句中意，意中句，須彌聳于巨川；句剗意，意剗句，烈士發乎狂矢。任待牙如劍樹，口似血盆，徒逞詞鋒，虚張意氣。所以浄名杜口，早涉繁詞；摩竭掩關，已揚家醜。自餘瓦棺老漢、巖頭大師，向羌峰頂上拏風鼓浪，翫弄神變，脚跟下好與三十。且道過在甚麽處？」良久云：「機關不是韓光作，莫把胸襟當等閑。」至節，上堂云：「二十五日已前，群陰消伏，泥龍閉户。二十五日已後，一陽來復，鐵樹開花。正當二十五日，塵中醉客，騎驢騎馬，前街後街，遞相慶賀。物外閑人，衲帔蒙頭，圍爐打坐。風蕭蕭，雨蕭蕭，冷湫湫。誰管你張先生、李道士、胡達磨。」上堂：「懶翁懶中懶，最懶懶説禪。亦不重自己，亦不重先賢。又誰管你地，又誰管你天。物外翛然無箇事，日上三竿猶更眠。」上堂，舉：「僧問趙州：『如何是古人言？』州云：『諦聽！諦聽！』」師曰：「諦聽即不無，切忌喚鐘作甕。」室中問僧：「萬法歸一，一歸何處？」曰：「新羅國裏。」師曰：「我在青州作一領布衫重七斤聻？」曰：「今日親見趙州。」師曰：「前頭見？後頭見？」僧乃作斫額勢。師曰：「上座甚處人？」曰：「江西。」師曰：「因甚麽却來這裏納敗缺？」僧擬議，師便打。

東禪思岳禪師

福州東禪蒙庵思岳禪師，上堂：「蛾羊蟻子説一切法，牆壁瓦礫現無邊身。見處既精明，聞中必透脱。所以雪峰和尚凡見僧來，輥出三箇木毬，如弄雜劇相似。玄沙便作斫牌勢，卑末謾道將來，普賢今日謗古人，千佛出世，不通懺悔。這裏有人謗普賢，定入拔舌地獄。且道謗與不謗者是誰？心不負人，面無慚色。」上堂：「達磨來時，此土皆知梵語。及乎去後，西天悉會唐言。若論直指人心，見性成佛，大似羚羊掛角，獵犬尋蹤。一意乖疏，萬言無用。可謂來時他笑我，不知去後我笑他。唐言梵語親分付，自古齋僧怕夜茶。」上堂：「臘月初，歲云徂。黄河凍已合，深處有嘉魚。活鱍鱍，跳不脱，又不能相煦以濕，相濡以沫。慚愧菩薩摩訶薩，春風幾時來，解此黄河凍？令魚化作龍，直透桃花浪。會即便會，癡人面前且莫説夢。」上堂，僧問：「如何是初日分以恒河沙等身布施？」師曰：「從苗辨地，因語識人。」曰：「如何是中日分復以恒河沙等身布施？」師曰：「築著磕著。」曰：「如何是後日分亦以恒河沙等身布施？」師曰：「向下文長，付在來日。」復曰：「一轉語如天普蓋，似地普擎。一轉語舌頭不出口。一轉語且喜没交涉。要會麽？慚愧！世尊面赤，不如語直。大小岳上座，口似磉盤，今日爲這問話僧講經，不覺和注脚一時説破。」便下座。上堂：「啞却我口，直須要道。塞却你耳，切忌蹉過。昨日有人從天台來，却道泗洲大聖在洪州打坐，十字街頭賣行貨。是甚麽？斷跟草鞋，尖簷席帽。」

西禪守淨禪師

福州西禪此庵守淨禪師，上堂：「談玄說妙，撒屎撒尿。行棒行喝，將鹽止渴。立主立賓，華擘宗乘。設或總不恁麼，又是鬼窟裏坐。到這裏，山僧已是打退鼓。且道諸人，尋常心憒憒，口悱悱，合作麼生？莫將閑學解，埋没祖師心。」上堂：「若也單明自己，不悟目前，此人有眼無足。若也祇悟目前，不明自己，此人有足無眼。直得眼足相資，如車二輪，如鳥二翼，正好勘過了打。」上堂：「九夏炎炎大熱，木人汗流不輟。夜來一雨便涼，莫道山僧不說。」以拂子擊禪牀，下座。上堂：「若欲正提綱，直須大地荒。欲來衝雪刃，未免露鋒鋩。當恁麼時，釋迦老子出頭不得即不問，你諸人祇如馬鐙裏藏身，又作麼生話會？」上堂：「道是常道，心是常心。汝等諸人聞山僧恁麼道，便道我會也。大盡三十日，小盡二十九。頭上是天，脚下是地。耳裏聞聲，鼻裏出氣。忽若四大海水在汝頭上，毒虵穿你眼睛，蝦蟆入你鼻孔，又作麼生？」上堂：「文殊普賢談理事，臨濟德山行棒喝。東禪一覺到天明，偏愛風從涼處發。咄！」上堂：「善鬬者不顧其首，善戰者必獲其功。其功既獲，坐致太平。太平既致，高枕無憂。罷拈三尺劍，休弄一張弓。歸馬于華山之陽，放牛于桃林之野。風以時而雨以時，漁父歌而樵人舞。雖然如是，堯舜之君，猶有化在。争似乾坤收不得，堯舜不知名？渾家不管興亡事，偏愛和雲占洞庭。」上堂：「閉却口，時時説。截却舌，無間歇。無間歇，最奇絶。最奇絶，眼中屑。既是奇絶，爲甚麽却成眼中屑？了了了時無可了，玄玄玄處亦須呵。」上堂：「佛祖頂顫上，有潑天大路。未透生死關，如何敢進步？不進步，大千没遮護。一句絶言詮，那吒擎鐵柱。」開堂，拈香罷，就座。南堂和尚白槌曰：「法筵龍象衆，當觀第一義。」師隨聲便喝曰：「此是第幾義？久參先德，已辨來端。後學有疑，不妨請問。」僧問：「阿難問迦葉：『世尊傳金襴外，別傳何物？』迦葉唤阿難，阿難應諾。迦葉曰：『倒却門前刹竿著』，又作麽生？」師曰：「石牛横古路。」曰：「祇如迦葉道『倒却門前刹竿著』，又作麽生？」師曰：「切忌動著。」曰：「祇如和尚於佛日處，還有這箇消息也無？」師曰：「無這箇消息。」曰：「争奈定光金地遥招手，智者江陵暗點頭。」師曰：「莫將庭際柏，輕比路傍蒿。」僧禮拜，師乃曰：「定光金地遥招手，智者江陵暗點頭。已是白雲千萬里，那堪於此未知休。設或於此便休去，一場狼藉不少，還有檢點得出者麽？如無，山僧今日失利。」僧問：「佛佛授手，祖祖相傳。未審傳箇甚麽？」師曰：「速禮三拜。」問：「不施寸刃，請師相見。」師曰：「逢强即弱。」曰：「何得埋兵掉鬭。」師曰：「祇爲闍黎寸刃不施。」曰：「未審向上還有事也無？」師曰：「有。」曰：「如何是向上事？」師曰：「敗將不斬。」問：「古佛堂前，甚麼人先到？」師曰：「無眼村翁。」曰：「未審如何趣向？」師曰：「榔栗横擔。」

開善道謙禪師

建寧府開善道謙禪師，本郡人。初之京師依圓悟，無所省發。後隨妙喜庵居泉南，及喜領徑山，師亦侍行。未幾，令師往長沙。通紫巖居士張公書，師自謂：「我參禪二十年，無入頭處。更作此行，決定荒廢。」意欲無行。友人宗元者叱曰：「不可，在路便參禪不得也。去！吾與汝俱往。」師不得已而行，在路泣語元曰：「我一生參禪，殊無得力處。今又途路奔波，如何得相應去？」元告之曰：「你但將諸方參得底，悟得底，圓悟、妙喜爲你説得底，都不要理會。途中可替底事，我盡替你。只有五件事替你不得，你須自家支當。」師曰：「五件者何事？願聞其要。」元曰：「著衣、喫飯、屙屎、放尿、駝箇死屍路上行。」師於言下領旨，不覺手舞足蹈。元曰：「你此回方可通書。宜前進，吾先歸矣。」元即回徑山，師半載方返。妙喜一見而喜曰：「建州子，你這回别也。」住後，上堂：「竺土大僊心，東西密相付。如何是密付底心？」良久云：「八月秋，何處熱？」上堂：「壁立千仞，三世諸佛措足無門。是則是，太殺不近人情。放一線道，十方刹海放光動地。是則是，争奈和泥合水。須知通一線道處壁立千仞，壁立千仞處通一線道。横拈倒用，正按傍提，電激雷奔，崖頽石裂。是則是，猶落化門。到這裏，壁立千仞也没交涉，通一線道也没交涉。不近人情，和泥合水，總没交涉。只這没交涉，也則没交涉。是則是，又無佛法道理。若也出得這四路頭，管取乾坤獨步。且獨步一句作麽生道？莫怪從前多意氣，他家曾踏上頭關。」上堂：「去年也有箇六月十五，今年也有箇六月十五。去年六月十五，少却今年六月十五。今年六月十五，多却去年六月十五。多處不用減，少處不用添。既不用添，又不用減，則多處多用，少處少用。」乃喝一喝，曰：「是多是少？」良久曰：「箇中消息子，能有幾人知？」上堂：「洞山麻三斤，將去無星秤子上定過，每一斤恰有一十六兩二百錢重，更不少一氂。正與趙州殿裏底一般，祇不合被大愚鋸解秤鎚，却教人理會不得。如今若要理會得，但問取雲門乾屎橛。」上堂：「有句無句，如藤倚樹。撞倒燈籠，打破露柱。佛殿奔忙，僧堂回顧。子細看來，是甚家具？咄！祇堪打老鼠。」上堂：「諸人從僧堂裏恁麽上來，少間，從法堂頭恁麽下去，並不曾差了一步。因甚麽却不會？」良久曰：「祇爲分明極，翻令所得遲。」

育王德光禪師

慶元府育王佛照德光禪師，臨江軍彭氏子。志學之年，依本郡東山光化寺吉禪師落髮。一日入室，吉問：「不是心，不是佛，不是物，是甚麼？」師罔措。遂致疑，通夕不寐。次日，詣方丈請益：「昨日蒙和尚垂問，既不是心，又不是佛，又不是物，畢竟是甚麼？望和尚慈悲指示。」吉震威一喝曰：「這沙彌！更要我與你下注脚在？」拈棒劈脊打出，師於是有省。後謁月庵果、應庵華、百丈震，終不自肯。適大慧領育王，四海英材鱗集，師亦與焉。大慧室中問師：「喚作竹篦則觸，不喚作竹篦則背。不得下語，不得無語。」師擬對，慧便棒。師豁然大悟，從前所得，瓦解冰消。初住台之光孝，僧問：「浩浩塵中，如何辨主？」師曰：「巾峰頂上塔心尖。」上堂：「臨濟三遭痛棒，大愚言下知歸。興化於大覺棒頭，明得黃檗意旨。若作棒會，入地獄如箭射；若不作棒會，入地獄如箭射。衆中商量，盡道赤心片片，恩大難酬。總是識情卜度，未出陰界。且如臨濟悟去，是得黃檗力？是得大愚力？若也見得，許你頂門眼正，肘後符靈。其或未然，鴻福更爲諸人通箇消息。丈夫氣宇衝牛斗，一踏鴻門兩扇開。」上堂：「七手八脚，三頭兩面，耳聽不聞，眼覰不見，苦樂逆順，打成一片。且道是甚麼？路逢死蛇莫打殺，無底籃子盛將歸。」上堂：「聞聲悟道，落二落三。見色明心，錯七錯八。生機一路，猶在半途。且道透金剛圈，吞栗棘蓬底是甚麼人？披蓑側立千峰外，引水澆蔬五老前。」師住靈隱日，孝宗皇帝嘗詔問道，留宿内觀堂。奏對機緣，備于本録。後示寂，塔全身於鄮峰東庵。

華藏宗演禪師

常州華藏遯庵宗演禪師，福州鄭氏子。上堂，拈起拄杖曰：「識得這箇，一生參學事畢。古人恁麼道，華藏則不然。識得這箇，更須買草鞋行脚。何也？到江吴地盡，隔岸越山多。」臘旦，上堂：「一九與二九，相逢不出手。世間出世間，無剩亦無少。」遂出手曰：「華藏不惜性命，爲諸人出手去也。劈面三拳，攔腮一掌，靈利衲僧，自知痛痒。且轉身一句作麼生道？巡堂喫茶去。」上堂，舉：「南泉和尚道：『我十八上便解作活計。』趙州和尚道：『我十八上便解破家散宅。』」師云：「南泉、趙州也是徐六擔板，祇見一邊。華藏也無活計可作，亦無家宅可破，逢人突出老拳，要伊直下便到。且道到後如何？三十六峰觀不足，却來平地倒騎驢。」

天童浄全禪師

慶元府天童無用浄全禪師，越州翁氏子。上堂：「學佛止言真不立，參禪多與道相違。忘機忘境急回首，無地無錐轉步歸。佛不是，心亦非，覿體承當絶所依。萬古碧潭空界月，再三撈摝始應知。」上堂，良久召衆曰：「還知麽？」復曰：「敗缺不少。」上堂，舉：「長沙示衆曰：『百尺竿頭坐底人，雖然得入未爲真。百尺竿頭須進步，十方世界現全身。』大慧先師道：『要見長沙麽？更進一步。』保寧則不然，要見長沙麽？更退一步。畢竟如何？換骨洗腸重整頓，通身是眼更須參。」師到靈隱，請上堂：「靈山正派，達者猶迷。明來暗來，誰當辨的？雙收雙放，孰辨端倪？直饒千聖出來，也祇結舌有分。何故？人歸大國方爲貴，水到瀟湘始是清。」復曰：「適來松源和尚舉竹篦話，令天童納敗缺。諸人要知麽？聽取一頌：『黑漆竹篦握起，迅雷不及掩耳。德山臨濟茫然，懵底如何插觜？』」大慧嘗舉靈雲悟桃花問師，師曰：「靈雲一見兩眉橫，引得漁翁良計生。白浪起時拋一釣，任教魚鱉競頭争。」師自贊曰：「匙挑不上箇村夫，文墨胸中一點無。曾把虚空揣出骨，惡聲羸得滿江湖。」後示寂，塔于本山。

大溈法寶禪師

大溈法寶禪師，福州人也。上堂：「喚作竹篦則觸，不喚作竹篦則背。直須師子皦人，莫學韓獹逐塊。阿呵呵！會不會？金剛脚下鐵崑崙，捉得明州憨布袋。」上堂：「千般言，萬種喻，衹要教君早回去。夜來一片黑雲生，莫教錯却山前路。咄！」

玉泉曇懿禪師

福州玉泉曇懿禪師，久依圓悟，自謂不疑。紹興初，出住興化祥雲，法席頗盛。大慧入閩，知其所見未諦，致書令來，師遲遲。慧小參，且痛斥，仍榜告四衆。師不得已，破夏謁之。慧鞫其所證，既而曰：「汝恁麽見解，敢嗣圓悟老人邪？」師退院親之。一日入室，慧問：「我要箇不會禪底做國師。」師曰：「我做得國師去也。」慧喝出。居無何，語之曰：「香嚴悟處不在擊竹邊，俱胝得處不在指頭上。」師乃頓明。後住玉泉，爲慧拈香。繼省慧於小谿。慧陞座，舉：「雲門一日拈拄杖示衆曰：『凡夫實謂之有，二乘析謂之無，緣覺謂之幻有，菩薩當體即空。衲僧見拄杖子，但喚作拄杖子，行但行，坐但坐，總不得動著。』」慧曰：「我不似雲門老人，將虚空剜窟籠。」驀拈拄杖曰：「拄杖子不屬有，不屬無，不屬幻，不屬空。」卓一下曰：「凡夫、二乘、緣覺、菩薩，盡向這裏，各隨根性，悉得受用。唯於衲僧分上，爲害爲冤，要行不得行，要坐不得坐。進一步，則被拄杖子迷却路頭；退一步，則被拄杖子穿却鼻孔。即今莫有不甘底麽？試出來與拄杖子相見。如無，來年更有新條在，惱亂春風卒未休。正恁麼時合作麼生？」下座，煩玉泉爲衆拈出。師登座，叙謝畢，遂舉前話，曰：「適來堂頭和尚恁麽批判，大似困魚止濼，病鳥棲蘆。若是玉泉則不然。」拈拄杖曰：「拄杖子能有、能無、能幻、能空，凡夫、二乘、緣覺、菩薩，」卓一下曰：「向這裏百雜碎。唯於衲僧分上，如龍得水，似虎靠山。要行便行，要坐便坐。進一步則乾坤震動，退一步則草偃風行。且道不進不退一句作麽生道？」良久曰：「閑持經卷倚松立，笑問客從何處來？」

薦福悟本禪師

饒州薦福悟本禪師，江州人也。自江西雲門參侍妙喜，至泉南小谿，于時英俊畢集，受印可者多矣。師私謂其棄已，且欲發去。妙喜知而語之曰：「汝但專意參究，如有所得，不待開口，吾已識也。」既而有聞師入室者，故謂師曰：「本侍者參禪許多年，逐日只道得箇不會。」師詬之曰：「這小鬼！你未生時，我已三度霍山廟裏退牙了，好教你知。」由是益鋭志以狗子無佛性話，舉無字而提撕。一夕將三鼓，倚殿柱昏寐間，不覺無字出口吻，忽爾頓悟。後三日，妙喜歸自郡城，師趨丈室，足纔越閫，未及吐詞，妙喜曰：「本鬍子這回方是徹頭也。」住後，上堂：「高揖釋迦、不拜彌勒者，與三十拄杖。何故？爲他祇會步步登高，不會從空放下。東家牽犁、西家拽杷者，與三十拄杖。何故？爲他祇會從空放下，不會步步登高。山僧恁麼道，還有過也無？衆中莫有點檢得出者麼？若點檢得出，須彌南畔，把手共行。若點檢不出，布袋裏老鵶，雖活如死。」上堂：「釋迦掩室於摩竭，淨名杜口於毗耶，須菩提唱無説而顯道，釋梵絶睬聽而雨華。大衆！這一隊不唧嚁漢，無端將祖父田園私地結契，各據四至界分，方圓長短，一時花擘了也。致令後代兒孫，千載之下，上無片瓦蓋頭，下無卓錐之地。博山當時若見，十字路頭掘箇無底深坑，唤來一時埋却，免見遞相鈍置。何謂如此？不見道：家肥生孝子，國霸有謀臣。」上堂：「乾闥婆王曾奏樂，山河大地皆作舞。爭如跛脚老雲門，解道臘月二十五。博山今日有條攀條，無條攀例，也要應箇時節。」驀拈拄杖，橫按膝上，作撫琴勢云：「還有聞絃賞音者麼？」良久云：「直饒便作鳳凰鳴，畢竟有誰知指法？」卓一下，下座。

育王遵璞禪師

慶元府育王大圓遵璞禪師，福州人。幼同玉泉懿問道圓悟。數載後還里，佐懿於莆中祥雲。紹興甲寅，大慧居洋嶼，師往訊之。入室次，慧問三聖、興化出不出、爲人不爲人話：「你道這兩箇老漢還有出身處也無？」師於慧膝上打一拳。慧曰：「祇你這一拳，爲三聖出氣？爲興化出氣？速道！速道！」師擬議，慧便打。復謂曰：「你第一不得忘了這一棒。」後因慧室中問僧曰：「德山見僧入門便棒，臨濟見僧入門便喝，雪峰見僧入門便道『是甚麼』，睦州見僧便道『現成公案，放你三十棒』。你道這四箇老漢，還有爲人處也無？」僧曰：「有。」慧曰：「劄。」僧擬議，慧便喝。師聞，遽領微旨，大慧欣然許之。

能仁祖元禪師

温州雁山能仁枯木祖元禪師，七閩林氏子。初謁雪峰預，次依佛心才，皆已機契。及依大慧於雲門庵，夜坐次，睹僧剔燈，始徹證。有偈曰：「剔起燈來是火，歷劫無明照破。歸堂撞見聖僧，幾乎當面蹉過。不蹉過，是甚麼？十五年前奇特，依前祇是這箇。」慧以偈贈之曰：「萬仞崖頭解放身，起來依舊却惺惺。饑餐渴飲渾無事，那論昔人非昔人？」紹興乙巳〔一〕春，出住能仁。上堂：「有佛處不得住，踏著秤鎚硬似鐵。無佛處急走過，脚下草深三尺。三千里外，逢人不得錯舉。北斗掛須彌，恁麽則不去也。棒頭挑日月，摘楊花。摘楊花，眼裏瞳人著綉鞋。」卓拄杖，下座。上堂：「雁山枯木實頭禪，不在尖新語句邊。背手忽然摸得著，長鯨吞月浪滔天。」

靈巖了性禪師

真州靈巖東庵了性禪師，上堂：「勘破了也，放過一著，是衲僧破草鞋。現修羅相，作女人拜，是野狐精魅。打箇圓相，虚空裏下一點，是小兒伎倆。攔腮贈掌，拂袖便行，正是業識茫茫，無本可據。直饒向黑豆未生已前，一時坐斷，未有喫靈巖拄杖分。敢問大衆，且道爲人節文在甚麽處？還相委悉麽？自從春色來嵩少，三十六峰青至今。」上堂：「一葦江頭楊柳春，波心不見昔時人。雪庭要識安心士，鼻孔依前搭上脣。」竪起拂子曰：

〔一〕「紹興乙巳」，應是「紹興己巳」之誤，爲公元一一四九年。

「祖師來也，還見麽？若也見得，即今薦取。其或未然，此去西天路，迢迢十萬餘。」僧問：「人天交接，如何開示？」師曰：「金剛手裏八稜棒。」曰：「忽被學人横穿凡聖，擊透玄關時，又作麽生？」師曰：「海門横鐵柱。」問：「如何是獨露身？」師曰：「牡丹花下睡猫兒。」

蔣山善直禪師

建康府蔣山一庵善直禪師，德安雲夢人。初參妙喜於回雁峰下。一日，喜問之曰：「上座甚處人？」師曰：「安州人。」喜曰：「我聞你安州人會厮撲，是否？」師便作相撲勢。喜曰：「湖南人喫魚，因甚湖北人著鯁？」師打筋斗而出。喜曰：「誰知冷灰裏，有粒豆爆出。」住保寧，上堂：「諸佛不曾出世，人人鼻孔遼天。祖師不曾西來，箇箇壁立千仞。高揖釋迦，不拜彌勒，理合如斯。坐斷千聖路頭，獨步大千沙界，不爲分外。若向諸佛出世處會得，祖師西來處承當，自救不了，一生受屈。莫有大丈夫承當大丈夫事者麽？出來與保寧争交。其或未然，不如拽破好！」便下座。一日，留守陳丞相俊卿會諸山茶話次，舉「有句無句，如藤倚樹」公案，令諸山批判。皆以奇語取奉。師最後曰：「張打油，李打油，不打渾身只打頭。」陳大喜。

萬壽自護禪師

劍州萬壽自護禪師，上堂：「古者道，若人識得心，大地無寸土。萬壽即不然，若人識得心，未是究竟處。且那裏是究竟處？」拈拄杖卓一下曰：「甜瓜徹蔕甜，苦瓠連根苦。」

大溈景暈禪師

潭州大溈了庵景暈禪師，上堂：「雲門一曲，臘月二十五，瑞雪飄空，積滿江山塢，峻嶺寒梅花正吐。手把須彌槌，笑打虛空鼓，驚起憍梵鉢提，冷汗透身如雨。忿怒阿修羅王，握拳當胸問云：『畢竟是何宗旨？』咄！少室峰前，亦曾錯舉。」

靈隱了演禪師

臨安府靈隱誰庵了演禪師，上堂：「面門擊破，天地懸殊。打透牢關，白雲萬里。饒伊兩頭坐斷，別有轉身，三生六十劫，也未夢見在。」喝一喝，下座。

光孝致遠禪師

泰州光孝寺致遠禪師，上堂，舉女子出定話，乃曰：「從來打鼓弄琵琶，須是相逢兩會家。佩玉鳴鸞歌舞罷，門前依舊夕陽斜。」

雪峰藴聞禪師

福州雪峰崇聖普慈藴聞禪師，洪州沈氏子。示衆云：「旃檀叢林，旃檀圍繞。師子叢林，師子圍繞。虎狼叢林，虎狼圍繞。荆棘叢林，荆棘圍繞。大衆！四種叢林，合向那一種叢林安居好？若也明得，九十日内，管取箇箇成佛作祖。其或未然，般若叢林歲歲凋，無明荒草年年長。」

連雲道能禪師

處州連雲道能禪師，漢州人。姓何氏。僧問：「鏡清六刮，意旨如何？」師曰：「穿却你鼻孔。」曰：「學人有鼻孔即穿，無鼻孔又穿箇甚麼？」師曰：「抱贓叫屈。」曰：「如何是就毛刮塵？」師曰：「鈞袁虔吉，頭上插筆。」曰：「如何是就皮刮毛？」師曰：「石城虔化，説話厮罵。」曰：「如何是就肉刮皮？」師曰：「嘉眉果閬，懷裏有狀。」曰：「如何是就骨刮肉？」師曰：「漳泉福建，頭匾如扇。」曰：「如何是就髓刮骨？」師曰：「洋瀾左蠡，無風浪起。」曰：「髓又如何刮？」師曰：「十八十九，癡人夜走。」曰：「六刮已蒙師指示，一言直截意如何？」師曰：「結舌有分。」

靈隱道印禪師

臨安府靈隱最庵道印禪師，漢州人。上堂：「大雄山下虎，南山鱉鼻虵。等閑撞著，抱賞歸家。若也不惜好手，便與拔出重牙。有麽？有麽？」上堂：「五五二十五，擊碎虚空鼓。大地不容針，十方無寸土。春生夏長復何云，甜者甜兮苦者苦。」中秋，上堂，舉馬大師與西堂、百丈、南泉翫月公案，師云：「馬大師垂絲千尺，意在深潭。西堂振鬣，百丈擺尾，雖則衝波激浪，未免上他鉤線。南泉自謂躍過禹門，誰知依前落在巨網。即今莫有絶羅籠、出窠臼底麽？也好出來露箇消息。貴知華藏門下，不致寂寥。其或未然，此夜一輪滿，清光何處無？」

竹原宗元庵主

建寧府竹原宗元庵主，本郡連氏子。久依大慧，分座西禪。丞相張公浚帥三山，以數院迎之，不就。歸舊里，結茆號衆妙園。宿衲士夫交請開法。示衆曰：「若究此事，如失却鎖匙相似。衹管尋來尋去，忽然撞著，嗯！在這裏。開箇鎖了，便見自家庫藏，一切受用無不具足，不假他求。别有甚麽事？」示衆曰：「諸方爲人抽釘拔楔，解黏去縛，我這裏爲人添釘著楔，加繩加縛了，送向深潭裏，待他自去理會。」示衆曰：「主法之人，氣吞宇宙，爲大法王。若是釋迦老子、達磨大師出來，也教伊叉手向我背後立地，直得寒毛卓豎，亦未爲分外。」一日，舉：「世尊生下，一手指天，一手指地，云：『天上天下，唯我獨尊。』」師乃曰：「見怪不怪，其怪自壞。」垂語云：「這一些子，恰如撞著殺人漢相似。你若不殺了他，他便殺了你。」

近禮侍者

近禮侍者，三山人。久侍大慧，嘗默究竹篦話，無所入。一日，入室罷，求指示。慧曰：「你是福州人，我說箇喻向你，如將名品茘枝和皮殼一時剥了，以手送在你口裏，祇是你不解吞。」師不覺失笑曰：「和尚，吞却即禍事。」慧後問師曰：「前日吞了底茘枝，祇是你不知滋味。」師曰：「若知滋味，轉見禍事。」

淨居尼妙道禪師

温州淨居尼妙道禪師，延平尚書黄公裳之女。開堂日，乃曰：「問話且止。直饒有傾湫之辯、倒嶽之機，衲僧門下一點用不著。且佛未出世時，一事全無，我祖西來，便有許多建立。列刹相望，星分派列，以至今日，累及兒孫。遂使山僧於人天大衆前無風起浪，向第二義門通箇消息。語默該不盡底，彌亘大方；言詮説不及處，徧周沙界。通身是眼，覿面當機。電卷星馳，如何湊泊？有時一喝，生殺全威。有時一喝，佛祖莫辨。有時一喝，八面受敵。有時一喝，自救不了。且道那一喝是生殺全威？那一喝是佛祖莫辨？那一喝是八面受敵？那一喝是自救不了？若向這裏薦得，堪報不報之恩。脱或未然，山僧無夢説夢去也。」拈起拂子曰：「還見麽？若見，被見刺所障。」擊禪牀曰：「還聞麽？若聞，被聲塵所惑。直饒離見絶聞，正是二乘小果，跳出一步，蓋色騎聲，全放全收，主賓互換。所以道：欲知佛性義，當觀時節因緣。敢問諸人：即今是甚麽時節？蕩蕩仁風扶聖化，熙熙和氣助昇平。」擲拂子，下座。尼問：「如何是佛？」師曰：「非佛。」曰：「如何是佛法大意？」師曰：「骨底骨董。」問：「言無展事，語不投機時如何？」師曰：「未屙已前，墮坑落塹。」

資壽尼妙總禪師

平江府資壽尼無著妙總禪師，丞相蘇公頌之孫女也。年三十許，厭世浮休，脱去緣飾，咨參諸老，已入正信。作夏徑山。大慧陞堂，舉藥山初參石頭，後見馬祖因緣，師聞，豁然省悟。慧下座，不動居士馮公檝隨至方丈，曰：「某理會得和尚適來所舉公案。」慧曰：「居士如何？」曰：「恁麽也不得，囌嚧娑婆訶。不恁麽也不得，唦哩娑婆訶。恁麽不恁麽總不得，囌嚧唦哩娑婆訶。」慧舉似師，師曰：「曾見郭象注莊子，識者曰，却是莊子注郭象。」慧見其語異，復舉巖頭婆子話問之。師答偈曰：「一葉扁舟泛渺茫，呈橈舞棹別宮商。雲山海月都拋却，贏得莊周蝶夢長。」慧休去，馮公疑其所悟不根。後過無錫，招至舟中，問曰：「婆生七子，六箇不遇知音。祇這一箇，也不消得，便棄水中。大慧老師言：

『道人理會得。』且如何會?」師曰:「已上供通,並是詣實。」馮公大驚。慧挂牌次,師入室,慧問:「古人不出方丈,爲甚麽却去莊上喫油餈?」師曰:「和尚放妙總過,妙總方敢通箇消息。」慧曰:「我放你過,你試道看。」師曰:「妙總亦放和尚過。」慧曰:「争柰油餈何!」師喝一喝而出。於是聲聞四方。隆興改元,舍人張公孝祥來守是郡,以資壽挽開法。入院,上堂:「宗乘一唱,三藏絶詮。祖令當行,十方坐斷。二乘聞之怖走,十地到此猶疑。若是俊流,未言而諭。設使用移星换斗底手段,施攙旗奪鼓底機關,猶是空拳,豈有實義?向上一路,千聖不傳。學者勞形,如猿捉影。靈山付囑,俯徇時機。演唱三乘,各隨根器。始於鹿野苑轉四諦法輪,度百千萬衆。山僧今日與此界他方乃佛乃祖、山河大地、草木叢林、現前四衆,各轉大法輪,交光相羅,如寶絲網。若一草一木不轉法輪,則不得名爲轉大法輪。所以道:於一毫端現寶王刹,坐微塵裏轉大法輪。乘時於其中間,作無量無邊廣大佛事,周遍法界。一爲無量,無量爲一。小中現大,大中現小。不動步游彌勒樓閣,不返聞入觀音普門。情與無情,性相平等。不是神通妙用,亦非法爾如然。於此倜儻分明,皇恩佛恩一時報足。且道如何是報恩一句?天高群象正,海闊百川朝。」上堂,舉:「雲門示衆云:『十五日已前則不問,十五日已後道將一句來。』自代云:『日日是好日。』」師曰:「日日是好日,佛法世法盡周畢。不須特地覓幽玄,衹管鉢盂兩度濕。」

上堂："黄面老人横説豎説，權説實説，法説喻説，建法幢，立宗旨，與後人作榜樣。爲甚麽却道始從鹿野苑，終至跋提河，於是二中間未嘗説一字？點檢將來，大似抱贓叫屈。山僧今日人事忙冗，且放過一著。"便下座。尼問："如何是奪人不奪境？"師曰："野花開滿路，徧地是清香。"曰："如何是奪境不奪人？"師曰："茫茫宇宙人無數，幾箇男兒是丈夫？"曰："如何是人境俱不奪？"師曰："處處緑楊堪繫馬，家家門首透長安。"曰："如何是人境兩俱奪？"師曰："雪覆蘆花，舟横斷岸。"曰："人境已蒙師指示，向上宗乘事若何？"師便打。

侍郎張九成居士

侍郎無垢居士張九成，未第時，因客談楊文公、吕微仲諸名儒所造精妙，皆由禪學而至也，於是心慕之。聞寶印楚明禪師道傳大通，居浄慈，即之，請問入道之要。明曰："此事唯念念不捨，久久純熟，時節到來，自然證入。"復舉趙州柏樹子話，令時時提撕。公久之無省，辭謁善權清禪師。公問："此事人人有分，箇箇圓成，是否？"清曰："然。"公曰："爲甚麽某無箇入處？"清於袖中出數珠，示之曰："此是誰底？"公俛仰無對。清復袖之曰：「是汝底，則拈取去。纔涉思惟，即不是汝底。」公悚然。未幾，留蘇氏館，一夕如厠，以柏樹子話究之。聞蛙鳴，釋然契入。有偈曰：「春天月夜一聲蛙，撞破乾坤共一家。正恁麽時誰會得？嶺頭脚痛有玄沙。」屆明，謁法印一禪師，機語頗契。適私忌，就明静庵供雲水，主僧惟尚禪師纔見，乃展手，公便喝。尚批公頰，公趨前。尚曰：「張學録何得謗大般若？」公曰：「某見處秖如此，和尚又作麽生？」尚舉「馬祖陞堂，百丈卷席」話詰之。叙語未終，公推倒桌子。尚大呼：「張學録殺人！」公躍起，問傍僧曰：「汝又作麽生？」僧罔措。公毆之，顧尚曰：「祖禰不了，殃及兒孫。」尚大笑。公獻偈曰：「卷席因緣也大奇，諸方聞舉盡攢眉。臺盤趯倒人星散，直漢從來不受欺。」尚答曰：「從來高價不饒伊，百戰場中奮兩眉。奪角衝關君會也，叢林誰敢更相欺？」紹興癸丑，魁多士，復謁尚於東庵。尚曰：「浮山圓鑑云：『饒你入得汾陽室，始到浮山門，亦未見老僧在。』公作麽生？」公叱侍僧曰：「何不祇對？」僧罔措。公打僧一掌曰：「蝦蟆窟裏，果没蛟龍。」丁巳秋，大慧禪師董徑山，學者仰如星斗。公閲其語要，歎曰：「是知宗門有人。」持以語尚，恨未一見。及爲禮部侍郎，偶參政劉公請慧説法于天竺，公三往不值。暨慧報謁，公見，但寒暄而已。慧亦默識之。尋奉祠還里，至徑山，與馮給事諸公議格物。慧曰：「公祇知有格物，而不知有物格。」公茫然，慧大笑。公曰：「師能開諭乎？」慧曰：「不見小説載唐人有與安禄山謀叛者，其人先爲閬守，有畫像在焉。明皇幸蜀，見之怒，令侍臣以劍擊其像首。時閬守居陜西，首忽墮地。」公聞，頓領深旨，題不動軒壁曰：「子韶格物，妙喜物格。欲識一貫，兩箇五百。」慧始許可。後守邵陽，丁父難，過徑山飯僧。秉鈞者意慧議及朝政，遂竄慧於衡陽，令公居家守服。服除，安置南安。丙子春，蒙恩北還。道次新淦而慧適至，與聯舟劇談宗要，未嘗語往事。于氏心傳録曰：「憲自嶺下侍舅氏歸新淦，因會大慧，舅氏令拜之。憲曰：『素不拜僧。』舅氏曰：『汝姑扣之。』憲知其嘗執卷，遂舉子思中庸『天命之謂性，率性之謂道，修道之謂教』三句以問。慧曰：『凡人既不知本命元辰下落處，又要牽好人入火坑，如何聖賢於打頭一著不鑿破？』憲曰：『吾師能爲聖賢鑿破否？』慧曰：『天命之謂性，便是清浄法身。率性之謂道，便是圓滿報身。修道之謂教，便是千百億化身。』憲得以告。舅氏曰：『子拜何辭！』」繼鎮永嘉，丁丑秋丐祠，枉道訪慧於育王。越明年，慧得旨復領徑山，謁公於慶善院。曰：「某每於夢中必誦語、孟，何如？」慧舉圓覺曰：「由寂静故，十方世界諸如來心於中顯現，如鏡中像。」公曰：「非老師莫聞此論也。」其頌黄龍三關曰：「我手何似佛手？天下衲僧無口。縱饒撩起便行，也是鬼窟裏走。諱不得。我脚何似驢脚？又被黐膠粘著。翻身直上兜率天，已是遭他老鼠藥。吐不出。人人有箇生緣處，鐵圍山下幾千年。三災直到四禪天，這驢猶自在旁邊。煞得工夫。」公設心六度，不爲子孫計。因取華嚴善知識，日供其二回食，以飯緇流。又嘗供十六大天，而諸位茶杯悉變爲乳。書偈曰：「稽首十方佛法僧，稽首一切護法天。我今供養三寶天，如海一滴牛一毛。有何妙術能感格？試借意識爲汝説。我心與佛天無異，一塵纔起大地隔。儻或塵銷覺圓浄，是故佛天來降臨。我欲供佛佛即現，我欲供天天亦現。佛子若或生狐疑，試問此乳何處來？狐疑即塵塵即疑，終與佛天不相似。我今爲汝掃狐疑，如湯沃雪火銷冰。汝今微有疑與惑，鷂子便到新羅國。」

參政李邴居士

參政李邴居士，字漢老，醉心祖道有年。聞大慧排默照爲邪禪，疑怒相半。及見慧示衆，舉趙州庭柏，垂語曰：「庭前柏樹子，今日重新舉。打破趙州關，特地尋言語。敢問大衆：既是打破趙州關，爲甚麼却特地尋言語？」良久曰：「當初祇道茆長短，燒了方知地不平。」公領悟，謂慧曰：「無老師後語，幾蹉過。」後以書咨決曰：「某近扣籌室，承擊發蒙滯，忽有省入。顧惟根識暗鈍，平生學解，盡落情見。一取一捨，如衣壞絮行草棘中，適自纏繞。今一笑頓釋所疑，欣幸可量！非大宗匠委曲垂慈，何以致此？自到城中，著衣喫飯，抱子弄孫，色色仍舊。既無拘執之情，亦不作奇特之想。其餘夙習舊障，亦稍輕微。臨行叮嚀之語，不敢忘也。重念始得入門，而大法未明，應機接物，觸事未能無礙。更望有以提誨，使卒有所至，庶無玷於法席矣。」又書曰：「某比蒙誨答，備悉深旨。某自驗者三：一、事無逆順，隨緣即應，不留胸中。二、宿習濃厚，不加排遣，自爾輕微。三、古人公案，舊所茫然，時復瞥地。此非自昧者。前書『大法未明』之語，蓋恐得少爲足，當廣而充之，豈別求勝解耶？净勝現流，理則不無，敢不銘佩！」

寶學劉彦脩居士

寶學劉彦脩居士，字子羽。出知永嘉，問道於大慧禪師。慧曰：「僧問趙州：『狗子還有佛性也無？』趙州道：『無。』但恁麼看。」公後乃於柏樹子上發明，有頌曰：「趙州柏樹太無端，境上追尋也大難。處處緑楊堪繫馬，家家門底透長安。」

提刑吴偉明居士

提刑吴偉明居士，字元昭。久參真歇了禪師，得自受用三昧爲極致。後訪大慧於洋嶼庵，隨衆入室。慧舉狗子無佛性話問之。公擬答，慧以竹篦便打。公無對，遂留咨參。一日慧謂曰：「不須呈伎倆，直須啐地折、嚗地斷，方敵得生死。若祇呈伎倆，有甚了期？」即辭去。道次延平，倏然契悟，連書數頌寄慧，皆室中所問者。有曰：「不是心，不是佛，不是物。通身一具金鎖骨。趙州親見老南泉，解道鎮州出蘿蔔。」慧即説偈證之曰：「通身一具金鎖骨，堪與人天爲軌則。要識臨濟小厮兒，便是當年白拈賊。」

門司黄彦節居士

門司黄彦節居士，字節夫，號妙德。於大慧一喝下，疑情頓脱。慧以衣付之。嘗舉首山竹篦話，至：「葉縣近前奪得拗折，擲向堦下曰：『是甚麽？』山曰：『瞎。』」公曰：「妙德到這裏，百色無能，但記得曾作蠟梅絶句曰：『擬嚼枝頭蠟，驚香却肖蘭。前村深雪裏，莫作嶺梅看。』」

秦國夫人計氏

秦國夫人計氏法真，自寡處，屏去紛華，常蔬食，習有爲法。因大慧遣謙禪者致問其子魏公，公留，謙以祖道誘之。真一日問謙曰：「徑山和尚尋常如何爲人？」謙曰：「和尚祇教人看狗子無佛性及竹篦子話，祇是不得下語，不得思量，不得向舉起處會，不得向開口處承當。狗子還有佛性也無？無。祇恁麽教人看。」真遂諦信。於是夜坐，力究前話，忽爾洞然無滯。謙辭歸，真親書入道概略，作數偈呈慧。其後曰：「逐日看經文，如逢舊識人。莫言頻有礙，一舉一回新。」

虎丘隆禪師法嗣

天童曇華禪師

明州天童應庵曇華禪師，蘄州江氏子。生而奇傑。年十七，於東禪去髮，首依水南遂禪師，染指法味。因遍歷江湖，與諸老激揚，無不契者。至雲居禮圓悟禪師，悟一見，痛與提策。及入蜀，指見彰教，教移虎丘，師侍行。未半載，頓明大事。去謁此庵，分座連雲，開法妙嚴。後遷諸巨刹，住歸宗日，大慧在梅陽，有僧傳師垂示語句，慧見之，極口稱歎。後以偈寄曰：「坐斷金輪第一峰，千妖百怪盡潛蹤。年來又得真消息，報道楊岐正脉通。」其歸重如此。上堂：「九年面壁，壞却東土兒孫。隻履西歸，鈍置黄面老子。」以拄杖畫一畫曰：「石牛攔古路，一馬生三寅。」上堂：「德章老瞎秃，從來没滋味。拈得口，失却鼻。三更二點唱巴歌，無端驚起梵王睡。」喝一喝，曰：「我行荒草裏，汝又入深村。」上堂：「臨濟在黄檗處三度喫棒底意旨，你諸人還覷得透也未？直饒一敲便斷，也未是大丈夫漢。三世諸佛口挂壁上，天下老和尚將甚麽喫飯？」上堂：「十五日已前，水長船高。十五日已後，泥多佛大。正當十五日，東海鯉魚打一棒，雨似盆傾，直得三千大千世界一切衆生悉皆歡喜。謂言打這一棒，不妨應時應節報恩，不覺通身踊躍。遂作詩一首，舉似大衆：『蜻蜓許是好蜻蜓，飛來飛去不曾停。被〔一〕我捉來摘却兩邊翼，恰似一枚大鐵釘。』」上堂：「若作一句商量，喫粥飯阿誰不會？不作一句商量，屎坑裏虫子笑殺闍黎。」拈拄杖曰：「拄杖子罪犯彌天，貶向二鐵圍山，且道薦福還有過也無？」卓拄杖曰：「遲一刻。」上堂：「明不見暗，暗不見明。明暗雙忘，無異流俗阿師。野干鳴，師子吼；師子吼，野干鳴。三家村裏臭胡猻，價增十倍；驪龍頷下明月珠，分文不直。若作衲僧巴鼻，甚處得來？三十年後，換手搥胸，未是苦在。」上堂：「飯籮邊、漆桶裏，相唾饒你潑水，相

〔一〕「被」，原作「彼」，據清藏本、續藏本改。

罵饒你接觜。黄河三千年一度清，蟠桃五百年一次開花。鶴勒那齩定牙關，朱頂王呵呵大笑。歸宗五十年前有一則公案，今日舉似諸人。且道是甚麼公案？王節級失却帖。」上堂：「三十二相，八十種好，從朝至暮，啾啾唧唧，説黄道黑，不知那裏是二時。」上堂：「喫粥喫飯，不覺嚼破舌頭，血濺梵天，四天之下，霈然有餘。玉皇大帝惡發，追東海龍王，向金輪峰頂鞠勘。頃刻之間，追汝諸人作證見也。且各請依實供通，切忌回避。儻若不實，喪汝性命。」上堂：「趙州喫茶，我也怕他。若非債主，便是冤家。倚牆靠壁成群隊，不知誰解辨龍蛇？」上堂：「五百力士揭石義，萬仞崖頭撒手行。十方世界一團鐵，虚空背上白毛生。直饒拈却膱脂帽子，脱却鶻臭布衫，向報恩門下正好喫棒。何故？半夜起來屈膝坐，毛頭星現衲僧前。」上堂：「三世諸佛，眼裏無筋。六代祖師，皮下無血。明果齩定牙關踍跳，也出他圈繢不得。何故？南泉斬猫兒。」上堂云：「參禪人切忌錯用心。悟明見性是錯用心，成佛作祖是錯用心，看經講教是錯用心，行住坐卧是錯用心，喫粥喫飯是錯用心，屙屎送尿是錯用心，一動一静，一往一來，是錯用心。更有一處錯用心，歸宗不敢與諸人説破。何故？一字入公門，九牛車不出。」上堂云：「良工未出，玉石不分；巧冶無人，金沙混雜。縱使無師自悟，向天童門下，正好朝打三千，暮打八百。」驀拈拄杖云：「喚作拄杖，玉石不分；不喚作拄杖，金沙混雜。其間一箇半箇，善別端由，管取平步丹霄。苟或未然，」卓拄杖云：「急著眼看。」僧問：「婆子問巖頭，呈橈舞棹則不問，且道婆手中兒子甚處得來？巖頭扣船舷三下，意旨如何？」師曰：「燋磚打著連底凍。」曰：「當時若問和尚，如何對他？」師曰：「一棒打殺。」曰：「這老和尚大似買帽相頭。」師曰：「你向甚處見巖頭？」曰：「劄。」師曰：「杜撰禪和。」曰：「婆生七子，六箇不遇知音，祇這一箇也不消得，擲向水中，又且如何？」師曰：「少賣弄。」曰：「巖頭當時不覺吐舌，意作麼生？」師曰：「樂則同歡。」曰：「僧問雲門：『如何是清浄法身？』雲門曰：『花藥欄。』此意如何？」師曰：「深沙努眼睛。」問：「祇這是，埋没自己；祇這不是，孤負先聖。去此二途，和泥合水處，請師道。」師曰：「玉筯撑虎口。」曰：「一言金石談來重，萬事鴻毛脱去輕。」師曰：「莫謾老僧好！」問：「人皆畏炎熱，我愛夏日長，薰風自南來，殿閣生微凉時如何？」師曰：「倒戈卸甲。」虎丘忌日，拈香曰：「平生没興，撞著這無意智老和尚，做盡伎倆，湊泊不得。從此卸却干戈，隨分著衣喫飯。二十年來坐曲录木，懸羊頭賣狗肉。知他有甚憑據？雖然，一年一度燒香日，千古令人恨轉深。」師於室中能鍛鍊耆艾，故世稱大慧與師居處爲二甘露門。嘗誡徒曰：「衲僧家著草鞋住院，何啻如蚖蛇戀窟乎？」隆興改元，六月十三日，奄然而化。塔全身于本山。

育王裕禪師法嗣

清涼坦禪師

福州清涼坦禪師，有僧舉大慧竹篦話請益，師示以偈曰：「徑山有箇竹篦，直下別無道理。佛殿厨庫三門，穿過衲僧眼耳。」其僧言下有省。

浄慈師一禪師

臨安府浄慈水庵師一禪師，婺州馬氏子。十六被削，首參雪峰慧照禪師，照舉藏身無迹話問之。師數日方明，呈偈曰：「藏身無迹更無藏，脱體無依便厮當。古鏡不勞還自照，淡煙和露濕秋光。」照質之曰：「畢竟那裏是藏身無迹處？」師曰：「嗄。」照曰：「無蹤迹處因甚麽莫藏身？」師曰：「石虎吞却木羊兒。」照深肯之。住後，上堂，舉：「圓悟師翁道：『參禪參到無參處，參到無參始徹頭。』水庵則不然，參禪參到無參處，參到無參未徹頭。若也欲窮千里目，直須更上一層樓。」上堂：「凍雲欲雪未雪，普賢象駕崢嶸。嶺梅半合半開，少室風光漏泄。便恁麽去猶是半提，作麽生是全提底事？無智人前莫説，打你頭破額裂。」上堂，舉：「法眼示衆曰：『盡十方世界明皎皎地，若有一絲頭，即是一絲頭。』師豎起拂子曰：「還見麽？穿過髑髏猶未覺。法燈云：『盡十方世界自然明皎皎地，若有一絲頭，不是一絲頭。』」師曰：「夜來月色十分好，今日秋山無限清。」上堂：「寂然不動，感而遂通。古人恁麽説話，大似預搔待痒。若教渠踏著衲僧關捩，管取别有生涯。」喝一喝，卓拄杖，下座。

道場法全禪師

安吉州道場無庵法全禪師，姑蘇陳氏子。東齋川和尚爲落髮。師久依佛智，每入室，智以狗子無佛性話問之，師罔對。一日，聞僧舉五祖頌云「趙州露刃劍」，忽大悟，有偈曰：「鼓吹轟轟祖半肩，龍樓香噴益州船。有時赤脚弄明月，踏破五湖波底天。」住後，上堂：「欲得現前，莫存順逆。」卓拄杖云：「三祖大師變作馬面夜叉，向東弗于逮、西瞿耶尼、南贍部洲、北鬱單越，却來山僧手裏。首身元來只是一條黑漆拄杖。還見麽？直饒見得，入地獄如箭射。」卓拄杖，下座。上堂，拈拄杖曰：「汝等諸人，箇箇頂天立地，肩橫楖栗，到處行脚，勘驗諸方，更來這裏覓箇甚麽？纔輕輕撈著，便言天台普請，南嶽游山。我且問你，還曾收得大食國裏寶刀麽？」卓拄杖曰：「切忌口銜羊角。」僧問：「牛頭未見四祖時如何？」師曰：「天下無貧人。」曰：「見後如何？」師曰：「四海無富漢。」乾道己丑七月二十五日，將入寂，衆求偈，師瞪目下視。衆請益堅，遂書「無無」二字，棄筆而逝。火後設利五色，塔于金斗峰。

延福慧升禪師

泉州延福寒巖慧升禪師，建寧人也。上堂，喝一喝，曰：「盡十方世界，會十世古今，都盧在裏許，畐畐塞塞了也。若乃放開一針鋒許，則大海西流，巨嶽倒卓，黿鼉魚龍、鰕蟹蚯蚓，盡向平地上湧出波瀾，游泳鼓舞。然雖如是，更須向百尺竿頭自進一步，則步步踏轉無盡藏輪，方知道鼻孔搭在上脣，眉毛不在眼下。還相委悉麽？」復喝一喝，曰：「切忌轉喉觸諱。」

大潙泰禪師法嗣

慧通清旦禪師

潭州慧通清旦禪師，蓬州嚴氏子。初出關至德山，值泰上堂，舉：「趙州曰：『臺山婆子已爲汝勘破了也。且道意在甚麼處？』」良久曰：「就地撮將黄葉去，入山推出白雲來。」師聞釋然。翌日入室，山問：「前百丈不落因果，因甚麼墮野狐？後百丈不昧因果，因甚麼脱野狐？」師曰：「好與一坑埋却。」住後，上堂：「説佛説祖，正如好肉剜瘡；舉古舉今，猶若殘羹餿飯。一聞便悟，已落第二頭；一舉便行，早是不著便。須知箇事如天普蓋，似地普擎。師子游行，不求伴侶；壯士展臂，不借他力。佛祖拈掇不起，衲僧顧見無門。迷悟雙忘，聖凡路絶。且道從上諸聖以何法示人？」喝一喝，曰：「莫妄想。」佛性和尚忌日，上堂：「三脚驢子弄蹄行，步步相隨不相到。樹頭驚起雙雙魚，拈來一老一不老。爲憐松竹引清風，其柰出門便是草。因唤檀郎識得渠，大機大用都推倒。燒香勘證見根源，糞埽堆頭拾得寶。叢林浩浩謾商量，勸君莫謗先師好！」

靈巖仲安禪師

澧州靈巖仲安禪師，幼爲比丘，壯游講肆。後謁圓悟於蔣山，時佛性爲座元，師扣之，即領旨。逮性住德山，遣師至鍾阜通嗣書，圓悟問曰：「千里馳來，不辱宗風。公案現成，如何通信？」師曰：「覿面相呈，更無回互。」曰：「此是德山底，那箇是上座底？」師曰：「豈有第二人？」曰：「背後底聻？」師投書，悟笑曰：「作家禪客，天然有在。」師曰：「付與蔣山。」次至僧堂前，師捧書問訊首座。座曰：「玄沙白紙，此自何來？」師曰：「久默斯要，不務速説。今日拜呈，幸希一覽。」座便喝。師曰：「作家首座！」座又喝。師以書便打，座擬議。師曰：「未明三八九，不免自沈吟。」師以書復打一下曰：「接！」時圓悟與佛眼見，悟曰：「打我首座死了也。」佛眼曰：「官馬厮踢，有甚憑據？」師曰：「説甚官馬厮踢，正是龍象蹴踏。」悟唤師至，曰：「我五百人首座，你爲甚麼打他？」曰：「和尚也須喫一頓始得。」悟顧佛眼吐舌，眼曰：「未在。」却顧師，問曰：「空手把鉏頭，步行騎水牛。人從橋上過，橋流水不流。意作麽生？」師鞠躬曰：「所供並是詣實。」眼笑曰：「元來是屋裏人。」又往見五祖自和尚通法眷書。祖曰：「書裏説箇甚麽？」師曰：「文彩已彰。」曰：「畢竟説箇甚麽？」師曰：「當陽揮寶劍。」曰：「近前來，這裏不識幾箇字。」師曰：「莫詐敗。」祖顧侍者曰：「是那裏僧？」曰：「此上座向曾在和尚會下去。」祖曰：「怪得恁麽滑頭。」師曰：「被和尚鈍置來。」祖乃將書於香爐上熏，曰：「南無三曼多没陁南。」師近前，彈指而已，祖便開書。回德山日，佛果、佛眼皆有偈送之。未幾，靈巖虚席，衲子投牒，乞師住持，遂開法焉。上堂：「參禪不究淵源，觸途盡爲留礙，所以守其靜默，澄寂虚閑，墮在毒海。以弱勝强，自是非他，立人我量，見處偏枯，遂致優劣不分，照不搆用，用不離窠。此乃學處不玄，盡爲流俗。到這裏，須知有殺中透脱，活處藏機，佛不可知，祖莫能測。所以古人道：有時先照後用，且要共你商量。有時先用後照，你須是箇漢始得。有時照用同時，你又作麽生抵當？有時照用不同時，你又向甚麽處湊泊？還知麽？穿楊箭與驚人句，不是臨時學得來。」

正法灝禪師

成都府正法灝禪師，上堂，舉永嘉到曹溪因緣，乃曰：「要識永嘉麽？掀飜海嶽求知己。要識祖師麽？撥動乾坤建太平。二老不知何處去，」卓拄杖曰：「宗風千古播嘉聲。」

昭覺辯禪師

成都府昭覺辯禪師，上堂：「毫氂有差，天地懸隔。隔江人唱鷓鴣詞，錯認胡笳十八拍。要會麼？欲得現前，莫存順逆。五湖煙浪有誰争？自是不歸歸便得。」

護國元禪師法嗣

國清行機禪師

台州國清簡堂行機禪師，本郡人。姓楊氏。風姿挺異，才壓儒林。年二十五，棄妻孥，學出世法。晚見此庵，密有契證。出應莞山，刀耕火種，單丁者一十七年。嘗有偈云：「地爐無火客囊空，雪似楊花落歲窮。拾得斷麻穿壞衲，不知身在寂寥中。」每謂人曰：「某猶未穩在，豈以住山樂吾事邪？」一日偶看斫樹倒地，忽然大悟，平昔礙膺之物，泮然冰釋。未幾，有江州圓通之命。乃曰：「吾道將行。」即欣然曳杖而去。登座説法云：「圓通不開生藥鋪，單單只賣死猫頭。不知那箇無思筭，喫著通身冷汗流。」上堂：「單明自已，樂是苦因；趣向宗乘，地獄劫住。五日一參，三八普説，自揚家醜。更若問理問事，問心問性，克由叵耐。若是英靈漢，窺藩〔一〕不入，據鼎不嘗，便於未有生佛已前轉得身，却於今時大官路上捷行闊步，終不向老鼠窟、草窠裏頭出頭没。若也根性陋劣，要去有滋味處齩嚼，遇著義學阿師，遞相錮鏴，直饒説得雲興雨現，也是蝦蟆化龍，下梢依舊喫泥喫土，堪作甚麽？」上堂：「仲秋八月旦，庭户入新凉。不露風骨句，愁人知夜長。」上堂：「無隔宿恩，可參臨濟禪；有肯諾意，難續楊岐派。窮廝煎，餓廝炒，大海祇將折筯攪。你死我活，猛火然鐺煮佛喋。恁麽作用，方可撑門拄户。更説聲和響順，形直影端，驢年也未夢見。」僧問：「三聖問雪峰：『透網金鱗，未審以何爲食？』峰云：『待汝出網來，即向汝道。』意旨如何？」師曰：「同途不同轍。」曰：「三聖道：『一千五百人善知識，話頭也不識。』峰云：『老僧住持事繁。』又作麽生？」師曰：「前箭猶輕後箭深。」曰：「祇如雪竇道：『可惜放過，好與三十棒。這棒一棒也較不得，直是罕遇作家。』意又作麽生？」師曰：「陣敗説兵書。」曰：「這棒是三聖合喫？雪峰合喫？」師以拂子擊禪牀曰：

〔一〕「藩」，原作「蕃」，據續藏本改。

「這裏薦取。」示衆云：「衲僧拄杖子，不用則已，用則如鴆〔一〕鳥落水，魚鱉皆死。正按傍提，風颯颯地，獨步大方，殺活在我。所以道：千人排門，不如一人拔關。若一人拔關，千人萬人得到安樂田地。還知麼？鴛鴦綉出從君看，不把金針度與人。」示衆云：「觀色即空成大智，故不住生死。觀空即色成大悲，故不證涅槃。生死不住，涅槃不證，漢地不收，秦地不管，且道在甚麼處安身立命？莫是昭昭於心目之間，而相不可覩；晃晃於色塵之內，而理不可分麼？莫是起坐鎮相隨，語默同居止麼？若恁麼，總是髑髏前敲磕。須知過量人自有過量用，且作麼生是過量用？北斗藏身雖有語，出群消息少人知。」

焦山師體禪師

鎮江府焦山或庵師體禪師，台州羅氏子。上堂，舉臨濟和尚四喝公案，乃召衆曰：「這箇公案，天下老宿拈掇甚多，第恐皆未盡善。焦山不免四稜著地，與諸人分明注解一徧。如何是踞地師子？咄！如何是金剛王寶劍？咄！如何是探竿影草？咄！如何是一

〔一〕「鴆」，底本缺，據清藏本、續藏本補。

喝不作一喝用？咄！若也未會，拄杖子與焦山吐露看。」卓一下曰：「笑裏有刀。」又卓一下曰：「毒蛇無眼。」又卓一下曰：「忍俊不禁。」又卓一下曰：「出門是路。」更有一機，舉話長老也理會不得。」上堂：「年年浴佛在今朝，目擊迦維路不遥。果是當時曾示現，宜乎惡水驀頭澆。」上堂：「熱月須摇扇，寒來旋著衣。若言空過日，大似不知時。」上堂：「道生一，無角鐵牛眠少室。一生二，祖父開田説大義。二生三，梁間紫鷰語呢喃。三生萬物，男兒活計離窠窟。多處添，少處減，大虫怕喫生人膽。有若無，實若虛，争掩驪龍明月珠？是則是，祇如焦山坐斷諸方舌頭一句，作麽生道？肚無偏僻病，不怕冷油虀。」拍禪牀，下座。僧問：「如何是即心即佛？」師曰：「鼎州出獰争神。」曰：「如何是非心非佛？」師曰：「閩蜀同風。」曰：「如何是『不是心，不是佛，不是物』？」師曰：「窮坑難滿。」問：「起滅不停時如何？」師曰：「謝供養。」問：「我有七絃琴，久居在曠野。不是不會彈，未遇知音者。知音既遇，未審如何品弄？」師曰：「鐘作鐘鳴，鼓作鼓響。」曰：「雲門放洞山三頓棒，意旨如何？」師曰：「和身倒，和身擂。」曰：「飯袋子！江西、湖南便恁麽去，又作麽生？」師曰：「淚出痛腸。」曰：「真金須是紅爐煅，白玉還他妙手磨。」師曰：「添一點，也難爲。」室中常舉苕帚柄問學者曰：「依俙苕帚柄，髣髴赤斑蛇。」衆皆下語不契。有僧請益，師示以頌曰：「依俙苕帚柄，髣髴赤斑蛇。棒下無生忍，臨機不識爺。」淳熙己亥八月朔示微疾，染翰别郡守曾公，逮夜半，書偈辭衆曰：「鐵樹開花，雄雞生卵，七十二年，摇籃繩斷。」擲筆示寂。

華藏智深禪師

常州華藏湛堂智深禪師，武林人也。佛涅槃日，上堂：「兜率降生，雙林示滅。掘地討天，虚空釘橛。四十九年，播土揚塵。三百餘會，納盡敗缺。盡力布網張羅，未免唤龜作鱉。末後拘尸城畔，槨示雙趺。旁人冷眼看來，大似弄巧成拙。」卓拄杖曰：「若無這箇道理，千古之下，誰把口説？且道是甚麽道理？癡人面前切忌漏洩。」

參政錢端禮居士

參政錢端禮居士，字處和，號松窗。從此庵發明己事，後於宗門旨趣一一極之。淳熙丙申冬，簡堂歸住平田，遂與往來。丁酉秋微恙，修書召堂及國清、瑞巖主僧，有訣别之語。堂與二禪詣榻次，公起趺坐，言笑移時。即書曰：「浮世虚幻，本無去來。四大五蘊，必歸終盡。雖佛祖具大威德力，亦不能免。這一著子，天下老和尚、一切善知識還有跳得過者無？蓋爲地水火風因緣和合，暫時湊泊，不可錯認爲己有。大丈夫磊磊落落，當用處把定，立處皆真。順風使帆，上下水皆可。因齋慶贊，去留自在。此是上來諸聖開大解脱一路涅槃門，本來清浄空寂境界，無爲之大道也。今吾如是，豈不快哉！塵勞外緣，一時掃盡。荷諸山垂顧，咸願證明，伏惟珍重！」置筆顧簡堂曰：「某坐去好？卧去好？」堂曰：「相公去便了，理會甚坐與卧耶？」公笑曰：「法兄當爲祖道自愛！」遂斂目而逝。

靈隱遠禪師法嗣

東山齊己禪師

慶元府東山全庵齊己禪師，邛州謝氏子。上堂，舉：「修山主偈曰：『是柱不見柱，非柱不見柱。是非已去了，是非裏薦取。』」召大衆曰：「薦得是，移華兼蝶至；薦得非，擔泉帶月歸。是也好，鄭州梨勝青州棗；非也好，象山路入蓬萊島。是亦没交涉，踏著秤錘硬似鐵；非亦没交涉，金剛寶劍當頭截。阿呵呵！會也麽？知事少時煩惱少，識人多處是非多。」蓮社會道友，請上堂：「漸漸雞皮鶴髮，父少而子老；看看行步蹱蹱，疑殺木上座。直饒金玉滿堂，照顧白拈賊；豈免衰殘老病，正好著精彩。任汝千般快樂，渠儂合自由；無常終是到來，歸堂喫茶去。唯有徑路修行，依舊打之遶；但念阿彌陀佛，念得不濟事。」復曰：「噁！這條活路，已被善導和尚直截指出了也。是你諸人，朝夕在徑路中往來，因甚麼當面蹉過阿彌陀佛？這裏薦得，便可除迷倒障，拔猶豫箭，截疑惑網，斷癡愛河，伐心稠林，浣心垢濁，正心諂曲，絶心生死，然後轉入那邊，擡起脚，向佛祖履踐不到處進一步；開却口，向佛祖言詮不到處説一句。喚回善導和尚，别求徑路修行。其或凖前，捨父逃走，流落他鄉，撞東磕西，苦哉！阿彌陀佛！」

疏山如本禪師

撫州疏山歸雲如本禪師，台城人也。上堂：「久雨不晴，戊在丙丁。通身泥水，露出眼睛。且道是甚麼眼睛？」卓拄杖曰：「林間泥滑滑，時叫兩三聲。」

覺阿上人

覺阿上人，日本國滕氏子也。十四得度受具，習大小乘，有聲。二十九，屬商者自中都回，言禪宗之盛，阿奮然拉法弟金慶航海而來，袖香拜靈隱佛海禪師。海問其來，阿輒書而對。復書曰：「我國無禪宗，唯講五宗經論，國主無姓氏，號金輪王。以嘉應改元，捨位出家，名行真，年四十四。王子七歲，令受位，今已五載。度僧無進納，而講義高者賜之。某等仰服聖朝遠公禪師之名，特詣丈室禮拜，願傳心印，以度迷津。且如心佛及衆生，是三無差別，離相離言，假言顯之。禪師如何開示？」海曰：「衆生虚妄見，見佛見世界。」阿書曰：「無明因何而有？」海便打。阿即命海陞座決疑。明年秋，辭游金陵，抵長蘆江岸，聞〔一〕鼓聲，忽大悟，始知佛海垂手旨趣。旋靈隱，述五偈叙所見，辭海東歸。偈曰：「航海來探教外傳，要離知見脱蹄筌。諸方參遍草鞋破，水在澄潭月在天。其一。掃盡葛藤與知見，信手拈來全體現。腦後圓光徹太虚，千機萬機一時轉。其二。妙處如何説向人，倒地便起自分明。驀然踏著故田地，倒裹幞頭孤路行。其三。求真滅妄元非妙，即妄明真都是錯。堪笑靈山老古錐，當陽抛下破木杓。其四。豎拳下喝少賣弄，説是説非入泥水。截斷千差休指注，一聲歸笛囉囉哩。其五。」海稱善，書偈贈行。歸本國，住叡山寺，洎通嗣法書，海已入寂矣。

〔一〕「聞」，原作「間」，據清藏本、續藏本改。

内翰曾開居士

内翰曾開居士，字天游，久參圓悟，暨往來大慧之門有日矣。紹興辛未，佛海補三衢光孝，公與超然居士趙公訪之。問曰：「如何是善知識？」海曰：「燈籠露柱，猫兒狗子。」公曰：「爲甚麽贊即歡喜，毁即煩惱？」海曰：「侍郎曾見善知識否？」公曰：「某三十年參問，何言不見？」海曰：「向歡喜處見？煩惱處見？」公擬議，海震聲便喝。公擬對，海曰：「開口底不是。」公罔然，海召曰：「侍郎向甚麽處去也？」公猛省，遂點頭，説偈曰：「咄哉瞎驢，叢林妖孽。震地一聲，天機漏泄。有人更問意如何，拈起拂子劈口截。」海曰：「也祇得一橛。」

知府葛郯居士

知府葛郯居士，字謙問，號信齋。少擢上第，玩意禪悦。首謁無庵全禪師，求指南。庵令究即心即佛，久無所契。請曰：「師有何方便，使某得入？」庵曰：「居士太無猒生！」已而佛海來居劍池，公因從游，乃舉無庵所示之語，請爲衆普説。海發揮之曰：「即心即佛眉拖地，非心非佛雙眼横。蝴蝶夢中家萬里，子規枝上月三更。」留旬日而後返。一日，舉「不是心，不是佛，不是物，」豁然頓明，頌曰：「非心非佛亦非物，五鳳樓前山突兀，豔陽影裏倒翻身，野狐跳入金毛窟。」無庵肯之，即遣書頌呈佛海。海報曰：「此事非紙筆可既，居士能過我，當有所聞矣。」遂復至虎丘。海迎之曰：「居士見處，止可入佛境界，入魔境界猶未得在。」公加禮不已。海正容曰：「何不道金毛跳入野狐窟？」公乃痛領。嘗問諸禪曰：「夫婦二人相打，通兒子作證。且道證父即是？證母即是？」或庵體禪師著語曰：「小出大遇。」淳熙六年，守臨川。八年，感疾，一夕忽索筆書偈曰：「大洋海裏打鼓，須彌山上聞鐘。業鏡忽然撲破，翻身透出虚空。」召僚屬示之曰：「生之與死，如晝與夜，無足怪者。若以道論，安得生死？若作生死會，則去道遠矣。」語畢，端坐而化。

華藏民禪師法嗣

徑山寶印禪師

臨安府徑山别峰寶印禪師，嘉州李氏子。自幼通六經而猒俗務，乃從德山清素得度具戒，後聽華嚴、起信，既盡其說，棄依密印於中峰。一日，印舉：「僧問巖頭：『起滅不停時如何？』巖叱曰：『是誰起滅？』」師啓悟，即首肯。會圓悟歸昭覺，印遣師往省，因隨衆入室。悟問：「從上諸聖，以何接人？」師竪拳。悟曰：「此是老僧用底，作麽生是從上諸聖用底？」師以拳揮之，悟亦舉拳相交，大笑而止。後至徑山謁大慧。慧問：「甚處來？」師曰：「西川。」慧曰：「未出劍門關，與汝三十棒了也。」師曰：「不合起動和尚。」慧忻然，掃室延之。慧南遷，師乃西還，連主數刹。後再出峽，住保寧、金山、雪竇、徑山。開堂陞座，曰：「世尊初成正覺於鹿野苑中，轉四諦法輪，憍陳如比丘最初悟道。後來真淨禪師初住洞山，拈云：『今日新豐洞裏，祇轉箇拄杖子。』遂拈拄杖著左邊，云：『還有最初悟道者麽？若無，丈夫自有衝天志，莫向如來行處行。』遂喝一喝，下座。若是印上座則不然，今日向鳳凰山裏，初無工夫轉四諦法輪，亦無氣力轉拄杖子。祇教諸人行須緩步，語要低聲。何故？欲得不招無間業，莫謗如來正法輪。」上堂：「三世諸佛，以一句演百千萬億句，收百千萬億句祇在一句。祖師門下，半句也無。祇恁麽，合喫多少痛棒！諸仁者！且諸佛是？祖師是？若道佛是祖不是，祖是佛不是，取捨未忘。若道佛祖一時是，佛祖一時不是，顢頇不少。且截斷葛藤一句作麽生道？大虫裏紙帽，好笑又驚人。」復舉：「僧問巖頭：『浩浩塵中，如何辨主？』頭云：『銅砂羅裏滿盛油。』」師曰：「大小巖頭打失鼻孔。忽有人問保寧：『浩浩塵中如何辨主？』祇對他道：『天寒不及卸帽。』」上堂：「六月初一，燒空赤日。十字街頭，雪深一尺。掃除不暇，回避不及。凍得東村廖胡子，半夜著靴水上立。」上堂：「將心除妄妄難除，即妄明心道轉迂。桶底趯穿無忌諱，等閑一步一芙蕖。」師至徑山，彌浹，孝宗皇帝召對選德殿，稱旨。入對日，賜肩輿於東華門內。十年二月，上注圓覺經，遣使馳賜，命作序。師年邁，益猒住持。十五年冬，奏乞庵居，得請。紹熙元年十一月往見交承智策禪師，與之言别。策問行日，師曰：「水到渠成。」歸，索紙書「十二月初七夜雞鳴時」九字，如期而化。奉蜕質返寺之法堂，留七日，顔色明潤，髮長頂温。越七日，葬于庵之西岡。謚慈辯禪師，塔曰智光。

昭覺元禪師法嗣

鳳棲慧觀禪師

鳳棲慧觀禪師，上堂：「前村落葉盡，深院桂花殘。此夜初冬節，從兹特地寒。所以道：欲識佛性義，當觀時節因緣。時節若至，其理自彰。」喝一喝：「恁麽説話，成人者少，敗人者多。」

文殊道禪師法嗣

楚安慧方禪師

潭州楚安慧方禪師，本郡許氏子。參道禪師於大別，未幾，改寺爲神霄宮，附商舟過湘南，舟中聞岸人操鄉音，厲聲云：「叫那！」由是有省，即説偈曰：「沔水江心喚一聲，此時方得契平生。多年相別重相見，千聖同歸一路行。」住後，上堂：「臨老方稱住持，全無些子玄機。開口十字九乖，問東便乃答西。如斯出世，討甚玄微？有時拈三放兩，有時就令而施。雖然如是，同道方知。且道知底事作麽生？直須打翻鼻孔始得。」上堂：「達磨祖師在脚底，踏不著兮提不起。子細當頭放下看，病在當時誰手裏？張公會看脉，李公會使藥，兩箇競頭醫，一時用不著。藥不相投，錯！錯！喫茶去。」

文殊思業禪師

常德府文殊思業禪師，世爲屠宰，一日戮猪次，忽洞徹心源，即棄業爲比丘。述偈曰：「昨日夜叉心，今朝菩薩面。菩薩與夜叉，不隔一條綫。」往見文殊，殊曰：「你正殺猪時見箇甚麽，便乃剃頭行脚？」師遂作鼓刀勢。殊喝曰：「這屠兒！參堂去。」師便下參堂。住文殊日，上堂，舉趙州勘婆話，乃曰：「勘破婆子，面青眼黑。趙州老漢，瞞我不得。」

佛燈珣禪師法嗣

稠巖了贇禪師

婺州義烏稠巖了贇禪師，上堂，舉趙州狗子無佛性話，乃曰：「趙州狗子無佛性，萬疊青山藏古鏡。赤脚波斯入大唐，八臂那吒行正令。咄！」

待制潘良貴居士

待制潘良貴居士，字義榮。年四十，回心祖闈，所至挂鉢，隨衆參扣。後依佛燈，久之不契。因訴曰：「某祇欲死去時如何？」燈曰：「好箇封皮，且留著使用，而今不了不當，後去忽被他换却封皮，卒無整理處。」公又以南泉斬猫兒話問曰：「某看此甚久，終未透徹。告和尚慈悲。」燈曰：「你祇管理會别人家猫兒，不知走却自家狗子？」公於言下如醉醒。燈復曰：「不易，公進此一步，更須知有向上事始得。如今士大夫説禪説道，祇依著義理便快活。大率似將錢買油餈，喫了便不饑。其餘便道是瞞他，亦可笑也。」公唯唯。

汾潭明禪師法嗣

無爲守緣禪師

漢州無爲隨庵守緣禪師，本郡人，姓史氏。年十三病目，去依棲禪慧目能禪師。圓具，出峽至寶峰，值峰上堂，舉：「永嘉曰：『一月普現一切水，一切水月一月攝。』」師聞，釋然領悟。住後，上堂曰：「以一統萬，一月普現一切水；會萬歸一，一切水月一月攝。展則彌綸法界，收來毫髮不存。雖然收展殊途，此事本無異致。但能於根本上著得一隻眼去，方見三世諸佛、歷代祖師，盡從此中示現；三藏十二部、一切修多羅，盡從此中流出；天地日月，萬象森羅，盡從此中建立；三界九地，七趣四生，盡從此中出没；百千法門，無量妙義，乃至世間工巧諸技藝，盡現行此事。所以世尊拈華，迦葉便乃微笑；達磨面壁，二祖於是安心；桃華盛開，靈雲疑情盡凈；擊竹作響，香嚴頓忘所知。以至盤山於肉案頭悟道，彌勒向魚市裏接人。誠謂造次顛沛必於是，經行坐卧在其中。既有如是奇特，更有如是光輝；既有如是廣大，又有如是周徧。你輩諸人，因甚麽却有迷有悟？要知麽？幸無偏照處，剛有不明時。」

龍翔珪禪師法嗣

雲居德昇禪師

南康軍雲居頑庵德昇禪師，漢州何氏子。二十得度，習講久之。棄謁文殊道禪師，問佛法省要。殊示偈曰：「契丹打破波斯寨，奪得寶珠村裏賣。十字街頭窮乞兒，腰間挂箇風流袋。」師擬對，殊曰：「莫錯。」師退參三年，方得旨趣。往見佛性，機不投。入閩至鼓山禮覲，便問：「國師不跨石門句，意旨如何？」竹庵應聲喝曰：「閑言語。」師即領悟。

住後，僧問：「應真不借三界高超即不問，如何是無位真人？」師曰：「聞時富貴，見後貧窮。」曰：「擡頭須掩耳，側掌便翻身。」師曰：「無位真人在甚麼處？」曰：「老大宗師，話頭也不識。」師曰：「放你三十棒。」

狼山慧温禪師

通州狼山蘿庵慧温禪師，福州人，姓鄭氏。徧參諸老，晚依竹庵於東林。未幾，庵謝事，復謁高庵悟、南華昺、草堂清，皆蒙賞識。會竹庵徙閩之乾元，師歸省次，庵問：「情生智隔，想變體殊。不用停囚長智，道將一句來。」師乃釋然，述偈曰：「拶出通身是口，何妨罵雨訶風？昨夜前村猛虎，齩殺南山大虫。」庵首肯。住後，上堂：「釋迦老子四十九年坐籌帷幄，彌勒大士九十一劫帶水拖泥。凡情聖量，不能剗除；理照覺知，猶存露布。佛意祖意，如將魚目作明珠；大乘小乘，似認橘皮爲猛火。諸人須是豁開胸襟寶藏，運出自己家珍，向十字街頭普施貧乏。衆中忽有箇靈利漢出來道：『美食不中飽人喫。』山僧只向他道：『幽州猶自可，最苦是新羅。』」

雲居悟禪師法嗣

雙林德用禪師

婺州雙林德用禪師，本郡戴氏子。上堂：「拈槌豎拂，祖師門下，將黄葉以止啼；説妙談玄，衲僧面前，望梅林而止渴。際山今日去却之乎者也，更不指東畫西，向三世諸佛命脉中，六代祖師骨髓裏，盡情傾倒，爲諸人説破。」良久曰：「啼得血流無用處，不如緘口過殘春。」

萬年道閑禪師

台州萬年無著道閑禪師，本郡洪氏子。上堂：「全機敵勝，猶在半途。啐啄同時，白雲萬里。纔生朕兆，已落二三。不露鋒鋩，成何道理？且道從上來事合作麽生？誣人之罪，以罪加之。」上堂，舉：「乾峰示衆云：『舉一不得舉二。放過一著，落在第二。』雲門出衆云：『昨日有人從天台來，却往徑山去。』峰曰：『典座來日不得普請。』」師曰：「相見不須嗔，君窮我亦貧。謂言侵早起，更有夜行人。」

中際善能禪師

福州中際善能禪師，嚴陵人。往來龍門雲居有年，未有所證。一日，普請擇菜次，高庵忽以猫兒擲師懷中。師擬議，庵攔胸踏倒，於是大事洞明。上堂：「萬古長空，一朝風月。不可以一朝風月昧却萬古長空，不可以萬古長空不明一朝風月。且如何是一朝風月？人皆畏炎熱，我愛夏日長。薰風自南來，殿閣生微凉。會與不會，切忌承當。」

雲居自圓禪師

南康軍雲居普雲自圓禪師，綿州雍氏子。年十九，試經得度，留教苑五祀。出關南下，歷扣諸大尊宿。始詣龍門，一日，於廊廡間覩繪胡人，有省。夜白高庵，庵舉法眼偈曰：「頭戴貂鼠帽，腰懸羊角錐，語不令人會，須得人譯之。」復筴火示之曰：「我爲汝譯了也。」於是大法明了。呈偈曰：「外國言音不可窮，起雲亭下一時通。口門廣大無邊際，吞盡楊岐栗棘蓬。」庵遣師依佛眼，眼謂曰：「吾道東矣。」上堂，舉：「僧問雲門：『如何是透法身句？』門曰：『北斗裏藏身。』」師曰：「南北東西萬萬千，乾坤上下兩無邊。相逢相見呵呵笑，屈指擡頭月半天。」

烏巨行禪師法嗣

薦福休禪師

饒州薦福退庵休禪師，上堂：「風動邪？幡動邪？風鳴邪？鈴鳴邪？非風鈴鳴，非風幡動。此土與西天，一隊黑漆桶。誑惑世間人，看看滅胡種。山僧不奈何，趁後也打鬨。瓠子曲彎彎，冬瓜直儱侗。」上堂：「結夏時左眼半斤，解夏時右眼八兩。謾云九十日安居，贏得一肚皮妄想。直饒七穴八穿，未免山僧拄杖。雖然如是，千鈞之弩，不爲鼷鼠而發機。」上堂：「先師尋常用腦後一鎚，卸却學者胸中許多屈曲。當年克賓維那，曾中興化此毒。往往天下叢林，唤作超宗異目。非唯孤負興化，亦乃克賓受辱。若是臨濟兒孫，終不依草附木。資福喜見同參，今日傾腸倒腹。」遂卓拄杖，喝一喝，曰：「還知先師落處麽？仗死禪和，如麻似粟。」上堂：「言發非聲，是箇甚麽？色前不物，莫亂針錐。透過禹門，風波更險。咄！」

龜峰慧光禪師

信州龜峰晦庵慧光禪師，建寧人。上堂：「數日暑氣如焚，一箇渾身無處安著，思量得也是煩惱人。這箇未是煩惱，更有己躬下事不明，便是煩惱。所以達磨大師煩惱，要爲諸人吞却，又被咽喉小；要爲諸人吐却，又被牙齒礙。取不得，捨不得，煩惱九年。若不得二祖不惜性命，往往轉身無路，煩惱教死。所謂祖禰不了，殃及兒孫。後來蓮華峰庵主到這裏，煩惱不肯住；南嶽思大到這裏，煩惱不肯下山。更有臨濟、德山，用盡自己查梨，煩惱鉢盂無柄。龜峰今日爲他閑事長無明，爲你諸人從頭點破。」卓拄杖一下曰：「一人腦後露腮，一人當門無齒，更有數人鼻孔没半邊。不勞再勘，你諸人休向這裏立地瞌睡。殊不知家中飯籮鍋子一時失却了也。你若不信，但歸家檢點看！」

長蘆守仁禪師

真州長蘆且庵守仁禪師，越之上虞人。依雪堂於烏巨，聞普説曰：「今之兄弟做工夫，正如習射，先安其足，後習其法。後雖無心，以久習故，箭發皆中。」喝一喝，云：「只今箭發也，看！看！」師不覺倒身作避箭勢，忽大悟。上堂：「百千三昧，無量妙門，今日且庵不惜窮性命，祇做一句子説與諸人。」乃卓拄杖，下座。嘗頌臺山婆話云：「開箇燈心皂角鋪，日求升合度朝昏。只因風雨連綿久，本利一空愁倚門。」

白楊順禪師法嗣

青原如禪師

吉州青原如禪師，僧問：「達磨未來時如何？」師曰：「生鐵鑄崑崙。」曰：「來後如何？」師曰：「五彩畫門神。」

雲居如禪師法嗣

隱静彦岑禪師

太平州隱静圓極彦岑禪師，台城人也。上堂：「韓信打關，未免傷鋒犯手；張良燒棧，大似曳尾靈龜。既然席卷三秦，要且未能囊弓裹革。煙塵自靜，我國晏然。四海九州，盡歸皇化。自然牛閑馬放，風以時，雨以時，五穀熟，萬民安。大家齊唱村田樂，月落參横夜向闌。」上堂：「今朝八月初五，好事分明爲舉。嶺頭漠漠秋雲，樹底鳴鳩唤雨。昨夜東海鯉魚，吞却南山猛虎。雖然有照有用，畢竟無賓無主。唯有文殊普賢，住，住！我識得你。」上堂，舉：「正堂辯和尚室中問學者：『蚯蚓爲甚麽化爲百合？』」師曰：「客舍并州已十霜，歸心日夜憶咸陽。無端更度桑乾水，却望并州是故鄉。」

報恩成禪師

鄂州報恩成禪師，上堂：「秋雨乍寒，汝等諸人，青州布衫成就也未？」良久，喝曰：「雲溪今日，冷處著一把火。」便下座。

道場辯禪師法嗣

覺報清禪師

平江府覺報清禪師，上堂，舉：「僧問雲門：『如何是諸佛出身處？』門曰：『東山水上行。』」師曰：「諸佛出身處，東山水上行。石壓筍斜出，岸懸花倒生。」

何山然首座

安吉州何山然首座，姑蘇人。侍正堂之久，入室次，堂問：「猫兒爲甚麽偏愛捉老鼠？」曰：「物見主，眼卓豎。」堂欣然，因命分座。

黄龍忠禪師法嗣

信相戒修禪師

成都府信相戒修禪師，上堂，舉馬祖不安公案，乃曰：「兩輪舉處煙塵起，電急星馳擬何止？目前不礙往來機，正令全施無表裏。丈夫意氣自衝天，我是我兮你是你。」

西禪璉禪師法嗣

西禪希秀禪師

遂寧府西禪第二代希秀禪師，上堂曰：「秋光將半，暑氣漸消。鴻雁横空，點破碧天似水；猿猱挂樹，撼翻玉露如珠。直饒對此明機，未免認龜作鱉。且道應時應節一句作麼生道？野色併來三島月，溪光分破五湖秋。」

淨居尼温禪師法嗣

淨居尼法燈禪師

温州淨居尼無相法燈禪師，上堂，拈拄杖卓曰：「觀音出，普賢入，文殊水上穿靴立。擡頭鷂子過新羅，石火電光追不及。咄！」

大溈果禪師法嗣

玉泉宗璉禪師

荆門軍玉泉窮谷宗璉禪師，合州董氏子。開堂日，問答已，乃曰：「衲僧向人天衆前一問一答，一擒一縱，一卷一舒，一挨一拶，須是具金剛眼睛始得。若是念話之流，君向西秦，我之東魯，於宗門中殊無所益。這一段事，不在有言，不在無言，不礙有言，不礙無言。古人垂一言半句，正如國家兵器，不得已而用之。橫説豎説，祇要控人入處，其實不在言句上。今時人不能一徑徹證根源，祇以語言文字而爲至道。一句來，一句去，唤作禪道，唤作向上向下，謂之菩提涅槃，謂之祖師巴鼻，正似鄭州出曹門。從上宗師會中，往往真箇以行脚爲事底，纔有疑處，便對衆決擇。祇一句下見諦明白，造佛祖直指不傳之宗，與諸有情盡未來際，同得同證，猶未是泊頭處。豈是空開脣皮，胡言漢語來？所以南院示衆云：『諸方祇具啐啄同時眼，不具啐啄同時用。』時有僧問：『如何是啐啄同時用？』院曰：『作家不啐啄，啐啄同時失。』僧曰：『猶是學人問處。』院曰：『如何是你問處？』僧曰：『失。』院便打。其僧不契，後至雲門會中，因二僧舉此話，一僧曰：『當時南院棒折那！』其僧忽悟，即回南院，院已遷化。時風穴作維那，問曰：『你是問先師啐啄同時話底僧那？』僧曰：『是。』穴曰：『你當時如何？』曰：『我當時如在燈影裏行。』穴曰：『你會也。』」師乃召大衆曰：「暗穿玉線，密度金針，如水入水，似金博金。敢問大衆，啐啄同時是親切處，因甚却失？若也會得，堪報不報之恩，共助無爲之化。便可橫身宇宙，獨步大方。若跳不出，依前祇在架子下。」上堂，拈拄杖曰：「破無明暗，截生死流，度三有城，泛無爲海。須是識這箇始得。」乃召大衆曰：「喚作拄杖則觸，不喚作拄杖則背。若也識得，荆棘林中撒手，是非海裏橫身。脱或未然，普賢乘白象，土宿跨泥牛。參！」上堂：「一切數句非數句，與吾靈覺何交涉？」師曰：「永嘉恁麼道，大似含元殿上更覓長安。殊不知有水皆含月，無山不帶雲。雖然如是，三十年後趙婆酤醋。」上堂：「宗乘一唱殊途絶，萬別千差俱泯滅。通身是口難分雪，金剛腦後三斤鐵。好大哥！」僧問：「保壽開堂，三聖推出一僧，保壽便打，意旨如何？」師曰：「利動君子。」曰：「爲復棒頭有眼？爲復見機而作？」師曰：「獼猴繫露柱。」曰：「祇如三聖道：『你恁麼爲人，瞎却鎮州一城人眼。』又作麼生？」師曰：「錦上鋪華又一重。」問：「行脚逢人時如何？」師曰：「一不成，二不是。」曰：「行脚不逢人時如何？」師曰：「虎齩大虫。」曰：「祇如慈明道：『釣絲絞水。』意作麽生？」師曰：「水浸鋼石卵。」問：「三聖道：『我逢人即出，出則不爲人。』意旨如何？」師曰：「兵行詭道。」曰：「興化道：『我逢人則不出，出則便爲人。』又作麽生？」師曰：「綿裹秤鎚。」問：「不落因果，爲甚麽墮野狐身？」師曰：「廬山五老峰。」曰：「不昧因果，爲甚疾脱野狐身？」師曰：「南嶽三生藏。」曰：「秖如不落不昧，未審是同是别？」師曰：「倚天長劍逼人寒。」問：「初生孩子還具六識也無？趙州道：『急水上打毬子。』意旨如何？」師曰：「兩手扶犂水過膝。」曰：「祇如僧又問投子：『急水上打毬子，意旨如何？』曰：『念念不停流。』又作麽生？」師曰：「水晶甕裏浸波斯。」問：「楊岐道：『三脚驢子弄蹄行。』意旨如何？」師曰：「過蓬州了，便到巴州。」

大潙行禪師

潭州大潙行禪師，上堂，横拄杖曰：「你等諸人，若向這裏會去，如紀信登九龍之輦；不向這裏會去，似項羽失千里烏騅。饒你總不恁麽，落在無事甲裏。若向這裏撥得一路，轉得身，吐得氣，山僧與你拄杖子。」遂靠拄杖，下座。上堂：「不是心，不是佛，不是物。且道是箇甚麽？不在内，不在外，不在中間，畢竟在甚麽處？苦！苦！有口説不得，無家何處歸？」

道林淵禪師

潭州道林淵禪師，僧問：「『鐘未鳴，鼓未響，拓鉢向甚麼處去？』德山便低頭歸方丈。意旨如何？」師曰：「奔雷迸火。」曰：「巖頭道：『這老漢未會末後句在。』又作麼生？」師曰：「相隨來也。」曰：「巖頭密啓其意，未審那裏是他密啓處？」師曰：「萬年松在祝融峰。」曰：「『雖然如是，秖得三年。』三年後果遷化，還端的也無？」師曰：「嚩呢嗟唎吽㗶吒。」臨示寂，上堂，拈拄杖，示衆曰：「離却色聲言語，道將一句來。」衆無對。師曰：「動静聲色外，時人不肯對。世間出世間，畢竟使誰會？」言訖，倚杖而逝。

大洪祖燈禪師

隨州大洪老衲祖證禪師，潭州潘氏子。上堂：「萬象之中獨露身，如何説箇獨露底道理？」豎起拂子曰：「到江吳地盡，隔岸越山多。」僧問：「雲門問僧：『光明寂照徧河沙，豈不是張拙秀才語？』僧云：『是。』門云：『話墮也。』未審那裏是這僧話墮處？」師曰：「鮎魚上竹竿。」問：「離却言句，請師直指。」師豎拂子，僧曰：「還有向上事也無。」師曰：「有。」曰：「如何是向上事？」師曰：「速禮三拜。」

泐潭德淳禪師

隆興府泐潭山堂德淳禪師，上堂：「俱胝一指頭，一毛拔九牛。華嶽連天碧，黃河徹底流。截却指，急回眸。青箬笠前無限事，綠蓑衣底一時休。」

保安可封禪師

常州宜興保安復庵可封禪師，福州林氏子。上堂：「天寬地大，風清月白。此是海宇清平底時節。衲僧家等閑問著，十箇有五雙知有。祇如夜半華嚴池吞却楊子江，開明橋撞倒平山塔，是汝諸人還知麽？若也知去，試向非非想天道將一句來。其或未知，」擲下拂子曰：「須是山僧拂子始得。」

石亭祖璿禪師

隆興府石亭野庵祖璿禪師，上堂曰：「喫粥了也未？趙州無忌諱。更令洗鉢盂，太煞没巴鼻。悟去由來不丈夫，這僧那免受糊塗。有指示，無指示，韶石四楞渾塌地。入地獄，如箭射，雲岫清風生大厦。相逢攜手上高山，作者應須辨真假。真假分，若爲論，午夜寒蟾出海門。」

石霜宗鑒禪師

潭州石霜宗鑒禪師，上堂曰：「送舊年，迎新歲，動用不離光影内。澄輝湛湛夜堂寒，借問諸人會不會？若也會，增瑕纇；若不會，依前昧。與君指箇截流機，白雲更在青山外。」

石頭回禪師法嗣

雲居德會禪師

南康軍雲居蓬庵德會禪師，重慶府何氏子。上堂，舉：「教中道：『若見諸相非相，即見如來。』作麽生是非相底道理？佯走詐羞偷眼覷，竹門斜掩半枝花。」

南嶽下十七世

教忠光禪師法嗣

法石慧空禪師

泉州法石中庵慧空禪師，贛州蔡氏子。春日上堂，拈拄杖卓一下曰：「先打春牛頭。」又卓一下曰：「後打春牛尾。驚起虛空入藕絲裏。釋迦無路潛蹤，彌勒急走千里。文殊却知落處，拊掌大笑歡喜。且道歡喜箇甚麽？春風昨夜入門來，便見千花生碓觜。」上堂：「千家樓閣，一霎秋風。祇知襟袖凉生，不覺園林落葉。於斯薦得，觸處全真。其或未然，且作寒温相見。」上堂，舉：「金剛經云：『佛告須菩提，爾所國土中，所有衆生若干種心，如來悉知。何以故？如來説諸心皆爲非心，是名爲心。』要會麽？春風得意馬蹄疾，一日看盡長安花。」僧問：「先佛垂範，禁足安居。未審是何宗旨？」曰：「瑠璃鉢内拓須彌。」僧便喝，師便打。

净慈曇密禪師

臨安府净慈混源曇密禪師，天台盧氏子。依資福道榮出家。十六圓具，習台教。棄參大慧於徑山。謁雪巢一、此庵元。入閩，留東、西禪，無省發。之泉南，教忠俾悅衆。解職歸前資。偶舉香嚴擊竹因緣，豁然契悟。述偈呈忠，忠舉賢沙未徹語詰之，無滯。忠曰：「子方可見妙喜。」即辭往梅陽，服勤四載。住後，上堂：「諸佛出世，打劫殺人；祖師西來，吹風放火。古今善知識，佛口蛇心；天下衲僧，自投籠檻。莫有天然氣概，特達丈夫，爲宗門出一隻手，主張佛法者麽？」良久曰：「設有，也須斬爲三段。」上堂：「德山小參不答話，千古叢林成話霸。問話者三十棒，慣能説訶説夯。時有僧出，的能破的，德山便打，風流儒雅。某甲話也未問，頭上著枷，脚下著杻。你是那裏人？一回相見一傷神。新羅人把手笑欣欣，未跨船舷，好與三十棒，依前相厮誑。混源今日恁麽批判，責情好與三十棒。且道是賞是罰？具參學眼者試辨看。」上堂，舉雲門問僧光明寂照偏河沙因緣，師曰：「平地摝魚鰕，遼天射飛鶚。跛脚老雲門，千錯與萬錯。」後示寂，塔于本山。

東林顔禪師法嗣

公安祖珠禪師

荆南府公安遯庵祖珠禪師，南平人。上堂：「不是心，不是佛，不是物。瀝盡野狐涎，趯翻山鬼窟。平田淺草裏，露出焦尾大虫；太虚寥廓中，放出遼天俊鶻。阿呵呵！露風骨，等閑拈出衆人前，畢竟分明是何物？咄！咄！」上堂：「玉露垂青草，金風動白蘋。一聲寒雁叫，喚起未惺人。」

報恩法演禪師

汀州報恩法演禪師，果州人。上堂，舉俱胝竪指因緣，師曰：「佳人睡起懶梳頭，把得金釵插便休。大抵還他肌骨好，不塗紅粉也風流。」

净慈彦充禪師

臨安府净慈肯堂彦充禪師，於潛盛氏子。幼依明空院義堪爲師。首參大愚宏智、正堂大圓。後聞東林謂衆曰：「我此間別無玄妙，祇有木札羹、鐵釘飯，任汝齩嚼。」師竊喜之，直造謁，陳所見解。林曰：「據汝見處，正坐在鑒覺中。」師疑不已，將從前所得底一時颺下。一日，聞僧舉南泉道：「時人見此一株花，如夢相似。」默有所覺，曰：「打草祇要蛇驚。」次日入室，林問：「那裏是巖頭密啓其意處？」師曰：「今日捉敗這老賊！」林曰：「達磨大師性命在汝手裏。」師擬開口，驀被攔胸一拳，忽大悟，直得汗流浹背，點首自謂曰：「臨濟道：『黄檗佛法無多子。』豈虚語邪？」遂呈頌曰：「爲人須爲徹，殺人須見血。德山與巖頭，萬里一條鐵。」林然之。住後，上堂：「世尊不説説，迦葉不聞聞。」卓拄杖曰：「水流黄葉來何處？牛帶寒鴉過遠村。」上堂，舉：「雪峰示衆云：『盡大地是箇解脱門，因甚把手拽不入。』」師曰：「大小雪峰話作兩橛，既盡大地是箇解脱門，用拽作麼？」上堂：「一向與麼去，法堂前草深一丈；一向與麼來，脚下泥深三尺。且道如何即是？三年逢一閏，雞向五更啼。」上堂，舉：「卍庵先師道：『坐佛牀，斫佛脚，不敬東家孔夫子，却向他鄉習禮樂。』」師曰：「入泥入水，即不無先師，争柰寒蟬抱枯木，泣盡不回頭。」卓拄杖曰：「灼然有不回頭底，浄慈向升子裏禮汝三拜。」上堂：「三世諸佛，無中説有，藺藹拾花針；六代祖師，有裏尋無，猿猴探水月。去此二途，如何話會？儂家不管興亡事，盡日和雲占洞庭。」元庵受智者請，引座曰：『南山有箇老魔王，炯炯雙眸放電光。

口似血盆呵佛祖，牙如劍樹罵諸方。幾度業風吹不動，吹得動，雲黄山畔與嵩頭陁、傅大士一火破落户，依舊孟八郎，賺他無限癡男女，開眼堂堂入鑊湯。」忽有箇衲僧出來道：「既是善知識，爲甚賺人入鑊湯？」只向他道：「非公境界。」後示寂，塔于寺之南庵。

智者真慈禪師

婺州智者元庵真慈禪師，潼川人，姓李氏。初依成都正法出家。具戒後游講肆，聽講圓覺，至「四大各離，今者妄身當在何處？畢竟無體，實同幻化。」因而有省，作頌曰：「一顆明珠，在我這裏，撥著動著，放光動地。」以呈諸講師，無能曉之者。歸以呈其師，遂舉狗子無佛性話詰之。師曰：「雖百千萬億公案，不出此頌也。」其師以爲不遜，乃叱出。師因南游，至廬山圓通挂搭。時卍庵爲西堂。爲衆入室，舉：「僧問雲門：『撥塵見佛時如何？』門云：『佛亦是塵。』」師隨聲便喝，以手指胸曰：「佛亦是塵。」師復頌曰：「撥塵見佛，佛亦是塵。問了答了，直下翻身。『勸君更盡一杯酒，西出陽關無故人。』」又頌塵塵三昧曰：「鉢裏飯，桶裏水，別寶崑崙坐潭底。一塵塵上走須彌，明眼波斯笑彈指。笑彈指，珊瑚枝上清風起。」卍庵深肯之。

西禪需禪師法嗣

鼓山安永禪師

福州鼓山木庵安永禪師，閩縣吴氏子。弱冠爲僧，未幾，謁懶庵於雲門。一日入室，庵曰：「『不問有言，不問無言。』世尊良久。不得向世尊良久處會。」隨後便喝，倏然契悟。作禮曰：「不因今日問，争喪目前機。」庵許之。住後，上堂：「要明箇事，須是具擊石火、閃電光底手段，方能嶮峻巖頭全身放捨，白雲深處得大安居。如其覷地覓金針，直下腦門須迸裂。到這裏，假饒見機而變，不犯鋒鋩，全身獨脱，猶涉泥水。祇如本分全提一句，又作麽生道？」擊拂子曰：「淬出七星光燦爛，解拈天下任横行。」上堂，舉「睦州示衆云：『諸人未得箇入處，須得箇入處；既得箇入處，不得忘却老僧。』」師曰：「恁麽説話，面皮厚多少。木庵則不然，諸人未得箇入處，須得箇入處；既得箇入處，直須颺下入處始得。」上堂，拈拄杖曰：「臨濟小厮兒，未曾當頭道著。今日全身放憨，也要諸人知有。」擲拄杖，下座。僧問：「須彌頂上飜身倒卓時如何？」師曰：「未曾見毛頭星現。」

曰：「恁麼則傾湫倒嶽去也。」師曰：「莫亂做。」僧便喝。師曰：「雷聲浩大，雨點全無。」

龍翔南雅禪師

温州龍翔柏堂南雅禪師，上堂曰：「瑞峰頂上，棲鳳亭邊，一杯淡粥相依，百衲蒙頭打坐。二祖禮三拜，依位而立，已是周遮。達磨老臊胡，分盡髓皮，一場狼籍。其餘之輩，何足道哉！柏堂恁麼道，還免諸方檢責也無？」拍繩床云：「洎合停囚長智。」上堂曰：「大機貴直截，大用貴頓發。縱有嚙鏃機，一鎚須打殺。何故？我王庫内無如是刀。」上堂曰：「紫蕨伸拳笋破梢，楊花飛盡緑陰交。分明西祖單傳句，黄栗留鳴燕語巢。這裏見得諦，信得及，若約諸方，決定明牕下安排。龍翔門下，直是一槌槌殺。何故？不是與人難共住，大都緇素要分明。」

天王志清禪師

福州天王志清禪師，上堂，竪起拂子云：「只這箇天不能蓋，地不能載，徧界徧空，成團成塊。到這裏，三世諸佛向甚麽處摸索？六代祖師向甚麽處提持？天下衲僧向甚麽處名邈？除非自得自證，便乃敲唱雙行。雖然如是，未是衲僧行履處。作麽生是衲僧行履處？是非海裏橫身入，豺虎叢中縱步行。」

劍門安分庵主

南劍州劍門安分庵主，少與木庵同肄業安國，後依懶庵，未有深證。辭謁徑山大慧，行次江干，仰瞻宫闕，聞街司喝：「侍郎來！」釋然大悟。作偈曰：「幾年箇事掛胸懷，問盡諸方眼不開。肝膽此時俱裂破，一聲江上侍郎來。」遂徑回西禪，懶庵迎之，付以伽梨。自爾不規所寓。後庵居劍門，化被嶺表，學者從之。所作偈頌，走手而成，凡千餘首，盛行於世。示衆：「這一片田地，汝等諸人，且道天地未分已前在甚麽處？直下徹去，已是鈍置分上座不少了也，更若擬議思量，何啻白雲萬里？」驀拈拄杖，打散大衆。示衆：「上至諸佛，下及衆生，性命總在山僧手裏。檢點將來，有没量罪過。還有檢點得出者麽？」卓拄杖一下曰：「冤有頭，債有主。」遂左右顧視曰：「自出洞來無敵手，得饒人處且饒人。」示衆：「十五日已前，天上有星皆拱北。十五日已後，人間無水不朝東。已前已後總拈却，到處鄉談各不同。」乃屈指曰：「一二三四五，六七八九十，十一十二十三十四。諸兄弟！今日是幾？」良久曰：「本店買賣，分文不賒。」

東禪岳禪師法嗣

鼓山宗逮禪師

福州鼓山宗逮禪師，上堂：「世尊道，應如是知，如是見，如是信解，不生法相。」遂喝曰：「玉本無瑕却有瑕。」

西禪浄禪師法嗣

乾元宗穎禪師

福州乾元宗穎禪師，上堂，卓拄杖曰：「性燥漢祇在一槌。」靠拄杖曰：「靈利人不勞再舉。而今莫有靈利底麽？」良久曰：「比擬張麟，兔亦不過[一]。」

開善謙禪師法嗣

吴十三道人

建寧府仙州山吴十三道人，每以已事扣諸禪，及開善歸，結茆於其左，遂往給侍。紹興庚申三月八日夜，適然啓悟，占偈呈善曰：「元來無縫罅，觸著便光輝。既是千金寶，何須彈雀兒？」善答曰：「啐地折時真慶快，死生凡聖盡平沉。仙州山下呵呵笑，不負相期宿昔心。」

天童華禪師法嗣

天童咸傑禪師

慶元府天童密庵咸傑禪師，福州鄭氏子。母夢廬山老僧入舍而生。自幼穎悟，出家

[一]「過」，續藏本作「遇」。

爲僧，不憚遊行，遍參知識。後謁應庵於衢之明果。庵孤硬難入，屢遭呵。一日，庵問：「如何是正法眼？」師遽答曰：「破沙盆。」庵頷之。未幾，辭回省親。庵送以偈曰：「大徹投機句，當陽廓頂門。相從今四載，徵詰洞無痕。雖未付鉢袋，氣宇吞乾坤。却把正法眼，喚作破沙盆。此行將省覲，切忌便跺跟。吾有末後句，待歸要汝遵。」出世衢之烏巨，次遷祥符、蔣山、華藏，未幾詔住徑山、靈隱，晚居太白。僧問：「虚空銷殞時如何？」師曰：「罪不重科。」上堂：「牛頭横説豎説，不知有向上關棙子。有般漆桶輩，東西不辨，南北不分，便問如何是向上關棙子？何異開眼尿牀。華藏有一轉語，不在向上向下，千手大悲摸索不著，雨寒無處曬眼，今日普請，布施大衆。」良久曰：「達磨大師，無當門齒。」上堂：「世尊不説説，拗曲作直。迦葉不聞聞，望空啓告。馬祖即心即佛，懸羊頭賣狗肉。趙州勘庵主，貴買賤賣，分文不直。秖如文殊是七佛之師，因甚出女子定不得？河天月暈魚分子，槲葉風微鹿養茸。」上堂，卓拄杖曰：「迷時秖迷這箇。」復卓一下曰：「悟時秖悟這箇。迷悟雙忘，糞埽堆頭重添搕𢶍。莫有向東涌西没全機獨脱處道得一句底麽？若道不得，華藏自道去也。」擲拄杖曰：「三十年後。」上堂，舉：「金峰和尚示衆云：『老僧二十年前有老婆心，二十年後無老婆心。』時有僧問：『如何是和尚二十年前有老婆心？』峰云：『問凡答凡，問聖答聖。』曰：『如何是二十年後無老婆心？』峰云：『問凡不答凡，問聖不答聖。』」師曰：「烏巨當時若見，但冷笑兩聲。這老漢忽若瞥地，自然不墮聖凡窠臼。」上堂，舉婆子燒庵話，師曰：「這箇公案，叢林中少有拈提者。傑上座裂破面皮，不免納敗一上，也要諸方檢點。」乃召大衆曰：「這婆子洞房深穩，水泄不通，偏向枯木上糝花，寒巖中發燄。箇僧孤身迥迥，慣入洪波，等閑坐斷滔天潮，到底身無涓滴水。子細檢點將來，敲枷打鎖則不無二人，若是佛法，未夢見在。烏巨與麼提持，畢竟意歸何處？」良久曰：「一把柳絲收不得，和煙搭在玉欄干。」上堂：「動絃別曲，葉落知秋。舉一明三，目機銖兩。如王秉劍，殺活臨時，猶是無風匝匝之波。向上一路，千聖把手共行，合入泥犂地獄。正當與麼時，合作麼生？江南兩浙，春寒秋熱。」上堂：「盡乾坤大地，喚作一句子，擔枷帶鎖；不喚作一句子，業識茫茫。兩頭俱透脱，浄倮倮，赤洒洒，没可把。達磨一宗，掃土而盡。所以雲門大師道：『盡乾坤大地無纖毫過患，猶是轉句。不見一法，始是半提，更須知有全提底時節。』大小雲門，劍去久矣，方乃刻舟。」後示寂，塔于寺之中峰。

南書記

南書記者，福州人。久依應庵，於趙州狗子無佛性話，豁然契悟。有偈曰：「狗子無佛性，羅睺星入命。不是打殺人，被人打殺定。」庵見，喜其脱略。紹興末，終於歸宗。

侍郎李浩居士

侍郎李浩居士，字德遠，號正信。幼閲首楞嚴經，如游舊國，志而不忘。持橐後，造明果，投誠入室。應庵搯其胸曰：「侍郎死後，向甚麽處去？」公駭然汗下。庵喝出。公退參，不旬日竟躋堂奥。以偈寄同參嚴康朝曰：「門有孫臏鋪，家存甘贇妻。夜眠還早起，誰悟復誰迷？」庵見稱善。有鬻胭脂者，亦久參應庵，頗自負。公贈之偈曰：「不塗紅粉自風流，往往禪徒到此休。透過古今圈䙡後，却來這裏喫拳頭。」

道場全禪師法嗣

華藏有權禪師

常州華藏伊庵有權禪師，臨安昌化祁氏子。年十四得度。十八歲，禮佛智裕禪師于靈隱。時無庵爲第一座，室中以「從無住本，建一切法」問之，師久而有省，答曰：「暗裏穿針，耳中出氣。」庵可之，遂密付心印。嘗夜坐達旦，行粥者至，忘展鉢。鄰僧以手觸之，師感悟，爲偈曰：「黑漆崑崙把釣竿，古帆高挂下驚湍。蘆花影裏弄明月，引得盲龜上釣船。」佛智嘗問：「心包太虚，量廓沙界時如何？」師曰：「大海不宿死屍。」智撫其座曰：「此子他日當據此座，呵佛罵祖去在！」師自是埋藏頭角，益自韜晦。游歷湖湘江浙幾十年，依應庵於歸宗，參大慧於徑山。無庵住道場，招師分座説法，於是聲名隱然。住後，上堂：「今朝結却布袋口，明眼衲僧莫亂走。心行滅處解翻身，噴嚏也成師子吼。旃檀林，任馳驟。剔起眉毛頂上生，剜肉成瘡露家醜。」上堂：「禪，禪，無黨無偏，迷時千里隔，悟在口皮邊。所以僧問石頭：『如何是禪？』頭云：『甎，甎。』又僧問睦州：『如何是禪？』州云：『猛火著油煎。』又僧問首山：『如何是禪？』山云：『猢猻上樹尾連顛。』大衆！道無横徑，立處孤危。此三大老，行聲前活路，用劫外靈機。若以衲僧正眼檢點將來，不無優劣。一人如張良入陣，一人如項羽用兵，一人如孔明料敵。若人辨白得，可與佛祖齊肩。雖然如是，忽有箇衲僧出來道：『長老話作兩橛也。適來道，道無横徑，無黨無偏，而今又却分許多優劣。』且作麼生祇對？還委悉麼？把手上山齊著力，咽喉出氣自家知。」淳熙庚子秋，示微疾，留偈，趺坐而逝。茶毗，齒舌不壞，獲五色舍利無數。瘞于横山之塔，分骨歸葬萬年山寺。

雙林用禪師法嗣

三峰印禪師

婺州三峰印禪師，上堂，舉野狐話曰：「不落不昧，誣人之罪。不昧不落，無繩自縛。可憐柳絮隨春風，有時自西還自東。」

大溈行禪師法嗣

德山子涓禪師

常德府德山子涓禪師，潼川人也。上堂：「見見之時，見非是見。見猶離見，見不能及。」遂喝曰：「鯨吞海水盡，露出珊瑚枝。衆中忽有箇衲僧出來道：『長老休寐語。』却許伊具一隻眼。」上堂，横按拄杖曰：「一二三四五六七，七六五四三二一。循還逆順數將來，數到未來無盡日。因七見一，因一亡七。踏破太虚空，鐵牛也汗出。絶氣息，無蹤跡。」擲拄杖曰：「更須放下這箇，始是參學事畢。」上堂，拈拄杖曰：「有時奪人不奪境，拄杖子七縱八横。有時奪境不奪人，山僧七顛八倒。有時人境兩俱奪，拄杖子與山僧削迹吞聲。有時人境俱不奪」，卓拄杖曰：「伴我行千里，携君過萬山。忽然撞著臨濟大師時如何？」喝曰：「未明心地印，難透祖師關。」

跋

右五燈會元二十卷，南宋寶祐刻本。前有淳祐壬子普濟序，又有寶祐改元王槦序及沈浄明跋。按是書四庫全書已著録於提要，題宋釋普濟撰。近代常熟瞿氏鐵琴銅劍樓藏書記載元刊本，鄞縣范氏天一閣書目、錢塘丁氏善本書室藏書志載明嘉靖刊本，歸安陸氏皕宋樓藏書志載明萬曆刊本。所題撰人俱同。據此刻王槦序云：今慧明首座萃五燈爲一集。然則撰人爲釋慧明，其以爲杭州靈隱寺僧字大川之普濟者，誤也。蓋内府本及諸家藏本皆脱去王序，故即以作序之普濟當之。普濟作序，適先王槦一年也。焦竑經籍志及錢氏大昕補元史藝文志著録此書，並作普濟撰。藉非宋槧復出，踵謬貤謬，殆終無訂正之時。檢嘉靖本載元末釋廷俊序，有云：宋景德間，吴僧道原作傳燈録，天聖中駙馬都尉李遵勗爲廣燈録，建中靖國元年，佛國白禪師（釋維白）成續燈録，淳熙十年，浄慈晦翁明禪師（釋道明）作聯燈會要，嘉泰中雷庵受禪師（釋正受）作普燈録，斯五燈之所由始，與藏典並傳。

宋季靈隱大川禪師濟公以五燈爲書浩博，學者罕能通究，迺集學徒，作五燈會元。廷俊此序，作於元順帝至正甲辰，溯上距宋理宗寶祐癸丑，相去纔百年，乃已不知爲慧明書，而漫焉不加攷覈，斯爲疏矣。今此書流傳寖稀，獨山莫氏郘亭知見傳本書目載蘇城汪氏有宋本。光緒間宜都楊氏復得寶祐本於日本東京，是爲舊槧之最朔者。元明以來刊本，卷數悉如宋槧之舊。惟雍正十三年重刊龍藏本析作六十卷，與古本分合迴殊。長沙明印長老師募刻本因之。運際遷移，未幾燬於兵燹。頃歲童子諒居士光業，郭涵齋居士振墉、萬笥莊居士方傳、童梅岑居士錫梁等，集貲倡用宋本縮影廣布，津逮來兹，甚盛事也。至其書首列七佛，次列西天、東土諸祖師，又次以四祖、五祖、六祖下法嗣，附西天、東土應化聖賢，又次以南嶽、青原下法嗣，又分溈仰、法眼、臨濟、曹洞、雲門五宗。於五燈彙撮要旨外，頗嘗旁摭他書，如釋惠洪林間録及僧寶傳，亦多所採取。四庫提要稱其删掇精英，去其冗雜，考論宗系，分篇臚列，於釋氏之源流本末，指掌瞭然，良非溢美。但禪門古德問答機緣，有正説，有反説，有莊説，有諧説，有横説，有豎説，有顯説，有密説。例如「一捧打殺與狗子喫」，「者裏有祖師麽」，「唤來與我洗脚等語」，覽者當守馬援「耳可得聞而口不可得言」之誡。苟神悟未契，徒逞舌鋒雋利，尤而效之，則化醍醐爲砒霜，變旃檀作棘刺矣。其可乎？朱明换節，景印將成，童、郭諸君子，猥以跋尾見屬。不揣謭陋，隨喜率書，顧不覺葺還累幅也。異日者，或當趁閉關餘暇，蓄備丹鉛，聚諸刻於鶬春蟀秋，花晨月夕，焚博山沉水香，一一讎校之。世尊降世二千九百五十七年，歲次庚午，孟夏月浴佛日，海遺居士瀏陽劉善澤腴深甫敬跋於長沙之天隱廬。

附録

(一)禪宗史略

蘇淵雷

禪宗,是中國佛教六大宗派之一,創於中唐而盛行於晚唐、五代。它的形成、發展、演化以及所體現的佛學思想,在中國佛教史和文化史上占有重要而光輝的一頁。

禪宗的「禪」字,梵語禪那,意爲坐禪或静慮,包括修定和智慧兩個方面。原是印度各種宗教的共同修持方法。不僅僅限於達磨所傳的「如來禪」(心宗),還有天臺的止觀,也是禪的一種。即寂滅不還,息妄顯真;定慧雙修,智慧觀照的意思。相傳它最初是以釋迦牟尼在靈山法會拈花示衆,大迦葉破顔微笑,遂曰:「我有正法眼藏,涅槃妙心,實相無相,微妙法門,不立文字,教外别傳,付囑摩訶迦葉」的「拈花宗旨」爲依據的。從此,直指人心,見性成佛;一花五葉,心心相印的新提法,就漸漸爲人們所接受了。這一教外别傳的「心宗」,據説在西土共傳二十八代,至菩提達磨爲止。約在公元五世紀(四二〇—四七八年）劉宋時，（另一説約公元五二〇—五二六梁普通年中。），達磨西來，爲東土初祖。他承拈花宗旨，由南而北，入嵩山少林寺，面壁九年，號稱「壁觀婆羅門」，傳無我的「如來禪」法門，密以方便開發，自證「離文字」的宗通。他那源出於楞伽經的「二入四行」説，把入道途徑分作「理」與「行」兩種，稱「二入」；又把「行入」的方法分作「報怨」（逢苦不憂）、「隨緣」（得樂不喜）、「無所求」（有求皆苦，無求即樂）、「稱法」（稱法而行，無心而行）四種，稱「四行」，爲後代「宗門」「教義」説所本。此後，由達磨而慧可、僧璨、道信、弘忍，以至慧能，内以密付爲印，外以衣鉢爲信，次第傳承共六代。連同印土二十八祖，共三十三代佛祖心燈，各以一偈爲證。厥後，五宗七家互相標榜，各立綱綜，門庭徑路雖殊，要其剿絶情識，徹證心源，却無有異也。

禪宗的暢行，始於道信、弘忍所開創的「東山法門」。

道信（五八〇—六五一），在舒州皖公山（今安徽省潛山縣西北）從僧璨習禪，蒙授法要；後游學南方，嘗勸僧俗念摩訶般若，稍變重視楞伽經之風；後至蘄春，住黄梅雙峰山（破頭山）三十年，別開法門，「聚徒五百人」。他的禪法特色可約爲三：一、戒與禪合一；二、「楞伽」與「般若」合一；三、念佛與成佛合一。就第三特色中，他力倡「一行三昧」説，製立了「入道安心要方便」，後發展爲「五方便門」。「一行」，是一種行相，即指

「法界一相」。「一行三昧」，其實質是「法界一相，繫緣法界」；以「法界無差別相」爲繫念而成就的三昧。「五方便門」的內容：㊀總彰佛體，亦名離念門。「離念」就是覺。離念後，心境廣大無限，「等虛空法界一相，即如來法身」。而所謂彰體，就是恢復到「離念之本覺」。㊁開智慧門，亦名不動門，「開示悟入佛之知見」。「身心不動是開」，就是説雖有視聽，但不動於身心。又因爲不動而後定，定而後發生智慧，所以説「從定發慧」。㊂顯示不思議解脱門。即「瞥（忽然）起心是縛」，反之「心不起是解」。㊃明諸法正性。即「離自性」是心不起；「離欲際」是識不生，此爲諸法正性。㊄了無異自然無礙解脱門。即一切無礙的最後，歸之於禪法的一切皆如，一切平等。從道信的禪風來看，他還是屬于「藉教悟宗」、「依教明禪」的非「離文字」一路。

弘忍（六〇二—六七五），繼承道信的法統，在黄梅雙峰山以東十里的馮墓山建寺，接引四方學衆，東山法門以此得名。由於弘忍的善巧化導，「法門大啓，根機不擇」的普遍傳授，嗣後法統的繼承問題，便被重視了。教外别傳——不立文字，頓入法界，以心傳心的達磨禪也被明確地提出來了。「息其言語，離其經論」，「天竺相承，本無文字」，正是「教外别傳」的自覺。「直入法界」，「屈伸臂頃，便得本心」，即是「頓悟」。「意傳妙道」，「唯意相傳」，「傳乎心地」，就是「以心傳心」。禪法原是應機而不隨便傳授的，但禪師們自有其開導方便：如認爲法器成熟，可以入道的，便授以深法。達磨的「二入四行」，道信的「入道安心要方便」等，仍是意在超悟的「藉教悟宗」（後爲北宗「漸門」所據）。從道信到弘忍樹立起來的東山無生法門（背境觀心，息滅妄念），並不是單以「守本真心」爲法，而是兼收並蓄，合舊傳與新説，將「楞伽諸佛心」與「文殊説般若一行三昧」統一起來。所謂「即心是佛」、「心浄成佛」，可説是黄梅雙峰與東山法門的標幟。弘忍門下，弟子衆多，個中佼佼者有神秀、慧能、慧安、智銑等，而以慧能、神秀爲最著，開創了「南頓」、「北漸」二派。此外，道信門下之法融又于道信外别出一枝，他在金陵牛頭山開法，後稱「牛頭禪」，與東山法門形成了對峙局面。牛頭禪的根本思想，體現在僧璨的無心論和信心銘中，其「空爲道本」，「無心合道」云云，正是牛頭禪的標幟。牛頭禪經傳數代，終爲「曹溪禪」（慧能所創的南宗頓悟法門）所銷融。然而，在印度禪（達磨禪）蜕變爲中華禪的過程中，牛頭法融實爲轉關人。

至此，帶有老莊化、玄學化的中國禪宗開始建立，寫下了中國禪宗史的第一頁。

神秀（六〇六—七〇六），是弘忍門下的上首弟子。開封尉氏（今河南尉氏縣）人，俗姓李，少年出家，尋師訪道，至蘄州雙峰東山寺謁五祖弘忍，獲器重。弘忍滅度後，遂住江陵（荆州）當陽山度門寺弘化。武后聞之，招請入都，封爲帝師。（中宗尤加禮重，有「兩京法主」、「三帝國師」之稱。）其禪法特點是「拂塵看浄，方便通經」的「漸修」法門。傳法弟子普寂、義福等，并爲當時朝野所重視。直至唐末，神秀一系才衰落，可見北宗是與李唐政權共存亡的。

慧能（六三八—七一三），南海新州（今廣東省新興縣）人，俗姓盧，家道貧困，以採樵爲生，雖隻字不識，但有夙慧。一日，負薪市中，聞客誦金剛經至「應無所住而生其心」而有所感悟，遂往馮墓山謁弘忍。弘忍令他入碓房作務。八個月後，弘忍召弟子曰：「正法難解，不可徒記吾言，持爲己任。汝等各自隨意述一偈，若語意冥符，則衣法皆付。」上座神秀書偈於壁曰：「身是菩提樹，心如明鏡臺，時時勤拂拭，莫使惹塵埃。」慧能聞之，於神秀偈旁也作一偈曰：「菩提本無樹，明鏡亦非臺，本來無一物，何處惹塵埃？」弘忍見此偈心地透徹，便把衣法密付慧能。慧能得法南歸，隱居若干年後，至曹溪住寶林寺；又應請在韶州大梵寺説摩訶般若波羅蜜法，並傳授「無相戒」。常告門人曰：「但一切善惡都莫思量，自然得入清浄心體，湛然常寂，妙用恒沙。」開「直顯心性」的「頓悟」法門。嗣法弟子有南嶽懷讓、青原行思、荷澤神會、永嘉玄覺、南陽慧忠和法海等數十人。法海集其言行爲六祖壇經。

懷讓（六七七—七四四），金州安康（今陝西省漢陰縣）人，俗姓杜，少年出家，初參嵩山安國師，後往曹溪，謁慧能大師，問答相契，執侍左右十五年（一説十二年）。得法印後，住南嶽般若寺觀音臺，弘化三十餘年，入室弟子六人，而以道一爲翹楚。道一（七〇九—七八八），鄧州什邡（今四川省什邡縣）人。本姓馬，後世尊稱馬祖。曾於資州從智銑的門人處寂參禪，後到南嶽，結庵而居，常日坐禪。懷讓知是法器，前往問曰：「大德坐禪圖作甚麽？」道一曰：「圖作佛。」懷讓乃取一磚在他庵前石上磨。道一問曰：「磨作甚麽？」懷讓曰：「磨作鏡。」道一驚曰：「磨磚豈得成鏡邪？」懷讓反問：「磨磚既不成鏡，坐禪豈得作佛？」於是道一請求開示。道一蒙師開悟，心意超然，侍奉十年，遂得正法印；後至江西，聚徒説法，法嗣有懷海等百餘人，各爲一方宗主，禪宗由此大顯。

懷海（七二〇—八一四），福州長樂人，俗姓衛，是馬祖道一門下的首座，受印可後，在洪州百丈山（即江西奉新縣西百二十里處）接化，草創禪院，制定禪門規式，即所謂百丈清規。道一提倡的「順乎自然」法門，至此發展成熟。「百丈禪」意在「學衆皆入僧堂」，一同參禪、「普請」。當時門庭極盛，形成了「觸類是道」的「洪州宗」。

行思（？—七四〇），吉州廬陵（今江西吉安縣）人，出家後往曹溪謁慧能，爲上首；既得法，返吉州，住青原山静居寺闡化。同門之希遷、神會，均於慧能逝世後禀承遺命，前往青原，從行思學禪。

希遷（七〇〇—七九〇），端州高要（今廣東省高要縣）人，俗姓陳，得度後，到湖南衡山南寺，結庵於寺東大石上，時人稱爲石頭和尚。相傳著有參同契、草庵歌。弟子有惟儼、道悟等二十一人。其時，江西主道一，湖南主希遷，四方禪者結集於兩家門下。

神會（六八八—七六二）（另一説爲六六八—七六〇），襄州（今湖北襄陽）人，俗姓高（另一説姓方），少年研習儒道，出家後，初師事神秀，自神秀被召入京後，往謁曹溪慧能，隨侍不離左右。據説慧能臨寂，秘傳法印。開元年間，越大庾嶺，到洛陽大弘禪法。其時兩京之間皆宗神秀，於是神會在滑臺（今河南省滑縣）大雲寺設無遮大會，論定達磨禪的宗旨，闡揚慧能的頓悟法門；又在洛陽楷定宗旨，著有南宗定是非論、顯宗論等。自此神秀門庭寂寞，慧能宗風獨尊天下。遂以神會爲第七祖，世稱荷澤宗（荷澤，寺名）。門下有無名、法如等。弟子圭峰宗密（原屬華嚴宗即賢首宗），則是法如下的第三傳，倡禪教一致説。

玄覺（六六五—七一三），温州永嘉（今浙江省永嘉縣）人，俗姓戴，初學天台止觀，後謁慧能，得心印，須臾告辭。慧能留住一宿，因有「一宿覺」之稱。門人輯其所著成永嘉集。倡天台、禪宗融合説。

慧忠（？—七七五），越州諸暨（今浙江省諸暨縣）人，俗姓冉，從慧能受心印後，居南陽白崖山黨子谷四十餘年；後應唐肅宗（另一説唐玄宗）之請到洛陽，倍受禮遇。他主張「禪即教」説，語要有「國師三喚侍者」、「無情説法」、「無縫塔」及「圓相」等公案。

慧能的「頓悟法門」，異峰突起，別開生面。經門人的唱導弘揚，更是風靡一時，歷久不衰。就中南嶽懷讓和青原行思兩系，至晚唐繁衍特盛。

南嶽一系，在百丈懷海門下有溈山靈祐（七七一—八五三），再傳仰山慧寂（八〇七—八八三），（另一説爲八一四—八九〇）。形成了溈仰宗。懷海的另一門人黄蘗山希運（？—八五〇）（另一説爲？—八五五），再傳臨濟院義玄（？—八六七），而成臨濟宗。

青原一系，自石頭希遷開始，門下有藥山惟儼，傳雲岩曇晟（七八二—八四一），再傳洞山良价（八〇七—八六九），再傳曹山本寂（八四〇—九〇一），形成了曹洞宗。石頭的另一支爲荆州天皇寺道悟（七四八—八〇七），再傳德山宣鑒（七八二—八六五），至雪峰義存（八二二—九〇八），門下徒衆遍布，就中有雲門文偃（八四七—八七二），住韶州雲門山，發揮獨妙的宗致而成雲門宗。同時雪峰門下的玄沙師備（八三五—九〇八），一傳地藏院桂琛（八六七—九二八），再傳清凉寺文益（八八五—九五八），謚號「法眼」，世稱法眼宗。

唐末五代間，由南嶽、青原二系演化而成的五宗，他們的基本思想相同，然接引方式各異。如潙仰宗的「三生」及「九十七圓相」。「三生」即想生、相生、流注生。「想生」，指能思者；「相生」，指所思者；「流注生」，指「諸法無常」。圓相，是以圓形爲本的種種符號，作爲無可表示的表示，成爲外人所不解的一種默語。或畫此牛⃝相，乃縱◯意；或畫佛⃝相，乃奪意；或畫人⃝相，乃肯意；或畫◯相，乃許他人相見意。……纔有圓相，便有賓主、生殺、縱奪、機關、眼目、隱顯、權實種種作用。師資辨難，互換機鋒，他們慣以頓超得妙，功行綿密，接引學人。又如臨濟宗有「四料簡」、「四賓主」、「四照用」。「四料簡」即「有時奪人不奪境，有時奪境不奪人，有時人境俱奪，有時人境俱不奪」。「四賓主」即「賓看主」、「主看賓」、「主看主」、「賓看賓」。凡觀點明確，態度堅決，就是「升堂入室」的「主」；反之，就是門外漢——「賓」。「四照用」即「有時先照後用，有時先用後照，有時照用同時，有時照用不同時」。他們以「三玄」（三種原則）、「三要」（三種要點）、「四料簡」等峻峭的機鋒，解黏去縛，接引來學。

曹洞宗有「五位君臣」、「寶鏡三昧」。「五位君臣」即「正中偏，三更初夜月明前，莫怪相逢不相識，隱隱猶懷舊日嫌（一作妍）。偏中正，失曉老婆逢古鏡，分明睹面別無真，休更迷頭還認影。正中來，無中有路隔塵埃，但能不觸當今諱，也勝前朝斷舌才。偏（一作兼）中至，兩刃交鋒不須避，好手猶如火裏蓮，宛然自有沖天志。兼中到，不落有無誰敢和，人人盡欲出常流，折合還歸炭里坐。」（良价）「寶鏡三昧」，即「如臨寶鏡，形影相睹，汝不是渠，渠正是汝」（曇晟）。他們以「向、奉、功、共功、功功」五位功勳和「見滲漏、情滲漏、語滲漏」三種滲漏的穩順綿密法，判斷修證的淺深，辨驗真僞。

雲門宗的「三句」，「函蓋乾坤」一句，文偃頌曰：「乾坤并萬象，地獄及天堂，物物皆真現，頭頭總不傷。」「截斷衆流」、「隨波逐浪」二句，則是説明他接引學人，每用一語一字，驀地斬斷葛藤，截斷問者轉機，使其無可用心，從而悟達世諦門中一法不立的境界。

法眼宗的「三界唯心，萬法唯識」和「六相」，闡明「一切現成」和「理事圓融」之旨。「六相」即「總相」、「别相」、「同相」、「異相」、「成相」、「壞相」。其簡明似雲門，細密如曹洞，平凡句下藏機鋒，用「對病施藥，相身裁縫，隨其器量，掃除情解」的方法接引，有當機覿面，能使學人轉凡入聖的機用。由於門庭設施、接引徒衆的方式各異，而形成了不同的門風，論其思想淵源則同出南宗禪。

經五代至南宋，各宗的法承相繼衰微，唯有臨濟宗，從義玄下傳數代至楚圓。他住石霜崇勝寺行化，其下有黄龍山慧南（一〇〇二—一〇六九），開黄龍派；方會（九九二—一〇四九），開楊岐派，合前五宗號爲「五宗七家」。其黄龍派的「三轉語」，即遇學人來參，常問：「人人盡有生緣，上座生緣在何處？」正當和學人往復答辯時，忽伸出手來説：

「我手何似佛手？」又向前來參請的宗師問其所得時，却垂下脚説：「我脚何似驢脚？」這三轉語，被天下叢林稱之爲「黄龍三關」。他設三關接引學人，要學人觸機即悟而不死煞句下。他説：「已過關者掉臂逕去，安知有關吏；從關吏問可否，此未過關者。」

楊歧派是傳臨濟的正宗。曾説：「霧鎖長空，風生大野。百草樹木作大獅子吼，演説摩訶大般若，三世諸佛在爾諸人脚跟下轉大法輪。若也會得，功不浪施。」他兼臨濟、雲門兩家之長，用大機大用之法接引學人，渾無圭角。

總之，南方禪者多出山區素族，那種宣傳「頓悟」、「自力」的簡易修持方法，對於廣大的勞苦大衆和不勞而獲的中小地主階級文士，都具有不少的吸引力；加之安史亂後寺院經濟和佛教文獻迭受戰争破壞，更使偏重「義學」的北方佛教失去物質的憑藉和活動的餘地；南禪一派遂得植根於贛湘粤山區地帶，與底層人士和中原謫宦之流取得較廣泛的聯繫。他們不隨政治之興衰而興衰，不以印土佛教之没落而没落，本其擺脱文字桎梏、反對經院煩瑣哲學的「革新」精神和比較接近平民的修持方法，在當時還能取得人們一定的信仰，而起着陶醉人心的作用。其與天台、賢首兩宗並稱爲中國化的佛教，不是偶然的。由其不立文字，擺脱教條，故能不爲層積之文化堆所拘縛。此種樸質力行的大衆化佛教，對於當時文風纖靡的傳統和煩瑣的經義注疏之風予以甚大的衝擊。從而通過「一切衆生皆有佛性」、「見性成佛」種種理論的啓示，在學術思想的另一戰綫上，從李翺的復性書到周敦頤的通書，這就導出兩宋專講天人性命之學的「理學」和陸王一派的「心學」，爲中國哲學史輸入了新的血液。這也是隋末農民大起義後個體經濟逐步上升、庶族地主開始擡頭，在精神生活上要求革新、打破傳統的一種曲折的反映。禪宗風靡了幾百年之後，到了明清兩代浄土宗崛起，禪宗遂與合流，不復有奮迅直截、激揚踔厲的精神，氣息奄奄，名存實亡。直至近世，在異國他鄉（臨濟、曹洞二宗，南宋時傳至日本，近年禪宗風行歐美）反有復興之勢。

綜上所述，我們可以看到，禪宗大致經歷了達磨禪、東山法門、南宗禪（曹溪禪）這三個階段。而基於「牛頭禪」發展起來的中國禪宗，到慧能門下臻於完善，形成了中國佛教史上規模最大、影響最深遠的主流。南宗禪的佛學思想，直接滲入思想文化、社會生活的各個領域，幾乎取代了從魏晉南北朝到隋唐以來以「玄學」爲主的哲學思想，成爲獨具特點的思想流派；並涉及到宋明的「理學」、「心學」和清末民初的各種學派，從而豐富了人們的文化生活，爲人們開闢了前所未有的精神境界。這就是中國禪宗一度被推崇爲本地風光的歷史原委。

禪宗傳法世系表

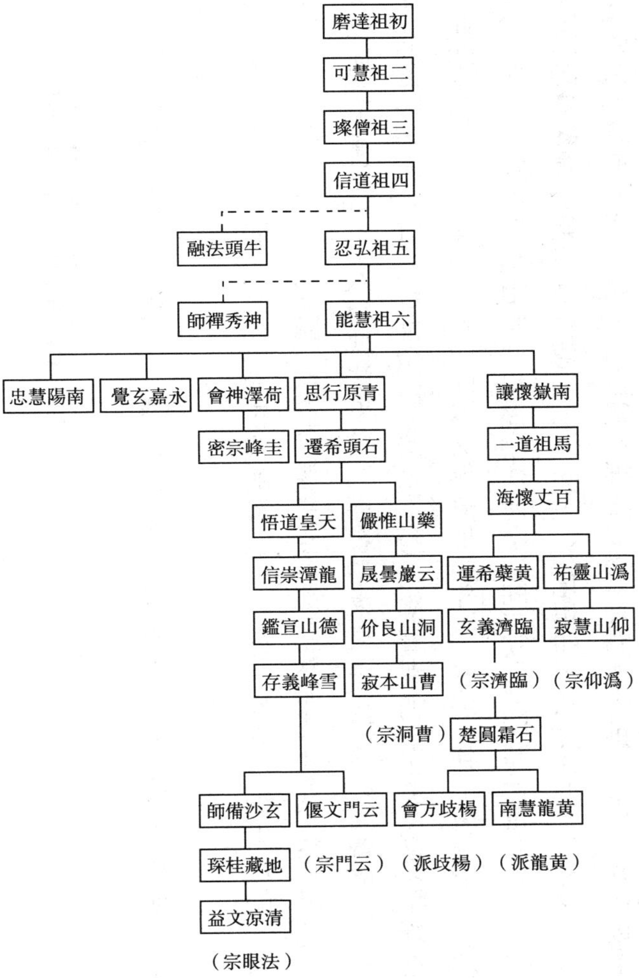
初祖達磨
二祖慧可
三祖僧璨
四祖道信
牛頭法融
五祖弘忍
神秀禪師
六祖慧能
南陽慧忠
永嘉玄覺
荷澤神會
青原行思
南嶽懷讓
圭峰宗密
石頭希遷
馬祖道一
百丈懷海
天皇道悟
藥山惟儼
黃蘗希運
溈山靈祐
龍潭崇信
云巖曇晟
臨濟義玄
仰山慧寂
德山宣鑑
洞山良价
（臨濟宗）
（溈仰宗）
雪峰義存
曹山本寂
（曹洞宗）
石霜楚圓
玄沙師備
云門文偃
楊岐方會
黃龍慧南
地藏桂琛
（云門宗）
（楊岐派）
（黃龍派）
清涼文益
（法眼宗）

(一)燈録與五燈會元

蘇淵雷

燈録即傳燈録，是禪宗歷代傳法機緣的記載。以法傳人，譬如燈火相傳，展轉不絶，所以叫傳燈録。

燈録之作，萌芽於南北朝時代，而正式的燈録則是禪宗成立以後出現的。東魏静帝興和年間（五三九—五四二），沙門云啓至龜兹遇天竺三藏那連耶舍，共譯出梵本祖偈因緣一種（即所謂七佛至二十八祖傳法事跡），耶舍帶來東土，傳播於高齊境内（一説此祖偈因緣係耶舍與萬天懿所譯，見景德録西來年表）。接着南朝梁簡文帝又派劉玄遠去北方傳寫，並詔寶唱編入續法記，因而此本又得流佈於江南各地。到了唐德宗貞元年間（七八五—八〇四），金陵沙門惠炬將此祖偈帶往曹溪，同天竺沙門勝持重共參校，連同唐初以來傳法宗師機緣合併集成寶林傳一書。昭宗光化年間（八九八—九〇〇），沙門華嶽玄偉復據此祖偈頌連同貞元以來出世宗師機緣，編爲真門聖胄集一書。五代後梁太祖開平年間（九〇七—九一〇），南嶽沙門惟勁又根據此祖偈頌連同光化以後出世宗師機緣，集成續寶林傳一書。此後四十餘年，乃有正式燈録祖堂集一書出現。

祖堂集二十卷。五代泉州昭慶寺沙門静、筠二人同撰於南唐中主保大十年(九五二),爲禪宗現存最古的燈史。

祖堂集以後的傳燈録,有以下各種:

(一)景德傳燈録三十卷,宋釋道原撰於景德元年(一〇〇四)。道原爲天台韶國師的弟子,法眼宗清凉文益的子孫,故本書記載青原系諸家特别詳細。其内容大抵取材於寶林傳、祖堂集諸書,自七佛至法眼宗之嗣爲止,凡五十二世,共一千七百零一人。

(二)天聖廣燈録三十卷,宋李遵勖撰。李氏爲臨濟宗人,師楊億爲文。本書撰於仁宗天聖七年間(一〇二九),其去景德(一〇〇四—一〇〇七)只有十餘年,與景德録比較,各宗世次增加無幾,不過章次略有變動,人數及語句略有擴充而已。

(三)建中靖國續燈録三十卷,目録二卷,宋釋惟白撰(書成於建中靖國元年〔一一〇一〕之前)。惟白爲雲門宗雪竇重顯法派法云法秀的弟子。本書分五門叙述:一曰正宗門,二曰對機門,三曰拈古門,四曰頌古門,五曰偈頌門。全書所載計一千七百餘人。徽宗建中靖國(一一〇一)距仁宗天聖(一〇二三—一〇三一)約七十年,作者意在續道原之作,故名續燈録。

(四)聯燈會要三十卷,宋釋語明撰。此書撰於南宋孝宗淳熙十年(一一八三),上距建中靖國(一一〇一)八十餘年,作者意在合北宋三燈爲一書,而補八十餘年來前代燈録所未收之臨濟、雲門二宗各家,但自汾陽昭、雪竇重顯而下,材料較少,只編了十分之二三。

(五)嘉泰普燈録三十卷,目録三卷。宋正受撰於南宋寧宗嘉泰年間(一二〇一—一二〇四),上距建中靖國約百年,距淳熙不過二十餘年。但作者未見聯燈,所以在他的上皇帝書中只提到北宋三燈。因天聖建中二録於王侯、士庶、尼師一概不録。他以爲「燈雖曰續,如照之不普何」?所以不論僧俗,凡三燈所不取者,莫不旁收博採,而達到「普」的目的。費時十七年,成書三十卷。

五燈會元,就是由上述景德傳燈録、天聖廣燈録、建中靖國續燈録、聯燈會要、嘉泰普燈録這五部燈録各三十卷匯集而成。宋釋普濟删繁就簡,將一百五十卷縮爲二十卷。卷帙雖大大減少,而内容則減去原書的二分之一。五燈向以南嶽、青原分叙,以下不再分宗。「世次既多,支派繁衍,大宗難於統攝,自應分立小宗,以爲之樞紐,庶閲者沿流溯源,易得要領。普燈録於南嶽、青原之下,復注小宗,較爲明晰。然每於一卷之内,南嶽、青原間出,轉覺迷離。」兹揭其要目如下:

卷一,七佛至東土六祖;

卷二，四、五、六祖法嗣及應化聖賢；
卷三、卷四，南嶽懷讓至五世；
卷五、卷六，青原行思至七世及未詳法嗣；
卷七、卷八，青原下二世至九世；
卷九，南嶽下二世至八世潙仰宗；
卷十，青原下八世至十二世法眼宗；
卷十一、卷十二，南嶽下四世至十五世臨濟宗；
卷十三、卷十四，青原下四世至十五世曹洞宗；
卷十五、卷十六，青原下六世至十六世雲門宗；
卷十七、卷十八，南嶽下十一世至十七世黄龍派；
卷十九、卷二十，南嶽下十一世至十七世楊岐派。

五燈會元一向流傳的是元朝的至正本，也就是所謂的業海清公重刻本。卷首有釋廷俊序，序中説：「本書爲宋季靈隱大川濟公集學徒所作，板毁，今會稽開元業海清公重刊之。」明嘉靖、萬曆年間，此書迭有刊本，但都没有入藏。嘉興續藏第六十及六十一函雖有此書，却非官板。其正式入藏，從清龍藏開始。清藏改方册爲梵筴，析爲六十卷。然自明以來，諸本皆從至正本出。光緒初，宋本始由海外歸來。卷首有淳祐十年壬子冬普濟題詞，又有寶祐改元王槦序和沈浄明居士的跋（但不見釋廷俊序），卷末有海遺居士劉善澤在長沙天隱廬作的跋，是爲宋寶祐本。

本書題普濟撰，向無異議。光緒二十八年壬寅，貴池劉氏復刻寶祐本跋，始以爲非普濟撰，而爲慧明撰。一九三〇年庚午，長沙又將寶祐本影印，劉善澤跋中亦張此説，但史料不備，「慧明撰」一説尚不足徵信。

自五燈會元出，前五種燈録遂少流通，内外學者無不喜其方便。正如沈浄明跋言：「禪宗語要，具在五燈。」五燈會元流傳於世，不僅爲内學者提供了禪史研究的豐富資料，而且也擴大了外學者的視野，耳目爲之一新。書中所録，牽朝動室，上至帝皇徵召延請，禪師開堂説法，下至文人學士與僧徒往返參學，可見禪宗對於唐宋皇室和當時社會的影響之大。會元編集，後於正受的普燈約五十年，各卷宗派分明，其法更爲進步。元明以來士大夫之好談禪悦者，無不家有其書。

自南北朝時代産生了燈録，經過歷代展轉相續，至宋代可謂盛矣。此後，元明清各代繼承傳統，燈録之作續而不盡。先後出現了：

（一）元朝後期至元間（一三三五—一三四〇），於越云壑瑞禪師所作的心燈録。（雖内容甚詳，但遭異議，不得流傳，現亦不存。）

（二）續傳燈録三十六卷，目録三卷，明居頂（?—一四〇四）撰於洪武年間（一三六八—一三九八），（載於靈谷寺居頂文集及圓庵集。）

（三）增集續傳燈録六卷，明文琇撰於永樂十五年（一四一七）。

（四）水月齋指月録三十二卷，明瞿汝稷撰於萬曆二十三年（一五九五）。

（五）五燈會元續略四卷（一作八卷），明浄柱撰於崇禎十七年（一六四四）。

（六）五燈嚴統二十五卷，目録二卷。明通容（一五九三—一六六一）撰於永曆四年（一六五〇）。

（七）繼燈録六卷，明曹洞宗元賢（一五七八—一六五七）撰於永曆五年（一六五一）。五燈會元所收止於南宋理宗紹定年間（一二二八—一二三三），其後雖有續燈繼收，但續燈止於宋末元初。益以浄柱的五燈會元續略，元明兩代諸師，賴此得傳。不過所收未備，此元賢所以有繼燈之作。

（八）居士分燈録二卷，明朱時思撰於崇禎四年（一六三一）。

（九）續燈存稿十二卷，目録一卷，清施沛匯集，通問編定於康熙五年（一六六六）。

（十）續燈正統四十二卷，目録一卷，清性統撰於康熙三十年（一六九一）。

（十一）五燈全書一百二十卷，目録十六卷，清超永撰於康熙三十二年（一六九三）。作者根據普濟的會元與清代海寬的纘續二書，「刪其煩蕪，增所未備」。費時約三十年，收録七千餘人，可謂集燈録的大成。

（十二）續指月録二十卷，清聶先撰。

（十三）錦江禪燈二十卷，目録一卷，清通醉撰於康熙十一年（一六七二）。

（十四）黔南會燈録八卷，附補續，清如純撰於康熙四十一年（一七〇二）。

以上所舉五代以後迄於明清主要燈録凡二十種（連同五燈），前十八種爲通史性的燈録，後二種爲地方性的燈録。另外，可爲燈録之輔助的尚有世譜三種：

禪燈世譜十卷，明吴侗集，道忞編修於崇禎四年（一六三一）。

佛祖宗派世譜八卷，清臨濟宗悟進撰於順治十一年（一六五四）。

緇門世譜一卷，清明喜（臨濟三十四世）撰於康熙四十二年（一七〇三）。

此外尚有一些燈録，不再贅述。

論傳承和道統的關係，宗門尤爲重視。上述各種燈録，正是歷代師資傳承的記録，爲中國思想史保存了珍貴的原始資料。（本文撰寫參考了友人田光烈論文手稿，特此申謝。）

後記

余年三十，避地渝州。始讀碧巖録、雪竇頌古諸書，於禪宗各種公案，了了胸中，心焉獨好。越三十年，偶於滬上坊間訪得景宋寶祐本五燈會元全帙，如獲至寶。雨窗月牖，時時翻閱，猶未全力以赴，窮其究竟也。

庚申秋，復職返校。淞波重翦，乃寧厥居，年七十有三矣。於時中華書局方從事整理佛典要籍，承以五燈會元一書屬爲校點。遂於教學之暇，悉心通讀。既以寶祐爲底本，復取清龍藏及日本卍續藏諸本互校之，前後凡閲十五月而蕆事。其間承上海玉佛寺暨佛協諸君大力支持，允於經樓設硯，每日請閲，無間寒暑。微生薄植，幸遂夙願。助我整理者，沈生詩醒之力爲多。功畢，既爲長文，攝論禪學史略及歷代燈録的著述流傳，復製世系表附後，以爲補編。庶幾禪宗全貌，披卷可尋。倘亦關心古籍，從事精神文明建設工作者之所樂聞見許也歟？不辭覼縷，聊復書之。

一九八二年壬戌秋　蘇仲翔識於華東師大